Archie Brown
Aufstieg und Fall des Kommunismus

Archie Brown

Aufstieg und Fall des Kommunismus

Aus dem Englischen
von Stephan Gebauer, Norbert Juraschitz,
Hainer Kober und Thomas Pfeiffer

Propyläen

Die Originalausgabe erscheint 2009
unter dem Titel *The Rise and Fall of Communism*
bei The Bodley Head, London

Propyläen ist ein Verlag der Ullstein Buchverlage GmbH
www.propylaeen-verlag.de

ISBN 978-3-549-07367-4

© Archie Brown 2009
© der deutschsprachigen Ausgabe
Ullstein Buchverlage GmbH, Berlin 2009
Alle Rechte vorbehalten
Lektorat: Werner Wahls
Gesetzt aus der Aldus bei LVD GmbH, Berlin
Druck und Bindung: CPI – Clausen & Bosse, Leck
Printed in Germany

INHALT

Einführung 13

TEIL EINS – Ursprung und Entwicklung 21

Kapitel 1 – Die kommunistische Idee 23
Frühe Kommunisten 26
Marx und Engels 36

Kapitel 2 – Kommunismus und Sozialismus –
die frühen Jahre 45
Lenin und die Ursprünge des russischen Kommunismus . . 50
Bolschewiki und Menschewiki 58
Westeuropäische Alternativen 61

Kapitel 3 – Die russischen Revolutionen und der Bürgerkrieg . 64
Die Revolution des Jahres 1905 und die letzten Jahre des
zaristischen Russland 66
Die Revolutionen im Jahr 1917 74
Die Bolschewiki an der Macht und der Bürgerkrieg 80

Kapitel 4 – Der »Aufbau des Sozialismus«: Russland
und die Sowjetunion, 1917–1940 86
Lenin, die NEP und der Aufstieg Stalins 90
Stalins Revolution 95
Umbau der Gesellschaft und politische Repression 99
Die Frauen in der sowjetischen Gesellschaft 103

Stalins persönliche Diktatur 106
Der »Sozialismus« stalinistischer Prägung. 109

Kapitel 5 – Der internationale Kommunismus
zwischen den beiden Weltkriegen 116
Die Komintern. 121
Die »rote Welle«. 124
Die »partielle Stabilisierung des Kapitalismus« 125
»Klasse gegen Klasse« 126
Volksfront 130
Der Hitler-Stalin-Pakt 133
Die nationalen kommunistischen Parteien zwischen
den Kriegen 136
Die Kommunisten in den USA und Großbritannien 139
Die Ursprünge des chinesischen Kommunismus 143

TEIL ZWEI – **Der Aufstieg des Kommunismus** 147

Kapitel 6 – Was verstehen wir unter einem
kommunistischen System? 149
Das politische System 155
Das Wirtschaftssystem 158
Die ideologische Sphäre 160

Kapitel 7 – Die Faszination des Kommunismus 167
Schriftsteller und Kommunismus. 170
Soziale und psychologische Attraktionen 175
Kommunisten jüdischer Herkunft 181
Mitgliederwerbung regierender Parteien. 186

Kapitel 8 – Kommunismus und der Zweite Weltkrieg 191

Kapitel 9 – Machtübernahmen in Europa – nationale Wege . . 208
Albanien unter Enver Hodscha 210
Tito und die jugoslawischen Partisanen 213
Tschechoslowakei. 216
Der Marshallplan 219
Das Kominform 220

Kapitel 10 – Machtübernahmen in Europa –
sowjetische Zwangsmaßnahmen 224
Polen 230
Ungarn 234
Rumänien 236
Bulgarien 238
Ostdeutschland 239
Ein »Eiserner Vorhang« teilt Europa 244

Kapitel 11 – Machtübernahme der Kommunisten in China. . . 247
Mao Tse-tung und die kommunistische Führung 253
Sowjetisches Modell und kommunistisches China 256
Koreakrieg und schärfere innenpolitische Gangart 261

Kapitel 12 – Nachkriegsstalinismus und der Bruch
mit Jugoslawien 267
Stalin und sein Kreis 273
Jugoslawien: Vom Stalinismus zum »Titoismus« 279
Die Säuberungen im Spätstalinismus 288
Von der »Leningrader Affäre« zur »Ärzteverschwörung« . . 297
Wissenschaft und Kunst 302
Stalins Tod 304

TEIL DREI – **Überleben ohne Stalin** 307
Kapitel 13 – Chruschtschow und der XX. Parteitag 309
Berijas Verhaftung 316
Tauwetter 320
Der XX. Parteitag 326

Kapitel 14 – Zickzack-Kurs auf dem Weg zum
»Kommunismus« 331
Die Krise um die »Antiparteigruppe« 332
Die Grenzen der Entstalinisierung 341
Die Entstalinisierung in der Literatur 344
Der Sozialismus ist errichtet – der Kommunismus
nicht mehr fern 346
Leistungen und Misserfolge 348

Widersprüchliche Chruschtschow-Zeit. 356
Chruschtschows Sturz 358

Kapitel 15 – Revisionismus und Revolution in Osteuropa . . . 362
Der Widerstand der Arbeiterschaft in Deutschland
und der Tschechoslowakei 364
Politischer Wandel in Polen und Ungarn 369
Polen im Jahr 1956 375
Ungarn im Jahr 1956 377
Lehren und Vermächtnis des Jahres 1956 391

Kapitel 16 – Kuba: ein kommunistischer Staat
in der Karibik 397
Castros Herkunft und sein Aufstieg zur Macht 399
Castro an der Macht 403
Die Kubakrise 407
Der Aufbau des Kommunismus in Kuba 410
Leistungen und Misserfolge des kubanischen
Kommunismus 416

Kapitel 17 – China: von der »Bewegung der hundert
Blumen« zur »Kulturrevolution« 423
Die »Bewegung der hundert Blumen« 425
Der »Große Sprung nach vorn« 428
Bruch mit der Sowjetunion 430
Die »Kulturrevolution« 438
Unbeabsichtigte Konsequenzen in China. 443
Unbeabsichtigte internationale Folgen 446

Kapitel 18 – Kommunismus in Asien und Afrika 448
Nordkorea 450
Vietnam und Laos. 454
Kambodscha 466
Afghanistan 472
Nichtregierende kommunistische Parteien in Asien 480
Afrika. 484
Südafrika 484
Staaten »sozialistischer Orientierung« 489

Kapitel 19 – Der »Prager Frühling« 494
Reformanreize. 495
Die slowakische Frage 506
Die Reformen des »Prager Frühlings« 507
Alarmstufe Rot in Osteuropa und Russland 516
Die Invasion und das Nachspiel 525

Kapitel 20 – »Ära der Stagnation«: die Sowjetunion
unter Breschnew 534
Die Parteispitze 539
Vielfalt hinter der monolithischen Fassade. 544
Kulturelle Abweichung 551
Innersystemischer Dissens 552
Erfolge und Fehlschläge 558

TEIL VIER – **Der Druck wächst** 563
Kapitel 21 – Die Herausforderung aus Polen:
Johannes Paul II., Lech Wałęsa und der Aufstieg
von Solidarność 565
Ein Pole wird Papst 572
Solidarność als Massenbewegung. 575
Kriegsrecht. 582

Kapitel 22 – Reform in China: Deng Xiaoping und
die Zeit danach. 586
Wirtschaftliche und gesellschaftliche
Veränderungen 590
Politische Auseinandersetzungen 594
Konflikte und Reformen nach Tiananmen 598
Chinas Politik im 21. Jahrhundert. 605

Kapitel 23 – Die Herausforderung des Westens 614
Helsinki und die Entspannung. 615
Eurokommunismus. 621
Reisen in den Westen. 626
Ausländischer Rundfunk. 632
Ronald Reagan und Papst Johannes Paul II. 635

TEIL FÜNF – Der Fall des Kommunismus –
Versuch einer Interpretation. 641

Kapitel 24 – Gorbatschow, Perestroika und der Versuch,
den Kommunismus zu reformieren, 1985–1987. 643
Prolog. 644
Wie der Wandel begann 648
Die Wahl Gorbatschows. 650
Neue Köpfe, neue Konzepte 652
Schwierigkeiten der Reform. 660
Jelzin schert aus. 662
Der Anfang vom Ende des Kalten Krieges 665

Kapitel 25 – Die Demontage des sowjetischen Kommunismus,
1988/89 671
Kampf und Durchbruch 673
Die Entwicklung gewinnt an Fahrt. 678
Reagan in Moskau. 683
Von der Liberalisierung zur Demokratisierung 685
War das sowjetische System im Dezember 1989 noch
kommunistisch?. 691

Kapitel 26 – Das Ende des Kommunismus in Europa 696
Ungarn. 704
Polen 708
Ostdeutschland 712
Tschechoslowakei. 717
Bulgarien. 721
Rumänien 722
Albanien 725
Jugoslawien 727

Kapitel 27 – Der Zerfall der Sowjetunion. 731
Russland – der Grundpfeiler der Union 736
Krisenherde 743
Der Kreislauf der gegenseitigen Beeinflussung 749
Der Putsch und das Ende der UdSSR 752

Kapitel 28 – Wie konnte der Kommunismus
so lange überleben?. 764
Die Sprache der Politik. 770
Unausgesprochene Spielregeln 772
Scheiterte der Sowjetkommunismus an der Wirtschaft?. . . 775
Osteuropäischer und asiatischer Kommunismus 778

Kapitel 29 – Was verursachte den Zusammenbruch
des Kommunismus?. 782
Gesellschaftlicher Wandel. 783
Wirtschaftliche Probleme 785
Der Nationalismus. 788
Kritisches Denken innerhalb der Partei. 789
Transformation von oben und institutionelle Macht 794
Was kam zuerst: Krise oder Reform?. 796
Ungehinderter Informationsfluss. 798
Der internationale Kontext 800

Kapitel 30 – Was ist vom Kommunismus geblieben? 803
Erklärungen für die Langlebigkeit des Kommunismus 809
Nachruf auf eine Illusion. 817

ANHANG. 823

Anmerkungen 825
Danksagung 923
Personenregister. 925

EINFÜHRUNG

»Bist du schon jemals einem Kommunisten begegnet?« Diese Frage stellte mir der Chefredakteur der Tageszeitung meiner schottischen Heimatstadt, für die ich Mitte der fünfziger Jahre als Jungreporter arbeitete. Das war vor dem Militärdienst und bevor ich zur Universität ging. »Nein«, bekannte ich damals, »das kann ich nicht behaupten.« Worauf mein Chefredakteur mit der Frage anspielte, wurde schnell klar: Ist dir bewusst, wie anders diese Leute sind – und wie gefährlich?

In Wahrheit war ich zu der Zeit bereits einem Kommunisten begegnet: Von meinem Französischlehrer im Schuljahr 1952/53 hieß es, er sei ein Kommunist – eine Folge, ohne Zweifel, seines Studiums in Frankreich, wo kommunistische Ideen in den frühen Nachkriegsjahren weitaus populärer waren als in Großbritannien. Seine Schüler bezeichneten ihn, etwas herablassend, als »Wee Joe«, Klein-Joe. Und wiewohl er in der Tat von kleinem Wuchs war, lautete sein Vorname keineswegs Josef. Das »Joe« stand für Josef Stalin, so sehr wurde der Kommunismus in diesen Jahren mit dem sowjetischen Diktator gleichgesetzt.

Seitdem habe ich viele hundert Kommunisten gesprochen, vor allem in der ehemaligen Sowjetunion, aber auch in den Ländern Osteuropas und in China. Und einige wenige aus dem eher kleinen britischen Kontingent. Ausgerechnet die Armee war es, wo ich zum ersten Mal einen Kommunisten näher kennen lernte – es war ein Soldat, der sich später unerlaubt von der Truppe entfernte. Ihm zufolge durfte man nichts, nicht einmal den kleinsten Eckladen, in Privatbesitz belassen, denn sonst würde er wie eine Krebszelle den gesamten politischen Körper infizieren. (Das war 1957. Wer weiß, vielleicht ist der Jungkommunist von damals heute ein Unternehmer im Ruhestand.)

Als ich mich später ernsthaft dem Studium kommunistischer Systeme widmete, wurde mir schnell klar, wie wenig der Umstand, dass jemand Kommunist ist, über diese Person aussagt. In einem konservativ-autoritären oder faschistischen Staat in eine kommunistische Partei einzutreten ist etwas ganz anderes, als dies in einer Demokratie zu tun. Und nochmals etwas ganz anderes ist es, dies in einem kommunistischen Land zu tun, in dem diese Organisation das politische Machtmonopol hält. In einem solchen Fall hilft die Mitgliedschaft der Karriere und ist Voraussetzung für das Bekleiden praktisch aller höheren Posten innerhalb der Gesellschaft, selbst solcher, die nicht politischer Natur sind.

Kommunistische Parteien an der Herrschaft waren niemals darauf aus, die gesamte Bevölkerung als Parteimitglieder anzuwerben. Die Zahl der Mitläufer war stets weitaus größer als die der Parteiangehörigen. Kommunistische Parteien waren zwar Massenparteien, aber sie waren auch selektiv. Grob geschätzt waren in etablierten kommunistischen Systemen ungefähr zehn Prozent der Erwachsenen in der Partei. Sie gehörten einer »Avantgardepartei« an, die eine, wie es genannt wurde, »führende Rolle« (ein Euphemismus für Machtmonopol) im Staat spielte. Die Motive, warum jemand Parteimitglied wurde, variierten je nach Zeit, Ort und individueller Persönlichkeit. Nach erfolgreicher Machtübernahme verzeichnete eine kommunistische Partei immer einen drastischen Mitgliederzuwachs, was dazu führte, dass Revolutionäre mit festen, häufig fanatischen Überzeugungen schnell in die Minderheit gerieten. Die Gründe der neuen Mitglieder für den Eintritt in die nun herrschende Partei unterschieden sich im Allgemeinen stark von denen der Altmitglieder, die sich einer verbotenen und von der Obrigkeit verfolgten Partei angeschlossen und dafür auch das Risiko von Exil, Inhaftierung und Tod auf sich genommen hatten.

Während des Zweiten Weltkriegs war in der Sowjetunion für viele Soldaten der Eintritt in die Partei ein zusätzlicher Akt des Patriotismus in einer Zeit, in der die Loyalität zum Regime Hand in Hand ging mit der Loyalität zu einem in tödlicher Gefahr schwebenden Vaterland. In den – nach sowjetischen Maßstäben – vergleichsweise ruhigen Jahren von 1964 bis 1982, in denen Leonid Breschnew der

Einführung

KPdSU vorstand, war es weit verbreitet, aus Karrieregründen der Partei beizutreten. Tatsache ist, dass in allen kommunistischen Ländern ehrgeizige Menschen überdurchschnittlich oft Parteimitglied wurden. Das ist einer der Gründe dafür, warum auch jetzt noch, knapp zwei Jahrzehnte nach 1989, in den meisten postkommunistischen Staaten ehemalige Parteimitglieder überdurchschnittlich häufig in führenden Positionen einschließlich höchster politischer Ämter zu finden sind.

Mein professionelles Interesse an kommunistischen Systemen entwickelte sich in den frühen Sechzigern während meines Studiums an der London School of Economics. 1964 hielt ich an der Glasgow University Vorlesungen zur Politik der Sowjetunion, und bevor das Jahrzehnt zu Ende war, bot ich dort ein Seminar an mit dem Titel »The Comparative Study of Communist States« (ein Seminar, das ich in weitgehend gleicher Form, aber unter anderer Bezeichnung in den siebziger und achtziger Jahren auch in Oxford gab). Das Forschungsfeld des »Comparative Communism«, also der vergleichenden Kommunismusforschung, das sich Ende der sechziger Jahre innerhalb der Vergleichenden Politikwissenschaften herausgebildet hat, war sowohl dem Umstand geschuldet, dass die kommunistischen Systeme, die es damals gab, ausreichend Gemeinsamkeiten aufwiesen, um unter den politischen und ökonomischen Systemen der Welt zu einer eigenständigen Gruppe zusammengefasst zu werden, wie auch der nicht weniger wichtigen Beobachtung, dass die Unterschiede zwischen ihnen hinreichend groß waren, um der ernsthaften wissenschaftlichen Analyse und Erklärung zu bedürfen.

Im Laufe von über vierzig Jahren habe ich die Mehrzahl der während dieser Jahrzehnte existierenden kommunistischen Länder besucht und dort die unterschiedlichsten Menschen getroffen, von Dissidenten bis hin zu Mitgliedern des Zentralkomitees. Die Mehrheit meiner Gesprächspartner aber gehörte weder der einen noch der anderen Kategorie an. Viele waren Parteimitglieder, viele aber auch nicht. Beim Schreiben eines Buches wie diesem ist es hilfreich, eine Vielzahl unterschiedlichster Erfahrungen in diesen Ländern gemacht zu haben, als sie noch kommunistisch regiert wurden – von herzlichen Freundschaften bis hin zu geheimpolizeilicher Überwachung, von kulturellen Highlights bis zu zeitraubender Bürokratie. Ein ebenso großer Vorteil ist es aber, dieses Buch zu einem Zeitpunkt zu schreiben, da sich die meisten dieser Länder nicht mehr unter kommunistischer Herrschaft befinden. Heute ist der Forschung Archivmaterial zugänglich – darunter Protokolle von Politbürositzungen und Mitschriften von Treffen zwischen kommunistischen Führern verschiedener Länder –, von dem Wissenschaftler vor ein paar Jahrzehnten nur träumen konnten. Leute, die ehemals hohe politische Ämter in kommunistischen Ländern bekleideten, können interviewt werden, zahllose enthüllende Memoiren sind veröffentlicht worden.

Ungeachtet zahlreicher Besonderheiten hatten kommunistische Systeme eine Reihe essentieller Dinge gemeinsam. Auch die fünf noch existierenden kommunistischen Staaten – China, Kuba, Laos, Nordkorea und Vietnam – weisen zumindest *ein paar* Gemeinsamkeiten auf, wiewohl die Unterschiede zwischen China und Nordkorea zum Beispiel gewaltig sind. So wichtig es auch sein mag, die Eigenschaften zu untersuchen, dank derer es erst sinnvoll ist, ein System kommunistisch zu nennen, ist dies nicht mein Ausgangspunkt. Geschichte sollte schließlich vorwärts geschrieben werden, nicht rückwärts. Im ersten Teil befasse ich mich deshalb mit den Ursprüngen und der Entwicklung der Idee des Kommunismus und daran anschließend mit seinen praktischen Ausprägungen bis zum Ausbruch des Zweiten Weltkriegs. Das nimmt die ersten fünf Kapitel in Anspruch. Der Frage, was wir mit einem kommunistischen System meinen, wende ich mich erst in Kapitel 6 zu.

Der größte Teil dieses Buches befasst sich naturgemäß mit der Periode nach dem Zweiten Weltkrieg, denn davor gab es nur einen kommunistischen Staat – die UdSSR. (Die Mongolei war zwar auch kommunistisch, doch in Bezug auf Bevölkerungszahl und Bedeutung unerheblich.) Weil die Sowjetunion, der revolutionäre Nachfolger des zaristischen Russlands, das erste Land war, in dem ein kommunistisches politisches und ökonomisches System errichtet wurde, beeinflusste sie die Organisation später entstehender kommunistischer Staaten entscheidend, und zwar auch in den Fällen, in denen das Regime nicht mit Hilfe sowjetischer Waffengewalt installiert wurde. Obwohl ich auch auf kommunistische Parteien fern der Macht und die Gründe eingehe, warum sich manche Menschen selbst in Demokratien zu diesen Parteien hingezogen fühlten, gilt mein Hauptinteresse den Ländern, die sich unter kommunistischer Herrschaft befanden (beziehungsweise noch befinden). Ende der siebziger Jahre gab

Einführung 17

es sechzehn solcher Länder. Obwohl es zu keinem Zeitpunkt der Geschichte mehr als diese Zahl kommunistischer Staaten gab, gibt es 36 Staaten, die irgendwann in ihrer Geschichte eine kommunistische Regierung hatten (beziehungsweise noch haben). Dieser scheinbare Widerspruch erklärt sich aus der Tatsache, dass drei kommunistische Länder mit föderalen Verfassungen – die Sowjetunion, Jugoslawien und die Tschechoslowakei – nach dem Ende des kommunistischen Systems, das sie zusammengehalten hatte, in Einzelstaaten zerfielen. Allein im Falle der Sowjetunion wurden aus einem Land fünfzehn Länder, was aber nichts daran ändert, dass der größte dieser Nachfolgestaaten, Russland, nach wie vor das größte Land der Erde ist.

Die sechzehn Länder, die laut meinen Kriterien über eine signifikante Zeitdauer hinweg kommunistisch regiert waren, sind dieselben, die Ende der achtziger Jahre von der sowjetischen Führung als »sozialistisch« – sprich als der internationalen kommunistischen Bewegung zugehörig – anerkannt wurden.[1] (Ende 1989 allerdings gab es in der Hälfte dieser Länder bereits kein kommunistisches System mehr.) Diese sechzehn Länder sind: Albanien, Bulgarien, China, die Deutsche Demokratische Republik, Jugoslawien, Kambodscha, Kuba, Laos, Nordkorea, die Mongolei, Polen, Rumänien, die Sowjetunion, die Tschechoslowakei, Ungarn und Vietnam.

Eine zentrale Aufgabe dieses Werkes liegt darin, neben einigen neuen Erkenntnissen eine zuverlässige Darstellung über den Aufstieg und Fall des Kommunismus und jene Menschen zu liefern, die eine entscheidende Rolle dabei gespielt haben, ohne den Leser mit allzu viel reinem Faktenwissen zu erschlagen. Vor allem beschäftige ich mich mit folgenden drei Fragen: 1. Wie und warum gelangten Kommunisten an die Macht? 2. Wie konnten sie sich in einer Vielzahl von Ländern und auf verschiedenen Kontinenten so lange an der Macht halten? 3. Was waren die Ursachen für den Zerfall beziehungsweise Kollaps der kommunistischen Systeme?

Um diese Fragen beantworten zu können, muss sowohl den inneren Mechanismen kommunistischer Systeme wie auch den unterschiedlichen Gesellschaften Beachtung geschenkt werden. Von allen totalitären oder autoritären Ideologien war der Kommunismus die bei weitem erfolgreichste und langlebigste Bewegung. Die starke Anziehungskraft, die er auf viele intelligente, gebildete und wohlhabende Menschen ebenso ausübte wie auf gesellschaftlich und ökonomisch marginalisierte Gruppen, bedarf der Erklärung, ebenso sein Herrschaftssystem, das in erheblichem Maße dafür verantwortlich war, dass er sich so lange halten konnte. In Russland waren die Kommunisten über siebzig Jahre an der Macht, und selbst heute noch gilt das bevölkerungsreichste Land der Erde, China, als ein kommunistisches Land, was es in mancherlei (aber nicht jeder) Hinsicht durchaus auch ist.

Der erste Teil dieses Buches behandelt, wie bereits erwähnt, die Ursprünge und die Entwicklung des Kommunismus und erzählt seine Geschichte von seinen Begründern Karl Marx und Friedrich Engels (mit einem kurzen Blick auf die vormarxistischen »Kommunisten«) bis zum Ausbruch des Zweiten Weltkriegs, eines Kriegs, der in verschiedenen Ländern zu verschiedenen Zeitpunkten beginnt – im Falle der Sowjetunion zum Beispiel am 22. Juni 1941. In dieser Zeit wird die Kommunistische Internationale gegründet, kommen die Bolschewiki an die Macht und entwickelt sich das Sowjetsystem unter Lenin und Stalin. Zur Sprache kommen außerdem die Reichweite und die Grenzen des Kommunismus jenseits der Sowjetunion und die Spannungen zwischen Kommunisten und Sozialdemokraten in Europa.

Teil 2 behandelt die Jahre vom Ende des Zweiten Weltkriegs bis zum Tod Stalins – eine Periode, in der sich der Kommunismus über die Grenzen der Sowjetunion hinaus ausbreitet. Insbesondere geht es hier um die Installation kommunistischer Systeme in Osteuropa und in China, wobei ein Hauptaugenmerk auf der Anziehungskraft der kommunistischen Ideologie liegt.

Teil 3 befasst sich mit dem Kommunismus nach dem Tod Stalins, einer Zeit höchst widersprüchlicher Entwicklungen. Das System insgesamt ist noch in Expansion begriffen und gewinnt neue Anhänger in der Dritten Welt, auch wenn sich ihm nur wenige Länder in Asien und nicht ein einziges in Afrika anschließen. Doch zur gleichen Zeit stellen Revisionismus, Reformismus und Volksaufstände (zum Beispiel in Ungarn), ganz zu schweigen vom chinesisch-sowjetischen Zerwürfnis, die sowjetische Orthodoxie vor eine Herausforderung, die größer ist als alles, was sie bis dato erlebt hat.

Teil 4 behandelt unter der Überschrift »Der Druck wächst« hauptsächlich die Periode von Mitte/Ende der siebziger bis Mitte der achtziger Jahre, in der sich die Probleme, mit denen sich der internationale Kommunismus konfrontiert sieht, verschärfen, angefangen vom

Einführung

»Eurokommunismus« wichtiger oppositioneller kommunistischer
Parteien bis hin zu weitaus folgenreicheren Entwicklungen wie dem
Aufstieg der Gewerkschaft Solidarność in Polen oder den radikalen
Wirtschaftsreformen in China. Es ist eine Phase, die viele Kommentatoren als den Anfang vom Ende bezeichnen, und sie verweisen auf
so unterschiedliche Faktoren wie den Rückgang des Wirtschaftswachstums, die Unfähigkeit der Sowjetunion, Schritt zu halten mit
der technologischen Revolution, die Wahl des Polen Karol Wojtyła
zum Papst und die Politik des US-Präsidenten Ronald Reagan. Wie
wichtig diese Faktoren im Einzelnen sind und ob sie mehr ins Gewicht fallen als andere, weniger häufig genannte, ist eines der bestimmenden Themen des fünften Teils.

Abschließend wage ich mich an einige große Fragen. Karl Marx hat
behauptet, dass die kapitalistischen Systeme den Samen ihrer eigenen Zerstörung in sich trügen. Hat sich dies nun nicht vielmehr für
die kommunistischen Systeme bewahrheitet, wobei paradoxerweise
ihre positiven Errungenschaften nicht weniger als ihre Versäumnisse
und Ungerechtigkeiten zur wachsenden Desillusionierung beitrugen?
Woher kamen – angesichts der engen Verflechtung der politischen
Systeme Mittel- und Osteuropas mit der Sowjetunion – die in den
einzelnen Phasen des Niedergangs des Kommunismus jeweils entscheidenden Impulse? Inwieweit war der Einfluss des Westens von
Bedeutung, und wie sehr fiel die Ausbreitung neuer Ideen innerhalb
des kommunistischen Blocks ins Gewicht? Inwieweit spielten Entwicklungen innerhalb der jeweiligen Gesellschaft, inwieweit die Unterschiede innerhalb der herrschenden kommunistischen Parteien
selbst eine Rolle? In welchem Maße trugen die Flügelkämpfe, die sich
hinter den monolithischen Fassaden der Parteien abspielten, zum dramatischen Ende des Kommunismus in Europa und zu seiner Reform
in China bei? Und wie erklären wir angesichts der Tatsache, dass
– dank der gewaltigen Einwohnerzahl Chinas – nach wie vor mehr als
ein Fünftel der Weltbevölkerung unter kommunistischer Herrschaft
lebt, die Widerstandsfähigkeit der heute noch bestehenden kommunistischen Systeme? Dies sind nur einige der wichtigen Fragen, die in
den kommenden Kapiteln behandelt werden.

TEIL EINS

Ursprung und Entwicklung

KAPITEL 1

Die kommunistische Idee

»Ein Gespenst geht um in Europa – das Gespenst des Kommunismus.« Als Karl Marx sein *Manifest der Kommunistischen Partei* von 1848 mit diesen berühmt gewordenen Worten eröffnete, konnten weder er noch sein Mitautor Friedrich Engels den gewaltigen Siegeszug vorhersehen, den der Kommunismus im 20. Jahrhundert antreten sollte. Das Gespenst von einst war Realität geworden, und das nicht nur in Europa, sondern für Hunderte Millionen Menschen rund um den Globus und in Ländern, in denen Marx eine proletarische Revolution niemals für möglich gehalten hätte. Kommunistische Systeme entstanden in zwei vorwiegend agrarisch geprägten Gesellschaften – im russischen Zarenreich, dem flächenmäßig größten Land der Erde, das zur Sowjetunion wurde, und in China, dem bevölkerungsreichsten Land der Erde. Wie und warum sich der Kommunismus ausbreitete, zu welcher Art System er sich entwickelte, wie er über Zeiten und Orte variierte und wie und warum er in seiner Geburtsstätte Europa sein Ende fand, das sind die zentralen Themen dieses Buches.

Marx' Behauptung war zu der Zeit, da er sie aufstellte, eine grobe Übertreibung. Mitte des 20. Jahrhunderts dagegen musste man sie fast schon als Untertreibung bezeichnen. Damit soll nicht gesagt sein, dass der Kommunismus, der sich in so vielen Ländern durchgesetzt hatte, noch viel mit dem zu tun gehabt hätte, was Marx einst propagiert hatte. Zwischen der ursprünglichen Theorie und der späteren Praxis kommunistischer Herrschaft klaffte ein tiefer Graben. Karl Marx hatte aufrichtig geglaubt, dass der Mensch im Kommunismus – der zukünftigen Gesellschaft seiner Vorstellung, die er als unvermeidliche und abschließende Stufe der menschlichen Entwicklung ansah – freier als jemals zuvor in seiner Geschichte sein würde. Allerdings mangelte es »seiner Vision von der allgemeinen Befreiung der Menschheit« an Garantien für die individuelle Freiheit.[1] Marx hätte heftig protestiert, hätte man ihn als Moralisten bezeichnet; schließlich begriff er sich als ein Kommunist, der eine Theorie des wissenschaftlichen Sozialismus entwickelte. Das ändert aber nichts daran, dass viele seiner Formulierungen weitaus weniger »wissenschaftlich« waren, als er es wahrhaben wollte. Karl Popper, einer seiner unerbittlichsten Kritiker in dieser Hinsicht, zollt der moralischen Basis durchaus Tribut. Unter dem Schlagwort »gleicher und freier Wettbewerb für alle« war, wie Popper schreibt, »die Ausbeutung von Frauen und Kindern«, die ein Leben »voll Elend und Verzweiflung« führten, »nicht nur von professionellen Ökonomen, sondern auch von Männern der Kirche ... geduldet und manchmal sogar verteidigt worden«, und Marx' »flammender Protest gegen diese Verbrechen ... wird ihm für immer einen Platz unter den Befreiern der Menschheit sichern«.[2] Diejenigen, die im 20. Jahrhundert, um die Macht zu erringen, Marx' Ideen ge- und missbraucht haben, erwiesen sich jedoch als alles andere denn Befreier der Menschheit. Die marxistische Theorie, wie sie von Wladimir I. Lenin ausgelegt und später von Stalin in Russland und Mao Tse-tung in China umgesetzt wurde, verkam zum Rechtfertigungsvehikel einer rücksichtslosen Parteidiktatur.

Den Großteil des 20. Jahrhunderts über war der Kommunismus die weltweit dominante politische Bewegung. Die Menschen reagierten auf ihn auf unterschiedliche Weise – die einen sahen in ihm eine Quelle der Hoffnung auf eine strahlende Zukunft, die anderen die größte Bedrohung auf dem Antlitz der Erde. Mitte dieses Jahrhunderts gab es nicht nur in den sowjetischen Satellitenstaaten in Europa, sondern auch in Lateinamerika und Asien kommunistische Regime. Der Kommunismus beherrschte die, wie sie genannt wurde, »Zweite Welt«, während die »Erste Welt« – angeführt von den Vereinigten Staaten und ihren westeuropäischen Hauptverbündeten – einen mehrere Jahrzehnte andauernden Kampf mit der internationalen kommunistischen Bewegung um Einfluss in der »Dritten Welt« führte.

Selbst in Ländern mit starken demokratischen Traditionen wie den Vereinigten Staaten und Großbritannien liebäugelten viele Intellektuelle mit dem Kommunismus. Insbesondere in Frankreich und Italien entwickelten sich die kommunistischen Parteien zu bedeutenden politischen Kräften, die weitaus stärker waren als ihre Pendants in Großbritannien und den USA. Die KPF und die KPI konnten auf breite Unterstützung im Volk und bei den Intellektuellen zählen und waren in beträchtlicher Stärke in den jeweiligen Parlamenten vertreten. Nachdem nicht nur in Osteuropa und Asien kommunistische Systeme installiert worden waren, sondern auch auf Kuba, schien es, als würde die Ideologie auch in Afrika triumphieren.

Die globale Rivalität zwischen dem Westen und dem kommunistischen Block führte zu lang anhaltenden Spannungen und zum Kalten Krieg, der immer mal wieder in einen heißen zu münden drohte, vor allem während der Kubakrise von 1962.

Der Aufstieg des Kommunismus war, mehr noch als der des Faschismus, das wichtigste politische Phänomen der ersten Hälfte des 20. Jahrhunderts. Denn er erwies sich als eine viel stärkere und langlebigere Bewegung – und politische Religion – als der Faschismus. Aus diesem Grund markiert auch sein Ende in Europa – und damit einhergehend sein Ende als internationale Bewegung – das bei weitem wichtigste politische Ereignis des ausgehenden 20. Jahrhunderts. Der dem Sturz vorangehende Niedergang zog sich über mehrere Jahrzehnte hin, auch wenn es sich dabei um eine höchst widersprüchliche Phase handelte, in der der Kommunismus gelegentlich durchaus noch Geländegewinne erzielen konnte. Nachdem der damalige Kremlchef Nikita Chruschtschow auf dem XX. Parteitag 1956 einige der Verbrechen Stalins publik gemacht hatte, erzielte der Kommunismus seinen einzigen Erfolg auf dem amerikanischen Kontinent, und zwar in Kuba. In Asien konnte er seine Macht später auf ganz Vietnam ausweiten.

An dieser Stelle sei der Hinweis gestattet, dass die kommunistischen Parteien ihre eigenen Systeme niemals als »kommunistisch«, sondern als »sozialistisch« bezeichnet haben. Der Kommunismus stellte für sie eine spätere – abschließende – Stufe der gesellschaftlichen Entwicklung dar, in der sich alle staatlichen Institutionen aufgelöst hätten und durch eine sich selbst verwaltende Gesellschaft ersetzt worden wären.

Frühe Kommunisten

Ohne Zweifel waren Marx und später Lenin die bei weitem wichtigsten Theoretiker des Kommunismus – und Lenin dazu auch noch ein Praktiker von überragender Bedeutung. Die Idee des Kommunismus ist allerdings weit älter als Karl Marx. Schon Jahrhunderte zuvor waren diverse idealistische Kommunismuskonzepte entwickelt worden. Die Mehrzahl dieser Vorläufer sowohl des Kommunismus wie auch des Sozialismus hatte wenig bis gar nichts gemein mit den kommunistischen Regimen, wie sie sich im 20. Jahrhundert etabliert haben (und von denen sich nur wenige ins 21. Jahrhundert retten konnten), abgesehen von dem Glauben an ein zukünftiges Utopia, ein Glaube, der bei den »Kommunisten« des 14. bis 19. Jahrhunderts allerdings weitaus aufrichtiger und ernsthafter war als bei der Mehrzahl derer, die in der zweiten Hälfte des 20. Jahrhunderts den kommunistischen Parteien vorstanden. Aber es gab auch christliche Sekten, die sich für einen primitiven Kommunismus begeisterten, der die späteren kommunistischen und selbst stalinistischen Regime hinsichtlich ihrer Intoleranz und Neigung zur gewaltsamen Unterdrückung echter und eingebildeter Feinde vorwegnahm.

Für die Sozialreformer des Mittelalters waren die frühen Christen das Beispiel einer Gemeinschaft, in der sich alles in Gemeinbesitz befand. »Selbst wenn man zu Recht anzweifeln kann«, schrieb der deutsche Historiker Max Beer, »dass es in den ersten primitiven christlichen Gemeinden konkrete kommunistische Institutionen gab ...‚ kann kein Zweifel daran bestehen, dass der gemeinsame Besitz von vielen der ersten Christen als ein erstrebenswertes Ideal betrachtet wurde.«[3] So war ja auch laut Apostelgeschichte »die Menge derer aber, die gläubig geworden, [...] ein Herz und eine Seele; und auch nicht einer sagte, dass etwas von seiner Habe sein Eigen sei, sondern es war ihnen alles gemeinsam«.[4] Und in der zweiten Hälfte des 4. Jahrhunderts verkündete der heilige Ambrosius, Bischof von Mailand und Mentor des Augustinus: »Die Natur hat alle Schätze für alle Menschen als gemeinsamen Besitz hervorgebracht. Denn Gott befahl allen Dingen, so zu werden, dass die Nahrung allen gemeinsam gehört und die Erde Gemeineigentum ist. Demgemäß hat die Natur ein Gemeinrecht geschaffen, aber Gewohnheit und Brauch schufen ein Privatrecht.«[5]

Frühe Kommunisten 27

Viele christliche Theologen des 14. Jahrhunderts, darunter auch der englische Kirchenreformer John Wycliffe, gingen davon aus, dass die früheste Form der menschlichen Gesellschaft eine von »Unschuld und Kommunismus« gewesen sei.[6] Tatsächlich sollten, forderte Wycliffe bei einer Gelegenheit, »alle guten Dinge Gottes Gemeineigentum sein«.[7] Allerdings schränkte er das gleich wieder ein, indem er hinzufügte, es gebe im praktischen Leben keine Alternative dazu, sich mit Ungleichheiten und Ungerechtigkeiten abzufinden und damit, dass Reichtum und Macht in den Händen von Menschen lägen, die nichts getan hätten, um ihrer würdig zu sein.[8] Laut Norman Cohn hörten die Menschen um das Jahr 1380 herum auf, sich eine Gesellschaftsordnung »ohne Standes- und Besitzunterschiede lediglich als ein in der fernen Vergangenheit unwiederbringlich verlorenes Goldenes Zeitalter vorzustellen«, und fingen stattdessen an, davon als etwas zu denken, das sich in naher Zukunft erfüllen könnte.[9] Nur eine Minderheit allerdings wagte es, die Monarchen und Feudalherren auch tatsächlich herauszufordern und eine kommunistische Gesellschaft zu erschaffen – beziehungsweise, wie sie es sahen, wiederzuerschaffen –, die Freiheit für alle mit allgemeiner Gleichheit verband. Einer dieser wenigen war der englische Priester John Ball, der schon Jahre vor Ausbruch der Bauernrebellion 1381 bemüht war, das Bauernvolk »gegen die weltlichen und geistigen Herrschaften aufzuwiegeln«.[10] Diese Herrschaften sahen in Ball einen der Rädelsführer dieser Rebellion und ließen ihn am 15. Juli 1381 hinrichten. Ein Auszug aus einer der Reden, die Ball gehalten haben soll, vermittelt einen Eindruck seines radikalen, aber religiös begründeten Egalitarismus:

Meine lieben Leute, schlecht stehen die Dinge in England, und sie werden sich nie bessern, ehe nicht die Gütergemeinschaft herrscht, ehe es weder Hörige noch Herren gibt, ehe nicht alle gleich sind. Mit welchem Rechte haben sie, die sich Herren nennen, die Oberhand über uns? Warum halten sie uns in Knechtschaft? Wenn wir alle von demselben Vater und derselben Mutter, von Adam und Eva, abstammen, wie können sie behaupten oder beweisen, dass sie mehr Rechte haben. Es sei denn vielleicht, dass wir arbeiten und produzieren, was sie verzehren?[11]

In einem ihm zugeschriebenen Vers brachte John Ball dasselbe ungleich prägnanter zum Ausdruck:

Als Adam grub und Eva spann,
Wer war da wohl der Edelmann?[12]

Unruhestifter und Querdenker wie Ball gab es auch auf dem Kontinent zuhauf. Vor allem in Böhmen und Deutschland war diese Bewegung stark ausgeprägt und in manchen ihrer Manifestationen sogar radikaler als in England. Mehr Reformer als Revolutionär aber war der böhmische Priester Jan Hus. Wie Wycliffe griff er die Bestechlichkeit innerhalb der Kirche an und forderte Christen zum Ungehorsam gegenüber päpstlichen Erlassen auf, die dem »Gesetz Christi wie dargelegt in den Schriften« widersprachen. Für seine Lehre, dass das Papsttum eine menschliche, keine göttliche Institution sei und nicht der Papst, sondern Christus Oberhaupt der Kirche, wurde er 1412 exkommuniziert und 1415 als Ketzer verbrannt. In Böhmen löste die Nachricht von Hus' Hinrichtung Unruhen aus, die sich – ein Jahrhundert vor Luther – zu einer »nationalen Reformation« auswuchsen und zur Gründung der Hussitenbewegung führten, die unter anderem für den Volksaufstand in Prag von 1419 verantwortlich war.[13]

Eine radikale Abspaltung der Hussiten waren die Taboriten. Sie praktizierten in Erwartung der unmittelbar bevorstehenden zweiten Ankunft Christi tatsächlich eine Art Kommunismus. Tausende böhmische und mährische Bauern verkauften ihr Hab und Gut und zahlten die Erlöse in Gemeinschaftskassen ein.[14] Das Prinzip, dass »alle Menschen immer alles gemeinsam besitzen müssen und niemand etwas für sich haben darf«, wurde allerdings etwas ausgehebelt durch den Umstand, dass die »Tabor-Revolutionäre über ihrem Dogma vom Gemeineigentum vergaßen, dass auch produziert werden muss«.[15]

Im frühen 16. Jahrhundert gehörten deutsch schreibende und predigende Revolutionäre mit zu denen, die die härtesten Strafen für die Feinde der von ihnen erträumten egalitären sozialen Ordnung forderten. Einer von ihnen – sein wahrer Name ist unbekannt, aber die Historiker nennen ihn den »Revolutionär vom Oberrhein« – vertrat die Ansicht, der Weg zum Reich Christi führe durch Massaker und Schrecken. In einem viereinhalb Jahre währenden Blutbad müssten, so prophezeite er, alltäglich 2300 Geistliche erschlagen werden. Allerdings kannte sein revolutionärer Eifer auch Grenzen, denn der Kaiser sollte verschont werden. Nicht geschont sehen allerdings wollte er, wie er schrieb, das private Eigentum: »was schad von dem eigenen nuetz entstait ... darumb not ist, daß alles guet ein guet werd, so wirt ein hirt ein schoffstall.«[16] Ein im Vergleich dazu gelehrter Fürsprecher der Errichtung einer neuen sozialen Ordnung mit Hilfe gewaltsamer Mittel war Thomas Müntzer (auch Münzer), der seine aktive Bekehrungsarbeit rund zehn Jahre nach dem Revolutionär vom Oberrhein aufnahm und über den Friedrich Engels Mitte des 19. Jahrhunderts schrieb: »Die mittelalterlichen Mystiker, die vom nahenden Tausendjährigen Reich träumten, hatten schon das Bewusstsein von der Ungerechtigkeit der Klassengegensätze. An der Schwelle der neueren Geschichte, vor dreihundertfünfzig Jahren, ruft Thomas Münzer es laut in die Welt hinaus.«[17] Müntzer tat sein Möglichstes, um die Bauern gegen die adeligen Herren und das kirchliche Establishment aufzuwiegeln. Natürlich war es nicht der Glaube an das nahende Tausendjährige Reich, der ihn manchen Revolutionären des 19. Jahrhunderts wie Engels sympathisch machte, sondern sein Engagement für den Klassenkampf, genauer für die deutschen Bauernaufstände im 16. Jahrhundert, die er mit einer gewalttätigen und kompromisslosen Rhetorik unterstützte und gleichermaßen anheizte. In einem Brief, in dem er seine Anhänger dazu aufrief, die »gottlosen Halunken«, die Kirche und Staat repräsentierten, anzugreifen, hieß es:

> Dran, dran, dran! Last euch nit erbarmen ... Sehet nit an den jhammer der gottlossen. Sie werden euch also freundlich bitten, greynen, flehen wie dye kinder. Lasset euch nit erbarmen ... Reget an in dorfern und stedten und sonderlich die bergkgesellen mit ander guter burschen welche gut dazu wird sein. Wir mussen net lenger slaffen ... Lasset diesen brief den bergkgesellen werden ...[18]

Nach der Niederlage der von ihm zusammengerufenen Bauernhaufen gegen ein von deutschen Fürsten aufgebotenes Heer wurde Müntzer im Mai 1525 gefangen genommen, gefoltert und enthauptet.

Auf einem insgesamt höheren Niveau, sowohl intellektuell als auch humanistisch, siedeln die Schriften des Thomas Morus, zu denen mit dem 1516 (auf Lateinisch) veröffentlichten *Utopia* eine der faszinierendsten frühen Darstellungen einer imaginären kommunistischen Gesellschaft zählt (deutsch erstmals 1612).[19] Mit diesem Buch, von dem im Verlaufe der nächsten fünf Jahrhunderte zahllose

Auflagen gedruckt wurden, verlieh Morus dem Genre der utopischen Fiktion seinen Namen.[20] Morus selbst erlitt schlussendlich dasselbe Schicksal wie John Ball (und Thomas Müntzer) – er wurde hingerichtet, wenn auch im Gegensatz zu Ball nicht vornehmlich der Dinge wegen, die er geschrieben beziehungsweise gesagt hatte. Ebenfalls im Gegensatz zu Ball war Morus vor seinem Sturz in der englischen Gesellschaft sehr hoch aufgestiegen und hatte zuletzt den Posten des Lordkanzlers bekleidet. Hingerichtet wurde Morus, weil er sich weigerte, die Selbsteinsetzung Heinrichs VIII. zum Oberhaupt der anglikanischen Kirche anzuerkennen, wodurch Heinrich sich an die Stelle des Papstes setzte. Dabei hatte Morus nicht einmal offen gegen den König opponiert; mit dem Tod bestraft wurde er vielmehr für Meinungen, die er nicht öffentlich gemacht hatte, für ein Schweigen, das als »politisches Verbrechen« galt.[21]

Morus' *Utopia* erscheint auf den ersten Blick weitaus gefährlicher für die im mittelalterlichen Europa weitgehend als selbstverständlich erachtete Hierarchie als sein Schweigen bezüglich der Machtausweitung des Königs. Der Erzähler in seiner Geschichte sagt: »So habe ich die sichere Ueberzeugung gewonnen, daß die Habe der Menschen einigermaßen nach Gleichheit und Billigkeit nicht vertheilt, noch die irdischen Angelegenheiten glücklich gestaltet werden können, wenn nicht alsbald das Privateigenthum aufgehoben wird.«

Das Buch ist in Form eines Dialogs geschrieben, und Morus selbst liefert den Einwand gegen diese Behauptung, indem er sagt: »Gerade im Gegentheil scheint es mir, daß dort kein behagliches Leben möglich ist, wo Gütergemeinschaft herrscht. Denn auf welche Weise soll die erforderliche Menge Güter geschafft werden, wenn sich Jeder der Arbeit entzieht?«[22] Offenkundig plagten ihn mancherlei Zweifel im Hinblick auf sein Utopia, was aber an seinem Urteil zugunsten der imaginierten Gesellschaft im Vergleich zu der, in der er lebte, nichts änderte, wie er die Hauptfigur in seiner Geschichte mit den folgenden Worten sagen lässt:

Wenn ich daher alle die Staaten, welche heutzutage in Blüthe stehen, durchnehme und betrachte, so sehe ich, so wahr mir Gott helfe, in ihnen nichts Anderes, als eine Art Verschwörung der Reichen, die unter dem Deckmantel und Vorwande des Staatsinteresses lediglich für ihren eigenen Vortheil sorgen, und sie denken alle möglichen Arten und Weisen und Kniffe aus,

Frühe Kommunisten

wie sie das, was sie mit üblen Künsten zusammen gerafft haben, erstens ohne Furcht es zu verlieren, behalten, sodann wie sie die Arbeit aller Armen um so wenig Entgelt als möglich sich verschaffen mögen, um sie auszunutzen.[23]

Am Ende seines Buches bedenkt Morus nochmals, was der »Reisende« ihm über die Art und Weise berichtete, wie die Dinge in dem Land namens Utopia organisiert sind, um dann mit folgendem Urteil zu schließen: »So muß ich doch ohne weiteres gestehen, daß es im utopischen Staatswesen eine Menge Dinge gibt, die ich in anderen Staaten verwirklicht zu sehen wünsche. Freilich wünsche ich das mehr, als ich es hoffe.«[24]

Ein weiteres bedeutendes Utopia, das ein knappes Jahrhundert nach Morus' Werk entstand, erschien 1602 unter dem Titel *La Città del sole (Der Sonnenstaat)*. Der italienische Mönch Tommaso Campanella, der wiederholt mit geistigen und weltlichen Autoritäten in Konflikt geriet, schrieb dieses Buch während seiner 27-jährigen Haftzeit als Gefangener der spanischen Inquisition. Campanella, der die Familie als das hauptsächliche Hindernis auf dem Weg zur Schaffung eines kommunistischen Staates ansah und der Ansicht war, dass die meisten Eltern ihre Kinder falsch erzögen, forderte, der Staat solle ihre Erziehung übernehmen. Er betonte die Würde der Arbeit, wiewohl in seinem Sonnenstaat die Pflicht der Arbeit auf vier Stunden am Tag reduziert ist und der Rest der Zeit »mit angenehmem Studium« verbracht werden kann.[25]

Die Aufklärung im 18. Jahrhundert bahnte mit der Säkularisierung, der Begeisterung für die Wissenschaften und ganz allgemein mit dem Fortschrittsglauben den Weg für ein gänzlich neues Denken über die Gesellschaft der Zukunft,[26] ein Denken, das sich sowohl in evolutionären wie revolutionären Manifestationen niederschlug. In gewissem Sinne in Vorwegnahme von Marx, dabei aber weit weniger dogmatisch, entwickelten Philosophen wie Montesquieu und Turgot in Frankreich und so herausragende Vertreter der schottischen Aufklärung wie Adam Smith, John Millar und Adam Ferguson eine Stufentheorie der gesellschaftlichen Entwicklung, die ihrer Ansicht nach den Schlüssel zum Verständnis der Evolution von Gesellschaften bot. Ihrer Auffassung nach sind die in jeder Epoche vorherrschenden Regierungsformen und Ideen in hohem Maße durch die ökonomische

Basis, die Produktionsweise einer Gesellschaft bedingt – gemeint sind die vier Stufen der Entwicklung vom Jäger und Sammler über den Viehzüchter und den Nomaden bis hin zum Bauern (einhergehend mit dem Erwerb von Eigentum in Form von Land) und schließlich zum Händler.[27] Obwohl Marx Smith, Ferguson und Millar gelesen hatte,[28] scheinen die von ihm postulierten Entwicklungsstufen unmittelbarer von den Franzosen Charles Pecqueur und Simon Linguet sowie von der deutschen Historischen Rechtsschule beeinflusst worden zu sein, denen ein soziologisches Verständnis der Entwicklung von Gesetz und Eigentum gemeinsam war.[29] (Marx' Sichtweise der gesellschaftlichen Entwicklungsstufen und dessen, was den Übergang von einer sozialen Ordnung zur nächsten bewirkt, wird später in diesem Kapitel kurz angerissen.)

Mit der Französischen Revolution von 1789 hielt ein radikaleres Denken Einzug, ein Denken, dem es weniger um die distanzierte Analyse der Gesellschaft ging als vielmehr darum, sie durch unmittelbares Handeln zu verändern. Alle nachfolgenden Revolutionäre, auch Marx und Lenin, befassten sich sehr intensiv mit der Französischen Revolution, die von ihren Anfängen an als »ein epochales Ereignis« gesehen wurde, »das die gesellschaftliche und politische Identität der zivilisierten Welt vollständig transformierte«.[30]

Die Denkrichtung mit der größten Nähe zum späteren Kommunismus war der sogenannte Babouvismus, benannt nach seinem geistigen Vater François Noël Babeuf, der sich auch »Gracchus« nannte. Für die Babouvisten war die Gleichheit der höchste Wert, und sie sahen auch »eine Epoche der Diktatur [voraus], die im Interesse des Volkes so lange ausgeübt werden sollte, wie dies für die Ausschaltung der Feinde der Gleichheit notwendig war«.[31]

Im Gegensatz zu Babeuf gehörte der französische Theoretiker Claude Henri de Saint-Simon nicht zu den Anhängern der Gleichheit, wiewohl er in gewissem Sinne für sich in Anspruch nehmen kann, als »der eigentliche Schöpfer der modernen Theorie eines nicht nur als erfundenes Modell, sondern auch als *Ergebnis des Geschichtsprozesses* verstandenen Sozialismus« gesehen zu werden.[32] Saint-Simon war der Überzeugung, dass der freie ökonomische Wettbewerb Armut und Krisen verursacht und dass sich die Gesellschaft unweigerlich auf einen Zustand hinbewegt, bei dem alle Angelegenheiten im Einklang mit den sozialen Bedürfnissen geregelt werden. Er lehnte

Frühe Kommunisten

jegliche Gewalt ab und war der festen Überzeugung, dass der Teil der Gesellschaft mit dem höchsten Bildungsgrad die Notwendigkeit erkennen werde, eine rationalere, auf Erkenntnissen der Wissenschaften basierende Form des Regierens zu entwickeln, und dass sich dem schließlich auch die anderen sozialen Gruppen anschließen würden.[33] Obwohl der Saint-Simon'sche Sozialismus der erste Sozialismus war, mit dem der junge Karl Marx – durch Vermittlung seines späteren Schwiegervaters Ludwig von Westphalen – Bekanntschaft machte, hatte Marx später für Saint-Simons Anhänger und ihren utopischen Sozialismus, ihr Beharren auf friedlichem Wandel und ihren der Unausweichlichkeit des Klassenkampfes widersprechenden Glauben an die Möglichkeit der klassenübergreifenden Zusammenarbeit nur Verachtung übrig.[34]

Zwei weitere wichtige Figuren in der Entwicklung des sozialistischen Denkens im 19. Jahrhundert waren Charles Fourier und Pierre Joseph Proudhon. Fourier sprach sich zwar für die Beibehaltung des Privateigentums aus, träumte aber von einer Zukunft, in der genossenschaftlich gearbeitet wird, die Regierung sich auf den Bereich des Ökonomischen beschränkt, alle Menschen eine Sprache sprechen und der Mensch endlich aus der Form der »Sklaverei« befreit wird, als die er Lohnarbeit verdammte.[35] Marx las sowohl Fourier wie auch Proudhon und griff beide gleichermaßen scharf an. Proudhon widmete Marx sogar ein ganzes Buch, *Das Elend der Philosophie*, eine Kritik von Proudhons *Die Philosophie des Elends*. Proudhon wird das geflügelte Wort »Eigentum ist Diebstahl« zugeschrieben, wiewohl der Ausspruch nicht von ihm geprägt, sondern bereits am Vorabend der Französischen Revolution verwendet wurde. Obzwar ein widersprüchlicher und utopischer Denker, hielt Proudhon sich selbst für einen systematischen Analytiker und war der Erste, der den Ausdruck »wissenschaftlicher Sozialismus« gebrauchte. Die gesellschaftliche Harmonie – in ihrer Entfaltung nur durch das bestehende ökonomische System behindert – war seiner Überzeugung nach der natürliche Zustand der Dinge. Proudhon war im Allgemeinen kein Fürsprecher des revolutionären Kampfes, weil alle Menschen die Verwirklichung der von ihm propagierten Ideale begrüßen müssten, denn »deren Einführung [sei] nichts anderes als die Erfüllung der universellen menschlichen Bestimmung«.[36]

Im 19. Jahrhundert wurden zahlreiche Vorschläge entwickelt, wie sich die Gesellschaft auf genossenschaftlicher oder, in manchen Fällen, auch auf kommunistischer Grundlage organisieren ließe. Dabei spricht das Oxford English Dictionary dem 1788 geborenen französischen »utopischen Sozialisten« Étienne Cabet das Verdienst zu, im Jahr 1840 den Begriff »Kommunismus« *(communisme)* geprägt zu haben. In diesem Jahr veröffentlichte Cabet, der eine Zeitlang in England gelebt hatte und von den Ideen Robert Owens beeinflusst war, unter Pseudonym sein Buch *Reise nach Ikarien*. Cabets imaginäres Ikarien war eine egalitäre Gemeinschaft, in der es weder Privateigentum noch Geld gab und in der sich alle Güter in Gemeinbesitz befanden. Cabet, dessen Kommunismus christlich inspiriert war, lehnte jede gewaltsame Revolution ab, und insofern überrascht es kaum, dass er keinen Einfluss auf Karl Marx hatte. In Frankreich jedoch waren seine Schriften recht populär. 1848 wanderte er in die Vereinigten Staaten aus, wo er 1856 in St. Louis starb.[37] In den Jahren, die er in den USA verbrachte, gründete er mehrere Mustergemeinden in Missouri, Iowa und Kalifornien, von denen die im kalifornischen Cloverdale am längsten überdauerte, nämlich bis 1895.

Der Frühsozialist Robert Owen (1771–1858) übte großen Einfluss auf Cabet aus. Der gebürtige Waliser – Unternehmer, politischer Denker und Pädagoge – leitete eine Baumwollspinnerei in New Lanark (Schottland), die im zweiten Jahrzehnt des 19. Jahrhunderts als Musterfabrik Berühmtheit erlangte. Owen glaubte an die Perfektionierbarkeit des Menschen, sorgte man nur für das richtige Umfeld und die richtige Bildung. Deshalb richtete er in New Lanark Schulen für die Arbeiterkinder ein, die für ihre Zeit sehr fortschrittlich und aufgeklärt waren. In seiner Fabrik herrschten weit bessere Arbeitsbedingungen als in den meisten anderen Manufakturen, und seine Arbeiter wurden besser bezahlt und mussten weniger Stunden arbeiten. Was Owen aber die Anerkennung seiner Zeitgenossen eintrug, war der Umstand, dass die Fabrik eine Zeitlang auch außerordentlich erfolgreich wirtschaftete, trotz – oder wegen – der erheblichen Summen, die er beständig in Verbesserungen für die Arbeiter investierte.[38]

Zu der Zeit war Owen noch ein wenn auch höchst unkonventioneller, so doch paternalistischer Fabrikleiter. Im Laufe der Zeit nahm sein Denken jedoch zusehends utopischere und impulsivere Züge an, und er unternahm mehr als einen Versuch, eine genossenschaftliche Gemeinschaft aufzubauen; am bekanntesten wurde »New Har-

mony« in Indiana, USA. Die Rappistengemeinde Harmony war in
Indiana von einer Gruppe von rund tausend deutschen, zumeist bäuerlichen Siedlern gegründet worden, die unter Führung des würt-
tembergischen Radikalpietisten Johann Georg Rapp auf der Suche
nach religiöser Freiheit nach Amerika ausgewandert waren. 1825
ging Robert Owen in die USA und gründete hier eine Gemeinschaft,
der er den Namen New Harmony gab. Owen genoss zu der Zeit
ein so hohes Ansehen, dass er auf dem Weg nach Indiana mit dem
noch amtierenden amerikanischen Präsidenten James Monroe, dem
gewählten Präsidenten John Quincy Adams und drei ehemaligen
Präsidenten zusammentraf – und zwar keinen Geringeren als John
Adams, Thomas Jefferson und James Madison.

Die Gründung von New Harmony im Jahr 1825 markierte den
Punkt, ab dem sich Owen dem Kommunismus beziehungsweise dem
Kommunitarismus zuwandte, es war aber auch das Jahr, in dem ihm,
wie selbst eine ihm sehr gewogene Biographin schreibt, allem Anschein nach sein Geschäftssinn und überhaupt sein gesunder Menschenverstand abhandenkamen.[39] Owen, über den die liberale viktorianische Schriftstellerin Harriet Martineau schrieb, dass »seine
Darstellungen menschlichen Leids stets mit Händen greifbar« seien,
der aber leider auch »stets überzeugt war, er hätte eine Sache bewiesen, wenn er sie nur mit der Kraft seiner eigenen Überzeugung vertrat«,[40] strebte in New Harmony die völlige Einkommensgleichheit
an und wollte, dass alle Bewohner gleichermaßen in den Genuss von
Nahrung, Kleidung und Bildung kamen. Auf sich selbst gestellt, tat
sich die Gemeinde aber sehr schwer und bat Owen, der seiner Schöpfung alsbald den Rücken gekehrt hatte, bereits nach ein paar Wochen,
wieder zurückzukommen und ein Jahr zu bleiben, um die Dinge in
Gang zu bringen. Pflichtbewusst tat Owen wie gebeten, aber leider
erwies sich auch »Owens Autokratie als nicht effektiver als die kommunistische Demokratie«.[41] Nach mehreren erfolglosen Versuchen,
das Projekt, in das sich zusehends Misstöne einschlichen, zu reformieren, verließ Owen New Harmony und kehrte 1829 nach Großbritannien zurück.[42]

Marx und Engels

Was die Bedeutung für die Entwicklung der kommunistischen Bewegung angeht, steht Karl Marx natürlich weit über allen anderen radikalen Denkern des 19. Jahrhunderts, abgesehen höchstens von seinem engen Freund und Mitarbeiter Friedrich Engels.[43] Beide Männer waren in Deutschland geboren und aufgewachsen, und beide verbrachten einen Großteil ihres Lebens als Erwachsene in Großbritannien, Marx in London, Engels in Manchester. Marx, am 5. Mai 1818 geboren, wuchs in wohlhabenden Verhältnissen in Trier auf. Er entstammte einer bedeutenden Rabbinerfamilie, sein zum Protestantismus konvertierter Vater war Anwalt und Besitzer mehrerer Weinberge. Nach der Schule studierte er zunächst an der Universität Bonn und anschließend in Berlin Rechtswissenschaften, später vorwiegend Philosophie. Zu keinem Zeitpunkt in seiner Londoner Zeit (ab 1849) hatte er eine Festanstellung inne, stattdessen verbrachte er viel Zeit im Lesesaal des British Museum. Er war ein eifriger Schreiber, sowohl als Journalist wie auch als Autor polemischer und theoretischer Bücher. 1843 heiratete der einflussreichste Fürsprecher der proletarischen Revolution in der Geschichte Jenny von Westphalen, eine Frau adeliger Herkunft, deren Vater Ludwig von Westphalen väterlicherseits dem preußischen und mütterlicherseits dem schottischen Adel entstammte.[44] Marx und seine Frau litten häufig unter Armut, und die schlechten materiellen Bedingungen, unter denen sie in London lebten, waren für den frühen Tod von drei ihrer sechs Kinder zumindest mitverantwortlich.[45] Häufig kamen sie nur dank finanzieller Unterstützung von Engels oder des Familiensilbers, das Jenny in Pfandleihhäusern versetzte, über die Runden.[46] Marx' politischer Aktivismus beschränkte sich zwar hauptsächlich auf das Verfassen von Schriften, doch spielte er bei mehreren Gelegenheiten eine gewichtige Rolle in der 1864 gegründeten Internationalen Arbeiter-Assoziation, die später als Erste Internationale bekannt wurde. Die meisten Führungsmitglieder der Assoziation waren in der Tat Arbeiter, doch fanden sich in der Organisation neben Protagonisten dessen, was später unter dem Begriff »Marxismus« zusammengefasst werden sollte, auch Vertreter einer Vielzahl anderer Denkrichtungen wie zum Beispiel Proudhonisten und Anarchisten. Marx starb am 14. März 1883 in London und wurde im Beisein von gerade einmal

Marx und Engels 37

elf Trauergästen auf dem Highgate-Friedhof beigesetzt (der dann im
20. Jahrhundert zu einem wahren Wallfahrtsort kommunistischer
Würdenträger mutierte).

Friedrich Engels, der am 28. November 1820 in Barmen (heute zu
Wuppertal) auf die Welt kam, stammte aus einer preußisch-protes-
tantischen Familie, die erheblich vermögender war als die von Marx.
Sein Vater besaß eine Textilfabrik in Barmen und war Miteigentümer
einer Baumwollspinnerei in Manchester. Der junge Engels durfte
nicht studieren, sondern musste, dem Willen seines Vaters folgend,
bereits mit 16 Jahren ins elterliche Geschäft einsteigen. Engels machte
seine mangelnde formale Bildung durch fleißiges Lesen mehr als
wett. Er rebellierte gegen die religiöse und politische Orthodoxie seiner Eltern und hatte, nach einem Jahr Militärdienst, in Köln ein ent-
scheidendes Treffen mit Moses Hess, dem Mann, der vielleicht am
ehesten für sich in Anspruch nehmen konnte, kommunistische Ideen
nach Deutschland gebracht zu haben.[47] Laut Hess war Engels »ein Revolutionär bis auf die Knochen gewesen, als er mich traf, und ein leidenschaftlicher Kommunist, als er mich verließ«.[48] 1842 ging Engels
nach Manchester, wo er in der Baumwollspinnerei, an der sein Vater
beteiligt war, arbeitete und ansonsten Material sammelte, das ihm
später von großem Nutzen sein sollte. Bereits zuvor hatte er Marx
kennengelernt, der sich zunächst aber wenig beeindruckt zeigte. Als
Engels jedoch anfing, der *Rheinischen Zeitung* in Köln, deren Chefredakteur Marx zu der Zeit war, Artikel über das Leben der Arbeiterklasse in Manchester zu schicken, blühte die Freundschaft auf.[49]

Die erfolgreiche Zusammenarbeit von Marx und Engels begann,
als sie sich 1844 wiedertrafen, dieses Mal in Paris. Im Jahr darauf ver-
öffentliche Engels *Die Lage der arbeitenden Klassen in England*. In
mancherlei Hinsicht war Engels, was sein privates Leben anging, viel
weniger ein Bourgeois als Marx, in anderer Hinsicht führte er mehr
das Leben eines Angehörigen der oberen Mittelklasse. Bei seinem
ersten Aufenthalt in Manchester 1842 verliebte er sich in eine junge
Irin von geringer Bildung und proletarischer Herkunft, Mary Burns,
mit der er später viele Jahre zusammenleben sollte, bis sie 1864 plötzlich starb, woraufhin ihre Schwester Lizzie ihre Stelle einnahm.[50] Engels unterhielt einen separaten Wohnsitz in Manchester, an dem er
zu gesellschaftlichen Empfängen lud. Zu seinen Freizeitvergnügen
gehörte auch die Fuchsjagd, und er ritt regelmäßig bei der Cheshire

Hunt mit.[51] Engels überlebte Marx um zwölf Jahre, und in dieser Zeit widmete er sich der Aufgabe, Marx' Werk zu bearbeiten und herauszugeben. So unternahm er unter anderem die gewaltige Aufgabe, aus dessen nachgelassenen Manuskripten einen zweiten und dritten Band von *Das Kapital* zusammenzustellen und zu publizieren.[52]

Von 1840 bis zur Russischen Revolution von 1917 und dabei insbesondere im 19. Jahrhundert wurden die Begriffe »Sozialismus« und »Kommunismus« häufig mehr oder weniger deckungsgleich verwendet. Marx jedoch ließ keinen Zweifel daran, dass die Kommunisten für eine revolutionäre Variante des Sozialismus eintraten, und hatte wenig übrig für die utopischen Sozialisten und andere »Frühkommunisten«, die nicht wie er und Engels an die Notwendigkeit, mehr noch, an die Unausweichlichkeit der proletarischen Revolution glaubten. In einem der wirkungsmächtigsten Sätze des *Kommunistischen Manifests* von Marx und Engels heißt es: »Die Geschichte aller bisherigen Gesellschaft ist die Geschichte von Klassenkämpfen.«[53] Vier Jahre nach der Veröffentlichung hielt Marx in einem Brief fest, was er für das eigentlich Neue in diesem Werk hielt: »Was ich neu tat, war, nachzuweisen: 1. dass die Existenz der Klassen bloß an bestimmte historische Entwicklungskämpfe der Produktion gebunden sei, 2. dass der Klassenkampf notwendig zur Diktatur des Proletariats führe, 3. dass diese Diktatur selbst nur der Übergang zur Aufhebung aller Klassen und zu einer klassenlosen Gesellschaft bilde.«[54] Marx hatte natürlich nichts dergleichen »bewiesen«. Neben einem umfangreichen historischen Wissen und einem beeindruckenden Verständnis der Sozialwissenschaften seiner Zeit, die er um eigene, neue Erkenntnisse erweiterte, zeichnete Marx ein ausgeprägter Hang zum Wunschdenken und sogar zu eben dem Utopismus aus, den er bei anderen so verachtete. Weder im *Kommunistischen Manifest* noch an anderer Stelle ging Marx auf die politischen und gesetzlichen Institutionen ein, die nach der Revolution zu bilden wären. Derlei Dinge, so scheint er geglaubt zu haben, ergäben sich dann schon von selbst.

In seiner 1875 verfassten *Kritik des Gothaer Programms* attackierte Marx das auf dem Gothaer Kongress im selben Jahr beschlossene Programm der Sozialistischen Arbeiterpartei Deutschland, die in Gotha aus der Sozialdemokratischen Arbeiterpartei (SDAP) und dem Allgemeinen Deutschen Arbeiterverein (ADAV) hervorgegangen war. Mit dem Programm versuchte die neugegründete Partei die Frage zu beantworten, wie sich der Sozialismus auf demokratischem Wege in einem Staat durchsetzen ließe, aber für Marx' Geschmack war diese »aller Welt bekannte demokratische Litanei«, wie er spottete, nicht revolutionär genug. Die Autoren des Gothaer Programms hätten, schreibt er, nicht erkannt, dass »zwischen der kapitalistischen und der kommunistischen Gesellschaft« die revolutionäre Umwandlung liegen muss, mit anderen Worten »*die revolutionäre Diktatur des Proletariats*«, obwohl er, wie üblich, auch hier mit keinem Wort darauf einging, was das in institutioneller Hinsicht bedeuten könnte.[55] In seiner *Kritik* unterschied Marx weiter zwischen einer ersten und einer nachfolgenden höheren Phase der »kommunistischen Gesellschaft«.[56] In der ersten Phase würde es Ungleichheiten geben, aber da eine solche Gesellschaft »eben [erst] aus der kapitalistischen Gesellschaft nach langen Geburtswehen hervorgegangen ist«, wären solche Missstände unvermeidbar. In der höher entwickelten Phase der kommunistischen Gesellschaft wären die Teilung der Arbeit und damit auch der Gegensatz geistiger und körperlicher Arbeit verschwunden, flössen die Springquellen des genossenschaftlichen Reichtums voller und sei das kommunistische Prinzip »Jeder nach seinen Fähigkeiten, jedem nach seinen Bedürfnissen!« endlich verwirklicht.[57]

Marx' Verständnis der Stufen der menschlichen Entwicklung unterschied sich von dem seiner oben erwähnten Vorläufer im 19. Jahrhundert – Vorläufer allerdings nur in dem Sinne, dass sie die Entwicklung von Institutionen und Ideen mit den jeweils vorherrschenden Besitzverhältnissen und Produktionsweisen in Verbindung brachten. Wie sie ging Marx davon aus, dass eine Art primitiver Kommunismus die erste Stufe in der menschlichen Entwicklung darstellte. Bei den nachfolgenden Hauptstufen handelte es sich seiner Meinung nach um die antike Städtegesellschaft, die auf Sklavenarbeit basierte, die Feudalgesellschaft, in der die Produktion auf der Leibeigenenarbeit beruhte, und die bürgerliche (oder kapitalistische) Gesellschaft, in der Lohnarbeiter durch die kapitalistische Klasse ausgebeutet werden.[58] (Marx identifizierte darüber hinaus eine, wie er es nannte, asiatische Produktionsweise, für die Eigentumslosigkeit charakteristisch war und in der die Notwendigkeit zur Bewässerungswirtschaft zu einem zentralisierten Staat und »orientalischen Despotismus« führte.) Marx war der festen, wenn auch weit hergeholten Überzeugung, »die bürgerlichen Produktionsverhältnisse [seien] die letzte

antagonistische Form des gesellschaftlichen Produktionsprozesses …
[D]ie im Schoß der bürgerlichen Gesellschaft sich entwickelnden
Produktivkräfte schaffen zugleich die materiellen Bedingungen zur
Lösung dieses Antagonismus. Mit dieser Gesellschaftsformation
schließt daher die Vorgeschichte der menschlichen Gesellschaft ab.«[59]
Engels erklärte in seinem allein verfassten Vorwort zur englischen
Ausgabe des *Kommunistischen Manifests* von 1888 (Marx war fünf
Jahre zuvor gestorben), warum er und Marx das Manifest »kommunistisch« und nicht »sozialistisch« genannt hatten. Unter Sozialisten
verstehe man, schrieb Engels 1847, »die Anhänger der verschiedenen
utopischen Systeme: die Owenisten in England, die Fourieristen in
Frankreich« und »andererseits die mannigfaltigsten sozialen Quack-
salber, die […] ohne jede Gefahr für Kapital und Profit die gesellschaftlichen Missstände aller Art zu beseitigen versprachen«. Der Sozialismus sei 1847, so Engels weiter, eine Bewegung der Mittelklasse
gewesen, der Kommunismus eine der Arbeiterklasse. Auf dem Kontinent sei der Sozialismus »salonfähig« gewesen, der Kommunismus
aber das »genaue Gegenteil«.[60] Mit anderen Worten, ihre Hingabe an
die Sache der proletarischen Revolution war es, die Marx und Engels
dazu brachte, ihr Manifest als ein kommunistisches zu bezeichnen.
    Engels schreibt Marx den Löwenanteil der Urheberschaft an ihrem
gemeinsamen Werk zu und betont, dass der Grundgedanke – der
Kern des Manifests – von seinem Freund stammte. Da dieser Grundgedanke einen guten Teil der Essenz des Marxismus sowohl als Methode zum Verständnis der Geschichte wie auch als Instrument mit
dem Zweck umreißt, die Arbeiterklasse dazu zu bringen, die ihr vor-
herbestimmte Rolle auszuagieren, lohnt es sich, hier zu zitieren, wie
Engels das in einem einzigen (wenn auch monumental langen) Satz
ausdrückt:

Dieser Gedanke besteht darin: dass in jeder geschichtlichen Epoche die vor-
herrschende wirtschaftliche Produktions- und Austauschweise und die aus
ihr mit Notwendigkeit folgende gesellschaftliche Gliederung die Grundlage
bildet, auf der die politische und die intellektuelle Geschichte dieser Epoche
sich aufbaut und aus der allein sie erklärt werden kann; dass demgemäß die
ganze Geschichte der Menschheit (seit Aufhebung der primitiven Gentil-
ordnung mit ihrem Gemeinbesitz an Grund und Boden) eine Geschichte
von Klassenkämpfen gewesen ist, Kämpfen zwischen ausbeutenden und

ausgebeuteten, herrschenden und unterdrückten Klassen; dass die Geschichte dieser Klassenkämpfe eine Entwicklungsreihe darstellt, in der gegenwärtig eine Stufe erreicht ist, wo die ausgebeutete und unterdrückte Klasse – das Proletariat – ihre Befreiung vom Joch der ausbeutenden und herrschenden Klasse – der Bourgeoisie – nicht erreichen kann, ohne zugleich die ganze Gesellschaft ein für allemal von aller Ausbeutung und Unterdrückung, von allen Klassenunterschieden und Klassenkämpfen zu befreien.[61]

Marx und Engels verfassten noch viele weit abstrusere Bücher als das *Kommunistische Manifest,* und obwohl sie alle praktisch unweigerlich ein polemisches Element enthielten, waren sie im Allgemeinen durch substantielle Forschungen unterlegt. Marx war ein unermüdlicher Leser in mehreren Disziplinen, und da er den größten Teil seines schriftstellerischen Lebens in England verbrachte, konnte er auch auf die dort verfügbaren Primärquellen zurückgreifen, so die »Blaubücher«, die die Ergebnisse der vom Parlament oder vom Kronrat in Auftrag gegebenen offiziellen Untersuchungen enthalten, und den Hansard, das Wortprotokoll der Parlamentsdebatten. Die Bibliographie von Band 1 des *Kapitals* umfasst eine bemerkenswerte Vielfalt parlamentarischer und statistischer Berichte.[62] In seinem »Vorwort zur ersten Auflage« erklärte Marx die Tatsache, dass es so viele Beispiele aus dem Land enthielt, in dem er lebte, folgendermaßen: »Im Vergleich zur englischen ist die soziale Statistik Deutschlands und des übrigen kontinentalen Westeuropas elend.«[63]

Während Marx und Engels den Großteil ihrer Aufmerksamkeit gesellschaftlichen Bedingungen und ihren ökonomischen Determinanten widmeten, zitierten ein Jahrhundert später einige Intellektuelle in kommunistischen Ländern, die sich aus dem ideologischen Dogmatismus lösen und das reale politische Leben analysieren wollten, vor allem zwei Werke von Marx als Präzedenzwerke: *Der achtzehnte Brumaire des Louis Bonaparte* (Marx' knappe Abhandlung über den Aufstieg Napoleons III. in Frankreich, in der er sich mit der Beziehung zwischen Klasse und staatlicher Macht auseinandersetzt) und *Der Bürgerkrieg in Frankreich* (über die Pariser Kommune von 1870).[64] In diesen Werken befasste sich Marx insbesondere mit dem politischen »Überbau« im Gegensatz zum ökonomischen »Unterbau«, dem im Allgemeinen seine Aufmerksamkeit galt.

Marx' Denken wurde entscheidend von Ort und Zeit beeinflusst. Ungeachtet seiner intellektuellen Vorläufer war seine Analyse ein Produkt der späteren Stadien der industriellen Revolution und der intensiven Entwicklung des europäischen Kapitalismus. Die Existenz einer großen industriellen Arbeiterschaft war eine Vorbedingung für das, was schließlich als »Marxismus« bekannt werden sollte. Diese soziale Gruppe beziehungsweise Klasse stellte nicht nur ein Hauptobjekt seiner Forschungsarbeit dar, sondern verkörperte zugleich auch seine Zukunftshoffnungen. Und in Großbritannien, wo Marx einen Großteil seines Lebens als Erwachsener verbrachte, war die Industrialisierung Mitte des 19. Jahrhunderts am weitesten vorangeschritten.

Marx war ein großer schöpferischer Denker, der seine Inspiration aus vielerlei Quellen bezog. Er war weniger von vorgängigen sozialistischen Autoren beeinflusst als vom deutschen Hegelianismus und der britischen politischen Ökonomie, deren Begründer und herausragender Kopf Adam Smith gewesen war. Marx zog daraus allerdings gänzlich andere Schlussfolgerungen als Hegel oder Smith. Von Hegel übernahm er eine Terminologie, die den Sinn seiner Worte oftmals eher verdunkelte denn erhellte. Ein zentrales Konzept dabei war die Dialektik. Für Hegel bedeutete Dialektik »die Entwicklung des Geistes« durch »den Konflikt und die Auflösung von Gegensätzen«.[65] Den Prozess, der einen Widerspruch gebiert, bezeichnete Hegel als These; ihren Widerspruch nannte er Antithese und die Phase der Aufhebung des Widerspruchs Synthese.[66] Marx übertrug Hegels »Entwicklung des Geistes« in eine materialistische Interpretation der Geschichte. Er übernahm auch Hegels mehrdeutigen Begriff »Widerspruch« zur Beschreibung der zunehmenden Unvereinbarkeiten zwischen den institutionellen Beziehungen und den sich verändernden Produktionskräften in jeder der von ihm identifizierten historischen Epochen. Marx war überzeugt, von Hegel den in der »mystischen Hülle« enthaltenen »rationellen Kern« übernommen zu haben.[67] Seine Überzeugung aber, dass das Proletariat im gleichen Maße wie das kapitalistische System voranschritt, nicht nur stärker, sondern auch revolutionärer werden würde, erwies sich als missratener Glaubensartikel. »In seinem Glauben an die Entwicklung der Produktivkräfte als Mittel zur Erreichung der von ihm angestrebten Veränderungen«, schreibt David McLellan, bewies Marx wenig Gespür für den »intrinsischen Wert der natürlichen Welt« oder für die Tatsache,

Marx und Engels   43

dass die natürlichen Ressourcen eben nicht unerschöpflich sind.[68] Damit stand er zu seiner Zeit natürlich alles andere als alleine da. Die meisten westlichen Industrieunternehmen der nächsten hundert Jahre waren in der rücksichtslosen Ausbeutung der natürlichen Umwelt, wenn überhaupt, nur wenig besser als ihre kommunistisch-bürokratischen Gegenstücke.

Marx war nicht nur ein Theoretiker des revolutionären Wandels, sondern auch Revolutionär aus Leidenschaft. Obgleich seine Theorie von der Notwendigkeit einer hochentwickelten Industrie und einer längeren Periode des Kapitalismus ausging, hieß er die Revolution willkommen, wo immer sie auftreten mochte. Viele Revolutionäre in Russland glaubten, die traditionelle bäuerliche Gesellschaft in ihrem Land könnte eine Abkürzung zu Sozialismus und Kommunismus darstellen, und das Letzte, was sie anstrebten, war eine längere Phase der kapitalistischen Herrschaft. Manche von ihnen, die sich zwar von Marx' Lehren angezogen, von ihren möglichen Implikationen aber abgeschreckt fühlten, wandten sich an ihn mit der Bitte um Rat und Erhellung. Zu diesen Hilfesuchenden gehörte auch Wera Sassulitsch, auf deren Anfrage Marx 1881 mit einer kurzen und ambivalenten Antwort reagierte, nachdem er mehrere längere Entwürfe verfasst und wieder verworfen hatte (die sich später in seinem Privatarchiv fanden).[69] Der erfreulichste Teil seiner Antwort an Sassulitsch war jener, in dem er über die »historische Unvermeidlichkeit« der kapitalistischen Entwicklung sprach und diese »ausdrücklich auf die Länder Westeuropas« beschränkte.[70]

In ihrem Vorwort zur russischen Ausgabe des *Kommunistischen Manifests* von 1882 gingen Marx und Engels noch weiter. Sie fragten sich, ob »die russische ... Form des uralten Gemeinbesitzes am Boden unmittelbar in die höhere [Form] des kommunistischen Gemeinbesitzes übergehen« könne oder ob sie »vorher denselben Auflösungsprozess durchlaufen [müsse], der die geschichtliche Entwicklung des Westens ausmacht«. Wenn, so ihre hoffnungsfrohe Antwort auf diese Frage, »die russische Revolution das Signal einer proletarischen Revolution im Westen« wird, dann könnte »das jetzige russische Gemeineigentum am Boden« in der Tat »zum Ausgangspunkt einer kommunistischen Entwicklung dienen«.[71] Gestärkt wurde Marx' Zuversicht durch die Tatsache, dass die russischen Radikalen in ihrem revolutionären Eifer entschlossener wirkten als ihre Gesinnungsgenossen in den Ländern, die er am besten kannte, Großbritannien und Deutschland, und beide, aber insbesondere Engels, verknüpften die schlussendliche Verwirklichung ihres Ziels mit einer russischen Revolution, die eine proletarische Revolution im Westen auslösen würde.[72]

Marx war, ungeachtet seines Glaubens an die »Unausweichlichkeit« historischer Prozesse, weit weniger mechanistisch in seiner Interpretation der Geschichte als viele seiner Schüler. Zudem war er sich deutlich bewusst, dass Revolutionäre in dem Versuch, eine neue soziale Ordnung aufzubauen, niemals von einem leeren Blatt Papier aus starteten. In einem Absatz, der sich auf die revolutionären Unruhen in Europa von 1848 und, konkreter, auf die Machtergreifung von Louis Napoléon (der sich selbst 1852 als Napoleon III. zum Kaiser krönte) in Frankreich bezieht, in dem aber auch schon die Machtübernahme durch die Kommunisten in Russland knapp siebzig Jahre später anklingt, schrieb Marx:

Die Menschen machen ihre eigene Geschichte, aber sie machen sie nicht aus freien Stücken, nicht unter selbstgewählten, sondern unter unmittelbar vorgefundenen, gegebenen und überlieferten Umständen. Die Tradition aller toten Geschlechter lastet wie ein Alp auf dem Gehirne der Lebenden.[73]

KAPITEL 2

Kommunismus und Sozialismus – die frühen Jahre

Kommunismus und Sozialismus weisen etliche gemeinsame Wurzeln auf, und anfangs war beiden auch der Glaube an die Notwendigkeit des allgemeinen öffentlichen Besitzes an den Produktionsmitteln gemein. Allerdings kam es zu einer grundsätzlichen Spaltung zwischen jenen, die von der Notwendigkeit einer Revolution überzeugt waren, und jenen, die einen evolutionären Wandel befürworteten, sprich zwischen denen, die bereit waren, Gewalt zur Erreichung ihrer Ziele einzusetzen, und denen, die einen friedlichen Weg zur sozialistischen Gesellschaft verfolgen wollten. Da Mittel aber stets auch Ziele beeinflussen, veränderten sich mit der Zeit auch die Ziele selbst. Die Kommunisten, die den gewaltsamen Sturz des Kapitalismus favorisierten, rechtfertigten später auch den Einsatz von Gewalt zur Unterdrückung von innerer Kritik an dem von ihnen erschaffenen System. Und die Sozialisten, die einen evolutionären Ansatz verfolgten, verloren nach und nach den Glauben daran, ein völlig neues System aufbauen zu können, das in der Lage war, den Kapitalismus zu ersetzen. Bis Mitte des 20. Jahrhunderts hatten die an den Wahlurnen erfolgreichen sozialistischen Parteien Westeuropas eine »Mischökonomie« akzeptiert, in der öffentliches und privates Eigentum nebeneinander existierten. Und in der zweiten Hälfte dieses Jahrhunderts wurde Sozialismus mehr mit dem Wohlfahrtsstaat und mit der schrittweisen Verbesserung der Lebensbedingungen der Mehrheit der Bürger in Verbindung gebracht als mit dem Aufbau einer völlig neuen gesellschaftlichen Ordnung.

Auch in den Reihen der Revolutionäre selbst gab es von Anfang an zahlreiche separate Strömungen. So herrschten während der zwei ten Hälfte des 19. Jahrhunderts immer wieder starke Spannungen zwischen Kommunisten und Anarchisten. Marx und seine Anhänger gingen davon aus, dass der Staat schlussendlich zerfallen und zusammen mit ihm alle machtausübenden Institutionen irgendwie verschwinden und die Leute die Dinge selbst und ohne Notwendigkeit staatlicher Autorität regeln würden. Die Anarchisten dagegen waren zum einen nicht überzeugt, dass die Anwendung der Marx'schen Doktrin zu diesem Endresultat führen würde, zum anderen wollten sie den Staat möglichst schnell zerschlagen. Verschärft wurde dieser Unterschied in der Doktrin noch durch den persönlichen Antagonismus zwischen Karl Marx auf der einen und dem führenden Vertreter der Anarchisten, Michail Bakunin, auf der anderen Seite. Wie die meisten Revolutionstheoretiker entstammte auch Bakunin nicht dem Proletariat. Im Gegensatz zu Marx und Engels mit ihrem bürgerlichen deutschen Hintergrund aber kam Bakunin aus einer russischen Adelsfamilie und hegte starke antideutsche Gefühle. In den Revolutionsjahren 1848 und 1849 reiste Bakunin voller Begeisterung durch Europa, immer auf den Spuren der nächsten Revolution und immer bemüht, ihr zum Erfolg zu verhelfen. Seine Abneigung gegen die Deutschen war zweifellos auch der Zeit geschuldet, die er 1849 nach der Niederschlagung des Dresdner Maiaufstandes, an dem er in führender Position teilgenommen hatte, in deutschen Gefängnissen verbracht hatte (obwohl er, als er schließlich an Russland ausgeliefert wurde, feststellen musste, dass die Haftbedingungen in der Peter-und-Paul-Festung in St. Petersburg noch schlechter waren).[1] Entscheidender aber dürfte gewesen sein, dass für Bakunin – wie auch für einen weiteren bekannten Vertreter der russischen Intelligenzija des 19. Jahrhunderts, den Sozialisten und Publizisten Alexander Herzen (der selbst Halbdeutscher war) – das Stereotyp des Deutschen jemand war, der den Staat verehrte.[2] Was könnte es, für einen Anarchisten, Schlimmeres geben?

Bakunins Doktrin drehte sich um den Begriff der »Freiheit«. Das Wort »Staat« stand für »das gesamte Übel der Welt, das es zu besiegen« galt.[3] Da den Menschen, wie Bakunin annahm, Solidarität von Natur aus zu eigen war, besäßen sie, so man sie von den Fesseln des Staates befreite, die Bereitschaft, sich für andere aufzuopfern, und die Fähigkeit, sich selbst in kleinen, autonomen Gemeinschaften zu organisieren, in denen jeder Einzelne absolute Freiheit genießen würde.

Kommunismus und Sozialismus – die frühen Jahre 47

Neben Freiheit war Gleichheit eines von Bakunins zentralen Anliegen, und so gehörte die Abschaffung des Erbrechts mit zu seinen unmittelbaren Zielen.[4] Obwohl seine eigenen Ziele in höchstem Maße utopisch waren, übte er manch aufschlussreiche Kritik an dem Projekt von Karl Marx. So kritisierte er die Unvereinbarkeit von Marx' Glauben an die Notwendigkeit einer zentral geplanten Ökonomie mit dem von ihm selbst postulierten schlussendlichen Zerfall des Staates und seiner politischen Funktionen. Wie sollte, fragte Bakunin, eine zentralisierte ökonomische Macht ohne politischen Zwang existieren? Er war damit vielleicht der Erste, der, wie es Leszek Kołakowski ausdrückte, »den Leninismus gewissermaßen aus dem Marxismus deduzierte«.[5] Bakunin verhöhnte die Überzeugung der Marxisten, dass »nur eine Diktatur, natürlich die ihre, die Freiheit des Volkes schaffen kann«, während

> wir dagegen behaupten, dass eine Diktatur kein anderes Ziel haben kann, als nur das eine, sich zu verewigen, und dass sie in dem Volk, das sie erträgt, nur Sklaverei erzeugen und nähren kann; Freiheit kann nur durch Freiheit geschaffen werden, das heißt durch einen allgemeinen Volksaufstand und durch die freie Organisation der Arbeitermassen von unten.[6]

Selbst unter Marx' Anhängern bildeten sich rasch doktrinäre Differenzen heraus, und einige der erbittertsten ideologischen Auseinandersetzungen des späten 19. Jahrhunderts – und noch mehr des 20. Jahrhunderts – wurden zwischen konkurrierenden Marxismusschulen ausgetragen. Die Erste Internationale, auf deren Gründungskongress 1864 in London Marx in den Generalrat gewählt worden war, zerfiel in mehrere Fraktionen und wurde 1876 offiziell aufgelöst. Die Zweite Internationale (auch als Sozialistische Internationale bekannt) wurde – sehr symbolträchtig – 1889 am 100. Jahrestag der Französischen Revolution in Paris gegründet. Der Zweiten Internationale gehörten nationale politische Parteien und Gewerkschaften an, deren Mitglieder vielfach von der marxistischen Lehre beeinflusst waren. Allerdings herrschten in der Organisation von Anfang an Spannungen zwischen Sozialisten, die an die Bedeutung der parlamentarischen Arbeit glaubten, und denen, für die der revolutionäre Klassenkampf Priorität hatte.

Engels (Marx war schon tot) war auf der Gründungssitzung anwesend. Der Zweiten Internationalen gehörten auch russische Revolutionäre als aktive Mitglieder an; und unter denen, die an der Versammlung von 1889 teilnahmen, befand sich auch Georgi Plechanow, der einflussreichste russische Marxismustheoretiker des späten 19. Jahrhunderts. Die Delegierten bildeten eine überaus bunt gemischte Gruppe. Aus Großbritannien kamen der Schriftsteller, Künstler und romantische Sozialist William Morris sowie mit Keir Hardie der Mann, der am ehesten Anspruch darauf erheben kann, die britische Labour Party gegründet zu haben. Tatsächlich fanden in Paris zu der Zeit zwei sozialistische Konferenzen statt – eine marxistische und eine nichtmarxistische (oder »possibilistische«), und Keir Hardie schaffte es, an beiden teilzunehmen. Kurz vor den Pariser Konferenzen hatte Hardie Engels in einem Brief erklärt, die »Briten [seien] ein sehr solider Menschenschlag, sehr praktisch und nicht dazu geneigt, Seifenblasen hinterherzujagen«.[7] In Paris selbst brachte er William Morris und die revolutionären Marxisten mit der Behauptung gegen sich auf, dass »kein Engländer an andere als friedliche Methoden zur Erreichung einer Verbesserung der Bedingungen glaubt«.[8] Eine Reihe von Delegierten, darunter auch etliche auf der marxistischen Konferenz der Zweiten Internationalen, unterstützten zwar den Klassenkampf, sprachen sich aber gegen jegliche Gewalt aus. Ihr Sozialismus basierte mindestens ebenso sehr auf ethischen, zum Teil christlichen Überzeugungen wie auf den Lehren Karl Marx'. Einer ihrer Vertreter war Keir Hardie, der mit acht Jahren von der Schule gegangen war und von seinem 10. bis 23. Lebensjahr in Kohleminen gearbeitet hatte. Hardies Sozialismus war ein eklektisches Sammelsurium, in dem sich Robert Burns' Poesie ebenso widerspiegelte wie ein religiöser Mystizismus und ein – ungeachtet der Kampfeslust, mit der er sich für die Sache der Arbeiter einsetzte – intuitives Verständnis für die »schrittweise, friedliche Evolution der britischen Gesellschaft«.[9] Das britische politische Establishment sah in Hardie einen Extremisten (nicht zuletzt wegen der Attacken auf die Monarchie, die er im Parlament führte), für den revolutionären Lenin dagegen war er eine Verkörperung des »Opportunismus«.[10]

Auch die Gründungsväter der Sozialdemokratischen Partei Deutschlands, August Bebel und Wilhelm Liebknecht, waren aktive Mitglieder der Zweiten Internationalen. Zur Zeit des Gründungskongresses befand sich ihre Partei auf bestem Wege, die erfolg-

Kommunismus und Sozialismus – die frühen Jahre

reichste sozialistische Partei des ausgehenden 19. Jahrhunderts zu werden, bei den Reichstagswahlen von 1890 gewannen die deutschen Sozialdemokraten fast zwanzig Prozent der Stimmen.

Frankreich wurde vertreten durch Edouard Vaillant und Jules Guesde, zwei prominente Marxisten, die generell zwar einen parlamentarischen Weg zum Sozialismus favorisierten, dennoch aber der Meinung waren, dass unter bestimmten Umständen eine Revolution wünschenswert sei. Abgesehen von Marx waren sie sehr stark von dem französischen sozialistischen Denker Louis Blanc beeinflusst, der nach dem Scheitern der Revolutionen von 1848 lange Jahre im britischen Exil gelebt hatte, bevor er 1870 nach Frankreich zurückgekehrt war (wo er sieben Jahre vor Gründung der Zweiten Internationalen starb). Aus Spanien kam Pablo Iglesias. Aufgewachsen unter ärmlichsten Bedingungen, stieg Iglesias später zum Gewerkschaftsführer und Mitbegründer der Spanischen Sozialistischen Arbeiterpartei auf, der PSOE (Partido Socialista Obrero Español). Als zu Beginn des 20. Jahrhunderts Kommunisten und Sozialisten zusehends getrennte Wege gingen, spielte Iglesias eine wichtige Rolle dabei, die PSOE in Richtung des demokratischen Sozialismus zu steuern. Obwohl alle, die an der Zweiten Internationale teilnahmen, mehr oder minder stark vom Marxismus beeinflusst waren, bildeten ihre Mitglieder doch unübersehbar eine alles andere als homogene Gruppe.

Vor dem Erfolg der bolschewistischen Revolution von 1917 waren die Trennlinien zwischen Sozialisten und Kommunisten noch nicht so stark ausgeprägt wie später. Bis zu einem gewissen Maße standen beide vereint in »Klassengesellschaft«, auch wenn selbst unter Marxisten erhebliche Unterschiede zwischen denen bestanden, die überzeugt waren, die industrielle Arbeiterklasse würde aus eigener Erfahrung heraus ein sozialistisches Bewusstsein entwickeln, und jenen, die nicht an die spontane Entwicklung eines solchen Bewusstseins glaubten. Dieses Bewusstsein, waren Letztere überzeugt, musste den Arbeitern von außerhalb ihrer Klasse gebracht werden – konkret von Intellektuellen, die mit Marx' »wissenschaftlicher«, auf jeden Fall aber revolutionärer Theorie bewaffnet waren. Das bloße Konzept des Denkens in Klassen war eine Erfindung des 19. Jahrhunderts, und Marx selbst war immens erfolgreich darin, immer mehr Menschen in ganz Europa dazu zu bewegen, die fundamentalen gesellschaftlichen Trennlinien vor dem Hintergrund des Klassenkampfes zu sehen. Obgleich Marx selbst das Aufkommen neuer Ideen in hohem Maße als Begleiterscheinung des ökonomischen Wandels sah, sind die Auswirkungen seines eigenen Denkens paradox genug, ein überzeugender Beleg für die unabhängige Bedeutung von Ideen. Schließlich waren es seine Ideen, die sich als der entscheidende Faktor in Russland erwiesen, das nun ganz bestimmt nicht zu den industriell am weitesten entwickelten Ländern Europas gehörte.

In der Politik hängen Handlungen und Überzeugungen in hohem Maße von Konzepten ab und werden von diesen definiert. Mehr noch, ungeachtet des Ausspruchs, dass Taten mehr zählen als Worte, sind im politischen Leben Worte immer auch Taten. Anders ausgedrückt, die Sprache ist »eine Arena der politischen Aktion«.[11] Oder, wie Donald Sassoon es so treffend formuliert hat:

Indem sie die Arbeiterklasse als politische Klasse sahen, ihr eine besondere Politik zuschrieben und die unschärferen Kategorien (»die Armen«) früherer Reformer zurückwiesen, »erfanden« die Pioniere des Sozialismus praktisch die Arbeiterklasse. Wer definiert, der erschafft. Die »demokratische« Politik, sprich die moderne Massenpolitik, ist ein Schlachtfeld, auf dem der entscheidende Zug derjenige ist, der bestimmt, worum gekämpft wird, um welches Thema es geht. Wer in der Lage ist, die Streitparteien zu definieren und sie zu benennen und dadurch festzulegen, wo die Barrikaden zu errichten oder die Gräben auszuheben sind, verfügt über einen großen und zu Zeiten entscheidenden Vorteil.[12]

Lenin und die Ursprünge des russischen Kommunismus

Ein Revolutionär, der diesen Zusammenhang sehr klar erkannte, auch wenn er ihn nicht in diese Worte gefasst hätte, war Wladimir Iljitsch Lenin. Ihm muss als jemandem, der in der Entwicklung des Kommunismus eine höchst entscheidende Rolle spielte und der der eigentliche Gründungsvater der Sowjetunion war, besondere Beachtung geschenkt werden. Obwohl er zu jung war (*1870), um an der Gründungsversammlung der Zweiten Internationalen im Jahr 1889 teilzunehmen (seine erste Reise über die russischen Landesgrenzen hinaus unternahm er 1895), spielte Lenin eine bedeutende Rolle in der Geschichte der Internationale und eine überragende Rolle in der revolutionären Bewegung seines eigenen Landes. Sein eigentlicher Name lautete Wladimir Iljitsch Uljanow, aber im Laufe des Unter-grundkampfes gegen die zaristischen Behörden hatte er sich einer Reihe von Decknamen bedient, und »Lenin« war derjenige, der hän-gengeblieben war. Er war gemischter ethnischer Herkunft, mit unter anderem russischen, jüdischen, deutschen, schwedischen und kal-mückischen Vorfahren, was, wie Dmitri Wolkogonow anmerkte, der als erster Leninbiograph Zugang zu den relevanten russischen und sowjetischen Archiven hatte, im Vielvölkerreich Russland keines-wegs außergewöhnlich war.[13] Die potentielle Bedeutung von Lenins multiethnischer Abstammung liegt vielmehr darin, dass sich später, unter Stalin, in der Sowjetunion ein nationaler Chauvinismus breit-machte, von dem Lenin selbst frei gewesen war, und seine Herkunft zu einem sorgsam gehüteten Staatsgeheimnis wurde. Als Lenins äl-tere Schwester Anna 1932 in einem Brief an Stalin anregte, zur »Be-kämpfung des Antisemitismus« öffentlich verlautbaren zu lassen, dass Lenins Urgroßvater Moses Blank Jude gewesen war, wurde das Ansinnen mit einer kategorischen Weigerung und der strengen War-nung beantwortet, derartiges Wissen für sich zu behalten.[14] Wäre der Wunsch nach Offenlegung dieser Information über Lenin von je-mand anderem als seiner Schwester geäußert worden, wäre das mög-licherweise als versuchter Hochverrat betrachtet worden. Viele Hun-derttausend Opfer Stalins mussten für weitaus geringere (und in den meisten Fällen rein imaginäre) Vergehen als den Verrat eines Staats-geheimnisses mit dem Leben bezahlen.

Lenins Großvater mütterlicherseits änderte seinen Vornamen von Srul in Alexander und konvertierte zum orthodoxen Christentum, was es ihm ermöglichte, in St. Petersburg Medizin zu studieren.[15] Als Dr. Alexander Blank brachte er es in der russischen Gesellschaft zu Ansehen und war wegen seiner Konvertierung auch nicht vom staatlich unterstützten Antisemitismus betroffen. Seine Frau, Lenins Großmutter, war von deutscher Nationalität und lutherischer Kon-fession. Lenins Eltern, Ilja Nikolajewitsch Uljanow und Maria Ale-xandrowna Uljanowa, vermieden politische Aktivitäten; sie lehnten jegliche revolutionäre Gewalt ab, waren aber für Reformen und hie-ßen die Neuerungen für gut, die Alexander II. in den 1860er Jahren angestoßen hatte (und in deren Zuge nicht nur die Leibeigenschaft abgeschafft wurde, sondern auch die Lokalverwaltung und das Rechtswesen reformiert wurden). In Anbetracht der gemäßigten Einstellung seiner Eltern kann man davon ausgehen, dass Lenin seine politischen Ansichten nicht von ihnen geerbt hatte.[16] Was er von ihnen geerbt hatte, waren ein scharfer Verstand, ein starkes Arbeitsethos und ein ausgeprägter Sinn für das Lernen und die beständige persönliche Weiterentwicklung.

Wladimir Iljitsch Uljanow – der spätere Lenin – kam am 22. April 1870 auf die Welt und starb relativ jung mit 53 Jahren am 21. Januar 1924. In Stalins Sowjetunion wurde alljährlich Lenins Todes gedacht, doch war der Leninkult in jenen Jahren vernachlässigbar im Vergleich zu der Beweihräucherung, die Stalin um seine eigene Person herum inszenierte. Ab 1955 wurde in der Sowjetunion nicht mehr Lenins Todestag, sondern sein Geburtstag gefeiert. Es sei nun, wie Nikita Chruschtschow verkündete, »angemessener, W. I. Lenins nicht an dem Tag seines Todes zu gedenken, was einen Eindruck von Trauer und Leid vermittelt, sondern am Tag seiner Geburt – am 22. April, was aus diesem Tag einen Feiertag macht, der besser dem umfassenden Geist des Leninismus als einer auf ewig lebendigen, das Leben bejahenden Lehre entspricht«.[17] Unter anderem wurde Lenins Geburtstag alljährlich mit einer prestigeträchtigen und in den Medien allgegenwärtigen Rede eines prominenten Mitglieds der politischen Elite gewürdigt, wobei der Redner in seinen Ausführungen nicht nur Lenin die Reverenz erwies, sondern auch vorgab, dessen Ideen auf die aktuellen Probleme anzuwenden.[18]

In seiner Jugend führte Lenin ein Leben in Wohlstand. Sein Vater war Schullehrer, der zunächst zum Volksschulinspektor und schließlich zum Direktor der Volksschulen ernannt wurde. Er erwarb sich das Wohlwollen der zaristischen Behörden und erhielt eine Reihe von Auszeichnungen, schließlich sogar die Ernennung zum Wirklichen Staatsrat, die verbunden war mit der Erhebung in den erblichen Adelsstand, was bedeutete, dass auch sein Sohn Wladimir diesem Stand angehörte. Im Gegensatz zu seinen ethnischen Wurzeln wurde Lenins Klassenherkunft von den sowjetischen Historikern aber nicht kaschiert. Der junge Uljanow genoss eine anspruchsvolle, wenn auch etwas begrenzte akademische Ausbildung am Simbirsker Gymnasium. Dessen Direktor war, Ironie der Geschichte, Fedor Kerenski, Vater von Alexander Kerenski, seines Zeichens Premierminister der rus-

Lenin und die Ursprünge des russischen Kommunismus   53

sischen Übergangsregierung, als diese von Lenin und den Bolschewiki im November 1917 gestürzt wurde. Lenins behütete Kindheit endete 1886, als sein Vater mit 53 Jahren (und damit im selben Alter wie Lenin selbst) starb. Lenin war zu der Zeit erst 15 Jahre alt, und noch bevor er 17 wurde, musste die Familie 1887 einen weiteren Todesfall betrauern, und zwar einen, der sich weitaus stärker auf Lenins spätere Laufbahn als Revolutionär auswirkte – den seines älteren Bruders Alexander. Als Biologiestudent an der Universität St. Petersburg hatte sich Alexander Uljanow einer revolutionären Gruppe angeschlossen, die ein Attentat auf Zar Alexander III. plante. Die Gruppe flog auf, und alle Mitglieder wurden verhaftet. Bei denjenigen, die bei der Verhandlung im März 1887 den Zar um Begnadigung anflehten, wurde die Todesstrafe in Zwangsarbeit umgewandelt. Diejenigen, die sich weigerten, um Gnade zu betteln – darunter auch Alexander Uljanow –, wurden am 8. Mai 1887 gehängt. Lenin mag durch die Hinrichtung seines Bruders in seiner Opposition gegen den Zarismus bestärkt worden sein – seine erste Beteiligung an revolutionären politischen Umtrieben datiert auf das Jahr nach dem Tod seines Bruders[19] –, aber zum Marxismus fand er nicht vor 1889, und bis er seine eigene Spielart des Marxismus entwickelte, sollte noch viel mehr Zeit vergehen.[20]

Das Kapital, von der zaristischen Zensur für zu langweilig erachtet, als dass es viel bewirken könnte, erschien erstmals 1872 in Russland. Nun, es mag als Lektüre tatsächlich zu mühselig sein, um mehr als eine Minderheit zu beeinflussen. Aber Minderheiten können in der Politik durchaus wichtig sein, insbesondere, wenn es sich um eine gar nicht so kleine Minderheit unter einem autoritären (aber nicht totalitären) Regime handelt. Ein langweiliger Titel kann über einen gefährlichen Inhalt hinwegtäuschen und es möglich machen, ein subversives Buch an den – in diesem Falle zaristischen – Zensoren vorbeizuschmuggeln. Eben dieser Methode hatte sich der führende russische Marxismustheoretiker Georgi Plechanow bedient, dessen Buch *Über die Frage, wie man eine monistische Geschichtsauffassung entwickelt* 1895 unter dem Pseudonym N. Beltow veröffentlicht wurde.[21] Plechanow hatte Lenin bereits stark beeinflusst, nicht zuletzt durch die in den meisten seiner wichtigen Werke postulierte Forderung, dass diejenigen, die über ein Verständnis der Theorie und der Praxis des Sozialismus verfügten, ihr Wissen der Arbeiterklasse vermitteln müssten.[22] Aber obwohl Plechanow zu Beginn des 20. Jahrhunderts mit Lenin kooperierte, hielt er im Gegensatz zu diesem an der orthodoxen marxistischen Auffassung fest, dass auf eine bürgerliche Revolution eine längere Periode der bürgerlichen Regierung folgen müsste, bevor eine sozialistische Revolution stattfinden könne. Naturgemäß unterstützte Plechanow, der 1918 starb, die erste der beiden russischen Revolutionen von 1917 – diejenige, in der der Zar gestürzt wurde –, sprach sich aber vehement gegen die bolschewistische Revolution knapp neun Monate später aus.

Lenin war in seiner Frühzeit nicht nur vom orthodoxen Marxismus beeinflusst, sondern auch von den radikalpopulistischen Ansichten Pjotr Tkatschews. Die Populisten waren eine Bewegung radikaler Intellektueller, die in den 1860er Jahren in Russland entstand. Ihre Anhänger, die sogenannten Narodniki, vertraten die Auffassung, dass Russland dank seiner bäuerlichen Gemeinden den Sozialismus ohne den Umweg über den Kapitalismus erreichen könnte, und als einer der radikalsten Narodniki befürwortete Tkatschew die staatliche Machtübernahme durch eine revolutionäre Minderheit. Tkatschew, der Marx sehr selektiv gelesen und sich nach Belieben aus dessen Werk bedient hatte, beschuldigte Engels des mangelnden revolutionären Eifers aufgrund seiner Weigerung, die sozialistische Revolution in Russland zu unterstützten, bis die Bedingung der »fortgeschrittenen wirtschaftlichen Entwicklung der bürgerlichen Gesellschaft« erfüllt sei.[23] Lenin stimmte mit Tkatschew in der zentralen Rolle überein, die ein kleiner Kreis von Revolutionären spielen musste. Und obgleich er die Willkür ablehnte, die den Terrorismus der maßgeblich von Tkatschew beeinflussten Bewegung Narodnaja Wolja (Volkswille) charakterisierte, war er weit davon entfernt, den Terrorismus per se abzulehnen. Vielmehr warf er Plechanow mangelnde Sympathie sowohl für Tkatschew wie auch für die Narodnaja Wolja insgesamt vor. Nikolai Wolski (besser bekannt unter seinem Pseudonym Walentinow), der Lenin während des gemeinsamen Exils in Genf näher kennen lernte, berichtete, dieser habe sich ihm 1904 gegenüber folgendermaßen geäußert: »Plechanows Einstellung in Bezug auf Tkatschew ist falsch. Zu seiner Zeit war Tkatschew ein großer Revolutionär, *ein echter Jakobiner*, der großen Einfluss besaß auf die aktivste Sektion des Volkswillens.«[24]

Selbst Plechanow mit seinem weitaus kritischeren Blick auf die Narodnaja Wolja schrieb 1884:

Lenin und die Ursprünge des russischen Kommunismus 55

Und wie ist es mit dem Terror? ... wir leugnen keineswegs die wichtige Rolle des terroristischen Kampfes in der aktuellen Befreiungsbewegung. Er ist naturgemäß unter den gesellschaftlichen und politischen Umständen, unter die wir gestellt sind, und er muss ebenso naturgemäß eine Verbesserung fördern. Aber an sich zerstört der sogenannte Terror nur die Kräfte des Staates und trägt wenig dazu bei, die bewusste Organisation seiner Gegner zu fördern. Der terroristische Kampf weitet nicht die Einflusssphäre unserer revolutionären Bewegung aus; im Gegenteil, er reduziert sie auf heroische Aktionen kleiner Partisanengruppen.[25]

Lenins Einstellung zum Terrorismus war weit weniger uneindeutig. Laut Wasili Starkow, Ingenieur und Mitglied der marxistischen Gruppe in St. Petersburg, der sich der 23-jährige Lenin anschloss, verteidigte dieser vehement den Einsatz des Terrorismus auf eine Weise, die denjenigen, »die [...] mit den Aufsätzen Plechanows groß geworden waren, die das auf Terror beruhende Programm und die Taktik der Narodnaja Wolja scharf kritisierten, [als] ketzerisch [erschien]«.[26] Für Lenin rechtfertigte das Ziel die Mittel, und Starkow fasste Lenins Ansichten dergestalt zusammen: »Die Hauptsache sei der Zweck, und jedes Mittel des Kampfes, auch der Terror, sei gut oder schlecht, je nachdem, ob es unter den gegebenen Umständen zur Verwirklichung dieses Zweckes beitrage oder, im Gegenteil, davon wegführe.«[27]

Einen immensen Einfluss auf Lenin, emotional wie intellektuell, übten die Schriften Nikolai Tschernyschewskis aus, eines älteren russischen Revolutionärs, insbesondere sein Roman *Was tun?*. Wiewohl ein in den Worten Isaiah Berlins »groteskes Kunstwerk«, erwies sich der Roman doch als bemerkenswert einflussreich.[28] Als Sohn eines orthodoxen Priesters hatte Tschernyschewski wegen seiner politischen Ansichten selbst lange Jahre im Exil verbracht, aber unverdrossen an die revolutionäre Sache und an das Ziel eines genossenschaftlichen Gemeinwesens geglaubt. Der Held seines Romans ist einer jener leidenschaftlichen »neuen Menschen« – moralisch überlegen und gleichgültig gegenüber jeder Erschwernis oder Ablenkung von der gemeinsamen Sache –, die sich damals einem jungen russischen Revolutionär als inspirierendes Vorbild im Kampf gegen den Zarismus anboten. Niemand, schrieb Berlin, trug mehr dazu bei als Tschernyschewski, die Unterscheidung zwischen »uns« und »ihnen« zu verschärfen.[29] Im revolutionären Kampf war kein Raum für Neutralität oder Zurückhaltung. Obwohl Lenin der Heldenverehrung nicht sonderlich zugetan war, war er ein leidenschaftlicher Bewunderer Tschernyschewkis.[30]

In Genf beging Wolski (Walentinow) 1904 einmal den Fehler, Tschernyschewski in Lenins Gegenwart als »untalentiert« und »grob« abzutun,[31] woraufhin ein erboster Lenin Tschernyschewski als den »größten und talentiertesten Vertreter des Sozialismus vor Marx« lobte und zudem bekundete:

> Ich erkläre es hiermit für unzulässig, *Was tun?* als grob und untalentiert zu bezeichnen. Hunderte wurden unter seinem Einfluss zu Revolutionären. Wäre dies möglich gewesen, wenn Tschernyschewski untalentiert und grob gewesen wäre? Mein Bruder zum Beispiel war von ihm fasziniert, und ich war es ebenfalls. Er hat meine Perspektive völlig verändert. Wann haben Sie *Was tun?* gelesen …? Tschernyschewskis Roman ist zu komplex und voller Ideen, als dass man ihn in frühem Alter verstehen und schätzen könnte. Ich selbst habe mit 14 angefangen, das Buch zu lesen, was meiner Meinung nach eine völlig nutzlose und oberflächliche Lektüre des Werkes war. Aber nach der Hinrichtung meines Bruders fing ich an, es richtig zu lesen, da ich wusste, dass es eines seiner Lieblingsbücher war. Nicht Tage, sondern mehrere Wochen verbrachte ich mit der Lektüre des Buchs, und erst da erschloss sich mir seine Tiefe. Der Roman bietet Inspiration für ein ganzes Leben: Untalentierte Bücher haben keinen derartigen Einfluss.[32]

In Anbetracht der oppressiven Natur des zaristischen Staates, des geringen Industrialisierungsniveaus des Landes im 19. Jahrhundert und der – aus beiden genannten Faktoren resultierenden – Schwäche der Arbeiterbewegung im Vergleich zu Großbritannien, Deutschland oder Frankreich überrascht es wenig, dass zahlreiche russische Revolutionäre die Rolle von (wie sie sich selbst nannten) »Sozialdemokraten«, die nicht dem Proletariat entstammten, für die revolutionärsozialistische Aufklärung der Arbeiter betonten. Gegen Ende des 19. und zu Beginn des 20. Jahrhunderts diente der Ausdruck »Sozialdemokrat« noch nicht zur Unterscheidung von demokratischen Sozialisten und Kommunisten. »Sozialdemokraten« umfassten im Russland und auch im restlichen Europa dieser Jahre Sozialisten und Gewerkschafter höchst unterschiedlicher Couleur. Der Vorläufer der Kommunistischen Partei der Sowjetunion wurde 1898 unter dem

Namen Russische Sozialdemokratische Arbeiterpartei (RSDAP) gegründet. Lenin fehlte auf der Gründungsversammlung. Wegen revolutionärer Aktivitäten war er Ende 1895 festgenommen und Anfang 1897 für drei Jahre nach Sibirien verbannt worden. In dieser Zeit verfasste er das umfangreiche Werk *Kritische Bemerkung zur ökonomischen Entwicklung Russlands,* das er 1899 unter dem Pseudonym Wladimir Iljin veröffentlichte. In der späten zaristischen Periode war die Verbannung nach Sibirien eine weitaus mildere Form der Strafe als das, was später die Dissidenten zu Sowjetzeiten ertragen mussten, und sie bedeutete nicht, dass sich Lenin keinen Zugang zur Büchern, Papier und Schreibzeug hätte verschaffen können.

Während des Exils hatte Lenin über eine Untergrundzeitung nachgedacht, die ihm als Plattform für seine politischen Überzeugungen dienen sollte. Nach seiner Rückkehr aus dem Exil Anfang 1900 machte er sich in Zusammenarbeit mit Julius Martow und Alexander Potresow an die Arbeit. Die Zeitung, die schließlich unter dem Titel *Iskra* (Der Funke) erschien, entwickelte sich nicht nur zu Lenins Propagandainstrument, sondern auch zur einer Organisationsbasis, mit deren Hilfe er die RSDAP sowohl persönlich wie auch ideologisch zu kontrollieren suchte. Zu den wichtigsten Schlüsselelementen seines revolutionären Denkens, die er in der *Iskra* zum Ausdruck brachte, gehörten die Notwendigkeit einer höchst disziplinierten Partei und seine unversöhnliche Opposition gegenüber jeglicher Form der Spontaneität innerhalb der revolutionären Bewegung, ob nun auf dem Gebiet der Ideen oder dem der Aktion. Er hatte sich dem Prinzip einer disziplinierten Organisation verschrieben, auch wenn die Realität – zu seinen Lebzeiten und damit im Unterschied zu dem, was später in der Sowjetunion und in der internationalen kommunistischen Bewegung passierte – häufig hinter seinen Zielen zurückblieb. Lenin war ein unverbesserlicher Polemiker, der über all jene herzog, die anders als er die Notwendigkeit einer Partei neuen Typs nicht sehen wollten, einer Partei, die zentral gelenkt und streng diszipliniert sein und den Arbeitern ein revolutionäres sozialistisches Bewusstsein anerziehen würde. Auf sich allein gestellt, argumentierte er, würden die Arbeiter lediglich ein »trade-unionistisches Bewusstsein« entwickeln. Oder, wie er es 1902 in dem berühmten politischen Traktat mit dem (explizit an Tschernyschewski angelehnten)[33] Titel *Was tun?* ausdrückte: »Die spontane Arbeiterbewegung ist an und für sich nur fähig, Trade-

Unionismus hervorzubringen (und bringt ihn auch unvermeidlich hervor), die trade-unionistische Politik der Arbeiterklasse ist aber eben bürgerliche Politik der Arbeiterklasse.«[34] Die Arbeiter waren angewiesen auf Berufsrevolutionäre, die ihnen ein theoretisches Verständnis vermittelten, und zwar eines, das sie davon überzeugte, dass ihre wahren Interessen nur durch die Zerstörung des Kapitalismus erfüllt werden konnten. Erforderlich war die Abschaffung ihrer Stellung als Lohnarbeiter, nicht das Gewerkschaftsziel, einen besseren Handel mit den Arbeitgebern herauszuschlagen.

Bolschewiki und Menschewiki

Der II. Parteitag der RSDAP im Jahr 1903 markierte einen entscheidenden Moment in der Geschichte der russischen revolutionären Bewegung. Den Kongress in Russland abzuhalten stand völlig außer Frage, wollte man der zaristischen Geheimpolizei Ochrana nicht die Freude bereiten, alle üblichen Verdächtigen auf einen Schlag verhaften zu können. Zunächst sollte der Kongress in Brüssel stattfinden, doch nachdem die Ochrana die belgische Polizei über die revolutionären Ansichten einiger Parteimitglieder in Kenntnis gesetzt hatte, wurde der Parteitag nach London verlegt.[35] Ironischerweise war der Veranstaltungsort eine kongregationalistische Kirche. Auf dem Parteitag selbst kam es zu mehreren Spaltungen – auch innerhalb der *Iskra*-Gruppe – zwischen den, wie Lenin sie nannte, »Weichen« und den »Harten«, wobei er sich selbst mit einigem Recht als der Erste unter den »Harten« betrachtete. Den »Weichen« gehörten Martow und Potresow an, wie Lenin Mitbegründer der *Iskra*, mit Wera Sassulitsch die bekannteste russische Revolutionärin der Zeit (ungeachtet der Tatsache, dass sie 1878 auf den St. Petersburger Polizeichef geschossen und diesen dabei verwundet hatte) sowie ein überaus eloquenter Marxist, der im Vorjahr nach seiner Flucht aus der sibirischen Verbannung in London aufgetaucht war und sich Lenin vorgestellt hatte. Sein Name war Leo Trotzki.[36] Später sollte Trotzki über den Parteitag schreiben: »In Bezug auf Lenin und Martow kann man behaupten, dass auch vor der Spaltung und vor dem Kongress Lenin der ›harte‹ war und Martow der ›weiche‹. Beide wussten das.«[37]

An dem Parteitag nahmen 57 Delegierte teil, von denen aber nur

Bolschewiki und Menschewiki 59

43 über Stimmrecht verfügten. Anfangs konnte Lenin über keine Mehrheit gebieten und verlor eine Abstimmung über den Wortlaut der Parteistatuten. Das Heft in die Hand bekam er erst, als sieben Delegierte den Parteitag verließen: die fünf Delegierten des *Bundes*, einer jüdischen sozialistischen Organisation, und die zwei Vertreter der »Ökonomisten«, einer Gruppe, der es hauptsächlich um die Verbesserung der ökonomischen Situation der Arbeiter ging, eine Einstellung, die Lenin zutiefst verachtete. Die Mitglieder des *Bundes* wollten ihre Autonomie in allen das jüdische Proletariat betreffenden Fragen bewahren, wohingegen der Parteitag darauf bestand, diese ebenfalls der zentralen Kontrolle zu unterwerfen – genauer gesagt, der Kontrolle durch die *Iskra*-Gruppe, der selbst mehrere Revolutionäre jüdischer Abstammung angehörten, darunter Martow (ursprünglich Zederbaum), Trotzki, der eigentlich Bronstein hieß, Pawel Axelrod, der später zu einem scharfen Kritiker der diktatorischen Tendenzen wurde, die Lenins Konzept einer streng zentralisierten und von hauptberuflichen Revolutionären kontrollierten Partei innewohnten, sowie Nikolai Bauman, ein enger Verbündeter Lenins, der 1905 im Alter von 32 Jahren in St. Petersburg von einem Mob zu Tode geprügelt wurde.[38]

Der Auszug der Bundisten sowie der Ökonomisten erwies sich als Segen für Lenin, da er nun über die Mehrheit der Stimmen verfügte. Dank dieser Mehrheit konnte er seine Politik und seine organisatorischen Vorstellungen durchdrücken und wichtige Posten mit seinen Leuten besetzen. So sorgte er zum Beispiel dafür, dass das Zentralkomitee der Partei klein war und von den »Harten« dominiert wurde. Nirgendwo aber trat Lenins taktisches Geschick auf dem Kongress deutlicher zutage als in der Erfindung der Begriffe »Bolschewiki« und »Menschewiki«. Kaum hatte Lenin die Mehrheit erobert, da benannte er seine Gruppe in Bolschewiki (nach dem russischen Wort für Mehrheit, *bolschinstwo*) und die seiner Gegner in Menschewiki (Minderheitler) um, was Bertram Wolfe vor rund sechzig Jahren folgendermaßen kommentierte:

Obwohl Lenin noch am Vortag mit seiner Anhängerschaft in der Minderzahl gewesen war – und auch in Zukunft des Öfteren in der Minderheit sein sollte –, verzichtete er nie auf die psychologischen Vorteile dieser Bezeichnung ... Welch Stolz für die eigene Parteiclique, wenn sie sich – ungeachtet aller weiteren Verluste – als die »Mehrheit« bezeichnen konnte! Welche Überzeugung, welche Sanktion, verliehen durch die demokratische Majorität … Welche Zauberformel für die eigene Gefolgschaft und auch für die außerhalb der Partei stehenden Massen![39]

So groß allerdings, wie Lenins taktisches Geschick war, fügte Wolfe hinzu, war auch die außerordentliche politische Unfähigkeit derjenigen, die sich innerhalb der Partei in der zeitweiligen Minderheit befanden und die deshalb die Bezeichnung Menschewiki akzeptierten, unter der sie fortan bekannt sein sollten.[40] Die Menschewiki – und insbesondere Martow – waren der demokratischen Sache an sich weitaus stärker verpflichtet als Lenin (oder, was das betrifft, Trotzki). Für die Bolschewiki hatte die politische Demokratie »hauptsächlich instrumentalen Wert, insofern sie es den Arbeitern ermöglichte, wirksamer für den Sozialismus zu kämpfen«.[41]

Lenin setzte seinen Feldzug für eine zentralisierte Partei fort, die er und gleichgesinnte Verbündete kontrollieren konnten, obwohl einige derjenigen, die ihn auf dem II. Parteitag der RSDAP unterstützt hatten, dies bald schon bereuen und anfangen sollten, gegen ihn zu arbeiten. In einer 1904 veröffentlichten polemischen Broschüre befasste sich Lenin auf über 200 Seiten mit Detailfragen der Parteiorganisation. Das Pamphlet mit dem Titel *Ein Schritt vorwärts, zwei Schritte zurück* war ein Fanal für seine an Besessenheit grenzende Überzeugung, dass »das Proletariat […] keine andere Waffe im Kampf um die Macht [besitzt] als die Organisation«.[42] An die Adresse seiner Kritiker gerichtet, schrieb Lenin darin weiter:

Ein Schritt vorwärts, zwei Schritte zurück … Das kommt sowohl im Leben von Individuen vor als auch in der Geschichte von Nationen und der Entwicklung von Parteien. Es wäre verbrecherischer Kleinmut, wollte man auch nur einen Augenblick an dem unvermeidlichen und vollständigen Triumph der Prinzipien der revolutionären Sozialdemokratie, der proletarischen Organisation und der Parteidisziplin zweifeln.[43]

Westeuropäische Alternativen

Mit der Etablierung der bolschewistischen Fraktion in der RSDAP vertiefte sich die Kluft zwischen Bolschewismus und evolutionärem Sozialismus innerhalb der Zweiten Internationalen. In Deutschland, wo die Sozialdemokratie im allgemeinen Sinne des Begriffs stärker war als in Russland, kam es gleichfalls zu fundamentalen doktrinären Auseinandersetzungen. Die wichtigste langfristige Herausforderung für das, was zum Leninismus wurde, und im eigentlichen Sinne für die Argumente von Marx und Engels selbst ging von dem deutschen Sozialisten Eduard Bernstein aus. Bernstein war selbst im Marxismus geschult und hatte Engels so nahegestanden, dass dieser ihn später zu seinem Erbvollstrecker und – zusammen mit Karl Kautsky, einem anderen bedeutenden sozialistischen Theoretiker – literarischen Nachlassverwalter einsetzte. Der aus Berlin stammende Bernstein hatte zwanzig Jahre im Londoner Exil verbracht und war dort stark von der gradualistischen Philosophie der britischen Fabianisten beeinflusst worden. Bernstein war der erste große »Revisionist« des europäischen Marxismus. Dieser Begriff wurde von Lenin und seinen sowjetischen Nachfolgern bis Mitte der achtziger Jahre als Ausdruck extremer Verachtung verwendet, was sich allerdings nur schlecht mit dem Anspruch des Marxismus auf Wissenschaftlichkeit vertrug, setzt Wissenschaft doch eine unablässige Bereitschaft zur Revision, also zur Überprüfung von Theorien, voraus, die nicht länger mit den beobachtbaren Tatsachen übereinstimmen. Bernstein für seinen Teil hatte keine Probleme mit dem Etikett »Revisionist«, das orthodoxe Marxisten ihm und seinen Ideen angeheftet hatten.[44]

Bernsteins wichtigstes Buch, *Die Voraussetzungen des Sozialismus und die Aufgaben der Sozialdemokratie,* entfaltete nach seinem Erscheinen 1899 in Deutschland eine große Wirkung. Bis es 1909 unter dem eingängigeren Titel *Evolutionary Socialism* auf Englisch veröffentlicht wurde, waren bereits neun deutsche Auflagen gedruckt worden. *Die Entstehung der Arten,* Charles Darwins 1859 erschienenes bahnbrechendes Werk über die biologische Evolution, hatte indirekt das Denken vieler Sozialisten beeinflusst und sie in ihrem Glauben an eine vergleichbare Evolution von Gesellschaften bestärkt. (Marx selbst hatte den Wunsch geäußert, Darwin den zweiten Band

von *Das Kapital* zu widmen, ein Ansinnen, das Darwin aber zurück-
gewiesen hatte.)[45] Bernstein schreibt in seinem Buch anerkennend
davon, wie sich in England die »Sozialdemokratie« (ein Begriff, den
er nach eigenem Bekunden im umfassenden Sinne der »gesamten
unabhängigen sozialistischen Bewegung«[46] verwendete) aus einer
»utopistisch-revolutionären Sekte, als die Engels selbst sie wiederholt hingestellt hat, in eine Partei der praktischen Reform« weiterentwickelt hatte.[47] Anschließend fährt er fort:

> Kein zurechnungsfähiger Sozialist träumt heute noch in England von
> einem bevorstehenden Sieg des Sozialismus durch eine große Katastrophe,
> keiner von einer raschen Eroberung des Parlaments durch das revolutio-
> näre Proletariat. Dafür aber verlegt man sich immer mehr auf die Arbeit in
> den Munizipalitäten und anderen Selbstverwaltungskörpern und hat man
> die frühere Geringschätzung der Gewerkschaftsbewegung aufgegeben, mit
> dieser und hier und da auch schon mit der Genossenschaftsbewegung en-
> gere Fühlung genommen.[48]

Bernstein vereinte Realismus und Idealismus. Der evolutionäre Sozialismus, den er propagierte, war ein sowohl pragmatischer wie moralischer Sozialismus. Er sah den Utopismus bei Marx, wie sehr dieser auch auf die utopischen Sozialisten schimpfen mochte. So, wie
Lenin es verstanden hatte, seinen innerparteilichen Opponenten das
abschätzige Etikett »Menschewiki« zu verpassen, so hatte es – weitaus früher – Marx verstanden, in den Köpfen vieler Menschen die
Vorstellung zu verankern, seine Sozialismusvariante sei wissenschaftlich und die seiner Vorgänger utopisch (was bei weitem nicht
auf alle zutraf). Bernstein wies die Unterscheidung, die Marx durchzusetzen versuchte, zurück und schrieb: »Wir haben die Arbeiter so
zu nehmen, wie sie sind. Und sie sind weder so allgemein verpaupert,
wie es im Kommunistischen Manifest vorausgesehen ward, noch so
frei von Vorurteilen und Schwächen, wie es ihre Höflinge uns glauben machen wollen.«[49] Am bekanntesten ist Bernstein wahrscheinlich für den Ausspruch, dass für ihn die Bewegung alles, und das, was
gemeinhin als das »Endziel des Sozialismus« bezeichnet wird, nichts
sei. Das lag nicht nur daran, dass er, wie er selbst sagte, noch »zu keiner Zeit [ein] Zukunftsgemälde zu Ende lesen« hatte können, sondern auch daran, dass »meines Erachtens im stetigen Vormarsch eine

Westeuropäische Alternativen

größere Gewähr für dauernden Erfolg liegt wie in den Möglichkeiten, die eine Katastrophe bietet«.[50]

Bernstein war außerdem der Ansicht, dass es an der Zeit sei, sich vom Konzept der »Diktatur des Proletariats« zu verabschieden, da Angehörige der Sozialdemokratie als Wahlkämpfer und Parlamentarier unmittelbar auf die Gesetzgebung einwirkten, Aktivitäten mithin, die »alle der Diktatur widersprechen«.[51] Wegen seiner Abweichungen von der orthodoxen marxistischen Doktrin wurde er nicht nur von Lenin, sondern auch von führenden Vertretern der deutschen Sozialdemokratie heftig attackiert. Erwähnenswert hierbei ist vor allem die in Polen geborene Revolutionärin Rosa Luxemburg, die ein prominentes Mitglied der Zweiten Internationalen und nicht nur in Polen, sondern vor allem in Deutschland überaus aktiv war. Auch Karl Kautsky, dessen Eltern Tschechen waren, der aber den Großteil seines Lebens in Deutschland verbrachte, griff Bernstein an, allerdings von einer zentristischeren Position aus als die weitaus hitzigere Rosa Luxemburg. Es gab eine Zeit, da Kautsky von Lenin als marxistischer Theoretiker sehr geschätzt wurde. Doch bereits 1893 bekundete Kautsky Sympathien für den Parlamentarismus, als er schrieb, dass »ein originär parlamentarisches Regime ebenso gut ein Instrument für die Diktatur des Proletariats wie ein Instrument für die Diktatur der Bourgeoise« sein könnte.[52] Später sollte nicht nur Kautsky, sondern auch die viele radikalere Luxemburg, die Bernstein wegen seines Eintretens für einen evolutionären Sozialismus unerbittlich attackiert hatte, vor den diktatorischen Implikationen der Machtergreifung in Russland durch Lenin und die Bolschewiki warnen. Dieses Ereignis sowie die Revolutionen und der Weltkrieg, die ihm vorausgingen, sind Gegenstand des nächsten Kapitels.

KAPITEL 3

Die russischen Revolutionen und der Bürgerkrieg

Nicht alle Delegierten auf dem II. Parteitag der Russischen Sozialdemokratischen Arbeiterpartei (RSDAP), mit dem wir uns im vorigen
Kapitel befasst haben, waren darauf vorbereitet, von Lenin als Menschewiki oder Bolschewiki eingestuft zu werden. Zu den Revolutionären, die weder dem einen noch dem anderen Lager zugeordnet werden konnten, zählte Leo Trotzki. Zwar stand er nach dem Bruch im
Jahr 1903 eher den Menschewiki nahe und wurde ihnen auch zugerechnet, aber er schloss sich ihnen nicht förmlich an. Er pflegte gute
Beziehungen zu einzelnen Menschewiki, aber zwischen 1903 und
1917 war er »ein Revolutionär ohne revolutionäre Basis«.[1] Er war fest
davon überzeugt, dass sich das russische Proletariat mit dem größeren westeuropäischen Proletariat zusammenschließen müsse und auf
dessen Unterstützung angewiesen sei. Zudem sprach er sich dafür
aus, den Zeitraum zwischen der »Revolution der Bourgeoisie« und
der sozialistischen Revolution auf ein Mindestmaß zu verkürzen. Im
Jahr 1917 war er zu der Überzeugung gelangt, Lenin habe in Bezug
auf diese beiden zentralen Fragen seine Einschätzung übernommen,
weshalb er sich den Bolschewiki anschloss. In den Jahren nach der bolschewistischen Revolution, auf dem Höhepunkt seiner Macht, war
Trotzki mindestens genauso autoritär wie seine Genossen, doch er erkannte frühzeitig die Gefahren, die Lenins Modell der Parteiorganisation mit sich brachte. Im Jahr 1924 schrieb er: »Lenins Methoden
führen zu folgendem Ergebnis: Zuerst tritt die Parteiorganisation an
die Stelle der ganzen Partei; dann nimmt das Zentralkomitee die Stelle
der Organisation ein, und schließlich ersetzt ein einziger ›Diktator‹
das Zentralkomitee.«[2] Doch Lenin beharrte auf der »Bedeutung von

Zentralisierung, strenger Disziplin und ideologischer Einheit der Partei«, was durchaus sinnvoll war angesichts der Tatsache, dass diese politische Partei im Untergrund tätig war und sich in einem Polizeistaat behaupten musste.[3] Doch wenn sowjetische Politiker Lenin auch noch fünfzig oder sechzig Jahre nach der Machtergreifung der Kommunisten zur Rechtfertigung der strengen Disziplin und Hierarchie in der Partei ins Feld geführt haben, so darf bezweifelt werden, ob Lenin die Aufrechterhaltung einer solchen Organisationsform über einen derart langen Zeitraum gewünscht hätte.

Dennoch ist es keineswegs vermessen, zu behaupten, dass es sich hier um ein Beispiel für das handelt, was in der Politikwissenschaft als »Pfadabhängigkeit« bezeichnet wird, das heißt, um ein Verhaltensmuster, das die Akteure dazu bewegt, frühere institutionelle Entscheidungen zu übernehmen, selbst wenn diese unter anderen Umständen und Zwängen gefallen sind. Es gab eine Logik der Entwicklung hin zu einer bolschewistischen Partei (deren Führung oft im Geheimen agierte), die ihr eigenes Modell einer noch autoritäreren Herrschaft einführte, sobald sie das alte Regime ersetzt und den Staatsapparat unter ihre Kontrolle gebracht hatte.[4] Nicht nur zahlreiche spätere Gelehrte, sondern auch viele Zeitgenossen Lenins, darunter einige enttäuschte frühere Weggefährten, waren der Meinung, dass seine Abneigung gegenüber »offeneren Massenorganisationen, in denen Platz für größere Vielfalt und Spontaneität wäre«, nicht nur eine Frage der Zweckdienlichkeit und der taktischen Zwänge war, sondern dass sich dahinter eine autoritäre Geisteshaltung verbarg.[5] Einer dieser Zeitgenossen, Nikolai Wolski, der sich den Bolschewiki angeschlossen hatte und Lenin lange Zeit treu ergeben war, brach schließlich mit ihm, weil er Lenins Intoleranz und Unduldsamkeit gegenüber abweichenden Meinungsäußerungen in philosophischen Diskussionen nicht mehr ertragen konnte.[6] Die Menschewiki sahen angesichts von Lenins unerschütterlicher Gewissheit, den richtigen Weg zu kennen, und mit Blick auf sein Beharren auf Disziplin und Gehorsam in der Gruppe der Bolschewiki schon 1903 die Gefahr einer Diktatur. Lenins Intoleranz war unübersehbar, lange bevor er zum ersten Machthaber der Sowjetunion aufstieg. Erst in den letzten zwei, drei Jahren seines Lebens zeigte er sich offener für Zweifel.[7]

Bolschewiki und Menschewiki waren in den ersten zwei Jahrzehnten des 20. Jahrhunderts keineswegs die einzigen Fraktionen, die um die Vorherrschaft in der russischen revolutionären Bewegung rangen. Die größte Unterstützung in der russischen Bauernschaft – die über 80 Prozent der Bevölkerung stellte – genoss die Sozialrevolutionäre Partei, die unter dem Akronym SR bekannt war. Die Sozialrevolutionäre waren in den 1890er Jahren aus der Bewegung der Narodniki hervorgegangen. Ihr Führer und Theoretiker war Viktor Tschernow, der die Ansicht vertrat, die Bauernschaft müsse die »Hauptarmee« der Revolution sein, selbst wenn das Proletariat die Avantgarde stelle. Tschernow war kein Marxist. Er wollte vor allem den Kapitalismus in Russland verhindern. Wie seine populistischen Vorläufer in den 1860er und 1870er Jahren glaubte er, die landwirtschaftliche Kommune könne eine Brücke zum Sozialismus schlagen. Die Marxisten hingegen diskutierten über die Frage, inwieweit die kapitalistische Ära in Russland bereits begonnen habe.

Die Revolution des Jahres 1905 und die letzten Jahre des zaristischen Russland

Die erste der drei Revolutionen, die schließlich zur bolschewistischen Machtergreifung Ende des Jahres 1917 führten, fand vor dem Hintergrund der unerträglichen sozialen Lage der städtischen Bevölkerung, der furchtbaren Armut auf dem Land und des Mangels an politischen Rechten und Grundfreiheiten statt. In den letzten Jahrzehnten des 19. Jahrhunderts wurde Russland von einer raschen Industrialisierung erfasst, obwohl die Bauern weiterhin die Mehrheit der Bevölkerung stellten. Die Abschaffung der Leibeigenschaft (einer Form der Sklaverei) im Jahr 1861 war mit zu vielen Zugeständnissen an die Grundbesitzer verbunden – sie verloren das Eigentum an den Menschen, behielten jedoch das Land –, um die Bauern zufriedenstellen zu können.[8] Allerdings hatten die Bauern nun die Möglichkeit, das Land zu verlassen und sich in den Städten eine Arbeit in den aus dem Boden schießenden Industriebetrieben zu suchen. Dieses Industrieproletariat der ersten Generation stellte jedoch nur einen Bruchteil der Bevölkerung, und diese Menschen waren durch den Wechsel aus der ländlichen Armut in das städtische Elend vollkommen entwurzelt.

Eine im Jahr 1899 beginnende Wirtschaftskrise schürte die Unzufriedenheit der wachsenden Schicht der Arbeiter weiter, und in den ersten Jahren des 20. Jahrhunderts wurden mehrere russische Städte von großen, wenn auch lokal begrenzten Streiks erschüttert.[9] Zu diesen inneren Problemen kam die Niederlage im Krieg gegen Japan (1904/05). Das Scheitern in diesem Konflikt war nicht nur für die politische Elite, sondern für das ganze Land ein Schock. Russland verstand sich als europäische Großmacht und hatte geglaubt, jedem asiatischen Staat wirtschaftlich und militärisch überlegen zu sein. Beide Seiten trugen Verantwortung für den Kriegsausbruch, doch die Japaner erwiesen sich in der Kriegführung als effizienter. Der Krieg endete mit japanischen Gebietsgewinnen. Dieser Misserfolg schadete dem Ansehen von Zar Nikolaus II. und vertiefte das Gefühl der politischen Krise in Russland.[10]

Ein bemerkenswertes Element in der politischen Auseinandersetzung in Russland war der »Polizeisozialismus«. Diese Bewegung wurde von einigen Vertretern des Regimes gefördert, die zum einen die Klagen der Bevölkerung für berechtigt hielten und zum anderen den Revolutionären den Wind aus den Segeln nehmen wollten. Paradoxerweise löste ein Marsch der Polizeisozialisten unter Führung des geheimnisvollen Priesters Georgi Apollonowitsch Gapon die Revolution im Jahr 1905 aus. Anfang Januar jenes Jahres streikten in St. Petersburg 120 000 Arbeiter, und Gapon machte sich ihre Anliegen zu eigen. Die Streikenden baten den Zaren in einer Petition um »Gerechtigkeit und Schutz« und erklärten, sie seien »verelendet«, »unterdrückt« und unerträglichen Belastungen ausgesetzt und würden »verächtlich behandelt«.[11] Gapon setzte sich an die Spitze eines unbewaffneten Bittgangs zum Winterpalast, wo die Petition dem Zaren ausgehändigt werden sollte. Unter den Teilnehmern des Marsches, der nach dem julianischen Kalender am 9. Januar, nach dem ab Februar 1918 geltenden gregorianischen Kalender am 22. Januar stattfand, waren auch viele streikende Arbeiter. Der Bittgang verlief vollkommen friedlich, bis die Truppen, die verhindern sollten, dass die Demonstranten den Palast erreichten, das Feuer auf die Menge eröffneten. Der Zar selbst hatte nur geringes Interesse an den Protesten gezeigt und St. Petersburg für das Wochenende verlassen. Der Tag ging als »Blutsonntag« in die russische Geschichte ein. Abgesehen von zahlreichen Teilnehmern an dem Massenbittgang wurden auch in mehreren anderen Stadtteilen friedliche Demonstranten niedergemetzelt. Unmittelbar im Anschluss an das Massaker war von Tausenden Toten die Rede, doch auch die tatsächlichen Opferzahlen – es gab etwa 200 Tote und 800 Verwundete – waren schockierend hoch.[12]

Dies war der Anfang vom Ende der zaristischen Autokratie. Das Ansehen des Zaren konnte nach dem Blutsonntag nicht mehr vollkommen wiederhergestellt werden. Viele Menschen, die bis dahin zu Nikolaus II. aufgesehen hatten, sahen in ihm jetzt den Verantwortlichen für die kaltblütige Ermordung unschuldiger Untertanen. Die Geschehnisse lösten revolutionäre Unruhen aus, die das ganze Jahr andauerten. Im Jahr 1905 kam es täglich zu Streiks, Kundgebungen und Plünderungen der Häuser von Grundbesitzern. Die Sozialrevolutionäre ermordeten den Onkel des Zaren, den Großherzog Sergej, der als Befürworter der Repression besonders unbeliebt war. Der Druck auf die Regierung wurde nun immer größer: Er kam von den Gewerkschaften, von einem Bauernbund, der Mitte des Jahres 1905 auf Anregung der Sozialrevolutionäre gegründet wurde, sowie von den Gewerbetreibenden, die Einfluss auf die politischen Entscheidungen begehrten. Es wurde also sowohl von den Liberalen als auch von den Revolutionären Druck ausgeübt. Die Liberalen verschafften sich unter anderem in den Semstwos Gehör, jenen lokalen Selbstverwaltungen, die Alexander II. in den 1860er Jahren im Rahmen der großen Reformen eingerichtet hatte. Doch obwohl sich schon im Jahr 1905 zahlreiche Kräfte gegen die Autokratie wandten, gab es einen wesentlichen Unterschied zur Situation im Jahr 1917: Im Jahr 1905 stand ein Großteil der Armee unerschütterlich auf Seiten des Staates. Im Jahr 1917 herrschte in einer Armee, die deutliche Auflösungserscheinungen zeigte, offener Aufruhr.

Die fortgesetzten Arbeitsniederlegungen mündeten im Oktober 1905 in einen Generalstreik – es war der erste überhaupt in Russland. Angesichts der geschlossenen Streikfront machte die Regierung Zugeständnisse. Auf Druck von Finanzminister Graf Sergej Witte, einem gemäßigten Konservativen, gab Nikolaus II. das »Oktobermanifest« heraus, in dem der gesamten Bevölkerung persönliche Grundrechte eingeräumt und allgemeine Wahlen zu einer nationalen Duma vorgeschlagen wurden. Diese neue Volksversammlung sollte allerdings sehr viel weniger Befugnisse haben als ein Parlament. Vorgesehen war, dass sie an der Überwachung der Rechtmäßigkeit der vom Zaren und seinen Ministern erlassenen Gesetze »teilhaben« sollte, aber sie hatte keine klaren gesetzgeberischen Befugnisse. Und weder der Zar noch seine Regierung schuldeten dieser Volksvertretung in irgendeiner Form Rechenschaft. Das Manifest war ein widersprüchliches Dokument, in dem auch Nikolaus' innere Zerrissenheit zum Ausdruck kam. Der Zar war der Meinung, seine uneingeschränkten autokratischen Befugnisse gewahrt zu haben, obwohl das Manifest sehr wohl das Versprechen enthielt, kein Gesetz werde ohne Zustimmung der neuen Duma in Kraft treten. Das Wort »Duma« leitet sich vom altslawischen *dumati* (denken) ab, aber das Konzept für diese Einrichtung war offensichtlich nicht gut durchdacht.

Die erste Duma wurde im Jahr 1906 gewählt. Bis 1917 traten vier Dumas zusammen, die jedoch eher eine schrumpfende als eine wachsende Wählerschaft vertraten. Der Staat übernahm zusehends die Kontrolle über die Zusammensetzung des Parlaments, und die Zahl der radikalen Kritiker ging in den letzten beiden Dumas zurück. Doch schon das Oktobermanifest aus dem Jahr 1905 hatte die wachsende Gruppe der Liberalen nicht zufriedengestellt, und die Revolutionäre hatten ohnehin nur Verachtung dafür übrig. Am Tag nach der Bekanntmachung des Manifests versammelten sich vor der Universität von St. Petersburg Zehntausende »noch vom Kampfe nicht abgekühlter, von der Begeisterung des ersten Sieges noch trunkener Menschen«, wie Trotzki schrieb.[13] »Ich schrie ihnen vom Balkon hinunter zu, dass der halbe Sieg noch keine Sicherung bedeute, dass der Feind unversöhnlich sei, dass vor uns eine Falle lauere; ich zerriss das Zarenmanifest und ließ es im Winde flattern.«[14]

Trotzki sollte eine führende Rolle in einer ganz anderen Einrichtung spielen, die im Jahr 1905 entstand und später politische Bedeutung erlangen würde. Gemeint ist der erste Sowjet. »Sowjet« bedeutet einfach »Rat«, aber da das Wort zur Bezeichnung eines Streikkomitees in St. Petersburg verwendet wurde (des »Arbeiterdeputiertenrates«), hatte es von Anfang an eine revolutionäre Konnotation. Nach der Verhaftung des ersten Vorsitzenden des Sowjets wurde ein »Präsidium« gewählt, an dessen Spitze Trotzki stand. Er wurde zum führenden Kopf im Sowjet, einer Organisation, die im Jahr 1917 geschickt wiederbelebt wurde. Zu jener Zeit formulierte Trotzki auch seine Theorie der »permanenten Revolution«. Darin kam zum Teil seine bereits erwähnte Einschätzung zum Ausdruck, die Revolution der »Bourgeoisie« werde mit der sozialistischen Hand in Hand gehen und die Sozialisten müssten nach dem Erfolg der bürgerlichen unverzüglich die sozialistische Revolution vorantreiben. Zudem bewegte ihn die Erkenntnis, dass im Russland des Jahres 1905 »der Arbeiterstreik den Zarismus zum ersten Mal in die Knie gezwungen« hatte, zu einer zuversichtlichen Einschätzung der Entwicklung im Westen: »Wenn dies die Macht des jungen Proletariats in Russland ist, wie mag dann seine revolutionäre Macht in den fortgeschrittenen Ländern aussehen?«[15]

Im Jahr 1906 wurde die Leitung des Innenministeriums Pjotr Stolypin übertragen, der im folgenden Jahr zudem Ministerpräsident (Vorsitzender des Ministerrates) wurde. Nun sahen sich die Revolutionäre einem Widersacher gegenüber, der ihnen sehr viel entschlossener entgegentrat als die meisten Vertreter der zaristischen Regierung. Stolypin setzte harte Repressionen durch, ließ radikale Zeitungen schließen und Zehntausende Regimegegner verhaften (von denen einige hingerichtet wurden). Gleichzeitig setzte er Reformen durch, vor allem eine weitreichende Bodenreform, deren Ziel es war, den russischen Bauernstand dem westeuropäischen anzunähern. Unter anderem wurde die alte Dorfgemeinschaft (*obschina* oder *mir*) aufgelöst, die seit der Aufhebung der Leibeigenschaft im Jahr 1861 das kollektive Eigentum an dem von den Bauern bearbeiteten Land innegehabt hatte. Das Ziel war es, das Land einzufrieden und den individuellen Grundbesitz der Bauern zu fördern. Die Reform bereitete vielen Revolutionären, darunter auch Lenin, einiges Kopfzerbrechen. Zwar glaubten sie nicht, dass diese Neuerung die Revolution verhindern könne, aber sie befürchteten, dass sie sie um Jahrzehnte verzögern werde. Doch die verspätete Reform verlief weniger erfolgreich, als die Liberalen gehofft und die Revolutionäre befürchtet hatten. Die Mehrheit der Grundbesitzer widersetzte sich den Neuerungen und tat ihr Bestes, die Reform zu hintertreiben. Und auch die Bauern wollten sich anfangs ungern darauf einlassen, einen Hof auf eigenes Risiko zu bewirtschaften und auf die kollektiven Mittel der Dorfgemeinschaft zu verzichten (auch wenn sie in der Gemeinschaft manchmal nur das Elend teilten). Außerdem misstrauten sie den Beweggründen der Verfechter dieser »Emanzipation«. Stolypin erhielt am Ende nur von einer kleinen Gruppe liberaler Konservativer Unterstützung. Den Traditionalisten gingen seine Reformen zu weit, die Liberalen lehnten ihn ab, weil er bereit war, die Duma aufzulösen und

Die Revolution des Jahres 1905 und die letzten Jahre … 71

das Wahlsystem zu ändern, um sich das Parlament gefügig zu machen, und die Revolutionäre hatten allen Grund, einen unversöhnlichen Feind in ihm zu sehen.

Im Jahr 1906 wäre Stolypin beinahe einem Mordanschlag zum Opfer gefallen, bei dem mehrere Menschen starben und zwei seiner Kinder verletzt wurden. Obwohl die Jahre 1906 und 1907 verglichen mit dem Revolutionsjahr relativ ruhig waren, wurden in diesen beiden Jahren mehr als 4000 Staatsdiener von den Revolutionären ermordet. Banküberfälle waren an der Tagesordnung, da die revolutionäre Bewegung finanziert werden musste (einige dieser Überfälle wurden von einem gewissen Josef Wissarionowitsch Dschugaschwili angeführt, der sich ab 1912 Stalin nannte).[16] Lenin hieß derartige Raubüberfälle als legitimes Mittel im Kampf gegen den Zarismus durchaus gut. Seine Frau Nadeschda Krupskaja drückte es so aus: »Die Bolschewiki hielten es für zulässig, zaristische Schätze zu beschlagnahmen, und erlaubten Enteignungen.« Die Menschewiki hingegen lehnten den Bankraub entschieden ab.[17]

Im Jahr 1911 erlitt Stolypin schließlich das Schicksal, mit dem er sich abgefunden hatte, als er zum Ministerpräsidenten ernannt worden war.[18] Sein Mörder, der ihn bei einem Festakt in einem Theater in Kiew erschoss (auch der Zar war zugegen), hatte sowohl zu den Sozialrevolutionären als auch zur Polizei Verbindungen. Es wurde nie geklärt, für welche der beiden Seiten er in diesem Fall tätig war, doch es gibt einige Hinweise darauf, dass die Hintermänner unzufriedene Mitglieder der politischen Polizei waren. Es war der Leiter der Kiewer Ochrana, der dem Attentäter Dmitri Bogrow an jenem Tag die Eintrittskarte für die Oper gab. Bogrow wurde ohne öffentliches Gerichtsverfahren gehängt.[19]

Die wichtigsten Verfechter liberaler Reformen zwischen 1905 und 1917 waren die Partei der Konstitutionellen Demokraten oder kurz Kadetten sowie jene gemäßigten Liberalen, die aufgrund ihrer Unterstützung für das Oktobermanifest des Zaren als »Oktobristen« bezeichnet wurden. Neben dem Liberalismus und dem revolutionären Sozialismus traten in diesen Jahren auch starke nationalistische, fremdenfeindliche und antisemitische Strömungen zutage. Es kam zu Judenpogromen, die zahlreiche Juden zur Auswanderung nach Westeuropa und Nordamerika veranlassten. Die Diskriminierung der Juden war keineswegs ein neues Phänomen im russischen Reich und hatte insbesondere in der Ukraine eine lange Tradition. Das war einer der Gründe dafür, dass es an der Spitze der revolutionären Parteien derart viele Juden gab – nicht so sehr bei den Sozialrevolutionären, die populistischen Ursprungs waren, aber bei den Bolschewiki und vor allem bei den Menschewiki.

An vorderster Front in der Judenverfolgung stand der nationalistische Bund des Russischen Volkes, dessen Anhänger von den russischen Demokraten als »Schwarze Hundertschaften« bezeichnet wurden. Die Organisation war im Jahr 1905 mit Billigung Nikolaus' II. gegründet worden, um das Volk gegen die Revolutionäre und radikalen Reformer zu mobilisieren.[20] Viele »Schwarzhunderter« waren der Meinung, der Zar gehe bei der Unterdrückung der Revolutionäre zu unentschlossen vor. Eine gewalttätige Attacke der Schwarzen Hundertschaften musste jedermann fürchten, der als Demokrat und Gegner der Autokratie galt, aber ihre Wut richtete sich insbesondere gegen Juden. Im Jahr 1905 wurden mehrere Tausend Juden ermordet, davon allein 800 in Odessa. Ende 1906 hatte der Bund des Russischen Volkes rund 300 000 Mitglieder.[21] Einige der zwischen der Jahrhundertwende und dem Jahr 1917 in Russland gegründeten demagogischen und antisemitischen Organisationen wirken im Rückblick wie Prototypen der faschistischen Bewegungen, die in den zwanziger und dreißiger Jahren in Osteuropa entstanden. Es wäre naiv, anzunehmen, die einzige denkbare Alternative zur sozialistischen Revolution im Jahr 1917 wäre eine graduelle Entstehung der liberalen Demokratie gewesen. Die Liberalen genossen nicht nur deutlich weniger Unterstützung als die Revolutionäre, sondern hatten auch sehr viel weniger Zulauf als die Eiferer am anderen Ende des politischen Spektrums. Eine durchaus plausible Alternative zum Triumph der Kommunisten wäre die Entstehung eines rechtsextremen nationalistischen Regimes gewesen.

Die sich vertiefende Krise der russischen Gesellschaft erreichte im Ersten Weltkrieg einen neuen Höhepunkt. Lenin und viele Revolutionäre vertraten die Auffassung, bei dieser Auseinandersetzung handle es sich um einen imperialistischen Krieg, mit dem sie nichts zu tun haben wollten. Doch der Kriegsausbruch spaltete die sozialistische Bewegung in Europa. Einige führende Sozialisten (etwa Eduard Bernstein in Deutschland und Keir Hardie in Großbritannien) widersetzten sich dem Krieg, weil sie Pazifisten waren, andere lehnten

Die Revolution des Jahres 1905 und die letzten Jahre ...

ihn ab, weil sie ihn als imperialistischen Konflikt betrachteten. Aber viele Sozialisten gaben der Verteidigung ihres Vaterlands den Vorzug vor den internationalistischen Bestrebungen der Bewegung. Nachdem Russland an der Seite Frankreichs und Großbritanniens in den Krieg gegen die Achsenmächte Deutschland und Österreich-Ungarn eingetreten war, wurden alle bekannten Bolschewiki, die das Land nicht verlassen hatten, verhaftet.[22] Die russischen Marxisten waren geteilter Meinung bezüglich der Frage, ob sie die russische Regierung im Krieg unterstützen sollten. Lenin und Trotzki waren prominente Vertreter der »defätistischen« Linie, denn sie lehnten den Krieg nicht nur aus Prinzip ab, sondern sahen auch eine große Chance darin: Sie waren überzeugt, dass eine russische Niederlage den Erfolg der Revolution beschleunigen werde. Plechanow hingegen glaubte, ein Sieg Russlands und seiner Verbündeten werde der Sache des Sozialismus dienlich sein. Tatsächlich war die Legitimität des Regimes mittlerweile derart geschwächt, dass die Bevölkerung angesichts schwerer militärischer Rückschläge nicht mehr wie bei der napoleonischen Invasion im Jahr 1812 (und nicht wie später im Zweiten Weltkrieg angesichts des deutschen Vormarsches) zum Staat stand und der Verteidigung des Vaterlands alles andere unterordnete. Die Inkompetenz der militärischen Führung, die gewaltigen Verluste an Menschenleben und das schwindende Vertrauen in die staatlichen Einrichtungen machten das zaristische Regime verwundbarer denn je.[23]

Die Gemahlin des Zaren Nikolaus II., Alexandra, war die Enkelin der von ihr verehrten britischen Königin Victoria, aber ihre Wurzeln waren überwiegend deutsch. Deshalb wurde ihre Loyalität gegenüber Russland – zu Unrecht – in Zweifel gezogen. Die zaristischen Minister sowie der Hof hegten vor allem Bedenken bezüglich des Einflusses, den Grigori Rasputin auf die Zarin ausübte. Dem charismatischen sibirischen Bauernsohn wurden bisexuelle Neigungen und die Zugehörigkeit zu einer Sekte vorgeworfen, die den Gottesdienst mit sexuellen Orgien vermischte. Doch was die rivalisierenden Höflinge besonders aufbrachte, war die Tatsache, dass Rasputin beträchtlichen Einfluss auf die Zarenfamilie ausübte. Einige Zeitgenossen, insbesondere Alexandra, schrieben ihm geheimnisvolle Kräfte zu. Rasputin gewann das Vertrauen des Zaren und seiner Frau, weil es ihm anscheinend gelang, die Blutungen ihres unter Hämophilie leidenden Sohns und Thronfolgers Alexej zu stoppen, wozu die Ärzte zu jener Zeit noch nicht in der Lage waren. Im Ersten Weltkrieg, insbesondere in den Zeiten, in denen der Zar sich an der Front aufhielt, wuchs Rasputins Einfluss. Die Tatsache, dass Alexandra, die ihrerseits beträchtlichen Einfluss auf ihren Mann hatte, auf seinen Rat hörte, empörte viele Höflinge und Regierungsmitglieder. Am 16. Dezember 1916 wurde Rasputin von einer Verschwörergruppe ermordet, der auch der Lieblingsneffe des Zaren, Großfürst Dmitri Pawlowitsch, und ein ultrakonservativer Dumaabgeordneter namens Wladimir Purischkewitsch angehörten. Der Mord fügte der Legende von Rasputin ein weiteres faszinierendes Kapitel hinzu. Der trinkfeste Prediger soll mehrere Gläser vergifteten Weins getrunken und von einem mit Zyanid angereicherten Kuchen gegessen haben, ohne die geringste Wirkung zu zeigen. Nachdem die Verschwörer eine Stunde lang vergeblich auf Rasputins Zusammenbruch gewartet hatten, hielt es einer von ihnen, Prinz Felix Jussupow, nicht länger aus und schoss mit einer Pistole auf ihn. In der Annahme, Rasputin sei tot, verließ er den Raum. Doch bei seiner Rückkehr musste er feststellen, dass sich sein Opfer aufgerappelt hatte und sich durch den verschneiten Hof zum Ufer der Newa schleppte. Zwei weitere Schüsse machten seinem Leben dann endlich ein Ende, und sein mit Gewichten beschwerter Körper wurde in den Fluss geworfen.[24]

Die Revolutionen im Jahr 1917

Die Beseitigung Rasputins vermochte jedoch nicht das Regime zu retten. In der zweiten Hälfte des Jahres 1916 und Anfang 1917 wurde die zunehmende Zerrüttung der russischen Armee zum entscheidenden Faktor. Die »Bauern in Uniform«, um einen Ausdruck Lenins zu verwenden, waren des Kriegs überdrüssig. Als im Oktober 1916 die Armee herbeigerufen wurde, um einen Streik in Petrograd (wie St. Petersburg seit 1914 hieß) niederzuschlagen, nahmen die Soldaten statt der Streikenden die Polizei unter Beschuss. Im Ersten Weltkrieg wurden mehr als eine Million russische Soldaten getötet, über vier Millionen wurden verwundet, und rund 2,5 Millionen gerieten in Gefangenschaft.[25] Das bolschewistische Versprechen von Frieden und Land für die Bauern fiel im Jahr 1917 auf fruchtbaren Boden, aber die Revolution, die nach über 300 Jahren die (1613 begründete) Dynas-

Die Revolutionen im Jahr 1917   75

tie der Romanows beendete, kam für die meisten marxistischen Revolutionäre vollkommen überraschend. Drei der wichtigsten, Nikolai Bucharin, Leo Trotzki und Alexandra Kollontai, jene Frau, die ein prominentes Mitglied der ersten bolschewistischen Regierung werden sollte, hielten sich am Vorabend der Februarrevolution in New York auf.[26] Auch Lenin lebte wie fast alle führenden Bolschewiki zu jener Zeit im Ausland. Im Januar 1917 hielt er in Zürich einen spärlich besuchten Vortrag anlässlich des zwölften Jahrestags der Revolution von 1905, der deutlich zeigte, dass Lenin nicht ahnte, dass die Revolution in Russland unmittelbar bevorstand – obwohl er fest davon überzeugt war, dass sie irgendwann stattfinden würde. Er sagte: »Möglicherweise werden wir, die Älteren, die entscheidenden Schlachten dieser Revolution nicht mehr erleben.«[27] Lenin war 47 Jahre alt.

Am 12. März nach dem modernen Kalender (am 27. Februar nach dem bis Januar 1918 in Russland gültigen julianischen Kalender, den die Orthodoxe Kirche bis heute verwendet) begann die erste der beiden Revolutionen des Jahres 1917, die den Zar und Lenin gleichermaßen überraschte. Am 7. März hatte Nikolaus II. von der Front an seine Frau geschrieben: »Ich vermisse meine halbstündige Patience am Abend sehr. Ich werde wieder beginnen, in meiner Freizeit Domino zu spielen.«[28] Am Vorabend des entscheidenden Tages des Aufstands, der als Februarrevolution in die Geschichte eingehen sollte, wurden fast alle Fabriken in Petrograd bestreikt. Plünderer zogen durch die Stadt, und in den Garnisonen der Hauptstadt meuterten die Soldaten.[29] Die Revolte erreichte ihren Höhepunkt, als die Duma am 12. März versuchte, die Macht zu übernehmen, und ein Komitee bildete, das zum Kern einer provisorischen Regierung wurde. Gleichzeitig entstand in Petrograd ein Sowjet der Arbeiterdeputierten nach dem Vorbild jener Einrichtung, die im Jahr 1905 eine kurze Blüte erlebt hatte. Die Duma und der Sowjet übernahmen das Kommando. Als der Sowjet sicher sein konnte, dass der Großteil der Armee hinter ihm stand, taufte er sich in »Sowjet der Arbeiter- und Soldatendeputierten« um. Die meisten Minister der amtierenden Regierung wurden verhaftet, und als der Zar versuchte, nach Petrograd zurückzukehren, wurde sein Zug umgeleitet. Am 15. März dankte Nikolaus II. ab. Die Generäle hatten ihm klargemacht, dass die Duma die Macht übernommen hatte und dass erhebliche Zweifel daran bestanden, ob die Petrograder Garnisonen dem Ruf zur Verteidigung des Zaren folgen würden. Der Thron wurde dem Großfürsten Michail angeboten, der die Februarrevolution unterstützt hatte. Er war vernünftig genug, das Angebot auszuschlagen. Das Leben rettete ihm diese Entscheidung jedoch nicht. Lenin verweigerte ihm die Erlaubnis zur Ausreise, und im Juni 1918 wurde er von einer Gruppe von Bolschewiki erschossen. Einen Monat später wurden Nikolaus II., die Zarin Alexandra, ihre fünf jungen Töchter und der noch jüngere Sohn, der an Hämophilie litt, in Jekaterinburg im Ural, wo sie unter Hausarrest gestanden hatten, brutal ermordet. Die Entscheidung, die gesamte Zarenfamilie auszurotten, wurde von der Führung der Bolschewiki einschließlich Lenins gefällt.[30]

Doch in dem Drama, das zum Sturz der Romanow-Dynastie führte, hatten die Bolschewiki überhaupt keine Rolle gespielt. Die Menschewiki, von denen einige im Petrograder Sowjet aktiv waren, und die Sozialrevolutionäre nahmen einen gewissen Einfluss auf den Gang der Februarrevolution. Aber in erster Linie handelte es sich um eine spontane Erhebung, die von den Liberalen in der Duma vorangetrieben wurde, die den Zaren entmachten und eine effiziente Regierung durchsetzen wollten. Eine der führenden Expertinnen für die russische Geschichte im 20. Jahrhundert, Sheila Fitzpatrick, ist der Meinung, die Autokratie sei zusammengebrochen, weil sich »die Bevölkerung erhob und die Elite dem Regime ihre Unterstützung entzog«.[31] Letzten Endes besiegelte die mangelnde Bereitschaft der Armee, das Regime zu verteidigen, das Schicksal der russischen Monarchie.

Dass Lenin aus der Schweiz nach Russland heimkehren konnte, war nur mit freundlicher Unterstützung der deutschen Regierung möglich, die nur zu gerne bereit war, einem Mann bei der Rückkehr zu helfen, der im feindlichen Lager Schwierigkeiten heraufbeschwören würde und sich der Teilnahme Russlands am Krieg widersetzte. Die Idee, die Revolutionäre mit dem Einverständnis des deutschen Oberkommandos (und in einem teilweise verplombten Waggon) per Zug nach Russland einzuschleusen, stammte von Martow. Lenin seinerseits war froh, dass nicht nur Bolschewiki, sondern auch einige Menschewiki auf diesem Weg nach Russland zurückkehren würden, da dies die Menschewiki daran hindern würde, seine Zusammenarbeit mit den Deutschen später als Waffe gegen ihn und seine Anhänger einzusetzen.[32] Lenin und die anderen Revolutionäre trafen am

Die Revolutionen im Jahr 1917 77

3. April 1917 kurz vor Mitternacht am Finnischen Bahnhof in Petrograd ein. Lenin hatte während der Reise eilig eine Schrift verfasst, der er den Titel »Aprilthesen« gab. Obwohl er nicht offen zum Sturz der kurz zuvor gebildeten Übergangsregierung aufrief, löste er sich in den Aprilthesen implizit von der marxistischen Orthodoxie, der zufolge zur Vorbereitung der sozialistischen Revolution eine längere Herrschaft der Bourgeoisie erforderlich war. Unmittelbar nach der Ankunft in Petrograd stieg er auf das Dach eines von den Petrograder Bolschewiki bereitgestellten Panzerfahrzeugs und wandte sich mit der Botschaft an mehrere Tausend Anhänger, sie sollten die Provisorische Regierung nicht unterstützen, da der wahre Sozialist danach streben müsse, den Kapitalismus in Russland und im übrigen Europa zu Fall zu bringen.[33]

Die Provisorische Regierung wurde zunächst von Prinz Georgi Lwow geführt, einem Mitglied der Kadettenpartei (Konstitutionelle Demokraten), und ab Juli von Alexander Kerenski, einem gemäßigten Sozialisten mit einem gewissen Hang zur Theatralik. Unter beiden beging die Regierung drei gravierende Fehler: Erstens setzte sie den Krieg ungeachtet der Kriegsmüdigkeit des Landes fort. Deutschland und seine Verbündeten waren zwar in die Defensive geraten, aber der bolschewistischen Propaganda gelang es, die Öffentlichkeit von den Erfolgen der Verbündeten Russlands abzulenken. Zweitens unterließ es die Regierung, jene Privatarmee – die Rote Garde – aufzulösen, die die Bolschewiki rasch aufgebaut hatten. Drittens nahm sie die Bodenreform nicht in Angriff. Die Bauern verlangten mehr Land und gingen teilweise dazu über, sich das Land der Großgrundbesitzer gewaltsam anzueignen. Die Provisorische Regierung wollte das Problem erst in Angriff nehmen, wenn eine verfassunggebende Versammlung gebildet war, zögerte deren Einberufung jedoch hinaus, während die Ungeduld der Bevölkerung stetig wuchs. Im Juni 1917 fand ein Kongress der Sowjets statt, und kurz darauf gab der Petrograder Sowjet seinen an die Streitkräfte gerichteten »Befehl Nr. 1« heraus. Darin wurden die Soldaten angewiesen, den Anordnungen der Provisorischen Regierung nur Folge zu leisten, wenn sie den Anweisungen des Sowjets nicht widersprachen. Dies war offensichtlich eine Maßnahme, die nur einer Regierung zustand. Doch die Sowjets gewannen rasch an Macht, ohne Verantwortung zu tragen, während die Provisorische Regierung, die die Verantwortung trug, zusehends an Macht verlor.

Die Situation in jener Zeit wird zutreffend als die einer »Doppelherrschaft« bezeichnet, die nicht von Dauer sein konnte. Es handelte sich keineswegs um eine einvernehmliche Aufteilung der Befugnisse, sondern es gab innerhalb dieses Staates zwei Exekutiven, die beide die alleinige Macht für sich beanspruchten. Mehr als siebzig Jahre später, im Jahr 1991, sollte erneut eine duale Staatsmacht (mit dem russischen Präsidenten und dem russischen Parlament auf der einen und dem Präsidenten und dem Parlament der Sowjetunion auf der anderen Seite) wesentlich zum Zusammenbruch eines Regimes beitragen. Doch im zweiten Fall klaffte zwischen den beiden Seiten, die die Befugnisse der Exekutive für sich beanspruchten, keine derart tiefe ideologische Kluft wie in dem Jahr, in dem die kommunistische Herrschaft begann. 1917 gelangten Lenin und Trotzki, die beiden Männer, die beim Sturz der Provisorischen Regierung die Fäden zogen, zu dem Schluss, dass die Sowjets, die rasch an Zahl und an Unterstützung in der Bevölkerung gewannen, das ideale Instrument für die nächste Revolution waren. Neben dem Schlachtruf »Alle Macht den Sowjets« versprachen die Bolschewiki »Freiheit, Brot und Frieden«. Tatsächlich wollten Lenin und Trotzki die Macht erst in die Hände der Sowjets legen, wenn diese unter ihrer Kontrolle waren, aber im Lauf des Jahres machten sie Fortschritte in diesem Bemühen. Die Sozialrevolutionäre genossen weiterhin den stärksten Rückhalt bei den Bauern, aber die Bolschewiki waren besser organisiert.

Das bedeutet nicht, dass die Partei der Bolschewiki in diesem Revolutionsjahr auch nur annähernd so diszipliniert agiert hätte, wie Lenin in seiner Schrift *Was tun?* verlangt hatte. Auf der Suche nach Erklärungen für den Erfolg der Bolschewiki im Jahr 1917 wird ihrer überlegenen Organisation leicht übermäßige Bedeutung beigemessen. Die strenge Parteidisziplin sollte sich erst später herausbilden. In dieser Zeit des raschen Wachstums der Partei wurde von vielen Seiten offen Kritik an der Führung geäußert. Eine zentrale Streitfrage lautete, ob die Bolschewiki eine gewaltsame Machtergreifung anstreben sollten.[34] Dass es ihnen an innerer Geschlossenheit mangelte, wurde im Juli 1917 offenkundig, als eine große Zahl von Matrosen aus dem Hafen von Kronstadt gemeinsam mit Soldaten und Arbeitern aus Petrograder Fabriken an einer Großkundgebung unter dem Banner »Alle Macht den Sowjets« teilnahm, um die Provisorische Regierung zu Fall zu bringen.

Lenin hielt diese Entwicklung für verfrüht und gefährlich. Die Kundgebung führte zur Verhaftung mehrerer Bolschewiki sowie Trotzkis (der sich der Partei erst im Oktober offiziell anschloss). Es wurde ein Haftbefehl gegen Lenin erlassen, und als auch noch das Gerücht die Runde machte, er sei ein deutscher Agent, beschloss er, sich nach Finnland abzusetzen. Auf die Erhebung des linken Flügels der Bolschewiki, den sogenannten Juliputsch, folgte im August der Versuch einer Machtergreifung von Kräften am anderen Ende des politischen Spektrums. General Lawr Kornilow wollte seine Truppen nach Petrograd führen, um die Gefahr einer sozialistischen Revolution abzuwenden. Er glaubte, Kerenski werde seine Unterstützung begrüßen. Kerenski bezog anfangs nicht eindeutig Stellung, reagierte schließlich jedoch mit Ablehnung. Aber Kornilows Vorstoß scheiterte ohnehin, da die Eisenbahner die Züge, mit denen die Truppen nach Petrograd gebracht werden sollten, aufhielten oder umleiteten. Kornilow wurde verhaftet, nahm später jedoch am Bürgerkrieg gegen die Bolschewiki teil und wurde 1918 im Kampf getötet.

Obwohl alles andere als ein geschlossener Block, waren die Bolschewiki im Jahr 1917 besser organisiert als die Sozialrevolutionäre und sehr viel rücksichtsloser als die Menschewiki. Ihre unnachgiebige Ablehnung von Kompromissen mit der Provisorischen Regierung und ihre »Bereitschaft, die Macht im Namen der Revolution des Proletariats zu ergreifen«, entsprach der Stimmung der Arbeiterschaft und der unzufriedenen Soldaten und Matrosen.[35] Lenin und Trotzki gewannen beträchtlichen Einfluss auf den Petrograder Sowjet und andere Arbeiterräte. Am 12. Oktober (nach dem alten Kalender) übernahm Trotzki das Kommando im Militärrevolutionären Komitee des Petrograder Sowjets, und am 25. Oktober (am 7. November nach dem modernen Kalender) ergriffen die Bolschewiki die Macht in Petrograd. Bolschewistische Truppen besetzten öffentliche Gebäude und verhafteten die Minister der Provisorischen Regierung. Kerenski entkam und lebte bis 1970 im Exil (vorwiegend in den Vereinigten Staaten).

Obwohl der 7. November (bzw. 25. Oktober) als Tag der erfolgreichen bolschewistischen Revolution in die Geschichte eingegangen ist, handelte es sich in mehrerlei Hinsicht eher um einen Staatsstreich als um eine Revolution. Die Bolschewiki stürzten die Regierung, die aus der Februarrevolution hervorgegangen war und anfangs beträchtliche Unterstützung in der Bevölkerung genossen hatte. Zum Zeitpunkt ihrer Machtergreifung waren die Bolschewiki nicht die Partei mit der größten Anhängerschaft in Russland. Das wurde bei den Wahlen zur Verfassunggebenden Versammlung im Dezember 1917 unübersehbar: Die Bolschewiki hatten sich vor ihrer Machtergreifung aus propagandistischen Gründen für die Abhaltung dieser Wahlen ausgesprochen und ließen sie deshalb zu. Die Sozialrevolutionäre eroberten 370 Sitze in der Versammlung, während die Bolschewiki nur auf 175 Abgeordnete kamen. Die weiteren Parteien mit einer nennenswerten Vertretung waren die Linken Sozialrevolutionäre mit 40, die Menschewiki mit 15 und die Kadetten mit 17 Sitzen.[36]

Als die Verfassunggebende Versammlung am 18. Januar 1918 zusammentrat, lösten die Bolschewiki sie unverzüglich auf: Der erste Tag der Versammlung war auch ihr letzter. Um es mit Lenins Worten zu sagen: »Die Auflösung der Verfassunggebenden Versammlung durch die Sowjetmacht bedeutet die vollständige und offene Beseitigung der formalen Demokratie im Namen der revolutionären Diktatur.«[37]

Die Bolschewiki an der Macht und der Bürgerkrieg

Ein besonders angesehenes Mitglied der internationalen marxistischen Bewegung, Karl Kautsky, der Marx und Engels in seiner Jugend persönlich kennengelernt hatte, erklärte im Jahr 1918 in seinem Buch *Die Diktatur des Proletariats*, Lenins »revolutionäre Diktatur« sei weit von dem entfernt, was Marx unter dem (von ihm zudem sehr selten verwendeten) Konzept der »Diktatur des Proletariats« verstanden habe. Marx, so Kautsky, habe mit der Diktatur des Proletariats »nur einen politischen Zustand zeichnen wollen, nicht eine *Regierungsform*«.[38] Kautsky, dem später als anderen Sozialisten wie Bernstein klargeworden war, wohin Lenins Vorstellungen führten, erklärte nun:

Der proletarische Klassenkampf als Kampf von Massen setzt aber die Demokratie voraus. ... Geheim lassen sich Massen nicht organisieren, und vor allem kann eine geheime Organisation nicht eine demokratische sein. Sie führt stets zur Diktatur eines Einzelnen oder einer kleinen Zahl leitender Köpfe. Die gewöhnlichen Mitglieder können da nur ausführende Werkzeuge sein. Ein derartiger Zustand wird bei völligem Fehlen der Demokratie für unterdrückte Schichten notwendig gemacht, jedoch die Selbstverwaltung und Selbständigkeit der Massen wird dabei nicht gefördert, wohl aber das Messiasbewusstsein der Leiter, ihre diktatorischen Gewohnheiten.[39]

Deshalb, so Kautsky, hätten die Bolschewiki auch aufgehört, sich *Sozialdemokraten* zu nennen, um sich stattdessen als *Kommunisten* zu bezeichnen.[40] Lenin reagierte mit Wut auf Kautskys nüchterne Analyse des undemokratischen Charakters der bolschewistischen Revolution. Obwohl er bereits die Zügel der Regierung in die Hand genommen hatte, nahm er sich die Zeit, eine Schmähschrift zu verfassen *(Die proletarische Revolution und der Renegat Kautsky),* in der er eine vernünftige Argumentation mit Beschimpfungen beantwortete. Tatsächlich hatten die Bolschewiki im Jahr 1918 begonnen, sich als Kommunisten zu bezeichnen. Von diesem Zeitpunkt an wurde der Graben zwischen jenen Sozialisten, die die Prinzipien der Demokratie anerkannten, und den Kommunisten, die die Diktatur im Namen der Herrschaft des Proletariats rechtfertigten, immer tiefer.

Die Machtergreifung war den Bolschewiki überraschend leichtgefallen, aber in den folgenden Jahren sollte es zusehends schwieriger werden, die Macht auch zu erhalten. Unmittelbar im Anschluss an die Oktoberrevolution wurde eine Regierung gebildet, der »Rat der Volkskommissare« (Sownarkom). Den Vorsitz führte Lenin, Trotzki wurde Kommissar für äußere Angelegenheiten, Stalin war für Nationalitätenfragen zuständig. Die ersten Maßnahmen der bolschewistischen Regierung bestanden darin, ein »Dekret über den Frieden« und ein »Dekret über Grund und Boden« zu erlassen. Im ersten Dekret wurden die Regierungen aller Völker, die sich noch im Krieg befanden, aufgefordert, unverzüglich Friedensverhandlungen unter Verzicht auf die Annexion von Territorien aufzunehmen. Der Vorschlag blieb unbeantwortet, aber Russland, dessen demoralisierte Armee sich auflöste, war nicht in der Lage, den Krieg fortzusetzen. Im Februar 1918 gab Trotzki bekannt, dass der Krieg mit Deutschland beendet sei und die russische Armee aufgelöst werde. Noch im selben Monat wurde die Rote Armee gegründet, die »Rote Arbeiter- und Bauernarmee«, die sich jedoch nicht am europäischen Krieg beteiligen sollte. Vielmehr bestand ihre Aufgabe zunächst darin, die inneren Feinde zu bekämpfen. Die Deutschen hatten auf Trotzkis Erklärung mit einem Vorstoß nach Russland reagiert, und Anfang März 1918 sah sich die bolschewistische Regierung gezwungen, im Vertrag von Brest-Litowsk sehr ungünstige Friedensbedingungen zu akzeptieren, die den Verlust beträchtlicher Gebiete des russischen Reichs beinhalteten. Doch das Versprechen, den Krieg zu beenden, war damit erfüllt.

Das Dekret über Grund und Boden entsprach den Forderungen großer Teile der Bauernschaft. Der private Grundbesitz wurde abgeschafft, der Boden wurde zum Allgemeingut all jener erklärt, die ihn bearbeiteten. Die Folge war jedoch ein regelrechter Krieg zwischen den Gesellschaftsschichten auf dem Land, denn die armen Bauern wandten sich mit Unterstützung der Bolschewiki gegen die wohlhabenderen Landwirte. Doch den Versuchen der revolutionären Regierung, die produzierten Lebensmittel zu konfiszieren, widersetzte sich die gesamte Bauernschaft. Im Bürgerkrieg, der Mitte des Jahres 1918 ausbrach, unterstützten die Bauern abwechselnd die Rote und die Weiße Armee, aber mit ihrer Grausamkeit machten sich beide Seiten rasch die Bauern zu Gegnern. Die Bolschewiki waren ursprünglich davon ausgegangen, ihre Armee könne überwiegend aus Freiwilligen gebildet werden, insbesondere aus Arbeitern. Doch es zeigte sich bald, dass sich nicht genug Freiwillige meldeten. Also wurde die Wehrpflicht eingeführt. Auf Trotzkis Initiative hin wurden auch Offiziere aus der zaristischen Armee übernommen, denen jedoch bewaffnete bolschewistische Kommissare zur Seite gestellt wurden, um sicherzugehen, dass sie nie vergaßen, auf welcher Seite sie kämpften.

In der Weißen Armee hatten sich die unterschiedlichsten Gruppen zusammengefunden. Unter ihren Befehlshabern waren natürlich ehemalige Offiziere der zaristischen Armee, aber zu ihren Freiwilligen zählten auch Kosaken, deren Vorfahren sich Jahrhunderte früher aus der Leibeigenschaft befreit hatten, indem sie in unbesiedelte Gebiete im Süden Russlands ausgewichen waren. Viele von ihnen kämpften gegen die Bolschewiki, um diese an der Eroberung des Gebiets zu hindern, in dem sie als freie Bauern lebten. In Anbetracht des Gefüges der damaligen russischen Gesellschaft konnte es kaum überraschen, dass die meisten Soldaten auf beiden Seiten Bauern waren. Während die Fabrikarbeiter in ihrer großen Mehrheit die Bolschewiki

Die Bolschewiki an der Macht und der Bürgerkrieg

unterstützten, war die Bauernschaft im Bürgerkrieg gespalten. Sofern es ihnen möglich war, hielten sich die Bauern aus dem Konflikt heraus. Manchmal begrüßten sie die Ankunft der Weißen, nur um rasch zu erkennen, dass diese das alte Feudalsystem wiederherstellen wollten. Also wandten sie sich der Roten Armee zu. Einige von ihnen drückten es so aus: Sie wollten weder eine Regierung der Roten noch eine Herrschaft der Weißen, sondern eine »grüne Regierung«, welche die Interessen der Landbevölkerung wahrte.

Innerhalb Russlands erhielten die antibolschewistischen Kräfte Unterstützung aus dem Ausland, insbesondere von den Tschechen. Auch landeten einige britische Einheiten, die unter anderem verhindern sollten, dass militärische Ausrüstung, die für die frühere russische Regierung bestimmt gewesen war, in die Hände der Bolschewiki fiel. Winston Churchill wollte unbedingt eine regelrechte Offensive gegen das sowjetische Regime starten, aber der damalige britische Premierminister David Lloyd George glaubte, die neue Regierung genieße die Unterstützung des gesamten russischen Volkes, weshalb er es für unmöglich hielt, die Sowjetregierung auf russischem Boden zu besiegen. Die Bolschewiki mit Russland gleichzusetzen war jedoch eine grobe Vereinfachung, da die russische Bevölkerung zutiefst gespalten war. Dennoch waren Lloyd Georges Zweifel am Sinn eines militärischen Eingreifens durchaus begründet.

Sobald die britischen Streitkräfte in Russland gelandet waren, entsandten auch Frankreich, die Vereinigten Staaten, Italien, Kanada und Japan kleine Kontingente.[41] So konnte die Niederlage der Weißen möglicherweise hinausgezögert werden, aber diese militärische Hilfe spielte keine entscheidende Rolle. Das einzige Element der ausländischen Intervention, das zeitweilig ins Gewicht fiel, war die Tschechische Legion. Zum Zeitpunkt der bolschewistischen Revolution hielten sich etwa 40 000 Tschechen in Russland auf, die ursprünglich gekommen waren, um gegen Österreich zu kämpfen, in der Hoffnung, ein Zusammenbruch Österreich-Ungarns werde den Weg für die Gründung eines unabhängigen tschechischen Staates ebnen. Der Regimewechsel in Russland machte ihrer Beteiligung am europäischen Krieg ein Ende, doch auf dem Rückmarsch durch russisches Gebiet wurden sie immer wieder in Auseinandersetzungen mit der Roten Armee verwickelt. Die Tschechen waren besser ausgebildet und ausgerüstet und behielten in einigen Scharmützeln die Oberhand, bevor sie Russland verließen. Im Gegensatz dazu waren die britischen Truppen und die anderen ausländischen Einheiten, die nach Russland geschickt worden waren, um die Bolschewiki zu bekämpfen, viel zu klein, um den Ausgang des Bürgerkrieges zu beeinflussen, obwohl der ausländischen Intervention in der späteren sowjetischen Geschichtsschreibung große Bedeutung beigemessen wurde.

Bereits im Dezember 1917 richteten die Bolschewiki eine neue Organisation ein, die »Außerordentliche Kommission zur Bekämpfung von Konterrevolution und Sabotage«, besser bekannt als Tscheka. Unter der Leitung von Felix Dserschinski, einem polnischen Revolutionär adliger Herkunft, wurde die Tscheka zum wichtigsten Instrument des roten Terrors. Sie war die Nachfolgerin der zaristischen Ochrana, war allerdings um ein Vielfaches größer und um einiges rücksichtsloser. In den sechs Jahren ihrer Existenz und zu Lebzeiten Lenins tötete die Tscheka rund 200 000 Menschen.[42] Sie nahm Massenverhaftungen vor und war, nicht anders als ihre Nachfolgeorganisationen GPU und NKWD, als erbarmungslose Tötungsmaschine gefürchtet. In ihrer endgültigen Form wurde die Organisation, die im Lauf der Zeit einer stärkeren politischen Kontrolle unterworfen wurde, als KGB bekannt. Die Tscheka war als Übergangslösung konzipiert, die auf die »außergewöhnliche« Situation reagieren sollte, mit der sich die Bolschewiki unmittelbar nach der Revolution im Bemühen um den Machterhalt konfrontiert sahen. Doch wie viele Einrichtungen mit einem eigentlich befristeten Auftrag etablierte sie sich auf Dauer und gedieh unter ihren verschiedenen Namen bis zum Ende der Sowjetunion – und nach verbreiteter Einschätzung darüber hinaus. Während der gesamten kommunistischen Herrschaft bezeichneten sich die Angehörigen der Staats- und Geheimpolizei – auch noch in den siebziger Jahren, als sie einer in die Jahre gekommenen, konservativen politischen Elite dienten – gerne als »Tschekisten«, weil dieser Begriff mit einem gewissen revolutionären Elan gleichgesetzt wurde.

Der Bürgerkrieg endete im Jahr 1922 mit dem Triumph der Bolschewiki. Leo Trotzki, der Kriegskommissar, hatte sich als ebenso effizient wie erbarmungslos erwiesen, und die Tscheka hatte mit ihrem brutalen Vorgehen ebenfalls einen wichtigen Beitrag zum Erfolg geleistet. Die Bolschewiki waren den Weißen organisatorisch überlegen. Lenin führte die Regierung, und Stalin festigte seine Machtbasis in

Die Bolschewiki an der Macht und der Bürgerkrieg 85

der Parteiorganisation. Die RSDAP hieß ab 1919 Kommunistische Partei Russlands, die Bezeichnung »Bolschewiki« wurde allerdings bis 1952 in Klammern beibehalten: KPR (B). Doch die Roten verdankten ihren Sieg im Bürgerkrieg nicht allein der Gewalt und ihrer überlegenen Organisation. Ihre Ideologie war trotz der in jener Zeit noch geführten Debatten innerhalb der Partei schlicht kohärenter als jene der Weißen. Diese scheiterten nicht nur an der Aufgabe, die Mehrheit der Bauern für sich zu gewinnen, sondern brachten auch keinen herausragenden Führer und keine einigenden Konzepte hervor.

KAPITEL 4

Der »Aufbau des Sozialismus«: Russland und die Sowjetunion, 1917–1940

Lenin hatte seinen Rückzug nach Finnland im August und September 1917 genutzt, um ein Buch zu schreiben, das er jedoch nicht abschloss. In einer Nachbemerkung zur ersten Auflage von *Der Staat und die Revolution* aus dem November schrieb er, die Fertigstellung des Buchs sei von einer politischen Krise »verhindert« worden – gemeint waren jene Ereignisse, die zur Oktoberrevolution führten. Lenin fügte hinzu, es sei »angenehmer und nützlicher« gewesen, die »Erfahrung der Revolution durchzumachen, als über sie zu schreiben«.[1] In Anbetracht dessen, was auf die Machtergreifung der Bolschewiki folgen sollte, wirkt das Buch sehr wirklichkeitsfern. Doch die Veröffentlichung freute Lenin, selbst wenn sie erst nach dem Beginn der bolschewistischen Herrschaft erfolgte. Man darf annehmen, dass die Darstellung nicht einfach der taktisch motivierten Verstellung diente, sondern tatsächlich Teil von Lenins Weltanschauung war, da das Buch keine unmittelbare Relevanz für die Machterhaltung hatte.

Offenkundig glaubte Lenin nicht nur an die Diktatur des Proletariats – wenn er sich auch etwas anderes darunter vorstellte als Marx, wie Kautsky richtig beobachtet hatte –, sondern auch an das Verschwinden des Staates. Obwohl er bestritt, ein Utopist zu sein, zeigt Lenins Buch deutlich, dass seine Erbarmungslosigkeit mit utopischen Vorstellungen einherging. So schrieb er, nur der Kommunismus mache »den Staat vollkommen überflüssig, denn es ist *niemand* niederzuhalten, ›niemand‹ im Sinne einer *Klasse* ...«.[2] Er räumte ein, dass sich Einzelne »Ausschreitungen« zuschulden kommen lassen würden, ohne dass man einen speziellen Unterdrückungsapparat benöti-

Der »Aufbau des Sozialismus«: Russland und die Sowjetunion   87

gen werde, um sie in die Schranken zu weisen. Diese Probleme werde
»das bewaffnete Volk selbst« lösen. Darüber hinaus seien die Ursachen der »Ausschreitungen« in »der Ausbeutung der Massen, ihrer
Not und ihrem Elend« zu suchen. Seien diese Ursachen einmal beseitigt, so würden »die Ausschreitungen unvermeidlich ›abzusterben‹
beginnen«.[3] Dort, wo Marx von einem ersten oder niedrigeren Stadium der kommunistischen Gesellschaft gesprochen hatte, sprach Lenin lieber von einem ersten Stadium des »Sozialismus«, auf das später der »Kommunismus« folgen werde.[4] In diesem späteren Stadium
werde die Freiheit mit der Gleichheit Hand in Hand gehen, und die
Unterscheidung zwischen geistiger und körperlicher Arbeit werde
ebenso verschwinden wie der Staat. »Solange es einen Staat gibt«,
schrieb Lenin, »gibt es keine Freiheit. Wenn es Freiheit geben wird,
wird es keinen Staat geben.«[5]

Der Staat und die Revolution wurde vielfach als Beweis dafür ins
Feld geführt, dass es einen freiheitsliebenden oder demokratischen
Lenin gegeben habe, der dem Autor von *Was tun?* entgegengestellt
werden müsse, jenem Werk, in dem Lenin die Notwendigkeit von
Hierarchie und Disziplin in der revolutionären Partei verfochten
hatte. Anhand dieses Buches wurde versucht, ihn als »revolutionären
Humanisten« darzustellen und Lenin von der Verantwortung für die
Entwicklung des sowjetischen Systems nach seinem Tod freizuspre-
chen.[6] Das Buch wurde auf der einen Seite als »Krönung von Lenins
politischer Philosophie in seinen letzten Jahren«[7] und auf der anderen als »das einfältigste und unplausibelste unter den berühmten politischen Pamphleten«[8] eingestuft. Doch wichtig ist vor allem, dass
Lenin selbst in dieser staatstheoretischen Arbeit, in der er sich vordergründig für eine bis dahin beispiellose, umfassende und freiheit-
liche Demokratie aussprach, jeglichen politischen Pluralismus ablehnte. Er begriff nicht, dass Freiheit nur erreichbar ist, wenn es
Einrichtungen gibt, die die Freiheitsrechte verteidigen können. *Der
Staat und die Revolution* war ein Beitrag zu den doktrinären Grundlagen eines hochgradig autoritären (und später totalitären) Regimes.
A. J. Polan bemerkt zu Recht:

In Lenins politischem Denken fehlt jegliche Theorie der politischen Institutionen … Die Gestalt von Lenins Staat ist eindimensional. In diesem Staat
gibt es keine Entfernungen, keine Einsprüche, keine Kontrollen, keine Ge-

gengewichte, keine Prozesse, keine Verzögerungen, keine Befragungen und vor allem keine Teilung der Macht.[9]

Das Fehlen jeglicher Institutionen, die die Rechenschaftspflicht der Regierung, die individuellen Freiheitsrechte und den politischen Pluralismus gewährleisten könnten, wurde zu einem gemeinsamen Merkmal aller kommunistischen Systeme. Dennoch übten die Ideen und die utopischen Ziele der Kommunisten großen Reiz auf ihre Anhänger aus. Die Machtergreifung im Jahr 1917 gelang nicht nur, weil die Bolschewiki bereit waren, Gewalt gegen die Provisorische Regierung einzusetzen. Sie verdankten ihren Erfolg nicht einfach der wirtschaftlichen Not, geschweige denn, dass die Entwicklung einer ökonomischen Gesetzmäßigkeit gehorcht hätte. Auch gelang die Machtergreifung nicht nur dank des taktischen Geschicks und der Willenskraft von Lenin und Trotzki, so wichtig der Einfluss dieser Persönlichkeiten auch war. All diese Faktoren spielten eine Rolle, aber der Erfolg der Bolschewiki war auch der Triumph einer Idee – der Idee, dass der Kapitalismus zum Untergang verurteilt sei, der Überzeugung, dass es die Bestimmung des Proletariats sei, das Bürgertum als herrschende Klasse abzulösen und den Sozialismus zu errichten, der den Grundstein für eine klassenlose, selbstverwaltete Gesellschaft legen würde, die eine »kommunistische« Gesellschaft sein würde. Für einen beträchtlichen Teil der jungen Arbeiterschaft und für viele Intellektuelle war dies eine verlockende Aussicht. Ihren Anhängern fiel es leicht, jene Art von parlamentarischen und rechtlichen Einrichtungen, die zur Wahrung der politischen Freiheit benötigt wurden, als bloße Illusionen der »bürgerlichen Demokratie« abzulehnen.

Die von der Februarrevolution hervorgebrachte kurzlebige und einigermaßen anarchische Demokratie hätte in Anbetracht der Unzufriedenheit, die sich der russischen Gesellschaft bemächtigt hatte, durchaus auch ohne Lenin und Trotzki revolutionäre Veränderungen herbeiführen können. Hätten die Bolschewiki das Ergebnis der Wahl zur Verfassunggebenden Versammlung, bei der sie lediglich ein Viertel der Stimmen erhalten hatten, akzeptiert, so wäre eine nichtkommunistische sozialistische Regierung gebildet worden, deren Vorstellungen sich von jenen unterschieden hätten, die nach Lenins Tod den Marxismus-Leninismus hervorbrachten. Lenins eigene Vorstellungen waren nicht statisch, und in seinen letzten Lebensjahren musste

Der »Aufbau des Sozialismus«: Russland und die Sowjetunion

er sie teilweise den Umständen anpassen. Doch selbst in der Situation, in der er einen wirtschaftspolitischen Rückzug antrat, um die größte Gesellschaftsgruppe Russlands, die Bauern, zu beschwichtigen, verschärfte Lenin nicht nur die Repressionsmaßnahmen gegen die politischen Gegner, sondern brandmarkte abweichende Meinungsäußerungen innerhalb der Partei als Opposition und erklärte auf dem X. Parteitag im März 1921, es sei an der Zeit, diese »zu erledigen«.[10]

Unmittelbar vorausgegangen war dem X. Parteitag der Matrosenaufstand in der Seefestung Kronstadt. Die Kronstädter Matrosen hatten im Jahr 1917 zu den aktivsten Anhängern der Bolschewiki gezählt. Nun verlangten sie mehr Demokratie, wobei die bolschewistische Propaganda es so darstellte, als versuchten sie, das alte Regime wiederherzustellen. Die wichtigsten Forderungen der Kronstädter Matrosen waren sofortige geheime Wahlen zu den Sowjets, Rede- und Versammlungsfreiheit, das Recht auf Gründung freier Gewerkschaften; weiter forderten sie gleiche Rationen für alle und verlangten, die Bauern müssten das Recht haben, nach ihrem Gutdünken mit dem Land umzugehen, »sofern sie keine Lohnarbeiter einsetzen«.[11] In einem freimütigen Augenblick rang sich Lenin auf dem Parteitag im März 1921 zu dem Eingeständnis durch, die Streikenden in Kronstadt wollten »weder die Weißen Garden noch unsere Macht«.[12] Wachsende Sorge machten ihm auch Gruppierungen innerhalb der Partei, die Zweifel am Kurs der Parteiführung äußerten. Eine dieser Gruppen war die von Alexander Schljapnikow geführte Arbeiteropposition, bei der es sich jedoch nicht um eine organisierte Fraktion handelte, sondern um eine lockere Gruppe, deren Angehörige den Gewerkschaften und Arbeitervertretern die Kontrolle über die Industrie übertragen wollten. Die Führung wies sie mit dem Hinweis in die Schranken, nur die Kommunistische Partei könne die Avantgarde des Proletariats sein, da die »arbeitenden Massen« ansonsten der »kleinmütigen bürgerlichen Unentschlossenheit« und ihren »gewerkschaftlichen Vorurteilen« zum Opfer fallen würden.[13] Abweichende Meinungen zu wichtigen politischen Fragen wurden zumeist als interne Spaltungsversuche oder Opposition eingestuft. Jeder Hinweis auf die mögliche Bildung einer organisierten Fraktion wurde sofort registriert, und eine Resolution zur »Einheit der Partei« sprach dem innerparteilichen Dissens die Legitimität ab, allerdings wurde er erst in den dreißiger Jahren mit Verrat gleichgesetzt.[14]

Lenin, die NEP und der Aufstieg Stalins

Die Erhöhung des Drucks auf politische Abweichler beim X. Parteitag ging mit einer wirtschaftlichen Liberalisierung einher. Nach der Machtergreifung hatten die Bolschewiki versucht, rasch die gesamte Industrie zu verstaatlichen und den Bauern das Recht zu entziehen, mit ihren Produkten zu handeln. Diese Politik hatte katastrophale Folgen. In weiten Teilen des Landes brach eine Hungersnot aus, und es kam zu Unruhen. Daher verkündete Lenin auf dem Parteitag im März 1921 die »Neue Ökonomische Politik« (NEP). Im Mai wurde dann das Dekret widerrufen, mit dem sämtliche kleinen Industriebetriebe verstaatlicht worden waren. Die Partei wahrte die Kontrolle über die wirtschaftlichen »Kommandohöhen« – die Großindustrie, das Bankwesen und den Außenhandel –, aber an anderen Fronten trat sie den Rückzug an und führte »eine Form von Mischwirtschaft mit einer überwiegend privaten Landwirtschaft« ein, die mit einer »Legalisierung des privaten Handels und der privaten Herstellung in kleinem Maßstab einherging«.[15] Im Lauf der nächsten Jahre erholte sich die Wirtschaft, wobei vor allem die Landwirtschaft von den neuen Freiheiten profitierte. Doch jene, die von der partiellen Wiederherstellung des Kapitalismus in kleinem Maßstab profitierten, wurden als »NEP-Männer« gebrandmarkt.

Die Entwicklungen im Jahr 1922 waren besonders bedeutsam. Im April wurde die neue Funktion des Generalsekretärs der Kommunistischen Partei mit Lenins vorbehaltloser Zustimmung Stalin übertragen. Zu jener Zeit schien das nicht besonders bedeutsam, aber auf diese Art wurde Stalin zur einzigen Person, die allen drei führenden Exekutivorganen der Partei angehörte: dem Politischen Büro oder Politbüro, dem Organisationsbüro (Orgbüro) und dem Sekretariat. Das Orgbüro wurde im Jahr 1952 mit dem Sekretariat verschmolzen, doch entscheidend war, dass Stalin ab 1922 als Leiter sowohl des Orgbüros als auch des Sekretariats der Generalstabschef der Partei war. Da das Politbüro, in dem Lenin die größte Autorität besaß, im Prinzip ein übergeordnetes Organ war und da ein Großteil der politischen Entscheidungen im Sownarkom fielen, dem von Lenin geleiteten Rat der Volkskommissare, war im Jahr 1922 auf den ersten Blick nicht zu erkennen, wie viel Macht in Stalins Hände gelegt worden war. Doch die Parteiorgane entzogen dem Sownarkom schrittweise seine Machtbe-

Lenin, die NEP und der Aufstieg Stalins 91

fugnisse. Der Autor der ersten großen Studie über die ersten fünf Jahre des Rats der Volkskommissare hat darauf hingewiesen, dass »das Zentralkomitee und seine inneren Organe im Jahr 1921 auf dem besten Weg waren, sich in die eigentliche Regierung der Sowjetrepublik zu verwandeln, wobei die Hierarchie der Parteifunktionäre zum Schlüsselinstrument der Machtausübung im ganzen Land wurde«.[16]

Die Möglichkeiten zur Nutzung des mit dem Generalsekretariat verbundenen Machtpotentials wurden noch größer, als Lenin im Mai 1922 einen Schlaganfall erlitt. Dies war nach Stalins Aufstieg zum Generalsekretär das zweite der drei Ereignisse in diesem Jahr, die langfristig von großer Tragweite waren. Im Herbst nahm Lenin die Arbeit wieder auf, und am Jahresende war er angesichts von Stalins Selbstherrlichkeit zu dem Schluss gelangt, dass es ein Fehler gewesen war, dem Georgier die mit dem Generalsekretariat verbundenen beträchtlichen Befugnisse zu übertragen. Er wollte nicht die Befugnisse an sich beschränken; vielmehr wollte er verhindern, dass Stalin weiterhin derart viel Macht ausüben konnte.[17] Aufgrund seiner schwachen Gesundheit gelang es Lenin jedoch nicht, sein Ziel zu erreichen und Stalin aus dem Generalsekretariat zu entfernen. Ein zweiter Schlaganfall im März 1923 machte Lenins politischem Leben praktisch ein Ende. Er starb im Januar 1924. Als ihm Lenin nicht mehr im Weg stand, verbrachte Stalin den Rest des Jahrzehnts damit, seine Rivalen (viele von ihnen hatten sowohl seine Fähigkeiten als auch seinen Ehrgeiz unterschätzt) zu diskreditieren und seine Macht zu festigen. Trotzki, der immer wieder in Konflikt mit dem Georgier geriet, hatte im Jahr 1917 und im Bürgerkrieg eine wichtigere Rolle gespielt als Stalin, doch auch er unterschätzte sowohl Stalins Intelligenz und politisches Geschick als auch die Bedeutung der Machtbasis, die sich dieser im Sekretariat aufgebaut hatte.[18]

Das dritte Ereignis im Jahr 1922, das auf lange Sicht große Bedeutung haben sollte, fand am Jahresende statt, als sich die vier Republiken, die zu jener Zeit unter kommunistischer Herrschaft standen – die Russische Republik, die Ukraine, Weißrussland und Transkaukasien – zur Union der Sozialistischen Sowjetrepubliken (UdSSR) zusammenschlossen, die im allgemeinen Sprachgebrauch bald als Sowjetunion bezeichnet wurde. Der Name wurde bewusst gewählt, um jede Erwähnung einer bestimmten Nationalität zu vermeiden, denn hinter dem Zusammenschluss stand der Gedanke, dass sich im

Lauf der Zeit weitere Länder dem neuen sozialistischen Staatsgebilde anschließen würden. Die Sowjetunion wurde als Föderation gegründet, obwohl der Staat praktisch bis zum Ende der sowjetischen Ära hochgradig zentralisiert blieb und keines der Kriterien erfüllte, die normalerweise mit dem Föderalismus verbunden sind. Dennoch eröffneten sich in der formalen Föderation, die, um es mit Stalins Worten zu sagen, »national in der Form und sozialistisch im Inhalt« sein sollte, neue Möglichkeiten für die Entfaltung der nationalen Kulturen und Sprachen.[19]

Die zuletzt genannte Entwicklung hatte langfristige Auswirkungen. Bis zum Jahr 1917 hatte zum Beispiel in der Ukraine die Alphabetisierung in russischer Sprache stattgefunden – sofern sie stattfand, denn im Jahr 1920 konnten nur 24 Prozent der ukrainischen Bevölkerung lesen und schreiben.[20] Trotz des Mangels an Lehrbüchern und anderer Schwierigkeiten änderte sich das in den zwanziger Jahren. Bis 1927 erhielten 76 Prozent der Schüler in der Ukraine Unterricht in ihrer Muttersprache.[21] Einige der zahlreichen in der UdSSR gesprochenen Sprachen erhielten im ersten Jahrzehnt nach dem Bürgerkrieg erstmals eine Schriftform. Insbesondere ab 1922/23 bestand die sowjetische Politik darin, zahlreiche nationale Territorien anzuerkennen, in denen eine der vielen verschiedenen Nationalitäten die Bevölkerungsmehrheit stellte, und Personen, die dieser ethnischen Gruppe angehörten, auszubilden und in Führungspositionen zu befördern. Gleichzeitig wurden Maßnahmen ergriffen, um die einheimische Sprache zur Amtssprache im jeweiligen Gebiet zu machen.[22] Beide Maßnahmen waren von großer langfristiger Tragweite. Obwohl sich die Zentralregierung Anfang der dreißiger Jahre zumindest bis zu Stalins Tod von der Politik der »Indigenisierung« abwandte, hatte das kommunistische Regime, indem es die Ausweitung der Bildung förderte und die nationalen Strukturen, beginnend mit der Verfassung von 1922, in die institutionelle Struktur einbaute, die Voraussetzungen für seine spätere Zerstörung geschaffen.

Stalin war anfangs selbst Kommissar für Nationalitätenfragen in Lenins Regierung gewesen und betrachtete sich als Spezialist für diese Dinge, eine Einschätzung, die durchaus von anderen geteilt wurde. Doch im Lauf der Zeit eignete er sich Vorstellungen an, die dem russischen Chauvinismus nahekamen. Obwohl er selbst aus Georgien stammte und eigentlich Dschugaschwili hieß – der Name

Stalin war eines der Pseudonyme, die er vor der Revolution verwendet hatte, und leitete sich von dem Wort *stal* (Stahl) ab –, hegte er Bewunderung für die stärksten und härtesten Zaren, die mit eiserner Faust regiert und die russische Expansion vorangetrieben hatten, das heißt für Iwan den Schrecklichen und Peter den Großen. Auch in anderen Fragen wandte sich Stalin von Lenins Vorstellungen und Praktiken ab. Auch Lenin hatte keinen Augenblick gezögert, die Gegner der bolschewistischen Revolution mit Terror zu bekämpfen, aber in den innerparteilichen Auseinandersetzungen hatte er sich damit begnügt, seine Widersacher mit Argumenten niederzumachen. Stalin hingegen setzte den Terror auch gegen die bolschewistischen Parteigenossen ein, sobald er seine Macht Mitte der dreißiger Jahre ausreichend gefestigt hatte. Und anschließend ließ er einen extremen Personenkult zu, in dessen Mittelpunkt er selbst stand. Das ging so weit, dass die Leute bei öffentlichen Veranstaltungen und Konferenzen aufsprangen und Beifall klatschten, wann immer Stalins Name fiel. Nikita Chruschtschow, Stalins Nachfolger an der Spitze der Sowjetunion, bezeichnete dies im Nachhinein als »eine Art von Körperkultur, an der wir uns alle beteiligten«.[23] Anders als Peter der Große, der Ende des 17. und zu Beginn des 18. Jahrhunderts fortschrittliche Konzepte aus Europa übernommen hatte, förderte Stalin gegen Ende seiner Herrschaft die Verbreitung einer absurden Darstellung der russischen Geschichte, in der fast jede wichtige wissenschaftliche Errungenschaft, die eigentlich (entsprechend der marxistischen Orthodoxie) den wirtschaftlich fortschrittlicheren Ländern mit einem höheren Bildungsstand hätte zugeschrieben werden müssen, einem Russen zu verdanken war.

Doch in den zwanziger Jahren war Stalin durchaus ein orthodoxer Leninist. Lenin war zwar pragmatisch genug gewesen, nach der Revolution beträchtliche Machtbefugnisse nicht auf die Kommunistische Partei, sondern auf die neue Regierung (den Sownarkom) zu übertragen, doch es gab kaum einen Marxisten, der vor 1917 einer disziplinierten revolutionären Partei eine ähnlich große Bedeutung beigemessen hatte wie er. Somit entsprach es durchaus der Tradition der Bolschewiki, dass sich die Partei in den zwanziger Jahren zu einem mächtigeren Instrument der Herrschaftsausübung entwickelte als die eigentliche Regierung (im herkömmlichen Sinn des Wortes). Die Führung der UdSSR nannte die Diktatur der Kommunistischen Partei nicht beim Namen, sondern beschrieb ihre Herrschaft als »Sowjetmacht« und als »Diktatur des Proletariats«. Und insbesondere ab dem Jahr 1936, als die »Stalin-Verfassung« verabschiedet wurde, behaupteten die Stalinisten immer öfter, das Herrschaftssystem sei demokratisch.

Keine dieser Zuschreibungen war besonders sinnvoll. Die Sowjets hatten einige Bedeutung im Revolutionsjahr 1917, doch es war die bolschewistische *Partei*, die im November jenes Jahres die Macht eroberte. Von da an waren die Sowjets in keinem Augenblick die wichtigsten politischen Entscheidungsorgane. In den ersten Jahren nach der Revolution nahm der Rat der Volkskommissare möglicherweise noch größeren Einfluss auf die politischen Entscheidungen als die Partei. Doch wie bereits gesagt, änderte sich das im Jahr 1921. In den folgenden Jahren wurde vollkommen klar, dass die Führung der Partei mehr Macht und Autorität besaß als der Sownarkom (an dessen Stelle im Jahr 1946 der Ministerrat trat).

Die »Diktatur des Proletariats« war ebenfalls eine irreführende Bezeichnung. Das Proletariat als Ganzes konnte unmöglich eine Diktatur ausüben. Also tat es die Kommunistische Partei im Namen des Proletariats. Die Führung der Partei ging einfach von der Annahme aus, dass sie den Willen der Arbeiter oder zumindest ihren »wahren Willen« repräsentiere, dessen sich die Arbeiter selbst nicht unbedingt bewusst sein mussten. Damit nahm die Partei den Platz des tatsächlichen Proletariats ein. Damit eine »Diktatur des Proletariats« auch nur annäherungsweise mit dem Konzept der Demokratie vereinbar sein konnte, musste man annehmen, dass erstens das Proletariat die absolute Mehrheit der Bevölkerung stellte, was in der Sowjetunion zu der Zeit keineswegs der Fall war (im Jahr 1926 lebten lediglich 18 Prozent der Bevölkerung in den Städten[24]), und dass es zweitens innerhalb des Proletariats keine »hartnäckigen Meinungsverschiedenheiten« gab[25] – etwas, das zu keiner Zeit in der Geschichte zugetroffen hat, weder in Russland noch in sonst einem Land. Die Vorstellung einer einheitlich denkenden Arbeiterschaft, wie auch immer man sie soziologisch definieren mag, ist kaum weniger phantastisch als die Idee eines universellen Konsenses in der kommunistischen Gesellschaft der Zukunft.[26]

Stalins Revolution

Die Zugeständnisse, die Lenin den Bauern mit der Neuen Ökonomischen Politik gemacht hatte, stießen bei großen Teilen der Parteibasis mittlerweile auf Ablehnung. Stalin machte sich ab Mitte der zwanziger Jahre zwei zentrale Positionen zu eigen. Da war zunächst die Möglichkeit des »Sozialismus in einem Land«. Stalin erklärte nun, selbst wenn die Revolution in den hochentwickelten Industrieländern ausbleibe, könne der Sozialismus in der UdSSR aufgebaut werden. Diese These setzte Stalin als politische Waffe gegen Trotzki ein, dessen Internationalismus nun als mangelnder Patriotismus dargestellt wurde. Stalins Argumentation stieß auf offene Ohren bei den Parteifunktionären, die keinen Gefallen daran fanden, dass Trotzki eine Machtergreifung der Kommunisten in anderen großen europäischen Ländern für unerlässlich hielt.[27] Das Konzept des »Sozialismus in einem Land« verknüpfte Stalin mit der These, eine rasche Industrialisierung, die mit einer Zwangskollektivierung der Landwirtschaft einhergehen müsse, sei von entscheidender Bedeutung. Zwischen 1928 und 1932 verließen rund zwölf Millionen Menschen, darunter vor allem junge Männer, die Dörfer.[28] Wer Widerstand gegen die Kollektivierung leistete, wurde zur Zwangsarbeit verurteilt, und große Zahlen von Bauern wurden als Kulaken verhaftet. Als »Kulaken« wurden die wohlhabenden Bauern bezeichnet, aber der Begriff war derart weit gefasst, dass alle Bauern, die sich der erzwungenen Eingliederung ihrer Dörfer in eine der riesigen landwirtschaftlichen Produktionsgenossenschaften (Kolchosen) widersetzten, dieser Kategorie zugerechnet werden konnten. Andere Bauern wanderten freiwillig in die Städte ab, um sich in der wachsenden Industrie zu verdingen.

Stalin befürwortete einen totalen Krieg gegen die Kulaken und eine rücksichtslose Kollektivierung – bis ihn der Widerstand der Bauern zu einem taktischen Rückzug zwang. In weiten Teilen des Landes töteten die Bauern ihre Nutztiere lieber, als sie dem Staat auszuliefern. Allein in den ersten drei Monaten des Jahres 1930 wurden mehr als 1600 Fälle von bewaffnetem Widerstand gezählt.[29] Im November 1929 hatte Stalin noch getönt: »Wir sind von einer Politik der *Begrenzung* der Ausbeutung durch die Kulaken zu einer Politik der *Eliminierung* der Kulaken als Klasse übergegangen.« Anfang März 1930 schrieb er in einem Artikel im kommunistischen Parteiorgan *Prawda*, die Genossen hätten sich in dem Bemühen, die Kollektivierung voranzutreiben, »vom Erfolg berauschen« lassen. Und er heuchelte Missfallen über den unangemessenen Gewalteinsatz, anstatt den Bauern die Wahl zu überlassen, ob sie einer Kolchose beitreten wollten oder nicht.[30]

Die Zwangskollektivierung und die Aufstände auf dem Land hatten verheerende Folgen. Bis Ende des Jahres 1930 wurden Millionen Bauern vertrieben und mindestens 63 000 »Haushaltsvorstände« inhaftiert oder hingerichtet. Zwischen 1929 und 1932 wurden weit mehr als eine Million »Kulaken« deportiert.[31] Die Kollektivierung kam in der Ukraine rascher voran als in der Russischen Republik, und als infolge der staatlichen Zwangsrequirierungen und der bürgerkriegsähnlichen Unruhen auf dem Land eine Hungersnot ausbrach, wurde die Ukraine besonders schwer getroffen. Bis zum Sommer 1933 verhungerten rund fünf Millionen Menschen. In den Straßengräben lagen Leichen, es kam zu Fällen von Kannibalismus. Der Nordkaukasus und Kasachstan litten ebenfalls sehr unter der Hungersnot, die ein direktes Ergebnis der Politik der Moskauer Zentralregierung war – der Kombination von Zwangskollektivierung und Requirierung des Getreides, das in den Städten benötigt und teilweise sogar exportiert wurde, während die Menschen auf dem Land verhungerten.[32]

Die Radikalisierung der Politik ging mit der Festigung der Macht des Generalsekretärs einher. Trotzki wurde im Jahr 1927 auf Stalins Geheiß ins innere Exil geschickt und im Jahr darauf des Landes verwiesen. Er verbrachte sein restliches Leben im Ausland, wo er mit beredter Kritik an der »verratenen Revolution« und der »Stalin'schen Fälschungsschule« von sich reden machte.[33] Vieles von dem, was Trotzki über die Sowjetunion schrieb, entsprach der Wahrheit, doch einige seiner Prophezeiungen erwiesen sich als vollkommen falsch. So ging er beispielsweise Ende der dreißiger Jahre davon aus, dass Stalins Regime zu Fall kommen werde, sollte die Sowjetunion in einen großen Krieg verwickelt werden – tatsächlich stärkte der Zweite Weltkrieg den Stalinismus. Stalin musste sich mit wichtigeren Problemen als mit Trotzkis Kritik befassen, doch für ihn war aus den Augen niemals gleichbedeutend mit aus dem Sinn. Stalins Spione beobachteten die Aktivitäten seines besiegten Rivalen während dessen Reisen ge-

Stalins Revolution

nau. Im Jahr 1940 gelang es dem sowjetischen Geheimdienst, einen Auftragsmörder in Trotzkis inneren Kreis einzuschleusen, der den Widersacher Stalins mit einem Eispickel erschlug.

Als in der Phase der Neuen Ökonomischen Politik (NEP) Zugeständnisse an die Bauern erforderlich geworden waren, hatte Stalin die Unterstützung einer weiteren zentralen Figur in der bolschewistischen Führung genossen. Nikolai Bucharin war jedoch im Gegensatz zu Stalin ein aufrichtiger Anhänger der NEP. Lenin hatte diesen Kurswechsel nicht nur als taktische Maßnahme, sondern als strategischen Rückzug betrachtet – er glaubte, an dieser Politik werde man mehrere Jahrzehnte lang festhalten müssen. Bucharin teilte diese Einschätzung. Doch Ende der zwanziger Jahre wurde er aufgrund seiner Bereitschaft, Konzessionen an die Privatwirtschaft zu machen, als Mitglied der »Parteirechten« diffamiert. Im Kampf gegen Trotzki, den Kopf der »linken Opposition«, war er Stalins Verbündeter gewesen. Doch nun, wo die »Linken« geschlagen waren, wandte er sich den »Rechten« zu.

Die Auseinandersetzung war nicht auf eine Beseitigung potentieller Rivalen beschränkt, sondern beinhaltete eine grundlegende Neuausrichtung der Politik. Die Veränderungen waren derart tiefgreifend, dass sie abwechselnd als »Revolution von oben«, »Stalins Revolution«, »die zweite Revolution« oder (um die Revolutionen im Februar und im Oktober 1917 nicht miteinander zu verschmelzen) als »die dritte Revolution« bezeichnet wurden. Gleichzeitig mit den dramatischen Umwälzungen in der Wirtschaftspolitik wurde eine »Kulturrevolution« eingeleitet, die das Gefüge der Berufe auf den Kopf stellte und die Beseitigung von Studenten und Lehrkräften bürgerlicher Herkunft in den Einrichtungen der höheren Bildung beinhaltete.[34] Ende der zwanziger Jahre wurde nicht nur die NEP aufgegeben und die Zwangskollektivierung der Landwirtschaft eingeleitet, sondern auch (im Jahr 1928) der erste Fünfjahresplan verabschiedet, der die Industrialisierung des Landes dramatisch beschleunigen sollte. Es fiel Stalin nicht schwer, den Einfluss seines einstigen Verbündeten Bucharin zurückzudrängen und ihn im Jahr 1929 aus dem Politbüro zu entfernen. Bis Mitte der dreißiger Jahre behielt Bucharin eine unbedeutende Position im Zentralkomitee der Partei, doch 1937 ließ Stalin ihn verhaften und nach einem Schauprozess im Jahr 1938 hinrichten. Noch in den achtziger Jahren sahen viele Reformkommunisten in Bucharin ein Symbol für einen von Stalins Vorgehensweise abweichenden »Aufbau des Sozialismus«.[35] Doch obwohl persönlich redlich und mutig, hatte Bucharin zum Aufbau eines extrem autoritären Systems beigetragen, das jede Kontrolle der Macht der Bolschewiki (die sich später in Stalins Macht verwandelte) unmöglich machte.

In einer vielzitierten Rede im Jahr 1931 sprach Stalin, der die UdSSR nun als »unser sozialistisches Vaterland« bezeichnete, von der Notwendigkeit, »einen wahrhaft bolschewistischen Rhythmus beim Aufbau der sozialistischen Wirtschaft zu entwickeln«, denn »jene, die zurückfallen, werden geschlagen«, und »wir weigern uns, geschlagen zu werden!« Er fuhr fort: »Wir haben einen Rückstand von 50 bis 100 Jahren auf die fortschrittlichen Länder. Wir müssen diesen Rückstand in zehn Jahren wettmachen. Entweder das gelingt uns, oder wir werden untergehen.«[36] Da Stalin diese Forderung genau ein Jahrzehnt vor dem Angriff Nazi-Deutschlands im Jahr 1941 erhob, wurde sie oft als Beweis für seinen Weitblick gepriesen. Tatsächlich hatte die UdSSR zehn Jahre später eine Industrie aufgebaut, die zu jener Rüstungsproduktion imstande war, die benötigt wurde, um in einem verzweifelten und langen Krieg mit Deutschland die Oberhand zu behalten.

Doch für diese Industrialisierung wurde ein entsetzlich hoher Preis bezahlt. Und Stalin war keineswegs so weitblickend, wie seine kommunistischen Bewunderer in aller Welt glauben machen wollten. Im Jahr 1939 schloss er leichtgläubig einen Pakt mit Hitler und rechnete nicht mit dem Überraschungsangriff im Juni 1941. Die mangelnde Vorbereitung der Sowjetunion auf den Krieg war durch die stalinistischen Säuberungen erheblich begünstigt worden. Aus unerfindlichem Grund vertraute Stalin dem deutschen Diktator mehr als vielen der Offiziere, die im Bürgerkrieg in der Roten Armee gekämpft hatten. Ende der dreißiger Jahre ließ er einen Großteil des Offizierskorps hinrichten. So musste die sowjetische Armee in der ersten Kriegsphase schwere Verluste hinnehmen, die teilweise hätten vermieden werden können, wäre sie richtig vorbereitet und von fähigen Offizieren geführt worden.

Umbau der Gesellschaft und politische Repression

In den dreißiger Jahren war die Sowjetunion gegenüber dem vorangegangenen Jahrzehnt politisch und sozial nicht wiederzuerkennen. Im Laufe der zwanziger Jahre hatte Stalin, der es verstand, die Parteibasis für sich einzunehmen und die Mittel des Sekretariats geschickt einzusetzen, seine potentiellen Rivalen in der Kommunistischen Partei politisch ausgeschaltet. Ende der dreißiger Jahre vernichtete er sie auch physisch. Ich werde mich noch näher mit diesem Blutbad befassen, aber zunächst müssen die Gründe für Stalins Erfolg analysiert werden. Das Regime überlebte nicht nur dank des erbarmungslosen Einsatzes des Terrors gegen seine realen, potentiellen oder eingebildeten Feinde. Es behauptete sich auch, weil es ihm gelang, Hoffnungen auf eine bessere Zukunft zu wecken und dem russischen Volk das Gefühl zu geben, dass die Geschichte auf seiner Seite sei. Zur Festigung des Regimes trug auch bei, dass es sogar auf kurze Sicht nicht nur Verlierer, sondern auch viele Gewinner gab.

Die Kommunisten leiteten ein massives Bildungsprogramm ein. Bei Ausbruch des Ersten Weltkriegs konnten nicht einmal 40 Prozent der Bevölkerung des Russischen Reiches lesen und schreiben. Bis 1926 stieg dieser Anteil auf knapp über 50 Prozent, wobei allerdings die Entwicklung in den Städten und im ländlichen Raum sehr unterschiedlich verlief. Zudem gab es große Unterschiede zwischen Männern und Frauen: Auf dem Land, wo Mitte der zwanziger Jahre immer noch der Großteil der Bevölkerung lebte, waren zwei Drittel der Frauen Analphabeten.[37] Anfang der dreißiger Jahre wurden die Alphabetisierungsanstrengungen noch erhöht. Die Schulpflicht wurde verlängert, und die Kampagnen zur Alphabetisierung von Erwachsenen wurden ausgeweitet. Hatten im Jahr 1926 lediglich 39 Prozent der weiblichen und 73 Prozent der männlichen Landbevölkerung Russlands lesen und schreiben können, so waren die entsprechenden Anteile bis 1939 nach offiziellen Angaben (die vermutlich geschönt waren, wobei jedoch keine sicheren Aussagen bezüglich des Ausmaßes der Übertreibung möglich sind) auf 79 Prozent bei den Frauen und 95 Prozent bei den Männern gestiegen.[38] In den zwanziger Jahren war das Alphabetisierungsniveau in den verschiedenen Regionen sehr unterschiedlich. Nur in den drei baltischen Ländern Estland, Lettland und Litauen lag die Alphabetisierungsquote bei über 70 Prozent. In der übrigen Sowjetunion war der Anteil lediglich bei den Juden, die in der Sowjetunion als Nationalität gezählt wurden, ähnlich hoch: Sie nahmen nach den Letten und Esten den dritten Rang in dieser Klassifizierung ein. Unter den Russen konnten 45 Prozent lesen und schreiben, wohingegen es in Kirgistan, Usbekistan, Tschetschenien, Turkmenistan und Tadschikistan weniger als fünf Prozent waren. Es bestanden also innerhalb der Sowjetunion ein enormes West-Ost-Gefälle sowie erhebliche geschlechtsspezifische Unterschiede.[39]

Die Kommunistische Partei versuchte neben der Industrialisierung den Aufbau einer eigenen neuen Elite voranzutreiben, indem sie Arbeiter und Bauern förderte und sie und ihre Kinder ausbildete. Dieses Vorhaben war von Erfolg gekrönt. Nur der erste der sieben Männer, die die Sowjetunion in den sieben Jahrzehnten ihrer Existenz führten, entstammte einer gebildeten Familie. Wie im ersten Kapitel erwähnt, hatte Lenins Vater im zaristischen Russland eine derart glänzende Karriere gemacht, dass er in den Adelsstand erhoben worden war. Stalin war der Sohn eines trunksüchtigen Schusters, der eine Zeitlang auf eigene Rechnung und später in einer Schuhfabrik arbeitete. Die fünf übrigen sowjetischen Führer – Nikita Chruschtschow, Leonid Breschnew, Juri Andropow, Konstantin Tschernenko und Michail Gorbatschow – stammten mit Ausnahme Andropows (dessen Vater ein Angestellter der Eisenbahn war) allesamt aus Bauern- oder Arbeiterfamilien.[40] Auf allen Ebenen der Parteihierarchie gab es Hunderttausende von Funktionären ähnlicher Herkunft.

Verallgemeinernd könnte man sagen, dass sich die Bauern in Arbeiter und viele Arbeiter in Manager verwandelten. Die Kinder der Arbeiter und in geringerem Maß auch die Kinder der Bauern kamen in einem bis dahin nicht gekannten Ausmaß in den Genuss der höheren Bildung und erhielten die Möglichkeit, sich einer Vielzahl von Tätigkeiten zu widmen – als Ingenieure, Architekten, Ärzte und in vielen anderen Berufen. Diese Erhöhung der sozialen Mobilität war in erster Linie auf die massive Industrialisierung zurückzuführen, das heißt auf die Modernisierung nach stalinistischem Modell. Auch die entsetzlichsten Auswüchse des Stalinismus trugen auf ihre Art zur sozialen Mobilität bei: Infolge der Säuberungen, denen Hunderttausende Menschen zum Opfer fielen (viele wurden hingerichtet, andere in Arbeitslager deportiert) wurden Hunderttausende Arbeitsplätze frei. Da In-

Umbau der Gesellschaft und politische Repression 101

tellektuelle und Angestellte sehr viel stärker von den Säuberungen betroffen waren als Arbeiter, verbesserten sich die Aufstiegschancen der neuen Nutznießer der sowjetischen Bildung entsprechend.

Alexander Sinowjew, der sich erst einen Namen auf dem Gebiet der formalen Logik machte und anschließend als Autor von *Gähnende Höhen* (geschrieben 1974, deutsch 1981) berühmt wurde, einer brillanten satirischen Schilderung der sowjetischen Politik und Gesellschaft (die Veröffentlichung im Westen in der Breschnew-Ära führte zu seiner Entlassung aus der Universität und schließlich zu seiner Emigration nach Deutschland), beschrieb das Schicksal seiner eigenen Familie:

Vor der Revolution waren 80 oder sogar 90 Prozent der russischen Bevölkerung Bauern, die auf der untersten Stufe der sozialen Pyramide von der Subsistenzwirtschaft lebten. Sie führten ein armseliges Leben und waren kaum mehr wert als Sklaven. Die Revolution änderte das. Nehmen Sie beispielsweise meine eigene Familie, eine Bauernfamilie. Infolge der Kollektivierung der Landwirtschaft verloren meine Eltern alles, was sie besessen hatten. Aber mein älterer Bruder stieg zum Fabrikleiter auf, der Zweitälteste brachte es zum Oberst, drei meiner Brüder wurden zu Ingenieuren ausgebildet, und ich wurde Professor an der Universität Moskau. Millionen russische Bauern erhielten eine formale Bildung, und viele wurden zu Fachkräften ausgebildet.[41]

Bei all dem furchtbaren Leid, das den Bauern zugefügt worden war, gelangten viele der Nutznießer der raschen sozialen Umwälzungen, darunter auch Sinowjew, zu dem Schluss, dass sich die Opfer gelohnt hatten. Aber es gab auch Menschen, die in der Lotterie des Lebens unter Stalin ein schlechteres Los zogen und die Dinge anders sahen. Doch Stalin wurde mit derart überwältigendem Erfolg als strenge, aber gerechte Vaterfigur dargestellt, dass unzählige Opfer dieses Mannes noch in dem Augenblick, da sie auf ihre Hinrichtung warteten oder in ein Arbeitslager verschleppt wurden, fest davon überzeugt waren, Stalin würde ihnen zu Hilfe eilen, wenn er nur erführe, wie ungerecht sie behandelt worden waren. Die Mehrheit von Stalins Opfern gab weder ihm persönlich noch der sozialistischen Ordnung die Schuld, sondern führte ihr Schicksal auf eine Funktionsstörung des Systems zurück, anstatt darin eines seiner Merkmale zu sehen.

Die Zahl der Opfer des Staatsterrors in den dreißiger Jahren überstieg jene im vorangegangenen Jahrzehnt deutlich. Für die spektakulären »Schauprozesse« wurden die Angeklagten so lange gefoltert, bis sie ein von der Geheimpolizei vorbereitetes Skript aufsagten und Verbrechen gestanden, die sie sich vorher nicht einmal hatten vorstellen, geschweige denn begehen können. Diese Verbrechen waren eine Erfindung des »Hochstalinismus«, der ab Mitte der dreißiger Jahre bis zu Stalins Tod dauerte. In jener Zeit drohten Parteimitgliedern beim geringsten Verdacht eines Widerspruchs gegen Stalins Politik die Verhaftung und normalerweise die Hinrichtung. Mag sein, dass es für Lenin undenkbar gewesen wäre, Parteigenossen zu ermorden, aber nichtsdestotrotz war er es gewesen, der jene erbarmungslose Tötungsmaschine in Gang gesetzt hatte, die Stalin nun so »kreativ« weiterentwickelte.

In einer von Lenin geleiteten Sitzung des Sownarkom im Dezember 1917 war die Tscheka ins Leben gerufen worden. Es gab nicht einmal ein Dekret über die Gründung dieser Vorläuferin des NKWD und des KGB, weshalb die Tätigkeit der Tscheka eigentlich jeder rechtlichen Grundlage entbehrte. Doch das schränkte ihren Bewegungsspielraum keineswegs ein. Die treibenden Kräfte hinter der Schaffung dieses politischen und strafenden polizeilichen Arms des Staates waren Lenin selbst und der polnische Revolutionär Felix Dserschinski, der der erste Leiter der Tscheka wurde.[42] Lenins Bereitschaft zum rücksichtslosen Gewalteinsatz kam in einem Brief zum Ausdruck, den er an Wjatscheslaw Molotow schrieb, der später einer der engsten Verbündeten Stalins und nach dem Zweiten Weltkrieg sowjetischer Außenminister werden sollte. In dem Brief vom 19. März 1922 erklärte Lenin: »Je mehr Vertreter des reaktionären Klerus und der reaktionären Bourgeoisie wir … töten können, desto besser. Wir müssen diesen Leuten jetzt [eine solche Lehre] erteilen, dass sie in den kommenden Jahrzehnten nicht einmal vom Widerstand zu träumen wagen.«[43] Doch Lenin setzte den Terror sehr viel selektiver ein als Stalin und richtete ihn auf die Gegner der bolschewistischen Revolution, nicht auf ihre Anhänger (die Stalin zu Zehntausenden ermorden ließ).[44]

Die erste Gruppe von Personen, denen der Prozess gemacht wurde, obwohl sie mit den sowjetischen Behörden zusammengearbeitet hatten, waren Ingenieure »bürgerlicher« Herkunft, die im Jahr 1928 im sogenannten Schachty-Prozess der Sabotage schuldig gesprochen wurden. Mehr als fünfzig Ingenieure und Techniker, die im ukrainischen Donezkbecken gearbeitet hatten, wurden beschuldigt, Saboteure zu sein. Mit dem Prozess wurde eine breitangelegte Kampagne gegen »Saboteure« gestartet, obwohl die Beweise für eine bewusste Sabotage durch die Angeklagten mehr als dürftig waren. Die Beschuldigten, die gestanden, taten dies unter der Folter. Fünf Angeklagte wurden im Juli 1928 hingerichtet, die Übrigen mehrheitlich zu Gefängnisstrafen verurteilt. Einige wenige wurden freigesprochen.[45] Verglichen mit der Periode zwischen 1928 und 1931 stellten die folgenden drei bis vier Jahre bis zur ersten Jahreshälfte 1936 so etwas wie eine Atempause vor dem Beginn der Großen Säuberungen (1937/38) dar.

Die Frauen in der sowjetischen Gesellschaft

Eine der bedeutsamsten unter den vielen sozialen Umwälzungen, die sich in dieser Phase der sowjetischen Geschichte vollzogen, betraf die gesellschaftliche Rolle der Frau. Von der völligen Befreiung der Frau, wie sie in der sowjetischen Propaganda verkündet wurde, konnte in der Praxis keine Rede sein, aber eine der ersten Maßnahmen der Bolschewiki nach der Machtergreifung bestand in der rechtlichen Gleichstellung von Männern und Frauen. Nun wurden sehr viel mehr Frauen in die Industrie und in die Fachberufe integriert als im vorrevolutionären Russland. Die Frauen spielten abgesehen davon, dass praktisch die gesamte Hausarbeit einschließlich der Kinderaufzucht auf ihren Schultern lastete, als Bäuerinnen seit Generationen eine wichtige Rolle in der ländlichen Wirtschaft – sie mähten, pflügten, machten Heu und pflegten den Gemüsegarten.[46] Doch gleichgültig, ob sie verheiratet war oder nicht: Eine Frau hatte abgesehen von ihrer Mitgift und einigen Haushaltsutensilien kein Erbrecht, solange ein männlicher Verwandter lebte (obwohl in einigen Regionen Ausnahmen für Witwen gemacht wurden).[47] Die neuen gesetzlichen Bestimmungen trugen – wenn auch nur langsam und regional unterschiedlich – dazu bei, die tiefverwurzelten gesellschaftlichen Regeln zu verändern.

In den ersten Jahren der kommunistischen Herrschaft wurde die

Kontrolle der Kirche über Ehe und Scheidung hinweggefegt. Nur noch zivile Eheschließungen waren rechtskräftig, und eine Scheidung war einfach und billig. Die Abtreibung wurde im Jahr 1920 legalisiert, wobei sie jedoch nicht als fester Bestandteil der Befreiung der Frau, sondern als notwendiges und vorübergehendes Übel betrachtet wurde. Eine Legalisierung des Schwangerschaftsabbruchs war erforderlich, um die hohen Sterberaten aufgrund illegaler Abtreibungen zu senken.[48] In der Sowjetunion erhielten die Frauen nicht nur das Recht auf eine bezahlte Arbeit, man erwartete von ihnen geradezu, dass sie arbeiten gingen, was die große Mehrheit der Frauen auch tat. In der Zeit bis zum Kriegsausbruch (im Krieg verschlechterten sich die Bedingungen dramatisch) mussten die Frauen in der Sowjetunion nicht nur die übliche Doppelbelastung tragen – eine Vollzeitarbeit in der Fabrik, auf dem Feld oder im Büro ging zumeist mit der alleinigen Verantwortung für den Haushalt einher –, sondern sie mussten diese Aufgaben auch ohne die Haushaltsgeräte bewältigen, die den Frauen im Westen immer häufiger die Arbeit erleichterten. Und obendrein mussten sie stets die Warteschlangen und die Knappheit ertragen, die feste Bestandteile des sowjetischen Wirtschaftsalltags waren. Der Grund für den Mangel darf nicht einfach in den Nachteilen der Planwirtschaft gegenüber einer Marktwirtschaft gesehen werden, es war schlicht so, dass die Planer andere politische Prioritäten hatten: Die Ressourcen gingen in die Schwer- und Rüstungsindustrie, während der Dienstleistungssektor und die Produktion von Konsumgütern vernachlässigt wurden.[49] Auf der anderen Seite versetzte die rasche Verbesserung der Bildungschancen eine nicht unerhebliche Minderheit von Frauen in die Lage, eine Berufsbildung abzuschließen und eine Karriere zu machen, zu der sie vor 1917 keinen Zugang gehabt hätten. Andere mussten schwere körperliche Arbeit leisten, die den Frauen zumindest im städtischen Raum bis dahin nicht abverlangt worden war.

In den dreißiger Jahren änderte sich die rechtliche und soziale Stellung der Frau in der Sowjetunion erneut. In Anbetracht der Tatsache, dass Stalin wesentlich zur Dezimierung der sowjetischen Bevölkerung beitrug, wirkt es ein wenig paradox, dass er sich nun Sorgen um eine zu geringe Bevölkerung zu machen begann. Die Lebensbedingungen in den Städten, in denen die Menschen in überfüllten Unterkünften hausten, und die Doppelbelastung machten es den Stadt-

Die Frauen in der sowjetischen Gesellschaft 105

bewohnerinnen außerordentlich schwer, Kinder aufzuziehen. Die Lösung des Regimes bestand darin, Scheidungen zu erschweren, die Abtreibung wieder zu verbieten und die Familie zu einer bedeutsamen Institution zu erheben. Nach einem im Juni 1936 erlassenen Dekret war ein Schwangerschaftsabbruch nur noch aus medizinischen Gründen zulässig, und im November desselben Jahres wurden die Kriterien für solche Ausnahmen erneut verschärft. Diese Maßnahmen wurden durch eine großangelegte Kampagne zu den Gefahren der Abtreibung ergänzt, wobei jedoch kein Wort über die noch größeren Risiken der illegalen Abtreibungen verloren wurde. Es wurden finanzielle Anreize für Großfamilien geschaffen, wobei es ab dem elften Kind besonders hohe Bonuszahlungen gab. Von der Großzügigkeit des Staates profitierte in erster Linie die Landbevölkerung. Die Stadtbewohner ihrerseits kamen in den Genuss des Ausbaus der Geburts- und Kinderkliniken im Rahmen der Bemühungen um eine Erhöhung der Geburtenraten.[50] In der Propaganda wurde nun der Wert der Familie hervorgehoben, wozu David L. Hoffmann angemerkt hat:

> Mitte der dreißiger Jahre hatten die sowjetischen Funktionäre ihre Vorstellung von der Familie geändert. Nun sahen sie in einer starken Familie nicht nur ein Mittel zur Erhöhung der Geburtenrate, sondern sie waren auch zu der Überzeugung gelangt, dass die Familie den Kindern sowjetische Werte und sozialistische Disziplin vermitteln und daher als Instrument des Staates dienen konnte.[51]

Hoffmann weist zudem darauf hin, dass die sowjetische Politik zur Erhöhung der Geburtenraten zwar gewisse Gemeinsamkeiten mit der Bevölkerungspolitik anderer Länder hatte, sich jedoch in einigen Punkten davon unterschied. So wurden die Frauen dazu angehalten, auch in der Schwangerschaft zu arbeiten und nach einer Geburt wieder an den Arbeitsplatz zurückzukehren. Im Jahr 1936 erließ das Politbüro ein Dekret, das den Versuch, einer schwangeren Frau einen Arbeitsplatz zu verweigern oder ihren Lohn in der Schwangerschaft zu senken, unter Strafe stellte. Und »zu keinem Zeitpunkt während der Kampagne zur Förderung der Familie signalisierten sowjetische Funktionäre, dass eine Frau an den Herd gehöre«.[52]

Der kulturpolitische Kurswechsel in den dreißiger Jahren beinhaltete auch eine Änderung des Frauenbildes. Die muskulöse, schlicht

106 Der »Aufbau des Sozialismus«: Russland und die Sowjetunion

gekleidete Frau, die während des ersten Fünfjahresplans die Plakate geziert und die Massenmedien beherrscht hatte, machte nun im Film und in der Presse einer betont femininen Gestalt Platz.[53] Überhaupt kamen in jenen Jahren einzelne Elemente des bürgerlichen Lebens wieder zu Ehren, beispielsweise die Bälle. Während die zwanziger Jahre beeindruckende Werke der »Hochkultur« hervorgebracht hatten, sahen die Jahre 1932–36 eine Blüte der Volkskultur. Die Folklore (bei der es sich oft um eine Pseudofolklore handelte) wurde vom Regime gefördert, sofern sie nichts mit Religion zu tun hatte. Dies war auch die »Ära des roten Jazz«, in vielen russischen Städten traten westliche, aber auch sowjetische Bands auf.[54] Obwohl die Kunst von der Doktrin des »sozialistischen Realismus« beherrscht sein sollte – was in der Praxis bedeutete, dass die Kunst die Aufgabe hatte, die Zersetzung des Kapitalismus bloßzustellen, das sowjetische Leben zu verherrlichen und einen unerschütterlichen Optimismus bezüglich der Zukunft der sozialistischen Gesellschaft zu verbreiten –, existierte in der gesamten kommunistischen Ära eine populäre Kunst für die Massen. In den dreißiger Jahren wurden in der Sowjetunion zahlreiche Kinos eröffnet, aber im Lauf des Jahrzehnts fanden ausländische Filme immer seltener den Weg in die sowjetischen Filmpaläste. Der Wendepunkt kam im Jahr 1936, als die Repression verschärft wurde. Nun wurde die sowjetische Massenkultur entschlossen »folklorisiert«, die ausländische Kunst geriet unter Generalverdacht.[55] Doch wie Richard Taylor, der Historiker des sowjetischen Kinos, bemerkt, gab das sowjetische Publikum zwischen den beiden Weltkriegen Charlie Chaplin, Buster Keaton, Douglas Fairbanks und Mary Pickford den Vorzug vor »den Traktoren und der Geschichte der Revolution, die eigentlich seine Revolution sein sollte. Mit anderen Worten: Die Sowjetbürger zogen den Eskapismus dem Realismus vor, so irreal dieser Realismus in Wahrheit auch sein mochte.«[56]

Stalins persönliche Diktatur

In vielerlei Hinsicht war Ende der zwanziger und insbesondere ab den frühen dreißiger Jahren neben einem großen Sprung vorwärts auch ein gewaltiger Rückschritt zu beobachten.[57] Bei den Feiern anlässlich von Stalins 50. Geburtstag im Jahr 1929 – sein offizieller Geburtstag

Stalins persönliche Diktatur 107

war der 21. Dezember – wurde die Grundlage für das geschaffen, was später als »Personenkult« bezeichnet wurde. Dieser Kult trug dazu bei, Stalins beispiellose Macht zu festigen, doch der Diktator glaubte auch, damit der russischen Psyche entgegenzukommen. Tatsächlich kann man argumentieren, dass dieser Personenkult der russischen Tradition entsprach. Die Revolutionen von 1917 hatten »kurz nacheinander sowohl den Zaren als auch Gott gestürzt, die den Russen seit jeher als Bezugspunkte und Ziele der Verehrung gedient hatten«.[58] Lenins Tod und die Entmachtung und anschließende Vertreibung Trotzkis ins Exil beraubten das Regime jener Führungspersönlichkeiten, die trotz ihres ungemein autoritären Führungsstils die größte Begeisterung in der Bevölkerung geweckt hatten. Das Regime war nicht bereit, sich um eine demokratische Legitimierung zu bemühen, da dies zu einer Wahlniederlage und zum Scheitern des leninistischen Projekts Stalin'scher Prägung geführt hätte. Der britische Historiker John Gooding beschreibt die Reaktion des Regimes so:

[D]as Regime unter Stalin schlug einen dem bolschewistischen Dogma widersprechenden, aber zutiefst russischen Weg ein und griff auf das Element des Charismas zurück. Diese Vorgehensweise war derart erfolgreich, dass bis zum Ende der dreißiger Jahre große Teile der Bevölkerung Stalin vollkommen ergeben waren. Lenins Ziel einer vorbehaltlosen Unterstützung durch die Massen und einer engen Bindung zwischen dem Volk und den Herrschern war damit erreicht, doch die Mittel, mit denen das Vorhaben verwirklicht worden war, hatten nichts mit dem Sozialismus oder den ursprünglichen Bestrebungen der Bolschewiki zu tun.[59]

Der XVII. Parteitag Anfang des Jahres 1934 wurde als »der Parteitag der Sieger« bezeichnet. Die inneren Feinde waren offenbar besiegt, die Kollektivierung der Landwirtschaft war abgeschlossen, und die Industrialisierung kam rasch voran. Die Stimmung schlug um, als Sergej Kirow, der Parteichef in Leningrad (diesen Namen erhielt die alte Hauptstadt St. Petersburg – die im Ersten Weltkrieg in Petrograd umgetauft worden war – nach Lenins Tod), im Dezember 1934 erschossen wurde. Der Mord löste eine Verhaftungswelle aus. Es gibt Spekulationen darüber, dass Stalin selbst den Befehl zur Ermordung Kirows gab, weil er einen potentiellen Rivalen in ihm sah und nach einem Vorwand für eine neue Terrorwelle suchte. Es wurden jedoch nie Beweise für Stalins Beteiligung gefunden (Nikita Chruschtschow deutete diese Möglichkeit in seiner Rede auf dem XX. Parteitag der KPdSU im Jahr 1956 an) – auch nicht, als die sowjetischen Archive ab Ende der achtziger Jahre teilweise geöffnet wurden. Fest steht jedoch, dass Stalin die Atmosphäre nach dem Mord an Kirow nutzte, um weitere Rechnungen zu begleichen. Einige der prominentesten Bolschewiki der ersten Stunde, die in den zwanziger Jahren und vorher mit Stalin in Konflikt geraten waren, unter ihnen Grigori Sinowjew und Lew Kamenew, wurden verhaftet, obwohl sie absolut nichts mit Kirows Tod zu tun hatten. Sinowjew und Kamenew wurden im Jahr 1936 hingerichtet.

Sinowjew, ein Bolschewik der ersten Stunde, war kein Verwandter des Schriftstellers Alexander Sinowjew, dessen positive Einschätzung des beruflichen Aufstiegs mehrerer Mitglieder seiner Familie unter kommunistischer Herrschaft bereits angesprochen wurde. Der Autor trug diesen typisch russischen Namen von Geburt an, während sowohl Grigori Sinowjew als auch Kamenew Juden waren und russische Namen angenommen hatten. Stalin bekundete seine Abneigung gegen die Juden erst nach dem Zweiten Weltkrieg unverhohlen, doch schon in den dreißiger Jahren waren jüdische Wurzeln in seinen Augen keine Empfehlung. Kamenew hatte seine Lage zusätzlich verschlimmert, indem er Trotzkis Schwester geheiratet und in der Auseinandersetzung zwischen Stalin und Trotzki wechselnde Positionen bezogen hatte. Anfang der zwanziger Jahre hatte er Stalin gegen Trotzki unterstützt, aber gegen Ende des Jahrzehnts wandte er sich der linken Opposition zu. Er wurde zweimal aus der Kommunistischen Partei ausgeschlossen und nach kurzer Zeit wieder aufgenommen. Sein endgültiger Parteiausschluss im Jahr 1934 kündigte seine Verhaftung im Jahr 1935 und seine Hinrichtung im Jahr darauf an.

Stalins persönliche Macht war in der ersten Hälfte der dreißiger Jahre stetig gewachsen, aber erst mit der Säuberungswelle 1936 bis 1938 wurden die letzten Überreste der Oligarchie beseitigt, so dass Stalins persönlicher Diktatur nichts mehr im Weg stand. Der russische Historiker Oleg Chlewniuk (der die Forschung in den russischen Staatsarchiven leitet) hat dazu erklärt:

> Die These, der »Große Terror« habe entscheidend zur Festigung von Stalins persönlicher Diktatur beigetragen, ist in der Geschichtsschreibung seit lan-

gem anerkannt und wird von den neu entdeckten Dokumenten vollkommen bestätigt. Gestützt auf die Strafverfolgungsbehörden, ließ Stalin eine Reihe von Mitgliedern des Politbüros hinrichten und machte sich die verbliebenen Parteigenossen mit der Androhung von Gewalt gegen sie und ihre Familien gefügig. ... Die nachrückenden Mitglieder des Politbüros waren bereits ... in einer Tradition erzogen worden, in deren Mittelpunkt die persönliche Loyalität gegenüber [Stalin] stand ... In dieser neuen Ordnung oblagen alle wichtigen Entscheidungen ausschließlich Stalin. Die Sitzungen des Politbüros als kollektives Organ gehörten der Vergangenheit an, an ihre Stelle traten Gespräche zwischen Stalin und ausgewählten Kollegen ...[60]

Der »Sozialismus« stalinistischer Prägung

Mitte der dreißiger Jahre entstand die sogenannte Stachanow-Bewegung, benannt nach dem Bergarbeiter Alexej Stachanow, der angeblich im August 1935 in einer einzigen Sechsstundenschicht 102 Tonnen Kohle gefördert hatte, das heißt das Vierzehnfache des von der Grubenleitung festgelegte Solls.[61] Die Behörden forderten die übrige Arbeiterschaft unverzüglich auf, es Stachanow gleichzutun und damit die wirtschaftliche Entwicklung beschleunigt voranzutreiben. Ein Teil der Arbeiter ließ sich tatsächlich von dem patriotischen Wunsch mitreißen, am »Aufbau des Sozialismus« teilzuhaben, doch die Errungenschaften der Stachanowisten beruhten zu einem Großteil auf Schwindel. Stalin verkündete, bei dieser Bewegung handle es sich um den Ausdruck eines »neuartigen sozialistischen Wettbewerbs«, der sich dadurch von der bisherigen Entwicklung unterscheide, dass er auf einer neuen Technologie beruhe.[62] Doch damit die Arbeiter exemplarische Leistungen erbringen konnten, musste ihre Betriebsführung besonders günstige Bedingungen für sie schaffen, ganz zu schweigen von der statistischen Übertreibung ihrer Produktion. Und wurde ein Arbeiter als Stachanowist ausgezeichnet, so wirkten seine Kollegen im Vergleich zu ihm natürlich wie Minderleister. Die Stachanowisten erhielten auch besondere Vergünstigungen wie beispielsweise Zugang zu knappen Gütern. Die Folge war, dass das Lob, das in der sowjetischen Presse über sie ausgeschüttet wurde, nicht mit einer vergleichbaren Beliebtheit bei den Kollegen einherging. Verdeutlicht wird dies durch eine Anekdote über eine taube alte Frau, die sich in den dreißiger Jahren in einer Schlange anstellte, ohne zu wissen, worauf die Leute dort warteten. Dieses Verhalten war in Russland in der gesamten kommunistischen Epoche üblich: Da die meisten Güter und Nahrungsmittel knapp waren, galt eine lange Warteschlange als sicherer Hinweis darauf, dass gerade ein begehrtes Gut verfügbar war. Die Frage nach dem Grund für die Schlange wurde oft erst gestellt, nachdem man sich den Wartenden angeschlossen hatte. In diesem Fall fragte die alte Frau, was dort verteilt werde, worauf jemand antwortete: »Ein Schlag ins Gesicht.« Die schwerhörige Frau fragte nach: »An jedermann oder nur an Stachanowisten?«[63] (Sogar in der Stalinzeit – wenn auch in geringerem Umfang als zu Zeiten Chruschtschows und Breschnews – machten in der Sowjetunion politische Witze die Runde. Es wurden sogar Witze über politische Witze erzählt, etwa die Antwort auf die Frage: »Welches ist das tapferste Volk der Welt?« Die Antwort lautete: »Die Russen, denn jeder vierte von ihnen ist ein Informant, und dennoch erzählen sie politische Witze.« In der Realität war der Anteil der Informanten nicht ganz so hoch, aber immerhin hoch genug, um eine Meldung bei der Geheimpolizei in den dreißiger und vierziger Jahren zu einer realen Bedrohung für jeden Bürger zu machen.)

Im Jahr 1936 wurde unter großem Pomp eine neue sowjetische Verfassung verabschiedet. Diese dritte Verfassung seit der kommunistischen Machtergreifung – ihre Vorläufer stammten aus den Jahren 1918 und 1924 – war auf dem Papier die demokratischste. Beispielsweise waren mit der Verfassung von 1918 unerwünschten Elementen wie Vertretern der Religionsgemeinschaften und Personen, die Lohnarbeiter beschäftigten, um Gewinn zu erzielen, die Bürgerrechte entzogen worden. Im Jahr 1936 gab es kaum noch Vertreter der ersten Gruppe und überhaupt keine Angehörigen der zweiten mehr, weshalb in der neuen Verfassung niemand mehr seiner Rechte beraubt werden musste. Allerdings hatte das keinerlei Bedeutung, da es bei den Wahlen zu den Sowjets ohnehin nie mehr als einen Kandidaten gab. In der Rede am 25. November 1936, in der Stalin die neue Verfassung vorstellte, verglich er sie mit den Grundgesetzen der bürgerlichen Länder, die sehr formaler Natur waren und manchmal Beschränkungen abhängig von Geschlecht oder Eigentum enthielten. Stalin erklärte, nie zuvor habe es eine derart demokratische Verfassung gegeben wie jene der Sowjetunion, die »nicht nur demokra-

Der »Sozialismus« stalinistischer Prägung

tische Freiheiten«, sondern auch die »materiellen Mittel« zu ihrer
Verwirklichung beinhalte. »Es ist verständlich«, fügte er hinzu, »dass
der Demokratismus des Entwurfs der neuen Verfassung nicht der
›gewöhnliche‹ und ›universell anerkannte‹ allgemeine Demokratismus ist, sondern der *sozialistische* Demokratismus.«[64] (Hervorhebung im Original.)

In Wahrheit enthielt diese auf den ersten Blick demokratische Verfassung abgesehen davon, dass Stalins Verständnis der »sozialistischen Demokratie« eine spezifische Definition der Demokratie beinhaltete, für den Fall, dass es jemand wagen sollte, diese Verfassung
gegen den diktatorischen Staat ins Feld zu führen, zahlreiche Vorbehalte und Einschränkungen der Bürgerrechte. Im ersten Artikel hieß
es: »Die Union der sozialistischen Sowjetrepubliken ist ein sozialistischer Staat der Arbeiter und Bauern.« Damit war die Intelligenzija,
die in der sowjetkommunistischen Ideologie nicht als Klasse, aber als
eigenständige soziale Schicht betrachtet wurde, von vornherein be-
nachteiligt. In Artikel 125 hieß es: »Sofern dies in Einklang mit den
Interessen der Arbeiter steht und der Stärkung des sozialistischen
Systems dient, werden den Bürgern der UdSSR (a) Redefreiheit, (b)
Pressefreiheit, (c) Versammlungsfreiheit einschließlich des Rechts
auf Massenversammlungen und (d) das Recht zu öffentlichen Kundgebungen garantiert.« Kein einziges dieser Freiheitsrechte existierte
in der Realität, und den Bewunderern von Stalins Verfassung und der
angeblichen Gewährung dieser Rechte entging die Einschränkung in
der einleitenden Formulierung des Artikels. Wenn jemand versuchte,
diese Rechte wahrzunehmen, so stellte sich die Frage, wer darüber zu
entscheiden hatte, ob er dies »in Einklang mit den Interessen der Arbeiter« tat oder ob die Wahrnehmung dieser Rechte dazu diente, »das
sozialistische System zu stärken«. Die Antwort war selbstverständlich, dass diese Entscheidung der Führung der Kommunistischen Partei und der Geheimpolizei oblag, die beide Stalin gehorchten.

Stalins Rede zur Einführung der Verfassung von 1936 war dennoch von großer Bedeutung. In diesem Vortrag fällte er erstmals das
kategorische Urteil, dass die Sowjetunion nunmehr ein sozialistischer
Staat sei. Bis zu diesem Zeitpunkt war es um den »Aufbau des Sozialismus« gegangen. Stalin, dessen didaktischer Stil zahlreiche beab-
sichtigte Wiederholungen beinhaltete, die rhetorischen und pädagogischen Zwecken dienten, erklärte:

Unserer sowjetischen Gesellschaft ist es bereits gelungen, den Sozialismus im Wesentlichen zu bewerkstelligen; sie hat eine sozialistische Struktur geschaffen, das heißt, sie hat das verwirklicht, was die Marxisten als erste oder niedere Phase des Kommunismus bezeichnen. Das bedeutet, dass wir die erste Phase des Kommunismus, den Sozialismus, im Wesentlichen bereits verwirklicht haben.[65]

Mit Blick auf das Selbstbild und die Ideologie der sowjetischen Führung war die Feststellung, der Sozialismus sei »im Wesentlichen« verwirklicht, ein bedeutsamer Schritt. Doch bei objektiver Betrachtung war diese Behauptung etwa so sinnvoll wie jene, die sowjetische Gesellschaft sei mit der Verfassung von 1936 eine demokratische Gesellschaft geworden. In Kapitel 6 werde ich genauer ausführen, warum dieses System meiner Meinung nach nicht als sozialistisch, sondern als kommunistisch bezeichnet werden sollte. Doch abgesehen von der Frage der Begriffswahl wurde im Jahr 1936 klar, dass die neue sowjetische Verfassung keine Ära des Respekts für die Menschenrechte, die Demokratie oder die Freiheit ankündigte. Tatsächlich waren die beiden folgenden Jahre die Zeit der »Großen Säuberung«, in der die Verhaftungen und Hinrichtungen eine neue Dimension erreichten und in der die Revolution sowohl ihre Väter als auch ihre Kinder verschlang – die alte Garde der Bolschewiki, die an Stalins Seite gegen den zaristischen Staat und anschließend im Bürgerkrieg gekämpft hatten, ebenso wie jene Generation, die nach der Machtergreifung in die Kommunistischen Partei eingetreten und rasch in führende Positionen in der Partei und in den staatlichen Einrichtungen aufgestiegen war.

Als es so weit war, dass ein Parteiführer erstmals Stalins Verbrechen zur Sprache brachte, überraschte es nicht, dass die Jahre 1937/38 im Mittelpunkt der Auseinandersetzung standen, denn in dieser Zeit richtete sich der Terror mit aller Härte gegen die eigenen Parteimitglieder, darunter auch prominente Figuren. Die Person, die das Tabu brach und erstmals Kritik an Stalin äußerte, war Chruschtschow (ich werde mich noch eingehender mit dem XX. Parteitag im Jahr 1956 beschäftigen, auf dem er dieses Thema zur Sprache brachte). In den dreißiger Jahren wurden sehr viel mehr Bauern als Parteifunktionäre auf Stalins Geheiß inhaftiert oder getötet, und in den Jahren nach der Revolution hatten viele Priester und »bürgerliche« Gegner der Kommu-

Der »Sozialismus« stalinistischer Prägung

nisten dieses Schicksal erlitten. Diese Opfer erwähnte Chruschtschow nicht, als er die Aufmerksamkeit auf Stalins Verbrechen lenkte. Allerdings war es in der Tat bemerkenswert, dass viele der Personen, die in der zweiten Hälfte der dreißiger Jahre hingerichtet wurden, hohe Positionen im System bekleidet hatten. Da diejenigen, die vor Gericht erschienen, verschiedenste Verschwörungen gestanden, wobei die Geschichte eines Angeklagten zumeist von anderen Beschuldigten entsprechend einem auswendig gelernten Skript bestätigt wurde, gingen viele westliche Botschafter und Berichterstatter von ihrer Schuld aus – ungeachtet der Tatsache, dass die alten Bolschewiki vollkommen abwegige Verbrechen wie jene gestanden, für die Deutschen, die Briten oder die Japaner spioniert zu haben. Unter den leichtgläubigen Zeugen war auch der amerikanische Botschafter in Moskau, Joseph E. Davies, der über die Schauprozesse schrieb: »Die außergewöhnlichen Aussagen Krestinskis, Bucharins und der anderen scheinen darauf hinzudeuten, dass die Befürchtungen des Kreml durchaus berechtigt waren … Aber die Regierung handelte entschlossen und rasch. Die Generäle der Roten Armee wurden erschossen, und die gesamte Parteiorganisation wurde gründlich gesäubert.«[66]

Chruschtschow selbst fällte ein differenziertes Urteil über die Rechtmäßigkeit der Gewaltanwendung beim Aufbau von Sozialismus und Kommunismus, und die Ermordung gläubiger Kommunisten schockierte ihn. Seine Zuhörer auf dem Parteitag waren noch fassungsloser als Chruschtschow selbst (der sehr viel mehr wusste), als er ihnen verriet, dass »von den 139 Mitgliedern und Kandidaten des Zentralkomitees, die auf dem XVII. Parteitag [im Jahr 1934] gewählt worden waren, 98 Personen, das heißt 70 Prozent (hauptsächlich in den Jahren 1937 und 1938), verhaftet und erschossen wurden«.[67] Dasselbe Schicksal, fügte Chruschtschow hinzu, habe die Mehrheit der Delegierten auf diesem Parteitag ereilt (der, wie er seine Zuhörer erinnerte, als der Parteitag der Sieger bezeichnet worden war). Von den 1966 Delegierten wurden 1108 unter dem Vorwurf konterrevolutionärer Verbrechen verhaftet.[68] In Anbetracht der Tatsache, dass sich Chruschtschow ebenfalls an die Delegierten eines Parteitags wandte, konnte es kaum überraschen, dass es im offiziellen Bericht über die Rede hieß, seine Enthüllungen hätten im Saal »Empörung« ausgelöst.[69]

Seit Chruschtschows Rede wurde heftig darüber gestritten, wie viele Menschen in den Stalinjahren inhaftiert und getötet worden waren, aber erst die Öffnung der Archive ermöglichte genauere Schätzungen. Die tatsächliche (und immer noch entsetzliche Zahl) liegt um einige Millionen unter der sehr hohen Zahl, die ursprünglich angenommen wurde, und um einige Millionen über den Schätzungen jener, die das Ausmaß des stalinistischen Terrors herunterzuspielen versuchten. Ronald Suny, der Herausgeber einer neueren großen Geschichte Russlands im 20. Jahrhundert, gibt an, dass »die Gesamtzahl der in den dreißiger Jahren vom stalinistischen Regime getöteten Menschen eher bei zehn bis elf Millionen als wie früher geschätzt bei 20 bis 30 Millionen liegen dürfte«.[70] Anne Applebaum, die Autorin einer detaillierten Studie über die politischen Gefangenen in der Sowjetunion, gelangt zu einer Zahl von 28,7 Millionen Zwangsarbeitern in der gesamten kommunistischen Ära. Diese Zahl beinhaltet »spezielle Deportationen« wie jene von »Kulaken« und bestimmten Nationalitäten, darunter Tataren und Wolgadeutschen, die im Zweiten Weltkrieg deportiert wurden. Applebaum erklärt, dass mittlerweile allgemein von einer Zahl von etwa 786 000 hingerichteten politischen Häftlingen zwischen 1934 und 1953 ausgegangen wird, obwohl die tatsächliche Zahl ihrer Meinung nach sehr viel höher sein dürfte.[71] Die russische regierungsunabhängige Organisation Memorial, die die Repression in sowjetischer Zeit aufarbeitet, hat vor kurzem eine Bilanz vorgelegt, der zufolge allein in den Jahren 1937/38 1,7 Millionen Menschen verhaftet wurden, von denen laut Memorial mindestens 818 000 erschossen wurden.[72]

Einige der früheren Säuberungen ergaben sich folgerichtig aus der Entscheidung der sowjetischen Führung, auf das zu verzichten, was Stalin als »gewöhnlichen Demokratismus« oder »universell anerkannten Demokratismus« bezeichnete, und der Bevölkerung stattdessen ihren eigenen Willen und zahlreiche harte politische Maßnahmen aufzuzwingen. Andere Säuberungen, wie jene unter den Parteifunktionären und den Offizieren der Roten Armee, gingen über die Logik des kommunistischen Herrschaftskonzepts hinaus. Stalin war zugleich ein gläubiger Anhänger der von ihm entwickelten Variante des Leninismus und ein Politiker mit einer Persönlichkeitsstörung, in dessen Hände man, wie Lenin zu spät erkannt hatte, niemals beträchtliche Macht hätte legen dürfen. Im Alter wurde Stalin zusehends paranoid. Das generelle Misstrauen, das er später an

Der »Sozialismus« stalinistischer Prägung

den Tag legte, basierte vielleicht auf einer vorrevolutionären Erfahrung: Als bolschewistischer Revolutionär hatte er nicht bemerkt, dass Roman Malinowski, ein Mitstreiter, dem er vertraute, ein Agent der zaristischen Geheimpolizei (der Ochrana) war. Auf diesen Fehler reagierte er später mit einer spektakulären Überkompensation. Chronisches Misstrauen, hinter der Fassade der Bescheidenheit verborgener Machthunger und eine überbordende Rachsucht wurden zu den herausragenden Merkmalen seiner Persönlichkeit. So entwickelte sich der Stalinismus zu einer eigenen Ausprägung des Kommunismus, dessen Exzesse verheerende Auswirkungen auf die Gesellschaft hatten und dessen Extreme weit über das hinausgingen, was erforderlich gewesen wäre, um die Kommunistische Partei an der Macht zu halten.

KAPITEL 5

Der internationale Kommunismus zwischen den beiden Weltkriegen

Im November 1918 erklärte Premierminister David Lloyd George, nach Kriegsende bestehe die Aufgabe darin, ein Land aufzubauen, »in dem Helden leben können«. Doch die Soldaten, die den Schrecken in den Schützengräben des Ersten Weltkriegs überlebt hatten, mussten feststellen, dass kein europäisches Land diesem Anspruch genügte. Die Arbeiter, die sich während des Krieges ruhig verhalten hatten, wurden in den Nachkriegsjahren zusehends ungeduldig. In den westlichen Ländern schien eine Revolution fast im gesamten 20. Jahrhundert vollkommen unmöglich; die einzige Ausnahme war der Zeitraum zwischen 1918 und 1920.[1] Für zahlreiche Industriearbeiter, insbesondere für die gewerkschaftlich organisierten, war die russische Revolution eine Inspiration, die bei ihnen die Hoffnung weckte, die Gesellschaft könne auf eine neue Grundlage gestellt werden. In den wirtschaftlich entwickelten westlichen Ländern bildeten die ungelernten Arbeiter die größte soziale Gruppe, und ein natürliches Ergebnis des Kriegs war ein wachsendes Interesse an der Welt jenseits der Grenzen des eigenen Landes. Doch selbst die politisch aktiven Arbeiter, die den Sturz des Zaren begrüßten und den Zusammenbruch des russischen Imperiums guthießen, waren nicht ganz sicher, wie sie die bolschewistische Revolution einschätzen sollten. Obwohl diese Revolution in der romantischen Verklärung als Aufstieg der Arbeiterklasse an die Macht dargestellt wurde, handelte es sich letzten Endes um eine Machtergreifung professioneller Revolutionäre, die nicht nur in der russischen Gesellschaft, sondern auch unter den russischen Revolutionären eine Minderheit darstellten. Doch zumindest konnte das, was in der Sowjetunion als »Glorreiche Oktoberrevolu-

Der internationale Kommunismus zwischen den beiden Weltkriegen   117

tion« bezeichnet wurde, als erster ernsthafter Versuch betrachtet
werden, in einem ganzen Land den Sozialismus zu errichten, und
viele waren zunächst tatsächlich bereit, die bolschewistische Machtergreifung so einzuschätzen.

Die Bolschewiki ihrerseits hatten gehofft und anfangs sogar erwartet, dass ihre Revolution eine Reihe ähnlicher Umwälzungen im
Westen auslösen würde. Doch bis nach dem Zweiten Weltkrieg konnten die Kommunisten nirgendwo in Europa dauerhaft die Macht erobern. Allerdings gelang es der Roten Armee im Jahr 1921, ein sowjetisches Protektorat in der Mongolei zu errichten – in einem Land
von der Größe Westeuropas, das zwischen Russland und China liegt,
jedoch damals nicht mehr Einwohner hatte als Jamaika. Im Jahr 1924
entstand mit der Mongolischen Volksrepublik der zweite kommunistische Staat der Welt.[2] Im Grunde handelte es sich um einen Satellitenstaat der Sowjetunion, womit diese Volksrepublik Vorläuferin
einer Reihe von Staaten war, denen nach dem Zweiten Weltkrieg infolge des Vormarschs der Roten Armee eine ähnliche Beziehung zu
Moskau aufgezwungen wurde.

Unmittelbar nach dem Ersten Weltkrieg kam es in Deutschland,
dessen Entwicklung für das kommunistische Projekt sehr viel größere
Bedeutung hatte als das Schicksal der Mongolei, zu revolutionären
Unruhen. In der deutschen Sozialdemokratie gab es schon seit den
1870er Jahren Spannungen zwischen dem reformistischen und dem
revolutionären Flügel. Der Krieg verschärfte diesen Konflikt, und die
bolschewistische Revolution zwang die linken Parteien, ihre Haltung
gegenüber diesem Versuch des Aufbaus einer sozialistischen Gesellschaft zu definieren.[3] Die Frage erhielt zusätzliche Bedeutung, als im
Jahr 1919 die Dritte Internationale oder Kommunistische Internationale (Komintern) ins Leben gerufen wurde, mit der wir uns in diesem
Kapitel noch näher beschäftigen werden.

Die deutsche sozialdemokratische Bewegung, die größte in Europa,
spaltete sich am Ende des Ersten Weltkriegs in drei Strömungen auf.
Die größte Gruppe führte den Namen Sozialdemokratische Partei
Deutschlands (SPD) weiter. Aus einer radikaleren Gruppe ging die
Unabhängige Sozialdemokratische Partei (USPD) hervor, während
die kategorischen Anhänger der Revolution den Spartakusbund bildeten, dessen wichtigste Figuren Rosa Luxemburg und Karl Liebknecht waren. Der Spartakusbund entstand offiziell am 11. Novem-

ber 1918, zwei Tage nach Luxemburgs Entlassung aus dem Gefängnis und einen Tag nach der Vereidigung einer überwiegend sozialistischen Regierung. Die Spartakisten, unter deren Anhängern Facharbeiter, Intellektuelle und Angestellte waren, benannten sich auf einem Parteitag, der vom 30. Dezember 1918 bis zum 1. Januar 1919 dauerte, in Kommunistische Partei Deutschlands (KPD) um.[4]

Im November 1918 war es in Deutschland an verschiedenen Orten zu revolutionären Erhebungen gekommen. Kaiser Wilhelm II. wurde zur Abdankung gezwungen, und die beiden gemäßigten sozialistischen Parteien ergriffen die Initiative und beteiligten sich nach den Wahlen im Januar 1919 an der Seite anderer demokratischer Parteien an einer Koalitionsregierung. Prominente Generäle der Reichsarmee schworen angesichts der Gefahr einer Revolution sowjetischen Stils der neuen Regierung Treue und boten ihre Hilfe bei der Aufrechterhaltung der Ordnung und bei der Unterdrückung revolutionärer Umsturzversuche an. Als die Kommunisten kurz vor den Wahlen die Kontrolle über eine spontane Erhebung in Berlin gewannen, rief die von der SPD und der USPD beherrschte Regierung paramilitärische Einheiten demobilisierter Soldaten zur Hilfe, um die Revolte, den sogenannten Spartakusaufstand, gewaltsam zu unterdrücken. Der Aufstand wurde brutal niedergeschlagen, Luxemburg und Liebknecht wurden am 15. Januar 1919 ermordet. Dass Kommunisten und Sozialdemokraten später nicht imstande waren, dem Vormarsch der extremen Rechten gemeinsam entgegenzutreten, lag in erster Linie an den politischen Vorgaben, die die europäischen Kommunisten aus Moskau erhielten, aber in Deutschland war der Gegensatz zwischen den beiden Strömungen des Sozialismus von besonderer Bitterkeit geprägt, die ihren Ursprung nicht zuletzt in der Unterdrückung der Spartakisten und dem Tod ihrer beiden verehrten Führer hatte.[5] In den Monaten Februar bis April 1919 kam es in Deutschland immer wieder zu Unruhen, mit denen die Kommunisten nach ihrer Darstellung auf den »weißen Terror« im Januar reagierten. In Bayern entstand im April sogar eine Räterepublik, die nicht ganz einen Monat Bestand hatte. Aber auch diese Revolution wurde unterdrückt.[6]

Abgesehen von ihren lokal begrenzten und flüchtigen Erfolgen in Deutschland konnten die Kommunisten auch in Ungarn die Macht erringen und im Jahr 1919 eine Ungarische Räterepublik errichten, die 133 Tage währte. Das Kriegsende und die Gebietsverluste infolge

Der internationale Kommunismus zwischen den beiden Weltkriegen 119

der Niederlage Österreich-Ungarns hatten im Jahr 1918 zu einer weitgehend unblutigen Erhebung gegen die traditionelle aristokratische Herrschaft und zur Bildung einer Regierung unter sozialistischer Beteiligung geführt, die von dem liberalen Adeligen Mihály Graf Károlyi geführt wurde, der Ungarn in eine Demokratie umwandeln wollte. Unter der halben Million Ungarn, die in russische Kriegsgefangenschaft geraten waren, hatte sich auch eine Reihe von Sozialisten befunden. Eine politisch signifikante Minderheit dieser Kriegsgefangenen trat in den Jahren 1917 und 1918 in Russland zum Kommunismus über.[7] Einer von ihnen war der ungarische Jude Bela Kun, der auf Anordnung der von Károlyi geführten Regierung unter dem Vorwurf der Verschwörung gegen die öffentliche Ordnung und der Anstiftung zum Aufruhr inhaftiert wurde.[8]

Als er aus der Haft entlassen wurde, schlossen sich ihm Angehörige aller Gesellschaftsschichten an. Zahlreiche ungarische Patrioten, die sich nicht mit den Gebietsverlusten infolge des Kriegs abfinden wollten, sowie radikalisierte Arbeiter und Intellektuelle begrüßten die Machtergreifung der Kommunisten. Der Großteil der sozialistischen Führung stimmte im März 1919 einer Verschmelzung ihrer Partei mit den Kommunisten zu. Die Mittelschicht unterstützte die Kommunisten für kurze Zeit in der Erwartung, die neue Führung werde die ungarischen Grenzen gegen die Siegermächte verteidigen, während die Bauernschaft auf eine Bodenreform hoffte. Doch die Kommunisten stießen die erste Gruppe rasch vor den Kopf, indem sie die Symbole des ungarischen Nationalstolzes attackierten, das Kircheneigentum konfiszierten und den Priestern eine Fortsetzung ihrer Tätigkeit nur unter der Bedingung erlaubten, dass sie von der Kanzel aus die Revolutionsregierung unterstützten. Der extreme Antiklerikalismus des neuen Regimes stieß in allen Gesellschaftsschichten auf Ablehnung, und dasselbe galt für die Tatsache, dass unter den 45 Volkskommissaren in Kuns Regierung 32 Juden waren.[9] Zu Bela Kuns radikalen Maßnahmen gehörte die Verstaatlichung von Industriebetrieben, die mehr als 25 000 Beschäftigte hatten. Die Bauern waren bald von der Agrarpolitik der Kommunisten enttäuscht – insbesondere von ihrem Vorhaben, die Landwirtschaft rasch zu kollektivieren und Grundbesitz von mehr als 40 Hektar zu verstaatlichen.[10]

Die Regierung von Bela Kun erhielt einen kurzen Aufschub, als sie versuchte, die Umsetzung ihres Konzepts des Sozialismus mit der

120   Der internationale Kommunismus zwischen den beiden Weltkriegen

Rückeroberung von Gebieten zu verbinden, die im Habsburgerreich zu Ungarn gehört hatten. Die ungarische Armee eroberte zwei Drittel der Slowakei, wo sie zwar von der großen ungarischen Minderheit, nicht jedoch von den Slowaken begrüßt wurde. Am 24. Juni schlug ein Staatsstreich gegen die ungarische Räterepublik fehl. Der Umsturzversuch veranlasste Kun dazu, eine Diktatur des Proletariats auszurufen und den Terror gegen die »inneren Feinde« zu verschärfen.[11] Eine militärische Offensive gegen die rumänischen Truppen, die ehemals ungarisches Gebiet besetzt hielten, schlug fehl, und die Zustimmung zu Kuns Regime schwand rasch. Die alte Herrschaftselite kehrte mit Unterstützung des Kleinbürgertums und der ungelernten Arbeiter auf die Bühne zurück, und die ungarische Räterepublik verschwand ebenso plötzlich, wie sie aufgetaucht war.[12] Kun floh nach Österreich, wo er interniert wurde. Nach seiner Freilassung im Jahr 1920 emigrierte er nach Russland, wo er bis zu seinem Tod lebte. Die Sowjetunion war in den dreißiger Jahren für ausländische Kommunisten ein noch gefährlicherer Ort als Länder mit autoritären Regimen wie jenes, das in Ungarn errichtet wurde. Wie viele Revolutionäre, die in der UdSSR Zuflucht gesucht hatten, fiel auch Kun der Großen Säuberung zum Opfer: Er wurde 1937 verhaftet und zwei Jahre später hingerichtet.

Während viele Kommunisten stolz darauf waren, dass es gelungen war, in einem nicht an Russland grenzenden europäischen Land eine wenn auch kurzlebige kommunistische Herrschaft zu errichten, hatte dieses Zwischenspiel sehr schädliche Auswirkungen auf die Entwicklung der ungarischen Demokratie. Joseph Rothschild schreibt dazu:

> [D]ie kommunistische Episode hatte tragische Folgen, da der Aufstieg und Fall der Räterepublik anscheinend auch das Experiment Károlys diskreditierten, das ihr vorausgegangen war und sie hervorgebracht hatte. So gab es dem nachfolgenden konterrevolutionären Regime der Weißen die Möglichkeit, die liberale Demokratie mit dem Kommunismus gleichzusetzen. Von da an konnte die gesellschaftliche und politische Demokratisierung als Verrat an der ungarischen Identität diskreditiert werden.[13]

Polen, das bis dahin dem Russischen Reich angehört hatte, wurde am Ende des Ersten Weltkriegs wieder unabhängig. Der Krieg zwischen Sowjetrussland und Polen 1919/20 wurde als Versuch gedeutet, »das russische Imperium in sozialistischer Verkleidung wiederzuerrichten und zugleich die Revolution auf die fortschrittlichen europäischen Länder auszuweiten«.[14] Für Lenin hatte die zweite Bestrebung größere Bedeutung, aber seine optimistische Vorstellung vom Walten der Kräfte der Geschichte machte ihn blind für die politische Realität in anderen Ländern. Im Sommer 1920 zeigte die Rote Armee, die sich erbittertem polnischem Widerstand gegenübersah, deutliche Auflösungserscheinungen. Lenin begriff, dass der Versuch, den Kampf fortzusetzen, das ganze sowjetische Regime in Gefahr bringen würde. Im September jenes Jahres gestand die russische Regierung den Sieg der Polen ein und bot ihnen »so viel Territorium im Grenzgebiet an, wie sie sich nehmen wollten; die einzige Bedingung war, dass die Kampfhandlungen innerhalb von zehn Tagen eingestellt würden.«[15] Im selben Monat kommentierte Karl Radek, ein polnischer Kommunist jüdischer Herkunft, der für seinen scharfen Verstand und seine ausgezeichnete Kenntnis Europas bekannt war, voll Sarkasmus Lenins Bereitschaft, sich vom revolutionären Optimismus leiten zu lassen: »Der Genosse Lenin demonstriert uns eine neue Methode der Informationsbeschaffung: Wenn er nicht weiß, was in einem Land vorgeht, schickt er eine Armee dorthin.«[16] (Natürlich war Lenin weder der erste noch der letzte Politiker, der diesen Fehler beging.) Weitere Rückschläge für die bolschewistische Führung waren ein gescheiterter Umsturzversuch der deutschen Kommunisten im Jahr 1921 und die Unterdrückung kommunistisch geführter Erhebungen in Sachsen und Hamburg im Jahr 1923, als Deutschland von der Hyperinflation heimgesucht wurde.

Die Komintern

Radek, der sich der Bolschewistischen Partei im Jahr 1917 angeschlossen hatte, war sowohl in Russland als auch in Deutschland aktiv. Nach dem Fehlschlag des kommunistischen Umsturzversuchs im Januar 1919 saß er in Deutschland in Haft und wurde in Abwesenheit in das Zentralkomitee der Kommunistischen Partei Russlands gewählt. Es lag nahe, dass Radek im März 1920 zum Sekretär der Dritten Internationale gemacht wurde und zu einer ihrer herausragenden Figuren aufstieg. Diese Organisation war ein Jahr vorher bei einem Kongress in Moskau ins Leben gerufen worden. Besser bekannt wurde sie als Kommunistische Internationale oder Komintern. Nicht alle Delegierten glaubten, dass die Zeit für die Gründung dieser Organisation bereits gekommen war. Der einzige Delegierte der KPD, Hugo Eberlein, wandte ein, nur in wenigen Ländern existierten »wirklich kommunistische Parteien«, von denen die meisten »erst vor wenigen Wochen gegründet« worden seien.[17] Dennoch waren die Bolschewiki entschlossen, den Aufbau einer Organisation voranzutreiben, die gleichzeitig die Revolution in aller Welt fördern und die Sicherheit Sowjetrusslands verteidigen würde. Dass diese kommunistischen Bestrebungen nicht zwangsläufig Hand in Hand gingen, sollte im Lauf der Jahre immer deutlicher werden, und wenn es zu einem Interessenkonflikt kam, musste die Komintern normalerweise den Interessen der Sowjetunion Vorrang vor den Bestrebungen eines anderen Bestandteils der internationalen kommunistischen Bewegung geben.[18] Auch *innerhalb* der sowjetischen Führung gab es Spannungen zwischen dem Wunsch, die Revolution in anderen Ländern zu unterstützen, und der Notwendigkeit, funktionierende Beziehungen zu den Regierungen dieser Länder zu pflegen. Dieser Konflikt trat schon im Jahr 1921 zutage, als der Volkskommissar für auswärtige Angelegenheiten, Georgi Tschitscherin, an den Parteisekretär Wjatscheslaw Molotow schrieb: »Ich verstehe nicht, warum wir uns wegen der Komintern mit Afghanistan, Persien und China überwerfen müssen.«[19]

Da sie sich auf die Macht eines großen Staates stützte, musste die Komintern als politische Organisation sehr viel ernster genommen werden als die Erste oder die Zweite Sozialistische Internationale. Doch diese Stärke war zugleich eine Schwäche, denn den kommunistischen Parteien wäre es in ihren Ländern oft besser ergangen, hätten sie sich nicht Moskaus Willen beugen müssen. Ein geschlossenes Vorgehen war auf diese Art und Weise jedoch gesichert. Lenin legte 19 Bedingungen fest, die eine Partei erfüllen musste, die sich beim 2. Kongress im August 1919 der Dritten Internationale anschließen wollte (später wurde die Zahl auf 21 erhöht). Donald Sassoon hat die zentrale Aussage dieser Bedingungen so beschrieben: »Schließt alle Reformisten und Zentristen aus, unterwerft euch der Disziplin, die euch die neue internationale Organisation auferlegen wird, unterstützt die Sowjetrepublik, seid bereit zu illegalen politischen Aktivitäten und bezeichnet euch als Kommunisten.«[20] Eine Ironie der Geschichte wollte es, dass eine der beiden Bedingungen, die den von Lenin formulierten ursprünglichen 19 hinzugefügt wurden und den zentralisierten, disziplinierten Charakter der Bewegung weiter festigten, von dem italienischen Kommunisten Amadeo Bordigo vorgeschlagen worden war:[21] Die zusätzliche Bedingung lautete, dass jedes Parteimitglied, das sich den aufgelisteten Bedingungen widersetzte, aus der betreffenden Partei ausgeschlossen werden sollte. Die Ironie bestand in der Tatsache, dass sich gerade die KPI – die nach dem Zweiten Weltkrieg neben der französischen die größte kommunistische Partei in Westeuropa war – in späteren Jahren zu jenen Mitgliedern der internationalen kommunistischen Bewegung zählte, die sich besonders weit von der Orthodoxie entfernten.

Ab dem Jahr 1919 traten die Unterschiede zwischen den Kommunisten und den übrigen Sozialisten deutlicher zutage als je zuvor, obwohl die Intensität der Feindseligkeit zwischen den beiden Strömungen im Lauf der Zeit schwankte, was teilweise mit der Politik der Komintern zu tun hatte. Die Mitarbeiter der Komintern waren überwiegend Russen, und auch die ausländischen Kommunisten, die eine wichtige Rolle in der Organisation spielten – unter ihnen der Finne Otto Kuusinen, der Ungar Mátyás Rákosi, der Bulgare Georgi Dimitrow und der Italiener Palmiro Togliatti –, hatten sich mehrheitlich lange Jahre in der Sowjetunion aufgehalten. Zwei von ihnen – Kuusinen und Togliatti – zeigten in der poststalinistischen Zeit eine gewisse Fähigkeit zur Erneuerung. In den zwanziger Jahren hatten sie ähnliche Ansichten wie Bucharin verfochten,[22] aber in den dreißiger und vierziger Jahren erwiesen sich beide als loyale Stalinisten. Die Komintern durchlief zwischen ihrer Gründung im Jahr 1919 und dem Eintritt der Sowjetunion in den Zweiten Weltkrieg im Jahr 1941 fünf Phasen. Diese deckten sich weitgehend mit den Entwicklungen in der sowjetischen Innenpolitik und zeigen deutlich, wie die in ihrer Autonomie sehr eingeschränkte Komintern zu einem Instrument des Kreml wurde.

Die »rote Welle«

Die erste Phase, die als »rote Welle« in die Geschichte einging, dauerte von 1919 bis 1923. Der erste Vorsitzende der Komintern war Grigori Sinowjew, der Mitte der zwanziger Jahre Standpunkte vertrat, die deutlich von jenen Stalins abwichen. (Wie gefährlich eine solche Abweichung war, sollte erst in den dreißiger Jahren vollkommen klar werden. In Sinowjews Fall führte sie zu seiner Verhaftung im Jahr 1935, der ein Schauprozess und schließlich die Hinrichtung im Jahr 1936 folgten.) Im Jahr 1923 war unübersehbar geworden, dass die Kommunisten nirgendwo in Europa die Macht erringen würden, wenn man einmal von den europäischen Republiken der Sowjetunion absah, in denen sie ihre Hegemonie festigen konnten. (Die UdSSR – die Union der Sozialistischen Sowjetrepubliken – war am 30. Dezember 1922 gegründet worden.) Parallel zur Überprüfung der Wirtschaftspolitik wurde eine Neuausrichtung der Außenpolitik erforderlich. Infolge der Machtergreifung der Bolschewiki im Jahr 1917 war das Land von den Pariser Friedensgesprächen im Jahr 1919 ausgeschlossen worden, doch für eine Weile schien eine Einigung zwischen dem neuen Staat und den westeuropäischen Staaten möglich. Im Jahr 1922 fanden in Genua Verhandlungen statt. Doch Lenin sträubte sich dagegen, die angebotenen Bedingungen anzunehmen, und wies den Volkskommissar für ausländische Angelegenheiten an, den territorialen Regelungen im Versailler Vertrag nicht zuzustimmen. Stattdessen sollte Tschitscherin eine gesonderte Vereinbarung mit Deutschland aushandeln (das so wie die anderen unterlegenen Mächte von den Verhandlungen über die Nachkriegsordnung ausgeschlossen worden war). Schon vor Beginn der Konferenz in Genua waren Verhandlungen geführt worden, und Tschitscherin gelangte zu einer Einigung mit der deutschen Delegation. Die Konferenz in Genua dauerte noch keine Woche, da unterzeichneten die sowjetische und die deutsche Delegation den Vertrag von Rapallo, dessen wesentliche Inhalte »der wechselseitige Verzicht auf Reparationen und Entschädigungen, die gegenseitige bedingungslose Anerkennung, das Versprechen umfassender wirtschaftlicher Beziehungen und die Fortsetzung der geheimen militärischen Zusammenarbeit« waren.[23] Carole Fink bemerkt dazu: »Die Sowjetunion wandte das Modell von Rapallo in der Folge an, um bilaterale Vereinbarungen mit einzelnen westlichen Regierungen zu schließen. Aber aus einer multinationalen Perspektive wurde Genua zu einem Modell des Scheiterns, denn keine Seite war im Jahr 1922 bereit oder imstande, auf die Ausnutzung der Schwäche der anderen Seite zu verzichten.«[24]

Die »partielle Stabilisierung des Kapitalismus«

Die zweite Phase in der Geschichte der Komintern wurde als »partielle Stabilisierung des Kapitalismus« bezeichnet. Im April 1924 griff Stalin bei mehreren wichtigen Gelegenheiten nicht nur Trotzkis Konzept der »permanenten Revolution« an und verfocht die Idee des »Sozialismus in einem Land«, sondern er gestand auch den Fehlschlag der Revolution in anderen Ländern – insbesondere in Deutschland – ein. Folglich musste die Sowjetunion nach Stalins Einschätzung ein zeitweiliges Nebeneinander von Kommunismus und Kapitalismus akzeptieren. Die Doktrin der »friedlichen Koexistenz« (das Konzept hatte Lenin entwickelt) wurde zum außenpolitischen Gegenstück des »Sozialismus in einem Land«.[25] In der Folge verbesserten sich die Beziehungen zu anderen Staaten etwas, obwohl die Komintern am langfristigen Ziel einer kommunistischen Machtergreifung in Westeuropa festhielt. Im Jahr 1924 erkannte die von Ramsay MacDonald geführte britische Labour-Minderheitsregierung die Sowjetunion an. Benito Mussolini, der früher selbst Sozialist gewesen war, hatte gehofft, Italien werde das erste Land sein, das die Isolation des bolschewistischen Staates durchbrechen würde, aber Großbritannien handelte mit Ermutigung der sowjetischen Behörden schneller. Rasch folgten weitere Länder. Die einzige wichtige Ausnahme waren die Vereinigten Staaten, die die Anerkennung der Sowjetunion länger hinausschoben als jedes andere große Land und sich erst im November 1933 zu diesem Schritt durchrangen.

»Klasse gegen Klasse«

Über weite Strecken der zwanziger Jahre war die sowjetische Führung – aus taktischen Gründen und insbesondere aufgrund ihrer wirtschaftlichen Schwierigkeiten – um gute Beziehungen zu den westlichen Staaten bemüht, doch das änderte sich mit einem Kurswechsel der Komintern, der mit dem Ende der NEP in der Sowjetunion zusammenfiel. Die »dritte Phase«, die von der Strategie »Klasse gegen Klasse« geprägt war, begann im Jahr 1928. Im Dezember 1927 hatte Stalin von einer »neuen revolutionären Strömung« gesprochen, und auf dem 6. Weltkongress der Komintern im Sommer 1928 bezeichnete er die »rechten Abweichler« als größte Bedrohung für die kommunistische Bewegung. Nun gingen die Kommunisten zur Offensive gegen die Sozialdemokraten über.[26] Die kommunistischen Parteien in aller Welt erhielten die Vorgabe, *nicht* mit anderen Sozialisten zu kooperieren. Als besonders folgenreich erwies sich diese Entscheidung in Deutschland, wo es zu jener Zeit die größte kommunistische Partei in Westeuropa gab.

Die kommunistischen Parteien in den wichtigen Staaten wurden selbst dann, wenn sie wie in den Vereinigten Staaten und in Großbritannien kaum eine Rolle in der Innenpolitik eines Landes spielten, dazu gezwungen, sich all jener Parteifunktionäre zu entledigen, die als nicht vollkommen linientreu in Bezug auf die Vorgaben der Komintern galten. Die britischen Genossen taten dies eher widerstrebend. Dmitri Manuilski, der Sohn eines ukrainischen orthodoxen Priesters, der eine führende Rolle in der Komintern spielte und für die Beaufsichtigung der kommunistischen Parteien in Westeuropa zuständig war, machte aus seiner Unzufriedenheit keinen Hehl. Die britischen Kommunisten, erklärte er im Jahr 1928, hätten nicht begriffen, dass es in einer Revolution »vielleicht nötig sein wird, einige Köpfe abzuschlagen«. Während die deutschen Kameraden in der Lage gewesen seien, eine Säuberung durchzuführen – »sie greifen gegen die geringste Abweichung durch« –, wirke die Partei in Großbritannien wie eine »Gemeinschaft guter Freunde«.[27] Dennoch waren unter jenen, die aus hohen Positionen in der Kommunistischen Partei Großbritanniens (KPGB) entfernt wurden, einige der populärsten Funktionäre – vor allem Tom Bell, J. R. Campbell, Arthur Horner und Albert Inkpin –, und das Einschwenken auf die Moskauer Linie hatte einen

»Klasse gegen Klasse« 127

Mitgliederschwund und eine noch größere Isolation der britischen Kommunisten zur Folge.[28]

In Deutschland hatte die Bereitschaft der Kommunisten zur unkritischen Befolgung der Anweisungen der Komintern – die zunehmend gleichbedeutend mit Anweisungen Stalins waren – besonders katastrophale Auswirkungen auf die Partei und ihre Mitglieder. Ob Hitlers Machtergreifung hätte verhindert werden können, wenn die KPD eine geschlossene Front mit den Sozialdemokraten gebildet hätte, ist ungewiss. Aber die deutschen Kommunisten bereiteten ihren eigenen Untergang vor, indem sie die SPD, die noch größer war als die KPD, so behandelten, als wäre sie ein gefährlicherer Feind als die Nationalsozialisten, und den Vormarsch der NSDAP insofern begrüßten, als er die Weimarer Republik schwächte. Die Öffnung der sowjetischen Archive in den neunziger Jahren hat Dokumente zum Vorschein gebracht, die beweisen, dass die Komintern der deutschen Partei Anweisungen gab, die die meisten Führer der KPD loyal befolgten. Auf Geheiß der Komintern bezeichneten sie die Sozialdemokraten nun als »Sozialfaschisten«, und in der Korrespondenz der Komintern ersetzte die zweite Bezeichnung die erste praktisch vollkommen.[29] Bei den Reichstagswahlen im Jahr 1929 erhielten die Nationalsozialisten mehr Stimmen als die Kommunisten. Im November 1932 war der Stimmenanteil der NSDAP doppelt so hoch wie jener der KPD, und im März 1933 erhielt Hitlers Partei größere Unterstützung (43,9 Prozent) als die Sozialdemokraten (18,3 Prozent) und Kommunisten (12,3 Prozent) zusammen.[30] Ernst Thälmann, der Parteivorsitzende der KPD, der mit Rückendeckung der Komintern zwei intellektuellere Kommunisten – Ruth Fischer und Arkadi Maslow (der russische Eltern hatte, jedoch in Deutschland geboren war) – ersetzt hatte, wäre selber fast abgesetzt worden. Er hatte versucht, die Unterschlagung von Parteigeldern durch seinen Schwager im Jahr 1928 zu vertuschen, woraufhin das Zentralkomitee der Partei fast einstimmig beschloss (es gab nur eine Enthaltung), ihn seiner Funktionen zu entbinden. Die besondere Bedeutung dieser Episode besteht darin, dass sie deutlich zeigt, wer damals in der internationalen kommunistischen Bewegung zu entscheiden hatte. Da Stalin und die Komintern zu Thälmann standen, wurde er wieder als Parteichef eingesetzt – und nun wurden seine Widersacher im Zentralkomitee aus den Führungspositionen entfernt.[31]

Im März 1933 scherte ein Mitglied der KPD aus und warnte nicht nur davor, dass die Politik, auf mögliche Bündnisse gegen Hitler zu verzichten, zu einer Katastrophe führen werde, sondern wagte es auch, direkt an Stalin zu schreiben. Karl Friedberg (eig. Karl Retzlaw) wusste durchaus, wo die eigentliche Macht in der internationalen kommunistischen Bewegung lag, aber indem er die Komintern-Hierarchie umging, verletzte er die Parteinormen. In seinem Brief an Stalin, der mit »Verehrter Kamerad« begann und mit »kommunistischen Grüßen« endete, bestand er darauf, dass sich die deutschen Kommunisten mit den Sozialdemokraten in einer »Einheitsfront und im gemeinsamen Kampf« zusammentun müssten. Die Kommunistische Partei selbst müsse einen parallelen Untergrundapparat aufbauen, um die Arbeit der verhafteten Aktivisten fortsetzen zu können. Die nationale Frage – der Vertrag von Versailles von 1919 (der Deutschland benachteiligte) – solle als zweitrangige Frage behandelt werden. Vorrang müsse der Kampf um Brot und Arbeit und gegen den Nationalsozialismus haben. »Heute«, hieß es abschließend in Friedbergs Brief, »geht es für die Partei um Leben und Tod. Wenn es der Partei in diesen Tagen nicht gelingt, einen Massenkampf zu eröffnen, wird sie für viele Jahre niedergeworfen werden, und zwar nicht nur infolge des Faschismus, sondern auch aufgrund der Erschütterung des Glaubens der Arbeiterklasse an die Partei.«[32] Es vergingen noch zwei weitere Jahre, bevor die Komintern die Idee der Volksfront aufgriff.

In dieser »dritten Phase«, als die Nationalsozialisten bereits die Macht ergriffen hatten (Anfang 1933), wurde einem sehr viel prominenteren Kommunisten als Friedberg klar, dass die Kommunisten »in der ultralinken Atmosphäre der ›dritten Phase‹ (1928–1935) die Chance vergaben, Widerstand gegen den Faschismus zu leisten«.[33] Dies war Georgi Dimitrow, dem es gelang, sich vor einem voreingenommenen Gericht in Leipzig zu behaupten und dieses sogar als Forum für seine Angriffe auf den Nationalsozialismus zu nutzen, womit er rhetorisch die Oberhand über seine Ankläger gewann. Damit sicherte sich Dimitrow die Bewunderung der Kommunisten in ganz Europa, was sogar die Komintern dazu bewegte, ihm zurückhaltende Anerkennung zu zollen. Dimitrow (geboren 1882) entstammte einer bulgarischen Protestantenfamilie. Wäre es nach dem Wunsch seiner Mutter gegangen, so wäre er Pastor geworden, aber im Alter von zwölf Jahren wurde er aus der Sonntagsschule ausgeschlossen, weil

er antireligiöse Literatur verteilt hatte. Er war schon vor der bolschewistischen Revolution ein militanter Sozialist und stieg danach zu
einer wichtigen Figur in der internationalen kommunistischen Bewegung auf. Die Komintern setzte Dimitrow als Gesandten in Westeuropa ein. Im Jahr 1933 wurde er in Deutschland unter der (falschen)
Anschuldigung verhaftet, gemeinsam mit anderen den Reichstag in
Brand gesetzt zu haben.[34] Dimitrow bestritt die Vorwürfe, verteidigte
in dem Prozess, der vom 21. bis zum 23. Dezember 1933 dauerte, die
»kommunistische Ideologie, meine Ideale«, und wehrte sich als bulgarischer Patriot empört gegen die Behauptung, er komme aus einem
»wilden und barbarischen Land«: Diese Beschreibung, erklärte er,
treffe auf den bulgarischen Faschismus zu, nicht jedoch auf das bulgarische Volk. Dimitrow und seine bulgarischen Mitangeklagten
wurden aus Mangel an Beweisen freigesprochen, doch ihnen allen
drohte bei einer Rückkehr nach Bulgarien die Hinrichtung. Nach zwei
weiteren Monaten im Gefängnis durften sie in die UdSSR ausreisen
und erhielten die sowjetische Staatsbürgerschaft.[35] Dimitrow stieg
rasch in die Führung der Komintern auf und wurde ihr Leiter. Anders
als viele seiner Kollegen in der Komintern überlebte er die Große Säuberung in den Jahren 1937/38.

Die zurückgebliebenen deutschen Kommunisten hatten weniger
Glück. Ende des Jahres 1933 internierten die Nationalsozialisten zwischen 60 000 und 100 000 Kommunisten. Bis 1945 durchlief mehr als
die Hälfte der rund 300 000 Parteimitglieder im Jahr 1932 die Gefängnisse und Konzentrationslager.[36] Thälmann wurde im März 1933
verhaftet und verbrachte sein restliches Leben als Gefangener des
NS-Regimes. Im Zweiten Weltkrieg wurde er aus dem Gefängnis ins
Konzentrationslager Buchenwald überstellt, wo er im August 1944
hingerichtet wurde. Insgesamt töteten die Nationalsozialisten rund
20 000 deutsche Kommunisten. Viele andere, darunter einige hochrangige Parteifunktionäre, konnten in die Sowjetunion fliehen. Rund
60 Prozent von ihnen fielen dem stalinistischen Terror zum Opfer.
(In der Zeit der Annäherung zwischen der Sowjetunion und Hitler-
Deutschland lieferte der sowjetische Geheimdienst sogar einige Hundert deutsche Kommunisten an die Gestapo aus.) In der Sowjetunion
wurden mehr Mitglieder des Politbüros der KPD getötet als im nationalsozialistischen Deutschland.[37]

Volksfront

Selbst die Massenverhaftungen deutscher Kommunisten durch die Nationalsozialisten bewegten die Komintern nicht sofort zu einem Kurswechsel. Mit Verspätung wurde sich die Führung in Moskau der Gefahr bewusst, die der Aufstieg Hitlers und des Nationalsozialismus für die Sowjetunion darstellte, aber im Jahr 1934 wurde diese Gefahr noch heruntergespielt. Erst auf dem 7. Kongress der Komintern im Sommer 1935 wurde die Volksfrontpolitik verkündet. Dimitrow hielt eine Rede mit dem Titel »Die vereinte Front gegen Faschismus und Krieg«. Wie immer ist der Grund für die Neuausrichtung der Politik der Komintern auch in diesem Fall in den veränderten Bedürfnissen der Sowjetunion zu suchen. So wurde die vierte Phase eingeleitet, in der zur Bekämpfung des Faschismus Bündnisse nicht nur mit den Sozialdemokraten, sondern auch mit Liberalen und religiösen Gruppen für zulässig erklärt wurden. In dieser Phase, die mit dem Pakt zwischen dem nationalsozialistischen Deutschland und der Sowjetunion im Jahr 1939 endete, übte die Komintern beträchtlichen Reiz auf viele Idealisten und erbitterte Gegner des Faschismus aus. Diese verstanden das Wesen der stalinistischen Sowjetunion nicht, aber selbst wenn mehr über das Regime bekannt gewesen wäre, hätte es gute Argumente für ein Bündnis mit der Sowjetunion gegeben, um Hitlers Expansionspläne zu vereiteln. Im Zweiten Weltkrieg waren die westlichen Demokratien sehr froh über das Bündnis mit der Sowjetunion, denn die Rote Armee leistete einen überproportional großen Beitrag zum Sieg auf dem europäischen Schlachtfeld. Stalin verdiente nicht mehr Vertrauen als Hitler, und sein Regime tötete eine größere Zahl eigener Bürger als das NS-Regime, aber Stalin verhielt sich auf der internationalen Bühne sehr viel vorsichtiger als Hitler. Die Gefahr einer militärischen Expansion der Sowjetunion war – zumindest auf kurze Sicht – geringer als die Bedrohung durch das nationalsozialistische Deutschland.

Ihre beste Zeit erlebte die Volksfrontpolitik der internationalen kommunistischen Bewegung im Spanischen Bürgerkrieg (1936–39). Die Sowjetunion stand in Spanien aber auch vor einem Dilemma. Die Gründung der Volksfront »fiel mit der völligen Polarisierung der spanischen Gesellschaft« zusammen.[38] Die Komintern hatte die Stärkung der spanischen Linken und insbesondere der Kommunistischen

Volksfront 131

Partei begrüßt. Doch der Beginn des Bürgerkriegs passte nicht in ihr Konzept. Die wachsende Stärke der Kommunisten in der Koalition mit Republikanern, Anarchisten und Sozialisten, die als Sieger aus den Wahlen im Jahr 1936 hervorging, war aus Sicht der Komintern und der Sowjetunion ein großer Erfolg. Doch dann wurde diese vorteilhafte Entwicklung von einer Erhebung des Militärs bedroht, das Unterstützung von konservativen Kräften und der katholischen Kirche erhielt. Die Folge war ein Bürgerkrieg. Nun schwankte die Komintern zwischen der Notwendigkeit, als Schutzherrin der revolutionären Linken aufzutreten, und dem Wunsch der sowjetischen Führung, die westlichen Demokratien – vor allem Großbritannien und Frankreich – für ein gemeinsames Vorgehen gegen Hitler-Deutschland zu gewinnen. Der Eindruck, dass die Sowjetunion eine kommunistische Machtergreifung in Spanien unterstützte, trug kaum dazu bei, die westeuropäischen Regierungen und insbesondere die von den Konservativen beherrschte »nationale« Regierung Großbritanniens von einem Bündnis mit der UdSSR zu überzeugen.

Die Gegner im Spanischen Bürgerkrieg standen sich unversöhnlich gegenüber, aber in beiden Lagern gab es innere Spannungen. Besonders ausgeprägt waren diese internen Gegensätze auf der republikanischen Seite, wo die liberalen Republikaner, eine bunte Sammlung von Sozialisten (darunter die antistalinistische Arbeiterpartei der Marxistischen Einheit, POUM, die im Grunde leninistisch und »zur Hälfte trotzkistisch« war[39]), sowie die Anarchisten mit der Kommunistischen Partei um die Vorherrschaft rangen. Die Sowjetunion schickte militärische Unterstützung in Form von Material und Truppen. Bei diesen Kampfeinheiten handelte es sich angeblich um »Freiwillige«, aber das Wesen des sowjetischen Systems ließ nicht zu, dass solche Dinge dem Zufall überlassen wurden. So entsandte die Sowjetunion nicht nur Piloten und Panzerfahrer, sondern auch zahlreiche Geheimagenten, die teilweise dem NKWD und teilweise dem Militärgeheimdienst GRU angehörten. Und die Unterstützung wurde nicht kostenlos gewährt. Da die Sowjetunion den Großteil der spanischen Goldreserven in ihren Besitz gebracht hatte, wurden die Ausrüstung sowie sämtliche Ausgaben für das sowjetische Personal in Spanien verbucht, und Mitte des Jahres 1938 wurde der republikanischen Regierung mitgeteilt, dass ihre in Moskau gelagerten Goldvorräte mittlerweile verbraucht seien.[40]

132   Der internationale Kommunismus zwischen den beiden Weltkriegen

Viele Kommunisten in verschiedenen Ländern schlossen sich tatsächlich als Freiwillige den Internationalen Brigaden an. Diesen Brigaden, die insgesamt 50 000 Mann stark waren, gehörten auch andere Sozialisten an.[41] Im Verlauf des Krieges wurden sie dem Kommando der republikanischen Regierung unterstellt und verloren teilweise ihren internationalen Charakter, da der Anteil der spanischen Kämpfer stetig stieg. Doch im ersten Jahr ihrer Existenz stellten die Brigaden »eine halbautonome Streitmacht der Komintern« unter dem Kommando von Komintern-Beratern und sowjetischen Offizieren dar.[42] Das sowjetische Kontingent umfasste 800 Piloten, von denen 17 Prozent im Verlauf der Kämpfe getötet wurden, sowie 584 Berater.[43] Da der Spanische Bürgerkrieg auch mit dem Höhepunkt der Säuberungen in der Sowjetunion in den Jahren 1937 und 1938 zusammenfiel, investierte der NKWD in die Jagd nach Trotzkisten, die in Spanien eigentlich Verbündete waren, ebenso große Energie wie in den Kampf gegen die Franquisten. Der Beitrag der Sowjetunion zur Sache der spanischen Republik wurde in der sowjetischen Propaganda zwar gepriesen, aber das bedeutete nicht, dass die sowjetischen Bürger, die in diesen Kampf gezogen waren, bei ihrer Heimkehr allesamt als Helden gefeiert wurden. Viele sowjetische Berater und Armeeangehörige, die in Spanien gedient hatten, fielen der Großen Säuberung zum Opfer. Als der Leiter des NKWD in Spanien, Alexander Orlow, im Juli 1938 den Befehl erhielt, sich in Paris zu melden, von wo aus er nach Antwerpen gebracht werden sollte, um sich auf einem sowjetischen Frachter einzuschiffen, begriff er, welches Schicksal ihn daheim erwartete, und floh über Kanada in die Vereinigten Staaten.[44] (Orlows Vetter Sinowi Katsnelson, der stellvertretende NKWD-Chef in der Ukraine, war bereits ein Jahr zuvor verhaftet und kurz darauf hingerichtet worden.[45])

Der Spanische Bürgerkrieg kostete etwa eine halbe Million Menschen das Leben und endete mit einem Sieg der von General Francisco Franco Bahamonde geführten Nationalisten über die Republikaner. Das siegreiche Lager war ebenfalls eine Koalition, in der die Faschisten eine führende Rolle spielten, und diese Seite erhielt mehr militärische Unterstützung aus dem Ausland als die Republikaner. Hitler, vor allem aber Mussolini schickten sehr viel größere Truppenkontingente als Stalin. Rund 16 000 Deutsche und 70 000 Italiener kämpften in Spanien.[46] Die Sowjetunion hatte ihren gefügigen Diener, die Komintern, nach Spanien geschickt, um dort die Quadratur des Kreises zu bewerkstelligen: Man wollte eine »neuartige Demokratie« errichten, das heißt eine, in der die Kommunisten Schritt für Schritt die völlige Kontrolle erringen würden, und gleichzeitig die westlichen Demokratien für ein Bündnis gegen den Faschismus gewinnen. Das Projekt scheiterte, weil das militärische Engagement groß genug war, um die Sorge zu wecken, in Spanien könnte eine prosowjetische Regierung installiert werden, während man auf der anderen Seite aus Angst vor einem Krieg mit Deutschland nicht bereit war, genug Truppen zu entsenden, um tatsächlich die Oberhand im Bürgerkrieg zu behalten.[47]

Der Hitler-Stalin-Pakt

Die fünfte und letzte Phase in der Politik der Komintern vor Hitlers Angriff auf die Sowjetunion im Juni 1941 – und dem Eintritt der Sowjetunion in den Zweiten Weltkrieg – begann mit dem deutsch-sowjetischen Nichtangriffspakt im Jahr 1939. Nicht zuletzt, weil es ihm nicht gelungen war, ein gegen Deutschland gerichtetes Bündnis mit Großbritannien und Frankreich zu schmieden, entschloss sich Stalin, eine Einigung mit Hitler anzustreben. Er schloss einen Angriff Deutschlands nicht aus, glaubte jedoch, dass sehr viel dafür sprach, dass die großen kapitalistischen Staaten einander gegenseitig zerstören würden, während die Sowjetunion ihre Kräfte für eine zukünftige Auseinandersetzung sammelte.[48] Die Staatengemeinschaft und vor allem die Kommunisten und Bewunderer der Sowjetunion in aller Welt waren vollkommen überrascht, als der sowjetische Außenminister Wjatscheslaw Molotow und sein deutscher Amtskollege Joachim von Ribbentrop Ende August 1939 einen gegenseitigen Nichtangriffspakt unterzeichneten. In einem geheimen Zusatzprotokoll einigten sich die beiden Staaten darüber hinaus auf eine Teilung Polens und eine Einverleibung der baltischen Staaten durch die Sowjetunion. Zuvor hatten sich die beiden militärisch stärksten europäischen Demokratien, Großbritannien und Frankreich, innerhalb enger Grenzen mit dem nationalsozialistischen Deutschland und mit Italien verständigt, was jedoch Zweifel an der Entschlossenheit der beiden Länder im Kampf gegen Nationalsozialismus und Faschismus

134 Der internationale Kommunismus zwischen den beiden Weltkriegen

weckte. Mit dem Münchner Abkommen vom September 1938 wurde das überwiegend von Deutschen bewohnte Sudetenland, das im Jahr 1918 von tschechischen Truppen besetzt worden war, an Deutschland angeschlossen. Der britische Premierminister Neville Chamberlain hoffte, mit dieser Einigung »die Tschechoslowakei vor der Zerstörung und Europa vor dem Jüngsten Gericht« bewahrt zu haben.[49] Stalins Pakt mit Hitler ging sehr viel weiter, denn während Chamberlain in München versucht hatte, den Frieden zu retten, beabsichtigten weder Stalin noch Hitler mit ihrem Abkommen, einen späteren bewaffneten Konflikt auszuschließen.

In der Phase der Volksfrontpolitik war es gelungen, in den demokratischen Ländern Kommunisten anzuwerben. In Europa und in geringerem Maß auch in den Vereinigten Staaten gelangten viele über den Aufstieg des militaristischen Faschismus beunruhigte Radikale am Rand des politischen Spektrums zu der Überzeugung, die Kommunisten seien die entschlossensten Gegner Hitlers, Mussolinis und Francos. Daher schockierte der Hitler-Stalin-Pakt Zehntausende Kommunisten in aller Welt. Bis zu dem Augenblick, da Molotow und Ribbentrop den Pakt unterzeichneten, hatte die Komintern die Aufgabe gehabt, auf der einen Seite die Notwendigkeit der Verteidigung des »ersten sozialistischen Staates« der Welt und auf der anderen Seite den Kampf gegen den Faschismus zu propagieren.[50] Am 1. September 1939 griff die deutsche Armee Polen mit Bodentruppen und aus der Luft an, zwei Tage später erklärten Großbritannien und Frankreich Deutschland den Krieg.

Auf der anderen Seite gab Deutschland der Sowjetunion weitgehend freie Hand im Umgang mit ihren Nachbarländern. Die UdSSR verleibte sich einen Teil Polens ein und griff Finnland an. Der finnisch-sowjetische Winterkrieg 1939/40 wurde sehr viel kostspieliger, als Stalin erwartet hatte. Finnland leistete erbitterten Widerstand, und obwohl etwa 24 000 Finnen getötet wurden und 420 000 ihre Heimat verlassen mussten, wird angenommen, dass nicht weniger als 200 000 sowjetische Soldaten das Leben verloren. Die Schätzungen der Kriegstoten schwanken erheblich. Die sowjetische Führung nannte zu jener Zeit in einer Vollversammlung des Zentralkomitees der KPdSU eine Zahl von 52 000 Toten auf eigener Seite.[51] Gleichzeitig schätzte sie die finnischen Verluste auf 70 000. Die finnischen Behörden, die keine Veranlassung hatten, falsche Angaben zu den eigenen Verlusten zu

Der Hitler-Stalin-Pakt 135

machen, nannten jedoch eine Zahl von 24 000 Toten in den eigenen Reihen, und diese Angabe ist sehr viel vertrauenswürdiger. Stalin seinerseits hatte jeden Grund, den Finnen größere Verluste zuzuschreiben als der Roten Armee. Nikita Chruschtschow verstieg sich in seinen späteren Jahren, als er sich entschieden gegen Stalin wandte, zu der ebenso unplausiblen Behauptung, im Winterkrieg seien eine Million sowjetische Soldaten gefallen.[52] Im März 1940 wurde ein Friedensvertrag unterzeichnet. Finnland musste Gebiete an die Sowjetunion abtreten, darunter Karelien, aber das Land konnte seine Unabhängigkeit bewahren.[53]

In den ersten drei Wochen nach Beginn des Zweiten Weltkriegs fuhren die Kommunisten in den westlichen Ländern fort, den Faschismus als Hauptfeind zu attackieren, aber als die Komintern am 24. September erklärte, der Krieg sei nicht in erster Linie antifaschistisch, sondern »imperialistisch«, schwenkten die meisten kommunistischen Parteien, diszipliniert, wie sie waren, auf die Moskauer Linie ein und begannen den Krieg als solchen zu verurteilen, ohne zwischen der Verantwortung der faschistischen Regime und jener der Demokratien zu unterscheiden. Der überwiegende Teil der KPI war eine bemerkenswerte Ausnahme und verurteilte den von Mussolini betriebenen Kriegseintritt des Landes im Juni 1940 scharf.[54] Im selben Monat besetzte die Sowjetunion, wie im geheimen Zusatzprotokoll des deutsch-sowjetischen Nichtangriffspakts vereinbart, die drei baltischen Staaten Estland, Lettland und Litauen. Diese Länder hatte Russland im Jahr 1919 durch den Versailler Vertrag verloren (die bolschewistische Regierung hatte nicht an der Pariser Friedenskonferenz teilnehmen dürfen). Der Hitler-Stalin-Pakt gab Stalin die Möglichkeit, die alten Grenzen des Reiches in dieser Region wiederherzustellen. Die tatsächlichen oder potentiellen Gegner der sowjetischen Annexion in den baltischen Staaten wurden erbarmungslos verfolgt. Zehntausende wurden ermordet oder nach Sibirien deportiert. Besonders brutal ging die sowjetische Geheimpolizei gegen die politische und intellektuelle Elite vor.

Die nationalen kommunistischen Parteien zwischen den Kriegen

Mit der relativen Stärke des deutschen Kommunismus bis zu seiner umfassenden Zerschlagung durch das NS-Regime haben wir uns bereits kurz befasst. Auch im faschistischen Italien und in den von autoritären Regimen regierten osteuropäischen Staaten mussten die kommunistischen Parteien in den Untergrund gehen. Die stärkste europäische KP war nun die französische. Der Erfolg der Anwerbung von Aktivisten in den westlichen Demokratien hing vom Ausmaß des wirtschaftlichen Niedergangs in diesen Ländern und von der Politik der Komintern ab, wobei die Volksfrontpolitik sehr viel günstigere Bedingungen für die kommunistischen Parteien schuf als die sektiererische »dritte Phase«. In dieser Zeit saß der langfristig einflussreichste Theoretiker der italienischen Kommunisten, Antonio Gramsci, im Gefängnis. Er war im November 1926 verhaftet worden und blieb ein Gefangener des faschistischen Regimes, bis er aufgrund seines kritischen Gesundheitszustands im August 1935 in eine Klinik in Rom verlegt wurde, wo er im Jahr 1937 starb.[55] In der Haft hatte er zwischen 1929 und 1935 die *Gefängnishefte* verfasst,[56] die nach seinem Tod beträchtlichen Einfluss auf den internationalen Marxismus ausüben sollten, unter anderem auch auf die »Eurokommunisten« der siebziger Jahre. Obwohl Gramscis Konzepte nicht vollkommen unvereinbar mit den Vorstellungen Lenins waren, wichen sie so deutlich vom Marxismus-Leninismus der stalinistischen Sowjetunion ab, dass es Gramsci unmöglich gewesen wäre, diese Konzepte zu entwickeln, hätte er sich nicht in einem italienischen Gefängnis, sondern an der Seite seines Parteigenossen Togliatti im Hauptquartier der Komintern in Moskau befunden. Es ist zu Recht darauf hingewiesen worden, dass Gramscis Schriften »insbesondere in Bezug auf die politische Kultur Ansätze enthielten, die der klassischen marxistischen und leninistischen Tradition fremd waren«.[57] Da war beispielsweise die Rolle der »organischen Intellektuellen«, ein Terminus, mit dem Gramsci Personen beschrieb, die einen »moralischen-intellektuellen Block« errichten können, der »einen massenhaften intellektuellen Fortschritt und nicht nur einen von spärlichen Intellektuellengruppen politisch möglich macht«.[58] Auch seine Vorstellung, die Hegemonie der Bourgeoisie beruhe weniger auf der

Die nationalen kommunistischen Parteien zwischen den Kriegen   137

Kontrolle der repressiven Instrumente des Staates als auf ihrer Vormachtstellung in der Zivilgesellschaft, hob sich deutlich vom herkömmlichen marxistischen Denken ab.[59]

Vielversprechende Mitglieder der ausländischen kommunistischen Parteien wurden zur Ausbildung in die Leninschule der Komintern in Moskau geschickt. Unter diesen Kommunisten war in den Jahren 1929/30 auch Émile Waldeck Rochet, 1964 bis 1972 Generalsekretär der KPF, der einer Arbeiterfamilie entstammte. Als einige dieser »Studenten« in eine sowjetische Fabrik geschickt wurden, damit sie ergänzende Erfahrungen sammeln konnten, kreiste die Diskussion in der Gruppe bald nicht mehr um die Überlegenheit des kommunistischen Systems gegenüber dem kapitalistischen, sondern um den Widerspruch zwischen der Theorie der sozialistischen Produktion, die an der Leninschule gelehrt wurde, und der Realität des Fabriklebens in der Sowjetunion. Der einzige Student, den diese Störung durch das wirkliche Leben nicht beunruhigte, war Waldeck Rochet. In Anlehnung nicht an Karl, sondern an Groucho Marx – »Was wollen Sie glauben? Das, was ich sage, oder das, was Sie mit eigenen Augen sehen?« – weigerte Rochet sich einfach, die Tatsachen zu akzeptieren, die die Studenten in der Fabrik beobachtet hatten.[60]

Nachdem die KPD von Hitler zerschlagen worden war, war die KPF die stärkste kommunistische Kraft in Westeuropa. Schon im Jahr 1928 erhielt sie bei den Parlamentswahlen mehr als eine Million Stimmen (das waren etwas mehr als elf Prozent). Im Jahr 1932 sank ihr Stimmenanteil, aber in der Zeit der Volksfront stieg er im Jahr 1936 auf 15,3 Prozent.[61] In jenem Jahr gehörten 72 von 608 Abgeordneten in der französischen Nationalversammlung der KPF an.[62] Zwischen 1933 und 1937 wuchs die Partei um das Fünffache, wobei der Großteil der neuen Mitglieder aus der Arbeiterschaft kam.[63] Das ausgezeichnete Ergebnis der französischen KP bei den Parlamentswahlen in der Zeit, in der die Kommunisten mit anderen linken Parteien zusammenarbeiteten, ermöglichte im Jahr 1936 die Bildung einer von dem Sozialisten Léon Blum geführten Regierung.

In diesen Jahren hatte die KPF einen fähigen Führer. Maurice Thorez, der seit Mitte der zwanziger Jahre eine herausragende Rolle in der Partei spielte und (mit Moskaus Segen) ab 1930 an ihrer Spitze stand, war ein verschlagener und geheimnistuerischer Politiker, der einer Arbeiterfamilie entstammte und kurz als Bergmann gearbeitet

138   Der internationale Kommunismus zwischen den beiden Weltkriegen

hatte, jedoch im Jahr 1923 im Alter von nur 23 Jahren zu einem hauptberuflichen Parteifunktionär geworden war. Thorez verbrachte viel Zeit mit dem Studium, und sein »unermüdlicher Lerneifer« trieb ihn dazu, Latein, Deutsch und Russisch zu lernen.[64] In Anbetracht der Beziehungen seiner Partei zur KPdSU war die letzte dieser Sprachen natürlich von besonderem praktischem Nutzen. Im politischen Alltag hatte die KPF jedoch keinen Kontakt mit Moskau. Die Partei und Thorez persönlich erhielten laufend Anweisungen von Eugen Fried, dem ständigen Vertreter der Komintern in Frankreich. Fried, der zu den Gründungsmitgliedern der tschechoslowakischen KPČ zählte, war ein fähiger kommunistischer Intellektueller, der zudem über beträchtliches Organisationstalent verfügte. Im Jahr 1919 war er der Verbindungsmann zwischen der kurzlebigen ungarischen Räterepublik und den revolutionären Gruppen in der Slowakei gewesen. In den dreißiger Jahren lebte er unter dem Pseudonym Clément in Paris und traf sich fast täglich mit Thorez.[65]

Eine weitere kommunistische Partei, die einigen Erfolg hatte, war jene KPČ. Obwohl dieser Staat erst seit dem Jahr 1918 existierte, blieb die Tschechoslowakei als einziges mitteleuropäisches Land in der gesamten Zwischenkriegszeit eine Demokratie. Bei den ersten Wahlen nach der Spaltung der Sozialisten in Kommunisten und Sozialdemokraten erhielt die KPČ im Jahr 1925 943 000 Stimmen und gewann 41 von 300 Parlamentssitzen. Am Ende dieses Jahrzehnts allerdings war die Unterstützung der Wähler für die Kommunisten drastisch gesunken, was in erster Linie darauf zurückzuführen war, dass sie der von Moskau vorgegebenen intransigenten Linie folgten. Doch im folgenden Jahrzehnt erholte sich die Partei aufgrund der Wirtschaftskrise und dank ihrer erhöhten Attraktivität in der Zeit der Volksfront wieder und erhielt bei den Wahlen im Jahr 1935 mehr als zehn Prozent der Stimmen (das heißt knapp 850 000). Zwar überstieg der Stimmenanteil der KPČ selbst in ihren besten Zeiten zwischen den Kriegen nie 13 Prozent, aber sie zählte bei allen Wahlen zu den vier stimmenstärksten Parteien.[66] Ihre Mitgliederzahl schwankte zwischen einem Höchststand von 150 000 im Jahr 1925 und einem Tiefststand von 28 000 im Jahr 1930.[67]

Die Kommunisten in den USA und Großbritannien

Im Gegensatz zum allerdings begrenzten Erfolg der kommunistischen Parteien in Frankreich und der Tschechoslowakei (wo die KPČ in Böhmen und Mähren sehr viel größeren Zuspruch erhielt als in der Slowakei), konnten die Kommunisten in der englischsprachigen Welt kaum Wähler für sich gewinnen. In den Vereinigten Staaten verbrachten sie die ersten Jahre nach der bolschewistischen Revolution mit internen Auseinandersetzungen und Spaltungen. Im Jahr 1919 wurden zwei kommunistische Parteien gegründet, die von Charles Ruthenberg geführte Communist Party of America und die Communist Labor League, zu deren Führern John Reed zählte, der in Moskau Zeuge der Machtergreifung der Bolschewiki gewesen war und unter dem Titel *Ten days that shook the world* (1919, deutsch: *Zehn Tage, die die Welt erschütterten*) einen enthusiastischen Bericht darüber schrieb. Lenin selbst schrieb eine kurze Einleitung für die russische Ausgabe, empfahl das Buch vorbehaltlos »den Arbeitern der Welt« und äußerte den Wunsch, es möge »millionenfach gedruckt und in alle Sprachen übersetzt« werden. Reed spielte eine aktive Rolle auf dem 2. Kongress der Komintern im Jahr 1920, starb jedoch noch im selben Jahr in Moskau. Er ist der einzige Amerikaner, dessen Asche an der Kremlmauer beerdigt liegt, wo eine Ehrentafel an ihn erinnert.

In der zweiten Hälfte der zwanziger Jahre kam es unter den amerikanischen Kommunisten zu einer ähnlichen Spaltung wie in der sowjetischen Partei, wobei die Anhänger Bucharins und Trotzkis aus der nach mehrjährigem Verbot 1923 legalisierten Communist Party of America ausgeschlossen wurden. Schon zuvor hatte Moskau enormen Druck auf die amerikanischen Kommunisten ausgeübt, damit diese sich der sowjetischen Orthodoxie unterwarfen. Einige amerikanische Genossen trieben die Nachahmung Russlands allerdings bis ins Absurde. Obwohl er unter den frühen Mitgliedern der Communist Party zu jener kleinen Minderheit gehörte, die tatsächlich in den Vereinigten Staaten geboren war, begann Israel Amter (der in Publikationen manchmal das Pseudonym John Ford verwendete) eine Rede in New York mit den unsterblich gewordenen Worten: »Arbeiter und Bauern von Brooklyn!«[68] Unter den führenden amerikanischen Bucharinisten war Bertram D. Wolfe, der sich später als Ana-

140 Der internationale Kommunismus zwischen den beiden Weltkriegen

lyst des Kommunismus einen Namen machte und im Jahr 1948 ein bemerkenswertes Buch über die russische revolutionäre Bewegung veröffentlichte (*Drei Männer, die die Welt erschütterten*, 1951; die drei Männer sind Lenin, Trotzki und Stalin). Wolfe zählte zu einer Gruppe führender amerikanischer Kommunisten, die im Jahr 1929 mehrere Wochen in Moskau verbrachten, um die Autonomie ihrer Partei zu verteidigen. Sie wurden jedoch von Stalin ausmanövriert, der sogar an einer derart winzigen und unbedeutenden Partei großes persönliches Interesse zeigte, da sie im wichtigsten kapitalistischen Land der Welt tätig war.[69] Dieser Besuch fiel in die »dritte Phase« der Komintern, als die Organisation, wie Wolfe es ausdrückte, in die »Stalintern« umgewandelt wurde.[70] Von 1930 bis 1945 war der auf Stalins Geheiß zum Parteichef ernannte Earl Russell Browder der unangefochtene Führer der Communist Party of America. Browder trat bei den Präsidentschaftswahlen der Jahre 1936 und 1940 als kommunistischer Kandidat an. Doch von 1940 bis 1942 saß er im Gefängnis und überwarf sich am Ende des Kriegs mit der sowjetischen Führung. Auf Moskaus Betreiben wurde er im Jahr 1946 aus der Kommunistischen Partei ausgeschlossen. Die Communist Party hielt sich gehorsam an die von der Komintern vorgegebene Linie und bekämpfte insbesondere in der »dritten Phase« nicht nur die trotzkistischen Rivalen (die im Jahr 1929 die Communist League of America gegründet hatten), sondern verurteilte auch Franklin D. Roosevelt und die »New Deal«-Demokraten als »Sozialfaschisten«.

Wie in anderen demokratischen Ländern erhielt die Kommunistische Partei auch in den Vereinigten Staaten in der Volksfrontphase größeren Zulauf, wenn auch in sehr viel geringerem Umfang als zur selben Zeit in Frankreich oder der Tschechoslowakei. Selbst in ihrer besten Zeit in der Zwischenkriegszeit – im Jahr 1939 – stieg ihre Mitgliederzahl nicht über 75 000. Allerdings hatte die Partei in dieser Zeit sehr viel mehr Sympathisanten. Die große Mehrheit der Parteimitglieder der ersten Stunde waren russische Einwanderer der ersten Generation, und es dauerte bis zum Jahr 1936, ehe die in den Vereinigten Staaten geborenen Mitglieder die Mehrheit stellten.[71] In der Depression und angesichts des Aufstiegs des Faschismus fand die Partei wachsenden Zuspruch. Sie erhielt Unterstützung von einigen führenden Autoren und Filmemachern, insbesondere von Drehbuchautoren aus Hollywood. Die Filme, die in die Kinosäle kamen, zeich-

Die Kommunisten in den USA und Großbritannien 141

neten sich jedoch selten durch großen Radikalismus, geschweige denn durch kommunistische Agitation aus. In den Vereinigten Staaten war der Antikommunismus stets eine sehr viel stärkere Kraft und wurde nicht nur von den Geldgebern (was für Filmemacher ein größeres Problem war als für Buchautoren), sondern auch vom Staat unterstützt.[72]

Wie ihr amerikanisches Gegenstück war die Communist Party of Great Britain in ihren frühen Jahren von Fraktionskämpfen zerrissen, aber im Jahr 1924 hatte sie sich in eine disziplinierte Organisation verwandelt. In der ersten Hälfte der zwanziger Jahre verfolgte sie zwei Ziele: Zum einen wollte sie sich als eigenständige Kraft behaupten, zum anderen wollte sie die Labour Party infiltrieren, eine Organisation, die bereits beträchtliche Unterstützung bei den Arbeitern genoss. Obwohl die Labour Party im Jahr 1924, als sie erstmals eine Minderheitsregierung stellte, dem sowjetischen Staat größere Sympathie entgegenbrachte als die Konservativen, bemühte sie sich, den kommunistischen Einfluss parteiintern zurückzudrängen. So war Kommunisten keine individuelle Mitgliedschaft in der Labour Party gestattet. Die KPGB schreckte davor zurück, die Labour Party als »protofaschistisch« zu bezeichnen, als die Komintern in der »dritten Phase« diese Losung ausgab, nahm jedoch im Jahr 1929 die von Moskau verlangten personellen Änderungen vor. Andrew Rothstein, der Sohn eines russischen Revolutionärs, der in Großbritannien geblieben war, als man seinen Vater im Jahr 1920 nach Russland zurückgeschickt hatte, wurde aus der Parteiführung entfernt, blieb jedoch bis zu seinem Lebensende ein prominentes Parteimitglied. Ein weiterer Angehöriger der britischen KP-Führung, der auf Betreiben der Komintern der Abweichung bezichtigt wurde, war John (J. R.) Campbell, ein schottischer Gewerkschaftler, der im Ersten Weltkrieg gekämpft hatte und für seine Tapferkeit ausgezeichnet worden war, bevor er sich als Gründungsmitglied der KPGB anschloss. Er wurde aus dem inneren Führungskreis der Partei entfernt, behielt jedoch seinen Sitz im Zentralkomitee. Als die Komintern den nächsten Kurswechsel vollzog und Bündnisse mit der Sozialdemokratie anstrebte, um den Faschismus zu bekämpfen, kehrte Campbell ins Rampenlicht zurück und wurde Herausgeber der Parteizeitung *The Daily Worker*.

Immer wieder gelang es einzelnen Kommunisten, die sich nicht als solche zu erkennen gaben, eine Mitgliedschaft in der Labour Party zu erwerben, aber sie blieben eine verschwindende Minderheit. Beträchtlichen Einfluss gewannen die Kommunisten hingegen in der britischen Gewerkschaftsbewegung. Da die Dachorganisation der Gewerkschaften, der Trade Union Congress, nicht in die Autonomie der einzelnen Mitgliedsorganisationen eingriff, konnten die Kommunisten in der Zwischenkriegszeit und insbesondere in den ersten Jahrzehnten nach dem Zweiten Weltkrieg in den einzelnen Gewerkschaften als Aktivisten und Funktionäre in den Vordergrund treten. Eine Generation lang waren Harry Pollitt und Rajani Palme Dutt die führenden Köpfe der britischen KP. Als die Stalinisierung der Partei im Jahr 1929 abgeschlossen war, blieben Turbulenzen in der Führung und Parteiausschlüsse im Gegensatz zu den Vorgängen in vielen anderen kommunistischen Parteien weitgehend aus. Der 1890 geborene Harry Pollitt, der einer englischen Arbeiterfamilie entstammte, wurde 1929 auf Anregung der Komintern Generalsekretär der Kommunistischen Partei. Palme Dutt hatte ein noch besseres Gespür für die Wünsche Moskaus und erhielt möglicherweise wertvolle Hinweise von seiner estnischen Ehefrau Salme Dutt (ihr Mädchenname war Pekkala), die Gerüchten zufolge eine Agentin des NKWD war.[73] Dutt, der im Jahr 1896 als Sohn eines indischen Arztes und einer schwedischen Mutter zur Welt gekommen war, weckte bei der Parteibasis keine vergleichbare Zuneigung wie Pollitt, aber er war ein unermüdlicher Verfasser von Schriften, in denen er die aktuellen Vorstellungen des Kreml propagierte. Weder Pollitt noch Palme Dutt wandte sich in den Jahren 1936 und 1938 gegen die Moskauer Schauprozesse, die gegen die alte Garde der Bolschewiki geführt wurden, aber anders als Dutt erhob Pollitt im Politbüro der KPGB Einwände gegen den Hitler-Stalin-Pakt. Die Folge war, dass er aus der Parteiführung entfernt und auf einen untergeordneten Posten in Südwales strafversetzt wurde. Als die Partei nach dem Kriegseintritt der Sowjetunion einen anderen Kurs einschlug, wurde Pollitt wieder als Parteiführer eingesetzt.

Ihre höchste Mitgliederzahl in der Zwischenkriegszeit erreichte die Communist Party of Great Britain im Jahr 1939 mit 17 756. Im Jahr 1930, in der Phase »Klasse gegen Klasse«, hatte sie lediglich rund 2500 Mitglieder gehabt.[74] Im Krieg und in den ersten Nachkriegsjahren stieg die Mitgliederzahl kontinuierlich. Während die amerikanische KP in den dreißiger Jahren ihre Blütezeit erlebte, feierten die britischen Kommunisten ihre größten Erfolge in den vierziger Jahren.[75]

Doch obwohl das gemessen an den absoluten Mitgliederzahlen galt, waren die dreißiger Jahre eine Zeit, in der sich viele Idealisten mit radikalen Neigungen vom Kommunismus angezogen fühlten, da sie glaubten, die Sowjetunion habe die wirtschaftlichen Probleme überwunden, unter denen Großbritannien und die übrige kapitalistische Welt litten. Die Anziehungskraft der Kommunistischen Partei entsprang auch der Sorge über den Aufstieg des Faschismus. Die aggressive Aktivität der von Oswald Mosley angeführten British Union of Fascists trug wesentlich dazu bei, dass sich insbesondere eine große Zahl von Juden den Kommunisten anschloss. Die Partei galt als entschiedenster Gegner Mosleys und seiner Anhänger und schreckte auch vor Straßenkämpfen nicht zurück.[76] Im Zeitraum zwischen der Unterzeichnung des Hitler-Stalin-Paktes und dem deutschen Angriff auf die Sowjetunion verlor die KPGB wie ihre Schwesterparteien in anderen demokratischen Ländern Mitglieder und Anhänger. Viele Sympathisanten reagierten enttäuscht und empört auf diese Kehrtwende der Partei, von der sie sich einen entschlossenen Widerstand gegen den Faschismus erhofft hatten.

Die Ursprünge des chinesischen Kommunismus

Als im Jahr 1919 die Komintern gegründet wurde, war der prominenteste asiatische Kommunist der Inder M. N. Roy. Beim 2. Kongress der Komintern stieß er mit seiner These, die größten Fortschritte der kommunistischen Bewegung seien in Asien zu erwarten, auf starke Skepsis. Während er sich von Asien viel erwartete, hegte Roy kaum Hoffnungen auf eine Revolution in den fortschrittlichen Industrieländern.[77] Lenin holte für seine Arbeiten zu nationalen Fragen und zur Kolonialpolitik Roys Rat ein, und Roy blieb nach Lenins Tod noch für einige Jahre ein prominentes Mitglied der Komintern. Doch im Zuge der Stalinisierung der Organisation wurde er als »rechter Abweichler« ausgeschlossen. Er kehrte heimlich in das zu jener Zeit noch britisch beherrschte Indien zurück, wo er 1930 verhaftet wurde und die folgenden sechs Jahre im Gefängnis verbrachte.

Doch die Grundlage für den kommunistischen Vormarsch in Asien wurde nicht in Indien, sondern in China gelegt, wo die kaiserliche

144   Der internationale Kommunismus zwischen den beiden Weltkriegen

Dynastie im Jahr 1911 einer Revolution zum Opfer gefallen war. Diese Revolution entsprang jedoch nationalistischen Bestrebungen, die durch den Ersten Weltkrieg zusätzlich angefacht wurden – insbesondere durch ein Geheimabkommen, in dem Großbritannien und Frankreich im Jahr 1917 übereinkamen, die deutschen Kolonien in China nach einem alliierten Sieg den Japanern zu überlassen.[78] In Paris hinderten chinesische Studenten die Delegierten ihres Landes daran, an der Unterzeichnung der Friedensvereinbarung von Versailles teilzunehmen, da sie den Vertrag als Demütigung empfanden. In Peking demonstrierten am 4. Mai 1919 3000 Studenten auf dem Platz des himmlischen Friedens gegen die Unterwürfigkeit der chinesischen Regierung.[79] Zu jener Zeit waren nur wenige dieser Studenten Kommunisten, aber der Komintern, die sehr um den Aufbau einer kommunistischen Partei in China bemüht war, gelang es, eine sozialistische Jugendliga und eine Monatszeitschrift ins Leben zu rufen. Zu denen, die von diesen Entwicklungen beeinflusst wurden, zählte auch Mao Tse-tung, der eine kommunistische Gruppe in Hunan gründete. Zwei weitere Männer, die später zu den wichtigsten chinesischen Kommunisten des 20. Jahrhunderts gehören sollten, waren im Jahr 1920 unter den Studenten in Paris: Tschou En-lai und Deng Xiaoping. In Frankreich kamen sie in Kontakt zu kommunistischen Jugendgruppen, und später warben sie unter den Chinesen in Europa für die Sache der Revolution.[80]

Die 1921 gegründete Kommunistische Partei Chinas (KPCh) sah sich der sehr viel stärkeren Nationalpartei Sun Yat-sens gegenüber, der Kuomintang. Ohne Berücksichtigung der im Ausland lebenden Mitglieder hatte die KPCh im Jahr 1922 kaum mehr als 200 Aktivisten.[81] Im selben Jahr wurde vereinbart, dass die Kommunisten individuell in die Kuomintang eintreten würden, wobei die KPCh jedoch ihre unabhängige Identität bewahren sollte. Die Kommunisten schlossen sich der »Bewegung des vierten Mai« an, deren Ziel die nationale Einheit Chinas war. Voraussetzung dafür war ein Sieg über Hunderte lokale Kriegsfürsten. Aus Enttäuschung über die westlichen Mächte wandte sich Sun Yat-sen dem bolschewistischen Russland zu. Diese Kooperation ermöglichte ein kurzzeitiges Bündnis zwischen den chinesischen Kommunisten und den nationalen Kräften, obwohl der Generalsekretär der KPCh, Chen Duxiu, diese von der Komintern geforderte Politik kritisierte.[82] Michail Borodin, ein Ab-

Die Ursprünge des chinesischen Kommunismus 145

gesandter der Komintern, fungierte als Verbindungsmann sowohl zu den chinesischen Kommunisten als auch zu Sun Yat-sen. Die Kuomintang verfocht drei Prinzipien: den antiimperialistischen Nationalismus, die Demokratie und den Sozialismus. Doch Borodin gelang es, das leninistische Prinzip des »demokratischen Zentralismus« in die politische Praxis der Bewegung einzuführen, womit Mehrheitsentscheidungen für alle Parteimitglieder bindend wurden.[83]

Mitte der zwanziger Jahre (besonders in der Zeit vor Sun Yat-sens Tod im Jahr 1925) bestanden enge Beziehungen zwischen den chinesischen Nationalisten und Sozialisten auf der einen und der Sowjetunion auf der anderen Seite. Die sowjetische Führung machte sich daran, die Kuomintang beim militärischen Aufbau zu unterstützen. Einer von Suns Verbündeten, Tschiang Kai-schek, gehörte einer Delegation an, die mehrere Monate in Moskau verbrachte, um Militärorganisation zu studieren. Nach seiner Rückkehr nach China wurde er zum Kommandanten einer neuen Militärakademie ernannt. Auf Betreiben von Borodin wurde der zukünftige kommunistische Ministerpräsident Tschou En-lai, der gerade aus Paris zurückgekehrt war, zum Leiter der politischen Abteilung der Akademie ernannt.[84] Doch 1926/27 traten Spannungen zwischen der Kuomintang und der KPCh auf. Die Sowjetunion war sehr um gute Beziehungen zu China bemüht, da sie in diesem Land einen Verbündeten gegen den britischen Imperialismus sah, und drängte die KPCh, das Bündnis mit der Kuomintang länger aufrechtzuerhalten, als in ihrem Interesse war. Tschiang Kai-schek wandte sich gegen die Kommunisten. Als zahlreiche Kommunisten von antisozialistischen regionalen Führern umgebracht wurden, duldete Tschiang diese Übergriffe nicht nur, sondern befahl selbst einige Massaker. M. N. Roy und Michail Borodin, die keine Hoffnung mehr für den Kommunismus in China hatten, kehrten daraufhin in die Sowjetunion zurück.

Borodin, dessen richtiger Name Michail Grusenberg war, machte eine wechselvolle Karriere. Zu Beginn des 20. Jahrhunderts gehörte er dem Jüdischen Bund in Russland an und zählte zu den frühen Anhängern der sozialistischen Sache. Nach dem Scheitern der Revolution von 1905 verbrachte er die meiste Zeit bis zur bolschewistischen Revolution in den Vereinigten Staaten, wo er in Chicago als Lehrer an einer Schule arbeitete. Im Jahr 1922 schickte ihn die Komintern als Geheimagenten nach Großbritannien (dort arbeitete er unter dem

Decknamen George Brown). Im Jahr darauf wurde er nach China entsandt, wo er mehr Erfolg hatte und von Sun Yat-sen zum »Sonderberater« der Kuomintang ernannt wurde.[85] Nach seiner Rückkehr nach Moskau im Jahr 1927 widmete er sich einer bescheideneren Tätigkeit und publizierte fremdsprachige sowjetische Propaganda. Er zählte nicht zu den Komintern-Mitarbeitern, die Ende der dreißiger Jahre dem »Großen Terror« zum Opfer fielen. Doch im Jahr 1949 wurde er im Rahmen einer antisemitischen Verfolgungswelle verhaftet und fand zwei Jahre später in einem sowjetischen Arbeitslager den Tod.

Die von Tschiang Kai-schek geführten Nationalisten machten im Jahr 1928 Nanking zum Sitz ihrer Regierung. Tschiang hatte zwar die Oberhand über die Kommunisten gewonnen, allerdings die Hoffnungen enttäuscht, die Stalin in ihn gesetzt hatte. Die überlebenden Kommunisten, unter ihnen Mao Tse-tung, zogen sich aufs Land zurück und versuchten, sich unter den Bauern eine neue Machtbasis aufzubauen. Vor allem Mao vertrat die These, eine von der Landbevölkerung ausgehende Revolution sei der vom orthodoxen Marxismus-Leninismus verfochtenen Machtergreifung mit Unterstützung des städtischen Proletariats vorzuziehen.[86] Mao war der Sohn eines relativ wohlhabenden Bauern, gegen den er schon in früher Jugend rebelliert hatte. Mitte der dreißiger Jahre war er de facto der Führer der chinesischen Kommunisten. Tschiang Kai-scheks nationalistische Regierung betrachtete die Kommunisten zu dieser Zeit als eine der größten Bedrohungen für die Zentralmacht und führte »Ausrottungskampagnen« gegen die Operationsbasis der KPCh in der Provinz Jiangxi durch. Die Kommunisten zogen sich im berühmten »Langen Marsch« (1934/35) in die nordwestliche Provinz Shaanxi zurück. Von den rund 80 000 Männern und 2000 Frauen, die aufgebrochen waren, erreichten nur 8000 ihren Bestimmungsort.[87] Der Lange Marsch und Maos Rolle in der Zwischenkriegszeit wurden Gegenstand der Legendenbildung und heftiger Kontroversen, aber es steht außer Frage, dass der harte Kern der Kommunisten überlebte und später die Chance erhielt, die erste erfolgreiche kommunistische Revolution in Asien durchzuführen.[88]

TEIL ZWEI

Der Aufstieg
des Kommmunismus

KAPITEL 6

Was verstehen wir unter einem kommunistischen System?

Für die Kommunisten selbst hatte »Kommunismus« zwei verschiedene Bedeutungen. Er bezeichnete *einerseits* eine internationale Bewegung, die sich dem Sturz der kapitalistischen Systeme verschrieben hatte, und *andererseits* die neue Gesellschaft, die es erst gegeben hätte, wenn Karl Marx' höhere Stufe des Sozialismus erreicht worden wäre. Angesichts der Tatsache, dass herrschende kommunistische Parteien ihre real existierenden Systeme immer als »sozialistisch« bezeichnet haben, müssen wir uns fragen: Mit welcher Berechtigung nennen wir sie »kommunistisch«? Viele ehemalige kommunistische Politiker haben sich gegen die Verwendung dieses Begriffs gewehrt, weil »Kommunismus«, wie sie uns gern ins Gedächtnis riefen, die höhere Stufe des Sozialismus sein sollte, die erreicht zu haben sie nie für sich in Anspruch genommen hätten.[1] Doch die Mitglieder dieser herrschenden Parteien nannten *sich selbst* Kommunisten, und die westlichen Wissenschaftler, die die Systeme als »kommunistisch« einstuften, bildeten sich nicht einen Augenblick ein, sie würden beschreiben, was Marx oder Lenin unter dem Stadium des »Kommunismus« verstanden hatten – diese autonome, staatenlose, kooperative Gesellschaft, die es nirgendwo gegeben hat.

Kommunistische Führer und Ideologen haben gerne behauptet – beziehungsweise tun es im Fall der fünf noch bestehenden kommunistischen Staaten immer noch –, die von ihnen regierten Länder seien demokratisch. Erstaunlicherweise kauften viele westliche Beobachter, die diese demokratische Selbsteinschätzung nicht einen Augenblick akzeptiert haben, den Kommunisten unbesehen ab, wenn diese ihr System als rein sozialistisch deklarierten. Die kommunistischen Staaten hatten (und haben, sofern es sie noch gibt) eine unverwechselbare politische und wirtschaftliche Organisation und viele gemeinsame Merkmale, auf die wir in diesem Kapitel noch zu sprechen kommen werden. Sie »sozialistisch« zu nennen ist vor allem deshalb problematisch, weil mit diesem Begriff weit mehr politische Parteien, Bewegungen und Regierungen bezeichnet wurden, als tatsächlich der marxistisch-leninistischen Ideologie verpflichtet waren.[2] Nach freien Wahlen wurden in so verschiedenen Ländern wie Großbritannien, Bundesrepublik Deutschland, Spanien, Schweden, den Niederlanden, Norwegen, Australien und Israel Regierungen von Politikern gebildet, die sich durchaus für Sozialisten hielten, auch wenn sie nie behaupteten, sie hätten ein sozialistisches System geschaffen. Tatsächlich sind die sozialdemokratischen Parteien in den letzten Jahrzehnten von dem Gedanken abgerückt, man werde jemals ein radikal anderes sozioökonomisches System schaffen, das dann den Namen Sozialismus trüge.[3] Diese Parteien haben sich schon lange evolutionäre Ziele auf ihre Fahnen geschrieben und sich damit zufriedengegeben, nach größerer sozialer Gerechtigkeit innerhalb eines weitgehend marktwirtschaftlichen Systems zu streben, in dem Staatseigentum die große Ausnahme und nicht die Regel sein soll.

Schon vor der jüngsten Entwicklung der sozialdemokratischen Parteien sahen viele sozialistische Theoretiker das Wesen des Sozialismus nicht in zentralisierten, planwirtschaftlichen Besitzverhältnissen, sondern in gesellschaftlichem oder staatlichem Eigentum, das sich neben – oder alternativ zu – verstaatlichten Industrien auch in den Händen von Kooperativen, Gilden oder Gemeindekörperschaften befinden sollte. Diese Situation war für sie unauflöslich mit demokratischen Institutionen verknüpft.[4] Michael Lessnoff, ein britischer Politologe, der in der Blütezeit des Kommunismus schrieb, definierte »Sozialismus« kurz und bündig als »demokratische Kontrolle der Wirtschaft«. Von dieser Definition ausgehend, gelangte er ohne Schwierigkeit zu der weit unorthodoxeren Schlussfolgerung, dass nicht nur Kapitalismus und Sozialismus begrifflich in Einklang stünden und keine unüberbrückbaren Gegensätze seien, sondern dass auch Staaten wie die USA und Großbritannien »zweifellos sozialistischer als die UdSSR oder die Volksrepublik China sind«.[5] Sie waren gewiss demokratischer, und angenommen, die demokratische Kontrolle der Wirtschaft sei tatsächlich das wichtigste Kriterium des So-

Was verstehen wir unter einem kommunistischen System? 151

zialismus, dann ist Lessnoffs Schluss vielleicht paradox, aber nicht unlogisch. In der politischen Praxis hat die anhaltende Globalisierung der Wirtschaft ihre demokratische Kontrolle in allen Staaten erheblich eingeschränkt. Das ist einer der Hauptgründe, warum Sozialisten – im nichtkommunistischen Sinne – einige ihrer früheren Ziele abändern und anpassen mussten.

Im Gegensatz zu den Aktivitäten und Bestrebungen der demokratischen sozialistischen Parteien waren die kommunistischen Parteien in den meisten Ländern, die unter kommunistische Herrschaft kamen, nur allzu bereit, der Gesellschaft diese Regierungsform *aufzuerlegen*. In der Mehrheit – wenn auch nicht in der Gesamtheit – der Fälle kam es dazu, weil die Sowjets – mit ihren Streitkräften im Rücken – die nationale Machtübernahme der Kommunisten unterstützten. Sie konnten sicherlich nicht darauf vertrauen, durch freie Wahlen an die Macht zu kommen. In ganz Europa bekamen die Kommunisten bei Wahlen weit weniger Unterstützung von der Arbeiterklasse als sozialistische Parteien, die sich zu den Werten der pluralistischen Demokratie bekannten. In der westlichen Welt des 20. Jahrhunderts war nämlich »Sozialismus« in der Regel *nicht* gleichbedeutend mit der Lehre und der politischen Praxis der kommunistischen Parteien. Sozialisten und Kommunisten mochten sich zeitweilig verbünden, hatten aber unüberbrückbare Meinungsverschiedenheiten, was das Verhältnis zwischen Mitteln und Zwecken betraf. Beispielsweise spottete der Trade Union Council, das höchste Gremium der britischen Gewerkschaftsbewegung, in seinem Jahresbericht von 1933 über die kommunistische Behauptung, in kapitalistischen Staaten gebe es keine Freiheit, die es zu verteidigen lohne. Dazu der Gewerkschaftsrat:

Der Staat hat noch nicht die Macht, Bürger ohne Gerichtsverhandlungen zu erschießen. Es gibt keine Geheimpolizei, die Menschen verschwinden lässt; Kritik an der Regierung ist kein Verbrechen … Die rechtsstaatlichen Institutionen und die demokratischen Strukturen sind unser sicherster Schutz.[6]

Obwohl sich sozialdemokratisch geprägte Sozialisten manchmal auf der Seite der Kommunisten befanden – etwa beim Kampf gegen den Faschismus in der Volksfrontphase der Komintern und während des

Zweiten Weltkriegs –, herrschte in der Regel Streit zwischen Kommunisten und nichtkommunistischen Sozialisten in den Gewerkschaften und ihren politischen Flügeln. Die Standhaftigkeit von Ernest Bevin, Großbritanniens bedeutendem erstem Außenminister nach dem Zweiten Weltkrieg, im Widerstand gegen die stalinistische Politik der Sowjetunion war großenteils ein Ergebnis seiner Erfahrungen mit den Kommunisten während der Zwischenkriegsjahre, in denen er die Transport and General Workers' Union zur größten Gewerkschaft Westeuropas ausbaute. Bevin, ein sehr befähigter und selbstbewusster Mann, ließ sich von keinem Kommunisten Belehrungen über »die Arbeiter« gefallen. 1881 wurde er in einem Dorf in der Grafschaft Somerset geboren, hatte seinen Vater nie gekannt und verlor seine Mutter, als er acht war. Er verbrachte seine Kindheit in Armut und verließ die Schule mit elf.[7] Bei seinem Tod 1951 war er der britische Außenminister mit dem höchsten Ansehen in der ersten Hälfte des 20. Jahrhunderts.

In Westeuropa, und nicht zuletzt in Großbritannien, bot die Arbeiterbewegung begabten Menschen von einfacher Herkunft nicht nur die Möglichkeit, ihre eigenen Fähigkeiten zu entfalten, sondern auch, die Interessen der sozialen Klasse, aus der sie kamen, zu fördern und zu verteidigen. Zwar war in kommunistischen Ländern die soziale Mobilität zweifellos größer, wurde aber mit einem schrecklichen Preis erkauft. Da kann es kaum überraschen, dass kommunistische Führer und Theoretiker in den demokratischen sozialistischen Parteien Westeuropas ihren gefährlichsten ideologischen Feind erblickten.[8] Erst sehr spät in der Sowjetära entschlossen sich Reformkommunisten in Russland und in Ostmitteleuropa zu einer einseitigen Annäherung, in deren Verlauf sich viele von ihnen mehr und mehr für eine sozialdemokratische Version des Sozialismus entschieden. Das veranlasste damals einen ungarischen Schriftsteller zur Klage über einen »Stau auf der Straße nach Damaskus«.[9]

Kommunistische Systeme wandeln sich im Laufe der Zeit beträchtlich und weisen von Land zu Land deutliche Unterschiede auf. Die frühen Jahre – Errichtung der kommunistischen Ordnung, Sicherung des Machtmonopols der kommunistischen Partei, Verstaatlichung der gesamten Industrie et cetera – unterscheiden sich grundlegend von der Zeit, in der das Feuer des revolutionären Eifers erloschen ist, die Parteiführung sich langfristigen Problemen der Regierung und Entwicklung gegenübersieht und eine neue Generation unter kommunistischer Herrschaft herangewachsen ist. Die Unterschiede zwischen den einzelnen kommunistischen Systemen waren in den sechziger Jahren so groß geworden, dass der amerikanische Politikwissenschaftler John H. Kautsky am Ende jenes Jahrzehnts schrieb: »Heute hat der Kommunismus für verschiedene Menschen ganz verschiedene Bedeutungen, daher kann in seinem Namen auch ganz unterschiedliche Politik gemacht werden. Als deskriptive, analytische Kategorie ist ›Kommunismus‹ daher nutzlos geworden, das heißt, es hat keinen Sinn mehr, bestimmte individuelle Bewegungen, Organisationen, Systeme oder Ideologien als ›kommunistisch‹ zu beschreiben.«[10] (John war übigens ein Enkel des maßgeblichen kommunistischen Theoretikers Karl Kautsky, der, einst als »Papst des Marxismus« gepriesen, nach seinem Angriff auf die bolschewistische Doktrin der »Diktatur des Proletariats« von Lenin und seinen Anhängern als »Renegat Kautsky« diskreditiert wurde.)

Obwohl übertrieben, war die Feststellung nicht gänzlich falsch, besonders in Hinblick auf Individuen. Wenn es von jemandem hieß, er sei Kommunist, mit anderen Worten Mitglied einer kommunistischen Partei, sagte das unter Umständen überraschend wenig über seine Grundüberzeugungen und Werte aus. Selbst in der Phase einer kommunistischen Machtergreifung gab es Revolutionäre, die sich der Partei mit dem glühenden Wunsch anschlossen, eine gerechte und friedfertige Gesellschaft zu schaffen, während andere vor allem das Ziel hatten, sich an den Klassenfeinden zu rächen, und eher an Zerstörung als an Aufbau interessiert waren. Innerhalb eines etablierten kommunistischen Systems wurden die Unterschiede noch größer. Um nur den offenkundigsten Unterschied zu betrachten: Viele Menschen mit geringem oder gar keinem Interesse am Marxismus-Leninismus entschieden sich zum Eintritt in die Partei, um ihre Karriere voranzubringen, während andere die offizielle Lehre ernst nahmen. Jene konnten insgeheim Sozialdemokraten oder Liberale, sogar Monarchisten oder Faschisten sein. Viele entwickelten sich zu Konservativen, Verteidigern der mittlerweile etablierten Ordnung, in der sie eine komfortable Nische gefunden hatten. Andererseits konnten Reformer ihre Parteimitgliedschaft damit rechtfertigen, dass es nur innerhalb der Partei möglich sei, die Veränderungen im eigenen Land zu beeinflussen. Inwieweit sich diese Annahmen in den jeweiligen kommunistischen Staaten als richtig oder unrichtig herausstellten, wird sich in späteren Kapiteln zeigen.

Die Meinungen gingen nicht nur zwischen einzelnen Mitgliedern kommunistischer Parteien weit auseinander. Es taten sich auch erhebliche Unterschiede zwischen den kommunistischen Staaten auf, und zwar bis auf den heutigen Tag, wie der Fall China und Nordkorea deutlich zeigt. Und doch gibt es bestimmte gemeinsame Merkmale, die es durchaus rechtfertigen, ein politisches System kommunistisch zu nennen. Wenn diese im Einzelnen aufgeführt werden, erweist sich, dass das einzige kommunistische System, das es je in Lateinamerika gegeben hat, das kubanische Regime ist. Die chilenische Regierung unter Salvador Allende war von 1970 bis zu ihrem Sturz durch einen Militärputsch im Jahr 1973 beim besten Willen nicht als kommunistisch zu bezeichnen, obwohl es in den Reihen ihrer sozialistischen Koalition einige Mitglieder der Kommunistischen Partei gab.[11] Und kein afrikanischer Staat ist jemals kommunistisch gewesen. Der Begriff »kommunistisch« sollte präzise und sparsam verwendet werden. Wir müssen uns hüten, ihn unterschiedslos auf jede Regierung anzuwenden, an der Marxisten beteiligt sind, oder auf Drittwelt-Diktatoren, die sich eine verschwommene marxistische Rhetorik zugelegt haben. Zu bedenken ist weiter, dass ein System auch dann aufhören kann, kommunistisch zu sein, wenn seine »kommunistischen« Machthaber noch nicht gestürzt worden sind. Wie in einem späteren Kapitel zu zeigen sein wird, hörte die Sowjetunion im Laufe des Jahres 1989 auf, ein kommunistisches System zu sein, obwohl dessen Präsident das ganze Jahr hindurch derselbe blieb, nämlich Michail Gorbatschow, und obwohl der Sowjetstaat erst im Dezember 1991 sein offizielles Ende fand. China ist heute, wie ein späteres Kapitel zu zeigen versucht, ein Zwittergebilde, das immer noch einige wichtige Züge des Kommunismus besitzt, aber andere abgelegt hat.

Es mag paradox erscheinen, wenn hier die Aufzählung der Merkmale, die kommunistischen Systemen gemeinsam sind, als Vorspiel für den Nachweis dient, wie verschieden sie sind und wie sie sich verändern, aber das ist eine notwendige Voraussetzung, um die Unterschiede zu verstehen und zu erkennen, welche Bedeutung der politische Wandel im Laufe der Zeit in einer Vielzahl kommunistischer Länder gehabt hat. Natürlich wurde »Kommunismus« über weite Strecken des 20. Jahrhunderts im Alltagsdiskurs verwendet, vor allem in den Jahren des Kalten Kriegs. Auch ohne den Begriff zu definieren, hatten viele Menschen eine hinreichende Vorstellung von dem, was sie damit meinten, obwohl man nur selten deutlich machte, was die kommunistischen Systeme von anderen totalitären oder autoritären Systemen unterschied. Politikwissenschaftler, die auf die UdSSR spezialisiert waren, verbrachten viel Zeit mit dem weitgehend verfehlten Versuch, verschiedene Etikettierungen für die Sowjetunion zu ersinnen und sich darüber zu streiten, welche am treffendsten sei, wobei sie häufig übersahen, dass es aufschlussreicher gewesen wäre, das Systems einfach als kommunistisch zu charakterisieren. Tatsächlich war die Sowjetunion das kommunistische System schlechthin und außerordentlich einflussreich, obwohl sich der Sowjetstaat und seine Gesellschaft im Laufe der Zeit erheblich veränderten.

Soweit ich sehe, gibt es sechs definierende Merkmale eines kommunistischen Systems. Sie lassen sich zu drei Paaren gruppieren, wobei das erste das politische System, das zweite das Wirtschaftssystem und das dritte die Ideologie betrifft. Natürlich enthalten auch die ersten beiden Kategorien ideologische Elemente, aber in einem eher operativen, weniger zielorientierten Sinne.

Das politische System

Das *erste* definierende Merkmal eines kommunistischen Systems ist *das Machtmonopol der Kommunistischen Partei*. In der Stalin-Ära hieß das »die Diktatur des Proletariats«, da als selbstverständlich vorausgesetzt wurde, dass die Partei die Interessen und den wahren Willen des Proletariats vertrat (wenn es denn wusste, was gut für es war). In nachstalinistischer Zeit, besonders ab Anfang der sechziger Jahre, war im offiziellen Sprachgebrauch häufiger von der *»führenden Rolle der Partei«* die Rede. Neben der herrschenden Partei gab es in einem kommunistischen Staat andere wichtige Institutionen, unter anderem Ministerien, Militär und Sicherheitspolizei, doch alle höheren Vertreter der Ministerialbürokratie waren Parteimitglieder, genauso alle Offiziere des Militärs und der Sicherheitspolizei. Jedes Ministerium, jede militärische Einheit und jede Gliederung der politischen Polizei hatte ihre eigene Parteiorganisation – ursprünglich Parteizelle genannt. Außerdem wurde jede Organisation – egal, ob

Ministerium, Militär, Polizei oder Justiz – von einer entsprechend spezialisierten Abteilung des Zentralkomitees der Partei überwacht. Grundsätzlich gab es nur eine partielle Aufgliederung der Funktionen, aber keine Gewaltenteilung. Alle Institutionen wurden von Organen der Partei kontrolliert, die mehr Machtbefugnis hatte als irgendeine andere Gruppierung.

Anfang der achtziger Jahre nahmen die Verfassungen aller konsolidierten kommunistischen Staaten den Begriff von der »führenden Rolle der Partei« in verschiedenen Spielarten auf, auch Vietnam, wo das ganze Land erst seit 1976 kommunistisch war. Drei Beispiele mögen das verdeutlichen. Der betreffende Passus (Artikel 6) der sowjetischen Verfassung von 1977 begann: »Die führende und lenkende Kraft der sowjetischen Gesellschaft, der Kern ihres politischen Systems, der staatlichen Organe und gesellschaftlichen Organisationen ist die Kommunistische Partei der Sowjetunion (KPdSU).« Der letzte Satz in der Präambel zur Verfassung der Mongolischen Volksrepublik von 1979 lautete: »In der MVR ist die leitende und bestimmende Kraft der Gesellschaft und des Staates die Mongolische Revolutionäre Volkspartei, die in ihrer Tätigkeit von der allesbeherrschenden Theorie des Marxismus-Leninismus geleitet wird.« Im Falle Vietnams hieß es in Artikel 4 der Verfassung von 1980: »Die Kommunistische Partei Vietnams, die Avantgarde und der Generalstab der vietnamesischen Arbeiterklasse, ist, basierend auf dem Marxismus-Leninismus, die einzige führende Kraft des Staates und der Gesellschaft und der Hauptfaktor, der alle Erfolge der vietnamesischen Revolution bestimmt.«

Das Machtmonopol der Kommunistischen Partei bestand in den meisten Fällen schon lange, bevor es in der Verfassung Erwähnung fand. Denn nichts anderes verbarg sich in der Praxis hinter dem Begriff der »Diktatur des Proletariats«, war es doch die *Partei*, die die Politik im Namen des Proletariats diktierte. In kommunistischen Staaten hatte die Machtpolitik immer Vorrang gegenüber dem Recht. Gerichte und Richter waren nicht unabhängig, und auch in Zeiten, als die Verfassungen noch nicht von der »führenden Rolle« der Partei sprachen, wurden die regierenden Parteien durch nichts daran gehindert, die anderen staatlichen Institutionen zu beherrschen. Insofern ließ es sich sogar als Zeichen eines bescheidenen Fortschritts werten, dass die Verfassungen ab den siebziger Jahren der politischen Realität etwas angenähert wurden.

Das politische System 157

Das *zweite* definierende Merkmal eines kommunistischen Systems war ein Begriff, der nicht zum ersten Mal in diesem Buch auftaucht – *demokratischer Zentralismus*, ein Wort, das von Lenin übernommen (aber nicht geprägt) und während der gesamten kommunistischen Ära verwendet wurde. Theoretisch bedeutete es, dass über strittige Fragen diskutiert werden konnte – die »demokratische« Komponente –, bis ein Beschluss gefasst war, danach war die Entscheidung höherer Parteiorgane bindend und musste von Partei und Gesellschaft peinlich genau befolgt werden. Kommunistische Ideologen stellten den »demokratischen Zentralismus« (gut) gerne dem »bürokratischen Zentralismus« (schlecht) gegenüber. Dieser bezeichnete das selbstherrliche Handeln hoher Parteifunktionäre, die auch in den frühen Stadien der politischen Entscheidungsfindung die Ansichten von Parteimitgliedern und Parteikomitees auf verschiedenen Ebenen *nicht* berücksichtigten. In der politischen Realität *war* der demokratische Zentralismus jedoch der bürokratische Zentralismus. Er wurde zum Decknamen einer streng hierarchischen, gegängelten Partei, in der das Recht auf Diskussionen und Debatten eng begrenzt war. Obwohl sich »demokratischer Zentralismus« im Prinzip sehr unterschiedlich interpretieren ließ, wurde das Schlagwort in der Praxis kommunistischer Systeme in Zeiten innerparteilicher Auseinandersetzungen von den Leuten reklamiert, die strikt hierarchische, autoritäre Beziehungen innerhalb der herrschenden Partei wünschten, um freie Diskussionen einzuschränken und horizontale Verbindungen zwischen Parteiorganisationen zugunsten vertikaler zu verhindern. Der Begriff wurde zur Bezeichnung eines definierenden Merkmals kommunistischer Systeme und zum Euphemismus für eine der Säulen, auf denen diese Systeme ruhten.

Die »führende Rolle« der Partei und ihr extrem zentralistischer Charakter sorgten in ihrer Verbindung dafür, dass eine enorme Machtfülle in den höchsten Parteiorganen konzentriert war – dem Zentralkomitee mit seinem tonangebenden Sekretariat und den anderen Abteilungen. Noch mehr Macht lag in den Händen seines Führungsgremiums, des Politbüros, und des Mannes, der an der Spitze des Systems stand, des Generalsekretärs. Das Verhältnis zwischen dem Generalsekretär und dem Politbüro war zu verschiedenen Zeiten und von einem Land zum anderen höchst unterschiedlich. Mit anderen Worten, die oligarchische Herrschaft war zwar in der Mehrheit der kommunistischen Länder die Regel, doch in zahlreichen Fällen war der Mann an der Spitze so mächtig, dass das System praktisch autokratisch wurde – mehr eine persönliche Diktatur als die kollektive Herrschaft einer Oligarchie. Einen so extremen Machtvorsprung des Parteiführers gegenüber seinen Kollegen gab es unter Stalin im zweiten und dritten Jahrzehnt seiner dreißigjährigen Herrschaft in der Sowjetunion, unter Mao Tse-tung in China und unter Kim Il Sung sowie seinem Sohn Kim Jong Il in Nordkorea. Stalins Verlautbarungen wurden mindestens seit Mitte der dreißiger Jahre bis zu seinem Tod 1953 in ihrer Bedeutung mit denen von Marx und Lenin gleichgesetzt. In China stellte man die »Maotsetungideen« – die als die maßgebliche Anpassung des Marxismus an chinesische Verhältnisse galten – sogar noch eine Stufe höher als den Leninismus. Selbst als der »Personenkult« um Mao bald nach seinem Tod abgeschwächt wurde, billigte die Verfassung der Volksrepublik China von 1978 Maos Gedanken noch immer den gleichen Rang zu wie denen von Marx und Lenin. In Artikel 2 der Verfassung hieß es: »Marxismus-Leninismus und Maotsetungideen sind die Ideologie, von der sich die Volksrepublik China leiten lässt.« Und in Nordkorea wurde Kim Il Sung von der herrschenden Kommunistischen Partei in schöner Bescheidenheit beschrieben als »größer in der Liebe als Christus, größer in der Barmherzigkeit als Buddha, größer in der Tugend als Konfuzius und größer in der Gerechtigkeit als Mohammed.«[12]

Das Wirtschaftssystem

Das *dritte* definierende Merkmal eines konsolidierten kommunistischen Systems ist das *nichtkapitalistische Eigentum an den Produktionsmitteln* und, damit zusammenhängend, das *vierte:* die Vorherrschaft einer *Planwirtschaft im Unterschied zu einer Marktwirtschaft.* Selbst in etablierten kommunistischen Systemen bestand ein gewisses Maß an privatwirtschaftlicher Aktivität fort – legal, illegal oder, in den meisten Fällen, eine Mischung aus beidem. Besonders in der Landwirtschaft waren Ausnahmen in Form privatwirtschaftlicher Betriebe nicht ungewöhnlich, in zweien der Systeme (Jugoslawien und Polen) befand sich sogar der weit überwiegende Teil der Landwirtschaft in privater Hand. Doch die nicht landwirtschaft-

Das Wirtschaftssystem 159

liche Produktion war in staatlichem Besitz und unter staatlicher Kontrolle. Staatliches oder gesellschaftliches Eigentum an den Produktionsmitteln galt als eines der Hauptziele aller herrschenden kommunistischen Parteien.

Das war verknüpft mit dem vierten definierenden Merkmal – einer Planwirtschaft. Ihre wesentlichen Eigenschaften werden sehr treffend von Philip Hanson zusammengefasst, einem namhaften Spezialisten für die Sowjetwirtschaft:

> Der grundlegende Unterschied zu einer Marktwirtschaft lag darin, dass Entscheidungen darüber, was in welchen Mengen produziert und zu welchem Preis verkauft werden sollte, das Ergebnis eines hierarchischen, von oben nach unten verlaufenden Prozesses waren, der in Anweisungen »von oben« an alle Produzenten gipfelte; diese Anweisungen waren nicht das Ergebnis dezentralisierter Entscheidungen, die sich aus den Wechselbeziehungen zwischen Verbrauchern und Anbietern ergaben. Die Hersteller waren in erster Linie bestrebt, die Zielvorgaben der Planung zu erreichen. Sie hatten keinen besonderen Grund, sich um die Wünsche der Abnehmer ihrer Produkte oder um die Aktivitäten ihrer Konkurrenten zu kümmern. Den Konkurrenzbegriff gab es überhaupt nicht: Andere Akteure auf dem gleichen Produktionssektor waren keine Konkurrenten, sondern lediglich Helfer bei der Planerfüllung.[13]

Für jeden größeren Industriezweig gab es Ministerien, die ihrerseits vom staatlichen Planungsausschuss und von Abteilungen des Zentralkomitees der Kommunistischen Partei überwacht wurden. An der Spitze des Systems stand das Politbüro, da Staat und Wirtschaft noch stärker miteinander verquickt waren als in kapitalistischen Ländern.

Zwar gab es unter Kommunisten einen gewissen Spielraum für Meinungsverschiedenheiten über die Organisation der Wirtschaft, doch der unverhohlen ideologische Charakter des Systems setzte auch Grenzen. Wenn kommunistische Führer diese überschritten, begaben sie sich auf den gefährlichen Weg der Systemveränderung. Dazu schrieb der Volkswirtschaftler Alec Nove: »Ideologische Bindung begrenzt die Wahlmöglichkeit. Die meisten Menschen, denen man ein Käse- und ein Schinkenbrot anbietet, können sich frei für eines der beiden entscheiden. Ein orthodoxer Rabbiner nicht. Die Bolschewiki konnten sich nicht dafür entscheiden, die Stolypin-Reform wiederzubeleben oder eine Mischwirtschaft über längere Zeit zu dulden.«[14] Folglich haben alle vier bislang erörterten Merkmale eines kommunistischen Systems – führende Rolle der Partei, demokratischer Zentralismus, staatliches Eigentum an den Produktionsmitteln sowie Plan- anstelle von Marktwirtschaft – eine starke ideologische Komponente. Sie gehörten zum Glaubenssystem der Bolschewiki und ihrer kommunistischen Nachfolger, die meinten, der »Sozialismus«, wie sie ihn verstanden, sei nicht nur eine höhere Entwicklungsstufe als der Kapitalismus, sondern auch unvermeidlich. Allerdings ließ sich der Prozess nur beschleunigen und in die gewünschte Richtung lenken, wenn sich die politische Macht fest in den Händen der Partei befand. Diese definierenden Merkmale des Kommunismus waren nicht nur ideologisch von Belang, sondern hatten auch organisatorische Bedeutung. Sie gehörten zum »Operational Code« kommunistischer Herrschaft und trugen zur alltäglichen Aufgabe des Machterhalts bei. Das galt ganz offenkundig für das Machtmonopol einer straff organisierten herrschenden Partei. Auch die Verschmelzung von politischer und wirtschaftlicher Macht diente diesem Zweck. Das Fehlen von Privateigentum und Marktwirtschaft bedeutete, dass der Staat die Berufsaussichten aller seiner Bürger kontrollierte. Es gab Zeiten, da führte der Konflikt mit staatlichen Organen zu Haft oder Tod. Doch selbst in entspannteren Zeiten bedeutete öffentlicher Dissens immer noch eine Gefährdung der beruflichen Laufbahn, gab es doch neben den staatlichen Organen keine anderen Arbeitgeber.

Die ideologische Sphäre

Die beiden letzten definierenden Merkmale eines kommunistischen Systems gehören zur ideologischen Sphäre im engeren Sinn. Unter Ideologie verstehe ich in diesem Zusammenhang ein Glaubenssystem, das allumfassend ist, das sich anheischig macht, einen Schlüssel zum Verständnis gesellschaftlicher Entwicklungen zu bieten, das über Autoritäten (von religiösem oder quasi-religiösem Charakter) verfügt, deren Wort nicht in Frage gestellt werden kann und deren Exegeten und Hüter auch als Pförtner fungieren, die entscheiden, wer »dazugehört« und wer nicht. Das fünfte definierende Merkmal eines kommunistischen Systems – die *erklärte Absicht, den Kommu-*

Die ideologische Sphäre   161

nismus aufzubauen – sehe ich als dessen *höchstes legitimierendes Ziel* an. Im politischen Alltag war das natürlich weniger wichtig als die »führende Rolle« der Partei oder der »demokratische Zentralismus«. Es war allerdings ein Merkmal, das kommunistische Systeme einerseits von totalitären und autoritären Regimen unterschied und andererseits von Ländern abhob, die von sozialistischen Parteien sozialdemokratischer Prägung regiert wurden. Es nahm einen wichtigen Platz in der offiziellen Ideologie ein, obwohl es keine unmittelbare praktische Bedeutung hatte. In den ersten Jahren nach der Machtergreifung einer kommunistischen Partei besaß der Gedanke, den Kommunismus aufzubauen, zumindest für einen beträchtlichen Teil der Parteiaktivisten motivierende und beflügelnde Kraft. Im Laufe der Jahre dann glaubten immer weniger an den Entwurf einer harmonischen Gesellschaft, in der sich der Staat allmählich verflüchtigte. Und doch konnte die Führungsriege (so wie die Dinge lagen) nicht auf dieses Ziel verzichten, ohne einen Ursprung ihrer Legitimation aufzugeben. Dazu Nove in einem Buch, das 1989 erschien, als das Sowjetsystem tiefgreifenden Veränderungen unterworfen war:

> Entscheidend ist, dass sich die offene Diskussion heute – zum ersten Mal seit Menschengedenken – mit dem Wesen, den Grundprinzipien des Sowjetsystems befasst. Was für eine Gesellschaft hatten sie, und wo stehen sie jetzt? Wohin gehen sie? Man hat den Eindruck, dass es niemand so recht weiß. Spielt das eine Rolle? Wissen wir denn, wohin *wir* gehen? In der Sowjetunion spielt das sehr wohl eine Rolle, da die Herrschaft der Partei ihre Legitimität daraus gewinnt, dass sie die Menschen zu einem Ziel führt.[15]

Hätte politisches Handeln nach den Worten von Michael Oakeshott »weder einen Ausgangspunkt noch ein bestimmtes Ziel«,[16] könnte eine politische Partei nicht das Recht auf Herrschaft mit der Begründung für sich in Anspruch nehmen, sie habe erkannt, wie sich die Gesellschaft zu ihrer höchsten Bestimmung führen lasse. Doch die marxistisch-leninistischen Ideologen leiteten eben aus der Behauptung, es *gäbe* ein bestimmtes Ziel – das des Kommunismus, die klassenlose, autonome Gesellschaft –, die Rechtfertigung für die dauerhafte Führungsrolle der Kommunistischen Partei ab. Nur die Partei besitze die theoretische Einsicht und die praktische Erfahrung, um weniger aufgeklärte Bürger in diese strahlende Zukunft zu führen.

Während die hohen Parteifunktionäre aufrichtig an die »führende Rolle« der Partei und den demokratischen Zentralismus glaubten, da sie ihren Interessen unmittelbar dienten, darf bezweifelt werden, dass irgendein sowjetischer Führer nach Nikita Chruschtschow (der die KPdSU von 1953 bis zu seinem erzwungenen Rücktritt im Jahr 1964 leitete) an eine künftige kommunistische Gesellschaft glaubte, die auch nur die geringste Ähnlichkeit mit Marx' oder Lenins Entwurf hatte. Doch ungeachtet aller persönlichen Vorbehalte konnte sich keiner von ihnen öffentlich von diesem Ziel lossagen, führten sie doch Parteien und Gesellschaften, die auf diese Bestimmung ausgerichtet waren. T. H. Rigby, der Nestor der australischen Kommunismus-Spezialisten, schrieb vor einigen Jahren:

> In kommunistischen Gesellschaften sind die strukturellen und ideologischen Merkmale eines gänzlich für den Krieg mobilisierten Landes in einen dauerhaften, »normalen« Zustand verwandelt worden. Doch der »Krieg«, den sie führen, ist der »Kampf für den Kommunismus«. »Unser Ziel heißt Kommunismus!«, verkündet das riesige Spruchband im Maschinensaal, und tatsächlich dient es diesem Ziel, dass das Politbüro die Maßgaben des Fünfjahresplans gutheißt, dass Gosplan sie als Jahres- und Vierteljahrespläne für die betreffenden Wirtschaftszweige ausformuliert und dass das zuständige Ministerium sie in konkrete Vorgaben für bestimmte Werke umwandelt, deren Leitung sie für einzelne Werkhallen und Arbeiter als Soll festsetzt.[17]

Das hohe Endziel diente als Rechtfertigung aller Mühen und Härten, denen man auf dem Wege dorthin begegnen mochte. Sobald dieses Ziel aufgegeben wurde, liefen kommunistische Regime Gefahr, dass sie nach ihrer Fähigkeit, kurzfristige Ergebnisse vorzuweisen, beurteilt und für unzulänglich befunden wurden. Ohne das Endziel des Kommunismus wäre die »führende Rolle« der Partei weitaus schwieriger zu legitimieren gewesen. Sobald die jeweiligen Führer bekannten, dass ihnen eher an weltlicheren Verbesserungen gelegen und der Kommunismus als Himmel auf Erden ein Märchen sei, wurden kommunistische Parteien nicht länger als Inhaber der geheiligten Wahrheit wahrgenommen, und der politische Glaube musste der Säkularisierung weichen.

Dass sich Michail Gorbatschow, der letzte Parteivorsitzende der

Die ideologische Sphäre 163

Sowjetunion, zwar der, wie er sagte, »sozialistischen Idee« verpflichtet fühlte, aber schon seit langem dem Endziel des Kommunismus mit Skepsis begegnete, zeigt der Umstand, dass er sich mit Vergnügen an einen Witz aus der Chruschtschow-Ära erinnerte, den er allerdings erst nach dem Ende der Sowjetunion zum Druck freigab:

> Ein Redner, der über die künftige kommunistische Gesellschaft sprach, schloss mit den Worten: »Die Morgenröte des Kommunismus wird bereits sichtbar. Sie erstrahlt am Horizont.« Da stand ein alter Bauer in der ersten Reihe auf und fragte: »Genosse Redner, was ist ein Horizont?« Der Redner erklärte, er sei die Grenzlinie, an der Erde und Himmel sich zu berühren schienen, und habe die besondere Eigenschaft, dass er sich umso weiter entferne, je näher wir ihm rückten. Der alte Bauer erwiderte: »Danke, Genosse Redner. Dann ist ja alles klar.«[18]

Das sechste definierende Merkmal des Kommunismus war die *Existenz einer internationalen kommunistischen Bewegung und das Gefühl, zu ihr zu gehören.* Auch das hatte große ideologische Bedeutung. Sein vermeintlicher Internationalismus verschaffte dem Kommunismus viele Anhänger. Stalin hatte natürlich die frühe Isolierung der Sowjetunion erkannt, als er die Doktrin vom »Sozialismus in einem Land« ins Spiel brachte, und selbst die Kommunistische Internationale – die Komintern – hatte, wie bereits dargelegt, vor allem sowjetischen Interessen gedient. Allerdings betrieb Moskau eine doppelgleisige Politik: Die Komintern befasste sich mit der internationalen kommunistischen Bewegung, während sich das Außenministerium um die praktischeren Belange zwischenstaatlicher Beziehungen kümmerte. Die Komintern wurde 1943 aufgelöst, als die Sowjetunion mit den westlichen Demokratien im Kampf gegen Hitler-Deutschland verbündet war. Zwischen 1947 und 1956 gab es zwar das Kominform (Informationsbüro der Kommunistischen und Arbeiterparteien), dieses hatte aber weniger Mitglieder und Aufgaben als die Komintern. Die wirkliche Nachfolgerin der Komintern war, was die Überwachung der nicht regierenden kommunistischen Parteien und der revolutionären Bewegungen anging, die Internationale Abteilung des Zentralkomitees der Kommunistischen Partei der Sowjetunion. Die Kontinuität manifestierte sich in der Person von Boris Ponomarjow, der von 1955 bis 1985 die Internationale Abteilung leitete und in den dreißiger Jahren Mitarbeiter von Georgi Dimitrow in der Komintern gewesen war. Die Internationale Abteilung half den nicht regierenden kommunistischen Parteien – auch solchen, die kaum Aussicht zu haben schienen, jemals an die Macht zu kommen – nicht nur mit Rat und Ermutigung, sondern häufig auch mit finanziellen Zuwendungen.

Für die Parteimitglieder war das Bewusstsein, einer großen internationalen Bewegung anzugehören, von großer Bedeutung, insbesondere, wenn ihre Partei in der politischen Landschaft des eigenen Landes nur eine marginale Rolle spielte. 1969 schrieb der namhafte Historiker Eric Hobsbawm, selbst langjähriges Mitglied der Kommunistischen Partei, der seine Kindheit in Mitteleuropa und sein Erwachsenenleben in Großbritannien verbrachte:

> Heute, wo die internationale kommunistische Bewegung im eigentlichen Sinne nicht mehr existiert, ist es schwer, nachzuempfinden, welch ungeheure Stärke ihren Mitgliedern das Bewusstsein gab, Soldaten einer einzigen internationalen Armee zu sein, die trotz aller taktischen Vielförmigkeit und Flexibilität nur die eine große Strategie der Weltrevolution verfolgte. Deshalb war ein grundsätzlicher oder länger anhaltender Konflikt zwischen den Interessen einer nationalen Bewegung und der Internationalen unmöglich. Die Internationale war die *eigentliche* Partei. Die nationalen kommunistischen Parteien standen zu ihr in einem Verhältnis, als seien sie lediglich disziplinierte Sektionen.[19]

Raphael Samuel wurde fast zwei Jahrzehnte später als Hobsbawm geboren. Der Sohn einer militanten kommunistischen Mutter trat als junger Mann in die Kommunistische Partei Großbritanniens ein und wurde später ein führender Vertreter der »ersten Neuen Linken« der britischen Intellektuellen, die mit dem Kommunismus, aber nicht mit dem Marxismus brachen.[20] Auch er bezeugt, wie wichtig der Internationalismus für die kommunistischen Gläubigen war. Wie Hobsbawm misst er dem übernationalen Aspekt große Bedeutung zu, ist aber, anders als dieser, in seiner Haltung eher religiös denn militärisch:

> Der Kommunismus meiner Kindheit war universalistisch. Wir traten nicht mehr für die Weltrevolution ein, sondern glaubten, der Sozialismus sei ein kosmischer Prozess, und obwohl wir die Existenz nationaler Besonderhei-

Die ideologische Sphäre 165

ten gelten ließen (wir waren nur halb von ihnen überzeugt), hielten wir den
Übergang vom Kapitalismus zum Sozialismus überall für inhaltlich »identisch«. Der Kommunismus war wie die mittelalterliche Christenheit eins
und unteilbar, eine internationale Glaubensgemeinschaft … »eine große Vision«, die uns einte, wie es in einem kommunistischen Lied hieß. Internationalismus war keine Option, sondern eine Notwendigkeit unserer politischen Existenz, ein Prüfstein unserer Ehre und unseres Werts.[21]

Viele Mitglieder der weltweiten kommunistischen Bewegung fühlten sich dem Ideal des Internationalismus aufrichtig verpflichtet,
doch da sie anerkannten, dass der Sowjetunion insofern eine Sonder-
rolle zukam, als sie das einzige Land war, das ihre Ideologie erfolgreich verwirklicht hatte und daher als Lehrmeister und Beispiel
diente, ließen sie sich relativ leicht als Werkzeuge der sowjetischen
Politik und der wechselnden Konstellationen im Moskauer Machtzentrum missbrauchen. »Was an Lenin überzeugte«, schrieb Hobs-
bawn, »war nicht so sehr seine sozio-ökonomische Analyse … sondern
sein augenfälliges Genie, eine revolutionäre Partei zu organisieren
und die Strategie und die Taktiken revolutionärer Aktionen zu hand-
haben.«[22] Folglich verschrieben sich die nicht regierenden Parteien
lange Zeit bereitwillig der internationalen kommunistischen Bewegung, waren sie doch von deren kollektiver Weisheit überzeugt und
glaubten sie doch an die besondere Autorität, die die Partei unter Lenins Führung erworben hatte.

Die Tatsache, dass sie von den etablierten Mitgliedern als Teil der
internationalen kommunistischen Bewegung anerkannt wurden, unterschied kommunistische Länder und Parteien von sozialistischen
Regierungen und Parteien sozialdemokratischer Prägung. Da sich die
Sowjetunion und andere kommunistische Staaten als »sozialistisch«
bezeichneten, musste, wer als Mitglied akzeptiert werden wollte, den
von ihnen definierten »Sozialismus« übernehmen. Für die meisten
kommunistischen Regierungen war das unproblematisch, weil sie
ihre Existenz sowjetischer Unterstützung verdankten, es bedeutete
aber auch, dass die internationale kommunistische Bewegung die
Führung (und manchmal auch unverhüllte Herrschaft) der Sowjets
dulden musste. Kommunistischen Parteien, die – wie beispielsweise
in Albanien, China und Jugoslawien – ihre eigenen Revolutionen hinter sich hatten, bereitete es weit größere Schwierigkeiten, sich mit der

sowjetischen Hegemonie abzufinden. Von ihrer Beziehung zur sowjetisch dominierten internationalen kommunistischen Bewegung wird in späteren Kapiteln die Rede sein. Aber auch Länder, in denen die kommunistische Herrschaft unter der Ägide der Sowjetunion errichtet worden war, fanden zu gegebener Zeit Möglichkeiten, ihre Unabhängigkeit zu behaupten. Manche von ihnen vernachlässigten bereits einige der sechs Kriterien eines kommunistischen Systems, bevor ihre Regierungen entmachtet wurden. Auf welch vielfältige Weise dies geschah, betrachten wir in Teil 4 und 5 dieses Buchs. Zuvor aber müssen wir die Ausbreitung des Kommunismus in der Zeit vom Zweiten Weltkrieg bis zu Stalins Tod untersuchen – das Thema dieses zweiten Teils.

KAPITEL 7

Die Faszination des Kommunismus

In den meisten westlichen Ländern stellten die kommunistischen
Parteien während der siebzig Jahre von 1919 bis 1989 – von der Gründung der Komintern bis zum Fall des Kommunismus in Europa – zu
keinem Zeitpunkt die Mehrheit der Linken. Die Kommunisten waren generell nur eine winzige Minderheit der Bevölkerung. Doch
dank straffer Organisation und Disziplin übertraf ihr Einfluss oft genug – vor allem in der Gewerkschaftsbewegung – ihre zahlenmäßige
Stärke bei weitem. Wer Kommunist wurde, hing erheblich davon ab,
ob es sich um Länder handelte, wo die Kommunisten die wichtigste
Alternative zu konservativen oder liberalen Parteien waren, oder um
Staaten, wo die Kommunisten, wie in Europa üblich, in Bezug auf
Mitgliederzahlen und Wahlerfolge weit hinter sozialistischen Parteien sozialdemokratischer Prägung zurückblieben.

In Frankreich, Italien und – in geringerem Maße – Finnland war die
Kommunistische Partei jedoch über weite Teile dieser siebzig Jahre
eine ernstzunehmende politische Kraft. Bei den ersten Wahlen nach
dem Zweiten Weltkrieg waren dies die drei demokratischen Länder,
in denen die Kommunisten am besten abschnitten, abgesehen von der
Tschechoslowakei, wo die Kommunisten 1946 aus freien Wahlen als
stärkste Partei hervorgingen. Im tschechischen Landesteil Böhmen
und Mähren bekam die Kommunistische Partei 40 Prozent der Stimmen (deutlich mehr als die Sozialisten), in der Slowakei erhielten sie
mit 30 Prozent erheblich weniger Zuspruch. In der Tschechoslowakei
entsprang die Anziehungskraft des Kommunismus erstens der Enttäuschung über die Absprachen der Westmächte mit Hitler im Münchener Abkommen von 1938, die dazu führten, dass Teile des tsche-

chischen Staatsgebiets Deutschland überlassen wurden, zweitens den traditionell guten Beziehungen der Tschechen zu Russland und drittens dem Umstand, dass die Tschechoslowakei die Befreiung von der deutschen Besatzung vor allem der Roten Armee zu verdanken hatte. Allerdings dürften die Tschechen und Slowaken nicht gewusst haben, dass es mehr als vierzig Jahre lang ihre letzten freien Wahlen sein sollten. Das lag nicht in der Absicht der meisten Wähler, die der Kommunistischen Partei ihre Stimme gaben. In den unmittelbaren Nachkriegsjahren machten sich die Tschechoslowaken jedoch mit großer Begeisterung an den »Aufbau des Sozialismus«, obwohl nicht alle das Gleiche darunter verstanden.

In den anderen Ländern, in denen die kommunistischen Parteien in den ersten Nachkriegswahlen relativ gut abschnitten und die, im Gegensatz zur Tschechoslowakei, Demokratien *blieben,* erhielten die Kommunisten ungefähr ein Fünftel bis ein Viertel der abgegebenen Stimmen (26 Prozent in Frankreich, 23,5 Prozent in Finnland und 19 Prozent in Italien).[1] Das war lange bevor die sozialistischen Parteien die Kommunisten in Frankreich und Italien als wichtigste Linksparteien ablösten, was in Finnland bereits 1948 geschah.[2] Die Tatsache, dass die KPI jahrzehntelang die Hauptinteressenvertreterin der Arbeiterklasse des Landes zu sein schien, hatte zur Folge, dass Immigranten, die erst relativ kurz im Land waren, keinen wesentlichen Anteil der Parteimitglieder stellten (was in so verschiedenen Ländern wie den Vereinigten Staaten, Kanada, Großbritannien und Südafrika der Fall war). Sie kamen fast alle aus der einheimischen Bevölkerung.[3] In gewissem Maße galt das auch für Frankreich, besonders im Vergleich zu den englischsprachigen Ländern. Doch in den 1920er und 1930er Jahren erfolgte ein starker Zustrom von Einwanderern, besonders Polen, Italienern und Spaniern, die großenteils Industriearbeiter wurden. Einige von ihnen schlossen sich der kommunistischen Bewegung an.[4]

Außerdem gelang es den Kommunisten sehr gut, regionale Gruppen an sich zu binden, die sich von der politischen Elite in Frankreich und Italien vernachlässigt fühlten. Besonders Frankreich mit seiner jakobinischen Tradition war eine natürliche Heimstatt für eine revolutionäre Partei. Die KPF schlug daraus Kapital, indem sie die bolschewistische Revolution als Fortsetzung der Französischen Revolution von 1789 hinstellte und Lenins Verwandtschaft mit Robespierre betonte.[5] Das 20. Jahrhundert hindurch waren Klassenunterschiede ausgeprägter als regionale Unterschiede, und die Übermacht der elitären Bildungsanstalten eröffnete den Zugang zu politischer Macht und Einflussnahme. Auch die Intellektuellen, die die französischen Universitäten besucht hatten – vor allem die Sorbonne in Paris statt der exklusiven *Grandes Écoles* –, bildeten eine soziale Gruppe, in der die KPF viele Mitglieder gewann. Die Anziehungskraft der kommunistischen Ideen verlief also teilweise quer zu Klassengrenzen, da man die Ziele der KPs in Frankreich und in Italien so verstand, »dass sie sich mit den sozialistisch-humanistischen Bestrebungen deckten, die in diesen Ländern schon vor dem Aufkommen des Kommunismus tief verwurzelt waren«.[6]

Generell beruhte die Zugkraft des Kommunismus weltweit auf landesspezifischen Faktoren, internationalen Entwicklungen (etwa der Großen Depression Anfang der dreißiger Jahre und dem Aufstieg des Faschismus am Ende des Jahrzehnts) und der unterschiedlichen Attraktivität der Sowjetunion zu verschiedenen Zeiten. Letzterer Punkt ist von großer Bedeutung. Je nach Zeitpunkt und Perspektive des Betrachters konnte die Sowjetunion als bewunderns- und nachahmenswertes Vorbild oder warnendes Beispiel angesehen werden. Auch die Politik der Komintern, die (um es sehr vorsichtig auszudrücken) stark von sowjetischen Interessen beeinflusst war, veränderte ihre Bedeutung im Laufe der Zeit. Sowohl in Europa wie in Nordamerika gab es Ende der zwanziger Jahre eine verheerende Wirtschaftskrise und Massenarbeitslosigkeit, die bis Anfang der dreißiger Jahre andauerte. Das trieb einige Betroffene direkt in die Arme der Kommunistischen Partei; doch die schlimmsten Jahre des wirtschaftlichen Niedergangs im Westen fielen zeitlich zusammen mit der dritten Phase der Komintern, einer Zeit verbohrten Sektierertums (»Klasse gegen Klasse«), was die Anziehungskraft dieser scheinbaren Alternative zum krisengeschüttelten Kapitalismus merklich beeinträchtigte. Infolgedessen gewannen die kommunistischen Parteien Ende der dreißiger Jahre mehr Mitglieder hinzu als zu Beginn des Jahrzehnts, obwohl sich die westlichen Volkswirtschaften zu diesem Zeitpunkt schon wieder erholten und trotz der sowjetischen Schauprozesse und Säuberungen in den Jahren 1936 bis 1938. Die Veränderungen der Kominternpolitik und der internationalen Situation spielten eine entscheidende Rolle für die wachsenden Mitgliederzahlen der kommunistischen Parteien in der zweiten Hälfte der dreißiger Jahre. Wie in Kapitel 5 erwähnt, war die Zeit zwischen 1935 und 1939 die Volksfrontära. Die Gefahr des Faschismus in Verbindung mit dem Aufruf der Komintern zur Solidarität angesichts dieser Bedrohung war weit eher dazu angetan, neue Anhänger zu gewinnen, als ihre frühere Politik, die keine Unterschiede zwischen demokratischen Sozialisten und Faschisten machte. Die rasch wachsende Sowjetwirtschaft mit Fünfjahresplänen und Vollbeschäftigung schien ebenfalls für den Kommunismus zu sprechen. Vielen Menschen im Westen, die ihre Not als vermeidbare Folge eines launischen Kapitalismus sahen, erschien ein zentrales Planungssystem als Mittel der Wirtschaftslenkung vernünftiger als die Aufschwünge und Abstürze der Marktwirtschaft in der Zwischenkriegszeit.

Da selbst in den Zwischenkriegsjahren (gar nicht zu reden von der Zeit des Kalten Krieges) die KP-Mitgliedschaft in westlichen Demokratien mit großem Misstrauen aufgenommen wurde, gab es weit mehr Sympathisanten der Sowjetunion und der KP als Parteimitglieder. Man bezeichnete sie als »Gesinnungsgenossen«. Obwohl die Führer der demokratischen sozialistischen Parteien sich im Allgemeinen vom Kommunismus distanzierten und, wie in einem früheren Kapitel erwähnt, die stärkste von ihnen, die britische Labour Party, großen Wert darauf legte, keine Kommunisten als Mitglieder aufzunehmen, erwiesen sich einige sozialistische, nichtkommunistische Intellektuelle als besonders blauäugige Bewunderer der Sowjetunion.

Schriftsteller und Kommunismus

Der amerikanische Romancier Howard Fast, Produkt einer notleidenden Kindheit, arbeitete in der Harlemer Filiale der Stadtbücherei New Yorks, als ihm 1932 eine Kollegin George Bernard Shaws Schrift *Wegweiser für die intelligente Frau zum Sozialismus und Kapitalismus* in die Hand drückte.[7] In einer Nacht habe er das »wunderbare Buch« verschlungen, und »seither war Shaw mein Idol und Lehrmeister«.[8] Britische Kommunisten, die vor oder während des Zweiten Weltkriegs in die KPGB eintraten, nannten häufig das gleiche Buch – erstmals 1928 erschienen und 1937 in einer aktualisierten Taschenbuchausgabe herausgebracht – als die Schrift, die sie zum Sozialismus (und Kommunismus) bekehrte. Der irische Dramatiker, der als Erwachsener in England lebte und eines der namhaftesten frühen Mitglieder der Fabian Society war, schrieb sehr viel verständlicher als die klassischen Marxismustheoretiker. Obwohl Shaw mit der Sowjetunion sympathisierte und sowohl Lenin als auch Stalin wohlwollend beurteilte, stand er dem Unterfangen, den Marxismus in eine politische Religion zu verwandeln, doch skeptisch gegenüber. Zwar bekannte er, durch die Lektüre von Marx' *Kapital* von der Überlegenheit des Sozialismus über den Kapitalismus überzeugt worden zu sein, doch schrieb er 1927 (veröffentlicht 1928):

> Vor einer Gefahr jedoch müssen Sie auf der Hut sein. Der Sozialismus kann nicht nur als weitreichende wirtschaftliche Neuerung gepredigt werden, sondern auch als eine neue Kirche, gegründet auf die neue Offenbarung von Gottes Willen durch einen neuen Propheten. Sie predigen eine unvermeidliche endgültige höchste Begriffsklasse in der Ordnung des Weltalls, in der alle Widersprüche früherer und späterer Kategorien versöhnt sein werden ... Ihr Prophet heißt weder Jesus noch Mohammed noch Luther noch Augustinus ..., sondern Karl Marx ... Zwei seiner Lehrsätze widersprechen einander ... Der eine besagt, die Entwicklung des Kapitalismus zum Sozialismus sei vorherbestimmt, was so viel heißt wie, dass wir nichts weiter zu tun haben, als uns hinzusetzen und abzuwarten, bis sie sich vollzieht. Das ist die marxistische Formulierung der Erlösung durch den Glauben. Der andere Satz verkündet, dass der Umschwung durch eine Revolution bewirkt werden müsse, die eine Diktatur des Proletariats bringen werde. Dies ist ihre Formulierung der Erlösung durch Werke.[9]

In der Überzeugung, dass Karl Marx jemand sei, von dem man viel lernen könne, jedoch niemand, der als »unfehlbarer Prophet« zu verehren sei, forderte Shaw seine Leser auf, niemanden zu wählen, der Marx schlechtmache, fügte aber auch hinzu: »Stimmen Sie aber auch nicht für einen marxistischen Fanatiker, falls Sie nicht etwa eines so jungen und klugen habhaft werden, dass er nach einiger Erfahrung über den Marxismus hinauswächst, wie es Lenin tat.«[10] Zwar passte Lenin den Marxismus sicherlich den russischen Verhältnissen an – egal, ob der vorrevolutionären Gesellschaft oder den Erfordernissen seiner Regierung –, doch die Vorstellung, Lenin sei »dem Marxismus entwachsen«, gehört zu den eher zweifelhaften Urteilen Shaws über die sowjetische Entwicklung.

172 Die Faszination des Kommunismus

Der Dichter Hugh McDiarmid, der es im Laufe eines streitbaren Lebens schaffte, einmal als schottischer Nationalist aus der Kommunistischen Partei und ein andermal als Kommunist aus der Schottischen Nationalpartei ausgeschlossen zu werden, hatte von Lenin noch eine weit höhere Meinung als Shaw. In seinem Gedicht »Erste Hymne an Lenin« vergleicht er ihn mit Christus und sagt, Lenin sei seit der Geburt des Christentums der größte Wendepunkt in der Geschichte der Menschheit gewesen. Er verschweigt nicht, dass er von den Morden des strafenden Arms der bolschewistischen Revolution, der Tscheka, weiß, hält deren Treiben aber, aus einer eher globalen Perspektive betrachtet, für notwendig und unwichtig. Entscheidend sei *wha [whom] we kill [wen wir töten]*,

To lessen that foulest murder that deprives
Maist [most] men o' real lives

[um diesen abscheulichsten aller Morde zu lindern,
der die meisten Menschen eines wirklichen Lebens beraubt.][11]

Dieses Gedicht hat McDiarmid dem Fürsten Mirski gewidmet, der im russischen Bürgerkrieg auf Seiten der Weißen kämpfte, 1921 nach Großbritannien emigrierte, russische Literatur an der University of London lehrte und dann eine wachsende Begeisterung für den, wie er sagte, »Nationalbolschewismus« bewies, der sich in Russland entwickelte. 1931 trat er in die KPGB ein und kehrte 1932 in seine Heimat zurück. Fünf Jahre später wurde er von der Geheimpolizei festgenommen. 1939 ging er in einem sowjetischen Arbeitslager zugrunde.

Das berüchtigtste Beispiel für Fabier, die sich vom »sowjetischen Experiment« verführen ließen, lieferten Sidney und Beatrice Webb. Sie schrieben ein umfangreiches Werk, das den Anschein erweckte, in allen Einzelheiten zu zeigen, wie die Sowjetunion regiert wurde. Als es 1935 zum ersten Mal erschien, lautete der Titel *Soviet Communism: A New Civilisation?*, in der zweiten Auflage war das Fragezeichen fortgelassen. Im Oktober 1937 schrieben die Webbs: »Was wir über die Entwicklungen im Zeitraum 1936/37 erfuhren, hat uns bewogen, das Fragezeichen fortzulassen.«[12] Die Webbs schrieben viele andere Bücher, die Anerkennung verdienen (nicht zuletzt die beiden ersten Bände von Beatrice Webbs Autobiographie *My Apprenticeship*) – und sie waren 1895 maßgeblich an der Gründung einer bedeutenden Bildungsanstalt beteiligt, der London School of Economics and Political Science. Im Oktober 1937, im Vorwort zur zweiten Auflage ihres *Soviet Communism*, schrieben sie die Abfassung eines so umfangreichen Buches über die UdSSR selbstkritisch der »Unbekümmertheit des Alters« zu. Sie fügten hinzu, dass »unser Ruf natürlich mit unserem Arbeitsertrag des letzten halben Jahrhunderts stehen oder fallen wird, und bei dessen Fülle macht ein weiteres Buch keinen großen Unterschied.«[13] Allerdings wäre es ihrem Nachruhm zuträglicher gewesen, wenn sie auf die Veröffentlichung eines Buches verzichtet hätten, in dem es von Äußerungen wie der folgenden wimmelt:»Im laufenden Jahr (1937) sind in der Gewerkschaftsorganisation wie in der Kommunistischen Partei energische Anstrengungen unternommen worden, nutzlose Mitglieder zu entfernen.«[14] 1937 war das Jahr, in dem die physische Vernichtung der Kommunisten einen grausigen Höhepunkt erreichte, weil die »Große Säuberung« die herrschende Partei mit ganzer Wucht traf. Zwar übten die Webbs eine wenn auch vorsichtige und irreführend eingeschränkte Kritik an »der vorsätzlichen Entmutigung und sogar Unterdrückung – nicht der Kritik an der Verwaltung, die nach unserer Meinung nachhaltiger ist und aktiver gefördert wird als in irgendeinem anderen Land, sondern an der unabhängigen Diskussion grundsätzlicher sozialer Fragen …« in der Sowjetunion.[15] Doch sie gelangten dann zu dem frohgemuten Schluss, dass »der alte Grundsatz ›Liebe deinen Nächsten wie dich selbst‹« in der Sowjetgesellschaft verkörpert sei und dass »es in der UdSSR keinen Unterschied zwischen dem Verhaltenskodex gibt, der sonntags verkündet und werktags in die Tat umgesetzt wird«.[16] Und das in den schlimmsten Jahren stalinistischer Repression.

Abgesehen von sozialistischen Autoren wie George Orwell, die sich nie zum Kommunismus hingezogen fühlten – Orwell legte mit *Farm der Tiere* (1944) und *1984* (1949) zwei der eindrucksvollsten Anklagen gegen Stalinismus und Totalitarismus vor –, gab es auch Schriftsteller, die für den Reiz des Kommunismus nicht unempfänglich waren, aber noch vor Ende der dreißiger Jahre die Verlogenheit der Sowjetunion Stalins durchschaut hatten. Zu den bekanntesten von ihnen gehörte der französische Autor André Gide (wie Shaw Nobelpreisträger für Literatur). Ohne in die Partei einzutreten, war Gide sehr angetan von den kommunistischen Idealen und der Gesellschaftsform, die sich seiner Meinung nach in der Sowjetunion entwickelte. 1932 schrieb er:

> Meine Bekehrung hat etwas Religiöses ... Die Sowjetunion scheint mir den Weg zur Erlösung aus dem jammervollen Elend zu weisen, in dem sich die heutige Welt befindet ... Und wenn der Sieg der Sowjetunion von meinem Leben abhinge – gern und auf der Stelle gäbe ich es dahin.[17]

1936 stattete Gide Russland auf Einladung des offiziellen sowjetischen Schriftstellerverbands einen Besuch ab. Während viele andere ausländische Autoren von der Aufmerksamkeit, die man ihnen entgegenbrachte – den vielen Festbanketts, die zu ihren Ehren gegeben wurden –, geschmeichelt waren, fand Gide es abstoßend, dass man ihn »mit all den Vorteilen und Privilegien« zu gewinnen suchte, »die ich an der alten Weltordnung verabscheute«, da ihm die verbreitete Armut in der UdSSR nicht entgangen war.[18] Er entdeckte auch, dass die offiziell gebilligte »Kritik und Selbstkritik« ein aufgelegter Schwindel war. Obwohl er an einer jener politisch entschärften Rundreisen teilnahm, die den kritischen Verstand vieler anderer ausländischer Besucher in dieser Phase des »Hochstalinismus« einzuschläfern pflegten, schrieb Gide im Gegensatz zu ihnen:

> Es wird nicht etwa über die Richtigkeit der von der Partei verfolgten Politik diskutiert, sondern lediglich über die Frage, ob diese oder jene Theorie der geheiligten Parteilinie entspricht. Nichts ist gefährlicher als eine solche Geisteshaltung, und nichts kann wahrer Kultur abträglicher sein. Von dem, was außerhalb der russischen Landesgrenzen vor sich geht, erfahren die Sowjetbürger so gut wie nichts. Ja, schlimmer noch, man hat ihnen eingehämmert, dass nichts im Ausland an das heranreiche, was Sowjetrussland zu bieten hat. Bei aller Interesselosigkeit fremden Dingen und Angelegenheiten gegenüber liegt den Sowjets aber sehr daran, zu erfahren, was man »draußen« von ihnen denkt. Sie möchten vor allem wissen, ob man sie im Ausland auch genügend bewundert ... sie wollen vom Ausland nur gelobt, nicht informiert werden.[19]

Arthur Koestler dagegen, ein mitteleuropäischer Kommunist in der vollen geographischen Bedeutung des Wortes – in Budapest als Sohn einer österreichischen Mutter und eines ungarischen Vaters geboren, Schulbesuch und Studium in Wien, aber seit 1931 Mitglied der KPD –, sah sich durchaus imstande, die Armut in der Sowjetunion zu rechtfertigen, obwohl er sich 1932/33 mit eigenen Augen von ihr hatte überzeugen können, die schrecklichen Hungersnöte in der Ukraine nicht ausgenommen. Er blieb bis 1938 Parteimitglied. Zum Austritt bewog ihn schließlich seine Erfahrung als Journalist auf der republikanischen Seite im Spanischen Bürgerkrieg und, noch schwerwiegender, die Säuberungen 1936–38 in der Sowjetunion, bei denen sein Schwager und zwei seiner besten Freunde unter absurden Anschuldigen inhaftiert wurden. Koestlers einflussreicher Roman *Sonnenfinsternis*, der 1940 veröffentlicht wurde, zeichnet das einfühlsame Porträt von Rubaschow, einem alten Bolschewiken, der mit vierzig Jahren verhaftet und erschossen wird. Rubaschow ist überzeugt, der »letzte Dienst«, den er der Partei erweisen könne, bestehe darin, die erfundenen Anschuldigungen zu gestehen, die gegen ihn vorgebracht werden, um »Sympathie und Mitleid« in der Bevölkerung zu vermeiden, da die Erweckung solcher Gefühle gefährlich für die Partei und die Kommunistische Sache wäre.[20]

Soziale und psychologische Attraktionen

Im Falle der nicht regierenden kommunistischen Parteien waren es im Allgemeinen nicht die Ärmsten der Gesellschaft, die Mitglieder wurden – weniger die Arbeitslosen oder ungelernten Arbeiter als die angelernten und die Facharbeiter. Was für die KPGB galt, traf auch auf viele andere europäische Parteien zu – die Mitglieder rekrutierten sich großenteils aus den gut organisierten Teilen der Arbeiterschaft, vor allem den Technikern, Bergleuten und Bauarbeitern. Es gab auch einen kleinen, aber nicht unbeträchtlichen Anteil Lehrer, besonders solche, die selbst aus politisch bewussten Arbeiterfamilien stammten.[21] Die schottischen und walisischen Kohlenreviere stellten einige führende Mitglieder der KPGB, und obwohl Harry Pollitt, der langjährige Generalsekretär der Partei, ein Kesselschmied aus Lancashire war, erreichte der Mitgliederanteil der Engländer gegenüber den Walisern und Schotten nie ein Niveau, das ihrer überwältigenden Bevölkerungsmehrheit entsprochen hätte. Nachdem Pollitt und Palme Dutt längere Zeit die Doppelspitze der KPGB gebildet hatten, gelangten

Mitglieder jüdischer Herkunft (von denen im nächsten Abschnitt in einem größeren Zusammenhang zu berichten sein wird) und Schotten in viele Führungspositionen. Der walisische Bergarbeiterführer Arthur Horner, der nach der Leitung der South Wales Miners' Federation Generalsekretär der National Union of Mineworkers wurde, war von den dreißiger bis zu den fünfziger Jahren einer der namhaftesten Kommunisten. Für ein führendes Parteimitglied bewies er eine ungewöhnliche geistige Unabhängigkeit und Bereitschaft, sich der Parteidisziplin zu widersetzen – so sehr, dass man ihm bereits 1931 und in der Folgezeit immer wieder »opportunistisches Abweichlertum« vorwarf. Irische Einwanderer in Großbritannien, von denen viele im Baugewerbe arbeiteten, waren sehr zahlreich in der Kommunistischen Partei vertreten, obwohl die katholische Kirche in Großbritannien wie überall zu den entschlossensten Gegnern der Kommunisten gehört. Tatsächlich war für viele Katholiken ihr Übertritt zum Kommunismus ein Akt der Rebellion gegen ihre religiöse Erziehung.

Zwar hat die Kommunistische Partei viele Menschen angelockt, die entschiedene Gegner der konventionellen Religion waren, trotzdem haben viele Mitglieder nicht regierender kommunistischer Parteien (im Unterschied zu Parteimitgliedern in kommunistischen Staaten) ihren Glauben an die Partei mit einer religiösen Überzeugung verglichen. Das gilt für viele, die in der Partei blieben, aber auch für solche, die ihr den Rücken gekehrt hatten. Der quasi-religiöse Eifer des Engagements für die kommunistische Sache war besonders häufig in kleineren Parteien anzutreffen, egal, ob es sich um Untergrundorganisationen in autoritären Staaten oder um die offenere Mitgliedschaft in Demokratien handelte. Aber auch dieses Merkmal änderte sich im Laufe der Zeit. Es traf eher auf Personen zu, deren Parteieintritt vor 1956 lag, bevor Nikita Chruschtschow auf dem XX. Parteitag der KPdSU mit dem Angriff gegen Stalin unabsichtlich die Unfehlbarkeit der Partei als Mythos entlarvte.

Es gilt festzuhalten, dass sich viele westliche Kommunisten der Partei in der Absicht anschlossen, überall auf der Welt eine bessere Gesellschaft zu schaffen. Wollten sie jedoch ihre Ideale bewahren, während sie die Windungen und Wendungen der – im Wesentlichen von Moskau bestimmten – Politik mitmachten, verlangte ihnen das erhebliche gedankliche Verrenkungen ab. Vor allem setzte es die Überzeugung voraus, dass man auf höheren Führungsebenen besser wisse,

Soziale und psychologische Attraktionen

welche Politik und Strategie der Sache des Kommunismus am besten dienlich waren, und dass langfristige Ziele blinden Gehorsam und die Unterdrückung aller Zweifel an Kurswechseln rechtfertigten. Als Howard Fast in die amerikanische KP (KPUSA) eintrat, glaubte er, er gehöre »jetzt zu einer Organisation, die sich einzig und unwiderruflich der Beendigung von Krieg, Ungerechtigkeit, Hunger und menschlicher Not verschrieben habe, und der Brüderlichkeit der Menschen«.[22] Sogar nachdem Fast mit dem Kommunismus gebrochen hatte und zu dessen scharfem Kritiker geworden war, schrieb er: »Zwar kenne ich nur die Kommunistische Partei der Vereinigten Staaten genauer, doch von dieser winzigen Organisation kann ich ehrlich und aufrichtig sagen, unter Eid, wenn es sein muss, dass ich noch nie in einer so kleinen Gruppe so viele reine Seelen angetroffen habe, so viele freundliche und gute Menschen, so viele Männer und Frauen von höchster Redlichkeit.«[23] Wenn sich das denn so verhielt – und es passte schlecht zur bewussten Ignorierung oder Entschuldigung des Massenterrors in Stalins Sowjetunion –, galt es eher für die einfachen Mitglieder als für die Parteifunktionäre, die an vorderster Front verteidigen mussten, was nicht zu verteidigen war. Die kommunistischen Parteiführer in westlichen Demokratien ließen keine Skrupel erkennen, wenn sie in den dreißiger Jahren die Verhaftungen und Hinrichtungen in der Sowjetunion rechtfertigten. Und Earl Browder, Chef der KPUSA, wandte sich noch sechs Wochen vor Unterzeichnung des Hitler-Stalin-Pakts gegen die Gerüchte von einer deutsch-sowjetischen Annäherung und erklärte, genauso gut könnte »Earl Browder zum Präsidenten der Handelskammer gewählt werden«.[24] Als das Undenkbare geschah, schwenkte er unverzüglich auf den neuen Kurs ein.

Das Leben kommunistischer Parteimitglieder in einer westlichen Demokratie hatte eine gewisse Ähnlichkeit mit dem Dasein von Sektenmitgliedern. Die Mitgliedschaft war außerordentlich mühselig und anstrengend. Die Zeit, die für Geselligkeit blieb, wurde mit Parteigenossen verbracht. Die Menschen lernten ihre Ehepartner in der KP kennen, und wenn das wegen des Frauenmangels in der Partei nicht möglich war, erwartete man vom Ehemann, dass er seine Frau zum Parteieintritt bewog, was in der Regel auch geschah. Ungewöhnlicher war der Fall der Britin Betty Dowsett, die 1943 ihr medizinisches Examen ablegte und für den Medical Research Council arbeitete, bevor sie 1949, offenbar aus politischen Gründen, entlassen wurde. Sie wurde Busschaffnerin, heiratete den Fahrer ihres Busses und warb ihn nach kurzer Zeit für die KPGB an.[25]

Für manch einen, der in die Partei eintrat, waren die Suche nach etwas, an das er glauben konnte, und die Sehnsucht nach Gewissheit wichtige Elemente seiner seelischen Verfassung. Der englische Kommunist Douglas Hyde durchlebte eine Wandlung vom jungen methodistischen Laienprediger mit allgemeinem religiösem Interesse zum kommunistischen Aktivisten und brachte es in zwanzig Jahren zum Nachrichtenredakteur des Parteiorgans *Daily Worker,* bevor er 1948 aus der Partei austrat und ein bekehrungswütiges Mitglied der katholischen Kirche wurde. Obwohl Hyde in seinen politischen Erinnerungen *Anders als ich glaubte,* die am Ende der Stalinzeit entstanden, auch die Strategie und Taktik der Kommunistischen Partei einer vehementen Kritik unterzog, vertrat er doch die Auffassung, dass die meisten sich deshalb vom Kommunismus angezogen gefühlt hätten, »weil sie unbewusst nach einer Sache suchen, die die Leere ausfüllt, die ihr Unglaube hinterlassen hat, oder die, wie in meinem eigenen Fall, einen unsicheren Glauben haben, der sie geistig und seelisch nicht voll befriedigt«.[26] Raphael Samuel, der beim Austritt aus der KPGB nicht dem Einfluss eines religiösen Surrogats erlag, sondern einer der maßgeblichen Intellektuellen der Neuen Linken in Großbritannien wurde, schrieb:

> Der Eintritt in die Partei wurde als hochbedeutsames Ereignis erlebt, in seiner Intensität, wie zahlreiche Erinnerungen belegen, mit der Entscheidung für Christus vergleichbar, was sich auch darin zeigte, dass die neuen Mitglieder, wie es damals gerne hieß, »erleuchtet wurden«. Ebenso folgten die hauptamtlichen Funktionäre – die in ihre Ämter eingesetzt und nicht gewählt wurden – einer Berufung oder Mission.[27]

Obwohl der Parteieintritt in einer Massenpartei wie der italienischen selten in diesem Sinne aufgefasst wurde, gelangte Robert Putnam in den siebziger Jahren bei einer Studie der KPI zu dem Ergebnis, dass die Kommunisten im Vergleich zu anderen politischen Aktivisten Italiens, egal ob rechts oder links, »ihre Zufriedenheit häufiger über die Verpflichtung auf allgemeine Ideale und Zielsetzungen definierten als über die Chance auf persönliche Einflussnahme«.[28] Die kommunistischen Abgeordneten Italiens erschienen damals weit optimis-

Soziale und psychologische Attraktionen 179

tischer als ihre politischen Gegner und beschrieben ihre politische
Tätigkeit in der Regel als »das Leben selbst« oder erklärten, sie sei
»kein Beruf, sondern eine Berufung«.[29] Die Verallgemeinerungen,
mit denen Raphael Samuel den Kommunismus als »Ecclesia mili-
tans«[30] charakterisierte, trafen alles in allem eher auf kommunistische Parteien zu, die im politischen Leben ihrer Länder eine Außen-
seiterrolle spielen, als auf die KPs von, sagen wir, Frankreich, Italien
oder Finnland, und sie galten stärker für frühere Generationen von
Kommunisten – insbesondere für diejenigen, deren Parteieintritt in
die Zeit zwischen der bolschewistischen Revolution und Stalins Tod
fiel – als für die Generation, die sich erst in den siebziger Jahren der
Partei anschloss. Trotzdem lässt sich Samuels Schilderung der eigenen innerparteilichen Erfahrung durchaus auch auf andere kommunistische Parteien übertragen:

> Die Bestrebungen der Kommunistischen Partei – und die Selbstwahrneh-
> mung ihrer Mitglieder – waren unverkennbar theokratisch. Organisato-
> risch verstanden wir uns als eine Gemeinschaft von Auserwählten, die einer
> heiligen Sache verpflichtet waren. Politisch wollten wir Lehrer und Führer
> sein. Als sichtbare Kirche führten wir unseren Ursprung in ungebrochener
> Linie auf die Gründerväter zurück und beriefen uns in unserem politischen
> Handeln auf das heilige Schrifttum ... Auch die Autorität in der Partei war
> theokratisch, eine institutionalisierte Form von Charisma, das auf jeder
> Ebene des Parteilebens wirkte. Sitzungsberichte wurden feierlich ausgehän-
> digt, als wären sie Enzykliken, und minutiös studiert, als wären sie Bibel-
> texte.[31]

Die Anziehungskraft des Kommunismus lag für viele in der Nach-
drücklichkeit, mit der die Lehre von der Unvermeidlichkeit vertreten
wurde – ein besonderer Trost für die Mitglieder kleinerer Parteien.
Wenn die ganze Geschichte eine Geschichte von Klassenkämpfen
war und deren vorletzte Stufe – vor der Errichtung des Sozialismus
und seiner höheren Stufe, des klassenlosen Kommunismus – den sicheren Sieg des von der Avantgarde-Partei geführten Proletariats
brachte, dann konnte man mit Optimismus in die Zukunft blicken.
Dazu ein ehemaliges Mitglied der KPGB: »Die Betonung der Unvermeidlichkeit der Theorie ist ein ungeheurer Trost. Sie wiegt die Enttäuschung über die Misserfolge zur eigenen Lebzeit auf.«[32]

180   Die Faszination des Kommunismus

Zwar war diese psychologische Dimension für die Anziehungskraft des Kommunismus ganz generell von Bedeutung, doch waren in den Ländern, wo der Kommunismus am erfolgreichsten war, andere, noch wichtigere Faktoren wirksam. Wie sich in den kommenden Kapiteln deutlicher zeigen wird, verdankte der asiatische Kommunismus einen Großteil seines Erfolgs in China, Vietnam, Laos und Korea – und die große Unterstützung in Indien, Indonesien und auf den Philippinen, auch wenn es in diesen Ländern zu keiner Machtübernahme kam – seiner Gleichsetzung mit Antikolonialismus und nationaler Befreiung. Zwar hatte der Nationalismus in den westeuropäischen Ländern, in denen die Kommunistische Partei am stärksten war, keine vergleichbare Bedeutung, doch gab es in der KPF eine starke Identifikation mit einer politischen Strömung, die große Teile der französischen Gesellschaft erfasst hatte: dem Widerstand gegen das Vordringen der amerikanischen Kultur, von dem Argwohn gegen die amerikanische Militärpräsenz in Westeuropa nach dem Zweiten Weltkrieg ganz zu schweigen. Der Nachdruck, den die KPF auf die revolutionäre Tradition Frankreichs legte, und die Versuche der kommunistischen Intellektuellen, sich als »die eifrigen Hüter der französischen Kultur gegen die steigende Flut der amerikanischen Barbarei« darzustellen, kollidierte natürlich mit dem Widerspruch »zwischen einem klassenorientierten und einem nationalen Kulturbegriff«.[33] Nicht geringer war der Widerspruch zwischen der Bereitschaft der französischen Kommunisten, die ideologische und bis zu einem gewissen Grad auch kulturelle Hegemonie Moskaus hinzunehmen und gleichzeitig die Washingtons abzulehnen. Damit soll nicht in Abrede gestellt werden, dass der französische Kommunismus auch seine heimischen Wurzeln hatte. Obwohl die Entwicklung des Sowjetsystems nach 1917 einen starken Reiz auf die französischen Intellektuellen ausübte, beruhte ihre Identifikation mit der KPF auf der »besonderen Mischung aus Marxismus, Leninismus und Jakobinertum, die so charakteristisch für die politische Kultur der französischen Linken war«.[34]

Bis Ende der siebziger Jahre fand der Kommunismus bei vielen französischen Intellektuellen großen Anklang, doch deren Einfluss innerhalb der Partei wurde stark eingeschränkt. Die meisten Parteimitglieder waren Arbeiter, und zwar nicht nur die einfachen: Auch die meisten Funktionäre in höheren Parteiämtern kamen aus der Arbeiterklasse. Für diese Funktionäre proletarischer Herkunft waren die gesellschaftlichen und wirtschaftlichen Verhältnisse zur Zeit ihres Parteieintritts von ausschlaggebender Bedeutung gewesen. In dieser Hinsicht unterschieden sich Frankreich und Italien. In einer Umfrage unter kommunistischen Bürgermeistern in Frankreich und Italien in den siebziger Jahren nannten 40 Prozent der französischen Bürgermeister wirtschaftliche und gesellschaftliche (beziehungsweise berufsspezifische) Faktoren als Gründe für ihren Eintritt in die Partei, während nur sieben Prozent ihrer italienischen Amtskollegen solche Gründe geltend machten. Für diese war der Widerstand gegen den Faschismus ein entscheidender Faktor gewesen.[35] Gegen Ende der Stalin-Ära zeigte ein Vergleich zwischen der französischen, italienischen, britischen und amerikanischen KP, dass die KPI – wie es sich für die größte KP Westeuropas gehörte – am stärksten in die Gesellschaft integriert und am wenigsten indoktriniert war. Sie hatte die meisten Mitglieder, die vor Parteieintritt noch nicht mit der offiziellen kommunistischen Doktrin in Berührung gekommen waren, und den höchsten Prozentsatz an Mitgliedern, die auch innerhalb der Partei nicht indoktriniert wurden.[36] Die KPI war in ihrer psychologischen Beziehung zur eigenen Gesellschaft die »normalste« westeuropäische Partei. Sie arbeitete erfolgreich in zahlreichen Kommunalvertretungen mit, wurde aber im Unterschied zur KPF in keiner Regierungskoalition geduldet – jedenfalls nicht, bis die Partei aufgelöst und in den neunziger Jahren in sozialdemokratischem Gewand neu erstanden war.

Kommunisten jüdischer Herkunft

Ein wichtiger Aspekt in diesem Zusammenhang ist die Frage, zu welchen Anteilen der Kommunismus seine Mitglieder aus der alteingesessenen Bevölkerung beziehungsweise aus den neu zugewanderten Gruppen rekrutierte. Ethnizität war ein Faktor, der in der kommunistischen Doktrin bagatellisiert wurde. Entscheidend waren Klassenherkunft und Klassensolidarität. In Ländern wie China, Korea und Vietnam fand die Partei vor allem Zuspruch bei den Einheimischen und nicht bei bestimmten Minderheiten. Das galt im Prinzip auch für die größten nicht regierenden Parteien Europas. In Italien wie in Frankreich hatte die KP große Mitgliedschaften – abgesehen von den

Zeiten, als sie durch das faschistische Regime in Italien und die Vichy-Regierung während des Krieges in den Untergrund gezwungen wurde –, wobei die einfachen Mitglieder und die Parteifunktionäre größtenteils aus der einheimischen Bevölkerung kamen.[37]

Im Gegensatz zu diesen beiden Ländern und vor allem zum asiatischen Kommunismus waren in den KPs vieler anderer Staaten relativ neu Zugewanderte stark überrepräsentiert. Wie eine Studie des Institute of Contemporary Jewry der Hebräischen Universität Jerusalem zeigt, stellten Juden in großen Teilen Europas, Amerikas und Südafrikas »zu verschiedenen Zeiten und in verschiedenen Ländern einen überproportionalen Anteil der kommunistischen Bewegung (bei den einfachen Mitgliedern ebenso wie im Apparat und in den Führungspositionen)«.[38] Es gibt keine monokausale Erklärung dafür, obwohl ein Teil der Antwort sicherlich in der Stellung der russischen und osteuropäischen Juden im 19. und Anfang des 20. Jahrhunderts zu suchen sein dürfte. Damit lässt sich bis zu einem gewissen Grade nicht nur der hohe Anteil von Juden in der russischen Revolutionsbewegung und in den osteuropäischen KPs erklären, sondern auch die unverhältnismäßig hohe Zahl von Juden in den kommunistischen Parteien von Ländern wie den Vereinigten Staaten, Großbritannien und Südafrika, kamen die jüdischen Einwanderer dort doch aus dem Russischen Reich und anderen Gebieten Osteuropas.

Kommunistische und sozialistische Parteien gewannen ihre Mitglieder hauptsächlich in Groß- und Mittelstädten, und Juden lebten sowohl in ihrer russischen und osteuropäischen Heimat wie auch in den Zielländern vorwiegend in Städten. Jahrhundertelang war ihnen fast überall in Osteuropa jeglicher Grundbesitz verwehrt, daher mussten sie ihre Tätigkeit auf die städtische Erwerbswirtschaft konzentrieren, entweder als Kaufleute und Unternehmer oder als Arbeiter in der Fertigungsindustrie.[39] Natürlich konnten Juden nicht Parteien mit christlichem Selbstverständnis angehören oder sich zu Parteien hingezogen fühlen, die die Interessen von Kleinbauern oder Großgrundbesitzern vertraten. Auch konnten sie schwerlich Mitglieder nationalistischer Parteien werden, zumal diese in Ideologie und politischer Praxis meist antisemitisch waren. Daher veranlasste der Internationalismus des Kommunismus viele junge Radikale jüdischer Herkunft, sich der kommunistischen Bewegung und, soweit vorhanden, sozialistischen Parteien sozialdemokratischer Prägung anzuschließen. Der Umstand, dass Mitglieder jüdischer Herkunft einen überproportional großen und wichtigen Anteil in kommunistischen Parteien stellten, bedeutet natürlich nicht, dass sie mehr als eine kleine Minderheit der jüdischen Bevölkerung gewesen wären. Tatsächlich sagten sie sich mit dem Eintritt in die Kommunistische Partei nicht nur vom Judentum, sondern auch vom jüdischen Brauchtum los. Alec Nove weist darauf hin, wie bedeutungslos für jüdische Kommunisten ihre Herkunft war – ausgenommen vielleicht der nicht unbedeutende Umstand ihrer stärkeren Hinwendung zum Internationalismus –, wenn er hinsichtlich der Sowjetunion in den zwanziger Jahren feststellt:

Kaum jemand würde leugnen, dass Juden im ersten Jahrzehnt des Sowjetregimes eine unverhältnismäßige Rolle gespielt haben. Doch da die betreffenden Individuen mit den jüdischen Traditionen gebrochen hatten, lässt sich schwer entscheiden, welchen Einfluss ihre Herkunft auf ihr Denken hatte. Die Exzesse des Kriegskommunismus, ein Produkt aus Ideologie und Kriegsnot, zerstörten den Lebensunterhalt von Millionen jüdischer Handwerker und Händler. Die vielen jüdischen Parteien waren *anti*-bolschewistisch. Doch da gab es den Internationalismus. Daher war es wohl kein Zufall, dass die »rechten« Ideologen des »Sozialismus in einem Land« (Bucharin, Rykow, Tomski) Russen waren, während die »Linken«, die sie bekämpften (Sinowjew, Kamenew, Trotzki, Radek), Juden waren.[40]

In Polen war die Kommunistische Partei während des größten Teils der Zwischenkriegszeit verboten, daher sind die Mitgliederstatistiken nicht sehr zuverlässig. Trotzdem geht aus einer sorgsamen Studie hervor, dass vor dem Zweiten Weltkrieg der Anteil der Juden in der KPP »landesweit nie unter 22 Prozent sank und (1930) einen Höhepunkt von 35 Prozent erreichte«.[41] In Polen reagierten die Juden damit, wie in vielen anderen Ländern, zum Teil auf den Antisemitismus und ihre gesellschaftliche Randständigkeit. Außerdem gab es den allgemeineren Aspekt, »dass sich die Angehörigen diskriminierter Minderheiten bei einem gewissen Maß an Belesenheit, Bildung und Leiden unter gesellschaftlichen Ungerechtigkeiten eher als andere Bevölkerungsgruppen radikalen, für Veränderungen kämpfenden Bewegungen anschließen«.[42] Es gab auch viel revolutionäre Romantik, wie die Bekenntnisse polnischer Kommunisten jüdischer

Herkunft bezeugen: »Wir erwarteten die Revolution wie den Messias« oder »Ich glaubte an Stalin und die Partei, wie mein Vater an den Messias glaubte«.[43] Der Kommunismus könnte »einen gewissen jüdischen Sinn für Gerechtigkeit und Erlösung« angesprochen haben, doch es ist auch mit Recht darauf hingewiesen worden, dass »die Mitwirkung in dieser radikalen Bewegung in den meisten Fällen ein Akt der Auflehnung gegen die traditionelle Welt der Eltern oder gegen das Engagement für jüdische Partikularinteressen war, also gegen Bewegungen wie etwa den Zionismus«.[44]

In keiner anderen KP des Westens waren die Juden so überrepräsentiert wie in der KPUSA. Das galt vor allem für die Zeit unmittelbar nach der Russischen Revolution und die ersten Jahre der Komintern. Zu keiner Zeit und an keinem anderen Ort war der Internationalismus so ausgeprägt wie dort. Bei einer New Yorker Massenversammlung im Jahr 1917 sprach Trotzki russisch, und die anderen Redner sprachen deutsch, englisch, finnisch, lettisch, jiddisch und litauisch.[45] In den ersten Jahren der KPUSA war die große Mehrheit der Mitglieder im Ausland geboren. Als die Partei 1925 das Organisationsprinzip der fremdsprachigen Gliederungen aufgab, verlor sie in einem Monat die Hälfte ihrer Mitglieder (deren Zahl von gut 14 000 auf etwas über 7000 fiel). In den zwanziger Jahren hatte das jiddische Gegenstück zum amerikanischen *Daily Worker* eine höhere Auflage als der *Worker*.[46] Erst 1936 konnte »die Partei von sich behaupten, dass die Mehrheit ihrer Mitglieder in Amerika geboren worden war«.[47] Noch in den dreißiger und vierziger Jahren war annähernd die Hälfte der Parteimitglieder jüdischer Herkunft, viele von ihnen osteuropäischen Ursprungs.[48]

Obwohl kommunistische Parteien wie die der Vereinigten Staaten und Großbritanniens am Rande des politischen Geschehens angesiedelt waren, war der Parteieintritt für Einwanderer paradoxerweise auch eine Möglichkeit, ihre Marginalität zu überwinden und sich in dem neuen Land um Integration zu bemühen.[49] Dazu Raphael Samuel: »Für die Generation meiner Mutter war der Kommunismus, obwohl eigentlich nicht dazu gedacht, eine Möglichkeit, Engländer zu werden, für die Kinder aus dem Ghetto eine Brücke zur Landeskultur.«[50] Joe Jacobs, der Ende der dreißiger Jahre Parteisekretär der Ortsgruppe Stepneys war, eines Stadtteils des Londoner Eastend, hat beschrieben, wie er als jüdischer Jugendlicher aus der Arbeiterklasse an Straßenecken von älteren Männern in lange Diskussionen über die Russische Revolution verwickelt wurde, und fügte hinzu: »Die Namen und Orte waren uns vertraut, weil unsere Eltern vielfach aus Russland und Polen kamen.«[51] Die Gespräche drehten sich auch um lokale und nationale Ereignisse in Großbritannien, und bald wurde Jacobs zu Versammlungen, Schulungskursen und Demonstrationen eingeladen, »die ich alle nur zu gerne besuchte«.[52] Binnen kurzem hatten ihn diese älteren Kommunisten zum Eintritt in die KPGB bewogen. Ein Chronist der Beziehung zwischen Juden und Kommunisten in Großbritannien merkt dazu an: »Hier können wir eine Verbindung zwischen dem kulturellen Gedächtnis der Juden und der partiellen Integration der zweiten Generation in die britische Gesellschaft beobachten – gängige Themen in den Biographien jüdischer Kommunisten.«[53]

Der Aufstieg des Faschismus in den dreißiger Jahren veranlasste die Radikalen vieler europäischer Länder und Nordamerikas, in die Kommunistische Partei einzutreten. Juden empfanden die Bedrohung durch den Faschismus besonders stark, und da sich die KP unter den politischen Parteien als kompromissloseste antifaschistische Kraft präsentierte, lockte sie eine beträchtliche Anzahl von Juden an. Zieht man den vermeintlichen Zusammenbruch des Kapitalismus Anfang der dreißiger Jahre mit in Betracht, so erschien der Kommunismus einigen jungen jüdischen Intellektuellen als naheliegende Alternative. Eric Hobsbawm, der 1917 geboren wurde und dessen Familie 1933 nach Berlin zog, meint, es habe praktisch keine andere Wahl gegeben:

Was hätten jüdische Intellektuelle unter diesen Umständen werden sollen? Jedenfalls nicht Liberale irgendeiner Spielart, da gerade die Welt des Liberalismus (einschließlich der Sozialdemokratie) zusammengebrochen war … Wir wurden entweder zu Kommunisten oder, was dem entsprach, zu revolutionären Marxisten, oder wir entschieden uns für unsere eigene Version von Blut-und-Boden-Nationalismus, für den Zionismus. Sehr viele junge intellektuelle Zionisten jedoch betrachteten sich selbst als revolutionäre marxistische Nationalisten. Es gab im Grunde genommen keine andere Wahl. Wir engagierten uns nicht gegen die bürgerliche Gesellschaft und gegen den Kapitalismus, der offensichtlich kurz vor seinem Ende schien. Wir standen einfach vor der Wahl: Zukunft oder keine Zukunft, wir entschieden uns für die Zukunft, und das hieß: für die Revolution.[54]

Hobsbawm fügt hinzu:»Die große Oktoberrevolution war für uns der Beweis, dass eine neue Welt möglich war und dass es sie vielleicht jetzt schon gab.«[55] Zwar blieb Hobsbawm noch Jahrzehnte in der Kommunistischen Partei, nachdem andere sie längst verlassen hatten – im Nachkriegs-Großbritannien war er einer der namhaftesten Intellektuellen in der KPGB –, doch das Auf und Ab der sowjetischen Politik stellte den Glauben weniger verbissener Mitglieder auf eine harte Probe. Was Jason Heppell von der Kommunistischen Partei Großbritanniens sagte, galt auch für die kommunistischen Parteien des Westens im Allgemeinen:»Die KP … war von der Lotterie der Sowjetpolitik abhängig: Mit dem Hitler-Stalin Pakt von 1939 hatte sie eine Niete gezogen, doch der deutsche Einmarsch 1941 war ein Hauptgewinn.«[56] Wenn Kommunisten jüdischer Herkunft einerseits eine unverhältnismäßig große Rolle auf allen Ebenen der marxistisch-leninistischen Parteien spielten, so stellten sie andererseits auch einen unverhältnismäßigen Anteil der Opfer kommunistischer Säuberungen – ein Aspekt der Beziehung zwischen Juden und Kommunisten, auf den wir noch ausführlich zu sprechen kommen werden.

Mitgliederwerbung regierender Parteien

Wie in der Einführung dieses Buchs dargelegt, war der Parteieintritt in einem kommunistischen Staat etwas ganz anderes als der Eintritt in eine nicht regierende kommunistische Partei. Bis zu einem gewissen Punkt war er auch dort freiwillig, wurde aber obligatorisch, wenn jemand einen bestimmten Beruf ergreifen wollte. Außerdem war er, unabhängig von der Berufstätigkeit, ein enormer Vorteil für alle, die nach Erfolg strebten. In einem kommunistischen Staat zur herrschenden Gruppe zu gehören, sei es auf nationaler oder kommunaler Ebene, setzte natürlich die Parteimitgliedschaft voraus, denn die Parteiorgane übten dort die größte Macht aus. An der Spitze der Hierarchie standen das Zentralkomitee und seine Abteilungen sowie zwei innere Gremien, das Politbüro und das Sekretariat. Auf städtischer Ebene bildeten das Stadtkomitee der Partei und sein inneres Gremium, das Parteibüro, die höchsten örtlichen Gliederungen. Eine ähnliche Struktur gab es in den Regionen des Landes und den städtischen und ländlichen Bezirken. In der Ministerialbürokratie und bei

Offizieren der Streitkräfte und der Sicherheitspolizei war die Parteimitgliedschaft an die Funktion gekoppelt. Da jedoch die Partei in kommunistischen Staaten gewöhnlich nicht mehr als zehn Prozent der erwachsenen Bevölkerung umfasste, war die »Parteisättigung« von Beruf zu Beruf sehr unterschiedlich. Je ideologischer ein Beruf, desto größer die Häufigkeit der Parteimitgliedschaft. In Forschungseinrichtungen waren daher Sozial- und Rechtswissenschaftler in ihrer großen Mehrheit Parteimitglieder, während die Mitgliedschaft bei Mathematikern und Naturwissenschaftlern eher freiwillig war. Freiwillig war sie auch bei Schriftstellern und Künstlern. Doch in jedem Fall war die Parteizugehörigkeit der Karriere förderlich und für alle unentbehrlich, die in höhere Ebenen ihres Berufs aufsteigen wollten.

Wenn ein durchschnittlicher Anteil von zehn Prozent der erwachsenen Bevölkerung in der Partei erwünscht war, jedoch in einigen Berufen die überwältigende Mehrheit zur Kommunistischen Partei gehörte, dann muss es natürlich Berufs- und Bevölkerungsgruppen gegeben haben, die in der Partei unterrepräsentiert waren. Das galt in besonderem Maße für Frauen, deren Zahl in den regierenden kommunistischen Parteien bei weitem nicht wiedergab, dass sie im Allgemeinen (infolge zweier Weltkriege) mehr als die Hälfte der Bevölkerung ausmachten. Bürokräfte und Verkäufer – und das hat mit dem letzten Punkt zu tun, denn es handelte sich überwiegend um Frauen – waren deutlich unterrepräsentiert. Auch die Parteipräsenz der Bauern entsprach nicht ihrem prozentualen Anteil an der Bevölkerung. Nimmt man den Bildungsstand als Maßstab, lässt sich feststellen, dass Menschen mit notdürftiger Schulbildung weit seltener in der Partei anzutreffen waren als Leute mit höherer Bildung. Die einzige Bevölkerungskategorie, in welcher sich der Durchschnitt von zehn Prozent tatsächlich als Norm erwies, waren, jedenfalls in der Sowjetunion, die einfachen Arbeiter.

Die Parteimitgliedschaft in einem kommunistischen Staat war natürlich nicht für alle in gleicher Weise reizvoll. Für jemanden, dem es um Macht und Einfluss ging, war es ein notwendiger erster Schritt. Doch auch für jemanden, der einen anspruchsvollen Berufswunsch hegte – etwa Volkswirt, Historiker oder Schulleiter –, dabei aber keineswegs an eine politische Karriere dachte, war es eine Vorbedingung. Wollte jemand aus einem kommunistischen Land ins Ausland reisen, hatte er als Parteimitglied sehr viel bessere Chancen. Für eine Minderheit gab es auch größere Privilegien – unter anderem die Möglichkeit, Waren in Spezialgeschäften zu kaufen. Das galt für die Leute, die zum inneren Kreis der Partei – der *Nomenklatura* – gehörten.

Die *Nomenklatura* bestand sowohl aus einer Reihe von Posten, die nur mit der Erlaubnis von Parteikomitees verschiedener Ebenen besetzt werden konnten – des Zentralkomitees, wenn es um den Chefredakteur einer überregionalen Zeitung ging, des Stadtkomitees im Falle eines Schulleiters –, als auch einem (von den Parteiorganen geführten) Verzeichnis von Personen, die man für geeignet hielt, an so verantwortlicher Stelle zu wirken. In einigen Berichten ist die *Nomenklatura* beschrieben worden, als hätte es sich um eine herrschende Klasse gehandelt. Das war immer eine sehr vereinfachte Darstellung, da die Macht und die Privilegien einer zur Schulleiterin aufgestiegenen Lehrerin – mochte ihr Posten auch auf der *Nomenklatura* des örtlichen Parteikomitees stehen – unvergleichlich bescheidener waren als die der Inhaber von Positionen, die der Zustimmung des Zentralkomitees oder des Politbüros bedurften. Weder die Parteimitglieder insgesamt noch diejenigen, die auf der *Nomenklatura* eines kommunalen Parteikomitees standen, können vernünftigerweise zur herrschenden Klasse gezählt werden. Wenn wir denn diesen Begriff verwenden wollen – und über seine Brauchbarkeit in diesem Zusammenhang lässt sich streiten –, trifft er allenfalls auf hauptamtliche Parteifunktionäre zu oder auf Inhaber von Staatsämtern, die nur mit Zustimmung der zentralen Parteiorgane besetzt werden konnten.[57] Sie stellten zweifellos eine Elite dar, und zu ihren Privilegien gehörte der Zugang zu Spezialgeschäften. Angesichts der Warenknappheit, die gewöhnlich in den für das breite Publikum bestimmten Läden herrschte, war das eine erhebliche Vergünstigung, obwohl das Angebot selbst in den *Nomenklatura*-Geschäften bescheidener als in einem durchschnittlichen westlichen Supermarkt oder Einkaufszentrum war.

Für Menschen mit ausgeprägtem Ehrgeiz konnte der Eintritt in die Partei bedeuten, dass die maßgeblichen Stellen ihren Wert und ihre politische Zuverlässigkeit erkannten. Während der 1920er und 1930er Jahre konnte in der Sowjetunion auch – weniger prosaisch – der idealistische Wunsch ausschlaggebend sein, eine gerechte Gesellschaft zu schaffen. Der rasche soziale Wandel sowie die Wirkung der allgegenwärtigen Propaganda und Erziehung hatten zur Folge, dass in diesen Jahrzehnten viele Menschen aufrichtig an den Aufbau von Sozialismus und Kommunismus glaubten. Im Zweiten Weltkrieg war der Eintritt in die Partei mit dem patriotischen Kampf gegen die Nazi-Eindringlinge verbunden. Während der ersten Nachkriegsjahre mochten der Stolz auf die Rolle der Roten Armee beim Sieg über den Faschismus und der patriotische Wunsch, das zerstörte Land wiederaufzubauen, ebenfalls Beweggründe für den Parteieintritt gewesen sein. Mit anderen Worten, nicht alle, die sich regierenden Parteien anschlossen, waren Karrieristen. Doch der Umstand, dass der KP-Mitgliedsausweis bei der Berufswahl in manchen Fällen eine *Conditio sine qua non* und in anderen Sparten zweifellos dem Fortkommen dienlich war, war in Ländern mit kommunistischem Machtmonopol der wichtigste Anreiz zum Parteieintritt.

Folglich ist der Unterschied zwischen der Mitgliedschaft in einer regierenden und einer nicht regierenden kommunistischen Partei von grundlegender Bedeutung. In beiden Fällen sind die Mitglieder von Sendungsbewusstsein beseelt und von dem Gefühl erfüllt, einer besonderen Gruppe anzugehören – der Avantgarde ideologisch gerüsteter Bürger einer künftigen Gesellschaft –, doch die Parteimitglieder in einer kapitalistischen Gesellschaft (einerlei, ob unter autoritärem oder demokratischem Regime) repräsentierten eine Gegenkultur und nicht den Mainstream. Wenn sie die Unterstützung breiter Bevölkerungsschichten genossen, wie in Italien oder Frankreich, bildeten sie eine Gegenelite und nicht das Establishment, während in kommunistischen Staaten die Parteimitgliedschaft eine unabdingbare Voraussetzung für den Elitestatus war, auch wenn sich nicht von allen einfachen Mitgliedern sagen ließ, dass sie dazugehörten. In nichtkommunistischen wie kommunistischen Staaten glaubten die idealistischeren Parteimitglieder – besonders als nach Stalins Tod die Wirklichkeit seiner Herrschaft ans Licht kam –, dass ein »neuer Mensch« oder ein »neuer sozialistischer Mensch« die Norm in der kommunistischen Gesellschaft der Zukunft würde. Bis dahin wollten sie die Disziplin, die harte Arbeit und die sozialen Einschränkungen hinnehmen, die erforderlich waren, wenn die Heraufkunft jenes Tages beschleunigt werden sollte, an dem eine Welt der Harmonie die Welt des Klassenkonflikts und der kapitalistischen Ausbeutung ersetzte. In den real existierenden kommunistischen Staaten – im Unterschied zur imaginierten kommunistischen Utopie – verband sich das Lippen-bekenntnis zur Schaffung des »neuen Menschen« allzu leicht mit der Hinnahme von Privilegien und Karrierevorteilen sowie der konser-vativen Bewahrung des Status quo, der den Interessen der Parteimit-glieder diente, besonders jener in den höheren Rängen der *Nomen-klatura*.

KAPITEL 8

Kommunismus und der Zweite Weltkrieg

Für West- und Mitteleuropa begann der Zweite Weltkrieg früher als für die Russen und Amerikaner. Am 15. März 1939 marschierten deutsche Truppen in Prag ein, doch das war noch nicht der Beginn des europäischen Krieges. Die Tschechen, von ihren demokratischen Verbündeten im Stich gelassen (obwohl Frankreich vertraglich verpflichtet gewesen wäre, ihnen zur Hilfe zu kommen), leisteten keinen Widerstand. Am 1. September 1939 griff die deutsche Wehrmacht Polen an. Die Polen wehrten sich, und zwei Tage später erklärten Großbritannien und Frankreich Deutschland den Krieg. Zu einem früheren Zeitpunkt desselben Jahres hatte die britische Regierung den Polen den gleichen Rat gegeben, den sie 1938 der Tschechoslowakei erteilt hatte – dass es nämlich in Polens Interesse läge, zu einer Verhandlungslösung mit Hitler zu kommen. Sie hatte allerdings auch versichert, Großbritannien werde kämpfen, wenn Polen angegriffen werde, und das tat es auch. Der Hitler-Stalin-Pakt, von dem bereits in Kapitel 5 die Rede war, verzögerte den Krieg zwischen der Sowjetunion und Deutschland, obwohl beiden Seiten klar war, dass der Friede nicht von langer Dauer sein könne. Hitler beendete ihn im 22. Juni 1941 mit dem deutschen Einmarsch in die Sowjetunion. Die Vereinigten Staaten traten erst in den Krieg ein, als die Japaner Ende desselben Jahres – am 7. Dezember – Pearl Harbor angriffen. Präsident Roosevelt hatte allerdings schon 1940 den Briten mit dem Lend-lease Act (Leih-Pacht-Gesetz) dringend benötigte Wirtschaftshilfe gewährt. Die kam auch der Sowjetunion zugute, nachdem die Vereinigten Staaten in den Krieg eingetreten waren. Hitler erklärte den USA am 11. Dezember 1941 den Krieg, und ab 1942 spielten die Vereinigten Staaten eine wichtige Rolle auf dem asiatischen wie dem europäischen Schauplatz.

Die Sowjetunion erlitt allerdings nicht nur die größten Verluste, sondern leistete auch den größten Beitrag zum endgültigen Sieg über NS-Deutschland. Stalin wurde vollkommen überrumpelt, als die deutschen Truppen am 22. Juni 1941 die sowjetische Grenze überschritten. Er hatte zwar zahlreiche Warnungen vor einem bevorstehenden Angriff erhalten, sie aber allesamt in den Wind geschlagen. Sowjetische Spione hatten in Berlin Informationen über Pläne zu einem Überfall auf die Sowjetunion erhalten, und ihre Agenten hatten deutsche Truppenbewegungen in Richtung der Grenze beobachtet. Stalin glaubte jedoch an einen Bluff Hitlers, vielleicht um die Briten zu verwirren, denn Deutschlands vordringliches Interesse sei es, England als Kriegsgegner auszuschalten. Der sowjetische Militärnachrichtendienst – die GRU – besaß mit Richard Sorge einen sehr fähigen Spion in Japan, dessen intime Beziehung zur Frau des deutschen Botschafters in Tokio eine seiner wertvollen Nachrichtenquellen war. Sorge warnte die sowjetische Führung vor einem unmittelbar bevorstehenden Angriff auf die UdSSR, wurde aber von Stalin als Lügner abgetan. Warnungen kamen auch von Deutschen, die mit der Sowjetunion sympathisierten, und von Winston Churchill, der beim besten Willen nicht als Sympathisant zu bezeichnen war.[1] Doch Churchill wollte vermeiden, dass die UdSSR durch einen Überraschungsangriff Verluste erlitt, weil er wusste, wie dringend Großbritannien einen starken militärischen Verbündeten im Kampf gegen Hitler brauchte.[2] (Als wichtigster Befürworter einer bewaffneten Intervention gegen die Bolschewiki im russischen Bürgerkrieg hatte Churchill den Kommunismus 1920 eine Seuche genannt, »lebensgefährlicher als Pest und Flecktyphus«.[3] Als Deutschland 1941 dann die Sowjetunion überfiel, meinte Churchill, wenn Hitler in die Hölle einmarschiere, würde er, Churchill, den Teufel im Unterhaus zumindest einer freundlichen Erwähnung würdigen.[4])

Selbst der deutsche Botschafter in Moskau teilte seinem sowjetischen Amtsgenossen Wladimir Dekanosow Anfang Juni 1941 mit, Hitler sei zu dem festen Entschluss gekommen, in die Sowjetunion einzumarschieren, wobei er hinzufügte, er teile ihm dies mit, weil »ich … im Geist Bismarcks erzogen worden [bin]. Bismarck war immer gegen einen Krieg mit Russland«.[5] Daraufhin beklagte Stalin vor

Kommunismus und der Zweite Weltkrieg 193

dem Politibüro, die Desinformation werde jetzt schon auf Botschaf-
terebene betrieben. Da Stalin sich eingeredet hatte, der deutsche Angriff stehe *nicht* unmittelbar bevor, wagte niemand aus seinem engeren Umkreis die gegenteilige Meinung zu äußern. Lawrenti Berija,
der Leiter des NKWD, war besonders eifrig bemüht, es seinem Herrn
und Meister recht zu machen. Am 21. Juni 1941 – einen Tag vor dem
deutschen Überfall – erklärte er, dass vier NKWD-Offiziere, die un-
beirrt Berichte über eine bevorstehende Invasion geschickt hätten,
»›im Lagerstaub zermalmt werden‹ müssten«,[6] und schrieb noch am
selben Tag an Stalin:

> Ich verlange von neuem die Abberufung und Bestrafung unseres Botschaf-
> ters in Berlin, Dekanosow, der mich weiterhin mit Desinformationen über
> Hitlers angebliche Vorbereitungen für ein Überfall auf die UdSSR bombar-
> diert. Er teilt mit, dass dieser »Überfall« morgen beginnen wird. … Aber ich
> und meine Leute, Jossif Wissarionowitsch, halten uns getreu an Ihren wei-
> sen Schluss: Hitler wird uns im Jahre 1941 nicht angreifen.[7]

Berija wusste natürlich, dass es ihn den Kopf kosten würde, wenn sich
seine Vorhersage als katastrophale Fehleinschätzung erweisen sollte.
Das ist zweifellos der Grund, warum er den NKWD so strikt auf Stalins Auffassung einschwor, der zufolge 1941 kein deutscher Angriff
auf die Sowjetunion erfolgen würde. Das war eine Vorsichtsmaß-
nahme für den Fall, dass die Dinge sich anders entwickeln sollten, als
Stalin und Berija erwarteten, obwohl das keinen Schutz garantierte
vor Stalins Zorn mit seinen entsetzlichen Konsequenzen für alle, die
er traf. Dekanosow stand seinerseits unter Berijas Schutz und war ein
brutaler NKWD-Offizier in Georgien gewesen. Keinesfalls besonders hellsichtig in Bezug auf Hitlers Absichten, selbst als er die Kriegs-
warnungen weitergab, war Dekanosow weit mehr als die höheren
Ränge seines Botschaftspersonals geneigt, alles Gerede über einen
deutschen Einmarsch in Russland als gezielte Desinformation abzutun.[8] (Berija gelang es, anders als seinen Säuberungen zum Opfer gefallenen Vorgängern im Amt der NKWD-Leitung, Stalin zu überleben, wenn auch nicht lange. Noch in Stalins Todesjahr wurde er auf
Veranlassung von Chruschtschow und der herrschenden Gruppe im
Politbüro hingerichtet.[9] Zu den Leuten, die mit Berija verhaftet und
wie er des – damals fiktiven – Verbrechens einer Verschwörung an-

geklagt wurden, »die darauf zielte, ›den Kapitalismus wiederzubeleben und die Herrschaft der Bourgeoisie wiederherzustellen‹«, gehörte auch der ehemalige NKWD-Offizier und sowjetische Botschafter Dekanosow, der ebenfalls hingerichtet wurde.[10])

Da die Sowjets also trotz aller – frühzeitig und aus verschiedenen unabhängigen Quellen eingegangenen – Warnungen völlig unvorbereitet waren, erlitt die Rote Armee anfangs schreckliche Verluste. Seine Fehlinterpretation der eintreffenden nachrichtendienstlichen Informationen verschlimmerte Stalin dadurch, dass er seinen Generälen alle Abwehrmaßnahmen gegen eine Invasion untersagte. Er wollte Hitler nicht provozieren, und da er sich eingeredet hatte, dass kein deutscher Angriff zu erwarten sei, sah er auch keine Notwenigkeit für solche Vorkehrungen. Obwohl der Zweite Weltkrieg letztlich das sowjetische System stärkte und zur internationalen Verbreitung des Kommunismus beitrug, sah es in den verbleibenden Monaten des Jahres 1941 nicht danach aus. Bis zum Jahresende verlor die sowjetische Armee viereinhalb Millionen Mann. Einen Großteil der Schuld trug Stalin. Er hatte einen hohen Prozentsatz der höheren Offiziere in den Säuberungen 1937/38 umbringen lassen, so auch Marschall Tuchatschewski, der 1936 in der gerade gegründeten Kriegsakademie erklärt hatte, der Feind, auf den sich die Sowjetunion vorbereiten müsse, sei NS-Deutschland, dessen bevorzugte Angriffstaktik der Blitzkrieg sei.[11] Tuchatschewski, der seine erste Auseinandersetzung mit Stalin bereits 1920 während des Kriegs gegen Polen gehabt hatte, wurde im Juni 1937 verhaftet und erschossen.[12] Drei der fünf sowjetischen Marschälle verloren 1937/38 ihr Leben, und die zwei, die verschont wurden, Woroschilow und Budjonny, waren alles andere als beeindruckend. Beide wurden zu einem sehr frühen Zeitpunkt des Krieges von wichtigen Kommandos abberufen, nachdem sie ihre Unfähigkeit bewiesen hatten. Und Stalin weigerte sich nicht nur, wohlbegründeten nachrichtendienstlichen Informationen über einen bevorstehenden deutschen Angriff Glauben zu schenken, er genehmigte in den ersten Kriegswochen auch die Erschießung zahlreicher höherer Offiziere wegen »Feigheit«, wenn sie den Vormarsch der Invasionsarmee nicht aufzuhalten vermochten.[13] Später verhaftete der NKWD nicht nur sowjetische Soldaten, die in deutsche Gefangenschaft geraten und erst nach Kriegsende heimgekehrt waren, sondern auch Soldaten, denen die Flucht aus der Gefangenschaft gelungen war. Sogar

Kommunismus und der Zweite Weltkrieg

höhere Offiziere, die schlechte Nachrichten überbrachten, wurden auf Stalins Geheiß verhaftet.[14] In seinem Befehl Nr. 270 vom 16. August 1941 hatte Stalin angeordnet, jeder sowjetische Soldat, der sich ergebe, sei »mit allen Mitteln zu vernichten, sei es aus der Luft oder zu Lande. Den Angehörigen von Rotarmisten, die sich haben gefangen nehmen lassen, sind staatliche Zuwendungen und Unterstützungen zu entziehen«, während Deserteure auf der Stelle erschossen und ihre Familien verhaftet werden sollten.[15]

Aus diesen und anderen Gründen waren die sowjetischen Verluste viel größer, als sie hätten sein müssen. Eine indirekte Kriegsfolge war der Umstand, dass in den Jahren unmittelbar nach dem Juni 1941 viel mehr politische Gefangene in den sowjetischen Arbeitslagern starben als in den dreißiger Jahren, da Lebensmittelknappheit und Entbehrungen die Unterernährung noch verschlimmerten. Die Rücksichtslosigkeit, mit der die höheren Offiziere der Roten Armee (vor allem auch Marschall Schukow) die eigenen Truppen einsetzten – Strafbataillone wurden zum »Räumen« durch Minenfelder getrieben –, trug ebenfalls zur Zahl der Toten bei. Dessen ungeachtet sollte niemals vergessen werden (obwohl es häufig geschieht), dass die Sowjetunion während des Zweiten Weltkriegs mehr Menschen verloren hat als irgendein anderer kriegführender Staat, dass der weitaus größte Teil dieser Verluste durch die Barbarei der Nazi-Invasion verursacht wurde und dass es die Streitkräfte der Sowjetunion – mehr als die eines anderen Landes – waren, die Hitler-Deutschland im Landkrieg besiegt haben. Die Zahl der Gefallenen der Roten Armee belief sich auf neun Millionen, und fast 18 Millionen sowjetische Zivilisten kamen im Krieg um. Die Gesamtzahl war fünfmal so groß wie die der deutschen Kriegstoten.[16]

Nach NS-Ideologie galten Russen (und Slawen im Allgemeinen) – genauso wie Juden (die auf der Hassliste noch höher rangierten) – als Untermenschen, und diese Entmenschlichung ganzer Bevölkerungsgruppen bewirkte an der Ostfront eine Brutalisierung, die die in den westlichen Kriegsgebieten weit übertraf. Politisch sahen die Nationalsozialisten in den Kommunisten ihre schlimmsten Feinde, daher wurden KP-Mitglieder und Juden (zwei Kategorien, die die Nazis häufig in einen Topf warfen) kaltblütig umgebracht. Slawische Dorfbewohner, die Partisanen geholfen hatten – auch unabsichtlich, wenn Partisanen in ihr Dorf eingedrungen waren und sich genommen hatten, was sie finden konnten –, wurden getötet und das Dorf zerstört.[17] Auch in anderen slawischen Ländern, unter anderem Polen und Jugoslawien, erschossen die Deutschen hundert Zivilisten zur Vergeltung für jeden von den Partisanen getöteten Deutschen. Manchmal, beispielsweise in Polen, nahmen sie vorsorglich hundert Geiseln, veröffentlichten ihre Namen auf Anschlägen und richteten sie dann öffentlich hin, um jeden weiteren Widerstand zu brechen.[18] Der ungewöhnlich hohe Anteil von sowjetischen Kriegsgefangenen, die in Gefangenschaft starben – etwa 3,3 der 5,7 Millionen Rotarmisten, die in deutsche Hand fielen –, resultierte aus zwei Faktoren. Der erste war die erwähnte Nazi-Ideologie, die diesen Leben keinen Wert beimaß, und der zweite Hitlers Sorge wegen der wirtschaftlichen Belastung, die daraus für die deutsche Bevölkerung erwachsen wäre (was zu Unzufriedenheit an der Heimatfront hätte führen können). Die Todesrate sank nach den ersten Kriegsmonaten ein wenig, weil die NS-Führung zu dem Ergebnis kam, dass es ihren Kriegszielen dienlicher wäre, wenn man die Gefangenen nach Deutschland brächte und sie in die Produktion steckte. Die Todesrate bei Zwangsarbeitern war etwas geringer als in Gefangenenlagern, doch die rücksichtslose Ausbeutung sowjetischer Gefangener führte auch hier zu massiven Verlusten, besonders 1943.[19]

Omer Bartov hat geschrieben: »An der Ostfront verübte Hitler-Deutschland Grausamkeiten in nie da gewesenem Ausmaß; seine erklärte Absicht war Vernichtung und Versklavung; an der Erreichung dieses Ziel konnte es nur durch seine militärische Niederlage gehindert werden, und wie immer wir über den [deutschen] Widerstand denken mögen, er erwies sich als unfähig, das Regime zu stürzen.«[20] In Russland wird heute die offizielle Zahl der sowjetischen Kriegstoten mit ungefähr 27 Millionen angegeben.[21] Sogar die beiden westlichen Länder, die eine wichtige Rolle im Krieg gegen Hitler-Deutschland spielten, die Vereinigten Staaten und Großbritannien, erlitten unvergleichlich geringere Verluste – die Vereinigten Staaten rund 400 000 und Großbritannien 350 000, wobei diese Zahl einem weit höheren Bevölkerungsanteil entspricht als jene.[22]

Bereits im November 1941 hatte das deutsche Heer die Außenbezirke Moskaus erreicht. Dort wurde ihm jedoch von den sowjetischen Streitkräften, die die Stadt verteidigten, Einhalt geboten, und im Dezember begann eine Gegenoffensive unter Führung einer neuen militärischen Elite – Georgi Schukow, Iwan Konjew und Konstantin Rokossowski.[23] In der Schlacht um Moskau, die von September 1941 bis April 1942 dauerte, fielen 926 000 sowjetische Soldaten. Dazu schrieb Sir Rodric Braithwaite, ehemaliger britischer Botschafter in der Sowjetunion und Verfasser eines bemerkenswerten Buchs über die Schlacht von Moskau:

> Die [sowjetischen] Opfer dieser einen Schlacht waren größer als die gemeinsamen Verluste der Briten und Amerikaner im gesamten Zweiten Weltkrieg. Das war der schreckliche Preis, den die Sowjetunion dafür bezahlte, dass sie der Wehrmacht die erste echte Niederlage überhaupt bereitete.[24]

Die Deutschen hatten gehofft, 1941 neben Moskau auch Leningrad einzunehmen, am Ende bekamen sie keine der beiden Städte. Sie begannen aber eine Blockade Leningrads, die fast 900 Tage dauerte und den Tod von mehr als einer Million Zivilisten verursachte. Erst im Januar 1944 endete die Belagerung.

Drei Jahre lang wurden annähernd 90 Prozent der Kampfkraft der deutschen Wehrmacht an der Ostfront gebunden. In den Schlachten bei Stalingrad 1942/43 und Kursk 1943 fielen eine ungeheure Zahl deutscher Soldaten und noch mehr Rotarmisten. In einem der berühmtesten britischen Siege über die deutschen Truppen, der Schlacht von El Alamein 1942, büßte die deutsche Armee unter Rommels Befehl 50 000 Mann, 1700 Geschütze und 500 Panzer ein. In Stalingrad verloren die Deutschen im selben Jahr 800 000 Mann, 10 000 Geschütze und 2000 Panzer.[25] Die Schlacht um die Stadt Stalingrad, die im Winter 1942/43 geführt wurde, war von großer symbolischer Bedeutung, da das einstige Zarizyn in der Sowjetära zu Ehren Stalins umbenannt worden war. (Nachdem Nikita Chruschtschow zumindest einige von Stalins Verbrechen publik gemacht hatte, wurde die Stadt abermals umbenannt – in Wolgograd; durchaus gefahrlos, lag und liegt sie doch an den Ufern der Wolga.) Abgesehen von der symbolischen Bedeutung der nach Stalin benannten Stadt wollte Hitler mit ihrer Eroberung auch den Weg freimachen zu den sowjetischen Ölvorkommen. Die Schlacht, die in und um Stalingrad tobte, wurde – mit Antony Beevors Worten – zum »persönlichen, von zahllosen Stellvertretern ausgetragenen Duell zwischen Hitler und Stalin«, das Stalin unter ungeheuren Opfern gewann.[26] Zwar kämpften in Stalingrad auf deutscher Seite 50 000 Sowjetbürger,[27] doch die überwiegende Mehrheit der sowjetischen Bevölkerung – obwohl bis an die Grenzen menschlicher Leidensfähigkeit, und oft darüber hinaus, beansprucht – widerstand den Eindringlingen. Als schließlich die Reste von Hitlers 6. Armee in Stalingrad kapitulierten, bedeutete das einen gewaltigen Auftrieb für die kommunistische Bewegung weltweit und eine erhebliche Stärkung für Stalins Position in den Verhandlungen mit Roosevelt und Churchill.[28]

Angesichts des ungeheuren Beitrags, den die Rote Armee zum Sieg über Hitler-Deutschland geleistet hatte, verschlossen die Kriegsverbündeten der Sowjetunion die Augen vor den Gräueltaten, die von sowjetischer Seite verübt worden waren, obwohl sie eigentlich nicht zu übersehen waren. Eine, die den Deutschen lange zu Unrecht in die Schuhe geschoben wurde, war das Massaker an Tausenden von polnischen Offizieren im Wald von Katyn bei Smolensk 1940.[29] Das war im Jahr vor dem Eintritt der Sowjetunion in den Zweiten Weltkrieg, aber nach der Annexion polnischer Gebiete im Rahmen der Teilung, die im Hitler-Stalin-Pakt vereinbart worden war. Heute ist das russische Archivmaterial über das Massaker von Katyn zugänglich. In einem Brief vom 5. März 1940 empfahl Berija, der NKWD-Chef, Stalin die Erschießung von rund 25 700 polnischen Gefangenen, zumeist Offizieren. Dabei unterschied Berija zwischen einer Gruppe von 14 736 Offizieren und Beamten in Kriegsgefangenenlagern und einer weiteren Gruppe von 18 632 Personen, darunter 10 685 Polen, die in der Westukraine und Weißrussland in Gefängnissen in Gewahrsam waren. Diese Gruppe bestand laut Berija aus ehemaligen Offizieren, ehemaligen Polizeispitzeln, wirklichen Spitzeln und Saboteuren, ehemaligen Grundbesitzern, Fabrikanten und Bürokraten. Stalin genehmigte deren Erschießung persönlich, nach ihm unterzeichneten die Politbüromitglieder Kliment Woroschilow, Wjatscheslaw Molotow und Anastas Mikojan.[30]

Zwischen 1941 und 1944, während des Zweiten Weltkriegs, befahl Stalin die Deportation ganzer Völker – unter anderem der Tschetschenen und ihrer Nachbarn, der Inguschen, der Wolgadeutschen (die seit dem 18. Jahrhundert in Russland lebten) und der Krimtartaren – aus ihren traditionellen Siedlungsgebieten nach Kasachstan oder Sibirien. Ihnen wurde unterstellt, illoyale oder potentiell illoyale Elemente in ihren Reihen zu dulden, und so wurden ganze Volks-

Kommunismus und der Zweite Weltkrieg 199

gruppen bestraft. Viele von ihnen starben in den Viehtransportern, mit denen sie ostwärts geschafft wurden.[31] Als die sowjetischen Truppen 1945 endlich in Deutschland einmarschierten, nahmen sie grausame Rache – an der Zivilbevölkerung wie an den deutschen Kriegsteilnehmern. Man schätzt, dass in Berlin mehr als 110 000 Frauen vergewaltigt wurden, außerdem kam es zu schweren Plünderungen.[32]

Das wurde von alliierter Seite allerdings kaum beachtet. Beispielsweise wusste das britische Außenministerium, dass das Massaker von Katyn das Werk des NKWD und nicht der Deutschen gewesen war, hütete sich aber, diese Tatsache publik zu machen. Für das Ministerium hatte die entscheidende Rolle der Sowjetunion bei der Niederwerfung Hitler-Deutschlands Priorität. Einige Aspekte des kommunistischen Systems – etwa der extrem rasche Aufbau von Industriepotential in den dreißiger Jahren und seine Fähigkeit, riesige Menschenmassen für bestimmte Ziele zu mobilisieren – trugen letztlich zu dem militärischen Erfolg bei. Beispielsweise wurde die Sowjetindustrie, speziell die Rüstungsbetriebe, mit bemerkenswerter Geschwindigkeit aus Westrussland hinter den Ural verlagert. Andere Merkmale hingegen – unter anderem die NKWD-Kontrolle und Schikanierung von Offizieren (selbst so hochrangigen wie Rokossowski, der im Laufe des Kriegs zwar Marschall wurde, aber unmittelbar vorher noch politischer Gefangener gewesen war) – waren absolut kontraproduktiv.[33]

Trotzdem war Stalin klug genug, zu erkennen, dass in einem so verzweifelten Überlebenskampf die kommunistische Ideologie allein nicht ausreichte. Sie musste durch traditionelle Werte und Symbole ergänzt werden, wenn insbesondere die russische Bevölkerung dazu veranlasst werden sollte, angesichts ungeheurer Opfer und Leiden bis zum letzten Atemzug zu kämpfen. Daher wurde die Verfolgung der Orthodoxie in den Kriegsjahren weitgehend eingestellt und die Kirche ermutigt, ihr patriotisches Gewicht in die Waagschale zu werfen. Stalin, den der deutsche Einmarsch in die Sowjetunion völlig verstört hatte, wandte sich erst nach elf Kriegstagen in einer Radiorede an das Sowjetvolk. Dort sprach er es jedoch nicht nur als »Genossen«, sondern auch als »Brüder und Schwestern« an. Als er am 7. November 1941, dem Jahrestag der bolschewistischen Revolution, der Gefahr trotzte und eine Parade auf dem Roten Platz abnahm, beschwor er in einer Rede die großen Namen der kriegerischen Vergangenheit Russlands – unter anderem Alexander Newski, ein Nowgoroder Fürst des

13. Jahrhunderts, der später von der orthodoxen Kirche heiliggesprochen wurde; Alexander Suworow, ein General des 18. Jahrhunderts, der in vorrevolutionären Zeiten als größter russischer Heerführer galt; und Michail Kutusow, der Feldmarschall, der Napoleon im Vaterländischen Krieg 1812/13 überlistete. Nicht umsonst wurde der Zweite Weltkrieg in Russland als Großer Vaterländischer Krieg bezeichnet. Es war eine bewusste Anspielung auf 1812, ungeachtet der Tatsache, dass die militärische Auseinandersetzung Mitte des 20. Jahrhunderts umfassender und um ein Vielfaches schrecklicher war.

Die meisten sowjetischen Soldaten kämpften für ihre Heimat, nicht für den Stalinismus oder Marxismus-Leninismus. Trotz der Durchdringung des Heeres mit einer Sondereinheit von Politoffizieren (Nachfolgern jener Kommissare, die Trotzki während des Bürgerkriegs in die Rote Armee eingegliedert hatte, um für die politische Loyalität jener Offiziere zu sorgen, die vorher dem Zaren gedient hatten) wurde die kommunistische Lehre der patriotischen und antideutschen Propaganda untergeordnet. Diese fiel angesichts der barbarischen Aktionen, welche die Invasionsarmee beging, auf fruchtbaren Boden.

Hitler-Deutschland wurde ein Opfer seiner eigenen Ideologie. Hätte es die Bauern, die im Zuge der Zwangskollektivierung der Landwirtschaft Angehörige verloren hatten und die noch immer nicht mit Stalins Version der Sowjetherrschaft versöhnt waren, anständig behandelt, hätte es vielleicht mehr Unterstützung bekommen. Hätte Deutschland in der Westukraine den nationalistischen Gefühlen der Bevölkerung mehr Zugeständnisse gemacht, wäre die Kollaboration wohl noch stärker gewesen, als sie es so schon war.[34] Tatsächlich aber hielt die Wehrmacht die Ukraine länger besetzt als irgendeinen anderen Teil der Sowjetunion und hinterließ ein verwüstetes Land. Mehr als zwei Millionen ukrainische Bürger wurden als Zwangsarbeiter nach Deutschland verschleppt.[35] In den Städten gab es nicht genügend Lebensmittel für ihre Bewohner. Im Dezember 1941 entschieden die deutschen Wirtschaftsbehörden, die Lebensmittellieferungen aus der Ukraine nach Deutschland durch Eliminierung »überflüssiger Esser« zu steigern, worunter sie »Juden und die Bewohner ukrainischer Städte wie Kiew« verstanden.[36] Die Bevölkerungszahl von Charkow sank von 850 000 im Jahr 1939 auf 450 000 im Dezember 1941. 70 000 bis 80 000 Bewohner ukrainischer Städte verhungerten während der deutschen Besatzungszeit. 250 ukrainische Dörfer wurden samt ihren Bewohnern bei deutschen Vergeltungsmaßnahmen wegen Widerstandsaktionen vernichtet.[37]

Während des Zweiten Weltkriegs genoss die Sowjetunion bei den westlichen Demokratien höheres Ansehen als zu irgendeiner Zeit davor oder danach. Der amerikanische Präsident Franklin D. Roosevelt und der britische Premierminister Winston Churchill bezeichneten Stalin in ihrer Kriegskorrespondenz gewöhnlich als »Uncle Joe« – häufig sogar durch die Abkürzung »U. J.«.[38] (Außerdem nannten sie, wie in ihren und anderen westlichen Ländern üblich, die von »Uncle Joe« regierten Menschen Russen und das Land Russland statt Sowjetunion. Das verschleierte den Umstand, dass in dem Vielvölkerstaat die Russen zwar das zahlenmäßig größte Volk bildeten, aber beileibe nicht die Einzigen waren, die in diesem Krieg litten und gegen Hitler-Deutschland kämpften.) Nach der Bestürzung über den Hitler-Stalin-Pakt von 1939 war die neue Wertschätzung, die die Sowjetunion für ihre Rolle im Krieg erfuhr, eine Erleichterung für viele Kommunisten in aller Welt. Wie Donald Sassoon schrieb, erwies sich der Zweite Weltkrieg nach dem deutschen Angriff auf die Sowjetunion auch als die »beste Stunde« der westlichen Kommunisten. Zum ersten – aber auch letzten – Mal: »Sie konnten Faschismus und Nazismus bekämpfen, wahre Internationalisten sein, die UdSSR verteidigen, untadelige Patrioten sein, und das alles, ohne sich in Widersprüche zu verwickeln.«[39] Im besetzten Europa waren die Kommunisten besonders aktive Teilnehmer am Partisanenwiderstand gegen den Faschismus in seiner nationalsozialistischen wie italienischen Erscheinungsform.

In Griechenland und Jugoslawien äußerte sich dieser Antifaschismus nicht nur als Widerstand gegen die deutsche Besatzung, sondern auch in Form erbitterter Bürgerkriege. In Griechenland war es der Krieg zwischen zwei Flügeln der Widerstandsbewegung. Hätte die Sowjetunion ihr ganzes Gewicht für die griechischen Kommunisten in die Waagschale geworfen, wären diese 1944, als die Deutschen aus Griechenland abrückten, vielleicht an die Macht gekommen, doch die Rote Armee hielt sich an eine von Stalin und Churchill getroffene Vereinbarung, nach der die Sowjetunion in Griechenland nicht intervenieren sollte. Wahrscheinlich sah sich die sowjetische Führung weniger durch dieses Churchill gegebene Versprechen als vielmehr durch die vorrangige Bedeutung, die die Kontrolle Osteuropas für Stalin hatte, dazu veranlasst, tatenlos zuzusehen, wie die britischen Truppen im letzten Kriegsjahr entscheidend an der Niederschlagung des kommunistischen Aufstands mitwirkten.[40] Wie gewöhnlich mussten die Interessen der kommunistischen »Bruderparteien« hinter dem, was Stalin unter den Interessen der Sowjetunion verstand, zurückstehen, und die griechischen Kommunisten befanden sich im Irrtum, als sie glaubten, ihr bewaffneter Kampf »würde als Teil umfassender Bestrebungen, die sowjetische Kontrolle in den Mittelmeerraum auszudehnen, Moskaus Segen finden«.[41]

In Jugoslawien ging es im Bürgerkrieg sowohl um den ideologischen und militärischen Konflikt zwischen Kommunisten und Antikommunisten als auch um die erbitterte Auseinandersetzung zwischen den verschiedenen Völkern des Landes, besonders zwischen Serben und Kroaten. In Kroatien verfolgte ein faschistischer Marionettenstaat unter der Herrschaft extremer kroatischer Nationalisten, der sogenannten Ustascha, eine an Völkermord grenzende Politik gegen den serbischen Bevölkerungsteil und gegen die Serben in Bosnien und Herzegowina. Die kommunistischen Partisanen in Jugoslawien wurden von Josip Broz geführt, der sich seit 1934 Tito nannte – den Namen nahm er nach einer Haftstrafe wegen kommunistischer Umtriebe an. Die Überwindung ethnischer Gräben zählte zu den Stärken der Kommunisten. Am Vorabend des Zweiten Weltkriegs waren sie, wie ein Historiker des Kommunismus und der Nationalitätenfrage auf dem Balkan schrieb, »vielleicht die einzige wirklich jugoslawische Partei«.[42] Kriterium für die Anwerbung von Mitgliedern war nicht nur deren Bereitschaft, das Leben im Kampf gegen die deutschen Besatzer zu wagen, sondern auch der Wille, sich für die Gründung eines kommunistischen Nachkriegsstaats einzusetzen. Serben und Montenegriner waren überproportional in den Reihen der kommunistischen Partisanen vertreten, aber Tito wurde 1892 als Sohn eines kroatischen Vaters und einer slowenischen Mutter geboren. Unter den Serben kam es zu heftigen Kämpfen zwischen den Tschetniki, den Kämpfern des serbisch-nationalistischen Widerstands gegen die Deutschen (was allerdings eine zeitweilige Kollaboration nicht ausschloss), und Titos Kommunisten mit ihrem großen serbischen Kontingent.

Da es Tito nach dem Krieg gelang, in Jugoslawien einen kommunistischen Staat zu gründen, wurde die Entscheidung Winston Chur-

Kommunismus und der Zweite Weltkrieg 203

chills und seiner Regierung aus dem Jahr 1943, die logistische Unterstützung der Tschetniki unter Führung von Draža Mihailović fortan auf Titos Partisanen zu übertragen, in den Nachkriegsjahren zum Gegenstand einer Kontroverse. Dazu Dennison Rusinow: »Während die westliche Militärhilfe zwar willkommen, aber nur von marginaler Bedeutung war, verliehen Churchills Parteinahme für die Partisanen und die widerstrebende Einwilligung des Königs dem jungen Regime die dringend benötigte internationale Anerkennung und Legitimität.«[43] Trotzdem übernahmen die Kommunisten unter Titos Führung die Macht weitgehend aus eigener Kraft. Im Gegensatz zur Mehrheit der kommunistischen Nachkriegsstaaten in Europa waren sie nicht von Stalin und der Sowjetarmee in die Staatsämter gehievt worden. Zwar hatte die Rote Armee wesentlichen Anteil an der Befreiung Belgrads, doch den weitaus größten Teil der Kämpfe auf jugoslawischem Boden hatten die Partisanen selbst ausgefochten, und anders als in den meisten anderen Ländern Ostmitteleuropas waren die sowjetischen Truppen abgerückt, nachdem die unmittelbare Aufgabe erledigt war. Nach Kriegsende waren also die jugoslawischen Partisanen an der Macht. Es war kein Zufall, dass die erste große Spaltung der kommunistischen Bewegung, soweit sie regierende Parteien betraf, zwischen der Sowjetunion und Jugoslawien stattfand. Kommunisten, die den Umsturz selbst herbeigeführt hatten, konnten ihre Unabhängigkeit von Moskau weit einfacher durchsetzen (China und Albanien waren spätere Beispiele) als Regime von Moskaus Gnaden, wenn es auch einige versuchten.

Für Churchill war während des Zweiten Weltkriegs die alles entscheidende Frage, welche Widerstandsbewegung mehr deutsche Divisionen band und mehr deutsche Soldaten tötete. Zwei Kommandounternehmen, das erste von Hauptmann (später Oberstleutnant) Bill Deakin – der Ende der vierziger Jahre der erste Master des St. Antony's College in Oxford wurde – und das zweite von Brigadegeneral Fitzroy Maclean, der damals und später Abgeordneter der Konservativen im Unterhaus war, trugen zu Churchills Überzeugung bei, dass Titos Partisanen die britische Unterstützung verdienten. Deakin wurde per Fallschirm über Jugoslawien abgesetzt und augenblicklich in Gefechte verwickelt, in denen er an Titos Seite kämpfte. Knapp zwei Wochen nach der Kontaktaufnahme mit den Partisanen wurden Tito und er von derselben Bombe verwundet. Bei diesem

Angriff fielen eine große Anzahl von Partisanen und der einzige andere britische Offizier, der Deakin bei seinem gefährlichen Einsatz begleitete.

Milovan Djilas, ein enger Vertrauter Titos während des Krieges und ein führender jugoslawischer Kommunist, der später Titos einflussreichster innenpolitischer Gegenspieler war, kommentierte die Ankunft des britischen Kommandos am 29. Mai 1943 wie folgt: »An der Spitze der Mission stand Hauptmann F. W. Deakin, ein auffallend intelligenter, wenngleich sehr zurückhaltender Mann. Wir erfuhren, dass er eine Art Sekretär Churchills war. Uns imponierte das sehr – nicht nur wegen der Aufmerksamkeit, die man uns dadurch zuteilwerden ließ, sondern auch, weil sich selbst hochgestellte Briten nicht vor den Gefahren des Krieges drückten.«[44] In diesem Zusammenhang ist anzumerken, dass Churchills Sohn Randolph, damals ebenfalls konservativer Unterhausabgeordneter und Heeresoffizier, später zur britischen Militärmission in Jugoslawien ging. Dazu Djilas:

> Wir empfanden diese als Auszeichnung – wenn wir auch zunächst den Verdacht hatten, Randolph könnte als »Graue Eminenz« der Mission fungieren. Seine ganze Haltung überzeugte uns jedoch davon, dass er eine eher untergeordnete Rolle spielte und sein berühmter Vater dieses Wagnis nur aus Gründen aristokratischer Opferwilligkeit und um seinem Sohn Autorität zu verschaffen, eingegangen war. Durch seinen Humor und sein unkonventionelles Auftreten gewann Randolph bald unsere Kommandanten und Kommissare, doch machte er durch übermäßigen Alkoholkonsum und ziemliche Interesselosigkeit deutlich, dass er mit seinem Familiennamen nicht auch politische Phantasie und Begeisterung geerbt hatte.[45]

Winston Churchill schrieb zahlreiche Briefe an Tito, die von den Angehörigen der britischen Militärmission persönlich übergeben wurden. Obwohl Churchill die militärischen Anstrengungen der Partisanen rückhaltlos unterstützte, vermochte er Tito nicht dazu zu bewegen, den jungen, im Exil lebenden jugoslawischen König wohlwollend zu beurteilen und die Beibehaltung der Monarchie nach dem Krieg in Betracht zu ziehen. Am 17. Mai 1944 schrieb Churchill: »Mittlerweile gratuliere ich Ihnen noch einmal zu der großen Zahl von feindlichen Divisionen, die Sie an Ihren verschiedenen Fronten festhalten.«[46] Nur eine Woche später erklärte Churchill

Kommunismus und der Zweite Weltkrieg

in einem weiteren Brief an Tito: »Ich wollte, ich könnte selbst kommen; ich bin aber zu alt und schwer, um mit dem Fallschirm abzuspringen.«[47]

Die begrenzte Beteiligung der Sowjets an dem Krieg in Jugoslawien erwies sich nicht als ausschlaggebend. In Albanien kamen die Kommunisten sogar ganz ohne sowjetische Hilfe an die Macht. Allerdings bekamen sie Hilfe von den Jugoslawen – Unterweisung sowohl im Hinblick auf die Organisation und Führung der Partei als auch auf die Taktik des Partisanenkriegs. Ursprünglich betreuten Tito und seine Mitstreiter die Albaner im Rahmen einer von der Komintern vereinbarten Aufgabenteilung. König Zogu, der Albanien seit fünfzehn Jahren als autoritärer Herrscher regiert hatte, verließ am Tag des italienischen Einmarschs (7. April 1939) mit seinem ganzen Gefolge das Land und hinterließ ein Machtvakuum.[48] Mussolinis Heer war bei weitem nicht so schlagkräftig wie Hitlers Truppen, so dass die Kommunisten, die Organisation mit Willenskraft verbanden, nach und nach zum wichtigsten Faktor des Widerstands wurden. Es gab keine albanische Exilregierung oder irgendwelche politischen Parteien, mit denen die Kommunisten auch nur dem Anschein nach die Macht hätten teilen müssen. Stephen Peters meint dazu:

> Als das Antifaschistische Nationale Befreiungskomitee im Oktober 1944 erst in eine provisorische und dann in eine ständige Regierung umgewandelt wurde, veränderte sich nichts an Programm oder Führung. Von Anfang an schuf die Partei einen monolithischen, autoritären Polizeistaat.[49]

In anderen osteuropäischen Ländern spielte die Sowjetarmee eine entscheidende Rolle bei der Vorbereitung kommunistischer Machtübernahmen. Die Rote Armee eroberte die baltischen Staaten von Hitler-Deutschland zurück. Vor der deutschen Invasion waren sie, gemäß dem Hitler-Stalin-Pakt, der sowjetischen Einflusssphäre einverleibt, im Verlauf des militärischen Konflikts aber von deutschen Truppen besetzt worden. Die Rote Armee befreite auch Polen, Ungarn, Bulgarien und Rumänien von deutscher Besatzung. Sie beendete die Nazi-Herrschaft über den größten Teil der Tschechoslowakei, einschließlich der Hauptstadt Prag, rückte aber nach Kriegsende ab. In der Tschechoslowakei hatte es während des Krieges, als Böhmen und Mähren deutsches Protektorat waren und die Slowaken ihren eigenen klerikalfaschistischen Staat hatten, keine nennenswerte Widerstands- oder Partisanenbewegung gegeben. Reinhard Heydrich, der stellvertretende Reichsprotektor von Böhmen und Mähren, wurde auf Betreiben der in London ausharrenden demokratischen tschechischen Exilregierung getötet. Doch die Vergeltungsmaßnahmen Hitler-Deutschlands – die Dörfer Lidice und Ležaky wurden zerstört, alle männlichen Bewohner erschossen, die Frauen und Kinder in Konzentrationslager verschleppt – sorgten dafür, dass sich kaum noch Widerstand regte. In der Slowakei schlossen sich 1944 Kommunisten und Sozialdemokraten zu einem erfolglosen Aufstand zusammen; einer ihrer Führer war Gustáv Husák, der später ein politischer Gefangener in der kommunistischen Tschechoslowakei und noch später Parteiführer und Präsident des Landes werden sollte. In der Tschechoslowakei genoss die Kommunistische Partei so breite Unterstützung, dass sie eine echte Chance hatte, ohne Unterstützung der Roten Armee an die Macht zu kommen. Sie wurde jedoch ein Mittelding zwischen Jugoslawien und Albanien auf der einen Seite und Ländern wie Polen und Ungarn auf der anderen. Letztere hätten ohne die Macht und Präsenz der Sowjets nicht kommunistisch werden können, während in der Tschechoslowakei keine sowjetischen Truppen zugegen waren, als die Kommunisten 1948 (wie im nächsten Kapitel beschrieben) die Macht ergriffen.

Inzwischen wirkte sich der Zweite Weltkrieg auch auf die Geschicke der Kommunisten in Asien aus, die an dem nationalen Befreiungskampf beteiligt waren. Der japanische Expansionismus wurde zu einem Katalysator des kommunistischen Vordringens in China. 1931 hatten die Japaner die Mandschurei besetzt und dort einen Satellitenstaat errichtet. Was Tschiang Kai-schek, den nationalistischen Führer der Kuomintang, nicht davon abhielt, sich ganz auf die Vernichtung der Kommunisten im Rest Chinas zu konzentrieren. Doch wie in Kapitel 5 berichtet, überlebte ein kleiner Kern von KP-Mitgliedern 1934/35 den »Langen Marsch« in die nordwestliche Provinz Shaanxi. Ein Grund für die erbitterte Rivalität von Nationalisten und Kommunisten war nicht etwa ihre Gegensätzlichkeit, sondern die Tatsache, dass sie vieles gemeinsam hatten.[50] Beide glaubten sie an die Modernisierung Chinas, und die Nationalisten hatten keineswegs ein Monopol darauf, die nationalen Gefühle anzusprechen. Dass die Kommunisten es verstanden, sowohl auf den Wunsch nach nationaler

Kommunismus und der Zweite Weltkrieg 207

Befreiung als auch auf die Beschwerden der einheimischen Bauern einzugehen, sollte ihnen sehr nützlich sein.

Tschiang Kai-schek war im Begriff, einen weiteren Vernichtungsfeldzug gegen die Kommunistische Partei zu beginnen, als die japanischen Streitkräfte 1937 in China einfielen und versuchten, die Kontrolle über das ganze Land an sich zu reißen.[51] Daraufhin wurden die Kommunisten neben den Nationalisten zur zweiten Säule des Widerstands. Die Nationalisten trugen die Hauptlast des Kampfes, während die Kommunisten die Rolle des Juniorpartners übernahmen.[52] Die kommunistischen Streitkräfte entwickelten eine wirksame Guerillataktik, waren aber vor allem bestrebt, ihre Kampfkraft für die Nachkriegsauseinandersetzung mit der Kuomintang zu stärken.[53] Als die Japaner – vor allem durch die Vereinigten Staaten – besiegt waren, war die Kuomintang von acht Jahren Krieg aufgerieben. Tschiang Kai-schek wurde auch für viele Entbehrungen der Kriegsjahre – unter anderem die Lebensmittelknappheit – verantwortlich gemacht. So war er bei Kriegsende schwächer als zu Beginn, während die Kommunisten gestärkt und gefestigt aus dem Krieg hervorgingen. In vielen der Gebiete, die die KPCh während des Kriegs kontrollierte, gelang es ihr, durch reformpolitische Maßnahmen örtliche Unterstützung zu gewinnen, indem sie etwa Grundbesitz an arme Kleinbauern verteilte oder die unbeliebten lokalen Eliten abstrafte.[54] Also erwies sich auch in China der Krieg als Vorspiel und Wegbereiter der kommunistischen Machtergreifung, wenn auch auf andere Art als in Osteuropa – wo der Vormarsch der Roten Armee im Allgemeinen der alles entscheidende Faktor war.

KAPITEL 9

Machtübernahmen in Europa – nationale Wege

Die entscheidende Ursache für die Errichtung kommunistischer Regime in Osteuropa nach dem Zweiten Weltkrieg war die Tatsache, dass es der Sowjetarmee gelang, die Herrschaft Hitler-Deutschlands in der Region zu beenden. Im April 1927 schrieb Mao Tse-tung den Kommunisten ein berühmt gewordenes Wort ins Stammbuch: »Die politische Macht kommt aus den Gewehrläufen.«[1] Wenn vielleicht keine Maxime von universeller Gültigkeit, so trifft sie doch recht gut auf Ost- und Mitteleuropa unmittelbar nach dem Krieg zu. Doch das ist nicht die ganze Wahrheit. Der Sozialismus – gleich, ob in demokratischer Form oder in der von den kommunistischen Parteien gepredigten sowjetischen Spielart – hatte erheblich an Popularität gewonnen. In Westeuropa herrschte in den dreißiger Jahren nicht nur Abscheu vor Nazismus und Faschismus, sondern auch Ernüchterung über die Krisen des Kapitalismus – besonders die Massenarbeitslosigkeit – und über die Unzulänglichkeiten der demokratischen Regierungen jener Jahre. Unter anderem hatten diese den Fehler begangen, an Hitlers Versprechungen zu glauben. Stalin war zwar in die gleiche Falle getappt, erfreute sich 1945 aber großer Wertschätzung im Westen, weil die Rote Armee so entscheidend zum Gewinn des Krieges beigetragen hatte.

In vielen Teilen Europas kam es also neben den strategischen Veränderungen, die durch sowjetische Waffengewalt hergestellt worden waren, auch zu einem Sinneswandel. Immer stärker setzte sich die Überzeugung durch, der Sozialismus sei eine gerechtere und vernünftigere Methode zur Organisation der Wirtschaft als der Kapitalismus. Planung galt als Patentrezept, das die Unberechenbarkeit des

Marktes ersetzen oder zumindest die durch die Marktbeziehungen erzeugte Ungleichheit mildern könne. Man glaubte vielfach, Staatseigentum in der einen oder anderen Form sei sozial gerechter als der Privatbesitz an großen Ländereien oder Industrien. Insbesondere gab es eine breite Unterstützung für die Verstaatlichung der Rohstoffmonopole und dessen, was Lenin in der ersten Phase bolschewistischer Herrschaft die »Kommandohöhen« der Wirtschaft nannte. Viele Menschen, die sich als Sozialisten verstanden und diese Auffassungen 1945 teilten, haben sie später zwar geändert oder sogar aufgegeben, doch in der unmittelbaren Nachkriegszeit betrachtete man trotz aller Not die Aussichten des Sozialismus mit Optimismus. Die Überzeugung, »der Kapitalismus habe lediglich Arbeitslosigkeit und Elend zu bieten«, verband sich mit Illusionen über die Vorteile des Sowjetsystems.[2] Die Kollektivierung hatte das Leben von Millionen Kleinbauern zerstört. Stalin war im eigenen Land für die Inhaftierung und Liquidierung echter und eingebildeter Gegner in einem Maß verantwortlich, das durchaus mit Hitlers Verbrechen in Deutschland vergleichbar war – doch über all das wurde damals hinweggesehen. Die sowjetische Geheimhaltung und Zensur in Verbindung mit der Kritiklosigkeit vieler westlicher Beobachter, die schöngefärbte Berichte über Stalins UdSSR vorlegten, führten dazu, dass diese Tatsachen nicht annähernd so bekannt wurden, wie sie es hätten sein sollen.

Die Versäumnisse und Fehlschläge der Zwischenkriegszeit, der durch den Krieg beschleunigte Fortfall vieler sozialer Schranken und die Überzeugung, dass mit Beginn des Friedens etwas Besseres geschaffen werden müsse als die Vorkriegsordnung, prägten das Denken in vielen Teilen Europas, die nicht dem Einfluss der Sowjetmacht unterworfen waren. In den westeuropäischen Ländern, in denen sozialistische Parteien demokratischen Zuschnitts bereits stark waren, wurden diese Nutznießer des egalitären und antikapitalistischen Meinungsumschwungs. In Großbritannien und Skandinavien feierten die Labour Party und die sozialistischen Parteien große Wahlerfolge, während die Kommunisten nur eine marginale Rolle spielten. In Italien, Frankreich und Finnland schnitten sowohl die kommunistischen als auch die demokratisch-sozialistischen Parteien gut ab. Ost- und Mitteleuropa boten ein ganz anderes Bild. Mit Ausnahme der Tschechoslowakei waren in den dreißiger Jahren rechtsgerichtete autoritäre Regime an der Tagesordnung gewesen, jetzt aber gründlich in

Verruf geraten. Sozialistische Parteien sozialdemokratischer Prägung und Kommunisten waren im Allgemeinen unterdrückt worden – nicht nur unter nationalsozialistischer Herrschaft, sondern auch in der gesamten Zwischenkriegszeit. Nach dem Angriff auf die Sowjetunion war der Widerstand gegen die deutschen Eindringlinge zu einer kommunistisch-internationalistischen Pflicht, aber auch zu einer Frage des Patriotismus geworden, daher waren die Kommunisten sehr aktiv in den Partisanenbewegungen. Sie hatten noch einen zusätzlichen Anreiz, im Untergrund gegen den faschistischen Feind zu arbeiten, denn wenn sie einfach abwarteten und auf das Beste hofften, stand es schlecht um ihre Überlebenschancen in Hitlers Europa. Infolge ihrer Parteimitgliedschaft mussten sie damit rechnen, als Erste erschossen oder in Konzentrationslager verschleppt zu werden.

Von den sowjetisch inszenierten Machtübernahmen in osteuropäischen Ländern wird im nächsten Kapitel zu reden sein. Es gibt jedoch drei Länder, in denen einheimische Kommunisten aus eigener Kraft an die Macht kamen – Albanien, Jugoslawien und die Tschechoslowakei, obwohl sich der Fall der Tschechen und Slowaken erheblich von den anderen beiden unterscheidet.

Albanien unter Enver Hodscha

Wie in Kapitel 8 dargelegt, waren die Erfolge der Kommunisten in den Widerstandsbewegungen Albaniens und Jugoslawiens so beträchtlich, dass sie im ersten Fall ganz ohne sowjetische Unterstützung und im zweiten mit relativ geringer Hilfe der Sowjetunion zurechtkamen. Die albanischen Kommunisten wurden jedoch während der Kriegsjahre von ihren jugoslawischen Genossen streng beaufsichtigt. Die Machtergreifung der Kommunisten in diesen beiden Ländern vollzog sich zwar weitgehend unabhängig von den militärischen Erfolgen der Roten Armee, beruhte aber dennoch auf den Zwangsmitteln, die sich die Parteiführungen bereits während des Krieges zugelegt hatten. In Albanien hatten die Kommunisten keine echte Konkurrenz, da die Repräsentanten des alten Regimes das Land bereits verlassen hatten. In Jugoslawien hatte Tito längst die Oberhand über seine innenpolitischen Gegner gewonnen – die serbisch-nationalistischen Tschetniki und die kroatischen Faschisten der Ustascha.

Die jugoslawische Hilfe für die Albaner war in erster Linie organisatorischer und ideologischer Art, und die albanischen Kommunisten standen in den Kriegsjahren weitgehend unter dem Einfluss der Jugoslawen, die darauf hofften, die führende Kraft in einer neuen Föderation einschließlich Bulgariens und Albaniens zu werden. Stalin und die Komintern hießen den Plan gut, da sie davon ausgingen, Tito in Jugoslawien und die kommunistischen Führer in Albanien und Bulgarien würden unverbrüchliche Treue zu Moskau halten. 1943 schrieb Tito den albanischen Kommunisten, sie müssten sich an die jungen Bauern wenden und ihren Partisanengruppen »neben den Kommunisten möglichst viele ehrliche albanische Nationalisten und Patrioten« einverleiben.[3] 1943, auf der ersten Landeskonferenz der Kommunistischen Partei Albaniens (die bereits im November 1941 gegründet worden war), wurde Enver Hodscha zu ihrem Führer gewählt und blieb es bis zu seinem Tod im Jahr 1985, womit er der dienstälteste Parteiführer Osteuropas wurde. Da die albanischen Kommunisten 1944 an die Macht kamen, machten ihn seine 41 Jahre an der Spitze des albanischen Staates darüber hinaus zu dem Staatsmann, der länger an der Macht war als jeder andere (Monarchen ausgenommen).[4] Hodscha war der Sohn eines Grundbesitzers, hatte ein französisches Gymnasium in Albanien besucht und in Montpellier und Brüssel Jura studiert. Während des Studiums begeisterte er sich für den Kommunismus und schrieb unter einem Pseudonym Artikel für *L'Humanité*, das Parteiorgan der KPF.[5]

Sogar während der Kriegsjahre war Hodscha weniger gewillt, die von ihm geführte Partei jugoslawischer Bevormundung auszuliefern, als einige seiner Parteigenossen, vor allem der Parteisekretär Kotschi Djodsche, der in der unmittelbaren Nachkriegszeit das Orgbüro (Organisationsbüro) und die Geheimpolizei leitete. Fast hätte Hodscha die Parteiführung verloren, die eine Zeitlang praktisch nur noch auf dem Papier existierte, lag Djodsche doch weit mehr auf der Linie von Tito und Stalin. 1947 billigte dieser einen Plan zum Zusammenschluss Albaniens mit Jugoslawien (der auch Bulgarien eingeschlossen hätte), doch der Bruch zwischen Moskau und Belgrad – auf den wir in Kapitel 12 zurückkommen werden – machte dem ein Ende. Er führte auch zu Djodsches Liquidierung, hatte dieser doch das doppelte Verbrechen begangen, die Union mit Titos Jugoslawien zu befürworten und sich Hodscha zu widersetzen.[6]

Anfänglich war den albanischen Kommunisten der Weg zur Macht dadurch erleichtert worden, dass sie jugoslawischen Rat akzeptiert hatten. Mitglieder der Kommunistischen Partei (die 1948 in Partei der Arbeit umgetauft wurde) bildeten die Führungsebene der Nationalen Befreiungsfront, einer breiten Bewegung, die Zulauf von jungen Leuten aus wohlhabenden Familien hatte, aber auch aus ländlichen Regionen. Als 1944 ihre militärische Stärke zunahm, wuchs auch ihre Mitgliederzahl. Albanien – eines der ärmsten europäischen Länder, das weit unter drei Millionen Einwohner hatte – dürfte in den Überlegungen von Präsident Roosevelt kaum eine Rolle gespielt haben. Die Briten standen den konkurrierenden albanischen Gruppen ambivalent gegenüber. Einige Engländer, die an Einsätzen der militärischen Nachrichtendienste im besetzten Albanien beteiligt waren, sahen die von Kommunisten beherrschten albanischen Partisanen nicht anders an als Titos Leute in Jugoslawien – entscheidend war, dass sie die Hauptlast des Kampfes gegen die italienischen und deutschen Invasoren ihres Landes trugen. Doch während es den Briten in erster Linie um den Sieg über die Achsenmächte ging, war es Hodscha vorrangig darum zu tun, noch vor der Befreiung des Landes von den Besatzern die politische Macht zu gewinnen und die innenpolitischen Gegner (unter ihnen König Zogus Anhänger) niederzuwerfen. Das wurde ihm von einigen Angehörigen der Special Operations Executive (SOE) und dem britischen Außenministerium sehr verübelt. Die Verwirrung war so groß, dass Churchill sich im Juli 1944 gezwungen sah, seinem Außenminister Anthony Eden zu den inneren Kämpfen in Albanien folgendes Memorandum zu schicken: »Geben Sie mir einen kurzen Abriss, der zeigt, auf welcher Seite wir stehen.«[7]

Die Machtergreifung der Kommunistischen Partei Albaniens im Herbst 1944 wurde durch das Fehlen einer klaren westlichen Politik erleichtert. Die Sowjetunion bezog eindeutig Stellung für die Machtübernahme, während die USA und Großbritannien sich relativ indifferent verhielten und wenig unterrichtet waren. Als die von Deutschland gestützte Regierung in der Hauptstadt Tirana gestürzt wurde, belief sich die Zahl der Partisanen auf mehr als 50 000 Mann. So auf sich gestellt – ohne ausländische Hilfe – wie in Albanien verlief die kommunistische Machtübernahme in Osteuropa nur noch in Jugoslawien. Weder die Sowjetarmee noch Titos Partisanen betraten Albanien, obwohl die Jugoslawen, wie erwähnt, wichtige politische und organisatorische Hilfe leisteten. Zur kommunistischen Herrschaft führte keine Revolution im Sinne einer Volkserhebung gegen die überkommene Ordnung. Die Machtergreifung war vielmehr das unmittelbare Ergebnis der Invasion Albaniens durch die Achsenmächte und der Vorherrschaft der Kommunisten innerhalb der Widerstandsbewegung.[8]

Tito und die jugoslawischen Partisanen

In Jugoslawien hatten Titos Partisanen 1945 den erbitterten Bürgerkrieg, der ihren Kampf gegen die Deutschen begleitet hatte, für sich entschieden. Jugoslawien gehörte zu den Ländern, die im Zweiten Weltkrieg am meisten gelitten hatten: Zwischen 1941 und 1945 verloren sie elf Prozent ihrer Vorkriegsbevölkerung. Von den Invasoren zerstückelt, wurde Jugoslawien 1943 praktisch wiedergeboren, als die Nationale Befreiungsbewegung, wie die von Tito geführten Partisanen genannt wurden, in Bosnien zusammentrat und das Nationale Befreiungskomitee Jugoslawiens gründete. An seiner Spitze stand Tito, der darüber hinaus noch der Generalsekretär der Kommunistischen Partei Jugoslawiens und Oberbefehlshaber der Nationalen Befreiungsarmee war. Er erhielt den Titel Marschall von Jugoslawien. Bei der zweiten Sitzung des Nationalen Befreiungskomitees wurde Jugoslawien zum Bundesstaat erklärt, in dem die Serben, Kroaten, Slowenen, Mazedonier und Montenegriner eigene Republiken erhielten, während Bosnien und Herzegowina, eine historische Einheit mit einer ethnisch gemischten Bevölkerung, die sechste Republik bildeten.[9]

1944 wurde König Peter von Churchill eine neue Exilregierung aufgezwungen, an deren Spitze – zum ersten Mal seit Gründung des jugoslawischen Staates nach Ende des Ersten Weltkriegs – ein Kroate stand: Ivan Šubašić. Seine Amtszeit war kurz, denn er wurde von Stalin, Churchill und Roosevelt – den »Großen Drei« der Alliierten des Zweiten Weltkriegs – gedrängt, eine provisorische Regierung mit Tito zu bilden. In dieser Regierung wurde Tito Ministerpräsident und Verteidigungsminister. So war Tito – für sehr kurze Zeit – ranghöchster Minister des jugoslawischen Königs, doch der erste Beschluss der Verfassunggebenden Versammlung, die in Jugoslawien

1945 zusammentrat, hob die Monarchie auf und erklärte Jugoslawien zu einer Föderativen Volksrepublik.[10] Nur auf massiven Druck seiner westlichen Verbündeten hatte Tito drei royalistische Abgeordnete in seine provisorische Regierung aufgenommen, worüber er sich später bedauernd äußerte.[11] Weder sie noch andere erwiesen sich jedoch als ernsthaftes Hindernis für die Kommunisten auf ihrem Weg zum alleinigen Besitz der Staatsmacht. Personen, von denen bekannt war, dass sie mit den Besatzern kollaboriert hatten, wurden vielfach liquidiert; andere Gegner wurden eingeschüchtert oder eingesperrt. In den allgemeinen Wahlen vom 27. November 1945 erhielten die Wähler eine einzige Kandidatenliste und konnten sich daher nur für oder gegen die Vorschläge der Kommunistischen Partei entscheiden. Dazu schreibt Phyllis Auty, Titos Biographin:

> Nur wenige wollten gegen die Partei, die den Krieg gewonnen hatte, stimmen, und noch weniger wagten es, ihren Stimmzettel in die Neinurne zu werfen. Titos Bewegung erhielt 96 Prozent der abgegebenen Stimmen. Es gab nur wenige Stimmenthaltungen und ungültige Stimmzettel. Obwohl alles nur Mögliche getan wurde, um die Bevölkerung zur Stimmabgabe für die Kommunisten zu bewegen, und obwohl angenommen werden kann, dass sich ihr Stimmanteil verringert hätte, wenn Oppositionsparteien zugelassen worden wären, steht es außer Zweifel, dass Tito und die Partisanen zu dieser Zeit das Vertrauen der Bevölkerung besaßen und dass sie auf jeden Fall eine Mehrheit erlangt hätten.[12]

Die Kommunisten erlangten in Jugoslawien noch 1945 das Machtmonopol, wozu die meisten osteuropäischen Parteien mehrere Jahre brauchten. Der innere Aufbau des jugoslawischen Machtapparats hielt sich eng an das Vorbild der Sowjetunion, das heißt, ein kleines Politbüro unter Vorsitz Titos traf die wichtigen Entscheidungen, die von dem erheblich größeren Zentralkomitee der Partei bestätigt und einem der KP gänzlich hörigen Parlament abgesegnet wurden.

Viele Tschetniki flohen 1945 bei passender Gelegenheit aus Jugoslawien, doch ihr Führer Draža Mihailović sah davon ab und beschloss, im Land zu bleiben, weil er auf einen serbischen Volksaufstand hoffte, der die Kommunisten stürzen würde. Er wurde 1946 verhaftet, 1947 wegen Kollaboration mit den deutschen Besatzungstruppen vor Gericht gestellt und im Juli desselben Jahrs zusammen

Tito und die jugoslawischen Partisanen

mit anderen Tschetniki hingerichtet. Von den 12 000 jugoslawischen Kommunisten, die es bei Kriegsausbruch gab, hatten nur 3000 die nächsten vier Jahre überlebt. Doch im und kurz nach dem Krieg traten rund 300 000 Männer und Frauen in die Partei ein. In einem Land mit tiefverwurzelten ethnischen Spannungen lag eine Stärke der Kommunisten in ihrer Fähigkeit, verschiedene Nationalitäten zusammenzubringen; so gelang es ihnen einige Jahrzehnte hindurch, eine echte jugoslawische Identität aufrechtzuerhalten. Dass dies nicht nur auf Zwang, sondern auch auf Zustimmung beruhte, war zum Teil dem Umstand zu verdanken, dass Stalin Tito und Jugoslawien aus der internationalen kommunistischen Bewegung exkommuniziert hatte, was den jugoslawischen Patriotismus landesweit gestärkt hatte. Der »Jugoslawismus« der Kommunistischen Partei kam in der nationalen Zusammensetzung der obersten Führung zum Ausdruck. So war Tito väterlicherseits Kroate und mütterlicherseits Slowene. Seine engsten Waffengefährten, die den Kern der Nachkriegsführung bildeten, waren Edvard Kardelj, ein Slowene, die Serben Moša Pijade (der außerdem jüdischer Herkunft war) und Aleksandar Ranković sowie Milovan Djilas, ein Montenegriner. Ein noch breiteres, systematischeres Abbild der verschiedenen jugoslawischen Nationalitäten bot das Zentralkomitee der Partei, die Gliederung, der gegenüber das Politbüro nominell rechenschaftspflichtig war, die es aber tatsächlich beherrschte.[13] Es gab jedoch Anomalien in der Nationalitätenpolitik, die in späteren Jahren zum Anlass heftiger Spannungen werden sollten. Dazu David Dyker:

> Serben, Kroaten, Slowenen, Montenegriner, Ungarn, Mazedonier (erstmalig) und Albaner (unter dem Pseudonym *Šiptari*) wurden alle offiziell anerkannt. Ein Schönheitsfehler war jedoch die Bezeichnung der ethnischen Muslime als »unentschlossene Muslime«, was so viel hieß wie: Je rascher sie sich zu Serben oder Kroaten erklärten, desto besser.[14]

Jahrzehnte später sollten sich die »Ethnischen Muslime« als bosniakische Nation präsentieren.[15]

Tschechoslowakei

Die Machtergreifung in der Tschechoslowakei vollzog sich allmählicher als in Albanien oder Jugoslawien. Sie beruhte nicht so sehr auf der Stellung, die sich die Kommunisten während des Krieges verschafft hatten, und noch weniger auf einer Partisanenbewegung – die hatte es in den von Hitler-Deutschland kontrollierten tschechischen Gebieten kaum gegeben –, sondern darauf, dass die KP tiefer in der Gesellschaft verwurzelt war und sich schon vor dem Krieg legitimiert hatte. Die Tschechoslowakei war zwischen den Kriegen das demokratischste, libertärste und toleranteste Land in Mittelosteuropa gewesen. Unter anderem war die Kommunistische Partei legal zugelassen und erhielt, wie in Kapitel 5 erwähnt, beträchtlichen Zuspruch. Als die Tschechoslowakei im Mai 1945 von den deutschen Besatzern befreit wurde, hatten rund 40 000 KP-Mitglieder den Krieg überlebt. Der gezielte und erfolgreiche Versuch der Mitgliederwerbung brachte diese Zahl bis zum Jahresende auf 826 527.[16] In der Tschechoslowakei gründete man wie in anderen mittelosteuropäischen Ländern, die später kommunistisch wurden, eine breite Volksfront, die sogenannte Nationale Front. Bei den Tschechen und Slowaken war diese jedoch, obwohl die KP deren wichtigster Bestandteil war (nachdem sie aus den freien Wahlen 1946 als stärkste Partei hervorgegangen war), bis zum Februar 1948 eine echte Koalition. Wie die Kommunistische Partei selbst, so reichten auch die Ursprünge der Nationalen Front in die Vorkriegszeit zurück, denn dort hatten die fünf größten politischen Parteien gewöhnlich eine Koalition gebildet, die Pětka (die Fünf), in der sie die Regierungspolitik abgesprochen und beschlossen hatten.[17] Ein weiteres Element der Kontinuität war die Fortexistenz des Präsidentenamts. Abgesehen von der DDR – und, nach dem Bruch mit der Sowjetunion, Titos Jugoslawien – gab es im kommunistischen Europa nur noch in der Tschechoslowakei einen Präsidenten. Während der Amtszeit von Tomáš Masaryk, dem ersten Präsidenten und Gründer des tschechoslowakischen Staates, hatte das Amt außerordentliches Prestige erworben, das es auch weitgehend genoss, als ihm sein enger Mitstreiter Edvard Beneš 1935 nachfolgte. Den größten Teil der Kriegsjahre verbrachte Beneš als Chef der tschechoslowakischen Exilregierung in London und kehrte erst 1945 als Präsident nach Prag zurück. Dass er wieder das höchste

Tschechoslowakei 217

Staatsamt einnahm, schien die Rückkehr des Landes zur Demokratie zu bestätigen.

In der Tschechoslowakei gab es keine antirussische Tradition. Vielmehr sah man in Russland traditionell einen freundlichen slawischen großen Bruder – in wirklich brüderlichem, nicht Orwell'schem Sinne. In ganz Ostmitteleuropa außerhalb der Sowjetunion waren vermutlich nur noch in Bulgarien ähnliche Gefühle gegenüber Russland anzutreffen.[18] Eine positive Einstellung gegenüber Russland und der Sowjetunion wurde weiterhin durch den Umstand gefördert, dass der größte Teil der Tschechoslowakei von der Roten Armee befreit worden war, während die Erinnerung an das Münchener Abkommen von 1938 einen gewissen Argwohn gegenüber Großbritannien und Frankreich nährte. Während Polen erlebt hatte, wie die Sowjetunion im Hitler-Stalin-Pakt zum Nachteil Polens gemeinsame Sache mit Deutschland machte, war den Tschechen noch frisch im Gedächtnis, wie die Briten und Franzosen versucht hatten, Hitler zu besänftigen, indem sie das Sudentenland dem Dritten Reich überließen. In beiden Fällen wurde die traditionelle Wahrnehmung Russlands – misstrauisch im Falle Polens, positiv auf Seiten der Tschechen (besonders) und der Slowaken – noch verstärkt. Außerdem hatte die Kommunistische Partei der Tschechoslowakei 1938 das Münchener Abkommen besonders heftig bekämpft und sich damals für ein Bündnis mit der Sowjetunion eingesetzt.

Da die Sowjettruppen die Tschechoslowakei nach Kriegsende verlassen hatten, wurde das neue Regime auch nicht durch sowjetische Panzer und Bajonette in den Sattel gehoben. Sozialistische Parteien hatten in den Wahlen von 1946 starken Zuspruch, besonders im tschechischen Landesteil Böhmen und Mähren. Die Kommunistische Partei, die sich damals für den politischen Pluralismus entschieden zu haben schien, gewann über 40 Prozent in der Tschechei und 38 Prozent im ganzen Land. Wenn man die Stimmen der Sozialdemokratischen Partei und der Tschechischen Nationalsozialistischen Partei – einer demokratischen sozialistischen Partei, die nichts mit der Deutschen Nationalsozialistischen Arbeiterpartei (DNSAP) der Vorkriegszeit gemein hatte – zu denen der Kommunisten hinzurechnet, wird ersichtlich, dass sich fast 70 Prozent der tschechischen Bevölkerung in den Wahlen aus freien Stücken für irgendeine Form des Sozialismus entschieden. Während der Zeit des politischen Pluralismus von 1945 bis Anfang 1948 wurden zahlreiche sozialistische Maßnahmen durchgeführt, unter anderem die Verstaatlichung der Banken, Versicherungsgesellschaften und Schlüsselindustrien.

Besonders in den ersten beiden Jahrzehnten nach dem Krieg hatte die KPČ einen höheren Anteil der Bevölkerung in ihren Reihen als irgendeine andere mittelosteuropäische Partei. Die Norm von rund sechs Prozent der Gesamtbevölkerung und einem Zehntel der Arbeiterklasse – über weite Strecken der Nachkriegszeit charakteristisch für die Sowjetunion – wurde in der Tschechoslowakei stets übertroffen. Wegen des beschriebenen tschechischen Russlandbilds und des Münchener Abkommens hatte die Partei nach Kriegsende keine Schwierigkeiten, Mitglieder zu gewinnen; und natürlich gab es auch, wie anderswo, Menschen, die aus Karrieregründen bereit waren, sich denen anzuschließen, die wie die mutmaßlichen Sieger aussahen.

Der Augenblick, da sich die Tschechoslowakei von einem sozialistisch gefärbten pluralistischen System zu einem kommunistischen Staat wandelte, kam im Februar 1948, als die Kommunisten die uneingeschränkte Macht ergriffen. Sie wurden dabei von Klement Gottwald geführt, einem mährischen Bauernsohn, der bereits 1929 Generalsekretär der Kommunistischen Partei geworden war und bis zu seinem Tod im Jahr 1953 der führende Kommunist der Tschechoslowakei blieb. 1931 als Abgeordneter in das tschechoslowakische Parlament gewählt, verbrachte er einen Großteil der dreißiger Jahre und die Kriegsjahre gänzlich in Moskau, wo er bis zur Auflösung der Komintern im Jahr 1943 in deren Sekretariat arbeitete. Nach dem Krieg blieb Gottwald maßgeblichstes Mitglied in der Führungsriege der KPČ. Zweitmächtigster Mann in den ersten Nachkriegsjahren war Antonín Zápotocký, der die Haft im Konzentrationslager Sachsenhausen in den Jahren 1940 bis 1945 überlebte. Obwohl Gottwald stets Lippenbekenntnisse zur Überlegenheit des Sowjetsystems ablegte, war er zur Errichtung eines Systems nach sowjetischem Vorbild weniger geneigt als sein Pendant Walter Ulbricht in der DDR.

Der Marshallplan

Als einziger der Kommunistischen Führer Ostmitteleuropas wäre Gottwald, damals in seiner Eigenschaft als Ministerpräsident der Tschechoslowakei, bereit gewesen, amerikanische Wirtschaftshilfe

Tschechoslowakei 219

anzunehmen. Im Juni 1947 hatte der amerikanische Außenminister George Marshall das Europäische Wiederaufbauprogramm der Vereinigten Staaten verkündet, das massive Hilfsleistungen für Westeuropa vorsah, teilweise um zu verhindern, dass die wirtschaftlichen Kriegsfolgen den Kommunisten in die Hände spielten. Gottwald führte den Vorsitz bei einer Kabinettssitzung im Juli 1947, auf der die westliche Einladung zur bevorstehenden Pariser Sitzung über den Marshallplan angenommen wurde.[19] Augenblicklich wurde Gottwald von Stalin nach Moskau zitiert, weil er die Todsünde eines kommunistischen Parteiführers begangen hatte: Er hatte gegen den ausdrücklichen Wunsch der Sowjetunion gehandelt, ohne vorher auch nur Rücksprache mit Moskau zu halten. Die Sowjetunion erlaubte keinem Land in ihrem Machtbereich, eine solche Hilfe anzunehmen, obwohl diese Weigerung das Gefälle des Lebensstandards zwischen West und Ost noch verstärkte (»Ost« als politische Kategorie verstanden, denn geographisch lag die Tschechoslowakei in Mittel- und nicht in Osteuropa). Die Tschechen waren nicht gezwungen, sich an die sowjetischen Wünsche zu halten, denn es war – da 1947 noch keine sowjetischen Truppen in der Tschechoslowakei stationiert waren – höchst unwahrscheinlich, dass Stalin gewagt hätte, in das Land einzumarschieren, verfolgte doch die Truman-Administration mit größter Wachsamkeit jedes Anzeichen eines in ihren Augen gefährlichen kommunistischen Expansionsdrangs.

Letztlich wurde Gottwald aber doch zur Befolgung der sowjetischen Vorgaben bewogen. Den beiden nichtkommunistischen Kabinettsmitgliedern, die ihn in die Sowjetunion begleitet hatten, Außenminister Jan Masaryk (Sohn des Staatsgründers und ersten Präsidenten) und Justizminister Prokop Drtina teilte er mit, er habe Stalin »nie so wütend gesehen«. Nach einem Vier-Augen-Treffen berichtete Gottwald: »Er hat mir bittere Vorwürfe gemacht, weil wir die Einladung zur Pariser Konferenz angenommen haben. Er versteht nicht, wie wir das tun konnten. Er sagt, wir hätten gehandelt, als wollten wir uns von der Sowjetunion abkehren.«[20] Von da an reagierte Gottwald äußerst beflissen auf alle sowjetischen Wünsche. Er widerrief die Entscheidung zum Marshallplan und wies jeden Gedanken an eine tschechoslowakische Teilnahme daran weit von sich. Als Meinungsumfragen zeigten, dass die Kommunistische Partei seit den Wahlen von 1946 an Zuspruch verloren hatte, wurde die Mitgliederwerbung intensiviert.[21] In der zweiten Hälfte des Jahres 1947 wurde das Verhalten der Partei aggressiver, weil Gottwald nicht nur fürchtete, die innenpolitische Unterstützung zu verlieren, falls 1948, wie geplant, freie Wahlen abgehalten werden sollten, sondern auch Moskaus Unterstützung, da sein Flirt mit dem Marshallplan Stalin so erzürnt hatte. Später sollten sich tschechische und slowakische Demokraten an eine Bemerkung erinnern, die Gottwald bereits am 21. Dezember 1929 an Abgeordnete der »bürgerlichen« Parteien im tschechoslowakischen Parlament gerichtet hatte:

> Sie sagen, dass wir unter Moskaus Befehl stehen und dass wir uns dorthin begeben, um zu lernen. Ja, unsere wichtigsten revolutionären Mitstreiter sind in Moskau, und wir gehen nach Moskau, um zu lernen. Und wissen Sie was? Wir fahren nach Moskau, um von den russischen Bolschewiki zu lernen, wie wir Euch die Hälse umdrehen können, Ihr Patrioten.[22]

Der Marshallplan gehörte zu einer amerikanischen Politik, durch die der Kommunismus militärisch und wirtschaftlich in die Schranken gewiesen werden wollte. Im März 1947 hatte der amerikanische Präsident eine politische Direktive verkündet, die später als Truman-Doktrin bezeichnet wurde. Mit besonderem Augenmerk auf Griechenland (das mitten in einem Bürgerkrieg steckte) und die Türkei (an die Stalin territoriale Forderungen gestellt hatte) sowie unter Anspielung auf »erhebliche Gefahren«, die von den kommunistischen Parteien in Frankreich und Italien ausgingen, sagte Truman, es müsse »die Politik der Vereinigten Staaten sein, freien Völkern beizustehen, die sich der angestrebten Unterwerfung durch bewaffnete Minderheiten oder durch äußeren Druck widersetzen«.[23]

Das Kominform

Einige Monate später richtete die Sowjetunion eine Nachfolgeorganisation der Komintern ein. Das »Kominform« war nicht so einflussreich wie seine Vorgängerin und umfasste nicht so viele Parteien, aber ihm gehörten alle regierenden Parteien in Europa an, darunter auch die KPČ, die Mehrheitspartei in der Regierungskoalition des Landes. Bei der Gründungsversammlung des Kominform im September 1947 in Polen, einem Treffen, das von den beiden sowjetischen Vertretern

Andrej Shdanow und Georgi Malenkow beherrscht wurde, teilte Shdanow den Delegierten mit: »Die Welt ist in zwei Lager gespalten: das antidemokratische, imperialistische auf der einen Seite und das antiimperialistische, demokratische auf der anderen.«[24] Letzteres – das in sowjetischer Terminologie ebenso als »demokratisches Lager« und »sozialistisches Lager« bezeichnet wurde – befinde sich in einem Prozess »progressiver Einigung«, und für die tschechoslowakischen Delegierten war klar, dass sie Teil dieses Prozesses zu sein hatten.

Ende 1947 war die kommunistische Führung der Tschechoslowakei entschlossen, sich die uneingeschränkte Herrschaft zu sichern, und inszenierte deshalb eine Krise, die ihr die Machtübernahme erleichtern sollte. Sie erhob Forderungen und brachte im Parlament Gesetzesvorlagen ein, die »politisch und wirtschaftlich undurchführbar waren, aber, da sozial attraktiv, demagogische Wirkung zeitigten.«[25] Wenn diese entweder innerhalb der Nationalen Front oder vom Parlament abgelehnt wurden, fielen unheilschwangere Andeutungen über »innere und äußere« Gefahren, die von Agenten reaktionärer Kräfte heraufbeschworen würden. Die Kommunisten setzten auch die Slowakische Demokratische Partei unter Druck, die 1946 bei der Wahl 62 Prozent der Stimmen erhalten hatte – die Kommunisten in diesem Landesteil lagen gerade mal bei 30 Prozent – und damit die stärkste Partei war. Die Tschechoslowakei war damals kein Bundesstaat, daher waren die Slowaken im Grunde genommen noch immer Prag untergeordnet, und in der Tat bereitete das kommunistisch kontrollierte Innenministerium den demokratischen Kräften der Slowakei Schwierigkeiten.

Die Führung der Sozialdemokratischen Partei der Tschechoslowakei legte eine zunehmend antikommunistische Haltung an den Tag. So begannen die Kommunisten mit der Spaltung dieser und anderer demokratischer Parteien, indem sie, wie Pavel Tigrid sagte, »jeden drittrangigen Politiker in den anderen Parteien, der ehrgeizig und korrupt genug war«, mit dem Versprechen auf einen Ministerposten bestachen, vorausgesetzt, sie durften seinen Namen im richtigen Moment auf eine Einheitsliste setzen und er versorgte sie in der Zwischenzeit mit Insiderinformationen über die Absichten seiner Partei.[26] Außerdem hatten die Kommunisten an der Spitze des Verteidigungsministeriums einen Gesinnungsgenossen in Gestalt von General Ludvík Svoboda, der Jahre später während des »Prager Frühlings«

als Präsident der Tschechoslowakei in Erscheinung trat und sich für kurze Zeit einen liberalen Ruf erwarb, wobei ihm wohl der Umstand zu Hilfe kam, dass sein Nachname im Tschechischen (wie im Russischen) das Wort für »Freiheit« ist. Eigentlich hatte er 1945 seine Beziehung zur KP durch einen Parteieintritt offiziell besiegeln wollen, doch Gottwald hatte ihm klargemacht, dass es angesichts der Notwendigkeit, in der Regierung das Gleichgewicht zwischen Kommunisten und Nichtkommunisten zu wahren, nützlicher sei, wenn er weiterhin bei den Nichtkommunisten blieb, aber trotzdem mit den Kommunisten stimmte. Als die Kommunistische Partei im Februar 1948 endgültig nach der totalen Macht griff, konnte Svoboda verkünden, dass die Streitkräfte »auf der Seite des Volkes« stünden, womit er die Kommunisten meinte.[27] Die Situation spitzte sich zu, als einerseits die Kommunisten in den bevorstehenden Wahlen eine Einheitsliste mit Kandidaten der Nationalen Front verlangten und andererseits die nichtkommunistischen Parteien einen Untersuchungsausschuss forderten, der sich mit der Manipulation der Polizei- und Sicherheitskräfte durch das (von dem Kommunisten Václav Nosek geleitete) Innenministerium beschäftigen sollte.

Als die demokratischen Politiker mit diesem und anderen Versuchen scheiterten, die Kommunisten an der allmählichen Übernahme aller Instrumente der Staatsgewalt zu hindern, bot die Mehrheit der nichtkommunistischen Minister Präsident Beneš ihren Rücktritt an. Beneš, dessen Gesundheitszustand sich bereits verschlechterte, war so unklug, die Rücktrittsgesuche anzunehmen, und er erhob keine Einwände, als die Kommunisten daraufhin ihre deutliche Mehrheit im Kabinett nutzten, all die Maßnahmen durchzuführen – wie etwa eine einzige Kandidatenliste für künftige Wahlen –, auf die sie schon lange drängten. Sie waren, wenn erforderlich, auch zur Gewalt bereit. Die unter kommunistischen Arbeitern rekrutierte Volksmiliz, die nach dem Krieg gegründet worden war, hatte zwischen 15 000 und 18 000 Mitglieder, allein in Prag waren es 6650.[28] Armee und Polizei waren in Bereitschaft, spielten aber bei der Machtübernahme keine größere Rolle. Durch den überraschenden Rücktritt der nichtkommunistischen Minister begünstigt, waren Gottwald und die kommunistische Führung in der Lage, rasch und friedlich alle notwendigen Schritte zur Einrichtung eines Systems nach sowjetischem Vorbild durchzuführen. Beneš selbst blieb noch mehrere Monate lang im Amt

Tschechoslowakei 223

und verlieh der kommunistischen Machtübernahme dadurch den Anschein der Legitimität. Doch nur wenige Tage nach Gottwalds Putsch wurde Außenminister Jan Masaryk tot vor dem Ministerium entdeckt: ein Sturz aus einem oberen Stockwerk, der vermutlich Selbstmord und kein Mord war.[29] Beneš trat im Juni zurück, nur drei Monate vor seinem Tod. Gottwald folgte ihm als Präsident nach, während Zápotocký Ministerpräsident wurde. Die kommunistische Machtübernahme in der Tschechoslowakei wurde in den nächsten zwanzig Jahren von ihren Apologeten häufig als Musterbeispiel für den »parlamentarischen Weg zum Sozialismus« bemüht.

Für viele nichtkommunistische Sozialisten war es ein Musterbeispiel für politische Schikane und Schiebung. Doch in den ersten Nachkriegsjahren wurden die tschechoslowakischen Kommunisten nicht nur von machthungrigen Zynikern, sondern auch von idealistischen jungen Leuten unterstützt. Es wäre ein Irrtum, zu meinen, das System, das nach 1948 in der Tschechoslowakei geschaffen wurde, hätte dem Wunsch der Mehrheit der kommunistischen Wähler von 1946 entsprochen. Dazu schrieb Vladimir Kusin:

Die Behauptung, diese Wähler und Anhänger des »tschechoslowakischen Wegs zum Sozialismus« seien in Gottwalds und Stalins langfristige Pläne eingeweiht gewesen, ist lächerlich. Schließlich hatten sie 1946 die Kommunistische Partei gewählt, um sie zur stärksten im Lande zu machen, aber nicht, um ihr für alle Ewigkeit ein Machtmonopol zu verschaffen. Wäre über ein solches Monopol in einer demokratischen Wahl entschieden worden, hätte das Ergebnis sicherlich anders ausgesehen. Die kommunistischen Wähler waren genauso Opfer wie die Klarsichtigeren, die die Gefahr deutlich erkannten.[30]

Was im Februar 1948 geschah, war weniger ein Kampf zwischen Kapitalismus und Sozialismus als vielmehr ein Konflikt zwischen zwei Auffassungen des Sozialismus. Der Sieg ging an die kommunistische Spielart und nahm eine Form an, die ganz eindeutig dem sowjetischen Modell und nicht der pluralistischen Tradition der Tschechoslowakei entsprach. Schon bald brachte das System (wie Kapitel 12 zeigen wird) eine Vielzahl stalinistischer Exzesse hervor, so die Liquidierung von Kommunisten, die in Ungnade gefallen waren, und die Verfolgung einer breiten Palette demokratischer Gegner.

KAPITEL 10

Machtübernahmen in Europa –
sowjetische Zwangsmaßnahmen

In keiner europäischen Region hatten die Kommunisten so gute Aussichten, aus eigener Kraft an die Macht zu kommen, wie auf dem Balkan. Nicht nur in Albanien und Jugoslawien hätte ihnen das gelingen können. Auch in Griechenland hatten sie eine reelle Chance, doch hier spielten größere internationale Zusammenhänge eine Rolle. Stalin respektierte, dass Griechenland außerhalb seiner Einflusssphäre lag, und rührte daher keinen Finger, als eine westliche Intervention gegen die griechischen Kommunisten die Machtverhältnisse zu ihren Ungunsten veränderte. Bereits Anfang Oktober 1944 hatte Churchill bei einem zehntägigen Moskaubesuch in einem Akt traditioneller Großmachtdiplomatie die Einflusssphären im Nachkriegseuropa erörtert. Churchill schlug eine Teilung der Verantwortung vor: 90 Prozent sowjetisches Übergewicht in Rumänien und 90 Prozent britisches in Griechenland. Stalin war mit diesen Vorschlägen einverstanden, und als Churchill für Jugoslawien und Ungarn eine Halbierung der Kontrolle vorschlug, hat Stalin dies laut Churchill anfänglich ebenfalls akzeptiert. Stalin dürfte jedoch – anders als hinsichtlich Ungarns – größeres Vertrauen in die Stärke von Titos Kommunisten (und damals noch keine Zweifel an ihrer Loyalität) gehabt haben. Unabhängig von allen Hoffnungen, die Churchill gehabt haben mag, hatte Stalin allen Grund zu der Annahme, dass in Jugoslawien ein stramm prosowjetisches Regime errichtet werden würde. Entsprechend wurde diese spekulative Teilung der Kontrolle über Jugoslawien sogar nach weiteren Gesprächen unter Beteiligung von Außenminister Anthony Eden und Stalins Außenminister Wjatscheslaw Molotow beibehalten. In diesen Gesprächen wurde der Pro-

Machtübernahmen in Europa – sowjetische Zwangsmaßnahmen   225

zentsatz für Ungarn allerdings auf 80 zu 20 zugunsten der Sowjetunion verändert. Das gleiche Einflussverhältnis wurde für Bulgarien beschlossen. In seinen Memoiren nennt Churchill die Zahlen, auf die er sich mit Stalin einigte. Die sowjetische Führung nahm diese Abmachung offenbar sehr ernst, denn Molotow feilschte noch weiter um die Prozentsätze, als Stalin bereits einen dicken Haken auf Churchills Entwurf gesetzt und ihn zurückgegeben hatte. Albanien wurde bei diesen bilateralen Gesprächen zwischen Briten und Sowjets nicht erwähnt.[1]

Churchill waren diese Prozent-Vorschläge etwas peinlich. Er schrieb in einem Brief, den er an Stalin adressierte, aber nicht abschickte (auf Rat von Averell Harriman, Präsident Roosevelts Sondergesandtem bei Churchill und der britischen Regierung von Anfang 1941 bis 1943, als er amerikanischer Botschafter in Moskau wurde):

> Die von mir niedergeschriebene Prozentformel ist lediglich ein Behelf, der uns die Feststellung erleichtern soll, inwieweit wir bereits übereinstimmen, damit wir uns dann über die notwendigen Schritte schlüssig werden können, die unser volles Einvernehmen herstellen. Wenn man sie der Kritik der Außenministerien und Diplomaten in aller Welt aussetzte, würde sie, wie ich gesagt habe, als roh und sogar schamlos empfunden werden. Sie könnte daher nicht die Grundlage eines für die Öffentlichkeit bestimmten Dokumentes bilden, mindestens nicht jetzt.[2]

Was mit Polen und Deutschland geschehen sollte, war noch strittiger und konnte erst auf den Konferenzen von Jalta und Potsdam unter Beteiligung aller »Großen Drei« geregelt werden, wobei die Meinung Präsident Roosevelts in Jalta schwerer ins Gewicht fiel als die Churchills. Im Februar 1945, als die Jalta-Konferenz stattfand, war Großbritannien vom Krieg geschwächt und erschöpft, während sich die wirtschaftliche und militärische Vorherrschaft der Vereinigten Staaten immer stärker bemerkbar machte. Außerdem hatte sich vor allem Stalin, der bei dieser Konferenz auf der Krim als Gastgeber fungierte, viel besser vorbereitet als Churchill.[3] Zur Zeit der Konferenz von Potsdam, von der zweiten Julihälfte bis Anfang August, war Roosevelt bereits verstorben, und der neue US-Präsident hieß Harry Truman. Zur Halbzeit der Konferenz wurden Churchill und sein Außenminister Eden durch den frischgebackenen britischen Premier Clement Attlee und seinen Außenminister Ernest Bevin ersetzt, da Labour die Konservativen in der ersten Nachkriegswahl mit einem erdrutschartigen Ergebnis besiegt hatte. (Diese Wahl war bereits bei einer Unterredung Churchills mit Stalin im Oktober 1944 in Moskau Gesprächsgegenstand: »Stalin sagte, er zweifle nicht am Ergebnis, die Konservativen würden gewinnen.«[4] Als gewählt worden war und Churchill sich anschickte, von Potsdam aus einen Abstecher nach London zu machen, um sich über das Ergebnis zu informieren, stellte Stalin seine mangelnde Erfahrung mit Wahlen unter Beweis, indem er vorhersagte, der britische Premierminister werde eine parlamentarische Mehrheit von 80 Prozent bekommen.[5] Natürlich hatte er nicht als Einziger geglaubt, die Wähler würden sich lieber für einen Kriegspremier entscheiden, als sich an einer Reihe anderer Fragen zu orientieren. Auch Churchill selbst hatte mit einem Sieg gerechnet.)

In Potsdam war man übereingekommen, dass Polen westwärts verschoben werden sollte. Die Sowjetunion würde die Teile Polens behalten, die es gemäß dem Hitler-Stalin-Pakt annektiert hatte und die im Großen und Ganzen durch die »Curzon-Linie« markiert waren, jene bei der Pariser Friedenskonferenz vom Dezember 1919 vorgesehene und nach dem damaligen britischen Außenminister Lord Curzon benannte gemeinsame Grenze. Später wurde diese infolge des russisch-polnischen Krieges weiter nach Osten verlagert, wo sie während der Zweiten Polnischen Republik – 1921 bis 1939 – blieb.[6] Während des Zweiten Weltkriegs waren die Beziehungen zwischen Polen und Ukrainern außerordentlich gespannt, und es wurden auf beiden Seiten viele Zivilisten getötet. Die Polen wollten keine größere ukrainische Minderheit auf ihrem Territorium dulden, eine Ansicht, die offenbar nicht nur von den polnischen Nationalisten, sondern auch von den polnischen Kommunisten vertreten wurde. Während des Krieges strichen die Kommunisten »alle Bekenntnisse zu Minderheitsrechten aus ihren programmatischen Schriften« und gaben so die Tradition der polnischen Linken preis.[7] Allerdings meint Timothy Snyder:

… im Sommer 1944 zählten Stalins Präferenzen mehr als polnische Traditionen irgendwelcher Art. Vorläufer und Grundlage des Bevölkerungsaustauschs war ein sowjetisch-polnisches Abkommen, das kein polnischer Nationalist (und kaum ein polnischer Kommunist) akzeptabel fand. Ein

Machtübernahmen in Europa – sowjetische Zwangsmaßnahmen   227

Geheimabkommen vom 27. Juli 1944 verlagerte die sowjetische Grenze, wie schon 1939, noch einmal nach Westen, wodurch 85 Prozent der Ukrainer aus Polen ausgegliedert wurden, so dass dort nur noch 700 000 zurückblieben. So verließ der größte Teil der ukrainischen Vorkriegsminderheit Polens das Land, ohne sich von der Stelle zu rühren.[8]

Um einen Ausgleich dafür zu schaffen, dass Polen einen beträchtlichen Teil der östlichen Gebiete seines Zwischenkriegsterritoriums an die Sowjetunion verlor, wurden seine Grenzen beträchtlich nach Westen verschoben. In einem Gespräch mit Präsident Truman in Potsdam sagte Stalin: »Natürlich wird der Vorschlag …, die Grenze westwärts zu verschieben, Deutschland Schwierigkeiten bereiten. Ich habe keine Einwände dagegen, dass es Deutschland Schwierigkeiten bereiten wird. Wir haben die Aufgabe, Deutschland noch mehr Schwierigkeiten zu bereiten …«[9]

Der Verlust einst polnischen Gebiets an die Sowjetunion war jedoch eine bittere Pille für die Polen, die (in ihrer überwältigenden Mehrheit) keine Kommunisten und daher wenig geneigt waren, die von Stalin und Moskau vertretene Linie zu akzeptieren. Churchill war 1944 hin- und hergerissen zwischen seiner Hochachtung für die heroischen Anstrengungen der Roten Armee und seinem Wunsch, gute Beziehungen zu Stalin zu unterhalten, auf der einen Seite und seiner Bewunderung für die Tapferkeit der polnischen Soldaten und Flieger, die auf Seiten der Alliierten kämpften, auf der anderen. In den späteren Phasen des Krieges räumte er den sowjetischen Interessen Vorrang vor denen aller Emigrantengruppen ein. Mitte Oktober 1944 teilte er der polnischen Exilregierung in London schroff mit, sie hätte die Curzon-Linie als ihre Ostgrenze zu akzeptieren und müsse auf gleichberechtigter Basis mit dem von den Sowjets unterstützten Lublin-Polen zusammenarbeiten. Als Stanisław Mikołajczyk, der Chef der Londoner Exilregierung, sich dagegen zu verwahren suchte, antwortete Churchill: »Wenn Sie Russland erobern möchten, bitteschön. Ich komme mir vor wie in einem Irrenhaus, ich weiß nicht, ob die britische Regierung Sie weiterhin anerkennen wird.«[10] Aufgebracht über beide polnischen Regierungen im Wartestand, aber wohl wissend, welche ihm stärker gegen den Strich ging, schrieb Churchill am 16. Oktober 1944 an König Georg VI.: »Vorgestern war ›Polentag‹. Die Londoner Gruppe ist, wie Eure Majestät wissen, ein Haufen ehr-

228 Machtübernahmen in Europa – sowjetische Zwangsmaßnahmen

barer, aber schwächlicher Narren, doch die Delegation aus Lublin scheint mir aus den größten Schurken zu bestehen, die man sich vorstellen kann.«[11]

Das einstige Ostpreußen wurde zwischen Polen und der Sowjetunion aufgeteilt, wobei Königsberg Russland zugeschlagen und 1946 in Kaliningrad umbenannt wurde – zu Ehren von Michail Kalinin, der offizielles sowjetisches Staatsoberhaupt gewesen (ohne viel Macht auszuüben) und im selben Jahre gestorben war. Polen wurde das deutsche Gebiet östlich der Oder und der Görlitzer Neiße zugesprochen. Von dort durften, wie in anderen slawischen Ländern mit deutscher Bevölkerung, gemäß Potsdamer Vereinbarung die deutschen Einwohner nach Deutschland (in seinen neu festgelegten Grenzen) vertrieben werden.[12] 1945 war Deutschland noch nicht in zwei Staaten geteilt, doch de facto zeichnete sich diese Teilung von Anfang an ab. Das Gebiet, das die Rote Armee besetzt hatte, war fest in sowjetischer Hand, während die amerikanische und die britische Besatzungszone nachhaltig von ihren Besatzern beeinflusst wurden und sich ganz anders entwickelten als die sowjetische Zone. Kurz nachdem die Bundesrepublik 1949 ein eigener Staat geworden war, erhielt der sowjetische Satellit Ostdeutschland (Sowjetische Besatzungszone) als Deutsche Demokratische Republik ebenfalls seine Eigenstaatlichkeit.

Die Ausbreitung des Kommunismus in Ostmitteleuropa während der ersten Nachkriegsjahre erklärt sich also nur im Zusammenhang mit dem militärischen Ergebnis des Zweiten Weltkriegs, dem riesigen Gebiet, das die Rote Armee eroberte, und der Hochachtung des Westens für den sowjetischen Beitrag zum Sieg der Alliierten und für das Ausmaß ihrer Verluste. Deshalb ließen die Führer der Vereinigten Staaten und Großbritanniens in den letzten Kriegsjahren und auf der Potsdamer Konferenz Stalins Argument gelten, die UdSSR müsse vor Angriffen des Westens – vor allem Deutschlands – sicher sein. Diplomatie spielte eine Rolle. Stalin hatte »ein computerartiges Gedächtnis«.[13] Er konnte überzeugend argumentieren, obwohl ihm seit vielen Jahren kein sowjetischer Politiker mehr zu widersprechen gewagt hatte, und nicht nur Druck ausüben, sondern auch überreden. Sogar Churchill – der den sowjetischen Absichten argwöhnischer als Roosevelt oder selbst Truman (in den ersten Monaten seiner Präsidentschaft) gegenüberstand – ließ sich von Stalin einwickeln und 1944 zu der Bemerkung hinreißen, wenn sie einmal in der Woche zusammen

Machtübernahmen in Europa – sowjetische Zwangsmaßnahmen   229

essen könnten, würden sie das vertrackte polnische Problem lösen.
Mehr als einmal während des Zweiten Weltkriegs sagte Churchill von
Stalin:»Ich mag den Mann.«[14] Roosevelt war, was Stalin und die Fortsetzung guter Beziehungen zur Sowjetunion anging, noch blauäugiger als Churchill.

Als Truman Roosevelt im Präsidentenamt nachfolgte, hatte er
wenig Erfahrung in der Außenpolitik und klagte in einem Brief
an Eleanor, die Witwe seines Vorgängers:»Die Schwierigkeiten mit
Churchill sind fast so ärgerlich wie die mit den Russen.«[15] Sein anfängliches Urteil über Stalin lautete:»Er ist ehrlich – aber schlau wie
der Teufel.«[16] Der zweite Teil des Urteils war zutreffender als der
erste. George Kennan, einer der besten Kenner der Sowjetunion in
den Vereinigten Staaten, schrieb in diesem Zusammenhang:»Stalins
Verstellungskunst war ein wesentlicher Teil seiner Größe als Staatsmann.«[17] Im Jahr darauf teilte Truman vorbehaltlos Churchills Argwohn in Bezug auf die Nachkriegsambitionen der Sowjetunion. Doch
auf der Potsdamer Konferenz veranlasste Churchills Wahlniederlage
den amerikanischen Präsidenten, sich Gedanken über Stalins Sterblichkeit zu machen. Ende Juli 1945 vertraute er seinem Tagebuch die
Sorgen an, die ihm die Vorstellung bereitete, Stalin könnte von der
politischen Bühne verschwinden:

> Wenn Stalin plötzlich den Löffel abgäbe, wäre es das Ende der ursprünglich
> Großen Drei. Erst tritt Roosevelt durch Tod ab, dann Churchill durch poli
> tisches Scheitern und dann Stalin. Ich frage mich, was aus Russland und
> Mitteleuropa würde, wenn es Joe plötzlich erwischte. Würde irgendein de
> magogischer Reitersmann die schlagkräftige russische Militärmaschinerie
> in die Hand bekommen, könnte er mit dem europäischen Frieden eine Zeit
> lang Schindluder treiben. Ich frage mich auch, ob es einen Mann gibt, der
> die nötige Stärke besitzt, in Stalins Fußstapfen zu treten und Frieden und
> Zusammenhalt zu Hause zu gewährleisten. Es gehört nicht zu den Ge
> wohnheiten von Diktatoren, Nachfolger heranzuziehen. … Uncle Joe
> scheint zwar geistig und körperlich ziemlich auf der Höhe zu sein, doch kein
> Mensch lebt ewig, deshalb müssen wir solche Spekulationen anstellen.[18]

In einem Brief an Dean Acheson, den Truman im März 1957 aufsetzte, aber nicht abschickte, berichtete er, auf der Potsdamer Konferenz seien»trotz der Situation eine große Zahl von Abkommen erreicht worden – nur um gebrochen zu werden, sobald der gewissenlose russische Diktator nach Moskau zurückgekehrt war!« Erzürnt war Truman allerdings darüber, dass er in einigen Pressekommentaren »in Hinblick auf Statur und Verstand als der kleine Mann« von Potsdam bezeichnet wurde, wo doch Stalin, was die Größe anging »gut fünfzehn Zentimeter kleiner als ich und sogar Churchill keine acht Zentimeter größer als Joe ist!« Bei Stalin fügte er bedauernd hinzu: »Und ich konnte diesen Schweinehund gut leiden.«[19]

Polen

Obwohl Churchill selbst 1944 mit Stalin über Prozentsätze und Einflusssphären gesprochen hatte, war ihm nicht klar gewesen, dass er damit in ganz Osteuropa der Errichtung von Regimen nach sowjetischem Vorbild Vorschub leistete. Allerdings befürchtete er – früher als zwei aufeinanderfolgende amerikanische Präsidenten –, dass Stalin genau dies im Schilde führen könnte. Besonders die Misere Polens machte Churchill zu schaffen, da, wie er Stalin erinnerte, der deutsche Einmarsch in Polen Großbritannien zum Kriegseintritt bewogen hatte. Der Warschauer Aufstand vom August 1944 hatte zur Zerstörung der Stadt und dem Tod von fast 200 000 Polen geführt, während ein großes Kontingent der Roten Armee unweit der Stadt am Ostufer der Weichsel biwakiert hatte. Soweit der Warschauer Aufstand überhaupt koordiniert wurde, geschah dies in Abstimmung mit der polnischen Exilregierung in London und nicht mit Moskau oder dem von den Sowjets gegründeten Polnischen Komitee für die Nationale Befreiung in Lublin. Doch der Umstand, dass die Rote Armee nicht eingriff – obwohl sie nach Meinung der Polen hätte verhindern können, dass die Bewohner Warschaus abgeschlachtet und verjagt wurden (denn die Deutschen vertrieben die Überlebenden, rund 800 000 Menschen, aus der Stadt) –, fügte der langen Geschichte gestörter polnisch-russischer Beziehungen noch einen weiteren Grund für Verbitterung hinzu.[20]

Nichts konnte unglaubwürdiger sein als die sowjetische Behauptung, die im Nachkriegspolen eingesetzte Regierung spiegele die Wünsche der Polen wider. Die kleine Kommunistische Partei, die es in der Zwischenkriegszeit in Polen gegeben hatte, war 1938 unter dem

Vorwurf, sie sei von der polnische Geheimpolizei und Trotzkisten unterwandert, von der Komintern aufgelöst worden. Viele ihrer Führer waren in die Sowjetunion emigriert, wo die meisten von ihnen entweder liquidiert oder in Arbeitslager geschickt worden waren. Unter sowjetischer Vormundschaft war während des Krieges eine neue Partei gegründet worden, die anfangs Polnische Arbeiterpartei hieß. Später wurde der Name in Polnische Vereinigte Arbeiterpartei (PVAP) abgeändert. Die beiden führenden polnischen Kommunisten in der ersten Nachkriegszeit, Bolesław Bierut und Władysław Gomułka, hatten viel Zeit in Moskau zugebracht. Gomułka, Jahrgang 1905, entstammte der Arbeiterklasse. Er hatte die Schule mit vierzehn verlassen, als Mechaniker gearbeitet und war von früh an aktiver Gewerkschaftler und Sozialist gewesen. 1924 war er wegen seiner extremen Ansichten aus der Polnischen Sozialistischen Partei ausgeschlossen worden, zwei Jahre später war er in die illegale Kommunistische Partei eingetreten. Bierut, Jahrgang 1892, war dreizehn Jahre älter als Gomułka und 1918 Gründungsmitglied der Kommunistischen Partei Polens gewesen. Er war russifizierter als Gomułka und in den zwanziger Jahren in geheimer Mission für die Komintern unterwegs gewesen.

Sowohl Bierut als auch Gomułka hatten zwei Jahre lang an der Komintern-Schule in Moskau studiert, und beide verbrachten einen erheblichen Teil der dreißiger Jahre in polnischen Gefängnissen. Als Hitler-Deutschland in Polen einmarschierte, gelang es beiden Männern, nach Moskau zu entkommen. Gomułka kehrte 1942 nach Polen zurück und war in der Kommunistischen Widerstandsbewegung aktiv (die sehr viel kleiner als die der polnischen Nichtkommunisten war). Bierut nahm an der Gründung des Polnischen Komitees für die Nationale Befreiung in Lublin teil, nachdem die Rote Armee die Stadt befreit hatte. Im Januar 1945 erkannte die Sowjetunion das Lublin-Komitee als provisorische Regierung Polens an: Bierut wurde Ministerpräsident und Gomułka sein Stellvertreter. Die Zahl der polnischen Kommunisten war Anfang 1945 vergleichsweise gering – im Januar dieses Jahres hatte die Partei 30 000 Mitglieder. Ende des Jahres war sie auf 210 000 angewachsen, und im Januar 1947 konnte sie mehr als 500 000 Mitglieder vorweisen.[21] Angesichts der Gleichsetzung der kommunistischen Bewegung mit der Sowjetunion und der traditionell gestörten Beziehungen zwischen Polen und Russland hatten die polnischen Kommunisten es besonders schwer, Zuspruch im eigenen

Land zu finden. Doch hier wie anderswo gab es genügend Menschen, die bereit waren, sich auf die Seite der Sieger zu schlagen und von den Karriereaussichten zu profitieren, die sich boten. So erklärt sich der rasche Anstieg der Mitgliederzahlen zwischen Januar 1945 und Januar 1947.

Die von den Sowjets oktroyierten Regime in Osteuropa wurden von Moskau anfangs nicht als »sozialistisch« betrachtet. Sie erhielten die Bezeichnung Volksdemokratien – was sprachlich völlig unsinnig ist, da Demokratie wörtlich Volksherrschaft heißt. Aber es war nun mal wichtig, dass diese Regime sich von den Staatsgebilden unterschieden, die im marxistisch-leninistischer Ausdrucksweise die »bürgerlichen Demokratien« des Westens waren. Die Terminologie brachte auch zum Ausdruck, dass die Regime nicht über Nacht echte kommunistische (oder, in sowjetischer Lesart, »sozialistische«) Systeme geworden waren. Ihre Entwicklung verlief in fast allen Fällen gleich: zunächst eine teilweise echte Koalition, in der die Kommunisten überwogen; sodann eine Pseudokoalition, in der die Kommunisten in Wirklichkeit das eigentliche Machtmonopol besaßen; und schließlich ein kommunistisches System nach dem Vorbild der Sowjetunion, auch wenn in einigen ostmitteleuropäischen Fällen der Regierung ein oder zwei Mitglieder von gegängelten Blockparteien angehörten, die für die Illusion einer nichtkommunistischen Beteiligung sorgen sollten (obwohl sich praktisch niemand täuschen ließ).[22]

Polen besaß für die Sowjetunion strategische Bedeutung, und deshalb war Stalin ebenso wie die polnischen Kommunistenführer geneigt, die polnischen Besonderheiten zu berücksichtigen. So gingen die einheimischen Kommunisten mit sowjetischer Unterstützung bei der Machtergreifung vorsichtiger als die meisten osteuropäischen Nachbarn zu Werke. Mit den Grenzveränderungen hatten die Kommunisten eine Trumpfkarte in der Hand, die sie ausspielen konnten – dass nämlich die Sowjetunion Garant jener Gebiete war, die sie Deutschland weggenommen hatten. Tatsächlich war die potentielle Bedrohung durch ein wiedererstarkendes Deutschland und die Bedeutung, die deshalb dem Bündnis mit der Sowjetunion zukam, ein Thema, das Polens kommunistische Führer in den kommenden Jahrzehnten gehörig ausschlachteten. Die Politik Hitler-Deutschlands (besonders die weitgehende physische Vernichtung der beträchtlichen jüdischen Vorkriegsbevölkerung Polens), die Grenzveränderungen und die Vertreibung der Deutschen aus den Gebieten, die jetzt zu Polen gehörten, hatten zur Folge, dass das Land nun erheblich homogener war als vor dem Krieg. Das war nicht unbedingt von Vorteil für die Sowjets. Polen war nun zu 98 Prozent polnisch und damit überwiegend katholisch. Außerdem war es russophob und vorwiegend bäuerlich, umso mehr, als seine industrielle Basis im Krieg zerstört worden war.[23]

Es ist eine Legende, dass Polens Schicksal auf der Konferenz von Jalta entschieden worden sei. Was die Grenzen von Polens Zukunft auf Jahrzehnte hinaus festlegte, waren die militärische Stärke der Sowjets und die Entschlossenheit Moskaus, Polen als gehorsamen Bundesgenossen im Griff zu behalten. Darüber hinaus sah das Abkommen von Jalta für Polen keineswegs ein kommunistisches Regime vor, sondern hatte festgelegt, dass dort »so bald wie möglich freie und unbehinderte Wahlen« abgehalten werden sollten. Wahlen – die sich keineswegs als frei und unbehindert herausstellten – wurden erst Anfang 1947 durchgeführt. Sowohl die sowjetische Führung als auch die polnischen Kommunisten hatten erkannt, dass man ein bisschen Zeit brauchte, um die richtigen Ergebnisse zu erzielen. Stanisław Mikołajczyk, der ehemalige Chef der Londoner Exilregierung, leitete die Bauernpartei, die sich geweigert hatte, eine Koalition mit den Kommunisten einzugehen. Tausende ihrer Mitglieder wurden verhaftet, darunter 142 ihrer Kandidaten für die Parlamentswahlen.[24] Eine Mischung aus Manipulation der Wahlbezirke und offenem Wahlbetrug sorgte dafür, dass der Kommunistische Block 80 Prozent der Stimmen erhielt.

Für einige politische Maßnahmen der Kommunisten gab es jedoch breite Unterstützung, unter anderem von der Polnischen Sozialistischen Partei, die in die Koalition eingetreten war. So wurde die Verstaatlichung von Industrie und Bankwesen allgemein gutgeheißen, zumal sie während des Kriegs in deutscher Hand gewesen waren. Ähnlich positiv sah das ganze politische Spektrum eine Bodenreform, bei der die Güter der Großgrundbesitzer aufgeteilt und an die polnischen Neubauern verteilt wurden. Dank ihrer wachsenden Kontrolle der Massenmedien und wirksamen Propaganda konnten die Kommunisten dafür sorgen, dass ihnen und nicht der Bauernpartei das Hauptverdienst für diese populäre Maßnahme angerechnet wurde. In Polen wurde die Landwirtschaft, im Gegensatz zur Vorgehensweise in der überwältigenden Mehrheit der kommunistischen Länder, nicht kollektiviert. Auch die katholische Kirche sah sich nicht so heftigen Angriffen ausgesetzt wie die religiösen Institutionen im übrigen Ostmitteleuropa. Bei seiner Amtseinführung als Präsident leistete Bierut sogar einen religiösen Eid, und Gomułka setzte sich als KP-Chef gegen die extreme prosowjetische Gruppierung der Partei durch, die Polen gerne zu einer konstitutiven Republik der Sowjetunion gemacht hätte.[25]

Mit anderen Worten, während der ersten Nachkriegsjahre ähnelten die Vorgänge in Polen zwar in vielen Bereichen den anderen kommunistischen Machtübernahmen, doch es wurden auch Zugeständnisse an die besonderen Verhältnisse gemacht, nicht zuletzt, weil Gomułka Verständnis für sie hatte. Charakteristisch für die Zeit und die Region waren die rasche Verschärfung der politischen Zensur und die Entscheidung im Herbst 1947, einen prominenten Vertreter der politischen Opposition zu verhaften, in diesem Falle Mikołajczyk, den Führer der Bauernpartei. Doch dieser wurde rechtzeitig gewarnt und ging ein zweites Mal ins Exil. Charakteristisch war auch, dass gefügige Vertreter anderer politischer Parteien nach und nach übernommen wurden. Wer jedoch zu keinem Kompromiss bereit war, wurde vom politischen Leben ausgeschlossen. 1948 verleibten sich die polnischen Kommunisten die Sozialistische Partei ein, woraufhin die Polnische Arbeiterpartei ihren Namen in Polnische Vereinigte Arbeiterpartei abänderte. Weniger charakteristisch für kommunistische Machtübernahmen war, neben der relativen Toleranz gegenüber der Kirche und dem Überleben der privaten Landwirtschaft, der Umstand, dass Gomułka es wagte, die Plünderungen der Roten Armee zu kritisieren und beim Sieg über Hitler-Deutschland nicht nur den militärischen Beitrag der Sowjetunion, sondern auch den des Westens öffentlich anzuerkennen.[26]

Ungarn

Viele führende ungarische Kommunisten und Gründungsmitglieder der Partei, die in der Sowjetunion Unterschlupf gesucht hatten, kamen bei Stalins Säuberungen ums Leben. Dazu gehörten mindestens sechzehn ehemalige Mitglieder des Zentralkomitees. Unter ihnen auch Bela Kun, der Führer der kurzlebigen ungarischen Revolution von 1919. Kurz nachdem Stalin im Juni 1937 Kun in einem Telefonat aufgefordert hatte, Behauptungen der westlichen Presse zu dementieren, nach denen er verhaftet worden sei (eine Anweisung, der

Ungarn 235

Kun umgehend nachkam), wurde er *verhaftet!* Seine letzten Worte an seine Frau waren: »Mach dir keine Sorgen. Ein Missverständnis. In einer halben Stunde bin ich wieder zu Hause.«[27] Nach Verhör, Folter und Geständnis wurde er am letzten Novembertag 1939 exekutiert. Im Krieg war Ungarn mit Hitler-Deutschland verbündet, wodurch die Partei weitere schwere Verluste erlitt. Hunderte von Kommunisten wurden während dieser Jahre verhaftet, von denen die meisten in deutschen Konzentrationslagern starben.[28]

Als die Rote Armee Ungarn 1944 von der Nazi-Herrschaft befreite, waren keine 3000 Kommunisten mehr übrig. Ende des Zweiten Weltkriegs war diese Zahl auf 150 000 geklettert, und im März 1947 waren es 650 000. Ursprünglich umfasste die von den Kommunisten gebildete Nationale Unabhängigkeitsfront als provisorische Regierung auch die Führer der wichtigsten nichtfaschistischen Parteien – der Sozialdemokratischen Partei, der Kleinbauernpartei und der Nationalen Bauernpartei. Wie die Polnische Sozialistische Partei sich 1948 mit den Kommunisten vereinigte, so wurde in Ungarn im selben Jahr die Sozialdemokratische Partei von der ungarischen KP geschluckt.[29] Im November 1945, bei den ersten, noch korrekt durchgeführten Wahlen nach dem Zweiten Weltkrieg, ging die Kleinbauernpartei als Siegerin hervor. Eine weitere, dieses Mal manipulierte Wahl fand 1947 statt. Die Kommunisten erhielten weniger als 23 Prozent der Stimmen (und selbst diese großenteils nur durch gefälschte Stimmzettel), gingen aber als stärkste Partei aus den Wahlen hervor. Das Ergebnis spiegelte jedoch nicht ihre wachsende Vorherrschaft wider, denn auf den von Kommunisten geführten Linksblock entfielen 45,3 Prozent der Stimmen. Großen Auftrieb erhielten die Kommunisten auch durch den Zusammenschluss mit der Sozialdemokratischen Partei. Das ließ die Mitgliederzahl auf gut eine Million steigen, was zwölf Prozent der Bevölkerung entsprach.[30] Sowjetische Truppen waren in Ungarn geblieben, wodurch auf die Sozialdemokraten ein erheblicher Druck zur Zusammenarbeit ausgeübt wurde. In ihrer neuen Gestalt nahmen die jetzt regierenden Kommunisten den Namen Ungarische Arbeiterpartei an. Im Mai 1949, bei einer erneuten Wahl, bekam ein noch größeres, kommunistisch beherrschtes Wahlbündnis, die Einheitsliste der Volksfront, 95,6 Prozent der abgegebenen Stimmen. Damit waren die Kommunisten nun in der Lage, ihr Machtmonopol unverzüglich zu etablieren.[31]

Die ungarischen Kommunisten, die sich in den dreißiger Jahren in Moskau aufgehalten und Stalins Säuberungen überlebt hatten, stellten unmittelbar nach dem Krieg die Mehrheit der Parteiführung. An der Spitze standen Mátyás Rákosi sowie seine Moskauer Mitstreiter Ernő Gerő und Imre Nagy. Die führenden Vertreter des »einheimischen« Parteiflügels – die im Gegensatz zur »Moskau-Fraktion« während des Kriegs in Ungarn geblieben waren – waren János Kádár und László Rajk. Zu Rákosis strategischen Maßnahmen gehörten die »Salamitaktik« – politische Gegner wurden »scheibchenweise« ausgeschaltet –, die Politik des »divide et impera«, des »teile und herrsche« gegenüber Konkurrenzparteien, und die allmähliche Ausweitung der kommunistischen Herrschaft auf alle Ministerien. Zunächst brachte er das Innenministerium in seine Hand und vereinigte so den Oberbefehl über die Polizei mit der von der Parteiorganisation ausgehenden Macht.[32] Elemente eines politischen Pluralismus hielten sich in Ungarn bis 1948, doch in diesem Jahr setzte eine allumfassende Stalinisierung des Systems ein und hielt bis zu Stalins Tod im Jahr 1953 an. Rajk wurde 1948 zusammen mit seinen »titoistischen Freunden« verhaftet und nach einem Schauprozess hingerichtet. Kádár wurde 1950 festgenommen, überlebte aber trotz Folter und wurde 1954, nach Stalins Tod, zusammen mit ungarischen Teilnehmern am Spanischen Bürgerkrieg und angeblichen »Rajkisten« auf freien Fuß gesetzt.[33] Die einzige Institution, die noch bis Ende 1948 eine gewisse Autonomie bewahrte, war die katholische Kirche. Als aber der Primas der katholischen Kirche, Kardinal Mindszenty, gegen Einschränkungen der kirchlichen Tätigkeit protestierte, wurde er am ersten Weihnachtsfeiertag 1948 verhaftet (und nach ihm noch viele christliche Aktivisten).[34]

Rumänien

Während des Kriegs war die kleine Kommunistische Partei Rumäniens (KPR) zweigeteilt: auf der einen Seite diejenigen, die in rumänischen Gefängnissen saßen – unter ihnen zwei künftige Führer des Landes, Gheorghe Gheorghiu-Dej und Nicolae Ceaușescu –, und auf der anderen Seite jene, die im sowjetischen Exil lebten, darunter Ana Pauker, Tochter eines Rabbiners und Revolutionärin seit 1918. Einen Großteil der Zwischenkriegszeit arbeitete sie für die Komintern, verbrachte aber die Jahre von 1935 bis 1940 ebenfalls in einem rumänischen Gefängnis. Im Nachkriegsrumänien war Ana Pauker von 1947 bis 1952 Außenministerin, bis sie in rascher Folge aus dem Politbüro, dem Zentralkomitee, dem Außenministerium und der Kommunistischen Partei ausgeschlossen wurde. Obwohl man sie unter Hausarrest gestellt hatte, wurde sie weit glimpflicher behandelt als in Ungnade gefallene Kommunisten in anderen osteuropäischen Staaten.

Rumänien hatte im Zweiten Weltkrieg unter einem autoritären Regime der extremen Rechten an der Seite Hitler-Deutschlands gekämpft. Die 1940 gebildete Regierung von General Ion Antonescu machte dem Monarchen König Michael (der seinem Vater nachgefolgt war, nachdem dieser abgedankt und eiligst das Land verlassen hatte) sehr rasch klar, dass er nur noch eine rein symbolische Rolle spiele und sich gefälligst nicht in Staatsgeschäfte einzumischen habe.[35] Im August 1944 konnte König Michael den Spieß gegen Antonescu umdrehen. Da marschierte die Rote Armee nämlich in Rumänien ein; es schien angebracht, entweder den Kampf ganz einzustellen oder die Seiten zu wechseln. Antonescu informierte den König, er werde um einen Waffenstillstand bitten, aber zunächst die Deutschen davon unterrichten. Der König, rasch zu dem Schluss gekommen, dass die Regierung Antonescus nicht in der Lage sei, die territoriale Unversehrtheit und politische Unabhängigkeit zu gewährleisten, ging in einen Nebenraum und wies seine Getreuen an, Antonescu zu verhaften. In der neuen Regierung unter General Sanatescu, der vom König zum Ministerpräsidenten ernannt worden war, saßen Vertreter von vier politischen Parteien, und als die Rote Armee am 31. August 1944 in Bukarest einmarschierte, waren die beiden Länder im Prinzip keine Gegner mehr.[36] Es kann allerdings kaum überraschen, dass die Sowjets nicht alles außer Acht ließen, was vor dem »Staatsstreich des Königs« geschehen war, und Rumänien als besiegten Kriegsgegner behandelten. Molotow war ein unnachgiebiger Verhandlungsführer, als der Waffenstillstand am 12. September unterzeichnet wurde. Er bestand auf der Abtretung der einstmals rumänischen Gebiete Bessarabien und Nordbukowina an die Sowjetunion. Die wirtschaftlichen Forderungen an die Rumänen waren außerordentlich hoch, und die militärischen Klauseln zwangen die Rumänen, Seite an Seite mit der Roten Armee gegen Deutschland und seine Verbündeten zu kämpfen. So leisteten die Rumänen einen erheblichen Beitrag zur Befreiung von Teilen Ungarns und der Tschechoslowakei, nahmen 100 000 Gefangene und verloren in dieser Phase des Krieges 170 000 Mann.[37] Obwohl Gheorghiu-Dej nicht zur »Moskau-Fraktion« gehörte, gelang es ihm, Stalin zu überzeugen, dass er sich getreulich an die sowjetische Linie halten würde. So wurde er 1945 zum Generalsekretär der Partei – und damit de facto zum Staatschef Rumäniens – gewählt. In einem späteren Machtkampf mit der »Moskau-Fraktion«, der 1952 zur Verhaftung Ana Paukers führte, erhielt Gheorghiu-Dej abermals Stalins Segen.

Bulgarien

Die bulgarischen Kommunisten hatten während des Zweiten Weltkriegs in bescheidenem Maße an Partisanenaktivitäten teilgenommen und konnten in einer 1943 gebildeten Volksfrontbewegung Einfluss gewinnen. Im September 1944 ergriff diese Bewegung, die sogenannte Vaterländische Front, die Macht. Die Kommunisten waren sowohl in dieser Koalition als auch in der im September gebildeten Regierung in der Minderheit. Doch systematisch verschafften sie sich die Ämter, die einer auf Konsolidierung ihrer Macht drängenden Partei am dienlichsten sind. Über das Innenministerium kontrollierten sie die Polizei, und über das Justizministerium nahmen sie Einfluss auf die Rechtsprechung. In Bulgarien wurde, wie in anderen Staaten im Übergang zur kommunistischen Herrschaft, mit der Volksmiliz eine Parallelpolizei gebildet, die vollkommen in kommunistischer Hand war.

Bei Kriegsende fand die Bauernpartei den stärksten Zuspruch, doch den Kommunisten gelang es mit ihrer Taktik des »divide et impera«, sowohl die Bauernpartei wie auch die Sozialdemokraten zu spalten. Georgi Dimitrow kehrte nach Bulgarien zurück und wurde Parteichef der bulgarischen KP. In Moskau war er hinter den Kulissen sehr aktiv gewesen und hatte viele Schachzüge der bulgarischen Kommunisten dirigiert, zu denen er wie zu Stalin Zugang hatte.[38] Im November 1945 kehrte er nach Bulgarien zurück, um die Regierung zu übernehmen. Er wollte die wichtigsten Parteiführer der demokratischen Opposition, Nikola Petkow von der Bauernpartei und Kosta Lultschew von den Sozialdemokraten, in die Regierungskoalition übernehmen. Doch beide bestanden darauf, dass das Innen- und das Justizministerium kommunistischer Kontrolle entzogen würde. Dazu war die Kommunistische Partei (vorübergehend die Bulgarische Arbeiterpartei, aber ab 1948 wieder Bulgarische Kommunistische Partei, BKP) aber nicht bereit, und so blieben Petkow and Lultschew in der Opposition.[39] Petkow führte weiterhin heftige Attacken gegen die Kommunisten und wies darauf hin, dass sie weit mehr für Polizei und Gefängnisse ausgaben als die rechtsgerichtete bulgarische Regierung während des Krieges. Im Juni 1947 verhaftete man Petkow, verurteilte ihn in einem Schauprozess und hängte ihn. Damit war die demokratische Opposition in Bulgarien praktisch ausgeschaltet, obwohl Lultschew Dimitrows Warnungen in den Wind schlug und im Januar 1948 gegen den Haushalt stimmte. Trotz seines fortgeschrittenen Alters wurde er noch im selben Jahr verhaftet und zu 15 Jahren Haft verurteilt.[40] Die in der Sowjetunion aufgesetzte »Dimitrow-Verfassung« wurde im Dezember 1947 angenommen, und der Marxismus-Leninismus wurde binnen weniger Monate zur offiziellen Ideologie. Die Produktionsmittel wurden verstaatlicht, und die BKP sicherte sich das Machtmonopol, obwohl sie die Teile der Bauernpartei, die bereit waren, mit ihr zusammenzuarbeiten, als Blockpartei bestehen ließ.[41]

Ostdeutschland

Der spätere ostdeutsche Staat, die Deutsche Demokratische Republik (DDR), begann als Sowjetische Besatzungszone (SBZ) und war der Teil Deutschlands, der von der Roten Armee erobert worden war und der daher von deutschen Kommunisten auf Geheiß und im Geiste der sowjetischen Führung von handverlesenen deutschen Kommunisten kontrolliert und verwaltet wurde. In der Bundesrepublik hieß die DDR bis zum Berlinabkommen 1971 unter der Kanzlerschaft Willy Brandts entweder »Ostzone« oder »Mitteldeutschland«, während die deutschen Provinzen östlich der Oder-Neiße-Linie, die an den Ostblock (besonders Polen) verlorengegangen waren, als »Ostdeutschland« oder vielmehr »deutsche Ostgebiete« bezeichnet wurden.[42] Doch es gab nie die geringste Aussicht, dass die ehemaligen »deutschen Ostgebiete« wieder an Deutschland fallen könnten, nicht zuletzt, weil sie von Deutschen »ethnisch gesäubert« worden waren.

Das real existierende Ostdeutschland, das ab 1945 von deutschen

240   Machtübernahmen in Europa – sowjetische Zwangsmaßnahmen

Kommunisten regiert wurde, entwickelte sich, in enger Absprache mit seinen sowjetischen Taktgebern, ganz ähnlich wie die kommunistischen Regime überall in Ostmitteleuropa. Die Kommunisten schufen sich eine breite Basis, wobei viele von denen, die sie in politische Ämter beriefen, etwa die Bürgermeister wichtiger Städte, Sozialdemokraten oder Personen in akademischen Berufen mit liberalen Ansichten waren. Doch diese Bürger, die ihre Ämter häufig in gutem Glauben antraten, wurden stets von einem zuverlässigen Parteimitglied überwacht (beispielsweise im Amt eines stellvertretenden Bürgermeisters), der dafür sorgte, dass keine Entscheidungen gegen die langfristigen Interessen der Kommunisten getroffen wurden. Alle vier Siegermächte – die Sowjetunion, die Vereinigten Staaten, Großbritannien und Frankreich (Letzteres war nur deshalb als Besatzungsmacht in Deutschland vertreten, weil Churchill darauf gedrängt hatte) – hatten ihre Einflusszonen in Deutschland, die sogenannten Besatzungszonen. Stalin war sich darüber im Klaren, dass alles, was in der sowjetischen Zone geschah, Gegenstand misstrauischer Beobachtungen und Vergleiche sein würde, daher war er bereit, bei der Schaffung neuer politischer Strukturen in Ostdeutschland zunächst ein minimales Maß an Demokratie zu dulden. Das Manifest der KPD vom Juni 1945 war eher bescheiden, es sprach sich weder für eine sozialistische Wirtschaft noch für einen Einparteienstaat aus. Es enthielt sogar das Bekenntnis zur »völlig ungehinderte[n] Entfaltung des freien Handels und der privaten Unternehmerinitiative auf der Grundlage des Privateigentums«, so dass es auf den ersten Blick dem Sozialismus weit weniger verpflichtet schien als die SPD. Als Walter Ulbricht dem Parteivolk dieses politische Programm auf einem Kongress der Deutschen Kommunisten verkündete, die während des Kriegs mehrheitlich der Untergrundpartei angehört hatten, fragte einer von ihnen, inwiefern sich diese Politik »von dem Programm irgendeiner beliebigen demokratischen Partei« unterscheide. Ulbrichts augenzwinkernde Antwort lautete: »Das wirst du schon bald merken, Genosse! Wart nur mal ein bisschen ab.«[43] Die Führungsspitze der deutschen Kommunisten, vor allem Ulbricht und Wilhelm Pieck, war in Hinblick auf Taktik und langfristige Strategie ganz auf Stalins Linie. Anfangs wünschte keine Seite die Eigenstaatlichkeit der SBZ, vielmehr wollten sich alle ihre Optionen offenhalten. Den Kommunisten wäre ein vereinigtes Deutschland – oder zumindest ein verei-

Ostdeutschland   241

nigtes Berlin – unter ihrer Kontrolle am liebsten gewesen. Da das
nicht ging, wollten sie wenigstens in Ostdeutschland den »Sozialismus aufbauen« – natürlich nach sowjetischem Vorbild – und gleichzeitig dafür sorgen, dass der westlichem Einfluss unterliegende Teil
Deutschlands neutral und entmilitarisiert blieb. Falls Deutschland in
zwei separate Staaten gespaltet werden *sollte*, wollte Stalin, dass die
Initiative von den Westmächten ausging, damit sie von den Deutschen für die Teilung der Nation verantwortlich gemacht würden.[44]
    Für den allmählichen Übergang zu einem kommunistischen Re-
gime war eine Gruppe deutscher Kommunisten zuständig, die sowohl
die Säuberungen wie auch den Krieg in der Sowjetunion überlebt hatten. Die dominierende Figur war von Anfang an Walter Ulbricht, der
die Partei dann bis 1971 leitete. Ulbricht war ein kühler, berechnen-
der Mann, der wenig Vorstellungskraft, aber ein bemerkenswertes
Gedächtnis besaß. Der jahrelange Aufenthalt in der Sowjetunion
hatte ihn gelehrt, in Deutschland ein äußerst autoritäres Gehabe an
den Tag zu legen, Stalin jedoch mit Unterwürfigkeit zu begegnen. Sta-
linistisches Denken war ihm zur zweiten Natur geworden, und so war
er bereit, jeder Wende und Laune der sowjetischen Politik zu folgen.
    Jüngstes Mitglied einer Flugzeugladung deutscher Kommunisten,
die 1945 von Moskau nach Berlin geflogen wurde, war Wolfgang Leonhard, Absolvent der Komintern-Schule, 23 Jahre alt und gläubiger
Kommunist, obwohl seine Mutter 1936 vom NKWD verhaftet worden war, die nächsten zwölf Jahre in einem sowjetischen Arbeitslager
verbringen und anschließend in ein entlegenes sibirisches Dorf verbannt werden sollte. Erst 1948, nach Protesten Wilhelm Piecks in
Moskau, durfte sie zu ihrem Sohn nach Berlin ausreisen. Leonhard
selbst hat ein fesselndes Buch über seine Jahre in Russland und seine
Erfahrungen im Nachkriegsdeutschland geschrieben – wo er in sehr
jungen Jahren in die Führungsriege aufstieg und von dem, was er sah,
tief enttäuscht war. Die Staffelung der Privilegien, die er in der Sowjetunion als Selbstverständlichkeit erfahren hatte, bekam ein ganz anderes Gesicht, als er erlebte, wie Kommunisten darauf reagierten, die
nur ein Leben im Untergrund gekannt hatten. Wie andere idealistische deutsche Kommunisten, unter ihnen auch einige, die in deutschen Konzentrationslagern gewesen waren, empfand er wachsende
Empörung über Ulbrichts Herrschaftsstil und das sklavische Festhalten der deutschen Führung an der Moskauer Linie. Dass sie 1948 auch

noch die Exkommunikation Titos und Jugoslawiens billigte, brachte das Fass zum Überlaufen. Wie viele andere Kommunisten in Mitteleuropa hatten Leonhard und etliche seiner Kollegen in Ostdeutschland den Kampfgeist von Titos Partisanen geschätzt und die Tatsache bewundert, dass sie durch eigene Kraft und nicht mit Hilfe der Roten Armee an die Macht gekommen waren.[45]

Einige deutsche Kommunisten, unter ihnen Anton Ackermann, der die Kriegsjahre in der Sowjetunion verbracht hatte, traten 1945/46 für einen »deutschen Weg zum Sozialismus« ein, der sich von der sowjetischen Praxis unterscheiden sollte. Das wurde eine Zeitlang von Ulbricht und der sowjetischen Führung geduldet, deren Politik ursprünglich als schrittweiser Übergang gedacht war. Unter dem Druck von Marschall Schukow, dem Chef der Sowjetischen Militäradministration in Deutschland, schloss sich die Kommunistische Partei mit Teilen der Sozialdemokratischen Partei zusammen. Im April 1946 entstand so die Sozialistische Einheitspartei Deutschlands (SED). Trotz dieser Zwangsvereinigung konnte die SED in keiner der noch im selben Jahr stattfindenden Landtagswahlen die Mehrheit erringen. In Groß-Berlin, wo dank der Präsenz der anderen drei Siegermächte die unabhängig gebliebene SPD antreten konnte, erhielt diese 48,7 Prozent der Stimmen gegenüber bloßen 19,8 Prozent der SED. Obwohl die Kommunisten viele organisatorische Vorteile hatten, kamen sie bei den Berlinwahlen nur auf den dritten Platz, denn die CDU erhielt 22,1 Prozent der Stimmen. Nach dieser Erfahrung sorgten die Kommunisten dafür, dass die Wählerschaft in Zukunft nicht mehr frei entscheiden konnte. Für Leonhard und alle gleichgesinnten SED-Mitglieder war klar, dass der größte Nachteil der deutschen Kommunisten darin lag, als »Russenpartei« zu gelten. Die Erfahrung von Vergewaltigung, Plünderung und Demontage der deutschen Fabriken hatte selbst bei unpolitischen deutschen Bürgern Ressentiments gegen die Rote Armee und die sowjetische Herrschaft geweckt.[46]

Wie im vorigen Kapitel erwähnt, war der Marshallplan für die europäischen Länder innerhalb der westlichen Einflusssphäre 1947 angelaufen. In Westdeutschland machte die Notwendigkeit, diese Wirtschaftshilfe zu organisieren, deutlich, dass staatliche Institutionen dringend erforderlich waren. Das wurde noch offensichtlicher, als die Sowjetunion versuchte, ganz Berlin in die Hand zu bekommen, indem sie sich den Umstand zunutze machte, dass die Stadt mitten in

Ostdeutschland 243

der SBZ lag, und im Juni 1948 die Versorgung der amerikanischen, britischen und französischen Sektoren Berlins unterband. Dazu wurden alle Straßen, Eisenbahnverbindungen und Kanäle blockiert, die in den Westteil der Stadt führten. Der Plan scheiterte, weil westliche, vor allem amerikanische und britische Flugzeuge die Bevölkerung Westberlins aus der Luft versorgten. Die sogenannten Rosinenbomber kamen von der Verhängung der Blockade bis zu ihrer Aufhebung im Mai 1949 auf rund 277 000 Flüge.[47]

Marshallplan und Berlinblockade dokumentierten die De-facto-Existenz zweier deutscher Staaten. Folgerichtig wurde im Sommer desselben Jahres auf dem Gebiet der drei Westzonen die Bundesrepublik Deutschland gegründet. Die Bundestagswahl im August führte dazu, dass Konrad Adenauer der erste Bundeskanzler des neuen Staatsgebildes wurde. Die Deutsche Demokratische Republik, wie sich Ostdeutschland jetzt nannte, wurde im Oktober 1949 gegründet. Ihr erster (und letzter) Präsident wurde Wilhelm Pieck und ihr Ministerpräsident Otto Grotewohl, während Ulbricht als Parteichef die Fäden in der Hand hielt.[48] Schon zuvor hatte die Partei viele der erst unlängst angeworbenen Sozialdemokraten wieder ausgeschlossen. Dazu schreibt Eric Weitz: »Vom Ende der vierziger bis zum Anfang der fünfziger Jahre verloren 20 000 Sozialdemokraten ihren Arbeitsplatz, 100 000 mussten in den Westen fliehen, rund 5000 wurden von ostdeutschen oder sowjetischen Funktionären verhaftet und 400 starben in der Haft.«[49] Das gehörte wesentlich zum kommunistischen Konsolidierungsprozess politischer Strukturen und Normen, der sich mit der Gründung eines eigenen ostdeutschen Staats beschleunigte. Sobald die Kommunistische Partei (nunmehr unter dem Namen SED) im Besitz der uneingeschränkten Macht war, begann sie einen Sicherheitsapparat aufzubauen. 1949 wurde die *Hauptverwaltung zum Schutz der Volkswirtschaft* gebildet, die der *Deutschen Zentralverwaltung des Inneren* unterstand. Im Februar 1950 sah sich die DDR-Führung aus Furcht vor westlichem Einfluss veranlasst, die Stalinisierung ihres Staates voranzutreiben. Die *Hauptverwaltung zum Schutz der Volkswirtschaft* wurde zum eigenständigen Ministerium aufgewertet, und zwar zum berüchtigten *Ministerium für Staatssicherheit* – einer Organisation, die zu ungeheuren Ausmaßen anschwoll.[50]

Ein »Eiserner Vorhang« teilt Europa

Von 1948 bis zum Tod Stalins wurden die Länder Ostmitteleuropas stalinistischer, und die Spaltung Europas vertiefte sich. In Kapitel 12 werde ich ausführlicher auf diese Phase des Nachkriegsstalinismus in der Sowjetunion und ihren jetzt konsolidierten Satellitenstaaten zurückkommen. Die Teilung Europas blieb bis 1989 bestehen, doch der Begriff, den Winston Churchill am 5. März 1946 mit seiner Rede in Fulton, Missouri, allgegenwärtig gemacht hatte – »Von Stettin an der Ostsee bis Triest an der Adria hat sich ein Eiserner Vorhang über den Kontinent gesenkt« –, sollte in späteren Jahren verschleiern, wie mühelos Ideen Landesgrenzen überwanden, so dass der trennende Vorhang in vielen Fällen alles andere als eisern war, sondern eher durchlässig wie Gaze.

Doch angesichts der Gegebenheiten von 1946 war die Metapher vom Eisernen Vorhang durchaus treffend; ihre außerordentliche Wirkung verdankte sie dem Zeitpunkt, zu dem Churchill sie verwendete – sowie dem Umstand, dass er ein weltbekannter Kriegspremier war, der bei seinem Besuch in einem kleinen College des Mittleren Westens von keinem Geringeren als dem amtierenden amerikanischen Präsidenten Harry Truman begleitet wurde. Die politischen Systeme Osteuropas wurden bereits nach sowjetischem Vorbild ausgerichtet. Die Massenmedien und die Sicherheitspolizei in diesen Ländern schnitten ihre Bürger mit wachsendem Erfolg vom freien Informationsfluss ab und schränkten die Westkontakte der Bevölkerung weitestgehend ein. Nicht die Originalität des Ausdrucks »Eiserner Vorhang« – denn er war beileibe nicht neu –, sondern der politische Kontext erklärt seine Wirkung. Nur zwei Wochen vor Churchills Rede hatte George Kennan sein berühmtes »Langes Telegramm« aus der amerikanischen Botschaft in Moskau nach Washington geschickt, eine scharfsinnige Analyse sowjetischer Stärken, Schwächen, Täuschungsmanöver und Ausflüchte, gefolgt von einem klugen Vorschlag, wie die Vereinigten Staaten und der Westen in seiner Gesamtheit reagieren sollten. Während Kennan einerseits zu »Zusammenhalt, Festigkeit und Kraft« im Umgang mit der Sowjetunion riet, lehnte er andererseits »hysterischen Antisowjetismus« ab. Seine Empfehlung: »Wir müssen [das sowjetische System] mit demselben Mut und derselben Distanz studieren und dürfen uns von ihm so wenig provozieren oder aus der

Ein »Eiserner Vorhang« teilt Europa

Fassung bringen lassen wie ein Arzt von aufsässigen und unvernünftigen Individuen.« Vor prestigeträchtigen Showdowns warnend, riet Kennan zu einer Politik der Eindämmung gegen sowjetische Expansionsgelüste: »Im Gegensatz zu Hitlerdeutschland ist die Sowjetmacht weder schematisiert noch auf Abenteuer aus. … Sie geht keine unnötigen Risiken ein.« Und obwohl sie »der Logik der Vernunft unzugänglich« sei, sei sie »der Logik der Macht in hohem Maße zugänglich«.[51]

Kennans Telegramm wurde von Präsident Truman und hohen Regierungsvertretern gelesen, und der Marineminister »ließ es vervielfältigen und erklärte es zur Pflichtlektüre für Hunderte, wenn nicht Tausende von höheren Offizieren«.[52] Anschaulich und illusionslos legte Kennan dar, was das sowjetische Denken seiner Meinung nach in der unmittelbaren Nachkriegszeit bestimmte, wobei er nicht nur die offizielle Politik, sondern auch ihre informellen Aktivitäten berücksichtigte – »Politik, die durch Tarnorganisationen und alle Arten von Strohmännern ausgeführt wurde«.[53] In seinen Memoiren merkt Kennan an, dass die verblüffende Wirkung seiner »pädagogischen Bemühungen« am Zeitpunkt lag: »Sechs Monate früher wäre dieselbe Aufzeichnung im Außenministerium vermutlich auf hochgezogene Augenbrauen und abfällig geschürzte Lippen getroffen. Sechs Monate später wäre sie schon überflüssig gewesen – ein Bekehrungsversuch an jemand, der schon glaubte.«[54] Allgemeiner auf die amerikanische Politik eingehend – oder eigentlich noch allgemeiner zu verstehend –, fügte er hinzu: »Was nur beweist, dass Washingtons Weltanschauung weniger von der objektiv erfassbaren Wirklichkeit bestimmt wird als von der subjektiven Bereitschaft seiner Würdenträger, dieses oder jenes Stück davon in sich aufzunehmen.«[55]

Zwar zirkulierte Kennans Telegramm in den einflussreichsten Washingtoner Kreisen, war aber dem Rest der Welt keineswegs bekannt. Auf die öffentliche Meinung wirkte Churchills Rede zwar stärker ein, war aber mit ihrer Warnung vor dem sowjetischen Bestreben, die Früchte des Kriegs (wenn auch ohne Krieg) zu ernten – durch »die grenzenlose Ausweitung ihrer Macht und Lehren« –, höchst umstritten, war doch die Sowjetunion eben noch ein kriegsentscheidender Verbündeter der Vereinigten Staaten und Großbritanniens gewesen. Trotzdem stimmte ihm Truman privat zu – wenn auch noch nicht sogleich in der Öffentlichkeit. Genauso wie der damals maßgebliche

Vertreter der britischen Diplomatie, Ernest Bevin, Außenminister der Labour-Regierung. Roy Jenkins schreibt: »Bevins Außenpolitik bewegte sich weitgehend in die gleiche Richtung wie die Rede in Fulton, wenn auch ein wenig langsamer.«[56] Das Bild des Eisernen Vorhangs blieb im öffentlichen Bewusstsein haften, allerdings stammte der Begriff keineswegs von Churchill – auch nicht von Goebbels, obwohl er ihn ebenfalls (was die sowjetischen Propagandisten genüsslich ausschlachteten) während des Krieges verwendet hatte.

Auch in anderen Zusammenhängen war die Metapher ziemlich häufig verwendet worden. Ihr Ursprung ist der Vorhang, der die Bühne aus Brandschutzgründen vom Zuschauerraum trennt. Statt des Eisens wurde später Asbest verwendet. Als Metapher fand der Begriff bereits 1914 bei Pazifisten Verwendung, besonders bei Vernon Lee, der beklagte, dass ein »Eiserner Vorhang« die Völker als Folge ihrer imperialen Rivalitäten scheide.[57] Auf die Teilung zwischen dem bolschewistischen Russland und dem Westen wurde er offenbar erstmals 1920 von Ethel Snowden verwendet, der Frau des späteren Labour-Finanzministers Philip Snowden.[58] Churchill selbst hat die Wendung 1945 mehrfach in seiner Korrespondenz mit Truman und im Unterhaus gebraucht. Doch als Churchill 1946 von dem Eisernen Vorhang sprach (er dachte dabei an den Sicherheitsvorhang im Theater), der sich über Europa herabgesenkt habe, war die Wirkung der Metapher ungleich größer. Sogar Stalin fühlte sich bemüßigt, darauf zu reagieren, und gewährte – für ihn völlig untypisch – der *Prawda* ein Interview, um auf Churchills Warnungen zu antworten. Bei sowjetischen Politikern und Historikern galt Churchills Fulton-Rede während der nächsten vier Jahrzehnte als der Beginn des Kalten Krieges. Da der Begriff »Kalter Krieg« ebenfalls eine Metapher ist – ihre Bedeutung umfasst stark erhöhte Spannungen, ideologischen Kampf, wirtschaftlichen Wettbewerb und Aufrüstung, aber *keinen* Krieg –, lässt sich die Frage, wann der Kalte Krieg begonnen habe, nicht eindeutig beantworten. Doch die von den Sowjets erzwungene Bildung kommunistischer Regime in den Ländern Ostmitteleuropas, ohne Rücksicht auf die Wünsche ihrer Völker, war die Ursache für die Teilung Europas – und das war die bedeutsamste Manifestation dessen, was als Kalter Krieg bezeichnet wurde.

KAPITEL 11

Machtübernahme der Kommunisten in China

Der Zweite Weltkrieg, der für die Machtübernahme kommunistischer Parteien in Europa so wichtig war, erwies sich auch für China als bedeutsam. Er schwächte Tschiang Kai-schek immens, hatte doch seine Kuomintang die Hauptlast des Kampfes gegen die Japaner getragen. Die Kommunisten hatten einen relativ bescheidenen Beitrag zum Widerstand gegen die ausländischen Besatzer ihres Landes geleistet. Für sie, und vor allem für Mao Tse-tung, hatte die Vorbereitung auf die bevorstehende Auseinandersetzung um die Herrschaft über den gesamten chinesischen Staat weit höhere Priorität. Die Kommunisten hatten ihre Machtbasis außerordentlich verstärkt: 1937, als der Krieg mit Japan begann, kontrollierten sie ein Gebiet, dessen Bevölkerung sich insgesamt auf gerade einmal vier Millionen Menschen belief, und hatten 100 000 Mann unter ihrem Befehl, 1945 dagegen, als der Krieg zu Ende ging, erstreckte sich ihre Herrschaft über Landstriche, in denen mehr als 95 Millionen Menschen lebten, während die Rote Armee Chinas auf 900 000 Mann angewachsen war.[1]

Bei der Konferenz von Jalta auf der sowjetischen Krim im Februar 1945 hatten sich Roosevelt und Churchill rasch mit Stalin auf einen Eintritt der UdSSR in den Krieg mit Japan geeinigt.[2] Stalin, den es nach Territorialgewinnen gelüstete, war nur zu gerne bereit dazu. Tatsächlich eignete sich die Sowjetunion den Kurilenarchipel an – der in Japan Nördliche Territorien heißt und bis heute ein ernsthafter Zankapfel zwischen beiden Ländern ist. Als der Krieg im Pazifik in seine letzte Phase trat, drangen sowjetische Truppen in die Mandschurei vor.[3] Die chinesischen Kommunisten verbanden sich mit den sowjetischen Streitkräften und konnten die Mandschurei halten, obwohl Tschiang Kai-schek große Anstrengungen unternahm, sie zu vertreiben. Von 1946 bis 1949 dehnten die Kommunisten ihre Herrschaft allmählich auf andere Teile Chinas aus und nahmen schließlich die Großstädte Peking und Schanghai. Obwohl die Kuomintang den Nationalismus für sich reklamierte, fand sie keine Lösungen für die Probleme des Landes, während die Kommunisten die nationale Würde wiederherzustellen und dem Land eine Zukunftsperspektive zu bieten schienen.[4] Viele junge Revolutionäre aus Maos Generation hatten im Marxismus-Leninismus eine Lehre erblickt, die Chinas wirtschaftliche und politische Rückständigkeit beseitigen und die Demütigungen beenden konnte, die ihr Land während des 19. und 20. Jahrhundert von ausländischen Mächten hatte hinnehmen müssen.[5] Die Rolle der chinesischen Roten Armee beim Kampf gegen die Japaner erwies sich, so begrenzt sie auch im Vergleich zur Leistung von Tschiang Kai-scheks Streitkräften war, im Norden des Landes als recht beträchtlich, wodurch der kommunistische Klassenkampf einen Hauch von Patriotismus und Nationalismus bekam. Zum Teil lag das an der geschickten Propaganda, die die wenigen Gefechte mit kommunistischer Beteiligung nach Kräften ausschlachtete. Die meisten der von der Kommunistischen Partei Chinas geleiteten Operationen waren örtlich begrenzte Partisanenüberfälle, bei denen Gebiete besetzt wurden, in denen weder Japaner noch deren chinesische Hilfstruppen standen.

Die Gesellschaftsordnung, die die KPCh zerstören und durch neue soziale und politische Beziehungen ersetzen wollte, war viel tiefer verwurzelt als die Verhältnisse, mit denen die kommunistischen Parteien Europas zu tun hatten. Zwar hatte es im Laufe der Zeit Veränderungen der Grundherrschaft gegeben, doch war sich die herrschende Klassenstruktur in mancherlei Hinsicht seit rund 3000 Jahren gleich geblieben.[6] Doch egal, wie radikal der Bruch des Kommunismus mit nationalen Traditionen war, Mao Tse-tung appellierte trotzdem mehr als einmal an nationale Solidarität und patriotische Gefühle, vor allem zu der Zeit, als die Chinesische Volksrepublik gegründet wurde. Das chinesische Volk, sagte er, sei »aufgestanden«.[7]

Konventionelle marxistische Auffassungen über die Klassengesellschaft waren im chinesischen Kontext problematisch. Zwar hatte es vor 1917 bei einer kleinen Minderheit chinesischer Intellektueller ein

Machtübernahme der Kommunisten in China 249

gewisses Interesse am Marxismus gegeben, doch im Jahr der bolschewistischen Revolution rückte der Leninismus stärker in den Blick-
punkt. Nach der Eingliederung der KPCh in die Komintern im Jahr
1922 erhielt die chinesische Partei Rat und materielle Hilfe in großem
Umfang von der Komintern und sowjetischen Beratern, doch deren
theoretische, orthodox marxistisch-leninistische Fokussierung auf die
Arbeiterklasse wurde den chinesischen Verhältnissen nicht gerecht.
Auch in Russland waren – wenn auch nicht in gleichem Ausmaß wie
in China – die Kleinbauern zur Zeit der Revolution bei weitem die
umfangreichste soziale Schicht gewesen. Trotzdem war in Russland
das städtische Schlachtfeld entscheidend, besonders in Sankt Petersburg, und die Arbeiter spielten eine entscheidende Rolle im revolutionären Kampf. In ihrer politischen Theorie und Praxis wies die
KPdSU den Kleinbauern konsequent eine untergeordnete Bedeutung
zu. Selbst als die sowjetischen Führer und Ideologen nicht mehr von
der »Diktatur des Proletariats« sprachen, ersetzten sie diese Formel
durch »führende Rolle der Arbeiterklasse«. In China dagegen konnten die Kommunisten nicht Fuß fassen, bevor sie nicht in ihrer Theorie das Proletariat durch Kleinbauern ersetzt und damit die herrschende orthodoxe Lehre auf den Kopf gestellt hatten.[8] Obwohl die
städtische Bevölkerung Chinas in der ersten Hälfte des 20. Jahrhunderts ständig angewachsen war, betrug sie 1949, als die KPCh an die
Macht kam, lediglich 57 Millionen einer Gesamtbevölkerung von
rund 550 Millionen Menschen.

Der Widerstand gegen die Japaner war für China außerordentlich
verlustreich. Tschiang Kai-scheks Truppen kämpften acht Jahre lang
gegen eine grausame japanische Streitmacht, doch die kommunistischen Kräfte erlitten mit ihrer Partisanentaktik weit geringere Verluste. Da sie in den letzten Kriegsjahren nur an wenigen schweren
Kämpfen teilgenommen hatten, waren ihre Truppen viel frischer als
Tschiangs Soldaten.[9] Nach der japanischen Kapitulation am 15. August 1945 schickten sich beide Seiten an, ihren Einfluss in verschiedenen Teilen des Landes zu etablieren, und bereiteten sich auf die
Wiederaufnahme des durch die japanische Invasion unterbrochenen
Bürgerkriegs vor. Tschiangs Truppen konnten in den meisten Gebieten südlich des Jangtse operieren, während die kommunistische Basis
der Norden war. Dort kontrollierte sie einen Großteil der ländlichen
Gebiete, wohingegen es der Kuomintang gelang, die Städte zu hal-

ten.[10] Ein Versuch, Nationalisten und Kommunisten in einer Koalition zusammenzubringen, wurde von den Vereinigten Staaten vermittelt und von Stalin (zumindest dem Anschein nach) unterstützt. Nachdem die Feindseligkeiten zwischen Nationalisten und Kommunisten wieder in vollem Umfang ausgebrochen waren, konnte Mao zur Wiederaufnahme der Gespräche mit Tschiang Kai-schek bewogen werden. Die Kämpfe zwischen der Kuomintang und den Kommunisten hielten an, als Mao im August 1946 in einer amerikanischen Maschine nach Chongqing zu Gesprächen mit Tschiang flog, die 45 Tage dauern sollten. Auf sein Beharrren hin wurde er von dem amerikanischen Botschafter begleitet, da er den Nationalisten durchaus zutraute, einen Unfall zu arrangieren. Angesichts der Abhängigkeit Tschiangs von amerikanischen Waffenlieferungen war die Begleitung eines hochrangigen amerikanischen Diplomaten eine nützliche Lebensversicherung für Mao. Zwischen Tschiang und Mao herrschte tiefes Misstrauen, jeder strebte den totalen Sieg in dem fortdauernden Bürgerkrieg an. Doch besonders Tschiang musste den Anschein erwecken, er bemühe sich um einen Kompromiss mit seinem kommunistischen Rivalen. Zum Teil lag das an seiner Abhängigkeit von amerikanischer Unterstützung.[11] Sein Verhalten trug aber auch dem Umstand Rechnung, dass die öffentliche Meinung in China entschieden gegen den Bürgerkrieg und für den Wiederaufbau des Landes war.

Der Bürgerkrieg dauerte von 1946 bis 1949. 1947 wurden die kommunistischen Streitkräfte in Volksbefreiungsarmee umgetauft (PLA, wie die international gängige Abkürzung lautet); seit 1948 waren sie vom Partisanenkampf zur Kriegsführung mit großen Heeresverbänden übergegangen, denen die Feldartillerie – meist japanischen Ursprungs – von ihren sowjetischen Verbündeten überlassen worden war. Mao Tse-tung saß zwar dem Revolutionären Militärausschuss vor, doch mit Tschu Te stand ein Mann mit größter militärischer Erfahrung an der Spitze der PLA.[12] Eine Kombination aus Umverteilung des Landes, um die Unterstützung der Kleinbauern zu gewinnen, ideologischer Überzeugung, starker Parteidisziplin, eindrucksvollem Organisationstalent und militärischem Können brachte die Kommunisten an die Macht. Die Nationalisten waren in so hohem Maße von den regionalen Kapital- und Großgrundbesitzern abhängig, dass sie in puncto Bodenreform nicht mit den Kommunisten konkurrieren konnten. Sie waren untereinander auch viel stärker zerstritten und

Machtübernahme der Kommunisten in China

litten unter ihren Verlusten. Mehr als 100 000 Offiziere der Kuomintang waren dem chinesisch-japanischen Krieg zum Opfer gefallen.[13] Auch war Tschiang Kai-schek eine Reihe schwerwiegender Fehler unterlaufen. Nach der Niederlage der Japaner hatte man eine rasche Demobilisierung der chinesischen Armee vorgenommen, ohne sich Gedanken darüber zu machen, wie die Veteranen in Zukunft ihren Lebensunterhalt bestreiten sollten. Hinzu kam, dass die Streitkräfte der chinesischen Marionettenregierung, die als Hilfstruppen der Japaner gekämpft hatten, ebenfalls aufgelöst wurden und dass die KPCh nicht davor zurückschreckte, diese Soldaten, die von Japanern besser ausgebildet worden waren als ihre eigenen Männer, für ihre Truppen anzuwerben.

Weder verfügten die Kommunisten mit der Sowjetunion noch die Kuomintang mit den Vereinigten Staaten über absolut verlässliche Verbündete. Zweifellos profitierten Maos Truppen davon, dass die Sowjetunion nach ihrem Kriegseintritt die Mandschurei erobert hatte. Das ermöglichte es der chinesischen Roten Armee, sich mit ihren sowjetischen Verbündeten zusammenzuschließen, woraufhin die Rote Armee sich wieder auf ihre Seite der Grenze zurückzog. Die kommunistischen Streitkräfte profitierten auch von einem riesigen Bestand an japanischen Waffen, die ihnen die Sowjetunion aushändigte. Doch Stalin war vorsichtiger als Mao und schien sich damit abfinden zu wollen, dass die chinesischen Kommunisten nur den Norden des Landes kontrollierten. Offenbar legte er keinen Wert auf den Versuch, Tschiang Kai-schek auch den Süden zu entreißen. Tschiang hatte sich mit Stalin darauf geeinigt, dass China die (Äußere) Mongolei als »unabhängigen« Staat anerkennen würde, obwohl sie im Prinzip ein sowjetischer Satellit war, statt seinen Anspruch auf eine vereinigte Mongolei geltend zu machen, während Stalin sich verpflichtete, der KPCh nicht bei der Machtergreifung in China zu helfen. Im November 1948, als die Kommunisten im Bürgerkrieg die Oberhand gewannen, wurde Mao Tse-tung von Stalin gedrängt, die nördlichen Gebietsgewinne zu konsolidieren und den Süden Tschiang Kai-scheks Regierung zu überlassen.[14] Mao schlug den Rat in den Wind. Im Gespräch mit einer Gruppe bulgarischer und jugoslawischer Parteiführer (unter ihnen der Bulgare Dimitrow, aber nicht Tito) im Februar 1948 in Moskau – kurz vor dem Bruch mit Jugoslawien – räumte Stalin ein, dass sich die sowjetische Führung geirrt und die chinesischen Kommunisten recht gehabt hätten, als sie glaubten, die Macht im ganzen Land übernehmen zu können. Er sagte: »Gewiss, auch wir können einen Fehler machen! Als der Krieg mit Japan zu Ende ging, haben wir die chinesischen Genossen aufgefordert, sich darüber zu einigen, wie ein Modus vivendi mit Tschiang Kai-schek gefunden werden könnte. Sie haben uns mit Worten beigepflichtet, aber die Sache auf ihre eigene Weise in die Tat umgesetzt, als sie nach Hause kamen: Sie haben ihre Kräfte gesammelt und zugeschlagen. Es hat sich gezeigt, dass sie recht hatten und wir unrecht.«[15]

Auf der anderen Seite des politischen Grabens drängten auch die Vereinigten Staaten auf Zurückhaltung. Die Truman-Administration unterstützte die Kuomintang zwar grundsätzlich, überredete die Nationalisten aber im Juni 1946 – gerade als sie im Begriff waren, Harbin, die der russischen Grenze nächstgelegene Stadt, einzunehmen –, um einen Waffenstillstand nachzusuchen. Die kommunistischen Streitkräfte in der Region, die unter dem Befehl von Lin Biao standen, erhielten dadurch eine dringend erforderliche Verschnaufpause. In dem Bemühen, die Kämpfe zu beenden, verhängten die Vereinigten Staaten sogar ein Waffenembargo gegen China, das die Nationalisten härter als die Kommunisten traf. Letztlich fiel die Entscheidung im Bürgerkrieg aber durch die unterschiedlichen Fähigkeiten der beiden chinesischen Armeeführungen, ihre Soldaten zu motivieren und Rückhalt in der Bevölkerung zu gewinnen. Als die Kommunisten schließlich ihre Vormachtstellung etablierten, waren weder die Sowjetunion noch die Vereinigten Staaten entscheidend an diesem Ergebnis beteiligt.

Obwohl alle diese Faktoren – nicht zuletzt Maos geschickte und rücksichtslose Führung – für die Machtergreifung der Kommunisten 1949 eine wichtige Rolle spielten, gab es auch tiefer liegende Ursachen für ihren Erfolg. Während der ersten Hälfte des 20. Jahrhunderts hatte in China bitterste Armut geherrscht. Die Nationalisten hatten versäumt, ein Programm zu deren Linderung zu entwickeln. Darüber hinaus löste die Korruption in ihren Reihen, sowohl auf regionaler Ebene wie in Tschiang Kai-scheks Verwandtschaft, weithin Verbitterung aus. Unmittelbar nach dem Krieg gab es eine Hyperinflation. Während 1937 ein US-Dollar einen Gegenwert von 3,42 chinesischen Jüan hatte, waren es 1945 1705 Jüan und im August 1948 schwindelerregende 8,6 Millionen Jüan. Die nationalistische Regierung führte in diesem Monat einen neuen Jüan ein und versuchte dessen Wechselkurs zum US-Dollar auf 4 Jüan festzusetzen. Doch vergeblich: Mitte Mai 1949 entsprach ein Dollar 22,3 Millionen neuen Jüan.[16] Die Kuomintang konnte dieses schwierige Problem nicht in den Griff bekommen, erst die Kommunisten gingen es in den ersten Jahren ihrer Herrschaft mit Erfolg an.

Zwar war die sowjetische Unterstützung für die chinesische Rote Armee von großer Bedeutung, doch China blieb trotzdem ein ganz anderer Fall als die im vorigen Kapitel erörterten osteuropäischen Länder. Ungeachtet der Hilfe Stalins war die Machtergreifung der chinesischen Kommunisten im Wesentlichen eine einheimische Bewegung, eher vergleichbar mit dem Geschehen in Jugoslawien als den Ereignissen, sagen wir, in Ungarn oder Polen. In Jugoslawien und China halfen sowjetische Truppen bei der Rückgewinnung des Territoriums (im ersten Fall von den Deutschen, im zweiten von den Japanern), doch in beiden Ländern war die Fähigkeit der einheimischen Kommunisten, innenpolitische Unterstützung zu mobilisieren, der ausschlaggebende Faktor. Während die sowjetische Militärhilfe nach dem Ende des Zweiten Weltkriegs auf dem pazifischen Schauplatz eine große Hilfe für die KPCh war, hatte zuvor auch Tschiang Kai-schek in erheblichem Maße von ihr profitiert, als seine Armee gegen die Japaner gekämpft hatte.

Mao Tse-tung und die kommunistische Führung

Der Aufstieg der Kommunistischen Partei Chinas und der Aufstieg Mao Tse-tungs stehen in enger Wechselbeziehung, egal, wie übertrieben Maos Leistungen durch den Personenkult während seiner Herrschaft dargestellt wurden. Nach dem Langen Marsch hatte er de facto die Führung der Partei übernommen, wenn er auch erst während des Zweiten Weltkriegs offiziell in dieser Funktion bestätigt wurde. Schon lange vor dem Krieg wurde er von der Sowjetunion als Chef der chinesischen Kommunisten anerkannt. Das ausgesprochen Mao-freundliche Buch des amerikanischen Journalisten Edgar Snow, *Red Star Over China*, erschien 1938 in russischer Übersetzung in Moskau (deutsch 1971 unter dem Titel *Roter Stern über China*).

1939 wurde in Moskau eine überschwängliche Mao-Biographie veröffentlicht, und im gleichen Jahr beschäftigte sich eine sowjetische
Broschüre mit den beiden *Woschdi* des chinesischen Volks, wobei der
zweite *Woschd* Tschu Te war, der Oberbefehlshaber der chinesischen
Roten Armee.[17] Das Wort *Woschd* (Plural *Woschdi*) bedeutet mehr
als einfach Führer oder Leiter, am ehesten entspricht ihm noch der
»Führer« des Nazijargons. Institutionalisiert wurde Maos Führungsrolle, als er 1943 Vorsitzender des Politbüros und des Sekretariats der
Kommunistischen Partei wurde; 1945 auf dem VII. Parteikongress
wurde diese Führung bestätigt.[18]

Mao hatte eine höchst wechselhafte Beziehung zu Stalin, noch ehe
er ihm 1949 zum ersten Mal begegnete. Er erkannte den sowjetischen
Führer aber als höchste Autorität in der internationalen kommunistischen Bewegung an. Ihm war bewusst, dass Stalin durch die Komintern und seinen Einfluss bei Kommunisten in aller Welt, auch
den chinesischen, die Macht hatte, jemand anderen zum Führer der
chinesischen Kommunisten zu küren. Dieser Status würde dem Betreffenden nicht nur durch eine ausreichende Zahl von chinesischen
Parteimitgliedern verliehen, sondern auch durch die Komintern und
damit durch die gesamte internationale kommunistische Bewegung.
Im Licht dieser Erkenntnis begegnete Mao dem chinesischen Komin-
tern-Delegierten Wang Ming mit besonderem Argwohn, denn der
verbrachte den größten Teil seiner Zeit in Moskau, bis die Komintern
1943 aufgelöst wurde. Wang trachtete tatsächlich nach dem höchsten
Amt in China und wurde von Mao als tödlicher Rivale betrachtet.
Hinzu kam, dass Wang in Georgi Dimitrow, dem Generalsekretär der
Komintern, einen stillen Förderer hatte, er hatte sogar Wangs kleine
Tochter adoptiert.[19] Allerdings war Stalin die höchste Autorität in allen Fragen, die die Führung nicht regierender kommunistischer Parteien betrafen, und er hatte von Wang Ming ein weniger positives Bild
als Dimitrow. Wang hatte Stalin einmal gründlich verstimmt. Als
Tschiang Kai-schek 1936 von einem der chinesischen Kriegsherren
mit Verbindungen zu den Kommunisten gefangengenommen worden war, regte sich Stalin schrecklich darüber auf, dass Wang Ming
angeblich vorgeschlagen hatte, Tschiangs Liquidation telegraphisch
anzuordnen – jedenfalls war Stalin das hinterbracht worden.[20] Stalin
sah in Tschiang einen unverzichtbaren Bestandteil seiner Pläne für
eine Einheitsfront gegen die Japaner.

Mao Tse-tung und die kommunistische Führung   255

Am 14. Dezember 1936 um Mitternacht erhielt Dimitrow einen Telefonanruf von Stalin und musste sich fragen lassen: »*Was fällt Ihrem Wang Ming denn ein? Ist er ein Provokateur? Er wollte ein Telegramm aufgeben, um Tschiang Kai-schek liquidieren zu lassen.*«[21] Wenn ein Komintern-Funktionär von Stalin als »Provokateur« bezeichnet wurde, war das normalerweise das Vorspiel zu einem Todesurteil, doch mit Dimitrows Unterstützung kam Wang Ming mit dem Leben davon.[22] Bei Gesprächen innerhalb der Komintern äußerte sich Wang häufig abfällig über Mao Tse-tungs Führungsqualitäten, doch Stalin empfand bei allen Vorbehalten gegenüber Mao eine Art widerwillige Hochachtung für diesen, wohingegen er Wang Ming gründlich misstraute. Kürzlich trug ein wissenschaftlicher Aufsatz in einer russischen Zeitschrift (der auf einer Untersuchung von Komintern-Dokumenten beruht) sogar den Titel »Wie Stalin Mao half, zum Führer *(Woschd)* zu werden«.[23] 1938 scheint Stalin endgültig Mao begünstigt zu haben. In Stalins Auftrag erklärte Dimitrow einer chinesischen Komintern-Delegation: »Ihr müsst allen mitteilen, dass sie Mao Tse-tung als *Woschd* der Kommunistischen Partei Chinas zu unterstützen haben. Er ist im praktischen Kampf gestählt. Es ist völlig überflüssig, dass sich Leute wie Wang Ming um die Führung bemühen.«[24] Stalins Wünsche und erhebliche Zweifel an Wang Ming trugen offensichtlich den Sieg über Dimitrows persönliche Freundschaft mit Wang davon.

Grundsätzlich bestand Stalins Politik bis zu dem Augenblick, da die Kommunisten ganz China unter ihre Kontrolle gebracht hatten, eher darin, die chinesische Partei zur Vorsicht zu mahnen, denn er begrüßte die Rolle, die Tschiang Kai-scheks Armee im Krieg gegen Japan spielte, und hielt ihn für ein Gegengewicht gegen den britischen Imperialismus. In Stalins Augen hatte Tschiang den zusätzlichen Vorteil einer gespannten Beziehung zu den amerikanischen Verbündeten. Während des Krieges verlangte Stalin von den chinesischen Kommunisten, dass sie ihr Bündnis mit der Kuomintang aufrechterhielten und sich auf den Kampf gegen die Japaner konzentrierten. Sowohl zu diesem Zeitpunkt wie auch in dem folgenden Bürgerkrieg hielten sich Mao und die chinesischen Kommunisten eisern an ihren ursprünglichen Plan, die Nationalisten auszuschalten. Der Sieg kam dann allerdings rascher als erwartet. In Hinblick auf einen eventuellen kommunistischen Sieg drängte Stalin Mao im April 1948, auch in der ersten Phase kommunistischer Herrschaft vorsichtig zu sein. Das osteuropäische Beispiel vor Augen – echte Koalition, dann Pseudo-Koalition und schließlich kommunistisches Machtmonopol – betonte Stalin, dass auch nach einem Sieg im Bürgerkrieg eine Regierung auf breiter Basis erforderlich sei. Er schrieb an Mao: »Wir dürfen nicht aus den Augen verlieren, dass die chinesische Regierung selbst nach einem Sieg der Volksbefreiungsarmeen Chinas – zumindest während eines schwer zu bestimmenden Zeitraums danach – in Hinblick auf ihre Politik eher eine nationale revolutionär-demokratische als kommunistische Regierung sein wird.«[25] Das würde, so fuhr er fort, eine Aufschiebung der Verstaatlichung und Konfiszierung des Eigentums großer, mittlerer und kleiner Grundbesitzer mit sich bringen. In der Zwischenzeit setzten die chinesischen Kommunisten ihren militärischen Kampf fort, und im Februar 1949 nahmen sie Peking. Im Oktober desselben Jahres bekamen sie mit Kanton (Guangzhou) die letzte Großstadt im Süden in die Hand. Vergeblich bat Tschiang Kai-schek die Vereinigten Staaten um mehr Unterstützung. Er hatte keine andere Wahl, als sich mit den Resten seiner Regierung und seiner Armee auf die Insel Taiwan zurückzuziehen.[26]

Sowjetisches Modell
und kommunistisches China

Obwohl Mao bereit war, die Vorherrschaft der Sowjetunion als der Welt erster »sozialistischer Staat« gelten zu lassen und Stalins Autorität mit vorsichtigem Respekt anzuerkennen, glaubte er nicht ohne Grund, die chinesischen Verhältnisse besser beurteilen zu können. Dass er sich von Zeit zu Zeit über Stalins Rat hinwegsetzte, rief in dieser Zeit keine Krise in der Beziehung zwischen sowjetischem und chinesischem Kommunismus hervor, weil Maos Politik aus sowjetischer Sicht hinreichend positive Ergebnisse zeitigte. Der Krieg im Pazifik hatte mit Japans Niederlage geendet – wenn das Ergebnis auch mehr den Amerikanern und Tschiang Kai-scheks Armee als Maos Streitkräften zu verdanken war –, und 1949 kam die KPCh in ganz China an die Macht. Mao schlug zwar ein rascheres Tempo an, als Stalin 1948 empfohlen hatte, doch das von der KPCh aufgebaute System kopierte sowjetische Verhältnisse so getreulich, dass der sow-

Sowjetisches Modell und kommunistisches China 257

jetische Führer einfach erfreut sein musste. Obwohl einige chinesische Wissenschaftler die Auffassung vertreten würden, dass es auch in den frühen Phasen kommunistischer Herrschaft erhebliche Unterschiede zum sowjetischen System gegeben habe, meint ein russischer Historiker – und es klingt überzeugend –, dass das, was man in China aufgebaut habe, »das sowjetische Modell politischer, gesellschaftlicher und wirtschaftlicher Entwicklung gewesen« sei, um im Fortgang zu beschreiben, worin tatsächlich die grundlegenden Übereinstimmungen bestünden:

> … ungeteilte Macht der streng zentralisierten und hierarchisch aufgebauten Kommunistischen Partei, hemmungsloser Personenkult um den Parteiführer, schrankenlose Kontrolle über das politische und intellektuelle Leben der Bürger durch staatliche Sicherheitsorgane, Verstaatlichung von Privateigentum, rigorose zentrale Planung, Vorrang für die Entwicklung der Schwerindustrie und enormer Aufwand für die Landesverteidigung.[27]

Allerdings hatte Mao sich von Zeit zu Zeit Stalins Zorn zugezogen, weil er eine unorthodoxe Lehre vertrat und mehrfach vorgeprescht war, obwohl Stalin zur Vorsicht gemahnt hatte. Doch während Mao seinerseits sicherlich nicht ohne Vorbehalte gegenüber Stalin war, hatte er schon in den dreißiger Jahren Wert darauf gelegt, sich den Abgesandten aus der Sowjetunion als devoter Schüler des *Woschd* im Kreml zu präsentieren. Als beispielsweise der sowjetische Dokumentarfilmer Roman Karmen im Frühjahr 1939 nach China kam, um einen Film über Mao zu drehen, posierte dieser mit einem Werk Stalins in Händen, das er eifrig studierte und so hielt, dass Stalins Bild deutlich von der Kamera erfasst wurde. Karmen konnte in Moskau berichten, Mao habe mit großer Verehrung von Stalin gesprochen.[28] Allerdings kam es erst im Dezember 1949 zur ersten persönlichen Begegnung. Maos Besuch fand zur Feier von Stalins 70. Geburtstag statt, wodurch seine Ankunft in den Hintergrund geriet. Die chinesischen Kommunisten waren erst zweieinhalb Monate zuvor an die Macht gekommen, und dieses Ereignis wurde in Moskau als Beweis für den Vormarsch des Kommunismus begrüßt – noch dazu in einem Land von großer internationaler Bedeutung. Doch wenn ein Beobachter die sowjetische Presseberichterstattung zugrunde gelegt hätte, wäre er sicherlich zu dem Schluss gekommen, dass von den beiden

Ereignissen die Machtergreifung der Kommunistischen Partei im volkreichsten Staat der Erde weniger Anlass zu Feierlichkeiten bot als die Vollendung von Stalins 70. Lebensjahr.

Im Laufe der Jahre hatte Mao dafür Sorge getragen, dass potentielle Rivalen in der Partei in Misskredit gerieten oder von ihm abhängig wurden. Trotzdem gab es, als die Kommunisten in China an die Macht kamen, neben Mao andere fähige und sehr angesehene Persönlichkeiten in der Führungsriege des Landes. Einer von ihnen war Liu Shaoqi. Während Mao mit seiner Machtbasis in der Partei der unbestrittene Führer war, nahm Liu, der im Bürgerkrieg mit den Nationalisten hinter den feindlichen Linien auf dem Territorium der »Weißen« operiert hatte, den zweiten Platz ein. Dritter in der Rangordnung war Ministerpräsident Tschou En-lai, der daneben noch das Amt des Außenministers innehatte.[29] Tschou, ein Parteiveteran mit großen Fähigkeiten, der sich Mao Anfang der dreißiger Jahre häufig widersetzt hatte, war instinktiv bemüht, einige der extremeren politischen Maßnahmen Maos abzumildern. Wie Anastas Mikojan, ein altgedientes Mitglied des sowjetischen Politbüros unter Stalin und Chruschtschow, und von ähnlicher Intelligenz und Flexibilität, ließ auch Tschou nie Gelüste auf das höchste Amt erkennen. (In dieser Hinsicht unterschied sich Tschou von Wang Ming.) So konnte er sich mehr als vier Jahrzehnte in der Parteiführung halten, allerdings nur um den Preis, dass er die Mitverantwortung an verlustreichen Fehlern und blutiger Unterdrückung übernahm. Tschou En-lai blieb der kommunistischen Sache verpflichtet, für die er sich in seiner Jugend entschieden hatte, und nahm alle Wendungen und Wandlungen in Maos Kurs hin, so wie sich Mikojan Stalin unterordnete. (In der Sowjetunion war das mehr noch als in China eine Frage des Überlebens.) Mit Blick auf Mao Tse-tungs »eklatante Widersprüche« schrieb Lowell Dittmer, einer der maßgeblichen Experten für chinesische Politik: »Mao war zwar absolut entschlossen, seine Meinung durchzusetzen und jeden Widerspruch im Keim zu ersticken, hatte aber nur höhnische Verachtung für Leute übrig, die ihm (wie Tschou En-lai) nach dem Munde redeten oder schmeichelten.«[30]

Doch trotz dieser ungleichen und gespannten Beziehungen während der Jahre, in denen die chinesischen Kommunisten ihre Macht im Staat konsolidierten – vom Oktober 1949 bis Mitte der fünfziger Jahre –, blieb die herrschende Elite in sich gefestigt. Die meisten Mit-

glieder des Zentralkomitees, die 1945 auf dem VII. Parteikongress gewählt wurden und 1956 noch lebten, wurden auf dem in diesem Jahr
stattfindenden VIII. Kongress wiedergewählt. (»Wahlen« des Zentralkomitees oder seiner inneren Organisation, des Politbüros, beruhten
– in China wie in anderen kommunistischen Staaten – nicht auf der
freien Entscheidung der Delegierten des Parteikongresses. Diese bestätigten einfach eine Namensliste, die von der inneren Parteiführung
zusammengestellt worden war, wobei Maos Wort besonderes Gewicht
zufiel.) Die damalige Eintracht der Führungselite kontrastierte zwar
mit den späteren Turbulenzen, doch das leninistische Prinzip des demokratischen Zentralismus in der Partei wirkte sich in der Zeit ihrer
Machtkonsolidierung vorteilhaft aus. In der politischen Praxis hieß
das, der Gesellschaft ein geschlossenes Bild der KP zu präsentieren, das
von strenger Disziplin und straffer hierarchischer Organisation geprägt war. Damals herrschte in der KPCh absolute Einigkeit darüber,
dass die sowjetische Praxis ein Vorbild für den Aufbau des Sozialismus
sei, obschon das »Vorbild« selbst sich im Laufe der Zeit gewandelt
hatte – von Lenins Neuer Ökonomischer Politik über Stalins Zwangskollektivierung der Landwirtschaft bis hin zur Einführung des Fünfjahresplans für Wirtschaftsentwicklung. In den ersten Jahren ihrer
Herrschaft nahmen sich die chinesischen Kommunisten gerne die
sowjetische Praxis der späten zwanziger Jahre zum Vorbild, wenn es
um Wirtschaftsentwicklung ging, jedoch das politische System der
konsolidierten Sowjetunion, wenn es ihnen um Modelle für ihre politischen Institutionen zu tun war.[31] Zu den Parolen der KPCh Anfang
der fünfziger Jahre gehörte »Die Sowjetunion von heute ist das China
von morgen«.[32] Bemerkenswerterweise erklärte Mao noch im Januar
1956, die chinesischen Kommunisten hätten die sowjetischen Leistungen nur fortgeführt.[33] Während das kommunistische System aufgebaut wurde, haben sowjetische Einflüsse, wie Frederick Teiwes darlegt,
die chinesische Partei und Gesellschaft vielfältig beeinflusst:

In mancherlei Hinsicht entzog sich der Prozess dem Einfluss der Parteiführer, doch grundsätzlich war er das Ergebnis ihrer bewussten Entscheidung.
Und als es diese Führer – oder eine maßgebliche Gruppe von ihnen – 1957
für notwendig erachteten, vom sowjetischen Weg abzuweichen, lag das
durchaus im Bereich ihrer Möglichkeiten, obwohl viele sowjetische Einflüsse unvermeidlich blieben.[34]

Als es einige Jahre nach Stalins Tod zu ernsthaften Meinungsver-
schiedenheiten mit der sowjetischen Führung kam, wurde offensicht-
lich, dass der chinesische Staat durch seine bloße Fläche, die unge-
heure Bevölkerungszahl sowie die Größe der KP einer ganz anderen
Kategorie angehörte als die von den Sowjets eingesetzten Regime in
Ostmitteleuropa. Doch in den ersten Jahren gab es ein hohes Maß an
Übereinstimmung zwischen den beiden größten Kommunistischen
Parteien der Welt.

Die beiden osteuropäischen KPs, deren Machtergreifung zumindest eine gewisse Ähnlichkeit mit derjenigen der KPCh hatte, waren
die Kommunistischen Parteien Jugoslawiens und Albaniens, da in beiden Fällen kommunistische Armeen die entscheidenden militärischen
Siege errungen hatten, wobei nationale Befreiung und gesellschaftliche wie politische Revolution Hand in Hand gingen. Eine weitere sehr
wichtige Gemeinsamkeit war der Umstand, dass die Vorherrschaft der
Kommunistischen Partei in allen drei Fällen erhalten blieb, obwohl
die Armeen eine entscheidende Rolle spielten. Bereits 1938 hatte Mao
es unmissverständlich ausgesprochen: »Unser Grundsatz ist, dass die
Partei über die Gewehre gebietet und dass die Gewehre niemals über
die Partei gebieten dürfen.« Als die KPCh an die Macht kam, wurde
dieser Grundsatz streng befolgt. Der Erste Parteisekretär jeder Region
war, wie überall in der kommunistischen Welt, die mächtigste Person
des Gebietes, und in allen chinesischen Regionen – ausgenommen im
zentralen Süden, wo das Amt Lin Biao innehatte, einer der erfolgreichsten Kommandeure der chinesischen Roten Armee – wurde
die Funktion von einem zivilen Politiker wahrgenommen.[35] Wie die
kommunistischen Parteien in Osteuropa erlebte auch die KPCh in der
Phase der Machtergreifung einen raschen Mitgliederzuwachs: von 2,8
Millionen im Jahr 1948 auf 5,8 Millionen 1950. Die Partei wuchs so
rasch, dass vielen neuen Mitgliedern nicht nur die Kenntnis der marxistisch-leninistischen Lehre abging, sondern auch die Fähigkeit des
Lesens und Schreibens. Und da sie sich einfach auf die Seite der Sieger schlugen, konnten die Parteimitglieder, die an dem langen Kampf
gegen die Nationalisten teilgenommen hatten, nicht sicher sein, wie
überzeugt die Neulinge tatsächlich von der kommunistischen Sache
waren.[36]

Koreakrieg und
schärfere innenpolitische Gangart

Anfangs wurden viele örtliche Kuomintang-Beamte in ihren Ämtern belassen, da die Kommunisten nicht genügend Kader hatten, um alle Stellen zu besetzen. Der neuen Regierung gelang es, die galoppierende Inflation einzudämmen, teils indem sie das Bankensystem übernahm und auf diese Weise Kontrolle über die Kreditvergabe gewann, teils indem sie das Warenangebot kontrollierte und die Menschen vor allem mit Naturalien wie Getreide und Öl bezahlte. Rasch wurde die Inflationsrate auf 15 Prozent pro Jahr gedrückt.[37] Anfänglich löste die kommunistische Herrschaft in weiten Teilen der chinesischen Gesellschaft Begeisterung aus. Dazu schreibt John King Fairbank:

> Hier war eine Regierung, die sich ehrlich bemühte aufzuräumen – nicht nur mit dem Schmutz in Kanalisation und Straßen, sondern auch mit Bettlern, Prostituierten und Kleinkriminellen, die alle aufgegriffen und in Umerziehungslager gesteckt wurden. Hier war ein neues China, auf das man stolz sein konnte, das die Inflation in den Griff bekam, ausländische Privilegien abschaffte, mit Opiumrauchen und allgemeiner Korruption Schluss machte und die Bürger für eine Vielzahl gesellschaftlich nützlicher Tätigkeiten einspannte: staatliche Bauprojekte, Alphabetisierung, Krankheitsbekämpfung, freundschaftlichen Verkehr mit den unteren Klassen und Studium der neuen Demokratie und der Gedanken von Mao Tse-tung. Alle diese Aktivitäten eröffneten idealistischen und ehrgeizigen jungen Menschen neue Möglichkeiten.[38]

Es mag ja vieles, wenn auch beileibe nicht alles, an diesen Maßnahmen positiv gewesen sein, doch auch die Schattenseiten der kommunistischen Herrschaft zeigten sich bald. Das Bestreben, politisches Verhalten und den Informationsfluss streng zu kontrollieren und gleichzeitig die gesellschaftlichen und politischen Verhältnisse revolutionär zu verändern, führte logischerweise zu physischer Unterdrückung und Parteidiktatur. Wahrscheinlich hat Chinas Eintritt in den Koreakrieg die Phase relativer Toleranz gegenüber nichtkommunistischen Schichten in der Gesellschaft noch stärker verkürzt, als es sonst vielleicht der Fall gewesen wäre. Dieser Krieg war gleichzeitig eine extrem ideologisch geprägte Auseinandersetzung und ein militärischer Konflikt, der viele Menschenleben gekostet hat. Drei Millionen chinesische Soldaten nahmen daran teil, von denen je nach Schätzung zwischen 400 000 und einer Million fielen, wobei die Zahl von 152 000 Toten, die die chinesische Seite damals offiziell angab, wenig glaubhaft ist.[39] Zu den Gefallenen gehörte auch Mao Tsetungs ältester Sohn, der einem amerikanischen Bombenangriff zum Opfer fiel; er arbeitete als Russischübersetzer für Peng Dehuai, den chinesischen Oberbefehlshaber im Koreakrieg.[40] Offiziell beteiligte sich die Sowjetunion nicht am Krieg, unterstützte aber die schlecht ausgerüsteten Chinesen und Nordkoreaner massiv, indem sie ihnen heimlich Flugzeugbesatzungen, Berater und Waffen in großer Zahl lieferte.[41]

Heute wissen wir nach Sichtung der Dokumente aus sowjetischen Archiven, dass der koreanische Staatschef Kim Il Sung Stalin eingeredet hat, er könne durch einen Krieg den Süden rasch einem vereinigten kommunistischen Korea einverleiben, und dass Stalin ihm grünes Licht für die Planung eines Angriffs gegeben hat. Als anfängliche Erfolge Nordkoreas durch amerikanische Kampfkraft wieder zunichte gemacht wurden, brachte Stalin Kim Il Sung gegenüber die Hoffnung und Erwartung zum Ausdruck, dass chinesische »Freiwillige« Nordkorea zur Hilfe kämen.[42] Doch Mao zögerte, chinesische Truppen in den Konflikt zu schicken, und berief sich am 2. Oktober 1950 in einer Note an Stalin auf die Friedenssehnsucht der Chinesen nach so vielen Kriegsjahren. Im chinesischen Politbüro hatte Mao auch mit der mangelnden Bereitschaft zu kämpfen, den friedlichen Wiederaufbau des Landes zu unterbrechen und China der Gefahr eines direkten amerikanischen Angriffs auszusetzen (waren doch die Atombombenabwürfe auf Japan im Jahr 1945 noch frisch im Gedächtnis).[43] Als Mao diese Schwierigkeiten Stalin gegenüber erwähnte, wollte er damit vielleicht auch seine Verhandlungsposition gegenüber Moskau stärken und seine Vormachtstellung gegenüber den Genossen im Politbüro konsolidieren. Außerdem musste er dafür sorgen, dass die Sowjetunion genügend Militärhilfe leisten würde, um die technische Rückständigkeit der chinesischen Streitkräfte zu kompensieren. Führende chinesische Kommunisten, unter ihnen Tschou Enlai und Lin Biao, wurden zu Stalin nach Moskau entsandt, um deutlich zu machen, wie wichtig die sowjetische Luftunterstützung wäre, falls China sich am Krieg beteiligte. In einem Brief Stalins vom 4. Ok-

Koreakrieg und schärfere innenpolitische Gangart   263

tober 1950, der Mao einen Tag später übergeben wurde, drängte Stalin die Chinesen, Truppen nach Korea zu entsenden – mindestens fünf oder sechs »Freiwilligendivisionen«. Stalin vertrat die Auffassung, China könne unmöglich die ersehnte internationale Anerkennung gewinnen, wenn es sich mit »passivem Hinhalten und Abwarten« zufriedengebe, und er, Stalin, sei sogar bereit, einen Weltkrieg zu riskieren – auch mit Beteiligung der Vereinigten Staaten (obwohl er nicht glaube, dass es dazu kommen werde) –, um eine Niederlage der Kommunisten in Korea zu verhindern. Weiter schrieb Stalin:

> Es ließe sich annehmen, dass die USA, trotz ihrer mangelnden Bereitschaft zu einem großen Krieg, in einen solchen Konflikt gezogen werden könnten, der dann wiederum China in den Krieg verwickeln könnte und in der Folge auch die UdSSR, die mit China durch einen gegenseitigen Beistandspakt verbündet ist. Müssen wir davor Angst haben? Meiner Meinung nach nicht, weil wir zusammen stärker als die USA und England sind, während die anderen kapitalistischen Staaten Europas, ohne Deutschland, das derzeit den USA keinerlei Hilfe gewähren kann, keine ernsthafte militärische Macht darstellen.«[44]

Im selben Brief erklärte Stalin, wenn er Mao richtig verstanden habe, bedeute das Vorhandensein bürgerlicher Parteien in der chinesischen Koalition, dass sie sich im Kriegsfalle die Unzufriedenheit des Volks mit der Kommunistischen Partei und ihrer Führung zunutze machen könnten. Er sagte, er verstehe Maos »Zwangslage«, erinnerte ihn aber daran, dass er sich unlängst bereit erklärt habe, Truppen nach Korea zu entsenden. So vermittelte Stalin den Eindruck, Mao lasse seiner Ansicht nach Anzeichen für einen Rückzieher und unzulängliche revolutionäre Solidarität erkennen. Tatsächlich erklärte Mao später, Stalin habe ihn verdächtigt, ein zweiter Tito zu sein, und habe ihm erst vertraut, nachdem er in Korea interveniert habe.[45] So gab Mao drei Tage nach Eingang von Stalins Brief – es seien drei schlaflose Tage und Nächte gewesen, sagte er – den Geheimbefehl, dass chinesische »Freiwillige« die koreanische Grenze überschreiten sollten. Damit begann die chinesische Beteiligung am Koreakrieg – mit dem Ziel, wie Mao verkündete, »den Angriffen des US-Imperialismus und seiner Bluthunde« zu widerstehen.[46]

Möglicherweise zögerte Mao nicht zuletzt deshalb, weil er befürchtete, dass die chinesische Beteiligung am Koreakrieg – mit dem Kostenaufwand und dem Verlust an Menschenleben, die er zwangsläufig bedeutete – nicht nur die Gefahr einer Ausweitung des Konflikts heraufbeschwor, sondern auch den Widerstand gegen das neue Regime im Land verschärfen und größere innenpolitische Turbulenzen auslösen könnte. Er erkannte aber auch, dass sich neue Chancen eröffnen würden. Bedrohung von außen kann die innenpolitische Stellung festigen, und durch den Kampf gegen die Amerikaner hoffte Mao, Prestige innerhalb der KPCh zu gewinnen. Er war offenbar gewillt, die erhöhte Spannung als Vorwand für ein verschärftes Vorgehen gegen potentielle Oppositionelle zu nutzen. Die Zahl der Hinrichtungen chinesischer Bürger durch Kommunisten stieg nach Beginn des Koreakriegs steil an. Die Zahl der zwischen 1949 und 1953 hingerichteten Chinesen schwankt je nach Schätzung sehr erheblich – von 800 000 bis zu fünf Millionen. Dabei fand die große Mehrheit der Hinrichtungen statt, nachdem chinesische Truppen im Oktober 1950 in Korea einmarschiert waren. Die Zahl der Bürger, die verhaftet oder von den Behörden eingeschüchtert wurden, war um einen beträchtlichen Faktor größer.[47] Auch der ideologische Druck gegen falsches Denken – die »Gedankenreform« – begann erst 1950 richtig. Man hat überzeugend vorgebracht, die KPCh habe es dieser Mischung aus gezieltem Terror und Paternalismus zu verdanken, dass sie Erfolg hatte, wo die Nationalisten in den dreißiger Jahren mit ihrer Strategie der Mobilisierung und Indoktrination gescheitert waren.[48] Den Bürgern, die mit den neuen Machthabern kooperierten, bot der Staat materielle Unterstützung, während er gegen seine Widersacher unbarmherzig vorging. Die Aktivitäten der Konterrevolutionäre wurden öffentlich zur Schau gestellt: Wer eines solchen Verbrechens angeklagt war, beschrieb die Art seiner konterrevolutionären Tat, zeigte sich reumütig und erklärte, wie dankbar er Staat und Partei sei, dass sie ihn wieder auf den rechten Weg gebracht hätten.[49]

Schon bald war der bloße Verzicht auf konterrevolutionäre Aktivitäten bei weitem nicht mehr genug. Der Auslöser für Angriffe auf Intellektuelle, die sich neutral verhielten und sich nicht bedingungslos zu den Zielen der Kommunistischen Partei bekannten, war der Film *Das Leben von Wu Xun*, der im Dezember 1950 in die Kinos kam. Er porträtierte einen Philanthropen des 19. Jahrhunderts, der vom Bettler zum wohlhabenden Grundbesitzer aufsteigt, woraufhin er seinen

Koreakrieg und schärfere innenpolitische Gangart   265

Reichtum nicht nur dazu verwendet, Schulen für die Armen zu bauen, sondern auch die kaiserliche Regierung bewegt, sich an diesen Bestrebungen zu beteiligen. Der Film fand Anklang beim Publikum und war wohlwollend besprochen worden. Doch ab Frühjahr 1951 wurde er auf Veranlassung des Filmkomitees im Kulturministerium heftig angegriffen. Angestiftet wurde die Hetzkampagne möglicherweise von Tschiang Tsching, die kurz zuvor in das Komitee berufen worden war und später Maos vierte Frau wurde. Schon bald widmeten Zeitungen ein Viertel ihrer Seiten den Verrissen von *Das Leben von Wu Xun*. Der fundamentale politische Fehler des Films bestand in der These, dass sich Fortschritt durch idealistischen Reformismus anstelle von revolutionärem Klassenkampf erreichen lasse.[50]

Ein Kennzeichen der orthodoxen kommunistischen Lehre war Schwarzweißdenken.[51] Das heißt im Wesentlichen, es gab in dem Kampf nur zwei Seiten – die Kräfte des revolutionären Fortschritts und die Kräfte der Reaktion. Ein »dritter Weg« war nicht denkbar. Das wurde den Filmemachern unmissverständlich klargemacht, und es wurde dafür Sorge getragen, dass die Botschaft auch die restlichen Intellektuellen des Landes unverzüglich erreichte. Künstler, Schriftsteller, Dozenten und Lehrer wurden gezwungen, an Massenversammlungen teilzunehmen, auf denen sie über die Werke von Marx, Lenin und Mao diskutieren, ihren alten Denkweisen öffentlich abschwören, Selbstkritik üben und die Kritik anderer ertragen mussten. Während Grundbesitzer und erklärte Oppositionelle verhaftet und hingerichtet wurden, hatte die Kampagne zur Gedankenkontrolle die Aufgabe, die Fähigkeiten der gebildeten Schichten zu bewahren, aber ihr Denken gemäß der neuen, herrschenden Ideologie umzukrempeln. Gleichzeitig wurde das chinesische Erziehungssystem nach sowjetischem Vorbild umgestaltet, das heißt, praktische Fächer – Technik und Naturwissenschaften – bekamen Vorrang, während die geisteswissenschaftlichen Curricula abgeschafft wurden, die umfassendes Allgemeinwissen produziert hatten (allerdings nur bei einer verschwindenden Minderheit der Gesamtbevölkerung).[52]

Der Zeitraum zwischen 1951 und 1953 war durch eine Reihe von Kampagnen gekennzeichnet. 1952 folgte auf die Drei-Anti-Kampagne rasch das Fünf-Anti-Projekt. Gegenstand der »Drei-Anti« waren Korruption, Verschwendung und Bürokratie, der »Fünf-Anti« Bestechung, Steuerhinterziehung, Veruntreuung von Staatseigentum, Betrügerei bei der Erfüllung staatlicher Aufträge und Diebstahl von Wirtschaftsinformationen des Staates.[53] Die gesellschaftlichen Adressaten der Kampagnen waren städtische Funktionäre, besonders wenn sie in der Finanzverwaltung tätig waren, und Kapitalisten. Eine frühere Kampagne hatte 1951 eine Verhaftungswelle von »Konterrevolutionären« und »Spionen« ausgelöst.[54] Neben diesen Kampagnen betrieb die chinesische Parteiführung den relativ orthodoxen Aufbau eines kommunistischen Systems, wobei sie der Verstaatlichung der Schwerindustrie Vorrang gewährte, so dass diese sich Ende 1952 zu 70 bis 80 Prozent in staatlichem Besitz befand (während es bei der Leichtindustrie zu diesem Zeitpunkt etwa 40 Prozent waren). Inzwischen hatte die KPCh rund zehn Prozent der in den letzten Jahren hinzugekommenen Mitglieder die Parteibücher wieder entzogen, dafür aber neue Mitglieder aufgenommen, so dass die Mitgliederzahl Ende 1953 bei 6,5 Millionen lag.[55] Solange Stalin lebte – er starb im März 1953 –, entwickelte sich also das kommunistische System Chinas, unbeschadet des Sonderwegs der KPCh bei der Machtergreifung, in einer Weise, die für die im Kreml sitzenden Richter über ideologisches und organisatorisches Wohlverhalten verständlich und akzeptabel war. Mao war, soweit es die internationale kommunistische Bewegung betraf, noch nicht zum »Maoisten« geworden.

KAPITEL 12

Nachkriegsstalinismus
und der Bruch mit Jugoslawien

Die Jahre vom Ende des Zweiten Weltkriegs bis zum Tod Stalins im
März 1953 waren von spektakulären Veränderungen in der kommunistischen Welt und in deren Beziehungen zu den westlichen Demokratien geprägt. Erstens kletterte die Zahl kommunistischer Staaten
vom Vorkriegswert zwei auf zwölf. Zweitens kam es zum ersten großen Zerwürfnis der internationalen kommunistischen Bewegung. Bis
dahin hatte sich diese Bewegung gerade durch ihren Zusammenhalt
ausgezeichnet. Doch ein Jahr nach der Gründung des Kominform
(der Nachfolgeorganisation der 1943 aufgelösten Komintern) im Jahr
1947 wurde Jugoslawien aus dem Verbund ausgeschlossen. Drittens
wurde die Kooperation, die während des Zweiten Weltkriegs zwischen den Demokratien und den Kommunisten stattgefunden hatte,
durch die Teilung Europas, den Kalten Krieg und starke internationale Spannungen ersetzt.

Für die Führung der Sowjetunion und für den größten Teil ihrer
Bevölkerung war die enorme Zunahme kommunistisch regierter
Länder ein Grund zum Feiern. Der Durchschnittsbürger wusste nicht,
dass die Mehrheit der Regime in diesen Ländern gegen den freien
Willen der Arbeiterklasse eingesetzt worden war. In Russland und den
meisten anderen Sowjetrepubliken (die offenkundigsten Ausnahmen
waren die baltischen Länder Estland, Lettland und Litauen) herrschte
unmittelbar nach Kriegsende ein Gefühl von Erleichterung und Optimismus – Erleichterung, weil der Krieg endlich vorbei war, und Optimismus, weil nun der Aufbau der zerstörten Heimat und ein besseres Leben vor ihnen lag. Nicht nur dass zahllose Städte und Dörfer in
Trümmern lagen, es gab auch kaum eine Familie, die nicht Angehö-

rige im Krieg verloren hatte. Zwar hatten viele den vorzeitigen Tod naher Verwandter auch schon früher erlebt – in der Hungersnot Anfang der dreißiger Jahre oder den Säuberungen des gleichen Jahrzehnts –, doch die Verluste im Krieg waren ungleich höher. Trotzdem war Stalin 1945 im größten Teil der Sowjetunion – besonders in Russland – beliebter denn je, obwohl man vielfach auf bessere Verhältnisse als vor dem Kriege hoffte.

Es wäre ein Irrtum anzunehmen, die Mehrheit der Sowjetbürger hätte in den ersten Nachkriegsjahren das System abgelehnt, in dem sie aufgewachsen waren – so schrecklich einige seiner Erscheinungsformen auch waren. In einer berühmten Erhebung, dem sogenannten Harvard-Projekt, bei dem 1950 systematische Befragungen an ehemaligen Sowjetbürgern durchgeführt wurden, erwies sich, dass insbesondere die jüngere Generation viele Aspekte des Systems guthieß, wenn auch beispielsweise nicht die kollektiven landwirtschaftlichen Großbetriebe. Die Befragten lebten außerhalb der Sowjetunion und waren sicherlich nicht repräsentativ für deren Bevölkerung insgesamt – doch wenn sie untypisch waren, dann eher in ihrer ablehnenden Einstellung zur alten Heimat. Es handelte sich um ehemalige Sowjetbürger, die entweder die Chance genutzt hatten, die UdSSR im Krieg zu verlassen, oder aber im Krieg deportiert worden waren und es vorgezogen hatten, nicht zurückzukehren. Befragte mit Angehörigen, die von der Geheimpolizei verhaftet worden waren, ließen, wenig überraschend, die größte Feindseligkeit gegenüber dem Sowjetsystem erkennen. Waren sie unmittelbar nach dem Zweiten Weltkrieg ausgewandert, sprachen sie sich in großer Zahl für Verstaatlichung und staatliche Kontrolle der Industrie und den Wohlfahrtsstaat aus. Für verfassungsmäßig garantierte Bürgerrechte und politischen Pluralismus waren selbst in dieser Emigrantengruppe nur verhältnismäßig wenige Befragte. Die von ihnen gewünschten Freiheiten beschränkten sich auf relativ wenige Grundrechte: hauptsächlich die Freiheit, offen mit ihren Freunden sprechen, sich frei bewegen und ohne Furcht vor staatlicher Willkür leben zu können.[1]

Natürlich wünschten sich die Sowjetbürger größere materielle Erleichterungen. Soldaten hatten im Krieg gesehen, dass in anderen Ländern, selbst wenn diese von Kämpfen verwüstet waren, ein höherer Lebensstandard herrschte. Der russische Schriftsteller Wiktor Astafjew schilderte, wie die in die Sowjetunion zurückkehrenden Rot-

Nachkriegsstalinismus und der Bruch mit Jugoslawien 269

armisten vom Westen beeinflusst waren, hatten sie doch mit eigenen Augen gesehen, dass es dem besiegten Feind besser als ihnen ging und dass es sich »unter dem Kapitalismus gesünder und zufriedener« lebte. Astafjew vermutete, Stalins Kampagne gegen »Kosmopolitismus« (wir kommen in diesem Kapitel noch darauf zurück) habe teilweise darauf abgezielt, jegliche durch diese Ereignisse geweckte Bewunderung für den Westen zu beseitigen. Dass die Soldaten, die außerhalb der sowjetischen Grenzen gekämpft hatten, geneigt waren, die dort vorgefundenen Verhältnisse positiver zu beurteilen als ihr eigenes Los, wenn sie in ihr Heimatdorf zurückkehrten und »die Kakerlaken und ihre hungrigen Kinder betrachteten«, war eine Versuchung, die es auszumerzen galt.[2] In einer Auswertung der Briefe, die während des Zweiten Weltkriegs von Rotarmisten nach Hause geschrieben wurden, kommt Catherine Merridale zu dem Ergebnis, dass Offiziere in ihren Briefen vom Sommer 1945 »mehr Freiheit, mehr Bildung und ein reicheres kulturelles Leben« verlangten. Doch keiner von ihnen forderte »Demokratie, geschweige denn Stalins Rücktritt«.[3] Während des Kriegs schien Stalin – »überwiegend in der Phantasie der Soldaten lebend« – für die weit überwiegende Mehrzahl der Rotarmisten »Fortschritt, Einheit, Heroismus und Freiheit« zu verkörpern.[4]

Die Menschen glaubten, Stalin habe sie zu einem großen Sieg geführt. Da keine Gegenmeinung – etwa über Stalins Schuld an den anfänglichen Verlusten – in den Massenmedien oder auch nur in einem Büchlein mit winziger Auflage verbreitet werden konnte, setzte sich natürlich die Propaganda über Stalin und die Unbesiegbarkeit des sowjetischen Systems in den Köpfen fest. Die Verbindung zwischen dem Glauben an den *Woschd* und dem Vertrauen in das System war kein Zufall. Stalin selbst glaubte, dass die maßlose Übersteigerung seines »Images« (wenn es diesen Begriff auch damals noch nicht gab – er fand erst vier Jahrzehnte später Eingang in den politischen Diskurs Russlands) zum charismatischen, fast übermenschlichen Führer dem Kommunismus zugute komme und diesem Legitimität verleihe.[5] Nachdem Nikita Chruschtschow Stalins Personenkult 1956 auf dem XX. Parteitag der KPdSU gebrandmarkt hatte (ein Ereignis von großer Tragweite, auf das wir im nächsten Kapitel näher eingehen werden), erhielt er von dem Altbolschewiken P. Tschagin einen Brief, der sich heute im Russischen Staatsarchiv befindet. Darin berichtet

Tschagin, er sei Parteimitglied seit Juli 1917 und erinnere sich an ein Abendessen in Leningrad im Jahr 1926, zu dem ihn Sergej Kirow eingeladen hatte (dieser war im selben Jahr Leiter der Leningrader Parteiorganisation geworden). Ehrengast des Banketts war Stalin. Im Laufe der Unterhaltung erklärte Kirow, ohne Lenin sei es schwierig, aber »wir haben noch die Partei, das Zentralkomitee und das Politbüro, und sie werden das Land weiter auf dem leninistischen Weg führen«. Darauf habe Stalin geantwortet:

> Ja, das ist alles richtig – die Partei, das Zentralkomitee, das Politbüro. Doch denkt daran, unser Volk begreift von alledem herzlich wenig. Jahrhundertelang hat das Volk in Russland unter dem Zaren gelebt. Die Russen sind zaristisch. Seit Jahrhunderten sind die russischen Menschen, und besonders die russischen Bauern, daran gewöhnt, von einem einzigen Menschen geführt zu werden. Daher muss es auch *jetzt* wieder *einer* sein.[6]

Dieser Überzeugung blieb Stalin treu. Natürlich diente sie seinen eigenen Interessen, schließlich wurden seine Macht und sein Prestige verstärkt, aber es gibt keinen Grund zu bezweifeln, dass diese Bemerkung auch Stalins tiefere Überzeugung zum Ausdruck brachte. Das waren keine Ansichten, die Stalin öffentlich verkünden konnte, weil sie sich zu weit von der marxistisch-leninistischen Ideologie entfernten, aber privat äußerte er sie auch bei anderen Gelegenheiten. Mitte der dreißiger Jahre sagte Stalin im Gespräch mit einem georgischen Landsmann: »Das Volk braucht einen Zaren, das heißt, jemanden, den es verehren und in dessen Namen es leben und arbeiten kann.«[7] Die Verkörperung dieser Überzeugung im Stalin-Kult veranlasste den namhaften Spezialisten für sowjetische Geschichte und Politik Robert C. Tucker zu der These, in den letzten fünfzehn Lebensjahren Stalins habe sich die Sowjetunion vom bolschewistischen Staat zum Führerstaat entwickelt.[8]

Wie sich nach dem Zweiten Weltkrieg deutlich zeigte, nahm der Kommunismus an verschiedenen Orten und zu verschiedenen Zeiten ganz unterschiedliche Formen an. Doch in Kapitel 6 wurde dargelegt, dass die charakteristischen Merkmale eines kommunistischen Systems in den stalinistischen Nachkriegsjahren unverändert blieben. Seit den zwanziger Jahren hatte sich die Sowjetunion von einem oligarchischen zu einem eher autokratischen System entwickelt, wobei

Nachkriegsstalinismus und der Bruch mit Jugoslawien   271

aber das Machtmonopol der Kommunistischen Partei und die unbe-
dingte Disziplin in ihren Reihen eherne Grundsätze blieben. Während
der gesamten Sowjetzeit war die politische Polizei der Partei unter-
und nicht übergeordnet. Sie war ein Kontrollinstrument in der Hand
der höheren Parteiführung, wenn darunter auch mal der oberste Führer allein und mal das Führungskollektiv der Partei zu verstehen war.
War es nur der oberste Parteiführer – wie im Falle der Sowjetunion
während der letzten zwanzig Jahre Stalins –, erhielt der Begriff der
Parteikontrolle über die politische Polizei dadurch eine ganz andere
Bedeutung. Natürlich unterstand sie nach wie vor dem Parteiführer,
der die Macht hatte, den Chef der Sicherheitspolizei ins Amt zu berufen, zu entlassen oder liquidieren zu lassen, doch konnten diese Polizeikräfte nun auch gegen Parteimitglieder, sogar sehr hochrangige,
eingesetzt werden, denn letztlich waren sie nur einer einzigen Person
gegenüber rechenschaftspflichtig, und das war Stalin.

Die Repressionsorgane des Sowjetstaats hatten einen komplizier-
ten Stammbaum. In den stalinistischen Nachkriegsjahren oblag Berija (der von 1938 bis 1946 an der Spitze des NKWD stand) in seiner
Eigenschaft als stellvertretender Vorsitzender des Ministerrats teilweise die Beaufsichtigung der Sicherheitskräfte, während im Partei-
sekretariat Alexej Kusnezow als ZK-Sekretär für Angelegenheiten
der Staatssicherheit für sie zuständig war. Aber keiner der beiden
hatte im Entferntesten so viel Kontrolle über sie wie Stalin. Kusnezow wurde 1949 sogar selbst verhaftet und erschossen. Ein Jahr
zuvor hatte Stalin ihn und Viktor Abakumow, den Chef des Ministeriums für Staatssicherheit (MGB), gerügt, weil sie eine wichtige Entscheidung »ohne Wissen und Zustimmung des Politbüros« getroffen
hatten.[9] Stalin sorgte dafür, dass Minister, die, wie Abakumow, unmittelbar für die Repressionsorgane zuständig waren, keine engen persönlichen Beziehungen zu einem ihrer Kontrolleure im Ministerrat
oder Zentralkomitee, etwa Berija, Malenkow oder Kusnezow, unterhielten.[10] Zwar konnte Stalin nicht allen Politikfeldern gleiche Aufmerksamkeit widmen, doch über zwei Bereiche wachte er eifersüchtig: die Sicherheitsorgane und die Außenpolitik. Abakumow, der das
MGB von 1946 bis 1951 leitete, war zuvor für die im Krieg tätige
Spionageabwehr »Smersch« (ein Akronym der russischen Wörter für
»Tod den Spionen«) verantwortlich gewesen. Abakumow wurde
1951, als Stalin noch lebte, verhaftet und 1954, ein Jahr nach dem Tod

des Diktators, hingerichtet. Unmittelbar nach Stalins Tod wuchs Berijas Macht. Das MGB wurde auf sein Betreiben mit dem Innenministerium (MWD) zusammengelegt, und Berija wurde als neuer »Superminister« Herr über eine potentielle Polizeigewalt von enormen Ausmaßen. (Gleichzeitig wurde er vom Stellvertretenden Vorsitzenden des Ministerrats zum Ersten Stellvertretenden Vorsitzenden des Ministerrats befördert.[11]) Nachdem Berija von der politischen Bühne abgetreten war, wurden die beiden Polizeiorganisationen wieder getrennt – das war 1954. Der Teil mit den politischen Polizeifunktionen wurde der KGB. Das »K« stand für *Komitee*, eine eher symbolische Herabstufung des einstigen Ministeriums.

Von 1941 bis zu seinem Tod stand Stalin an der Spitze des offiziellen Regierungsapparats und der Kommunistischen Partei. Bis 1946 hieß dieses Amt Vorsitzender des Sownarkom (Rat der Volkskommissare). Dann wurde er in Ministerrat umbenannt. »Kommissare« hatte einen revolutionären Beigeschmack, und Stalin begründete die Namensänderung damit, dass man keine Bezeichnung mehr brauche, die einen revolutionären Bruch zum Ausdruck bringe, denn der Krieg habe gezeigt, dass »unsere Gesellschaftsordnung jetzt stabil ist«.[12] In Stalins letzten Regierungsjahren waren Ministerien einflussreiche politische Institutionen, und wichtige Minister waren auch im Politbüro vertreten. Doch die Kommunistische Partei duldete nicht die geringsten Abstriche an ihrer Vormachtstellung. Es durfte keine andere Partei neben ihr geben, und keiner anderen Organisation wurde die geringste Autonomie gewährt, obwohl es eine weitreichende Arbeitsteilung gab und den Ministerien wichtige Aufgaben oblagen. Doch das System war extrem ideologisch ausgerichtet, und die verschiedenen Kampagnen – die für die Adressaten der Kritik letztlich fatale Folgen haben konnten – wurden von der Abteilung für Propaganda und Agitation (Agitprop) des Zentralkomitees der Partei gelenkt.[13] Außerdem kam in der gesamten Sowjetunion die Vorherrschaft der Partei darin zum Ausdruck, dass der höchste Repräsentant jeder Gebietskörperschaft der Erste Parteisekretär dieser Region war, egal, ob es sich um eine Republik wie die Ukraine handelte, wo in den vierziger Jahren lange Zeit Nikita Chruschtschow Erster Sekretär war (nur kurzzeitig wurde er von Lasar Kaganowitsch, einem anderen hohen Politbüromitglied, abgelöst), eine Industrieregion wie Dnjepropetrowsk, wo Leonid Breschnew von 1947 bis 1950 Parteichef war, oder einen städtischen oder ländlichen Bezirk. Auf der untersten örtlichen Ebene, der des kollektiven landwirtschaftlichen Großbetriebs, erlaubte eine scheindemokratische Regelung den Kolchosbauern, den Vorsitzenden der Produktionsgenossenschaft zu »wählen«; allerdings gab es nur einen Kandidaten, der von der örtlichen Parteiorganisation bestimmt wurde.

Stalin und sein Kreis

Stalin stand dennoch alleinverantwortlich an der Spitze der Hierarchie. Was natürlich nicht bedeutete, dass er alle Entscheidungen alleine traf – eine physische Unmöglichkeit –, wohl aber, dass er in jeden Zuständigkeitsbereich eingreifen und seine Auffassungen durchsetzen konnte. Außerdem lebten die anderen Mitglieder der Partei- und Staatsführung in ständiger Furcht vor ihm. Die Furcht und die tief verwurzelte Gewohnheit bedingungslosen Gehorsams waren so groß, dass seine Autorität auch dann unbestritten blieb, als er sich mit zunehmendem Alter immer länger zur Erholung im Süden des Landes aufhielt. Gegen die späteren Sowjetführer Nikita Chruschtschow und Michail Gorbatschow wurde geputscht, als sie im Urlaub waren. Kaum hatten sie die Hebel der Macht aus den Händen gelassen, nutzten verärgerte Kollegen aus der Führungsriege die Chance zum Aufstand. Diese Gefahr bestand für Stalin nicht, da er engen Kontakt zu den zwischenzeitlich in Moskau verantwortlichen Politbüromitgliedern hielt. Zwar setzte er in den Nachkriegsjahren die blutigen Säuberungen nicht im gleichen Umfang wie vor dem Krieg fort, doch die Ereignisse jener Jahre hatten sich tief ins Gedächtnis seiner Umgebung eingegraben. Manches Mitglied dieser Führungsriege hatte seine Unterschrift unter die Todesurteile alter Bolschewiki gesetzt und war so zum Komplizen Stalins geworden.

Sergo Mikojan, Sohn von Anastas Mikojan, einem langjährigen Politbüromitglied, hat von seinem Vater und dessen Kollegen geschrieben, sie hätten sich wie in einem »Käfig« bewegt, nicht nur von Stalin in ihrer Bewegungsfreiheit eingeschränkt, sondern auch durch ihren blinden Glauben an »die Interessen der Partei«, die übergeordnete Bedeutung der Parteidisziplin, die Interessen des »Sozialismus« und die Notwendigkeit, die »Sowjetmacht« aufrechtzuerhalten. Den

Vater partiell und parteilich verteidigend, unterscheidet Sergo Mikojan ihn von den »NKWD-Schlächtern«. Außerdem vergleicht er Stalins Kreis mit den Leuten, von denen seine Nachfolger Chruschtschow und Breschnew umgeben waren. »Diese«, schreibt er, »dienten Diktatoren, die keine Mörder waren. Jene hatten es mit einem Massenmörder zu tun. Die mildernden Umstände für diese liegen auf der Hand – sie dienten keinem Mörder. Aber auch für jene lassen sich ›mildernde‹ Umstände finden, spürten sie doch ständig die Kälte des Revolverlaufs im Nacken.«[14] (In Bezug auf Chruschtschow und Breschnew ist Mikojans Schilderung in zwei Punkten etwas irreführend: Erstens waren sie keine echten »Diktatoren«. Unter beiden, besonders unter Breschnew, war die Macht an der Spitze eher oligarchisch als diktatorisch organisiert, obwohl die Machtfülle des Parteiführers erheblich größer war als die aller anderen. Zweitens war keiner von ihnen – besonders Chruschtschow nicht – schuldlos am Tod von Mitbürgern.) Stalin hatte in den Nachkriegsjahren »nur« ein Mitglied des Politbüros liquidieren lassen – Nikolai Wosnessenski, Volkswirt und Vorsitzender des Staatlichen Planungskomitees (Gosplan). Er wurde 1949 verhaftet und 1950, mit 46 Jahren, hingerichtet. Leute, die Stalin seit vielen Jahren treu ergeben dienten, waren etwas sicherer vor Verhaftungen als neue Mitglieder der höheren Parteiebenen, aber auch sie wurden immer wieder nachdrücklich daran erinnert, wie ohnmächtig sie im Vergleich zum obersten Führer waren.[15] So wurde beispielsweise Polina Schemtschuschina, die Frau von Wjatscheslaw Molotow, der lange Zeit Stalins rechte Hand im Politbüro gewesen war, Anfang 1949 verhaftet und erst nach Stalins Tod wieder entlassen. Das langjährige Politbüromitglied Michail Kalinin, der politisch weniger Gewicht hatte als Molotow – obwohl er als Vorsitzender des Präsidiums des Obersten Sowjets der Sowjetunion das offizielle Staatsoberhaupt war –, traf es familiär noch schlimmer. Seine Frau kam 1938 in Haft, und seine Bitten um ihre Freilassung wurden erst 1945 erhört, als er bereits todkrank war. Er starb 1946.

Stalin konnte furchtbar irrational sein, er sah Verschwörungen und Gefahren, wo es keine gab. Auch seine Säuberungen vor dem Krieg, die dem Erhalt seiner ungeteilten Macht dienten, gingen viel weiter als notwendig. Selbst völlig gefühllos betrachtet, waren sie im eigentlichen Wortsinn ein Beispiel für Overkill. Doch in der Nachkriegszeit verzichtete Stalin auf derart übertriebene Repressionen.[16] Meistens

Stalin und sein Kreis   275

hielt er sich an das »rationale politische Kalkül« des »Mafiapaten«.[17]
Dazu schreibt T. H. Rigby:

> Stalin verlangte Gehorsam, er wollte vor Verschwörungen sicher sein, und
> er glaubte, anderen Furcht einzuflößen sei das sicherste Mittel, um sich Ge-
> horsam und Sicherheit zu verschaffen. Nachdem er dies durch eine unge-
> heuerliche Demonstration seiner Macht zu töten erreicht hatte, vermied er
> in der Folge den naheliegenden Fehler, seine Macht so zu missbrauchen,
> dass er sein Umfeld in kollektive Verzweiflung trieb. Der umsichtige Des-
> pot oder Gangsterboss sorgt nach Möglichkeit dafür, dass es sich bei den
> Männern in seiner Umgebung, den Männern, die ihn auf dem Laufenden
> halten und seine Befehle ausführen sollen, um Personen handelt, die ihre
> bedingungslose Unterwürfigkeit und ihre Bereitschaft, ihm jeden Wunsch
> von den Augen abzulesen, seit Jahren unter Beweis gestellt haben und de-
> ren Stärken und Schwächen er in- und auswendig kennt.[18]

Stalin konnte einem Mitglied des Politbüros seine Gunst nach Belieben zuteilwerden lassen oder entziehen. Die Gruppe seines Vertrau-
ens umfasste immer nur einen Teil des Politbüros, und die Mitglieder dieses inneren Kreises wechselten im Laufe der Zeit. Selbst
Molotow und Mikojan, übriggebliebene Altbolschewiki und langjährige Vertraute Stalins, wurden Ende 1945 und 1946 heftig gemaß-
regelt. Ein typisches Beispiel für diese Art von Beziehung war, dass
etwa Molotow sich zwar der Stimme enthielt, als Ende Dezember
1948 im Politbüro über den Parteiausschluss seiner Frau Polina
Schemtschuschina abgestimmt wurde, einige Wochen später aber
Stalin in einem Brief mitteilte, es sei ein politischer Fehler gewesen,
nicht für ihren Ausschluss zu stimmen. In der Zwischenzeit hatte
Stalin Kopien ihrer Korrespondenz von Ende 1945 in Umlauf gebracht, um den anderen Mitgliedern der Führungsriege Molotows
frühere Fehler zur Kenntnis zu bringen. Unter anderem hatte Molotow 1945 gestattet, Auszüge einer Churchill-Rede in der *Prawda* zu
veröffentlichen. Obwohl Churchill in diesem Zitat nicht nur den russischen Beitrag zum gewonnenen Krieg lobend hervorhob, sondern
auch Stalin selbst pries, hatte dieser die Veröffentlichung seinerzeit
verurteilt, weil sie gefährliche Unterwürfigkeit gegenüber ausländischen Politikern dokumentiert habe, die auf diese Weise nur »ihre
feindlichen Absichten gegenüber der UdSSR« kaschiert hätten.[19]

»Solches Lob« aus dieser Quelle, sagte Stalin in einem Brief aus seinem Feriendomizil am Schwarzen Meer, »macht mich nur nervös«.[20]

Einen Tag nachdem Molotow im Januar 1949 seine Enthaltung bei der Abstimmung über Schemtschuschina zurückgenommen hatte, wurde sie verhaftet.[21] Obwohl die Eheleute einander persönlich zugetan blieben, hatten sie sich auf Stalins Geheiß einen knappen Monat zuvor scheiden lassen. Schemtschuschina war jüdischer Herkunft, und als Stalins Politik ab 1948 eine stark antisemitische Wendung nahm, wurde sie argwöhnisch überwacht. Während viele Menschen verhaftet wurden, die sich keinen Verstoß gegen die strengen Spielregeln des sowjetischen Systems hatten zuschulden kommen lassen oder gar ein Verbrechen begangen hatten, hatte Schemtschuschina genug getan, um sich Stalins Zorn zuzuziehen. Am 7. November 1948, auf einem Empfang zum Jahrestag der bolschewistischen Revolution, hieß sie Golda Meir, die Leiterin der diplomatischen Vertretung Israels und spätere Ministerpräsidentin des Landes, sehr herzlich willkommen. Dabei sprach sie jiddisch mit ihr, und als Meir ihre Überraschung zum Ausdruck brachte, dass sie es so gut beherrschte, erwiderte Schemtschuschina: »Ich bin eine Tochter des jüdischen Volkes.«[22] Ihre Begeisterung für den neuen Staat Israel war unübersehbar und wurde Stalin prompt hinterbracht.[23] Trotzdem war ihre Loyalität gegenüber der Kommunistischen Partei unerschütterlich. Und wie sehr Stalin zur Verkörperung der Partei geworden war, zeigte Schemtschuschinas Antwort, als sie von ihrem Mann hörte, Stalin habe verlangt, er, Molotow, müsse sich von seiner Frau scheiden lassen. Laut Molotow erwiderte sie: »Wenn die Partei es verlangt, sollten wir es tun.«[24] Nicht weniger aufschlussreich ist der Ton von Mikojans Antwort, nachdem Stalin ihn so unfreundlich zurechtgewiesen hatte: »Ich werde all meine Energie darauf verwenden, von dir die richtige Art des Arbeitens zu lernen. Ich werde alles in meinen Kräften Stehende tun, um aus deiner strengen Kritik zu lernen, damit ich sie bei meiner künftigen Arbeit unter deiner väterlichen Führung gründlich beherzigen kann.«[25]

Nach einem raschen Aufstieg gehörte Georgi Malenkow noch nicht lange zur Führungsriege; nachdem ihm unmittelbar nach dem Krieg die tägliche Beaufsichtigung der Parteiorganisation oblegen hatte, wurde er in dieser Funktion 1946 von Andrej Schdanow ersetzt, einem Sekretär des Zentralkomitees und ehemaligen Leiter der Leningrader Parteiorganisation, der dort die Belagerung der Stadt während des Kriegs erlebt hatte. Schdanow leitete unmittelbar nach dem Krieg die repressiven Maßnahmen gegen Intellektuelle und Künstler, doch obwohl dieser Zeitraum von 1946 bis zum Tod des 52-Jährigen im Jahr 1948 als *Schdanowschtschina* in die Geschichte einging (Schdanow-Zeit, wobei *-schtschina* im Russischen eine pejorative Nebenbedeutung hat), ging diese Politik im Wesentlichen auf Stalin zurück.[26]

Kein Bereich des geistigen Lebens war vor dem offiziellen Spießertum sicher. Die berühmtesten lebenden Komponisten Russlands, Schostakowitsch und Prokofjew, wurden wegen ihres »Formalismus« nachdrücklich gerügt. Zu den Schriftstellern, die sich maßlosen Angriffen ausgesetzt sahen, gehörten Anna Achmatowa, eine der bedeutendsten russischen Dichterinnen des 20. Jahrhunderts, und Michail Soschtschenko, dessen satirische Kurzgeschichten sehr populär waren. Sie kamen nicht in Haft, aber beide wurden aus dem Schriftstellerverband ausgeschlossen und erhielten Veröffentlichungsverbot. Mehr als je zuvor wurde in dieser Zeit jede literarische Äußerung, die als »unsowjetisch«, westlich oder bürgerlich galt, hartnäckig verfolgt. Zwar fungierte Schdanow als Sprachrohr jener Politik, die »Parteigesinnung« mit zunehmendem nationalistischem Konservatismus verband, doch ihr Initiator war niemand anderer als Stalin. Auf die meisten namhaften Vertreter der »Hochkultur« wurde ein enormer Druck ausgeübt; einzige Ausnahme war die ungehinderte Veröffentlichung der russischen Klassiker. Tote Schriftsteller hatten es besser als lebende. Einige wurden, wie Dostojewski, wegen ihrer Religiosität nur selten publiziert, doch hatten die Leser in der Sowjetunion nach wie vor die Möglichkeit, sich die Werke von Puschkin, Tolstoi, Lermontow und anderen herausragenden Vertretern der russischen Literatur des 19. Jahrhunderts zu beschaffen. Diese Werke vermittelten andere Werte und weltanschauliche Vorstellungen als die marxistisch-leninistisch-stalinistische Orthodoxie. Das hatte langfristige politische Auswirkungen, zumal in dieser Zeit kulturelle Einflüsse der Außenwelt rigoros abgeblockt wurden.

Neben dieser Hochkultur bildete sich in den stalinistischen Nachkriegsjahren eine Literatur für den »gehobenen« Anspruch heraus, die den Geschmack der »neuen« oder »mittleren« Klasse der sowjetischen Funktionäre und Technokraten bediente. Sie wandte sich an die breite Leserschaft, die für die aufwärtsstrebenden sowjetischen Bürger stand. Vera Dunham, die eine wegweisende Studie über diese von ihr als »Mittelklasse« bezeichnete soziale Schicht und ihren Lesestoff vorgelegt hat, meint dazu:

> Stalins politische Führung hatte sich in der Vergangenheit bestimmte Verbündete geschaffen. In der ersten Zeit hatte sie sich auf die Arbeiter gestützt. Auch an die Intelligenzija hatte sie sich gewandt. Doch jetzt [in der Nachkriegsperiode] suchte sie nach einer neuen Kraft, die zuverlässig und gefügig war. Und da bot sich die Mittelschicht als bestmöglicher Partner zum Wiederaufbau des Landes an. Die Mittelschicht besaß den großen Vorteil, »unsere eigenen Leute« zu umfassen: durch und durch stalinistisch, entstanden durch Stalins forcierte Industrialisierung, Umerziehung und Bürokratisierung des Landes, fleischgewordenes Produkt der stalinistischen Revolutionen von oben in den dreißiger Jahren und bereit, das Vakuum zu füllen, das Stalin durch die Große Säuberung und die Liquidation der Generation leninistischer Aktivisten geschaffen hatte.[27]

Das gehörte zu dieser eher konservativen Wende in der sowjetischen Politik, wobei die Parteiführung – vielleicht nur halb bewusst – nach einer neuen gesellschaftlichen Basis suchte. Die Arbeitsgesetze blieben streng, und die Bauern wurden weiterhin schlecht behandelt. Während des Krieges waren die Privatparzellen der Bauern, die in der Regel von Frauen und Kindern bestellt wurden, spontan ausgeweitet worden. Eine Verordnung vom September 1946 machte dem ein Ende, indem sie verfügte, dass das privat bestellte Land wieder an die Kolchosen oder Sowchosen zurückgegeben werden musste. Doch so klein diese Privatparzellen auch waren, sie produzierten in der Sowjetzeit einen unverhältnismäßig großen Anteil des Gemüses und Obstes, das in den umliegenden Kleinstädten verkauft wurde, während es in den meisten Jahren gleichzeitig dazu beitrug, die Bauern am Leben zu erhalten. Trotz aller Lippenbekenntnisse blieben die Arbeiter drakonischen Arbeitsgesetzen unterworfen. Hinzu kam, dass in den Nachkriegsjahren lange nicht mehr so viel Wert darauf gelegt wurde, Kinder von Arbeitern oder Bauern bei der Zulassung zur höheren Bildung zu bevorzugen, wie in den zwanziger und dreißiger Jahren. Als 1950 ein 19-jähriger Student aus der Bauernfamilie eines südrussischen Dorfs, ein gewisser Michail Gorbatschow, einen Studienplatz an der Moskauer Staatsuniversität erhielt – einer der angesehensten Bildungseinrichtungen der Sowjetunion –, war das weit eher die Ausnahme als die Regel. Im Gegensatz zur Vorkriegszeit stammte jetzt ein weit größerer Prozentsatz der Studenten an führenden Universitäten aus der neuen »Mittelschicht« oder der Intelligenzija.

Jugoslawien: Vom Stalinismus zum »Titoismus«

Während die sowjetische Führung zu Hause für strenge Disziplin und Kontrolle sorgte, weitete sie Macht und Einfluss der UdSSR im Ausland aus. Die Machtübernahmen in Osteuropa wurden in den Kapiteln 9 und 10 behandelt. Der damals in der internationalen kommunistischen Bewegung anerkannte Begriff der »verschiedenen Wege zum Sozialismus« wurde von blauäugigen Sympathisanten häufig als Beleg für eine Toleranz verschiedenartiger Systeme missverstanden. In der Welt außerhalb der marxistisch-leninistischen Zwangsjacken mochte man in der Tat eine Vielfalt von »Sozialismen« und sogar erhebliche Unterschiede zwischen verschiedenen kommunistischen Systemen wahrnehmen, doch das wurde von der sowjetischen Führung nicht anerkannt und von der orthodoxen kommunistischen Lehre auch nicht unter »verschiedenen Wegen« verstanden. Denn danach mussten die verschiedenen Wege zum selben Ziel führen. Die Pfade mochten unterschiedlich sein, doch die Straße, der sie folgten, führte zum einzig wahren »Sozialismus«, dem, der in der Sowjetunion herrschte.

In Jugoslawien wurden viele wichtige Merkmale des Sowjetsystems besonders rasch übernommen, da der Sieg im Krieg die Partisanen an die Macht gebracht hatte, ohne dass sie den nichtkommunistischen Parteien nennenswerte Zugeständnisse machen mussten, wie es, zumindest vorübergehend, in anderen osteuropäischen Ländern erforderlich war. Die Jugoslawen eigneten sich das sowjetische System der Fünfjahrespläne an und beschlossen bereits 1946, die Industrialisierung rasch voranzutreiben. Ende desselben Jahres waren mehr als 80 Prozent der jugoslawischen Industrie und eine Anzahl von Banken verstaatlicht. Vorsichtiger ging die Staatsführung in der Landwirtschaft vor, so dass 1948 nur gut sechs Prozent des Ackerlands in

Besitz staatlicher oder genossenschaftlicher Großbetriebe waren.[28] Der Bruch mit der Sowjetunion, der ebenfalls in diesem Jahr erfolgte, war keineswegs darauf zurückzuführen, dass Jugoslawien den Moskauer Kurs nicht straff genug verfolgt hätte. Das Land ging nicht nur rascher bei der Einführung des kommunistischen Systems im eigenen Land zu Werke, sondern wollte auch den griechischen Kommunisten bei der Machtergreifung helfen, obwohl Stalin bereits während des Krieges auf den Konferenzen mit den Westalliierten sich damit einverstanden erklärt hatte, dass Griechenland außerhalb der sowjetischen Einflusssphäre blieb.

Schon vor dem Bruch im Jahr 1948 hatte es zahlreiche Irritationen in den Beziehungen zwischen der Sowjetunion und Jugoslawien gegeben. Als Tito später erfuhr, dass Stalin schon während des Krieges mit Churchill ausgehandelt hatte, wie viel Einfluss die Sowjetunion und Großbritannien im Nachkriegsjugoslawien haben sollten, war er alles andere als erfreut. Und obwohl Stalin einst Gefallen an der Vorstellung gefunden hatte, dass Jugoslawien, Bulgarien und Albanien in einem Bundesstaat vereint sein könnten, reagierte er nicht sehr freundlich auf die Reisen, die Tito unmittelbar nach dem Krieg in der Region unternahm, und auf seine Versuche, einen solchen Bundesstaat auf die Beine zu stellen. Ein weiterer Reibungspunkt war der Plan, sowjetisch-jugoslawische Aktiengesellschaften zu gründen. Der jugoslawische Verhandlungsführer Vladimir Velebit brach die Gespräche mit der Sowjetunion ab, weil er die Bedingungen, die die sowjetische Seite durchzusetzen versuchte, für Ausbeutung hielt. Obwohl die jugoslawischen Kommunisten eine tief verwurzelte Bewunderung für die Sowjetunion und Stalin hegten, waren sie nicht gewillt, sich herumschubsen zu lassen. Dazu Dennison Rusinow:

> Das Grundproblem in dem großen Streit von 1948 war höchst einfach: Wer sollte Jugoslawiens Diktator sein, Tito und sein Politbüro oder Stalin? Stalins Hindernis war die Selbständigkeit Titos und damit des jugoslawischen Regimes, die sich auf ein einzigartiges Ereignis in Europa gründete, die eigenhändige und bewaffnete kommunistische Revolution und ihr Erbe: eine große Partei und Volksarmee, deren Angehörige eher patriotisch als sozialistisch gesinnt waren, und den unabhängigen, auf den politischen Gründungsmythos der Partisanenbewegung zurückgehenden Ursprung ihrer Legitimität und Macht.[29]

Jugoslawien: Vom Stalinismus zum »Titoismus«   281

1947 hatten die Jugoslawen die Bildung des Kominform, der Nachfolgeorganisation der Komintern (wenn auch mit geringerer Mitgliederzahl und eingeschränkten Funktionen), begeistert begrüßt. Besonders erfreulich war Stalins Vorschlag, den Sitz der Organisation nach Belgrad zu verlegen. Das Kominform umfasste nicht nur die osteuropäischen KPs, sondern auch die beiden größten kommunistischen Parteien Westeuropas, die KPF und KPI. Stalin nahm an, durch das Kominform würden sich, wie früher durch die Komintern, andere Parteien auf Kurs halten und, wenn nötig, ihre Führungsriegen ersetzen lassen. Stalin war höchst verstimmt, weil er fand, besonders Jugoslawien, aber auch Bulgarien hätten ihre außenpolitischen Schritte nicht im Vorhinein mit Moskau abgestimmt, während beide Länder bestritten, die Sowjetunion nicht hinreichend informiert zu haben. Die Führungsriegen beider Parteien wurden zu einem Treffen mit Stalin nach Moskau zitiert, das am 10. Februar 1948 stattfand. Dimitrow erschien als führender bulgarischer Kommunist persönlich, während Tito vorsichtiger war, zu Hause blieb und statt seiner hochrangige Kollegen schickte, unter ihnen Edvard Kardelj, die in Moskau den vorausgeeilten Milovan Djilas trafen. Einer von Stalins konkreten Vorwürfen lautete, dass Jugoslawien zwei Heeresdivisionen nach Albanien geschickt habe, während die Jugoslawen erklärten, das sei notwendig gewesen, um Albanien vor möglichen Angriffen griechischer »Monarcho-Faschisten« zu schützen. Dimitrow wurde kritisiert, weil er über die Schaffung einer osteuropäischen Föderation unter Einschluss Griechenlands gesprochen hatte.[30]

Als Stalin den Jugoslawen vorwarf, die Sowjetunion sei über den Einmarsch ihrer Truppen in Albanien nicht konsultiert worden, erwiderte Kardelj, diese Aktion sei mit Zustimmung der albanischen Regierung erfolgt. Stalin brüllte: »Das könnte zu ernsthaften internationalen Verwicklungen führen. Albanien ist ein unabhängiger Staat! Was denken Sie sich denn? Gerechtfertigt oder nicht, die Tatsache bleibt bestehen, dass Sie uns vor der Entsendung der zwei Divisionen nicht konsultiert haben.«[31] Kardelj sagte, er wisse von keiner einzigen außenpolitischen Frage, bei der die jugoslawische Führung nicht in enger Absprache mit der sowjetischen Führung gestanden habe, woraufhin Stalin erwiderte: »Sie konsultieren uns überhaupt nicht. Das ist nicht ein Fehler, der Ihnen passiert ist, sondern Ihre Politik – jawohl, es ist Ihre Politik!« In der Frage der Unterstützung für die griechischen Kommunisten bei ihrem Aufstand zeigte sich Stalin ebenso unnachgiebig. Er fragte Kardelj, ob er an den Erfolg des griechischen Aufstands glaube, woraufhin Kardelj antwortete, ja, wenn die Einmischung von außen nicht zunehme und wenn keine schwerwiegenden politischen und militärischen Fehler gemacht würden. Stalins Erwiderung war ätzend:

> Wenn, wenn! Nein, sie haben keine Aussicht auf Erfolg. Glauben Sie denn, dass Großbritannien und die Vereinigten Staaten – die Vereinigten Staaten, der mächtigste Staat der Welt – zulassen werden, dass Sie ihre Verbindungslinie im Mittelmeer durchbrechen? Unsinn! Und wir haben keine Kriegsflotte. Der Aufstand in Griechenland muss aufhören, und zwar so schnell wie möglich.[32]

Stalin agierte vorsichtig auf der internationalen Bühne. Er hatte vor allem zwei Gründe, die Bulgaren und (insbesondere) die Jugoslawen zu rügen. Zum einen fürchtete er, sie könnten die internationale Situation verschärfen und die Westmächte zu einer Zeit unnötig reizen, wo die Sowjetunion gerade erst begonnen hatte, sich von den Verwüstungen des Zweiten Weltkriegs zu erholen.[33] Zum anderen war es sein immerwährendes Bestreben, die gesamte internationale kommunistische Bewegung zu kontrollieren und bei jeder wichtigen politischen Aktion einer KP vorher konsultiert zu werden. Das galt vor allem für die Außenpolitik und ganz besonders für Parteien, die gerade die Staatsmacht übernommen hatten. Beim Treffen im Februar 1948 wandte sich Stalin in aggressivem Ton an Dimitrow: »Sie wollten die Welt in Erstaunen versetzen, als ob Sie noch der Sekretär der Komintern wären. Sie und die Jugoslawen lassen keinen Menschen wissen, was Sie zu tun im Begriff sind, und wir müssen uns alles erst aus zweiter Hand zusammenreimen. Sie stellen uns vor vollendete Tatsachen!«[34] Demütig gestand Dimitrow Fehler ein und fügte hinzu, durch Fehler lerne man, Außenpolitik zu machen, woraufhin Stalin erwiderte: »Lernen! Sie stehen doch seit fünfzig Jahren in der Politik – und jetzt korrigieren Sie Irrtümer! Bei Ihnen geht es nicht um Irrtümer, Sie nehmen einfach eine andere Haltung ein als wir.« Milovan Djilas, der ein passiver Beobachter dieses Treffens war und die Gespräche einige Jahre später in literarischer Form wiedergab, nachdem er einen offiziellen Bericht über sie verfasst hatte, fügte

Jugoslawien: Vom Stalinismus zum »Titoismus«   283

hinzu, ihm habe Dimitrow leidgetan: »Der Löwe von Leipzig, der, den Hals in der Schlinge, Göring und dem Faschismus zur Zeit ihrer größten Überlegenheit getrotzt hatte, sah jetzt niedergeschlagen und mutlos aus.«[35]

Während Dimitrow sich Stalins Wünschen fügte, verschlechterten sich die Beziehungen zwischen der jugoslawischen und der sowjetischen Führung rasch. Im März 1948 setzte die sowjetische Seite die Verhandlungen über eine Erneuerung des sowjetisch-jugoslawischen Handelsabkommens aus und zog anschließend die sowjetischen Militärberater und zivilen Spezialisten aus Jugoslawien ab. Ein Briefwechsel von zunehmender Schärfe zwischen Tito und Stalin begann mit einem Brief Titos vom 20. März. Einige Vorwürfe der sowjetischen Seite entsprachen durchaus den Tatsachen – zum Beispiel dass die Jugoslawen den Grundbesitz nicht verstaatlicht und die Landwirtschaft nicht kollektiviert hatten, obwohl sie in anderen Bereichen durchaus eine »linksextreme« Politik verfolgten. Sie hatten auch die Anwerbung sowjetischer Agenten in Jugoslawien verhindert. Doch ihre größte Sünde war nach wie vor die Weigerung, Befehle von der Sowjetunion entgegenzunehmen. Die Antwort stand hübsch verpackt, aber unmissverständlich in einem der jugoslawischen Schreiben an Stalin: »Mag ein jeder von uns das Land des Sozialismus, die UdSSR, auch noch so sehr lieben, auf keinen Fall wird er sein eigenes Land weniger lieben.«[36]

Der Briefwechsel zwischen der jugoslawischen und der sowjetischen Führung schloss auch eine Einladung ein: Die KPdSU sollte eine Delegation entsenden, um sich davon zu überzeugen, wie schlecht sie über die Entwicklung in Jugoslawien informiert war. Die sowjetische Antwort bestand darin, die Jugoslawen zu einer Kominform-Konferenz zu beordern, die in der rumänischen Hauptstadt Bukarest stattfinden sollte. Beide Seiten lehnten die Einladung der jeweils anderen ab. Vor allem Tito war sich über die Gefahren eines Besuchs im Klaren und sagte zu Djilas: »Wenn wir schon umgebracht werden sollen, dann wenigstens auf heimatlichem Boden!«[37] Es gibt Anhaltspunkte dafür, dass Stalin tatsächlich versucht hat, Tito ermorden zu lassen. 1948 wurde den jugoslawischen Parteiführern eine »antisowjetische Haltung« vorgeworfen, die sie »aus dem Arsenal des konterrevolutionären Trotzkismus übernommen« hätten.[38] Es spricht einiges für die Annahme, dass Stalin für Tito das gleiche Schicksal vorgesehen hatte wie für Trotzki, besonders in der Zeit, als Tito sowohl vom Ostblock wie vom Rest der Welt isoliert war – also bevor Jugoslawien begann, seine Beziehungen zu den Entwicklungsländern ebenso wie zur entwickelten Welt zu verbessern. Tatsächlich behauptet ein ehemaliger Berater Chruschtschows, unter den ganz wenigen Papieren, die nach Stalins Tod in seinem Schreibtisch gefunden wurden, hätte sich eine Note Titos gefunden:»Stalin. Hören Sie auf, mir Mörder auf den Hals zu schicken. Wir haben bereits fünf gefasst, einen mit einer Bombe, einen anderen mit einem Gewehr. … Wenn das nicht aufhört, schicke ich einen Mann nach Moskau, und dann wird es nicht nötig sein, einen zweiten zu schicken.«[39] Im MGB-Archiv ist tatsächlich ein Dokument gefunden worden, in dem verschiedene Methoden zur Ermordung Titos erörtert werden. Das Schreiben ist an Stalin persönlich gerichtet, und obwohl er es nicht durch seine Unterschrift autorisiert hat, dürfte er es gutgeheißen haben, denn man hat mit den Vorbereitungen begonnen. Nach Stalins Tod wurde das Attentatsprojekt aufgegeben.[40]

Auf der Konferenz in Bukarest am 28. Juni 1948 wurde Jugoslawien aus dem Kominform ausgestoßen. Der jugoslawischen Parteiführung wurde vorgeworfen, eine »linksextreme«, »abenteuerliche«, »demagogische und undurchführbare« Politik verfolgt zu haben. Die »gesunden Elemente« in der Partei, »dem Marxismus-Leninismus treu« verpflichtet, wurden aufgefordert, ihre Führung entweder zur Einsicht zu bringen oder abzusetzen.[41] Stalin war sich ziemlich sicher, dass er in einem Machtkampf mit Tito auf die eine oder die andere Art die Oberhand behalten würde. Chruschtschow erinnert sich an eine typische Äußerung Stalins:

> »Ich schnippe mit dem kleinen Finger – und Tito wird es nicht mehr geben. Er verschwindet.« … Doch mit Tito geschah das nicht. Wie oft Stalin auch mit dem kleinen Finger schnippte und noch dazu alles ihm Mögliche in Bewegung setzte, Tito wich nicht.[42]

Es gab tatsächlich jugoslawische KP-Mitglieder, die glaubten, Stalin und das Kominform könnten sich nicht irren und deshalb müsse der Fehler bei der eigenen politischen Führung liegen. Titos ehemaliger Generalstabschef des Heeres, der sich nach Rumänien abzusetzen versuchte, wurde dabei von jugoslawischen Grenztruppen getötet.

Man nahm an, er habe entweder die Vorbereitung einer Invasion Jugoslawiens oder die Gründung einer prosowjetischen Exilregierung beabsichtigt.[43] Etliche führende jugoslawische »Kominformisten« wurden inhaftiert. Am Ende belief sich ihre Zahl auf 14 000.[44] Selbst als der sowjetisch-jugoslawische Bruch im Juni öffentlich wurde, gab es in der jugoslawischen Partei noch die verbreitete Hoffnung, dass sich der Streit mit der Sowjetunion beilegen lasse. Wie gering der Wunsch der jugoslawischen Seite war, mit der UdSSR zu brechen, zeigen die Worte, mit denen Tito im Juli 1948 den V. Parteitag der Kommunistischen Partei Jugoslawiens beschloss: »Lange lebe die große Sowjetunion mit dem Genie Stalin an ihrer Spitze!«[45]

Damals unterschied sich die ideologische Position der jugoslawischen Kommunisten nicht im Mindesten vom Rest der internationalen kommunistischen Bewegung. Tatsächlich bestand ihre erste Reaktion auf die sowjetische Kritik darin, die Angleichung an das verbindliche Modell kommunistischer Systeme freiwillig zu beschleunigen. Insbesondere trieben sie die Kollektivierung der Landwirtschaft erheblich voran. Zwischen 1947 und 1950 nahm die Zahl der Kollektivbetriebe fast auf das Zehnfache zu – von 779 auf 6797. Die Bauern wehrten sich dagegen, und die Möglichkeit höherer Produktivität durch größere Betriebe ließ sich wegen des Mangels an geeigneten landwirtschaftlichen Maschinen nicht verwirklichen. Insgesamt sanken die Ernteerträge auf 73 Prozent des Vorkriegsniveaus. Die Situation wurde durch schlimme Trockenperioden im Jahr 1950 erheblich verschärft, was einen sowjetischen Diplomaten zu der Äußerung gegenüber einem westlichen Amtskollegen veranlasste: »Gott ist auf der Seite des Kominform.«[46] Trotzdem löste die wachsende Spannung mit der Sowjetunion und den übrigen Ostblockstaaten in Jugoslawien eine Welle patriotischer Unterstützung für das neue Regime aus. Tito und die Kommunisten hatten zwischen 1945 und 1948 bei einem erheblichen Teil der Jugoslawen, die nicht der KP angehörten (immerhin 94 Prozent der Bevölkerung), an Beliebtheit verloren. Jetzt wurden sie von einer Mehrheit des Volks unterstützt. Laut Rusinow konnte die jugoslawische Führung ihre Unterstützung lediglich aus zwei Quellen schöpfen: »Einerseits ein disziplinierter und loyaler Parteiapparat, der das Land unbestritten, monopolistisch und furchteinflößend beherrschte; andererseits eine breite Masse, bereit, die Legitimität des Regimes anzuerkennen und dessen Existenz engagierter und erfolgreicher zu verteidigen, als durch lähmende Angst allein zu erreichen gewesen wäre.«[47]

Doch schon bald sollte Jugoslawien zusätzliche Unterstützung erhalten, und zwar von einigermaßen unerwarteter Seite, bedenkt man, dass das Land in wichtigen Aspekten noch immer ein kommunistisches System war. Es handelte sich um eine Wirtschaftshilfe der Vereinigten Staaten. Nach dem Ausschluss Jugoslawiens aus dem Kominform beschloss die Truman-Administration, die Unabhängigkeit Jugoslawiens durch wirtschaftliche Maßnahmen zu unterstützen. US-Außenminister Dean Acheson erklärte Anfang 1949 in einem Gedankenaustausch mit der amerikanischen Botschaft in Belgrad, es liege im »offenkundigen Interesse« der Vereinigten Staaten, dass der »Titoismus« als »erosive und zersetzende Kraft« in der sowjetischen Einflusssphäre fortbestehe.[48] Im November 1950 schickte US-Präsident Truman dem Kongress einen Brief, in dem er um die Unterstützung für einen Yugoslav Emergency Relief Act bat, wobei er mit keinem Wort die kommunistisch geprägten politischen und wirtschaftlichen Strukturen Jugoslawiens erwähnte, sondern ein strategisches Argument geltend machte: »Der Fortbestand der jugoslawischen Unabhängigkeit ist von großer Bedeutung für die Sicherheit der Vereinigten Staaten. Wir können die Unabhängigkeit einer Nation wahren helfen, die den wütenden Drohungen der sowjetischen Imperialisten trotzt, und die Sowjetmacht von den strategisch wichtigsten Regionen Europas fernhalten. Das liegt fraglos in unserem nationalen Interesse.«[49] Mit anderen Worten, das strategische Kalkül des Weißen Hauses überwog ganz offensichtlich die ideologische Abneigung gegen das kommunistische System Jugoslawiens.

Nachdem die Führung der jugoslawischen Partei ursprünglich Moskau und dem Kominform beweisen wollte, dass sie ebenso stalinistisch wie Stalin sein konnte, begann sie jetzt, angesichts der Hasstiraden, denen sie sich vom Rest der internationalen kommunistischen Bewegung ausgesetzt sah, den Nutzen eben jenes sowjetischen Modells in Frage zu stellen, das sie früher unkritisch bewundert hatte. Da sie es jedoch so getreulich wie möglich kopiert hatte, musste sie jetzt mit anderen Augen betrachten, was sie selbst aufgebaut hatte, um sich organisatorisch und ideologisch von der Sowjetorthodoxie zu unterscheiden. Der wichtigste Aspekt der Reformen, die jetzt in Jugoslawien vorgenommen wurden, war die Dezentralisierung. 1949 verlieh ein neues Gesetz den Regionalregierungen mehr Macht. Die spektakulärste Neuerung, obwohl in der Theorie eindrucksvoller als in der Praxis, war die Einführung dessen, was Selbstverwaltung genannt wurde.

Das gesellschaftliche Eigentum an den Produktionsmitteln sollte im Prinzip von der Staatsbürokratie an die Arbeiter übergehen. Dazu führte Tito 1950 ein neues Gesetz ein, von dem viel Aufhebens gemacht wurde, obwohl der Staat weiterhin die meisten Funktionen ausübte, die ihm von einer Planwirtschaft nach sowjetischem Muster übertragen wurden, und der Fabrikdirektor ein ausführendes Organ staatlicher Kontrolle blieb. Der Schritt in Richtung der »Arbeiterkontrolle« in den Fabriken war teilweise eine ideologische Gegenoffensive gegen das Kominform, aber auch der Beginn eines Prozesses, der den Arbeiterräten allmählich zu größerer Macht verhalf. Nachdem die »Arbeiterselbstverwaltung« im Juni 1950 geschaffen worden war, wurde sie zusammen mit dem Partisanenkrieg zur wichtigsten Legitimationsquelle des Regimes.[50] Die Kollektivierung der Landwirtschaft wurde in der ersten Hälfte der fünfziger Jahre aufgegeben, obwohl die Beschränkung auf die Größe von Familienbetrieben zur Folge hatte, dass sie ihre wirtschaftliche Effizienz nicht steigern konnten. Generell entwickelte sich ganz allmählich ein eigenes »jugoslawisches Modell«.

Um den Wandel zu symbolisieren, wurde der Name der Kommunistischen Partei im November 1952 in »Bund der Kommunisten« abgeändert. Im Laufe der fünfziger Jahre gewöhnten sich die Kommunisten allmählich an eine weniger strenge Umsetzung der Parteilinie (denn der Bund war im Prinzip noch immer die Partei), indem sie nicht schon vorher in den Parteigremien entschieden, wie sie über jeden einzelnen Tagesordnungspunkt der öffentlichen Körperschaften, denen sie angehörten, abstimmen wollten.[51] Die Partei fand sich auch allmählich mit einer eingeschränkten Rolle bei der Wirtschaftslenkung ab. An die Stelle des sowjetischen Planungssystems mit seinen obligatorischen Zielen traten indikative Planung – eine Planung, die sich mit Empfehlungen zufriedengab – und der allmähliche Übergang zu Marktpreisen, so dass der »Marktsozialismus« zu einem weiteren Merkmal des jugoslawischen Modells wurde.[52] Von Anfang an hatte der kommunistische Staat Jugoslawien föderale Eigenschaften, doch waren sowohl Staat wie Parteiinstitutionen anfangs extrem zentralisiert. Aber bis Ende der sechziger Jahre war viel Macht von der Zentralregierung an die Republiken abgegeben worden, und so wurde ein substantieller und nicht nur formaler Föderalismus zu einer weiteren charakteristischen Eigenschaft des jugoslawischen Modells, durch die es sich von den Verhältnissen in der Sowjetunion unterschied.

Die Säuberungen im Spätstalinismus

Jugoslawien hat als erster kommunistischer Staat versucht, das sowjetische Modell zu verändern, daher kann kaum überraschen, dass diese Abweichungen, selbst in ihren frühesten Manifestationen, heftig vom Kominform verurteilt wurden. Schon bald leitete Stalin die Suche nach »titoistischen Agenten« in den oberen Rängen der kommunistischen Parteien und osteuropäischen Regierungen ein.[53] Die Existenz des jugoslawischen Systems und seine zunehmende Abgrenzung gegen das sowjetische Modell wurden von Stalin als gefährliche Abweichung betrachtet, die es zu beseitigen galt. Seine größte Sorge war die Vorstellung, dass sich unterschiedliche Modelle des »Sozialismus« durchsetzen könnten. Der Ausschluss Jugoslawiens aus dem Kominform war teilweise Ausdruck einer verhärteten sowjetischen Haltung. Ein russischer Historiker hat die Auffassung vertreten, diese Maßnahme sei nicht in erster Linie als Spaltung der internationalen kommunistischen Bewegung zu werten, sondern vielmehr als Mittel ihrer Einigung, denn es habe der sowjetischen Führung erlaubt, schärfer gegen alle Unabhängigkeitstendenzen in den osteuropäischen KPs vorzugehen.[54] Die Bekämpfung des Titoismus und »nationaler Abweichungen« wurde jetzt zu einem wichtigen Thema der sowjetischen Außenpolitik und zur Rechtfertigung für eine Welle von Verhaftungen und Prozessen in ganz Osteuropa. Später bekamen die Verhaftungen eine antisemitische Note, was damit zusammenhing, dass die sowjetischen Juden die Gründung des Staates Israel nach Stalins Geschmack allzu begeistert begrüßt hatten (obwohl die Sowjetunion diesen Vorgang durchaus unterstützt hatte). Den Verhaftungen folgten Schauprozesse, die nicht zufällig an die Ereignisse in der Sowjetunion in den dreißiger Jahren erinnerten, denn sowjetische Berater des MGB stellten in den osteuropäischen Ländern ihr organisatorisches Fachwissen zur Verfügung.

Die Säuberungen im Spätstalinismus

Zu den Verhafteten gehörten hochrangige Parteimitglieder aller kommunistischen Staaten Europas. In Albanien wurde Innenminister Koçi Xoxe, der in der Tat Sympathien für Tito hegte, 1949 verhaftet und hingerichtet. Traitscho Kostoff, ein führendes Mitglied des Politbüros der KP Bulgariens, der sicherlich kein »Titoist« war, wurde im März 1949 verhaftet und im Dezember desselben Jahres vor Gericht gestellt. Zur Bestürzung der Behörden widerrief er sein Geständnis im Prozess. Die öffentliche Rundfunkübertragung der Verhandlung brach plötzlich ab, und »bei den Simultanübersetzungen für die ausländischen Journalisten stellten sich unvermittelt technische Schwierigkeiten ein«.[55] Kostoff wurde gleich darauf hingerichtet. Zwar wurde nicht jeder führende Kommunist, der dieser Säuberungswelle zum Opfer fiel, von Moskau ausgewählt, doch bei vielen verhielt es sich so. Beispielsweise zeigen die sowjetischen Archive im Fall Kostoff, dass Stalin selbst die Verbindung zwischen ihm und Tito hergestellt und die Bulgaren (mit Hilfe ihrer sowjetischen Berater) gedrängt hat, gegen ihn zu ermitteln.[56] In Ungarn wurde László Rajk, ehemaliger Generalsekretär der Kommunistischen Partei Ungarns (MKP), ehemaliger Innen- und zur Zeit seiner Verhaftung Außenminister, 1949 gehängt. Lange weigerte er sich, die fiktiven Verbrechen zu gestehen, die man ihm vorwarf – unter anderem soll er mit Tito die Ermordung der ungarischen Führung geplant haben –, am Ende aber legte er ein »Geständnis« ab.

Unter den Männern, die Rajk verhörten, war auch János Kádár, sein Nachfolger auf dem Posten des Innenministers, der auf Anweisung des Parteiführers Mátyás Rákosi handelte. Obwohl es hieß, Kádár, der die ungarische Partei später viele Jahre lang führte, habe entscheidend daran mitgewirkt, von Rajk das Geständnis fiktiver Verbrechen zu erpressen, lassen jüngere Forschungsergebnisse diese Behauptung übertrieben erscheinen. Allerdings gehörte er zu denen, die Rajk klarmachten, er könne nicht auf eine faire Anhörung hoffen, auch bei den Leuten aus der Führungsriege nicht, von denen er eigentlich Sympathie hätte erwarten dürfen.[57] Während alle Parteiführer unter dem Zwang standen, ihre absolute Loyalität gegenüber Moskau zu beweisen, um nicht nur der Ablösung, sondern auch der Liquidation zu entgehen, hatten die Führungskräfte der einzelnen Parteien bei der Auswahl der Opfer einen gewissen Spielraum. Rákosi nutzte zum Beispiel die Gelegenheit, um sich potentieller Rivalen zu entledigen. Kommunisten, die lieber in ihren Ländern geblieben waren, statt einige Jahre in Moskau zu verbringen, wurden sowohl von der »Moskau-Fraktion« ihrer Partei wie von Stalin und den sowjetischen Sicherheitsorganen als besonders gefährlich eingestuft. Kádár war ein solcher »Nationalkommunist«, und 1951, nur 18 Monate nach der Hinrichtung Rajks, wurde er selbst verhaftet.[58] Von den Verhören zermürbt, gestand Kádár, zog später sein Geständnis zurück, um dann, als man ihm weiter zusetzte, erneut zu gestehen. Er wurde zu einer lebenslangen Haftstrafe verurteilt, jedoch im Juli 1954, mehr als ein Jahr nach Stalins Tod, entlassen. Nachdem er in den dreißiger Jahren als Kommunist auch die Haft unter einem rechtsgerichteten autoritären ungarischen Regime erlebt hatte, schrieb Kádár nach seiner Entlassung an Rákosi: »Wenn ich mein Geschick wählen könnte, würde ich jederzeit lieber zwölf Jahre als Kommunist in dem Gefängnis eines kapitalistischen Landes verbringen als zwölf Monate im Gefängnis meiner eigenen Volksrepublik. Leider hatte ich Gelegenheit zu einem Vergleich …«[59]

Rákosi teilte Stalins Misstrauen gegenüber Kommunisten, die die Kriegsjahre im Untergrund ihres eigenen Landes verbracht hatten, und war im Allgemeinen eifrig bestrebt, unzuverlässige Angehörige der Parteiführung nicht nur in Ungarn, sondern auch in anderen europäischen Staaten auszumerzen. In den Prozessen gegen Rajk und andere ungarische Kommunisten gelangte Rákosi jedoch zu dem Schluss, dass sieben Todesurteile zu viel seien, und schrieb Stalin, er halte drei für genug, allerdings stand Rajk an erster Stelle seiner Todeskandidaten. Stalin antwortete, er habe keinen Einwand gegen Rákosis Vorschläge, war aber auch der Meinung, dass Rajk hingerichtet werden müsse, »denn das Volk würde für kein anderes Urteil Verständnis haben«.[60] Anschließend spielte Rákosi eine maßgebliche Rolle bei der »Internationalisierung« der Rajk-Affäre. Er schickte den Führern anderer kommunistischer Parteien eine Liste mit 526 Leuten, auf deren Namen man bei den Ermittlungen gegen Rajk gestoßen war. Die bei weitem größte Gruppe in dieser Liste stammte aus der Tschechoslowakei – 353 Bürger dieses Landes.[61]

Rákosis Liste umfasste 33 Rumänen, doch noch bevor er sie zusammengestellt hatte, waren 1948 bereits mehrere führende Kommunisten Rumäniens verhaftet worden. Zu ihnen gehörte mit Lucreţiu Pătrăşcanu mindesten einer, der tatsächlich ein nationalistischer Kom-

Die Säuberungen im Spätstalinismus

munist war – er wurde 1954 hingerichtet. 1952, als antisemitische Tendenzen hinzukamen, wurde Außenministerin Ana Pauker, die Rumänien auf der Kominform-Konferenz zum Ausschluss Jugoslawiens vertreten hatte, verhaftet, erhielt aber nur die relativ milde Strafe eines mehrjährigen Hausarrests.

In Polen wurden keine Kommunisten hingerichtet, obwohl die Sicherheitskräfte in der Person Gomułkas einen guten Kandidaten für einen nationalen Abweichler hatten. Er verlor seinen Posten als Generalsekretär, wurde wegen rechtsnationalistischer Abweichung angeklagt und zu drei Jahren Haft verurteilt. Dass er überlebte, war angesichts der damaligen Atmosphäre im kommunistischen Europa höchst ungewöhnlich.[62] Er hatte während des Zweiten Weltkriegs den kommunistischen Widerstand Polens im Untergrund geleitet, und obwohl der bei weitem nicht mit Titos Partisanenarmee vergleichbar war, hatte Gomułka seine führende Position ohne Moskaus Hilfe errungen. Er hatte sich mit der katholischen Kirche arrangiert und aus ähnlichen taktischen Gründen auf eine Kollektivierung der Landwirtschaft verzichtet. Die von der sowjetischen Führung geduldete Milde der polnischen Säuberung hatte ihren Grund wohl nicht zuletzt in der Schwäche der Partei innerhalb der polnischen Gesellschaft und in der vielfach bewiesenen Bereitschaft der Polen, auch in aussichtslosen Situationen zu kämpfen.[63] Es war offensichtlich, dass einige polnische Führer, unter ihnen Bolesław Bierut, ein ehemaliger Komintern-Agent, der Gomułka 1948 als Generalsekretär nachgefolgt war, nicht bereit waren, den Liquidationen polnischer Kommunisten, die schon vor dem Zweiten Weltkrieg auf Stalins Geheiß in der Sowjetunion vorgenommen worden waren, weitere folgen zu lassen.[64]

Auch wenn in den meisten kommunistischen Ländern Ende der vierziger und Anfang der fünfziger Jahre verdächtige Kommunisten hingerichtet wurden, erreichten diese Vorgänge nicht das Ausmaß der sowjetischen Großen Säuberung Ende der dreißiger Jahre. In der anderen Bedeutung des Ausdrucks »Säuberung«, nämlich der Entfernung aus der Kommunistischen Partei – dem politischen, aber nicht physischen Tod –, waren sie allerdings massiv. Sogar in Ostdeutschland, wo keine führenden Kommunisten verhaftet wurden, verringerte sich die Zahl der Parteimitglieder von 2 Millionen im Jahr 1948 auf 1,2 Millionen 1951, wobei die ehemaligen SPD-Mitglieder am stärksten betroffen waren.[65] In Osteuropa insgesamt wurde in den Jahren zwischen 1948 und 1953 annähernd jedes vierte Mitglied einer kommunistischen Partei auf die eine oder andere Art verfolgt.[66]

Obwohl die Tschechoslowakei als letzter europäischer Staat kommunistisch wurde (1948), war die Repression dort am schlimmsten. Vielleicht war das die stalinistische Reaktion auf die extreme Stärke der tschechischen Demokratie. Kein Land in Mitteleuropa war in der Zwischenkriegszeit demokratischer gewesen als die Tschechoslowakei, die sich den politischen Pluralismus auch in den ersten drei Nachkriegsjahren bewahren konnte, obwohl die Kommunisten die stärkste politische Kraft waren. Eine Partei, die einen größeren Anteil der Bevölkerung in ihren Reihen hatte und die Unterstützung der breiten Masse besaß, war von Moskau nicht so leicht zu kontrollieren. Die Arbeit russischer Forscher in den Archiven nach dem Zusammenbruch der Sowjetunion hat bestätigt, welchen Wert Stalin in diesen Nachkriegsjahren darauf legte, dass alle osteuropäischen Länder nicht nur ihre Außenpolitik den Entscheidungen der Sowjetunion unterordneten, sondern auch die kommunistischen Parteien nach dem Vorbild der KPdSU organisierten und alle andersdenkenden Mitglieder ausschlossen, besonders wenn sie vom Schlage Rajks oder Titos zu sein schienen.[67]

Politische Prozesse, die den Kommunisten in der Tschechoslowakei gemacht wurden, waren von zweierlei Art. Nach dem Ausschluss Jugoslawiens aus dem Kominform kam es zunächst zur Unterdrückung der »Nationalkommunisten«, besonders der Slowaken. Es war nicht schwierig, slowakische Kommunisten ausfindig zu machen, die der nationalen Abweichung verdächtigt werden konnten. Auf der anderen Seite standen die Repressionen, in denen der vom Kreml geschürte Antisemitismus zum Ausdruck kam. Das berüchtigtste Beispiel dafür in ganz Mittel- und Osteuropa war der Slánský-Prozess im Jahr 1952. Rudolf Slánský war von 1945 bis 1951 Generalsekretär der Kommunistischen Partei der Tschechoslowakei (KPČ), dann wurde er zum stellvertretenden Ministerpräsidenten degradiert. In seinem Falle hatte das Amt des Generalsekretärs allerdings nicht bedeutet, dass er der erste Kommunist des Landes war. Das nämlich war Klement Gottwald, der zur Zeit von Slánskýs Verhaftung sowohl Parteivorsitzender als auch Staatspräsident war. Slánský aber war die Nummer zwei und ein potentieller Rivale Gottwalds. Er hatte die Zu-

Die Säuberungen im Spätstalinismus 293

rückhaltung der Parteipolitik zwischen 1945 und 1948 kritisiert und die Auffassung vertreten, dass man die Macht gleich nach dem Krieg hätte ergreifen sollen und dass der Kompromiss mit den bürgerlichen Parteien nicht nötig gewesen wäre.[68] Die Entscheidung, Slánský zum tschechischen Pendant des führenden ungarischen Säuberungsopfers Rajk zu machen, wurde letztlich in Moskau und nicht in Prag getroffen. Als Slánský am 31. Juli 1951 seinen 50. Geburtstag feierte, wurde ihm in der Tschechoslowakei der Orden des Sozialismus verliehen, und Gottwald hielt die Laudatio, wobei er allerdings so vorsichtig war, aus dem Skript einige Superlative zu streichen und auch den Satz fortzulassen, in dem Slánský als einer seiner treuesten Gefährten bezeichnet wurde.[69] Auch Antonín Zápotocký, das dritte Mitglied des Triumvirats, pries Slánský. Andere kommunistische Staaten schickten Glückwünsche. Nur in Moskau, wo üblicherweise um die Geburtstage gut angesehener Politiker viel Wirbel gemacht wurde, herrschte unheilschwangeres Schweigen.

Slánský wurde im November 1951 verhaftet und ein Jahr später mit dreizehn anderen führenden Kommunisten vor Gericht gestellt. Zunächst hatte Gottwald seine Verhaftung nicht genehmigen wollen, ließ sie dann aber doch zu. Ihm wurden Zeugenaussagen anderer führender Kommunisten gegen Slánský vorgelegt, die mit ihm zusammengearbeitet hatten. Die waren natürlich erzwungen worden. Letztlich lag die Entscheidung beim Kremlchef und nicht beim Präsidenten der Tschechoslowakei, obwohl Gottwald, wäre er ein Tito gewesen, seine Zustimmung hätte verweigern können. Nach einer Aussage vor einer Kommission, die während des Prager Frühlings zur Untersuchung der Prozesse eingesetzt worden war, hatte Gottwald nur unter dem Druck von Anastas Mikojan und Stalin nachgegeben. Mikojan kam am 11. November 1951 nach Prag, um mitzuteilen, dass Stalin Slánskýs umgehende Verhaftung wünsche. Als Gottwald noch immer zögerte, brach Mikojan die Unterredung mit ihm ab und rief Stalin von der sowjetischen Botschaft aus an. Bei seiner Rückkehr teilte er mit, Stalin »bestehe auf seiner Ansicht, und erinnerte Gottwald an seine weitreichende Verantwortung«. Die tschechische Kommission von 1968, die sich aus führenden Mitgliedern der KPČ zusammensetzte (aber in einer Atmosphäre wachsender Freiheit arbeitete), stellte fest:

Obwohl Gottwald keine Tatsachen vorlagen, gelangte er schließlich zu dem Schluss, dass Stalin wie gewöhnlich verlässliche Informationen habe und dass dessen Ratschlag begründet sei. Er ließ ihm durch Mikojan die Nachricht übermitteln, dass er, Gottwald, mit Slánskýs Verhaftung einverstanden sei.[70]

Elf der vierzehn Verurteilten im Slánský-Prozess waren jüdischer Herkunft, ein Umstand, der besonders hervorgehoben wurde. Die sowjetischen Berater wollten, dass diesen elf »jüdische Nationalität« bescheinigt würde, denn die Juden galten in der Sowjetunion als Nation. Dieser Ratschlag wurde allerdings nicht exakt befolgt. Die Beschreibung der elf lautete »tschechischer Nationalität, jüdischer Herkunft«.[71] Unter den Nichtjuden, die mit Slánský vor Gericht gestellt wurden, war der Slowake Vladimír Clementis, der Jan Masaryk 1948 im Amt des Außenministers gefolgt war. Elf der Angeklagten, darunter auch Slánský und Clementis, wurden Ende November 1952 zum Tode verurteilt und eine Woche später gehängt. Die restlichen drei erhielten lebenslange Haftstrafen.

Zahlreiche Angeklagte hatten Verbrechen begangen, die ihnen nicht zur Last gelegt wurden – vor allem waren sie für die Verhaftung und, in einigen Fällen, Hinrichtung unschuldiger Nichtkommunisten verantwortlich. Doch die Verbrechen, die sie nach monatelangen Verhören gestanden, waren stalinistische Fiktion. Zusammengefasst waren diese Männer »trotzkistisch-zionistisch-titoistisch-bürgerlich-nationalistische Verräter, Spione und Saboteure, Feinde der tschechoslowakischen Nation, ihrer volksdemokratischen Ordnung und des Sozialismus«. Die Geständnisse wurden natürlich erpresst, unter anderem – in einigen Fällen – durch Gewalt, aber auch durch die Androhung, ihre Frauen und Kinder zu foltern. Daraufhin bekannten diese ehemals führenden Parteimitglieder nicht nur die ihnen zur Last gelegten fiktiven Verbrechen, manch einer erbat sogar die Todesstrafe, damit andere abgeschreckt würden.[72] In der Tschechoslowakei kam es zu weiteren Prozessen gegen Kommunisten, unter anderem noch 1954 (als nicht nur Stalin tot war, sondern auch Gottwald, der unmittelbar nach der Teilnahme an Stalins Begräbnis im März 1953 gestorben war); prominente slowakische Kommunisten wurden »bürgerlich-nationalistischer« Tendenzen angeklagt, unter ihnen Gustáv Husák, eine zentrale Figur im slowakischen »Nationalaufstand« von

1944. Er wurde 1951 verhaftet und drei Jahre später in seinem Prozess zu lebenslanger Haft verurteilt. Als er 1960 entlassen wurde, hatte er neun Jahre im Gefängnis verbracht. (1969, ein halbes Jahr nachdem Panzer des Warschauer Pakts den Prager Frühling beendet hatten, wurde Husák in einer neuen Wendung seiner abwechslungsreichen Karriere Parteichef und 1975 zusätzlich Staatspräsident.)

Diese Prozesse gegen führende Parteimitglieder sollten die eiserne Disziplin innerhalb der internationalen kommunistischen Bewegung festigen und dafür sorgen, dass alle regierenden Parteien sich an die Moskauer Linie hielten. Der Charakter der Repressionen machte deutlich, dass niemand sich sicher wähnen durfte, vor allem kein Kommunist, der internationale Verbindungen nicht nur zur Sowjetunion unterhielt. In mehreren Ostblockländern gehörten Teilnehmer des Spanischen Bürgerkriegs zu den Inhaftierten. Die Prozesse sollten auch Stalins Auffassung dokumentieren, dass Juden, die in fast allen Parteien überproportional vertreten waren, als potentiell unzuverlässige Inhaber höchster Partei- und Staatsämter anzusehen seien. Das Appellieren an den verbreiteten Antisemitismus sollte auch die Position der Kommunisten stärken. Diese Methode funktionierte in einigen Ländern besser als in anderen und bewährte sich selbst innerhalb eines einzigen Staats sehr unterschiedlich. In den tschechischen Gebieten zum Beispiel hat der Antisemitismus, anders als in der Slowakei, nie eine besondere Rolle gespielt. Mit dem Anprangern von »Saboteuren« lieferten die Prozesse außerdem einen Grund, warum allzu optimistische Wirtschaftsziele nicht erreicht worden waren.

Gleichzeitig sollten die Prozesse in der gesamten Bevölkerung Schrecken verbreiten. Die Wirtschaft wurde militarisiert, und mit der Aussicht, dass sich der Kalte Krieg, den es seit den ersten Nachkriegsjahren gab, in einen Heißen Krieg verwandeln könnte, wurde eine Kriegspsychose geschürt. Ein echter Krieg fand ja bereits in Korea statt, und die Ostmitteleuropäer wurden psychologisch auf den bewaffneten Konflikt mit dem »imperialistischen Erzfeind«, den Vereinigten Staaten, vorbereitet.

Titos Zurückweisung des sowjetischen Hegemonialanspruchs trug ebenfalls zur Verhaftungswelle unter den osteuropäischen Kommunisten bei. Titos Haltung hatte Stalin veranlasst, ernsthaftere Maßnahmen zu ergreifen, um sicherzustellen, dass das jugoslawische Beispiel nicht Schule machte. Sowjetische Berater mit langjähriger

NKWD/MGB-Erfahrung halfen in allen Ostblockstaaten, die Prozesse vorzubereiten und die Rollenbücher für die Opfer zu schreiben. Die Angeklagten mussten ihre Rollen einstudieren und sie, wenn ihr Widerstand gebrochen war, proben, bis sie jede Zeile auswendig konnten. Als der Richter im Slánský-Prozess eine der Fragen versehentlich ausließ, beantwortete Rudolf Slánský sie, wie es ihm eingebläut worden war.[73]

Es handelte sich um Prozesse gegen Menschen, die durch die kommunistischen Machtübernahmen in Osteuropa zu höchster Macht aufgestiegen waren. Sie wurden medienwirksam inszeniert, denn ihre Wirkung sollte besonders nachhaltig sein. Doch die Zahl der Nichtkommunisten, die in Osteuropa zwischen den kommunistischen Machtergreifungen und Stalins Tod gelitten haben, war weitaus größer als die der kommunistischen Opfer. Ganz abgesehen von den Zehntausenden, die verhaftet wurden, verloren mehrere Millionen Menschen in ganz Osteuropa ihre Arbeitsplätze wegen ihrer Klassenherkunft oder nichtkommunistischer politischer Aktivitäten. Beispielsweise wurden »bürgerliche« Professoren aus den Universitäten gejagt. Auch hier waren Menschen mit nichtsowjetischen Auslandskontakten besonders verdächtig. Zu dieser Kategorie gehörten wiederum die Juden, aber auch übernationale Organisationen wie die Pfadfinder, die verboten wurden. Tausende Menschen wurden aus den Hauptstädten Osteuropas deportiert.

Die Kirchen wurden in allen kommunistischen Ländern verfolgt, allerdings in unterschiedlichem Maße. Zwar wurde die katholische Kirche in Polen schonender behandelt als anderswo, dennoch wurden 1952 zahlreiche Priester unter fadenscheinigen Spionagevorwürfen verhaftet, und im Februar 1953 erhielten ein Bischof und drei Priester wegen »staats- und volksfeindlicher Aktivitäten« längere Haftstrafen. Unter dem Druck der Behörden verurteilte das Episkopat die vier Männer, doch Kardinal Stefan Wyszyński weigerte sich und wurde deshalb noch im selben Jahr seinerseits in Haft genommen.[74] In allen anderen kommunistischen Ländern sah sich die Kirche schärferen Verfolgungen ausgesetzt. In Albanien wurde sogar der Versuch unternommen, die religiösen Organisationen ganz auszuschalten. Zu den Opfern gehörten auch Bauern und Pächter, die sich der Kollektivierung widersetzt hatten. Viele von ihnen wurden zu Zwangsarbeit verurteilt, vom Kanalbau bis zur Arbeit in Uranminen. Man geht davon aus, dass es beispielsweise in Rumänien Anfang der fünfziger Jahre 180 000 politische Gefangene gab; in der Tschechoslowakei waren zwischen 1948 und 1954 wohl 150 000 bis 200 000 Menschen aus politischen Gründen inhaftiert.[75]

Von der »Leningrader Affäre« zur »Ärzteverschwörung«

Auch in der Sowjetunion selbst gab es Ende der vierziger und Anfang der fünfziger Jahre Säuberungen, wenn auch in viel kleinerem Maßstab als in den dreißiger Jahren. Innerhalb der Partei richtete sich der bedeutendste repressive Akt gegen die sogenannte Leningrader Gruppe. Schdanow, der prominenteste Leningrader Kommunist, der 1948 eines natürlichen Todes starb, war von Lawrenti Berija, dem Chef der Geheimpolizei, und Georgi Malenkow als Rivale angesehen worden. Schdanows Tod exponierte Alexej Kusnezow, der während des Zweiten Weltkriegs in der Stadt und in der regionalen Parteiorganisation Schdanows Vertreter gewesen war. Von 1946 bis 1949 war Kusnezow Sekretär des Zentralkomitees der Partei, in welcher Eigenschaft er, wie erwähnt, teilweise für die Sicherheitsorgane verantwortlich war. Das machte ihn zu einem potentiellen Rivalen für den »Paten« in der Leitung der Geheimpolizei, Lawrenti Berija. Wie Stalin stammte Berija aus Georgien, und obwohl ihm das keineswegs die Unterstützung Stalins garantierte, hatte Berija einen gewissen Einfluss auf den sowjetischen Führer und verstand es, dessen chronisches Misstrauen zu nähren. Daher erhielt Kusnezow durch seine Parteifunktionen weder die Macht noch den Schutz, die jemand in seiner Position in der Sowjetära eigentlich hätte haben müssen. In seinen Memoiren vermutet Chruschtschow, Berija und Malenkow hätten Stalin gegen Kusnezow und Nikolai Wosnessenski, den anderen prominenten Leningrader in der Parteiführung, aufgehetzt. 1956 hatte Chruschtschow in seiner Rede auf dem Parteitag Berija und den MGB-Vorsitzenden Viktor Abakumow angeklagt, aber Malenkow nicht erwähnt – aus dem einfachen Grund, weil Malenkow damals noch in der Parteiführung war. In dieser Rede sagte Chruschtschow:

Bekanntlich waren Wosnessenski und Kusnezow hervorragende und talentierte Funktionäre. Zu ihrer Zeit standen sie Stalin nahe. Es genügt zu sagen, dass Stalin Wosnessenski auf den Posten des Ersten Stellvertreters des Vorsitzenden des Ministerrates stellte und dass Kusnezow zum Sekretär des Zentralkomitees gewählt worden war. Allein die Tatsache, dass Stalin Kusnezow die Aufsicht über die Organe der Staatssicherheit übertrug, zeugt von dem Vertrauen, das er genoss.[76]

Aber, so fuhr Chruschtschow fort, die »Beförderung Wosnessenskis und Kusnezows erschreckte Berija«, und deshalb habe dieser Erklärungen und anonyme Briefe gefälscht, die dazu geführt hätten, dass die beiden und andere, die in die »Leningrader Affäre« verwickelt gewesen seien, als »Feinde des Volkes« gebrandmarkt und anschließend liquidiert worden seien.[77] Dass Berija und Malenkow entscheidend daran mitwirkten, Stalin gegen die Leningrader aufzuhetzen, wird von Dmitri Schepilow bestätigt, der 1947/48 Erster Stellvertretender Leiter der Abteilung für Propaganda und Agitation (Agitprop) des ZK war, wo er mit Schdanow zusammenarbeitete. Nach Schdanows Tod wurde er Leiter der Abteilung. Berija und Malenkow konspirierten auch gegen Schepilow. Tatsächlich wurde er im Juli 1949 aus dem ZK ausgeschlossen, entging aber dem Schicksal der Leningrader Gruppe. In seinen posthum erschienenen Memoiren schrieb Schepilow, es habe Zeiten gegeben, da habe Stalin offenbar Wosnessenski allen anderen vorgezogen, und das sei »Grund genug für Berija gewesen, seinen teuflischen Apparat gegen Wosnessenski zu mobilisieren«.[78]

Männer wie Wosnessenski und Kusnezow gehörten zu den jüngeren, Stalin treu ergebenen Funktionären, die sich im Krieg ausgezeichnet hatten. Für Berija und Malenkow stellten sie eine Bedrohung der eigenen Macht und Zukunft dar. Zwar war Stalin Vorsitzender des Ministerrats, aber ihm missfiel die Leitung der offiziellen Sitzungen, deshalb übertrug er Wosnessenski, nachdem dieser zum Ersten Stellvertretenden Vorsitzenden ernannt worden war, die Aufgabe. Das passte Malenkow nicht, der sich Hoffnungen machte, Stalins Nachfolger zu werden – und es für kurze Zeit auch wurde. Wosnessenski hatte sich auch Berija zum Feind gemacht, indem er sich weigerte, eine lange Liste von Todeskandidaten gegenzuzeichnen, die ihm der Chef der politischen Polizei zugeschickt hatte. Er sagte zu einem seiner Referenten, der die Episode überlieferte: »Ich bin kein Richter und ich weiß nicht, ob die auf diesen Listen aufgeführten Personen verdient haben, erschossen zu werden. Sagen Sie auch gleich, man soll mir nie wieder solche Listen schicken.«[79] Wäre die Liste von Stalin gekommen, hätte Wosnessenski wohl erheblich größere Schwierigkeiten gehabt, seine Unterschrift zu verweigern. Für Berija war die Weigerung ein Affront, den er nicht vergaß.

Chruschtschow behauptet, ohne sein Zutun hätte es neben der »Leningrader Affäre« auch eine »Moskauer Affäre« mit vielen Hinrichtungen gegeben. Bald nachdem er Ende 1949 aus der Ukraine nach Moskau zurückberufen worden sei, um Erster Sekretär der Stadt zu werden, habe er einen Brief, den Stalin ihm gezeigt habe, als das Werk eines Provokateurs entlarvt. Darin sei behauptet worden, dass sich sein Vorgänger in Moskau sowie viele Bezirkssekretäre und Fabrikleiter der Hauptstadt gegen das Zentralkomitee verschworen hätten.[80] Allerdings ist Chruschtschows Behauptung höchst zweifelhaft. Stalin setzte eine aus Malenkow, Berija, Kaganowitsch und Michail Suslow bestehende Kommission ein und beauftragte sie, die Vorwürfe gegen Georgi Popow, den Ersten Parteisekretär Moskaus, zu untersuchen. Sie kamen zu dem Ergebnis, dass der Brief (den Stalin Chruschtschow zeigte) eine der üblichen anonymen Denunziationen sei und dass die schweren Vorwürfe darin ebenso erfunden seien wie die Namen der »drei Ingenieure«, die ihn angeblich geschrieben hatten.[81] Stalin hatte die Gelegenheit jedoch dazu genutzt, Popow auf einen Verwaltungsposten abzuschieben und Chruschtschow als Gegengewicht zu Malenkow und Berija aus der Ukraine nach Moskau zu holen, da die Ausschaltung der Leningrader ein potentieller Machtzuwachs für sie war.[82]

Doch den Leningrader Funktionären kam niemand zu Hilfe. Kusnezow und Wosnessenski wurden beide verhaftet, gefoltert und 1950 mit vielen anderen führenden Mitgliedern der Leningrader Parteiorganisation hingerichtet.[83] Ein Leningrader, der diesem Schicksal nur knapp entging, war Alexej Kossygin, der später, von 1964 bis 1980, als Vorsitzender des Ministerrats eine wichtige Rolle in der sowjetischen Politik spielen sollte. Über Kossygins Situation im Jahr 1950 schrieb Chruschtschow:

Was Kossygin anging, so hing sein Schicksal an einem seidenen Faden. Einige der in Leningrad verhafteten und verurteilten Männer erhoben in ihren Aussagen geradezu lächerliche Beschuldigungen gegen ihn. Man schrieb allen nur möglichen Blödsinn über ihn. Kossygin stand von Anfang an auf unsicherem Grund, da er mit Kusnezow verschwägert war. Obwohl Kossygin ein sehr enger Mitarbeiter Stalins gewesen war, wurde er plötzlich aller seiner Ämter entbunden und erhielt eine Arbeit in irgendeinem Ministerium zugewiesen. Die gegen ihn erhobenen Beschuldigungen warfen einen so düsteren Schatten auf ihn, dass ich einfach keine Erklärung dafür weiß, wie es kam, dass er verschont blieb und nicht mit den anderen beseitigt wurde. Kossygin hatte wohl, wie man so sagt, das große Los gezogen, und dieser Kelch ging an ihm vorüber.[84]

Unter den Repressionen in Stalins letzten Regierungsjahren litten Zehntausende von Menschen, die nicht das Geringste mit dem Führungskader der Partei zu tun hatten. Oft genügte es, Sohn eines »Volksfeinds« zu sein – das Kind eines jener Männer, die in den dreißiger Jahren ohne plausiblen Grund eingekerkert worden waren –, um verhaftet und in ein Arbeitslager gesteckt zu werden. Der wachsende Antisemitismus des Spätstalinismus, von dessen Auswirkungen in Osteuropa bereits die Rede war, hatte auch für viele Sowjetbürger jüdischer Herkunft schlimme Konsequenzen. Es gab eine Kampagne gegen den sogenannten »Kosmopolitismus«, die sich gegen alle ausländischen Einflüsse und Verbindungen richtete, aber vor allem gegen jene Bürger, die nach Stalins Meinung die Kosmopoliten schlechthin waren, die Juden. Die marxistisch-leninistische Ideologie ließ sich nicht so verbiegen, dass sie mit unverhohlenem Antisemitismus zu vereinbaren gewesen wäre, deshalb musste dieser, als er in der Sowjetunion als Waffe eingesetzt wurde, in der Maske des Kampfes gegen Kosmopolitismus oder Zionismus auftreten.

Bald nach dem deutschen Überfall auf die Sowjetunion 1941 war mit offizieller Billigung das Jüdische Antifaschistische Komitee in Moskau gegründet worden, in dem viele prominente sowjetische Juden mitgearbeitet hatten. Im November 1948 wurde das Komitee mit der Begründung aufgelöst, ein Zentrum antisowjetischer Propaganda zu sein und, schlimmer noch, »antisowjetische Informationen an ausländische Nachrichtendienste geliefert zu haben«.[85] Solomon Michoels, der Vorsitzende des Komitees, ein hervorragender Schauspieler und Regisseur, wurde 1948 auf Stalins Geheiß mit zahlreichen anderen prominenten sowjetischen Juden liquidiert.[86] Das jiddische Theater in Moskau, dessen Leiter Michoels war, wurde geschlossen. Zu den Verhafteten ge-

Von der »Leningrader Affäre« zur »Ärzteverschwörung«   301

hörte auch Michail Borodin, Vertreter der Komintern in China und enger Vertrauter von Sun Yat-sen (von dessen Anfängen in Kapitel 5 die Rede war). Das englischsprachige Sowjetorgan *Moscow News*, dessen Chefredakteur Borodin damals war, wurde im Januar 1949 eingestellt (und erst 1956 wieder herausgegeben). Borodin wurde im März verhaftet und starb zwei Jahre später in Gefangenschaft.[87]

Die letzte Manifestation des Antisemitismus in Stalins Sowjetunion und Beleg für seine zunehmende Paranoia war die »Ärzteverschwörung«. Die Kardiologin Lydia Timaschuk, die an Schdanows Behandlung mitgewirkt hatte, schrieb nach dessen Tod im August 1948 mehrere Briefe, in denen sie behauptete, man habe sie gezwungen, ihren Krankenbericht abzuändern, und deutete an, die Ärzte hätten Schdanows Tod absichtlich beschleunigt.[88] Timaschuk wurde vom MGB – sie stattete dessen Hauptquartier 1952 zwei Besuche ab – und Stalin dazu benutzt, eine Kampagne gegen die Leute zu führen, von denen Stalin im Dezember 1952 behauptete, sie seien »jüdische Nationalisten« und glaubten, »ihre Nation sei von den Vereinigten Staaten gerettet worden«. Er fügte hinzu: »Unter den Ärzten gibt es viele jüdische Nationalisten.«[89] In den beiden Monaten zuvor waren die prominentesten Ärzte der Sowjetunion verhaftet worden – Ärzte, die die führenden Funktionäre und Politiker des Landes, auch Stalin, behandelt hatten. Man folterte sie, um ihnen Geständnisse abzupressen, und am 13. Januar 1953 vermeldete die *Prawda* die Verhaftung einer »Gruppe von Sabotage-Ärzten«. In der gleichen Ausgabe erschien ein Leitartikel – von Schepilow verfasst (der inzwischen wieder als Chefredakteur der *Prawda* eingesetzt war) und von Stalin eigenhändig redigiert – mit der Überschrift »Heimtückische Spione und Mörder in der Maske von Medizinprofessoren«.[90] Sechs der neun Ärzte waren Juden. Die Berichte brachten sie mit internationalen jüdischen Organisationen und mit dem amerikanischen Nachrichtendienst in Verbindung. Ungeklärt ist, ob die Ärzte auf den Schauprozess in ähnlicher Weise vorbereitet wurden wie die Opfer der dreißiger Jahre oder des Slánský-Prozesses in der Tschechoslowakei. Möglicherweise schwebte Stalin eine weitere Große Säuberung vor, die noch viel mehr Juden erfasst, aber auch weitere Kreise gezogen hätte. Doch in den Archiven haben sich keine Hinweise dafür gefunden, und generell ist Stalin in den Nachkriegsjahren vorsichtiger zu Werke gegangen und hat Prozesse unter Ausschluss der Öffentlichkeit – wie gegen die Mitglieder des Antifaschistischen Komitees – den theatralischen Schauprozessen vorgezogen.[91] Nach Stalins Tod im März 1953 wurden alle Ärzte von den absurden Beschuldigungen freigesprochen.

Wissenschaft und Kunst

Die stalinistischen Nachkriegsjahre waren eine trostlose Zeit für die sowjetischen Künste und für viele, wenn auch nicht alle, Wissenschaften. Beispielsweise erlebten Mathematik und Physik eine Blütezeit. Zum Teil lag es daran, dass sie von der Parteispitze und der politischen Polizei nicht verstanden wurden, aber es war auch so, dass insbesondere der Physik bewusst Priorität eingeräumt wurde. Stalin war verzweifelt um nukleare Parität – oder Überlegenheit – gegenüber den Vereinigten Staaten bemüht und wollte deshalb so rasch wie möglich die sowjetische Atombombe entwickeln. Daher erhielten Kernphysiker großzügige Forschungsmittel und privilegierte Lebensbedingungen. Am 29. August 1949 fand der erste erfolgreiche sowjetische Atombombentest in den Steppen Kasachstans statt. Berija, der Vorsitzende der für die Arbeit an der Bombe verantwortlichen Kommission, erschien auf dem Testgelände, und seine Anwesenheit erinnerte die beteiligten Wissenschaftler, allen voran den Leiter Igor Kurtschatow, daran, dass ihr persönliches Schicksal von dem Erfolg des Projekts abhing. Als ein Atompilz über dem Testgelände aufstieg, umarmte Berija Kurtschatow und Juli Chariton, einen anderen leitenden Physiker, und küsste sie auf die Stirn.[92] Unter den obwaltenden Umständen wäre Chariton gleich aus mehreren Gründen gefährdet gewesen, wenn das Projekt schiefgegangen wäre. Er war Jude und hatte zwei Jahre in Großbritannien verbracht, wo er 1928 in Cambridge in Physik promoviert hatte. Sein Vater war 1940 in Lettland vom NKWD verhaftet worden, und seine Mutter war mit ihrem zweiten Mann nach Palästina ausgewandert. Wie die meisten der beteiligten Wissenschaftler war Chariton nicht nur aus persönlichen Gründen erleichtert, sondern auch, weil sie die ihnen gestellte Aufgabe gelöst hatten. Außerdem war für die Wissenschaftler – ganz gleich, was Stalin oder Berija im Schilde führen mochten – die Entwicklung sowjetischer Kernwaffen eine Frage der Abschreckung. Chariton erklärte, der erfolgreiche Test habe ihn glücklich gemacht,

Wissenschaft und Kunst

weil »wir mit der Verfügung über eine solche Waffe die Möglichkeit beseitigt hatten, sie straflos gegen die UdSSR einzusetzen.«[93]

Andere Bereiche der sowjetischen Wissenschaft litten darunter, dass Scharlatane ihr Unwesen trieben und dass sich Stalin und einige seiner Mitarbeiter einbildeten, sie hätten die Materie im Wesentlichen verstanden. Trofim Lyssenko, ein von Stalin sehr protegierter Agrarbiologe, richtete die Genetik als wissenschaftliche Disziplin in der Sowjetunion praktisch im Alleingang zugrunde. Stalin billigte Lyssenkos Behauptung, die Genetik sei mit dem Marxismus-Leninismus unvereinbar – und befürwortete auch verschiedene Pseudoexperimente, die die Gültigkeit einer extremen Umwelttheorie – nicht die Gene, sondern die Umwelt mache den Menschen – beweisen sollten. Dazu Schepilow: »Lyssenko und sein Kreis warfen alle Errungenschaften der Genetik … als idealistische Begriffe und bürgerliche Erfindungen über Bord.«[94] Ende der vierziger Jahre wurden Tausende von Genetikern und Botanikern entlassen. Bald darauf griff das orthodoxe Eiferertum auch auf andere Wissenschaften wie Astronomie, Chemie und Ethnographie über. Mit dem Bemühen um Beseitigung »kosmopolitischer« Einflüsse gingen meist aberwitzige Behauptungen einher, die die Entdeckungen und Erfindungen auf fast allen Feldern wissenschaftlicher Forschungstätigkeit Russen zuschrieben.[95]

In Film, Theater und Literatur wurde die Sowjetunion als eine Welt des Überflusses dargestellt. Viele Werke dienten der Glorifizierung Stalins. Pflichtoptimismus – vor allem der Glaube an den endgültigen Sieg des »Sozialismus«, wie er von der sowjetischen Führung definiert wurde – und »Parteilichkeit« *(Partijnost)* wurden von allen Kulturschaffenden verlangt. Mag sein, dass das Publikum einen Film wie den 1948 entstandene Streifen *Kubankosaken*, der das unbeschwerte Leben in Südrussland und reich gedeckte Tische zeigte, als tröstlich empfand. Für einige Stadtbewohner war das wahrscheinlich eine willkommene Unterhaltung. Als jedoch der junge tschechische Kommunist Zdeněk Mlynář den Film Anfang der fünfziger Jahre in Moskau mit seinem aus diesem Teil Russlands stammenden Kommilitonen Michail Gorbartschow anschaute, erklärte ihm dieser, wie fern aller Realität die Schilderungen in diesem Film seien. Während der letzten Lebensjahre Stalins nahm die »Schönfärberei der Realität« in diesen Werken so übertriebene Formen an, dass sie in den folgenden Jahren rasch und zu Recht vergessen wurden.[96]

Stalins Tod

Am 1. März erlitt Stalin einen schweren Schlaganfall und starb am 5. März 1953. Vermutlich hätte ihn auch keine rasche und kunstgerechte medizinische Hilfe mehr retten können, aber wie die Dinge nun einmal lagen, saßen die besten Ärzte Moskaus in den Zellen der Lubjanka (der Zentrale des MGB/KGB), und bis Stalin überhaupt behandelt wurde, dauerte es eine Weile. Das Ärzteteam, das sich dann um Stalin kümmerte, war über seinen Zustand sehr beunruhigt. Seine Kollegen in der Parteiführung mussten unbedingt wissen, ob Aussicht auf Genesung bestand, denn niemand wagte, die Zügel auch nur vorläufig in die Hand zu nehmen, solange die Möglichkeit bestand, dass Stalin plötzlich wieder zu Kräften kam. Es war für die ehemaligen Kreml-Ärzte, die gerade wochenlange Folterungen hinter sich hatten, sicherlich sehr überraschend, dass man sich nun an sie wandte, um ihnen Stalins Symptome zu schildern. Ihr Urteil, dass Stalins Zustand »ernst« sei, bestärkte Berija und Malenkow in ihrem Verlangen, die Verantwortung zu übernehmen, und sie wurden von den behandelnden Ärzte darin bestätigt. Am 3. März erhielt das Büro des Präsidiums des Zentralkomitees die Mitteilung, dass Stalin Zustand hoffnungslos sei. Noch am selben Tag einigte man sich darauf, dass Malenkow Vorsitzender des Ministerrats werden und gleichzeitig Sekretär des Zentralkomitees bleiben solle. Diese Entscheidung wurde auf einer Dringlichkeitssitzung des Zentralkomitees am folgenden Tag bestätigt. Malenkow eröffnete sie und teilte den Mitgliedern mit, Stalin sei schwerkrank. Anschließend schlug Berija vor, dass Malenkow Stalins Funktionen übernehmen solle.[97] Am 6. März, einen Tag nachdem Stalin gestorben war, gaben die sowjetischen Massenmedien seinen Tod bekannt.

Da Stalins Leichnam öffentlich aufgebahrt worden war, wollten ihn so viele Hunderttausende sehen, dass eine unbekannte Zahl von Personen in der Menge zu Tode gequetscht oder getrampelt wurde. Im März 1956 gab Chruschtschow die Zahl der Todesopfer in einer Rede vor polnischen Kommunisten mit 109 an.[98] Sobald jemand von der dichtgedrängten Menge mitgerissen wurde und auf dem Glatteis ausrutschte, bestand keine Hoffnung, dass er noch einmal auf die Beine kam.[99] Die große Mehrheit der Sowjetbürger bedauerte Stalins Ableben. Sogar der namhafte Physiker und künftige Dissident Andrej

Sacharow »betrauerte den Tod des großen Mannes«.[100] Unter den zahlreichen Lobpreisungen, die in der *Prawda* veröffentlicht wurden, waren auch Beiträge von Schriftstellern. Alexander Fadejew (der Vorsitzende des Schriftstellerverbands, der sich 1956 das Leben nahm, nachdem Chruschtschow einige Verbrechen Stalins öffentlich bekanntgegeben hatte) nannte den toten Führer »den größten Menschenfreund, den die Welt je gekannt hat«. Michail Scholochow, Verfasser des *Stillen Don*, schrieb: »Vater, lebe wohl! Lebe wohl, du unser bis zum letzten Atemzug geliebter Vater! ... Du wirst immer mit uns sein und mit denen, die nach uns kommen.« Aus Frankreich meldete sich Louis Aragon zu Wort und erklärte, Stalin sei der »große Lehrer, dessen Verstand, Wissen und Beispiel unsere Partei, die Partei des Maurice Thorez, beflügelt hat«. Viele Tausend Söhne Frankreichs, sagte er, »starben für die Sache der Freiheit mit den Namen Stalin und Frankreich auf den Lippen!«. Dmitri Schepilow, der Chefredakteur der *Prawda*, an den diese und Tausende andere Lobpreisungen adressiert waren, hatte damals gemischte Gefühle, später schrieb er: »Für Stalin wurde in der letzten Zeit seines Lebens die Entlarvung von ›Terroristen‹, ›Giftmischern‹ und ›Verschwörern‹ so unentbehrlich wie der Wodka für einen hartgesottenen Alkoholiker.«[101] Doch die Kommunisten in aller Welt (natürlich die Jugoslawiens ausgenommen) empfanden echte Trauer. Sie hatten die Partei und die internationale kommunistische Bewegung so sehr mit der Person Stalins gleichgesetzt, dass einige sich sogar fragten, ob die Dinge jemals wieder werden könnten, was sie einmal waren.

TEIL DREI

Überleben ohne Stalin

KAPITEL 13

Chruschtschow und der XX. Parteitag

Unmittelbar nach Stalins Tod brach die Rivalität zwischen den mächtigsten Mitgliedern des Politbüros auf. Der Kampf um die Nachfolge wurde auch zu einer Machtprobe zwischen verschiedenen Institutionen. Lawrenti Berija war von 1938 bis 1945 Volkskommissar für innere Angelegenheiten und bekleidete zwischen 1941 und 1953 das Amt des stellvertretenden Regierungschefs, wobei er einigen Einfluss auf die Sicherheitsorgane hatte. Kein anderes Mitglied des engsten Kreises um Stalin war so verhasst. Er konnte seine Zufriedenheit über Stalins Tod kaum verbergen und machte sich rasch daran, seine Machtposition zu festigen. Das Innenministerium (MWD) und das Ministerium für Staatssicherheit (MGB) wurden verschmolzen, und Berija wurde mit der Leitung des neuen Ministeriums betraut.

Die Person, die in den letzten Jahren vor Stalins Tod die höchste Position in der Hierarchie eingenommen hatte, war jedoch Georgi Malenkow, der de facto zweiter Sekretär der KPdSU war und damit den Parteiapparat kontrollierte. Malenkow strebte ebenfalls die höchste Führungsposition an und schien sich in einer guten Ausgangsstellung zu befinden, da er zusätzlich zu seiner starken Position in der Parteiorganisation stellvertretender Vorsitzender des Ministerrats war.

Ein weiteres Mitglied des Politbüros, das als Nachfolger Stalins in Frage kam, war Wjatscheslaw Molotow, der seit den zwanziger Jahren eine wichtige Rolle im Politbüro spielte. Obwohl er in den letzten Jahren vor Stalins Tod nicht mehr die Gunst des *woschd* genossen hatte, holten ihn seine Kollegen im Politbüro ebenso wie Mikojan in den inneren Machtzirkel zurück, als Stalin im Koma lag. Offenbar war Molotow mit Stalins Politik im Großen und Ganzen nicht nur aus Vorsicht, sondern auch prinzipiell einverstanden gewesen. In der Tat hatte er viel zur Gestaltung von Stalins Außenpolitik beigetragen, aber die Spitzenposition im Regime strebte er nicht an. Berija, Malenkow und Molotow hielten die Nachrufe bei Stalins Begräbnis, wobei Molotow als Einziger der drei tatsächlich betroffen wirkte. Die Beobachter gewannen den Eindruck, es hier mit dem kommenden Triumvirat zu tun zu haben.[1]

Möglicherweise ahnte Berija, dass er, sollte er nicht die alleinige Führung übernehmen können, angesichts der von ihm zu verantwortenden Repressionsmaßnahmen in der Nachkriegszeit zum Ziel der Vergeltung werden würde. Er war allerdings bereit, Malenkow als nominellen neuen Führer zu akzeptieren, da er sich diesem geistig überlegen fühlte und ihn im Lauf der Zeit zu verdrängen gedachte. Berija kontrollierte den Polizeiapparat und ließ führende Vertreter des Regimes abhören. Mehrere Hunderttausend Sicherheitskräfte sowie die Grenzschutztruppen und die Wachmannschaften der Arbeitslager unterstanden seinem Befehl.[2] Abgesehen davon, dass ihm die Geheimpolizei sowie die normalen Ordnungskräfte unterstanden, wurde Berija am 5. März 1953 zum Ersten Stellvertretenden Vorsitzenden des Ministerrats ernannt. Vorsitzender wurde Malenkow. Berija gebärdete sich plötzlich äußerst reformfreudig und deutete seine Bereitschaft an, sowohl im Inland als auch gegenüber Osteuropa einen gemäßigten Kurs einzuschlagen. Anscheinend war er sogar bereit, sich mit einem vereinigten, neutralen und nicht kommunistischen Deutschland abzufinden.[3] Auch sprach er sich dafür aus, dass die Leiter der einzelnen Sowjetrepubliken diesen Republiken entstammen sollten und dass die Sprache der einheimischen Bevölkerung jeder Republik gefördert werden sollte. Doch daraus kann keineswegs geschlossen werden, dass Berija im Innersten seines Herzens ein Liberaler war. Vielmehr war er ein Politiker mit extrem autoritären Vorstellungen und einer besonders mörderischen Vergangenheit, der um größere Beliebtheit bemüht war. Da er selbst kein Russe war, glaubte er möglicherweise, sich mit dem Vorschlag von Zugeständnissen an die nichtrussischen Republiken die Unterstützung der anderen Nationalitäten sichern zu können, die zusammen etwa die Hälfte der Bevölkerung der Sowjetunion stellten.[4]

Berija, Malenkow und Molotow hatten eines gemein: Alle drei unterschätzten Nikita Chruschtschow. Dieser Sohn armer Bauern in Südrussland hatte bestenfalls vier Jahre lang die Schule besucht. (Chruschtschow selbst machte zu seiner Grundschulausbildung unterschiedliche Angaben, die zwischen zwei und vier Jahren schwankten.) Er arbeitete schon in früher Jugend auf dem Feld, anschließend in einer Fabrik und als Bergarbeiter, bevor er eine Karriere als Revolutionär machte. Er zählte zu den sozial benachteiligten und ungebildeten Menschen, denen die bolschewistische Revolution den politischen Aufstieg ermöglicht hatte. Chruschtschow nahm bis zu seinem Lebensende kaum einmal einen Stift zur Hand, sondern diktierte lieber – vor allem ab dem Zeitpunkt, da er hohe politische Ämter bekleidete. Er konnte lesen, aber er wollte seine Autorität nicht untergraben, indem er seine Unfähigkeit zu buchstabieren verriet. Allerdings sind mangelnde Bildung und mangelnde Intelligenz zwei vollkommen verschiedene Dinge. Chruschtschow hatte einen scharfen Verstand und ein ausgezeichnetes Gedächtnis. Er besaß großes politisches Geschick und verfügte über das, was seine Mitarbeiter als »Bauernschläue« bezeichneten. Und er glaubte an den Aufbau einer kommunistischen *Gesellschaft*. (Sämtliche Führer der KPdSU – mit Ausnahme Michail Gorbatschows in der zweiten Hälfte seiner Amtszeit an der Parteispitze – versuchten das kommunistische *System* zu erhalten und international auszuweiten. Aber nur Lenin und Chruschtschow glaubten an das von Marx postulierte »Absterben des Staates« – wobei Chruschtschow eine etwas eigenwillige Vorstellung von der Entwicklung hatte, die dazu führen sollte. Stalin glaubte mit Sicherheit nicht daran, obwohl er viele andere Lehren des Marxismus-Leninismus verinnerlicht hatte.) All diese Merkmale sind auch in Chruschtschows Memoiren zu finden, die er mehrere Jahre nach seinem Sturz auf seiner Datscha diktierte. Zu diesem Zeitpunkt war jeder Raum in seinem Haus verwanzt, und die Parteiführung wollte eine Veröffentlichung seiner Erinnerungen unbedingt verhindern. Doch seinem Sohn gelang es, einige Tonbänder vor dem Zugriff des KGB zu retten. Sie wurden ins Ausland geschmuggelt und die Memoiren in aller Welt veröffentlicht. In der Sowjetunion erschienen sie erst am Ende der Ära Gorbatschow.[5]

Ein Abendessen mit Stalin sei immer eine Qual gewesen, schrieb Chruschtschow in seinen Memoiren, da er die Mitglieder seines inneren Kreises stets betrunken gemacht habe, um anschließend in ihren Äußerungen nach Hinweisen auf mangelnde Loyalität oder politische Fehler zu suchen. Stalin zögerte nie, die anderen Parteiführer zu demütigen und ihnen zu zeigen, wer das Sagen hatte. Bei einer Gelegenheit befahl er Chruschtschow, der in seinen Erinnerungen bereitwillig eingestand, ein furchtbar schlechter Tänzer zu sein, einen ukrainischen Volkstanz (einen Gopak) vorzuführen, bei dem der Tänzer in die Hocke gehen und die Beine nach außen werfen muss. »Ich muss offen gestehen, dass mir das nicht leichtfiel«, erinnerte sich der beleibte Chruschtschow mit einem gewissen Understatement. »Aber ich tat es und versuchte, ein freundliches Gesicht zu machen. Später sagte ich zu Anastas Iwanowitsch Mikojan: ›Wenn Stalin sagt: tanze, dann tanzt ein kluger Mann.‹«[6] Chruschtschow profitierte davon, dass er derartige Schikanen erduldete und sogar zwanghaft die Nähe Stalins suchte (den er nicht nur als rachsüchtigen, sondern auch als einsamen Menschen schilderte). Er erinnerte sich:

> Schlimmer noch, als gemeinsam mit Stalin zu essen, war es, mit ihm die Ferien verbringen zu müssen. Natürlich galt es als große Ehre, die Mahlzeit mit ihm einzunehmen oder ihn in die Ferien zu begleiten. Aber zugleich war es eine gewaltige physische Anstrengung. … Nach außen hin mussten die freundlichsten Beziehungen demonstriert werden. Dieses Opfer musste man bringen. Aber es hatte auch seinen Nutzen und seine Vorteile, wenn man sich dieser Qual unterzog. Immer gab es Gespräche, von denen man profitieren und aus denen man wertvolle Schlussfolgerungen für seine eigenen Ziele ziehen konnte.[7]

Um seinen Eifer als Stalinist unter Beweis zu stellen, hatte auch Chruschtschow als Parteichef in der Ukraine zahlreiche Verhaftungen angeordnet, die in vielen Fällen zu Hinrichtungen führten. In seiner Einstellung zu Stalin verschmolz Bewunderung mit Abscheu und Schuldgefühlen. Stalins Fähigkeiten beeindruckten ihn, aber letzten Endes stießen ihn die Methoden des *woschd* ab, insbesondere die Liquidierung kommunistischer Mitkämpfer. Chruschtschows Schuldgefühle beruhten auf seiner aktiven Beteiligung an der Repression (insbesondere in der Ukraine), die es ihm ermöglichte, seine blinde Ergebenheit gegenüber Stalin zu demonstrieren und selbst physisch und politisch zu überleben. Chruschtschow war ein von Natur aus spontaner, ja sogar impulsiver Mensch, aber er war durchaus im-

Chruschtschow und der XX. Parteitag

stande, seine Emotionen zu beherrschen. Als er erst einmal der mächtigste Politiker der Sowjetunion war, konnte er diese Impulsivität freier ausleben – zum Guten wie zum Schlechten.

Die kommunistischen Regime werden oft als Parteistaaten beschrieben, und diese Betrachtungsweise ist durchaus sinnvoll, da die Parteiorganisation und die Regierungsstrukturen in diesen Regimen äußerst eng miteinander verknüpft sind. Die offizielle kommunistische Doktrin war in dieser Hinsicht jedoch irreführend. Auf der einen Seite wurde der Partei ein Monopol auf die politische Macht eingeräumt, die sie nach offizieller Darstellung von den zwanziger bis zu den fünfziger Jahren als »Diktatur des Proletariats« ausübte, um später eine bescheidenere »führende Rolle« im System zu spielen. Auf der anderen Seite war die Partei auch in der offiziellen Theorie kein Organ der Machtausübung, sondern eine öffentliche (oder gesellschaftliche) Organisation. In Wahrheit war sie die meiste Zeit beides, so paradox das klingen mag. Das *gewöhnliche Parteimitglied* übte keine Macht aus, gehörte jedoch der einflussreichsten »öffentlichen Organisation« des Landes an. Zur selben Zeit wurde die reale Staatsmacht von den *Parteifunktionären* auf allen Ebenen ausgeübt – von den Bezirkskomitees der Partei bis zum Politbüro. An der Spitze des politischen Systems standen das Politbüro und das Sekretariat des Zentralkomitees, die beiden mächtigsten kollektiven Einrichtungen, und die Person, die diese beiden Instrumente der Machtausübung kontrollierte, war de facto der Führer der Partei. Normalerweise bekleidete diese Person die Funktion des Ersten oder Generalsekretärs des Zentralkomitees, obwohl der Parteiführer nicht zu allen Zeiten und in jedem kommunistischen Staat diesen Titel trug. Beispielsweise wurde im Jahr 1922 Stalin Generalsekretär der Partei, doch als Parteiführer wurde weiterhin Lenin anerkannt, obwohl er nicht an der Spitze der Parteiorganisation stand, sondern als Vorsitzender des Rats der Volkskommissare (des Sownarkom) die tägliche Regierungsarbeit leitete.

Besonders eng waren Partei und Staat in Stalins letzten zwölf Lebensjahren miteinander verquickt. Das ging so weit, dass der Eindruck entstehen konnte, einige staatliche Einrichtungen seien mächtiger als die Partei. Im Krieg hatte sich Stalin den Titel eines »Generalissimus« verliehen und den Oberbefehl über die Streitkräfte übernommen. Wie im vorigen Kapitel erwähnt, war er ab 1941 Vorsitzender des Rats der Volkskommissare und später Vorsitzender des Ministerrats (im Jahr 1946 wurde die Bezeichnung »Volkskommissar« durch den Titel »Minister« ersetzt). Er leitete weiterhin die Partei, trat jedoch von nun an weniger als Parteichef auf, sondern als Verkörperung des sowjetischen Staates. Obwohl die Parteibürokratie der KPdSU ihre Funktionen behielt und die Abteilungen des Zentralkomitees sämtliche Aktivitäten überwachten, darunter Ideologie, Propaganda und Kultur, verloren andere Parteiinstitutionen praktisch jeden Einfluss. Das deutlichste Beispiel dafür war der Parteitag, der gemäß den Regeln der Partei das höchste politische Gremium war und alle drei Jahre zusammentreten sollte. (Nach Stalins Tod wurde das Intervall zunächst auf vier und später auf fünf Jahre verlängert.) Doch zwischen dem XVIII. Parteitag im März 1939 und dem XIX. Parteitag im Oktober 1952 verstrichen mehr als 13 Jahre. Das verdeutlicht, mit welcher Geringschätzung Stalin die Partei behandeln konnte, obwohl er auf die Parteibürokratie mindestens ebenso angewiesen war wie auf die Ministerien und die Geheimpolizei. Chruschtschow erklärte in seinen Memoiren, dass Stalin die Mitglieder des Politbüros im Jahr 1952 nicht erst von der Notwendigkeit eines Parteitags habe überzeugen müssen, da sie es alle »unglaublich« gefunden hätten, dass seit dem letzten Parteitag derart viel Zeit verstrichen war.[8] Sie begrüßten Stalins Vorschlag, doch keiner von ihnen hatte es gewagt, sich auf die Parteistatuten zu berufen oder einige Jahre früher darauf hinzuweisen, dass der nächste Parteitag überfällig war.

Auf dem XIX. Parteitag taufte Stalin das Politbüro in »Präsidium des Zentralkomitees« um und vergrößerte die Mitgliedschaft des Gremiums. Gleichzeitig rief er ein geheimes internes Gremium ins Leben, das Büro des Präsidiums. Von nun an wurden Personen, die bei Stalin in Ungnade fielen – unter ihnen Molotow und Mikojan –, weiterhin als Mitglieder des Präsidiums geführt, gehörten allerdings nicht mehr dem Büro des Präsidiums an. Am Abend des 5. März 1953, dem Todestag Stalins, wurden in einer beispiellosen gemeinsamen Sitzung des Zentralkomitees, des Ministerrats und des Präsidiums des Obersten Sowjet die Abschaffung des Büros des ZK-Präsidiums und die Verringerung des Präsidiums um zwei Drittel beschlossen. Damit verwandelte sich das Präsidium in der Praxis wieder in das alte Politbüro, nur unter einem neuen Namen.[9] Ein Politbüro ohne Stalin, das jedoch eine Reihe sehr hochrangiger sowjetischer Politiker umfasste, war natürlich eine ganz andere politische Einrichtung als eine Gruppe von Männern, die Stalin vollkommen zu Willen gewesen waren und mit Ehrfurcht und Angst zu ihm aufgesehen hatten.

Bald nach der Versammlung der Parteigremien und staatlichen Einrichtungen am 5. März wurden die Hierarchien von Regierung und Partei deutlicher getrennt. Malenkow wurde Vorsitzender des Ministerrats und blieb noch etwas länger als eine Woche ZK-Sekretär. Doch man zwang ihn bald, zwischen den beiden Funktionen zu wählen. Am 13. März 1953 entschied er sich für das Amt des Regierungschefs und gab seinen Sitz im Sekretariat des Zentralkomitees auf. Er hielt den Vorsitz im Ministerrat für das einflussreichere Amt.[10] Es gab Beispiele dafür, dass der Regierungschef Sitzungen des Politbüros leitete – Lenin selbst hatte das getan –, und Malenkow nahm an, diese Autoritätsposition werde auch ihm zufallen, was einige Zeit tatsächlich der Fall war. Dazu kam, dass der Posten des Generalsekretärs auf dem XIX. Parteitag im Jahr 1952 offiziell abgeschafft worden war, womit von diesem Zeitpunkt an selbst Stalin nur noch einer von mehreren ZK-Sekretären war, obwohl er in Wirklichkeit eine ganz andere Position als seine Kollegen bekleidete. Das bedeutete jedoch, dass es im März 1953 keine herausragende Position für ein einzelnes Mitglied der KPdSU gab, die der Stellung des Vorsitzenden des Ministerrats vergleichbar gewesen wäre.

Von 1950 an traf sich einmal in der Woche das sogenannte Ministerratsbüro, um die wichtigen wirtschaftlichen Fragen zu behandeln. Diesem Gremium gehörten die führenden Regierungsmitglieder an (Stalin nahm nicht an den Sitzungen teil, da er mit fortschreitendem Alter seine Verpflichtungen einschränkte). Die anfängliche Vormachtstellung des Ministerrats nach Stalins Tod war somit in mehrerlei Hinsicht das Ergebnis einer Entwicklung in den letzten Jahren des Stalinismus. Unmittelbar nach dem Ende der Ära Stalin erhielt das höchste Exekutivkomitee des Ministerrats die Bezeichnung Präsidium, und diesen Namen behielt es fast bis zum Ende der Sowjetunion bei, wohingegen das Präsidium des Zentralkomitees der KPdSU nach Chruschtschows Sturz im Jahr 1966 wieder als Politbüro fungierte. Zwischen dem 13. März und Anfang Juli 1953 trat das Präsidium des Ministerrats mehr als dreimal häufiger zusammen als das Präsidium des Zentralkomitees der KPdSU.[11] Das war ein Hinweis darauf, dass die Schlüsselentscheidungen in diesem kurzen Zeitraum eher im Ministerrat fielen. Das bedeutete jedoch nicht, dass das Machtmonopol der kommunistischen Partei gebrochen worden wäre, denn die führenden Regierungsmitglieder waren allesamt altgediente Parteimitglieder, die nicht nur im Ministerratspräsidium, sondern auch im ZK-Präsidium saßen.

Nikita Chruschtschow war zum Zeitpunkt von Stalins Tod Erster Sekretär der Moskauer Parteiorganisation und Mitglied des Zentralkomitees. Er gab seine Moskauer Parteifunktion sofort auf, um sich auf die Arbeit im ZK-Sekretariat zu konzentrieren. Im Gegensatz zu Malenkow war sich Chruschtschow der Tatsache vollkommen bewusst, dass die Parteiorganisation der entscheidende Machtfaktor war, den es zu kontrollieren galt. Die Partei hatte es Stalin ermöglicht, seine herausragende Stellung zu erobern; erst dann hatte er sich zu einem Diktator über die Partei und alle anderen Einrichtungen aufschwingen können. Chruschtschow machte es sich zum Ziel, den Einfluss der Partei wiederherzustellen und den Aufstieg von Personen aus seiner Umgebung zu fördern, die er für loyal hielt. Im September 1953 war er stark genug, um sich den Titel des Ersten Sekretärs des Zentralkomitees zu sichern – dieser Posten entsprach dem des alten Generalsekretärs. (Ab 1966 hieß der Parteichef wieder Generalsekretär.) Obwohl es Chruschtschow gelang, seine Machtbasis Stück für Stück zu festigen, drängte er anfangs nicht allzu rasch an die Spitze. Noch im März 1954 leitete Malenkow nicht nur die Sitzungen des Ministerratspräsidiums, sondern auch jene des ZK-Präsidiums.[12] Im Lauf des Jahres änderte sich das. Chruschtschow begann, in diesen Sitzungen den Vorsitz zu führen, und in den Listen der Parteiführung, die die Zeitungen abdruckten, erschien sein Name nun vor dem Malenkows. Dieser hielt sich etwas länger als ein Jahr an der Spitze der sowjetischen Führung und spielte in dieser Zeit eine keineswegs dominierende Rolle.

Berijas Verhaftung

Chruschtschow stellte seine Autorität unter Beweis, indem er eine entscheidende Rolle bei der Verhaftung Berijas spielte. Er sondierte in persönlichen Gesprächen, wie die Mitglieder des ZK-Präsidiums über eine Entfernung Berijas aus der Parteiführung dachten. »Wie, wir sollen ihn nur entmachten?«, lautete Molotows Antwort. »Nach einer solchen Reaktion«, berichtete Chruschtschow, »war alles klar, und wir sprachen offen.«[13] Chruschtschow scheute sich, an Malenkow heranzutreten, da dieser Berija anscheinend immer nahegestanden hatte, aber als er diesen Schritt schließlich wagte, stellte er fest, dass Malenkow ebenfalls bereit war, sich an Berijas Sturz zu beteiligen. Man müsse ihn allerdings unbedingt unvorbereitet treffen, da er sonst die Sicherheitskräfte gegen seine Gegner einsetzen könne.

Um sicherzugehen, dass Berija nicht gewarnt wurde und keinen Verdacht schöpfte, mussten Chruschtschow und seine Verbündeten für seine Verhaftung statt der Staatspolizei die Armee einsetzen. Der Schlag war für die Sitzung des Ministerratspräsidiums am 26. Juni 1953 geplant. Am Vorabend teilten sich Chruschtschow, Berija und Malenkow nach einer Sitzung des Zentralkomitees einen Wagen für die Heimfahrt. Nachdem Malenkow zu Hause abgesetzt worden war, begleitete Chruschtschow Berija bis zur Haustür und machte ihm, wie er später erzählte, »schamlos Komplimente« darüber, dass es ihm gelungen sei, »nach Stalins Tod so große und wichtige Fragen zu stellen«. Nach einer scheinbar jovialen Unterhaltung tauschten die beiden einen »langen und innigen Händedruck« aus. »Ich dachte die ganze Zeit: ›In Ordnung, du Bastard, ich schüttle dir jetzt zum letzten Mal die Hand ... Morgen werde ich für alle Fälle eine Pistole einstecken. Wer zum Teufel weiß, was geschehen mag.‹«[14]

Nachdem am nächsten Tag das letzte Mitglied des Präsidiums den großen Sitzungssaal im Kreml betreten hatte, bezogen vor der Tür Soldaten Stellung. Malenkow führte den Vorsitz und kündigte an, zusätzlich zu den bekannten Tagesordnungspunkten gebe es »einen Vorschlag, das Problem des Genossen Berija zu diskutieren«. Dmitri Schepilow, der zu jener Zeit Chefredakteur der *Prawda* war, berichtet: »Das sorgfältig vorbereitete Vorhaben nahm seinen Lauf. Lawrenti Berija bekam in schonungslosem und wütendem Ton alles zu hören, was gesagt werden musste: zunächst und vor allem, dass er versuche, sich zum Diktator aufzuschwingen, dass er die Sicherheitskräfte des Staates über die Partei und die Regierung gestellt habe und dass er seine eigenen Pläne geschmiedet und umgesetzt habe.«[15] Die Vorbereitung des Unternehmens war schwierig gewesen, denn die für die Sicherheit der Präsidiumsmitglieder zuständigen Personen unterstanden alle Berija. In Moskau waren zwei Divisionen der Staatspolizei stationiert, die Kremlwache unterstand seinem Befehl, und sogar der Leiter des Moskauer Militärbezirks, General Pawel Artemew, war ein früherer NKWD-Offizier. Die Verschwörer hatten es jedoch so eingerichtet, dass sich Artemew bei Manövern außerhalb Moskaus befand und dass sie ihre hochrangigen Verbündeten im Militär zur Hilfe holen konnten.[16] Chruschtschow hatte einen Freund aus der Kriegszeit, General Kirill Moskalenko, den Kommandanten der Moskauer Luftabwehr, gebeten, mit einigen vertrauenswürdigen Männern zu einem Gespräch über das Luftabwehrsystem in den Kreml zu kommen. Malenkow und Nikolai Bulganin gingen noch einen Schritt weiter und traten an Marschall Schukow heran. Nachdem Chruschtschow, Malenkow und andere das Wort gegen Berija ergriffen hatten – wobei Chruschtschow zu den tatsächlichen Verbrechen noch einige erfundene wie jenes hinzufügte, er habe einmal für den britischen Geheimdienst gearbeitet –, drückte Malenkow auf einen Knopf, worauf die draußen wartenden Soldaten mit gezückten Waffen eintraten. Schukow schrie den vollkommen verblüfften Berija an, er stehe unter Arrest.[17]

Noch am selben Tag wurden einige enge Verbündete Berijas in den Sicherheitsdiensten verhaftet. Sie wurden bis Dezember in Armeegefängnissen festgehalten und anschließend vor Gericht gestellt – Berija wurde für den Fall, dass er einige der an seinem Sturz beteiligten Männer beschuldigen würde, ein Geheimprozess gemacht. Er hatte ungezählte Verbrechen auf dem Gewissen, doch auch sein Prozess stand in stalinistischer Tradition.[18] Er wurde noch am Tag des Schuldspruchs erschossen. In seinen Safes fanden sich zahlreiche Beweise dafür, dass er die übrigen Mitglieder der sowjetischen Führung bespitzelt hatte. In den Papieren fanden sich auch die Namen und Adressen zahlreicher Frauen, darunter bekannte Schauspielerinnen und Minderjährige, die er vergewaltigt hatte.[19] In einer Sitzung des Zentralkomitees im Juli 1953 wurde Berija als »Feind der Kommunistischen Partei und des sowjetischen Volkes« verurteilt.[20] In dieser Phase wurde es offiziell so dargestellt, als seien er und seine Schergen für die schlimmsten Verbrechen des Stalinismus verantwortlich gewesen. Er habe versucht, die Macht zu usurpieren, indem er die Sicherheitskräfte über die Partei und die Regierung stellte. Chruschtschow führte den Vorsitz in der Plenarsitzung des Zentralkomitees vom 2. bis 7. Juli, und in einer seiner zahlreichen Wortmeldungen fasste er Berijas persönliche Eigenschaften folgendermaßen zusammen: »Gerissenheit, Unverschämtheit und Anmaßung – dies sind seine grundlegenden Eigenschaften.«[21] Es ist bezeichnend, dass Chruschtschow in dieser Sitzung die schwersten Vorwürfe gegen Berija erhob, denn er war derjenige, der die Kühnheit besessen hatte, den ersten Schritt gegen den verhassten Chef der Staatssicherheit zu tun.[22] Einer von Chruschtschows härtesten Kritikern, Dmitri Schepilow, deutet dieses Verhalten in erster Linie als Ausdruck von Chruschtschows »außergewöhnlichem Machtstreben«, das ihn dazu bewegt habe, seinen wichtigsten Konkurrenten um die höchste Machtposition aus dem Weg zu räumen.[23] Chruschtschows Ehrgeiz mag durchaus zu seinen Beweggründen gezählt haben, aber es gibt keinen Grund, daran zu zweifeln, dass er Berijas Methoden aufrichtig ablehnte und den Wunsch hegte, die Sicherheitskräfte der Partei zu unterstellen.[24]

Die Bedeutung der Versammlung des Zentralkomitees im Juli 1953 geht über das persönliche Schicksal Berijas und anderer Vertreter des Polizeistaats hinaus. Mit dieser Plenarsitzung begann die Revitalisierung der Partei, eine Aufgabe, der sich Chruschtschow mit großem Elan widmete. In Stalins letzten zwölf Lebensjahren war das Zentralkomitee nur dreimal zusammengetreten.[25] Unter Chruschtschow versammelte es sich mindestens zweimal im Jahr. Den Parteistatuten zufolge hatte es mehr Befugnisse als das Politbüro/Präsidium. In der Realität bestand die einzige Funktion des Zentralkomitees darin, die Vorschläge des inneren Führungszirkels abzusegnen. Doch in der Zeit, als Chruschtschow im ZK-Präsidium hauptsächlich von Rivalen umgeben war, hatte es Sinn, dass er die rein theoretischen Befugnisse des Zentralkomitees durch praktische Einflussmöglichkeiten ersetzte. Als Erster ZK-Sekretär hatte er die Möglichkeit, das Zentralkomitee mit zahlreichen Gefolgsleuten zu besetzen. Die Mitgliedschaft im Zentralkomitee hing von der Funktion eines Mitglieds ab. Alle Ersten Sekretäre der Republiken der Sowjetunion und die Ersten Sekretäre vieler Regionen (darunter die industriell und landwirtschaftlich wichtigsten) gehörten diesem Gremium an. Die meisten Minister hatten ebenfalls einen Sitz im Zentralkomitee, aber auf ihre Ernennung nahmen nicht nur Malenkow als Vorsitzender des Ministerrats, sondern auch mehrere andere hochrangige Mitglieder des Präsidiums Einfluss. Die Folge war, dass sich niemand in der offiziellen Regierung eine derart umfassende Unterstützung im Zentralkomitee sichern konnte wie der Erste Sekretär. Chruschtschow machte sich also daran, in den Regionen Parteichefs einzusetzen, die in der Vergangenheit mit ihm zusammengearbeitet hatten. Ein Verbündeter, der ihm in der Ukraine unterstanden hatte, Leonid Breschnew, wurde Erster Sekretär der kasachischen Parteiorganisation. Kasachstan war gemessen am Territorium die zweitgrößte und gemessen an der Bevölkerung die drittgrößte Sowjetrepublik nach Russland und der Ukraine. In der Ukraine kehrte Alexej Kiritschenko, ein Gefolgsmann Chruschtschows, in das Amt des Ersten Sekretärs zurück. Mindestens 35 Prozent der Posten, die mit einer Mitgliedschaft im Zentralkomitee verbunden waren, hingen direkt von Chruschtschow ab.[26]

Unmittelbar nach Stalins Tod hatte Chruschtschow den fünften Rang in der sowjetischen Hierarchie eingenommen. Nachdem Berija ausgeschaltet war, rangierte er im Juli 1953 an dritter Stelle nach Malenkow und Molotow. Ein Jahr später stand er an der Spitze der Hierarchie. Dennoch handelte es sich auch zu diesem Zeitpunkt im Wesentlichen um eine kollektive Führung des Präsidiums, man diskutierte wirklich und trug Meinungsverschiedenheiten aus. Doch im Jahr 1955 gelang es Chruschtschow, seine Macht beträchtlich zu erweitern, indem er Malenkow als Vorsitzenden des Ministerrats absetzen und durch den gefügigeren Bulganin ersetzen ließ. Auf dem ersten Parteitag nach Stalins Tod im Februar 1956 spielte Chruschtschow unverkennbar eine beherrschende Rolle, er war nun die einflussreichste Person in der politischen Führung der Sowjetunion. Dieser Parteitag, der an anderer Stelle in diesem Kapitel noch näher behandelt wird, stieß die Tür zur Entstalinisierung auf, aber auch zwischen der Verhaftung Berijas und diesem Parteitag fanden bereits bedeutsame Veränderungen statt.

Tauwetter

Stalins Tod zog in verschiedenen Bereichen fast augenblicklich politische Neuerungen nach sich. In der Außenpolitik war bestenfalls ein eingeschränkter Kurswechsel zu beobachten, aber im Juni 1953 deutete ein wichtiger Schritt darauf hin, dass die Sowjetunion unter der neuen Führung weniger intransigent sein würde als unter Stalin: Auf sowjetischen Druck erklärte sich China zu einem Waffenstillstand

Tauwetter 321

bereit, um den Koreakrieg zu beenden. Doch im selben Monat wurden sowjetische Panzer eingesetzt, um den Aufstand in der DDR niederzuschlagen.[27] Zum Zeitpunkt von Stalins Tod war Andrej Wyschinski sowjetischer Außenminister, jener Mann, der in den politischen Schauprozessen in den dreißiger Jahren als Chefankläger fungiert hatte. Er hatte seine Zugehörigkeit zu den Menschewiki (den Bolschewiki hatte er sich erst Ende der zwanziger Jahre angeschlossen) bereits als Anklagevertreter im Schachty-Prozess im Jahr 1928 und später als Chefankläger zwischen 1935 und 1939 durch sein unbarmherziges Auftreten überkompensiert. Er befürwortete den Einsatz der Folter, um Geständnisse zu erpressen. Nach seinem Wechsel in die Außenpolitik war Wyschinski neun Jahre lang stellvertretender Außenminister und von 1949 bis 1953 Außenminister.

Es deutete jedoch nur auf eine geringfügige Mäßigung hin, dass er am Ende jenes Jahres durch Molotow ersetzt wurde, der damit seinen alten Posten wieder einnahm. Molotow, der dem Westen unversöhnlich gegenüberstand, befürwortete wie sein Amtsvorgänger ein unerbittliches Vorgehen gegen jegliche Abweichung ausländischer Kommunisten wie jener der jugoslawischen KP. Als andere Mitglieder der poststalinistischen Führung zu dem Schluss gelangten, es sei an der Zeit, die Beziehungen zu Tito zu verbessern, reagierte Molotow in einer Sitzung des Parteipräsidiums am 19. Mai 1955 mit folgender Erklärung: »Im Jahr 1948 ersetzte Jugoslawien die Volksdemokratie durch den bürgerlichen Nationalismus. Jugoslawien versucht, unser Lager zu schwächen.«[28] Vier Tage später erklärte er in einer weiteren Präsidiumssitzung, es gebe nur zwei Arten von Staaten, proletarische und bürgerliche, und stellte seinen Kollegen die rhetorische Frage: »Was für ein Staat ist Jugoslawien?«[29] Für Molotow stand Jugoslawien zweifellos auf Seiten der »Bourgeoisie«. Zwei Monate später kam es in einer Plenarsitzung des Zentralkomitees zu einem offenen Zwist zwischen Molotow und Chruschtschow, der dem Außenminister vorwarf, gemeinsam mit Stalin für den Bruch mit Jugoslawien verantwortlich gewesen zu sein.[30] Molotow war der erste sowjetische Außenminister, der von seinen westlichen Kollegen als »Mr. Njet« bezeichnet wurde, ein Spitzname, den sich später Andrej Gromyko (Außenminister von 1957 bis 1985) redlich verdiente.

Die ersten Jahre nach Stalins Tod erhielten ihren Namen von einem 1954 veröffentlichten Roman Ilja Ehrenburgs mit dem Titel *Tauwet-*

ter. Der Roman war kein großes Werk, aber er schilderte den erbärmlichen Zustand der sowjetischen Kultur unter Stalin und die Stimmung der Zuversicht nach seinem Tod. All das bewerkstelligte der Autor, ohne Stalins Namen zu nennen. Ehrenburg verstand sich darauf, seine Arbeiten so angepasst zu verfassen, dass sie jederzeit in der Sowjetunion veröffentlicht werden konnten, doch bei einigen Gelegenheiten – so auch bei dieser – ging er einen Schritt weiter. Er wurde sowohl wegen des Inhalts als auch wegen des Titels angegriffen – ein Lektor schlug vor, das Buch »Eine neue Phase« zu nennen –, aber Ehrenburg weigerte sich, den Titel zu ändern, da »Tauwetter« seiner Meinung nach die spürbare Veränderung des politischen Klimas in der Sowjetunion treffend beschrieb. Einer von Ehrenburgs Freunden fragte sich, »ob er die ganze Geschichte nur geschrieben hatte, um ihren Titel im Sprachgebrauch des Landes zu verankern«.[31] Ludmilla Alexejewa, eine langjährige Vorkämpferin der Menschenrechte in der poststalinistischen Sowjetunion, bemerkte in einem Buch mit dem Titel *The Thaw Generation* (Die Tauwetter-Generation), dass ein Tauwetter empfindlich sei, da der Frost jeden Augenblick zurückkehren könne: »Trotz seiner Symbolkraft war *Tauwetter* ein Buch, das ich zwar las, dann jedoch rasch wieder vergaß. Ich hatte keine Ahnung, dass es einer Ära einen Namen geben würde.«[32]

Da es keinen politischen Bewegungsspielraum gab, verwandelte sich die Literatur in ein Schlachtfeld, auf dem Autoren mit unterschiedlichen Wertvorstellungen und politischen Einstellungen ihre Auseinandersetzungen austrugen. Ähnlich war die Situation im Russland des 19. Jahrhunderts gewesen, und obwohl in der Sowjetunion die Zensur sehr viel härter und der ideologische Druck größer war, war diese intellektuelle Auseinandersetzung außerhalb des politischen Systems von Stalins Tod bis in die späten achtziger Jahre, als eine wirkliche politische Debatte die literarische Stellvertreterdebatte überflüssig machte, ein wichtiger Bestandteil des gesellschaftlichen Lebens. Bereits im Jahr 1953 hatte Wladimir Pomeranzew mit dem Essay »Über die Aufrichtigkeit in der Literatur« das literarische Establishment der Sowjetunion offen beschuldigt, »die Wirklichkeit zu vertuschen«. Pomeranzew sah sich daraufhin dem Vorwurf ausgesetzt, er stelle die Aufrichtigkeit über die Parteidisziplin. Alexander Twardowski, der Herausgeber der Zeitschrift *Novi mir* (Neue Welt), die den Artikel veröffentlicht hatte, wurde entlassen. Allerdings durfte Twardowski seine Arbeit 1958 wieder aufnehmen, und *Novi mir* verwandelte sich in den sechziger Jahren in die beste Literaturzeitschrift der Sowjetunion, die auch die deutlichste Kritik am Stalinismus übte.

Dem Tauwetter unmittelbar nach Stalins Tod verdankten viele Tausend politische Gefangene die Freiheit. Anfangs wurden in erster Linie alte Kommunisten freigelassen, die in die Mühlen von Stalins Repressionsmaschinerie geraten waren.[33] Es wurde unterschieden zwischen jenen, die einfach vor Ablauf ihrer Haftstrafen aus den Gefängnissen oder Arbeitslagern entlassen wurden, und jenen, die offiziell rehabilitiert und alle gegen sie erhobenen Vorwürfe widerrufen wurden. Vor dem XX. Parteitag im Jahr 1956 gehörte die überwältigende Mehrheit jener, deren Strafe verringert wurde oder die entlassen wurden, der ersten Kategorie an. Das Präsidium des Zentralkomitees richtete eine zentrale Kommission ein, die alle Fälle von politischer Repression untersuchen sollte. Bis März 1956 wurden 337 183 Fälle geprüft, und 153 502 Häftlinge erhielten eine Strafverkürzung oder wurden unverzüglich auf freien Fuß gesetzt.[34] Indem er in seiner Rede auf dem XX. Parteitag nur jene 7679 Personen erwähnte, die seit 1954 (in vielen Fällen posthum) vollkommen rehabilitiert worden waren, untertrieb Chruschtschow das Ausmaß der bisherigen Entstalinisierung.[35] Nach dem XX. Parteitag wurden 97 regionale Kommissionen eingerichtet, um die Gerichtsprozesse zu untersuchen, die in den verschiedenen Landesteilen stattgefunden hatten. Nun kam die Neubewertung der politischen Verbrechen rascher voran: Zwischen März und Oktober 1956 wurden mehr als 81 000 Menschen, die aus politischen Gründen im Gulag gelandet waren, aus der Haft entlassen; allerdings wurden nur 3271 von ihnen durch einen offiziellen Gerichtsbeschluss rehabilitiert.[36] (Das Wort Gulag fand nach der Veröffentlichung von Alexander Solschenizyns *Der Archipel Gulag* Aufnahme in den westlichen Sprachgebrauch. Dieser im Jahr 1968 fertiggestellte Bericht über das Leben und Sterben in den Arbeitslagern wurde im Jahr 1973 im Ausland und 1989 in Russland veröffentlicht. »Gulag« ist ein Kürzel für *Glawnoe uprawlenie lagerej*, was »Hauptverwaltung Lager« bedeutet. Die Lagerhauptverwaltung war eine Sektion der Staatspolizei.)

Obwohl die sowjetische Führung die Freilassung zahlreicher Häftlinge zuließ, befürchtete sie in den ersten Jahren nach Stalins Tod, die

Entwicklung könne außer Kontrolle geraten. Nach seinem erzwungenen Rücktritt gestand Chruschtschow das offen ein:

> Wir in der Parteiführung, ich eingeschlossen, befürworteten das Tauwetter, aber ohne Ehrenburg namentlich zu nennen, waren wir der Meinung, dass wir seine Position kritisieren mussten. Wir hatten Angst – wirkliche Angst. Wir fürchteten, das Tauwetter könne eine Flut auslösen, die wir nicht unter Kontrolle bringen und in der wir untergehen konnten. ... Wir wollten die Entwicklung des Tauwetters so steuern, dass es nur jene kreativen Kräfte anregte, die zur Stärkung des Sozialismus beitragen würden.[37]

Als Rentner zeigte Chruschtschow größere Toleranz gegenüber der kulturellen Vielfalt als in seiner Zeit als Partei- und Regierungschef. »Wie langweilig wäre es, wenn alle genau gleich schreiben würden, wenn alle dieselben Argumente verwenden würden«, schrieb er, um in seinem charakteristischen Stil hinzuzufügen: »Wenn das monotone Wiederkäuen in der Literatur überhandnimmt, muss sich der Leser übergeben.«[38]

In den Jahren 1953 bis 1956 war Chruschtschow bemüht, zum einen das Überleben des kommunistischen Systems – er sprach von der »Sowjetmacht« und vom »Sozialismus« – zu sichern und zum anderen seine persönliche Macht in diesem System zu festigen. Es gelang ihm, eine klare Vormachtstellung der Parteibürokratie gegenüber dem Sicherheitsapparat und dem Ministerrat durchzusetzen. Was die Sicherheitskräfte anbelangte, so lag es im Interesse sämtlicher Mitglieder der Parteiführung, dafür zu sorgen, dass dieser Apparat nie wieder derart viel Spielraum erhalten würde wie unter Berija. In einer Sitzung des ZK-Präsidiums im Februar 1954 wurden die Befugnisse des MWD und des Komitees für Staatssicherheit (KGB) neu abgegrenzt und im folgenden Monat in einem Dekret des Präsidiums des Obersten Sowjet festgeschrieben.[39] Die Aufgaben der politischen Staatspolizei wurden dem KGB übertragen, und Chruschtschow sorgte dafür, dass diese Einrichtung ihm gegenüber loyal sein würde, indem er Iwan Serow, der in seiner Zeit als Parteichef in der Ukraine Leiter des dortigen NKWD gewesen war, mit der Führung des KGB beauftragte. Serow hatte eine ähnlich dunkle Vergangenheit wie eine Reihe von NKWD-Kollegen, die im Jahr 1953 gemeinsam mit Berija hingerichtet worden waren.[40] Tatsächlich regte sich in der Sitzung des ZK-Präsidiums am 8. Februar 1954, in der er zum Leiter des KGB ernannt wurde, Widerstand. Doch eine Mehrheit stimmte schließlich für Serow, der allerdings von verschiedenen Mitgliedern des Präsidiums ermahnt wurde, sich an die Parteilinie zu halten und nie zu vergessen, dass der KGB im Grunde ein Parteiorgan sei. Malenkow, der den Vorsitz in der Sitzung führte, in der die Regierung umstrukturiert wurde, erklärte: »Wir sprechen über eine umfassende Umgestaltung *(perestroika)*.«[41]

In den ersten zwei Jahren nach Stalins Tod zeigte Malenkow in der Innenpolitik größeren Reformeifer als Chruschtschow und verfocht in der Außenpolitik einen gemäßigteren Kurs als sein Rivale. Er sprach sich dafür aus, die Leichtindustrie aufzubauen, um den leidgeprüften sowjetischen Verbrauchern das Leben zu erleichtern. Chruschtschow setzte diese Vorhaben gegen ihn ein und tat sich als Fürsprecher der Schwerindustrie hervor, eine Politik, die Anklang beim Militär und bei der Rüstungsindustrie fand. (Nachdem er sich gegen Malenkow durchgesetzt hatte, machte Chruschtschow sich einige politische Vorhaben seines Rivalen zu eigen und befürwortete beispielsweise eine Ausweitung der Konsumgüterproduktion.) Zu Beginn des Jahres 1955 weitete Chruschtschow den Angriff aus, um Malenkows Einfluss vollkommen zurückzudrängen. Der Vorsitzende des Ministerrats wurde beschuldigt, in der Wirtschaftspolitik zu versagen, entschlussschwach zu sein und – was besonders schwer wog – Berija zu nahegestanden zu haben. Man warf ihm vor, die moralische Verantwortung für die »Leningrader Affäre«, die zum Tod von Wosnessenski, Kusnezow und anderen geführt hatte, sowie für viele andere schwere Fehlgriffe der Justiz zu tragen. Malenkow wurde auf die untergeordnete Position eines Ministers für Kraftwerke versetzt. Man überließ ihm den Posten eines stellvertretenden Vorsitzenden des Ministerrats, und er durfte seinen Sitz im ZK-Präsidium behalten.[42] Ein Grund dafür war, dass Chruschtschow in der außenpolitischen Auseinandersetzung mit Molotow, der einen sehr viel härteren Kurs befürwortete, auf Malenkows Unterstützung hoffte.[43]

Malenkows Stelle als Vorsitzender des Ministerrats nahm Nikolai Bulganin ein, der im Präsidium des Zentralkomitees breite Unterstützung genoss. Der Einzige, der aus der Phalanx ausscherte, war Molotow, der etwas überraschend vorschlug, Chruschtschow selbst solle neben der Leitung der Partei auch das Amt des Regierungschefs übernehmen.[44] Es sollten noch einige Monate vergehen, bis Chruschtschow und Molotow in der Frage, wie man sich gegenüber Jugoslawien verhalten sollte, aneinandergerieten. Doch bis dahin fand Chruschtschow Zustimmung bei Molotow, da er in den ersten zwei Jahren nach Stalins Tod einen härteren Kurs eingeschlagen hatte als Malenkow. Die klare Dominanz der Partei gegenüber dem Ministerrat war daran zu erkennen, dass diese Entscheidungen im Präsidium des Zentralkomitees fielen und lediglich im Nachhinein vom Ministerrat und vom Obersten Sowjet, dem in der Praxis vollkommen irrelevanten Parlament, abgesegnet wurden. Nachdem er sich die Unterstützung des ZK-Präsidiums in der Auseinandersetzung mit Malenkow gesichert hatte, war Chruschtschow nun so weit, die bis dahin größte Herausforderung in seiner politischen Laufbahn in Angriff zu nehmen: den XX. Parteitag der KPdSU.

Der XX. Parteitag

Die Entscheidung, Stalins Verbrechen zur Sprache zu bringen, fiel der sowjetischen Führung keineswegs leicht. Im ZK-Präsidium klaffte ein tiefer Graben zwischen jenen, die die Kritik am früheren Parteichef auf ein Mindestmaß reduzieren wollten, und jenen, die unter Chruschtschows Führung eine radikalere Entstalinisierung anstrebten.[45] Anastas Mikojan stand in dieser Frage auf Chruschtschows Seite. In der ungekürzten Fassung seiner posthum veröffentlichten Memoiren zeichnet Mikojan ein vielfältiges Bild von Chruschtschow und analysiert sowohl seine Stärken als auch seine Schwächen. Habe Chruschtschow einmal einen Vorsatz gefasst, so Mikojan, so sei er vorwärtsgerollt »wie ein Panzer«. Die Wirksamkeit dieser Vorgehensweise habe davon abgehangen, ob er sich in die richtige Richtung bewegt habe, aber im Kampf um die Entstalinisierung sei dies eine ausgezeichnete Führungsqualität gewesen.[46] Molotow auf der anderen Seite wollte in den offiziellen Bericht des Zentralkomitees an den Parteitag sogar die Formulierung aufnehmen, Stalin sei »der großartige Fortsetzer von Lenins Arbeit« gewesen.[47] Vor allem er und Kaganowitsch wollten Stalin nicht vom Sockel stürzen, da sie die Konsequenzen eines solchen Schrittes fürchteten. So wie Woroschilow wollten sie überhaupt keine Geheimrede zulassen.[48]

Der XX. Parteitag   327

Doch das Präsidium hatte im Jahr 1955 eine Kommission eingerichtet, welche die Gründe »der Massenrepression von auf dem XVII.
Parteitag gewählten Mitgliedern und Kandidaten für das Zentralkomitee« untersuchen sollte. Die Kommission wurde von Petr Pospelow geleitet, einem Historiker, der seit 1953 Sekretär des Zentralkomitees war. Schepilow berichtet, man hätte »keinen eifrigeren
Stalinisten als Pospelow finden können«, und auch Mikojan hielt ihn
für »prostalinistisch«.[49] Doch die von der Kommission zusammenge-
tragenen Beweise deuteten klar darauf hin, dass Stalin schuldig und
seine Opfer unschuldig gewesen waren – zumindest hatten sie nicht
jene Verbrechen begangen, deren man sie beschuldigt hatte. Der Bericht lieferte viele der Fakten, auf denen Chruschtschow seine Geheimrede aufbaute. Schepilow trug ebenfalls Material zu der Rede bei,
aber die endgültige Version stammte von Chruschtschow.[50] Mikojan
nimmt für sich in Anspruch, als Erster eine solche Rede auf dem XX.
Parteitag angeregt zu haben, aber er schlug Pospelow als Redner vor,
da dieser die Untersuchungskommission geleitet hatte. Chruschtschow hielt das für falsch. Es würde den Eindruck erwecken, der Erste
ZK-Sekretär drücke sich in dieser wichtigen Frage. Mikojan gab
Chruschtschow bereitwillig recht und gestand ihm zu, dass die Wirkung der Rede sehr viel größer sein werde, wenn sie vom Parteiführer gehalten werde.[51] In einer Präsidiumssitzung am 13. Februar 1956
wurde entschieden, Chruschtschow solle auf dem XX. Parteitag in
einer geschlossenen Sitzung einen Bericht »über den Personenkult«
vorlegen.[52]
Trotz seiner Befürchtung, das durch das Tauwetter freigesetzte
Wasser könne zu einer reißenden Flut anschwellen, riskierte er die
Enthüllungen in seiner »Geheimrede«. Der Parteitag begann am
14. Februar 1956. In seinem offiziellen Bericht, den er in offener Sitzung vorlegte, nahm Chruschtschow nur indirekt auf Stalin Bezug
und erklärte beispielsweise, das Zentralkomitee habe »den Kult um
eine einzelne Person als nicht mit dem Geist des Marxismus-Leninismus vereinbar verurteilt«.[53] Es wurden zahlreiche wenig aufregende
Reden gehalten, die sich von den früheren lediglich dadurch unterschieden, dass nur selten auf Stalin Bezug genommen wurde, allerdings wurde die Lobeshymne des Gastredners Maurice Thorez von
der KPF auf Stalin mit stehenden Ovationen bedacht.[54] Mikojan hingegen lieferte in einer Rede am 16. Februar einen kurzen Vorge-

schmack auf das, was von Chruschtschow zu erwarten war: Er sprach über Personen, die fälschlich zu »Volksfeinden« erklärt worden seien, und erklärte, die Sowjetunion habe »etwa zwanzig Jahre lang keine wirklich kollektive Führung« gehabt.[55] Mikojans jüngerer Bruder Artem (der an der Entwicklung des MiG-Kampfflugzeugs beteiligt und einer der beiden Ingenieure war, nach denen das Flugzeug benannt wurde), der ebenfalls am Parteitag teilnahm, trat später an ihn heran und teilte ihm mit, viele Delegierte verfluchten ihn dafür, dass er Stalin kritisiert habe. Mikojan sagte ihm, er solle abwarten, denn er werde in der Rede, die Chruschtschow in geschlossener Sitzung halten werde, noch viel schlimmere Dinge über Stalin hören.[56] Doch die übrigen Delegierten ahnten nicht, was ihnen bevorstand. Sie bereiteten sich bereits auf die Heimreise vor, als sie am 25. Februar zu einer nicht angekündigten Sitzung einberufen wurden. In dieser Sitzung hörten sie einen vierstündigen Vortrag Chruschtschows, der als »Geheimrede« in die Geschichte eingegangen ist. Der Inhalt der Rede blieb jedoch nicht lange geheim, da er auch an die Führungen der kommunistischen Regime in Osteuropa und an Funktionäre in den russischen Regionen weitergegeben wurde.

Besonders die polnischen Genossen bemühten sich wenig um die Geheimhaltung. Sie genehmigten den Druck von 3000 Exemplaren, die den Parteizellen vorgelegt werden sollten, aber die Drucker bewiesen beträchtliche Eigeninitiative und druckten weitere 15 000.[57] Anfang April war ein Exemplar in die Hände der CIA gelangt. Bald darauf wurde die Rede im Westen veröffentlicht – in den Vereinigten Staaten erstmals von der *New York Times* und in Großbritannien vom *Observer*. Nach Einschätzung seines Sohns war Chruschtschow nicht unglücklich darüber, dass seine Rede in aller Welt bekannt geworden war. Er hatte nichts dagegen einzuwenden, die Anerkennung dafür zu erhalten, dass er es als erster führender sowjetischer Politiker gewagt hatte, Stalin entschlossen zu kritisieren. Der offizielle Text der Rede, der im Westen nach wenigen Wochen, in der Sowjetunion jedoch erst im Jahr 1989 veröffentlicht wurde,[58] beinhaltete nicht alle farbenfrohen Einzeldarstellungen Chruschtschows, aber er enthielt eine sehr viel klarere und lebhaftere Kritik an Stalin als von der Mehrheit der Präsidiumsmitglieder gewünscht.

Die Einzelfälle, die Chruschtschow in seiner Rede erwähnte, waren lediglich die Spitze des Eisbergs, aber diese partielle Enthüllung

Der XX. Parteitag 329

hatte gewaltige Auswirkungen. Beispielsweise schilderte er den Fall Robert Eiches, der seit 1905 Bolschewik und zum Zeitpunkt seiner Verhaftung im Jahr 1938 Kandidat des Politbüros und Volkskommissar für Landwirtschaft gewesen war. Es gelang Eiche, Stalin zwei Erklärungen zukommen zu lassen, in denen er ihm mitteilte, dass seine Geständnisse vollkommen falsch und unter unerträglicher Folter zustande gekommen seien. Er schrieb: »Ich hielt die Folterungen nicht mehr aus, die [die NKWD-Mitarbeiter] Uschakow und Nikolajew gegen mich anwandten, und zwar besonders der Erstgenannte, der die Tatsache ausnutzte, dass meine Wirbel, die gebrochen waren, schlecht verheilten, und der mir unerträgliche Schmerzen zufügte. Sie zwangen mich zur Verleumdung der eigenen Person und zur Verleumdung anderer.«[59] Chruschtschow klärte die Delegierten darüber auf, dass Eiche sämtliche Geständnisse widerrufen hatte, als er im Jahr 1940 schließlich vor Gericht stand. Doch sein Glaube an die Partei war unerschütterlich geblieben: »Die Hauptsache ist für mich, dem Gericht, der Partei und Stalin zu sagen, dass ich nicht schuldig bin. Niemals war ich an einer Verschwörung beteiligt. Ich sterbe mit demselben Glauben an die Richtigkeit der Politik der Partei, wie ich an sie im Verlauf meiner gesamten Arbeit geglaubt habe.« Wie in allen derartigen Schauprozessen stand das Urteil von vornherein fest. Zwei Tage später wurde Eiche erschossen.[60] Untypisch an Eiches Fall war lediglich, dass er ein derart unbeugsamer Mann und ein derart gläubiger Bolschewik war, dass er trotz allem, was man ihm angetan hatte, sein Geständnis vor Gericht widerrief. Wie bereits im vierten Kapitel erwähnt, erfuhren die Delegierten auf dem XX. Parteitag von Chruschtschow, dass fast zwei Drittel der ZK-Mitglieder, die auf dem XVII. Parteitag im Jahr 1934 gewählt worden waren, bis zum Ende des Jahrzehnts verhaftet und erschossen worden waren. Von den Delegierten auf jenem Parteitag war mehr als die Hälfte verhaftet worden.

Chruschtschow demonstrierte auch, wie eifrig Stalin die Selbstverherrlichung betrieb, während er sich nach außen den Anschein der Bescheidenheit gab. Am Manuskript der 1948 erschienenen *Kurzen Lebensbeschreibung* Stalins, mit der Stalin zu einem »unfehlbaren Weisen« gemacht worden war, wie Chruschtschow bemerkte, hatte Stalin mit eigener Hand eine Reihe von Änderungen vorgenommen, unter anderem hatte er folgende Passage in den Text eingefügt:

Stalin, der in meisterhafter Weise den Aufgaben eines Führers der Partei und des Volkes gerecht wird und die volle Unterstützung des ganzen Sowjetvolkes genießt, hat in seiner Tätigkeit niemals auch nur einen Schatten von Eigendünkel, Überheblichkeit, Selbstlob an den Tag gelegt.[61]

Bald zeigte sich, dass der Bericht für den internationalen Kommunismus und insbesondere für die nach dem Zweiten Weltkrieg errichteten sowjetischen Satellitenstaaten in Osteuropa sehr gefährlich war. (Die internationalen Auswirkungen der Rede werden in Kapitel 15 behandelt.) In mehr als einem Land hätten Chruschtschows Enthüllungen die Kommunisten beinahe zu Fall gebracht, und später gefährdeten sie auch seine eigene Stellung. Indem er einige wenige Verbrechen Stalins aufdeckte – wobei er sich auf die Verhaftung von Parteimitgliedern unter falschen Anschuldigungen konzentrierte und das unsägliche Leid einer sehr viel größeren Zahl von *Nichtkommunisten* praktisch außer Acht ließ –, zerstörte Chruschtschow die von der Partei heraufbeschworene Illusion der Unfehlbarkeit. Die Erkenntnis, dass die höchste Führungsebene der Partei derartige Fehler begangen hatte, dass der von Kommunisten in aller Welt bewunderte »große Führer« persönlich für die Vernichtung so vieler Genossen verantwortlich gewesen war, war ein schwerer Schock für die Anhänger. Die bis dahin ungekannte Aufrichtigkeit, zu der sich Chruschtschow in seiner Rede durchgerungen hatte – so unvollständig seine Enthüllungen und so vereinfachend seine Analysen der Ursachen auch sein mochten –, war der Anfang vom Ende des internationalen Kommunismus, obwohl sich dessen Niedergang noch lange hinziehen sollte.

KAPITEL 14

Zickzack-Kurs auf dem Weg
zum »Kommunismus«

Ab den dreißiger Jahren handelte es sich bei den Parteitagen um In-
szenierungen, die einer strengen Choreographie gehorchten, nichtsdestotrotz war die Vorbereitungszeit eine sehr wichtige Periode für
die Parteiführung, bot sie der Führung doch einen Anreiz, die bisherige Politik zu analysieren und sich Gedanken über Neuerungen
zu machen. Dies galt insbesondere für den XX. Parteitag, der gemessen an seiner internationalen Wirkung der bedeutsamste von allen
war. Nachdem man jahrzehntelang den Mann verherrlicht hatte, der
die Geschicke der Sowjetunion eine Generation lang bestimmt hatte,
mussten sich die Kommunisten in aller Welt der Tatsache stellen,
dass Stalin, um es klar zu sagen, ein Massenmörder gewesen war. Einige weigerten sich, die Tatsachen anzuerkennen, und flüchteten sich
in die Behauptung, Chruschtschows Geheimrede müsse eine Fäl-
schung sein – oder sogar eine Erfindung der CIA. Aber im Jahr 1961
startete Chruschtschow in einer offenen Sitzung des XXII. Parteitags
einen Angriff auf Stalin und räumte damit jeden Zweifel an der Authentizität der Geheimrede aus dem Jahr 1956 aus. Doch bei keinem
dieser Entstalinisierungsparteitage wurde das politische System in
Frage gestellt, das Stalin und der Geheimpolizei ihre Schreckensherr-
schaft erst ermöglicht hatte.

Vieles von dem, was Chruschtschow in seinen Reden auf diesen
Parteitagen sagte, war jenen im Westen, die sich die Mühe gemacht
hatten, sich zu informieren, durchaus bekannt. Ihre Informationsquellen waren russische und osteuropäische Emigranten, ehemalige
Kommunisten und marxistische Gegner Stalins, darunter Trotzki und
einige seiner Anhänger sowie Personen aus Bucharins Umgebung.

Sodann waren da die demokratischen Sozialisten, unter denen der kenntnisreiche George Orwell beträchtlichen Einfluss genoss,[1] oder Gelehrte wie Merle Fainsod aus Harvard.[2] Aber viele Kommunisten und Reisegefährten hielten die Informationen aus diesen Quellen allesamt für manipuliert und unglaubwürdig. Umso niederschmetternder war es für sie, als sie derartige Vorwürfe samt neuer Details aus dem Mund des Parteichefs der KPdSU vernehmen mussten. Den kommunistischen Parteien im Westen liefen die Mitglieder in Scharen davon, und in der Sowjetunion selbst wurden in den Parteiversammlungen Fragen gestellt, die weit über die Grenzen dessen hinausgingen, was der Parteiführung vorgeschwebt hatte. In Georgien kam es zu einer großen Protestkundgebung gegen Chruschtschow und für den berühmtesten Sohn dieses Landes.[3] Doch die gravierendsten Folgen hatte der XX. Parteitag in Osteuropa.

Die Krise um die »Antiparteigruppe«

Die Ereignisse des Jahres 1956 in den osteuropäischen Satellitenstaaten der Sowjetunion – insbesondere die Unruhen in Polen, die einen politischen Kurswechsel und den Sturz der bisherigen Parteiführung heraufbeschworen, sowie die ungarische Revolution – werden im nächsten Kapitel behandelt. Es konnte nicht überraschen, dass die Probleme in Osteuropa jenen Mitgliedern der sowjetischen Führung, die von Chruschtschow an den Rand gedrängt worden waren, die Möglichkeit zum Gegenangriff gaben. Diejenigen, die Stalin noch immer verehrten, waren der Meinung, Chruschtschow habe ohne Not die Glaubwürdigkeit, Einheit und Stärke der internationalen kommunistischen Bewegung untergraben. Zu dieser Gruppe gesellten sich nun jene, die Chruschtschows Führungsstil ablehnten, da der Parteichef immer beherrschender und für Kritik unempfänglicher wurde. Dies mündete schließlich in die Auseinandersetzung mit der »Antiparteigruppe« im Jahr 1957, als Chruschtschow feststellen musste, dass er im ZK-Präsidium von seinen Gegnern überstimmt wurde. Diese bildeten eigentlich keine organisierte Gruppe, hegten jedoch den gemeinsamen Wunsch, den Parteichef zu Fall zu bringen.

Um sich ohne Chruschtschow treffen zu können, beriefen jene Mitglieder der Parteiführung, die ihn als ersten ZK-Sekretär ab-

Die Krise um die »Antiparteigruppe«   333

setzen wollten, für den 18. Juni 1957 eine Sitzung des Ministerratspräsidiums ein, dem Chruschtschow nicht angehörte. Auf diese Art
konnten sie unter sich bleiben. Anschließend rief Bulganin Chruschtschow an und forderte ihn auf, sich der Sitzung anzuschließen.
Chruschtschow leistete der Aufforderung widerstrebend Folge. Nun
wurde die Versammlung in eine Sitzung des ZK-Präsidiums umfunk-
tioniert, in der man Chruschtschow jedoch nicht den Vorsitz führen
ließ. Malenkow ergriff als Erster das Wort und verlangte, Bulganin
solle den Vorsitz haben.[4] Eine Mehrheit der stimmberechtigten Vollmitglieder des Präsidiums hatte aus unterschiedlichen Gründen genug von Chruschtschow und beschloss, ihn zu stürzen. Einige, etwa
Molotow, Kaganowitsch und Woroschilow, waren unbelehrbare Stalinisten, andere wie Malenkow waren gleichermaßen in Stalins Verbrechen verwickelt, hatten jedoch in den letzten Jahren eine eher
reformistische Position bezogen. Auch der Ministerratsvorsitzende
Bulganin, in dem Chruschtschow einen Gefolgsmann oder zumindest
einen kontrollierbaren Politiker gesehen hatte, schloss sich den
Chruschtschow-Gegnern an.[5] Unter den Mitgliedern des ZK-
Präsidiums standen sieben Gegnern vier Personen gegenüber, die
auf Chruschtschows Seite waren. Zwei weitere Vollmitglieder, die
Chruschtschow ablehnten, sich jedoch zurückhaltender äußerten, waren der Industrieminister Michail Perwuchin und der Wirtschaftspla-
ner Maxim Saburow. Ein besonders schwerer Schlag für Chruschtschow war, dass sich Dmitri Schepilow, der den Stalinismus eigentlich
ablehnte und von Chruschtschow gefördert worden war, am Angriff
auf den Parteichef beteiligte. Schepilow hatte im Jahr 1956 Molotow
als Außenminister abgelöst und war ein Kandidat für das Präsidium.
Nun kritisierte Schepilow Chruschtschow scharf dafür, dass sich dieser trotz seines Mangels an Bildung als Experte für alles ausgebe. Das
verzieh ihm Chruschtschow nie. Die vier Stimmen für Chruschtschows Verbleib im Amt des Ersten Sekretärs kamen von ihm selbst
sowie von Mikojan, Michail Suslow (dieser war Sekretär des Zentralkomitees sowie Vollmitglied des Präsidiums) und Alexej Kiritschenko, dem Ersten Sekretär der ukrainischen KP, der seit 1938 mit
Chruschtschow bekannt war und zu dessen engen Verbündeten
zählte. Kiritschenko verpasste den ersten Teil der Sitzung, da er nichts
von dem Vorstoß gegen seinen Schutzherrn geahnt und an jenem Tag
an einer Parteiversammlung in Kiew teilgenommen hatte.

Auch unter denen, die nicht an dem Versuch teilnahmen, Chruschtschow zu stürzen – seien sie nun Politbüromitglieder wie Mikojan
und Suslow oder Kandidaten wie Marschall Schukow (der mittlerweile Verteidigungsminister war) –, gab es einige, die Vorbehalte gegenüber Chruschtschow hatten. Doch diese Personen gaben ihm aus
verschiedenen Gründen den Vorzug vor den möglichen Alternativen.
Nicht alle Beteiligten hatten gründlich darüber nachgedacht, worin
diese Alternativen eigentlich bestanden. Im Jahr 1991 wurde Schepilow im Alter von 86 Jahren von seinem Enkel interviewt, der ihn
fragte, ob ihm, als er gegen Chruschtschow Stellung bezogen habe,
klar gewesen sei, dass eine Beseitigung Chruschtschows »eine Rückkehr zum Stalinismus hätte bedeuten können«. Schepilows Antwort
war aufschlussreich:

> Nie. Daran verschwendete ich keinen Gedanken. Das ist unverzeihlich. Ich
> verdiene eine Tracht Prügel dafür. Ich fragte mich nie: Wen werden wir statt
> Nikita bekommen? Es war entweder Naivität oder einfach Dummheit …,
> mich auf all die Verstöße gegen das Prinzip der kollektiven Führung, auf all
> die unsinnigen Vorhaben einzulassen, die uns in die Katastrophe führten,
> während ich mich nicht fragte, wer Nikitas Platz einnehmen würde.[6]

Es gelang der »Antiparteigruppe« nicht, in ihrer Auseinandersetzung
mit Chruschtschow eine ähnlich starke Position zu erlangen wie beim
Sturz Berijas. Dank Serow kontrollierte Chruschtschow die Staatspolizei, und Marschall Schukow hatte den Befehl über die Armee.
Schukow war nicht zufrieden mit Chruschtschows Politik, aber er erinnerte sich noch sehr gut daran, wie die Armeeführung Ende der
dreißiger Jahre zerschlagen worden war. Dazu kam, dass viele führende Gegner Chruschtschows unter Stalin für die Massenverhaftungen
von Offizieren mitverantwortlich gewesen waren. Da sie die Streit-
und Sicherheitskräfte nicht kontrollierte, musste sich die »Antiparteigruppe« politisch durchsetzen. Tatsächlich waren Chruschtschows
Gegner davon ausgegangen, dass es genügen werde, die Mehrheit der
stimmberechtigten Vollmitglieder des ZK-Präsidiums auf ihrer Seite
zu haben.

Im Präsidium wurde Chruschtschow deutlich überstimmt, aber er
hatte eine Mehrheit jener auf seiner Seite, die ohne Stimmrecht an
den Präsidiumssitzungen teilnehmen konnten. Dies waren die Kan-

Die Krise um die »Antiparteigruppe« 335

didaten zum Präsidium und die ZK-Sekretäre, unter denen jüngere Politiker wie Breschnew waren, die in der Vergangenheit mit Chruschtschow zusammengearbeitet und von seiner Fürsprache profitiert hatten. Breschnews Versuch, Chruschtschow in dieser Marathonsitzung des Präsidiums zu verteidigen, endete mit einer Schmach. Kaganowitsch, den Chruschtschow später als den »Messerschleifer« der oppositionellen Gruppe bezeichnete, wies die jüngeren Kollegen, die es wagten, einer Mehrheit der Vollmitglieder zu widersprechen, aggressiv in die Schranken. Angesichts dieses verbalen Frontalangriffs erlitt Breschnew einen Schwächeanfall und musste von den Wachen hinausgetragen werden.[7]

Da diese Angehörigen des äußeren Kreises der Führungsspitze kein Stimmrecht im Präsidium hatten, deutete alles darauf hin, dass die gegen Chruschtschow vereinte alte Garde die Oberhand behalten würde. Das einzige führende Präsidiumsmitglied, das unerschütterlich zu Chruschtschow stand, war Mikojan. Er trug wesentlich dazu bei, Michail Suslow dazu zu bewegen, Chruschtschow zu unterstützen, obwohl er persönlich wenig von Suslow hielt, den er als »wirklichen Reaktionär« bezeichnete.[8] Dass Suslow Chruschtschow im Jahr 1957 unterstützte, war eher seiner Umsicht als prinzipiellen Erwägungen zu verdanken. »Ich überzeugte ihn davon«, erinnerte sich Mikojan, »dass Chruschtschow trotz allem als Sieger aus der Auseinandersetzung hervorgehen würde«.[9] Chruschtschow spielte auf Zeit und brachte es fertig, die Sitzung so in die Länge zu ziehen, dass sie einen zweiten und einen dritten Tag dauerte. In der Zwischenzeit erfuhren die Mitglieder des Zentralkomitees, dass die Parteiführung Chruschtschow zu stürzen versuchte. Im Prinzip war das Präsidium das Organ, das im Zeitraum zwischen den Plenarsitzungen des Zentralkomitees die Entscheidungen fällte, aber letzten Endes besaß das ZK-Plenum formal die größere Autorität. In der Praxis funktionierte die Entscheidungsfindung so nicht, aber es gelang Chruschtschow, die Regel durchzusetzen.

Und seine politischen Schachzüge seit Stalins Tod machten sich bezahlt. Er hatte die Schwerindustrie unterstützt und die Armee umgarnt, was ihm bei dieser Gelegenheit Marschall Schukows unverzichtbare Unterstützung sicherte, obwohl sich Schukow bereits bei Schepilow darüber beklagt hatte, dass Chruschtschow das Prinzip der kollektiven Führung missachte.[10] Nun wurden Militärflugzeuge eingesetzt, um einige ZK-Mitglieder aus entfernten Regionen der Sowjetunion nach Moskau zu bringen. Am 21. Juni war mehr als ein Drittel der Mitglieder des Zentralkomitees in der Hauptstadt, und achtzig von ihnen unterzeichneten noch am selben Tag einen Brief, in dem sie eine sofortige Plenarsitzung verlangten. Sie gaben sich nicht mit Bulganins Zusicherung zufrieden, dass man eine solche Sitzung innerhalb von zwei Wochen einberufen werde, und Chruschtschows Widersacher mussten nachgeben. Die Plenarsitzung begann am folgenden Tag.[11] Das war der Wendepunkt in diesem Machtkampf, denn im Zentralkomitee hatte Chruschtschow mehr Anhänger als seine Gegner. Diese waren zwar altgediente Mitglieder der KPdSU, doch in einem Punkt beschrieb die Bezeichnung »Antiparteigruppe« die tatsächlichen Verhältnisse durchaus treffend. Chruschtschow genoss vor allem im Parteiapparat Unterstützung, in dem er viele Protegés untergebracht hatte, und unter den einfachen ZK-Mitgliedern waren seine Schützlinge stark vertreten. Seine führenden Widersacher waren mehrheitlich Personen, die nicht dem Parteiapparat, sondern eher dem Regierungszweig angehörten. Und hier traf die alte Grundregel aus der bürokratischen Politik zu, dass man dort steht, wo man sitzt. Chruschtschow hatte große Teile des Regierungsapparats gegen sich aufgebracht, indem er zu Beginn des Jahres 1957 viele der zentralen Ministerien abgeschafft und ihre Funktionen auf regionale Wirtschaftsräte übertragen hatte, die *Sownarchosi*. Dies hatte er in der Hoffnung getan, das Problem des »Abteilungsdenkens« in den Griff zu bekommen, einer Einstellung, welche die sowjetischen Ministerien dazu bewegte, Material und Personal zu horten und die Interessen der eigenen Institution über das Gemeinwohl zu stellen. Zu Chruschtschows Leidwesen setzte sich dasselbe bürokratische Verhalten in den Regionen durch, wo das »Lokaldenken« an die Stelle des Abteilungsdenkens trat.

Suslow als langjähriger ZK-Sekretär eröffnete den Angriff auf die Gruppe, die nach seinen Worten versucht hatte, die Partei zu übernehmen. Marschall Schukow, der als zweiter Redner große Wirkung erzielte, erhöhte den Druck, indem er die Beteiligung Molotows, Kaganowitschs und Malenkows an den Repressionen in den dreißiger Jahren ansprach. Weitere Redner schilderten Einzelheiten der blutigen Vergangenheit, etwa die Tatsache, dass Stalin und Molotow an einem einzigen Tag – dem 12. November 1938 – die Hinrichtungsbefehle für 3167 Menschen unterschrieben hatten.[12] Dann tauchte die Bezeichnung »Antiparteigruppe« in der Diskussion auf: Die unverzeihliche Sünde der Fraktionsbildung schien in den Augen der ZK-Mitglieder nicht weniger schwer zu wiegen als die Massenmorde in den dreißiger Jahren. Angesichts der fortgesetzten Angriffe taten sich erste Lücken in der Phalanx der Chruschtschow-Gegner auf, und es dauerte nicht lange, da war der von Molotow, Kaganowitsch und Malenkow gebildete harte Kern isoliert. Und auch diese drei einten lediglich ihre Abneigung gegen Chruschtschow und ihre tiefe Verstrickung in die Verbrechen Stalins.

Die Plenarsitzung endete mit einem Triumph Chruschtschows. Molotow, Kaganowitsch und Malenkow wurden aus dem Präsidium entfernt und aus dem Zentralkomitee ausgeschlossen. Andere Gegner Chruschtschows konnten ihre Positionen fürs Erste halten, denn hätte man sie sämtlich verstoßen, so wäre für alle Welt sichtbar geworden, dass Chruschtschow lediglich eine Minderheit des Präsidiums hinter sich gehabt hatte. Allerdings wurde der Kandidat Schepilow ebenfalls aus dem Zentralkomitee entfernt.[13] Schepilow blieb ein unbarmherziger Kritiker Chruschtschows, obwohl er ihm Anerkennung für seinen Beitrag zur Befreiung vieler politischer Gefangener, für seine Enthüllungen über Stalin und für seine Versuche zollte, die Beziehung zu Jugoslawien zu normalisieren.[14]

Chruschtschows Gegner waren keine verschworene Bruderschaft, sondern Personen mit sehr unterschiedlichen Ansichten und Absichten. Doch ein Erfolg ihres Umsturzversuchs hätte in Anbetracht der Tatsache, dass Molotow und Kaganowitsch die führenden Köpfe dieser Gruppe waren, mit einiger Sicherheit zu einer Rehabilitierung Stalins und zu einer Verschärfung der Repression geführt. Der Zusammenhalt der »Gruppe« wäre rasch verlorengegangen, da ihre Mitglieder keine große Zuneigung zueinander hegten. Selbst Molotow und Kaganowitsch konnten einander nicht ausstehen, obwohl sie die Bewunderung für Stalin und eine Abneigung gegenüber Malenkow teilten.[15] Die Niederlage der »Antiparteigruppe« gab einigen Aufschluss über die Verschiebung der Machtverhältnisse zwischen den sowjetischen Institutionen seit Stalins Tod. Offenkundig hatte im Parteipräsidium ein erbitterter Machtkampf stattgefunden, und mittlerweile war klar, dass das Zentralkomitee entscheidenden Einfluss auf das Ergebnis einer politischen Auseinandersetzung nehmen konnte, wenn das Präsidium gespalten war. Die von der »Antipartei-gruppe« ausgelöste Krise verdeutlichte, wie wichtig die Beziehung zwischen dem Ersten Sekretär und dem Zentralkomitee war. Der amerikanische Historiker Robert V. Daniels hat in diesem Zusammenhang von einem »Machtkreislauf« gesprochen.[16] Der Ausdruck bezeichnet die politisch bedeutsame Tatsache, dass der Erste Sekretär (oder Generalsekretär im Fall Stalins und später Breschnews) unverhältnismäßig großen Einfluss auf die Besetzung von Schlüsselpositionen hatte, insbesondere auf die Ernennung der Parteisekretäre auf Unions-, Republik- und regionaler Ebene, und dass diese Personen aufgrund ihres Amtes auch ins Zentralkomitee einzogen. Und dort war davon auszugehen, dass sie den Schutzherren unterstützen würden, der sie ernannt hatte – womit sich der Kreis schloss.

Erklärt man die stabile Position eines Ersten oder Generalsekretärs jedoch mit dem »Machtkreislauf«, so stellt sich die Frage, ob ein Parteichef der KPdSU die Macht nur einbüßen konnte, indem er starb. Tatsächlich räumten die sowjetischen Parteichefs üblicherweise genau auf diese Art ihren Platz. Die osteuropäischen Regime können für den Augenblick beiseitegelassen werden, da Moskau in diese politischen Systeme eingriff und teilweise direkt über ihre Entwicklung entschied. Aber im Fall der Sowjetunion spielten die inneren Kräfte und im Normalfall der Generalsekretär eine beherrschende Rolle. Vier der sechs sowjetischen Parteichefs starben im Amt, wobei nur einer von diesen vier – Juri Andropow – zum Zeitpunkt seines Todes unter 70 Jahre alt war (er starb mit 69). Es gab den Verdacht, Berija habe Stalin vergiftet, aber für diese Behauptung gibt es keinen Beweis, und man kann mit einiger Sicherheit davon ausgehen, dass alle Führer der KPdSU eines natürlichen Todes starben. Hingegen starb zwischen 1926, als Felix Dserschinski, der erste Leiter des sowjetischen Geheimdienstes, einem Herzinfarkt erlag, und Berijas Verhaftung und Hinrichtung im Jahr 1953 nur ein einziger Chef der Geheimpolizei eines *natürlichen* Todes. Dies war Semion Ignatiew, der das MGB von 1951 bis zu Stalins Tod im Jahr 1953 leitete. (Ignatiew starb 1983.)

Chruschtschow war der einzige Parteichef, der von den anderen Mitgliedern der Parteiführung entmachtet wurde. Chruschtschows Sturz im Jahr 1964 – und in geringerem Maß auch Gorbatschows Machtverlust 27 Jahre später – verdeutlicht zwei wichtige Tatsachen: Erstens werden sich selbst Personen, die von einem politischen Füh-

Die Krise um die »Antiparteigruppe« 339

rer in wichtige Positionen befördert worden sind, gegen diesen wenden, wenn seine Politik ihren Interessen zuwiderläuft. Wie wir sehen werden, gilt genau das für Chruschtschows Vorgehensweise nach der Krise um die »Antiparteigruppe« und insbesondere für seine Maßnahmen in den Jahren 1962 bis 1964. Zweitens wurden die Ernennungen innerhalb des Parteiapparats im Lauf der Zeit weitgehend dem für die Personalfragen zuständigen Zweiten Parteisekretär übertragen, da der Parteichef sich zunehmend mit der Außenpolitik und der internationalen Diplomatie beschäftigen musste. Zwischen 1960 und 1963 wurde dieses Amt von dem Neostalinisten Frol Koslow bekleidet. (Gewisse Parallelen dazu waren zwischen 1985 und 1988 bei den Ernennungen auf den unteren Ebenen der Parteihierarchie zu beobachten, als der Zweite Sekretär unter dem Radikalreformer Gorbatschow der relativ konservative Kommunist Jegor Ligatschow war.)

Wie wir gesehen haben, zählte Marschall Schukow zu denen, die Stalin und die »Antiparteigruppe« im ZK-Plenum im Juni 1957 attackierten. Er machte jedoch auch Andeutungen, die Chruschtschows Beiträge zur stalinistischen Repression betrafen. Schukows wachsendes Selbstbewusstsein bereitete Chruschtschow Sorgen. Er sah in ihm einen potentiellen Rivalen, obwohl der Marschall wertvolle Dienste bei der Verhaftung Berijas und einen entscheidenden Beitrag zur Überwindung der »Antiparteigruppe« geleistet hatte. Im hermetischen politischen System der Sowjetunion wurde ein Mitglied der Führung, das aus dem Weg geräumt werden sollte, üblicherweise mit einer Mission betraut und aus Moskau fortgeschickt, wenn es nicht bereits im Urlaub war. Auf diese Art wurde der Betreffende unvorbereitet getroffen und daran gehindert, seine Verbündeten in Machtpositionen zu mobilisieren. In Schukows Fall bestand die Vorgehensweise darin, ihn auf eine längere Auslandsreise nach Albanien und Jugoslawien zu schicken, die er am 4. Oktober 1957 antrat. Nun hatte Chruschtschow zwei Wochen Zeit, um eine Mehrheit des Präsidiums auf seine Seite zu ziehen und Schukow all seiner Ämter zu entheben. Das Vorhaben gelang, und als am 17. Oktober das Präsidium zusammentrat, um die Politik des Verteidigungsministers zu diskutieren, griff ein Redner nach dem anderen Schukow scharf an.[17] Einer von Chruschtschows neuen Protegés im Präsidium, der altgediente finnische Kommunist Otto Kuusinen, der sowjetischer Staatsbürger war und eine Führungsrolle in der Komintern gespielt hatte, zählte zu den

Rednern, die darauf hinwiesen, dass die Partei unbedingt die Kontrolle über die Armee haben müsse und dass Schukows Widerstand gegen diese Kontrolle nicht hingenommen werden dürfe. Kuusinen erklärte, die Verbindung zwischen der Partei und den Streitkräften sei geschwächt worden und die Armee verwandle sich in den persönlichen Herrschaftsbereich einer Person.[18]

Schukow war mit dem Schiff zum Balkan gereist, doch als er erfuhr, dass man in der Heimat seinen Kopf forderte, kehrte er eilig per Flugzeug nach Moskau zurück. In einer Präsidiumssitzung am 26. Oktober beklagte er sich darüber, dass seine Kollegen in seiner Abwesenheit über sein Verhalten diskutiert hatten, und forderte die Einsetzung einer Untersuchungskommission, die sich mit seiner Vorgehensweise befassen solle.[19] Woroschilow, der immer noch dem Präsidium angehörte, da seine eigenen »parteifeindlichen« Aktivitäten noch nicht aufgedeckt worden waren, bezeichnete Schukow als jemanden, dem kaum etwas an der Partei liege. Der ehemalige Oberbefehlshaber der Nordwestfront, der im Zweiten Weltkrieg vollkommen im Schatten von Schukow gestanden hatte, genoss es zweifellos, den Spieß nun in der politischen Auseinandersetzung umdrehen zu können. Aber die von Woroschilow und anderen vorgebrachten Anschuldigungen waren überzogen. Schukow ließ es tatsächlich an der Ergebenheit mangeln, die ein Kandidat gegenüber den Vollmitgliedern zu zeigen hatte (auch vor dem Ersten Sekretär zeigte er keinen übermäßigen Respekt), aber in der Krise um die »Antiparteigruppe« hatte er eine durchaus orthodoxe Rede vor den Parteiaktivisten im Verteidigungsministerium gehalten und die herausragende Stellung der Partei unterstrichen, die »das sowjetische Volk zum Kommunismus führt«, um anschließend zu geloben, dass er an dem Kurs festhalten werde, der beim XX. Parteitag festgelegt worden sei.[20] In dieser Rede hatte er auch nachträglich auf die Beiträge Malenkows, Molotows und Kaganowitschs zur Repression in den dreißiger Jahren hingewiesen. Den einzigen Hinweis in dieser unveröffentlichten Rede, der bei Chruschtschow Bedenken hätte auslösen können (sofern er die Niederschrift gelesen hatte), lieferte Schukows Bemerkung, die Verschwörer in der »Antiparteigruppe« hätten von »einigen Mängeln in der Arbeit des Präsidiums und des Sekretariats des Zentralkomitees« profitiert.[21] Wie dem auch sei, die Sitzung des ZK-Präsidiums am 26. Oktober endete damit, dass sich Schukow damit abfand, das Vertrauen seiner Kollegen verloren zu haben, weshalb er als Verteidigungsminister zurücktrat. Man einigte sich darauf, Marschall Rodion Malinowski, einen eng mit Chruschtschow verbundenen Ukrainer, zu seinem Nachfolger zu machen.[22] In der anschließenden Sitzung des Zentralkomitees, das die Entlassung Schukows bestätigte, schlossen sich nicht weniger als vier Marschälle den Angriffen auf ihren früheren Waffenbruder an, gegen den sie einen offenkundigen Groll hegten. Rokossowski beklagte sich über seine rüden Umgangsformen, Moskalenko prangerte seine »grenzenlose Arroganz« an, Malinowski warf ihm »Selbstverherrlichung« vor, und Marschall Bagramian ergänzte, die Selbstüberhöhung liege Schukow »im Blut«.[23] Chruschtschows Biograph William Taubman bemerkte dazu: »Mit solchen Freunden und Kollegen brauchte Schukow keine Feinde.«[24]

Die Grenzen der Entstalinisierung

Zunächst ging Chruschtschow deutlich gestärkt aus der siegreichen Auseinandersetzung mit Molotow, Kaganowitsch, Malenkow und den übrigen Mitgliedern der »Antiparteigruppe« hervor, und er profitierte kurzfristig von der Beseitigung der potentiellen Bedrohung, die von dem willensstarken und populären Schukow ausgegangen war. In den beiden folgenden Jahren holte Chruschtschow weitere ehemalige Mitarbeiter – vor allem aus der Ukraine – ins ZK-Präsidium (sowie ins Sekretariat, wo seine Gefolgschaft ohnehin schon zahlreich war). Bei der Ausschaltung seiner Rivalen bewies er sogar einen Sinn für Humor: Molotow, der Außenminister gewesen war und die Sowjetunion in vielen wichtigen Verhandlungen mit anderen Regierungen vertreten hatte, wurde nach dem ZK-Plenum im Juni 1957 nach Ulan Bator versetzt, wo er bis 1960 sowjetischer Botschafter in der Mongolei war. Malenkow, der vor seiner Herabstufung zum Minister für Kraftwerke für die gesamte sowjetische Wirtschaft verantwortlich gewesen war, wurde nun mit der Leitung eines Wasserkraftwerks im Osten Kasachstans betraut. Kaganowitsch wurde in den Ural strafversetzt, wo er eine Zementfabrik in Swerdlowsk leiten durfte. Chruschtschows geschlagene Widersacher mochten ihre Degradierung als harte Strafe empfinden, doch es erging ihnen sehr viel besser als Oppositionellen unter Stalin. Mit der Hinrichtung Berijas endete die Ära, in der die Folge innerparteilicher Opposition ein Genickschuss war – und sollte je ein Mensch ein solches Schicksal verdient haben, so hätte man kaum einen geeigneteren Kandidaten als Berija finden können.

Bulganin behielt seinen Posten als Vorsitzender des Ministerrats (Regierungschef) bis 1958 (erst dann wurden die sowjetische und die Weltöffentlichkeit über seine Zugehörigkeit zur »Antiparteigruppe« aufgeklärt); dann übernahm Chruschtschow dieses Amt zusätzlich zu dem des Ersten ZK-Sekretärs. Nun, da er Regierungs- und Parteichef war, verfügte Chruschtschow über noch größere Macht, aber damit wuchs auch seine persönliche Verantwortung für Fehlentwicklungen. Zudem weckte seine Machtfülle bei den übrigen Mitgliedern der Parteiführung wachsende Verärgerung. Nach seinem Sturz deutete Chruschtschow an, dass er es rückblickend als Fehler betrachtete, neben dem Amt des Ersten Sekretärs auch den Vorsitz im Ministerrat übernommen zu haben, und gestand ein, dies sei »eine gewisse Schwäche« seinerseits gewesen; das endgültige Urteil über die Weisheit dieser Entscheidung überließ er »dem Gericht der Geschichte«.[25]

Nachdem er die neue Funktion übernommen hatte, verbrachte Chruschtschow mehr Zeit in seinem Büro im Sitz des Ministerrats als im Gebäude des Zentralkomitees. Allerdings bedeutete dies, dass der Zweite ZK-Sekretär nun deutlich mehr Spielraum erhielt, um Einfluss auf die Parteiorganisation zu nehmen. Anfangs ging von dieser Konstellation keine Gefahr aus, da dieses Amt Ende der fünfziger Jahre Chruschtschows Verbündeter Kiritschenko innehatte. Aber der Ukrainer Kiritschenko hatte Feinde in der Parteiführung, und es gelang Koslow, Chruschtschow gegen ihn aufzubringen. Im Jahr 1960 wurde Kiritschenko abgesetzt und durch Koslow ersetzt, der die Nachfolge Chruschtschows an der Parteispitze anstrebte (und anscheinend eine Zeitlang Chruschtschows Segen hatte).[26] Als für die Parteibürokratie zuständiger Zweiter ZK-Sekretär hatte Koslow nun beträchtlichen Einfluss auf die Auswahl der Delegierten zum XXII. Parteitag im Jahr 1961 sowie auf die Auswahl der ZK-Mitglieder, die der Parteitag formal bestätigen würde.

Chruschtschow selbst schwankte gelegentlich in seinem Antistalinismus, was zum Teil an dem Druck lag, den konservativere Kollegen auf ihn ausübten, aber auch darauf zurückzuführen war, dass er fürchtete, die Kontrolle über die Partei zu verlieren. Er war ein überzeug-

Die Grenzen der Entstalinisierung 343

ter Kommunist, der nach Einschätzung seiner Tochter tatsächlich in vielen Fragen Stalins Einschätzung teilte.[27] Bei einem diplomatischen Empfang Ende des Jahres 1956 – das heißt nach dem XX. Parteitag, aber vor dem Konflikt mit seinen Gegnern, der im Sommer 1957 ausbrach – verkündete Chruschtschow, er und seine Genossen seien »Stalinisten in der Konsistenz, mit der sie für den Kommunismus kämpfen, und Stalinisten in ihrem bedingungslosen Kampf gegen den Klassenfeind, so wie Stalin sein ganzes Leben dem Sieg der Arbeiterklasse und des Sozialismus gewidmet hat«.[28] Der jugoslawische Botschafter, der diese und andere lobende Äußerungen Chruschtschows über Stalin nach Hause meldete, sah darin ein »vorübergehendes taktisches Verhalten«, das insbesondere die chinesischen Kommunisten beschwichtigen solle.[29] Aber Chruschtschow bekannte sich auch noch in seinem erzwungenen Ruhestand dazu, dass ihn Stalin nachhaltig geprägt habe. Seine Weigerung, dem herausragenden Physiker und späteren Nobelpreisträger Pjotr Kapiza in den fünfziger Jahren die Ausreise zu erlauben, erklärte Chruschtschow damit, dass in seinem Inneren möglicherweise immer noch Stalin rumore.[30] (Der gebürtige Russe Kapiza arbeitete zwischen 1921 und 1934 als Physiker an der Universität Cambridge. Als er im Jahr 1934 die Sowjetunion besuchte, ließ Stalin ihn nicht mehr nach Großbritannien zurückkehren. Man richtete ein neues Institut für ihn ein, und er übernahm eine führende Rolle in der russischen Wissenschaft, wobei er mehrfach großen Mut bewies und sich beispielsweise weigerte, das von Berija geleitete sowjetische Atomwaffenprogramm zu unterstützen.)

Selbst in seinen Memoiren, die er zu einer Zeit schrieb, da er sich in seinen Ansichten gemäßigt hatte, erklärte Chruschtschow unumwunden:

> Der Kampf wird erst enden, wenn der Marxismus-Leninismus überall triumphiert und wenn der Klassenfeind vom Antlitz der Erde verschwindet. Sowohl die Geschichte als auch die Zukunft sind auf der Seite des Proletariats, das am Ende siegen wird. … Wir Kommunisten müssen diesen Prozess mit allen Mitteln *außer dem Krieg* vorantreiben. … In der Welt tobt eine Schlacht, die darüber entscheidet, wer die Oberhand behalten wird: Wird es die Arbeiterklasse oder die Bourgeoisie sein? … Jedem denkenden Menschen muss klar sein, dass die grundlegende Frage der Ideologie nur durch Kampf und durch den Sieg der einen Doktrin über die andere beant-

344 Zickzack-Kurs auf dem Weg zum »Kommunismus«

wortet werden kann. ... Wer einen ideologischen Kompromiss erwägt, der
verrät die Grundsätze unserer Partei – und das Vermächtnis von Marx, Engels und Lenin.[31]

Die Entstalinisierung in der Literatur

Im Kulturbereich betrieb Chruschtschow eine sehr unbeständige Politik. Der XX. Parteitag hatte bei vielen bislang geächteten Autoren
große Hoffnungen geweckt. Tatsächlich wurden auch einige ihrer Arbeiten gedruckt. Alexander Jaschin beschäftigte sich zum Beispiel in
der Kurzgeschichte *Die Hebel* mit dem Widerspruch zwischen der
Alltagssprache der Menschen und der hölzernen Ausdrucksweise, deren sich die Sowjetbürger bedienten, wenn die Situation einen Wechsel zu den offiziellen sprachlichen Klischees erforderlich machte. Die
Geschichte spielt in einer Kolchose, und einige der Figuren schildern
unverhohlen die Verwahrlosung des Betriebs und den Niedergang
unter der Leitung des Bezirksparteisekretärs. Dann werden sie zur
Ordnung gerufen, und es stellt sich heraus, dass es sich um die Angehörigen der Parteiorganisation des Betriebs handelt. Sobald die
Parteiversammlung eröffnet ist, beginnen sie, sich jener offiziellen
Sprache zu bedienen, über die sie sich eben noch lustig gemacht haben. Die Kluft zwischen Staat und Gesellschaft, zwischen Konformis-
mus und Spontaneität prägt hier nicht nur die Beziehungen zwischen
verschiedenen Personengruppen, sondern das Denken ein und derselben Person.[32]

In einer bekannteren Arbeit – Wladimir Dudinzews Roman *Nicht
vom Brot allein* – wird der Kampf eines Erfinders gegen die sowjetische Bürokratie geschildert, die einen unbegabten Kollegen protegiert. Derartige Kritik an der gesellschaftlichen Ordnung löste einen
Sturm der Empörung unter den sowjetischen Literaturfunktionären
und Parteiideologen aus. Beide Gruppen verstanden es, Chruschtschow dazu zu bewegen, sich ihnen anzuschließen. Berühmt geworden ist das Beispiel Boris Pasternaks, der für *Doktor Schiwago* im Jahr
1958 den Literaturnobelpreis erhielt. Pasternak hatte den Roman
Novi mir angeboten und auf eine Veröffentlichung in Moskau gehofft, aber er war gezwungen, sich einen Verleger im Ausland zu suchen. (Im völlig veränderten politischen Klima der späten achtziger

Die Entstalinisierung in der Literatur 345

Jahre erschien das Buch schließlich auch in Russland – in *Novi mir*.) Pasternak war rüden und bösartigen Attacken sowjetischer Funktionäre ausgesetzt, unter denen sich der Komsomol-Vorsitzende und spätere KGB-Chef Wladimir Semitschastni, der Chruschtschows volle Unterstützung genoss, besonders hervortat. Unter dem großen psychologischen Druck sah sich Pasternak gezwungen, den Nobelpreis abzulehnen; sein Tod im Jahr 1960 wurde mit einiger Sicherheit durch die üble Kampagne gegen ihn beschleunigt. Als Chruschtschow seine Memoiren diktierte, gab er zu, Pasternaks Roman seinerzeit gar nicht gelesen zu haben, und rückblickend bedauerte er die grausame Behandlung, die dem Schriftsteller zuteilgeworden war.[33]

Andererseits zeigte Chruschtschow als Parteichef eine gewisse Sympathie für einen weiteren Dichter, Alexander Twardowski, der im Jahr 1958 wieder als Chefredakteur von *Novi mir* eingesetzt wurde und der versuchte, die Literatur gegen das Dogma zu verteidigen.[34] Auch zwei junge Dichter, deren Lesungen zahlreiche Zuhörer anlockten, Jewgeni Jewtuschenko und Andrej Wosnessenski, waren in der Lage, beträchtliche Popularität mit vorsichtig geäußertem Nonkonformismus zu verbinden, und kamen in den Genuss einer gewissen offiziellen Toleranz, obwohl auch sie wiederholt den Zorn konservativer Parteikreise und der Kulturbürokratie auf sich zogen. Jewtuschenko verband eine leidenschaftliche Ablehnung Stalins mit einer – zumindest in den Augen seiner Zeitgenossen in der Chruschtschow-Ära – verklärten Einschätzung Lenins.[35] Was unter Chruschtschow veröffentlicht werden durfte, hatte nichts mit der teilweise grundlegenden Kritik am sowjetischen System und an der Gesellschaft zu tun, die in der zweiten Hälfte der achtziger Jahre im gedruckten Wort auftauchen sollte, aber verglichen mit der kulturellen Wüste in den letzten Jahren Stalins war dies eine blühende Landschaft. Im intellektuellen Leben der Sowjetunion nach dem XX. Parteitag trat nicht nur ein Gegensatz zwischen Stalinisten und Befürwortern der Entstalinisierung zutage, sondern es ließ sich auch der Widerhall eines sehr viel älteren Konflikts vernehmen, nämlich der traditionellen Auseinandersetzung zwischen den sogenannten Westlern und den Russophilen (oder Slawophilen, wie sie im 19. Jahrhundert genannt wurden). Letztere umfassten sowohl russische Nationalisten, die insofern mit der kommunistischen Herrschaft sympathisierten, als das sowjetische Russland zu einer der beiden führenden Weltmächte aufgestiegen war, als auch religiös motivierte Nationalisten, die das kommunistische System im Grunde (wenn auch nicht in ihren Veröffentlichungen) ablehnten. Der wichtigste russophile Autor war Alexander Solschenizyn, mit dem wir uns später noch eingehender beschäftigen werden. Ihm gelang es im Jahr 1962 mit der Erzählung *Ein Tag im Leben des Iwan Denissowitsch*, das literarische Schweigen über die sowjetischen Arbeitslager zu durchbrechen, nachdem Chruschtschow im Vorjahr auf dem XXII. Parteitag erneut zum Angriff auf Stalin geblasen hatte.

Der Sozialismus ist errichtet – der Kommunismus nicht mehr fern

Auf diesem Parteitag wurde auch ein ideologisch innovatives Parteiprogramm verabschiedet, eine bemerkenswerte Mischung aus Selbsttäuschung, Wunschdenken und Utopie. Chruschtschow selbst hegte kein großes Interesse an abstrakten Konzepten, aber nachdem er seine besonders dogmatischen Widersacher erledigt hatte, wollte er unbedingt einer neuen Phase in der Entwicklung der sowjetischen Gesellschaft seinen Stempel aufdrücken. In diesem Programm, das vom XXII. Parteitag am 31. Oktober 1961 beschlossen wurde, heißt es, die Sowjetunion sei nunmehr ein »Staat des ganzen Volkes« und die Kommunistische Partei eine »Partei des ganzen Volkes«. Die Diktatur des Proletariats gehörte demnach der Vergangenheit an. Dies war in gewisser Hinsicht eine gute Nachricht für die Intelligenzija, und es war sicher erfreulich für die Bauern, die in der Doktrin (und lange Zeit auch in der Praxis) als Bürger zweiter Klasse behandelt worden waren, die weniger Anerkennung verdienten als die Industriearbeiter. Es hätte auch eine gute Nachricht für die Bürokraten sein sollen, obwohl diese (mit Ausnahme jener, die in den dreißiger Jahren den willkürlichen Säuberungen Stalins zum Opfer gefallen waren) durchaus von der »Diktatur des Proletariats« profitiert hatten. Natürlich wirkte sich die Bezeichnung des Staates nicht direkt auf das Leben der Bürger aus, aber mit einer Änderung der Terminologie verband sich oft auch ein Wandel der politischen Ausrichtung. Hinter den Kulissen hatten die Vordenker der Partei über den genauen Wortlaut des Parteiprogramms gestritten, wobei sich die konservativsten Hüter des Marxismus-Leninismus hartnäckig gesträubt hatten, die Idee vom »Staat des ganzen Volkes« zu akzeptieren. Tatsächlich waren sie diesbezüglich die orthodoxeren Schüler von Marx, der postuliert hatte, solange es einen Staat gebe, müsse es auch eine herrschende Klasse geben.

Das Parteiprogramm von 1961 war jedoch auch das letzte bindende Dokument, in dem sich die KPdSU ernsthaft mit dem Aufbau einer kommunistischen Gesellschaft befasste, die etwas anderes war als das kommunistische System, das im Programm natürlich als Sozialismus bezeichnet wurde. In dem Dokument hieß es, in der Sowjetunion sei die Errichtung des Sozialismus mittlerweile abgeschlossen. Am Schluss des Programms standen folgende Worte: »Die Partei verkündet feierlich: Die heutige Generation der Sowjetmenschen wird im Kommunismus leben.«[36] In dem Programm wurde verkündet, dass bis zum Jahr 1980 *»in der UdSSR die kommunistische Gesellschaft im Wesentlichen aufgebaut sein«* werde; vollendet werde der Aufbau des Kommunismus »in der nachfolgenden Phase«.[37] In der Zwischenzeit werde die Bedeutung der Partei nicht abnehmen, sondern wachsen. Wie es im Programm hieß: »Charakteristisch für den umfassenden Aufbau des Kommunismus ist das weitere *Anwachsen der Rolle und Bedeutung der Kommunistischen Partei* als der führenden und lenkenden Kraft der Sowjetgesellschaft.«[38] Weiter erklärte die KPdSU, die offenkundig nicht zur Untertreibung neigte:

Der Aufbau des Kommunismus in der UdSSR wird der größte Sieg der Menschheit in all den Jahrhunderten ihrer Geschichte sein. Jeder neue Schritt zu den strahlenden Höhen des Kommunismus begeistert die werktätigen Massen aller Länder, ist eine gewaltige moralische Unterstützung des Kampfes aller Völker um ihre Befreiung vom sozialen und nationalen Joch und beschleunigt den Triumph der Ideen des Marxismus-Leninismus im Weltmaßstab.[39]

Schon diese Rhetorik dürfte Chruschtschows Nachfolger in eine etwas unangenehme Lage gebracht haben, doch vor allem gerieten sie durch die konkreten Ankündigungen großartiger wirtschaftlicher Leistungen in Bedrängnis, denn diese blieben den sowjetischen Bürgern im Gedächtnis. So wurde in diesem Programm beispielsweise vorausgesagt, dass es bis zum Jahr 1970 in der Sowjetunion keinen

Wohnungsmangel mehr geben werde und dass das Land bis dahin die Pro-Kopf-Produktion der Vereinigten Staaten übertreffen werde. Zudem wurde angekündigt, dass das Pro-Kopf-Realeinkommen bis 1980 um mehr als 250 Prozent steigen werde.[40]

Auf demselben Parteitag, der dieses Programm verabschiedete, ging Chruschtschow in öffentlichen Sitzungen erneut zum Angriff auf die »Antiparteigruppe« und auf Stalin über. Er deutete an, Stalin sei für den Mord an Kirow verantwortlich gewesen, der anschließend als Vorwand für die Säuberungen in den dreißiger Jahren gedient hatte. Weitere Redner prangerten die Verbrechen des Stalinismus deutlicher an, und einige jüngere Delegierte durften sich über die Beiträge Molotows, Kaganowitschs und Woroschilow zur stalinistischen Repression offen äußern, während die Rolle Chruschtschows, dessen Hände ebenfalls mit Blut besudelt waren, nicht erwähnt wurde. Molotow und Kaganowitsch wurden aus der KPdSU ausgeschlossen. Der Parteitag verabschiedete auch einen Beschluss über die Entfernung von Stalins Leichnam aus dem Mausoleum auf dem Roten Platz, wo er bis dahin an Lenins Seite geruht hatte. Schon am folgenden Morgen lag Lenin dort alleine.[41]

Leistungen und Misserfolge

In den Jahren, in denen Nikita Chruschtschow an der Spitze der KPdSU stand, wurden zahlreiche politische Initiativen eingeleitet, von denen viele scheiterten und auf Chruschtschow zurückfielen. Doch es waren auch Jahre des gesellschaftlichen Wandels, in denen neues intellektuelles Leben keimte. Einige Veränderungen hatte Chruschtschow gezielt herbeigeführt, bei anderen handelte es sich eher um unbeabsichtigte Konsequenzen der Entstalinisierung. Eine Entwicklung – Chruschtschows großangelegtes Wohnungsbauprogramm – war gewollt, brachte gleichzeitig jedoch unbeabsichtigte Begleiterscheinungen mit sich. Chruschtschow war aufrichtig bemüht, die Lebensbedingungen des sowjetischen Durchschnittsbürgers zu verbessern, und maß der Verbesserung der Wohnsituation große Bedeutung bei. Die in seiner Zeit errichteten Wohnblocks waren eintönig und schlecht gebaut, aber sie verbesserten die Lebensumstände von Millionen Menschen.[42] In Chruschtschows Zeit an der Partei-

Leistungen und Misserfolge 349

spitze stieg die Zahl der jährlich gebauten Wohnungen aus vorgefertigten Bauteilen fast auf das Doppelte, und Millionen Menschen konnten eine eigene Wohnung beziehen.[43] Die meisten dieser Wohnungen wurden von den örtlichen Behörden – den Sowjets – vermietet, aber es entstanden auch Wohnkooperativen, in denen die Bewohner ein Miteigentum an ihrer Unterkunft erwarben. In den Jahren der raschen Verstädterung und Industrialisierung unter Stalin hatten in den Städten ganze Familien in einem einzigen Raum in einer Gemeinschaftswohnung gelebt – teilweise mussten sich zwei Familien einen Raum teilen und ihr jeweiliges Reich durch einen Vorhang abgrenzen. Selbst wenn die neuen Wohnungen aus nur einem oder zwei Räumen sowie Küche und Bad bestanden, verbesserten sie die Lebensqualität deutlich.

Der russische Dissident und Literaturwissenschaftler Leonid Pinski bezeichnete in einem Gespräch mit dem Autor in Moskau im Jahr 1976 Chruschtschows Wohnungsbauprogramm als die bedeutsamste soziale und politische Entwicklung seit dem Ende der Stalinzeit. Laut Pinski bestand die Bedeutung des Programms darin, dass Millionen Menschen erstmals die Möglichkeit erhielten, ihre Haustür hinter sich zu schließen. Die unbeabsichtigte Folge war, dass die Menschen damit auch eine Privatsphäre erhielten und freiere Gespräche führen konnten. Die Wohnungen derjenigen, von denen bekannt war, dass sie abweichende Meinungen vertraten, wurden natürlich abgehört. Auch die Mitglieder der Parteiführung genossen das »Vorrecht«, in ihren Wohnungen und Datschen bespitzelt zu werden. Aber den meisten Bürgern blieb eine derartige Verletzung ihrer Privatsphäre erspart. Das wirtschaftliche Leben wäre zum Stillstand gekommen, wenn man die Hälfte der Bevölkerung dafür eingesetzt hätte, die Unterhaltungen der anderen Hälfte mitzuhören. Der KGB war darauf angewiesen, dass ausgewählte Informanten über das Auftauchen gefährlicher Meinungen Bericht erstatteten. In Gemeinschaftswohnungen hatten die Informanten sehr viel leichteres Spiel. Konnten sich die Menschen erst einmal hinter ihrer Wohnungstür von der Außenwelt abschotten, begannen sie mit ihren Angehörigen und mit vertrauenswürdigen Freunden offen zu sprechen. So paradox das klingen mag: In den Jahren der kommunistischen Unterdrückungsherrschaft unter Chruschtschow und Breschnew entspann sich am Küchentisch in der Wohnung eines Mitglieds der Moskauer oder Leningrader

Intelligenzija so manches vollkommen freie und weitreichende Gespräch.

Es wurden die unterschiedlichsten Konzepte vertreten. Ein Teil der Intellektuellen ging bei seiner Kritik am System von einer idealisierenden Einschätzung Lenins aus. Andere nahmen Bezug auf die Theorien der vorrevolutionären russischen Liberalen oder auf fortschrittliche Vorstellungen und Praktiken aus dem Westen. Wieder andere glaubten an den demokratischen Sozialismus. Eine Minderheit innerhalb der russischen Intelligenzija besaß Informationen über die skandinavische Sozialdemokratie, der es anscheinend gelungen war, zu einem Bruchteil der gesellschaftlichen Kosten einen sehr viel größeren Wohlstand für den Durchschnittsbürger zu schaffen als der Sozialismus sowjetischer Prägung. In den Chruschtschow-Jahren gab es auch eine Gruppe, die sich in ihrer Kritik am System auf den russischen Nationalismus stützte (in der Breschnew-Ära sollte diese Gruppe deutlich an Bedeutung gewinnen). Bis in die achtziger Jahre hinein war es nur auf Umwegen möglich, derartige Vorstellungen an die Öffentlichkeit zu bringen. Doch die neue Offenheit (»Glasnost«), die im Rahmen der von Gorbatschow eingeleiteten Perestroika propagiert wurde, hätte sich nicht so rasch durchsetzen können, wäre ihr nicht die private »Glasnost« vorausgegangen, die sich in den drei Jahrzehnten seit dem XX. Parteitag entwickelt hatte.[44]

Die Bildungsoffensive, die bereits unter Stalin zu den positiven Entwicklungen unter der sowjetischen Herrschaft gezählt hatte, wurde in den fünfziger und sechziger Jahren fortgesetzt. Chruschtschows Anliegen war es, die Bildungschancen der Arbeiterschaft und der Landbevölkerung zu verbessern und die Berufsbildung auszuweiten. Chruschtschow kämpfte dagegen, dass eine unverhältnismäßig große Zahl von Schulabsolventen aus privilegierten Familien die Universität besuchte. Und er prangerte die Tendenz an, auf die Arbeiter herabzublicken, die er als persönlichen und ideologischen Affront empfand. Um diese Probleme zu lösen, versuchte Chruschtschow einen zweijährigen Arbeitsdienst zur Voraussetzung für den Beginn eines Hochschulstudiums zu machen. Doch dieser Vorstoß stieß auf erheblichen Widerstand bei zahlreichen Wissenschaftlern, die darauf hinwiesen, dass die bedeutendsten Leistungen auf diesen Gebieten in jungen Jahren erbracht würden, weshalb nicht verspätet mit der Universitätsausbildung begonnen werden dürfe. In einem Politikbereich wie der Bildung konnte Chruschtschow zwar den Kurs vorgeben, aber er sah sich gezwungen, praktische Einwände der relevanten Ministerien und der Spezialisten zu akzeptieren. Zwischen April und Dezember 1958 – von dem Zeitpunkt, da Chruschtschow einige seiner radikalsten Vorschläge vorlegte, bis zur Ausfertigung des Bildungsgesetzes – wurden die Neuerungen schrittweise zurückgeschraubt. Die Schulpflicht wurde von sieben auf acht Jahre verlängert, und das Gesetz enthielt eine Empfehlung, jene Studienbewerber zu bevorzugen, die einen Arbeitsdienst absolviert hatten. Allerdings wurde die Dauer der Tätigkeit nicht festgelegt, und der Arbeitsdienst war auch nicht verpflichtend.[45]

Während sich Chruschtschow im Gegensatz zu vielen anderen Mitgliedern der Parteiführung, die seit langem keinen Bezug mehr zu den Problemen der gewöhnlichen Sterblichen hatten, aufrichtig bemühte, die Lebensbedingungen des Durchschnittsbürgers zu verbessern, gab es eine Gesellschaftsgruppe, die er mit besonderer Geringschätzung behandelte, nämlich die Angehörigen von Religionsgemeinschaften. Chruschtschow war davon überzeugt, dass jeder religiöse Glaube ein Relikt der Vergangenheit sei und möglichst rasch ausgelöscht werden müsse, um den Aufbau des Kommunismus voranzutreiben. Zwischen 1959 und 1964 wurden rund drei Viertel der christlichen Kirchen in der Sowjetunion gegen den Willen der Gläubigen geschlossen. Die Zeit nach dem Zweiten Weltkrieg bis zum Jahr 1958 war von einer *relativen* Toleranz gegenüber der Religion geprägt gewesen.[46] Michael Bourdeaux, einer der führenden Experten für die Beziehungen kommunistischer Regime zur Religion, hat Chruschtschow sogar als »einen der größten Verfolger der Kirche in der Geschichte des Christentums« bezeichnet.[47]

Besonders hart traf diese Politik die ländlichen Gemeinden, deren Kirchen geschlossen wurden. Aber den Bauern machte er das Leben noch auf andere Art schwer. Die Kampagnen, die eingeleitet wurden, um in der Fleischproduktion innerhalb von zwei oder drei Jahren mit den Vereinigten Staaten gleichzuziehen, führten dazu, dass auf Geheiß der Parteisekretäre, die verzweifelt versuchten, die Vorgaben zu erfüllen, übermäßig viele Nutztiere geschlachtet wurden, was den Viehbestand in den folgenden Jahren unter die erforderliche Mindestmenge drückte. Die Landwirtschaft lag Chruschtschow besonders am Herzen, aber die häufigen Umstrukturierungen und seine zahlreichen neuen Ideen schadeten mehr, als dass sie nützten. Hinzu kam, dass er wie Stalin dem inkompetenten Agronomen Trofim Lyssenko vertraute und die Einführung einiger vollkommen nutzloser landwirtschaftlicher Methoden unterstützte. Chruschtschows Landwirtschaftspolitik blieb vor allem in Erinnerung, weil er den Maisanbau in der Sowjetunion und die landwirtschaftliche Nutzung von bis dahin unerschlossenem Land förderte, insbesondere im Norden Kasachstans und im Süden Sibiriens (»Neulandkampagne«). Sowohl die Mais- als auch die Neulandkampagne zeitigten gemischte Ergebnisse. Der Mais wurde teilweise auf ungeeigneten Böden angebaut, und in der Bevölkerung machte man sich über Chruschtschows Maiswahn lustig. Auch mit der Neulandkampagne wurden bestenfalls zeitweilige Teilerfolge gefeiert. Das Projekt nahm derart gewaltige Ausmaße an, dass die zwischen 1953 und 1956 *zusätzlich* bewirtschaftete Landfläche der gesamten Anbaufläche Kanadas entsprach.[48] Dank der Neulanderschließung konnte die Getreideproduktion erhöht werden, aber die kurzfristigen Erfolge wurden dadurch zunichtegemacht, dass es sich um eine politische Kampagne handelte, deren Ziel eine rasche Ertragssteigerung war. Deshalb wurde auf eine geeignete Fruchtfolge verzichtet, was schwere Erosionsschäden nach sich zog.[49] Im Jahr 1963 war die sowjetische Führung aufgrund besonders schlechter Ergebnisse in der Viehwirtschaft und einer miserablen Ernte zu Getreideimporten gezwungen. In Russland machte der Scherz die Runde, Chruschtschow sei der Erste, der das sibirische Neuland bestelle und in Kanada die Ernte einfahre.

Betrachtete man lediglich die Produktionsmengen, ohne die schlechte Qualität vieler sowjetischer Güter zu berücksichtigen, so war das Wirtschaftswachstum in den fünfziger Jahren durchaus beeindruckend. (Allerdings verlangsamte es sich in den folgenden Jahren, bis zu den achtziger Jahren ging die Wachstumsrate stetig zurück.) Doch es lag in der Natur der Kommandowirtschaft, dass gewaltige Mengen an Material und Humankapital in bestimmte Bereiche der Produktion dirigiert werden konnten, in denen es der Sowjetunion dann tatsächlich gelang, eine weltweite Spitzenposition zu erringen. Das galt für große Teile der Rüstungsindustrie, wobei Chruschtschow den Atomwaffen und dem Raketenbau Vorrang vor der konventionellen Ausrüstung gab; diese Vorgehensweise weckte in den Jahren nach dem Sieg über die »Antiparteigruppe« die Unzu-

Leistungen und Misserfolge

friedenheit großer Teile der Armee. Unter Chruschtschow errang die Sowjetunion vor allem eine Spitzenstellung in der Erforschung des Weltraums. Im August 1957 wurde erstmals mit Erfolg eine ballistische Interkontinentalrakete getestet, und im Oktober desselben Jahres wurde diese Rakete eingesetzt, um den ersten künstlichen Satelliten ins All zu befördern.[50] Es gab der Sowjetunion gewaltigen Auftrieb und erfüllte den Durchschnittsbürger ebenso mit Stolz wie die politische Führung, als der *Sputnik* im Jahr 1957 als erstes Raumschiff die Erde umkreiste. Noch größer war die Begeisterung, als Juri Gagarin im Jahr 1961 der erste Mensch im Weltraum wurde. Ein Jahr zuvor hatte man ihn dazu bewegt, in die Kommunistische Partei einzutreten, und nach seinem Raumflug wurde er zum Ehrenmitglied des Obersten Sowjet ernannt. (Gagarin starb 1968 bei einem Flugzeugunglück.) Der führende Kopf hinter den frühen Erfolgen der sowjetischen Raumfahrt war Sergej Korolew, dessen Laufbahn zeigt, welche gravierenden Risiken und Nachteile das Leben eines sowjetischen Wissenschaftlers mit sich brachte, dem sich auf der anderen Seite aber auch besondere Möglichkeiten eröffneten. Korolew widmete sich schon seit Anfang der dreißiger Jahre der Raketenforschung, aber am Ende des Jahrzehnts wurde er verhaftet und kam erst im Sommer 1944 wieder frei. Er durchlebte eine schwere Zeit im Arbeitslager Kolyma, durfte jedoch zeitweilig gemeinsam mit anderen Wissenschaftlern und Ingenieuren in einem Sondergefängnis unter Bewachung für den sowjetischen Staat arbeiten (Solschenizyn hat eine solche Einrichtung in *Der erste Kreis der Hölle* beschrieben). Seine spätere Tätigkeit wurde von den sowjetischen Behörden derart streng geheim gehalten, dass Korolews Name erst nach seinem Tod im Jahr 1966 preisgegeben wurde. Bis dahin war er nur »der Chefentwickler«.[51]

Der Erfolg der sowjetischen Weltraumforschung und Chruschtschows vollmundige Erklärungen über die Fortschritte der militärischen Raketentechnologie verleiteten die Außenwelt dazu, die wirtschaftlichen Fortschritte der Sowjetunion zu überschätzen. Neben der sowjetischen Wirtschaftshilfe für einige Entwicklungsländer, darunter Ägypten und Indien, trug auch der Vorstoß ins All dazu bei, das Ansehen der Sowjetunion in der »Dritten Welt« zu erhöhen. (Dazu kam die antikoloniale Haltung der Sowjetunion auf der Weltbühne, welche die Bewunderer der UdSSR in Afrika und Asien dazu verleitete, die Natur der Beziehung zwischen dem sowjetischen Imperium und seinen Satellitenstaaten in Osteuropa zu ignorieren.) Doch in der Beziehung zur »Ersten Welt« erwiesen sich Chruschtschows Übertreibungen bei der Schilderung des sowjetischen Raketenarsenals als kontraproduktiv, denn die Vereinigten Staaten, die sich im Rückstand gegenüber der Sowjetunion fühlten, erhöhten ihre Verteidigungsausgaben deutlich. Der Schock angesichts des Flugs des *Sputnik* und Gagarins Ausflugs in den Weltraum zog eine erfolgreiche amerikanische Antwort nach sich, und im Jahr 1969 gelang es den Vereinigten Staaten, erstmals drei Menschen zum Mond zu schicken. (Es ist erwähnenswert, dass sowohl das sowjetische als auch das amerikanische Weltraumprogramm nicht zuletzt dank der begabten deutschen Raketenforscher und Ingenieure vorangetrieben werden konnte, deren die beiden Siegermächte am Ende des Zweiten Weltkriegs habhaft geworden waren.) Dennoch entwickelte sich die Sowjetunion zwischen 1953 und 1964 zu einer bedeutenden militärischen Macht, die jedem Land mit Ausnahme der USA auf diesem Gebiet deutlich überlegen war. Aber erst Anfang der siebziger Jahre gelang es ihr, militärisch weitgehend zu den Staaten aufzuschließen.

In der Außenpolitik feierte die Sowjetunion unter Chruschtschow nur bescheidene Erfolge. Einige der wichtigsten Entwicklungen, darunter die sowjetische Reaktion auf die Erhebungen in Osteuropa und das Zerwürfnis mit China, werden in den folgenden Kapiteln behandelt. Mit seinem Ungestüm beschwor Chruschtschow wiederholt gefährliche Situationen herauf. Im Jahr 1960 beschloss er, ein Gipfeltreffen mit US-Präsident Eisenhower, dem französischen Staatspräsidenten de Gaulle und dem britischen Premierminister Harold Macmillan platzen zu lassen, indem er von Eisenhower eine öffentliche Entschuldigung für amerikanische Aufklärungsflüge über sowjetischem Territorium verlangte. Die Sowjets hatten Beweise für diese Flüge, denn eine Maschine vom Typ U2 war abgeschossen worden, und der Pilot Gary Powers befand sich in sowjetischer Hand. Angesichts der Fakten bekannte sich Eisenhower dazu, von den Spionageflügen gewusst zu haben, doch unter den gegebenen Umständen konnte er sich kaum dafür entschuldigen. Für Chruschtschow bedeutete dies, dass »uns Eisenhower sozusagen seinen verlängerten Rücken dargeboten hatte, und wir gaben ihm die Ehre, ordentlich hineinzutreten«.[52] Doch in Anbetracht der Tatsache, dass Chruschtschow

Leistungen und Misserfolge

um bessere Beziehungen zu den Vereinigten Staaten bemüht war, war dieser diplomatische Stil gelinde gesagt kontraproduktiv.[53]

Obwohl Chruschtschow fest davon überzeugt war, dass ein Atomkrieg eine Katastrophe für die gesamte Menschheit wäre, und er Mao Tse-tungs eher sorglose Einschätzung der Erfolgsaussichten in einer solchen Auseinandersetzung keineswegs teilte, beschwor er fast eine Katastrophe hinauf, als er im Jahr 1962 mit atomaren Gefechtsköpfen bestückte Raketen in Kuba stationieren ließ. Fidel Castro hatte sich anfangs gegen die Stationierung gesträubt, empfand es dann jedoch als Demütigung, dass der Forderung der Kennedys stattgegeben wurde, die Raketen wieder abzuziehen. Auch in der Sowjetunion betrachteten viele Mitglieder der politischen und militärischen Führung, die das Vorhaben ursprünglich für abwegig gehalten hatten, die Rückkehr der Raketen als diplomatischen Sieg der Vereinigten Staaten. In Wahrheit waren die Ergebnisse der Schattendiplomatie während der Krise aus sowjetischer Sicht keineswegs schlecht. Kennedy gab die Zusicherung, die USA würden Kuba nicht angreifen, und erklärte sich unter der Bedingung, dass dieses Zugeständnis nicht veröffentlicht werde, zum Abzug der amerikanischen Raketen aus der Türkei bereit. Doch in den Kreisen, die in der Heimat den Ausschlag gaben, schadete der Vorstoß Chruschtschow sehr. Mit seiner Impulsivität hatte er einen Krieg mit dem einzigen Land riskiert, das der Sowjetunion militärisch überlegen war – und wie auch immer die konkreten Resultate der Konfrontation aussahen, herrschte der Eindruck vor, dass Chruschtschow vor Kennedy in die Knie gegangen war.[54] Angesichts der Kubakrise wurde in der internationalen Öffentlichkeit, aber auch unter sowjetischen Wissenschaftlern, die Forderung nach einem Verbot von überirdischen Atombombentests laut. Der führende sowjetische Atomwissenschaftler Igor Kurtschatow zählte zur Gruppe derer, die Chruschtschow drängten, einem solchen Verbot zuzustimmen, das mittlerweile auch von den westlichen Atommächten befürwortet wurde. Und tatsächlich wurde im Jahr 1963 in Moskau ein Abkommen über ein beschränktes Verbot von Atombombentests unterzeichnet.[55]

Widersprüchliche Chruschtschow-Zeit

Als sich konservative Parteibürokraten unter der Führung des Ideologen Leonid Iljitschow mit den führenden Vertretern des Künstlerbundes zusammentaten, um Chruschtschow im November 1962 zu einer Ausstellung abstrakter Kunst zu bringen, wussten sie genau, was sie taten. Sie nahmen zu Recht an, Chruschtschow werde einen Wutausbruch erleiden, was es ihnen erleichtern würde, den Druck auf jene Autoren und Künstler zu erhöhen, die von der sowjetischen Orthodoxie abwichen. Die Episode trug sich in demselben Monat zu, in dem Solschenizyn in der *Novi mir* seine Arbeit *Ein Tag im Leben des Iwan Denissowitsch* veröffentlicht hatte. Diese bahnbrechende Erzählung, die das Leben in den sowjetischen Arbeitslagern schilderte, war mit Chruschtschows persönlicher Erlaubnis erschienen. Möglich geworden war dies dadurch, dass sich Chruschtschows Assistent Wladimir Lebedew auf Drängen von Twardowski, der sich leidenschaftlich für eine Veröffentlichung einsetzte, bereit erklärt hatte, Chruschtschow die Geschichte in einem geeigneten Moment vorzulesen.[56] So erhielten im selben Monat die beiden verfeindeten Lager im Kampf an der künstlerischen und literarischen Front Chruschtschows Unterstützung. (Derartige militärische Metaphern erfreuten sich großer Beliebtheit bei den sowjetischen Politikern.) Wie erwartet, reagierte ein bereits mürrischer Chruschtschow, der der Meinung war, Wichtigeres zu tun zu haben als eine Ausstellung zeitgenössischer Kunst zu besuchen, empört auf den Anblick der Skulpturen und abstrakten Gemälde, die er in der unweit des Kreml gelegenen Ausstellungshalle Manesch zu sehen bekam. Die zulässige Kunstform war der »sozialistische Realismus«: Gemeint war damit eine abbildende Kunst, die in bestimmten Grenzen realistisch zu sein hatte, das heißt, sie musste von Optimismus erfüllt sein und die Arbeiter und Bauern idealisieren. Entscheidend war der »sozialistische« Charakter der Kunstwerke im Sinne dessen, was sich die Spitze der kommunistischen Hierarchie zum gegebenen Zeitpunkt unter dem sozialistischen Charakter vorstellte. (Respektlose sowjetische Bürger fragten: »Was ist der Unterschied zwischen Impressionismus, Expressionismus und sozialistischem Realismus?« Die Antwort: »Die Impressionisten malen, was sie sehen, die Expressionisten malen, was sie fühlen, und die sozialistischen Realisten malen, was sie hören.« Der

Widersprüchliche Chruschtschow-Zeit 357

Schlüssel zu einem annehmlichen Künstlerleben bestand darin, sich
an den Vorgaben zu orientieren, die man von den Parteifunktionären
und den Hütern der Orthodoxie in den staatstreuen Künstlervereiningungen erhielt.) Der herausragende Bildhauer Ernst Neiswestni
zählte zu denen, die zum Ziel der hemmungslosen Schmähungen
Chruschtschows wurden. Obendrein besaß er die Kühnheit, sich zu
verteidigen und Chruschtschow darüber aufzuklären, dass die Personen in seiner Umgebung seine Unkenntnis in Sachen Kunst für ihre
Zwecke nutzten. Damit provozierte er einen weiteren Wutausbruch.
Der Plan der konservativen Bürokraten ging auf. Nicht nur innovative Künstler, sondern auch Autoren wie Solschenizyn, die gefährliche Fragen zur sowjetischen Vergangenheit stellten, wurden nun
wieder an die Kandare genommen.[57]

Kurz darauf wurde eine Gruppe von Schriftstellern und Künstlern
zu einem Treffen mit Chruschtschow und dem Zentralkomitee eingeladen. Jewtuschenko warf die Frage des Antisemitismus auf, wobei
er seinen kühnen Vorstoß in orthodoxe Thesen kleidete. Chruschtschow hielt ihm verärgert entgegen, der Antisemitismus sei in der
Sowjetunion kein Problem. Doch Jewtuschenko beharrte auf seiner
Einschätzung und erklärte, Antisemiten finde man auch unter Personen, die offizielle Ämter bekleideten. Würde man sich mit diesem
Problem auseinandersetzen, so könne man »noch größere Erfolge in
allen Bereichen des kommunistischen Aufbaus« erzielen.[58] Neiswestni, der zu den Organisatoren des Treffens zählte, wurde erneut
von Chruschtschow in die Schranken gewiesen. Der Name Neiswestni bedeutet auf Russisch »unbekannt«, und Chruschtschow kanzelte den Bildhauer mit dem Hinweis ab, sein Name sei sehr treffend,
da er unbekannt bleiben werde. Als Chruschtschow seine Memoiren
diktierte, erinnerte er sich an diese Episode und bezeichnete seine Äußerung als rüde: »Würde ich Neiswestni jetzt begegnen, so würde ich
mich bei ihm für das entschuldigen, was ich in unserer Diskussion im
Zentralkomitee zu ihm gesagt habe.«[59] Chruschtschow starb im September 1971, sieben Jahre nach seinem Sturz. Es ist bemerkenswert,
dass seine Familie Neiswestni bat, ein Grabmal für ihn anzufertigen.
Neiswestni willigte ein. Der Sockel des sehr augenfälligen Denkmals
besteht aus geometrischen Elementen, die zu gleichen Teilen aus weißem Marmor und schwarzem Granit angefertigt sind; auf dem Sockel
ruht eine dem sozialistischen Realismus nachempfundene Bronze-

büste Chruschtschows. Die meisten Betrachter erkennen darin das Gute und das Böse, das Chruschtschow in seinem Leben tat, die zwei Seiten einer bemerkenswerten Persönlichkeit, die in turbulenten Zeiten lebte.

Die Chruschtschow-Zeit war von tiefen Widersprüchen geprägt. Viele der bedeutsamen Entwicklungen jener Jahre entsprachen nicht Chruschtschows Absichten, sosehr er sich auch bemühte, die Geschehnisse unter Kontrolle zu behalten. Doch die gegensätzlichen Entwicklungen hatten auch mit Chruschtschows widersprüchlicher Persönlichkeit zu tun: Er war ein Stalinist, der mehr als jeder andere tat, um den Stalinismus in seinen Grundfesten zu erschüttern, ein harter und rücksichtsloser Politiker, der sich jedoch eine gewisse Menschlichkeit bewahrte, ein ungebildeter Arbeiter mit einer bemerkenswerten Lernfähigkeit und ein gläubiger Vorkämpfer eines menschlichen Weltkommunismus, der im Jahr 1956 nicht zögerte, die Panzer loszuschicken, um den Volksaufstand gegen die kommunistische Herrschaft in Ungarn niederzuschlagen, und im Jahr 1962 (wenn auch widerstrebend) den Befehl gab, das Feuer auf streikende Arbeiter in Nowotscherkassk zu eröffnen.[60] (Ausgelöst wurden die Streiks und Protestkundgebungen durch die Verschlechterung der Arbeitsbedingungen in den örtlichen Fabriken sowie durch die allgemeine Verärgerung über steigende Preise. Sogar in einem KGB-Bericht wurde darauf hingewiesen, dass die Änderung der Arbeitsvorschriften in einer der Fabriken dazu geführt hatte, dass ein Teil der Arbeiter Lohneinbußen von bis zu 30 Prozent hinnehmen musste.[61])

Chruschtschows Sturz

In seinen letzten Jahren trat Chruschtschow zusehends gebieterisch auf. Er hatte es seit jeher genossen, Institutionen durcheinanderzurütteln, und jetzt ließ er dieser Neigung freien Lauf. Dieser Führungsstil mitsamt seinen Turbulenzen war nicht im Interesse einer Mehrheit der ZK-Mitglieder. So besiegelte dieselbe Gruppe, die Chruschtschow im Jahr 1957 zur Hilfe geeilt war, nun sein Schicksal, als seine Kollegen im ZK-Präsidium schließlich zum Schlag gegen ihn ausholten. Es fiel ihnen nicht schwer, das Zentralkomitee auf ihre Seite zu ziehen. Wie wenig Zustimmung die Anfang der sechziger

Jahre von Chruschtschow vorangetriebenen institutionellen Veränderungen bei der Spitze der Nomenklatura fanden, zeigte sich daran, dass fast alle diese Neuerungen nach Chruschtschows Sturz innerhalb eines Jahres rückgängig gemacht wurden. Auch die früheren organisatorischen Änderungen Chruschtschows waren davon betroffen, beispielsweise die Verschmelzung der Parteiführung mit dem Vorsitz im Ministerrat und die Einrichtung der regionalen Wirtschaftsräte. Die ersten beiden Ämter wurden im Oktober 1964 wieder getrennt, und die meisten Zentralministerien, die den *Sownarchosi* hatten weichen müssen, wurden rasch wieder eingerichtet.

Im November 1962 hatte Chruschtschow ein neues Gremium ins Leben gerufen, das Komitee für Partei- und Staatskontrolle, das nicht nur die Staatsorgane, sondern auch die Parteifunktionäre überwachen sollte. Dies konnte als weitere Maßnahme zur Bündelung der Macht in seiner Hand gedeutet werden, obwohl der Vorsitzende dieses Gremiums der ehrgeizige Alexander Schelepin war, der bereits das Amt eines ZK-Sekretärs innehatte und zuvor Leiter des KGB gewesen war. Den Ersten Sekretären der regionalen Parteiorganisationen, die in der Vergangenheit Chruschtschows wichtigste Machtbasis gewesen waren, wurde im selben Monat ein schwerer Schlag versetzt, als Chruschtschow ihre Organisationen in Industrie- und Landwirtschaftsorgane aufteilte. Damit waren die regionalen Parteichefs, die bis dahin für alle Vorgänge in ihrem Gebiet verantwortlich gewesen waren – in der Praxis waren sie mächtige Gouverneure gewesen –, von nun an entweder für die Industrie oder für die Landwirtschaft, jedoch nicht länger für beide Bereiche zuständig. Der andere Sektor wurde einem anderen Sekretär übertragen.

Das Zentralkomitee war im Jahr 1964 gegenüber dem auf dem XXII. Parteitag im Jahr 1961 gebildeten unverändert, das heißt, es bestand aus Personen, deren Macht und Aufgabenbereiche in der Zwischenzeit zurechtgestutzt worden waren. Zu dieser Verringerung ihrer Befugnisse kam die Ungewissheit über ihre Zukunft. Zu den auf dem XXII. Parteitag eingeführten Veränderungen zählte eine verpflichtende prozentuelle Erneuerung der Mitgliedschaft der Parteikomitees auf allen Ebenen bei jeder »Wahl«. Das galt sogar für die Parteiführung. Bei jedem Parteitag der KPdSU musste mindestens ein Viertel der Mitglieder des Zentralkomitees und seines Präsidiums ausgetauscht werden. Auf den unteren Ebenen der Parteiorganisation war der Prozentsatz sogar noch höher. All diese Veränderungen wurden nach Chruschtschows Sturz rasch rückgängig gemacht.

Es versteht sich von selbst, dass seine Gegner zuschlugen, während er im Urlaub war. Bei dieser Gelegenheit wurde er von Mikojan begleitet. Chruschtschow hatte seinen Feinden zahlreiche Gelegenheiten gegeben, ihre Verschwörung zu organisieren. Er hatte eine Vorliebe für das Reisen entwickelt und war im Lauf des Jahres 1963 170 Tage und in den ersten neuneinhalb Monaten des Jahres 1964 150 Tage außerhalb Moskaus gewesen, um entweder andere Regionen der Sowjetunion zu besuchen oder ins Ausland zu reisen.[62] Am Abend des 12. Oktober 1964 erhielt Chruschtschow, der zu diesem Zeitpunkt in Pizunda an der georgischen Schwarzmeerküste seinen Urlaub verbrachte, einen Telefonanruf von Leonid Breschnew.[63] Dieser hatte Koslows Stelle als Zweiter Parteisekretär eingenommen, nachdem Koslow im Jahr 1963 einen Schlaganfall erlitten hatte (er starb 1965). Breschnew teilte dem Parteichef mit, er solle unverzüglich nach Moskau zurückkehren, um an einer Sitzung des Zentralkomitees teilzunehmen. Als Chruschtschow fragte, was auf der Tagesordnung stehe, antwortete Breschnew, es gehe um »Landwirtschaft und einige andere Fragen«.[64] Chruschtschow ahnte, was ihm bevorstand. Sein Sohn Sergej hatte von einem befreundeten KGB-Offizier erfahren, dass ein Umsturzversuch gegen seinen Vater bevorstehe, und die Warnung an Chruschtschow und Mikojan weitergegeben. Die beiden hatten sich kurz mit dieser Möglichkeit beschäftigt, waren jedoch zu dem Schluss gelangt, dass die Gefahr gering sei. Doch da die Entscheidung über die Einberufung eines ZK-Plenums normalerweise Chruschtschow oblag, konnte er aus Breschnews Anruf unschwer schließen, dass die Warnungen doch begründet gewesen waren.

Am folgenden Tag nahm Chruschtschow an einer Sitzung des ZK-Präsidiums teil. Die Versammlung war sorgfältig vorbereitet worden. Ein Präsidiumsmitglied nach dem anderen übte scharfe Kritik am Parteichef. Man hielt ihm Fehler in der Landwirtschafts- und Außenpolitik vor, bezichtigte ihn einer abenteuerlichen Vorgehensweise in der kubanischen Raketenkrise und warf ihm vor, unberechenbar, sprunghaft, herrschsüchtig und selbstgefällig zu sein. Zu den weniger gravierenden Anschuldigungen zählte jene, es sei ein Fehler gewesen, den ägyptischen Präsidenten Nasser zum Helden der Sowjetunion zu

Chruschtschows Sturz 361

machen. Am Abend rief Chruschtschow Mikojan an – das Gespräch wurde selbstverständlich abgehört – und teilte ihm mit, er werde keinen Widerstand leisten, sondern in aller Stille abtreten. Am folgenden Tag, dem 14. Oktober, trat das Präsidium erneut zusammen, und die Kritik wurde fortgesetzt. Mikojan sprach sich als Einziger dafür aus, Chruschtschow eines seiner beiden Ämter zu lassen, nämlich jenes des Ministerratsvorsitzenden. Doch als Breschnew zur Abstimmung über eine Entfernung Chruschtschows aus beiden Ämtern aufrief, stimmte selbst Mikojan nicht dagegen oder enthielt sich der Stimme. Später am selben Tag trat das Zentralkomitee zusammen und bestätigte die Entscheidung des Präsidiums. Der einzige Redner war Suslow, der die Anklagepunkte vorlas. Chruschtschow hörte schweigend zu. Da Chruschtschow in einigen Teilen der Welt durchaus beliebt war, einigte sich die Parteiführung darauf, gegenüber der Öffentlichkeit zu erklären, man habe dem Wunsch des Parteichefs stattgegeben, aufgrund seines »fortgeschrittenen Alters und der Verschlechterung seines Gesundheitszustands« von seinen Ämtern zurückzutreten.[65] Tatsächlich war Chruschtschow 70 Jahre alt, und Breschnew und andere hatten ihm vor wenigen Monaten bei seinem Geburtstag ebenso kriecherisch wie unaufrichtig ihre Aufwartung gemacht. Sein Gesundheitszustand war durchaus akzeptabel. Aber es war ihm bewusst, dass er diesmal anders als im Jahr 1957 besiegt war. Die Personen, denen er vertraut hatte, obwohl er sie oft extrem roh behandelt hatte, hatten sich gegen ihn gewandt. Chruschtschow begriff, dass sich vieles geändert hatte. Später sagte er: »Vielleicht war gerade das meine wichtigste Leistung – sie konnten mich loswerden, indem sie einfach abstimmten. Stalin hätte sie alle verhaften lassen.«[66]

KAPITEL 15

Revisionismus und Revolution
in Osteuropa

Stalin hatte stets das letzte Wort gehabt, wenn es um die Beziehungen zwischen der Sowjetunion und Osteuropa ging. Und er nahm beträchtlichen Einfluss auf die »Veränderungen von oben«, die in den osteuropäischen Ländern durchgeführt wurden. Die Ausnahme von dieser Regel war selbstverständlich Jugoslawien, wo die kommunistische Partei unter Titos Führung eine derart starke Position einnahm, dass sie Moskau die Stirn bieten konnte. Auch in Albanien hatten die Kommunisten bei der Machtergreifung weitgehend auf die Unterstützung der Roten Armee verzichten können, aber zu Lebzeiten Stalins kam es noch nicht zu Meinungsverschiedenheiten zwischen Tirana und Moskau. Erst nach Stalins Tod begann die Harmonie zu schwinden, und bis Mitte der sechziger Jahre kam es zu erheblichen Spannungen zwischen der Sowjetunion und ihren osteuropäischen Satellitenstaaten. Der Bruch mit Albanien hing mit dem sehr viel bedeutsameren Zerwürfnis zwischen China und der Sowjetunion zusammen, das sich Ende der fünfziger Jahre abzeichnete und im folgenden Jahrzehnt zum offenen Bruch führte. Dieser folgenschwere Konflikt wird in Kapitel 17, das dem politischen und ideologischen Wandel in China gewidmet ist, eingehend behandelt.

In den Ländern, in denen die Machtposition der Kommunisten weniger gefestigt war als in Jugoslawien oder Albanien (China können wir für den Augenblick beiseitelassen), stand eine offene Konfrontation mit der Sowjetunion nicht zur Debatte. Doch ein entschlossener osteuropäischer Kommunist, der eine herausragende Machtposition anstrebte oder zu verteidigen suchte, konnte diese Schwäche durchaus in einen Vorteil verwandeln. Gelang es ihm, sich als die einzige Person darzustellen, die hart genug durchgriff oder populär genug war, sein Land auf der von Moskau vorgegebenen Linie zu halten, so war ihm die Unterstützung der sowjetischen Führung sicher, die letzten Endes über die Geschicke der osteuropäischen Länder entschied. Beispielsweise überlebte Walter Ulbricht eine Vertrauenskrise in der Beziehung zu Moskau, indem er bewies, dass er in der Lage war, die kommunistische Herrschaft in Deutschland aufrechtzuerhalten. Ganz anders entwickelte sich die Beziehung zu dem Polen Władysław Gomułka. In Polen gelang es keinem kommunistischen Führer, sich die Sympathie großer Bevölkerungskreise zu sichern, doch Gomułka war eine Zeitlang der mit Abstand am wenigsten unbeliebte KP-Politiker des Landes. Die Polen sahen in den fünfziger Jahren einen Patrioten in ihm; zu jener Zeit ließen sie die Tatsache außer Acht, dass er auch ein Leninist war. Im September 1948 war der Stalinist Bolesław Bierut an Gomułkas Stelle als Generalsekretär der Polnischen Vereinigten Arbeiterpartei (PVAP) getreten. Im Juli 1951 wurde Gomułka verhaftet, jedoch nicht vor Gericht gestellt und im Jahr 1954 wieder aus der Haft entlassen. Zwei Jahre später kehrte er nach seiner Rehabilitierung auf den Posten des Ersten Sekretärs der PVAP zurück. In den Augen der polnischen Bevölkerung und auch vieler einfacher Parteimitglieder sprach für ihn, dass er in der Stalinzeit im Gefängnis gesessen hatte. Nach langem Zögern fand sich die sowjetische Führung mit Gomułkas plötzlicher Rückkehr an die Macht ab, und das Wagnis machte sich bezahlt. Obwohl Gomułka nie ein bloßer Handlanger Moskaus war, verwandelte er sich aus sowjetischer Sicht in einen ausreichend zuverlässigen Führer. In Polen hätten sich die Kommunisten so wie in den meisten osteuropäischen Ländern ohne die – notfalls militärische – Rückendeckung der Sowjetunion nicht lange an der Macht halten können. Doch sie konnten innerhalb gewisser Grenzen zwischen den Interessen Moskaus und denen der eigenen Bevölkerung abwägen. Es kam nicht in Frage, die osteuropäischen Satellitenstaaten einer direkten russischen Herrschaft zu unterwerfen, vor allem nicht in einem Land wie Polen, dessen Bevölkerung den Russen traditionell feindselig gegenüberstand. Auch wäre eine solche Vorgehensweise unter ideologischen Gesichtspunkten undenkbar gewesen. Es musste zumindest eine Minderheit – und nach Möglichkeit natürlich eine Mehrheit der Arbeiterklasse – geben, welche die »geschichtliche Gesetzmäßigkeit« anerkannte und bereit war, den Sozialismus zu errichten.

Der Widerstand der Arbeiterschaft in Deutschland und der Tschechoslowakei

Es wird oft übersehen, dass nach der Etablierung der kommunistischen Regime die Tschechoslowakei das erste Land war, in dem die Bevölkerung Widerstand leistete. Es folgte ein für die Kommunisten gefährlicherer Aufstand in der DDR, der die sowjetische Führung in eine Zwickmühle brachte. Stalins Tod hatte die Fundamente der Beziehungen zwischen der Sowjetunion und ihren Satellitenstaaten erschüttert. Das galt insbesondere für die im Oktober 1949 ins Leben gerufene DDR. In der kollektiven Führung, die sich anfangs nach Stalins Tod in Moskau herauskristallisierte, wurde heftig über die Außenpolitik gestritten, vor allem in den Monaten, in denen Berija noch Einfluss nehmen konnte. In einer Plenarsitzung des Zentralkomitees im Juli 1953, in der die Mitglieder des Parteipräsidiums die Gründe für Berijas Entmachtung erläuterten, wurde der Vorwurf erhoben, er sei bereit gewesen, Ostdeutschland aufzugeben. Nikolai Bulganin erklärte, dass im Präsidium vor allem über die deutsche Frage gestritten worden sei: Sollte man die DDR stärken oder sie liquidieren und ihre Umwandlung in einen bürgerlichen Staat zulassen? Berija, erklärte Bulganin, habe den zweiten Weg befürwortet, was jedoch von den übrigen Mitgliedern des ZK-Präsidiums abgelehnt worden sei.[1]

Berija hatte jedoch nicht als Einziger die Möglichkeit eines vereinigten Deutschland erwogen, das keine Bedrohung für die Sowjetunion darstellen, aber – um im Sowjetjargon zu bleiben – kein »sozialistischer Staat«, sondern eine »bürgerliche Demokratie« sein würde. Malenkow wurde bei mehreren Gelegenheiten nicht nur von Bulganin, sondern auch von Chruschtschow und dessen Verbündeten beschuldigt, in dieser Frage eine unklare Position einzunehmen. Doch selbst wenn Berija und Malenkow die führenden Verfechter eines kühnen Kurswechsels in der Politik gegenüber Deutschland waren, deuten neu aufgetauchte Dokumente darauf hin, dass für kurze Zeit eine Mehrheit der Parteiführung bereit war, sich mit einem geeinten Deutschland anzufreunden. Als Leiter des Geheimdienstes war Berija besser als andere Mitglieder des ZK-Präsidiums über die wachsenden Spannungen in der ostdeutschen Gesellschaft informiert. Malenkow seinerseits bezweifelte einfach, dass es möglich sein würde, eine Teilung Deutschlands auf Dauer aufrechtzuerhalten. Anfangs

Der Widerstand der Arbeiterschaft in Deutschland ...   365

teilten einige Mitglieder der sowjetischen Führung diese Bedenken, aber nach Berijas Verhaftung und insbesondere nach dem Aufstand in der DDR am 17. Juni schlug die Stimmung um. Auch Malenkow änderte angesichts dieses Ereignisses seine Meinung.

Unter den Unterlagen Malenkows, die in den letzten Jahren aufgetaucht sind, hat sich ein Ende Mai oder Anfang Juni 1953 verfasstes Papier gefunden, in dem er erklärte, es sei »vollkommen falsch«, zu glauben, dass Deutschland auf Dauer geteilt bleiben könne. Er meinte, eine Wiedervereinigung des Landes sei nur möglich, wenn es sich in eine »bürgerlich-demokratische Republik« verwandle.[2] Doch in einem Bericht für die Plenarsitzung des Zentralkomitees am 2. Juli, in der Berija diskreditiert wurde, schlug Malenkow einen ganz anderen Ton an und forderte, an der Unterstützung des ostdeutschen Staates festzuhalten.[3] Es war im Interesse Chruschtschows und seiner Verbündeten, Berija und Malenkow nicht nur aufgrund ihrer Beiträge zur Repression (an der Chruschtschow ebenfalls beteiligt gewesen war), sondern auch mit politischen Argumenten zu verdammen. Doch die Meinung der beiden wurde – wenn auch nur für kurze Zeit – von anderen geteilt. Das Papier, in dem Malenkow eine gemäßigte Vorgehensweise in der deutschen Frage vorgeschlagen hatte, war für ein Treffen mit der ostdeutschen Führung am 2. Juni 1953 vorbereitet worden. In den Gesprächen wurden Ulbricht und die ostdeutsche Parteiführung für ihre harte Politik kritisiert. Da das Dokument für ein Gespräch zwischen Parteivertretungen bestimmt war, musste es vom ZK-Präsidium abgesegnet werden. Das bedeutet, dass die gesamte sowjetische Parteiführung vor dem Volksaufstand in der DDR Mitte Juni 1953 Malenkows Einschätzung zugestimmt hatte, dass »die deutsche Einheit und die Umwandlung des Landes in einen demokratischen und friedlichen Staat die wichtigste Voraussetzung« und »eine der unverzichtbaren Garantien« für die Erhaltung des Friedens in Europa und darüber hinaus sei.[4]

Aus den in den Archiven gefundenen Dokumenten geht ein Widerspruch zwischen zwei Vorstellungen von der Zukunft Deutschlands hervor, die aus Sicht der Sowjetunion beide wünschenswert waren. Das Problem für die sowjetische Führung war, dass diese beiden Möglichkeiten einander gegenseitig ausschlossen. Einerseits lag der Sowjetunion viel am Aufbau eines starken kommunistischen Systems in der DDR, andererseits glaubte die Führung in Moskau, dass ein geeintes Deutschland, sofern es entwaffnet und blockfrei war, den Sicherheitsinteressen der Sowjetunion am dienlichsten wäre. Nach Stalins Tod bis zum Aufstand in der DDR wenige Monate später wurde in der sowjetischen Führung über diese Frage diskutiert, doch nach dem Volksaufstand entschied man sich für den »Aufbau des Sozialismus« in der DDR.[5] Gleichzeitig wollte man verhindern, dass die Bundesrepublik in ein gegen die Sowjetunion gerichtetes Militärbündnis eintrat. Da beide Ziele nicht miteinander in Einklang gebracht werden konnten, beschränkte man sich darauf, den Aufbau des Sozialismus voranzutreiben, was zur Folge hatte, dass die Bundesrepublik im Jahr 1955 der NATO beitrat.

Auch die innere Entwicklung Deutschlands im Jahr 1953 trug wesentlich dazu bei, dass die sowjetische Führung dem Bemühen den Vorzug gab, die DDR als kommunistischen Staat zu festigen. Stalins Tod hatte bei der ostdeutschen Bevölkerung die Hoffnung geweckt, das SED-Regime werde seine harte Vorgehensweise etwas mildern. Doch der »neue Kurs«, der eine Aussöhnung des Regimes mit der Bevölkerung ermöglichen sollte, wurde nicht von Ulbricht entworfen, sondern hatte seinen Ursprung in Moskau. Unabhängig von den politischen Vorlieben Berijas und Malenkows berichteten Mitglieder der Sowjetischen Kontrollkommission in der DDR Malenkow im Mai 1953, die deutschen Kommunisten unterschätzten »die politische Bedeutung der Abwanderung der Bevölkerung aus der DDR nach Westdeutschland«. Das in Malenkows Unterlagen gefundene Dokument, das für das Treffen mit Ulbricht am 2. Juni vorbereitet worden war, enthielt die folgende unverblümte Feststellung: »Die Analyse der politischen und wirtschaftlichen Situation in der DDR und die Massenflucht der Bevölkerung von Ost- nach Westdeutschland (rund 500 000 sind bereits geflohen!) zeigen deutlich, dass wir bereits unter Volldampf nicht auf den Sozialismus, sondern auf eine innere Katastrophe zusteuern. Wir müssen uns nüchtern der Wahrheit stellen und anerkennen, dass das bestehende Regime in der DDR ohne die Gegenwart sowjetischer Truppen instabil ist.«[6] Die Sowjetische Kontrollkommission führte das Problem teilweise auf die Härte zurück, mit der »grundsätzlich richtige« Entscheidungen umgesetzt würden. Die Kommission verwies auf zahlreiche Fälle von »unkorrekten Verhaftungen« und »ungesetzlichen und unbegründeten Durchsuchungen von Wohnungen und Büros« und schlug vor, viele der wegen NS-

Verbrechen verurteilten Personen freizulassen, da eine Amnestie die Entlassung von 15 000 bis 17 000 Menschen aus den Gefängnissen ermöglichen würde.[7]

Ulbricht war sehr skeptisch gegenüber einer rücksichtsvolleren Vorgehensweise, und tatsächlich wurden die Arbeitsnormen in der DDR sogar verschärft. Nun mussten die Arbeiter für denselben Lohn noch mehr leisten. Auf die Unzufriedenheit in der Bevölkerung reagierte die SED-Führung am 11. Juni 1953 mit dem Beschluss ihrer eigenen Version des »neuen Kurses«: Sie machte einige wirtschaftliche Zugeständnisse, nahm die härteren Arbeitsnormen jedoch nicht zurück. Daraufhin traten am 17. Juni in Ost-Berlin Bauarbeiter in den Streik. Rasch schlossen sich ihnen Arbeiter in anderen Städten an. Innerhalb weniger Stunden hatten die Streiks und Protestkundgebungen über eine halbe Million Menschen erfasst, und an die Stelle der Klagen über die hohen Arbeitsnormen trat rasch die Forderung nach freien Wahlen. Daraufhin fuhren sowjetische Panzer auf. Dutzende Demonstranten wurden getötet, und es kam zu zahlreichen Verhaftungen und einigen Exekutionen. Am 19. Juni war der Aufstand niedergeschlagen.[8] Die Reaktion war typisch für das Verhalten einer kommunistischen Führung, die sich mit ernstzunehmendem Widerstand seitens der Arbeiterschaft konfrontiert sah: Wirtschaftliche Zugeständnisse gingen mit einem harten Vorgehen gegen die Opposition einher, wobei alle verfügbaren Gewaltmittel eingesetzt wurden, um die Machtstruktur zu erhalten. In Ostdeutschland wurden nach dem Aufstand größere Anstrengungen als bisher unternommen, um unter Einsatz von Subventionen erschwingliche Grundnahrungsmittel und Wohnungen bereitzustellen und die Stromversorgung zu gewährleisten.[9] Ein eigentümliches Merkmal der Situation in der DDR in den fünfziger Jahren war, dass die Bevölkerung die Möglichkeit hatte, mit den Füßen über das kommunistische Regime abzustimmen und in die Bundesrepublik zu fliehen. Diese Möglichkeit wurde mit dem Mauerbau im Jahr 1961 abgestellt. Doch die ostdeutschen Kommunisten waren stets mit einer weiteren Schwierigkeit konfrontiert, die Deutschland zu einem Sonderfall machte: Die Bevölkerung der DDR konnte ihren Lebensstandard an dem der Landsleute in der Bundesrepublik messen. Das führte zwar nicht zu einer politischen Entspannung nach dem Juni 1953, aber es brachte das Regime immerhin dazu, sich um eine Verbesserung der wirtschaftlichen Lage zu bemühen.

Zwei Wochen vor dem Aufstand in Berlin waren im westböhmischen Pilsen Arbeiter auf die Straße gegangen. Obwohl der Protest in der Tschechoslowakei der neuen sowjetischen Führung sehr viel weniger Sorgen bereitete als die Entwicklung in Ostdeutschland, da die Streiks begrenzt blieben und die KPČ eine deutlich stärkere Position innehatte als die SED, reagierte das Prager Regime alarmiert auf die Tatsache, dass sich Arbeiter der kommunistischen Herrschaft widersetzten. Die Teilnehmer an der Revolte Anfang Juni 1953 waren nicht bewaffnet, aber einige junge Arbeiter rüsteten sich mit Schlagringen aus. Die Mehrzahl der etwa 70 Verletzten waren Geheimpolizisten und Angehörige der örtlichen Arbeitermiliz. Ein Teil der Milizionäre und der vor Ort stationierten Armeeeinheiten widersetzte sich dem Befehl, auf die Demonstranten zu schießen, und die Revolte konnte erst von Sondereinheiten des Innenministeriums und einem aus Prag geholten Kontingent der Arbeitermiliz niedergeschlagen werden.

Ausgelöst hatte die Unruhen eine Währungsreform, welche die Ersparnisse der Bevölkerung mit einem Schlag vernichtete. Doch auch in diesem Fall wurde rasch das kommunistische Regime an sich zum Ziel der Proteste. Die Demonstranten riefen nach Beneš (obwohl dieser bereits seit fünf Jahren tot war) und skandierten proamerikanische Slogans (das westböhmische Pilsen war bei Kriegsende nicht von der Roten Armee, sondern von den Amerikanern befreit worden). Es kam niemand zu Tode, aber einige besonders unbeliebte örtliche Kommunisten wurden verprügelt, und Büsten von Stalin und Gottwald flogen aus den Fenstern der von den Demonstranten gestürmten Behördensitze. Zwar wurden viele Teilnehmer an der Revolte zu Haftstrafen verurteilt, aber die Strafen fielen nicht derart drakonisch aus, dass sie übermäßige Aufmerksamkeit auf Ereignisse gelenkt hätten, die der Kommunistischen Partei ausgesprochen unangenehm waren. Schließlich hatte hier die Arbeiterklasse revoltiert, und das in einem Staat, der für sich in Anspruch nahm, die Arbeiter zur herrschenden Klasse gemacht zu haben. Das ZK-Sekretariat in Prag löste das Problem mit der bequemen Erklärung, bei den Aufständischen habe es sich nicht um Arbeiter gehandelt, sondern um »mit Arbeitsoveralls verkleidete Elemente der Bourgeoisie«.[10]

Der »neue Kurs« in der osteuropäischen Politik nach Stalins Tod wurde insbesondere mit den Namen Berija und Malenkow verbunden. Die Tatsache, dass dieser Kurs anscheinend zu erheblichen

Schwierigkeiten in Ostdeutschland beigetragen hatte, bewegte die sowjetische Führung zu einer vorsichtigeren Vorgehensweise und machte Berija sowie später Malenkow zu willkommenen Sündenböcken. (Beide Männer, vor allem aber Berija, hatten sich ungezählter Verbrechen an unschuldigen sowjetischen Bürgern schuldig gemacht, weshalb der unzureichende Versuch, die Lebensbedingungen der Osteuropäer zu verbessern, eher als mildernder Umstand betrachtet werden könnte, der ihren tatsächlichen Verbrechen gegenübergestellt werden sollte.) Das grundlegende Problem für die Sowjetunion war, dass ihre Forderungen und Bestrebungen sich nicht mit dem Willen der Mehrheit der Menschen deckten, die in Osteuropa unter kommunistischer Herrschaft lebten. Die Quadratur des Kreises versuchte die sowjetische Führung zu bewerkstelligen, indem sie in einigen besonders schwierigen Fällen – insbesondere in Polen und Ungarn – auf Parteiführer setzte, die eine gewisse Popularität in ihrer Bevölkerung genossen, und sich darauf verließ, dass sich diese Politiker loyal an den aus Moskau diktierten Kurs hielten. In der DDR hingegen entschied sich der Kreml nach einem eher unentschlossenen Vorgehen im Jahr 1953 für die kurz- und mittelfristige Stabilität und unterstützte Politiker, die nicht einmal die Kommunisten mit der größten gesellschaftlichen Akzeptanz waren. Moskaus Wahl fiel auf Walter Ulbricht und später auf Erich Honecker. Später sollte sich herausstellen, dass ein solches Regime ebenso schnell zusammenbrechen konnte wie eines, das einen eher gemäßigten Kurs gewählt hatte.

Politischer Wandel in Polen und Ungarn

Die kommunistische Herrschaft in Osteuropa führte Veränderungen herbei, die sowohl unbeabsichtigte langfristige Konsequenzen als auch erwünschte kurzfristige Ergebnisse zeitigten. Von besonderer Bedeutung waren die Verstädterung und vor allem die Bildung. So schrieb sogar Leszek Kołakowski, einer der schärfsten und kenntnisreichsten polnischen Kritiker des Kommunismus (sowie des Marxismus insgesamt): »Der Staat dotierte die Kultur in den Jahren der Stalinherrschaft großzügig und brachte dadurch eine beträchtliche Menge von kulturellem Schund zustande, aber auch eine beachtliche Zahl bleibender Werte. Rasch und im Verhältnis zur Vorkriegszeit

beträchtlich wurde das allgemeine Niveau des öffentlichen Bildungs-
wesens angehoben und der Zugang zu den Schulen aller Stufen verstärkt.«[11] Kołakowski hat vermutlich auch recht mit seiner Einschätzung, dass die von der Sowjetunion aufgezwungene Orthodoxie in
Polen aufgrund des tief verwurzelten Misstrauens der Polen gegenüber allem, was aus Russland kam, geringeren Schaden verursachte
als in anderen osteuropäischen Ländern. Das dürfte einer der Gründe
dafür gewesen sein, dass »der kulturelle Stalinismus« in Polen »relativ kurzlebig« war, dass die Säuberungen in den höheren Bildungseinrichtungen ein geringeres Ausmaß annahmen als anderswo in
Osteuropa und dass in Polen weniger Bücher verboten wurden.[12]

Die Ausweitung der Bildung – und vor allem die rasche Erleichterung des Hochschulzugangs – war allerdings keine auf Polen
beschränkte Entwicklung. Dies war eine Leistung, die alle kommunistischen Regime vollbrachten. Doch statt die kommunistische
Herrschaft zu festigen, trug der höhere Bildungsstandard wesentlich
dazu bei, das System zu untergraben. Das zeigte sich vor allem auf
lange Sicht (wobei die Sowjetunion selbst das deutlichste Beispiel
war), aber auch auf kurze Sicht machten die Studenten den kommunistischen Führungsriegen das Leben schwer. Der Autor einer sehr
lebensnahen Schilderung der ungarischen Revolution von 1956 hat
über die dortige Entwicklung geschrieben: »Es muss den Kommunisten zugutegehalten werden, dass sie im Bildungswesen große Anstrengungen unternahmen, die Alphabetisierung der Landbevölkerung vorantrieben und die Zahl der Studienplätze für Kinder von
Bauern und Arbeitern massiv erhöhten.«[13] Doch die Studenten, denen an den Universitäten neben nützlicheren Kenntnissen die marxistisch-leninistische Ideologie vermittelt worden war, standen bereits 1956 im Widerstand gegen die kommunistische Herrschaft an
vorderster Front.[14]

In den Jahren zwischen Stalins Tod und Chruschtschows Geheimrede nahmen viele von denen, die sich anfangs mit Begeisterung dem
»Aufbau des Sozialismus« in Osteuropa gewidmet hatten, eine Neubewertung der Situation vor. Im Jahr 1956 sollte sich die Geschwindigkeit der Veränderung erhöhen, aber schon vorher waren in Polen
und Ungarn wichtige Entwicklungen zu beobachten. Im Januar 1955
ging die polnische PVAP in einer Plenarsitzung ihres Zentralkomitees in der Kritik am Stalinismus weiter als jede andere KP mit Aus-

Politischer Wandel in Polen und Ungarn 371

nahme der jugoslawischen. Inoffiziell wurde sogar noch deutlichere Kritik geäußert, und im Lauf des Jahres wurden die Grenzen für zulässige Meinungsäußerungen weiter hinausgeschoben. Die Polen und Ungarn, die jeweils Verbindungen zu einer großen Diaspora im Westen hatten, waren neben den Ostdeutschen am besten über die Entwicklungen in den westlichen Demokratien informiert. In den osteuropäischen Satellitenstaaten der Sowjetunion konnten Rundfunksendungen empfangen werden, die von emigrierten Landsleuten in den benachbarten westeuropäischen Ländern gestaltet wurden. Im Fall Polens spielte zu jener Zeit Józef Światło, ein Oberstleutnant des kommunistischen Sicherheitsdienstes, eine wichtige Rolle. Er war im Dezember 1953 in den Westen geflohen und begann ein Jahr später beim Sender Radio Free Europe in München, präzise Informationen über die Vorgehensweise des polnischen Regimes zu liefern – beispielsweise beschrieb er exakt die barbarischen Methoden, die angewandt wurden, um unschuldigen Menschen Geständnisse abzupressen.[15]

Sowohl in Polen als auch in Ungarn begann Mitte der fünfziger Jahre eine klassische »revisionistische« Phase, und zwar insofern, als nach Stalins Tod zahlreiche Parteimitglieder, die zunächst mit Begeisterung den Aufbau des Sozialismus in Angriff genommen hatten, jedoch vom bisher Errichteten enttäuscht waren, Kritik an der Auslegung der kommunistischen Doktrin zu äußern begannen. Da die Opposition gegen den Kommunismus rücksichtslos unterdrückt worden war und Personen, die nicht der Partei angehörten, nicht am politischen Diskurs teilnehmen durften, mussten abweichende Meinungsäußerungen von Mitgliedern der kommunistischen Parteien kommen, die auf der Grundlage unterschiedlicher Auslegungen des Marxismus-Leninismus miteinander debattierten. Eine Generation später betrachtete die Mehrheit dieser Intellektuellen den Kommunismus als eine grundsätzlich falsche Doktrin und sah den einzigen gangbaren Weg darin, alle seine Institutionen zu beseitigen. Doch Mitte der fünfziger Jahre glaubten sie noch daran, dass es etwas gebe, das man mit Gewinn erneuern oder überarbeiten könne.

Die Parteimitglieder, die in dieser Zeit erste Zweifel hatten, standen kaum unter dem Einfluss von erklärten Antikommunisten, sondern griffen Anregungen jener auf, die ausgehend von einer marxistischen Position Kritik am System übten. Beispielsweise wurde der ungarische Ökonom János Kornai, wie er selbst zugab, in den Jahren 1953 bis 1955 sehr von Isaac Deutschers Stalin-Biographie und von den Schriften des Jugoslawen Edvard Kardelj beeinflusst, der die Auffassung vertrat, das stalinistische Wirtschaftsmodell führe zum bürokratischen Zentralismus.[16] Kornai formulierte es so: »Ich war zu jener Zeit immer noch ein halber oder Dreiviertel-Kommunist. Die Arbeiten, die einen Menschen in der geistigen Verfassung, in der ich damals war, am nachdrücklichsten beeinflussen, sind nicht diejenigen, die den bis dahin vom Zweifler verfochtenen Ansichten vollkommen widersprechen – das heißt, ich wurde nicht von denen beeinflusst, die die Kommunistische Partei von außen angriffen.«[17] In Polen wurden einige der innovativsten ökonomischen Theorien entwickelt, die jedoch innerhalb der Grenzen des Revisionismus blieben; zu den herausragenden Theoretikern zählten Oskar Lange und Włodzimierz Brus. Zu einer Zeit, da die Konzepte orthodoxer westlicher Ökonomen noch tabu waren, beeinflusste ihre Vorstellung von einem »marktwirtschaftlichen Sozialismus« auch die kommunistischen Reformer in anderen Ländern.[18] Die gegenseitige Beeinflussung der mittel- und osteuropäischen Staaten nahm sehr unterschiedliche Formen an. Beispielsweise regten die Unruhen und die offene Herausforderung des Regimes in Polen im Jahr 1956 die Protestbewegung in Ungarn an, deren Widerstand schließlich eine dramatische Wende nehmen sollte. Doch es gab auch den politisch subtileren, auf lange Sicht jedoch bedeutsamen Einfluss, den die Parteiintellektuellen in den verschiedenen kommunistischen Ländern ausübten.

In Ungarn erhielt das revisionistische Denken beträchtlichen Auftrieb, als Moskau Mitte Juni 1953 Mátyás Rákosi zwang, sein Amt als Ministerpräsident aufzugeben. Er durfte Parteiführer bleiben, doch seine Stelle als Regierungschef nahm der Reformkommunist Imre Nagy ein. Der ungemein populäre Nagy schlug einen »neuen Kurs« ein, was ihm die unversöhnliche Feindschaft Rákosis und der alten Garde sicherte, obwohl Nagy selbst ebenfalls ein »Moskowit« war. Er hatte in den dreißiger Jahren und im Krieg lange in der Sowjetunion gelebt. Doch als Malenkows Machtposition in der sowjetischen Führung in den beiden folgenden Jahren stetig schwand, erhielt Rákosi die Möglichkeit, zum Angriff auf Nagy überzugehen. Im Jahr 1955, das heißt im selben Jahr, in dem Malenkow den Vorsitz im Ministerrat einbüßte, verlor Nagy seinen Posten als ungarischer Ministerprä-

Politischer Wandel in Polen und Ungarn

sident. Malenkow, der sich der Tatsache bewusst war, dass seine Position immer schwächer wurde, hatte sich im Januar in einer Sitzung im Kreml, in der der ungarische Ministerpräsident von der gesamten sowjetischen Führung unter Druck gesetzt wurde, ebenfalls gegen Nagy gewandt. Nun warf Malenkow dem Ungarn wirtschaftliche Inkompetenz vor und griff ihn, was noch schwerer wog, wegen seines »bürgerlichen Nationalismus« an.[19] Sobald sich gezeigt hatte, dass Nagy in Moskau keine mächtigen Fürsprecher mehr hatte, sah Rákosi, der sich nie mit seiner Degradierung abgefunden hatte, eine Gelegenheit, zum Vergeltungsschlag auszuholen. Er verlor keine Zeit. Im März wurde Nagy in einer ZK-Sitzung unter dem Vorwurf, ein »rechter Abweichler« zu sein, als Regierungschef abgesetzt. Im folgenden Monat verlor er seinen Sitz im Politbüro, und Ende des Jahres 1955 wurde er aus der Partei ausgeschlossen.

Schon vor dem Jahr 1956 tauchten in Osteuropa »revisionistische« Strömungen auf, und dazu kamen Arbeiterproteste wie jener in der Tschechoslowakei im Jahr 1953. Am Aufstand in der DDR im selben Jahr beteiligten sich zahlreiche Arbeiter, aber er erfasste auch andere soziale Gruppen. Aus freigegebenen Stasi-Aufzeichnungen geht hervor, dass die Zahl der Intellektuellen und insbesondere der Studenten, die nach dem Aufstand verhaftet wurden, in keinem Verhältnis zu ihrem Anteil an der Bevölkerung stand. Doch im Jahr 1956 boten Arbeiter und Intellektuelle gemeinsam über einen längeren Zeitraum der Staatsmacht die Stirn, womit sich eine für die sowjetische Führung problematische Situation zu einer regelrechten Krise auswuchs. Und der Anstoß zu den Ereignissen im kommunistischen Osteuropa, die eine revolutionäre Dimension annehmen sollten, kam (ähnlich wie Ende der achtziger Jahre) aus Moskau. Die Führung der KPdSU spielte nicht nur eine entscheidende Rolle bei der Errichtung, sondern auch beim Niedergang der kommunistischen Herrschaft in Osteuropa (in Teil 5 dieses Buches werden wir uns eingehender mit dieser Frage beschäftigen). Chruschtschows Angriff auf Stalin auf dem XX. Parteitag im Februar 1956 brachte die osteuropäischen Regime, die sich ihrer engen Anlehnung an Stalin brüsteten, in große Bedrängnis. So bezeichnete sich der Erste Sekretär der ungarischen KP, Mátyás Rákosi, gerne als »Stalins besten Schüler« (oder ein wenig bescheidener als »besten ungarischen Schüler des Genossen Stalin«),[20] eine Selbstbeschreibung, die gut zu seiner unvorteilhaften Erscheinung auf Plakaten und Postern passte.[21] (Die Ungarn verliehen Rákosi auch den Spitznamen »Arschgesicht«.[22])

Die idealistischeren osteuropäischen Parteimitglieder, die sich das Leben im Kommunismus ganz anders vorgestellt hatten, verstanden Chruschtschows Rede als Ansporn, sich selbst zu hinterfragen und gesellschaftliche Reformen anzustreben. Die Führungsriegen der osteuropäischen Länder waren nicht nur durch den XX. Parteitag der Moskauer Partei, sondern auch durch Chruschtschows Aussöhnung mit Tito in eine unangenehme Lage gebracht worden. Im Mai 1955 reiste Chruschtschow gemeinsam mit Bulganin nach Belgrad und entschuldigte sich für die Fehler, die die Sowjetunion in der Beziehung zu Jugoslawien begangen hatte. Der Besuch begann jedoch mit einem Fehltritt Chruschtschows, der die gesamte Verantwortung für die Ausgrenzung Jugoslawiens nicht Stalin, sondern Berija zuschob. Die Jugoslawen reagierten mit offenkundigem Unglauben auf diese Einschätzung. Doch zum Abschluss des Besuchs akzeptierten die sowjetischen Besucher Titos Bedingungen für ein gemeinsames Kommuniqué, in dem es hieß, es obliege jedem Land selbst, über die Formen seiner sozialistischen Entwicklung zu entscheiden. Tito wich nicht von dem Standpunkt ab, dass die Verhandlungen nicht zwischen den herrschenden kommunistischen Parteien, sondern zwischen unabhängigen Staaten geführt würden. Daher bestand er auch darauf, dass nicht Chruschtschow als Parteichef, sondern Bulganin als Vorsitzender des Ministerrats der UdSSR das Kommuniqué unterzeichnete.[23]

Da eine Reihe bekannter Kommunisten, darunter insbesondere solche, die im Krieg in ihren Heimatländern geblieben waren, anstatt diese Zeit in der Sowjetunion zu verbringen, Ende der vierziger und Anfang der fünfziger Jahre als angebliche Titoisten ins Gefängnis gesteckt oder hingerichtet worden waren, gerieten die nicht bekehrten osteuropäischen Stalinisten in eine sehr unangenehme Lage, als verkündet wurde, dass der Renegat Tito nun plötzlich doch wieder ein Genosse war. Auf der anderen Seite war die Aussöhnung mit Jugoslawien ein Ansporn für die reformwilligen oder »revisionistischen« Kommunisten in anderen Teilen Osteuropas.

Polen im Jahr 1956

Die Auswirkungen dieser Entwicklungen und insbesondere der »Geheimrede« Chruschtschows waren in unterschiedlichem Maß in allen kommunistischen Staaten zu spüren, doch besonders folgenreich waren sie in Polen und Ungarn. Der polnische Parteichef Bierut starb genau zwei Wochen nach Chruschtschows schockierenden Enthüllungen auf dem XX. Parteitag – die Todesursache dürfte ein Herzinfarkt gewesen sein, obwohl auch ein Selbstmord vermutet wurde.[24] Seinen Platz an der Spitze der Partei nahm Edward Ochab ein, der in der Vergangenheit Gomułka nahegestanden hatte und versuchen musste, einen Mittelweg zwischen dem Kurs der »Nationalkommunisten« auf der einen und den Forderungen der »Hardliner« auf der anderen Seite zu finden. Die Liberalisierung von oben ging mit einer Radikalisierung der Parteibasis einher. Die Wochenzeitschrift *Po Prostu* (zu Deutsch: Offen gesagt) war nicht nur ein besonders wichtiges Forum für kritische Meinungsäußerungen, sondern gab auch den Anstoß zur Bildung von Diskussionsrunden junger Intellektueller im ganzen Land.[25] Chruschtschows Geheimrede löste erhitzte Debatten und eine Welle der Kritik in der PVAP aus und führte im Jahr 1956 zur Freilassung von Zehntausenden Gefangenen, unter denen rund 9000 politische Häftlinge waren.[26] Zu den ersten ernstzunehmenden Arbeiterprotesten kam es Ende Juni 1956, als Fabrikarbeiter in Posen auf die Straße gingen, um Lohnerhöhungen zu fordern. Die anfangs friedliche Kundgebung entwickelte sich rasch zu einem regelrechten Aufstand, an dem mehr als die Hälfte der Bevölkerung Posens teilnahm. Es wurden Parteibüros in Brand gesetzt. An den beiden folgenden Tagen kam es wiederholt zu Zusammenstößen zwischen den von den Fabrikarbeitern angeführten Demonstranten und Armeeeinheiten und Sicherheitskräften. Mindestens 74 Menschen wurden getötet und Hunderte verletzt.[27] Die wachsenden sozialen Spannungen gaben sowohl der sowjetischen als auch der polnischen Führung Anlass zur Sorge.

Vier Monate später begann der »polnische Oktober«. Die Öffentlichkeit drängte auf eine Rückkehr Gomułkas. In Anbetracht der Krise in der kommunistischen Partei erhielt die öffentliche Meinung beträchtliches Gewicht. Anfang Oktober wurde Gomułka wieder ins Politbüro aufgenommen, und am 19. Oktober wurde er erneut Erster Sekretär der PVAP. Die sowjetische Führung beobachtete mit Besorgnis, dass Gomułka unabhängig von ihr an die Macht zurückkehrte und dass die antisowjetische Stimmung in Polen wesentlich dazu beitrug, ihm die Unterstützung der Öffentlichkeit zu sichern. Die in Polen stationierten sowjetischen Truppen wurden in die Nähe Warschaus verlegt, um den Druck auf die neue polnische Führung zu erhöhen. Dennoch gelang es Gomułka, sich in einer Reihe von Fragen über den Widerstand Chruschtschows und der sowjetischen Führung hinwegzusetzen. Beispielsweise erzwang er den Rücktritt des russifizierten Polen Konstantin Rokossowski vom Amt des Verteidigungsministers.[28] Marschall Rokossowski, der das Verteidigungsministerium seit 1949 leitete, war einer der Helden der Roten Armee im Zweiten Weltkrieg gewesen, obwohl er noch am Vorabend des deutschen Überfalls auf die Sowjetunion in einem sowjetischen Gefängnis gesessen hatte (siehe Kapitel 8). Chruschtschow, der große Stücke auf Rokossowski hielt, gab Gomułkas Forderung nur widerwillig nach. Doch der massive öffentliche Druck in Polen und eine sich verschärfende und potentiell bedrohliche Krise in Ungarn bewegten Chruschtschow dazu, nach einer Kompromisslösung zu suchen.

Am 22. Oktober fanden in mehreren polnischen Städten Kundgebungen zur Unterstützung Gomułkas statt, an denen jeweils nicht weniger als 100 000 Menschen teilnahmen. Zwei Tage später ging in Warschau etwa eine halbe Million Menschen auf die Straße. In einer Sitzung des sowjetischen ZK-Präsidiums am 24. Oktober erklärte Chruschtschow, es gebe genug Gründe für ein militärisches Eingreifen in Polen. Doch er war besonnen genug, hinzuzufügen, dass es »später sehr schwer sein würde, einen solchen Konflikt zu beenden«.[29] Gomułka versicherte der sowjetischen Führung, Polen werde ein loyales Mitglied der internationalen kommunistischen Bewegung und insbesondere des Warschauer Pakts bleiben. Rückblickend verschaffte sich die Sowjetunion mit der eher widerstrebenden Anerkennung der Rückkehr Gomułkas eine lange Atempause. Langfristig führte diese Entwicklung in Polen zu größerer Enttäuschung als in der Sowjetunion. Als er Jahre später über die damaligen Entscheidungen nachdachte, gelangte Chruschtschow zu folgendem Urteil über Gomułka: »Dieser Mann war von der Welle der antisowjetischen Gefühle an die Macht gespült worden, konnte nun jedoch klar über die Notwendigkeit sprechen, Polens freundschaftliche Beziehungen zu

Sowjetrussland und zur KPdSU aufrechtzuerhalten. Vielleicht schätzte ich diese Tatsache zu jenem Zeitpunkt nicht richtig ein, aber im Nachhinein wurde sie mir bewusst.«[30] Die radikalen polnischen Kritiker des kommunistischen Systems gelangten zum selben Schluss wie Chruschtschow. Doch im Gegensatz zum sowjetischen Parteichef freuten sie sich selbstverständlich nicht über Gomułkas Entwicklung, sondern bedauerten sie. So schrieb Kołakowski:

Anfangs überaus misstrauisch, kamen die sowjetischen Machthaber am Ende zu dem (wie sich zeigen sollte, durchaus vernünftigen) Schluss, dass der neue Führer, auch wenn er ohne den Segen Moskaus auf seinen Posten berufen worden war, nicht über Gebühr versuchen würde, aus der Gefolgschaft auszubrechen, und dass eine bewaffnete Invasion das größte Risiko wäre. Im Grunde war der sogenannte »Polnische Oktober«, also die Machtübernahme durch Gomułka und seine Mannschaft, keineswegs der Anfang einer gesellschaftlichen oder kulturellen Erneuerung oder »Liberalisierung«, sondern im Gegenteil der Anfang vom Ende. Im Jahr 1956 war Polen ein Land mit einer relativ großen Freiheit des Worts und der Kritik, doch war das nicht eine Folge planmäßiger Regierungsmaßnahmen, sondern beruhte darauf, dass die Herrschenden die Situation nicht mehr in der Hand hatten. Mit dem Oktober setzte der entgegengesetzte Prozess ein, der sich allerdings über einige Jahre hinzog und immer noch einen gewissen, sich von Jahr zu Jahr verengenden Freiheitsspielraum ließ.[31]

Ungarn im Jahr 1956

Während in Polen die Unruhen nicht in eine Revolution oder eine militärische Konfrontation mündeten, konnte eine Eskalation in Ungarn nicht verhindert werden. Auch hier gab es mit Imre Nagy einen relativ populären Kommunisten, der aus der Parteiführung verstoßen worden war und sich in seiner Zeit als Ministerpräsident (1953–1955) den Ruf eines Reformers erworben hatte. In anderer Hinsicht passte Nagys Vergangenheit sehr viel weniger gut zu dem Bild, das man sich von einem »Nationalkommunisten« machte, insbesondere wenn man seinen Werdegang mit Gomułkas Geschichte als Führer des kommunistischen Widerstands in Polen im Zweiten Weltkrieg verglich. Nagy hatte nicht nur viele Jahre in der Sowjetunion ver bracht, sondern war dort auch ein aktiver Informant des NKWD gewesen und hatte eine Reihe ungarischer Exilpolitiker denunziert. Als er im Jahr 1941 freiwillig in die Rote Armee eintrat, wurde er in einer Sondereinheit des NKWD untergebracht.[32] Auch wenn man Nagy zugesteht, dass sein eigenes Leben in der Sowjetunion in Gefahr war – was nicht zuletzt daran lag, dass er das relativ moderate Vorgehen Bucharins (der der Großen Säuberung zum Opfer fiel) bevorzugte –, war dies kein sehr vorteilhafter Hintergrund für einen Mann, der in seinen beiden letzten Lebensjahren großen Mut bewies und zum Helden der ungarischen Antikommunisten wurde.[33]

Im Juli 1956 gab Rákosi unter sowjetischem Druck die Führung der ungarischen Partei ab. Die Botschaft wurde von Anastas Mikojan überbracht, dem Feuerwehrmann des Kreml. Im Verlauf seines Besuchs in Budapest führte Mikojan ein freundschaftliches Gespräch mit János Kádár, der im Sommer 1954 aus der Haft entlassen worden war (vgl. Kapitel 12). Vielleicht prüfte die sowjetische Führung schon damals Kádárs Eignung zum kommenden ungarischen Parteichef. Doch Rákosis unmittelbarer Nachfolger Ernő Gerő war ein Kommunist ähnlicher Prägung: ein Stalinist, der viele Jahre in Moskau verbracht hatte. Er war jüdischer Herkunft, obwohl die sowjetische Führung der Meinung war, dass es den ungarischen Kommunisten aufgrund des unverhältnismäßig hohen jüdischen Anteils an der Spitze der Parteihierarchie besonders schwerfiel, die Unterstützung der ungarischen Gesellschaft zu gewinnen. Dennoch sprach sich Mikojan als Moskaus Abgesandter in einer Sitzung des Zentralkomitees der ungarischen Partei schließlich für Gerő aus, der wie erwartet von den gehorsamen ungarischen Genossen ernannt wurde. (Später gestand Chruschtschow ein, dass dies ein Fehler gewesen sei, und erklärte in einer Präsidiumssitzung der KPdSU am 3. November 1956, an der auch Kádár teilnahm: »Mikojan und ich begingen einen Fehler, als wir nicht Kádár, sondern Gerő vorschlugen. Wir ließen uns von Gerő blenden.«[34]) Doch Mikojan überraschte die ungarischen Genossen in der ZK-Sitzung im Juli damit, dass er sich auch für eine Wiederaufnahme Nagys in die Partei aussprach.[35] In einem Bericht an das Präsidium der KPdSU bezeichnete Mikojan den Parteiausschluss Nagys als Fehler, »selbst wenn er ihn aufgrund seines Verhaltens verdient hatte«. Doch hätte man Nagy nicht ausgeschlossen, so wäre er durch die Parteidisziplin gebunden gewesen. In seiner halbstündigen

Rede vor dem ungarischen Zentralkomitee schloss Mikojan die Möglichkeit nicht aus, dass Nagy in Zukunft eine Rolle in der Parteiführung spielen könne, doch er erklärte, dass sich Nagy zunächst von der »Antiparteigruppe« distanzieren müsse, die ihn umgebe.[36]

Mikojan war das flexibelste Mitglied der sowjetischen Führung und sprach sich als Einziger beharrlich gegen eine militärische Intervention in Ungarn aus. Er war auch eher als Rákosi bereit, eine freie Debatte zwischen den ungarischen Intellektuellen zuzulassen. Das ungarische Gegenstück zu den in Polen von *Po Prostu* organisierten Diskussionsrunden war der nach dem Dichter Sándor Petőfi benannte Petőfi-Kreis (dieser war einer der Vordenker der gegen die österreichische Herrschaft gerichteten Revolution im Jahr 1848 gewesen). Diese Einrichtung war von der kommunistischen Jugendbewegung ins Leben gerufen worden, damit Autoren und Journalisten ihrem Unmut Luft machen konnten. Ursprünglich sollte der Petőfi-Kreis graduelle Veränderungen im von der Partei vorgegebenen Rahmen vorschlagen, doch der Ton der Diskussionen wurde zusehends radikaler.[37] Den meisten Rednern schwebte ein reformierter Kommunismus vor, und eine ihrer Forderungen (mit der sie dem Vorschlag Mikojans vorgriffen) war die Wiederaufnahme Nagys in die Partei. Im Frühjahr und Sommer 1956 waren sie keine Revolutionäre, sondern Reformer, doch bis zum Herbst wandten sich viele von ihnen revolutionären Positionen zu. Die rasche Ausweitung der Redefreiheit wurde nicht zuletzt durch die Entstalinisierung ermöglicht, die Chruschtschow mit seiner Geheimrede auf dem XX. Parteitag beschleunigt hatte.

Wie in Polen erreichten die politischen Spannungen auch in Ungarn im Oktober einen Höhepunkt. Die posthume Rehabilitierung László Rajks gab den Veränderungsbestrebungen Auftrieb. Als Innenminister hatte Rajk keineswegs eine liberale Politik verfolgt, aber seine Verhaftung und Hinrichtung hatten ihn zum Märtyrer und zum prominentesten ungarischen Opfer der stalinistischen Unterdrückung gemacht. Nun, da Tito wieder in die internationale kommunistische Bewegung aufgenommen worden war, mussten all jene, die wie Rajk wegen ihrer angeblichen Sympathien für den Jugoslawen verurteilt worden waren, rehabilitiert werden. Rajk erhielt ein würdiges Begräbnis, bei dem seine Witwe Júlia und ihr siebenjähriger Sohn neben Imre Nagy standen, der den Anwesenden versicherte, bald werde der Stalinismus endgültig begraben werden.[38] Für 100 000 Ungarn, die die Straßen Budapests säumten, war dies das Mindeste, was sie erhofften. Die erneute Beerdigung Rajks war von den Behörden offiziell genehmigt worden, doch das galt nicht für die anschließende Kundgebung von rund 5000 Studenten, die mit antikommunistischen Sprechchören durch die Straßen zogen. Diese Demonstration wurde von der Polizei aufgelöst. Gerő, der sich zu diesem Zeitpunkt außer Landes aufhielt, gestand später im Gespräch mit dem sowjetischen Botschafter Juri Andropow, die ehrenhafte Bestattung Rajks sei »ein schwerer Rückschlag für die Parteiführung« gewesen, auch wenn diese »von vornherein keine allzu große Autorität« gehabt habe.[39] Am folgenden Tag wurde Nagy wieder in die Partei aufgenommen. Er war prominenter als Kádár und wirkte wie die verkörperte Hoffnung auf eine Stabilisierung des Regimes durch Reformen.

Doch die Geschichte nahm einen anderen Lauf. Am 22. Oktober 1956 versammelten sich 5000 Studenten in der Technischen Universität in Budapest und formulierten ein revolutionäres Manifest, das 16 Forderungen beinhaltete. Die erste lautete, sämtliche sowjetischen Truppen müssten unverzüglich ungarischen Boden verlassen. Die Studenten verlangten kein Mehrparteiensystem, sondern eine geheime Wahl der Funktionäre der kommunistischen Partei (der »Partei der Ungarischen Werktätigen«, MDP) durch sämtliche Parteimitglieder. Die dritte Forderung lautete: »Es muss eine neue Regierung unter der Leitung des Genossen Imre Nagy gebildet werden; alle kriminellen Führer aus der Stalin-Rákosi-Ära müssen unverzüglich ihrer Pflichten entbunden werden.« Die Autoren des Manifests erklärten sich solidarisch »mit dem Streben der Arbeiter und Studenten in Warschau und dem übrigen Polen nach nationaler Unabhängigkeit« und forderten eine »umfassende Anerkennung der Meinungs- und Redefreiheit« sowie der »Freiheit von Presse und Rundfunk«.[40] Am nächsten Tag verlangten die Studenten eine Verlesung ihres Manifests im Radio. Der Direktor des Budapester Rundfunksenders versuchte, ihnen mit einem Trick vorzuspiegeln, ihrer Forderung werde stattgegeben: In einer fingierten Sendung las eine Radiosprecherin die 16 Punkte vor, und die Inszenierung wurde über eine Lautsprecheranlage auf den Platz vor dem Gebäude des Senders übertragen, wo sich die Studenten versammelt hatten. Tatsächlich wurde eine Musiksendung ausgestrahlt. Doch die Menge wurde über

Ungarn im Jahr 1956

den Täuschungsversuch informiert und begann das Gebäude zu belagern.[41]

Am selben Tag (es war der 23. Oktober) wurde unter dem Jubel Tausender Zuschauer eine riesige Stalinstatue im Zentrum Budapests vom Sockel gestürzt. Um Mitternacht war Nagy zum Ministerpräsidenten ernannt worden. Gerő fügte sich auf Anweisung Chruschtschows widerwillig. Nagy wurde aufgefordert, die sowjetische Führung förmlich um die Entsendung von Truppen zu bitten, welche die Ordnung wiederherstellen sollten. Doch er weigerte sich, obwohl er eine Anordnung zur Verhängung des Kriegsrechts unterzeichnete, womit die ungarischen Streitkräfte ermächtigt wurden, eine Ausgangssperre durchzusetzen und wenn notwendig Massenerschießungen vorzunehmen.[42] Es waren bereits große sowjetische Truppenkontingente und Panzereinheiten in Ungarn stationiert, und in den frühen Morgenstunden des 24. Oktober drangen 6000 Soldaten und 700 Panzer in die Hauptstadt vor. In den folgenden Kämpfen waren die ungarischen Streitkräfte gespalten. Der Heeresoberst Pál Maléter, dessen Charisma nicht zuletzt auf seiner imposanten Körpergröße beruhte, schloss sich den Aufständischen an. Es dauerte nicht lange, da hatte sich der mit Moskau verbündete Reformkommunist Imre Nagy in den Anführer des ungarischen Widerstands gegen die Invasoren verwandelt. Am 3. November – mittlerweile lieferten sich die ungarischen Aufständischen und die massiv verstärkten sowjetischen Truppen erbitterte Gefechte – wurde Maléter zum Verteidigungsminister in einer Koalitionsregierung ernannt, an der sich auch die wieder gegründete Sozialdemokratische Partei und die Kleinbauernpartei beteiligten. Alle Stalinisten wurden hingerichtet. Dieser Regierung gehörte auch János Kádár an, der am 25. Oktober den diskreditierten Gerő als Parteichef abgelöst hatte. Wie sehr sich die Realität verändert hatte, geht auch aus der Tatsache hervor, dass selbst das Zentralkomitee der MDP in diesen Tagen der revolutionären Umwälzungen nicht Parteichef Kádár, sondern Ministerpräsident Nagy als Führer Ungarns betrachtete.[43]

Mikojan und Suslow nahmen an der Sitzung des ungarischen Politbüros teil, in der Kádár zum Parteichef bestimmt wurde. In der Nacht schickten die beiden Besucher ein vierseitiges Telegramm nach Moskau, in dem sie die Ereignisse des Tages einschließlich der Gefechte zwischen sowjetischen Panzereinheiten und ungarischen Aufständischen schilderten. Obwohl sie eingestanden, dass die Lage in Budapest »komplizierter« geworden sei, waren sie mit der Absetzung Gerős und der Beförderung Kádárs anscheinend zufrieden. Mikojan und Suslow hatten sich jenen Mitgliedern der ungarischen Führung widersetzt, die den Abzug der sowjetischen Truppen gefordert hatten, und waren der Meinung, Nagy, Kádár und das ungarische Politbüro in seiner Gesamtheit teilten ihre Einschätzung. In einem angsterfüllten Nachsatz zu ihrer Botschaft hieß es dann allerdings, sie hätten gerade (spät in der Nacht) eine Übersetzung der Erklärung erhalten, die Nagy am Abend im Radio verlesen hatte: Im Widerspruch zu dem, »was im Politbüro entschieden wurde«, habe Nagy erklärt, dass die ungarische Regierung in den Gesprächen mit der Sowjetunion auf einen Abzug der sowjetischen Streitkräfte aus Ungarn drängen werde.[44]

Mikojan und Suslow gaben ihre Zustimmung zur Bildung einer Koalitionsregierung, obwohl sie damit deutlich von der bisherigen sowjetischen Position abwichen. Am 30. Oktober entschied sich das ZK-Präsidium der KPdSU für eine friedliche Beilegung der Krise. Doch die Entwicklung in Ungarn geriet zusehends außer Kontrolle. So wurden auf den Straßen Budapests besonders verhasste Kommunisten – vorwiegend Geheimpolizisten – gelyncht, obwohl Nagy diese spontanen Aktionen einer Minderheit des ungarischen Widerstands verurteilte. Die Nachrichten über ungarische Genossen, die an Bäumen und Laternenmasten aufgeknüpft worden waren, trugen nicht zu einem Meinungsumschwung in Moskau bei, sondern bewegten auch kommunistische Führungen in Ländern, denen die Sowjetunion keine Vorschriften machen konnte, zu einer Änderung ihrer Einschätzung: Tito und Mao befürworteten schließlich eine massive Gewaltanwendung, um den Aufstand niederzuschlagen.[45] Sowohl Jugoslawien als auch China hatten sich bis dahin dafür ausgesprochen, den polnischen und ungarischen Kommunisten zu erlauben, ihre Probleme selbst zu lösen. Sie hatten die Ernennung Gomułkas und eines ungarischen Parteichefs seines Schlags befürwortet. So hatte Tito beispielsweise die Ersetzung Gerős durch Kádár gefordert und dürfte diesbezüglich einen gewissen Einfluss auf die sowjetische Führung ausgeübt haben. Die jugoslawische Führung war zudem der Ansicht, dass man die Krise durch eine frühere Abkehr von der stalinistischen Politik und durch die Ablösung von Führern wie Rákosi und Gerő hätte vermeiden können. Doch die jugoslawischen und chinesischen Parteiführer wichen nicht derart weit von der kommunistischen Orthodoxie ab, um sich damit abfinden zu können, dass in einem Land, das nach ihren Vorstellungen bereits sozialistisch geworden war, die »Konterrevolution« die Oberhand gewann.

Die sowjetische Führung gab eine Reihe früherer Positionen auf und beschloss am 30. Oktober, sie sei zu einem Truppenabzug aus Ungarn bereit, »sofern es der Regierung Nagy gelinge, die Situation unter Aufrechterhaltung des sozialistischen Systems zu stabilisieren und die Mitgliedschaft im sowjetischen Block zu erhalten«.[46] Die sowjetische Führung beharrte geschlossen darauf, dass das kommunistische System in Ungarn erhalten bleiben müsse, doch in den letzten Oktobertagen des Jahres 1956 war sie tief gespalten bezüglich der Taktik, die angewandt werden sollte, um dieses Ziel zu erreichen. Als das sowjetische ZK-Präsidium am 26. und 28. Oktober die Situation in Ungarn behandelte, wurde Kritik an Mikojan und Suslow laut, die nach Meinung einiger ZK-Mitglieder zu viele Zugeständnisse gemacht hatten. Molotow, Woroschilow und Bulganin verlangten ein hartes Vorgehen, während Marschall Schukow möglicherweise etwas überraschend auf größere »politische Flexibilität« drängte.[47] Die Ereignisse in Ungarn am 30. Oktober, das heißt an dem Tag, an dem sich die sowjetische Führung zu einem Truppenabzug unter bestimmten Bedingungen bereit erklärt hatte, bewegten den Kreml dazu, dieses Angebot am folgenden Tag wieder zurückzuziehen. Am 31. Oktober fiel die Entscheidung für einen massiven Militäreinsatz zur Beendigung des »konterrevolutionären« Aufstands. Wie bereits erwähnt, war am 30. Oktober die Regierung Nagy unter Beteiligung mehrerer Parteien gebildet worden, doch am selben Tag hatten sich die Unruhen ausgeweitet. Unter den Opfern des wütenden Mobs war der Erste Sekretär des Parteikomitees von Budapest, Imre Mező (ein Anhänger Nagys).[48] Dessen Tod sowie die Lynchmorde an mehreren Geheimpolizisten am selben Tag hinterließen bei den kommunistischen Führungen in der gesamten Region einen tiefen Eindruck. Diese Geschehnisse fachten die ohnehin große Sorge zusätzlich an, vor allem in Rumänien und der Tschechoslowakei, wo die ungarischen Minderheiten im rumänischen Siebenbürgen beziehungsweise in der Slowakei Kontakt zu ihren Landsleuten jenseits der Grenzen hatten.[49] Nun befürchtete die sowjetische Führung, ihr gesamter osteuropäischer Herrschaftsbereich könne mit dem ungarischen Virus infiziert werden.

Sobald sie sich zum massiven Gewalteinsatz entschlossen hatten, nahmen Chruschtschow und Malenkow am 2. November furchtbare Flugbedingungen auf sich, um Tito auf seiner Heimatinsel Brioni zu besuchen und ihn über den bevorstehenden Militärschlag in Ungarn zu informieren. Als Gründe für die massive Intervention nannten sie die Lynchmorde an ungarischen Kommunisten, den von Nagy nach Beginn der Kämpfe erklärten Austritt Ungarns aus dem Warschauer Pakt und die ungarische Neutralitätserklärung. Zudem brachten sie das Argument vor, ein Ausscheren Ungarns aus dem »sozialistischen Lager« werde den stalinistischen Hardlinern in der Sowjetunion in die Hände spielen.[50] (Nagy hatte erstmals am 31. Oktober öffentlich über einen Austritt Ungarns aus dem Warschauer Pakt gesprochen, wobei er zuvor jedoch in aller Ruhe mit der Sowjetunion verhandeln wollte.[51]) In den Gesprächen mit Tito wies Chruschtschow auch darauf hin, dass der Zeitpunkt für eine Niederschlagung des ungarischen Aufstands günstig sei, da die Briten und Franzosen zur selben Zeit in Absprache mit Israel einen Angriff auf Ägypten planten, um die Verstaatlichung des Suezkanals durch Präsident Nasser rückgängig zu machen. Der jugoslawische Botschafter in Moskau, der an der Begegnung in Brioni teilnahm, über das Gespräch:

> Chruschtschow erklärte, der aggressive Druck Großbritanniens und Frankreichs auf Ägypten schaffe ideale Voraussetzungen für eine massive Intervention der russischen Armee. Dies werde den Russen helfen. Der Westen und die Vereinten Nationen würden mit Verwirrung und Empörung reagieren, aber ihre Antwort werde weniger deutlich ausfallen, wenn Großbritannien, Frankreich und Israel gleichzeitig einen Krieg gegen Ägypten führten. »Sie sind dort in eine Sackgasse geraten, und wir haben uns in Ungarn festgefahren«, sagte Chruschtschow.[52]

So stand Ende Oktober 1956 der Entschluss der sowjetischen Führung fest, zu einem großangelegten Militärschlag auszuholen, um einen Sturz des kommunistischen Regimes in Ungarn und einen Austritt des Landes aus dem Warschauer Pakt zu verhindern. Diesen Entschluss hätte die Sowjetunion auch ohne eine anglofranzösische Intervention in Ägypten gefasst. Doch dank des tollkühnen Abenteuers der beiden westeuropäischen Mächte waren die Augen der Welt nicht allein auf Ungarn gerichtet. Am 29. Oktober waren israelische Streitkräfte in Ägypten einmarschiert, und am folgenden Tag stellten die britische und die französische Regierung Ägypten und Israel ein Ultimatum, in dem sie die beiden Konfliktparteien aufforderten, die Feindseligkeiten einzustellen und den freien Schiffsverkehr durch den Suezkanal zu gewährleisten. Doch das Vorgehen Großbritanniens und Frankreichs war unaufrichtig, denn sie hatten sich im Voraus mit Israel abgesprochen und beanspruchten anschließend (um es mit den Worten eines hochrangigen britischen Diplomaten zu sagen) »das Recht zu intervenieren, um dem ein Ende zu machen, was sie in einer Verschwörung gemeinsam begonnen hatten«.[53] Die abenteuerliche Expedition, die von Anfang an zum Scheitern verurteilt war, traf auf Widerstand seitens der US-Regierung und nahm die Aufmerksamkeit der Vereinigten Staaten und der Vereinten Nationen ebenso sehr in Anspruch wie die Niederschlagung des ungarischen Aufstands durch die Rote Armee.[54] Zwischen dem 1. und 3. November 1956 beschäftigte sich US-Präsident Eisenhower ausschließlich mit der Krise im Nahen Osten, da er wusste, dass die Vereinigten Staaten dort größeren Einfluss nehmen konnten als in Ungarn.[55]

In seiner kurzen Zeit in der Koalitionsregierung Nagy sprach Kádár in einer Radiosendung am 1. November von »unserer glorreichen Revolution«, und am selben Tag stimmte er für die Neutralitätserklärung, nachdem er bereits die Wiederherstellung eines Mehrparteiensystems befürwortet hatte.[56] Dennoch verband ein Teil der Moskauer Führung mit seiner Person die Hoffnung, nach der Niederschlagung des »konterrevolutionären« Aufstands werde eine Versöhnung des kommunistischen Regimes mit der ungarischen Bevölkerung nicht vollkommen unmöglich sein. Eine wichtige Rolle spielte auch die Überlegung, dass er bereits zum Parteichef der ungarischen Kommunisten gewählt worden war. Obwohl Kádár bis dahin an der Politik der Regierung Nagy teilhatte, glaubte die sowjetische Führung, ihn auf ihre Seite ziehen zu können. Und tatsächlich machte sich Kádár noch am Abend des Tages, an dem er für die Neutralitätserklärung gestimmt hatte, daran, das Lager zu wechseln. Gemeinsam mit dem dogmatischeren Kollegen Ferenc Münnich, den nicht nur Molotow und die unerschütterlichen Stalinisten im sowjetischen ZK-Präsidium als nächsten ungarischen Parteichef sehen wollten, sondern der anfangs auch Chruschtschows Favorit war, ließ sich Kádár zu einem sowjetischen Luftwaffenstützpunkt bringen, von wo aus er nach Moskau flog. Dort wich er allerdings nicht von all seinen bisherigen Ansichten ab. Er erklärte gegenüber einer Versammlung sowjetischer Führer (Chruschtschow war währenddessen in Osteuropa unterwegs, um die anderen kommunistischen Regime auf die bevorstehende Militärintervention einzuschwören), dass die fortgesetzte sowjetische Unterstützung für die falschen Personen in der ungarischen Führung – damit meinte er insbesondere Rákosi und Gerő – »die Quelle vieler Fehler« gewesen sei. Um die gesamte ungarische Parteiführung zum Schweigen zu bringen, habe Rákosi lediglich sagen müssen: »Dies ist die Meinung der sowjetischen Genossen.«[57] Einige Historiker haben Juri Andropow zugutegehalten, er habe frühzeitig erkannt, dass Kádár die Rettung für die kommunistische Sache in Ungarn sein könne. Doch obwohl sich zwischen diesen beiden Männern eine enge politische und persönliche Beziehung entwickelte, die bis zum Tod Andropows dauerte, unterstützte dieser im Jahr 1956 in Budapest die Befürworter einer harten Linie. Ende April 1956 hatte Andropow verlangt, die Sowjetunion müsse Rákosi nachdrücklicher unterstützen, um weitere »große Zugeständnisse an die rechten und demagogischen Elemente zu vermeiden«.[58] Vor ihrem schicksalhaften Treffen am 1. November auf einem sowjetischen Luftwaffenstützpunkt südlich von Budapest, bei dem er Kádár mitteilte, die sowjetische Führung wolle ihn in Moskau sprechen, war Andropow diesem Mann nur ein einziges Mal begegnet.[59]

Als sich die Lage in Ungarn in der zweiten Jahreshälfte aus sowjetischer Sicht deutlich verschlechterte, wurden die Einschätzungen im ZK-Präsidium der KPdSU schwankungsanfälliger. Während alle seine Kollegen in der Parteiführung diese Hoffnung aufgegeben hatten, hielt Mikojan als Einziger an der Überzeugung fest, dass eine von Nagy geführte Regierung ein militärisches Eingreifen überflüssig machen könne. Selbst nachdem das ZK-Präsidium einen massiven Militäreinsatz beschlossen hatte, sprach sich Mikojan nach seiner Rückkehr nach Moskau Anfang November für die geduldige Suche nach einem politischen Kompromiss aus. Doch Chruschtschow wies ihn darauf hin, dass die Entscheidung bereits gefallen sei und nicht mehr rückgängig gemacht werden könne.[60] Mikojan dachte kurz über einen Rücktritt nach, blieb dann jedoch noch für ein weiteres Jahrzehnt in der sowjetischen Parteiführung. Suslow, der gemeinsam mit ihm in Budapest gewesen war, unterstützte die militärische Lösung vorbehaltlos.

Mikojan hielt sich in der Öffentlichkeit an den Grundsatz der kollektiven Verantwortung und der Einheit der Partei, aber aus den jetzt zugänglich gewordenen Protokollen der Präsidiumssitzungen geht hervor, dass Mikojan beharrlich nach Alternativen zu dem Blutvergießen suchte, das schließlich stattfand.[61] Für eine solche Haltung musste man auch im Jahr 1956 Mut aufbringen, wenn auch nicht mehr jene Art von selbstmörderischer Kühnheit, die erforderlich gewesen wäre, um Stalin in einer solchen Frage zu widersprechen. Mikojan nahm genau vier Jahrzehnte lang an den Sitzungen des Politbüros teil (das ZK-Präsidium war ja nichts anderes als ein Politbüro unter einem anderen Namen). Er wurde im Jahr 1926 Kandidat und zog sich im Jahr 1966 aus der Politik zurück. Er war mit allen sowjetischen Führern von Lenin bis Breschnew persönlich bekannt (Breschnew nahm im Jahr 1964 Chruschtschows Platz als Parteichef ein). Mikojan war ein Überlebenskünstler mit einem beinahe legendären Ruf, über dessen Charakter ein beliebter Witz aus den letzten Jahren der Chruschtschow-Ära Aufschluss gibt: Als die Mitglieder des ZK-Präsidiums eine Sitzung verlassen, geraten sie in ein furchtbares Unwetter. Der Einzige, der einen Regenschirm bei sich hat, ist Mikojan. Er drückt den Schirm Chruschtschow in die Hand und sagt: »Nehmen Sie den Schirm. Ich kann den Regentropfen ausweichen.«

Die Niederschriften der Gespräche, die Kádár und Münnich am 2. und 3. November mit der sowjetischen Führung führten, haben eine Neubewertung von Kádárs Verhalten in jenen Tagen erforderlich gemacht: Als er nach Moskau reiste, wusste er nicht, dass man ihn zum neuen ungarischen Parteiführer auserkoren hatte, und war sich auch der Tatsache nicht bewusst, dass eine sowjetische Militärintervention unmittelbar bevorstand. Tatsächlich riet er in Moskau von einer gewaltsamen Niederschlagung der ungarischen Revolution ab und bekannte sich offen dazu, in der ungarischen Regierung für die Neutralität gestimmt zu haben. Und er wies die Mitglieder der sowjetischen Parteiführung darauf hin, dass die ungarische Intelligenzija Nagy unterstützte. Kádár sprach sich dafür aus, die ungarische KP umzubenennen (tatsächlich wurde ihr Name von »Partei der Ungarischen Werktätigen« in »Ungarische Sozialistische Arbeiterpartei«

geändert), und erklärte den sowjetischen Genossen, der Nachfolger Nagys dürfe keineswegs eine Marionette der Sowjetunion sein. Auch riet er davon ab, Stalinisten wie Rákosi und Gerő in die Regierung aufzunehmen.[62] Obwohl Kádár nach seiner Rückkehr aus Moskau in der Heimat als Verräter galt, war er ursprünglich also keine »Marionette«, um den von ihm verwendeten Begriff zu zitieren.

Dennoch kehrte Kádár natürlich als Moskaus Mann nach Ungarn zurück, obwohl in der sowjetischen Führung erhebliche Zweifel daran bestanden, dass dies eine kluge Wahl war. Kádár selbst begründete seinen Verrat an der ungarischen Regierung damit, dass er zwar Reformen befürworte, jedoch nicht die Rückkehr zum Kapitalismus oder zur »bürgerlichen Demokratie«. Auf der anderen Seite hätte er verhindern wollen, dass die »Rákosi-Clique« an die Macht zurückkehrte. Da der Aufstand die Autorität der ungarischen Kommunisten zerstört hatte, wurde Kádár als Leiter einer in Moskau zusammengestellten Regierung eingesetzt (wobei anfangs nicht die Partei, sondern die Regierung im Vordergrund stand). Sobald die sowjetische Führung davon überzeugt war, dass Kádár am ehesten in der Lage sein würde, die Wiederherstellung der kommunistischen Herrschaft für die ungarische Bevölkerung erträglich zu machen, gestand man ihm einen gewissen Spielraum bei der Bildung der neuen Regierung zu. Rákosi war offenbar von seinen Verbündeten in Moskau in dem Glauben bestärkt worden, dass er und andere geflohene ungarische Stalinisten wieder eine führende Rolle spielen würden, aber Chruschtschow und die tonangebende Gruppe im ZK-Präsidium der KPdSU hatten nicht die Absicht, das zuzulassen.[63] Das neue ungarische Regime wurde unter der Bezeichnung »Revolutionäre Arbeiter- und Bauernregierung« aus der Taufe gehoben. Kádár erhielt keineswegs unbegrenzte Machtbefugnisse. Die Kontrolle über die Streitkräfte und die Sicherheitskräfte wurde Münnich übertragen,[64] der seit langem enge Beziehungen zum sowjetischen Militärgeheimdienst unterhielt.[65]

Molotow wollte sich nicht damit abfinden, dass die Wahl auf Kádár gefallen war. Er äußerte seine Bedenken in einer Präsidiumssitzung am 4. November, nachdem Kádár und Münnich nach Budapest zurückgereist waren. Seiner Meinung nach hatte die sowjetische Führung in Ungarn einen Mann an die Macht gebracht, der das Land auf einen jugoslawischen Kurs führen würde. Molotow hielt auch Kádárs Einlassungen über die »Rákosi-Clique« für gefährlich. Sogar

Ungarn im Jahr 1956

Schepilow, der keineswegs ein Verbündeter Molotows war, zeigte sich besorgt über diesen Präzedenzfall: »Als Nächstes wird die ›Ulbricht-Clique‹ an die Reihe kommen.«[66] Im ganzen folgenden Jahr gab es in der sowjetischen Führung Zweifel an Kádár, die auch Chruschtschow teilte, der in seinen Memoiren über eine Reihe von Reisen nach Ungarn im Jahr 1957 berichtete[67] und erklärte:

> Ich hatte meine Hoffnungen auf Münnich gesetzt. Ich dachte, ich würde mit ihm besser zurechtkommen als mit Kádár. Er war ein schlauer und erfahrener alter Wolf; während der ungarischen Revolution hatte er an der Seite Bela Kuns gekämpft. Er hatte viele Jahre in der Sowjetunion gelebt, und ich war der Ansicht, dass er besser als jeder andere geeignet sei, mit den Problemen, die es noch immer in Ungarn gab, fertig zu werden.[68]

Mit Kádárs Billigung schlugen sowjetische Truppen den ungarischen Aufstand brutal nieder. Die Militärintervention dauerte nur vier Tage. Obwohl schon zuvor viele Menschen bei Zusammenstößen mit den sowjetischen Panzereinheiten getötet worden waren, waren die meisten der rund 2500 ungarischen Todesopfer zwischen dem 4. und 7. November 1956 zu beklagen. Fast 20 000 Menschen wurden so schwer verletzt, dass sie in Krankenhäuser eingeliefert werden mussten. Auf sowjetischer Seite wurden über 700 Soldaten getötet oder mussten in die Listen der »Verschwundenen« aufgenommen werden, 1450 wurden verwundet. In den folgenden Jahren wurden mehr als 100 000 Menschen unter dem Vorwurf »konterrevolutionärer Aktivitäten« verhaftet und fast 26 000 zu Haftstrafen verurteilt. Mindestens 300 Menschen wurden hingerichtet (andere Schätzungen gehen von 600 Opfern aus).[69] 211 000 Menschen flohen vor der Sowjetarmee in den Westen, etwa 45 000 von ihnen kehrten nach einiger Zeit zurück.[70] Unter den Hingerichteten waren Nagy und sein Verteidigungsminister Oberst Pál Maléter. Nagy selbst hatte Aufnahme in der jugoslawischen Botschaft gefunden, was Aufschluss über die ambivalente Haltung der Jugoslawen gegenüber der sowjetischen Militärintervention gab: Einerseits lehnte Tito eine Wiederherstellung des Kapitalismus in Ungarn ab, andererseits war er jedoch nicht an einer Festigung der sowjetischen Hegemonie in Osteuropa interessiert.

Nachdem ihm Kádár zugesichert hatte, dass er unbehelligt bleiben würde, verließ Nagy am 23. November die Botschaft, wurde jedoch unverzüglich verhaftet und nach Rumänien gebracht. Die Jugoslawen protestierten und verlangten, Nagy müsse die Möglichkeit erhalten, entweder als freier Mann in Ungarn zu leben oder nach Jugoslawien auszuwandern. Diese Lösung war weder für Kádár noch für Chruschtschow akzeptabel. Der rumänische KP-Chef Gheorghiu-Dej deutete als Erster an, dass Nagy nicht mehr lange zu leben hatte. Gheorghiu-Dej sprach sich nachdrücklich dafür aus, Nagy den »ungarischen Genossen« zu übergeben, sobald sie ihre Macht wieder gefestigt hätten, und fügte hinzu, Nagy werde gewiss »für sein Verbrechen aufgehängt – und zwar nicht am Hals, sondern an der Zunge«.[71] Die einzig treffende Bemerkung des für seine makabren Neigungen berüchtigten Dej betraf Tito, dem er vorwarf, Nagy gegenüber nachsichtiger zu sein als gegenüber den abweichenden Meinungsäußerungen seines früheren Waffengefährten Milovan Djilas, der mittlerweile in Jugoslawien im Gefängnis saß. Nagy stand bis 1958 in Rumänien unter Hausarrest; dann wurde er nach Budapest gebracht, zum Tode verurteilt und am 16. Juni gehängt. Am selben Tag wurden auch Maléter und der Schriftsteller Miklós Gimes exekutiert. Es wurde allgemein angenommen, die Todesurteile seien auf Verlangen der Sowjetunion vollstreckt worden, aber die Dinge lagen anders. Kádár selbst sprach sich für diese extreme Vergeltung aus. Er konnte Nagy nicht verzeihen, dass dieser nach der sowjetischen Militärintervention nicht vom Amt des Ministerpräsidenten zurückgetreten war, womit er es seinem Nachfolger noch schwerer gemacht hatte, die Ungarn davon zu überzeugen, dass er nun der legitime Regierungschef war. Anscheinend glaubte er, Nagy werde in Anbetracht der Tatsache, dass er das Symbol des ungarischen Patriotismus und Unabhängigkeitsstrebens war, ein gefährlicher Rivale bleiben, solange er lebte. Im Prozess lehnte es Nagy ab, um Gnade zu bitten, da er die Zuständigkeit des Gerichts nicht anerkannte. Als man ihn als »ehemaligen« Ministerpräsidenten ansprach, beharrte er darauf, immer noch Leiter der rechtmäßigen Regierung zu sein. In seiner letzten Erklärung vor Gericht sagte er:

Wenn ich mein Leben opfern muss, um zu beweisen, dass nicht alle Kommunisten Feinde des Volkes sind, so bringe ich dieses Opfer gerne. Ich weiß, dass es eines Tages zu einer zweiten Verhandlung des Falls Nagy kommen wird, in der man mich rehabilitieren wird. Ich weiß auch, dass man mich eines Tages erneut bestatten wird. Meine einzige Sorge ist, dass den Nachruf an diesem Tag jene halten werden, die mich verraten haben.[72]

Die letzten überlieferten Worte Maléters waren: »Lang lebe das unabhängige und sozialistische Ungarn.«[73]

Lehren und Vermächtnis
des Jahres 1956

Die ungarische Revolution war antisowjetisch, aber nicht antisozialistisch. Sie nahm rasch nationale, ja sogar nationalistische Züge an, aber angeführt wurde sie von Mitgliedern der kommunistischen Partei. Allerdings stieß das unter Rákosi errichtete kommunistische System sowjetischer Prägung auf allgemeine Ablehnung. Ungarn hatte eine Bevölkerung von etwa zehn Millionen Menschen, von denen rund 15 000 zu den Waffen griffen, um gegen die sowjetischen Truppen zu kämpfen. Doch Hunderttausende nahmen an friedlichen Kundgebungen wie der erneuten Beerdigung Rajks teil. Als die Rote Armee zuschlug, unterstützte die überwältigende Mehrheit der ungarischen Bevölkerung jene Mitbürger, die Widerstand leisteten, obwohl sie zahlenmäßig deutlich unterlegen waren und den sowjetischen Truppen waffentechnisch wenig entgegenzusetzen hatten.[74] Die ungarische Revolution – oder »Konterrevolution« im sowjetischen Sprachgebrauch – wurde keineswegs, wie in der sowjetischen Propaganda behauptet, von westlichen »Imperialisten« angefacht. Tatsächlich waren die Äußerungen der Regierung Eisenhower (insbesondere des Außenministers John Foster Dulles) bloße Rhetorik. Die Erklärungen zur »Zurückdrängung des Kommunismus« und zur »Befreiung der geknechteten Nationen« waren offenkundig eher innenpolitisch motiviert und hatten wenig mit der realen Außenpolitik der USA zu tun.[75] Die Vereinigten Staaten waren ebenso wenig wie die übrigen Westmächte bereit, in den Krieg zu ziehen, um die faktische Teilung Europas, mit der sie sich nach dem Zweiten Weltkrieg abgefunden hatten, zu beenden.

Die einzige Ausnahme vom mangelnden westlichen Engagement war Radio Free Europe (RFE). Seine für die Menschen jenseits des Eisernen Vorhangs bestimmten Sendungen (die nur mit begrenztem

Erfolg gestört werden konnten) hatten von Land zu Land sehr unterschiedliche Ausrichtungen. Beispielsweise waren die Exil-Ungarn, die sich vom RFE-Sender in München aus an ihre Landsleute wandten, teilweise deutlich aggressiver als ihre polnischen Kollegen.[76] Doch das bedeutete, dass die RFE-Sendungen in ungarischer Sprache im Oktober und November 1956 für jene Ungarn, die im Bemühen um größere Unabhängigkeit von der Sowjetunion den beschränkten Möglichkeiten zu jener Zeit Rechnung tragen mussten, eher ein Hindernis als eine Hilfe waren. In diesen Sendungen wurde kaum ein Unterschied zwischen Rákosi und Nagy gemacht, und teilweise wurde zu einer Zeit, da es mit einiger Sicherheit im Interesse der Ungarn war, Nagy zu unterstützen, zu seinem Sturz aufgerufen. Die politischen Experten des Senders schätzten auch die Kräfteverteilung in der ungarischen Gesellschaft falsch ein. Während die Revolution von Studenten, Arbeitern und Intellektuellen (darunter nicht zuletzt auch kommunistische Intellektuelle) angeführt wurde, setzte die Redaktion von Radio Free Europe ihre Hoffnungen auf die katholische Kirche und die Bauernschaft.[77]

Doch während in den Straßen der ungarischen Hauptstadt erbittert gekämpft wurde, nahm das Leben auf dem Land weitgehend seinen gewohnten Lauf, und das Gewicht der Kirche war nicht mehr mit dem der Vergangenheit oder mit ihrem Einfluss in Polen vergleichbar. Der ungarische Kardinal József Mindszenty war im Januar 1949 in einem Schauprozess zu lebenslanger Haft verurteilt worden. In den revolutionären Wirren im Oktober 1956 wurde er aus dem Gefängnis entlassen und hielt am 3. November eine flammende Rundfunkansprache, in der er jedoch nicht zwischen der Regierung Nagy und den kommunistischen Vorgängerregierungen unterschied. Obwohl der Vorwurf, Mindszenty habe durch die angebliche Anstiftung zur »Konterrevolution« eine Reaktion der Sowjetunion provoziert, später zur Rechtfertigung der Militärintervention herangezogen wurde, spielte dies in den Überlegungen des Kreml tatsächlich keine Rolle. Die Entscheidung für einen massiven Militäreinsatz war bereits drei Tage vor dieser Rede gefallen.[78] (Mindszenty flüchtete sich schließlich in die amerikanische Botschaft in Budapest, wo er 15 Jahre lang blieb – was nicht nur der ungarischen Regierung, sondern nach einiger Zeit auch den Vereinigten Staaten und sogar dem Vatikan sehr unangenehm war, da beide angesichts der politischen und gesell-

Lehren und Vermächtnis des Jahres 1956 393

schaftlichen Entwicklung Ungarns um eine Verbesserung der Beziehungen zu diesem Land bemüht waren.[79])

Die Sendungen von RFE bestärkten jene, die mit Flinten gegen sowjetische Panzer kämpften, in der Illusion, dass die Vereinigten Staaten mit all ihrer Macht hinter ihrem Aufstand stünden und sie militärisch unterstützen würden (obwohl der Sender das nie ausdrücklich behauptet hatte). Die Niederschlagung der ungarischen Revolution hatte unter anderem zur Folge, dass die westlichen Rundfunkanstalten und insbesondere Radio Free Europe (das vom amerikanischen Steuerzahler finanziert wurde) von nun an genauer darauf achteten, jenseits des Eisernen Vorhangs keine übertriebenen Hoffnungen zu wecken. In den folgenden Jahren sollten RFE und andere westliche Sender – darunter nicht zuletzt die BBC – eine wichtige Rolle als zuverlässige Informationsquellen zu den Ereignissen in Osteuropa und den Entwicklungen in der Außenwelt werden. Doch nach 1956 hütete sich Radio Free Europe davor, unrealistische Erwartungen zu wecken, und vermied alles, was auch nur entfernt als Ruf zu den Waffen aufgefasst werden konnte.

Potentielle Reformer in Osteuropa zogen aus der Niederschlagung der ungarischen Revolution durch die Sowjetunion die Lehre, dass es unerlässlich war, stets Loyalität zum Warschauer Pakt zu bekunden. So glaubten die tschechischen Reformkommunisten im Jahr 1968, der große Fehler Nagys und seiner Mitstreiter habe darin bestanden, die Neutralität Ungarns zu erklären und damit die Absicht zu bekunden, das Militärbündnis mit der Sowjetunion zu lösen. Doch obwohl die Annahme, dieser Schritt habe den Geduldsfaden der sowjetischen Führung im Jahr 1956 endgültig überspannt, durchaus angebracht war, konnte auch die Tschechoslowakei zwölf Jahre später die Militärintervention nicht vermeiden, indem sie der Moskauer Führung garantierte, sie werde im Warschauer Pakt bleiben. Der Prager Frühling wird in Kapitel 19 noch eingehender behandelt, aber an dieser Stelle kann bereits festgehalten werden, dass die Entsendung sowjetischer Truppen – sei es in Ungarn im Jahr 1956 oder in der Tschechoslowakei im Jahr 1968 – durchweg eine unmittelbare Stärkung der orthodoxen Kräfte überall in Osteuropa sowie in der Sowjetunion zur Folge hatte.

Im Oktober 1956 unterstützten die neostalinistischen oder zumindest konservativen kommunistischen Parteiführer der DDR, Bulgariens, der Tschechoslowakei, Rumäniens und Albaniens (Walter Ulbricht, Todor Schiwkow, Antonín Novotný, Gheorghe Gheorghiu-Dej und Enver Hodscha) allesamt sowohl öffentlich als auch im persönlichen Gespräch die Unterdrückung des ungarischen Aufstands durch die Sowjetarmee. Der polnische Parteichef Gomułka lehnte die sowjetische Militärintervention zwar persönlich ab (im Fall der Tschechoslowakei nahm er später eine andere Haltung ein), äußerte jedoch keinerlei Kritik am sowjetischen Vorgehen.

Die Militärintervention in Ungarn erfüllte ihren unmittelbaren Zweck: Die sowjetische Hegemonie im Ostblock und die oberflächliche Stabilität konnten aufrechterhalten werden. Trotz einiger bedeutsamer Unterbrechungen blieben die Machtverhältnisse in Osteuropa länger als eine Generation unverändert. Dennoch musste die Sowjetunion für die Invasion eines »sozialistischen Bruderlandes« einen hohen Preis zahlen. So kurz nach Chruschtschows Enthüllungen auf dem XX. Parteitag der KPdSU wirkte die Intervention in Ungarn auf viele externe Beobachter wie ein Rückfall in den Stalinismus und löste bei den kommunistischen Parteien im Westen einen massiven Mitgliederschwund aus. Es war eine sehr eigenwillige Ausnahme von der Regel, dass der nationalistische schottische Dichter Hugh McDiarmid die Niederschlagung des ungarischen Aufstands zum Anlass nahm, wieder in die britische KP einzutreten. Dies war eine besondere Ironie, da die Geschehnisse in Ungarn und Polen gezeigt hatten, dass eine ausgeprägte nationale Identität eine gewaltige Bedrohung für den Kommunismus sein konnte.

In Ungarn selbst musste die umbenannte Partei praktisch bei null anfangen, und Ende 1956 sowie im folgenden Jahr wurden mehr als 8000 Offiziere zum Ausscheiden aus den Streitkräften gezwungen.[80] Die Sowjetunion büßte nicht nur in Westeuropa und Nordamerika, wo sie ohnehin nur sehr geringe Unterstützung genossen hatte, sondern auch in Asien Sympathien ein. Im Lauf der Zeit besserten sich die Beziehungen zwischen der UdSSR und den Ländern der Dritten Welt wieder, aber zu jenem Zeitpunkt betrachteten viele befreundete Länder die sowjetische Intervention in Ungarn als imperialistische Aggression, vergleichbar der britisch-französischen Einmischung in Ägypten.[81] Innerhalb des Ostblocks wuchs ab Ende der fünfziger Jahre sowohl in Albanien als auch in Rumänien der Widerstand gegen die Versuche der Sowjetunion, diese Länder an die kurze Leine

Lehren und Vermächtnis des Jahres 1956

zu legen. Doch in keinem der beiden Länder waren auch nur andeutungsweise revisionistische Bestrebungen zu beobachten. Vielmehr sollten sie sich in die beiden härtesten kommunistischen Unterdrückungsregime in Osteuropa verwandeln (wobei die Entwicklung in Rumänien später begann als in Albanien). Die Albaner, die eine sonderbare Form des Nationalkommunismus entwickelten, schlossen sich China an, während die Rumänen ein nicht ganz spannungsfreies Bündnis zur Sowjetunion aufrechterhielten.

Die Bulgaren und die Tschechen waren zu jener Zeit die gehorsamsten Satellitenstaaten der Sowjetunion. Schwer vorauszusagen war im Oktober/November 1956 die weitere politische Entwicklung in Polen und Ungarn. Gomułka war eine starke Persönlichkeit und nahm als Opfer des Stalinismus eine antistalinistische Grundhaltung ein, wobei er jedoch alles andere als ein Liberaler war. Er glaubte fest an die führende Rolle der Partei und an die Planwirtschaft. Noch vor Ende des Jahrzehnts waren die Hoffnungen, die viele Polen im Jahr 1956 in ihn gesetzt hatten, weitgehend verflogen.[82] Die erhofften radikalen Reformen waren ausgeblieben und stellten sich auch in den sechziger Jahren nicht ein, obwohl die Kommunisten – zum Teil infolge der Autorität der katholischen Kirche – in der polnischen Gesellschaft eine sehr viel weniger beherrschende Rolle spielten als in den meisten anderen osteuropäischen Ländern.

Ungarn litt in der zweiten Hälfte der fünfziger Jahre unter einer harten Repression. Unmittelbar nach der Unterdrückung der Revolution von 1956 wurde die Lage so bedrückend, wie die meisten Ungarn befürchtet hatten. Es dürfte kaum je einen Politiker gegeben haben, der zu Beginn seiner Amtszeit größeren Abscheu bei seinen Landsleuten geweckt hat als János Kádár. Doch während Gomułka auf einer Woge großer Erwartungen an die Parteispitze zurückkehrte, die Hoffnungen dann jedoch enttäuschte, erwarteten sich die Ungarn nichts von der vom Kreml aufgezwungenen Regierung Kádár. Bis 1958 war Kádár sowohl Ministerpräsident als auch Erster Parteisekretär, doch im Januar jenes Jahres gab er das Amt des Regierungschefs an Münnich ab.[83] In der Zwischenzeit war die Vormachtstellung der Partei wiederhergestellt worden. Anfang der sechziger Jahre begann in Ungarn eine vorsichtige Entspannung. Um die Mitte des Jahrzehnts wurde über ernsthafte Wirtschaftsreformen nachgedacht, und ab 1968 begann tatsächlich eine solche Reform, die als »Neuer Wirtschaftlicher Mechanismus« bezeichnet wurde. Der Lebensstandard stieg deutlich, und die Knebelung des kulturellen Lebens wurde Stück für Stück gelockert. Kádárs Einfluss war allgegenwärtig, aber er zeigte kein Interesse an den Verlockungen der Macht. Er führte ein bescheidenes Leben und ließ keinen Personenkult zu. Und dennoch ist es bemerkenswert, dass kurz nach seinem Tod am 6. Juli 1989 in einer Umfrage drei Viertel der Befragten der Aussage zustimmten, dass »die ungarische Politik mit seinem Tod eine ihrer bedeutendsten Persönlichkeiten verloren hat«.[84] Ende 1999 kam Kádár bei einer Abstimmung über die größten Ungarn des Jahrtausends auf den dritten Platz. Er war der Einzige unter den drei Führenden, der im 20. Jahrhundert gelebt hatte, was bedeutet, dass ihn seine Landsleute für den bedeutendsten Ungarn seiner Zeit hielten.[85] Man muss sich diesem Urteil nicht anschließen, aber man kann es schwerlich ignorieren. Wie es zu einem solchen Wandel der Einschätzung kommen konnte – wie es möglich war, dass ein derart düsterer und von der Schuld zerfressener Mann am Ende von seinen Landsleuten als bedeutender Politiker bewundert wurde –, das ist eine der Fragen, mit denen wir uns im fünften Teil unseres Buches befassen werden.

KAPITEL 16

Kuba: ein kommunistischer Staat in der Karibik

Kuba ist ein ungewöhnlicher kommunistischer Staat. In keinem anderen Land auf dem amerikanischen Kontinent oder in der Karibik konnte sich der Kommunismus durchsetzen. Zudem ist Kuba das einzige spanischsprachige Land sowie das einzige »Entwicklungsland« außerhalb Asiens, in dem ein kommunistisches System errichtet und aufrechterhalten werden konnte. Obwohl es zu der großen Gruppe von kommunistischen Ländern zählt, in denen eine von inneren Kräften ausgehende Revolution stattfand, unterscheidet sich Kuba von allen anderen Staaten dieser Kategorie dadurch, dass die Revolution in Kuba *nicht* von der kommunistischen Partei ausging. Vielmehr lehnten die Kommunisten, die sich zu jener Zeit noch Sozialistische Volkspartei (Partido Socialista Popular, PSP) nannten, die von Fidel Castro und seinen Mitrevolutionären angewandte Guerillataktik so lange ab, bis sich ein Erfolg der Revolution abzeichnete.[1] Und obwohl sich Kuba in einem Zeitraum von mehreren Jahren in einen kommunistischen Staat verwandelte, wurde die Entwicklung nicht wie in Osteuropa vor allem aus taktisch motivierter politischer Vorsicht in kleinen Schritten vorangetrieben. Vielmehr entsprach dieser graduelle Prozess der Entwicklung der Vorstellungen der herausragenden Figur der kubanischen Revolution. Als Fidel Castro nach der Machtergreifung mit den neuen Herausforderungen der Ausübung dieser Macht konfrontiert wurde, wandte er sich dem einzigen verfügbaren Beispiel einer nichtkapitalistischen postrevolutionären Herrschaft zu und orientierte sich am Vorbild der Sowjetunion und anderer kommunistischer Staaten.

Kuba unterschied sich auch dadurch von anderen kommunisti-

schen Staaten, dass dieses Land seit seiner Unabhängigkeit am Ende
des 19. Jahrhunderts und bis zum Erfolg der von Castro angeführten
Revolution die meiste Zeit formal eine Demokratie war. Der einzige
andere kommunistische Staat, für den das galt, war die Tschechoslowakei, obwohl das demokratische System im Fall dieses europäischen
Landes sehr viel stabiler und weniger korrupt gewesen war als in dem
Karibikstaat. In Kuba war die Demokratie weitgehend substanzlos.
Der letzte Herrscher vor Castro, Fulgencio Batista, hatte die Macht im
März 1952 kurz vor den Präsidentenwahlen an sich gerissen. Batista
pflegte enge Kontakte zu zwielichtigen Geschäftsleuten in den Vereinigten Staaten, insbesondere zur amerikanischen Unterwelt: So verlor Meyer Lansky schätzungsweise 100 Millionen US-Dollar, als
seine Hotels, Klubs, Casinos und Bordelle nach der Revolution beschlagnahmt wurden.[2] Die ausufernde Korruption der kubanischen
Regierungen und ihre enge Verquickung mit dem organisierten Verbrechen in den Vereinigten Staaten weckten schon lange vor der kommunistischen Machtergreifung in der kubanischen Gesellschaft erhebliche Abneigung gegenüber den USA. Zwar hatten die USA die
Karibikinsel am Ende des 19. Jahrhunderts im Unabhängigkeitskampf
gegen Spanien unterstützt, doch in den Augen vieler Kubaner war lediglich eine Kolonialmacht an die Stelle der anderen getreten. In Kuba
war der Antiamerikanismus ausgeprägter als in jedem anderen lateinamerikanischen Land. Zur gleichen Zeit weckte der materielle Reichtum der Amerikaner Neid, und ein Teil der Intellektuellen bewunderte die politischen Institutionen der Vereinigten Staaten. Doch die
Loyalität gegenüber der nur auf dem Papier vorhandenen kubanischen Demokratie war nicht sehr ausgeprägt, und Batistas Diktatur
genoss noch geringere Wertschätzung.

Die politischen Führer Kubas beriefen sich stets auf das Andenken
José Martís, des Helden des kubanischen Unabhängigkeitskampfes,
aber keinem gelang dies so gut wie Fidel Castro. Obwohl Martí kein
Marxist gewesen war, hatte er ein literarisches Erbe hinterlassen, in
dessen Mittelpunkt eine sozial gerechte Demokratie und die Unabhängigkeit Kubas standen. Er sah keine Vorzüge in der Vorherrschaft
der Vereinigten Staaten gegenüber der spanischen Kolonialherrschaft. Der vielschichtige Nationalist und Internationalist Martí war
der Bezugspunkt des kubanischen Befreiungskampfes Ende des
19. Jahrhunderts. Zudem ordnete er den Widerstand gegen die aus-

ländische Dominanz in einen größeren lateinamerikanischen und sogar weltweiten Kontext ein und propagierte »einen Kampf der Unterdrückten für Freiheit und Gleichheit«.[3] Martí starb im Jahr 1895 und erlebte das postkoloniale Kuba nicht mehr. Dennoch verwandelte er sich in eine bedeutende politische Symbolfigur, deren Ideale der ernüchternden Realität der kubanischen Politik im 20. Jahrhundert gegenübergestellt werden konnten. Martí genoss bei den Kubanern derartige Bewunderung, dass nicht nur Fidel Castro sich auf ihn bezog – selbst nach seinem Übertritt zum Kommunismus zitierte der Revolutionsführer Martí lieber als Marx und Lenin –, sondern dass auch die Erzfeinde Castros, die Exilkubaner in Miami, ihrem von der amerikanischen Regierung finanzierten Rundfunksender den Namen »Radio Martí« gaben.

Castros Herkunft und sein Aufstieg zur Macht

Fidel Castro stammte aus einer wohlhabenden Grundbesitzerfamilie. Er war das dritte Kind (*1926) aus einer Beziehung zwischen seinem Vater und einer Haushälterin, die der Vater später heiratete.[4] Der Junge stand seiner Mutter, einer gläubigen Katholikin, sehr viel näher als seinem willensstarken und wenig religiösen Vater, der völlig mittellos aus der verarmten spanischen Küstenregion Galicien eingewandert war und es in Kuba zu etwas gebracht hatte. Obwohl Fidel aufgrund seiner ländlichen Herkunft, seiner außerehlichen Geburt und seiner späten Taufe unter einer gewissen Diskriminierung litt, machte er im Jesuitenkolleg mit ausgezeichneten schulischen und sportlichen Leistungen auf sich aufmerksam, später studierte er Jura an der Universität Havanna.[5] Im Jahr 1940 schrieb Castro einen naiven Brief an US-Präsident Roosevelt (der im Nationalarchiv der Vereinigten Staaten aufbewahrt wird), um diesem zum Wahlsieg zu gratulieren und ihn zu bitten, er möge ihm zehn Dollar schicken, denn er habe »noch nie eine grüne amerikanische Zehn-Dollar-Note gesehen und würde gerne eine davon haben«.[6] Er erhielt einen freundlichen Dankesbrief vom Außenministerium, jedoch erwartungsgemäß keinen Zehn-Dollar-Schein. In seinen auf Interviews beruhenden Memoiren erklärte Castro dazu: »Und es gibt Leute, die behaupten, ich hätte den Vereinigten Staaten nicht derart großes Kopfzerbrechen bereitet, hätte Roosevelt mir diese zehn Dollar geschickt.«[7] Neun Jahre später schlug Castro 5000 Dollar aus, die ihm von den New York Giants für eine Vertragsunterzeichnung angeboten worden waren, nachdem amerikanische Talentsucher erkannt hatten, dass er ein sehr begabter Baseballspieler war. Castro zählte zu den herausragenden Spielern der Universitätsmannschaft, obwohl er zu jener Zeit bereits politisch sehr aktiv war.[8]

Im März 1952 putschte sich der Präsidentschaftskandidat Batista, der kaum Aussichten auf einen Wahlsieg hatte, an die Macht. Er bezeichnete den Staatsstreich als Revolution und kündigte eine neue Rechtsordnung an. Meyer Lansky wurde zu seinem »offiziellen Berater für die Reform des Casino-Wesens«, und innerhalb kürzester Zeit hatten die beiden Männer Millionen angehäuft.[9] Ein Jahr später versuchte Castro zum ersten Mal, das Batista-Regime zu stürzen. Mittlerweile hatte er ein wenig Marx und Lenin gelesen, doch obwohl ihm bereits eine soziale Revolution und eine Umverteilung der Ländereien der Reichen vorschwebten, war er im Jahr 1953 alles andere als ein orthodoxer Kommunist. Er führte eine Gruppe radikaler Gegner Batistas, die versuchten, die Festung Moncada in Santiago de Cuba zu stürmen. Der Gruppe gehörten etwa 120 Männer und zwei Frauen an, während die Zahl der Soldaten auf 700 bis 1500 geschätzt wird.[10] Die Rebellen starteten ihre Aktion am frühen Morgen um 5.15 Uhr und rechneten mit einem Überraschungsmoment, da der Großteil der Mannschaften in der Kaserne noch schlafen würde. Geplant war, die in der Festung gelagerten Waffen zu erbeuten, zahlreiche Soldaten zum Überlaufen zu bewegen und anschließend einen Radiosender zu stürmen, um den Sieg der Revolution zu verkünden. Doch die Angreifer stießen zufällig mit einer Militärpatrouille zusammen und wurden überwältigt. Die meisten überlebenden Mitglieder der Gruppe wurden nach der Gefangennahme ermordet, wobei viele grausam gefoltert und verstümmelt wurden.[11] Der fehlgeschlagene Sturm auf die Moncada-Kaserne fand am Sonntag, dem 26. Juli 1953 statt, und in der offiziellen Geschichtsschreibung des kommunistischen Kuba wird dieser Tag als Beginn des revolutionären Prozesses dargestellt, der knapp sechs Jahre später mit dem Sturz Batistas endete.

Fidel Castro hatte Glück, dass ihm das Schicksal vieler seiner Gefolgsleute erspart blieb – was teilweise dem Anstand eines seiner Bewacher zu verdanken war. Allerdings wurde er in einem Prozess, der unter Ausschluss der Öffentlichkeit stattfand, am 16. Oktober 1953 zu 15 Jahren Zuchthaus verurteilt. Castro durfte sich vor Gericht selbst verteidigen. Das Urteil stand von vornherein fest, und so hatte seine Verteidigungsrede, die zwischen vier und fünf Stunden dauerte, keinen unmittelbaren Einfluss auf den Ausgang des Verfahrens. Doch Castros abschließende Worte sollten berühmt werden: »Verurteilt mich; das hat nichts zu bedeuten; die Geschichte wird mich freisprechen.«[12] Er war zuversichtlich, dass die Revolution trotz des Urteils des Gerichts in weniger als einem Vierteljahrhundert gelingen würde. In seinen Memoiren erklärt Castro, in diesem Zeitraum sei er vom Marxismus geprägt worden. Seine Rede vor Gericht enthielt jedoch kaum Hinweise auf eine Hinwendung zum Marxismus, sondern einfach eine beredte Verteidigung der Freiheit und des Rechts auf Widerstand gegen die Tyrannei. Castro berief sich auf zahlreiche Autoritäten, um dieses Recht geltend zu machen, darunter Thomas von Aquin, John Milton, John Locke, Jean-Jacques Rousseau und Tom Paine. Auch prangerte er Batistas Regime mit deutlichen Worten an. Gegen Ende seines Vortrags erklärte er: »Es ist verständlich, dass anständige Männer in einer Republik, deren Präsident ein Verbrecher und ein Dieb ist, tot oder im Gefängnis sind.«[13]

Tatsächlich blieb Castro nur ein Jahr und sieben Monate inhaftiert; im Mai 1955 gelang es Erzbischof Pérez Serantes, die Behörden dazu zu bewegen, Castro und andere überlebende Mitglieder seiner Gruppe im Rahmen einer umfassenden Amnestie zu entlassen. Das Argument des Erzbischofs lautete, die Rebellen stellten keine Gefahr mehr dar.[14] Doch Castro hatte zu Recht Angst, von Batistas Schergen umgebracht zu werden, vor allem nachdem er eine eigene politische Bewegung gegründet hatte, die »Bewegung des 26. Juli«. Angesichts dieser Gefahr verließ er weniger als zwei Monate nach seiner Freilassung das Land und ging nach Mexiko, wo er sich seinem jüngeren Bruder Raúl anschloss. Dieser machte ihn mit einem argentinischen Arzt namens Ernesto Guevara bekannt, der bereits ein marxistischer Revolutionär war. Fidel Castro war 29, Guevara, der den Spitznamen »El Che« trug, 27 Jahre alt. Nach der ersten Begegnung der beiden schrieb Guevara über Castro in sein Tagebuch: »Er ist ein junger, intelligenter Bursche, sehr selbstgewiss und außergewöhnlich kühn. Wir verstanden uns auf Anhieb gut.« Fidel erklärte Jahre später, die revolutionäre Entwicklung des Che sei zu jener Zeit »ideologisch gesehen fortgeschrittener [gewesen] als meine«.[15] Auch in Mexiko saß Castro eine Weile im Gefängnis, und im November 1956 gab man ihm eine Frist von drei Tagen, um das Land zu verlassen. Gemeinsam mit einer Gruppe von Kampfgefährten kaufte er einen alten Kahn mit Namen *Granma* – dies sollte später der Name der wichtigsten Parteizeitung der kubanischen Kommunisten werden! – und nahm Kurs auf Kuba. Das Boot war mit Waffen überladen und wäre beinahe in einem Sturm im Golf von Mexiko gesunken. Das ehemalige Ausflugsboot hatten ursprünglich eine Kapazität von 25 Passagieren gehabt, doch nun war es mit 82 Guerillakämpfern samt Sturm- und Maschinengewehren, Pistolen und Munition überladen. Die Überfahrt dauerte eine Woche, zwei Tage länger als vorgesehen, doch schließlich lief das Boot sechzig Meter vor der kubanischen Küste auf Grund, fast zwei Kilometer von dem Strand entfernt, an dem es hätte landen sollen.[16] Dies war nur eine von vielen Gelegenheiten, bei denen Castro entgegen aller Wahrscheinlichkeit überlebte.

Die Revolutionäre zogen sich in die schwer zugänglichen Berge der Sierra Maestra zurück und begannen einen Guerillakrieg gegen das Batista-Regime. Die zu jener Zeit noch unbestimmte Ideologie sicherte Castro die stillschweigende Unterstützung weiter Teile der kubanischen Mittelschicht sowie eines Teils der Oberschicht.[17] Sie sahen in Castro den Führer einer im Wesentlichen demokratischen Bewegung. Die von ihm angeführten Revolutionäre genossen eher die Unterstützung der kubanischen Landarbeiter als den Rückhalt der städtischen Arbeiterschaft. Allerdings unterschied sich die kubanische Landbevölkerung sehr von der in anderen lateinamerikanischen Ländern. Viele Arbeitskräfte waren in den Zuckerfabriken beschäftigt und bezogen in der Erntezeit ausreichende Löhne, während sie im übrigen Jahr kaum etwas verdienten. Zu jener Zeit wurden sie als »halbproletarische Arbeiter« beschrieben. Diese ländlichen Arbeitskräfte, die in großen Gruppen organisiert waren, zählten zu den aktivsten Anhängern Castros. Zu Beginn des Jahres 1958 kontrollierten die Revolutionäre nach zahlreichen Scharmützeln mit den Regierungstruppen ein Gebiet von etwa 5000 Quadratkilometern im Osten Kubas, obwohl die Kernstreitmacht der Rebellen nur aus rund 300 Mann bestand. Indem sie in den von ihnen beherrschten Gebieten das Vieh der Großgrundbesitzer beschlagnahmten und an die überwiegend besitzlosen Bauern verteilten, gelang es ihnen, sich Rückhalt in der Bevölkerung zu sichern.[18] Die Deutung, bei den Revolutionären, die Ende der fünfziger Jahre gegen das Batista-Regime kämpften, habe es sich um eine »Bauernarmee« gehandelt, muss allerdings der Revolutionsmythologie zugerechnet werden, denn der Kern von Castros Streitmacht bestand aus jungen Angehörigen der Mittelschicht.[19]

Im Juli 1958 versammelten sich acht kubanische Oppositionsparteien und Anti-Batista-Gruppen in der venezolanischen Hauptstadt Caracas und unterzeichneten ein »Manifest der bürgerlich-revolutionären Oppositionsfront«, in dem sie Fidel Castro als ihren Führer anerkannten. Castros Organisation hatte einen Radiosender in dem von ihr kontrollierten Gebiet in Betrieb genommen, der nun dieses Manifest verbreitete. Auffällig war, dass die kommunistische PSP die Erklärung nicht unterzeichnet hatte. Doch der Führer der PSP, Carlos Rafael Rodríguez, begriff rasch, dass ihm und seiner Partei möglicherweise eine historische Chance entging, und machte sich auf den Weg in die Sierra Maestra, um Fidel Castro seine Aufwartung zu machen. Während Castro später mit vielen Kommunisten brach, sollte Rodríguez nicht nur ein Mitglied seiner zukünftigen Regierung werden, sondern blieb bis zu seinem Tod im Jahr 1997 ein wichtiger Verbündeter.[20] Die Einigung mit Rodríguez brachte Castro seinem Bruder Raúl sowie Che Guevara ideologisch und politisch näher.[21]

Castro an der Macht

In den letzten Monaten des Jahres 1958, Fidel und Raúl kommandierten mittlerweile eine etwa 3000 Mann starke Streitmacht, gelangen den Revolutionären beträchtliche Gebietsgewinne, wobei sie kaum auf Widerstand stießen. Die kubanische Armee war demoralisiert und kein ernstzunehmender Gegner mehr. Die Rebellen nahmen Santiago ein und stießen auf dem Weg nach Havanna nicht auf bewaffnete Gegenwehr. Batista erkannte, dass seine Tage an der Macht gezählt waren. Er übertrug den Oberbefehl über die Streitkräfte an General Eulogio Cantillo und bestieg am 1. Januar 1959 mit seiner Familie und einigen Freunden ein Flugzeug, um sich in die Dominikanische Republik abzusetzen. Innerhalb weniger Stunden hoben zwei weitere Flugzeuge ab, die Gefolgsleute Batistas an Bord hatten.

Im Gepäck hatte Batista fast die gesamten Gold- und Dollarreserven des Landes.[22] General Cantillo hatte Castro Ende Dezember zugesichert, sich seiner Bewegung nicht zu widersetzen, spielte jedoch ein doppeltes Spiel und versuchte, sich selbst zum Nachfolger Batistas aufzuschwingen. Aber er hatte keine ausreichende Machtbasis, und am 3. Januar 1959 brach das alte Regime endgültig zusammen. (Cantillo wurde verhaftet und verbrachte einige Jahre im Gefängnis.[23]) Castro verstand es, das relativ neue Massenmedium Fernsehen zu nutzen (in Kuba gab es bereits rund 400 000 Fernsehgeräte), und ließ sich in einem Triumphzug im offenen Jeep rund um die Insel fahren. Am 8. Januar zog er in Havanna ein und hielt vor einer begeisterten Menge eine mehrstündige Rede vom Balkon des Präsidentenpalastes. Der britische Botschafter in Kuba beschrieb ihn als »eine Mischung aus José Martí, Robin Hood, Garibaldi und Jesus Christus«.[24]

Obwohl sich Castro mit dem PSP-Führer Rodríguez arrangiert hatte, war er bei seiner Machtübernahme im Januar 1959 kein Kommunist. Erst im Dezember 1961 bekannte er sich erstmals offen zum Marxismus-Leninismus. Er übernahm die wichtigsten Merkmale eines kommunistischen Systems schrittweise. Allerdings standen schon im Jahr 1953 einige der Personen in Castros engerer Umgebung unter dem Einfluss kommunistischer Vorstellungen, unter ihnen auch sein jüngerer Bruder Raúl, der auch der kommunistischen Jugendorganisation angehört hatte. Auch Che Guevara stand dem Kommunismus damals näher als Castro (allerdings war die Tatsache, dass Guevara einen revolutionären Idealismus mit der Vorliebe für den Guerillakrieg verband, der Führung in Moskau durchaus suspekt). Castro war, wie er selbst bemerkt hat, eher ein utopischer Sozialist als ein Leninist. Sein wichtigstes politisches Vorbild war José Martí.[25] Noch in einem Interview, das er in seinen letzten Jahren als Staats- und Parteichef gab, bezeichnete er Martí als ständige Inspiration: »Ich war zunächst ein Anhänger Martís und später ein Anhänger von Martí, Marx und Lenin.«[26]

Es kann kaum überraschen, dass anfangs weder Castro noch die Mehrheit jener, die sich am Kampf gegen die Diktatur Fulgencio Batistas beteiligten, großen Respekt für die kubanischen Kommunisten hegten. Diese hatten den bewaffneten Kampf abgelehnt und sogar mehrere Positionen in Batistas Regierung angenommen. Und als Castro mit einer kleinen Gruppe radikaler Gefolgsleute im Jahr 1956 in

Castro an der Macht 405

die Berge ging, um einen Versuch zu starten, das korrupte und autoritäre Regime Batistas mit Waffengewalt zu stürzen, verurteilten ihn
die kubanischen Kommunisten als »Putschisten« und bezeichneten
seine Bewegung als »bürgerlich« und »romantisch«.[27] Das zweite Adjektiv war durchaus treffend gewählt. Castro war vom Temperament
her tatsächlich ein romantischer Revolutionär – eine Charakterisie-
rung, die noch mehr auf seinen Waffengefährten Che Guevara zutraf –, aber er war auch ein politischer Führer, der sehr viel inspirie-
render wirkte als alle moskautreuen Kommunisten. Wie bereits
erwähnt, verbündete sich der kommunistische Führer Carlos Rafael
Rodríguez erst mit Castro, als klar war, dass das Batista-Regime zum
Untergang verurteilt war. Die siegreiche Revolutionsbewegung war
keine kommunistische Bewegung. Doch nach dem Erfolg seiner Revolution musste Castro unvermittelt feststellen, dass er »ohne eine
wirkliche Partei, eine wirkliche Armee oder ein wirkliches Programm« an die Macht gekommen war.[28] Es zeigte sich allerdings
schnell, dass er all das benötigen würde, und er begriff, dass er von der
organisatorischen Erfahrung der Kommunisten profitieren konnte.

In mancherlei Hinsicht übernahm Kuba das osteuropäische Modell einer breiten Koalition von Parteien, die rasch durch ein kommunistisches Regime ersetzt wurde. Der erste Präsident des postrevolutionären Kuba war der Richter Manuel Urrutia, und die meisten
Mitglieder der ersten Regierung gehörten wie er dem »bürgerlich-
liberalen« Lager an.[29] Doch obwohl er nicht das höchste Amt im Staat
innehatte, wurde Castro als *caudillo* anerkannt, als unangefochtener
Führer und Verkörperung der Nation – Castro behauptete, diese in
der lateinamerikanischen politischen Kultur verwurzelte Bezeichnung zu verabscheuen, profitierte jedoch davon, einen in mancher
Hinsicht radikalen Bruch mit der Vergangenheit durch diese traditionelle Personalisierung der Macht ausgleichen zu können. In den
ersten anderthalb Monaten nach Batistas Flucht hatte Castro kein
Regierungsamt inne, sicherte sich jedoch den Oberbefehl über die
Streitkräfte. Im fünfzehnköpfigen Kabinett saßen nur vier Angehörige der »Bewegung des 26. Juli« und kein einziges Mitglied der kommunistischen PSP.[30] Doch das Gesicht der Regierung änderte sich
rasch. Mitte Februar 1959 trat der erste postrevolutionäre Ministerpräsident Miró Cardona aus Verärgerung über seine sehr beschränkten Machtbefugnisse zurück, und Castro nahm seine Stelle ein.

Bei einem Besuch in den Vereinigten Staaten im April 1959 wurde Castro nicht müde, zu erklären, die kubanischen Revolutionäre seien keine Kommunisten und die Türen stünden offen »für Privatinvestitionen, die zur industriellen Entwicklung Kubas beitragen«.[31] Doch hinter den Kulissen hatte bereits der Kampf um die Ausrichtung des postrevolutionären Regimes begonnen. Raúl Castro und Che Guevara waren die wichtigsten Vertreter des marxistischen und prosowjetischen Lagers. Die Revolution war sowohl nationaler als auch sozialer Natur gewesen, aber die Ablehnung der amerikanischen Regierung und der in Kuba tätigen US-Unternehmen beschleunigte möglicherweise Castros Hinwendung zum Kommunismus. Einen Monat nach seinem Besuch in den Vereinigten Staaten gründete er ein Nationales Institut für die Agrarreform (INRA), in dem er persönlich den Vorsitz übernahm. Diese Einrichtung war eine Zeitlang die wichtigste Exekutivkörperschaft des Landes und drängte das offizielle »bürgerlich-liberale« Kabinett an den Rand. Das INRA nahm die Bodenreform, eine radikale Umverteilung des Grundbesitzes, in Angriff. Bei ihrer Umsetzung ging Castro kompromisslos vor. Seine eigene Familie wurde ebenfalls enteignet, lediglich seine Mutter durfte bis zu ihrem Tod im Jahr 1963 in ihrem Haus wohnen bleiben.[32]

Im Juli 1959 wurde Präsident Urrutia abgesetzt, nachdem er sich über den wachsenden Einfluss der PSP beklagt hatte. Im Oktober äußerten führende Armeeoffiziere Kritik an der kommunistischen Unterwanderung; unter diesen Offizieren war auch Huber Matos, der an Castros Seite in der Sierra Maestra gekämpft hatte. Für seine Kritik wurde er in einem Schauprozess wegen »Verrats an der Revolution« zu einer zwanzigjährigen Haftstrafe verurteilt. Das neue Regime schlug nun einen härteren Kurs ein. Raúl Castro hatte sich sogar dafür ausgesprochen, Matos hinzurichten, aber Fidel lehnte das ab.[33] Kritik an der Revolution und der neuen Führung wurde zusehends mit Verrat gleichgesetzt. Bis Mitte 1960 hatten die neuen Machthaber alle wichtigen Zeitungen und Rundfunkanstalten unter ihre Kontrolle gebracht oder geschlossen.[34] Doch während in Kuba zusehends ein System sowjetischen Typs entstand, war die Furcht der kubanischen Führung vor inneren und äußeren Feinden nicht ganz unbegründet. In den Bergen im Herzen des Landes war eine anticastristische Guerilla aktiv, und es kam immer wieder zu Sabotageakten, die anscheinend zumeist von Exilkubanern organisiert wurden, die mit der CIA zusammenarbeiteten.[35]

Im Jahr 1961 wurde Castros »Bewegung des 26. Juli« mit der PSP zur Integrierten Revolutionären Organisation (ORI) verschmolzen. Doch Castro hatte ein wachsames Auge auf die alten Kommunisten, die sich offenbar anschickten, die Zügel in der Koalition an sich zu reißen, wobei ihre Vorgehensweise nicht nur an die Entwicklungen in Osteuropa, sondern auch an die Taktik erinnerte, mit der Castro selbst kurz zuvor die liberalen Mitglieder der kurzlebigen großen Koalition ausgebootet hatte. Doch Castro ließ keinen Zweifel daran, dass er derjenige war, der in Kuba den Ton angab. Der Kommunist Anibal Escalante, der die Leitung der bürokratischen Maschine der ORI übernommen hatte, wurde im März 1962 abgesetzt und zum Gang ins Exil gezwungen. Von den sechs ORI-Provinzsekretären, die alle der kommunistischen PSP angehörten, ließ Castro nur zwei im Amt, an deren Loyalität er keinen Zweifel hatte. Im Jahr 1965 wurde die ORI in Partido Comunista Cubano (PCC) umbenannt; Fidel Castro wurde Generalsekretär der Partei sowie Ministerpräsident. (Erst 1976 wurde er auch Staatsoberhaupt und bekleidete dieses Amt von da an gemeinsam mit den Funktionen des Regierungschefs, des Parteiführers und Oberkommandierenden der Streitkräfte.[36]) Nach Castros erstem Staatsbesuch in der Sowjetunion im Jahr 1963 wurde Kuba von der internationalen kommunistischen Gemeinschaft offiziell als sozialistisches Land anerkannt. Es gehörte jedoch weder dem Comecon noch dem Warschauer Pakt an. Dennoch profitierte Kuba vom Handel mit der Sowjetunion und von den umfassenden sowjetischen Waffenlieferungen.

Die Kubakrise

Der Aufnahme Kubas in die Gemeinschaft der kommunistischen Staaten waren die traumatischen Geschehnisse im Jahr 1962 vorausgegangen, die als »Kubakrise« in die Geschichte eingingen und die Beziehungen zwischen Kuba und der Sowjetunion auf eine harte Probe stellten. Diese Episode, die die Aufmerksamkeit der Weltöffentlichkeit auf Kuba lenkte, wurde in Kapitel 14 bereits kurz erwähnt, da sie sich auch auf die sowjetische Innenpolitik nachhaltig auswirkte und Nikita Chruschtschow schweren Schaden zufügte.

Castro hatte sich ursprünglich gegen Chruschtschows Vorhaben gewandt, Atomraketen auf Kuba zu stationieren, denn er wollte die Insel nicht in einen sowjetischen Stützpunkt verwandeln.[37] Tatsächlich hatte sich sogar Chruschtschow selbst ein Jahr zuvor noch über die Vorstellung lustig gemacht, Kuba könne von der Sowjetunion als Basis für einen Angriff auf die Vereinigten Staaten genutzt werden. Doch zu Beginn des Sommers 1962 sprach er sich plötzlich dafür aus, Atomraketen auf Kuba zu stationieren, um zum einen die USA von einem Angriff auf das Land abzuhalten und zum anderen das Angriffspotential dieser Waffen gegen die USA zu nutzen. Zwar segnete das ZK-Präsidium Chruschtschows Vorschlag am 24. Mai schließlich ab, doch einige Präsidiumsmitglieder unter der Führung von Anastas Mikojan hatten erheblichen Widerstand gegen die Stationierung geleistet. Mikojan hielt diese Vorgehensweise für ausgesprochen gefährlich und glaubte nicht, dass sich die Amerikaner damit abfinden würden. Er war in der gesamten Raketenkrise die Stimme der Vernunft in der sowjetischen Führung sowie der wichtigste Mittelsmann des Kreml in den Verhandlungen mit Castro.[38] Die zweite Aufgabe verlangte großes diplomatisches Geschick von Mikojan, denn Castros ursprüngliche Zweifel an der Stationierung von Atomwaffen auf der Karibikinsel wichen rasender Wut, als die Abschussrampen wieder abgebaut wurden und die Raketen nach bilateralen Verhandlungen mit der Kennedy-Administration, in denen Castro vollkommen ignoriert wurde, die Heimreise antraten.

Sowohl in Washington als auch in Moskau hatten sich jene durchgesetzt, die einer diplomatischen Beilegung der Krise den Vorzug gaben. Entscheidend war, dass John F. Kennedy den Rat ausschlug, die Abschussrampen ohne Vorwarnung zu bombardieren oder die sowjetischen Schiffe, die weitere Raketen nach Kuba brachten, zu versenken. Er verhängte stattdessen eine Seeblockade über die Insel, womit er die Lieferung weiterer Raketen verhinderte, Zeit für Verhandlungen gewann und der Sowjetunion die Möglichkeit gab, die in Bau befindlichen Anlagen und die bereits stationierten Raketen wieder abzuziehen. Um die ungemein gefährliche Konfrontation zu beenden, erklärten sich die Vereinigten Staaten bereit, keinen weiteren Angriff auf Kuba zu starten. Kennedy hatte von der Regierung Eisenhower einen Plan zur Unterstützung von Exilkubanern geerbt, die versuchen wollten, die Insel zurückzuerobern. Doch Castro war gewarnt

Die Kubakrise 409

worden, und die Streitmacht, die im Frühjahr 1961 in der Schweinebucht gelandet war, war vollkommen aufgerieben worden. Die Kubaner nahmen mehr als tausend Kämpfer der Invasionstruppe gefangen, die sie später im Tausch gegen medizinische Ausrüstung und landwirtschaftliche Geräte in die Vereinigten Staaten zurückschickten.[39] Doch in der Raketenkrise im folgenden Jahr bekamen die Kubaner keine Gelegenheit, mit den Vereinigten Staaten zu verhandeln. Castro konnte seine Argumente zwar gegenüber Chruschtschow geltend machen, aber die Entscheidungen fielen in Moskau und Washington. Neben der Garantie, auf eine Invasion Kubas zu verzichten, erklärte sich Kennedy bereit, die in der Türkei stationierten amerikanischen Atomraketen abzuziehen.[40] Da sich die sowjetische Seite verpflichten musste, Stillschweigen darüber zu bewahren, zog Chruschtschow keinen politischen Nutzen daraus. Sowohl China als auch Kuba waren der Meinung, Moskau habe ohne Not klein beigegeben. Doch die sowjetische Führung war so vernünftig gewesen, sich zurückzuziehen, um die beinahe von Chruschtschows Impulsivität heraufbeschworene globale Katastrophe zu vermeiden. Mikojan bemerkte später, man habe »an der Schwelle zu einem Dritten Weltkrieg« gestanden.[41]

Castro war erbost darüber, dass er in den Verhandlungen zwischen der Sowjetunion und den Vereinigten Staaten keine Rolle gespielt hatte, obwohl er während der gesamten Krise Briefe mit Chruschtschow ausgetauscht hatte. Er lehnte den Abzug der Raketen ab, selbst wenn ihr Verbleib in Kuba zu einem Atomkrieg führen sollte. Er schlug der sowjetischen Führung sogar vor, für den Fall, dass die Vereinigten Staaten mit konventionellen Waffen angriffen, Atomwaffen einzusetzen. Am 31. Oktober schrieb er in einem Brief an Chruschtschow:

Ich stehe auf dem Standpunkt, dass die Aggressoren, sollte es zur Aggression kommen, nicht das Vorrecht haben sollen, zu entscheiden, wann Atomwaffen eingesetzt werden. Die Zerstörungskraft dieser Waffen ist so groß und sie können so rasch transportiert werden, dass der Aggressor anfangs einen erheblichen Vorteil hat. ... Genosse Chruschtschow, ich habe Ihnen nicht vorgeschlagen, dass die UdSSR mitten in der Krise angreifen sollte, ... sondern dass die UdSSR nach dem imperialistischen Angriff ohne zu zögern handeln und nicht den Fehler begehen sollte, dem Feind die Möglichkeit zu geben, als Erster mit Atomwaffen zuzuschlagen.[42]

Glücklicherweise besaß die sowjetische Führung größere Erfahrung als der noch junge kubanische Revolutionär in der Politik der Koexistenz im Atomzeitalter. Sowohl die Vereinigten Staaten als auch die Sowjetunion zogen ihre Lehren aus der Krise, und in den verbleibenden Jahren des Kalten Krieges brachte keine der beiden Seiten die Welt erneut einer nuklearen Katastrophe derart nahe wie Chruschtschow. Dieser hatte sich über den Rat einiger vorausschauender Mitglieder der sowjetischen Führung hinweggesetzt und darauf gewettet, dass die Stationierung von Atomraketen auf Kuba eine probate Lösung darstellen würde, um »nicht nur Castros Revolution zu schützen, sondern auch das strategische Ungleichgewicht zwischen den beiden Supermächten zu beseitigen, während sie [Chruschtschow] gleichzeitig die Möglichkeit geben würde, die sowjetischen Rüstungsausgaben zu senken«.[43] Diese gefährliche Episode schien auch Chruschtschow davon überzeugt zu haben, dass ein Atomkrieg »reiner Wahnsinn« wäre, denn ein Jahr später, 1963, wurde ein Vertrag über das Verbot von Atomwaffentests unterzeichnet.[44]

Doch Castro war weiterhin der Meinung, dass er den Vereinigten Staaten, hätte man ihn in die Verhandlungen einbezogen, weitere Zugeständnisse abgetrotzt hätte. Er hatte eine Reihe von Forderungen erhoben, die man seiner Meinung nach im Oktober 1962, als sich bereits sowjetische Atomwaffen auf Kuba befanden, hätte durchsetzen können. Zu diesen Forderungen zählten die Beendigung »der aggressiven und terroristischen Akte gegen uns«, die Aufhebung der amerikanischen Wirtschaftsblockade und die Rückgabe des Landes, auf dem die Vereinigten Staaten den Marinestützpunkt Guantánamo errichtet hatten. In seinen Memoiren beharrt Castro darauf, dass diese Ziele erreichbar gewesen wären, da »niemand bereit war, wegen einer Blockade, ein paar Terrorangriffen und einem illegalen Marinestützpunkt, der gegen den Willen des kubanischen Volkes auf kubanischem Boden errichtet worden war, einen Weltkrieg vom Zaun zu brechen«.[45]

Der Aufbau des Kommunismus in Kuba

Kommunistische Regime, die nicht von der Sowjetunion installiert, sondern unabhängig von ihr errichtet wurden, waren mit dem Problem konfrontiert, die utopischen Bestrebungen mit der tatsächlichen

Der Aufbau des Kommunismus in Kuba

wirtschaftlichen Entwicklung und einer zuverlässigen politischen Kontrolle in Einklang zu bringen. Dort, wo die kommunistische Herrschaft von der Roten Armee durchgesetzt wurde, gingen die Bestrebungen der Parteiführungen selten darüber hinaus, die wirtschaftliche Entwicklung voranzutreiben, die politische Hegemonie der kommunistischen Partei zu sichern und die gesellschaftliche Ruhe zu gewährleisten. In Kuba lagen die Dinge anders. Zum Zeitpunkt seiner Machtergreifung war Fidel Castro noch keinem Bürger der Sowjetunion begegnet – sein Bruder Raúl hatte gerade mal eine einzige Person aus der UdSSR kennengelernt. Im 21. Jahrhundert verglich Castro die kubanische Erfahrung mit der osteuropäischen: »Hier wurde der Sozialismus nicht durch Klonen oder künstliche Befruchtung ins Leben gerufen.«[46] Insbesondere die sechziger Jahre waren eine Zeit, in der Castro und seine Gefolgsleute die Idee von der Schöpfung eines »neuen Menschen« oder einer »neuen sozialistischen Person« und die Errichtung einer nicht auf materiellen Anreizen beruhenden, sondern »moralischen Wirtschaft« ernst nahmen. Es war bezeichnend für diese Bestrebungen, dass man niemand anderen als Che Guevara zum Präsidenten der Nationalbank (1959–61) ernannte. Zu jener Zeit machte in Kuba ein Witz die Runde: »Castro sagt: ›Wir brauchen einen *economista* (Ökonomen)!‹. Aber man versteht ihn falsch und glaubt, er habe ›Wir brauchen einen *comunista!*‹ gesagt. Also holt man den Che ins Land.«[47] Castro selbst nannte Guevaras »Talent, seine Disziplin, seine Fähigkeiten und seine Integrität« als Gründe für die Ernennung. Tatsächlich wurden all diese Qualitäten dringend benötigt, da die Ressourcen sehr beschränkt waren, nachdem »Batista die Währungsreserven des Landes gestohlen hatte«.[48]

Che Guevara bekleidete zwischen dieser Tätigkeit und seinem Tod acht Jahre später eine Reihe von Posten. Er nahm großen Einfluss auf Castros Denken und damit auf die offizielle kubanische Ideologie. Da die Vereinigten Staaten alles taten, um die wirtschaftliche Isolation Kubas aufrechtzuerhalten, versuchte Guevara als Industrieminister von 1961 bis 1965 (die Industrie war verstaatlicht worden) gemeinsam mit Castro, die persönliche Anhäufung materieller Güter durch die moralische Verpflichtung der Bürger gegenüber der Gesellschaft zu ersetzen. In gewisser Hinsicht war dies kein Problem, da die materiellen Güter ohnehin zusehends knapp wurden. Es wurde ein ehrgeiziges Gesundheitsprogramm gestartet, das bald beeindruckende Ergebnisse zeitigte. Dasselbe galt für die Alphabetisierungskampagne. Doch das Bruttosozialprodukt Kubas sank zwischen 1961 und 1963, das Land litt unter gravierenden wirtschaftlichen Problemen. Die Sowjetunion half, indem sie sich 1964 bereit erklärte, in den folgenden fünf Jahren den Großteil der kubanischen Zuckerernte zu einem Preis zu erwerben, der über dem Weltmarktpreis lag.[49] Im selben Jahr musste Che Guevara eingestehen, dass die Entscheidung, die für den Anbau von Zuckerrohr genutzte Fläche zu verringern, zu einem »generellen Rückgang der landwirtschaftlichen Produktion« geführt habe und ein großer Fehler gewesen sei. Diese Entscheidung sei einer »fixen Idee« entsprungen, die »den Zuckeranbau mit unserer Abhängigkeit vom Imperialismus und mit der Not in den ländlichen Gebieten« gleichgesetzt habe.[50]

Im Jahr darauf brach Guevara, der profanen Regierungsarbeit überdrüssig, zu neuen Abenteuern in der Welt der internationalen Revolution auf. Seine Reisen führten ihn in den Kongo, nach Brasilien und schließlich nach Bolivien, wo er den Tod fand. In den sechziger Jahren unterstützte auch Castro vorbehaltlos den bewaffneten Kampf in Lateinamerika. Im Jahr 1967 distanzierte er sich von mehreren kommunistischen Parteien – zu denen neben Parteien auf dem lateinamerikanischen Kontinent wie etwa den vorsichtigen venezolanischen Kommunisten letzten Endes auch die KPdSU zählte –, als er erklärte:

Unsere Haltung gegenüber den kommunistischen Parteien beruht strikt auf den revolutionären Prinzipien. … Diese Parteien, die sich selbst als kommunistische oder marxistische Parteien bezeichnen und glauben, ein Monopol auf die revolutionären Empfindungen zu haben, in Wahrheit jedoch den Reformismus monopolisieren, werden wir nicht als revolutionäre Parteien behandeln. Wenn jene, die sich als Kommunisten bezeichnen, in irgendeinem Land nicht in der Lage sind, ihre Pflicht zu erfüllen, werden wir jene unterstützen, die sich – selbst wenn sie sich nicht als Kommunisten bezeichnen – im Kampf wie wirkliche Kommunisten verhalten … Was einen Kommunisten ausmacht, ist der Kampf gegen die Oligarchien, der Kampf gegen den Imperialismus und auf diesem Kontinent der Kampf in der bewaffneten revolutionären Bewegung.[51]

Der Aufbau des Kommunismus in Kuba

Diese Erklärung, die großen Widerhall fand, gab Castro im März 1967 ab. Im Juli desselben Jahres beklagte sich US-Präsident Lyndon B. Johnson gegenüber Alexej Kossygin, dem damaligen sowjetischen Ministerratsvorsitzenden, über die revolutionären Aktivitäten Guevaras in Bolivien. Dies war eine Neuigkeit für den Russen, denn die Kubaner hatten sich nicht die Mühe gemacht, die sowjetische Führung darüber zu informieren, was Che gerade trieb. Kossygin drohte mit einer Einstellung der sowjetischen Wirtschafts- und Militärhilfe und wies Castro an, die Unterstützung der Guerillabewegungen in Lateinamerika einzustellen. Doch Castro weigerte sich, Befehle der Sowjetunion entgegenzunehmen, und pochte auf eine auf Unabhängigkeit und gegenseitigem Respekt beruhende Beziehung. Daraufhin drosselte die Sowjetunion die Erdöllieferungen an Kuba. Es kann dahingestellt werden, ob ein direkter Zusammenhang mit dem wirtschaftlichen Druck bestand, fest steht jedoch, dass Castro im Jahr 1968 die Zerschlagung des Prager Frühlings befürwortete.[52] Dass die kubanische Unterstützung der Militärintervention, die den Reformbestrebungen in der Tschechoslowakei ein abruptes Ende bereitete, jedoch nicht nur eine Frage der kurzfristigen Zweckdienlichkeit war, zeigt sich daran, dass Castro seine Meinung auch Jahre nach dem Verschwinden der Sowjetunion noch nicht geändert hat. Noch vor kurzem erklärte er, die Tschechoslowakei habe »sich auf eine konterrevolutionäre Situation und auf den Kapitalismus zubewegt« und sei auf dem besten Weg gewesen, sich »in die Arme des Imperialismus« zu werfen; die kubanische Führung sei damals wie heute gegen »sämtliche liberalen Reformen«, die »dort und anderswo im sozialistischen Lager stattfanden«.[53]

Che Guevaras Karriere als Revolutionär endete im Jahr 1967 in Bolivien. Er war 39 Jahre alt, als er verwundet, gefangen genommen, verhört und anschließend – auf Befehl des bolivianischen Präsidenten Barrientos – erschossen und unter der Landebahn eines Flughafens verscharrt wurde. Die Umstände seiner Gefangennahme sind Gegenstand zahlreicher Spekulationen gewesen; unter anderem wurde vermutet, er sei von bolivianischen Kommunisten, vom KGB oder von der Stasi-Agentin Tamara Bunke (bekannt als »Tania la Guerrillera«) verraten worden, die sich ihm angeschlossen hatte, nachdem sie 1960 in Ostberlin als seine Dolmetscherin fungiert hatte.[54] Die orthodoxesten Kommunisten hatten stets Vorbehalte gegenüber

Guevara gehegt, der ihrer Meinung nach sein individuelles revolutionäres Gewissen über die offizielle sowjetische Doktrin stellte. Zudem stand er, allerdings zu Unrecht, im Verdacht, im chinesisch-sowjetischen Konflikt, der Mitte der sechziger Jahre eskaliert war, der chinesischen Seite zuzuneigen. Doch in Kuba blieb Guevaras Ruf unangetastet. Nach seinem Tod machte Castro ihn zu einem Nationalhelden. Im Jahr 1997 – dreißig Jahre nach seinem gewaltsamen Tod – wurden seine sterblichen Überreste exhumiert und nach Kuba gebracht, wo er ein Staatsbegräbnis erhielt. Obwohl Castro die politischen Vorstellungen und Taktiken Guevaras nicht immer billigte, hegte er stets große Bewunderung für ihn und zeigte keinerlei Eifersucht wegen des legendären Rufs, den sich »El Che« erworben hatte.

Die kubanischen Revolutionäre schauten sich die sowjetischen Organisationsmethoden ab (obwohl sie gelegentlich auch Kritik daran übten) und bauten Jugendorganisationen nach sowjetischem Muster auf. Unter anderem wurden alle Schulkinder wie in den anderen sozialistischen Staaten in eine Bewegung der Pioniere integriert. Die Lehrer stellten sich vor die Grundschulkinder und brüllten: »Pioniere für den Kommunismus!« Und die Kinder hatten im Chor zu antworten: »Wir werden wie der Che sein!« Es darf bezweifelt werden, dass allzu viele Kinder diesem Vorbild nacheiferten. Der Balletttänzer Carlos Acosta, der in einem verarmten Viertel von Havanna aufwuchs, war vermutlich nicht der Einzige, der eine andere Version des Slogans bevorzugte: »Wir werden wie Pelé sein!« Der legendäre brasilianische Fußballer war eher ein Rollenmodell für die Kinder als der argentinische Arzt und Revolutionär, der bereit gewesen war, für seine Ideale überall in Lateinamerika zu töten oder zu sterben.[55]

In den siebziger Jahren trat das utopische Ziel, einen »neuen sozialistischen Menschen« zu schaffen, ein wenig in den Hintergrund gegenüber der Festigung der »sozialistischen«, das heißt kommunistischen Institutionen. Die kommunistische Partei als Organisation rückte in den Mittelpunkt des politischen und wirtschaftlichen Systems. Raúl Castro hat darauf hingewiesen, dass »die Institutionalisierung unserer Revolution erst im Jahr 1970 begann und ab 1972 entschlossen vorangetrieben wurde«. Fidel erklärte im Jahr 1973, die Partei spiele mittlerweile eine wichtigere Rolle als einzelne Personen: »Die Menschen sterben, aber die Partei ist unsterblich.«[56] Nun wurde der Tatsache vermehrt Rechnung getragen, dass die kommunistische

Der Aufbau des Kommunismus in Kuba   415

Partei die übergeordnete politische Autorität war. Man baute die Regierung um und achtete darauf, ihre Funktionen von denen der Partei zu trennen. Die Vorherrschaft der Partei wurde in der kubanischen Verfassung von 1976 festgeschrieben, in der zu lesen stand, dass die PCC »die höchste führende Kraft der Gesellschaft und des Staates« sei. Mit der Stärkung der Einrichtungen des kommunistischen Systems ging eine gewisse Einschränkung der Macht Castros einher.[57] Da er jedoch nach der Verabschiedung der neuen Verfassung seine vorhandenen Ämter durch die Staatspräsidentschaft ergänzt hatte, stand außer Frage, wer die größte individuelle Macht innehatte. Dazu kam, dass Castro große Autorität als kubanischer »Lenin« besaß, wobei er dem Russen gegenüber den Vorteil hatte, dass er nicht nur am Leben blieb, sondern die Führungsposition fast ein halbes Jahrhundert nach der Revolution immer noch besetzt hielt.

Obwohl er Kuba nicht in ein bloßes Anhängsel der Sowjetunion verwandelte, suchte Fidel Castro in den siebziger Jahren von den sowjetischen Erfahrungen zu profitieren und übernahm institutionelle Regelungen aus der Sowjetunion. Schon ein Jahrzehnt zuvor hatte er bei einem Besuch in Moskau die *Prawda* als »beste Zeitung der Welt« bezeichnet.[58] Diese Bemerkung diente offenkundig dazu, den sowjetischen Gastgebern zu schmeicheln, aber sie hatte zweifellos auch etwas mit der Tatsache zu tun, dass Castro kein Russisch verstand. Nun übernahm Kuba zusehends sowjetische Planungs- und Verwaltungsmethoden. Auf diese Art konnte tatsächlich die Effizienz der kubanischen Wirtschaft erhöht werden, ein Hinweis darauf, welches Chaos die utopische Politik der ersten Jahre nach der Revolution angerichtet haben musste.[59] Doch die sowjetische Planwirtschaft konnte in Kuba ebenso wenig wie an irgendeinem anderen Ort eine langfristige Lösung für wirtschaftliche Probleme sein. Es handelte sich um eine Methode zur Organisation einer Volkswirtschaft, in der die Marktkräfte ausgeschaltet waren, und sie half, die wirtschaftliche Rückständigkeit Kubas zu bekämpfen, aber während sie durchaus geeignet war, für einzelne Sektoren Ressourcen bereitzustellen, führte sie unausweichlich zu einer ungleichen Entwicklung und zur mangelhaften Versorgung mit Konsumgütern.

Leistungen und Misserfolge
des kubanischen Kommunismus

Die vielleicht größte und überraschendste Leistung des kommunistischen Systems in Kuba ist, dass es den Zusammenbruch des Kommunismus in Osteuropa und den Zerfall der Sowjetunion überlebt hat, die Kubas wichtigster Verbündeter und Wirtschaftspartner gewesen war. Die nur etwa 150 Kilometer von den Vereinigten Staaten entfernte Karibikinsel mit einer Bevölkerung von gerade mal elf Millionen Menschen hat ein halbes Jahrhundert der Feindseligkeit und den Wirtschaftssanktionen des mächtigsten Landes der Welt getrotzt. Fidel Castro hat in seiner Zeit an der Macht nicht weniger als zehn US-Präsidenten kommen und gehen sehen. Das Scheitern des Kommunismus in anderen lateinamerikanischen Staaten unterstreicht die Einzigartigkeit des kubanischen Falls. In anderen Ländern der Region bekleideten zwischenzeitlich Kommunisten Ministerämter in Koalitionsregierungen, so wie es unter Batista auch in Kuba der Fall gewesen war. Sie gehörten der sozialistischen Koalition Salvador Allendes in Chile (1970–73) an, aber obwohl Allende ein Marxist war, blieb das politische System Chiles unter seiner Präsidentschaft pluralistisch.[60]

Das kubanische Regime verdankt sein Überleben verschiedenen Faktoren. Für alle kommunistischen Regime gilt, dass sie – trotz ihrer wirtschaftlichen Ineffizienz in vielen Bereichen und ungeachtet der fehlenden demokratischen Kontrolle – sehr erfolgreich in dem Bemühen sind, mittels der Einheitspartei die politische Kontrolle über die gesamte Gesellschaft aufrechtzuerhalten. Diese Kontrolle ist besonders wirksam, wenn die politische Führung selbstbewusst auftritt (anstatt dem Zynismus zu frönen oder sich Selbstzweifeln hinzugeben) und von der Überlegenheit des eigenen Systems gegenüber dem Kapitalismus und der »bürgerlichen Demokratie« überzeugt ist. Der kubanischen Führung und vor allem den Brüdern Fidel und Raúl Castro hat es nie an diesem Selbstbewusstsein gemangelt. In Kuba war, wie in der gesamten kommunistischen Welt, die Bereitschaft vonnöten, zur Verteidigung des Regimes einen Unterdrückungsapparat einzusetzen, aber die Zahl der Hinrichtungen und Verhaftungen nahm dort nie Ausmaße an wie in der Sowjetunion oder in China. Ein Grund dafür, dass die Repression in Kuba weniger hart war als in den meisten anderen kommunistischen Staaten, ist darin zu suchen, dass mehrere Auswanderungswellen zugelassen wurden. So konnten mehrere Hunderttausend enttäuschte Bürger entweder in die Vereinigten Staaten oder in andere Teile Lateinamerikas emigrieren.

Die kommunistischen Systeme, die sich über einen langen Zeitraum hinweg behaupten konnten, stützten sich nie allein auf den Zwang oder auf eine charismatische Führerpersönlichkeit. In der Mehrzahl der Fälle genossen sie die Unterstützung großer Bevölkerungsgruppen. Dort, wo diese Unterstützung nicht genügte, um die Macht zu verteidigen – etwa in Osteuropa –, erhielt die reale Gefahr einer sowjetischen Militärintervention das Regime am Leben. Kuba war in einer ganz anderen Situation als Polen, Ungarn oder die DDR. Trotz der wirtschaftlichen und ideologischen Unterstützung durch die Sowjetunion war der kubanischen Führung bewusst, dass sie im Fall eines Volksaufstandes oder eines Angriffs der Vereinigten Staaten nicht mit dem militärischen Beistand der Sowjetunion rechnen durfte. Also baute sie eine große Armee auf – ein Fünftel der Bevölkerung wurde bewaffnet – und versuchte gleichzeitig, sich die Unterstützung der Gesellschaft zu sichern. Die Streitkräfte wurden für einen Guerillakrieg geschult, was die Kosten einer potentiellen ausländischen Intervention erhöhte. Castro vertraute darauf, dass die Waffen nicht gegen die politische Führung gerichtet werden würden. Die Tatsache, dass in Kuba eine einheimische Revolution gegen eine korrupte und unbeliebte Diktatur stattgefunden hatte, gab dem Regime von Anfang an eine gewisse Legitimität, die im Lauf der Zeit durch Vertrautheit ergänzt wurde, da die Führer der Revolution derart lange überlebten.

Vor allem in den siebziger und achtziger Jahren spielte Kuba eine – gemessen an seiner Wirtschaftskraft – sehr prominente Rolle auf der internationalen Bühne und sicherte sich beträchtlichen Einfluss in der Dritten Welt, insbesondere in Afrika. Die Beteiligung kubanischer Truppen an mehreren afrikanischen Bürgerkriegen auf Seiten jener Konfliktparteien, die Castros Regime als antiimperialistisch einstufte, war insofern unabhängig von der Sowjetunion, als die Entscheidung zur Intervention nicht in Moskau, sondern in Havanna fiel, obwohl Kuba natürlich auf sowjetische Waffenlieferungen angewiesen war. Die Schwarzen haben in Kuba einen beträchtlichen Bevölkerungsanteil, weshalb die in den Kongo, nach Guinea, Äthiopien, Mosambik,

Benin und Angola entsandten Truppen von den Einheimischen eher akzeptiert wurden. Zudem war es dem Ansehen Kubas in Afrika förderlich, dass es neben Soldaten auch Ärzte schickte. Vor allem in Angola war die Truppenstärke, gemessen an der Größe Kubas, bemerkenswert. Auf dem Höhepunkt der kubanischen Intervention im Jahr 1988 waren dort 52 000 Soldaten stationiert.[61] Jedenfalls war es ungewöhnlich, wenn nicht sogar einzigartig, dass ein kleines Entwicklungsland aktiven Einfluss auf die Entwicklung eines militärischen Konflikts nahm, der Tausende Kilometer entfernt in einer anderen Weltregion ausgetragen wurde.

Castro ist als »zwanghafter Revolutionär« beschrieben worden, und die Interventionen in Afrika gehorchten eher dem Idealismus als dem Pragmatismus, obwohl die kubanische Führung durchaus Umsicht bewies, als sie zu dem Schluss gelangte, die Entsendung von Truppen in afrikanische Krisengebiete, in denen anarchische Zustände herrschten, sei politisch ungefährlicher als Interventionen in Lateinamerika, wo es nicht nur rechtmäßige Regierungen gab, sondern auch davon ausgegangen werden musste, dass die Vereinigten Staaten einen weiteren Vormarsch des Kommunismus in ihrem »Hinterhof« nicht hinnehmen würden.[62] Wer die Beurteilung der kubanischen Aktivitäten in Afrika durch die US-Geheimdienste den entsprechenden Deutungen amerikanischer Politiker gegenüberstellt, gelangt zu dem Schluss, dass das Urteil der Geheimdienste im Allgemeinen richtig und jenes der Politiker üblicherweise falsch war. Die CIA und das Bureau of Intelligence and Research (INR), der Geheimdienst des Außenministeriums, stellten fest, dass Castro in Afrika in Eigeninitiative handelte, während führende amerikanische Politiker, unter ihnen Henry Kissinger, der Meinung waren, Castro müsse auf Druck der Sowjetunion handeln, da er der Schutzmacht eine Gegenleistung für die Wirtschaftshilfe und die Waffenlieferungen schulde. Kissinger gestand später ein: »Die mittlerweile vorliegenden Beweise deuten darauf hin, dass das Gegenteil der Fall war.«[63] Die kubanischen Truppen waren in den afrikanischen Konflikten durchaus erfolgreich und geboten in Angola einer schwerbewaffneten südafrikanischen Armee Einhalt. Im Juli 1991 besuchte Nelson Mandela Havanna und überhäufte seine Gastgeber mit Lob: »Welches andere Land hat in seinen Beziehungen zu Afrika größere Selbstlosigkeit bewiesen als Kuba?«[64] In den Augen der Sowjetunion war der kubanische Interventionis-

Leistungen und Misserfolge des kubanischen Kommunismus   419

mus ein zweischneidiges Schwert. Er brachte Moskau wiederholt in
eine unangenehme Lage. Anatoli Dobrynin, der langjährige sowjetische Botschafter in den Vereinigten Staaten, der später Sekretär für
internationale Politik im Zentralkomitee der KPdSU wurde, hat einmal erklärt, der »Myhtos von Kuba als Stellvertreter der Sowjetunion« habe der Sowjetunion »in Amerika, wo sich diese Vorstellung
während der Kubakrise von 1962 festgesetzt hatte, besonders großen
Schaden zugefügt«.[65] Aber Castro, so Dobrynin, »machte den Amerikanern gerne das Leben schwer«, und im Jahr 1986 wurde Dobrynin nach Havanna geschickt, um den Kubaner zur Mäßigung auf-
zufordern, da die Sowjetunion um bessere Beziehungen zu den
Vereinigten Staaten bemüht war. Er erhielt eine einigermaßen kühle
Antwort: »Castro gab mir unmissverständlich zu verstehen, dass das,
was in Angola geschehe, Sache der Kubaner sei. ›Ich gebe die Anordnungen‹, sagte er. Er wollte auf der Weltbühne auftreten, und auf
diese Art hatte er die Möglichkeit dazu.«[66]
   Das postrevolutionäre Kuba hat auch einige innenpolitische Leistungen vorzuweisen, die dem Regime die Unterstützung eines ausreichend großen Teils der Bevölkerung sicherten. Die größten Erfolge
wurden im Gesundheitswesen und in der Bildung erzielt. In den sechziger und siebziger Jahren gelang es, die medizinische Versorgung in
Kuba deutlich zu verbessern. Die durchschnittliche Lebenserwartung
der Kubaner stieg bis zum Ende der siebziger Jahre auf über 70 und
erreichte zu Beginn des 21. Jahrhunderts 77 Jahre. Anfang der achtziger Jahre fiel die Kindersterblichkeit unter 20 pro 1000 Lebendge-
burten, womit sich die Rate innerhalb eines Jahrzehnts halbiert
hatte.[67] Obwohl die kubanische Wirtschaft sehr unter dem Zusammenbruch der Sowjetunion litt, funktionierte das Gesundheitswesen
auch in den ersten Jahren des 21. Jahrhunderts ausgezeichnet. Spezialisten der Universität Harvard für die öffentlichen Gesundheitssys-
teme haben erklärt, das »Paradoxon des kubanischen Gesundheits-
systems« sei, dass angesichts des Mangels an Ressourcen die
Prävention »die einzige erschwingliche Möglichkeit« darstelle, die
Volksgesundheit zu gewährleisten.[68] Doch Kuba hat sich bewusst entschieden, einen unverhältnismäßig großen Teil seiner beschränkten
Mittel in das öffentliche Gesundheitswesen zu investieren, und hat,
gemessen an der Bevölkerung, mehr Ärzte als jedes andere Land auf
der Erde (591 pro 100 000 Einwohner gegenüber 256 in den Vereinig-

ten Staaten und 198 in Mexiko). Die Kindersterblichkeit und die durchschnittliche Lebenserwartung sind mit den USA vergleichbar, obwohl die Vereinigten Staaten sehr viel reicher sind.[69]

Auch im Bildungswesen hat Kuba große Fortschritte gemacht. Schon vor der Revolution hatte das Land mit 75 Prozent eine der höchsten Alphabetisierungsraten in Lateinamerika, aber es gab sowohl im Bildungswesen als auch in der medizinischen Versorgung gewaltige Ungleichgewichte zwischen den Städten und dem ländlichen Raum. Das Castro-Regime gab der Ausrottung des Analphabetismus Vorrang und feierte auf diesem Gebiet große Erfolge.[70] Das kulturelle Leben verkümmerte jedoch, viele der besten kubanischen Schriftsteller emigrierten. Wie in anderen kommunistischen Staaten wurde in der höheren Bildung Wissenschaftlern und Technikern sehr viel größere geistige Freiheit zugestanden als Gelehrten im Bereich der Gesellschaftswissenschaften. Die wissenschaftliche und technische Bildung entwickelte sich vorteilhaft, da der Staat einen direkten Nutzen daraus ziehen konnte. Die heterodoxen Vorstellungen der Geistes- und Sozialwissenschaftler hingegen stellten eine Bedrohung für die ideologische Hegemonie der kommunistischen Partei dar. Man konzentrierte sich insbesondere auf die medizinische Ausbildung, denn die Entsendung von Ärzten war ein wesentlicher Bestandteil der kubanischen Auslandshilfe für Länder der Dritten Welt.[71]

Die Ausweitung der kostenlosen Bildung und medizinischen Versorgung auf jene, die vor der Revolution keinen Zugang zu diesen Leistungen gehabt hatten, trug wesentlich zur Aufrechterhaltung der unter Castro errichteten sozialen und politischen Ordnung bei. Doch wie überall in der kommunistischen Welt (von den nicht kommunistischen Ländern ganz zu schweigen) musste man in Kuba erkennen, dass auch ein egalitäres Bildungswesen die Bildungsvorteile von Kindern, deren Eltern selbst von einer höheren Bildung profitiert hatten, nicht beseitigen konnte. Die weiterhin ungleiche Ausgangslage im Leben machte Castro zu schaffen, so wie sie Chruschtschow in der Sowjetunion Sorge bereitet hatte. Ein weiteres hartnäckiges Problem im postrevolutionären Kuba ist der Zusammenhang zwischen Hautfarbe und gesellschaftlicher Stellung. Obwohl das kubanische Regime den Rassismus bekämpft und obwohl Castro selbst ein leidenschaftlicher Gegner der rassischen Diskriminierung ist, sind die schwarzen Kubaner unter den ungelernten Arbeitern überrepräsentiert, während ihr

Anteil an den Hochschulabsolventen sowie an den Führungskräften der kommunistischen Partei unverhältnismäßig gering ist.

Die Brüder Fidel und Raúl Castro würden es nicht eingestehen, aber die größten Mängel Kubas sind der fehlende politische Pluralismus und der Mangel an intellektueller Freiheit. Auch wenn die Menschenrechtsverstöße nicht so zahlreich sind wie in anderen kommunistischen Staaten – zudem waren auch in einigen anderen lateinamerikanischen Ländern zeitweise unter rechtsextremen Regierungen mehr Menschenrechtsverletzungen zu beobachten –, sind sie doch an der Tagesordnung und werden von politischer Repression begleitet. Schon kurz nach der Revolution wurde nach dem Vorbild des KGB ein Geheimdienst aufgebaut, dessen Aktivitäten durch den Einsatz von Blockwarten zur Bespitzelung der Nachbarn ergänzt wurden, die »Komitees zur Verteidigung der Revolution« (CDR) bildeten. Diese Organisationen hielten Ausschau nach potentiellen »Konterrevolutionären« und verwandelten sich in der Praxis in ein Netz von Informanten der Geheimpolizei.[72] In der Überwachung der Bürger kommt Castros dogmatische Einstellung zum Ausdruck: »Wer ein Verräter der Revolution ist, ist ein Verräter des Landes.«[73] Diese Haltung ist ein gemeinsames Merkmal aller kommunistischen Systeme. In dem Land, das als Vorbild für all diese Systeme diente, wurde die »antisowjetische Opposition« mit Hass auf das Vaterland gleichgesetzt, obwohl es durchaus denkbar war, dass sich ein patriotischer Russe für sein Land Demokratie und eine funktionierende Wirtschaft wünschte.

Das relative wirtschaftliche Scheitern Kubas ist ein Merkmal eines Systems, das die Ungleichheit erheblich verringern konnte, indem es den Lebensstandard der großen Bevölkerungsmehrheit deutlich senkte. Einige der Probleme der kubanischen Wirtschaft, die Fidel Castro selbst kritisiert hat, entspringen der Natur des kommunistischen Wirtschaftssystems. So ereiferte er sich 1985 über das in den kubanischen Organisationen und »in sämtlichen Ministerien« herrschende »Sektorendenken«.[74] In der Sowjetunion wurde dieses Phänomen als »Abteilungsdenken« bekannt. In einem Wirtschaftssystem ohne Marktmechanismen hortet ein für einen bestimmten Wirtschaftssektor verantwortliches Ministerium möglichst viele Ressourcen und stellt – sofern es nicht von einem unverfälschten Revolutionär wie Che Guevara geführt wird – seine eigenen bürokratischen Interessen über das Gemeinwohl. Bürokratische Rivalitäten gibt es selbstverständlich auch in Demokratien, aber in einem System, in dem sowohl die politische als auch die wirtschaftliche Macht in den Händen der staatlichen Einrichtungen gebündelt ist und nicht durch Marktkräfte ausgeglichen werden kann, tritt das Abteilungsdenken in den Mittelpunkt der politischen Auseinandersetzung. Wie bereits an anderer Stelle erwähnt, versuchte Chruschtschow dieses Problem in der Sowjetunion zu lösen, indem er die meisten Zentralministerien abschaffte und durch regionale Wirtschaftsräte ersetzte, musste jedoch feststellen, dass an die Stelle des Abteilungsdenkens rasch ein »Lokaldenken« trat. Das Muster des bürokratischen Verhaltens, das er im Zentrum zu bekämpfen versucht hatte, wurde umgehend von den regionalen Entscheidungszentren übernommen.

Die Leistungen im Gesundheits- und Bildungswesen mögen dem kubanischen Herrschaftssystem einige gesellschaftliche Unterstützung gesichert haben, doch auch die Vereinigten Staaten haben sich ungewollt als Verbündeter von Castros Regime erwiesen. Je mehr Kontakt die Angehörigen einer relativ abgeschotteten Gesellschaft mit Menschen in offenen Gesellschaften haben, desto schwerer fällt es dem Regime, das sich gegenüber der Außenwelt abschließt, seine autoritäre Macht aufrechtzuerhalten. Indem die Regierung der Vereinigten Staaten ein Handelsembargo über Kuba verhängte und ihren Bürgern Besuche der Karibikinsel erschwerte, stärkte sie nur die Position der kubanischen Führung und förderte den kubanischen Patriotismus. Hätten die USA die Möglichkeit gewährt, sich gegenseitig kennenzulernen, auch voneinander zu lernen, hätte das ein System, das die Meinungsfreiheit einschränkt, viel eher zersetzt als eines, in dem liberale, konservative und sogar kommunistische Vorstellungen frei zugänglich sind – obwohl die Kommunistische Partei der Vereinigten Staaten ihre ohnehin wenig beeindruckende Blütezeit bereits überschritten hatte, als Fidel Castro die Macht errang.

KAPITEL 17

China: von der »Bewegung der hundert Blumen« zur »Kulturrevolution«

Die Machtergreifung der chinesischen Kommunisten wurde in Kapitel 11 behandelt. Die Darstellung beinhaltete die Entwicklung im Zweiten Weltkrieg, den Erfolg der Revolution im Jahr 1949 und die ersten Jahre unter kommunistischer Herrschaft bis zum Jahr 1953, das heißt bis zu Stalins Todesjahr. Gegenstand des vorliegenden Kapitels ist die nicht weniger turbulente Phase zwischen 1953 und Mao Tse-tungs Tod im September 1976. Diese Zeit war von großer Bedeutung für China und hatte gewaltige Auswirkungen auf die übrige kommunistische Welt. Ebenso folgenschwer wie die Bürgerkriegsjahre und die Revolution waren die vier wichtigen Entwicklungen, mit denen wir uns in diesem Kapitel beschäftigen werden: die »Bewegung der hundert Blumen« und die folgende Repression, der »Große Sprung nach vorn«, der mit einer Katastrophe endete, der Bruch zwischen China und der Sowjetunion, der ein Wendepunkt in der Geschichte des internationalen Kommunismus war, und die »Große proletarische Kulturrevolution« in Maos letztem Jahrzehnt an der Spitze des Regimes – eine Bewegung, die ungeheures Leid verursachte und weitreichende unbeabsichtigte Folgen hatte.

Bis zur Mitte der fünfziger Jahre machten die chinesischen Kommunisten zahlreiche Anleihen bei der Sowjetunion. Im Jahr 1953 wurde ein Fünfjahresplan verabschiedet, dessen Ziel es war, die Industrieproduktion zu verdoppeln und die landwirtschaftliche Erzeugung um ein Viertel zu erhöhen.[1] Die Sowjetunion leistete zwar keine umfangreiche finanzielle Unterstützung, stand den Chinesen jedoch mit wertvoller Sachkenntnis zur Seite. Russische Ingenieure und Technologen spielten in den fünfziger Jahren zweifellos eine konstruktive

Rolle bei der Entwicklung der industriellen Infrastruktur. Die Industriepolitik zeitigte jedenfalls bessere Ergebnisse als die Versuche, die Landwirtschaft zu kollektivieren – obwohl die Chinesen bemüht waren, die Exzesse der sowjetischen Zwangskollektivierung Ende der zwanziger und Anfang der dreißiger Jahre zu vermeiden. Es wurden landwirtschaftliche Kooperativen gegründet, die jeweils sämtliche Bewohner eines Dorfes umfassten. Die Genossenschaften sollten im Lauf der Zeit von wenigen Dutzend auf mehrere hundert Haushalte wachsen. Doch die landwirtschaftliche Produktion stieg sehr viel langsamer als erwartet, und in der KPCh entbrannte ein Streit zwischen den Befürwortern einer behutsamen Vorgehensweise (einschließlich der Beibehaltung von privat bewirtschafteten Feldern und einigen freien Märkten) und den von Mao angeführten Verfechtern einer harten Linie, die eine beschleunigte Vergesellschaftung forderten.[2] Doch bis zum Jahr 1956 war die Übertragung der Produktionsmittel aus privaten Händen ins kollektive oder Staatseigentum in der chinesischen Volkswirtschaft im Großen und Ganzen abgeschlossen.[3]

Wie andere kommunistische Staaten erzielte auch die Volksrepublik China deutliche Fortschritte im Bildungswesen. Auf der höchsten Ebene waren Einbußen zu verzeichnen – insbesondere ging die intellektuelle Freiheit in den Geistes- und Sozialwissenschaften verloren (obwohl Mao der Meinung war, die ideologische Indoktrination sei *nicht umfassend genug* gewesen) –, aber die Grundbildung wurde erheblich ausgeweitet. Die Zahl der Kinder, die eine Grundschulausbildung erhielten, stieg zwischen 1949 und 1957 von 24 Millionen auf 64 Millionen.[4] Im selben Zeitraum verdoppelte sich die Zahl der Besucher höherer Bildungseinrichtungen. Allerdings bestanden weiterhin große Unterschiede zwischen Stadt und Land, da es im ländlichen Raum kaum gute Schulen gab sowie ein erhebliches geschlechtsspezifisches Ungleichgewicht. Schon in den Grundschulen gab es mehr als doppelt so viel Jungen wie Mädchen.[5]

Auch die Lage im Gesundheitswesen besserte sich im ersten Jahrzehnt nach der kommunistischen Machtergreifung deutlich, was jedoch nicht nur Vorteile mit sich brachte, sondern auch neue Probleme schuf. So sank die Sterblichkeit deutlicher als die Geburtenrate, und der jährliche Bevölkerungszuwachs von zwei Prozent hatte zur Folge, dass die ohnehin knappen Ressourcen zusätzlich beansprucht wurden.[6]

Die sowjetische Erfahrung und die jüngsten Entwicklungen in der

Sowjetunion wirkten sich weiterhin auf die chinesische Innenpolitik aus. So wurde auf dem VIII. Parteitag der KPCh im September 1956 Maos Rolle weniger herausgestrichen als noch auf dem VII. Parteitag im Jahr 1945. Mao Tse-tungs Gedanken wurden (bis auf weiteres) aus den Parteistatuten entfernt, stattdessen rückte man nun die kollektive Führung in den Vordergrund. Diese Veränderungen waren zumindest teilweise auf die Entlarvung Stalins auf dem XX. Parteitag der KPdSU und auf die Kritik am »Personenkult« in der Sowjetunion zurückzuführen.[7] Der innere Kreis der chinesischen Parteiführung blieb auf dem VIII. Parteitag weitgehend unverändert, bedeutsam war allerdings die Aufnahme Deng Xiaopings in die Führungsriege. Im selben Jahr deutete Mao im Gespräch mit dem sowjetischen Parteichef Nikita Chruschtschow auf Deng und sagte: »Sehen Sie diesen kleinen Mann dort? Er ist sehr intelligent und hat eine große Zukunft.«[8] Allerdings dürfte Mao sich die Entwicklung dieses Mannes ganz anders vorgestellt haben, denn Deng sollte in späteren Jahren vieles von dem rückgängig machen, was Mao initiiert hatte. Auf dem VIII. Parteitag entstand der Eindruck, dass sich das politische Leben Chinas stabilisiert hatte, wobei die verschiedenen bürokratischen Interessengruppen, insbesondere die Wirtschaftsministerien und die Parteiorganisationen in den Provinzen, um die Durchsetzung ihrer Forderungen rangen.[9] Doch wie sich herausstellte, war dies nur die Ruhe vor einer Reihe schwerer Stürme.

Die »Bewegung der hundert Blumen«

Für kurze Zeit nach dem Parteitag hatte es den Anschein, als entstünde unerwartet neuer Spielraum für einen gewissen Pluralismus. Viele Beobachter in China und im Ausland gewannen den Eindruck, Mao Tse-tung habe eine neue Phase der postrevolutionären Entwicklung eingeleitet, als er die Chinesen aufforderte, einen kritischen Blick auf das bisher Erreichte zu werfen. Die Kampagne, die als »Bewegung der hundert Blumen« (1956–57) in die Geschichte einging, hatte ihren Ursprung in einer Aussage Maos: »Lasst hundert Blumen blühen, lasst hundert Denkrichtungen miteinander wetteifern.«[10] Die Kampagne wurde im Jahr 1956 eingeleitet, jedoch erst in der ersten Jahreshälfte 1957 intensiviert. Mao forderte zur Kritik an den seit

1949 erzielten Ergebnissen auf, wobei ihm jedoch eher die Feststellung bestimmter Mängel als eine grundlegende und umfassende Bestandsaufnahme vorschwebte. Mao befürwortete den Konflikt grundsätzlich und war der Meinung, die Parteimitglieder sollten nicht nur sich selbst kritisieren, sondern einander auch gegenseitig zur Rechenschaft ziehen. Die Grenze zog er jedoch dort, wo die Kritik auf seine Person oder das kommunistische System ausgeweitet wurde. Doch ein Teil der Klagen, die geäußert wurden, zielte auf grundlegende Probleme. Es wurde sogar das Recht der kommunistischen Partei angezweifelt, ohne jegliche Rechenschaftspflicht und ohne Kontrolle die Macht auszuüben. Als Mao im Mai 1957 hochrangige Parteifunktionäre anwies, die Kritik nicht zu behindern, waren Zweifel an seinen Beweggründen angebracht. Spätestens zu diesem Zeitpunkt versuchte er, seine Feinde in der Partei und die Gegner des kommunistischen Regimes aus der Deckung zu locken. So hoffte er, wie Lenin im Jahr 1921, »der Opposition ein Ende machen« oder, um es mit Maos eigenen Worten zu sagen, die »giftigen Kräuter« aus der Erde rupfen zu können (er zog weiterhin die Sprache des Gärtners vor).[11]

Maos Aufforderung, hundert Blumen blühen zu lassen, hatte die sowjetische Führung alarmiert, da dies den Druck auf die Sowjetunion und die osteuropäischen Regime erhöhte, die Meinungsfreiheit auszuweiten. Zumindest rückblickend zeigte sich Chruschtschow davon überzeugt, dass die »Bewegung der hundert Blumen« nichts anderes als eine Provokation gewesen sei: »Mao gab vor, die Schleusen für die demokratische Beteiligung und die Meinungsfreiheit zu öffnen. Er wollte die Leute dazu verleiten, mündlich und schriftlich ihre innersten Gedanken auszudrücken, damit er jene vernichten konnte, deren Vorstellungen in seinen Augen schädlich waren.«[12] Doch indem die flüchtige und beschränkte Liberalisierung die Äußerung heterodoxer Vorstellungen ermöglichte, schwächte sie zeitweilig Maos Position. Die Kampagne beeinträchtigte seine Autorität und förderte deutliche Meinungsverschiedenheiten in der Partei zutage. Maos Antwort bestand darin, eine »Kampagne gegen die Rechte« zu starten und den Klassenkampf wieder in den Mittelpunkt zu rücken.[13]

Unter denen, die ihrer Unzufriedenheit Ausdruck verliehen hatten, waren nicht nur Intellektuelle mit »bürgerlichem« Hintergrund, sondern auch Studenten, die bereits im Kommunismus groß geworden waren. Einige von ihnen stellten sogar den Machtanspruch der

Die »Bewegung der hundert Blumen«

Partei in Frage. All das deutete darauf hin, dass viele Angehörige der gebildeten Gesellschaftsschichten sich dem System entfremdet hatten.[14] Der nun folgende Angriff auf die »Rechtsabweichler« traf die Intellektuellen schwer. Über eine halbe Million Menschen wurden als Rechtsabweichler gebrandmarkt und großem psychischem Druck ausgesetzt, der so manchen Intellektuellen in den Selbstmord trieb. Viele andere wurden zur Feldarbeit abkommandiert. Hier war ein für alle kommunistischen Systeme bezeichnendes Phänomen zu beobachten: Obwohl die Arbeiterschaft offiziell die herrschende Klasse war, bestand eine übliche Strafe für Intellektuelle, die unorthodoxe Schriften verfasst oder sich politisch verdächtiger Aktivitäten schuldig gemacht hatten, paradoxerweise darin, dass man ihnen ihre intellektuelle Tätigkeit verbot und sie zu einem Leben als Arbeiter verurteilte. (Dasselbe sollte sich nach der Niederschlagung des Prager Frühlings in der Tschechoslowakei und zu anderen Zeiten in anderen kommunistischen Staaten wiederholen.) Sie wurden sozusagen zu Mitgliedern der »herrschenden Klasse« degradiert.

Die chinesische Führung beobachtete die Vorgänge in der übrigen kommunistischen Welt aufmerksam. Man hatte Chruschtschows »Geheimrede« auf dem XX. Parteitag der KPdSU im Jahr 1956 zur Kenntnis genommen, obwohl Mao bezweifelte, dass die Enthüllungen ein kluger Schritt waren, und erbost darüber war, dass man ihn nicht im Voraus über diesen dramatischen Kurswechsel informiert hatte. Auch waren die chinesischen Kommunisten sehr besorgt über die politische Rolle, die die Intellektuellen im selben Jahr in Polen und Ungarn spielten. Mao und seine engsten Verbündeten zogen aus der »Bewegung der hundert Blumen« den Schluss, dass sich auch die chinesischen Intellektuellen als ideologisch unzuverlässig erwiesen hatten. Die Parteiführung war sich der Tatsache bewusst, dass sie auf die Sachkenntnis gut ausgebildeter Fachleute angewiesen war. Daher betonte sie, dass die Kampagne gegen die »Rechtsabweichler«, die aus der (in ihren Augen) gescheiterten »Bewegung der hundert Blumen« folgte, nicht auf die Mehrheit der chinesischen Intellektuellen ziele. Doch der Angriff auf jene, die kühn oder naiv genug gewesen waren, das Angebot eines offenen Wettstreits verschiedener Denkrichtungen für bare Münze zu nehmen, tötete die ohnehin bereits schwindende Begeisterung vieler Intellektueller für die Ziele der Partei vollkommen ab, anstatt sie zu wecken.

Der »Große Sprung nach vorn«

Bei einem Moskaubesuch im Oktober 1957 machte Mao den Gastgebern Komplimente für die Leistungen der Sowjetunion und insbesondere für ihren jüngsten Erfolg, als erstes Land einen künstlichen Erdsatelliten, den Sputnik 1, ins Weltall geschickt zu haben. Der Ostwind sei stärker als der Westwind, erklärte er bezogen auf den Ost-West-Konflikt.[15] Doch nur ein Jahr später rückten Mao und der engste chinesische Führungskreis vom sowjetischen Entwicklungsmodell ab, das die chinesischen Kommunisten bis dahin weitgehend übernommen hatten. Der »Große Sprung nach vorn« war als Programm zur Massenmobilisierung konzipiert, das die Begeisterung und Willenskraft der Bevölkerung nutzen sollte. Mao wollte Manager, Techniker und Arbeiter näher zusammenbringen und lehnte die eher technokratische und hierarchische Herangehensweise der Sowjets ab. Die sowjetischen Ingenieure und Techniker wurden weitgehend an den Rand gedrängt, und dasselbe galt für die Behörden der chinesischen Zentralregierung. Damit die ländlichen Gemeinden in jeder Hinsicht unabhängiger werden konnten, wurden sie ermutigt, in kleinem Maßstab Technologien einzusetzen, um die vorhandene Großindustrie zu ergänzen. Mao sprach in diesem Zusammenhang davon, »auf beiden Beinen zu gehen«. Das bedeutete unter anderem, dass in den Hinterhöfen Schmelzöfen errichtet wurden, was eine Verschwendung von Arbeitskraft bedeutete und wirtschaftlich nutzlos war. Der »Große Sprung nach vorn« kündigte eine Umverteilung der Macht an. Die Kampagne entzog den Funktionären der Zentralbehörden die Initiative und übertrug sie den politischen Generalisten in den Provinzen, deren Aufgabe darin bestand, die Arbeitskräfte ideologisch anzuspornen.[16]

Mao achtete eifersüchtig darauf, seine persönliche Macht zu wahren, aber er nahm die Konzepte ernst und wollte die Organisation der chinesischen Gesellschaft in Kommunen unbedingt vorantreiben. Das bedeutete insbesondere, dass die landwirtschaftlichen Produktionsgenossenschaften in sehr viel größere »Volkskommunen« umgewandelt werden mussten. Als diese riesigen Betriebe entstanden, wurden zahlreiche Frauen ins Erwerbsleben integriert, und die Männer arbeiteten oft weit entfernt von ihren Heimatdörfern. Der utopische Charakter des »Großen Sprungs nach vorn« mag anfangs mitreißend

Der »Große Sprung nach vorn« 429

gewesen sein, aber seine Ergebnisse waren katastrophal. Die Missachtung der materiellen Hindernisse und des Wissens der Fachleute beschwor chaotische Zustände auf dem Land und in der Folge eine verheerende Hungersnot herauf. Die plausibelste Schätzung zur Zahl der Toten aufgrund der wirtschaftlichen Turbulenzen, die zwischen 1958 und 1961 vom »Großen Sprung« ausgelöst wurden – in den zeitgenössischen Statistiken wurden die Opfer als »überschüssige Todesfälle« bezeichnet –, liegt bei 30 Millionen Menschen. Das bedeutet, dass jeder zwanzigste chinesische Landbewohner dieser im Wesentlichen vom Menschen verursachten Katastrophe zum Opfer fiel.[17]

In Tibet, das der chinesischen Volksrepublik im Jahr 1950 einverleibt worden war, genügte die Aussicht auf Veränderungen von der Art, die mit dem »Großen Sprung« einhergingen, um im Jahr 1959 Unruhen auszulösen. Die Tibeter sind eine von 55 offiziell anerkannten Volksgruppen in der Volksrepublik, in der die Han-Chinesen mit mehr als 90 Prozent der Bevölkerung eine überwältigende Vormachtstellung einnehmen. Sie unterscheiden sich deutlich in ihrer Sprache, Kultur und Religion von den Han-Chinesen, die in ihre Region eingewandert waren. Der Aufstand im Jahr 1959 wurde von chinesischen Truppen gewaltsam niedergeschlagen, und der spirituelle Führer der Tibeter, der Dalai Lama, musste nach Indien fliehen. Zwar gelang es den chinesischen Behörden in den folgenden Jahren, die Kontrolle über Tibet aufrechtzuerhalten, aber die Frage der religiösen und politischen Autonomie für die autochthone Bevölkerung Tibets ist bis zum heutigen Tag international umstritten.[18]

Als Ende der fünfziger und Anfang der sechziger Jahre einige Mitglieder der chinesischen Führung erkannten, dass der »Große Sprung nach vorn« ein gewaltiger Irrtum gewesen war – tatsächlich handelte es sich um einen riesigen Rückschritt –, traten Spannungen, die teilweise seit Jahren unter der Oberfläche schwelten, öffentlich zutage. Ein prominenter Vertreter der Gruppe, die Mao für das Fiasko kritisierte, war Peng De-huai, der sich als Befehlshaber der chinesischen Streitkräfte im Koreakrieg hervorgetan hatte. Peng befürwortete enge Beziehungen zur Sowjetunion und war als Verteidigungsminister bestrebt, die chinesischen Streitkräfte nach dem Vorbild der Roten Armee zu organisieren. Mao verdächtigte Peng ohne jeden Beweis, seine Angriffe mit den kritischen Stimmen zu koordinieren, die bald aus Moskau zu hören waren. Er wurde rasch von seinem Posten entfernt, doch auch Maos Position war geschwächt, was sich an der Tatsache zeigte, dass er im Jahr 1959 das Amt des Staatschefs aufgab, obwohl er die entscheidende Machtposition eines Vorsitzenden der KPCh bei-behielt.

Deng Xiaoping war mittlerweile Generalsekretär der Partei und übte in dieser Position beträchtlichen Einfluss aus, aber solange Mao lebte, war das Amt des Generalsekretärs nicht der entscheidende Pos-ten, was für eine kommunistische Partei ungewöhnlich war. Der mächtigste Mann im Staat war der Parteivorsitzende, da Mao diesen Posten bekleidete. Als sich Mao im Jahr 1957 gegenüber Chruscht-schow lobend über Deng Xiaoping geäußert hatte, war dieser dem Vorsitzenden noch blind ergeben gewesen, aber das änderte sich mit dem »Großen Sprung nach vorn«. Nun zeigte Deng weniger Ehrer-bietung gegenüber Mao, der sich später – in der Kulturrevolution – darüber beklagte, Deng habe ihm »seit 1959 nicht mehr zugehört«.[19] Maos Nachfolger als Staatschef, Liu Shaoqi, gab im Jahr 1961 bekannt, dass ungeachtet der schweren Überflutungen in einigen chinesischen Provinzen 70 Prozent der Hungersnöte, die das Land heimgesucht hatten, nicht auf Naturkatastrophen, sondern auf menschliche Fehler zurückzuführen seien.[20] Liu gab nicht ausdrücklich Mao die Schuld, aber vor allem im Rückblick konnte man diese Erklärung als verschlei-erte Kritik am Vorsitzenden verstehen. Gemeinsam mit Deng entwi-ckelte Liu ab 1961 bis zur Mitte des Jahrzehnts jene Maßnahmen, wel-che die rationalen Elemente der chinesischen Wirtschaftspolitik stärkten. Die Sachkenntnis erhielt wieder einen angemessenen Stel-lenwert, und es wurden Maßnahmen ergriffen, um den Parteiapparat wieder in eine disziplinierte Organisation zu verwandeln.[21]

Bruch mit der Sowjetunion

Der chinesisch-sowjetische Konflikt hatte seinen Ursprung in den Geschehnissen des Jahres 1956 – Auslöser war Chruschtschows »Ge-heimrede« auf dem XX. Parteitag, der insgesamt sehr unerfreulich für die chinesische Führung verlief, die bis dahin die stalinistische Po-litik unkritisch unterstützt hatte.[22] Im selben Jahr begann Mao, mit der Kampagne der »hundert Blumen« politische Vorhaben zu verfol-gen, die deutlich von denen der kommunistischen Herrscher in der

Sowjetunion und Osteuropa abwichen und sie in eine unangenehme Lage bringen konnten. Im Jahr 1957 war eine Reihe von Meinungsverschiedenheiten zutage getreten. Das Resultat der Krise um die »Antiparteigruppe« in Moskau war ein Beispiel für die Differenzen. Mao war nicht damit einverstanden, dass Chruschtschow alte Bolschewiki wie Molotow aus der sowjetischen Führung entfernen ließ – obwohl Mao selbst ein Jahrzehnt später seine eigenen alten Kampfgefährten mit noch geringerem Respekt behandelte.[23]

Nachdem es aufgrund der Krisen in Polen und Ungarn im Jahr 1956 im folgenden Jahr zu einer Auseinandersetzung in der sowjetischen Führung gekommen war, unternahm Moskau einen Versuch, die Einheit der internationalen kommunistischen Bewegung wiederherzustellen. Im November 1957 sollten sich die Parteiführer in Moskau versammeln, um alle wichtigen kommunistischen Parteien zusammenzuschweißen. Dazu war es vor allem erforderlich, dass Mao und Tito teilnahmen. Mao reiste nach Moskau, aber Tito blieb dem Treffen fern. Der Jugoslawe hatte den Entwurf für eine gemeinsame Erklärung abgelehnt, in dem vom »sozialistischen Lager« die Rede war – er mochte den Terminus nicht, da er befürchtete, diese Formulierung könne Jugoslawiens Bewegungsspielraum einschränken. Zudem beanstandete er die Formulierung vom »Kampf gegen Dogmatismus und Revisionismus«. Der Begriff »Dogmatismus« bezog sich auf eine harte stalinistische Linie und wurde zunehmend auf China angewandt. Der Terminus »Revisionismus« wurde in der internationalen kommunistischen Bewegung seit langem verwendet, um Abweichungen zu brandmarken, das heißt Zugeständnisse gegenüber den Marktkräften oder größere politische Toleranz. Seit dem Ausschluss Jugoslawiens aus dem Kominform wurden die jugoslawischen Genossen gerne als »Revisionisten« verunglimpft. Obwohl Jugoslawien zu Beginn der sechziger Jahre von der internationalen kommunistischen Bewegung nicht mehr, wie in Stalins letzten Lebensjahren, als Aussätziger behandelt wurde, bezeichnete die chinesische Führung Tito in jenen Jahren wiederholt als »Revisionisten«.

Doch mittlerweile verwendeten die Chinesen »Jugoslawien« als Synonym für die Sowjetunion, und kurze Zeit später begann die chinesische Führung, Chruschtschow und die Sowjetunion öffentlich als »Revisionisten« zu bezeichnen. Und so, wie sich die *vordergründige* Polemik der Chinesen anfangs nicht gegen Moskau, sondern gegen

Belgrad richtete, kritisierte die Sowjetunion öffentlich den »Dogmatismus« der Albaner, wenn sie die Chinesen meinte, denn Enver Hodscha hatte sich im Jahr 1960 von Moskau abgewandt und Peking angenähert. Vor allem die Sowjetunion sträubte sich jedoch dagegen, vor aller Welt einzugestehen, dass sich die beiden wichtigsten kommunistischen Staaten miteinander überworfen hatten. Den Kennern der kommunistischen Welt fiel es dennoch nicht schwer, zu erkennen, dass es erhebliche Meinungsverschiedenheiten zwischen China und der Sowjetunion gab. Im Lauf des Jahres 1962 wurde diese Tatsache unübersehbar, obwohl einige begriffsstutzige Politiker im Westen, insbesondere in den Vereinigten Staaten, jahrelang an der Einschätzung festhielten, das Zerwürfnis zwischen China und der Sowjetunion sei lediglich ein ausgefeiltes Täuschungsmanöver, das dazu diene, die »freie Welt« in die Irre zu führen.

Die Meinungsverschiedenheiten zwischen den Führungsriegen der beiden Länder traten erst im Lauf der Zeit deutlich zutage, aber Mao schockierte bereits 1957 viele seiner Zuhörer, als er während seines Besuchs in Moskau in einer Rede ganz gelassen über die Möglichkeit eines Atomkriegs sprach. Dabei würden vielleicht 700 Millionen Menschen (etwa ein Drittel der damaligen Weltbevölkerung) und möglicherweise sogar die Hälfte aller Menschen auf der Erde getötet werden, erklärte er, aber die würden rasch ersetzt werden. Und er erhoffte sich enorme Gewinne von einem solchen Krieg. Der Imperialismus werde zerschlagen und die ganze Welt sozialistisch werden.[24] Selbst Chruschtschow, der extrem impulsiv sein konnte (was er in der Frühphase der kubanischen Raketenkrise bewiesen hatte), hätte niemals etwas derart Verantwortungsloses gedacht, geschweige den ausgesprochen. Die tschechischen und polnischen Kommunisten reagierten entsetzt. Mao mochte erklären, dass er bereit war, in einem Atomkrieg die Hälfte der chinesischen Bevölkerung zu opfern – was Ende der fünfziger Jahre den Tod von 300 Millionen Chinesen bedeutet hätte –, aber die Tschechoslowakei würde in einem solchen Krieg »alle ihre Menschen« verlieren, wie Antonín Novotný im Gespräch mit Chruschtschow sagte.[25]

Als Chruschtschow im Jahr 1958 China besuchte, musste er feststellen, dass sich Mao dagegen sträubte, sowjetischen U-Booten die Nutzung chinesischer Häfen zu erlauben oder für die Kommunikation mit der sowjetischen Flotte eine Funkstation auf chinesischem

Territorium zu errichten. Obendrein beleidigte Mao seinen Besucher, indem er dessen Wunsch, chinesisches Territorium zu nutzen, mit den Aktivitäten der Briten und Japaner in der Vergangenheit verglich. Den Begriff »imperialistisch« verwendete er noch nicht, aber es war klar, was er meinte. Mao gab sich auch alle Mühe, Chruschtschow auf verschiedene Arten zu demütigen. Beispielsweise war Mao ein ausgezeichneter Schwimmer. Im Jahr 1966 nahm er im Alter von 72 Jahren gemeinsam mit 5000 anderen Startern an einem jedes Jahr stattfindenden Wettschwimmen im Jangtse teil und legte (wenn auch mit Unterstützung einer starken Strömung) eine Strecke von mehr als 15 Kilometern zurück.[26] Chruschtschow hingegen schwamm nicht viel besser, als er tanzte. Hatte Stalin ihn einst in eine peinliche Lage gebracht, indem er ihn angewiesen hatte, einen Gopak zu tanzen, so bewies Mao dem Besucher seine Überlegenheit, indem er darauf bestand, die politischen Gespräche in einem Schwimmbecken zu führen. Während Mao mühelos umherschwamm und seine Ansichten vortrug, die augenblicklich übersetzt wurden, war Chruschtschow gezwungen, seine Antworten hervorzustoßen, während er sich prustend abmühte, sich über Wasser zu halten. »Selbstverständlich konnte ich Mao im Schwimmbecken nicht das Wasser reichen«, bemerkte er dazu in seinen Memoiren, »denn wie jedermann weiß, hat er seit damals sowohl gemessen an der Geschwindigkeit als auch an der Distanz einen Weltrekord aufgestellt.«[27]

Die Hinweise auf eine Annäherung zwischen der Sowjetunion und den Vereinigten Staaten waren Mao ein Gräuel. Er missbilligte Chruschtschows Besuch in den USA im September 1959 zutiefst. Drei Monate früher hatte Moskau sein Versprechen zurückgezogen, China Atomwaffen zur Verfügung zu stellen (die Chinesen brauchten jedoch nicht lange, um eine eigene Atombombe zu entwickeln). Die chinesische Führung nahm an, die Sowjets hätten ihr Angebot zurückgezogen, um den Amerikanern ein Zugeständnis zu machen. In Wahrheit befürchtete die sowjetische Führung, die Vereinigten Staaten könnten zur Vergeltung Atomwaffen an die Bundesrepublik liefern.[28] (Diese Annahme war unbegründet, aber die Erinnerung an den Zweiten Weltkrieg war im Jahr 1959 noch so frisch, dass die Sowjetunion in Deutschland die größte potentielle Bedrohung in Europa sah. Erst als ein Jahrzehnt später Willy Brandt zum Bundeskanzler gewählt wurde und sich um gute Beziehungen zur Sowjetunion und zum Ostblock bemühte, änderte sich das Deutschlandbild in der Sowjetunion und Osteuropa nachhaltig.)

Als Chruschtschow im Oktober 1959 zum dritten und letzten Mal China besuchte, waren die Spannungen zwischen den beiden Ländern – sowie die Abneigung zwischen den beiden Parteichefs – nicht mehr zu übersehen. Die Scharmützel zwischen chinesischen und indischen Grenztruppen brachten die Sowjetunion in eine Zwickmühle, und obwohl die Diplomatie nicht Chruschtschows Stärke war, riet er zur Zurückhaltung. Die UdSSR unterhielt gute Beziehungen zu Nehrus Indien, betrachtete auf der anderen Seite jedoch China zumindest offiziell weiterhin als kommunistischen Bruderstaat. Chruschtschow stieß bei seinen Gastgebern auf Ablehnung, als er ein Versprechen einlöste, das er dem amerikanischen Präsidenten Eisenhower gegeben hatte, und die Sprache auf fünf Amerikaner brachte, die in China gefangen gehalten wurden. Sowohl Mao als auch Tschou En-lai behandelten diese und andere Äußerungen Chruschtschows so, als wäre der Gast aus der Sowjetunion ein Sprecher der USA. Als sich Mao darüber beklagte, dass die Vereinigten Staaten ihre Flotte nahe an die chinesische Küste geschickt hatten, gab ihm Chruschtschow folgende unverblümte Antwort: »Man sollte bedenken, dass auch wir nicht ohne Sünde sind. Wir waren es, die die Amerikaner nach Südkorea lockten.«[29] Damit bezog er sich auf Stalins Verantwortung für den Beginn des Koreakriegs. Chruschtschow seinerseits ging zum Angriff über, als das Gespräch auf Tibet kam. Mao erklärte, die chinesische Führung habe ursprünglich die Absicht gehabt, »die Umwandlung Tibets um vier Jahre hinauszuzögern«, worauf Chruschtschow erwiderte: »Und das war Ihr Fehler.« Mao sah sich auch gezwungen, dem Besucher aus Moskau eine plausible Erklärung dafür zu geben, dass China nicht in der Lage gewesen war, den Dalai Lama an der Flucht zu hindern. Chruschtschow machte klar, dass er dies als politische Inkompetenz betrachtete: »Was die Flucht des Dalai Lama aus Tibet anbelangt, so hätten wir ihn daran gehindert, wären wir an Ihrer Stelle gewesen. Es wäre besser, wenn er in einem Sarg läge. Und jetzt ist er in Indien und wird vielleicht in die USA gehen. Ist das von Vorteil für die sozialistischen Länder?« Mao hielt ihm entgegen, die gemeinsame Grenze mit Indien sei sehr lang und der Dalai Lama hätte sie an unzähligen Stellen überqueren können.[30]

Im Juli 1960 sprachen die chinesischen Kommunisten intern nur noch von einer Auseinandersetzung zwischen »Marxismus und Opportunismus« im internationalen Kommunismus. Selbstverständlich waren sie in diesem Konflikt die Marxisten und Chruschtschow der Anführer der »Opportunisten«, der obendrein ein »Intrigant« war.[31] Der Streit ging über bloße Wortgefechte hinaus, als die Sowjetunion Peking im selben Monat mitteilte, dass die etwa 1300 sowjetischen Spezialisten, die nach China entsandt worden waren, unverzüglich abgezogen würden. In einem vertraulichen Schreiben nannte die sowjetische Führung ihre Gründe für diese überraschende Maßnahme. Unter anderem warf sie den Chinesen vor, sie hätten die Arbeit der Spezialisten kritisiert und deren Ratschläge missachtet (in Wahrheit wog die Ablehnung der politischen Empfehlungen aus der Sowjetunion schwerer als die Zurückweisung der technischen Ratschläge); vor allem aber habe die KPCh ihre Propaganda gegen die KPdSU gerichtet.[32] So groß ihre Enttäuschung über Chruschtschow und die sowjetische Führung auch sein mochte, die Chinesen wussten die praktische Hilfe der sowjetischen Ingenieure und Technologen durchaus zu schätzen. Bei einem Bankett zu Ehren der scheidenden sowjetischen Spezialisten Mitte August 1960 dankte Tschou En-lai ihnen für ihren Beitrag zum Aufbau des Sozialismus in China.[33] Doch die Beziehungen zwischen den beiden wichtigsten kommunistischen Staaten verschlechterten sich weiter; noch im selben Jahr wurde der Handel zwischen den beiden Ländern praktisch eingestellt, womit die wirtschaftlichen Schwierigkeiten Chinas, das sich mitten im »Großen Sprung nach vorn« befand, noch größer wurden.

Die Chinesen bemühten sich, ihren ideologischen Standpunkt und ihre Version des Streits mit der Sowjetunion in Russland zu verbreiten, und ließen in Moskauer Forschungsinstituten Schriften verteilen, in denen die chinesische Sicht der Dinge dargelegt wurde. Die sowjetische Führung schlug zurück, indem sie drei chinesische Diplomaten und zwei weitere chinesische Bürger ausweisen ließ. Diesen wurde Anfang Juli 1963 in Peking im Beisein Tschou En-lais ein triumphaler Empfang bereitet.[34] In diesem Monat wurde der Streit schließlich in die Öffentlichkeit getragen. Die *Prawda* veröffentlichte am 14. Juli die Antwort des Zentralkomitees der KPdSU auf verschiedene Vorschläge, die die Chinesen im Vormonat unterbreitet hatten,[35] und die Chinesen griffen mittlerweile die sowjetische Führung unverhohlen wegen ihres »Revisionismus« an.

Insgesamt brachten die Jahre 1963 und 1964 eine Zäsur in der Entwicklung des internationalen Kommunismus. Die beiden größten kommunistischen Parteien der Welt ließen sich auf eine offene Polemik ein und waren offenkundig zu Gegnern geworden. Die Vorstellung vom Kommunismus als einer Ideologie, welche die Revolutionäre und »Antiimperialisten« in aller Welt einte, erlitt einen Rückschlag, von dem sie sich nie mehr vollkommen erholen sollte. Die KPdSU, die sich daran gewöhnt hatte, in der internationalen kommunistischen Bewegung eine führende, wenn nicht beherrschende Rolle zu spielen, bemühte sich, die Einheit zu wahren, war jedoch nicht bereit, die ideologische Position der Chinesen zu übernehmen. Auf der anderen Seite war es Mao durchaus recht, den Streit fortzusetzen, was zum Teil daran lag, dass er sich vor »revisionistischen« Regungen daheim und im internationalen Kommunismus fürchtete. Indem er sich an die Spitze des Kampfes gegen die sowjetischen »Renegaten« stellte, festigte er seine Position gegenüber den »Abweichlern« in der Heimat. Einige Mitglieder der chinesischen Führung, darunter Deng Xiaoping und Liu Shaoqi, die in den Diskussionen mit den sowjetischen Genossen vehement Maos Linie verteidigt hatten, mussten später in der Kulturrevolution feststellen, dass sie ebenfalls dem Vorwurf des »Revisionismus« sowie härteren Anschuldigungen ausgesetzt waren, etwa jener, sie befürworteten einen »Weg zum Kapitalismus«.[36]

Als Chruschtschow im Oktober 1964 gestürzt wurde, hoffte Mao für kurze Zeit, nun werde sich die Sowjetunion *seiner* Position annähern. Die sowjetische Führung ihrerseits glaubte für ebenso kurze Zeit, die Beseitigung des nicht gerade taktvollen Chruschtschow werde eine Beilegung des Zwistes mit den chinesischen Kommunisten erleichtern. Doch der Streit war eben nicht nur persönlicher Natur. Es standen grundlegende politische und ideologische Fragen auf dem Spiel. Nur drei Wochen nach Chruschtschows Sturz nahm Tschou En-lai an der Spitze einer chinesischen Delegation an den Feiern anlässlich des Jahrestags der bolschewistischen Revolution am 7. November 1964 teil. In seiner feierlichen Ansprache rief Leonid Breschnew, der neue Erste Sekretär der KPdSU (ab 1966 Generalsekretär), zu einer internationalen Versammlung der kommunistischen Bruderparteien auf, wofür er stürmischen Applaus erhielt. Es fiel auf, dass Tschou En-lai nicht in den Beifall einstimmte. Bei einem Empfang am selben Tag erklärte der sowjetische Verteidigungsminister Marschall Rodion Malinowski einem Armeevertreter in der chinesischen Delegation, die Chinesen sollten dem sowjetischen Beispiel folgen und sich Maos entledigen.[37] Malinowski war sichtlich betrunken, aber Breschnews Versuch, die empörten Chinesen davon zu überzeugen, dass dies nicht die offizielle Haltung der Sowjetunion, sondern lediglich ein Ergebnis von Malinowskis übermäßigem Alkoholgenuss sei, wurde von Tschou mit der Erklärung beantwortet, der Alkohol habe Malinowski lediglich dazu verleitet, seine wahren Gedanken zu äußern.[38] Da Mao zweifellos von Malinowskis Äußerung erfahren würde, hätte sich Tschou daheim in ernste Schwierigkeiten gebracht, hätte er auf einen vehementen Protest verzichtet.

Weiter verschärft wurden die Spannungen durch Zwischenfälle an der sowjetisch-chinesischen Grenze. 1969 forderten bewaffnete Auseinandersetzungen am Grenzfluss Ussuri zahlreiche Opfer auf beiden Seiten und weckten Ängste vor einem regelrechten Krieg zwischen den beiden kommunistischen Riesenreichen. Doch Gebietsstreitigkeiten waren nicht der Grund für den Bruch zwischen der Sowjetunion und der Volksrepublik. Der Zwist entbrannte aufgrund ideologischer Gegensätze. Während das Reich der Mitte die Weltrevolution vorantreiben wollte, war die Sowjetunion bereit, den Status quo in Europa und in der Weltpolitik hinzunehmen, solange sie neben den Vereinigten Staaten einen Spitzenplatz in der internationalen Hierarchie einnahm. Die sowjetische Führung befürwortete die »friedliche Koexistenz«, das heißt, sie wollte tatsächlich einen Krieg vermeiden, obwohl sie eine ideologische Koexistenz entschieden ablehnte. (Wie andere kommunistische Führungen tat auch die sowjetische alles, um die Verbreitung nichtkommunistischer Ideen im eigenen Land zu verhindern und gleichzeitig ihre eigene Ideologie in aller Welt zu fördern.) Während die UdSSR die »friedliche Koexistenz« propagierte, schien Mao bereit, den Krieg als Mittel zur Verbreitung des Kommunismus einzusetzen, obwohl er in der Praxis auf der internationalen Bühne vorsichtiger war, als seine Rhetorik vermuten ließ.[39]

Die beiden Regime waren sich auch in der Einschätzung Stalins nicht einig. Dieser Streit rückte jedoch nach dem Sturz Chruschtschows in den Hintergrund, da seine Nachfolger rasch zu dem Schluss gelangten, die Kritik an Stalin und dem Stalinismus sei potentiell destabilisierend, weshalb diese Auseinandersetzung beendet wurde. Es kam jedoch nicht zu einer von Teilen der Parteiführung gewünschten Rehabilitierung Stalins, und zwischen Chruschtschows Sturz im Jahr 1964 und Maos Tod im Jahr 1976 wurde Stalin in Peking sehr viel häufiger lobend erwähnt als in Moskau.

Darüber hinaus schien Mao in einer Reihe von Maßnahmen in Stalins Fußtapfen zu treten, nicht zuletzt bei seinem (Pyrrhus-)Sieg über den Parteiapparat. Die Schwächung dieses Apparats war das wesentliche Ziel der »Kulturrevolution«. Tatsächlich gibt es Parallelen zwischen der »Großen Proletarischen Kulturrevolution« und den stalinistischen Säuberungen Ende der dreißiger Jahre, denen so viele Parteimitglieder aus den Tagen der Revolution zum Opfer fielen. Zwischen den Führungen der beiden kommunistischen Staaten gab es auch Meinungsverschiedenheiten über die richtige Wirtschaftspolitik: Mao betrachtete den extrem bürokratischen sowjetischen Staat mit Geringschätzung und versuchte, entsprechende Tendenzen in China zu bekämpfen. Und zu den tatsächlichen ideologischen Unterschieden kamen Maos persönlicher Ehrgeiz, als führender Theoretiker der kommunistischen Welt anerkannt zu werden, und sein Bemühen, den Übergang zum Kommunismus im utopischen Sinn des Wortes früher als die Sowjetunion zu bewerkstelligen. Nach Chruschtschows Sturz beschränkte sich die sowjetische Führung auf gelegentliche Lippenbekenntnisse zur Verwirklichung dieser angeblich letzten Phase in der Entwicklung der Gesellschaft, so dass Mao Gelegenheit erhielt, dieses Feld zu seiner Domäne zu machen.

Die »Kulturrevolution«

Nach dem Scheitern des »Großen Sprungs nach vorn« hatte in der ersten Hälfte der sechziger Jahre eine Strukturierung und Institutionalisierung des chinesischen Regimes begonnen. Obwohl Mao Tsetung an der Spitze der politischen Hierarchie stand, eigneten sich verschiedene Einrichtungen reale Macht an. Dazu zählten das Politbüro des Zentralkomitees der KPCh, das von Deng Xiaoping geführte ZK-Sekretariat, die regionalen und städtischen Parteiorganisationen (insbesondere die von Peking unter der Führung von Peng Schen), der Staatsrat (der einem Ministerrat entsprach) mit Tschou En-lai an der Spitze sowie das Amt des offiziellen Staatschefs, das zu jener Zeit von

Die »Kulturrevolution«

Liu Shaoqi bekleidet wurde, der sich vor allem auf eine starke Machtbasis im Parteiapparat stützte. Er war nach Mao das ranghöchste Mitglied des Politbüros und galt als aussichtsreicher Kandidat auf Maos
Nachfolge. Anfang der fünfziger Jahre hatte der Spruch »Die Gegenwart der Sowjetunion ist unsere Zukunft« als fröhliche Ankündi-
gung eines raschen wirtschaftlichen Fortschritts und als Ausdruck
des Optimismus gegolten. Doch als Mao im Laufe des nächsten Jahrzehnts die Entwicklungen in der Sowjetunion mit wachsendem Missfallen verfolgte, begann er, in diesem Schlachtruf eher eine dunkle
Warnung zu sehen.[40] Er glaubte, das System erneut durchrütteln zu
müssen, um zu verhindern, dass China der Bürokratisierung und
dem Revisionismus anheimfiel.

Unter diesen Umständen hatte Mao ein offenes Ohr für die Forderungen jener, die der Meinung waren, von der alten Garde, die sich
mittlerweile der wichtigsten Institutionen des Landes bemächtigt
hatte, gebremst zu werden. Einigen Einfluss auf Mao hatte die von
seiner Frau Jiang Qing angeführte Fraktion. »Madame Mao« hielt
ständig Ausschau nach Abweichungen vom korrekten revolutionären Kurs an der Kulturfront. Die »Kulturrevolution« dauerte im Wesentlichen vom Herbst 1966 bis zum Frühjahr 1969. Da sie jedoch nie
offiziell für beendet erklärt wurde, setzte sie sich in abgeschwächter
Form bis zu Maos Tod im Jahr 1976 fort. Gemeinsam mit Tschen
Boda, einem (trotz seiner Herkunft aus einer armen Bauernfamilie)
führenden Parteiintellektuellen, der Mao besonders nahestand, führte
Jiang Qing die sogenannte »kulturrevolutionäre Gruppe«. Anfangs
verfügte diese Gruppe nicht über eine breite Machtbasis in der Partei, aber dank Maos Unterstützung verwandelte sie sich in eine der
drei wichtigsten Träger der Kulturrevolution (die beiden anderen waren die Volksbefreiungsarmee unter Verteidigungsminister Lin Biao
und der von Tschou En-lai geführte Staatsrat[41]). Peng Schen und Liu
Shaoqi, die nun dafür büßen mussten, Jiang Qing als politischen Faktor nicht ernst genommen zu haben, zählten zu den frühen Opfern
der Kulturrevolution. Tschou En-lai überlebte, indem er Positionen
bezog, die »gerade radikal genug waren, um der Vernichtung zu entgehen, während er sich gleichzeitig bemühte, das Chaos auf ein Mindestmaß zu verringern«.[42]

Obwohl Lin Biao letztes Endes ebenfalls der Kulturrevolution zum
Opfer fiel, zählte er über weite Strecken der Kampagne zu Maos wich-

tigsten Verbündeten. Es gab gewisse Parallelen zur Großen Säuberung unter Stalin, allerdings wäre es Mao fast gelungen, das Gefüge der Partei zu zerschlagen, während sich Stalin der Tatsache bewusst war, dass er den Parteiapparat brauchte. Ein weiterer wesentlicher Unterschied bestand in der Rolle der Armee. Die sowjetische Armee wurde Ende der dreißiger Jahre von Stalin und seinen Gefolgsleuten dezimiert und konnte keine wichtige Rolle in der Innenpolitik spielen. Im Gegensatz dazu verwandelte sich die chinesische Volksbefreiungsarmee in den Jahren 1966 bis 1969, als die Parteiorganisation und der Regierungsapparat unentwegten Angriffen ausgesetzt waren, in die wichtigste institutionelle Stütze des Regimes. Zudem genoss Mao die fanatische Unterstützung der Roten Garden, einer Jugendorganisation, die als neue Kraft in der chinesischen Politik auftauchte. Diese Garden, die keinerlei Regeln zu befolgen hatten und jegliche Hierarchie verachteten – die Volksbefreiungsarmee war, wie es sich für reguläre Streitkräfte gehörte, sehr viel disziplinierter –, begannen schließlich sogar dem Parteivorsitzenden Angst einzuflößen.

Obwohl Mao den Konflikt mit der Partei und der Gesellschaft begrüßte, da er so die Möglichkeit erhielt, seine Ansichten wieder durchzusetzen, war es Jiang Qing, die mit seiner Zustimmung den ersten Angriff startete: Sie erklärte öffentlich, dass ein 1961 in Peking aufgeführtes Theaterstück des Historikers Wu Han, *Hai Rui wird entlassen*, eine verdeckte Attacke auf Maos Politik darstelle. Abgesehen davon, dass Wu Han ein Gelehrter war, war er zufällig auch der stellvertretende Bürgermeister von Peking und genoss den Schutz des Ersten Sekretärs der Parteiorganisation der Hauptstadt, Peng Schen. Deshalb konnte Jiang Qing in Peking keinen Autor finden, der bereit war, eine Polemik gegen Wu Han zu eröffnen, was ein deutlicher Hinweis auf die Macht des Parteichefs der Hauptstadt war. Doch Maos Frau ließ sich nicht beirren und wandte sich an den Ersten Parteisekretär von Schanghai, der in Anbetracht der Tatsache, dass Mao den Vorstoß seiner Frau guthieß, zwei Propagandisten mit der Aufgabe betraute, Wu Han zu »demaskieren«. Die beiden taten wie geheißen und beschrieben das Stück als »reaktionären Eingriff in den großen Klassenkampf zwischen der Bourgeoisie und dem Proletariat«.[43]

Die Veröffentlichung der Schmähschrift gegen Wu Han (den Text redigierte Mao persönlich) leitete die Kulturrevolution ein. Von nun an ist es sinnvoll, vom Maoismus und von den Maoisten zu sprechen,

Die »Kulturrevolution«

denn es war der Vorsitzende persönlich, der bestimmte, worin die authentische revolutionäre Doktrin bestand, die er den bislang akzeptierten Dogmen gegenüberstellte. Er nutzte seine Autorität und den um ihn betriebenen Personenkult, der in der Kulturrevolution bis dahin ungekannte Ausmaße annahm, um die führenden Vertreter der politischen und kulturellen Elite des Landes einen nach dem anderen zu ersetzen. Wu Han und Peng Schen zählten zu den Ersten, die ihre Ämter verloren. Lin Biao, dessen Volksbefreiungsarmee Mao immer wieder wertvolle Dienste erwiesen hatte, zählte zu den letzten Opfern. Er wurde beschuldigt, mit seinem Sohn, einem Offizier, einen Mordanschlag auf Mao geplant zu haben. In Begleitung seiner Frau und jenes Sohns brach Lin Biao eines Nachts im Jahr 1971 zum Flughafen auf und versuchte, in die Sowjetunion zu flüchten, aber das Flugzeug stürzte über der Mongolei ab (der wahrscheinlichste Grund war Treibstoffmangel).[44] Noch zu Beginn der Kulturrevolution hatte Lin Biao Liu Shaoqis Platz als aussichtsreichster Kandidat auf die Nachfolge Maos eingenommen, aber diese Position war stets mit Gefahren verbunden. Lin wurde noch Jahre nach seinem Tod in inszenierten Versammlungen in ganz China mit Anschuldigungen überhäuft. Liu Shaoqi selbst war das prominenteste Ziel der ersten und verrücktesten Phase der Kulturrevolution zwischen 1966 und 1969. Er verlor 1967 seine Ämter und starb 1969 im Hausarrest. Man hatte ihn offiziell als »Verräter, Abtrünnigen und Krätze« bezeichnet. Seine Frau Wang Guang-mei musste für zwölf Jahre ins Gefängnis. Nach Maos Tod wurde Liu posthum rehabilitiert, und alle Anschuldigungen gegen ihn wurden als unbegründet zurückgezogen.

In der »Großen Proletarischen Kulturrevolution« starben sehr viel weniger Menschen als während des »Großen Sprungs nach vorn«. Ein Grund dafür war, dass von der Kulturrevolution in erster Linie die städtische Bevölkerung betroffen war, während die Bevölkerungsmehrheit – etwa 620 Millionen Menschen – Ende der sechziger Jahre immer noch auf dem Land lebte.[45] Dennoch kam schätzungsweise eine halbe Million der 137 Millionen Stadtbewohner in der Kulturrevolution zu Tode.[46] Der prozentuale Anteil der politischen Funktionäre, die von der Kulturrevolution verschlungen wurden, war sogar noch höher als in der Sowjetunion zwischen 1936 und 1938, wobei in China jedoch ein geringerer Anteil der Opfer hingerichtet oder zu Haftstrafen verurteilt wurde. Zwischen 60 und 70 Prozent der Funktionäre in den Zentralorganen der KPCh verloren ihre Ämter. Von den 13 Mitgliedern des ZK-Sekretariats im Jahr 1966 waren drei Jahre später nur noch vier übrig, und von 167 Mitgliedern des Zentralkomitees behielten gerade mal 54 ihre Ämter. Die Hälfte der Minister im Staatsrat wurde abgesetzt. Viele der gestürzten Funktionäre des zentralen Partei- und Verwaltungsapparats und der regionalen Parteiorgane wurden aufs Land in »Kaderschulen« geschickt, wo sie sich einer ideologischen Umerziehung unterziehen und körperliche Schwerarbeit verrichten mussten. Andere hatten weniger Glück und wurden totgeschlagen oder gefoltert. Wu Han, der Autor, mit dessen Verurteilung die Kulturrevolution eingeleitet worden war, zählte zu jenen, die versuchten, sich das Leben zu nehmen.[47] Deng Xiaoping wurde beschuldigt, »den Weg zum Kapitalismus« eingeschlagen zu haben, und verlor sämtliche Ämter. Er wurde als Monteur in eine Fabrik geschickt, eine Arbeit, für die er durchaus »qualifiziert« war, da er während seines Studiums in Frankreich vierzig Jahre früher bei Renault gejobbt hatte. Dengs Sohn wurde zum Krüppel, als er auf der Flucht vor entfesselten Rotgardisten aus einem Obergeschossfenster der Universität von Peking sprang.[48]

Tatsächlich hatte die Kulturrevolution auf die Schulen und Universitäten besonders schwerwiegende Auswirkungen. Millionen Lehrer wurden an den Pranger gestellt, Universitäten wurden für mehrere Jahre geschlossen, damit die Studenten als Rotgardisten an der Revolution teilnehmen konnten. Die meisten jungen Leute, die an der Kulturrevolution teilnahmen, glaubten anfangs an die »Reinigung« der Revolution und an die Weisheit Mao Tse-tungs. Die in dem allgegenwärtigen »Kleinen Roten Buch« (der Mao-Bibel) gesammelten Gedanken des Vorsitzenden wurden zur Pflichtlektüre – und das nicht nur für Studenten. (Ich erinnere mich noch gut daran, dass ich in meinem Austauschjahr an der Universität Moskau in den Jahren 1967/68 Diplomaten der chinesischen Botschaft sah, die alle wie Mao gekleidet waren, in einer Reihe marschierten und alle gleichzeitig in dem Kleinen Roten Buch lasen.) Die Turbulenzen im chinesischen Bildungssystem setzten sich auch in der ersten Hälfte der siebziger Jahre fort, und viele ehemalige Rotgardisten, die aufs Land geschickt worden waren und ihre Ausbildung teilweise für ein Jahrzehnt unterbrochen hatten, hatten nun genug Zeit, um ihren jugendlichen revolutionären Eifer zu bereuen.

Unbeabsichtigte Konsequenzen in China

Die Kulturrevolution wurde noch zu Maos Lebzeiten einer beschränkten Neubewertung unterzogen. Im Jahr 1975 war Mao zu dem Schluss gelangt, dass sie zu 70 Prozent ein Erfolg und zu 30 Prozent ein Fehlschlag gewesen sei.[49] Hatte Mao einmal sein Urteil gefällt, so bedurfte es einiger Kühnheit, um eine andere Meinung zu äußern. Deng Xiaoping, der als stellvertretender Ministerpräsident in die Führung zurückgeholt worden war, sah sich Angriffen ausgesetzt, weil er sich verständlicherweise dagegen sträubte, zu erklären, die Kulturrevolution sei alles in allem ein Erfolg gewesen. Er musste Selbstkritik üben, aber seine Erklärungen blieben deutlich hinter Maos Erwartungen zurück. Also wurde Deng erneut degradiert, nachdem er seine Fehler mit seiner »völligen Unfähigkeit« erklärt hatte, »zu verstehen, worum es bei der Kulturrevolution überhaupt ging«.[50]

Abgesehen davon, dass er auf dem Erfolg der Kulturrevolution bestand, kritisierte Mao 1975 die Fraktionsbildung innerhalb der KPCh, und das bezog sich auch auf jene Fraktion, die sich mit fanatischem Eifer dieser Revolution gewidmet hatte und der seine Frau Jiang Qing angehörte. In den inneren Parteikreisen bezeichnete Mao diese Fraktion als die »Viererbande«. Nach seinem Tod sollte dieser Ausdruck sehr viel berühmter werden, als er beabsichtigt hatte. (Qings Beziehung zu Mao war nicht so eng, wie man aufgrund ihres Status als Ehefrau des Vorsitzenden vermuten könnte. Der Leiter der für Maos Sicherheit zuständigen Einheiten, General Wang Dong-hsing, hatte unter anderem die Aufgabe, für einen stetigen Nachschub an jungen Frauen zu sorgen, die dem »großen Vorsitzenden« sexuell zu Diensten zu sein hatten. Diese Frauen wurden euphemistisch als »Kultureller Arbeitstrupp« bezeichnet.[51]) Die übrigen Mitglieder der Viererbande waren Wang Hong-wen, der sich in den ersten Jahren der Kulturrevolution als radikaler Arbeiterführer hervorgetan hatte und Anfang der siebziger Jahre als möglicher Nachfolger Maos galt, Yao Wen-yuan, einer der beiden Literaturkritiker aus Schanghai, die mit dem Angriff auf das Stück *Hai Rui wird entlassen* den Startschuss zur Kulturrevolution gegeben hatten, und Schang Tschun-qiao, ein hochrangiger Propagandist aus Schanghai, der Mitte der siebziger Jahre Vorsitzender des Revolutionskomitees von Schanghai und Vizepremier im Staatsrat war.

Die Kulturrevolution war eine persönliche Katastrophe für Millionen Chinesen. Je höher der Bildungsstand, desto eher musste man damit rechnen, zu den Opfern zu zählen. Es handelte sich in fast jeder Beziehung um eine antikulturelle Revolution, denn sie beinhaltete die mutwillige Zerstörung von künstlerischen Erzeugnissen wie Büchern, Gemälden, Museumsexponaten, Friedhöfen oder historischen Stätten durch die Roten Garden (die oft auf eigene Initiative ihr Unwesen treiben durften).[52] Die Roten Garden waren bereits im Jahr 1966 ermutigt worden, die »vier Alten« anzugreifen: Alte Vorstellungen, alte Kultur, alte Bräuche und alte Gewohnheiten sollten beseitigt werden.[53] Anscheinend beruhte Maos Entscheidung für die Kulturrevolution nicht zuletzt auf seinem Wunsch, sein Vermächtnis abzusichern. Ihm lag an der Gefolgschaft und Hingebung der Radikalen, nicht an der Loyalität der »Revisionisten«.[54] Doch die Katastrophe der »Großen Proletarischen Kulturrevolution«, die unmittelbar auf die noch größere Katastrophe des »Großen Sprungs nach vorn« folgte, trug dazu bei, dass genau das Gegenteil eintrat.

Tatsächlich hatte die Kulturrevolution unbeabsichtigte Folgen, die China letzten Endes zugutekamen – so tragisch es auch war, dass ein derart hoher Preis für die Rückbesinnung auf die Vernunft bezahlt werden musste. Einer der wichtigsten Gründe dafür, dass es in der Sowjetunion fast unmöglich war, radikale Wirtschaftsreformen durchzusetzen, war die Stärke der etablierten Einrichtungen – vor allem der Bürokratien der Wirtschaftsministerien und der regionalen Parteiorganisationen. In China zerstörte die Kulturrevolution diese Strukturen vollkommen, und sie erlangten nie wieder ihre frühere Geschlossenheit und Vormachtstellung. Daher war der bürokratische Widerstand gegen marktwirtschaftliche Reformen in diesem Land sehr viel schwächer, als nach Mao Tse-tungs Tod die wirtschaftliche Erneuerung eingeleitet wurde. Zudem hatte die Kampagne gegen den »Revisionismus« zu derart irrationalen Extremen geführt, dass die Eiferer der Kulturrevolution rasch in die Defensive gerieten, als ihr Mentor und Schutzherr einmal das Zeitliche gesegnet hatte. Die Mitglieder der »Viererbande« wurden am 6. Oktober 1976, nicht einmal einen Monat nach Maos Tod, verhaftet und vier Jahre in Haft gehalten, bis ihnen im Jahr 1980 der Prozess gemacht wurde. Sie wurden als Gruppe beschuldigt, den Tod von fast 35 000 Menschen verursacht zu haben. Zwei der Angeklagten – Maos Witwe Jiang Qing sowie Schang – wurden zum Tod verurteilt (die Urteile wurden später in Haftstrafen umgewandelt).[55] Die öffentliche Auseinandersetzung mit ihren Verbrechen trug zur weiteren Diskreditierung des Extremismus der Kulturrevolution bei und erleichterte die umfassende Rehabilitierung vieler Funktionäre, darunter reformwillige Politiker, die in diesen Jahren verfolgt worden waren. Die Parteiführung konnte es sich nicht leisten, Mao umfassend zu diskreditieren, denn sein Stellenwert in China entsprach dem Stalins und Lenins zusammen. Daher wäre die Legitimität der kommunistischen Herrschaft zu sehr beeinträchtigt worden, hätte man Mao offen kritisiert. Dennoch erwähnte das Zentralkomitee Maos Verantwortung für das katastrophale Jahrzehnt bis Mitte der siebziger Jahre in einer »Resolution zur Parteigeschichte«, obwohl die Parteiführung nicht so weit ging, aus der »Viererbande« eine »Fünferbande« zu machen. In der Resolution hieß es:

> Die »Kulturrevolution«, die von Mai 1966 bis Oktober 1976 dauerte, war für den massivsten Rückschlag und die schwersten Verluste verantwortlich, die die Partei, der Staat und das Volk seit der Gründung der Volksrepublik erlitten. Sie wurde vom Genossen Mao Tse-tung eingeleitet und geführt.[56]

Die kommunistische Ideologie fand in China nie wieder derart großen Rückhalt wie vor der Kulturrevolution. Obwohl weiterhin Lippenbekenntnisse zum Marxismus-Leninismus und zum Maoismus abgegeben wurden, beherrschten beide Doktrinen das Denken der Menschen nicht mehr so wie in der Vergangenheit, vor allem nicht mehr in so extremem Ausmaß wie in der Frühphase der Kulturrevolution. Die Utopie war in Ungnade gefallen, der Pragmatismus in Mode gekommen. Tatsächlich wurde alles, was Mao mit der Kulturrevolution für alle Ewigkeit zu zerstören versucht hatte, als Antwort auf das Chaos und die Willkür von »Maos letzter Revolution« zu neuem Leben erweckt.[57] Die alten Funktionäre, die ihre Posten wieder einnahmen, nachdem sie in unterschiedlichem Maß unter den revolutionären Eiferern in ihrer eigenen Generation, vor allem aber unter dem jugendlichen Fanatismus der Roten Garden gelitten hatten, einte der feste Entschluss, nie wieder einen solchen Extremismus und eine derartige Insubordination zuzulassen. (Doch da sie gesehen hatten, was geschehen konnte, wenn man der Jugend ihren Willen ließ, zeigten sie auch keine ausgeprägte Bereitschaft, die politische Demokratie zu akzeptieren.) Viele Chinesen glaubten weiterhin, dass Mao im Lauf seiner langen Laufbahn als Revolutionär und Führer des Landes mehr Gutes als Schlechtes getan habe, aber er wurde nicht länger wie ein Gott verehrt. Sowohl Mao als auch der Maoismus wurden sozusagen säkularisiert.

Unbeabsichtigte internationale Folgen

Noch zu Lebzeiten Mao Tse-tungs kam es zu einer Abkehr von einigen der gewalttätigen Auswüchse, die mit der Kulturrevolution einhergegangen waren. Mao selbst musste die Volksbefreiungsarmee einsetzen, um einigen der wildesten Exzesse der Roten Garden ein Ende zu machen. Den deutlichsten Kurswechsel vollzog er jedoch in der Außenpolitik. Nachdem er die sowjetische Führung jahrelang für ihre in seinen Augen zu nachgiebige Haltung gegenüber dem imperialistischen Erzfeind getadelt und verhöhnt hatte, begann Mao 1970/71, der amerikanischen Regierung zu signalisieren, dass China an einer weniger antagonistischen Beziehung zu den Vereinigten Staaten interessiert sei. Im Jahr 1969 war mit den Scharmützeln am Ussuri die Gefahr eines Kriegs zwischen China und der Sowjetunion größer gewesen als je zuvor, und es schien Mao nicht ratsam, schlechte Beziehungen zu beiden Supermächten zu unterhalten. Die Kulturrevolution hatte den Graben zwischen der Volksrepublik und der Sowjetunion weiter vertieft. Ein Großteil des sowjetischen Establishments – Reformer ebenso wie konservative Kommunisten – lehnte die chinesische Politik entschieden ab, da diese zu sehr an den Großen Terror in den dreißiger Jahren erinnerte. Tatsächlich bestand eine der unbeabsichtigten Auswirkungen der Geschehnisse in China auf die sowjetische Politik darin, dass zu einer Zeit, da die Führung um Breschnew die Kritik an Stalin eingestellt hatte, verschiedene antistalinistische und sogar »revisionistische« sowjetische Autoren Bücher zu schreiben begannen, die sich vordergründig mit Mao und China beschäftigten, jedoch in Wahrheit von Stalin und der Sowjetunion handelten, wie aufmerksame Leser unschwer erkennen konnten. So wie in der chinesischen Polemik eine Zeitlang »Jugoslawien« für die Sowjetunion gestanden hatte und die Sowjets in ihren Antworten »Albanien« als Synonym für China verwendet hatten, wurde Mao nun zu einem Decknamen für Stalin, und die literarische Auseinandersetzung mit seiner Person wurde genutzt, um für Mäßigung, Reformen und Rechtsstaatlichkeit in der UdSSR einzutreten.[58]

Im Bewusstsein ihrer internationalen Isolation zu Beginn der siebziger Jahre begann die chinesische Führung auch Interesse an einer Mitgliedschaft in den Vereinten Nationen zu zeigen. Ein Großteil der internationalen Gemeinschaft hielt es schon seit längerem für inakzeptabel, dass China kein UN-Mitglied war. Der Stolperstein waren die Vereinigten Staaten – daher die vorsichtigen chinesischen Signale an die Regierung Nixon, die vom amerikanischen Präsidenten und seinem Außenminister Henry Kissinger beantwortet wurden. Obwohl es sich bei der Anerkennung Chinas durch die Vereinigten Staaten um wenig mehr als eine verspätete Bestätigung des Offenkundigen handelte und Nixons Treffen mit Mao Tse-tung im Jahr 1972 keineswegs so bedeutsame Fortschritte ermöglichte wie von Nixon und Kissinger behauptet, lenkte die Tatsache, dass ein republikanischer Präsident – der sich zudem in der McCarthy-Zeit als begeisterter Kämpfer gegen die »Roten« hervorgetan hatte – diesen Schritt wagte, die internationale Diplomatie in eine neue Richtung.[59]

Von nun an konnten die Vereinigten Staaten versuchen, in den Beziehungen zur Sowjetunion die »chinesische Karte« auszuspielen, obwohl diese taktische Möglichkeit ihren Wert einbüßte, als sich die Beziehungen zwischen den USA und der Sowjetunion in der zweiten Hälfte der achtziger Jahre deutlich verbesserten. Historisch war der Bruch zwischen China und der Sowjetunion sehr viel bedeutsamer als die Entwicklung einer funktionierenden Arbeitsbeziehung zwischen der Volksrepublik und den Vereinigten Staaten. Diese überfällige Normalisierung war sinnvoll, doch sie war oft von Heuchelei auf beiden Seiten geprägt, so dass die Sowjetunion während der Amtszeiten mehrerer amerikanischer Präsidenten sehr viel öfter für ihre Menschenrechtsverstöße kritisiert wurde als China, obwohl das chinesische Regime zu Maos Lebzeiten sehr viel härtere Unterdrückungsmaßnahmen ergriff und deutlich intoleranter war als der sowjetische Staat unter Breschnew.

KAPITEL 18

Kommunismus in Asien und Afrika

China wird, als bevölkerungsreichstes Land der Erde und mittlerweile eigene Wirtschaftsmacht, in drei Kapiteln dieses Buches separat analysiert. Es ist zudem ein besonders wichtiger Aspekt bei der Frage, die in Kapitel 30 gestellt wird, nämlich, was vom Kommunismus geblieben ist. Im Folgenden wird China deshalb aus der Diskussion ausgeklammert, abgesehen von Fällen, wo es Einfluss auf die hier behandelten Länder hatte. Erstaunlicherweise liegen von den fünf Staaten der heutigen Welt, die als kommunistisch gelten (wenn sie auch in unterschiedlichem Ausmaß die Hauptmerkmale eines kommunistischen Systems aufweisen), vier in Asien: Abgesehen von China sind das Vietnam, Nordkorea und Laos. Und im Jahr 2008 kam in Nepal eine maoistische Partei an die Macht, allerdings wäre es, gelinde gesagt, voreilig, Nepal zu den kommunistischen Staaten zu zählen. Zwei weitere Länder, die eine Zeitlang kommunistische Systeme hatten, liegen ebenfalls in Asien: Kambodscha (während dieser Phase »Kampuchea«) und die Mongolei, ein sehr viel dauerhafteres kommunistisches Regime. Als letztes asiatisches Land stand Afghanistan kurz davor, ein kommunistisches System zu etablieren, auch wenn es von der Sowjetunion und anderen Mitgliedern der internationalen kommunistischen Bewegung nie als ein »sozialistisches Land« bezeichnet wurde.

Dieses Kapitel befasst sich in erster Linie mit der Entwicklung asiatischer kommunistischer Staaten bis Mitte der achtziger Jahre. Der Kommunismus in Afrika wird etwas knapper erörtert, weil kein einziges afrikanisches Land jemals ein vollentwickeltes kommunistisches System hatte. Kein einziges wurde von der Sowjetunion und der in-

Kommunismus in Asien und Afrika

ternationalen kommunistischen Bewegung als solches anerkannt, auch wenn einige Länder als Staaten »sozialistischer Orientierung« angesehen wurden, im Unterschied zu »sozialistischen« (also kommunistischen) Staaten.

Anders als in Europa ist der Vormarsch des Kommunismus in Asien und Afrika nicht nur mit dem Klassenkampf verknüpft, sondern zumindest ebenso mit den nationalen Befreiungsbewegungen und dem Antikolonialismus. Kommunistischen Parteien, die in Asien an die Macht kamen, ist es gelungen, patriotische und antiimperialistische Gefühle zu vereinnahmen sowie die Sehnsucht der Armen, die Ungleichheit zu verringern und Rache an denjenigen zu üben, die sie als Unterdrücker ihrer Klasse wahrnahmen. Die kommunistische Herrschaft führte jedoch neue Formen der Ausbeutung ein, insbesondere in Kambodscha und Nordkorea, und bescherte der großen Mehrheit der Bevölkerung unendlich größeres Leid als die Regime, die sie abgelöst hatte. Kommunistische Regierungen, die aus eigener Kraft an die Macht gelangten statt mit Hilfe der sowjetischen Bajonette, lassen sich nicht so ohne weiteres absetzen, und Asien hat etliche Beispiele hierfür geliefert. Die Durchführung einer eigenen Revolution war zwar gewiss ein geeigneter Start, aber es war nicht der einzige Weg: Wie der Fall Nordkorea zeigt, kann auch die skrupellose Ausübung totalitärer Macht ein kommunistisches Regime stützen, auch wenn zu Beginn die sowjetische Militär- und Wirtschaftshilfe womöglich wichtiger gewesen war als die vernachlässigbare einheimische Machtbasis.

Im Jahr 1924 wurde die Mongolei als erstes asiatisches Land kommunistisch. Gelegentlich spricht man auch von der Äußeren Mongolei, weil die Innere Mongolei zu China gehört. Hätte die Mongolei nicht unter dem Schutz und der politischen Kontrolle der Sowjetunion gestanden, dann hätte sie wohl kaum als souveräner Staat überlebt. China hatte die ganze Mongolei seit langem als Teil des eigenen Herrschaftsbereichs betrachtet, und erst im Jahr 1946 erkannte die nationalistische Regierung in China die Mongolei als unabhängigen Staat an. Wegen ihres Status als Satellitenstaat der Sowjetunion war die Mongolei ein Sonderfall unter den kommunistischen Ländern Asiens. Die übrigen Staaten auf dem Kontinent verweigerten sich früher oder später dem Kurs der Moskauer Führung. Es passte zur Abhängigkeit der Mongolei von dem sowjetischen Nachbarn, dass sie zur selben Zeit ihr kommunistisches System aufgab, als die Sowjet-union aufgelöst wurde.

In der Zwischenkriegszeit hatte sich eine widerwillige und größtenteils nomadische Bevölkerung gegen die Kollektivierung der Landwirtschaft gewehrt. Chorloogiin Tschoibalsan, Chef der Mongolischen Revolutionären Volkspartei (MAKN, 1921 gegründet) und Führer des Landes seit den zwanziger Jahren bis zu seinem Tod 1952, folgte jedoch bedingungslos dem sowjetischen Vorbild und verdiente sich damit den Beinamen »Stalin der Mongolei«. Obwohl die mongolische Volkswirtschaft überwiegend landwirtschaftlich geprägt blieb, verabschiedete sie nach dem Zweiten Weltkrieg eine Reihe von Fünfjahresplänen für die Wirtschaftsentwicklung. Im Jahr 1949 verkündete die Führung, dass die Mongolei mittlerweile ein »sozialistischer« Staat sei. Auf internationaler Ebene unterhielt die mongolische Staatsführung gute Beziehungen zu den chinesischen Kommunisten, nachdem diese 1949 an die Macht gelangt waren, doch der Status eines sowjetischen Satellitenstaats wurde bestätigt, als es nach dem chinesisch-sowjetischen Zerwürfnis unmöglich war, gleichermaßen harmonische Beziehungen zur chinesischen Volksrepublik wie zur UdSSR zu pflegen. Die Mongolei unterstützte weiterhin in allen wesentlichen Punkten die Sowjetunion als ihren Haupthandelspartner, von dem sie auch beträchtliche Wirtschaftshilfe erhielt.

Nordkorea

Die Entwicklung Nordkoreas zu einem kommunistischen Staat nach 1945 war zum großen Teil der Besetzung dieses Teils der Halbinsel durch die sowjetische Armee zu verdanken, nachdem die Japaner von der Halbinsel vertrieben worden waren. Die kommunistischen Gruppen des Landes waren klein und hatten kaum Rückhalt in der Bevölkerung, darüber hinaus boten die sowjetischen Truppen den nordkoreanischen Kommunisten in den Jahren der Machtübernahme massive Unterstützung. Dennoch setzte das Regime bei der Gründung und insbesondere bei der Konsolidierung eine stark nationalistische Komponente ein. Da das sowjetische Militär 1948 abzog, musste das neue Regime umso dringlicher ein eigenes System der Kontrolle und Mittel für die Mobilisierung innenpolitischer Unterstützung entwickeln.

Nordkorea   451

Korea war 1910 von Japan als Kolonie annektiert worden und behielt diesen Status während des Großteils des Zweiten Weltkriegs. Erst gegen Ende des Krieges wurde die Halbinsel zu einem Schlachtfeld. Es gab mehrere koreanische Widerstandsgruppen gegen die japanische Besatzung, und der künftige Diktator Kim Il Sung war nur einer von vielen, die Guerillaaktionen gegen die Japaner durchführten. Immerhin zeichnete er sich jedoch so sehr aus, dass einige sowjetische Offiziere einen derart günstigen Eindruck von ihm bekamen, dass er zur weiteren militärischen und politischen Schulung nach Russland gebracht wurde.[1] Bei seiner Rückkehr in die Heimat wurde Kim mit sowjetischer Unterstützung Führer der nordkoreanischen Kommunisten und zu gegebener Zeit des neuen Staates. Er machte sich die große Bedeutung der nationalen Befreiung zunutze und propagierte eine völlig übertriebene Version seiner eigenen Rolle als eine Hauptquelle der Legitimierung.

Die Teilung Koreas entlang des 38. Breitengrades wurde im Jahr 1945 zwischen der Sowjetunion und den Vereinigten Staaten vereinbart, wobei Nordkorea fast 55 Prozent der koreanischen Halbinsel blieben. Unter den unzähligen nationalen Minderheiten der Sowjetunion waren auch etliche Koreaner. Mehrere Hundert von ihnen, vor allem aus den Sowjetrepubliken Kasachstan und Usbekistan, wurden nach Korea verbracht, um die von Kim geführte Gruppe zu verstärken.[2] Die Frühphase der Machtübernahme hatte viel mit dem gemeinsam, was sich in Osteuropa abspielte. Das Militär und der Verwaltungsapparat wurden unter Kontrolle gebracht und andere politische Parteien mit der Kommunistischen Partei verschmolzen, deren Mitgliederzahl im Dezember 1946 die Marke 600 000 erreichte, was immerhin fast zehn Prozent der erwachsenen Bevölkerung entsprach.[3] Sie wurde von Kim Il Sung angeführt, der seit Dezember 1945 an der Spitze der nordkoreanischen Sektion der gesamtkoreanischen Kommunistischen Partei stand. Als Vorsitzender des sogenannten Provisorischen Volkskomitees hatte er auch das höchste Regierungsamt im Norden inne. Erst im September 1948 wurde, als Reaktion auf die Ausrufung des Staates Südkorea zwei Monate zuvor, ein nordkoreanischer Staat gegründet: die Demokratische Volksrepublik Korea. Die Republik Korea (Südkorea) wurde von dem konservativen Nationalisten Syngman Rhee regiert, der die Unterstützung der US-Regierung und der amerikanischen Besatzungstruppen genoss. Beide, Rhee und Kim Il Sung, waren fest überzeugt, dass Korea früher oder später vereinigt werden würde, wobei allerdings jeder sich selbst als Anführer dieses Staates sah. In den folgenden Jahrzehnten war Südkorea bestenfalls eine mangelhafte und korrupte Demokratie und während eines großen Teils eher ein konservativer, autoritärer Staat. Immerhin setzte jedoch in den achtziger Jahren ein ernsthafter und erfolgreicher Demokratisierungsprozess ein. Nordkorea hingegen entwickelte sich – selbst nach dem Standard kommunistischer Staaten – zu einem der strengsten und grausamsten totalitären Regime.

Erstaunlich an der Machtübernahme Kim Il Sungs ist der Umstand, dass er den meisten prominenten Kommunisten Koreas, die fast alle im Süden lebten, so gut wie unbekannt war. Mit Blick auf die Wiedervereinigung Koreas, nach der sie wiederum ihren Platz in der Führung der kommunistischen Bewegung einzunehmen gedachten, unternahmen diese hohen Parteifunktionäre keinen Versuch, die Führung der nordkoreanischen Sektion der Partei durch Kim zu verhindern, denn im Dezember 1945 war die nördliche Gruppe nicht mehr als ein kleiner Ableger der Gesamtpartei.[4] Als dann im Jahr 1948 zwei unabhängige Staaten gegründet wurden, war es natürlich zu spät, um Kim Il Sung aufzuhalten. Der Koreakrieg begann 1950, als Stalin schließlich stillschweigend Kims Wunsch akzeptierte, den Süden anzugreifen – womit er Stalin seit März 1949 ständig in den Ohren gelegen hatte.[5] Mao Tse-tung gab gleichfalls seine Zustimmung, und chinesische Truppen spielten, wie in Kapitel 11 bereits angedeutet, eine wichtige Rolle in dem Konflikt. Der Krieg endete im Juli 1953, nur wenige Monate nach Stalins Tod. Korea ist jedoch bis heute ein Teil der Welt, in dem der Kalte Krieg weitergeht und eine Nation in zwei verfeindete Staaten geteilt ist.

Mehr als drei Millionen Nordkoreanern gelang im Laufe des Krieges die Flucht in den Süden. Nach dem Krieg machte Kim sich daran, die patriotische Unterstützung für seinen Staat zu fördern, indem er eine starke Dosis massiven Nationalismus in die offizielle Ideologie integrierte. Eine weitere Besonderheit Nordkoreas war der Umstand, dass hier der Stalinismus den Tod Stalins lange überlebte. Tatsächlich übertraf die Glorifizierung Kim Il Sungs sogar jene, die dem sowjetischen Parteichef zuteil wurde, vor allem seit Kim sich wegen der Personifizierung der Macht veranlasst sah, seinen Sohn Kim Jong Il zu

Nordkorea 453

seinem Nachfolger aufzubauen. Der jüngere Kim wurde Anfang der siebziger Jahre Politbüromitglied und offiziell im Jahr 1980 zum Nachfolger des Diktators designiert. Nach Kim Il Sungs Tod im Jahr 1994 folgte er ihm als nordkoreanischer Staatschef nach, auch wenn er erst 1997 alle Ämter übernahm, die sein Vater bekleidet hatte. Der ältere Kim war in den nordkoreanischen Medien gemeinhin als der »Große Führer« bezeichnet worden. Sein Sohn wurde nun der »Geliebte Führer«. Umgeben von einem Hof und mit persönlichem Zugang zu jedem Luxus, den der Westen zu bieten hatte, führte Kim Jong Il extreme Maßnahmen ein, um jede Möglichkeit eines ausländischen Einflusses auf die Bevölkerung auszuschließen. Die Hauptaufgabe einer ganzen Parteiabteilung besteht darin, Vertreter in die Häuser der Bevölkerung zu schicken, damit sie überprüfen, ob ihre Rundfunkgeräte auf bestimmte festgelegte Frequenzen eingestellt sind. Auf diese Weise soll gewährleistet sein, dass sie auf keinen Fall imstande sind, ausländische Sendungen zu empfangen.[6] Der skrupellose Einsatz von Zwangsmaßnahmen durch Vater und Sohn sowie die Ausschaltung selbst potentieller Gegner und systematische soziale Kontrollen, gepaart mit unablässiger Propaganda, haben ein Regime an der Macht gehalten, das nach den meisten Kennzahlen ein grotesker Fehlschlag ist.[7] Im Jahr 1978 war das Bruttoinlandsprodukt Südkoreas fast vier Mal so hoch wie das des Nordens. Doch die Armut der Bevölkerung hielt weder den Großen noch den Geliebten Führer davon ab, unverhältnismäßig hohe Summen für das Militär und für gigantische Bauprojekte auszugeben.[8] Es besteht in der Tat kein Automatismus zwischen einem wirtschaftlichen Scheitern und dem Zusammenbruch eines kommunistischen Regimes, wenn ein tyrannischer Staat sämtliche verfügbaren Ressourcen mobilisiert, um an der Macht zu bleiben.

Im Vergleich zur übrigen Bevölkerung sind all jene, die maßgeblich zur Machterhaltung Kim Jong Ils beitrugen – etwa hohe Generäle und führende Partei- und Polizeifunktionäre –, recht gut belohnt worden. Selbst der extremste Autokrat braucht die Unterstützung der Gruppen, die ihn und das Regime stützen, sei es durch ideologische Überzeugung oder durch einen Appell an ihre Interessen. Das gilt für kommunistische Herrscher ebenso wie für die Despoten früherer Zeitalter. Schon Anfang des 16. Jahrhunderts wies Niccolò Machiavelli in *Der Fürst* darauf hin, wie wichtig es ist, was die Untertanen über einen autokratischen Herrscher denken. »Ein Fürst«, argumentierte er, »der im solchen Ansehen steht, genießt die größte Achtung, und gegen einen, der geachtet ist, richtet sich nicht so leicht eine Verschwörung oder ein Angriff, wenn nur bekannt ist, dass er tüchtig ist und von den Seinen geehrt wird.«[9] Etwas mehr als 200 Jahre später dachte David Hume über die Frage nach, ob tyrannische Herrscher die Meinungen der Bevölkerung beeinflussen sollten, weil Zwang alleine nicht ausreicht, um ihre Sicherheit zu garantieren. Hume beobachtete, dass »die Körperkraft« selbst eines Tyrannen als Einzelperson unter Umständen »nur eine kleine Reichweite« hatte. Wenn man ihm gehorchte, so hing dies deshalb zum Teil von seinem Einfluss auf die Meinungen der anderen Menschen ab, einschließlich dessen, was *sie* für die Meinung wieder anderer hielten.[10] Man kann davon ausgehen, dass sich weder Kim Il Sung noch Kim Jong Il jemals mit Hume auseinandergesetzt haben, und es ist mehr als unwahrscheinlich, dass sie Machiavelli gelesen haben. Hinter dem Personenkult in Nordkorea und in anderen kommunistischen Staaten (allerdings selten in einem solchen Extrem wie im Fall der Kims) verbarg und verbirgt sich jedoch eine Logik, die den von Machiavelli und Hume ausgeführten Thesen ähnelte. Die Werke von Marx, Engels und Lenin enthielten kein Wort über die Glorifizierung von Führern, aber die Klassiker des Marxismus-Leninismus wurden in den bäuerlichen Gesellschaften Asiens kaum gelesen, in denen Kommunisten die Macht übernahmen. Indem die Partei dem Volk eine Lobhudelei für den Großen Führer einimpfte, konnte sie sich leichter dessen Gehorsam sichern, ferner war dies eine notwendige Ergänzung zu physischem Zwang.

Vietnam und Laos

Für viele asiatische Kommunisten war der Kampf gegen Kolonialismus und Kapitalismus ein und dasselbe, denn das kapitalistische System, dem sie zuerst begegneten, war in ihren Augen mit einer extremen Ausbeutung der einheimischen Bevölkerung durch ausländische Unternehmen verbunden. Stramme Anhänger des britischen Empire verwendeten dafür die euphemistische Formel: »Der Handel folgt der Flagge.« In Wahrheit wurden Unternehmen aus dem Mutterland des Kolonialherrn Privilegien gewährt, die weder den Staats-

Vietnam und Laos 455

bürgern anderer Länder noch der einheimischen Bevölkerung eingeräumt wurden. Vor diesem Hintergrund verknüpfte deshalb – obwohl Nationalismus und Marxismus eigentlich entgegengesetzte
Pole sind – eine signifikante Minderheit junger asiatischer Intellektueller in der ersten Hälfte des 20. Jahrhunderts nationale Befreiung
mit der Ablösung des Kapitalismus durch ein sozialistisches oder
kommunistisches System. Das galt unter anderem auch für den
Mann, der den stärksten Anspruch erheben kann, als Vater der vietnamesischen Revolution und des kommunistischen Staates in Vietnam angesehen zu werden: Ho Chi Minh. Als er im Juli 1920 Lenins
»Thesen zur nationalen und kolonialen Frage« in französischer Übersetzung in der Zeitung *L'Humanité* las, war der junge Mann hocherfreut. Lenin schien einen Schlüssel zum Verständnis der Not Indochinas zu liefern, wo westliche kapitalistische Länder sich sowohl
Märkte als auch Rohstoffe aneigneten, um ein System zu erhalten,
das die Völker der Region ausbeutete. Es ist bezeichnend, dass ausgerechnet Lenins Schriften zum Kolonialismus Ho Chi Minh (damals
unter dem Namen Nguyen Ai Quoc) auf einen Pfad führten, »der aus
dem einfachen Patrioten mit sozialistischen Neigungen einen marxistischen Revolutionär machte«.[11] Über dieses Werk Lenins schrieb
Ho Chi Minh später begeistert: »Welche Emotion, welchen Enthusi-
asmus, welche Klarsichtigkeit und Zuversicht es in mir weckte!«[12]

Die »Zuversicht«, von der Ho sprach, war zu verstehen, denn wenn
in den Augen eines Einzelnen, der mit der imperialen Herrschaft un-
zufrieden ist, die Kolonialmächte auch im Vorteil waren, so boten die
Schriften von Marx und Lenin nicht nur eine Erklärung für seinen
Kummer, sondern auch die Überzeugung, dass es nur eine Frage der
Zeit sei, bis er und seine Gesinnungsgenossen über die ausländischen
Ausbeuter siegen würden. In früheren Kapiteln wurde gezeigt, wie
der Trost, den der Glaube an die Unvermeidlichkeit des Sturzes des
Kapitalismus und an den Triumph des »Sozialismus« (im Sinne der
kommunistischen Partei) bot, den Parteimitgliedern in fortschrittlichen, westlichen Ländern Mut machte, wo sie häufig an den Rand des
politischen Lebens ihrer Nation gedrängt wurden. Für Revolutionäre
der Dritten Welt war die feste Überzeugung, dass die Geschichte auf
ihrer Seite stand, ein noch stärkerer Ansporn. Es stellte sich zwar, entgegen den Vorhersagen von Marx, heraus, dass der Kommunismus in
bäuerlichen Gesellschaften eine stärkere Anziehungskraft als in den

am weitesten industrialisierten Ländern der Welt ausübte, doch dieser Umstand wirkte sich in Asien zum Vorteil für die Kommunisten aus.

Weshalb sich mehr einheimische Revolutionen, die zu einer kommunistischen Herrschaft führten, in überwiegend bäuerlichen Ländern ereigneten als in industrialisierten Gesellschaften, ist eine interessante Frage. Die Vorstellung von Fabriken, die dem Volk insgesamt gehören, hatte für eine Minderheit eine geradezu romantische Faszination, doch die tatsächliche Erfahrung der Verstaatlichung war prosaischer. Eine Landverteilung innerhalb überaus ungleicher Bauerngesellschaften erwies sich jedoch als ein sehr viel effektiveres Mittel, massenhafte Unterstützung für kommunistische Parteien zu gewinnen. In der ersten Phase des revolutionären Kampfes und der kommunistischen Herrschaft lag durchweg der Schwerpunkt auf der Umverteilung des Landes von reichen Grundbesitzern an die Mehrheit der armen Landbevölkerung. In der Regel wurden erst viel später kollektivierte oder staatliche Formen der Landwirtschaft eingeführt, die wiederum äußerst feindselige Gefühle auslösten. Zu diesem Zeitpunkt hatte sich eine kommunistische Machtstruktur jedoch bereits fest etabliert, und der Widerstand gegen politische Maßnahmen der herrschenden Partei war schwierig und riskant geworden.

Ho Chi Minh behauptete in Übereinstimmung mit dem indischen Kommunisten M. N. Roy (zu dem er jedoch ein schwieriges Verhältnis hatte) bereits in den zwanziger Jahren: »Der Kommunismus könnte sich in Asien leichter anpassen als in Europa.«[13] Wie so viele frühe Führer revolutionärer Bewegungen stammte Ho aus der Mittelschicht. Sein Vater war ein gelehrter Staatsdiener, und Ho eignete sich selbst eine gute Bildung an, unter anderem mehrere Fremdsprachen. Wegen seiner frühen radikalen Anschauungen wurde er jedoch als Unruhestifter wiederholt der Schule verwiesen und begann die verschiedensten Berufslaufbahnen: vom Matrosen über den technischen Assistenten eines Fotografen in Paris bis hin zum Küchengehilfen in London. Er nahm zahlreiche Decknamen an – Ho Chi Minh war nur einer von Dutzenden, aber unter diesem Namen sollte er schließlich bekannt werden. Nach mehreren Jahren in Paris, wo er in die KPF eintrat, reiste Ho 1923 nach Moskau, um für die Komintern zu arbeiten. Er verstand sich so gut mit Michail Borodin, dem Vertreter der Komintern in China, dass er sich ihm noch im selben Jahr anschloss und zweieinhalb Jahre lang in China blieb. Damals lernte er einige führende Mitglieder der KPCh kennen, darunter Tschou En-lai.

In den restlichen Jahren der Zwischenkriegszeit wechselte Ho mehrmals zwischen Moskau und Asien. Er war der Hauptorganisator der Gründungskonferenz der Kommunistischen Partei Indochinas 1930 in Hongkong, wurde aber im folgenden Jahr von der britischen Polizei verhaftet. 1934 war er jedoch wieder in Moskau, von wo aus er sich 1938 auf die gefährliche Reise nach Yan'an in der Provinz Shaanxi in Nordchina begab, wo die Überlebenden des Langen Marsches ihr Lager aufgeschlagen hatten. In all diesen Jahren stand Ho in engem Kontakt zu den wichtigen kommunistischen Untergrundbewegungen in Asien. Er wurde 1942 in China verhaftet, aber im September des folgenden Jahres wieder auf freien Fuß gesetzt, allerdings unter Auflagen für die Bewegungsfreiheit. In den langen Jahren als Berufsrevolutionär, durch den häufigen Wechsel des Wohnsitzes und des Namens und indem er sich in mehreren Ländern immer wieder dem Zugriff der Polizeikräfte mit Erfolg entzog, hatte Ho sich optimal auf die neuen Optionen vorbereitet, die sich am Ende des Zweiten Weltkriegs bieten sollten.

Die französischen Herrscher in Vietnam waren in der Zwischenkriegszeit brutal gegen von den Kommunisten organisierte sporadische Streiks und Demonstrationen vorgegangen, aber nach der japanischen Kapitulation im August 1945 bestand ein Machtvakuum, in das Ho Chi Minh und die Kommunisten rasch vorstießen. Sie bildeten unter Ho als Vorsitzendem ein Nationales Befreiungskomitee und veröffentlichten einen »Appell an das Volk«, in dem sie die Unabhängigkeit forderten. Als er den Appell unterschrieb, verwendete Ho zum letzten Mal sein Pseudonym Nguyen Ai Quoc (was Nguyen der Patriot bedeutet).[14] Im September 1945 wurde das Komitee bereits zu einer Provisorischen Regierung unter Ho Chi Minh umgewandelt. Charakteristischerweise handelte es sich um eine von Kommunisten dominierte Koalition. Als Ho am 2. September zu einer riesigen Menschenmenge sprach, zitierte er ganz bewusst sowohl aus der amerikanischen Unabhängigkeitserklärung als auch aus der Erklärung der Menschenrechte der Französischen Revolution. Er strich nicht zuletzt deshalb die nationale Befreiung und die Demokratie so sehr heraus, weil er hoffte, die Sympathie der Vereinigten Staaten zu gewinnen. Er hegte die Hoffnung, dass antikolonialistische Gefühle in Washington die US-Regierung veranlassen würden, die vietnamesischen Forderungen nach Unabhängigkeit von französischer Herrschaft zu unterstützen. US-Präsident Roosevelt hatte sich zwar für die Befreiung der Asiaten und Afrikaner von der Kolonialherrschaft ausgesprochen, doch sein Nachfolger Harry Truman widmete sich stärker den wachsenden Spannungen zwischen Washington und Moskau. Er ließ sich von dem Argument der Abteilung für Europapolitik im State Department beeinflussen, dass ein amerikanischer Widerstand gegen eine französische Kontrolle Indochinas die Beziehungen zu Paris belasten würde.[15]

Gespräche in Frankreich zwischen Repräsentanten der provisorischen vietnamesischen und der französischen Regierung wurden ohne Einigung abgebrochen. Ho Chi Minh hatte in dem Bestreben, die Unabhängigkeit zu erhalten, viele Zugeständnisse gemacht, und sein Ansehen im eigenen Land litt unter dem Scheitern der Mission. Nachdem es nicht gelungen war, das Land auf friedlichem Weg von der französischen Kolonialherrschaft zu befreien, griffen Ho und die vietnamesischen Kommunisten zur Gewalt. Der sogenannte Erste Indochinakrieg (der Vietnamkrieg war der Zweite) begann am 19. Dezember 1946, als vietnamesische Einheiten unter dem Befehl Ho Chi Minhs französische Einrichtungen in ganz Hanoi angriffen, auch das städtische Kraftwerk. Bis zum späten Abend hatten die Franzosen zwar das Zentrum Hanois wieder unter Kontrolle, doch Ho war entkommen. Das Politbüro der Kommunistischen Partei war in Hanoi nicht länger sicher, flüchtete deshalb in die Berge und begann einen Guerillakrieg.[16] Im Lauf des Krieges, der bis 1954 dauern sollte, wechselte Ho ständig den Aufenthaltsort. Ein Kriegsgefangener berichtete im Jahr 1952, dass der inzwischen 62-jährige Ho alle drei bis fünf Tage den Ort wechselte und dass er immer noch knapp 50 Kilometer am Tag mit Gepäck marschieren könne.[17]

Neben der Guerillataktik gegen die Franzosen schürten die Kommunisten auch den Klassenkampf auf dem Land. Femegerichte wurden gegründet, in denen Gutsbesitzer verurteilt und ihr Besitz beschlagnahmt wurden. Häufig wurden sie auf der Stelle hingerichtet. Da ihr Besitz unter den ärmsten Bauern aufgeteilt wurde, gab es bei diesem gnadenlosen Vorgehen mehr Gewinner als Verlierer. Anfang 1950 erkannten zuerst China und dann die Sowjetunion Ho Chi Minhs Demokratische Republik Vietnam (DRV) als einzige rechtmä-

Vietnam und Laos

ßige Regierung des Landes an. In Wahrheit kontrollierten die Kommunisten nur einen großen Teil des Nordens von Vietnam und waren allenfalls imstande, Gesetze zu verabschieden, die in diesem Gebiet umgesetzt werden konnten. Ende 1953 verabschiedeten sie ein Gesetz, das eine Senkung der Pachtzahlungen durchsetzte und »die Konfiszierung des Grundbesitzes auf die gesamte Gutsbesitzerklasse ausdehnte«.[18] Die Herrschaft der Kommunisten im Norden wurde schließlich von den Franzosen eingestanden und international anerkannt. Bei einer Konferenz in Genua 1954 einigte man sich auf eine Teilung Vietnams. Der sowjetische und der chinesische Außenminister, Molotow und Tschou En-lai, befürworteten beide diesen Kompromiss. Der Leiter der DRV-Delegation Pham Van Dong stimmte nur widerwillig zu. Tschou half, ihn davon zu überzeugen, dass dies der notwendige, aber zeitlich befristete Preis sei, den man für den Abzug der Franzosen zahlen müsse, und dass der französische Ministerpräsident Pierre Mendès-France eine Formulierung brauche, bei der er das Gesicht wahrte. Darüber hinaus hatte die Regierung Eisenhower die Verhandlungen argwöhnisch verfolgt und beschlossen, keine Einigung zu akzeptieren, bei der nicht zumindest ein Teil des künftigen Vietnam unter nichtkommunistischer Herrschaft stand. Tschous Versicherung, es werde ein Leichtes sein, ganz Vietnam zu übernehmen, sobald die Franzosen abgezogen waren, erwies sich denn auch als allzu optimistisch. Die vietnamesischen Kommunisten waren jedoch weiterhin entschlossen, das Ziel der nationalen Einheit unter ihrer Führung zu erreichen, und betrachteten die Teilung lediglich als vorübergehenden Rückschlag.[19]

Bereits Mitte der fünfziger Jahre taten sich die Vereinigten Staaten als Hauptunterstützer der nichtkommunistischen Regierung in Südvietnam hervor, deren Hauptquartier in Saigon lag; im Norden hingegen hatten die Chinesen zunehmend an Einfluss gewonnen. Dem chinesischen Beispiel zu folgen bedeutete eine Verschärfung des Klassenkampfes auf dem Lande, in dessen Verlauf mehrere tausend Menschen hingerichtet und weit mehr massiv schikaniert wurden. Die Wende der vietnamesischen Kommunisten in Richtung China wurde durch einige Maßnahmen Moskaus forciert. In Hanoi war man beispielsweise überhaupt nicht begeistert über die Losung der »friedlichen Koexistenz« des XX. Parteitags der KPdSU, weil man befürchtete, das könne eine Wiederaufnahme des revolutionären Krieges zur

Vereinigung Vietnams verhindern. Noch besorgniserregender war ein sowjetischer Vorstoß – ohne Rücksprache mit Hanoi –, sowohl den Süden (die Republik Vietnam) als auch den Norden (die Demokratische Republik Vietnam) in die Vereinten Nationen aufzunehmen.[20] Seit 1954 war etwa eine Million Menschen – die meisten von ihnen antikommunistisch, viele von ihnen wohlhabend – in den Süden geflohen, und durch diesen Exodus wurde – ebenso wie durch die Einschüchterung der Grundbesitzer – die Möglichkeit eines ernsthaften Widerstands gegen die Kommunisten drastisch reduziert.[21]

Darüber hinaus gelang es den Kommunisten, als sie den Kampf in den Süden trugen, genauso wie im Norden eine massive Unterstützung durch die Bauern zu gewinnen. Ein Vietnamesisch sprechender Amerikaner, Jeffrey Race, der in der US-Armee als Sonderberater in Vietnam diente, gelangte zu der Schlussfolgerung, dass die Kommunisten eine viel besser durchdachte Strategie besaßen als die Regierung in Saigon, der man amerikanische Truppen zur Unterstützung geschickt hatte. Der revolutionäre Kampf war für die Kommunisten Teil eines breiteren gesellschaftlichen Prozesses. Mit einigem Erfolg gelang es ihnen, eine gerechtere Gesellschaft als ihr ultimatives Ziel auszugeben. In der Zwischenzeit verschaffte die Landverteilung in den von Kommunisten kontrollierten Regionen schnell vielen Menschen Vorteile. Den kommunistischen Guerillakriegern gelang es ferner, jene in Angst und Schrecken zu versetzen, die die Regierung in Saigon unterstützten. Race gelangte jedoch zu dem Schluss, dass die südvietnamesische Regierung in der ersten Hälfte der sechziger Jahre »weit mehr Terror verbreitete als die revolutionäre Bewegung«, zum Beispiel mit Artillerie- und Bodenangriffen auf »kommunistische Dörfer«. Ihre Methoden bewirkten eher eine Stärkung als eine Schwächung der revolutionären Bewegung.[22]

Die Vereinigten Staaten wurden nicht zuletzt deswegen in den Konflikt in Vietnam hineingezogen, weil sie in Laos geeignete Maßnahmen *versäumt* hatten. Vietnam ist heute ein Land mit mehr als 80 Millionen Einwohnern – eine mehr als zehnmal so große Bevölkerung wie die des wirtschaftlich rückständigen, gebirgigen Binnenstaates Laos. Man sollte eigentlich annehmen, dass es sowohl für den Westen als auch für die kommunistische Welt viel wichtiger war, welchen Weg Vietnam nehmen würde. Dennoch sprach US-Präsident Eisenhower bei der Amtsübergabe 1960 an John F. Kennedy sehr viel länger über das kleine Laos als etwa über Kuba oder Vietnam.[23] Unter Eisenhower hatten die Vereinigten Staaten begonnen, Nachschub für antikommunistische Kräfte über Laos abzuwerfen, vermieden jedoch aus verschiedenen Gründen eine direkte militärische Intervention. Wegen des schwierigen Geländes hätte sich ein solches Engagement zu einem »logistischen Alptraum« entwickelt. Wohl ebenso wichtig war jedoch die Einschätzung in Washington, dass die Laoten nicht allzu großen Widerstand gegen eine kommunistische Machtübernahme leisten würden. Nach den geltenden Klischeevorstellungen und ethnischen Stereotypen waren die Laoten »verschlafen«, »fügsam« und »verträumt«.[24] Der CIA-Chef Allen Dulles informierte den Nationalen Sicherheitsrat, dass es in Laos »kaum Menschen mit Mumm« gebe und dass das Volk »eine lange Tradition der Verabscheuung jeglichen Blutvergießens« habe. Oden Meeker, ein amerikanischer Journalist, sah dasselbe Stereotyp von einer viel positiveren Seite aus und erklärte, die Laoten seien »sanftmütig« und »überaus entzückend«.[25] In den Augen Henry Kissingers zeichnete sich die Bevölkerung von Laos, als er über seine Jahre als US-Außenminister nachdachte, »mehr durch die Grazie ihrer Lebensart als durch kriegerische Qualitäten« aus.[26] In Washington war man sich in der Tat einig, dass die Laoten »unverbesserliche Pazifisten« und alles andere als die idealen Verbündeten waren, um den Vormarsch des Kommunismus aufzuhalten.[27] Der Wirtschaftsexperte John Kenneth Galbraith schrieb zu einer Zeit, als er US-Botschafter in Indien war, aus Neu-Delhi an Kennedy und erklärte sarkastisch: »Als militärischer Bündnispartner ist die ganze Nation Laos mit Sicherheit schwächer als ein Bataillon Kriegsdienstverweigerer aus dem Ersten Weltkrieg.«[28]

Die Vereinigten Staaten befürworteten im Jahr 1962 eine Kompromisslösung zu Laos, verzichteten auf ihre Unterstützung für die meisten antikommunistischen Kräfte und gaben sich mit einer neutralen Regierung zufrieden, die von dem nationalistischen Prinzen Souvanna Phouma geführt wurde. Den kommunistischen Rebellen der Pathet Lao gelang es mit Unterstützung der Nordvietnamesen nach und nach, das Landesterritorium zu übernehmen und bis Mitte der siebziger Jahre eine kommunistische Herrschaft zu etablieren. Souvanna wies bei einem Bankett zu Ehren Henry Kissingers im Jahr 1973 am Stadtrand der laotischen Hauptstadt Vientiane darauf hin, dass die Bevölkerung infolge von Krieg und Gebietsverlusten von einst 17 Millionen auf nunmehr drei Millionen geschrumpft sei. Auch in Souvannas Augen war das laotische Volk »nach seiner Tradition und nach seiner Religion ein friedliches Volk«. Es bat lediglich um Frieden und Souveränität.[29] Der britische Premier Harold Macmillan und der französische Staatspräsident Charles de Gaulle hatten schon Anfang der sechziger Jahre für die Bildung eines neutralen Staates Laos unter der Führung Souvannas plädiert. In der nunmehr gebildeten Koalitionsregierung übten die Kommunisten jedoch einen wachsenden Einfluss aus. 1975 setzten sie sich letztendlich durch. Der Einfluss Vietnams war unverkennbar, denn die Machtübernahme folgte rasch auf den Sieg des Vietcong und die Vereinigung ganz Vietnams unter kommunistischer Herrschaft. Auch wenn sich das Regime in Laos als milder erwies als andere kommunistische Systeme in Asien – mit relativ wenigen Hinrichtungen im Vergleich zu Vietnam, von Kambodscha ganz zu schweigen –, verließen fast zehn Prozent der Bevölkerung das Land. Das war ein höherer Anteil als die *boat people,* die übers Meer aus Vietnam flüchteten. Der Umfang dieses Flüchtlingsstroms aus Laos erklärt sich zum Teil aus der Tatsache, dass der Grenzfluss Mekong stellenweise relativ leicht nach Thailand überquert werden konnte.[30]

Wie wichtig das Nachgeben in Laos für die Verwicklung der Vereinigten Staaten in die Kämpfe in Vietnam war, haben aktuelle Studien nachgewiesen. Zur Zeit der Machtübergabe von Eisenhower an Kennedy hatte der designierte Verteidigungsminister Robert McNamara den Eindruck bekommen, dass, »wenn Laos verlorenginge, ganz Südostasien« unter kommunistische Herrschaft fallen werde. Eisenhowers Warnungen, so McNamara, »beeinflussten massiv unser anschließendes Vorgehen in Südostasien«. Kennedy beschloss jedoch, dass Laos nicht der geeignete Ort sei, um eine Front aufzubauen – und womöglich eine ähnliche Demütigung hinzunehmen wie unlängst bei dem Fiasko in der kubanischen Schweinebucht. Er versuchte besorgte Mitglieder seiner Regierung 1961 mit den Worten zu beruhigen: »Wenn wir in Südostasien kämpfen müssen, dann werden wir in Südvietnam kämpfen.«[31] Der amerikanische Präsident war zu dem Entschluss gelangt, dass ein neutrales Laos mit einer ungewissen Zukunft noch das beste Resultat war, das er sich in diesem Land erhoffen konnte. Das hatte jedoch Folgen, wie Seth Jacobs beobachtete:

Vietnam und Laos

Kennedys Laos-Politik hatte eine verborgene Stolperfalle. Er glaubte nicht, dass er sich in Südostasien weiter zurückziehen durfte. Falls der Vietcong seinen Vorteil gegenüber dem von den USA gestützten Regime in Saigon nutzen wollte, musste Amerika kämpfen. Indem Kennedy die eigenen Verluste in Laos begrenzte, schränkte er für sich und künftige Präsidenten die Palette der Optionen ein, die man gegen Vietnam ergreifen konnte.[32]

Der Vietnamkrieg spaltete die Verbündeten der Vereinigten Staaten und letztlich auch die öffentliche Meinung in Amerika selbst. Westeuropäische Regierungen zweifelten keineswegs daran, dass eine nichtkommunistische Regierung in Vietnam wünschenswert sei, aber sie hatten ernste Bedenken, ob dies mit militärischen Mitteln erreicht werden könne und wie wichtig das Regierungssystem in Vietnam für die Sicherheit des Westens eigentlich war.[33] Die Regierungsvertreter in Washington, die für Verteidigung und Sicherheit zuständig waren, drängten viel stärker darauf, das amerikanische Engagement in Vietnam zu steigern, als die Präsidenten Kennedy oder Johnson. Der nationale Sicherheitsberater McGeorge Bundy und Verteidigungsminister McNamara gaben Johnson zu verstehen, dass er nicht mit ihrer Unterstützung rechnen könne, sofern er nichts unternahm, um eine demütigende amerikanische Niederlage in Vietnam zu verhindern.[34] Letztlich befolgte Johnson den Rat derjenigen, die eine Ausweitung der Bombardierung Vietnams forderten, obwohl er von seinem Vizepräsidenten Hubert Humphrey in einem Dokument vom Februar 1965 eine ganz anders lautende und weitsichtige Warnung erhalten hatte. In einem lange geheim gehaltenen Memorandum schrieb sein Vize, dass es für die Regierung an der Zeit sei, die Verluste zu verringern, denn ein Abzug noch im selben Jahr sei besser als die Alternative eines stärkeren Engagements. Humphrey sagte voraus:

Die politische Opposition wird ständig steigen. Sie wird die ganze negative Haltung und Desillusionierung zementieren, die wir ohnehin bereits wegen Engagements im Ausland haben – mit unmittelbaren Nebeneffekten auf politischer Ebene für alle demokratischen, internationalistischen Programme, zu denen wir uns verpflichtet haben: AID [Agency for International Development], UN, Abrüstung und generell eine aktive Weltpolitik.[35]

Dennoch ließen sich die Vereinigten Staaten sowohl von der Angst vor dem wachsenden Einfluss der Chinesen in ganz Südostasien als auch von der »Dominotheorie« leiten, die zum ersten Mal von Präsident Eisenhower zu einer Zeit aufgestellt wurde, als die Franzosen 1954 aus Indochina vertrieben worden waren.[36]

Von 1966 an, als in China die Kulturrevolution begann, kam es auch innerhalb der Kommunistischen Partei Vietnams zu ähnlichen Diskussionen wie in der US-Regierung. Selbst Ho Chi Minh, der seit 1963 ein wenig an Einfluss verloren hatte (und 1969 starb), wurde inzwischen von einer Reihe von Parteimitgliedern kritisiert. Man warf ihm vor, er habe 1945 die Franzosen wieder nach Vietnam »gelassen« und 1954 die Teilung des Landes akzeptiert.[37] Die Spaltung unter den vietnamesischen Kommunisten spiegelte auf bezeichnende Weise den chinesisch-sowjetischen Streit wider, wobei einige Parteimitglieder die chinesische Linie unterstützten, andere hingegen zu Moskau tendierten. Da die Sowjetunion Ende 1968 China als Hauptlieferant von Hilfsgütern und militärischer Ausrüstung ablöste, war es umso wichtiger für die vietnamesischen Kommunisten, gute Beziehungen zum Kreml zu pflegen. Zu den großen Vorzügen des betagten Ho Chi Minh Ende der sechziger Jahre zählte, dass er imstande war, sich sowohl in Peking als auch in Moskau Respekt zu verschaffen.[38] Anfang der siebziger Jahre wurde die relative Anziehungskraft der Sowjetunion für vietnamesische Kommunisten jedoch durch beunruhigende Anzeichen einer Annäherung zwischen China und den Vereinigten Staaten noch gesteigert.[39]

Als auf die verbesserten Beziehungen der USA zu China eine Verbesserung der amerikanischen Beziehungen zur UdSSR folgte, musste die Regierung in Hanoi ihre unnachgiebige Haltung ein wenig zügeln. Sie wurde von der sowjetischen Führung gedrängt, keine weitere Offensive zu starten, sondern sich stattdessen auf die Diplomatie zu konzentrieren.[40] Im Jahr 1972, als sich beide großen kommunistischen Mächte für eine Friedensregelung in Vietnam aussprachen, die nicht – zumindest nicht sofort – zu einer Vereinigung des Landes unter kommunistischer Herrschaft führte, betrachteten nicht wenige Politiker in Hanoi dies als einen Kotau der Sowjets und der Chinesen vor Amerika. Weder die UdSSR noch China setzten Hanoi unter Druck, eine Verhandlungslösung zu erzielen, aber weder die nord- noch die südvietnamesische Regierung hatten großes Ver-

Vietnam und Laos 465

trauen zu dem Waffenstillstand, der im Januar 1973 in Paris ausgehandelt wurde, oder in den Willen, daraus eine dauerhafte Einigung
zu machen.[41] Doch das kommunistische Vietnam wurde, selbst nach
vorübergehenden Zugeständnissen, nie ein reiner Satellitenstaat der
Sowjetunion oder Chinas.

Die vietnamesischen Kommunisten gingen zwar im Jahr 1975 als
Gewinner aus dem Kampf hervor und die Vereinigten Staaten und
ihre vietnamesischen Verbündeten als Verlierer, doch der Sieg wurde
zu einem sehr hohen Preis erkauft. Der Krieg kostete 700 000 Vietnamesen das Leben, fast die Hälfte der Städte war zerstört. David Elliott,
ein führender Kenner des Vietnamkriegs, der 1963 mit der US-Armee
als Nachrichtenoffizier nach Saigon gekommen war und in der Nachkriegszeit zu einem Experten für Vietnam avancierte, hat darauf hingewiesen, dass Washington eigentlich immer der Ansicht war, »die
Vietnamesen selbst hätten keine große Bedeutung für das große
Ganze«. Nachdem die Johnson-Administration 1963 tatkräftig an der
Absetzung des Bündnispartners mitgewirkt hatte, dem sie ursprünglich bei dem Konflikt zu Hilfe geeilt waren, nämlich Ngo Dinh Diem,
»hatte sie eine so geringe Meinung von ihrem nominellen Bündnispartner, der Regierung der Republik Südvietnam, dass sie sich nicht
einmal die Mühe machte, den eigenen Verbündeten zu informieren,
dass Amerika den Krieg eskalieren und Kampftruppen entsenden
werde«.[42] Darüber hinaus war die vietnamesische Gesellschaft, wie
Elliott überzeugend darlegt, nicht nur zwischen Revolutionären und
ihren Gegnern gespalten, sondern »in die gesamte ›politische Klasse‹
auf beiden Seiten der Trennlinie« und »die Risikoscheuen, deren
Mantra lautete: ›Macht doch, was ihr wollt, ich werde ein einfacher
Bürger bleiben.‹«[43]

Obwohl die Regierung in Hanoi noch repressiver vorging als die
in Saigon, verloren die südvietnamesischen Herrscher bei einem beträchtlichen Teil der eigenen Bevölkerung ihre Glaubwürdigkeit, als
sie sich in einem Bürgerkrieg auf ausländische Truppen mit einer
enormen Feuerkraft verließen. Am Ende zeichnete sich ab, dass die
antikommunistischen Kräfte in Vietnam weder *mit* der aktiven Militärhilfe der Vereinigten Staaten noch *ohne* sie gewinnen konnten.[44]
Im Rückblick auf über vierzig Jahre Beschäftigung mit Vietnam, angefangen mit seiner Zeit als US-Soldat, zog David Elliott die Schlussfolgerung:

Selbsttäuschung ist der sicherste Weg in die Katastrophe ... der Hauptgrund, weshalb ich zu dem Schluss kam, dass die US-Präsenz für Amerikaner ebenso schädlich war wie für die Menschen, denen wir helfen wollten, war, dass es Amerika im Vietnamkrieg nie um Vietnam ging, sondern immer um eine größere Abstraktion der Sorge für die Vereinigten Staaten: das Eindämmen Chinas, Dominosteine, Glaubwürdigkeit.[45]

Kambodscha

Die Vorstellung, dass asiatische Länder wie eine Reihe Dominosteine eins nach dem anderen den Marxisten-Leninisten in die Hände fallen würden, sollte der Kommunismus in Vietnam siegen, erwies sich als völlig aus der Luft gegriffen, und auf der Grundlage dieser falschen Prämisse wurden riesige Mengen an Blut vergossen. Der größte Teil Asiens blieb eindeutig nichtkommunistisch. Ein Land wurde jedoch eine Zeitlang kommunistisch und stand jahrelang unter einem extrem grausamen Regime: Kambodscha. Von 1975 bis 1979 machten die Roten Khmer in Kambodscha einen höheren Anteil der eigenen Bevölkerung nieder als je eine Regierung in einem anderen kommunistischen oder faschistischen Staat im 20. Jahrhundert. Unter der Herrschaft der Roten Khmer mit Pol Pot an der Spitze wurde die Vorstellung des Klassenkampfes zu geradezu perversen Extremen gesteigert; die Säuberungen der Kommunistischen Partei selbst übertrafen die schlimmsten Exzesse Stalins und Mao Tse-tungs. Es wurde gar der Versuch unternommen, noch rascher als China mit seinem »Großen Sprung nach vorn« in eine kommunistische Gesellschaft zu wechseln. In beiden Fällen war eine Hungersnot die Folge, aber in Kambodscha kam noch eine sehr viel breitere Palette an Verstößen hinzu, die mit dem Tode bestraft wurden, als in China. Sogar außerehelicher Geschlechtsverkehr und der Konsum von Alkohol konnten ein Todesurteil nach sich ziehen.[46]

Kambodscha hatte zu Französisch-Indochina gehört und 1953 die Unabhängigkeit erlangt. Mehr als fünfzig Jahre lang war Prinz Norodom Sihanouk eine Schlüsselfigur in der Politik des Landes. Mit nicht einmal zwanzig Jahren wurde er König von Kambodscha, nachdem der französische Generalgouverneur ihn auf den Thron gesetzt hatte. Er war zwar ein Nationalist, der die Unabhängigkeit anstrebte,

Kambodscha   467

aber er wartete seine Zeit ab. Als die Franzosen 1953 abzogen, wurde
er Regierungschef. Von 1960 bis 1970 regierte er als Präsident. Dem
autoritären, aber nie überaus repressiven Staatschef Sihanouk gelang
es, sein Land zwischen den Vereinigten Staaten und der UdSSR neutral zu halten – eine Aufgabe, die im Zuge des Vietnamkriegs immer
schwieriger wurde. Er wurde im Jahr 1970 von Mitgliedern seiner eigenen Regierung in einem Staatsstreich abgesetzt, den die CIA unterstützt hatte, auch wenn sie nicht aktiv daran beteiligt war. Sihanouk wurde in China mit offenen Armen aufgenommen, verbrachte
die erste Hälfte der siebziger Jahre dort und gründete in dieser Zeit
die Nationale Einheitsfront Kambodschas. Unterdessen tobte in Kambodscha ein Bürgerkrieg, der bis 1975 anhielt. Die Hauptkontrahen-
ten waren die Regierung, die sich nach der Absetzung König Sihanouks stärker nach Westen orientiert hatte, und die Kommunisten.
Im Jahr 1973 nannten die kambodschanischen Kommunisten (die Roten Khmer) – die George Orwell vermutlich nicht gelesen hatten –
ihre Partei in »Großer Bruder« um! Von 1970 bis 1973 wurden sie in
ihrem Kampf von vietnamesischen Streitkräften unterstützt. Das erklärte Ziel sowohl Hanois als auch der Roten Khmer war die Rückkehr Sihanouks an die Macht, der sich aus Wut über die Absetzung
mit den Kommunisten verbündet hatte. Folglich sahen sich die Regie-
rungtruppen unter Führung von General (später Marschall) Lon Nol
in der merkwürdigen Lage, gegen »royalistische Kommunisten« zu
kämpfen. Sowohl die Vietnamesen als auch die Roten Khmer leisteten damals Sihanouk eifrig Lippenbekenntnisse, achteten indes sorgfältig darauf, ihm keine Entscheidungsbefugnisse einzuräumen.[47]
Bevor der US-Kongress 1973 die Mittel für dieses Engagement
kürzte, genehmigte die Nixon-Administration massive Bombenan-
griffe auf Kambodscha, um den Vormarsch der Roten Khmer aufzuhalten. Obwohl deren Nachschublinien dadurch in der Tat gekappt
wurden und unzählige Menschen starben, hatte der Abwurf von insgesamt 540 000 Tonnen Bomben über dem Hinterland vor allem den
politischen Effekt, dass den Kommunisten neue Rekruten zuliefen
und die Feindschaft gegen die Vereinigten Staaten geschürt wurde.
Darüber hinaus löste die Kampagne einen Flüchtlingsstrom aus den
ländlichen Regionen in die Städte aus.[48] Im Jahr 1973 kürzten die
Nordvietnamesen ihre Unterstützung für die Roten Khmer drastisch,
weil sich Letztere geweigert hatten, an den Friedensgesprächen in

Paris teilzunehmen. Die Gespräche beendeten den Vietnamkrieg und hätten auf Verhandlungen über Kambodscha ausgedehnt werden können. Als die Kommunistische Partei von Kampuchea in Form der Roten Khmer an die Macht kam, handelte es sich folglich im Wesentlichen um eine indigene Machtübernahme. Auch wenn die folgenden Ereignisse häufig als »Völkermord« bezeichnet wurden, war der Name insofern falsch, als der Begriff in der Regel den Versuch bezeichnet, die Bevölkerung einer bestimmten Nation oder ethnischen Gruppe auszulöschen. Die meisten gewaltsamen Todesfälle waren Kambodschaner, die von kambodschanischen Fanatikern getötet wurden, welche die Macht an sich gerissen hatten. Allerdings trifft es zu, dass die Vietnamesen im Land einen proportional noch höheren Blutzoll leisten mussten.[49] Die Roten Khmer töteten Vietnamesen, wo immer sie in Kambodscha auf sie stießen. Das Vorgehen kam bereits einer »ethnischen Säuberung« gleich, wie man es später nannte.[50] Mit ihrer Grausamkeit während des Bürgerkriegs hatten die Roten Khmer jedoch nur einen Vorgeschmack auf das geliefert, was noch kommen sollte. Als sie zum Beispiel im Jahr 1974 die ehemalige königliche Hauptstadt Udong einnahmen, massakrierten sie Zehntausende.[51]

Im April 1975 übernahmen die Kommunisten die Regierung, als ihnen die Hauptstadt Phnom Penh in die Hand fiel. Sihanouk wurde nominell zum Staatsoberhaupt ernannt, stand aber von 1976 an unter Hausarrest. Hunderttausende wurden aus den Städten vertrieben, auf die die Roten Khmer allem Anschein nach einen besonderen Hass entwickelt hatten.[52] Diese Feindseligkeit war eine merkwürdige Interpretation des Marxismus-Leninismus. Obwohl Pol Pot Anfang der fünfziger Jahre Marxist geworden war, wurden während der Terrorherrschaft der Roten Khmer kaum einmal Marx und Lenin zitiert. Selbst auf Mao, dem Pol Pots Ableger der kommunistischen Bewegung noch am nächsten stand, berief sich das Regime nur selten. In vieler Hinsicht war das, was sich in Kambodscha – das in jenen Jahren Demokratischer Staat Kampuchea genannt wurde – abspielte, eine Karikatur des Kommunismus. Mit dem Maoismus des »Großen Sprungs« hatte das Ganze immerhin so viel Ähnlichkeit, dass man nicht von einem völlig neuen Phänomen sprechen konnte, aber es war um ein Vielfaches schlimmer. Über die genaue Zahl der Opfer unter der Herrschaft der Roten Khmer – überwiegend durch Mord, aber auch durch Hunger – sind sich die Experten nicht einig, aber gemein-

Kambodscha

hin geht man von einer Zahl in der Größenordnung von zwei Millionen aus. Im Verlauf von fünf Jahren dürfte jeder Fünfte der Bevölkerung als Folge der Barbarei der Roten Khmer umgekommen sein. Im Jahr 1979 hatten 42 Prozent der Kinder in Kambodscha mindestens ein Elternteil verloren. Im Jahr 1989 waren 38 Prozent der erwachsenen Frauen in Kambodscha verwitwet, bei den Männern waren es zehn Prozent. Es wurden zwar auch viele Frauen hingerichtet, die Männer jedoch in weit größerer Zahl.[53]

Genau wie Mao war auch Pol Pot von dem Gedanken fasziniert, beim Aufbau der Gesellschaft mit einem weißen Blatt, also praktisch bei null zu beginnen. Er schrieb selbst die jüngste Geschichte seines Landes neu und bestimmte, dass der revolutionäre Kampf Kambodschas mit der Gründung der Kommunistischen Partei Kampucheas im Jahr 1960 beginnen müsse. Er selbst wurde damals Mitglied des Zentralkomitees und war von 1963 an ZK-Sekretär. Anstelle der Tätigkeit in einem bürokratischen Apparat brachte diese Funktion Operationen von geheimen Verstecken aus mit sich. Die Geschichtsversion der Roten Khmer strich kurzerhand die Gründung der Kommunistischen Partei Indochinas durch Ho Chi Minh im Jahr 1951. Die kambodschanischen Kommunisten hatten damals einen Teil dieser Organisation gebildet, aber ihr Hauptquartier lag in Vietnam.[54] Folglich eignete sich diese Geschichte nicht als Gründungsmythos für die Gesellschaft, welche die Roten Khmer aufbauen wollten. Der Radikalismus der Roten Khmer in der zweiten Hälfte der siebziger Jahre hatte nichts mit dem zu tun, was sich damals in der übrigen kommunistischen Welt abspielte. Die Herrschaft durch systematischen Terror setzte um die Zeit von Maos Tod und somit am Ende der späteren und etwas zahmeren Variante der chinesischen Kulturrevolution ein. Aus Sicht der Fanatiker unter den Roten Khmer grassierte damals der »Revisionismus«, von der Sowjetunion bis nach Vietnam. Mittlerweile hob er sogar in China sein Haupt. Wenn eine Logik in dem offensichtlichen Wahnsinn des Versuchs steckte, die kambodschanische Gesellschaft durch Terror umzugestalten, dann dürfte der französische Historiker Jean-Louis Margolin sie treffend beschrieben haben:

Chinas Großer Sprung hatte nicht die erhofften Früchte getragen? Die Kulturrevolution war gescheitert? Doch wohl nur deshalb, weil man auf halbem Wege stehen geblieben war und nicht alle Widerstandsnester der Konterrevolution ausgehoben hatte: die korrupten und unkontrollierbaren Städte, die arroganten, auf geistige Unabhängigkeit bedachten Intellektuellen, das Geld und die grundlegenden Tauschbeziehungen, diese Wegbereiter einer kapitalistischen Restauration und die Unterwanderung der Partei durch »Verräter«.[55]

Abgesehen vom Ausmaß der Hinrichtungen unterschied sich Pol Pot auch in seinem Regierungsstil erheblich von Mao, von Kim Il Sung und Kim Jong Il ganz zu schweigen. Statt einen Personenkult zu fördern, blieb er lieber im Schatten, sorgte aber gleichzeitig dafür, dass jede potentielle Gefahr für seine Macht ausgeschaltet wurde. Sein echter Name war Saloth Sar, und er hatte eine relativ privilegierte Erziehung genossen, die er zum Teil im Umfeld der Monarchie verbracht hatte. Dazu zählte etwa ein Studium in Paris von 1949 bis 1953. Mit anderen kommunistischen Führern wie Stalin, Mao und den beiden Kims hatte er jedoch den Glauben an die eigene Genialität gemeinsam. In Wirklichkeit hat es kein Mensch mehr verdient, wegen Verbrechen gegen die Menschlichkeit vor Gericht gestellt zu werden, nicht einmal Stalin, Mao oder Kim Il Sung. Genau wie sie starb Pol Pot jedoch eines natürlichen Todes, in seinem Fall einen Monat vor seinem 70. Geburtstag im Jahr 1998. Zum Glück war er zu der Zeit bereits seit vielen Jahren nicht mehr an der Macht.

Der Sturz der Roten Khmer war weitgehend das Werk der Vietnamesen. Nach fast zwei Jahren anhaltender Grenzkonflikte marschierten sie Ende Dezember 1978 in Kampuchea ein.[56] Sie wollten die Roten Khmer absetzen, allerdings nicht die kommunistische Herrschaft beenden. Der größte Teil der kambodschanischen Bevölkerung begrüßte sie als Befreier, und im Lauf des nächsten Jahres wurde, unter vietnamesischer Aufsicht, eine »normale« kommunistische Regierung errichtet. Im folgenden Jahrzehnt – bis zum Abzug der vietnamesischen Truppen im Jahr 1989 – hatte Kambodscha ein orthodoxeres kommunistisches System mit weit weniger Willkür. Es war immer noch extrem autoritär, aber zweifellos kein Vergleich zum vorherigen Regime. Wie Margolin ganz richtig beobachtet hat: »Angesichts des immer grausameren Gemetzels der Roten Khmer kamen die vorrückenden Panzer der Vietnamesen für eine unabsehbare Anzahl von Menschen als allerletzte Rettung.«[57]

Die Militärintervention, die aus eigenem Entschluss der vietname-

Kambodscha 471

sischen Regierung erfolgte, wurde von der Sowjetunion unterstützt und von einer merkwürdigen Koalition abgelehnt, der China, die Vereinigten Staaten und die meisten Länder Westeuropas angehörten. Selbst die Carter-Administration, die nicht länger über Menschenrechtsverletzungen durch einige dubiose Verbündete der Vereinigten Staaten im Kalten Krieg gegen die Sowjetunion hinwegsah, lehnte die vietnamesische Intervention in Kambodscha ab und betrachtete Hanoi lediglich als Stellvertreter für Moskau. Auf einem Gipfeltreffen mit Breschnew im Juni 1979 in Wien kritisierte Carter, nachdem er sich über die Anwesenheit kubanischer Truppen in Afrika beschwert hatte, darüber hinaus die Tatsache, dass »die Sowjetunion auch die Vietnamesen bei ihrer Invasion in Kambodscha angespornt und unterstützt« habe.[58] Als Antwort behauptete Breschnew, wie Carter notierte, »die Bürger in Kambodscha wären den Vietnamesen sogar dankbar dafür, dass sie das widerwärtige Regime Pol Pots gestürzt hatten«, und es sei doch nur verständlich, dass die Sowjetunion die Intervention unterstütze.[59] In diesem Fall hatte Breschnew sogar recht.

Als die Chinesen jedoch beschlossen, den Vietnamesen eine Lektion zu erteilen, und eine begrenzte Militäraktion gegen Vietnam starteten, nachdem sie den US-Präsidenten vorab über ihre Pläne informiert hatten, da zeigte die Carter-Administration durchaus Verständnis für dieses Vorgehen.[60] Der chinesische Einfall zwang die Vietnamesen, Armeeeinheiten von Kambodscha an die Grenze zu China zu verlegen. Carters nationaler Sicherheitsberater Zbigniew Brzezinski spricht zwar in seinen Memoiren im Zusammenhang mit dem »kambodschanischen Regime, das die Vietnamesen absetzten«, von dem »mörderischen Pol Pot«, lässt aber keinen Zweifel daran, dass die US-Regierung Vietnams Intervention gegen die Roten Khmer ablehnte. Die Tatsache, dass Vietnam mit der Sowjetunion verbündet war und dass China (zu dem die USA mittlerweile gute Beziehungen knüpften) Pol Pot als Bündnispartner betrachtete, überwog humanitäre Überlegungen.[61] Eine militärische Invasion verschlimmert häufig eine ohnehin schlechte Lage noch, aber bei der vietnamesischen Intervention in Kambodscha war dies nicht der Fall. Wie Marrack Goulding, ehemaliger Untergeneralsekretär der Vereinten Nationen für die Friedenssicherung, zu Beginn des 21. Jahrhunderts schrieb: »Nach heutigen humanitären Standards lässt sich [das Vorgehen Vietnams] als ein Schritt rechtfertigen, der getan werden musste, wie

Tansanias Militärintervention in Uganda im Jahr 1979, um das Monster Idi Amin zu stürzen.« Damals verweigerten jedoch die westlichen Mächte, die das Pol-Pot-Regime bereits als legitime Regierung Kambodschas anerkannt hatten, der von Vietnam eingesetzten Regierung die Anerkennung. Sie blieb ihrerseits über ein Jahrzehnt an der Macht.[62]

Die Vietnamesen zogen im Jahr 1989 alle Truppen aus Kambodscha ab, nicht zuletzt als Reaktion auf Impulse seitens der Sowjetunion, die damals von Michail Gorbatschow geführt wurde. Der Abzug war auch eine Folge der verbesserten Beziehungen zwischen der Sowjetunion und China, was wiederum dazu beitrug, die Spannungen zwischen China und Vietnam abzubauen. Kambodscha wurde als letztes Land im 20. Jahrhundert kommunistisch, allerdings war es lange vor dem Ende des Jahrhunderts bereits kein kommunistischer Staat mehr. Die Machtübernahme erfolgte erst im Jahr 1975, und das System hielt sich – ab 1979 unter einem anderen Regime – bis 1991 an der Macht. Die Roten Khmer gingen nach der Absetzung einmal mehr in den Untergrund, aber schließlich gelang es den Vereinten Nationen, einen Friedensprozess in Gang zu bringen, der zu Wahlen im Jahr 1993 und einem nichtkommunistischen Kambodscha führte.

Afghanistan

Das einzige Land, das man eventuell als kommunistisch bezeichnen könnte und das später als Kambodscha eine kommunistische Regierung bekam, war Afghanistan. Es wurde von der Sowjetunion jedoch nicht als »sozialistisches Land« angesehen, und was Moskau unter »Sozialismus« verstand, kommt dem sehr nahe, was man gemeinhin, aber ein wenig unpräzise Kommunismus nennt (siehe Kapitel 6). Der sowjetische Einmarsch in Afghanistan war nicht, wie in westlichen Hauptstädten damals viele glaubten, der Beginn eines neuen Expansionsversuches, sondern Teil einer Politik, die verhindern sollte, dass Afghanistan ein der UdSSR feindlich gesinntes Regime bekam. Die Machtergreifung in Kabul durch Kommunisten 1978 kam für die sowjetische Führung überraschend, und in der Folge hatte sie größte Schwierigkeiten, die Machtkämpfe innerhalb der Partei und den landesweiten Widerstand gegen das Regime in den Griff zu bekommen.

Afghanistan 473

Nachdem der Versuch, auf diplomatischem Weg Einfluss zu nehmen, gescheitert war, verschlimmerte der Kreml selbst die Lage, indem er Truppen in das südliche Nachbarland schickte. Der großangelegte sowjetische Einfall in Afghanistan scheiterte in erster Linie an der Stärke und Ausdauer der einheimischen Opposition, denn die Koalition der Widerstandsgruppen wurde von den USA und von Afghanistans Nachbarn Pakistan massiv unterstützt. Abgesehen von einer direkten Beteiligung an den Kämpfen setzten sie alle verfügbaren Mittel ein. Die amerikanische Unterstützung für islamistische Guerillakämpfer – darunter auch Osama bin Laden – gegen die sowjetischen Besatzungstruppen war jedoch auf lange Sicht ebenfalls alles andere als eine Erfolgsgeschichte. Tatsächlich hatte der Krieg in Afghanistan, mit dem Nachspiel der Taliban-Herrschaft im Anschluss daran, gefolgt von einem weiteren Krieg, *keinen* Sieger.

Die sowjetische Führung war im Grunde ganz zufrieden mit einem nichtkommunistischen und neutralen Afghanistan, selbst als es von 1919 bis 1973 noch eine monarchische Regierung hatte. (Ende der sechziger Jahre war ich zufällig im Stadtzentrum von Moskau, als der afghanische König Zahir Shah im Rahmen eines Staatsbesuches vorbeifuhr. Eine eher gelangweilte, eigens angeworbene Menge Moskauer Zuschauer schwenkte pflichtgemäß die von den Behörden gestellten afghanischen Flaggen.) Als der König im Juli 1973, während er außer Landes war, von seinem Ministerpräsidenten (und Cousin) General Mohammed Daud abgesetzt wurde, hatte die Sowjetunion mit dem Wechsel Afghanistans zur Republik nichts zu tun. Die neue Regierung pflegte weiterhin unproblematische Beziehungen zu ihrem sowjetischen Nachbarn, allerdings verlegte sich Daud von 1976 an auf Anraten des Schahs (dessen Regime nur wenige Jahre danach gestürzt werden sollte) auf eine härtere Linie gegen potentielle Gegner. Als solche betrachtete er Kommunisten und radikale Islamisten, und im Jahr 1977 ging er massiv gegen die fanatischeren Elemente in beiden Gruppen vor.[63]

Die afghanische KP – die Demokratische Volkspartei Afghanistans (DVPA) – war erst im Jahr 1965 gegründet worden und bestand aus zwei Fraktionen. Die radikalere der beiden, die unter dem Namen Khalq (was so viel wie »Volksmassen« heißt) bekannt wurde, wurde von Nur Mohammed Taraki angeführt, dessen engster Mitarbeiter Hafizullah Amin war. Die zweite Gruppe namens Parcham (»Flagge«)

wurde von Babrak Karmal geleitet, einem intellektuellen Marxisten adliger Herkunft. Die Parchamis hatten Daud, der eine Bodenreform eingeleitet hatte, mehr oder weniger unterstützt.[64] Der sowjetische Botschafter in der Hauptstadt Kabul, Alexander Pusanow, teilte Moskau mit, dass Parcham und Khalq fast wie zwei verschiedene Parteien seien und dass zwischen den beiden zahlreiche Animositäten bestünden.[65] Die zuständigen Funktionäre in Moskau, sei es im Zentralkomitee, im Außenministerium oder im KGB, favorisierten Karmals Fraktion. Während der Herrschaft Dauds verfolgten sie eine zurückhaltende Politik. Sie drängten die Kommunisten, sich mit der Regierung auf Absprachen einzulassen, die einen gewissen Einfluss versprachen, sie hatten kein Interesse an einer gewaltsamen Machtübernahme. Deshalb war Moskau völlig überrumpelt, als Daud im April 1978 bei einem Putsch der Khalq-Fraktion ermordet wurde. Der sowjetische Botschafter berichtete mit spürbarer Missbilligung, dass Taraki und Amin zu ultralinken Initiativen neigen würden, stellte allerdings auf der positiven Seite fest, dass die neue Regierung »mehr Sympathie für die UdSSR« haben werde.[66] Tatsächlich hob Amin sogar hervor, dass sein Regime nicht nur der Sowjetunion näher stehen würde als die Regierung Daud, sondern dass die Khalq-Fraktion auch zuverlässiger sei als die Parcham-Fraktion. Im Fall einer Uneinigkeit zwischen den Führern der Khalq und den »sowjetischen Genossen«, so Amin, »werden die Khalq-Anhänger ohne Zögern erklären, dass die sowjetischen Genossen recht hätten«. Die Parchami hingegen, fügte er hinzu, »werden sagen, dass *ihre* Führer recht haben«.[67]

In Wirklichkeit verschlechterten sich schon bald die Beziehungen zwischen Amin und Moskau sowie zwischen Amin und seinem nominellen Vorgesetzten Taraki. Letzterer war Staatspräsident geworden, Amin hingegen Regierungschef. Gleich zu Beginn ihrer Herrschaft schlossen die beiden praktisch die gesamte Parcham-Fraktion von der Regierung aus, viele wurden verhaftet oder getötet. Karmal wurde afghanischer Botschafter in Prag, eine angenehme Form des Exils. Die Sowjetunion war also gezwungen, mit der Khalq-Fraktion auszukommen, und lieferte der neuen Regierung Wirtschaftshilfe und Waffen. Die afghanischen Führer, allen voran Taraki – der Erster Sekretär der Kommunistischen Partei und Staatspräsident in einer Person war –, wollten jedoch konkretere Militärhilfe von der Sowjetunion. Im Laufe des ersten Jahres an der Macht bekamen sie immer

Afghanistan 475

deutlicher den wachsenden Widerstand gegen ihr Regime zu spüren. Taraki hatte am 20. März 1979 ein wichtiges Treffen in Moskau mit dem Vorsitzenden des sowjetischen Ministerrats Alexej Kossygin, Außenminister Andrej Gromyko, Verteidigungsminister Dmitri Ustinow und dem Leiter der Internationalen Abteilung des ZK, Boris Ponomarjow. Kossygin hatte den Vorsitz und legte unmissverständlich seine Anschauung dar, dass die afghanischen Kommunisten imstande sein müssten, aus eigener Kraft ihr Regime zu verteidigen. Im Verlauf des Treffens wies er Taraki wiederholt auf das Vorbild der Vietnamesen hin, die sowohl die Amerikaner als auch die Chinesen nach Hause geschickt hatten.[68] Kossygin sprach sich energisch gegen eine direkte Beteiligung sowjetischer Truppen an den Kämpfen in Afghanistan aus, war allerdings bereit, die Lieferung von Waffen und technischer Unterstützung zu genehmigen. Er sagte zu Taraki ganz offen: »Unsere gemeinsamen Feinde freuen sich schon auf den Moment, wenn sowjetische Truppen in Afghanistan auftauchen.«[69] Die erste Reaktion in den westlichen Hauptstädten war jedoch nicht Freude, als sowjetische Truppen noch im selben Jahr einrückten. Doch schon wenig später lösten die Hinweise, dass die Sowjetunion in einem Sumpf feststeckte, der durchaus mit der amerikanischen Erfahrung in Vietnam vergleichbar war, vor allem in Washington genau jene Reaktion aus, die Kossygin vorhergesagt hatte.

Taraki wollte sich mit Kossygins Nein nicht abfinden und hoffte, die anderen überreden zu können. Er teilte Kossygin, Gromyko, Ustinow und Ponomarjow mit, dass sie dringend Hubschrauber benötigten, am besten gleich mit Pilot. Kossygin antwortete, dass sie Spezialisten schicken könnten, die imstande wären, die Hubschrauber zu warten, aber »selbstverständlich« *kein* Kampfpersonal.[70] Gegen Ende des Treffens stellte Taraki Kossygins Geduld weiter auf die Probe, indem er fragte, ob man den Afghanen nicht wenigstens Piloten und Panzerfahrer »aus anderen sozialistischen Ländern« schicken könne. Kossygin erwiderte, ihm sei unbegreiflich, warum diese Frage nach Piloten und Panzerpersonal immer wieder aufgeworfen werde. Das komme recht unerwartet und sei ein überaus heikles politisches Thema, er zweifle, ob die Antwort der »sozialistischen Länder« anders lauten würde.[71] Kossygin beendete die Sitzung mit einer Frage nach der »Personalpolitik«, wie er es euphemistisch nannte, des Regimes in Kabul. Dabei dachte er an die Leute, die aus dem Amt entlassen oder ins Gefängnis gesteckt worden waren, auch hohe Militärs und Politiker. Kossygin sagte, er wolle sich nicht in die inneren Angelegenheiten Afghanistans einmischen, aber er könne auf der Basis der sowjetischen Erfahrung einige Ratschläge geben. Unter Stalin seien viele Offiziere verhaftet worden, aber als der Krieg ausbrach, ließ Stalin sie frei und schickte sie an die Front. Kossygin fuhr fort: »Diese Leute erwiesen sich als die wahren Helden. Viele stiegen bis in die höchsten Ebenen des militärischen Kommandos auf.«[72]

Wenn Taraki ein wenig begriffsstutzig wirkte, so gelangte die sowjetische Führung schon bald zu dem Schluss, dass Amin geradezu gefährlich war. Dessen Versprechen völliger Loyalität zur Sowjetunion deckte sich nicht mit seinen Aktionen. Einige Sowjetfunktionäre, allen voran KGB-Chef Juri Andropow, fürchteten allmählich, dass Amin Moskau »einen Sadat antun« werde.[73] Das war eine Anspielung auf den Kurswechsel, den Ägypten genommen hatte. Unter Präsident Gamal Abdel Nasser hatte sich das Land an die Sowjetunion angelehnt, sein Nachfolger Anwar as-Sadat hingegen rückte näher zu den Vereinigten Staaten. Die sowjetische Führung war immer noch alarmiert über das Ausmaß der Verhaftungen, die auf Amins Befehl vorgenommen wurden, und über seine starke Neigung, sich immer mehr Gruppen zum Feind zu machen, statt eine breitere Koalition zu schmieden. KGB-Offiziere in Kabul ließen im Spätsommer 1979 Taraki gegenüber durchblicken, dass eine Verhaftung Amins für die Aufrechterhaltung guter Beziehungen zur Sowjetunion unerlässlich sei. Man ging jedoch noch einen Schritt weiter, als Amin am 14. September zu einem Treffen in Tarakis Residenz eingeladen wurde, an dem auch sowjetische Repräsentanten teilnahmen. Tarakis Präsidialwache eröffnete das Feuer, um Amin zu töten. Zwei Mitarbeiter des Regierungschefs kamen bei der Aktion um, Amin selbst entkam, und er hatte genügend militärischen Rückhalt, um Taraki abzusetzen und verhaften zu lassen. Amin ernannte sich selbst zum Chef der Kommunistischen Partei. Taraki wurde am 9. Oktober hingerichtet, die sowjetischen Gnadengesuche ignorierte Amin einfach.[74]

Amins Herrschaft, der als Student in den Vereinigten Staaten zum Marxisten geworden war, war zu dieser Zeit viel problematischer für die sowjetische Führung als die zahme afghanische Monarchie. Durch die aggressive Politik des afghanischen Staatschefs wurden neue Feinde geschaffen, auch unter militanten Islamisten, die von der ira-

Afghanistan   477

nischen Revolution im selben Jahr angespornt worden waren. Die sich
verschlechternde Lage hatte die verhängnisvolle sowjetische Entscheidung zur Folge, militärisch zu intervenieren und Amin durch
den Kommunisten zu ersetzen, der von Anfang an Moskaus erster
Kandidat für die Führungsrolle gewesen war: Babrak Karmal. Die
treibenden Kräfte für eine Militäraktion waren Verteidigungsminister Ustinow und KGB-Chef Andropow, aber Außenminister Gromyko gab ebenfalls seine Zustimmung, während der Leiter der Internationalen Abteilung des ZK Boris Ponomarjow sich stillschweigend
fügte. Im Jahr 1979 war Leonid Breschnew bereits gesundheitlich sehr
angeschlagen und wurde erst in einem späten Stadium in den Ent-
scheidungsprozess einbezogen. Nichtsdestotrotz war seine Zustimmung unerlässlich. Dem zurückhaltenden politischen Akteur Breschnew wurde eingeredet, dass der Konflikt schon bald zu Ende sein
werde. Er hielt sich an den Rat seiner höchsten Berater, und die Entscheidung zur Invasion wurde demzufolge dem Politbüro der KPdSU
als bereits beschlossene Sache präsentiert. Kossygin hatte sich bis zuletzt gegen die Entsendung einer größeren sowjetischen Kampftruppe
nach Afghanistan ausgesprochen, fehlte jedoch bei der Politbürositzung, auf der die Entscheidung abgesegnet wurde. So wurde die übliche Einstimmigkeit erreicht.[75]

Die sowjetische Invasion hatte zur Folge, dass Ende 1979 innerhalb
von nur drei Monaten ein zweiter afghanischer Präsident hingerichtet wurde – wiederum von kommunistischen Genossen. Taraki war
im Oktober umgekommen, Amin wurde im Dezember getötet. Die
sowjetische Armee marschierte Ende Dezember in großen Verbänden
in Afghanistan ein, dazu kamen über 700 Spezialeinheiten des KGB.
Die KGB-Truppen griffen Amins Residenz an, überwanden den Widerstand seiner Wachen und töteten den afghanischen Staatschef sowie etliche Verwandte und Mitarbeiter. Am nächsten Tag gab Karmal
bekannt, dass er nunmehr Regierungschef und zugleich Generalsekretär der DVPA sei.[76] In einem fünfseitigen Dokument mit dem
lakonischen Titel »Zu den Ereignissen in Afghanistan am 27./28. Dezember 1979« berichteten Andropow, Gromyko, Ustinow und Ponomarjow der sowjetischen Führung über den erfolgreichen Regie-
rungswechsel in Kabul. Amin habe, sagten sie, »die Partei und das
Volk getäuscht«. Allein in dem Zeitraum seit September seien mehr
als 600 Parteimitglieder und Militärs ohne Prozess hingerichtet wor-

den. Was damals vorging, sei nicht weniger als »die Liquidierung der Partei« gewesen.[77] Nunmehr folge die Bildung einer neuen Regierung und eines Revolutionsrats, dem »Vertreter der ehemaligen Gruppen ›Parcham‹ und ›Khalq‹, Repräsentanten des Militärs und Nichtparteimitglieder« angehören sollten.[78]

Karmal wurde von Andropow und seinen Kollegen in dem Bericht als »der vom theoretischen Standpunkt aus wohl am besten vorbereitete Führer der DVPA« beschrieben, als ein Mann, der aufrichtig mit der Sowjetunion sympathisiere und der eine »hohe Autorität unter den Parteimassen und im Land« genieße.[79] Dennoch berücksichtigte Karmal bei seinen Ernennungen längst nicht so viele Bevölkerungsgruppen, wie seine sowjetischen Mentoren es sich gewünscht hätten. Die meisten führenden Regierungsmitglieder stammten aus seiner Parteifraktion und waren gemeinsam mit ihm im Exil gewesen. Er folgte dem Beispiel seiner toten Rivalen, indem er viele Kommunisten verhaften ließ, die der falschen Fraktion angehört hatten. Da er mit Hilfe sowjetischer Waffen an die Macht gelangt war, war er jedoch stärker als Taraki und Amin auf Moskau angewiesen. Auch wenn Karmals Vorgänger sowjetische Wirtschaftshilfe und Waffen gebraucht hatten, so hatten sie im April 1978 zumindest aus eigener Kraft die Macht an sich gerissen. Auf sowjetisches Drängen hin musste Karmal den größten Teil der verhafteten Kommunisten wieder freilassen und eine ganze Anzahl von ihnen im Namen der Parteieinheit in die neue Regierung aufnehmen.[80]

Dem afghanischen Regime war es, obwohl es von Menschen geleitet wurde, die sich für Kommunisten hielten, gewiss nicht gelungen, vor dem Einmarsch der Sowjetunion ein kommunistisches System aufzubauen, und danach hatte es damit eher noch weniger Erfolg. In der Regel gelang es nach einer Machtübernahme, die Zahl der Parteimitglieder erheblich zu steigern. In Afghanistan beobachtete jedoch ein führender Experte des Konflikts: »Es wäre ein Wunder nötig gewesen, um den afghanischen Kommunismus wiederzubeleben«, weil die letzte Runde der inneren Grabenkämpfe »den Glauben der meisten Parteimitglieder zerstört hatte, dass der Aufbau einer kommunistischen« Partei durchführbar sei«.[81] Das Überleben des Regimes hing massiv vom sowjetischen Militär ab. In der ersten Hälfte der achtziger Jahre saßen ständig rund 100 000 sowjetische Soldaten in Afghanistan fest. Mindestens 25 000 von ihnen wurden getötet, und mehr

Afghanistan   479

als eine Million Afghanen kam in dem Konflikt um.[82] Durch die Lieferung immer leistungsfähigerer Waffen aus den Vereinigten Staaten wurde die Feuerkraft des afghanischen Widerstands gegen die Besatzungstruppen erheblich gestärkt, und die politischen Kosten der
Operation für die sowjetische Führung stiegen an. Der Krieg wurde
in der Sowjetunion immer unbeliebter, vor allem unter Eltern, deren
Söhne in Kürze das Wehrdienstalter erreichten. Allerdings spielte die
öffentliche Meinung bei den Überlegungen des Politbüros vor der Perestroika eine nach wie vor geringe Rolle, auch wenn man sie in der
poststalinistischen Sowjetunion als politischen Faktor wohl nicht völlig vernachlässigen darf. Deshalb konnte man zwar die wachsende
Unzufriedenheit mit dem Krieg in der sowjetischen Gesellschaft
durchaus mit dem Meinungstrend in den Vereinigten Staaten während des Vietnamkriegs vergleichen, doch die öffentliche Meinung
hatte nicht denselben Effekt auf die hohe Politik. Weder unter Breschnew noch unter den kurzlebigen Nachfolgern Andropow und Konstantin Tschernenko zog das Politbüro einen Kurswechsel in Erwä-
gung. Die Entscheidung, die sowjetischen Truppen aus Afghanistan
abzuziehen, wurde von Michail Gorbatschow schon im Jahr 1985,
gleich zu Beginn seiner Zeit als Generalsekretär, gefällt, damals allerdings noch nicht bekanntgegeben. Auf diese Entscheidung wird kurz
in Kapitel 24 im Kontext des Zusammenhangs zwischen innenpolitischer Reform und dem »neuen Denken« in der Außenpolitik eingegangen, welches die sowjetische Perestroika charakterisierte.
    Abgesehen von dem Brüdermord hatten die afghanischen Kommu-
nisten auch einige Erfolge vorzuweisen. Selbst die zwischen Taraki
und Amin aufgeteilte Führung in den Jahren 1978/79 bekämpfte die
hohe Analphabetenrate und die extreme geschlechtsspezifische Ungleichheit bei den Bildungschancen. Damals gingen nur fünf Prozent
der Mädchen auf eine Schule, im Vergleich zu 30 Prozent der Jungen.
Die kommunistische Regierung gewährte Frauen die gleichen Rechte
und verbot Zwangsehen. Außerdem versuchte sie, eine Landverteilung einzuführen.[83] Die Änderungen im Bildungswesen und die
Maßnahmen zu den Rechten der Frauen waren in den Städten sehr
beliebt, stießen auf dem Land jedoch auf Ablehnung. Sie hatten Zu-
sammenstöße mit fundamentalistischen Geistlichen und den Beginn
eines heftigen Widerstands gegen die Säkularisierung zur Folge – ein
charakteristisches Merkmal der kommunistischen Herrschaft. Die

Heftigkeit dieser Gegenreaktion sowie die mörderischen Konflikte innerhalb der DVPA bedeuteten letztlich das Scheitern der unseligen sowjetischen Intervention.

Nichtregierende kommunistische Parteien in Asien

In anderen asiatischen Ländern gab es kommunistische Parteien, die eine größere Unterstützung als die DVPA in Afghanistan genossen, aber sie hatten – mit Ausnahme Nepals – nicht einmal annähernd die Aussicht, sich auf nationaler Ebene durchzusetzen. Dennoch haben die Kommunisten in zwei der wichtigsten Demokratien Asiens bei Wahlen besser abgeschnitten als ihre Genossen in Nord- und Südamerika oder im größten Teil Westeuropas. Die Kommunistische Partei Indiens (CPI) gelangte zwar auf nationaler Ebene nie in die Nähe der Macht, hat aber in zwei Regionen dieses nach China bevölkerungsreichsten Landes der Welt regiert. In mehreren Legislaturperioden waren die Kommunisten in Kerala an der Macht, und seit Mitte der siebziger Jahre bis heute genießen sie eine starke, mehrheitliche Unterstützung in Westbengalen. Solche Erfolge konnte eine Partei, meist im Bündnis mit anderen linken Gruppierungen, feiern, die aus einer Spaltung der alten CPI im Jahr 1964 zwischen den prosowjetischen Mitgliedern und den Maoisten hervorgegangen war. Erstere gaben sich den Namen Communist Party of India (Marxist) oder CPI(M) und konnten beachtliche regionale Erfolge erzielen. Ihre Wähler kommen aus der Bauernschaft. Wie überall in Asien war dabei die Landverteilung ein wesentlicher Punkt.

Genau wie die kommunistischen Parteien in Westeuropa generell an sozialistische Parteien nach sozialdemokratischem Muster Stimmen verloren, so war auch in Indien die CPI – und später die CPI(M) – außerstande, es auf nationaler Ebene mit der Partei aufzunehmen, die den Unabhängigkeitskampf angeführt hatte. In den dreißiger Jahren hatte Mahatma Gandhi mit seiner Kampagne des zivilen Ungehorsams gegen die Briten eine immense Unterstützung für seinen Indischen Nationalkongress gewonnen, und die Partei, die aus dieser Bewegung hervorgegangen war, die Kongresspartei, stellte die Kommunisten auf nationaler Ebene regelmäßig in den Schatten. Al-

Nichtregierende kommunistische Parteien in Asien

lerdings gab es große nationale Schwankungen. Von besonderer Bedeutung ist die Tatsache, dass eine kommunistische Herrschaft auf lokaler Ebene in einer Demokratie wie Indien nie mit den massiven Nachteilen eines kommunistischen Machtmonopols einherging. In Westbengalen wurde mit der Landverteilung eine gesicherte Lebensgrundlage für die Bauernschaft eingeführt – keine Zwangskollektivierung, die in einer echten Demokratie undurchführbar gewesen wäre. Höhere Ausgaben für Bildung und Gesundheit, insbesondere in Kerala, stärkten ebenfalls den Rückhalt der Kommunisten. Von den beiden grundlegenden politischen Merkmalen eines kommunistischen Systems – *demokratischer Zentralismus* und die »führende Rolle« (das *Machtmonopol*) der Partei – lässt sich nur das erste auf Indien anwenden. Es wurde von der Kommunistischen Partei und ihren Tochterorganisationen in den Regionen angewandt, in denen sie regierte. Die CPI(M) hat im Allgemeinen die streng hierarchische Organisation und rigorose Disziplin beibehalten, die für den demokratischen Zentralismus typisch sind. Im politischen System Indiens ging dies allerdings weder mit einem Machtmonopol noch mit einem Monopol über die Informationsquellen einher. Wo die CPI an die Macht gelangte, geschah dies in freien Wahlen, und selbst die lokalen – und natürlich die nationalen – Medien verfolgen keineswegs unkritisch ihre Arbeit. Folglich besteht ein qualitativer Unterschied zwischen einer lokalen oder auch regionalen kommunistischen Regierung und einem kommunistischen *System*.

Die zweite kommunistische Partei in Asien, die bei Wahlen beachtliche Erfolge erzielte, ist die Kommunistische Partei Japans (KPJ). Bereits im Jahr 1949 bekam die Partei, nachdem sie in der Nachkriegszeit legalisiert worden war, knapp zehn Prozent der Stimmen und errang im Unterhaus, der einflussreicheren Kammer des Parlaments, 35 Sitze. In den folgenden beiden Jahrzehnten, den frostigsten Jahren des Kalten Krieges, fiel der Stimmenanteil auf weit unter fünf Prozent. Zwischen 1972 und 1980 erzielte die Partei jedoch bei drei Wahlen zum Unterhaus nacheinander wieder über zehn Prozent der Stimmen. In dieser Phase distanzierte sich die KPJ von der sowjetischen Politik. In ihren Anschauungen hatte sie sich den »eurokommunistischen« Parteien (siehe Kapitel 23) angenähert. Gemeinsam suchten sie nach Möglichkeiten eines demokratischen Übergangs vom Kapitalismus zum Sozialismus.[84] Im Vergleich zu den asiatischen KPs, die an die Macht gelangten, glichen die japanischen Kommunisten nicht nur stärker ihren europäischen Gegenstücken (zumindest Ende der sechziger Jahre), sondern standen auch eher mit dem im Einklang, was Marx erwartet hätte. Sie waren in einer fortgeschrittenen Industriegesellschaft tätig, und ihren stärksten Rückhalt hatten sie in den Städten. Den Wählern in ländlichen Gegenden hingegen hatte die KPJ wenig zu bieten. (Ihre Unterstützung hat zu Beginn des 21. Jahrhunderts deutlich abgenommen. Bei den Wahlen zum Unterhaus von 2005 erhielt die KPJ nur neun Sitze.)[85] In anderen Demokratien wie Australien und Neuseeland sind die kommunistischen Parteien eine vernachlässigbare politische Kraft, auch wenn Kommunisten in Australien eine Zeitlang in vielen Gewerkschaften führende Positionen innehatten. Mit ihrer harten Arbeit und organisatorischem Geschick waren sie in den dreißiger Jahren und in der Nachkriegszeit gefährliche Herausforderer der schwachen oder korrupten nichtkommunistischen Gewerkschaftsführer.

Die größte KP außerhalb kommunistisch regierter Länder war die Indonesiens. An Einfluss gewonnen hatte sie in der ersten Hälfte der sechziger Jahre unter Präsident Ahmed Sukarno, neben Tito, Nasser und dem indischen Premierminister Jawaharlal Nehru eine der führenden Persönlichkeiten in der Gruppe der blockfreien Staaten. Sukarno war gegenüber den Kommunisten jedoch nachsichtiger als Nehru, von Nasser ganz zu schweigen. Obwohl Nasser gute Beziehungen zur Sowjetunion pflegte, griff er hart gegen die ägyptischen Kommunisten durch. Sukarno hingegen lehnte sich nicht nur stärker an die Sowjetunion als an den Westen an, sondern nahm die Indonesische Kommunistische Partei (PKI) sogar in Schutz. In seinen Reden kam er den Kommunisten bereits sehr nahe, wenn er am indonesischen Unabhängigkeitstag im August 1965 erklärte, dass sich Indonesien erst »in der nationaldemokratischen Phase« der Entwicklung befinde, doch es werde die Zeit kommen, in der es »den Sozialismus aufbauen« werde. Das Land der Grundbesitzer werde »unter dem Volk aufgeteilt« werden.[86] Im selben Jahr hatte Sukarno bereits die Behauptung der PKI bestätigt, sie habe drei Millionen Parteimitglieder. Er fügte hinzu, dass die Jugendorganisation ebenfalls drei Millionen Mitglieder habe und dass die Kommunisten weitere 20 Millionen Sympathisanten im Land hätten.[87] Da Indonesien damals eine Gesamtbevölkerung von rund 105 Millionen hatte, bedeutete dies, dass

Nichtregierende kommunistische Parteien in Asien

mindestens ein Viertel der Erwachsenen entweder Mitglied in einer kommunistischen Organisation war oder sie unterstützte. Der Hauptstolperstein für einen weiteren Vormarsch der PKI war die indonesische Armee. Sukarno verfügte über eine enorme Macht in einem System, das er »gelenkte Demokratie« nannte. Sie basierte jedoch auf einer unruhigen Koalition – oder genauer »friedlichen Koexistenz«, die nicht lange Bestand haben sollte – zwischen den Kommunisten und den Streitkräften. Die militärische Elite kontrollierte aber nicht nur eine große Streitmacht, sondern auch die wirtschaftlichen Einnahmen des Landes. Entweder persönlich oder über Familienangehörige strichen sie die Profite aus den staatlichen Industrien des Landes ein.[88] Um das Hindernis zu überwinden, das die hohen Ränge des Militärs darstellten, drängten die Kommunisten Sukarno, ein System politischer Kommissare in den Streitkräften einzuführen und zudem eine Freiwilligenarmee aufzustellen.[89] Letztere wäre das Äquivalent der »Arbeitermilizen« gewesen, welche die Kommunisten bei ihren Machtübernahmen in Osteuropa formiert hatten. Sukarno zögerte jedoch. Unterdessen entführten kommunistische Sympathisanten in den Streitkräften im September 1965 sechs der höchsten Armeegeneräle und töteten sie. Die Armee übte mit General Haji Mohammed Suharto an der Spitze erbarmungslos Rache und wurde von Millionen zuvor unterdrückter Muslime unterstützt. Es kam zu einem Massaker unter den Kommunisten und ihren mutmaßlichen Sympathisanten. Laut Amnesty International wurde eine halbe Million Menschen getötet. Andere Schätzungen gehen von einer Million Toten aus.[90] Eine der größten kommunistischen Parteien hörte de facto auf zu existieren. Sukarno wurde nicht sofort abgesetzt, aber seine Stellung war stark geschwächt. Im Jahr 1967 wurde General Suharto amtierender Staatschef, ein Jahr später erfolgte seine Ernennung zum Präsidenten. Bis 1998 regierte er Indonesien als eine korrupte und nepotistische Diktatur, die lediglich durch ein nachhaltiges Wirtschaftswachstum gelindert wurde. Er starb am 27. Januar 2008 in Jakarta.

Afrika

Südafrika

Die einflussreichste kommunistische Partei auf dem afrikanischen Kontinent war die südafrikanische SACP. Wie ihre japanische Schwesterpartei rekrutierte sie ihre Mitglieder vor allem in städtischen Umgebungen. Im Gegensatz zur japanischen Partei war die südafrikanische jedoch während des größten Teils der zweiten Hälfte des 20. Jahrhunderts illegal. Und schließlich hatte sie den »Vorteil«, wie auch Nachteil, dass sie gegen ein rassistisches und offenkundig ungerechtes Regime kämpfte. Die positive Seite für die Partei war, dass es ihr dadurch relativ leicht gelang, Rekruten zu werben, die in der Kommunistischen Partei die geeignetste Alternative zum Apartheidregime sahen. Die Partei blieb klein, aber sie zog talentierte Menschen an, die in der wichtigsten Oppositionsbewegung, dem African National Congress (ANC), einen unverhältnismäßig großen Einfluss haben sollten. Die Stärke der Partei als Organisation lag darüber hinaus darin, dass sie Menschen aus verschiedenen ethnischen und sozialen Hintergründen zu einem gemeinsamen Kampf zusammenführte. Die Mitglieder der Kommunistischen Partei kamen nicht nur aus der schwarzafrikanischen Bevölkerungsmehrheit, sondern es waren auch Inder, »Farbige« aus gemischten Ehen und Weiße darunter. Zu Letzteren gehörte ein überproportional hoher Anteil Juden.[91] Das prominenteste und angesehenste Parteimitglied jüdischer Herkunft war Joe Slovo. Wie viele jüdische Kommunisten kam er aus Osteuropa, genauer gesagt aus Litauen. Während der ANC es als seine Hauptaufgabe ansah, die Minderheitsregierung der Weißen durch eine Mehrheitsregierung abzulösen, betrachteten die Kommunisten diesen Schritt lediglich als Teil eines umfassenderen Klassenkampfes.

Mitglieder der »South African Communist Party« (zuvor: Communist Party of South Africa) hatten seit 1950 große Erfahrung bei der Arbeit im Untergrund gesammelt. Als Nelson Mandela Anfang der sechziger Jahre steckbrieflich gesucht wurde, halfen SACP-Mitglieder ihm beim Wechsel von Stadt zu Stadt und trafen sich viele Monate lang heimlich. Mit dieser Methode hatte Mandela so großen Erfolg, dass manche Medien ihn bereits den »Black Pimpernel« nannten, eine Anspielung auf die Romanfigur Scarlet Pimpernel, die

Afrika 485

während der Französischen Revolution ihren Häschern immer wieder entkam.[92] Kommunisten konnten auch ohne weiteres im ANC mitarbeiten, weil sie ebenso engagiert für ein Ende der Apartheid kämpften, und ihre Erfahrung bei der Arbeit im Verborgenen und die organisatorischen Talente waren für die breitere Bewegung von großem Nutzen. Nicht zuletzt den weißen Kommunisten in Südafrika – aber natürlich auch der starken Unterstützung seitens Sozialdemokraten und Liberalen (auch Kommunisten) im Ausland – war es zu verdanken, dass der ANC nicht dazu neigte, alle Weißen als Feinde zu betrachten.

Trotzdem kam die Internationale Abteilung des Zentralkomitees der KPdSU Ende der sechziger Jahre und in den Siebzigern und Achtzigern besser mit dem ANC zurecht als mit der SACP. Da Nelson Mandela inzwischen im Gefängnis saß, führte jetzt Oliver Tambo den ANC, der sein Hauptquartier im Exil in Sambia aufgeschlagen hatte. Über die sowjetische Botschaft bestand enger Kontakt zu Tambo und anderen führenden Persönlichkeiten.[93] In den siebziger Jahren hegten die Afrika-Experten in der Internationalen Abteilung den Verdacht, Joe Slovo sympathisiere mit den Eurokommunisten. Sie hielten es darüber hinaus für einen Nachteil, keinen Vorteil, dass Weiße eine prominente Rolle in der Parteiführung spielten (in geringerem Ausmaß übrigens auch beim ANC).[94] Moskau war der Meinung, dass das Apartheidregime nur dann gestürzt werden könne, wenn Schwarzafrikaner eindeutig eine führende Rolle in der Bewegung übernahmen.

Der starke kommunistische Einfluss im ANC führte nicht unbedingt zu einer stärkeren Radikalisierung. Die kommunistischen Mitglieder hatten sich zwar zum Ziel gesetzt, die Apartheid so schnell wie möglich zu beenden, doch sie agierten auf politischer Ebene häufig sehr behutsam. Als Nelson Mandela im Juni 1961 beschloss, es sei an der Zeit, von einer Politik der Gewaltlosigkeit zum bewaffneten Kampf gegen das südafrikanische Regime überzugehen, stieß er bei den Kommunisten auf eine gemischte Reaktion. Nur mit Mühe gelang es ihm, Moses Kotane, einen Sekretär der Kommunistischen Partei und Mitglied der ANC-Führung, von der Notwendigkeit dieses Schrittes zu überzeugen. Mandela sagte zu ihm, »seine Opposition gleiche jener der Kommunistischen Partei in Kuba unter dem Batista-Regime. Damals habe die Partei behauptet, die erforderlichen Bedingungen seien noch nicht eingetreten ... Castro aber wartete nicht, er handelte – und triumphierte.«[95] Dennoch wurden Kommunisten integrale Mitglieder der Organisation »Umkhonto We Sizwe« (Speer der Nation), die Mandela leitete und die Sabotageakte plante, um ausländische Investoren abzuschrecken. Innerhalb des ANC einigte man sich auf den Kompromiss, dass die Organisation weiterhin auf gewaltlosem Weg einen Wechsel anstreben werde, dass es aber einzelnen Mitgliedern freistünde, eine separate militärische Organisation zu gründen.[96]

Aufgrund des Charakters des Regimes in Südafrika war es möglich, Menschen für die Kommunistische Partei zu gewinnen, die sich in einer Demokratie wohl kaum dieser Partei angeschlossen hätten. Dies mag ein Vorteil für die SACP gewesen sein, es änderte allerdings nichts an der Tatsache, dass das Leben als Kommunist in Südafrika gravierende Nachteile mit sich brachte. Dazu zählte nicht zuletzt die Gefahr, verhaftet und gar ermordet zu werden. Mit dem sogenannten »Suppression of Communism Act« von 1950 wurde die Partei für illegal erklärt, und damit nicht genug. Nelson Mandela schrieb:

> Das Gesetz verbot die Kommunistische Partei von Südafrika und bedrohte jedes Parteimitglied und jeden, der die Ziele des Kommunismus vertrat, mit einer Gefängnisstrafe von maximal zehn Jahren. Aber das Gesetz war so weit gefasst, dass es auch den geringsten Protest gegen den Staat ächtete und es als Verbrechen bezeichnete, eine Lehre zu befürworten, die »politische, industrielle, soziale oder ökonomische Veränderungen mittels Verbreitung von Störung und Unruhe« herbeiführen wollte.[97]

In seiner Rede vor dem südafrikanischen Gerichtshof im Prozess von 1964, als Mandela zu lebenslanger Haft verurteilt wurde (von dieser Strafe verbüßte er 27 Jahre, mehr als 18 davon auf Robben Island), hatte er Gelegenheit, sein Verhältnis zur Kommunistischen Partei zu beschreiben. Mandela teilte dem Gericht mit, er sei kein Kommunist und habe sich stets als afrikanischer Patriot betrachtet. Anders als die Kommunistische Partei, welche danach trachte, die Klassengegensätze zu verschärfen, strebe der ANC im Übrigen nach Harmonie. Er lehnte die geringschätzige Meinung der Kommunisten von parlamentarischen Einrichtungen ab. Er sagte, dass er das britische Parlament stets für »die demokratischste Institution der Welt« gehalten habe und dass er die Gewaltenteilung sowie die Unabhängigkeit der

Justiz bewundere, welche die herausragenden Merkmale des politischen Systems der Vereinigten Staaten seien.[98] Er erklärte einem Gericht, das wenig Verständnis dafür hatte, weshalb er und andere afrikanische Politiker dennoch mit den Kommunisten kooperierten und freundschaftliche Beziehungen zu ihnen pflegten:

> Theoretische Differenzen unter jenen, die gegen Unterdrückung kämpfen, sind ein Luxus, den wir uns in dieser Phase nicht leisten können. Außerdem sind über viele Jahrzehnte hinweg Kommunisten die einzige politische Gruppe in Südafrika gewesen, die bereit war, Afrikaner als Menschen und Ebenbürtige zu behandeln; sie waren bereit, mit uns zu essen, mit uns zu sprechen, mit uns zu leben und zu arbeiten. Deshalb neigen heutzutage viele Afrikaner dazu, Freiheit mit Kommunismus gleichzusetzen.[99]

Die Kommunisten waren ein wesentlicher Bestandteil der ANC-Koalition, die am Ende unter Mandelas Führung in Südafrika an die Macht kam. Die Tatsache, dass sie ein integraler Bestandteil des African National Congress waren, hatte es den südafrikanischen Minderheitsregierungen erleichtert, die antikommunistische Karte gegen die afrikanische Mehrheit auszuspielen. Sie ließ auch etliche westliche Regierungen zögern, den ANC zu unterstützen, sowohl wegen dessen stillschweigender Duldung des bewaffneten Kampfes als auch weil sie im Kontext des Kalten Krieges fürchteten, sie könnten auf diese Weise ein künftiges kommunistisches Südafrika fördern. Die Regierung der National Party in Südafrika verlegte sich zunehmend darauf, die kommunistische Gefahr herauszustreichen, weil die Regierungen und die öffentliche Meinung in anderen Ländern eine rassistische Rechtfertigung der Minderheitsregierung nicht länger akzeptieren wollten.[100]

Auch wenn dies den Zeitraum überschreitet, mit dem sich dieses Kapitel in erster Linie befasst, sind die veränderten internationalen Rahmenbedingungen Ende der achtziger Jahre entscheidend für ein Verständnis des Wandels in Südafrika selbst. Was sich damals in der Sowjetunion und in Osteuropa abgespielt hat, hatte tiefgreifende Auswirkungen sowohl auf den ANC als auch auf pragmatischer denkende Mitglieder der südafrikanischen Regierung. Die sowjetische Führung hatte zu der Zeit kein Interesse mehr daran, den bewaffneten Kampf in einem afrikanischen Land zu unterstützen, und das blieb nicht ohne Folgen für die Denkweise des ANC. In Anbetracht der Pluralisierung des sowjetischen politischen Systems, der erheblich verbesserten Ost-West-Beziehungen und des friedlichen Abschieds der osteuropäischen Länder vom Kommunismus erschien es geradezu anachronistisch, sich auf eine »kommunistische Bedrohung« zu berufen. Am 2. Februar 1990 gab der südafrikanische Präsident Frederik Willem de Klerk vor dem südafrikanischen Parlament die Aufhebung der Verbote gegen den ANC und die Kommunistische Partei sowie die Freilassung der politischen Häftlinge bekannt. Zu der Zeit, als Südafrika im Jahr 1994 die ersten demokratischen Wahlen veranstaltete, die den ANC an die Macht brachten, hatte die Welt sich bereits zusehends verändert. Es gab keine Sowjetunion mehr, nicht einmal mehr ein einziges kommunistisches Regime in Europa. Somit gehörte die Frage, ob Südafrika ein kommunistisches Land werden könnte, ebenfalls der Vergangenheit an. In der ANC-Regierung, die in den neunziger Jahren gebildet wurde, spielten langjährige Kommunisten, darunter Joe Slovo und Mandelas Stellvertreter und späterer Nachfolger als Präsident Thabo Mbeki, eine wichtige Rolle. Aber weder das System noch die Politik der Regierung waren auch nur annähernd kommunistisch. Während einer der treuesten ausländischen Verbündeten des ANC, Fidel Castro, weiterhin gegen den Strom in der kommunistischen Welt, vor allem in Europa, schwamm, waren die prominentesten Kommunisten Südafrikas mit ihm geschwommen.

Die relative Stärke der Kommunistischen Partei in Südafrika, wenn auch die meiste Zeit über als Untergrundbewegung, war zum großen Teil das Produkt der rassistischen Gesellschaftsordnung. In einem industrialisierten Land wie Südafrika sollte man meinen, dass eine sozialdemokratische Partei nach europäischem Vorbild gedeihen würde. Wegen des reaktionären und repressiven Charakters des südafrikanischen Regimes war eine gemäßigte linke Opposition jedoch unmöglich. Menschen, die sich in anderen Ländern womöglich einer demokratischen sozialistischen Partei angeschlossen hätten, traten in die Kommunistische Partei ein und übten innerhalb des ANC realen Einfluss aus. Zwar mussten auch die südafrikanischen Kommunisten viele gedankliche Verrenkungen mitmachen, die von Kommunisten, die grundsätzlich der politischen Linie Moskaus die Treue hielten, nun mal verlangt wurden, doch ihr Hauptaugenmerk lag auf den Problemen Südafrikas. Während Kommunisten in anderen Ländern übli-

Afrika 489

cherweise weit mehr für die Abschaffung der Demokratie taten als für
deren Förderung, waren sie in Südafrika an der Übernahme demokratischer Rechte durch die Mehrheit der Bevölkerung maßgeblich beteiligt. Manche zahlten dafür einen hohen Preis.[101]

Staaten »sozialistischer Orientierung«

Aus mehreren Gründen wäre es eine krasse Untertreibung zu sagen,
in Afrika hätte während des 20. Jahrhunderts die pluralistische Demokratie keine Fortschritte gemacht. Von den Kolonialmächten war
der afrikanische Kontinent einst ohne Rücksicht auf ethnische Grenzen und kulturelle Gemeinschaften aufgeteilt worden. In der ersten
Hälfte des Jahrhunderts stand der größte Teil des Kontinents unter
Kolonialherrschaft. Aber im Jahr 1989 hatten selbst nach teils Jahrzehnten der Unabhängigkeit nur drei von fünfzig afrikanischen Staaten über einen längeren Zeitraum freie Wahlen unter Beteiligung
mehrerer Parteien durchgeführt: Senegal, Botswana und Gambia. Die
große Mehrheit der Länder waren entweder Einparteienstaaten oder
Militärdiktaturen.[102] Regime, deren Führer einen »Sozialismus« nach
sowjetischem Vorbild anstrebten – vor allem Mosambik, Angola und
Äthiopien –, denen es aber nicht gelang, ein kommunistisches System aufzubauen, entpuppten sich zugleich als repressiv und ineffizient. Allerdings waren sie in dieser Beziehung kaum schlimmer als
eine Reihe anderer, dezidiert nichtmarxistischer Diktaturen in Afrika,
deren Staatschefs in europäischen Hauptstädten und in Washington
als standhafte Protagonisten der »freien Welt« hofiert wurden. Die
Stellvertreterkriege in Afrika während des Kalten Krieges, vor allem
in den siebziger und Anfang der achtziger Jahre, steigerten noch das
Leid der Bevölkerung in den betroffenen Ländern. Allerdings konnten weder die Sowjetunion noch die Vereinigten Staaten ihre ideologischen Ziele erreichen, wenn man davon ausgeht, dass Erstere ein
kommunistisches System errichten wollte, die USA hingegen eine
Demokratie. In Wahrheit zählte im Kalten Krieg für beide »Super-
mächte« nur die Loyalität zu *ihrer* Seite, unter dem Strich sogar mehr
als Ideologie oder Regierungsform. So unterhielt die Sowjetunion
gute Beziehungen zu Nassers Ägypten und dem noch repressiveren
Regime Saddam Husseins im Irak, obwohl in beiden Ländern Kommunisten entweder verhaftet oder, wie im Irak, hingerichtet wurden.

Dennoch schöpften einige betagte Mitglieder der sowjetischen Führungsriege in den Siebzigern und Anfang der Achtziger neuen Mut, als die Staatschefs einiger afrikanischer Länder allem Anschein nach tatsächlich von der marxistisch-leninistischen Lehre beeinflusst waren. Die Sowjetunion hatte nicht nur Verbündete gewonnen, sondern die Ideen selbst fanden offenbar neue Anhänger. »Seht ihr«, sagte Leonid Breschnew in einem kleinen Parteikreis, »sogar im Dschungel wollen sie nach Lenins Muster leben!«[103] Innerhalb des sowjetischen Establishments herrschte jedoch Uneinigkeit in der Frage, welche Bedeutung man Ländern wie Mosambik, Angola und Äthiopien beimessen könne, die unbedingt dem sowjetischen Vorbild folgen wollten. Zu keiner Zeit wurden diese Länder zu den »sozialistischen« gerechnet, nicht einmal von der sowjetischen Führung, innerhalb derer die Internationale Abteilung des Zentralkomitees in erster Linie für die Beziehungen zu ihnen zuständig war. Für diese Länder wurde die Bezeichnung »Staaten sozialistischer Orientierung« geprägt – wie auch für Südjemen am Horn von Afrika, das eine Zeitlang beträchtliche Hilfeleistungen von der Sowjetunion erhielt, weil die Regierung vorgab, marxistisch-leninistisch zu sein.

Innerhalb der sowjetischen Thinktanks gab es jedoch Skeptiker, denen selbst der Begriff »sozialistische Orientierung« zu weit ging. Die Mehrzahl der Funktionäre war zwar geneigt, jede Unterstützung für die Sowjetunion gutzuheißen, ganz gleich, woher sie kommen mochte, einige Experten argumentierten jedoch, dass manche Länder der »Dritten Welt«, in denen die Staatschefs vom »Aufbau des Sozialismus« sprachen, für solche Ziele noch längst nicht reif seien. Ihrer Meinung nach werde dabei nichts Gutes herauskommen; die Länder sollten sich vielmehr dem Aufbau des Kapitalismus als notwendiger Vorstufe zum Sozialismus widmen. Ohne die Parteiführung direkt anzugreifen, rieten diese Nonkonformisten davon ab, die selbsterklärten Marxisten-Leninisten und »Erbauer des Sozialismus« in rückständigen Ländern der »Dritten Welt« unkritisch zu feiern. Der Ausgangspunkt ihrer Kritik war: Marx hatte recht. Die fraglichen Länder, deren Staatswesen selbst in mehreren Fällen in Gefahr war, waren noch nicht bereit, »den Sozialismus aufzubauen«.[104]

In Afrika wurde kein einziges kommunistisches System errichtet, aber es trifft zweifellos zu, dass eine Reihe afrikanischer Staatschefs vom Marxismus und manche auch vom Leninismus beeinflusst wa-

Afrika 491

ren. Selbst eine Reihe völlig nichtmarxistischer afrikanischer Staatschefs, die an der Spitze autoritärer Regime standen, übernahmen einige der sowjetischen Methoden, die politische Kontrolle zu behalten. Es hatte schon früher Versuche gegeben, einen »afrikanischen Sozialismus«, wie man es nannte, zu schaffen, etwa von Kwame Nkrumah in Ghana und von Julius Nyerere in Tansania, aber auch wenn sie gerade so viele Ideen aus der kommunistischen Welt übernahmen, dass ihre Regime unter manchen Mängeln des sowjetischen Vorbilds litten, trachteten sie nie danach, derartige Systeme auf dem afrikanischen Kontinent zu verbreiten. In Mosambik, Angola und Äthiopien jedoch erhoben die Staatschefs genau diesen Anspruch und erhielten deswegen auch sowjetische Hilfe. In Mosambik vertrat die Guerillabewegung Frelimo unter Samora Machel, die für die Unabhängigkeit von Portugal gekämpft hatte, in den siebziger Jahren marxistisch-leninistische Ideen, plädierte für eine Verstaatlichung der Plantagen und Unternehmen und wollte eine zentrale Wirtschaftsplanung einführen. Darüber hinaus verunglimpften ihre Wortführer die Religion und die traditionelle Autorität des Stammeshäuptlings. Die Folge war ein katastrophaler Bürgerkrieg. Drei Jahre nach Machels Tod bei einem Flugzeugunglück, als die sowjetische Unterstützung im Jahr 1989 allmählich zurückgefahren wurde, sagte sich die Frelimo von der marxistisch-leninistischen Ideologie los.

Im Bürgerkrieg in Angola unterstützten die Sowjetunion und, noch fanatischer, Kuba die Volksbewegung zur Befreiung Angolas (MPLA). Deren Chef Agostino Neto war von dem Ausmaß der Wirtschaftshilfe und der militärischen Ausrüstung, welche die Sowjetunion zu liefern bereit war, beeindruckt – so sehr, dass die MPLA zum zweitwichtigsten Verbündeten der Sowjetunion in der Region nach dem ANC aufstieg.[105] Die kubanischen Truppen stellten diese Leistung sogar noch in den Schatten. Die Vereinigten Staaten erhöhten ab Mitte der siebziger Jahre ihre Mittel für die Hauptgegner der MPLA: die Nationale Front zur Befreiung Angolas (FNLA), und für eine dritte Gruppe, die UNITA, die im größten Stamm in Angola starken Rückhalt hatte. Beide Gegner der MPLA und somit der Sowjetunion erhielten auch von den Chinesen Hilfslieferungen.[106] Die südafrikanische Apartheidregierung schaltete sich ebenfalls auf derselben Seite wie die USA und China in den Kampf ein, und der ANC erhielt einen wichtigen Schub für die Kampfmoral, als kubanische Soldaten, überwiegend afrikanischer Abstammung, der MPLA halfen, die besser bewaffneten südafrikanischen Streitkräfte zu besiegen.[107] Die MPLA erwies sich als die stärkste Gruppierung, und im Jahr 1976 erkannte die Organisation der Afrikanischen Einheit Netos Regierung offiziell an; ein Jahr danach erklärte sich die MPLA zu einer marxistisch-leninistischen Partei. Sie war jedoch auf die Präsenz kubanischer Soldaten und sowjetische Hilfe angewiesen, um während einer Phase weiterer Unruhen zumindest nach außen hin den Anschein der Macht aufrechtzuerhalten. Diese Phase dauerte bis zum Jahr 1988, als ein UN-Friedensabkommen für den Südwesten Afrikas von Südafrika, Angola und Kuba unterzeichnet wurde. Die Vereinigten Staaten, die ebenfalls an den Verhandlungen teilgenommen hatten, mussten widerwillig der Teilnahme Kubas zustimmen, weil die südafrikanische Regierung mittlerweile eine Regelung wünschte. Die Kubaner hatten 1987 eine weitere große Militäroffensive Südafrikas in Angola abgewehrt. Zu einem bestimmten Zeitpunkt waren sage und schreibe 55 000 kubanische Soldaten in Angola stationiert, und über einen Zeitraum von 15 Jahren hinweg dienten dort rund 300 000 kubanische Kombattanten, hinzu kamen fast 50 000 kubanische Zivilisten, auch Ärzte.[108] Wie Fidel Castro voller Stolz erklärte, war dies der einzigartige Fall, dass ein Land der »Dritten Welt« aus eigener Kraft eine entscheidende Rolle in einem anderen Land außerhalb der eigenen Region spielte.[109] Im Jahr 1988 war die Sowjetunion jedoch nicht länger bereit, den revolutionären Eifer der Kubaner in Afrika noch die Kosten des Bürgerkriegs in afrikanischen Ländern zu übernehmen. Gorbatschow hatte 1986 den langjährigen Chef der Internationalen Abteilung des ZK, Boris Ponomarjow, durch Anatoli Dobrynin ersetzt, der ein Vierteljahrhundert lang Botschafter in Washington gewesen war. Dobrynin wusste sehr gut, inwiefern sowjetische Interventionen in Afrika die Beziehungen zu den Vereinigten Staaten belastet hatten, und unterstützte diese neue Linie gegenüber den Entwicklungsländern, auch wenn er manchen Aspekten des »neuen Denkens« kritisch gegenüberstand.

Nicht lange nach dem Sturz und der Ermordung des Kaisers Haile Selassie in der äthiopischen Revolution von 1974 drängte sich ein Armeeoffizier in den Vordergrund, der sich selbst als Marxist-Leninist bezeichnete: Mengistu Haile Mariam. Zum ersten Mal trat er bei der Revolution in Erscheinung, als er skrupellos die Hinrichtung von

Afrika 493

rund sechzig hohen Vertretern des alten Regimes anordnete. Er hatte
auch keine Bedenken, Intellektuelle, die die Revolution unterstützt
hatten, oder Mitglieder rivalisierender Gruppierungen umbringen zu
lassen. Als Äthiopien von Somalia angegriffen wurde, retteten die
sowjetische Militärausrüstung und der Einsatz von rund 17 000 kubanischen Soldaten Mengistu vor der Niederlage. Der Egalitarismus
der kubanischen Revolution wurde hier jedoch auf merkwürdige
Weise instrumentalisiert, denn Mengistu regierte ab 1978 von demselben reichverzierten Thron aus, auf dem Haile Selassie einst gesessen hatte, und er wurde selbst von ehemaligen Verbündeten der Revolution als der »neue Kaiser« angesehen.[110] Eine kommunistische
Partei spielte in Äthiopien nicht nur keine Rolle, erst zehn Jahre nach
der Revolution, im Jahr 1984, wurde überhaupt der Versuch unternommen, eine solche Partei zu gründen. Zu der Zeit hatte Mengistu
bereits die meisten Marxisten im Land ermorden lassen. Im selben
Jahr litt Äthiopien unter einer verheerenden Hungersnot, die Mengistus Politik im Verein mit einer Dürre herbeigeführt hatte. Die Requirierung von Getreide zur Ernährung seiner Armee, die gegen Re-
bellengruppen kämpfte, die Begünstigung ineffizienter staatlicher
Farmen gegenüber dem bäuerlichen Anbau und die Taktik der »ver-
brannten Erde« gegen Rebellen trugen erheblich zu der Katastrophe
bei.[111] Seit Ende der siebziger Jahre herrschten selbst innerhalb der
Reihen sowjetischer Apparatschiks ernste Bedenken, ob derartige Regime weiterhin unterstützt werden sollten, doch eine Mehrheit im
Politbüro führte dieses Element des Kalten Krieges bis in die zweite
Hälfte der achtziger Jahre fort. Erst unter Gorbatschow brachen die
Hilfslieferungen ab. Als Mengistu verzweifelt um stärkere militärische Unterstützung bat, wurde ihm nur ein kleiner Teil gewährt.
Nachdem Gorbatschow über die Menschenrechtsverstöße Mengistus
informiert worden war, ging er auf Distanz. Afrika spielte bei Gorbatschows Außenpolitik keine herausragende Rolle, aber wenn er sich
einschaltete, sei es in Äthiopien oder Südafrika, dann sprach er sich
für eine Politik der nationalen Versöhnung aus.[112]

KAPITEL 19

Der »Prager Frühling«

Der »Prager Frühling« von 1968 war in mancher Hinsicht eine verspätete Reaktion auf Chruschtschows »Geheimrede« auf dem XX. Parteitag der KPdSU im Jahr 1956 und auf dessen spätere Angriffe gegen Stalin auf dem XXII. Parteitag von 1961. Andererseits war er aber auch ein Vorläufer der sowjetischen Perestroika. Er hatte eine viel größere Bedeutung, als heute gemeinhin – selbst von den meisten Tschechen – wahrgenommen wird.

Die Ereignisse, die unter dem Namen Prager Frühling in die Geschichte eingingen, bildeten den Höhepunkt einer Reformbewegung innerhalb der Kommunistischen Partei der Tschechoslowakei (KPČ), die bereits fünf oder sechs Jahre zuvor eingesetzt hatte. Sie demonstrierte, dass innerparteiliche Entwicklungen so grundlegende Veränderungen zuwege bringen können, dass sie gar eine militärische Intervention durch andere kommunistische Staaten nach sich ziehen. Für einige Beobachter stellte sich deshalb die Frage: Was würde geschehen, wenn die Reform innerhalb der KPdSU selbst an Stoßkraft gewinnen würde? Wer würde intervenieren, um einen »Moskauer Frühling« zu stoppen? Die Antwort lautete natürlich, dass kein anderes Land mit der Sowjetunion das machen würde oder könnte, was die sowjetische Führung 1956 Ungarn antat und was sich im August 1968 in der Tschechoslowakei wiederholen sollte. Diese Frage wurde jedoch nur selten gestellt. Die herkömmliche Annahme im Westen – und auch in der UdSSR selbst – lautete, dass ein »Moskauer Frühling« nach dem Vorbild des Prager Frühlings eine allzu abwegige Vorstellung war, um auch nur hypothetisch als Möglichkeit in Betracht gezogen zu werden.[1]

Die Relevanz der Tschechoslowakei in den sechziger Jahren für die Sowjetunion der Achtziger liegt in der Tatsache, dass es in beiden Parteien Menschen mit ernsthaften Reformabsichten gab und dass ein Wechsel an der Parteispitze das Kräftegleichgewicht innerhalb der herrschenden Partei veränderte: Im Fall der Tschechoslowakei trat an die Stelle eines konservativen Kommunisten ein offener, gemäßigter Kommunist, in der Sowjetunion wurde 1985 ein kommunistischer Bürokrat von einem jungen energischen Reformer abgelöst. Die institutionelle Macht, die in den Händen des Parteichefs lag, war so groß, dass schon das Auftreten eines Generalsekretärs mit einer *offenen Einstellung* zugleich auch *Türen öffnete,* selbst solche, die jahrzehntelang verschlossen gewesen waren. Ein erster Effekt der Reformbewegung innerhalb des tschechischen und slowakischen Kommunismus (mit ihrem Schwerpunkt auf Demokratisierung in den tschechischen Regionen Böhmen und Mähren und auf größerer nationaler Autonomie in der Slowakei), im Verein mit ihrer Zerschlagung durch eine sowjetische Militärintervention, war die Stimulierung der großen westeuropäischen kommunistischen Parteien, ein reformistischeres Programm zu übernehmen und nicht länger sklavisch der sowjetischen ideologischen Führung zu folgen. Die Bewegung, auf die in Kapitel 23 ausführlicher eingegangen wird, wurde unter dem Schlagwort »Eurokommunismus« bekannt. Innerhalb der Sowjetunion und in Osteuropa setzte erst einmal genau der gegenteilige Effekt ein. Die Tatsache, dass die Sowjetunion unter Beteiligung der Armeen ihrer Bündnispartner im Warschauer Pakt den Prager Frühling beendete, versetzte dem Reformprozess im ganzen Ostblock einen Rückschlag. Die Grenzen des Erlaubten waren definiert worden, Grenzen, die die KPČ überschritten hatte. Folglich mussten Reformer in der Sowjetunion und in anderen Ländern sehr vorsichtig agieren, wenn sie nicht über den tschechischen »revisionistischen« oder gar »konterrevolutionären« Kamm geschoren werden wollten.

Reformanreize

Wenn wir die Staaten nach dem Kriterium einteilen, ob die Kommunisten aus eigener Kraft an die Macht kamen oder ob sie im Wesentlichen mit Hilfe externer Kräfte – meist aus der Sowjetunion – die

Regierung übernahmen, so liegt der Fall der Tschechoslowakei nicht ganz eindeutig. Es hielten sich keine sowjetischen Truppen im Land auf, als die Kommunisten im Jahr 1948 die Macht übernahmen. Stalin hatte zwar ein besonderes Interesse an der Tschechoslowakei, aber es war, wie in Kapitel 9 angedeutet, unwahrscheinlich, dass er Ende der vierziger Jahre in das Land einmarschiert wäre, wenn tschechische Politiker, auch die Kommunisten, sich geweigert hätten, ein System nach sowjetischem Vorbild zu schaffen. Die UdSSR war unmittelbar nach dem Zweiten Weltkrieg militärisch und wirtschaftlich weit schwächer als die Vereinigten Staaten. In diesem hypothetischen Fall hätte viel von der Entschlossenheit der Westmächte abgehangen. Doch viele Tschechen waren seit dem Münchner Abkommen von 1938 zu dem Schluss gelangt, dass der Westen nur ein sehr begrenztes Interesse daran hatte, welches Regime ihnen aufgezwungen wurde.[2] Die von der tschechischen Geheimpolizei in den Nachkriegsjahren gesammelten Hinweise – wobei das Innenministerium seit 1945 fest in kommunistischer Hand war – ließen darauf schließen, dass die Vereinigten Staaten, Großbritannien und Frankreich nichts unternehmen würden, um zu verhindern, dass die Kommunisten einen Urnengang vermieden und die Macht an sich rissen.[3]

Jedenfalls gelang es Gottwald und der Parteiführung, einen Staatsstreich zu inszenieren. Danach glaubten Mitglieder der KPČ weiterhin, dass sie ihre eigene, friedliche Revolution durchgeführt hätten. Die sowjetische Führungsrolle war jedoch immer wichtig gewesen, und auf dem XX. und XXII. Parteitag der KPdSU hatte sie eine neue Form angenommen. Von Chruschtschows Enthüllungen auf diesen Parteitagen von 1956 und 1961 zu einer unabhängigeren Denkweise angespornt, fingen Parteiintellektuelle in der Tschechoslowakei an, der ehemaligen und der jetzigen Führung Vorwürfe zu machen, weil sie freiwillig das stalinistische Modell übernommen hätten. Sie waren der Meinung, dass es in der zweiten Hälfte der vierziger Jahre eine Alternative gegeben hätte und dass sie nun, in der zweiten Hälfte der sechziger Jahre, wiederum die Wahl hätten. Als ich Anfang 1965 zu meinem ersten von fünf Studienaufenthalten in die Tschechoslowakei reiste, gaben sich bereits viele Parteiintellektuelle große Mühe, zu betonen, wie sehr sich ihr Land mit seiner demokratischen Tradition doch von der Sowjetunion unterscheide. Deshalb sei es ein schwerer Fehler gewesen, einfach die sowjetischen Institutionen zu kopieren.

Reformanreize 497

In den Reihen der radikalen Reformer waren langjährige Kommunisten zu finden, darunter drei, die ins Politbüro oder Sekretariat des Zentralkomitees aufgestiegen waren: František Kriegel, Josef Smrkovský und Václav Slavik (wobei Kriegel der Kühnste von den dreien war). Die politische Generation derjenigen, die unmittelbar nach dem Zweiten Weltkrieg erwachsen geworden waren, sprach sich besonders eifrig für einen Wandel aus. Wie eine Frau unter ihnen es ein wenig pathetisch ausdrückte: »Wir waren 1948 alle zwanzig, also waren wir 1968 alle vierzig.«[4] In der Avantgarde des Prager Frühlings waren nicht die Opportunisten, die 1948 aus Karrieregründen auf den kommunistischen Zug aufgesprungen und in manchen Fällen eilends von einer anderen politischen Partei zu den Kommunisten gewechselt waren, sondern eben jene Menschen, die aufrichtig geglaubt hatten, dass sie im Begriff seien, eine neue Welt aufzubauen. Sie waren nicht nur am stärksten desillusioniert von dem, was aufgebaut worden war, sondern auch am entschlossensten, etwas dagegen zu unternehmen. Mit einer härteren Selbstkritik, als sie streng genommen verdient hatte, sagte die oben zitierte, 1948 noch junge Kommunistin 1969 in Prag zu mir: »Wir halfen, das Land in diese Misere zu führen. Das Mindeste, was wir tun konnten, war, ihm wieder herauszuhelfen.«[5] Viele, die in ihrer Jugend in den ersten Nachkriegsjahren aus freien Stücken und begeistert kommunistische Ideale übernommen hatten, glaubten, sie seien Herren ihres Schicksals. So waren sie imstande, 1968 eine viel gewagtere politische Reform ins Auge zu fassen als ihre Genossen damals in den kommunistischen Parteien von Polen und Ungarn. Im August desselben Jahres allerdings sollten sie die Grenzen ihrer Souveränität erkennen, Grenzen, die die Polen und Ungarn bereits kannten und an die sich tschechische Nichtkommunisten längst gewöhnt hatten. Wahrnehmungen sind in der Politik jedoch außerordentlich wichtig, und die Tatsache, dass tschechische kommunistische Intellektuelle *glaubten*, ein radikaler politischer Wandel sei möglich, *machte* ihn auch möglich – acht Monate lang. Nachdem Chruschtschows mutiges Auftreten die nachdenklicheren Mitglieder der KPČ dazu gebracht hatte, die Nachkriegsjahre neu zu bewerten, gelangten viele bereits in den sechziger Jahren zu Schlussfolgerungen, die in der Sowjetunion erst in den Achtzigern gezogen werden sollten. Tschechische reformorientierte Parteiintellektuelle gaben sich nicht mit der Erklärung zufrieden, dass der staatlich geförderte Terror, der mit dem Stalinismus assoziiert wurde, einfach oder auch nur überwiegend auf die moralischen Mängel eines Mannes zurückgeführt werden konnte. Mitte der sechziger Jahre stellten sie das politische System in Frage, das einen Stalin überhaupt erst ermöglicht hatte. Darüber hinaus wurden erste, noch grundlegendere Fragen zum Wirtschaftssystem gestellt. Der tschechische Ökonom Pavel Eisler (der den Prager Frühling nicht mehr erleben sollte) stellte im Jahr 1965 fest: »Der stärkste Anreiz für Veränderung ist das Scheitern.«[6] Er meinte damit insbesondere das wirtschaftliche Scheitern, das die Tschechoslowakei unlängst erlebt hatte. Im Jahr 1963 hatte das Land ein negatives Wachstum von 2,2 Prozent. Zu den qualitativen Mängeln der tschechischen und slowakischen Industrie, mit denen sich die Partei mehr oder weniger abgefunden hatte, trat nunmehr selbst ein Versagen in quantitativer Hinsicht.

Ein wichtiges Ergebnis war, dass den Wirtschaftsexperten größere Freiräume für die Diskussion untereinander eingeräumt wurden. Nach diesem Zugeständnis fiel es auch anderen Experten, etwa Soziologen, Historikern und Juristen, leichter, innerhalb ihrer eigenen Disziplinen die Grenzen des Erlaubten auszudehnen. Die Diskussion unter den Wirtschaftsexperten konzentrierte sich auf die Frage, bis zu welchem Grad Marktkräfte in einen reformierten Wirtschaftsmechanismus eingeführt werden konnten. Eine große Gruppe unter der Leitung des Direktors des Instituts für Wirtschaftswissenschaften Ota Šik wurde Anfang 1964 gebildet. Aber selbst deren Kompromissvorschläge waren der Parteiführung, insbesondere dem Ersten Sekretär Antonín Novotný, noch zu radikal. Da das wirtschaftliche Versagen jedoch nicht geleugnet werden konnte, wurde 1965 eine moderate Reform des Wirtschaftssystems im Grundsatz akzeptiert. Die materiellen Anreize wurden erhöht, und ein dreigliedriges Preissystem sollte eingeführt werden, unterteilt in mehrere Kategorien. Demnach würden einige Preise zentral festgelegt werden, andere Preise durften zwischen einer Unter- und Obergrenze schwanken, und freigegebene Preise wurden ausschließlich von Marktkräften bestimmt.

Šik war ebenso sehr politischer wie wirtschaftlicher Reformer. Unter den Rednern auf dem XIII. Parteitag der KPČ im Sommer 1966 forderte er als Einziger eine stärkere Demokratisierung der Gesellschaft und mehr innerparteiliche Demokratie, und zwar mit dem Argument, die wirtschaftliche Reform werde ohne begleitende politische Reform keinen Erfolg haben.[7] Auch wenn die Rede damals in den Massenmedien nicht im vollen Wortlaut veröffentlicht wurde, machte sie doch den Reformern Mut. Die Frage, ob wirtschaftliche Reformen nur dann Erfolg haben konnten, wenn mit ihnen eine politische Reform einherging, wurde in kommunistischen Ländern ausgiebig diskutiert. Nach der Zerschlagung des Prager Frühlings schien eine realistische Antwort folgendermaßen zu lauten: Einschneidende wirtschaftliche Reformen wurden nur dann gestattet, wenn sie *nicht* mit politischen Reformen einhergingen. In Ungarn wurde im Januar 1968, dem Monat, in dem der Prager Frühling begann, und dem Jahr, in dem er zerschlagen wurde, eine Wirtschaftsreform eingeführt, die den Lebensstandard erhöhte; sie wurde, wenn auch mit vorübergehenden Rückschlägen, während der siebziger und achtziger Jahre fortgeführt. Ein wesentlicher Faktor dafür war die Tatsache, dass sie nicht mit grundlegenden Reformen der politischen Institutionen einherging. Aktueller verweisen all jene, die für wirtschaftliche Reformen *ohne* Reform des politischen Systems plädieren, auf das Paradebeispiel China, wo der wirtschaftliche Erfolg weit stärker ins Auge fällt.

Der Haken an der Sache lässt sich in zwei Punkten zusammenfassen: Erstens waren die Reformer in der Tschechoslowakei und zwanzig Jahre später in der Sowjetunion überzeugt, dass eine Wirtschaftsreform zugleich eine politische Reform erforderte, wenn sie erfolgreich umgesetzt werden sollte. Wenn die Partei- und Verwaltungsapparate ihre bestehenden Vollmachten behielten, würden alle Schritte in Richtung einer marktwirtschaftlichen Reform vereitelt werden. Der zweite, grundlegendere Punkt ist, dass das Endergebnis ohne eine ausländische Intervention oder einheimische Gegenreformation keine Reform des Kommunismus wäre, sondern die Weiterentwicklung des Systems zu etwas völlig Neuartigem. Ein »Reformkommunismus« wie in der Tschechoslowakei 1968 oder in der Sowjetunion zwei Jahrzehnte später gerät zwangsläufig in ein instabiles Gleichgewicht. Der Fairness halber sollte man hinzufügen, dass die tschechischen oder sowjetischen Reformer dies zu der Zeit, als sie den politischen Wandel einleiteten, bestimmt nicht erkannten. Es kann jedoch kaum ein Zweifel daran bestehen, dass nach den Reformen des Prager Frühlings ohne eine bewaffnete Intervention ein erkennbar nichtkommunistisches, politisches System entstanden wäre, geprägt von politischem Pluralismus. Allerdings hätten die Reformer, in Anbetracht der damaligen breiten Unterstützung für den Sozialismus, versucht, einen demokratischen Sozialismus zum Leben zu erwecken. Dubčeks Losung »Sozialismus mit einem menschlichen Antlitz« stieß 1968 in der Tschechoslowakei auf ein breites Echo. Im Gegensatz dazu herrschte mehr als zwanzig Jahre später zu der Zeit, als die Tschechoslowakei (bzw. die Tschechische Republik, nach der Teilung des Landes in zwei Staaten) ihre Unabhängigkeit erlangte, eine allgemeine Desillusionierung von jeder Form von Sozialismus.

Das Scheitern kann zwar (mit Eisler) tatsächlich ein wichtiger Katalysator für Veränderung werden, aber das eine führt keineswegs automatisch zum anderen. Zuallererst muss ein Scheitern als solches wahrgenommen und anerkannt werden. Zweitens kann die Parteiführung, selbst wenn sie in einem außerordentlich autoritären Staatswesen ein Scheitern einräumt, zu dem Schluss gelangen, dass die Risiken der vorgeschlagenen Rezepte mindestens ebenso hoch sind wie die Gefahren eines weiteren Durchwurstelns. Wenn die gesellschaftlichen Konsequenzen des Scheiterns allerdings so gravierend sind, dass die Menschen in großer Zahl auf die Straßen gehen und den Fortbestand des Regimes in Frage stellen, dann muss die Parteiführung dringend etwas unternehmen: entweder Zugeständnisse machen oder die Unzufriedenheit gewaltsam unterdrücken. Mitte der sechziger Jahre konnte in der Tschechoslowakei von derartigen Unruhen keine Rede sein, ebenso wenig wie in der Sowjetunion zwanzig Jahre später. (Als die Menschen in der UdSSR tatsächlich in Scharen auf die Straße gingen, war dies eine *Folge* der Einführung eines politischen Pluralismus, nicht dessen Ursprung.)

Eine orthodoxe kommunistische Führung, die sämtliche ihr zur Verfügung stehenden Machtmittel einsetzt (vom Einfluss auf die Berufsaussichten des Einzelnen bis hin zu der Fähigkeit, jeden, der es wagt, Widerstand zu leisten, ins Gefängnis zu stecken), kann sich lange Zeit trotz wirtschaftlichen Versagens (oder anderer Formen des Scheiterns) an der Macht halten. Auf ihre Art machen Kuba und Nordkorea noch heute nichts anderes. Jedwede Zugeständnisse an die Kräfte des Marktes oder gar die Einführung von Elementen eines politischen Pluralismus sind Maßnahmen, die eine Erosion der politischen Hegemonie und Kontrolle durch die Partei zur Folge haben. Eine kommunistische Führung ist dank des Systems, innerhalb dessen sie operiert, nicht verpflichtet, der wirtschaftlichen Effizienz Prio-

Reformanreize 501

rität einzuräumen, geschweige denn den Präferenzen einer breiteren Öffentlichkeit. Wenn dem nicht so wäre, dann hätte die Mehrzahl der Staaten in Osteuropa schon früher das kommunistische System abgeschafft. In der Tschechoslowakei stimmte Novotný in den sechziger Jahren zwar widerwillig der Einführung einer Wirtschaftsreform zu (die nie ganz umgesetzt wurde), war aber keinesfalls bereit, bei der »führenden Rolle der Partei«, die sich, genau genommen, zu einem Machtmonopol des Parteiapparats ausgewachsen hatte, Abstriche zu machen.

Novotný, der einer Arbeiterfamilie entstammt, war 1921 im Alter von sechzehn Jahren in die Partei eingetreten und hatte die Kriegsjahre im NS-Konzentrationslager Mauthausen verbracht. Er war fest überzeugt, dass ein kommunistisches System der kapitalistischen Demokratie überlegen sei. Außerdem kannte er sich mit den Hebeln der Bürokratie bestens aus und setzte sie skrupellos ein. Besonderen Eifer legte er bei der Suche nach Feinden innerhalb der Partei im Vorfeld des Prozesses gegen Generalsekretär Rudolf Slanský in den Jahren 1951/52 an den Tag.[8] Im Jahr 1953 wurde Novotný selbst Erster Sekretär der Partei. Zdeněk Mlynář, einer der wichtigsten Reformer des Prager Frühlings, nennt ein bezeichnendes Beispiel für Novotnýs moralische Standards: Nachdem Novotný seinen Teil zur Hatz auf führende Kommunisten beigetragen hatte, die im Slanský-Prozess umkamen, kauften er und seine Frau sich anschließend das chinesische Teeservice und die Bettwäsche des Gehängten Vladimir Clementis, als der Besitz der Opfer billig an hochrangige Funktionäre verkauft wurde. Nur einige Jahre zuvor hatte Novotnýs Frau Božena Novotná, als sie dem damaligen Außenminister Clementis und seiner Familie einen Besuch abgestattet hatten, für das Service geschwärmt.[9] Mlynář fügte hinzu: »Dass der Erste Sekretär einer regierenden Partei, ein Staatsoberhaupt, auf dem Bettlaken eines Menschen schläft, den er zuvor selbst an den Galgen bringen half, ist für das Europa des 20. Jahrhunderts eine monströse Vorstellung.«[10]

Ideen für politische Reformen wurden bereits Mitte der sechziger Jahre in Zeitschriften und Büchern mit kleiner Auflage in Umlauf gebracht, aber unter Novotný als Parteichef (und Präsident) gab es kaum Aussichten, sie jemals in die Praxis umzusetzen. Selbst die reformorientierten Wirtschaftsexperten sprachen sich damals keineswegs gegen Staatsbesitz oder andere Formen des öffentlichen Eigentums aus, sie wünschten lediglich einen Schritt in Richtung einer sozialistischen Marktwirtschaft. Etwas Vergleichbares existierte bereits in Jugoslawien, und dieses Land hatte maßgeblichen Einfluss auf eine Reihe tschechischer und slowakischer Parteiintellektueller, die nicht nur von der jugoslawischen Wirtschaftsreform fasziniert waren, sondern auch von dem Integrationsgrad verschiedener Interessengruppen in das Einparteiensystem und von dem föderalen Staatsaufbau. Polnische Wirtschaftsexperten und Soziologen beeinflussten ihre tschechischen Kollegen ebenfalls, aber für den Anstoß zur reformorientierten Tendenz im tschechoslowakischen Kommunismus war nichts so bedeutsam wie Chruschtschows offene Kritik an Stalin auf dem XXII. Parteitag der KPdSU im Jahr 1961. Die letzten fünf Jahre der Herrschaft Novotnýs waren eine Phase der Ausarbeitung von Ideen, die damals nur sehr vorsichtig formuliert werden durften, die aber im Jahr 1968 stärker zum Ausdruck kamen – einem Jahr, das mit der Absetzung Novotnýs von der Parteiführung und der Nachfolge des Slowaken Alexander Dubček begann.

Die treibenden Kräfte bei den Veränderungen waren Mitglieder der Parteiintelligenz, womit schlichtweg Parteimitglieder mit einer höheren Bildung gemeint sind. In der Tschechoslowakei waren, genau wie anderswo im kommunistischen Europa, manche Gruppen dieser Schicht wichtiger als andere. Gesellschaftswissenschaftler, Schriftsteller, Juristen und einige der gebildetsten Mitglieder des Partei- und Regierungsapparats spielten eine weit bedeutendere Rolle als Naturwissenschaftler und Ingenieure. Die Mitglieder der Parteiintelligenz, die wirklich politischen Einfluss ausübten, kann man in zwei große Kategorien einteilen: die *Internen* und die *Externen*. Es bestand ein Unterschied zwischen dem Einfluss, der innerhalb von Parteikomitees und Kommissionen ausgeübt wurde, und dem Einfluss auf ein breiteres Publikum, den zum Beispiel Schriftsteller ausübten. Die beiden Kategorien waren nicht völlig gegeneinander abgeschottet, denn einige, die innerhalb der Parteiorgane auf eine Reform hinarbeiteten, versuchten auch, ihre Ansichten in den Medien zu verbreiten, sofern dies in den Jahren vor 1968 überhaupt möglich war.

Die grobe Arbeitsteilung zwischen denjenigen, deren Hauptanstrengungen sich auf den parteiinternen Wandel konzentrierten, und denjenigen, die als Meinungsmacher im breiteren, gesellschaftlichen Kontext fungierten, war nicht geplant, sondern beide Rollen verstärk-

Reformanreize 503

ten sich gegenseitig. Die Teilung war so weit von einer sorgfältig aus-
gearbeiteten Strategie entfernt, dass vor 1968 und auch während des
Jahres die Akteure häufig gar nicht zu schätzen wussten, was die jeweils anderen taten. Reformer, die behutsam auf einen Wandel innerhalb des Parteiapparats hinarbeiteten, standen häufig im Verdacht,
zahme Opportunisten zu sein; und die internen Reformer wiederum
hatten, vor allem im Jahr 1968, wenig Respekt für das politische Urteil einiger Schriftsteller und Philosophen. Dabei ergänzten sich ihre
Rollen bei der Förderung des Wandels, wenn auch unbeabsichtigt. Die
Insider der Partei hatten – vor allem in den Jahren zwischen 1963 und
1967 – wesentlichen Anteil an der Schaffung einer stärkeren Emp-
fänglichkeit für neue Ideen im Parteiapparat und an der Anregung bescheidener Veränderungen in der Parteiorganisation. Die Externen
trachteten ihrerseits danach, die Öffentlichkeit aus ihrer fügsamen
Passivität aufzurütteln und nachhaltigere, radikalere Taten zu fordern. Eine »neue Welle« im tschechischen Kino der sechziger Jahre,
die einige brillante und politisch unorthodoxe Filme hervorbrachte,
war ein besonders wichtiger Teil der Aktivitäten der Kulturschaffenden.[11] Über die reformorientierten Kommunisten, die ich Externe genannt habe (also die nicht sehr eng mit den Machtstrukturen verbundenen), schrieb Mlynář:

Die politische Orientierung dieser Gruppe von Reformkommunisten war
daher demokratischer und radikaler als die der Gruppen innerhalb der
Machtstruktur. Der Unterschied zwischen »Literární listy« [dem Organ des
Schriftstellerverbandes] und der offiziellen Parteipresse illustrierte das am
besten. Es kam daher häufig zu offenen Konflikten der außerhalb der Struktur stehenden Gruppen von Reformkommunisten mit der politischen
Macht. Den Reformkommunisten innerhalb der Machtstrukturen fiel dann
meist die undankbare Rolle von Seiltänzern zu, die zwischen den beiden Polen balancieren mussten. Soweit es in derartigen Situationen zu Widersprüchen zwischen Reformkommunisten inner- und außerhalb der Macht-
sphäre kam, war das eher durch die unterschiedliche Rolle bedingt, die sie
spielen mussten, als durch unterschiedliche Ansichten oder Zielsetzungen.[12]

Parteiinterne Reformer in der Tschechoslowakei in den Jahren von
1963 bis 1968 gingen ganz ähnlich vor wie ihre Kollegen in anderen
kommunistischen Staaten. Sie übten eine Selbstzensur aus und

schrieben gelegentlich mehrere Artikel, welche die aktuelle Parteilinie wiederkäuten, damit sie den nächsten Beitrag veröffentlichen
durften, mit dem sie Neuland betraten. Sie entwickelten sich zu Experten für die Grenzen des Möglichen und bekamen ein Gespür,
wann ein Versuch, sie zu erweitern, Aussicht auf Erfolg hatte. Die
Selbstzensur erstreckte sich, wie Mlynář einräumt, sowohl auf das,
was sie dachten, als auch auf das, was sie sagten. Wenn einige Ideen
für die Machthabenden eindeutig inakzeptabel waren, so wurden sie
ohne langes Nachgrübeln beiseitegeschoben, bis die Zeit reif für sie
war.[13] Mlynář beteiligte sich sogar an der Kritik des »Revisionismus«,
die damals für die kommunistischen Ideologen Hochkonjunktur
hatte. Allerdings tat er dies »meist ohne eigene Überzeugung«, insbesondere bei seiner Kritik an »einigen jugoslawischen Auffassungen, bezüglich derer ich ganz im Gegenteil der Meinung war, dass sie
in Teilen als Ausgangspunkt für die Veränderung des politischen Systems in der Tschechoslowakei dienen könnten«.[14] Mit Hilfe solcher
Kompromisse gelang es Mlynář (der seine Dissertation über Machiavelli geschrieben hatte), Artikel im wichtigen Parteiorgan *Rudé právo*
zu veröffentlichen. Er wurde aufgefordert, in einflussreiche Arbeitsgruppen einzutreten, die Parteidokumente ausarbeiteten, und stieg
1964 zum Sekretär der Rechtskommission auf, die das Zentralkomitee als beratendes Gremium ins Leben gerufen hatte. Das war eine
von vielen Kommissionen, die in den fünf Jahren vor dem Prager
Frühling gegründet worden waren. Hier trafen sich Mitglieder des
Apparats und Gelehrte und halfen den Boden für Reformen vorzubereiten.

Zu den »externen« Mitgliedern der Parteiintelligenz zählten auch
bekannte Schriftsteller. Ihre wichtigste Kritik am Status quo brachten sie auf dem IV. Kongress des tschechoslowakischen Schriftstellerverbandes vor, der Ende Juni 1967 in Prag stattfand. Von den Mitgliedern des Schriftstellerverbandes waren 75 Prozent zugleich
Parteimitglieder, aber diese Menschen machten ihren Einfluss nicht
in rauchgeschwängerten Sitzungssälen oder in den Korridoren der
Macht geltend, sondern über ihre Veröffentlichungen und, in diesem
Fall, über ihre Reden. Was auf diesem Kongress gesagt wurde, wurde
anfangs nur über Hörensagen und ausländische Rundfunksender verbreitet. Die Protokolle des Schriftstellerkongresses wurden in Prag
erst 1968 veröffentlicht. Sie sorgten jedoch sofort für große Verärge-

rung in der Parteiführung, weil ausgerechnet im Jahr des 50. Jahrestags der Oktoberrevolution, der im November 1967 in Moskau gefeiert werden sollte, ihre bislang weiße Weste einen Fleck bekommen hatte. Der erste Sprecher auf dem Kongress war Milan Kundera, der den Ton vorgab. Er stellte die blühende tschechische Kultur der letzten vier Jahre den 26 Jahren davor gegenüber und warf damit implizit den größten Teil der kommunistischen Ära mit den Jahren des Zweiten Weltkriegs in einen Topf, als die tschechischen Länder Böhmen und Mähren ein NS-Protektorat gewesen waren. Er zitierte den berühmten Ausspruch Voltaires: »Ich teile zwar nicht Ihre Meinung, aber ich werde bis an mein Lebensende Ihr Recht verteidigen, sie zu vertreten«, und setzte hinzu: »Jede Unterdrückung von Meinungen [...] richtete sich im Endeffekt gegen die Wahrheit, weil die Wahrheit nur durch den Dialog der Anschauungen zu erlangen ist, die gleichberechtigt und frei sind.« Er überschüttete einen Stellvertreter in der Legislative mit Hohn und Spott, der unlängst das Verbot »zweier ernstzunehmender und anspruchsvoller tschechischer Filme« gefordert hatte. Kundera meinte dazu:

Er prangerte die beiden Filme schonungslos an und verkündete gleichzeitig, dass er sie nicht verstehe. In dieser Stellungnahme liegt nur ein scheinbarer Widerspruch. Die Hauptsünde der beiden Werke war nämlich, dass sie über die menschlichen Horizonte ihrer Beurteiler hinausgingen und diese damit beleidigten.[15]

Unter den vielen Rednern auf dem Kongress brachte keiner die Frage der Demokratie und ihres Fehlens in der Tschechoslowakei so trefflich zur Sprache wie Ludvík Vaculík, der selbst Mitglied der KPČ war und aus einer Arbeiterfamilie stammte. Unter anderem sagte er:

Es scheint, als habe die Macht ihre unzerstörbaren Entwicklungs- und Verhaltensgesetze, wer immer sie auch ausübe. Die Macht ist ein besonderes menschliches Phänomen, das sich dadurch stellt, dass schon in einem Haufen von Waldmenschen jemand befehlen muss und dass selbst in einer Gesellschaft von lauter edlen Geistern jemand die Erkenntnisse der Diskussion zusammenfassen und formulieren muss, was nun zu geschehen hat. [...] Die tausendjährige Erfahrung mit der Macht führte die Menschheit dazu, sich zu bemühen, eine Art von Betriebsregeln festzulegen. Es ist dies jenes System der formalen Demokratie mit Rückbindungen, Kontrollschaltern und Limit-Terminen. [...] Diese Regeln an sich sind weder kapitalistisch noch sozialistisch, sie bestimmen nicht, was zu tun ist, sondern wie zu einer Entscheidung darüber zu kommen ist, was zu tun ist. Das ist eine humane Erfindung, die im Grunde das Regieren erschwert. Sie begünstigt die Beherrschten, aber sie bewahrt eine Regierung auch vor der Erschießung, wenn diese gestürzt wird. Die Einhaltung eines solchen formalen Systems der Demokratie bringt nicht allzu feste Regierungen mit sich. Sie bringt nur die Überzeugung, dass die nächste Regierung besser sein kann. Die Regierung fällt also, aber der Bürger wird erneuert.[16]

Der offene Brief Alexander Solschenizyns, den er an den IV. Kongress des sowjetischen Schriftstellerverbandes geschrieben hatte, wo er mittlerweile unterdrückt wurde, und in dem Solschenizyn sowohl die Union als auch die sowjetische Zensur kritisierte, wurde in tschechischer Übersetzung von Pavel Kohout auf dem Prager Kongress verlesen. An diesem Punkt stürmte Jiři Hendrych, das für ideologische Fragen zuständige Politbüromitglied, wütend aus dem Saal.[17] Solschenizyns Brief sowie dessen Verbreitung wurden jedoch von Václav Havel gerechtfertigt, der zum ersten (und letzten) Mal auf einem Schriftstellerkongress eine Rede hielt. Später brachte Hendrych in einer Antwort auf die Insubordination der Schriftsteller seine besondere Empörung zum Ausdruck über »Bemühungen, die revolutionären Errungenschaften unseres Volkes und der Kommunistischen Partei herabzusetzen, sowie über Bemühungen, zwanzig Jahre unserer sozialistischen Errungenschaften zu leugnen und zu verunglimpfen und sie de facto mit der Phase der Finsternis und der NS-Okkupation gleichzusetzen«. Er reagierte besonders heftig auf das Verlesen des Solschenizyn-Briefes und erklärte, dieser »unverantwortliche Schritt« habe »unsere brüderlichen Beziehungen schwer beschädigt«.[18]

Die slowakische Frage

Als Dubček 1963 vom slowakischen Zentralkomitee zum Ersten Sekretär der slowakischen KP gewählt worden war, war er nicht Novotnýs Lieblingskandidat für den Posten gewesen.[19] Dessen Unmut äußerte sich in einer langen Verzögerung zwischen der Wahl Dubčeks durch seine slowakischen Genossen und der Bekanntgabe der Wahl in der Presse. Dennoch wurde Dubček automatisch zum Hauptsprachrohr für den Groll, den der slowakische Ableger der KPČ hegte. Die Slowaken waren mit ihrer Rolle in dem politischen System nicht zufrieden und gehörten der Koalition an, die sich gegen Novotný wandte. Dubček hatte maßgeblichen Anteil an der Auslösung einer Krise in der Führung der KPČ, als er sich in einer Rede vor der Plenarsitzung des Zentralkomitees im Oktober 1967 auf die Seite der Gegner Novotnýs stellte. Er brachte nicht nur die Unzufriedenheit der Slowaken zur Sprache, sondern forderte grundsätzlich andere Methoden der politischen Führung. Die Partei solle nicht Staatsorgane absetzen und sie solle »die Gesellschaft nicht dirigieren, sondern sie leiten«.[20] Novotný antwortete mit einem persönlichen Angriff auf Dubček und beklagte sich, dass dieser allzu sehr »engstirnigen nationalen Interessen« nachgegeben habe.[21]

Das politische System der Tschechoslowakei war bis 1968 außerordentlich zentralisiert, und was die Tschechen einen »bürokratischen Zentralismus« nannten, konnte von den Slowaken als Verletzung ihrer nationalen Rechte gewertet werden oder gar als tschechischer Chauvinismus. In der Person des taktlosen Novotný war es häufig beides. Viele Slowaken hatten das Gefühl, sie seien, mit den Worten des slowakischen Schriftstellers Laco Novomeský, »eine geduldete Rasse aus Vizevorsitzenden und Vizeministern, eine zweitklassige Minderheit, der man großzügig in allem eine Quote von einem Drittel eingeräumt hatte …«[22] Als Dubček auf dem ZK-Plenum vom Oktober 1967 mit Novotný aneinandergeriet, war dies ein Hinweis auf eine Krise innerhalb der Führung, denn ein Kommunistisches System konnte ein zweites Zentrum innerhalb der Partei nicht auf Dauer dulden. Das bedeutete, dass die slowakische Frage zu einem Katalysator für den Führungswechsel wurde, und obwohl sie auf der Agenda der tschechischen Reformer keineswegs ganz oben gestanden hatte, stieg dadurch das Ansehen Dubčeks bei ihnen.

Die Reformen des »Prager Frühlings«

Auf weiteren Sitzungen im Dezember 1967 und Januar 1968 war das Zentralkomitee erneut gespalten. Die ZK-Mitglieder erhielten eine größere Entscheidungsvollmacht als üblich, weil im ZK-Präsidium ein Patt – fünf zu fünf – herrschte in der Frage, ob Novotný Parteichef bleiben sollte oder nicht. Breschnew machte sich Sorgen wegen der Spaltung innerhalb einer Kommunistischen Partei, die der Sowjetunion bislang keinen Ärger gemacht hatte, reiste nach Prag und wohnte persönlich der Präsidiumssitzung vom 9. Dezember 1967 bei. Er gab sich Mühe, Novotný den Rücken zu stärken, allerdings ohne dem Präsidium ihn oder einen bestimmten Alternativkandidaten für den Posten des Ersten Sekretärs aufzudrängen. Er war sich völlig sicher, dass jeder Kandidat, auch Dubček, der jahrelang in der Sowjetunion gelebt hatte, ein verlässlicher Partner sein würde. Dubčeks Vater, ein Gründungsmitglied der KPČ, war Mitte der zwanziger Jahre in die Sowjetunion ausgewandert, als Alexander Dubček drei Jahre alt gewesen war. Im Jahr 1938 kehrten sie in die Tschechoslowakei zurück, und im Zweiten Weltkrieg schloss Alexander sich dem Widerstand im Untergrund an. Beim slowakischen Volksaufstand von 1944 wurde er verwundet, sein Bruder Julius getötet. Der spätere tschechoslowakische KP-Chef kehrte in der Chruschtschow-Ära in die Sowjetunion zurück und verbrachte die Jahre 1955 bis 1958 an der Höheren Parteischule in Moskau. Er war damals Mitte dreißig und wurde offenbar als ein vielversprechender Hoffnungsträger angesehen.[23] Der sowjetische Anteil seiner Geschichte gereichte der sowjetischen Führung zweifellos zur Beruhigung. Breschnews Treffen mit dem fließend Russisch sprechenden Dubček im Dezember 1967 verlief herzlich. Vor der Abreise aus Prag teilte er hohen tschechischen und slowakischen Parteimitgliedern unter der Hand zur Parteiführung mit: »Das ist eure Sache.« *(Eto wasche delo)* – Worte, die nicht einmal ein Jahr später einen hohlen Klang haben sollten.[24] In Wirklichkeit hätte Breschnew es, wie er später in einer Nachricht an den ungarischen Parteichef János Kádár klarstellte, vorgezogen, wenn Novotný auf dem Posten geblieben wäre. Indem er jedoch anerkannte, dass die Führung der tschechoslowakischen Partei dies letztlich selbst entscheiden musste, schwächte er sowohl Novotnýs Position als auch die seiner stärksten Anhänger im ZK-Apparat, dazu gehörte nicht nur die Hälfte des Präsidiums sondern auch der hartgesottene Abteilungsleiter Miroslav Mamula, der die Streitkräfte und Sicherheitsorgane beaufsichtigte.[25]

Das Plenum des Zentralkomitees, mit dem der Prager Frühling begann, fand vom 3. bis 5. Januar 1968 statt. Es endete mit der Abset-

Die Reformen des »Prager Frühlings« 509

zung Novotnýs und der Wahl Dubčeks zum Ersten Sekretär. Vorläufig wurde es Novotný gestattet, Staatspräsident zu bleiben, aber nach verstärktem Druck trat er am 22. März auch von diesem Amt zurück. Auf Empfehlung eines weiteren ZK-Plenums wurde Ludvik Svoboda zu seinem Nachfolger gewählt. Er war ein ehemaliger Armeegeneral, der im Zweiten Weltkrieg an der Seite der Roten Armee gekämpft und tschechische Militäreinheiten befehligt hatte. In seiner Funktion als Verteidigungsminister war er 1948 maßgeblich an der Machtübernahme der Kommunisten in der Tschechoslowakei beteiligt gewesen. Er war jedoch in Ungnade gefallen, als tschechische Sicherheitskräfte auf sowjetischen Druck hin ihre Suche nach versteckten Feinden verstärkten. Anfang der fünfziger Jahre wurde Svoboda verhaftet und durfte nach seiner baldigen Freilassung lediglich als Buchhalter auf einer Kollektivfarm arbeiten. Er wurde eilends rehabilitiert, als Nikita Chruschtschow Mitte der fünfziger Jahre als sowjetischer Parteichef die Tschechoslowakei besuchte und seinen alten Kriegskameraden Svoboda sehen wollte, der an der Ersten Ukrainischen Front »ein hervorragender Kommandeur« gewesen war. Als Svoboda im Jahr 1968 aus dem Ruhestand geholt und zum Staatspräsidenten ernannt wurde, war er bereits zweiundsiebzig.[26] Das Wort *svoboda* bedeutet auf Tschechisch und auf Russisch »Freiheit«. Dieser Umstand trug dazu bei, dass der neue Präsident eine Zeitlang (auch in den Tagen nach der sowjetischen Invasion im August) zu einer Symbolfigur des Prager Frühlings wurde. Svoboda machte den größten Teil der Reformen von 1968 mit, war jedoch sehr empfänglich für sowjetischen Druck und verspielte das hohe Ansehen, das er während des Prager Frühlings erworben hatte, indem er nach der Invasion bis 1975 in der Tschechoslowakei als Aushängeschild Staatspräsident blieb.

Nach dem Januar-Plenum veränderte sich die politische Atmosphäre in der Tschechoslowakei schlagartig. Die Medien wurden immer kühner, weil die Zensur fast völlig verschwand.[27] Bereits Anfang Februar erzählte der neue Vorsitzende des Schriftstellerverbandes Eduard Goldstücker im Fernsehen die wahre Geschichte von Novotnýs Sturz und deckte auf, mit welchen Mitteln dies vertuscht worden war.[28] Im März wurden die politischen Prozesse der vierziger und fünfziger Jahre neu aufgerollt, genau wie die Frage, ob Jan Masaryk 1948 Selbstmord begangen hatte oder ermordet worden war. Im April veröffentlichte Evžen Löbl, einer von nur drei Angeklagten im

Slanský-Prozess, die nicht hingerichtet worden waren, sondern eine lange Haftstrafe verbüßen mussten, in der Slowakei ein Buch mit einer Auflage von 30 000 Exemplaren, aus dem Auszüge sofort in tschechischen Wochenzeitschriften nachgedruckt wurden. Er beschrieb, wie die Geständnisse erzwungen und die Schauprozesse inszeniert worden waren.[29] Schon bald wurden Rufe laut, Tomáš Masaryk wieder auf den Ehrenplatz in der Geschichte des Landes zu heben, den er vor der Machtübernahme der Kommunisten innegehabt hatte. Ein tschechischer Autor argumentierte besonders provokativ mit einer kaum verhohlenen Anspielung auf die Tatsache, dass Peter der Große und selbst Iwan der Schreckliche in der sowjetischen Historiographie als große Führer und »für ihre Zeit fortschrittlich« ausgegeben wurden. In einem Fachblatt für Bildung beklagte sich Jan Procházka, dass die Wahrheitsliebe aus dem Lehrplan in der Tschechoslowakei gestrichen worden sei:

> Den intelligenteren Jungen und Mädchen fällt es schwer, nachzuvollziehen, dass es in der Geschichte anderer Nationen möglich und gestattet ist, selbst Zaren und Tyrannen Anerkennung zu zollen, während in unserem eigenen Land kein Platz sein soll für einen Mann, der der Gründer unserer Demokratie war, der weder ein Usurpator noch der Mörder seiner eigenen Kinder war, sondern ein gebildeter, demokratischer Mann mit einer hohen Moral.[30]

Die breite Meinungspalette und die reformistischen Tendenzen innerhalb der Kommunistischen Partei, die vor 1968 um Anerkennung gekämpft hatten, kamen in diesem Jahr wie nie zuvor zu Wort. Von den höchsten Parteiorganen bis zu den untersten wurden Diskussionen geführt, und der Druck von unten spielte eine wesentliche Rolle für Ernennungen auf höhere Parteiposten. Nach Entwürfen für Parteisatzungen, die unmittelbar vor der sowjetischen Invasion in der Tschechoslowakei veröffentlicht wurden, sollten beispielsweise Parteimitglieder nicht nur das Recht auf eine eigene Meinung haben, sondern auch den Versuch unternehmen dürfen, andere zu überzeugen. Das war ein massiver Anschlag auf die Doktrin des demokratischen Zentralismus. Ein weiterer war das Knüpfen horizontaler Verbindungen zwischen den Parteiorganisationen. So wurden im Jahr 1968 Verbindungen zwischen der Parteiorganisation im Universitätsbezirk von Prag und der Organisation im Industriebezirk Prag 9 geknüpft. In einem weiteren eklatanten Verstoß gegen Parteiregeln – in diesem Fall das Nomenklatura-System für Ernennungen – ging die Parteiorganisation in Prag 1 so weit, dass sie in der Abendzeitung der Stadt die Stelle für einen Sekretär ausschrieb, der für Ideologie zuständig war. Diese letzte Sünde kam sogar Breschnew zu Ohren. Er erklärte prompt, das beweise, dass die Kommunistische Partei der Tschechoslowakei allmählich sozialdemokratische Züge annehme. Die Prager Parteiorganisation spielte eine außerordentlich wichtige Rolle im Jahr 1968. In der Phase nach der Invasion sollte sie von den konservativen Kommunisten, die nun die Kontrolle wiedererlangt hatten, als das »zweite Zentrum« innerhalb der Partei bezeichnet werden. Der Vorwurf war nicht ganz unbegründet, weil die Prager Organisation in einem rasanten Tempo immer radikalere Reformen forderte. Sie war im selben Gebäude wie das Zentralkomitee untergebracht, und durch die Verbindungstüren kam es zu einem regen Austausch zwischen den Reformern innerhalb des ZK-Apparats und dem Prager Stadtkomitee.[31]

Das für konservative kommunistische Funktionäre in Osteuropa alarmierendste Dokument, das im Prager Frühling entstand, war das Aktionsprogramm der KPČ, das am 5. April veröffentlicht wurde. Das lag nicht etwa daran, dass es die radikalste Publikation des Jahres gewesen wäre, denn davon war es weit entfernt, sondern es lag daran, dass es einen Bruch mit der vergangenen und der aktuellen kommunistischen Lehre durch die Parteiführung selbst darstellte. Der Hauptautor des Abschnitts über das politische System war Mlynář. Das Programm war genau genommen ein Kompromiss und plädierte noch lange nicht für einen voll ausgeprägten politischen Pluralismus. Es ging weiterhin von der »führenden Rolle« für die KPČ aus, argumentierte jedoch, dass dies nicht als eine monopolistische Konzentration der Macht in Parteiorganen missverstanden werden dürfe. Es kritisierte die »mechanische Übernahme und Verbreitung« in den fünfziger Jahren von »Vorstellungen, Gewohnheiten und politischen Konzeptionen [...], die unseren Verhältnissen und Traditionen widersprechen«, was zu einem allmählichen Ausbau eines »bürokratischen Systems« geführt habe. Das innere Leben des Landes habe unter Sektierertum, der Unterdrückung der Freiheit, Gesetzesverstößen, Dogmatismus und Machtmissbrauch gelitten! Das Aktionsprogramm sprach sich nicht für eine Gewaltenteilung aus, sondern plädierte für ein »System der gegenseitigen Kontrolle«. Es verlangte eine unabhängige Justiz und forderte eine klarere staatliche und legislative Aufsicht über das Innenministerium.[32]

Ein weit radikaleres Dokument, das zur Zielscheibe der sowjetischen Angriffe auf die Entwicklungen in der Tschechoslowakei wurde, war das *Manifest der 2000 Worte,* das von Gelehrten und Schriftstellern, darunter Parteimitglieder und Nichtmitglieder, unterzeichnet wurde. Autor war der Schriftsteller Ludvík Vaculík. Das Manifest wurde im Juni 1968 – zu einem heiklen Zeitpunkt, weil zu der Zeit Manöver des Warschauer Paktes in der Tschechoslowakei stattfanden – im Organ des Schriftstellerverbandes (seit Februar 1968 *Literární listy*) abgedruckt, das damals eine Auflage von 300 000 Exemplaren hatte.[33] Anders als das Aktionsprogramm nahm es kein Blatt vor den Mund. Es erkannte zwar das Verdienst der Kommunistischen Partei an, dass sie den »Erneuerungsprozess der Demokratisierung« in die Wege geleitet hatte, schränkte das Lob jedoch ein, indem es ausdrücklich erklärte, dass der Prozess nirgendwo anders hätte beginnen können, weil nur die Kommunisten in der Lage waren, politisch zu handeln. »Der Kommunistischen Partei«, hieß es in dem Manifest weiter, »gebührt somit kein Dank; zugestanden muss ihr vielleicht werden, dass sie sich ehrlich bemühte, die letzte Gelegenheit wahrzunehmen, um ihre Ehre und die Ehre der Nation zu retten.«[34] Einer der Hauptkritikpunkte, die Vaculík vorbrachte, lautete, dass institutionelle Veränderungen im politischen System bislang ausgeblieben seien.[35] Die Liberalisierung und teilweise Demokratisierung hing folglich stark vom Wohlwollen der Parteiführung ab. Das Dokument rief die Bürger auf, selbst Ausschüsse und Kommissionen zu bilden, um Fragen zu untersuchen, denen kein offizielles Organ nachgehen würde, und den Rücktritt von Personen zu fordern, die ihre Macht missbraucht oder unehrenhaft gehandelt hatten. Als Methoden wurden beispielsweise Streiks oder die Blockade ihrer Häuser empfohlen, allerdings sollten keine »ungesetzlichen, unanständigen und groben Methoden« angewandt werden, »da sie diese zur Beeinflussung Alexander Dubčeks ausnützen würden«.[36]

Die Entfaltung der Zivilgesellschaft, im Sinne der Herausbildung unabhängiger gesellschaftlicher Organisationen und Interessengruppen, folgte sehr bald auf die Veränderungen, die vom Januarplenum des ZK eingeleitet worden waren. Die Schaffung von Interessengrup-

Die Reformen des »Prager Frühlings«

pen wurde am 21. März ausdrücklich vom ZK-Präsidium gebilligt, allerdings warteten in der veränderten Atmosphäre die Initiatoren solcher Gruppen wohl kaum die offizielle Erlaubnis ab.[37] Zu den wichtigeren Organisationen auf politischer Ebene zählte der »Klub 231« ehemaliger politischer Häftlinge (der Name leitete sich von der Tatsache ab, dass sie nach Artikel 231 des Strafgesetzbuchs angeklagt worden waren). Sein Anliegen war die Rehabilitierung der zu Unrecht verurteilten Menschen sowie allgemein ein Eintreten für die Menschenrechte. Um dieselbe Zeit, Anfang April, wurde in Bratislava eine slowakische Organisation zur Verteidigung der Menschenrechte gegründet. Ferner wurde eine Organisation gebildet, die unter dem Kürzel KAN (Klub angažovaných nestraníků – Club engagierter Parteiloser) bekannt wurde. Das erklärte Ziel von KAN war es, sich am Aufbau eines »neuen politischen Systems« zu beteiligen, des Systems eines »demokratischen Sozialismus«.[38] Eine weitere, sehr wichtige Entwicklung war die Ausweitung und Veröffentlichung professionell durchgeführter Meinungsumfragen zu heiklen politischen Themen. Die Reformer innerhalb der Parteiführung lehnten Zwangsmaßnahmen ab und begrüßten die Umfragen, weil sie sich vorgenommen hatten, die öffentliche Meinung ernst zu nehmen. Dubček war zwar eher ein Wegbereiter der Reform als selbst ein radikaler Reformer, erwarb sich aber den Ruf, ein guter Zuhörer zu sein. Er erfreute sich in einem breiten Spektrum der Bevölkerung echter Beliebtheit.

Die Zeit war zwar zu kurz, um wirkliche institutionelle Veränderungen einzuführen, doch zwischen Januar und August 1968 wurden viele Führungspositionen neu besetzt. Die höchsten Parteiorgane blieben jedoch gespalten. Neben einem Zustrom an Reformern blieben auch Hardliner und Menschen mit besonderen Kontakten zu sowjetischen Kollegen auf ihren Posten. Drei altgediente Kommunisten, die in die Führung aufgenommen wurden, wurden bereits erwähnt: Kriegel, der im Spanischen Bürgerkrieg als Arzt bei der Internationalen Brigade gedient hatte; Smrkovský, der 1945 einen Aufstand in Prag gegen das von den Nazis eingesetzte Regime angeführt hatte, aber in den fünfziger Jahren verhaftet worden war; und Slavík, der sich vom stalinistischen Chefredakteur des Parteiorgans *Rudé právo* in den Nachkriegsjahren zu einem ernsthaften Reformer gewandelt hatte. Ferner zählten dazu Jiří Hájek, ein ehemaliger Lagerhäftling, der Außenminister wurde, und Josef Pavel, ein ehemaliger Regimentskommandeur im Spanischen Bürgerkrieg und in den fünfziger Jahren politischer Häftling in der Tschechoslowakei. Pavel wurde Innenminister und schickte sich an, das Ministerium von dem Apparat einer Geheimpolizei zu einem Wächter der nationalen Sicherheit mit eingeschränkteren Befugnissen umzukrempeln, wie ihn jeder Staat braucht. Aus der politischen Generation, die 1948 noch Studenten gewesen waren, wechselte Zdeněk Mlynář von dem Posten als Akademiker mit Parteireferenzen im Alter von 37 Jahren als Mitglied des ZK-Sekretariats in die Führungsspitze.[39] Neben seiner Tätigkeit in der Rechtskommission des Zentralkomitees hatte Mlynář ein Akademikerteam geleitet, das nach Möglichkeiten einer Reform des politischen Systems forschte. Die Reformkommunisten Jiří Pelikán und Zdeněk Hejzlar (Letzterer in den Fünfzigern ein politischer Häftling) wurden Direktoren der Fernseh- bzw. Rundfunkanstalt.

Die Rehabilitierung der zu Unrecht im Gefängnis Sitzenden (bzw. die posthume Rehabilitierung der Hingerichteten) war im Jahr 1968 ein wichtiges Thema. Eine Kommission unter der Führung Jan Pillers überprüfte die großen Prozesse, insbesondere den Slanský-Prozess, und schloss noch 1968 einen Bericht ab. Er wurde jedoch vor der sowjetischen Invasion nicht veröffentlicht, und danach standen die Chancen gering, dass er jemals ans Tageslicht gelangen würde. Piller teilte der Parteiführung persönlich im Sommer 1968 mit, dass der Bericht (der in der Folge im Ausland veröffentlicht wurde) »so alarmierende Fakten enthalte«, dass seine Veröffentlichung der Partei und einigen Führern schaden könnte.[40] Mehrere Präsidiumsmitglieder betrachteten ihn als eine persönliche Gefahr. Selbst im Jahr 1968 hatte das Augenmerk der Reformer in der Parteiführung auf den kommunistischen Opfern gelegen, nicht auf den nichtkommunistischen. Letztere verfügten mittlerweile jedoch über Vertreter, die sowohl bereit als auch imstande waren, für sie das Wort zu ergreifen. Eine Gruppe nichtkommunistischer Schriftsteller bildete sich, und Václav Havel wurde zu ihrem Wortführer gewählt. Unter anderem forderten sie die automatische Aufhebung der Urteile in sämtlichen politischen Prozessen seit dem Februar 1948, wobei es Sache der staatlichen Behörden wäre, eine neue Ermittlung einzuleiten, sofern eine juristische Basis dafür vorlag.[41]

Die Überprüfung der Prozesse gegen Kommunisten hatte bereits fünf Jahre zuvor begonnen. Die Barnabitky-Kommission von 1963

Die Reformen des »Prager Frühlings« 515

(benannt nach dem Kloster, in dem die Mitglieder sich getroffen hatten) hatte unter anderen Gustáv Husák freigesprochen, den kommunistischen Anführer des slowakischen Volksaufstands von 1944, der als »slowakischer bürgerlicher Nationalist« ins Gefängnis gesteckt worden war. Obwohl formal der Kommission einige der konservativsten Figuren in der Parteiführung angehörten, wurde die detaillierte Recherche- und Archivarbeit von Experten durchgeführt: von Historikern, Juristen und Wirtschaftswissenschaftlern. Novotný behandelte sie danach als eine gefährliche Gruppe. Trotz der unterschiedlichen Herkunft entwickelten die Kommissionsmitglieder im Laufe der mehrmonatigen Zusammenarbeit enge Beziehungen. Manche verloren als Folge dieser Demonstration ihrer Unabhängigkeit den Arbeitsplatz. Zum Beispiel wurde Milan Hübl vom Posten des Prorektors der Parteihochschule abgesetzt, erlebte 1968 allerdings ein Comeback und wurde zum Rektor eben jener Institution, aus der man ihn 1964 entlassen hatte. Sein größter Verstoß war gewesen, offener als üblich über die nationale Frage in der Tschechoslowakei zu schreiben und für die sogenannten slowakischen »bürgerlichen Nationalisten« Partei zu ergreifen, insbesondere für Husák. Im Jahr 1968 verstärkte Hübl in seiner Funktion als Rektor der Parteihochschule die Reformströmung, für kurze Zeit wurde sie eine Art Institut für Politikwissenschaft, nachdem sie, wie ein Parteiintellektueller sagte, »säkularisiert« worden war. Husák, der im April 1969 Dubček als Erster Sekretär der KPČ ablösen sollte, belohnte Hübl, der für die Reinwaschung von Husáks Namen gekämpft hatte, mit geradezu beispiellosem Undank: Er sprach sich für dessen neuerliche Entlassung aus der Parteihochschule aus und sorgte anschließend dafür, dass er aus der Kommunistischen Partei ausgeschlossen wurde. Hübl weigerte sich, die kritischen Anschauungen, zu denen er gelangt war, zu widerrufen, und wurde deshalb 1971 zu sechseinhalb Jahren Gefängnis verurteilt.[42]

Böse Zungen sagen über Husák, er habe an dem unreformierten System in der Tschechoslowakei nichts Falsches entdecken können, einmal abgesehen von dem Umstand, dass er, Husák, im Gefängnis gesessen hatte. Darin steckt ein Körnchen Wahrheit, aber immerhin veröffentlichte er bereits am 12. Januar 1968 in der Wochenzeitschrift *Kultúrny Život* des slowakischen Schriftstellerverbandes einen Artikel, in dem auch er eine Demokratisierung forderte. Er fühlte sich von der Macht sehr stark angezogen und war bereit, für seine politische Karriere die Linie zu übernehmen, die für diesen Zweck am dienlichsten schien, vor der Invasion ebenso wie danach.[43] Eine Reform, die Husák aufrichtig verfolgte, war die Umwandlung der Tschechoslowakei in eine Föderation, in der die Slowaken die gleichen Rechte haben sollten wie die Tschechen. Das war im Grunde die einzige Reform von 1968, die den Führungswechsel von Dubček zu seinem slowakischen Landsmann überdauerte. Was blieb, war insofern eine nicht ganz so radikale Variante des Föderalismus, als die Kommunistische Partei im Unterschied zur Regierung und Legislative nicht föderalisiert wurde, wie es vor der sowjetischen Invasion noch geplant war. Dennoch stärkte die Föderalisierung der staatlichen Institutionen die Stellung der Slowaken innerhalb des politischen Systems. Sie hatten jetzt eigene Ministerien in Bratislava und bekleideten in den Jahren, in denen Husák Partei- und Staatschef war, viele Ämter in Prag.

Alarmstufe Rot in Osteuropa und Russland

Gleich zu Beginn des Jahres 1968 waren andere kommunistische Parteiführer in Osteuropa, allen voran Władysław Gomułka in Polen und Walter Ulbricht in der DDR, alarmiert über die Entwicklungen in der Tschechoslowakei. Ihnen war klar, dass die zunehmende Redefreiheit, die innerparteiliche Diskussion und der Ausbau der Zivilgesellschaft sich als außerordentlich ansteckend erweisen konnten. Es dauerte auch nicht lange, bis polnische Studenten auf Demonstrationen skandierten: »Wir wollen einen polnischen Dubček!« Erstmals wurde bei einem Treffen mit fünf Mitgliedstaaten des Warschauer Paktes am 23. März 1968 in Dresden auf die tschechoslowakische Führung verstärkt Druck ausgeübt. Die rumänische Parteiführung, die ihre nationale Autonomie unterstreichen wollte, hielt sich abseits und nahm weder an diesem noch an anderen Treffen teil, die einberufen wurden, um die Tschechen und Slowaken zu einer Umkehr zu bewegen. Die »Fünf«, wie man sie gemeinhin nannte, waren die Sowjetunion, die DDR, Polen, Ungarn und Bulgarien. Aus dem mittlerweile freigegebenen Protokoll des Dresdener Treffens geht nur allzu deutlich hervor, wie massiv Dubček damals unter Druck gesetzt wurde. Gomułka beschwor bereits im März 1968 das Schreckgespenst einer Konterrevolution in der Tschechoslowakei herauf und erinnerte die tschechischen und slowakischen Parteiführer an die Erfahrungen Polens und Ungarns. In beiden Ländern hatten die Unruhen mit den Schriftstellern begonnen. Er fuhr fort:

> Wir müssen [...] zu Resolutionen gelangen, welche unmissverständlich erklären, dass die Konterrevolution in der Tschechoslowakei keinen Erfolg haben wird, dass die Führung der tschechoslowakischen Partei und die Arbeiterklasse der Tschechoslowakei dies nicht zulassen werden und dass die Bündnispartner der Tschechoslowakei, also die hier Versammelten, dies nicht zulassen werden.[44]

Die anwesenden Parteichefs machten sich Sorgen wegen eines Übergreifens der Bewegung auf ihre Länder. Janos Kádár wies ausdrücklich darauf hin, dass »ein unmittelbarer Zusammenhang zwischen wichtigen Ereignissen, die in jedem sozialistischen Land eintreten, und der innenpolitischen Situation in anderen sozialistischen Ländern« bestehe. Er fügte hinzu, dass der derzeit in der Tschechoslowakei zu beobachtende Prozess »äußerst ähnlich dem Prolog der ungarischen Konterrevolution zu der Zeit [sei], als sie noch keine Konterrevolution war«.[45] Ulbricht erklärte, der westliche Einfluss sei in der Tschechoslowakei bereits seit sechs oder sieben Jahren zu beobachten, und zehn Jahre lang habe man ihn nicht systematisch auf ideologischer Ebene bekämpft. Und jetzt koche das Ganze über.[46] Alexej Kossygin aus der sowjetischen Delegation fuhr eine noch härtere Linie als Breschnew. Momentan sei es eine Tatsache, sagte er, dass in der Tschechoslowakei »die Organe, welche die Gedanken der Führung und unsere Gedanken an jeden Arbeiter, Bauern, Studenten und Intellektuellen vermitteln, in den Händen des Feindes liegen. Das sind das Fernsehen, der Rundfunk und selbst die Zeitungen.«[47] Breschnew beschwerte sich über die Verunglimpfung der Partei – mit Wendungen wie »verkommene Gesellschaft« und »überholte Ordnung« – selbst in der *Rudé právo:* »Und das im zentralen Organ der Partei!«[48] Die tschechoslowakische Delegation in Dresden hörte sich die Kritik respektvoll an, doch der Regierungschef Oldřich Černík brachte eine überaus geistvolle Verteidigung der Ereignisse in der Tschechoslowakei vor. Er sagte, der Prozess sei »in seinem Wesen überwiegend progressiv und prosozialistisch«. Derzeit würden Tausende von Treffen in überfüllten Sälen veranstaltet, und Millionen von Menschen würden begeistert an diesen Versammlungen teilnehmen. Zuvor hätten sie eine Situation gehabt, »in der die Säle leer gewesen waren, sich die Passivität überall zeigte und zunahm«.[49] Černík erkannte offenbar nicht, dass seinen sowjetischen und osteuropäischen Kollegen die leeren Säle unendlich viel lieber waren als eine aktive und frisch angespornte Bürgerschaft, die sich für Politik begeisterte.

In den acht Monaten des Prager Frühlings übten die Sowjetunion sowie andere kommunistische Länder, die an dem Treffen in Dresden teilgenommen hatten, pausenlos Druck aus. Aus ihrer Sicht war es eindeutig besser, wenn die tschechoslowakischen Parteiführer das Stigma bekamen, Repressionen eingeleitet zu haben, als dass sie selbst die politischen (und wirtschaftlichen) Kosten einer Militärinvasion tragen mussten. Die sowjetischen Funktionäre konnten zwar relativ sicher sein, dass die Vereinigten Staaten, die in Vietnam alle Hände voll zu tun hatten, nicht allzu scharf auf eine sowjetische Militärinvasion in der Tschechoslowakei reagieren würden, aber der Schritt könnte unter Umständen einen politischen Preis in Europa kosten, wo die Massenmedien ausführlich über den Prager Frühling berichtet hatten und aufmerksam die Ereignisse verfolgten. Im Mai 1968 führte Marschall Andrej Gretschko eine Militärdelegation zu einem Manöver in die Tschechoslowakei, und im selben Monat reiste Alexej Kossygin in den berühmten tschechischen Kurort Karlový Vary (Karlsbad), vorgeblich »zur Kur«. Kossygins ernste Bedenken wegen der Ereignisse in der Tschechoslowakei wurden zweifellos durch einige persönlichen Erlebnisse bei diesem Besuch noch verstärkt sowie durch seine Begegnungen mit mehreren Mitgliedern der tschechoslowakischen Führung, als die Gastgeber, wie Mlynář schreibt, nicht imstande waren, »den zweitwichtigsten Repräsentanten des Imperiums [...] vor lästigen Journalisten zu schützen«.[50]

Anfang Mai fand ein Gipfeltreffen zwischen tschechoslowakischen und sowjetischen Parteiführern auf sowjetische Bitte hin in Moskau statt. Die Wortführer des sowjetischen Politbüros brachten ihre Empörung über die Ereignisse in der Tschechoslowakei zum Ausdruck sowie ihre Verblüffung, dass keine schärferen Maßnahmen ergriffen wurden, um den Lauf der Dinge zu stoppen. Breschnew war empört

Alarmstufe Rot in Osteuropa und Russland 519

über das Gerede »von irgendeinem ›neuen Modell des Sozialismus‹, das bislang noch nicht existiert hatte«.[51] Als Dubček gefragt wurde, was er denn wegen der Inhalte, die in der Presse veröffentlicht wurden, zu unternehmen gedenke, erwiderte er, es bleibe nichts anderes übrig, als individuell die Chefredakteure zu überzeugen, wie es ihm in Bratislava schon gelungen sei. Er fuhr fort: »Ich werde persönlich mit diesen Leuten zusammenarbeiten und mit ihnen reden müssen. In Prag habe ich keine so starke Position in diesen Kreisen, und die vergangenen Wurzeln sind dort stärker als in der Slowakei.«[52] Somit zeichnete sich Dubček selbst bei einer Gelegenheit, wo er unbedingt hätte versuchen müssen, die Bedenken der sowjetischen Führung auszuräumen, durch einige Merkmale aus, die gute Bekannte an ihm beobachteten, angefangen bei der Tatsache, dass er »nicht autoritär veranlagt«[53] war. Dubček hatte für sich selbst den Leninismus und einen menschlichen Sozialismus miteinander in Einklang gebracht, so schlecht das auch zueinander passen mochte, wenn man Lenins Worte und Taten genauer unter die Lupe nahm. Nach Jahren des »Zynismus und des formellen, toten Glaubens« ließen sich Tschechen und Slowaken von einem Menschen mit einem »aufrichtig menschlichen, humanistischen Glauben« mitreißen, und zwar fast ohne Rücksicht auf den Inhalt dieses Glaubens. Dubček ging seinerseits irrtümlich davon aus, dass die echte Wärme, mit der er überall, wohin er in der Tschechoslowakei reiste, empfangen wurde, auf eine Zustimmung zu seinen politischen Ideen schließen ließ.[54]

Darüber hinaus war Dubček ein sehr ungewöhnlicher Erster Sekretär einer herrschenden Kommunistischen Partei, nicht nur, weil er wirklich an »die kommunistischen Ideale« glaubte, sondern mehr noch, weil er sie der Gesellschaft nicht *aufzwingen* wollte. Ja, er glaubte nicht daran, »dass Gewalt und Machtanwendung eine positive Rolle spielen konnten«. Während Dubček sich selbst für einen Anhänger Lenins hielt, stand er in seinem demokratischen Engagement und der Ablehnung diktatorischer Willkür »im Masaryk'schen Geist« der Figur des ersten Präsidenten der tschechoslowakischen Republik Tomáš Masaryk näher als dem Gründer des sowjetischen Staates.[55] Diese Eigenschaften sah Breschnew gar nicht gerne bei dem Führer einer brüderlichen Regierungspartei. Er hatte anfangs Gefallen an Dubček gefunden und vertraute ihm noch, als andere in der sowjetischen Führung ihn bereits aufgegeben hatten. Breschnew hielt

Dubček jedoch für unentschlossen und beendete das Moskauer Treffen im Mai 1968 mit einer Aussage, die man als versteckte Drohung interpretieren konnte:

Nun, während wir noch alle diese Angelegenheiten mit dir besprechen, hören wir dich an und glauben dir. Aber wenn es nötig werden sollte, können wir auch anfangen, in einer Weise zu sprechen, die jeder hören kann, und dann wird die Arbeiterklasse die Stimme ihrer Freunde hören. Aber es ist besser, wenn du das jetzt selbst erledigst.[56]

Ein paar Tage später, nachdem die tschechoslowakische Delegation wieder nach Prag zurückgereist war, trafen sich »die Fünf« in Moskau. Breschnew berichtete Ulbricht, Gomułka, Kádár und dem bulgarischen Parteichef Todor Schiwkow über diese Gespräche Anfang Mai und über die Lage in der Tschechoslowakei seit ihrem Treffen in Dresden. Die größte Sorge hatten Ulbricht und Gomułka, für die die aufkommende Rede- und Organisationsfreiheit in der tschechoslowakischen Gesellschaft eindeutig einen gefährlichen Einfluss auf ihre eigenen Länder haben konnte. Auch Kádár war wegen des Schreckgespenstes der »Konterrevolution« beunruhigt, schlug aber eher einen mitleidigen als einen zornigen Ton an. Er sagte über Dubček und seine Genossen: »Sie sind aufrechte, wenn auch naive Leute, und wir müssen mit ihnen zusammenarbeiten.«[57] Alle Parteichefs waren sich einig, dass sie das Aktionsprogramm in ihren eigenen Ländern auf keinen Fall veröffentlichen durften, aber in ihrer Propaganda gegen den Prager Frühling griffen sie nicht direkt die Führung der KPČ an, sondern konzentrierten sich auf »antisozialistische Elemente« und »Konterrevolutionäre«.[58] »Die KPdSU«, erklärte Breschnew auf dem Treffen der Fünf im Mai 1968, »hält es für notwendig, den wissenschaftlichen Sozialismus in der Tschechoslowakei zu retten und die Kommunistische Partei zu verteidigen und an der Macht zu halten. […] Was die Kritik am Aktionsprogramm betrifft, so kann sie in der zweiten Phase folgen. Vorläufig ist es lebenswichtig, die Kräfte zu erkennen und zu konsolidieren, welche den Kampf gegen die Konterrevolution aufnehmen können.«[59]

Die Sowjetunion machte einer Gruppe von Politikern in der Tschechoslowakei den Hof, die ihre Anschauungen teilten. Einige waren im Grunde sowjetische Agenten, aber zwei standen einfach nur der sow-

Alarmstufe Rot in Osteuropa und Russland

jetischen Botschaft und den Anschauungen aus Moskau nahe: Vasil Bilak und Alois Indra. Auf sie setzte die sowjetische Führung allmählich ihre ganzen Hoffnungen. In Anbetracht der großen Popularität, die Dubček laut Meinungsumfragen in der Tschechoslowakei genoss, wäre es immer noch das Beste, wenn Dubček für die Sowjets den Job erledigen würde, wie Gottwald es, in einem anderen Kontext, bereits im Jahr 1948 getan hatte. Im Juli erreichte die Krise einen weiteren Höhepunkt, als Dubček und das Präsidium der tschechoslowakischen Partei sich weigerten, an einem Treffen der Fünf in Warschau teilzunehmen. (Nicht nur Rumänien, auch Jugoslawien hielt sich aus diesen Machenschaften heraus. Die Jugoslawen waren allerdings, im Gegensatz zu Rumänien, nicht Mitglied des Warschauer Pakts. Sie sympathisierten viel stärker mit der wachsenden Unabhängigkeit der KPČ. Sie glaubten, dass die Parteiführung im Jahr 1968 die Unterstützung der Mehrzahl der Mitglieder und der Bevölkerung genieße, wie Tito Breschnew persönlich mitteilte, als er Ende April der Sowjetunion einen Besuch abstattete.[60])

Die Fünf sprachen bei ihrem Treffen in Warschau weiter über die »Krise«, auch ohne Teilnahme von Tschechen oder Slowaken. Daraufhin schickte die KPČ am 14. Juli einen scharfen, von Dubček und Černik unterzeichneten Protestbrief an Breschnew, den der sowjetische Parteichef allerdings erst nach dem Treffen der Fünf erhielt.[61] Gomułka leitete als Gastgeber die Eröffnungssitzung und erklärte, es sei ihr Ziel, »Ansichten auszutauschen und eine gemeinsame Haltung in einer Angelegenheit von äußerster Wichtigkeit für jedes unserer Länder und für die ganze sozialistische Welt zu erreichen«. Breschnew meldete sich daraufhin zu Wort und sagte, es solle nur einen Tagesordnungspunkt geben: »Zur Lage in der Tschechoslowakei«.[62] Gomułka legte die Einschätzung der polnischen Kommunisten dar und sagte, die KPČ gebe »die Gebote des Marxismus-Leninismus auf« und entwickle sich »zu einer sozialdemokratischen Partei«, während »das Land auf friedlichem Weg von einem sozialistischen Staat zu einer bürgerlichen Republik umgewandelt« werde.[63] Kádár hingegen vertrat eine weniger apokalyptische Meinung, womöglich weil er sich nur allzu sehr darüber im Klaren war, was die logische Schlussfolgerung einer Analyse wie der Gomułkas war. Er war nicht der Meinung, dass sich die tschechoslowakische KP zu einer sozialdemokratischen Partei wandle, auch wenn er gefährliche Tendenzen in ihr wahrnahm.

Weder Dubček noch Černik, so Kádár, würden »den vollen Ernst der Situation« begreifen; offenbar befänden sie sich in »einer Betäubung«. Die Lage in der Tschechoslowakei verschlechtere sich jedoch stetig – und sei bereits viel schlimmer als bei den Treffen der Fünf in Dresden und Moskau.[64]

Ulbricht griff Kádár wegen dessen relativ milder Einschätzung der Lage an und sagte, er sei erstaunt, dass dieser von »revisionistischen Kräften« gesprochen habe, wo doch eigentlich von »konterrevolutionären Kräften« die Rede sein müsse. Im Folgenden erklärte Ulbricht, die tschechischen Pläne für eine Konterrevolution lägen doch auf der Hand. In dieser Angelegenheit könne es überhaupt keinen Zweifel geben. Die Konterrevolutionäre wollten den Parteitag so vorbereiten, dass sie die Marxisten-Leninisten zerschlagen und aus dem Weg schaffen könnten. An Kádár gewandt meinte Ulbricht, er verstehe nicht, weshalb er, Kádár, das nicht begreifen wolle. Ob er denn nicht erkenne, dass der nächste Schlag des Imperialismus Ungarn treffen werde. Bereits jetzt sei festzustellen, dass imperialistische Zentren ihre Tätigkeit nunmehr auf die ungarische Intelligenz konzentrieren würden.[65]

Der bulgarische Parteichef Todor Schiwkow kritisierte Kádár ebenfalls dafür, dass er noch auf Dubček und Černik hoffte. Vielleicht auf einen informellen Wink seitens der sowjetischen Delegation hin war Schiwkow in Anbetracht der Gewichtigkeit der Angelegenheit der Erste, der bei diesem Treffen ausdrücklich von einer militärischen Intervention sprach (allerdings hatte Gomułka dies bereits Anfang Juli bei einem Gespräch mit Mitgliedern des sowjetischen Politbüros getan):[66]

> Es gibt nur einen Ausweg, nämlich eine entschiedene Hilfe der sozialistischen Länder, der kommunistischen Parteien und des Warschauer Vertrages für die ČSSR zu leisten und nicht mehr den inneren Kräften der ČSSR zu vertrauen. Es gibt dort keine Kräfte, die die in unserem Brief beschriebenen Aufgaben ausführen können. Durch die Hilfe der sozialistischen Länder und der kommunistischen Parteien, durch die Hilfe des Warschauer Vertrages, hauptsächlich durch bewaffnete Kräfte des Warschauer Vertrages, muss die Tschechoslowakei unterstützt werden.[67]

Die sowjetische politische und militärische Führung arbeitete seit Monaten Einsatzpläne für eine mögliche militärische Intervention in der Tschechoslowakei aus, aber sie war sich im Juli noch unsicher, ob

Alarmstufe Rot in Osteuropa und Russland

Gewalt angewendet werden sollte. Zu Beginn des Monats sprachen sich Breschnew und Kossygin in einer zweitägigen Politbürositzung noch für massiven Druck auf Dubček aus – damit er hochrangige Personen entließ, die der sowjetischen Führung ein Dorn im Auge waren, und damit er energisch gegen die Medien vorging –, während andere bereits für den Einsatz von Gewalt plädierten. Dazu zählten der KGB-Vorsitzende Juri Andropow und Dmitri Ustinow, der ZK-Sekretär (und spätere Verteidigungsminister), der für Militär und Rüstungsindustrie zuständig war.[68] Bei einem Treffen Ende Juli in Čierna nad Tisou in der Ostslowakei, unmittelbar hinter der Grenze zur Sowjetunion, kam es zu einer heftigen Konfrontation zwischen fast dem ganzen Politbüro der KPdSU auf der einen Seite und dem Präsidium der KPČ auf der anderen. Das Präsidium hatte den Nachteil, dass es längst nicht so einig war wie das sowjetische Politbüro, ja dass einige aus seinen Reihen sogar der scharfen Kritik zustimmten, die Breschnew, Kossygin, der Erste Sekretär der Ukrainischen Kommunistischen Partei Petro Schelest und andere an den tschechoslowakischen Behörden übten.[69] Dubček ließ sich nicht einschüchtern und brachte seinerseits zwei ernste Beschwerden vor. Das Treffen der Fünf in Warschau und die Veröffentlichung ihres Briefes, in dem sie die Ereignisse in der Tschechoslowakei verurteilten, seien, betonte er, kontraproduktiv gewesen, weil sie »von uns, den Kommunisten, und von der ganzen Gesellschaft als Mittel wahrgenommen wurden, von außen Druck auf unsere Partei auszuüben«.[70] Überdies beschwerte er sich über die anhaltende Anwesenheit zweier sowjetischer Regimenter in der Tschechoslowakei, obwohl die Manöver des Warschauer Paktes bereits vor Wochen beendet worden seien.[71] Das Treffen endete mit einem knappen Kommuniqué, aber mit der Absprache, sich am 3. August in der slowakischen Hauptstadt Bratislava zu treffen, diesmal gemeinsam mit polnischen, ostdeutschen, bulgarischen und ungarischen Parteiführern.

Im Monat August, im Vorfeld der sowjetischen Invasion, wurde die tschechoslowakische Führung und vor allem Dubček die ganze Zeit über massiv unter Druck gesetzt. Das Ausbleiben glaubhafter Informationen über das, was in Čierna vorgefallen war, veranlasste Tausende junger Menschen, in Prag zu demonstrieren, um die Wahrheit zu erfahren. Die uneinige Führung war ihnen keine Hilfe, weil sie recht unterschiedliche Signale über das aussandte, was vereinbart worden war. Präsident Svoboda sprach davon, das Treffen habe die sowjetisch-tschechoslowakische Freundschaft symbolisiert. Josef Smrkovský traf sich mit demonstrierenden Studenten und versicherte ihnen, es sei keine Einschränkung der Pressefreiheit vereinbart worden. Dubček hielt im Rundfunk und Fernsehen eine Rede und versuchte, sowohl das eigene Volk als auch die Fünf zu beschwichtigen, was ihm nicht gelang, schon gar nicht bei den sowjetischen und osteuropäischen Parteichefs. An jene gerichtet sprach er davon, dass die Tschechoslowakei »unseren Freunden wie bisher treu bleiben und die Prinzipien des proletarischen Internationalismus [...] nicht verraten« werde (»proletarischer Internationalismus« war schon seit langem die in der kommunistischen Bewegung übliche Umschreibung für die Befolgung der sowjetischen Linie). Den Tschechen und Slowaken hingegen versprach er, dass »wir an den Positionen der seit Januar eingeschlagenen Politik entschieden festhalten werden«.[72]

Das Treffen in Bratislava Anfang August brachte das sogenannte Bratislaver (Pressburger) Kommuniqué hervor. Da die tschechoslowakische Führungsmannschaft innerlich gespalten war, akzeptierte sie einen großen Teil der Terminologie, die von sowjetischen und osteuropäischen Parteiführern gefordert wurde, darunter Phrasen wie »unerschütterliche Treue zum Marxismus-Leninismus« und die Notwendigkeit, die »Volksmassen im Geiste der Ideen des Sozialismus und des proletarischen Internationalismus« zu erziehen, sowie die Akzeptanz, dass ein weiterer Fortschritt nur möglich sei, »wenn man sich strikt und konsequent von den allgemeinen Gesetzmäßigkeiten des Aufbaus der sozialistischen Gesellschaft leiten lässt und vor allem die führende Rolle der Arbeiterklasse und ihrer Avantgarde, der Kommunistischen Parteien, festigt«. Der tschechoslowakischen Seite gelang es jedoch, die Einschränkung einzufügen, dass »jede Bruderpartei die Fragen der weiteren sozialistischen Entwicklung schöpferisch löst, indem sie die nationalen Besonderheiten und Bedingungen berücksichtigt«. Dennoch enthielt das Dokument eine Passage, die später den Fünf als Rechtfertigung der Militärintervention diente: dass es nämlich »die gemeinsame internationale Pflicht aller sozialistischen Länder« sei, die Errungenschaften des Sozialismus »zu unterstützen, zu festigen und zu verteidigen«.[73]

Zur selben Zeit, als die »Bruderparteien« an dem Wortlaut der Erklärung feilten, wurde der sowjetischen Führung ein Brief zugespielt, um den sie gebeten hatte, um eine Invasion zu rechtfertigen. Es handelte sich um ein an Breschnew gerichtetes Gesuch von den Hardlinern der tschechoslowakischen Führung, in dem sie zu einer Intervention aufriefen, um »eine antikommunistische und antisowjetische Psychose« zu bekämpfen, wie die Briefschreiber es nannten. Sie schrieben weiter:

> In dieser schwierigen Situation wenden wir uns an Sie als sowjetische Kommunisten, als führende Vertreter der KPdSU und der UdSSR, mit der Bitte, uns mit allen Mitteln, über die Sie verfügen, wirksame Unterstützung und Hilfe zu leisten. Nur mit Ihrer Hilfe können wir die ČSSR vor einer drohenden Konterrevolution retten.[74]

Als die Sache nicht so lief, wie die sowjetischen und osteuropäischen Parteichefs es sich unmittelbar nach der Invasion gedacht hatten, beschlossen die Autoren des Dokuments, anonym zu bleiben. Der Brief wurde im Archiv des sowjetischen Politbüros aufbewahrt. Breschnews loyaler Assistent Konstantin Tschernenko, der Leiter der Allgemeinen Abteilung des Zentralkomitees der KPdSU, schrieb: »Nicht zu öffnen ohne meine ausdrückliche Erlaubnis«. Die Unterzeichner des Briefes, sogar ihre Existenz selbst, blieben bis 1992 im Dunkeln, als der tschechoslowakischen Regierung eine Kopie ausgehändigt wurde. Die fünf Mitglieder der Parteiführung von 1968, die den Brief unterschrieben hatten, waren Alois Indra, Drahomír Kolder, Antonín Kapek, Oldřich Švestka und Vasil Bilak. Als der Brief ans Tageslicht kam, lebte nur noch Bilak.[75]

Invasion und Nachspiel

Die endgültige Entscheidung für die Invasion wurde im sowjetischen Politbüro gefällt, das vom 15. bis 17. August tagte. Breschnew hatte am 13. August Dubček angerufen und ihm in dem eineinhalbstündigen Telefongespräch Betrug vorgeworfen. Selbst in diesem Stadium warnte er Dubček nicht offen, dass die Alternative zu einem Nachgeben auf die sowjetischen Forderungen die sofortige Invasion sei. Bis es tatsächlich so weit kam, hatte Dubček nicht glauben wollen, dass die Sowjetunion diesen Schritt gegen ein Land unternehmen würde, in dem die Kommunistische Partei immerhin noch an der Regierung war, wenn sie auch – aus sowjetischer Sicht – nicht mehr alles unter Kontrolle hatte. Zudem hatte die tschechoslowakische Führung zu keinem Zeitpunkt erwogen, aus dem Warschauer Pakt auszutreten, was zwölf Jahre zuvor nach Ansicht vieler den Ausschlag für die sowjetische Invasion in Ungarn gegeben hatte. Wegen der Tatsache, dass die Tschechoslowakei traditionell gute Beziehungen zu Russland pflegte, sowie wegen der Freundschaft einer Reihe tschechischer und slowakischer Parteiführer zu ihren Genossen in der Sowjetunion rechnete so gut wie niemand damit, dass eine Invasion überhaupt drohe. Man kann durchaus davon ausgehen, dass sie diese Gefahr nicht ernst genug nahmen, denn sonst hätte es wohl kaum einen Prager Frühling gegeben. Mit Blick auf die Zusammensetzung und Ansichten der damaligen sowjetischen Führung, verstärkt durch die Agitation Gomułkas und Ulbrichts, hätte die tschechische Parteiführung wohl nur dadurch eine Militärintervention verhindern können, dass sie dem Land *nicht* acht Monate lang eine substantielle Freiheit gewährte (auf die sieben Monate teilweiser Freiheit folgten).

Dubček wurde in unzähligen Punkten von der sowjetischen Führung unter Druck gesetzt, nicht zuletzt bezüglich der Entlassung von Personen, die ihr missfielen, wobei František Kriegel auf dieser Liste ganz oben stand. In dem langen Telefongespräch am 13. August mit Breschnew antwortete Dubček auf dessen Tirade, dass personelle Veränderungen der Gegenstand von Plenarsitzungen des Zentralkomitees seien und keine Sache, die er persönlich entscheiden könne. Er stimmte Breschnew auch nicht zu, dass der XIV. Parteitag, den die Reformer in der tschechoslowakischen Parteiführung in den kommenden Wochen abhalten wollten, verschoben werden müsse. Je näher der Parteitag rückte, desto klarer wurde es der sowjetischen Führung, dass keine Zeit zu verlieren sei. Bei der derzeitigen politischen Atmosphäre in der Tschechoslowakei hätte der Parteitag die Position der radikalen Reformer noch gefestigt, und die standhaften prosowjetischen Mitglieder des Präsidiums und Sekretariats wären abgesetzt worden – die »gesunden Kräfte«, wie sie von den sowjetischen Politikern und Propagandisten genannt wurden.[76]

Die Streitkräfte der Sowjetunion sowie polnische, ungarische und bulgarische Kontingente überschritten in der Nacht vom 20. zum

Invasion und Nachspiel

21. August die tschechoslowakische Grenze. Zwei Divisionen der NVA hielten sich an der Grenze bereit, beteiligten sich jedoch nicht an der Invasion. Das tschechoslowakische ZK-Präsidium tagte zu der Zeit, und die Sowjetunion hatte gemeinsam mit ihren Kollaborateuren in der tschechoslowakischen Führung einen Plan ausgearbeitet. Eine Mehrheit im Präsidium sollte die »Rechten« scharf kritisieren, die es zugelassen hatten, dass eine konterrevolutionäre Situation entstanden war. Anschließend sollten die Mitglieder die sowjetischen und osteuropäischen Genossen um Beistand bitten. Doch das war nur der erste der Pläne, die scheitern sollten. Dubček hatte sich geweigert, Präferenzen der Kollaborateure bei der Tagesordnung des Präsidiums zu berücksichtigen. Diejenigen, die gehofft hatten, eine Mehrheit gegen ihn zustande zu bringen, bekamen nicht einmal die Gelegenheit, ihre Bedenken vorzutragen, bevor die Meldung einging, dass Streitkräfte des Warschauer Pakts in der Tschechoslowakei einmarschiert waren. Einige am Konferenztisch hatten sehr wohl gewusst, dass eine Invasion unmittelbar bevorstand, doch sie kam früher, als sie erwartet hatten.

Ein anonymer Telefonanrufer hatte einem tschechischen Journalisten in Budapest am 20. August um 17 Uhr aufgeregt mitgeteilt, dass die Besetzung seines Landes um Mitternacht beginnen würde.[77] Die Nachricht wurde an den tschechoslowakischen Botschafter in Ungarn weitergeleitet und anschließend an Černik als Regierungschef. (Für Mitternacht erwarteten auch diejenigen in der tschechoslowakischen Führung, die mit der sowjetischen Führung gemeinsame Sache machten, den Beginn der Intervention.) Černik nahm die Warnung immerhin so ernst, dass er die Lage vor Ort prüfen ließ. Er verließ die Präsidiumssitzung, um einen Anruf entgegenzunehmen. Bei seiner Rückkehr um 23.40 Uhr verkündete er: »Die Armeen der fünf Länder haben die Grenzen unserer Republik überschritten und besetzen uns.«[78] Zwei Präsidiumsmitglieder, von denen die Kollaborateure erwartet hatten, dass sie sich ihnen bei einem Misstrauensvotum gegen Dubček anschließen würden, die aber von der Invasion völlig überrumpelt wurden, waren so bestürzt, dass sie aus dem Lager der Hardliner ausscherten. Fast eine halbe Million Soldaten hatte die Tschechoslowakei besetzt, die überwältigende Mehrheit aus der Sowjetunion.

Die sowjetischen Parteiführer wussten genau, wem sie in der

tschechoslowakischen Führung vertrauten und mit wem sie überhaupt nicht auskamen, aber es gab auch eine Gruppe dazwischen. Nachdem sowjetische Truppen die Kontrolle übernommen hatten, machte es ihnen nichts aus, abzuwarten und zu schauen, wer zur Kollaboration mit ihnen bereit war, bevor sie sich in Personalfragen festlegten. Dubček allerdings hatten sie aufgegeben, zumindest hatten sie nicht die Absicht, ihn in einem zukünftigen Regime eine führende Rolle spielen zu lassen. Das wurde nicht nur im privaten Kreis signalisiert – etwa als Breschnew bei einem Treffen der Fünf am 18. Dezember den anderen Parteichefs mitteilte, dass »unsere Freunde« im tschechoslowakischen Präsidium »einen offenen Kampf gegen rechte Kräfte, einschließlich Dubček, führen« würden[79] –, sondern auch in ihren öffentlichen Stellungnahmen, wobei die *Prawda* Dubček unmittelbar nach der Invasion als Führer einer »Minderheit« im Präsidium bezeichnete, welche eine »offen rechtsgerichtete, opportunistische Haltung« eingenommen habe.[80]

Die Präsidiumsmitglieder, für die die Invasion völlig unerwartet gekommen war, standen erst einmal unter Schock. Mlynář verglich seinen Zustand mit den Empfindungen, die er Jahre zuvor bei einem Autounfall erlebt hatte. Er fügte hinzu: »Zur gleichen Zeit wurde mir in aller Deutlichkeit bewusst, dass dies das endgültige Scheitern meines Lebens als Kommunist bedeutete.«[81] Mit seinem schriftstellerischen Geschick hatte er mehrere Dokumente des Prager Frühlings verfasst, und auch jetzt wurde er der Hauptautor einer Resolution, die vom Präsidium mit sieben gegen vier Stimmen angenommen wurde. Sie enthielt folgenden Satz: »Das Präsidium des ZK der KPČ betrachtet diesen Akt als eine Missachtung nicht nur der fundamentalen Prinzipien der Beziehungen zwischen sozialistischen Staaten, sondern auch der Grundsätze des Völkerrechts.«[82] Obwohl die Invasionstruppen alle großen Fernseh- und Rundfunkanstalten besetzten, fanden diejenigen, die an diesen Orten arbeiteten, Mittel und Wege, die Verurteilung der Invasion durch das Präsidium am nächsten Morgen zu verbreiten. Unterdessen waren sowjetische Truppen in Dubčeks Amtszimmer im ZK-Gebäude eingedrungen, in das sich die Reformkommunisten nach dem Ende der Präsidiumssitzung in den frühen Morgenstunden des 21. August zurückgezogen hatten. Die beiden Kollaborateure Bilak und Indra waren in die sowjetische Botschaft geflüchtet.

Invasion und Nachspiel

Auch ohne die Ausstrahlung der Resolution, die bestätigte, dass die Besatzung gegen den Willen der höchsten Führung des Landes erfolgt war, wären die Menschen auf die Straße gegangen. Acht Monate der Reform und Streitkultur hatten die Gesellschaft mit neuem Leben erfüllt. In den Tagen unmittelbar nach der Invasion kam es zu massivem, unbewaffnetem Widerstand durch die tschechische und slowakische Bevölkerung. Vor allem in Prag waren junge Soldaten der Besatzungstruppen bestürzt darüber, dass sie mit Faschisten verglichen wurden. Entsetzt wurde ihnen klar, wie unbeliebt ihr »brüderlicher Beistand« in Wirklichkeit war. Unter anderem wurden Straßenschilder ausgewechselt, um die einmarschierenden Truppen zu verwirren. Am 22. August lenkten Techniker die Störsender für Radio Free Europe um und störten stattdessen Sendungen aus der DDR, die die Sichtweise der Besatzer zur Lage in der Tschechoslowakei wiedergeben sollten. Am 21. August wurden fünfzehn unbewaffnete tschechische Demonstranten in der Nähe der größten Rundfunkanstalt in Prag von sowjetischen Soldaten getötet, und es gab noch weitere Todesfälle. Die Tschechen und Slowaken leisteten hingegen nur gewaltlos Widerstand, allerdings in einem Ausmaß, dass die Invasionstruppen schon bald eher irritiert als kriegerisch waren. Viele waren in der Tschechoslowakei angekommen, ohne vorher überhaupt gewusst zu haben, wohin sie marschierten. Manche hatten geglaubt, nach Westdeutschland entsandt zu werden.[83]

Der Umstand, dass eine Mehrheit des tschechoslowakischen Präsidiums, einschließlich der höchsten Parteiführer, den »brüderlichen Beistand« abgelehnt hatte, den ihnen die Kräfte des Warschauer Paktes angeboten hatten, sowie der massive Widerstand der Zivilbevölkerung der Tschechoslowakei zwangen die sowjetische Führung, über eine Ablösung Dubčeks noch einmal nachzudenken. Er war gemeinsam mit anderen Reformkommunisten des Präsidiums nach Moskau gebracht worden, zu sogenannten »Verhandlungen«, obwohl sie angesichts der Tatsache, dass sie im Kreml stattfanden, noch dazu zu einer Zeit, als sowjetische Truppen das Land besetzt hielten, ein wenig einseitig waren. Ohne Wissen der tschechoslowakischen Parteiführer, die in der Sowjetunion festgehalten wurden, war eilig in einem Prager Fabrikgebäude im Industrieviertel Vysočany ein geheimer Parteitag einberufen worden. Er trat am 22. August zusammen, bemerkenswerterweise fanden 1290 der Delegierten, die zum planmäßigen XIV. Parteitag gewählt worden waren, ihren Weg dorthin – über zwei Drittel der gewählten Abgeordneten. Sie mussten an den Besatzungstruppen vorbeikommen und den Ort des Parteitags vor ihnen geheim halten.[84] Die Versammlung unterstützte voll und ganz die Reformen des Prager Frühlings, verurteilte bedingungslos die Invasion und wählte weitere Reformer auf führende Posten in der Partei. Zdeněk Mlynář war von den Sowjets nicht nach Moskau gebracht worden, nunmehr wurde er jedoch auf Anweisung des Parteitags von Vysočany nach Moskau geschickt, um seine Entscheidungen den in sowjetischem Gewahrsam befindlichen Parteiführern mitzuteilen. Von Mlynář erfuhren sie nun auch von dem beeindruckenden passiven Widerstand der Bevölkerung insgesamt.

Zwei weitere Parteiführer, die zu den »Verhandlungen« in Moskau hinzukamen, Präsident Svoboda und Gustáv Husák, der Bilaks Nachfolger als Erster Sekretär in der Slowakei geworden war, spielten eine ganz andere Rolle als Mlynář. Svoboda kam der sowjetischen Führung stärker entgegen als Dubček und der Reformflügel der tschechoslowakischen Führung. Husák weigerte sich, den Parteitag von Vysočany anzuerkennen, weil slowakische Abgeordnete außerstande gewesen waren, daran teilzunehmen. Er erklärte jedoch, in der Frage müsse man sehr bedächtig vorgehen, weil der Parteitag unter den Tschechen so große Unterstützung genoss. Außerdem teilte er den sowjetischen Führern mit, dass Bilak im eigenen Land inzwischen als Verräter angesehen werde.[85] Das »Moskauer Kommuniqué« wurde am 26. August unterschrieben, der tschechoslowakischen Seite war es, trotz der beängstigenden Atmosphäre, in der die Gespräche geführt worden waren, immerhin gelungen, sämtliche Verweise auf eine Konterrevolution zu streichen. Das Dokument verurteilte nicht den gesamten Reformprozess, aber es enthielt so vertraute sowjetische Floskeln wie »die sozialistische Gesellschaftsordnung auf der Grundlage des Marxismus-Leninismus zu festigen«.[86] Die Tschechen und Slowaken, die zu verschiedenen Zeiten im Kreml eingetroffen waren – darunter eine Reihe von Breschnews »Lieblingen« wie Indra und Bilak –, vertraten sehr unterschiedliche Meinungen, aber der Einzige auf tschechoslowakischer Seite, der sich weigerte, die Vereinbarung zu unterschreiben, war Kriegel. Auch auf der anderen Seite herrschte Uneinigkeit. Ulbricht, Gomułka und Schiwkow waren entsetzt über die Vorstellung, Dubček in der Parteiführung zu lassen,

Invasion und Nachspiel 531

schon gar nicht auf dem Posten des Ersten Sekretärs. Sie wollten die Bildung einer »revolutionären« Regierung in der Tschechoslowakei, genau wie Andropow und Ustinow.[87] Ulbricht fragte, weshalb sie denn überhaupt Truppen entsandt hätten, wenn Dubček und Černik weiter in der Regierung blieben. Kossygin bezeichnete Dubček zwar als »Oberschurken«, gab jedoch zu bedenken, dass er keine geeignete Person sehe, die für die Leitung einer revolutionären Regierung in Frage komme.[88]

Breschnew und Kossygin hatten den größten Einfluss unter denen, die einen taktischen Rückzug von der sowjetischen Position am Vorabend der Invasion machten. Sie hatten schon am 23. August beschlossen, dass die wichtigsten Amtsinhaber in der Tschechoslowakei vorläufig nicht abgesetzt werden konnten, wenn das Land von Tschechen und Slowaken regiert werden sollte. Das bedeutete, dass nicht nur Svoboda, mit dem die sowjetische Parteiführung gut zurechtkam, sondern auch Dubček, Černik und Smrkovský vorübergehend ihre Ämter behielten. Breschnew teilte Svoboda mit, dass sie die Frage einer Absetzung Dubčeks oder der anderen beiden, die ebenfalls zu Symbolfiguren des Prager Frühlings geworden waren, nicht ansprechen würden.[89] Dubček schlug sich bei der Befragung durch Breschnew ganz gut, beteiligte sich aber kaum an den Verhandlungen des Textes für das »Moskauer Kommuniqué«, weil er nach den Anspannungen der vergangenen Wochen erkrankt war. Die tschechoslowakische Seite machte ein wichtiges Zugeständnis, das in dem veröffentlichten Wortlaut nicht enthalten war: nämlich die Entfernung einiger radikaler Reformer aus der tschechoslowakischen Führung, welche die sowjetische Seite kategorisch ablehnte.

Kurzfristig nahmen die Dinge in der Tschechoslowakei nicht den Verlauf, den die sowjetische Führung und ihre osteuropäischen Bündnispartner erhofft hatten. Ein streng geheimes vom KGB verfasstes Dokument wurde am 13. Oktober 1968 von Andropow unterzeichnet, und zwei Tage danach genehmigte die Führung der KPdSU die Weiterleitung an Ulbricht und Gomułka, die um nähere Informationen über die Vorgänge in der Tschechoslowakei gebeten hatten.[90] Der Bericht war eine Mischung aus der Wahrheit über den trotzigen Widerstand führender Mitglieder der Partei und der Öffentlichkeit in der Tschechoslowakei (mit konkreten Beispielen) und Unwahrheiten. In mancher Hinsicht war der KGB nicht sehr gut informiert. So wurden in einem »zweiten Zentrum« Menschen in einen Topf geworfen, die sich nicht sonderlich nahe standen. Etwa wurde Mlynář in dieses »zweite Zentrum« gesteckt, und in dem Bericht wurde darüber hinaus hinter dem Namen in Klammern »Müller« eingefügt.[91] Dadurch sollte der Eindruck vermittelt werden, dass Mlynář ein Jude war, der seinen Namen geändert hatte. In Wirklichkeit war Mlynář weder väterlicher- noch mütterlicherseits Jude und hatte sein Leben lang denselben Familiennamen gehabt. Die antisemitische Karte sollte in den sowjetischen Medien jedoch immer wieder gespielt werden. Man gab sich nicht damit zufrieden, jene tschechischen Kommunisten als gefährliche Feinde darzustellen, die wirklich jüdischer Herkunft waren – unter ihnen Kriegel, Šik, Pelikan und Goldstücker –, sondern erfand jüdische »Originalnamen« für weitere prominente Persönlichkeiten in der Tschechoslowakei, um sie desto wirkungsvoller verurteilen zu können. Diese Maßnahme stieß in Sowjetrussland auf stärkere Resonanz als in der Tschechoslowakei. Zweifellos kam sie auch einem Empfänger des KGB-Dokuments sehr zupass: Gomułka, denn seine Kampagne gegen intellektuelle Reformer in Polen im Jahr 1968 hatte einen stark antisemitischen Beigeschmack.

In vieler Hinsicht war der gefundene Kompromiss, nach dem dieselbe tschechoslowakische Führung nach Prag zurückkehren durfte, eine Niederlage für die sowjetische Führung. Dank der enormen und demonstrativen Unterstützung, die Alexander Dubček im eigenen Land genoss, konnte er noch als Erster Sekretär des Zentralkomitees zurückkehren. Fast unabsichtlich hatte das sowjetische Politbüro jedoch eine Lösung gefunden, die, aus ihrem engen Blickwinkel betrachtet, zwei Jahrzehnte lang hervorragend funktionierte. Nach dem in Moskau geschlossenen Kuhhandel sollte während eines fast ebenso langen Zeitraums wie der Prager Frühling selbst nunmehr die »Normalisierung« der Tschechoslowakei »ein menschliches Antlitz haben«.[92] Der schrittweise Rückzug der Politiker, in die die Bevölkerung der Tschechoslowakei so großes Vertrauen gesetzt hatte, bedeutete, dass kaum jemand in der Bevölkerung murrte, als Dubček als Erster Sekretär im April 1969 von Husák abgelöst wurde. Noch Ende August des Vorjahres wären Millionen auf die Straße gegangen. Einer nach dem anderen wurden diejenigen, die sich für radikale Reformen ausgesprochen hatten, zurückgestuft oder entlassen. Die Menschen der Tschechoslowakei waren politisch und moralisch entwaffnet, als die

Invasion und Nachspiel

Hardliner an die Macht kamen. Viele interessante, aus sowjetischer Sicht unerwünschte Veröffentlichungen erschienen in der Tschechoslowakei noch bis zum April 1969, aber der unablässige Druck auf die tschechoslowakische Führung, Positionen aufzugeben, die sie früher nicht räumen wollte, forderte unter den veränderten Rahmenbedingungen seinen Tribut.

Nach seinem Aufstieg vom Ersten Sekretär in der Slowakei zum politischen Führer des tschechoslowakischen Staates wurde Husák zum idealen »Normalisierer« nach sowjetischem Muster. Aber er erfüllte nicht einmal die bescheidensten Wünsche derjenigen, die gehofft hatten, er werde sich als eine Art Kádár entpuppen und die Wirtschaftsreform sowie womöglich eine kulturelle Liberalisierung unterstützen. Langfristig brachten die Jahre, in denen die Tschechoslowakei ein »normaler« kommunistischer Staat wurde, keine Errungenschaften, geschweige denn ein positives Vermächtnis hervor, weder für die führenden tschechischen und slowakischen Normalisierer noch für diejenigen in der Sowjetunion, die sie an die Macht gebracht hatten. Tatsächlich sollten der Prager Frühling und seine Zerschlagung, wie wir noch sehen werden, in den siebziger Jahren in Westeuropa und für die Sowjetunion in der zweiten Hälfte der achtziger Jahre eine völlig andere Bedeutung bekommen als das, was Leonid Breschnew und seine Kollegen damals im Sinn hatten.

KAPITEL 20

»Ära der Stagnation«:
die Sowjetunion unter Breschnew

Die Zeitspanne zwischen 1964 und 1982, als Leonid Breschnew Chef der KPdSU und mächtigster Mann im sowjetischen Staat war, wurde in den letzten Jahren der Sowjetunion als »Ära der Stagnation« bezeichnet. Das war in vielerlei Hinsicht ein treffender Name, weil in dieser Phase das Wirtschaftswachstum abnahm, keine nennenswerten politischen Reformen durchgeführt wurden und ein konservatives Regime unter dem übervorsichtigen Breschnew an der Macht war. Allerdings kann der Begriff unter Umständen auch irreführen, weil sich die sowjetische Gesellschaft in diesen Jahren auf eine Weise veränderte, die nicht völlig von oben kontrolliert wurde, gar nicht kontrolliert werden konnte. Darüber hinaus kam es ungeachtet der Zensur und des ideologischen Drucks zur Konformität zu Auseinandersetzungen zwischen verschiedenen politischen und intellektuellen Strömungen, die nicht nur an der Oberfläche der Politik kratzten, sondern tiefer gingen.

Manche russische Autoren unterscheiden zwischen dem frühen und dem späten Breschnew. Es gab einige gegensätzliche Merkmale: In seinen ersten Jahren als Parteichef legte Breschnew Wert darauf, sich demonstrativ von Chruschtschow abzuheben, und versuchte nicht, sich selbst ins Rampenlicht zu rücken.[1] Im Laufe der siebziger Jahre wurde jedoch um ihn eine Art »Minipersonenkult« inszeniert, der bis in seine letzten Jahre anhielt. Zu der Zeit waren Breschnews physische und geistige Fähigkeiten durch Krankheiten bereits erheblich beeinträchtigt, und er nuschelte stark beim Sprechen. Doch die Unterschiede zwischen den frühen und den späten Jahren sind alles andere als bemerkenswert. Der frühe Breschnew billigte die Invasion

»Ära der Stagnation«: die Sowjetunion unter Breschnew   535

in die Tschechoslowakei, der späte die Invasion in Afghanistan. Ich
verwende ganz bewusst das Wort »billigte«, weil er in beiden Fällen
nicht zu denjenigen zählte, die am energischsten den Einsatz von Gewalt forderten. Breschnew war sich darüber im Klaren, dass er 1968
wohl nicht Parteichef geblieben wäre, wenn er mit der Militärintervention nicht einverstanden gewesen wäre. Dem Reformer der KPČ
Bohumil Šimon (dem man vorläufig gestattet hatte, im Parteipräsidium zu bleiben) vertraute er im selben Jahr in Moskau an: »Wenn
ich nicht für einen bewaffneten sowjetischen Beistand für die Tschechoslowakei gestimmt hätte, würden Sie heute nicht hier sitzen, aber
ich womöglich auch nicht«.[2] Aus Archivquellen ist bekannt, dass einflussreiche Stimmen in der sowjetischen Führung den sofortigen
Sturz der Reformer und die Einsetzung einer »revolutionären Regierung« in der Tschechoslowakei im August 1968 forderten. Breschnew zählte zu denjenigen, die es für notwendig hielten, vorübergehend einen Kompromiss mit den Reformern einzugehen, die damals
offensichtlich einen sehr starken Rückhalt im eigenen Land hatten.
Somit klingt Breschnews Äußerung gegenüber Šimon aufrichtig,
was den Tschechen betrifft. Aber Breschnew hatte zweifellos ebenfalls recht mit seiner Einschätzung, dass auch sein eigener Verbleib
an der Parteispitze ernstlich in Frage gestanden hätte, wenn er sich
einer Militärintervention widersetzt hätte. Wenn er die Tschechoslowakei als einen mitteleuropäischen kommunistischen Staat nicht
daran gehindert hätte, sich eine gewisse politische Autonomie zu bewahren, hätte das einen gefährlichen Präzedenzfall für das übrige
Ostmitteleuropa geschaffen. Dieses Versäumnis wollte er sich lieber
nicht zuschulden kommen lassen.[3]

   In der Außenpolitik wollte Breschnew zwar keinen Zentimeter von
dem Territorium preisgeben, das unter sowjetische Kontrolle gelangt
war, doch er befürwortete eine leichte Entspannung der Ost-West-
Beziehungen. Dies sollte allerdings, so weit wie möglich, nach sowjetischen Bedingungen erfolgen. Wichtig war ihm, mit allen verfügbaren Mitteln zu verhindern, dass westliche Ideen in der Sowjetunion
Fuß fassten. Dennoch ermöglichte die Politik der Entspannung es
ihm, eine harmonische Beziehung zu Willy Brandt aufzubauen, als
der damalige deutsche Bundeskanzler seine Ostpolitik einleitete.
Brandts Initiativen hatten 1970 die Unterzeichnung des Moskauer
und Warschauer Vertrags zur Folge, welche die Staatsgrenzen aner-

kannten, die de facto seit Ende des Zweiten Weltkriegs Bestand hatten.[4] Während seiner Amtszeit wurden die Ängste vor der Bundesrepublik Deutschland, die in der Sowjetunion und in Polen immer noch existierten, drastisch abgebaut. Die Erinnerung an den Krieg war noch frisch, und sie wurde von Breschnew und den sowjetischen Medien fortwährend ausgenutzt. Der Sieg der Roten Armee und das Leiden der Zivilbevölkerung im Zweiten Weltkrieg dienten als besonders schlagkräftige Losung, die viel stärkeren Anklang fand als Verweise auf Marx oder Lenin. Vor diesem Hintergrund kommt der Achtung vor Brandts Widerstand gegen das NS-Regime und seinen außenpolitischen Initiativen eine Bedeutung zu, die über den zeitgenössischen Horizont hinausweist. Ohne die Veränderung des Deutschlandbildes, die nicht zuletzt durch die Ostpolitik bewirkt wurde, wäre die spätere sowjetische Einwilligung in die Wiedervereinigung des Landes völlig unvorstellbar gewesen. Die Entspannung galt für die sowjetischen Beziehungen zu den Vereinigten Staaten ebenso wie für die zu Westdeutschland. Breschnew unterschrieb mit den US-Präsidenten Richard Nixon und Gerald Ford Rüstungskontroll- und Handelsabkommen und 1979, unmittelbar vor dem Ende der Entspannung, mit Präsident Jimmy Carter einen Vertrag zur Begrenzung strategischer Waffen (SALT II). Zuvor hatte die Sowjetunion 1975 nach der Konferenz für Sicherheit und Zusammenarbeit in Europa (KSZE) die Schlussakte von Helsinki unterzeichnet. Von vielen Zeitgenossen wurde dies als ein Triumph der sowjetischen Diplomatie gewertet, aber es stellte sich heraus, dass dieser Schritt mehr Nachteile als Vorteile für jene in der UdSSR mit sich brachte, die sich wie Breschnew am liebsten weiterhin ideologisch abgeschottet hätten. (Auf die Schlussakte von Helsinki wird in Kapitel 23 näher eingegangen.)

Innenpolitisch wurden, wie in Kapitel 14 angedeutet, so gut wie alle Verwaltungsreformen Chruschtschows in den ersten beiden Jahren nach seiner Absetzung rückgängig gemacht. Noch bedeutender war der Kurswechsel mit Blick auf Josef Stalin. Das Politbüro unter Breschnew beschloss, dass es viel zu gefährlich war, eine Fortsetzung der Kritik an Stalin zu erlauben. Breschnew war ein Praktiker dessen, was ihm als eine Art »goldener Mittelweg« erschien. Er lehnte jeden »Revisionismus« ebenso ab wie jeden »Dogmatismus«. Er war weder Stalinist noch Antistalinist, sondern gab sich als die Stimme des wahren Leninismus aus. Der Abschied von der Kritik an Stalin und dem

»Ära der Stagnation«: die Sowjetunion unter Breschnew   537

Stalinismus war ein Rückschritt, aufgrund der übergroßen Vorsicht
Breschnews wurde daraus jedoch kein noch stärkerer Rückfall in die
Vergangenheit. Unmittelbar nach dem Sturz Chruschtschows befürworteten viele, sowohl in Breschnews persönlichem Umfeld als auch
in der Parteispitze, massiv eine Distanzierung vom XX. und XXII. Parteitag (die als Teil von Chruschtschows Wahn angesehen wurden) und
eine Rehabilitierung Stalins. Hinter den Kulissen wurde um jedes
Parteidokument und den Text jeder Breschnewrede gerungen.[5] Zu
den einflussreichsten Stalinisten in Breschnews Umfeld zählte Sergej Trapesnikow, der Breschnews Gunst seit der Zeit genoss, als er in
Moldawien für ihn gearbeitet hatte. Breschnew war Anfang der fünfziger Jahre dort Erster Sekretär gewesen. (Auch den getreuen Konstantin Tschernenko hatte er dort aufgelesen. Tschernenko war ebenfalls ein konservativer Kommunist, aber auf ideologischer Ebene nicht
so engstirnig wie Trapesnikow. Er wurde im Grunde Breschnews
Bürochef.)

Nachdem es den Stalinisten nicht gelungen war, auf dem XXIII.
Parteitag eine Rehabilitierung Stalins zu erreichen, versuchten sie es
noch einmal, als sie die Rede ausarbeiteten, die Breschnew im November 1966 in Stalins Heimat Georgien halten sollte. Trapesnikow und
eine Reihe georgischer Stalinisten zählten zu den Autoren eines Textes, der laut Georgi Arbatow, einem Berater der sowjetischen Führung, »ein vollkommen schamloser Versuch war, Stalin zu glorifizie-
ren und ihn wieder als den Großen Führer darzustellen«.[6] Breschnew
hatte einige Bedenken wegen des Wortlauts und holte weitere Meinungen dazu ein. Arbatow war Leiter der ZK-Abteilung, die zuständig für die Beziehungen zu anderen kommunistischen Staaten war.
Mit der Rückendeckung seines damaligen Vorgesetzten, Juri Andropow, zählte er zu denjenigen, die sich gegen den Entwurf aussprachen,
als Breschnew ihn um Rat bat. Statt auf politische Moral abzuheben,
wählte Arbatow zweckdienliche Argumente, die aller Wahrscheinlichkeit nach Breschnew stärker beeindrucken würden. Er wies zunächst darauf hin, dass eine Rehabilitierung die Beziehungen zu den
osteuropäischen kommunistischen Staaten belasten würde (ganz zu
schweigen von den Positionen zweier Staatschefs, die Opfer des Stalinismus gewesen waren: Kádár in Ungarn und Gomułka in Polen);
dass zweitens eine weitere Kehrtwende in der Stalinfrage den westlichen KPs das Leben schwermachen würde; und drittens zitierte er die

schärfsten gegen Stalin gerichteten Passagen aus den Reden der aktuellen Mitglieder der Parteispitze auf dem XXII. Parteitag von 1961, als sie noch bemüht waren, Nikita Chruschtschow einen Gefallen zu tun. Schließlich erinnerte Arbatow Breschnew daran, dass dieser seit dem XIX. Parteitag an állen Parteiversammlungen teilgenommen hatte. Würde eine Kehrtwende nicht womöglich seine eigene Rolle in Frage stellen?

Wie immer Breschnew persönlich darüber gedacht haben mochte, diese Argumente erfüllten ihren Zweck. Arbatow und andere arbeiteten daraufhin eine langweilige Rede aus, die der sowjetische Parteichef pflichtgetreu in Georgien verlas. Sie hatte den einzigen Vorzug, dass jede Glorifizierung Stalins sorgfältig vermieden wurde.[7] Nicht allein der Widerstand seitens der Antistalinisten innerhalb der KPdSU, sondern auch Proteste von ausländischen KP-Führern und nicht zuletzt von prominenten sowjetischen Intellektuellen hatten maßgeblichen Anteil daran, dass es nicht zu einer Rehabilitierung Stalins kam.[8] Das war keineswegs nur eine historische Frage. Ein Sieg für die Stalinisten, der sich zwar angeblich auf Stalins Rolle selbst beschränkt hätte, hätte zugleich einen schweren Rückschlag für jede zeitgenössische Abweichung von der strengen Parteilehre bedeutet – weit schlimmer, als es tatsächlich in der Breschnew-Ära geschah. Wie die Dinge lagen, endete die Auseinandersetzung zwischen Stalinisten und Antistalinisten mit einem Patt. Allerdings wurde die zu Chruschtschows Zeit gebräuchliche euphemistische Wendung von der »Phase des Personenkultes« (mit der die Jahre 1934 bis 1953 gemeint waren) verboten.[9] Alles in allem wurde es ruhiger um Stalin, aber es war erheblich einfacher, eine positive Anspielung auf ihn zu veröffentlichen als eine negative.

Die Breschnewjahre erwiesen sich in vielerlei Hinsicht als das goldene Zeitalter der sowjetischen Bürokraten. Unter Stalin waren sie rasch die Karriereleiter hochgeklettert, aber sie hatten in ständiger Angst gelebt. Insbesondere in den späten dreißiger Jahren wussten sie, wenn sie zu Bett gingen, nicht, ob sie nicht im Gefängnis wieder aufwachen würden. Wenn Stalin ihr Leben bedroht hatte, so hatte Chruschtschow ihre Karriere bedroht. Dessen ständige Reorganisation der Verwaltung hatte zur Folge, dass von einer Arbeitsplatzsicherheit für Funktionäre im Partei- und Regierungsapparat keine Rede sein konnte. Breschnew hingegen machte aus der »Achtung vor den Kadern« und der Bewahrung der bürokratischen Stabilität eine Tugend. Nach dem, was sie zuvor durchgemacht hatten, begrüßten dies die sowjetischen Funktionäre sehr. Zudem stand dieser Ansatz in einem überaus befriedigenden Kontrast zu den Ereignissen, die sie in China während Maos »Kulturrevolution« mitverfolgen konnten.

In der Sowjetunion unter Breschnew konnten Politiker auf demselben Posten alt werden, sei es als Politbüromitglied, Parteisekretär oder Minister. Das Durchschnittsalter des Politbüros lag unmittelbar nach Chruschtschows Entmachtung bei 60 Jahren. Bis 1975 war es auf 65 angestiegen, und am Vorabend von Breschnews Tod 1982 betrug es 70 Jahre. In der sowjetischen Politik gab es nicht die Tradition eines ehrwürdigen Ruhestands, und die beste Möglichkeit, sich einen guten Abschied in den sowjetischen Medien zu verschaffen, war, im Amt zu sterben. Vorausgesetzt, die Funktionäre waren auf politischer Ebene loyal und in ideologischer Hinsicht linientreu, war das Leben für sie vorhersagbarer als jemals zuvor. Wegen Unfähigkeit wurden sie unter Umständen von einem Posten auf einen anderen versetzt, aber in der Regel auf derselben Stufe der Nomenklatura. Für junge Funktionäre war die Beförderungsblockade, die weder zu Stalins noch zu Chruschtschows Zeiten existiert hatte, frustrierend, aber sie konnten nichts dagegen tun. Die Macht richtete sich nach dem Dienstalter – insbesondere nach der Mitgliedschaft im Zentralkomitee der KPdSU, dem die Ersten Sekretäre der Republiken angehörten sowie der größte Teil der Ersten Sekretäre regionaler Parteiorganisationen und die Mehrheit der Minister.

Die Parteispitze

Wie schon Chruschtschow förderte auch Breschnew Leute, die ihm in der Vergangenheit unterstellt waren, aber es gelang ihm nur sehr langsam, ein Politbüro zu schaffen, in dem die Mehrheit enge Verbündete von ihm waren. Seine einflussreichsten Kollegen waren, vor allem in den sechziger Jahren, Alexej Kossygin, der im Ministerialapparat Karriere gemacht hatte und in 16 der 18 Jahre, in denen Breschnew Parteichef war, Vorsitzender des Ministerrats war, und Michail Suslow, während fast der gesamten Breschnew-Ära ein hoher Sekretär (Mitglied sowohl des Politbüros als auch des ZK-Sekretariats). Sein Einfluss endete erst mit seinem Tod im Jahr 1980, im Alter von 79 Jahren. Breschnew konnte von Glück sagen, dass sich Suslow mit dem großen Einfluss zufriedengab, den er innerhalb des ZK-Sekretariats ausübte, und keine Ansprüche auf die Parteiführung stellte, denn er kannte in vielen Teilen des Parteiapparats Menschen, die ihm zu Dank verpflichtet waren.

Auch die Stellung Nikolai Podgornys, eines Günstlings Chruschtschows, der sich (wie Breschnew) gegen seinen ehemaligen Mentor gestellt hatte, war von Breschnew unabhängig. Der altgediente Anastas Mikojan war 1964/65 vorübergehend Vorsitzender des Präsidiums des Obersten Sowjets, aber Breschnew und seine Kollegen hatten nicht vergessen, dass Mikojan als einziges Mitglied der Führung Chruschtschow zur Zeit seines Sturzes zumindest zum Teil verteidigt hatte. Sie führten eine neue Bestimmung ein (die nach Mikojans Absetzung rasch wieder vergessen wurde), dass keiner, der älter als siebzig war, im Politbüro sitzen sollte. Podgorny übernahm Mikojans Platz als Vorsitzender des Präsidiums des Obersten Sowjets und kombinierte dieses Amt mit der Politbüromitgliedschaft. Beide Ämter hatte er inne, bis Breschnew sich stark genüg fühlte, ihn im Jahr 1977 ohne viel Aufsehen abzusetzen. Damals hatte Breschnew beschlossen, dass er lange genug gewartet hatte, bis er der Parteiführung auch den Ehrentitel des offiziellen Staatsoberhauptes hinzufügte. Schließlich verdankte auch Andrej Kirilenko seine Stellung als hohes Politbüromitglied nicht Breschnew. Genau wie der Generalsekretär war auch Kirilenko von Chruschtschow in das Spitzengremium gerufen worden. Er war von 1966 bis zu Breschnews Tod im Jahr 1982 hoher ZK-Sekretär. Zu der Zeit, im Alter von 76 Jahren, hatte sich sein Geisteszustand so sehr verschlechtert, dass er sich kaum die Namen der anderen Politbüromitglieder merken konnte. Er war außerstande, ohne Hilfe ein kurzes Rücktrittsgesuch zu schreiben, als Andropow ihn darum bat.[10]

Kossygin hatte, wie gesagt, eine wichtige Stellung, die mindestens mit der Suslows vergleichbar war. Und genau wie Suslow erhob auch er keinen Anspruch auf den Posten des Generalsekretärs. Er gab sich mit dem Regierungsapparat zufrieden, obwohl er nicht glücklich darüber war, wie der allmähliche Machtzuwachs Breschnews in den siebziger Jahren seine eigene Autorität einschränkte. Kossygin war in den ersten Jahren nach Chruschtschow so beliebt, dass Henry Kissinger

Die Parteispitze   541

ihn noch im Jahr 1970 irrtümlich für »die dominierende Persönlich-
keit in der Außenpolitik im Politbüro« hielt und davon ausging, dass
Gipfelgespräche mit dem frisch gewählten Präsidenten Nixon ein
Treffen mit Kossygin bedeuteten.[11] In Wirklichkeit bemühte sich
Breschnew einmal mehr, zu beweisen, dass der Führer der KPdSU als
die Nummer eins in der sowjetischen Politik zu gelten habe und dass
Gespräche auf höchster Ebene nicht ohne ihn stattfinden durften.
Kossygin war in seiner Rolle als Vorsitzender des Ministerrats jedoch
weiterhin für die Wirtschaftsplanung zuständig.

Im Jahr 1965 führte er eine bescheidene Wirtschaftsreform ein. Die
materiellen Anreize sollten gesteigert werden, und Fabriken und ihre
Direktoren sollten für Verkaufszahlen belohnt werden, nicht einfach
für die Produktionszahlen. Ohne echte Marktpreise hatten jedoch
auch die Verkaufszahlen kaum eine Aussagekraft über die wirtschaftliche Effizienz. Die sowjetische Wirtschaft wies in der Tat in der zweiten Hälfte der sechziger Jahre ein stärkeres Wirtschaftswachstum auf
als jemals danach, aber zwischen diesem Umstand und den »Kossygin-Reformen« bestand nur ein loser Zusammenhang. Kossygin war
zwar ein tüchtiger Verwalter, aber allzu sehr ein Produkt des unter
Stalin entstandenen Ministerialapparats, um ein radikaler Reformer
zu werden. Selbst seine bescheidenen Reformvorschläge wurden jedoch bei Diskussionen hinter den Kulissen mit den Entwicklungen in
der Tschechoslowakei in Verbindung gebracht. Aller Wahrscheinlichkeit nach ging Kossygin gerade deshalb so streng mit den tschechischen und slowakischen Reformern ins Gericht, weil ihm klar geworden war, dass sie die Durchsetzung seines eigenen Versuchs, eine
größere Rationalität in das sowjetische Wirtschaftssystem einzuführen, erheblich erschwert hatten. Die Tatsache, dass wirtschaftliche Reformen in der Tschechoslowakei 1968 mit einer gefährlichen politischen Reform einhergingen, trug erheblich dazu bei, dass schon allein
der Begriff »Reform« in der Sowjetunion in Verruf geriet. Alle diejenigen, die jeden Versuch, eine stärkere Selbstregulierung in der Wirtschaft einzuführen, als Gefahr für ihren politischen und administrativen Einfluss betrachteten, halfen eifrig mit, Breschnew eine deutlich
höhere Autorität als Kossygin zu verschaffen. In praktischer Hinsicht
hatte die Abschaffung eines Teils der Beschränkungen für die bäuerlichen Parzellen, die nach 1958 von Chruschtschow eingeführt worden waren, größeren Einfluss auf die wirtschaftliche Entwicklung als

die Kossygin-Reformen. Diese Nebenlandwirtschaft unterlag immer noch bestimmten Auflagen, aber sie wurde unter Breschnew mit mehr Wohlwollen toleriert (im Übrigen hatte er die Landwirtschaft genau wie Chruschtschow zu seinem Lieblingsthema gemacht). Es wurde den Bauern gestattet, mehr Nutztiere als bislang auf ihren eigenen Grundstücken zu halten.[12]

Wenn Breschnew ein wachsames Auge auf Kossygin hatte, so beobachtete er geradezu hasserfüllt ein weiteres Mitglied der Parteispitze, das ein echter potentieller Rivale war: Alexander Schelepin. Es gibt allen Grund zu der Annahme, dass sich Schelepin, der nicht als Einziger Breschnew als einen Übergangskandidaten betrachtete, Hoffnungen auf die Parteiführung machte. Der unter dem Beinamen »Eiserner Schurik« bekannte Schelepin hatte auf seinem Weg ins Politbüro einige wichtige Verbündete gesammelt. Er war früher Leiter des Komsomol (der Kommunistischen Jugendorganisation), anschließend KGB-Chef und seit 1961 Sekretär des Zentralkomitees gewesen. Als er 1966 Vollmitglied des Politbüros wurde, zählte er zu der Handvoll hoher Sekretäre, die besonderen Einfluss hatte – zu jener Gruppe, die sowohl im Politbüro als auch im Sekretariat eine sichere Basis hatte. Breschnew fasste Schelepin mit Samthandschuhen an. Im Mai 1967 setzte er Wladimir Semitschastny, einen wichtigen Verbündeten Schelepins, als KGB-Vorsitzenden ab und ersetzte ihn durch Juri Andropow. Im September desselben Jahres verdrängte er Schelepin aus dem Sekretariat und ernannte ihn zum Direktor der sowjetischen Gewerkschaften. Das war ein Abstellgleis, wenn man bedenkt, dass die sowjetischen Gewerkschaften in erster Linie dafür zu sorgen hatten, dass die Arbeiter zahm und gehorsam blieben, statt sich zu einer autonomen Kraft zu entwickeln, die wirklich die Arbeiterinteressen vertrat. Breschnew ließ jedoch so große Vorsicht walten, dass zwischen Schelepins Entfernung aus dem Sekretariat und der Entlassung aus dem Politbüro fast acht Jahre verstrichen. Letztere wurde im Jahr 1975 inszeniert, als sich Schelepin zu einem Besuch in Großbritannien aufhielt. Wie gezeigt, war es in der Sowjetunion nach Stalin gang und gäbe, dass Politiker abgesetzt wurden, wenn sie weit weg von Moskau und somit außerstande waren, die Unterstützung potentieller Verbündeter zu mobilisieren. (Zu Stalins Zeit spielte es keine Rolle, wo sie sich aufhielten. Sie konnten ebenso gut in ihren Wohnungen mitten in Moskau verhaftet werden.)

Die Parteispitze

Obwohl Breschnew demonstrierte – wie schon Stalin und Chruschtschow vor ihm –, dass der Posten des Generalsekretärs das mächtigste
Amt war, kamen die zwanzig Jahre, in denen er im Kreml wohnte,
eher einer oligarchischen als einer autokratischen Herrschaft gleich.
Selbst durch den grotesken Personenkult um Breschnew, der in der
zweiten Hälfte der siebziger Jahre aufkam (allerdings mit dem Kult
um Stalin nicht vergleichbar war), wurde Breschnew nicht zu einem
Diktator. In der sowjetischen Gesellschaft war der Kult eher kontraproduktiv, denn es wurde als ein zu großer Zufall angesehen, dass sich
Breschnew ausgerechnet zu der Zeit als großer Kriegsheld entpuppte
und deshalb 1978 die höchste militärische Auszeichnung, den Sieges-
orden, erhielt, als er auf dem Höhepunkt seiner politischen Macht
stand. Noch lachhafter war der Leninpreis für Literatur, den er ein
Jahr später für seine von einem Ghostwriter verfassten Memoiren erhielt. So erfreulich diese und andere Auszeichnungen für Breschnew
waren, dem es an Eitelkeit nicht mangelte, dienten sie in erster Linie
dazu, ihn auf ein höheres Podest zu stellen als andere Politbüromitglieder und so auch die Stellung seiner engsten Verbündeten innerhalb der politischen Hierarchie zu untermauern.

Dennoch war Breschnew ein längst nicht so gebieterischer Herrscher wie Chruschtschow. Bei Chruschtschow hatte so gut wie jedes
institutionelle Interesse unter seinem Streben nach Wandel und Reorganisation gelitten. Breschnew hingegen bemühte sich eifrig um
die Interessen des Militärs (das Chruschtschow versucht hatte, auf
ein vernünftiges Maß zurechtzustutzen), des KGB (dessen Vergangenheit nicht mehr mit den Verbrechen des Stalinismus in Verbindung gebracht wurden) und sogar des ministerialen Apparats (der
von 1964 an bis zu Kossygins Rücktritt zwei Monate vor seinem Tod
im Jahr 1980 denselben Vorsitzenden hatte). Vor allen Dingen behandelte Breschnew die Parteiorganisation großzügig. Loyalität wurde
mit politischer Langlebigkeit belohnt, und wer in der Vergangenheit
erfolgreich mit ihm zusammengearbeitet hatte, wurde auf lukrative
Posten befördert.

Vielfalt hinter der monolithischen Fassade

Auch wenn es einige Meinungsverschiedenheiten in der Parteispitze gab – zum Beispiel zwischen Andropow (seit 1973 Vollmitglied des Politbüros) und Suslow, auf die später näher eingegangen wird –, war es das gemeinsame Ziel der hohen Funktionäre, die Stützpfeiler des Kommunistischen Systems in der UdSSR und in Osteuropa zu bewahren. Selbst bei offenen Auseinandersetzungen wurden selten so grundlegende Merkmale wie das Machtmonopol der Partei in Frage gestellt. Häufiger wurde argumentiert, dass die Sowjetunion sich an ihre eigene Verfassung halten und die Redefreiheit gewähren solle, die sie angeblich garantierte. (Wie in einem vorigen Kapitel bemerkt, enthielt selbst die Verfassung wichtige Einschränkungen verschiedener demokratischer Rechte, die sie angeblich gewährte.) Was später als die Dissidentenbewegung bekannt wurde – obwohl ihr Umfang kaum groß genug war, um von einer Bewegung zu sprechen –, entstand in der Sowjetunion in den ersten Jahren nach Chruschtschow. Zum Teil war dies eine Reaktion auf die Ausschaltung der Kritik am Stalinismus und die Verhaftung der beiden Schriftsteller Andrej Sinjawski und Juli Daniel im Jahr 1965, gefolgt von ihrem Prozess, der 1966 mit Verurteilungen zu mehrjähriger Lagerhaft wegen der Veröffentlichung »sowjetfeindlicher« Schriften im Ausland endete.

Zwei große Romane, die Alexander Solschenizyn Mitte der sechziger Jahre zur Veröffentlichung vorlegte, *Der erste Kreis der Hölle* und *Krebsstation,* wurden abgelehnt, obwohl der Chefredakteur der Literaturzeitschrift *Nowy Mir,* Alexander Twardowski, sie unbedingt drucken wollte. Der KGB hatte Solschenizyns literarisches Archiv beschlagnahmt, das Schriften enthielt, die noch sehr viel stärker antikommunistisch waren. Zu dieser Zeit wurde er bereits misstrauisch beobachtet.[13] In der Breschnew-Ära kristallisierten sich Solschenizyn und der Atomphysiker Andrej Sacharow als die beiden führenden Dissidenten heraus. Aufgrund der Tatsache, dass der eine ein großer Schriftsteller und der andere ein bekannter Wissenschaftler war, wurde ihnen sowohl innerhalb der russischen Intelligenz als auch von der Außenwelt weit mehr Aufmerksamkeit geschenkt als anderen Dissidenten, von denen einige mindestens ebenso mutig auftraten. Solschenizyn und Sacharow vertraten sehr unterschiedliche Anschauungen, hatten aber beide große Achtung vor der Zivilcourage

Vielfalt hinter der monolithischen Fassade 545

des anderen. Solschenizyn war orthodoxer Christ und russischer Nationalist geworden – wenn auch am gemäßigten Ende des nationalen Spektrums –, Sacharow hingegen hatte sich von seiner Jugend, als er »die kommunistische Ideologie [aufnahm], ohne sie in Frage zu stellen«,[14] zu einem Liberalen im westeuropäischen Sinn des Begriffs entwickelt.[15]

In den sechziger Jahren kam das Phänomen des *samisdat* auf – wörtlich Selbstverlag: Schriften wurden mit unzähligen und immer blasseren Durchschlägen von Hand abgetippt und weitergegeben. Als die ersten Fotokopiergeräte in sowjetischen Instituten und an anderen Arbeitsplätzen eingeführt wurden, wurden sie streng beaufsichtigt und unter Verschluss gehalten. Deshalb mussten die Dissidenten mit einer sehr arbeitsintensiven Methode Kopien von Dokumenten – und sogar langen Romanen wie den Werken Solschenizyns – anfertigen. Damit verwandt war das Phänomen des *tamisdat* – was so viel heißt wie Veröffentlichung »dort« (also im Westen): Werke, die in der Sowjetunion nicht veröffentlicht werden konnten, wurden auf Russisch im Westen gedruckt. Einige gelangten anschließend wieder in die UdSSR. Das Lesen eines solchen Buches, oder gar die Weitergabe, war eine schwere Straftat. Deshalb hatte der *tamisdat* keinen sehr großen Einfluss. Die Manuskripte des *samisdat* hingegen bekam ein beträchtlicher Anteil der Intellektuellen zu Gesicht, insbesondere wenn es sich um politisch unorthodoxe, aber hochklassige schöngeistige Literatur handelte (nach der die russische Intelligenz sich sehnte). In erster Linie umfasste das Lesepublikum Menschen außerhalb der politischen Elite, aber auch manche reformorientierte Funktionäre lasen von Zeit zu Zeit Schriften aus dem *samisdat*.

Eine Strömung der sowjetischen Dissidenten, die sogar innerhalb des sowjetischen Establishments eine gewisse heimliche Unterstützung genoss, wurde mit dem Historiker Roy Medwedew assoziiert. Sein erstes größeres Werk war ein ausführliches und sorgfältig recherchiertes Manuskript über Stalin und den Stalinismus, das erstmals auf Englisch unter dem Titel *Let History Judge* im Westen veröffentlicht wurde.[16] Medwedew stand für eine Strömung, die antistalinistisch war, aber ein idealisiertes Bild von Lenin hatte. Noch bevor die Archive geöffnet wurden, war er nach unzähligen Treffen mit Altbolschewiken und dem Sammeln des von ihnen erhaltenen Materials imstande, Stalins Verbrechen erstaunlich detailliert ans

Licht zu bringen. Er schrieb darüber hinaus über die aktuelle sowjetische Politik, gestützt unter anderem auf Informationen von Leuten im Parteiapparat, die mit seinen Anschauungen sympathisierten.[17] Medwedew stand der Gesellschaftsordnung längst nicht so feindselig gegenüber wie Solschenizyn, vertrat nicht einmal den Standpunkt, den Sacharow einnahm, aber der Historiker hatte die Grenze des Erlaubten überschritten. Bereits im Jahr 1968 machte Andropow, inzwischen KGB-Vorsitzender, die Abteilungsleiter des Zentralkomitees auf das Werk über den Stalinismus aufmerksam, an dem Medwedew arbeitete. Drei Abteilungsleiter, darunter Trapesnikow, unterschrieben gemeinsam ein Dokument, in dem das Moskauer Stadtparteikomitee aufgefordert wurde, über den Verbleib Medwedews in der Partei zu diskutieren. Obwohl Medwedew milder als manche Dissidenten behandelt wurde, hielten der KGB und Andropow persönlich ihn für gefährlich. Dabei hatte Medwedew kein Hehl aus seiner Arbeit an dem Buch gemacht. In den sowjetischen Archiven wird die Kopie eines Briefes aufbewahrt, den er an Michail Suslow schrieb und der die Kapitelüberschriften seines Werkes über den Stalinismus enthielt, während er noch daran arbeitete. Er bat darin um ein halbstündiges Treffen. Sein Lohn für die Vollendung des Buches war im Jahr 1969 der Ausschluss aus der Partei.[18]

Im Westen wurden in erster Linie jene Dissidenten bekannt, die sich den Themen Menschenrechte und bürgerliche Freiheiten widmeten. Sie bereiteten der Parteiführung und dem KGB zwar gewiss einiges Kopfzerbrechen, aber gegen Ende der Breschnew-Ära war ihre Zahl so sehr geschrumpft, dass sie vernachlässigbar war. Die offen abweichenden Gruppierungen und Bewegungen »machten unter den Massen der gewöhnlichen Bevölkerung im russischen Kernland kaum oder gar keine Fortschritte«, wie der führende Experte zu ihrer Tätigkeit bemerkt. In den letzten drei Jahren unter Breschnew und in der Phase von knapp drei Jahren, als Andropow und Tschernenko nacheinander Parteichef waren (also von Anfang 1979 bis 1985), ging das sowjetische System besonders hart und wirkungsvoll gegen Dissidenten vor.[19]

Aus Sicht der sowjetischen Behörden war die Dissidentenbewegung am gefährlichsten, wenn sie mit einem Nationalismus im Zusammenhang stand, insbesondere wenn nationale und religiöse Identität eine Einheit bildeten. Die drei baltischen Staaten, die 1940

Vielfalt hinter der monolithischen Fassade 547

zwangsweise in die Sowjetunion eingegliedert worden waren, waren weiterhin die unzufriedensten Republiken im Bestand der UdSSR. Der größte Teil der Esten, Letten und Litauer protestierte nicht offen gegen den Mangel an politischer und kultureller Autonomie, weil der Preis dafür zu hoch war. Dennoch lag es auf der Hand, dass sie sich für ein hohes Maß an Autonomie oder gar die Unabhängigkeit aussprechen würden, wenn man ihnen die Freiheit lassen würde. In ihren Literaturzeitschriften und in den ausländischen Werken, die sie übersetzten, gelang es ihnen (vor allem in Estland), mit einem Material durchzukommen, das als politisch unzulässig eingestuft worden wäre, wenn man es Moskauer Verlegern präsentiert hätte. Außerdem war der *samisdat* in Litauen im Verhältnis zur Bevölkerung weiter verbreitet als in jeder anderen Sowjetrepublik.[20]

Juden waren in der sowjetischen Nationalitätenpolitik ein Sonderfall. Bürger jüdischer Abstammung wurden zwar als eigene Nationalität behandelt, aber sie lebten über das ganze Unionsgebiet verstreut. Im Laufe der siebziger Jahre wanderten sowjetische Juden in großer Zahl aus. Die Ausreise war jedoch mit langwierigen Auseinandersetzungen mit den sowjetischen Behörden verbunden, und manchen wurde die Genehmigung verweigert. Dennoch nahm die Auswanderung das größte Ausmaß seit den zwanziger Jahren an, das war eines der Felder, auf denen sich die sowjetische Politik unter Breschnew spürbar veränderte. Obwohl in den späten Breschnew-Jahren die Zahl der jüdischen Auswanderer zurückging, reisten selbst im Jahr 1980 noch 21 471 Bürger nach Israel oder, über Israel, in die Vereinigten Staaten aus. Am Ende des Jahres betrug die Zahl der Juden, die im letzten Jahrzehnt die UdSSR verlassen hatten, fast eine Viertelmillion (bei einer Bevölkerung von ungefähr 1,8 Millionen sowjetischer Juden, die noch im Land blieben).[21] Zehntausende deutschstämmige Sowjetbürger erhielten in den siebziger Jahren ebenfalls die Erlaubnis, in die Bundesrepublik Deutschland auszuwandern. Das Erteilen einer Ausreisegenehmigung an Menschen aus diesen beiden Gemeinschaften wurde von der sowjetischen Führung als das kleinere Übel angesehen, als so viele unzufriedene Bürger gegen ihren Willen im Land zu behalten, umso mehr, weil sie starke Unterstützung aus dem Ausland hatten. Sei es in Form einer hochkarätig besetzten Kampagne und Lobbyarbeit in den Vereinigten Staaten vor allem für die jüdischen Auswanderungswilligen oder in Form der stillen Diplomatie seitens westdeutscher Behörden im Namen der deutschstämmigen Sowjetbürger.

Die Auswanderung kam, auch wenn sie von den sowjetischen Behörden nur zähneknirschend genehmigt wurde, dem Wechsel zu einer liberaleren Linie gleich. Sie förderte jedoch nicht die langfristige Liberalisierung der Sowjetunion, weil unter den sowjetischen Juden, einer außerordentlich gebildeten Gruppe, viele Bürger waren, die sich vehement für eine Reform des Systems aussprachen, darunter naturgemäß viele Auswanderer. Selbst nach dem umfassenden Exodus blieben Juden die am stärksten überrepräsentierte »Nationalität« in der KPdSU, obwohl gerade der Umstand, dass so viele Juden das Land verlassen wollten, das Leben der sowjetischen Bürger jüdischer Abstammung, die im Land blieben, nicht gerade erleichterte. Seit Stalins antisemitischer Säuberung Ende der vierziger und Anfang der fünfziger Jahre waren den Juden (mit seltenen Ausnahmen wie Kaganowitsch bis 1957) die höchsten Reihen der Partei und des KGB verschlossen, doch es gab weiterhin eine beträchtliche Zahl akademischer Experten jüdischer Abstammung auf hohen Posten in sowjetischen Thinktanks.

Die nationale Unzufriedenheit mit dem zerstörerischsten Potential für das sowjetische System war der *russische* Nationalismus, wenn man bedenkt, dass die Russen knapp mehr als die Hälfte der Gesamtbevölkerung der UdSSR ausmachten und die Russische Republik drei Viertel des Territoriums umfasste. Die Union konnte eine massive jüdische Auswanderung aushalten, und eine Union konnte auch ohne die baltischen Republiken weiterexistieren (auch wenn das in den Breschnewjahren kaum denkbar war). Wenn aber die Russen aufhörten, nach außen hin den Marxismus-Leninismus zu predigen, dann würde das Fundament des sowjetischen Staates verhängnisvoll erschüttert werden. In der Breschnew-Ära war in der Tat eine rasche Zunahme des russischen Nationalismus zu beobachten, allerdings hatte die Bewegung viele verschiedene Strömungen. Es gab zum einen russische Nationalisten, welche die Sowjetunion als ein größeres Russland betrachteten, sich völlig mit dem sowjetischen Staat identifizierten und in ihrem Supermachtstatus sonnten. Andere hingegen betrachteten die UdSSR als viel zu *internationalistisch* und wiesen darauf hin, dass die anderen 14 Unionsrepubliken ihre eigenen Hauptstädte und Institutionen auf Republikebene wie eine Aka-

Vielfalt hinter der monolithischen Fassade

demie der Wissenschaften hatten, während Russland nur die sowjetische Hauptstadt Moskau hatte und Russen sich weitgehend damit zufriedengeben mussten, dass sie in einer Reihe unionsweiter Einrichtungen die dominierende Nationalität waren. Für wieder andere, wie Solschenizyn, war der Nationalstolz eng mit der Achtung für die russisch-orthodoxe Kirche und einem Entsetzen über die Art und Weise verbunden, wie das Christentum unter den Kommunisten verfolgt worden war. Zu den Schriftstellern, die man in unterschiedlichem Grad als Nationalisten bezeichnen könnte, zählte eine Richtung der »Dorfprosa«, deren Autoren dazu neigten, die russischen Bauern zu idealisieren und die Zerstörung der traditionellen Muster des Landlebens durch die Kommunisten zu beklagen. Eine ergänzende Strömung – die nicht nur von Nationalisten unterstützt wurde – befasste sich mit ökologischen Themen, eine erlaubte Form abweichender Meinungsäußerungen. Dazu gehörten etwa Kampagnen zum Schutz des Baikalsees (des größten Süßwasserreservoirs der Welt), obwohl die Thematisierung ökologischer Bedenken der Propaganda des Kommunistischen Regimes widersprach, die unablässig von Wirtschaftswachstum und materiellem Fortschritt sprach.[22]

Russische Nationalisten, die in der Partei blieben, wehrten sich gegen den Internationalismus und westliche Einflüsse und waren häufig stark antisemitisch, weil sie Juden als die typischen Internationalisten mit starken Beziehungen ins Ausland ansahen. Was die allgemeineren Strömungen innerhalb der KPdSU betraf, verlief die wohl grundlegendste Trennlinie zwischen der sogenannten »russischen Partei« und denjenigen, die sich eine stärkere Integration in den Rest der Welt wünschten, von denen man viele treffend als Westler bezeichnen könnte. Auch wenn Michail Suslow und Juri Andropow beide einigermaßen orthodoxe Kommunisten waren, wurde Suslow als Schirmherr der russischen Nationalisten angesehen, während Andropow, so merkwürdig das scheinen mag, als Schirmherr der Internationalisten galt. Dabei besuchte Andropow in seinem ganzen Leben kein einziges nichtkommunistisches westliches Land, aber er war generell großzügig gegenüber internationalen Instituten wie dem Institut für USA- und Kanadastudien (in der frühen Breschnew-Ära gegründet) und dem IMEMO (Institut für Weltwirtschaft und internationale Beziehungen, das schon sehr viel länger existierte). In beiden Instituten herrschte gewiss kein Mangel an Westlern. Darüber hinaus war Andropow für viele russische Nationalisten eine Hassfigur. Ein im Jahr 2005 in Moskau von einem ehemaligen sowjetischen Experten für antiwestliche »Gegenpropaganda« erschienenes Buch mit dem Titel *Russkaja partija wnutri KPSS* (Die russische Partei innerhalb der KPdSU) argumentiert, dass eben diese »russische Partei«, mit der sich der Autor voll und ganz identifiziert, auf so gut wie allen Ebenen der Kommunistischen Partei repräsentiert worden sei und dass Andropow ihr Erzfeind gewesen sei. Das Buch trieft nur so vor Antisemitismus. Andropow wird durchweg als »Andropow-Fainschtein« oder hier und da als »Tschekistenjude Andropow« bezeichnet.[23]

Juri Andropow war eine vielschichtige Persönlichkeit, und eine Facette – nämlich die Tatsache, dass er sich gern intellektuell betätigte und in Gesellschaft von intelligenten Menschen aufhielt – wird durch die anschließende Karriere von Parteiintellektuellen veranschaulicht, die im Zentralkomitee eng mit ihm zusammengearbeitet hatten, bevor er KGB-Vorsitzender geworden war. Eine beträchtliche Zahl von ihnen entwickelte sich zu wichtigen Reformern während der Perestroika, von denen der höchste Georgi Schachnasarow war. Andropow stärkte in den siebziger Jahren auch Kádár, nachdem der ungarische Staatschef eine Wirtschaftsreform in die Wege geleitet hatte, die weit über das hinausging, was damals anderswo im sowjetischen Block anzutreffen war. Doch Andropow hatte 1968 gegenüber der Tschechoslowakei den wohl härtesten Kurs gefahren, und allgemein hatte sein Reformeifer enge Grenzen. Mit Sicherheit war er aber kein Nationalist. Suslow hingegen war das höchste Mitglied der Parteispitze, das dafür sorgte, dass die russische nationalistische Abweichung die Form des Dissens war, die in den siebziger Jahren am mildesten bestraft wurde. Viele Bücher und Artikel, die eher russisch-nationalistisch als leninistisch waren, wurden von der Zensur genehmigt. Gegen Ende der Breschnew-Ära hatten drei Zeitschriften (und das waren nicht die einzigen), in deren Redaktion russische Nationalisten in der Mehrheit waren – *Molodaja gwardija* (Junge Garde), *Moskwa* (Moskau) und *Nasch Sowremennik* (Unser Zeitgenosse) –, zusammen eine Auflage von mehr als 1,5 Millionen Exemplaren.[24] Das stellte die Auflage des *samisdat* bei weitem in den Schatten, dessen Erzeugnisse zum Teil jedoch auch eine russisch-nationalistische Orientierung hatten.

Kulturelle Abweichung

In vielerlei Hinsicht hatte Druck von unten durchaus Einfluss auf die offizielle Linie, rüttelte allerdings nicht an den Grundfesten des Systems. Auch wenn in der Breschnew-Ära an der »führenden Rolle« der Partei festgehalten wurde, hinkte die Partei im Bereich der populären Kultur häufig hinterher, statt den Ton anzugeben. Jugendkultur war mittlerweile zunehmend international geworden. Kulturwächter zogen erbittert gegen Jeans und Rockmusik zu Felde – und verloren beide Gefechte. Die Agitatoren der Partei mochten noch so sehr über die »dekadenten« westlichen Einflüsse herziehen, sie erreichten damit kaum etwas. Weil der sowjetische Staat junge Bürger der Sowjetunion nicht davon abhalten konnte, den westlichen Touristen Jeans abzukaufen, begann er, eigene Jeans herzustellen. Allerdings zeigte sich schon bald, dass nur die westlichen Marken das erforderliche Qualitätssiegel verdienten. Da echte Waren nicht leicht zu beschaffen und außerordentlich teuer waren, entwickelte sich ein blühender Schwarzmarkt mit gefälschten westlichen Jeans.[25] Die Dominanz der westlichen Gruppen in der Popmusik, angefangen bei den Beatles und den Rolling Stones, war in der ganzen Sowjetunion und in Osteuropa fast genauso groß wie der westliche Einfluss auf die Mode. Damit war nicht unbedingt eine politische Nonkonformität verbunden, sondern ein Trotz gegen die konservativen kulturellen Normen der Behörden.

Ein größeres politisches Potential als westliche Rockmusik hatte eine im Wesentlichen einheimische Form des musikalischen Protestes, die weder Teil der offiziellen Kultur noch der Dissidentenbewegung war, sondern eine Mittelstellung einnahm. Die drei berühmtesten Repräsentanten, die sogenannten Liedermacher, waren Wladimir Wyssotzki, Alexander Galitsch und Bulat Okudschawa, die zur Gitarre selbstkomponierte nichtkonformistische Lieder sangen.[26] Nur wenige Aufnahmen der Lieder Wyssotzkis, eines ebenso hervorragenden Schauspielers am Taganka-Theater wie Dichters, durften zu seinen Lebzeiten veröffentlicht werden. Wie im Fall der anderen Liedermacher kam sein reiches Werk über den *magnitisdat* in Umlauf, das Gegenstück in Form von Tonbandaufnahmen zum *samisdat*. Als Wyssotzki im Jahr 1980 mit Anfang vierzig starb, kam bei seinem Begräbnis eine gewaltige Menschenmenge zusammen, eine (für die Breschnew-Ära) seltene öffentliche Demonstration. Alle drei Liedermacher wurden von den sowjetischen Kulturbehörden misstrauisch beäugt, doch Galitsch war wohl der am wenigsten geduldete von ihnen. Er war zugleich Schauspieler, aber bei ihm hatte das Schreiben Vorrang. Im Jahr 1971 wurde er aus dem Schriftstellerverband ausgeschlossen und 1974 aus der Sowjetunion selbst verbannt. Okudschawa, dessen georgische Mutter und armenischer Vater beide 1937 verhaftet worden waren, formulierte seine satirischen Kommentare subtiler als die anderen beiden. Sein Schaffen war von einer nostalgischen Sehnsucht nach alten Werten und Gebäuden durchdrungen. Von dem Trio war er als Einziger während der Perestroika noch am Leben, und er sprach sich entschieden für Liberalisierung und Demokratisierung aus. Das Werk aller drei Liedermacher wurde seit Beginn der Gorbatschow-Ära herausgegeben und war überall erhältlich. Der 1977 gestorbene Galitsch wurde 1988 rehabilitiert. Das Publikum der drei Poeten umfasste nicht nur Studenten, vielleicht nicht einmal in der Mehrheit, sondern eine Generation der Intelligenz, die in der Chruschtschow-Ära erwachsen geworden war. Ihr Antistalinismus hatte sich in den zwei Jahrzehnten nach dessen Absetzung angestaut, weil er kein offizielles Ventil mehr hatte.

Innersystemischer Dissens

Eine ganze Reihe von Menschen, die später offene Dissidenten wurden und deswegen von den Partei- und Staatsbehörden abgestraft wurden, versuchte am Anfang ihrer Karriere, die Regeln des Systems zu beugen statt zu brechen. Das galt ganz eindeutig für Medwedew, aber selbst Solschenizyn nahm in einigen seiner frühesten Werke geringfügige Kürzungen vor, damit sie in *Nowy Mir* veröffentlicht wurden. Er wurde auch Mitglied des Schriftstellerverbandes, aus dem er jedoch bereits 1969 ausgeschlossen wurde. Ein Jahr später wurde ihm, zum Ärger der sowjetischen Behörden, der Nobelpreis für Literatur verliehen. Erst nachdem feststand, dass sein Werk in Russland nicht mehr veröffentlicht würde, enthüllte Solschenizyn der Welt das ganze Ausmaß seines Antikommunismus. Heimlich hatte er bereits 1968 seine Schilderung des Schicksals der politischen Häftlinge abgeschlossen, den *Archipel Gulag*, aber die Veröffentlichung im Ausland nicht genehmigt. Als das Werk im Jahr 1973 zum ersten Mal erschien, beschloss das Politbüro, dass Solschenizyn zu gefährlich sei,

Vielfalt hinter der monolithischen Fassade

um im Land zu bleiben, und zu bekannt, um erneut ins Gefängnis gesteckt zu werden (wie bereits unter Stalin). Im Februar 1974 wurde er verhaftet und aus der UdSSR deportiert; überdies wurde ihm die Staatsbürgerschaft entzogen.

Noch eindeutiger versuchte Andrej Sacharow, die Entwicklungen in der Sowjetunion als Insider zu beeinflussen. Als ausgezeichneter Physiker und der Mann, der einen wichtigen Beitrag zur Forschung an Kernwaffen geleistet hatte, zögerte er nicht, den sowjetischen Staats- und Parteichefs seinen Rat anzubieten, und plädierte für einen Kurswechsel. Zum Beispiel drängte er Chruschtschow zu einem Stopp überirdischer Atomwaffentests. Ein Essay von 1968 für den *samisdat* mit »Gedanken über Fortschritt, friedliche Koexistenz und geistige Freiheit« war dafür gedacht, Regierungen, auch seine eigene, ebenso wie die öffentliche Meinung zu beeinflussen. Allerdings bestand in der Sowjetunion unter Breschnew keine Chance, den Essay zu veröffentlichen, und als er im Westen erschien, wurde Sacharow von seinem Arbeitsplatz verbannt, auf dem er mit Staatsgeheimnissen zu tun hatte. Etliche Privilegien wurden ihm entzogen. Im Laufe der siebziger Jahre wurde er zu einem immer schärferen Kritiker der sowjetischen Politik, bis er Anfang 1980 in ein internes Exil geschickt und in die Stadt Gorki verbannt wurde (die heute übrigens wieder ihren alten Namen Nischni Nowgorod trägt). Erst im Januar 1987 war es Sacharow, nach einer telefonischen Einladung von Gorbatschow im Dezember 1986, möglich, nach Moskau zurückzukehren und dort wieder zu leben und zu arbeiten. (1989 wurde Sacharow zum Delegierten der reformierten sowjetischen Legislative gewählt. Er starb überraschend im Dezember desselben Jahres.)

In der Breschnew-Ära gelang es jedoch auch Tausenden von Menschen, als Reformer zu überleben, die innerhalb der Grenzen des Systems tätig waren und sie erweiterten, sobald sie dazu imstande waren. Wenn sie zu weit gingen, konnte es passieren, dass aus den »innersystemischen« Reformern »extrasystemische« wurden – mit anderen Worten: offene Dissidenten. Aber langfristig spielten diese Protagonisten einer Politik der kleinen Schritte, die auf eine Veränderung des Systems von innen hinarbeiteten, die wohl wichtigste Rolle bei dem Wandel der Politik und des Charakters des sowjetischen Staates. Unter Breschnew konnten sie nur bescheidene Erfolge für sich verbuchen, aber allein die Tatsache, dass sie innerhalb der Parameter des

Systems geblieben waren, gab den Ausschlag, als ein reformorientierter Generalsekretär im Jahr 1985 an die Macht kam. Das System war so angelegt, dass ein Generalsekretär nur Menschen auf wichtige Posten ernennen konnte, die bereits einen gewissen Rang innerhalb der Partei bekleideten. Wenn er Leute mit neuen Ideen suchte, dann mussten zumindest einige von ihnen (die wiederum neue einführen konnten) bereits Erfahrung mit den Korridoren der Macht im Gebäude des Zentralkomitees haben. Drei dieser Menschen, die während der Perestroika wichtige Rollen spielten, waren Alexander Jakowlew, Anatoli Tschernajew und Georgi Schachnasarow. Sie hatten alle drei im Zweiten Weltkrieg gekämpft, widerlegten aber das Stereotyp, das sowjetische Kriegsveteranen mehr oder weniger mit dem Stalinismus in Verbindung brachte. Die überzeugten Antistalinisten hatten alle drei hohe Posten im ZK-Apparat inne. In der Breschnew-Ära war Jakowlew geschäftsführender Leiter der Propagandaabteilung gewesen, Tschernajew war stellvertretender Leiter der Internationalen Abteilung und Schachnasarow stellvertretender Leiter der Abteilung für sozialistische Länder.

Auch wenn ihre Anschauungen sich weiterentwickelt hatten und Anfang der siebziger Jahre nicht die gleichen waren wie Ende der achtziger, so zählten sie doch schon in der früheren Phase zu den relativ Liberalen – oder, wie in mindestens einem Fall, zu den heimlichen Sozialdemokraten – im Parteiapparat.[27] Tschernajew und Schachnasarow waren im Jahr 1985 immer noch Vizeabteilungsleiter, aber Jakowlew war 1973 als sowjetischer Botschafter nach Kanada in ein vergoldetes Exil geschickt worden. Sein größtes Vergehen war die Veröffentlichung eines Zeitungsartikels Ende 1972 gewesen, der jede Form des Nationalismus und Chauvinismus, auch den russischen Nationalismus, angriff. Das brachte die konservativen kommunistischen und russisch-nationalistischen Kreise in Rage. Jakowlew blieb bis 1983 in Kanada, als Michail Gorbatschow, inzwischen ein einflussreicher hoher ZK-Sekretär während Juri Andropows kurzer Amtszeit als Parteichef, Kanada besuchte und dort einen politischen Gesinnungsgenossen antraf. Auf Gorbatschows Bitte hin willigte Andropow ein, Jakowlew wieder als Direktor des bedeutenden außenpolitischen Thinktanks IMEMO nach Moskau zu holen. Von dort rief Gorbatschow, nachdem er Parteichef geworden war, Jakowlew wieder zurück ins Zentralkomitee.

Die Minderheit der Reformer aus Überzeugung, die in der Breschnew-Ära ihre Posten im ZK-Apparat behielten, sollte eine außerordentlich wichtige Rolle spielen, als Gorbatschow an die Macht kam. Die Internationale Abteilung des Zentralkomitees galt im Westen gemeinhin als Bollwerk der kommunistischen Orthodoxie und war tatsächlich die Abteilung, die die Rolle der Komintern übernommen hatte und ein wachsames Auge auf die nichtregierenden Kommunistischen Parteien auf der ganzen Welt warf. Aber ausgerechnet aus dieser Abteilung sollte Gorbatschow viele »neue Denker« der Perestroika in sein außenpolitisches Beraterteam holen. Das lag zum Teil daran, dass die Abteilung hochgebildete Menschen als Berater aufnahm, die eine oder mehrere Fremdsprachen beherrschten und intensive Kenntnisse über die Außenwelt hatten. Sie wurden durch ihre Reisen und Lektüre auf eine Weise beeinflusst, die von der Parteispitze keineswegs beabsichtigt war. Nichtsdestotrotz stützten die Parteiführer sich auf diese Leute, um die Außenwelt, mit der sie sich auseinandersetzen mussten, besser zu verstehen.

Auch in einer zweiten Abteilung des Zentralkomitees mit internationalen Aufgaben, der Abteilung für sozialistische Länder, saßen Menschen mit herausragenden Fachkenntnissen. Sie widmete sich in erster Linie den Ländern Osteuropas und war ebenfalls, wenn auch in geringerem Ausmaß als die Internationale Abteilung, eine Quelle frischen Denkens. Wie überall im ZK-Apparat mussten in diesen Abteilungen all jene, die absolut unzufrieden mit der Entwicklung der Dinge in der Sowjetunion unter Breschnew waren, solche Gedanken in ihren offiziellen Funktionen weitgehend für sich behalten. Unter engen Freunden äußerten sie aber offen ihre Meinung. Anatoli Tschernajew, ein außerordentlich einflussreicher »neuer Denker« der Gorbatschow-Ära, nennt in seinen Memoiren ein Kapitel zur Breschnew-Ära: »Im Regime des Doppeldenk (die Internationale Abteilung des Zentralkomitees)« – eine treffende Anspielung auf George Orwell.[28]

In den Forschungsinstituten waren viel mehr Reformer und Menschen, die mit dem sowjetischen Status quo unzufrieden waren, anzutreffen als in den ZK-Abteilungen. Besonders zahlreich waren sie in Instituten vertreten, die auf häufige Auslandsreisen angewiesen waren. Neben dem Institut für USA- und Kanadastudien, dessen Direktor Georgi Arbatow einst Leiter der Beratergruppe Andropows in der ZK-Abteilung für sozialistische Länder gewesen war, und dem IMEMO, dessen Direktor fast während der ganzen Breschnew-Ära Nikolai Inosemzew war, ein Fürsprecher der Entspannung,[29] muss vor allem das Institut für die Wirtschaft des sozialistischen Weltsystems unter Leitung von Oleg Bogomolow genannt werden.[30] Aus keinem anderen Institut dürften während der Perestroika so viele radikale Reformer hervorgegangen sein. Selbst zu Breschnews Zeiten erteilte es immer wieder mutig Ratschläge, die nicht dem entsprachen, was die Parteiführung hören wollte. Am 20. Januar 1980 schickte das Institut ein Memorandum an das ZK der KPdSU, in dem die Mitarbeiter über die »Hoffnungslosigkeit und Schädlichkeit« der sowjetischen Militärintervention in Afghanistan schrieben.[31]

Institutionen, die für einen bestimmten Zweck gegründet wurden, konnten sich allmählich so entwickeln, dass sie einem doppelten Zweck dienten, wobei der zweite fast dem Gegenteil der ursprünglichen Absicht der Gründer entsprach. So wurde zum Beispiel Arbatows Institut für USA-Studien gegründet, damit die Parteiführung genauer über die Vereinigten Staaten informiert wurde und die Sowjetunion wirkungsvoll die amerikanische Propaganda bekämpfen konnte. Viele Rechercheure wurden jedoch nicht nur zu scharfsichtigen Analytikern der amerikanischen Politik, sondern auch zu Amerikafreunden – keineswegs unpatriotisch, sondern in dem Sinn, dass sie viel Bewundernswertes entdeckten, das man vorteilhaft im eigenen Land kopieren könnte. Bogomolows Wirtschaftsinstitut hatte unter anderem die Aufgabe, dafür zu sorgen, dass osteuropäische Länder sowjetische Richtlinien erhielten und einen strikt marxistisch-leninistischen Kurs verfolgten. Manche Experten reagierten geradezu euphorisch auf einige Entwicklungen in Ostmitteleuropa, die ganz und gar nicht nach dem Geschmack der sowjetischen Parteiführung waren. Das galt nicht nur für Wirtschaftsreformen in Ungarn, sondern bei einigen Mitgliedern des Instituts sogar für den Aufstieg der Solidarność in Polen.

Ein außerordentlich bemerkenswertes Beispiel für diesen Doppelcharakter der Institutionen in kommunistischen Staaten – den ein chinesischer Experte für die Entwicklung in China »institutionelle Amphibität« nannte[32] – war in der Abteilung für wissenschaftlichen Kommunismus des Instituts anzutreffen, das für kollektive Informationen in den Gesellschaftswissenschaften zuständig war, das INION.

Vielfalt hinter der monolithischen Fassade 557

In dieser Abteilung arbeiteten Angestellte, die in den Originalsprachen das sensibelste Material lesen sollten, das im Ausland veröffentlicht wurde, darunter auch kritische Schriften über die Sowjetunion. Das INION hatte eine ganze Reihe recht liberaler Direktoren: allen voran den Sinologen Lew Deljussin, der zuvor Mitglied von Andropows Beraterteam in der ZK-Abteilung für sozialistische Länder gewesen war (genau wie Arbatow und Bogomolow). Intellektuelle, die der sowjetischen Realität wohl am kritischsten gegenüberstanden, fanden in der Abteilung für wissenschaftlichen Kommunismus des INION einen außerordentlich attraktiven Arbeitsplatz und sammelten sich dort bereitwillig. Sie hatten an ihrem Institut die Möglichkeit, interessante Materialien zu lesen, die sie vermutlich selbst im *samisdat* nur mit Mühe aufgetrieben hätten.

In diesem mutmaßlichen Bollwerk des wissenschaftlichen Kommunismus war etwa auch Ludmilla Alexejewa beschäftigt, eine führende sowjetische Dissidentin, die in ihrer Freizeit Untergrundliteratur abtippte und verteilte.[33] Solange sie unter dem Dach des »wissenschaftlichen Kommunismus« arbeitete, war sie, wie alle Mitarbeiter dort, Mitglied der KPdSU. Andere kritisch denkende Menschen in diesem Institut oder in anderen gesellschaftswissenschaftlichen oder internationalen Instituten blieben »systeminterne Reformer« oder »innerstrukturelle Dissidenten«. Die im Westen damals recht verbreitete Vorstellung, dass die sowjetischen Staatsbürger in Dissidenten auf der einen Seite und Konformisten auf der anderen eingeteilt werden konnten, wobei die Parteimitglieder den ultraorthodoxen Block der Gesellschaft bildeten, war völlig falsch. Zu den Mitgliedern der KPdSU zählten Stalinisten, idealistische Kommunisten (die ihre ganze Hoffnung auf den späten Lenin oder den gesäuberten Bucharin setzten), Nationalisten, Sozialdemokraten und Liberale. Das System war jedoch so angelegt, dass erst ein Wechsel an der Spitze diesen »hundert Blumen« die Möglichkeit verschaffte, sich zu voller Blüte zu entfalten.

Erfolge und Fehlschläge

Aus der Sicht der kommunistischen Führungsriege konnte die Breschnew-Ära etliche Erfolge vorweisen. Das war der Zeitraum, in dem die UdSSR Anfang der siebziger Jahre auf militärischer Ebene ungefähr Parität mit den Vereinigten Staaten erreichte, auch wenn die Basis für ihren Status als »Supermacht« sehr stark von den unverhältnismäßig hohen Ressourcen abhing, die für die Rüstung geopfert wurden. Die Sowjetunion war zwar keine Wirtschaftsmacht, verfügte jedoch über die wohl reichsten Rohstoffreserven der Welt. Allerdings war es ein Zeichen für die Schwäche der Wirtschaft, dass die sowjetischen Exporte so massiv von dem Verkauf von Bodenschätzen, insbesondere Erdöl und Gas, abhingen. Doch die »Ölkrise« in Westeuropa – der rasante Preisanstieg im Jahr 1973 – erwies sich als ein Eldorado für die Sowjetunion. Die Fähigkeit der Führung unter Breschnew, die verschiedenen Eliten zufriedenzustellen, war zum großen Teil dem Verkauf der Bodenschätze zu extrem vorteilhaften Preisen zu verdanken. Gegen Ende der Breschnew-Ära wurde das jedoch schwieriger. Das Wirtschaftswachstum ging über einen längeren Zeitraum hinweg zurück und war in den letzten Jahren Breschnews praktisch zum Stillstand gekommen.

Um die Wahrscheinlichkeit eines Ausbruchs allgemeiner Unruhen zu verringern, setzte die sowjetische Führungsriege keineswegs ausschließlich auf die Androhung von Zwangsmaßnahmen. Grundnahrungsmittel wurden subventioniert, und für viele Produkte wurden Versorgungsengpässe in Kauf genommen. Die Mangelwirtschaft hatte zur Folge, dass viel Zeit mit der Suche nach den knappen Produkten verschwendet wurde, Preiserhöhungen würden jedoch Unmut hervorrufen. Schlangestehen wurde gemeinhin als gerechter angesehen, denn unter höheren Preisen hätten vor allem die Geringverdiener zu leiden gehabt. Die Breschnew-Administration widmete sich dem Problem mit größter Zurückhaltung, selbst als die Kosten für die Subventionierung der Brot- und Fleischpreise eskalierten. In den späten Breschnew-Jahren waren die Subventionen für Agrarprodukte, nach internationalem Standard, außerordentlich hoch. Ein Viertel aller sowjetischen Investitionen floss in den absolut ineffektiven Agrarsektor.[34] Die Subventionen hatten ein auf Dauer untragbares Niveau erreicht, und eine radikale Senkung wäre unter dem ex-

Erfolge und Fehlschläge 559

trem autoritären (oder, je nach Definition, totalitären)[35] Regime der
siebziger Jahre gewiss einfacher gewesen als in dem liberalisierten
System in der zweiten Hälfte der achtziger Jahre, als man offen für
marktwirtschaftliche Maßnahmen plädieren konnte, deren Übernahme und Umsetzung sich jedoch zu lange hinzogen.[36]

Die Breschnew-Ära war eine Zeit, in der zig Millionen sowjetische
Bürger ein friedlicheres und berechenbareres Leben führen konnten
als bislang. Die meisten Menschen lebten nicht in der Angst vor dem
KGB. Während man zu Stalins Zeiten ohne weiteres durch Denun-
ziation oder einfach Pech in den Mahlstrom des staatlichen Terrors
geraten konnte, kam es in der Breschnew-Ära in der Regel nur dann
zu einem KGB-Verhör, wenn Menschen massiv gegen die sowjetischen Spielregeln verstoßen hatten. Und selbst dann beließ es der
KGB bei Verstößen wie der Weitergabe von *samisdat*-Literatur (was
die überwältigende Mehrheit der Bevölkerung im Übrigen nicht tat)
oft bei einer Verwarnung der Übeltäter, wenn es das erste Mal war. In
Umfragen im postsowjetischen Russland gaben viele Personen auf die
Frage, welche Zeit im 20. Jahrhundert in Russland die angenehmste
Zeit zum Leben war, die Breschnew-Ära an, häufiger als andere Peri-
oden.[37] In den siebziger Jahren lebten in der Sowjetunion mehr gebildete Menschen als je zuvor. Der Vormarsch der Bildung zählte zu den
großen Erfolgen des sowjetischen Systems. Mit Blick auf die langfristige Lebensfähigkeit des Systems war er jedoch ein zweischneidiges
Schwert.

Bei gebildeten Bürgern war die Wahrscheinlichkeit höher, dass sie
ausländische Sender hörten; sie neigten dazu, die optimistischen Darstellungen des sowjetischen Lebens, die in den einheimischen Medien
verbreitet wurden, kritisch zu hinterfragen. Sie ärgerten sich zunehmend über die Einschränkungen beim Lesestoff und bei Auslandsreisen, vor allem wenn sie ihre Situation mit gleichwertigen Berufen in
westlichen Ländern verglichen. Jahrzehntelang hatten sowjetische
Bürger dazu geneigt, ihre Lage mit der Vergangenheit zu vergleichen,
und sich mit dem im Laufe der Zeit gestiegenen Lebensstandard zufriedengegeben. Aber sobald statt zeitlicher räumliche Vergleiche angestellt wurden, hing sehr viel von der Bezugsgruppe ab – also davon,
mit wem sie sich verglichen. In den baltischen Republiken stellten die
Bürger ihre Situation der ihrer nächsten Nachbarn in Skandinavien
gegenüber und hatten allen Grund zur Unzufriedenheit. In Ländern

wie Schweden, Norwegen und Finnland ging ein weit höherer wirtschaftlicher Wohlstand mit politischer Freiheit einher. Für die Menschen im sowjetischen Zentralasien fiel der Vergleich völlig anders aus. Sie konnten ihre relative Ruhe positiv einem China gegenüberstellen, das von der Kulturrevolution gebeutelt wurde, außerdem waren Wirtschaft und Bildung auf einem viel höheren Stand als im benachbarten Afghanistan. Die Russen, vor allem jene in Berufen, die bereits das Leben der gebildeten Mittelschicht führten und mit Literatur, Theater und Kino in Berührung kamen, wurden sich immer stärker der Freiheiten bewusst, die Westeuropäer und Nordamerikaner genossen, ihnen aber verweigert wurden. Mit eben diesen fortgeschrittenen westlichen Ländern verglichen sie zunehmend ihre Lage.

Die Breschnew-Ära war von wachsenden sozialen Problemen und beunruhigenden langfristigen Trends geprägt. In die erste Kategorie fiel der Anstieg des Alkoholismus und der Trunksucht und ihrer gesundheitlichen Folgen. Alkoholmissbrauch zählte zu den Hauptursachen, weshalb die Lebenserwartung für Männer in der Sowjetunion von 66 Jahren 1964 auf 62 Jahre Anfang der achtziger Jahre zurückging. Ein derartiger Rückgang innerhalb von weniger als zwei Jahrzehnten war für ein industrialisiertes, entwickeltes Land sehr ungewöhnlich.[38] Außerdem bestand ein langfristiges demographisches Problem. Während die Bevölkerung in Zentralasien sehr rasch wuchs, stagnierte sie im europäischen Teil der UdSSR oder ging sogar zurück. Einige sowjetische Analytiker machten sich wegen der dünnbesiedelten Gebiete Sibiriens Sorgen, wo so viele russische Bodenschätze lagen, und wegen einer Milliarde Chinesen, die jenseits der Grenze lebten.

Die Außenpolitik der Sowjetunion unter Breschnew wird in anderen Kapiteln behandelt, dem ist hier kaum etwas hinzuzufügen. Allerdings kann man sie kaum als eine Erfolgsstory bezeichnen. Im Jahr 1982 waren die Beziehungen der Sowjetunion zu den Vereinigten Staaten, zu China und zu Westeuropa gespannt. Die Parteiführer pflegten zu ihren osteuropäischen Kollegen gute Beziehungen, aber die herzlichen Gefühle wurden von der Bevölkerung in diesen Ländern nicht geteilt. Vor allem die Zerschlagung des Prager Frühlings war in der Tschechoslowakei nicht vergessen worden; und die aktuelle Verhängung des Kriegsrechts in Polen hatte, obwohl die polnische Parteiführung sie selbst beschlossen hatte, nicht dazu beigetragen, die

Feindseligkeit der Polen gegenüber der Sowjetunion zu lindern. Ferner steckten sowjetische Truppen in einem Krieg in Afghanistan fest, in dem sie bestenfalls ein kostspieliges Patt erreichen konnten. Bei aller Nostalgie, die manche im postsowjetischen Russland, vor allem im ersten Jahrzehnt nach dem Ende des Kommunismus, für die Breschnew-Jahre empfinden mochten, war die Ära eine Phase der großen Heuchelei. Wenn in dieser Periode öffentliche Kritik kaum geäußert und gesellschaftliche Konflikte nicht offen ausgetragen wurden, so lag das in erster Linie an der strengen Zensur und einem ausgefeilten System von Belohnungen für konformistisches, politisches Verhalten sowie an der langen Palette von Sanktionen für Abweichungen von dieser Norm.

TEIL VIER

Der Druck wächst

KAPITEL 21

Die Herausforderung aus Polen: Johannes Paul II., Lech Wałęsa und der Aufstieg von Solidarność

Anfang der siebziger Jahre hieß es häufig, Druck seitens der Intellektuellen könne ein kommunistisches Regime nicht ernstlich gefährden. Nur durch einen Aufstand der Arbeiter könne eine substantielle Veränderung bewirkt werden. Diese These war schlichtweg falsch. Die dramatischen Veränderungen in der Tschechoslowakei im Jahr 1968 wurden von der Intelligenz angeführt (in erster Linie von den Parteiintellektuellen), und eine halbe Million ausländische Soldaten waren nötig, um den Prozess zu stoppen. Ein Vergleich der Ereignisse in Polen im Jahr 1968 und 1970 stützt allerdings die verallgemeinernde Behauptung, dass lediglich der Arbeiterprotest wirklich von Bedeutung sei. Überdies steht außer Zweifel, dass Arbeiterunruhen ein kommunistisches System in der Tat vor ganz besondere Probleme stellen. Immerhin handelte es sich hier um Staaten, in denen die Arbeiterklasse nominell die »führende Rolle« innehatte, auch wenn sie nicht länger eine »Diktatur des Proletariats« bildete. Jedenfalls hatten die Arbeiter angeblich die Ausübung dieser Rolle im Wesentlichen an die kommunistische Partei »delegiert«.

Stärker als in anderen kommunistischen Staaten stellten die polnischen Arbeiter dieses Dogma der Partei in Frage. Das hatten sie schon 1956 getan, und sie sollten es Anfang, Mitte und Ende der siebziger Jahre wieder tun. In den frühen Siebzigern hatte es, zumindest in Polen, den Anschein, als wären die Fabrikarbeiter die Bevölkerungsgruppe mit dem größten politischen Einfluss. Im Jahr 1968 waren die polnische Intelligenz und das Regime in Konflikt geraten, die Arbeiter hatten sich zurückgehalten und nicht den geringsten Wunsch gezeigt, sich hineinziehen zu lassen. Die Intellektuellen verloren die

Auseinandersetzung mit den Behörden. Viele prominente Akademiker verließen das Land für immer. Andere wurden so stark isoliert oder eingeschüchtert, dass sie in den nächsten Jahren lieber den Mund hielten. Im Dezember 1970 hingegen versetzte eine Arbeiterrevolte die kommunistische Führung tatsächlich in Panik und spaltete sie. Gomułka wurde gestürzt, und einige Korrekturen in der Wirtschaftspolitik wurden vorgenommen.

Im Lauf des Jahres 1968 hatten die Intellektuellen in Polen, angespornt von der Entwicklung in der Tschechoslowakei, immer offener ihre Meinung geäußert. Im März gingen vor allem Studenten in Scharen auf die Straße. Im selben Monat wurden einige der renommiertesten polnischen Gelehrten von ihren Lehrstühlen an der Universität von Warschau entfernt, unter anderen der Philosoph Leszek Kołakowski, der Wirtschaftswissenschaftler Włodzimier Brus und die Soziologen Zygmunt Bauman und Maria Hirszowicz. Gegen Ende des Monats kündigte der Rektor der Universität die vorübergehende Auflösung der Fakultäten für Wirtschaftswissenschaften, Philosophie, Soziologie und Psychologie an, womit 1616 Studenten das Recht verweigert wurde, ihr Studium fortzusetzen. Zu allem Überfluss erfuhren Mathematik- und Physikstudenten im dritten Studienjahr, dass ihre Kurse ebenfalls aufgelöst worden seien.[1]

Der Kampf der polnischen Führung gegen den intellektuellen Nährboden hatte einen stark antisemitischen Einschlag. Viele Personen, die vom Regime angegriffen wurden, waren jüdischer Herkunft. Gomułka startete zwar die Kampagne, doch eigentlich stand eine Parteifraktion namens die »Partisanen« (oder die »Patrioten«), angeführt vom Innenminister General Mieczysław Moczar, dahinter. Zwischen den beiden Lagern lavierte der Parteichef der schlesischen Industrieregion Katowice, Edward Gierek, hin und her, auch wenn er eigentlich mit einer Parteigruppe namens die »Pragmatiker« identifiziert wurde. Die Ziele der Kampagne waren die Entfernung der »Zionisten« (damit waren die Juden gemeint) aus hohen politischen und akademischen Stellungen und die Absetzung von »Revisionisten« oder allgemeiner Liberalen. Tatsächlich blieb nur eine vergleichsweise kleine Zahl von Menschen jüdischer Herkunft in Polen. Während des Zweiten Weltkriegs waren 90 Prozent der polnischen Juden ermordet worden. Anschließend wurde den Überlebenden, die, wie so viele, das Land verlassen wollten, die Ausreise gestattet. Im Land blieben jene, die sich eher als Polen denn als Juden fühlten. Überwiegend handelte es sich um überzeugte Kommunisten. Die Kampagne gegen sie war Teil eines Machtkampfes an der Parteispitze, durch den Gomułkas Stellung untergraben und er selbst abgesetzt werden sollte. Ohne die »Krise« in der Tschechoslowakei und Gomułkas Bündnistreue zur sowjetischen Führung während des »Prager Frühlings« wäre der polnische Parteichef wahrscheinlich im selben Jahr abgesetzt worden.[2]

Die Arbeiterdemonstrationen, die einen Führungswechsel auslösten, fanden im Dezember 1970 statt. Nach einem Jahrzehnt, in dem die Realeinkommen der Arbeiter kaum gestiegen waren, wurden nur zwei Wochen vor dem Weihnachtsfest höhere Preise bekanntgegeben. Zur Ungerechtigkeit kam in diesem streng katholischen Land somit noch eine Beleidigung der religiösen Gefühle hinzu. Arbeiter protestierten in Warschau, und mehrere Fabriken in der Hauptstadt wurden besetzt. Die größten Proteste brachen jedoch in den Ostseehäfen Danzig (Gdańsk) und Stettin (Szczecin) aus. Gomułka befahl der Armee und der Polizei, Gewalt einzusetzen, und 16 Arbeiter wurden vor der Leninwerft in Danzig erschossen.[3] Das schürte den Unmut, der sich in den Werften bereits angestaut hatte, gewaltig. Der einst von einer Welle der allgemeinen Unterstützung an die Macht geschwemmte Gomułka schied aus dem Amt, ohne dass ihm jemand eine Träne nachgeweint hätte. Am 20. Dezember 1970 wurde er durch Gierek als Parteichef abgelöst.[4] Bei dieser Auseinandersetzung zwischen den Arbeitern und den Regierungsbehörden hatte sich die polnische Intelligenz nun ihrerseits nicht eingemischt.

Ende 1970 und in den folgenden Jahren wurden die polnischen Arbeiter bis zu einem gewissen Grad durch kurzfristige Verbesserungen ihrer materiellen Lage gekauft, die keineswegs von einem grundlegenden politischen Wandel begleitet wurden. Gierek verstand es anfangs, sich ihre Unterstützung zu verschaffen. Er besuchte Werften und Fabriken und erweckte den Eindruck eines guten Zuhörers – sogar Lech Wałęsa war damals beeindruckt.[5] Diese Unterstützung wurde verstärkt und hielt mehrere Jahre lang an, weil die neue kommunistische Führung den Lebensstandard in Polen deutlich anhob. Das erreichte sie zwar nur, indem sie skrupellos im Ausland Schulden machte, aber in der ersten Hälfte der siebziger Jahre hatte es für viele Polen den Anschein, dass Giereks Strategie funktionierte. Aus Meinungsumfragen (die in Polen früher Einzug gehalten hatten als in anderen osteuropäischen kommunistischen Staaten) ging hervor, dass 1975 drei von vier Polen der Meinung waren, ihre materielle Lage habe sich in den letzten Jahren verbessert.[6] Indem Gierek auf wirtschaftlichen Wohlstand als Legitimierung seiner Führung setzte, hatte er sich jedoch in ein gefährliches Fahrwasser begeben. Da der Aufschwung mit ausländischen Krediten finanziert worden war, die Polen am Ende nicht mehr bedienen konnte, hatte die Verbesserung des Lebensstandards nicht lange Bestand. Wirtschaftliche Schwierigkeiten, die noch hingenommen wurden, als wenig Hoffnung auf eine Besserung der Lage bestanden hatte, wurden nun, in einer Phase der gestiegenen Erwartungen, nicht mehr so gleichmütig aufgenommen.

Gierek hatte in den ersten Jahren ein bemerkenswertes politisches Geschick an den Tag gelegt. Nachdem er Gomułka als Ersten Sekretär der Partei abgelöst hatte, entfernte er unverzüglich den ehrgeizigen Moczar aus der Führung, der im Jahr 1968 so vehement auf die nationale Karte gesetzt hatte. Gierek selbst war hingegen auch nicht unempfänglich für nationale Gefühle. Unter seiner Führung begann die Regierung den Wiederaufbau des Warschauer Königsschlosses, das im Zweiten Weltkrieg zerstört und seither nur teilweise restauriert worden war. Auch der katholischen Kirche, deren Bedeutung in Polen eng mit dem starken Nationalstolz der Polen verbunden war, wurden Offerten gemacht. Dazu zählte die Erlaubnis, in neuerschlossenen Wohngegenden Kirchen zu bauen, ebenso wie die symbolische Geste des Treffens zwischen Gierek und Papst Paul VI. im Vatikan 1977.

Doch alle diese Maßnahmen konnten nicht lange die Tatsache verschleiern, dass der wirtschaftliche Aufschwung auf Sand gebaut war. Was ein Experte als Polens »vorzeitiges Konsumverhalten« bezeichnete, musste zwangsläufig von kurzer Dauer sein, weil es in keiner Weise von der polnischen Wirtschaft getragen wurde.[7] Gierek kaufte sich von Westeuropa sowohl Zeit als auch Fleisch. Nach den Arbeiterunruhen waren im Dezember 1970 die Preissteigerungen vollständig zurückgenommen worden. Das hatte zur Folge, dass die Lebensmittelpreise im Jahr 1976 fast genauso niedrig waren wie ein Jahrzehnt zuvor, obwohl die Einkommen in der ersten Hälfte der siebziger Jahre deutlich gestiegen waren.[8] Und ein Drittel der Einnahmen aus polnischen Exporten wurde für die Zahlung der Zinsen auf Auslandsdarlehen ausgegeben, die die Regierung erhalten hatte – Darlehen, mit

Die Herausforderung aus Polen: Johannes Paul II., Lech Wałęsa … 569

denen ein vom Import angeführter Aufschwung finanziert worden war. Polen, das in den Fünfzigern noch Lebensmittel exportiert hatte, musste sie in den Siebzigern importieren. Da die Gierek-Führung es nicht wagte, allmählich und rechtzeitig höhere Lebensmittelpreise einzuführen, blieb ihr am Ende nur die schlechteste aller Optionen, als sie im Juni 1976 völlig unerwartet die Preise um durchschnittlich 60 Prozent (für Fleisch sogar um 69 Prozent) erhöhte.[9]

Die Reaktion hatte schon eine gewisse Tradition. Es kam zu Streiks und Sitzblockaden im ganzen Land, wobei die Werften an der Ostsee einmal mehr die Avantgarde des Widerstands waren. In Radom, einer Stadt südlich von Warschau, griffen Arbeiter zu einer drastischen Form des Protestes, die zuletzt 1956 in Posen (Poznań) zu beobachten gewesen war: Sie steckten das Parteihauptquartier in Brand. Mehrere Tausend Arbeiter aus einer Traktorenfabrik in der Nähe von Warschau wählten eine neuere Protestform: Sie machten sich zur transkontinentalen Eisenbahnlinie auf und stoppten den Expresszug Paris-Moskau, so dass die Proteste auch international Wirkung zeigten. Die Regierung lenkte viel schneller ein als 1970. Schon 24 Stunden nach Veröffentlichung der Preissteigerungen wurden sie wieder zurückgenommen. Gegen die Arbeiter, die den Behörden den peinlichen Rückzug aufgezwungen hatten, wurden jedoch Repressionsmaßnahmen verhängt, Tausende wurden verhaftet, verprügelt, verloren ihren Arbeitsplatz.[10]

Die folgenden Jahre wurden ein gutes Beispiel dafür, dass kommunistische Machthaber zwangsläufig immer dann in besonders große Schwierigkeiten geraten, wenn Arbeiter und Intellektuelle miteinander *kooperieren*, statt sich abwechselnd den Behörden in den Weg zu stellen (wie es bislang auf völlig ungeplante Weise in Polen geschehen war). Bereits im Dezember 1975 hatte eine große Gruppe Intellektueller gegen die geplanten Änderungen der polnischen Verfassung protestiert, durch die die »führende Rolle« der Partei sowie die Mitgliedschaft Polens im kommunistischen Block im grundlegenden Gesetzeswerk des Landes festgeschrieben werden sollten. Damit ging eine Phase der Passivität dieser Gesellschaftsgruppe nach 1968 zu Ende. Nach den Unruhen im Juni 1976 waren die Intellektuellen wiederum bereit, sich zur Verteidigung der Arbeiter und gegen die Repressionen zusammenzuschließen.[11] Im September desselben Jahres wurde eine Organisation gegründet, die zu dem wohl bedeutendsten

Symbol der sich entwickelnden Zivilgesellschaft in Polen werden sollte: das Komitee zur Verteidigung der Arbeiter, das unter der polnischen Abkürzung KOR bekannt wurde.[12] Dieser Gruppe gehörten Schriftsteller, Historiker, Juristen, Wissenschaftler, Schauspieler und ein Priester an. Zu den aktivsten Mitgliedern des KOR zählten Jacek Kuroń – der zu dem Zeitpunkt bereits zweimal aus der Polnischen Vereinigten Arbeiterpartei (PVAP) ausgeschlossen worden war und wegen seiner oppositionellen Aktivitäten fast sechs Jahre im Gefängnis verbracht hatte – und Adam Michnik, der es sich zum Ziel gesetzt hatte, den Dialog zwischen der polnischen Linken und der katholischen Kirche zu intensivieren.[13] Das KOR entwickelte sich zu einer ernstzunehmenden Oppositionsbewegung, knüpfte Verbindungen zu den Arbeitern und brachte eine große Zahl unzensierter Publikationen hervor, deren Auflage die des sowjetischen *samisdat* weit übertraf.

Die Schriften des KOR und anderer Oppositionsgruppen, die in großer Zahl entstanden, wurden auch an den Arbeitsplätzen gelesen. Ironischerweise wurde Lenins Gedanke, dass eine Zeitung (damals war es die *Iskra*) eine wichtige Rolle bei der Entwicklung des politischen Bewusstseins der Arbeiter spielen konnte, ausgerechnet in Polen bestätigt, allerdings gegen die kommunistischen Behörden. Von den unzähligen inoffiziellen Publikationen war *Robotnik* (Der Arbeiter) die wichtigste, die gemeinsam von Arbeitern und Intellektuellen produziert wurde. Sie befasste sich mit Themen am Arbeitsplatz, machte aber auch vor einer allgemeineren Kritik am kommunistischen System nicht halt. Der polnischen Regierung standen immer noch etliche Zwangsmaßnahmen zur Verfügung – was sie im Dezember 1981 beweisen sollte –, und ausländische Beobachter wunderten sich darüber, dass die Behörden nicht härter gegen die Ausbreitung unabhängiger politischer Bewegungen und inoffizieller Publikationen zwischen 1976 und der Gründung der Solidarność im Jahr 1980 vorgingen. KOR-Aktivisten wurden von der Geheimpolizei zwar schikaniert, und einige verloren auch ihren Arbeitsplatz, aber sie wurden nicht verhaftet.[14]

Für die relative Zurückhaltung gab es eine ganze Reihe von Gründen. Innerhalb der politischen Elite forderten zwar einige Hardliner härtere Maßnahmen, aber Gierek wusste genau, dass er seine eigene Position schwächen würde, wenn er ihren Forderungen nachgäbe.

Die Herausforderung aus Polen: Johannes Paul II., Lech Wałęsa ...

Seine Macht stützte sich auf eine Form des Dialogs mit der Gesellschaft statt auf reine Zwangsmaßnahmen. Wenigstens ebenso bedeutend war die mögliche Reaktion des Westens. Das war unter anderem eine Folge des Umstands, dass Polen 1975 die Schlussakte von Helsinki unterzeichnet hatte (siehe Kapitel 23), wodurch das Land sich verpflichtete, die Menschenrechte zu achten. Andere kommunistische Staaten in Europa, allen voran die Sowjetunion, hielt das nicht von härteren Maßnahmen ab. Die polnische Führung war sich jedoch darüber im Klaren, dass auf alle innenpolitischen Repressionsmaßnahmen eine scharfe Antwort seitens der Carter-Administration in Washington zu erwarten war, sowie eine Verstärkung des finanziellen Drucks. Carters Nationaler Sicherheitsberater Zbigniew Brzezinski verfolgte aufmerksam die Entwicklung in Osteuropa insgesamt und insbesondere in seinem Heimatland. Polen war wegen seiner hohen Verschuldung viel stärker vom Wohlwollen des Westens abhängig als andere osteuropäische kommunistische Staaten.

Darüber hinaus steckte die Wirtschaft des Landes in der zweiten Hälfte der siebziger Jahre in ernsten Schwierigkeiten. Während viele Preise noch staatlich festgelegt waren, verschärften sich die Versorgungsengpässe, und die Geldentwertung schritt rasant voran. Die Verhaftung bekannter Personen hätte dem Ansehen der polnischen Regierung im Westen zu einer Zeit geschadet, als sie sich die wirtschaftlichen Konsequenzen kaum leisten konnte.[15] Außerdem hatte sich die polnische katholische Kirche – eine starke, vom Staat unabhängige Institution wie in keinem anderen kommunistischen Land in Europa – seit 1968 verstärkt für den Schutz der Bürgerrechte ausgesprochen. (Zuvor hatte sie sich eher auf die Verteidigung der in ihren Augen historischen Rechte der Kirche konzentriert.) Im September 1976 erklärte der polnische Primas Kardinal Stefan Wyszyński, es sei doch »schmerzlich, dass Arbeiter gegen eine Arbeiterregierung um ihre Rechte kämpfen müssen«.[16] Und in Gedanken setzte er das Wort »Arbeiterregierung« zweifellos in Anführungsstriche. In Anbetracht der immer aktiveren Rolle der Kirche sowie der erwiesenen Bereitschaft der polnischen Arbeiter, auf die Straße zu gehen, hatte die Parteiführung allen Grund zu der Befürchtung, dass ein massives Vorgehen gegen die immer zahlreicheren inoffiziellen Bewegungen einen noch breiteren innenpolitischen Widerstand auslösen könnte als die Preissteigerungen.

Ein Pole wird Papst

Zu allem Überfluss gab es in Rom eine Wahlentscheidung, wie sie den kommunistischen Behörden in Polen nicht hätte unliebsamer sein können. Am 16. Oktober 1978 rief Politbüromitglied Stanisław Kania Parteichef Gierek an und teilte ihm die schlechte Neuigkeit mit, dass der Erzbischof von Krakau (und ehemalige Professor an der Katholischen Universität von Lublin) Karol Wojtyła zum Papst gewählt worden war. »Heilige Mutter Gottes!«, rief der Erste Sekretär der PVAP entsetzt aus.[17] Die Tatsache, dass ein Pole der erste nichtitalienische Papst seit über 450 Jahren wurde, versetzte dem Nationalstolz einen enormen Schub und löste allgemeine Freude aus – allerdings nicht im Zentralkomitee. Auch wenn die Parteiführung notgedrungen gute Miene zu diesem bemerkenswerten Ausgang des Konklaves machen musste, war es ein Schlag für sie, auf den sie in keiner Weise vorbereitet war.

Die überwältigende nichtkommunistische und katholische Bevölkerungsmehrheit Polens, einschließlich der Aktivisten der Opposition, bekam plötzlich das Gefühl, Gott stehe auf ihrer Seite. Das wurde noch durch den neuntägigen triumphalen Besuch gesteigert, den Johannes Paul II. seinem Heimatland im Juni 1979 abstattete. Millionen Menschen kamen, um ihn bei Messen unter freiem Himmel zu hören – allein in Krakau fast zwei Millionen. Wie Timothy Garton Ash ganz richtig beobachtete: »Neun Tage lang hörte der Staat de facto auf zu existieren, außer als Zensor der Fernsehberichterstattung. Jeder konnte sehen, dass Polen kein kommunistisches Land ist – nur ein kommunistischer Staat.«[18] Der Empfang des Papstes in Polen wurde nicht nur von der Führung der PVAP, sondern auch in der Sowjetunion mit großer Sorge beobachtet. Der positive Einfluss war in den baltischen Republiken der UdSSR, insbesondere in Litauen, am stärksten zu spüren. Viele Litauer reisten so nahe an die polnische Grenze, dass sie die triumphale Rückkehr des Papstes in sein Heimatland im polnischen Fernsehen verfolgen konnten.[19] Das polnische Fernsehen vermittelte zwar kein vollständiges Bild von dem Ausmaß des Empfangs, doch es berichtete weit ausführlicher als sämtliche sowjetischen Medien.

Die Kampagne gegen den Revisionismus sowie den »Zionismus« in Polen im Jahr 1968 und die Zerschlagung des Prager Frühlings hat-

Ein Pole wird Papst 573

ten den Glauben an eine innerparteiliche Reform stark geschwächt. Die noch verbliebenen Hoffnungen schwanden, als Gierek die gegebenen Versprechen nicht einhielt. Dazu gehörten der Bau eines Denkmals für die Arbeiter, die im Dezember 1970 an der Ostseeküste getötet worden waren, und das Versprechen, die offiziellen Gewerkschaften stärker auf die Interessen und Forderungen der Arbeiter hören zu lassen. Eine Koalition, wie sie sich noch nie für eine gemeinsame Sache in einem kommunistischen Staat zusammengeschlossen hatte – nicht einmal in Polen –, nämlich aus Arbeitern, Intellektuellen und der katholischen Kirche, funktionierte plötzlich immer effektiver. Ihre Bemühungen konzentrierten sich anfangs weniger darauf, das System zu verändern, als es zu umgehen. Alternativorganisationen wurden gegründet, die, so hoffte man, zunehmend Rückhalt finden und ihre offiziellen kommunistischen Gegenstücke in leere Hülsen verwandeln würden.[20]

Schlüsselelement dieses Konzepts war die Idee, freie Gewerkschaften zu gründen. Sie sollten, im Gegensatz zu den offiziellen Gewerkschaften, vom Staat völlig unabhängig sein. In den späten Siebzigern setzte der Gründungsprozess ein. Der wichtigste Vorläufer der späteren Massenbewegung von 1980/81 war das »Gründungskomitee der Unabhängigen Gewerkschaften an der Küste«, das am 1. Mai 1978 in Danzig ins Leben gerufen wurde.[21] Der Elektriker Lech Wałęsa, der sich schon 1970 als Streikführer in Danzig engagiert hatte und wegen seiner Teilnahme an den Protesten von 1976 entlassen worden war, zählte zu den ersten Mitgliedern. Vier Jahre später lösten einmal mehr drastische Preissteigerungen einen Massenwiderstand gegen die kommunistischen Behörden aus. Am 1. Juli 1980 erhöhte die polnische Regierung die Preise für Konsumgüter und deregulierte eine ganze Reihe von Fleischpreisen. Sie stiegen prompt um 60 bis 90 Prozent. Zuvor war die Schere bei den Einkommen über Jahre immer weiter auseinandergegangen, und der allgemeine Unmut über die Privilegien der kommunistischen Partei- und Regierungselite hatte zugenommen. Das kam zu dem Gefühl, ungerecht behandelt zu werden, hinzu, das durch die Preissteigerungen ausgelöst wurde, obwohl aus streng ökonomischer Sicht ein Abbau der Subventionen längst überfällig war.[22]

Im Juli begann eine Welle von Streiks, die vereinzelt mit Lohnerhöhungen geschlichtet werden konnten. Aber die Streiks weiteten sich dennoch aus. Ein Schlüsselmoment war der 14. August, als die Arbeiter in der Danziger Leninwerft die Arbeit niederlegten. Sie forderten nicht nur eine massive Lohnerhöhung, sondern auch die Wiedereinstellung von zwei Kollegen, die aus politischen Gründen entlassen worden waren: Lech Wałęsa und Anna Walentynowicz. Außerdem forderten sie – einmal mehr – die Errichtung eines Denkmals für die Todesopfer der Streiks vom Dezember 1970. Der Streik wäre um ein Haar zusammengebrochen, als eine Mehrheit älterer Arbeiter im Streikkomitee am 16. August beschloss, sich mit einer Lohnerhöhung zufriedenzugeben, die immerhin 75 Prozent ihrer eigenen Forderung entsprach. Allerdings war sie an die Bedingung geknüpft, dass die Arbeiter das Werftgelände noch am selben Tag bis 18 Uhr räumten. Eine Mehrheit ging tatsächlich nach Hause, trotz der Bemühungen des Streikführers Lech Wałęsa, sie davon abzubringen. Eine entschlossene Minderheit blieb jedoch in der Werft, und dem Streikkomitee gehörten keine Mitglieder mehr an, die sich mit rein materiellen Zugeständnissen abspeisen ließen.

Überdies waren weitere Fabriken in der Region in Streik getreten, und eine Kapitulation der größten Werft, nämlich in Danzig, war das Letzte, was sie wollten. Es wurde ein überbetriebliches Streikkomitee (kurz: MKS) aus 13 Personen gebildet, mit Wałęsa als Anführer. Das Komitee arbeitete Forderungen aus, die am 18. August in einem Kommuniqué vorgelegt wurden. Es handelte sich in erster Linie um politische Forderungen.[23] Ganz oben auf der Liste stand das Beharren auf freien Gewerkschaften, die von der herrschenden Partei und den Arbeitgebern unabhängig waren. Das Dokument verwies auf Konvention 87 der International Labour Organization (ILO), die auch die polnische Regierung unterzeichnet hatte. Ferner wurden die Freilassung aller politischen Häftlinge und die Achtung der Rede- und Pressefreiheit gefordert. Der Einfluss der Kooperation zwischen Arbeitern und Intellektuellen sowie der Artikel, die im *Robotnik* erschienen waren, war nicht zu übersehen. Konkrete materielle und lokale Beschwerden wurden zwar ebenfalls zur Sprache gebracht, spielten aber keine vorrangige Rolle. Immerhin hatte man nach langwierigen Debatten im MKS die Forderungen nach einer völligen Abschaffung der Zensur und nach freien Wahlen ausgeklammert. Die Arbeiter im Komitee waren sich der besonderen Stellung Polens innerhalb des sowjetischen Blocks so sehr bewusst, dass sie es vorzogen, die Grenzen der

Toleranz der sowjetischen Führung nicht noch mehr auf die Probe zu stellen.[24]

Die erste Nummer eines Streikbulletins, *Solidarność* (Solidarität), wurde am 22. August in der Leninwerft herausgegeben. Noch am selben Tag nahm die polnische Regierung in den Personen der beiden Vizeregierungschefs, die nach Stettin und Danzig gereist waren, Verhandlungen mit dem MKS auf. Am 24. August reagierte die kommunistische Parteiführung auf die zweifellos schwere Krise (die Unruhen hatten sich auf viele Industrieviere ausgeweitet, 253 Betriebe wurden bestreikt) in einer Weise, die für sie eine ebenso lange Tradition hatte wie die politischen Streiks für die polnischen Arbeiter. Sie nahm personelle Änderungen vor. Der Regierungschef Edward Babiuch sowie ein stellvertretender Regierungschef und der Chef der offiziellen Gewerkschaften mussten gehen. Am selben Tag wurde Józef Pińkowski zum Regierungschef ernannt.[25] Er versprach, umgehend die Vereinbarungen umzusetzen, die zwischen den Regierungsvertretern und den streikenden Arbeitern an der Ostseeküste erzielt worden waren. Bereits am 17. August hatte Papst Johannes Paul II. eine Botschaft an Kardinal Wyszyński geschickt, in der er sich klar hinter die streikenden Arbeiter stellte. Die Reaktion des polnischen Primas war jedoch um einiges zurückhaltender. Er befürchtete, die Entwicklung könne außer Kontrolle geraten.[26]

Solidarność als Massenbewegung

Bis Ende August befanden sich über 700 000 Arbeiter im Streik, und die polnische Parteiführung akzeptierte auf einer ZK-Sitzung am 30. August grundsätzlich die Forderung nach unabhängigen Gewerkschaften. Am 5. September musste Gierek den Preis dafür zahlen, dass er die Partei und das Land in die Krise geführt hatte. Er wurde als Erster Sekretär der PVAP abgesetzt und – mit sowjetischer Billigung – durch Stanisław Kania abgelöst, den bisherigen ZK-Sekretär für die Sicherheitsorgane.[27] Am 17. September trafen sich mehr als dreißig überbetriebliche Streikkomitees aus dem ganzen Land in Danzig. Hier wurde die historische Entscheidung getroffen, die unabhängige Gewerkschaft mit dem Namen Solidarność zu gründen. Die Bewegung wuchs mit einer geradezu beängstigenden Geschwindigkeit: Bis

Oktober 1980 konnte Solidarność auf drei Millionen Mitglieder verweisen, schon im Dezember waren es über acht Millionen. Allein die
Zahlen stellten die polnische Partei- und Staatsführung vor ein Problem ungeahnten Ausmaßes. Die stillschweigende Unterstützung
durch die katholische Kirche war für Solidarność ebenfalls sehr wichtig. Die Woge der Begeisterung für die neue Bewegung, die von einem
37-jährigen Elektriker aus Danzig angeführt wurde, war so groß, dass
ein Drittel der Mitglieder der Polnischen Vereinigten Arbeiterpartei
beschloss, sich auf völlig neuartige Weise mit den Arbeitern zu verbinden, und in die Solidarność eintrat.[28] Das war, gelinde gesagt, ein
eklatanter Verstoß gegen den demokratischen Zentralismus.

Während eines Zeitraums von mindestens sechzehn Monaten – bis
Dezember 1981 – bestand in Polen eine Art Doppelherrschaft. Das erinnerte entfernt an das Patt in Russland 1917 zwischen den von den
Bolschewiki dominierten Sowjets und der Provisorischen Regierung.
Die Rollen waren jedoch vertauscht. In Polen wurde ein kommunistischer Staat in Frage gestellt, und zwar von antikommunistischen
Arbeitern. Darüber hinaus war die Beteiligung der Arbeiterklasse an
der sogenannten Polnischen Revolution von 1980/81 selbst in absoluten Zahlen, geschweige denn in Relation zur Bevölkerung, weit größer als die Rolle, die die Arbeiter bei der Machtübernahme der Bolschewiki gespielt hatten. Die Entwicklung in Polen in den Jahren
1980/81 war nicht nur eine ideologische Herausforderung für die
Partei, sondern eine ganz konkrete Bedrohung ihrer Machtposition,
und diese Gefahr wurde auch in Moskau sehr klar wahrgenommen.
Bei allem Gerede von der »führenden Rolle der Arbeiterklasse«, deren Abwesenheit der Kreml 1968 in der Tschechoslowakei noch beklagt hatte, konnte selbst der zynischste Propagandist schwerlich behaupten, dass die Arbeiter im politischen Geschehen in Polen
übergangen würden. Stattdessen hieß es nunmehr, sie seien von Konterrevolutionären in die Irre geführt worden.

Bereits am 25. August 1980 hatte das Politbüro der KPdSU eine
Kommission eingerichtet, die die Lage in Polen untersuchen sollte.
Wie ernst die sowjetische Parteiführung die Ereignisse einstufte, ließ
sich an der hochkarätigen Besetzung dieses Gremiums ablesen. Den
Vorsitz hatte Michail Suslow, der Zweite Sekretär der Partei, ferner
gehörten ihm KGB-Chef Juri Andropow, Verteidigungsminister
Dmitri Ustinow und Außenminister Andrej Gromyko an sowie der

Solidarność als Massenbewegung

Chef der Allgemeinen Abteilung des ZK und Breschnews engster Vertrauter Konstantin Tschernenko.[29] Bis zum 28. August erörterten sie nicht nur allgemein die Möglichkeit einer Militärintervention in Polen, sondern schlugen auch konkrete Maßnahmen vor. Truppen und Panzerdivisionen sollten so verlegt werden, dass sie innerhalb eines Tages in voller Gefechtsbereitschaft waren. Man rechnete damit, dass »bis zu 100 000 Reservisten und 15 000 Fahrzeuge« benötigt würden. Später gelangte die sowjetische Führung zu der Ansicht, dass sie besser *keine* Truppen nach Polen entsandte und dass es unerlässlich sei, dass die polnischen Behörden selbst die erforderlichen Gewaltmaßnahmen einsetzten, um die Vorherrschaft der PVAP wiederherzustellen. Es besteht jedoch kein Zweifel daran, dass eine Gruppe der höchsten Mitglieder des sowjetischen Politbüros in einer frühen Phase der Krise in Polen ernsthaft die Option einer Invasion erwogen hat.[30]

Die sowjetische Führung machte sich nicht nur wegen der Ereignisse in Polen selbst, sondern auch wegen der möglichen Auswirkungen auf andere kommunistische Länder große Sorgen. In einem Geheimbericht vom Ende Oktober für das ZK-Sekretariat der KPdSU hieß es, dass in der Sowjetunion selbst »Arbeitsniederlegungen und andere negative Vorfälle« seit August »deutlich zugenommen« hätten.[31] Das waren jedoch vereinzelte Vorfälle, und die sowjetischen Behörden hatten, im Gegensatz zu den polnischen Parteigenossen, keine Schwierigkeiten, mit ihnen fertig zu werden. In Wirklichkeit wurde in keinem anderen kommunistischen Land eine ernstzunehmende unabhängige Gewerkschaft mit einer großen Anhängerschaft gegründet. Da andere kommunistische Staaten in Europa aufgefordert wurden, Polen wirtschaftlich unter die Arme zu greifen – und damit der Parteiführung den Rücken zu stärken –, herrschte in diesen Ländern sogar ein gewisser Unmut über die Arbeitsniederlegungen in Polen.[32]

Bereits im Herbst 1980 sprach die sowjetische Führung darüber, dass es wahrscheinlich nötig sein werde, in Polen das Kriegsrecht auszurufen. Im polnischen Politbüro fasste Kania diesen Schritt als letztes Mittel ins Auge und erklärte, das müsse sorgfältig vorbereitet werden, falls die Notwendigkeit eintreten sollte. Unterdessen festigte Solidarność jedoch unablässig ihre politische Stellung. Am 10. November 1980 registrierte das Oberste Gericht von Polen die Gewerkschaft als eine legale, unabhängige Organisation und bestätigte, dass sie nicht die Akzeptanz der führenden Rolle der PVAP in ihre Satzung aufnehmen musste. Als Folge dieses großzügigen Zugeständnisses zog Solidarność ihre letzte Streikdrohung zurück.[33] Ende November machte Erich Honecker, der Ulbricht als SED-Parteichef abgelöst hatte, deutlich, dass er entschlossen war, dieselbe Rolle gegenüber Polen zu spielen wie Ulbricht zwölf Jahre zuvor gegenüber der Tschechoslowakei. In einem Brief an Breschnew vom 26. November 1980 forderte Honecker ein Treffen aller kommunistischen Staatsoberhäupter Europas, um die notwendigen Maßnahmen gegen diese aktuelle Gefahr der Konterrevolution zu erörtern. Jede weitere Verzögerung war in seinen Augen gleichbedeutend mit dem Tod, dem Tod des sozialistischen Polen. Laut Honecker hätten auch die Genossen Husák und Schiwkow den dringenden Wunsch geäußert, sich zu treffen, um über dieses Thema zu sprechen, in der festen Überzeugung, dass der kollektive Rat und mögliche Beistand seitens der Bündnispartner des Genossen Kania nur hilfreich sein könne.[34]

Breschnew kam der Bitte nach, und als die Staatsoberhäupter am 5. Dezember in Moskau zusammenkamen, waren nicht nur die von Honecker Genannten anwesend, sondern auch Kania selbst, der ungarische Parteichef János Kádár und der rumänische Parteichef Nicolae Ceaușescu. Honecker schilderte die Lage besonders dramatisch und erklärte, das Überleben des Sozialismus in Polen sei in akuter Gefahr. Die Entscheidung des polnischen Gerichts habe eine rasante Eskalation der konterrevolutionären Aktivitäten und eine massive Verschlechterung der Lage nach sich gezogen.[35] Ceaușescu tadelte Kania dafür, dass er nicht genügend Entschlossenheit bei der Bekämpfung »antisozialistischer, konterrevolutionärer Elemente« an den Tag gelegt habe, und fügte hinzu: »Wir verstehen auch nicht, wie es möglich war, dass sogenannte unabhängige Gewerkschaften gegründet wurden.« Nunmehr seien sie jedoch eine Realität, die berücksichtigt werden müsse. Er sprach sich gegen eine Intervention aus und meinte, »die polnischen Genossen« müssten »aus eigener Kraft und auf ihre eigene Weise den sozialistischen Aufbau Polens« gewährleisten.[36] Breschnew wies immerhin zurückhaltend darauf hin, dass eine Konfrontation mit der polnischen Kirche »lediglich die Lage verschlimmern« würde und dass der Versuch unternommen werden sollte, »gemäßigte Kreise innerhalb der katholischen Kirche in unserem Sinne«

zu beeinflussen. Nichtsdestotrotz erklärte er: »Eine schreckliche Gefahr droht dem Sozialismus in Polen. Dem Feind ist es gelungen, einen Graben zwischen die Partei und einen großen Anteil der Arbeiter zu ziehen.« Er zitierte ein Interview, das Lech Wałęsa gegeben hatte, mit den Worten: »Ich [also Wałęsa] habe Gierek an die Macht gebracht und wieder abgesetzt, und ich kann auch die neue Führung stürzen, wenn ich will.« Breschnew sprach sich nicht für eine Intervention aus, sondern warnte vor einer »Einmischung« des Westens »in innere polnische Angelegenheiten«. Indem er das sowjetische Interesse daran unterstrich, dass Polen ein kommunistischer Staat blieb, fügte Breschnew jedoch hinzu: »Wir haben ihnen deutlich zu verstehen gegeben, dass weder Polens Kommunisten noch die Freunde und Verbündeten Polens es ihnen gestatten würden, Polen aus der sozialistischen Gemeinschaft herauszureißen. Es ist ein untrennbares Mitglied des politischen, wirtschaftlichen und militärischen Systems des Sozialismus und wird es auch bleiben.«[37]

Keine zwei Wochen später, am zehnten Jahrestag des Streiks vom Dezember 1970, wurde das Denkmal, das die Arbeiter an der Ostseeküste schon seit langem zum Andenken an die Opfer gefordert hatten, vor der Leninwerft in Danzig enthüllt. Ungeachtet des Drucks aus Moskau, Solidarność keine weiteren Zugeständnisse zu machen, nahmen an dem Ereignis Regierungs- und Parteivertreter teil. Das ganze nächste Jahr über gingen unablässig Warnungen seitens der Sowjetunion und Staatsoberhäupter anderer Länder des Warschauer Paktes ein, aber im selben Zeitraum widerstand Solidarność weiterhin allen Bemühungen der polnischen Parteiführung, sie in die Knie zu zwingen. Auf dem Höhepunkt ihres Einflusses hatte Solidarność zehn Millionen Mitglieder in einem Land mit einer Gesamtbevölkerung von knapp 40 Millionen. (Damit war Polen mit Abstand das bevölkerungsreichste Land in Osteuropa.) Auch der Druck aus Washington hielt trotz eines Regierungswechsels unverändert an. Die Carter-Administration wurde im Januar 1981 von der Reagan-Administration abgelöst, die generell eine härtere antikommunistische Linie als ihre Vorgängerin fuhr.

Nach den Erfahrungen mit Ungarn 1956 und der Tschechoslowakei 1968 brauchte man sich keine Illusionen zu machen, dass die Vereinigten Staaten – geschweige denn ein anderes westliches Land – militärisch im Namen der Polen intervenieren würden, falls es zu einer sowjetischen Invasion kommen sollte. Die 1968 aufgestellte »Breschnew-Doktrin«, nach der andere »sozialistische« Staaten das Recht und die Pflicht hatten, den Sozialismus in jedem beliebigen Teil der »sozialistischen Gemeinschaft« zu verteidigen, wo er bedroht sein könnte, war immer noch in Kraft. Weder die polnische Führung noch die Bevölkerung insgesamt konnte sich darauf verlassen, dass die Sowjetunion letztlich nicht doch militärisch intervenieren würde.

Für die sowjetischen Parteiführer war Polen jedoch ein Sonderfall. Die Größe des Landes, die Tatsache, dass eine riesige oppositionelle Organisation bereits mobilisiert war, die angespannten Beziehungen zur Reagan-Administration, die Überlegung, dass die Sowjetunion sich an einer »Friedensoffensive« in Westeuropa beteiligte, sowie der Umstand, dass sowjetische Truppen bereits in Afghanistan festsaßen, waren wohl die Hauptgründe, weshalb sich die Kommission des Politbüros ebenso vehement *gegen* eine sowjetische Invasion aussprach, wie sie *für* die Verhängung des Kriegsrechts durch die polnischen Behörden plädierte. Nichtsdestotrotz gab es durchaus gewisse Umstände, unter denen eine sowjetische Militärintervention *eventuell* stattfinden könnte. Als das polnische Innenministerium und der Generalstab der polnischen Armee im März 1981 über die geeigneten Vorbereitungen für die Einführung des Kriegsrechts nachdachten, zogen sie ein Szenario in Betracht, nach dem Arbeiter womöglich ihre Fabriken in einem Generalstreik besetzten und es zu »Angriffen auf Partei- und Regierungsgebäude« kam. Wenn das der Fall wäre, »ist Beistand seitens des Warschauer Pakts nicht ausgeschlossen«. Diese Schlussfolgerungen wurden vom Kreml durchaus geteilt.[38]

Im Februar 1981 wurde General Wojciech Jaruzelski, seit 1968 Verteidigungsminister, zum Regierungschef ernannt. Gleichzeitig wurde Mieczysław Rakowski, der Chefredakteur der Zeitschrift *Polityka* und bis zu einem gewissen Grad ein Reformer, stellvertretender Regierungschef. Die Ernennung Jaruzelskis beruhigte die sowjetische Führung, weil er im Zweiten Weltkrieg (nachdem er zuvor, im Alter von 16 Jahren, mit vielen anderen Polen zur Zwangsarbeit in die Sowjetunion deportiert worden war) eine sowjetische Offiziersschule besucht und an der Befreiung seines Heimatlandes durch die von den Sowjets unterstützte polnische Erste Armee teilgenommen hatte. Dem Mann, der fließend Russisch sprach, brachte die sowjetische Führung anfangs volles Vertrauen entgegen.[39] Mit seinen dunklen

Solidarność als Massenbewegung 581

Brillengläsern und dem stocksteifen Rücken (Ersteres die Folge einer Augenerkrankung, Letzteres, weil er wegen schwerer Rückenprobleme ständig ein Korsett trug) war er eine irgendwie rätselhafte Figur. Er stammte aus einer polnischen Adelsfamilie (von daher die Deportation in die Sowjetunion) mit einer militärischen Tradition und hatte eine angesehene Jesuitenschule besucht. Später hatte er sich mit dem Kampf gegen Korruption in der Armee Ansehen verschafft und genoss den Ruf, selbst immun gegen Habgier und Korruption zu sein. Die meisten Polen begrüßten anfangs ebenfalls seine Ernennung.[40]

Von Zeit zu Zeit sollte Jaruzelski jedoch sowohl das sowjetische Politbüro als auch die polnische Bevölkerung enttäuschen, während er einen Drahtseilakt zwischen deren widersprüchlichen Forderungen versuchte. Schon früh in seiner Amtszeit als Regierungschef bereitete er den Eventualfall des Kriegsrechts vor. Er und Kania legten im März 1981 der sowjetischen Führung Pläne für dessen Einführung vor. Nichtsdestotrotz sollte dies das letzte Mittel sein. Jaruzelski hätte es deutlich vorgezogen, einen Modus vivendi mit der Solidarność zu finden. Im Verlauf des Jahres 1981 trafen sich Jaruzelski und Lech Wałęsa mehrmals. Die sowjetische Führung hatte ihrerseits zwar nicht den Wunsch, die militärische Belastung und wirtschaftlichen Kosten eines Einmarsches in Polen zu tragen, gab sich jedoch alle Mühe, die Polen an das zu erinnern, was 1968 in der Tschechoslowakei geschehen war. Am 17. März 1981 begannen Manöver des Warschauer Paktes in Polen, und sie wurden, genau wie damals in der Tschechoslowakei, über das geplante Ende hinaus ausgedehnt. Bei einer Sitzung des sowjetischen Politbüros am 2. April berichtete Breschnew von seinem letzten Telefongespräch mit Kania, der immer noch Erster Sekretär der PVAP war. Kania hatte sich beklagt, dass er auf dem letzten ZK-Plenum von Hardlinern massiv kritisiert worden sei. Breschnew sagte seinen Kollegen im Politbüro: »Ich habe ihm sofort erwidert: ›Sie haben richtig gehandelt. Sie hätten dich nicht nur kritisieren sollen, sie hätten regelrecht vom Leder ziehen müssen. Dann hättest du es vielleicht begriffen.‹ Das waren meine Worte.«[41]

Die gegenseitige Blockade in Polen blieb noch viele Monate lang bestehen. Innerhalb der Solidarność wurde eine Diskussion geführt, ob ihre Revolution sich weiterhin selbst beschränken sollte.[42] Letzten Endes hatte die überwältigende Mehrheit der Mitglieder nämlich den Wunsch, das kommunistische Regime abzulösen. Da dann jedoch eine Intervention der sowjetischen Armee wohl unausweichlich gewesen wäre, sahen sie davon ab und konzentrierten sich darauf, ihre Freiheit als Massenbewegung zu bewahren. Solidarność veranstaltete im September 1981 in Danzig einen landesweiten Kongress, während in der Danziger Bucht sowjetische Flottenmanöver stattfanden.[43] In einigen verabschiedeten Dokumenten schlugen die Delegierten alle Vorsicht in den Wind, zum Beispiel bei der »Botschaft an die werktätige Bevölkerung Osteuropas«, in der es hieß: »Wir unterstützen diejenigen unter euch, die sich entschlossen haben, den schweren Weg des Kampfes um eine freie Gewerkschaftsbewegung zu gehen. Wir sind überzeugt, dass sich eure und unsere Repräsentanten schon bald zu einem Austausch der gewerkschaftlichen Erfahrungen werden treffen können.«[44] Auf einer Sitzung des sowjetischen Politbüros nur wenige Tage danach verwies Breschnew als Erster auf diesen Appell an die osteuropäischen Arbeiter und sagte: »Dies ist ein gefährliches und provokatives Dokument. Es enthält nicht viele Worte, aber sie handeln alle von einem Punkt. Seine Autoren wollen den Aufruhr in den sozialistischen Ländern schüren und die verschiedenen Gruppen Abtrünniger aufhetzen.«[45]

Kriegsrecht

Aus den Protokollen der Treffen sowjetischer und osteuropäischer Parteiführer, insbesondere des sowjetischen Politbüros, geht eine wachsende Ungeduld vor allem mit Kania, aber auch mit Jaruzelski hervor, der sich in ihren Augen angesichts der zunehmenden Dreistigkeit der Solidarność wankelmütig zeigte. Als erste Reaktion wurde Kania, der von polnischen wie von sowjetischen Hardlinern immer wieder scharf kritisiert worden war, Mitte Oktober vom Zentralkomitee der PVAP als Erster Sekretär der Partei abgesetzt. An seine Stelle trat Jaruzelski, der weiterhin Regierungschef, Verteidigungsminister und Vorsitzender des Nationalen Verteidigungsausschusses blieb. Noch vor Ende des Monats jammerten Breschnew und Andropow im sowjetischen Politbüro, dass Jaruzelski nichts »Konstruktives« oder Neues unternommen habe. Als Breschnew meinte, dass einige Mitglieder der polnischen Führung gewiss eine »Militärhilfe von den Bruderländern« begrüßen würden, sagte Andropow jedoch:

Kriegsrecht

»… wir müssen konsequent bei unserer Linie bleiben: keine Truppen nach Polen zu schicken«. Sogar der Verteidigungsminister Dmitri Ustinow sprach sich massiv gegen eine Militärintervention aus. Mit einiger Untertreibung sagte er: »Sie, die Polen, sind nicht bereit, unsere Truppen zu empfangen.«[46]

Das Kriegsrecht wurde schließlich in den frühen Morgenstunden des 13. Dezember 1981 in Polen verhängt. Um 3 Uhr wurde Wałęsa geweckt und in Gewahrsam genommen, am selben Tag wurden mehrere Tausend Aktivisten der Solidarność verhaftet. Einige Anführer, die einer Verhaftung entgingen, halfen bei der Organisation von Streiks, die in über 250 Fabriken und anderen Institutionen, darunter Universitäten, stattfanden. Neun Arbeiter in einer schlesischen Kohlemine widersetzten sich dem Kriegsrecht und wurden kurzerhand erschossen. Die amtliche Zahl der Todesopfer als Folge der Verhängung des Kriegsrechts stieg auf 17. Die ganze Operation wurde von Truppen der polnischen Armee und des Innenministeriums durchgeführt, allerdings hielt sich der russische Oberbefehlshaber des Warschauer Paktes, Marschall Viktor Kulikow, währenddessen in Polen auf. Rund 80 000 polnische Soldaten, 1600 Panzer und 1800 Panzerfahrzeuge nahmen an der Operation teil, die so effektiv durchgeführt wurde, dass Solidarność erst Ende der achtziger Jahre wieder als Massenbewegung in Erscheinung trat, als in Moskau bereits ein grundlegender Wandel eingesetzt hatte.

Nur drei Tage vor Verhängung des Kriegsrechts war sich das sowjetische Politbüro allerdings immer noch nicht sicher, ob Jaruzelski diesen Schritt wagen würde. Andropow sagte, dass Jaruzelski allem Anschein nach noch schwanke, obwohl das polnische Politbüro einstimmig beschlossen habe, das Kriegsrecht auszurufen. Es kam zu einer Diskussion um Jaruzelskis Behauptung, Marschall Kulikow habe von einer Beteiligung der Truppen des Warschauer Paktes gesprochen. Andropow sagte dazu: »Wenn Genosse Kulikow wirklich von der Einführung von Truppen gesprochen hat, so hat er das meiner Meinung nach zu Unrecht getan. Das können wir nicht riskieren.« Andropow ging sogar deutlich weiter und erklärte: »Selbst wenn Polen unter den Einfluss der Solidarność geraten sollte«, dürfe es nicht zu einer Militärintervention kommen. Eine Stärkung der Sowjetunion und die Vermeidung »wirtschaftlicher und politischer Sanktionen« durch »die kapitalistischen Länder« seien wichtiger.

Auch Suslow, der in den vorausgegangenen 16 Monaten den Vorsitz in der Politbürokommission zu Polen gehabt hatte, sprach sich vehement gegen eine Militärintervention aus: »Wenn Truppen eingeführt werden, dann wird es zu einer Katastrophe kommen. Ich denke, wir sind uns hier alle einig, dass eine Entsendung von Truppen nicht zur Diskussion steht.«[47] Die sowjetische Führung schreckte vor der Maßnahme zurück, die sie kaum ein Jahr zuvor um ein Haar ergriffen hätte. Deshalb traf die polnische Parteiführung am Ende selbst die Entscheidung, das Kriegsrecht zu verhängen. Sie war natürlich seitens der Sowjetunion und anderer osteuropäischer Länder massiv unter Druck gesetzt worden. Auch wenn das Kriegsrecht von dem neuen polnischen Primas Kardinal Glemp (dem Nachfolger Wyszyńskis nach dessen Tod im Sommer 1981) als »kleineres Übel« bezeichnet worden war,[48] war das unausgesprochene größere Übel einer sowjetischen Besetzung keine unmittelbar bevorstehende Gefahr mehr. Das konnte Glemp aber natürlich nicht wissen.

Das Kriegsrecht wurde am 31. Dezember 1982 ausgesetzt und am 21. Juli 1983 offiziell für beendet erklärt. Diejenigen, die in der ersten Nacht verhaftet worden waren, auch Wałęsa, wurden zu unterschiedlichen Zeitpunkten auf freien Fuß gesetzt. Zum Ärger der PVAP-Führung wurde Wałęsa der Friedensnobelpreis verliehen. Eine allmähliche Entspannung in der polnischen Gesellschaft setzte wieder ein. Zum Beispiel wurde es Papst Johannes Paul II. im Juni 1983 erlaubt, eine Pilgerfahrt nach Polen zu unternehmen. Und er konnte, ungeachtet des Widerstands von offizieller Seite, auf einer Begegnung mit Lech Wałęsa bestehen. Im Jahr 1987 wiederholte er diese Geste.[49] Im Gegensatz zum Papst kritisierte Kardinal Glemp öffentlich Solidarność. Die Kirche selbst war gespalten in jene, die zu einem Kuhhandel mit dem Staat bereit waren – politische Duldung im Gegenzug für den Bau neuer Kirchen –, und jene, die den Geist der Solidarność am Leben erhalten wollten. Ein prominenter Vertreter der Letzteren war der Warschauer Pater Jerzy Popiełuszko, der 1984 von Agenten der Staatssicherheit ermordet wurde. Der Mord war jedoch ohne Wissen Jaruzelskis verübt worden, und die vier Sicherheitsleute, die das Verbrechen begangen hatten, wurden 1985 vor Gericht gestellt und inhaftiert. Die Tatsache, dass der Prozess in aller Öffentlichkeit geführt und im nationalen Fernsehen ausführlich darüber berichtet wurde, war Teil einer spürbaren Liberalisierung, die Jaru-

Kriegsrecht   585

zelski eingeleitet hatte.[50] Dennoch war Solidarność bis weit in die Periode der Perestroika hinein keine Massenbewegung mehr, sondern musste ein Dasein im Untergrund fristen und sich in Kirchensälen treffen. Erst im August 1988, im Zuge einer neuerlichen Streikwelle, bot die polnische Regierung an, mit Wałęsa über die Legalisierung von Solidarność zu verhandeln, falls es ihm gelang, die Streikenden wieder zur Arbeit zu bewegen![51]

Die bemerkenswerte Wende im Schicksal der Solidarność war nur zum Teil eine Folge der schlechten wirtschaftlichen Lage Polens. Viel mehr war sie jedoch auf den grundlegenden Wandel zurückzuführen, der sich damals in Moskau vollzog. Fast eineinhalb Jahre lang hatte Solidarność das gesellschaftliche und politische Leben in Polen geprägt und bei den kommunistischen Herrschern in ganz Europa die Alarmglocken schrillen lassen. Aber gerade in Polen hatten sich die Zwangsmittel, die den staatlichen Behörden zur Verfügung standen, als stark genug erwiesen, um Solidarność als Massenbewegung zu zerschlagen, nachdem die Führung des Landes beschlossen hatte, dass dies das »kleinere Übel« sei. Das größere Übel war für sie die Auflösung Polens als kommunistischer Staat. Und nach allem, was sie wusste, hätte dies wiederum zu dem zusätzlichen Übel einer sowjetischen Invasion führen können.

Für Polen selbst kann die Bedeutung der Solidarność kaum hoch genug veranschlagt werden. Es besteht jedoch kein kausaler Zusammenhang zwischen den politischen Errungenschaften der Solidarność zu Beginn der achtziger Jahre und dem Sturz des Kommunismus in Osteuropa am Ende des Jahrzehnts. Dem Beispiel der Solidarność, die als unabhängige Gewerkschaft begann und dann zu einer Massenbewegung wurde, wurde in keinem anderen Land der Welt nachgeeifert.

KAPITEL 22

Reform in China: Deng Xiaoping und die Zeit danach

Auf Maos Tod folgten, wie in Kapitel 17 ausgeführt, schon bald die Verhaftung der Viererbande und ein deutlicher Kurswechsel. Die Person mit dem weitaus größten Einfluss auf die neue Richtung der chinesischen Politik war der »kleine Mann« mit »einer großen Zukunft« (wie Mao 1957 vorausgesagt hatte): Deng Xiaoping.[1] Als Veteran des Langen Marsches und des chinesisch-japanischen Krieges genoss Deng hohes Ansehen. Er war bereits seit 1924 Mitglied der chinesischen Kommunistischen Partei und wurde ein Vierteljahrhundert danach einer der Gründerväter der Volksrepublik China. Seine lange Erfahrung in hohen Ämtern im Verein mit dem politischen Weitblick hatte es ihm ermöglicht, ein Netz aus Anhängern innerhalb der parteistaatlichen Strukturen aufzubauen. Binnen kurzer Zeit stieg er zur dominierenden Persönlichkeit der Führungsriege nach Mao auf. In der Folge trug sein Pragmatismus stärker zur Unterminierung des Maoismus bei als alle sowjetische und westliche Kritik zusammengenommen. Deng erreichte dies nicht durch einen Frontalangriff auf Mao, denn wie er selbst bemerkte, »eine Diskreditierung des Genossen Mao Tse-tung […] würde heißen, unsere Partei und den Staat zu diskreditieren«.[2] Eine zweieinhalb Jahre nach Maos Tod verabschiedete Resolution, an der Deng maßgeblichen Anteil hatte, stellte behutsam fest, dass Maos »Verdienste vorrangig und seine Irrtümer zweitrangig« wären. Sie merkte an, dass er in seinen späteren Jahren »große Fehler« begangen habe, bezeichnete die Gedanken Mao Tse-tungs aber als »in China angewandten und entwickelten Marxismus-Leninismus«. Deng und die Kommunistische Partei hielten weiterhin an dieser Doktrin fest und betrachteten sie, mit den Worten John Gittings, als »eine Synthese der eigenen Gedanken Maos und der kollektiven Weisheit der Partei«.[3] Die gesamte Geschichte des kommunistischen Staats in China war untrennbar mit dem Namen und der Tätigkeit Mao Tse-tungs verknüpft. Mao so kurz nach seinem Tod vom Sockel zu stoßen wäre folglich für die chinesische Führung mit einem viel höheren Risiko verbunden gewesen als Chruschtschows Angriff auf Stalin, obwohl auch dieser schon beträchtlichen Mut erfordert hatte.

Seit Maos Tod im Jahr 1976 und insbesondere von 1978 an bis in die frühen Neunziger hinein war Deng jedoch nicht nur der bedeutendste Nachfolger Maos, sondern auch derjenige, der am stärksten dazu beitrug, sein Vermächtnis in Verruf zu bringen. Der Maoismus hatte schon bald als ideologische Parteidoktrin abgedankt und wurde zur Überzeugung einer gefährdeten Minderheit. Deng kehrte im Jahr 1977 in den Staatsrat zurück und wurde wieder in das Zentralkomitee der Partei aufgenommen. Für einen Politiker in einem kommunistischen System ungewöhnlich, gelang es ihm, entscheidende Veränderungen innerhalb der Parteiorganisation durchzusetzen, obwohl er nicht Generalsekretär war. Er hatte mehrere Ämter mit weniger Einfluss inne, und dennoch war er imstande, die Organisationsabteilung des Zentralkomitees wiederherzustellen (die der Kulturrevolution zum Opfer gefallen war) und sie in die Hände eines langjährigen Verbündeten zu legen: Hu Yaobang. Radikale Maoisten wurden abgesetzt, und Deng-Anhänger wurden wieder in den Schoß der Partei aufgenommen.[4] Mao Tse-tungs unmittelbarer Nachfolger als Parteichef war der von Mao selbst auserwählte Kandidat Hua Kuo-feng. Er führte eine Gruppe an, die von ihren Kritikern nur mit dem Schlagwort »Alles« bezeichnet wurde. Hua erklärte: »Wir werden entschlossen an allen politischen Entscheidungen festhalten, die der Vorsitzende Mao getroffen hat, und werden unbeirrbar alle Anweisungen befolgen, die der Vorsitzende Mao uns gegeben hat.«[5] Über die »zwei Alles« machten sich Deng und seine Anhänger lustig, die ein nützliches Mao-Zitat aus einer Zeit ausgruben, als Mao noch betont hatte, dass sich Politik auf reale Gegebenheiten statt auf Dogmen stützen müsse: »Sucht die Wahrheit in den Tatsachen.«[6] Laut Deng wurden durch die Doktrin der »zwei Alles« die Äußerungen Maos aus dem Kontext gerissen und die Tatsache ignoriert, dass selbst Mao eingeräumt hatte, dass manche Gedanken von ihm falsch gewesen seien. Im Dezember 1978 postulierte Deng entgegen Huas fundamentalistischer Aneignung der Worte Maos einen völlig anderen Ansatz, als er sagte:

> Je mehr Parteimitglieder und andere Menschen ihren Kopf gebrauchen und Dinge durchdenken, desto mehr wird unsere Sache davon profitieren. [...] Wir hoffen, dass jedes Parteikomitee und jede Parteiorganisation Menschen innerhalb und außerhalb der Partei dazu anspornen werden, es zu wagen, zu denken, neue Wege auszuloten und ihre neuen Ideen vorzubringen, und sie dabei unterstützen werden, und dass sie die Massen drängen werden, ihren Verstand zu emanzipieren und ihren Kopf zu gebrauchen.[7]

Da Deng stärker am Wesen der Macht interessiert war als an dem Brimborium drum herum, unternahm er keinen Versuch, einen Kult um seine Person einzuleiten, aber meist hatte er das letzte Wort bei großen politischen Fragen. Unter der wechselnden Koalition aus Parteiführern mit unterschiedlichen Ansichten, die er bildete, trat das Ziel eines allmählichen wirtschaftlichen Fortschritts an die Stelle der Massenmobilisierung und großen politischen Kampagnen. Es sollte keine Katastrophen wie den Großen Sprung nach vorn oder die Kulturrevolution mehr geben. Soziale Stabilität wurde über revolutionäres Bewusstsein gestellt. Der Aufbau und die Bewahrung eines starken Staatswesens traten an die Stelle von Maos Plädoyer für einen gewaltsamen Angriff auf die staatlichen Strukturen im Namen der ideologischen Reinheit. Eine berühmte Äußerung Deng Xiaopings aus dem Jahr 1962, am Ende der Phase des Großen Sprungs, wurde ein zweites Mal aufgegriffen. Zum ersten Mal war sie während der Kulturrevolution als Strick verwendet worden, um Deng zu Fall zu bringen. Eine prominente Frau der Roten Garden, Nie Yuanzi, hatte (mit politischer Unterstützung von höchster Stelle) im November 1966 verkündet, dass Deng Xiaoping vier Jahre zuvor mit seinem Aufruf, den Bauern wieder eigene Parzellen zu geben, versucht habe, einen »kapitalistischen Sturmwind« zu entfachen. Sie illustrierte Dengs Abtrünnigkeit mit seiner berühmten Äußerung: »Gleich, ob schwarz oder weiß, wenn eine Katze Mäuse fängt, ist sie eine gute Katze.«[8] Als griffige Parole, um die offene Herangehensweise Deng Xiaopings an Wirtschaftsreformen auf den Punkt zu bringen, wurde dieser Ausspruch in den siebziger und achtziger Jahren »rehabilitiert«, als Dengs Schicksal wieder unter einem guten Stern stand.[9]

Von manchen Teilen des Marxismus-Leninismus war Deng allerdings fest überzeugt. Dazu zählte vor allem das Machtmonopol der Kommunistischen Partei. Ein führender chinesischer Reformer stellte 1988 fest: »Deng ist für eine freie Meinungsäußerung, aber nur bis zu dem Punkt, an dem sie nicht die führende Rolle der Partei gefährdet.«[10] Er fügte hinzu, Deng habe sich für »sehr radikale wirtschaftliche Reformen« ausgesprochen, aber wiederum »zugleich die führende Rolle der Partei bewahrt«.[11] Deng Xiaoping hatte bereits Ende der siebziger Jahre aufgezeigt, wo die Grenzen seiner Toleranz lagen, und sollte dies noch brutaler im Jahr 1989 wiederholen. Die sogenannte Demokratiemauer, auf die Menschen ungehindert Plakate kleben und Beschwerden und Meinungen äußern konnten, wurde 1978 von Deng stillschweigend geduldet, weil die Angriffsziele nicht nur die Viererbande waren, sondern Personen, die dem neuen Parteichef Hua Kuo-feng nahestanden, an dessen Demontage Deng gerade arbeitete. (Unterdessen hatte Hua versucht, einen Kult um seine eigene Person zu initiieren, und hatte sich sogar das Haar länger wachsen lassen, um Mao stärker zu ähneln.) Sobald die Wandplakate auch erste Kritik an Deng und seinem System enthielten, war die Duldung dieser neuerlichen Manifestation von »hundert Schulen des Meinungsstreits« wie weggeblasen. Die Demokratiemauer wurde von einer Hauptdurchgangsstraße Pekings zu einem eigens errichteten Fertigbau in einem kleinen Park weit ab vom Stadtzentrum verlegt. Die Äußerung spontaner Kritik wurde durch die Vorschrift weiter eingeschränkt, dass die Plakatkleber sich namentlich registrieren lassen mussten. Ein Jahr später wurde das Recht, unabhängige Plakate aufzuhängen, aus der Verfassung gestrichen, und die Demokratiemauer wurde abgeschafft.[12]

Von den sechzig Jahren seit der Gründung der Volksrepublik China waren die ersten dreißig Jahre eine Zeit der Unruhe und der Konflikte, zum großen Teil von Mao selbst angeregt. Die zweite Hälfte kann hingegen als eine Phase *relativer* Ruhe betrachtet werden. Auch wenn die KPCh die Kontrolle über den Staat und die Gesellschaft bewahrt hat, so hat sie dies zum Teil durch einen Anpassungsprozess erreicht.[13] Und obwohl sie, wie alle herrschenden kommunistischen Parteien, eine Einheitsfront beim Umgang mit anderen Ländern und zum größten Teil die Fassade einer Einheit im eigenen Land gewahrt hat, herrschte hinter dieser Fassade eine große Meinungsvielfalt. Darüber hinaus schwelten unter der scheinbaren Stabilität der Gesellschaft soziale Entwurzelung, extreme Spannungen und große (wenn auch kaum bekannte) Unruhen. Während dieser Zeit bestätigte die chinesische kommunistische Führung von neuem die leninistische politische Organisation, während sie jedoch in der Realität, wenn nicht sogar in der Theorie, jeden Anschein einer marxistischen Wirtschaftspolitik aufgab. Im Folgenden werden die wirtschaftlichen und gesellschaftlichen Veränderungen in China nach Mao untersucht sowie die politischen Herausforderungen, mit denen die parteistaatlichen Behörden infolgedessen konfrontiert wurden. Ferner werden die Diskussionen, die sich hinter den Kulissen abspielten, und die Möglichkeiten erörtert, weitere politische und wirtschaftliche Veränderungen in China zu bewerkstelligen.

Wirtschaftliche und gesellschaftliche Veränderungen

In China spielte, wie überall in der kommunistischen Welt, die Parteiintelligenz in Zeiten des Wandels eine wichtigere Rolle als sonst. Als Kategorie gehörten dieser breiten Gruppe Leute innerhalb der parteistaatlichen Strukturen ebenso an wie Parteimitglieder in Forschungs- und höheren Bildungseinrichtungen. Akademiker, insbesondere aus der frisch gegründeten chinesischen Akademie für Gesellschaftswissenschaften, spielten eine wichtige Rolle bei Innovationen in der Politik. Sie kritisierten, was unter Mao noch als Wirtschaftstheorie durchging, und plädierten für die Schaffung einer sozialistischen Marktwirtschaft. Sie schenkten den Ansichten der osteuropäischen Wirtschaftsreformer große Aufmerksamkeit, auch jenen, die, wie der polnische Ökonom Włodzimierz Brus, aus ihrer Heimat vertrieben worden waren, und knüpften wiederum Kontakte zur Wirtschaftswissenschaft im Westen. Die mutigsten chinesischen Wirtschaftsexperten plädierten bereits Ende der siebziger Jahre für Individual- ebenso wie für Kollektiveigentum und forderten nachdrücklich Schritte in Richtung Marktpreise.[14]

Ein wichtiger praxisorientierter Reformer, der wie Hu Yaobang mit Deng Xiaopings Unterstützung in die Führung aufgenommen wurde, war Zhao Ziyang, der Sohn eines Grundbesitzers, der aber seit seiner

Wirtschaftliche und gesellschaftliche Veränderungen 591

Jugend Mitglied der Kommunistischen Partei und ein Kämpfer gegen die japanische Besetzung war. Im September 1980 verdrängte Zhao Maos designierten Nachfolger Hua Kuo-feng aus einem der Ämter, die er innehatte: dem des Regierungschefs.[15] Dieser Posten war in China, genau wie in anderen kommunistischen Staaten, traditionell für die Leitung der Wirtschaft von großer Bedeutung, hatte aber weniger Einfluss auf die Politik als die Parteiführung. Im Juni 1981 verlor Maos Kandidat Hua seine beiden anderen Posten. Hu Yaobang wurde zum Führer der Kommunistischen Partei Chinas, und Deng Xiaoping übernahm den Vorsitz im Militärausschuss des ZK. Somit hatte Deng direkte Kontrolle über die Streitkräfte, war aber auch die höchste Persönlichkeit im System insgesamt, wobei entweder Hu oder Zhao offenbar als seine potentiellen Nachfolger gehandelt wurden.

Die erste und unmittelbar fruchtbarste Wirtschaftsreform, die unter der Ägide Dengs und Zhaos eingeführt wurde, war die Abschaffung der Fesseln für die Bauernschaft. Anfang der Achtziger wurde die Kollektivierung im Großen und Ganzen rückgängig gemacht. Als das Land jetzt unter den Bauern aufgeteilt wurde, war allen noch gut in Erinnerung, welche Familie traditionell welches Grundstück bebaut hatte, und in den meisten Fällen erhielt sie es zurück. Bauernhaushalte wurden zur Basiseinheit für den Ackerbau.[16] Die Bauern mussten sich verpflichten, eine bestimmte Getreidemenge an den Staat zu verkaufen, durften aber mehr verdienen, indem sie diese Quote übertrafen. Ferner stand es ihnen frei, Nebeneinkünfte zu erwirtschaften, beispielsweise durch Schweinezucht, aber auch mit nichtagrarischen Tätigkeiten.[17] Eine drastische Verbesserung der Produktivität in der chinesischen Landwirtschaft konnte allein dadurch erreicht werden, dass es den Bauern gestattet wurde, ungehindert initiativ zu werden.

China hatte in dieser Hinsicht drei Vorteile gegenüber der Sowjetunion: Das Land verfügte über eine große und arbeitsfähige Arbeiterschaft, im Gegensatz zu dem Arbeitskräftemangel und der alternden, überwiegend weiblichen Bevölkerung in den weiten Räumen der sowjetischen Provinz. Zweitens hing unter den sowjetischen Bedingungen sehr viel von der Verfügbarkeit kostspieliger Ausrüstung ab, welche sich die Bauernschaft auf keinen Fall selbst kaufen konnte (wenn es denn ein Angebot gegeben hätte), in China hingegen konnte eine arbeitskräfteintensive (im Gegensatz zu einer kapitalintensiven)

Produktion rasch Erfolge erzielen, vorausgesetzt, es existierten ange-
messene Freiheit und genügend Anreize. Drittens – der wohl wichtigste Punkt, der allerdings mit dem vorigen im Zusammenhang
stand – hatte China nicht annähernd so lange die Landwirtschaft kollektiviert wie die Sowjetunion. Einige Zeit bevor Michail Gorbatschow Generalsekretär der KPdSU wurde, äußerte er bei einem Besuch in Ungarn seine Begeisterung für die erfolgreiche Agrarreform,
die er dort antraf (die ungeachtet der gewaltigen Bevölkerungsdiffe-
renz viel mit der in China gemein hatte). Damals war Gorbatschow
der für die Landwirtschaft zuständige ZK-Sekretär der KPdSU. Sein
ungarischer Gesprächspartner fragte ihn, weshalb in der Sowjetunion, wenn ihm die ungarische Reform so sehr gefiel, nicht eine
ähnliche Politik verfolgt werde. Gorbatschow erwiderte: »Leider ist
dem russischen Bauern im Laufe der letzten fünfzig Jahre die ganze
Unabhängigkeit ausgetrieben worden.«[18] In China war es noch nicht
so weit gekommen.

In der Wirtschaft insgesamt wurde wiederum größerer Wert auf
monetäre Belohnungen wie Prämien und auf die Produktion von
Konsumgütern gelegt, denn materielle Anreize würden wenig Wirkung zeigen, wenn es (wie zu Maos Zeiten) so gut wie nichts zu kaufen gäbe. Die neue Führung machte sich den Vorteil zunutze, dass
China für die kapitalistische Welt eine Diaspora war. Im Jahr 1980
wurden vier Sonderwirtschaftszonen in den Küstenregionen Chinas
eingerichtet. Zwei lagen unmittelbar gegenüber von Taiwan, eine
grenzte an Hongkong und die andere an Macao an. Das Ziel dieser
Maßnahme war es, die Geschäftserfahrung der Chinesen zu nutzen,
die in Marktwirtschaften arbeiteten, und das Tor für Investitionen,
Tourismus, Handel und den Transfer von Technologie zu öffnen.[19]
Später wurden japanische, amerikanische, europäische und multina-
tionale Unternehmen aufgefordert, sich an der Expansion der sich
rasch globalisierenden chinesischen Wirtschaft zu beteiligen. Es begann eine Phase raschen Wirtschaftswachstums, auch wenn die Zugeständnisse an die Marktkräfte neue Probleme wie Inflation und
eine wachsende Arbeitslosigkeit mit sich brachten. Es gab nicht mehr
die garantierte »eiserne Reisschale«, ein Produkt aus Arbeitsplatzsicherheit und subventionierten Lebensmittelpreisen. In einem Versuch, die demographische Bedrohung für den gewachsenen Wohlstand in den Griff zu bekommen, führte die neue Führung eine

Wirtschaftliche und gesellschaftliche Veränderungen   593

strenge Geburtenkontrolle und die strikte Ein-Kind-Familie ein.
Diese Linie ließ sich, vor allem auf dem Land, zwar nicht völlig durchsetzen, wurde aber doch so rigoros verfolgt, dass sie gerade unter den Bauern großen Unmut hervorrief.[20]

Die auftretenden Probleme waren mehr als ausreichend, um es den chinesischen Kommunisten, die sich mit den Reformen nicht anfreunden konnten, zu gestatten, die Märkte und den in ihren Augen westlichen intellektuellen Einfluss (der über einige Gesellschaftswissenschaftler zweifellos auch existierte) sowie die Untergrabung des Marxismus-Leninismus scharf zu attackieren. Doch in der internen Auseinandersetzung in den Achtzigern setzten sich die Wirtschaftsreformer durch, weil sich das Verhältnis der politischen Kräfte zu ihren Gunsten verschob. Wie in anderen kommunistischen Staaten war das Politbüro das mächtigste innere Organ der Partei. In China existierte jedoch ein *inneres Organ innerhalb des Politbüros:* der Ständige Ausschuss, dem in der Regel fünf bis neun Personen angehörten, gegenüber zwanzig oder mehr Politbüromitgliedern.[21] Auf dem XII. Parteitag der KPCh im Jahr 1982 wurden die Anhänger Hua Kuofengs nicht nur aus dem Ständigen Ausschuss sondern auch aus dem Politbüro entfernt, während Zhao Ziyang und Hu Yaobang, die bereits dem Letzteren angehört hatten, in den inneren Kreis des Ständigen Ausschusses befördert wurden. Das war ein bemerkenswerter Sieg für die Reformer.

Die gesellschaftlichen Veränderungen, die als Folge der Wirtschaftsreform eingeführt wurden, drehten in mancher Hinsicht die Uhr zurück, boten gleichzeitig aber auch neue Optionen. Der Abschied von der Kommune auf dem Land und die Rückkehr der Familie als elementarer Produktionseinheit stärkte zugleich das alte Patriarchat. In den ersten dreißig Jahren der Volksrepublik waren beim Abbau der Ungleichheit zwischen den Geschlechtern gewisse Fortschritte erzielt worden. Davon wurden nunmehr einige wieder aufgehoben. Wenn eine Frau das Haus verließ, um mit ihrem Ehemann zu leben, forderte die Familie, die ihre Arbeitskraft verloren hatte, einen »Brautpreis«. Kinder wurden häufiger zur Arbeit auf dem Land aus der Schule genommen, und es kam zu beunruhigend vielen Fällen des Kindsmordes an Mädchen – eine Folge der Ein-Kind-Politik und des Wunsches der Eltern, die dauerhafte wirtschaftliche Unterstützung eines Sohnes zu bekommen. Überdies hatten die aufgelösten Kommunen auch bestimmte elementare Dienstleistungen übernommen, zum Beispiel die »Barfuß-Ärzte« und Kliniken, die nunmehr verschwanden. Sie wurden durch bessere, aber weiter entfernte Krankenhäuser ersetzt und waren nicht länger kostenlos.[22] In vielen Fällen verschlechterte sich auch die Qualität der dörflichen Schulen, weil es in dem marktorientierten Wirtschaftssystem schwer war, Lehrer für die Arbeit auf dem Lande zu gewinnen. Im Segment der höheren Bildung fiel das Ergebnis jedoch positiver aus. Sie erholte sich allmählich von den Tumulten der Kulturrevolution, und die Forschung wurde zunehmend professioneller.

Politische Auseinandersetzungen

Das Wiederaufleben der höheren Bildung bereitete jedoch seinerseits den parteistaatlichen Behörden einiges Kopfzerbrechen. Im Jahr 1986 gestattete Hu Yaobang, der immer noch Generalsekretär war, (und Deng Xiaoping persönlich) die Diskussion über politische Reformen, zum Teil um die Kritik seitens der dogmatischeren Kommunisten an den Wirtschaftsreformen abzuwehren. Die Reaktion aus den Universitäten übertraf ihre kühnsten Erwartungen. Der führende chinesische Astrophysiker Fang Lizhi erklärte vor einem Publikum an der Universität von Schanghai, dass Menschen Rechte besitzen würden, die nicht von dem Willen einer Regierung abhängig seien. Auf seinen Aufruf zu grundlegenden politischen Veränderungen folgten noch im selben Jahr Studentendemonstrationen in fast zwanzig chinesischen Städten. Hu bevorzugte als Parteichef eine versöhnliche Linie, doch die Studentenunruhen verschafften seinen konservativeren Genossen die Gelegenheit, auf die sie nur gewartet hatten. Deng fügte sich ihrer Forderung, Hu vom Posten des Generalsekretärs abzusetzen. Da er durch Zhao Ziyang ersetzt wurde, war dies nur ein Teilsieg für die Hardliner.[23] Der konservativere Li Peng wurde jedoch Zhaos Nachfolger als Regierungschef und schickte sich an, der Wirtschaftsreform die radikale Spitze zu nehmen. Der ehemalige Ingenieur Li Peng, der in der Sowjetunion studiert hatte, war bereits Mitglied des fünfköpfigen Ständigen Ausschusses des Politbüros.

Es kam zu einer Auseinandersetzung zwischen Zhao und Li Peng sowohl um die Wirtschaftspolitik als auch in der Frage, wie man mit

Politische Auseinandersetzungen 595

den Protesten umgehen solle. Unterdessen häuften sich die Probleme in der Gesellschaft. Schwankende Getreidepreise beunruhigten die Bauern, Inflation und das Risiko der Arbeitslosigkeit sorgten für Unmut unter den städtischen Arbeitern. Kritische Intellektuelle (darunter viele Studenten) machten sich wegen der ausbleibenden politischen Reformen und, in diesem Zusammenhang, mit der Absetzung Hu Yaobangs Sorgen. Die Korruption der Behörden trat ebenfalls immer deutlicher zutage und schürte den Unmut noch.[24] Nach dem Tod des populären Yaobang begannen die Demonstrationen des Jahres 1989, die letztlich zu den Ereignissen führten, die als das Tiananmen-Massaker in die Geschichte eingingen, obwohl die meisten Morde nicht unmittelbar auf diesem Platz verübt wurden. Hu starb überraschend am 15. April. Gerüchten zufolge erlitt er einen Herzinfarkt während einer Politbüro-Sitzung, auf der er einen heftigen Streit mit den Konservativen der Partei hatte. Tausende von Studenten gingen auf die Straße und begannen mit einer Besetzung des Tiananmen-Platzes oder »Platzes des himmlischen Friedens« in Peking. Die Peinlichkeit dieses Vorfalls wurde durch die unmittelbar bevorstehende Ankunft Michail Gorbatschows in Peking noch gesteigert. Im folgenden Monat sollte er als erster sowjetischer Parteichef seit Chruschtschow China einen Besuch abstatten. Die chinesisch-sowjetischen Beziehungen hatten sich seit der Wahl Gorbatschows zum Generalsekretär im Jahr 1985 allmählich verbessert. Und die politischen Reformen in der Sowjetunion, deren Radikalität 1988/89 noch zunahm, wurden von chinesischen Intellektuellen mit großem Interesse verfolgt.[25] Sie bildeten einen weiteren Anreiz für die Forderung nach politischen Reformen in China. Der bevorstehende Besuch Gorbatschows hielt selbst diejenigen in der chinesischen Führung, die am liebsten skrupellos gegen die Demonstranten im Zentrum Pekings vorgegangen wären, von einem solchen Vorgehen ab. Die Gastgeber des sowjetischen Parteichefs hielten ihn vom Platz des himmlischen Friedens fern, der während seines zweitägigen Aufenthalts in Peking noch von Demonstranten besetzt war.

Am 16. Mai traf sich Gorbatschow mit dem achtzigjährigen Deng Xiaoping. Deng sagte zu ihm, nunmehr könnten sie offiziell erklären, dass die sowjetisch-chinesischen Beziehungen normalisiert worden seien. Er fügte hinzu, die Tatsache, dass Gorbatschow noch am selben Tag auch den Generalsekretär der KPCh Zhao Ziyang treffen werde, bedeute, dass sich auch die Beziehungen zwischen den beiden Parteien normalisiert hätten.[26] Bei der Begegnung mit Zhao war Gorbatschow von dessen Offenheit angenehm überrascht. Zhao warf eine vielleicht rhetorische, aber grundlegende Frage für sie beide auf:»Ist ein Einparteiensystem imstande, die Demokratisierung eines Landes durchzuführen, und birgt dieser Prozess nicht die Gefahr, dass man die Kontrolle über die Korruption und alle anderen negativen Erscheinungen, die in Partei- und Staatsinstitutionen wuchern, immer mehr verliert?«[27] Zhao teilte Gorbatschow mit, dass»man in China die politischen Reformen in der Sowjetunion aufmerksam verfolge«, vor allem die Intelligenz,»die von der Führung in Peking sogar verlange, die sowjetischen Erfahrungen zu übernehmen«.[28] Ganz offensichtlich lag ihm persönlich die politische Reform sehr am Herzen. Die Ereignisse sollten jedoch schon bald zeigen, dass Zhao Ziyang in den Augen der Person, die am meisten zu sagen hatte – Deng Xiaoping –, im Begriff war, einen Schritt zu weit zu gehen. Zhao sprach sich in der Tat für einen Dialog mit den protestierenden Studenten aus, von denen viele am 13. Mai einen Hungerstreik begonnen hatten.

Einen Tag nach Gorbatschows Treffen mit Deng und Zhao berief Deng eine Sitzung des Ständigen Ausschusses des Politbüros in seinem Haus ein. Sein Hauptinteresse war es, dem ein Ende zu setzen, was er als eine um sich greifende Anarchie ansah. Und damit nicht genug: Über die Proteste wurde sogar in den chinesischen Medien berichtet, die allmählich außer Kontrolle gerieten. Der Ständige Ausschuss traf sich am 18. Mai erneut und plädierte mit vier Stimmen für die Verhängung des Kriegsrechts – nur Zhao war dagegen. Nach den früheren Sondierungen Zhaos war er keineswegs der Einzige, der die Anwendung von Gewalt ablehnte, aber Dengs Ansichten gaben den Ausschlag (wie er 1995 in einem Interview sagte). Deng Xiaoping hätte, laut Zhao,»die militärische Aktion selbst dann durchführen können, wenn alle fünf dagegen gestimmt hätten«.[29]

In den frühen Morgenstunden des 19. Mai 1989 stattete Zhao den Studenten auf dem Tiananmen-Platz einen Besuch ab – es sollte sein letzter Auftritt in der Öffentlichkeit sein. Da man die Medien noch nicht zur Ordnung gerufen hatte, wurde im Fernsehen über das Treffen berichtet. Zhao wurde von seinem Schützling Wen Jiabao begleitet, der 14 Jahre später (2003) Regierungschef werden sollte. Zhao entschuldigte sich bei den Studenten dafür, dass er erst jetzt kam, und

Politische Auseinandersetzungen 597

sagte: »Eure Kritik an uns ist berechtigt.« Er appellierte an die jungen Menschen, ihren Hungerstreik abzubrechen, bevor es zu spät sei.[30] Für Zhao war es allerdings bereits zu spät, denn er verlor noch am selben Tag seinen Posten als Generalsekretär. Nominell blieb er noch eine Zeitlang Mitglied des Politbüros, aber danach stand er de facto bis zu seinem Tod im Jahr 2005 unter Hausarrest.[31] Der Wunsch der chinesischen Führung, ihrem sowjetischen Gast einen peinlichen Auftritt zu ersparen, geht aus dem Zeitpunkt der Repressionen deutlich hervor: Gorbatschow verließ Peking am 18. Mai in Richtung Schanghai. Die De-facto-Entfernung seines freundlichen Gesprächspartners Zhao aus der Parteiführung folgte einen Tag später. Ohne Gorbatschows Besuch wäre das vermutlich schon früher geschehen. Am 20. Mai rief die chinesische Führung das Kriegsrecht aus.

In einer Rede, die im ganzen Land am 19. Mai spätabends übertragen wurde, erklärte Regierungschef Li Peng: »Um unsere Pflichten gegenüber unserem heiligen Vaterland und dem ganzen Volk zu erfüllen, müssen wir harte, entscheidende Maßnahmen ergreifen, um dem Aufruhr rasch ein Ende zu bereiten und die Führung der Partei und das sozialistische System zu schützen.«[32] Die Pattsituation hielt jedoch noch zwei Wochen lang an, obwohl um die Mittagszeit am 20. Mai bereits schätzungsweise eine Viertelmillion Soldaten in und um Peking zusammengezogen worden war. Ihre unerfreulichste Überraschung erlebten die Behörden, als die Pekinger Bevölkerung in großer Zahl auf die Straße ging, mit den Soldaten diskutierte und sogar Straßensperren errichtete. Am 21. Mai demonstrierten Schätzungen zufolge eine Million Menschen in der Hauptstadt gegen die Verhängung des Kriegsrechts. Am selben Tag beteiligte sich eine ähnlich hohe Zahl an einer Protestdemonstration in Hongkong (damals noch unter britischer Herrschaft – erst 1997 kehrte es unter chinesische Hoheit zurück).[33] Ende Mai begannen Studenten an der Zentralen Kunstakademie mit der Arbeit an einer gut zehn Meter hohen Statue, die »Göttin der Demokratie« heißen sollte und gewisse Ähnlichkeit mit der Freiheitsstatue hatte. Sie wurde aus Styropor und Gips angefertigt und in Teilen auf den Tiananmen-Platz gebracht, wo sie am 30. Mai enthüllt wurde. Die Statue wurde gegenüber dem Porträt Mao Tse-tungs aufgestellt, das bislang den Platz beherrscht hatte.[34]

Womöglich brachte dies für die Parteiführung das Fass zum Überlaufen. Die Medien befanden sich mittlerweile wieder fest in ihrer

Hand, und die Statue wurde im Fernsehen als »eine Beleidigung für unsere nationale Würde« verunglimpft.[35] Noch beunruhigender für Deng und seine Genossen war jedoch die Entstehung einer autonomen Arbeiterbewegung, die sich mit den Studenten solidarisch erklärte. Wie Richard Baum bemerkt, brachten die Arbeiter dadurch »den wiederkehrenden polnischen Alptraum Dengs der Realität immer näher«.[36] Einige Monate später wurden die kommunistischen Regime in Osteuropa gestürzt. Wäre das in der ersten Hälfte des Jahres passiert, wäre die chinesische Führung gewiss noch beunruhigter gewesen. Aber wie die Dinge lagen, hatten Tausende von Vertretern aus Partei- und Regierungsorganisationen an den Mai-Demonstrationen gegen das Kriegsrecht teilgenommen.[37] Die Lage war also auch so ernst genug. Die Geduld der Parteiführung war erschöpft, und in der Nacht vom 3. auf den 4. Juni rückten Panzer und gepanzerte Mannschaftswagen vor. Die meisten Morde fanden nicht auf dem Tiananmen-Platz statt, sondern in den umliegenden Straßen. Manche Soldaten feuerten über die Köpfe der Menge hinweg, andere direkt in die Menge hinein. Die Schätzungen über die Gesamtzahl der Todesopfer durch das militärische Vorgehen schwanken von mehreren Hundert bis zu mehreren Tausend Menschen. Tausende wurden verhaftet. Die Mehrzahl der Toten und Verwundeten waren Bewohner von Peking, keine Studenten.[38] Am 4. Juni überrollten Panzer die Göttin der Demokratie.

Konflikte und Reformen nach Tiananmen

Die erste Reaktion auf die Geschehnisse auf dem Tiananmen-Platz war Repression. Nach mehreren Tausend Verhaftungen im Juni und Juli 1989 kam es zu unzähligen Prozessen. Von 35 Arbeitern (aber keinen Studenten) wird angenommen, dass sie hingerichtet wurden. Aktive Dissidenten wurden zu langen Gefängnisstrafen verurteilt. Internationaler Ruhm lieferte in manchen Fällen einen begrenzten Schutz. So wurden der Astrophysiker Fang Lizhi und seine Frau Li Shuxian der Verschwörung zum Sturz der Kommunistischen Partei und des sozialistischen Systems angeklagt. Obwohl sie Fürsprecher einer Demokratisierung des Landes waren, hatten sie mit den Demonstrationen in Wirklichkeit nichts zu tun. Am 6. Juni 1989 suchten sie in der US-Botschaft in Peking Zuflucht. Erst im Juni des nächsten Jahres erhielten sie die Erlaubnis, in die Vereinigten Staaten auszureisen.[39] Die Störung von ausländischen Rundfunksendern wie BBC und Voice of America wurde wiederaufgenommen. Zeitungen warnten vor den Gefahren der westlichen Kampagnen einer »friedlichen Evolution«, welche angeblich zum Ziel hatten, die Überzeugungen der chinesischen Bevölkerung zu untergraben.[40]

Auch wenn sich Deng Anfang Juni 1989 energisch für ein hartes Vorgehen ausgesprochen hatte, blieb er doch ein Wirtschaftsreformer und plädierte dafür, dass China seinen Platz in der Weltwirtschaft einnahm. Den Gedanken, Freiheit sei unteilbar, akzeptierte er nicht, vielmehr verstand er es, sie zu teilen, indem er Einzelpersonen und Unternehmen einen relativ hohen Grad wirtschaftlicher Freiheit gewährte und zugleich die politische Freiheit einschränkte und die geistige Freiheit je nach Gegenstand: Die Naturwissenschaften genossen größere Freiheit als die Gesellschaftswissenschaften; im Theater, Kino und in der Kunst hingegen wurde eine strenge Zensur beibehalten. Aber Deng und seine Familie hatten zu sehr unter den letzten Jahren Maos gelitten, als dass er ein Interesse an einer Rückkehr des Maoismus gehabt hätte. Kurzfristig wurden die politischen Beschränkungen verschärft, aber das Nachspiel des Tiananmen-Massakers brachte keine so umfassende Reaktion, wie konservativere Kreise sich erhofft hatten. Dennoch untergruben die Geschehnisse bis zu einem gewissen Grad Dengs eigene Autorität. Diejenigen, die zumindest teilweise mit den Studentenprotesten und demokratischen Reformen sympathisiert hatten, waren über die Ereignisse vom 4. Juni natürlich entsetzt und kritisierten Deng schärfer als bislang. Bis dato waren sie in den höchsten Etagen der Partei jedoch nur schwach vertreten. Die Mehrzahl der hohen Funktionäre hatte befürchtet, die Partei würde allmählich die Kontrolle verlieren, und betrachtete sowohl die Proteste als auch das massive Vorgehen als logische Konsequenz der »liberalen« Politik, die Deng verfolgte, und seiner falschen Unterstützung für Zhao Ziyang (bis zur politischen Krise im Mai/Juni 1989).

Deng behielt jedoch genügend Autorität, um die Wahl von Zhaos Nachfolger maßgeblich zu beeinflussen. Er sorgte dafür, dass die Uhr nicht allzu weit zurückgedreht wurde, indem er außerhalb der Reihen des Ständigen Ausschusses Ausschau hielt und den neuen Generalsekretär aus allen Politbüromitgliedern auswählte. Man einigte sich auf den Ersten Sekretär der Parteiorganisation von Schanghai, Jiang Zemin. Jiang hatte im Mai 1989 die reformorientierte Wochenzeitung von Schanghai, *World Economic Herald*, geschlossen, eine Entscheidung, die Zhao kritisiert, Deng hingegen gebilligt hatte. Der *Herald* hatte die Reden und Schriften einer Reihe politischer Reformer veröffentlicht, darunter Su Shaozhi.[41] Es war Jiang immerhin gelungen, die Proteste in Schanghai wegen der Ereignisse vom 4. Juni ohne Blutvergießen zu beenden. Auch wenn man ihn nicht gerade als Reformer bezeichnen konnte, war Jiang auch kein fundamentalistischer Marxist-Leninist oder Maoist. Er stand für die Mitte innerhalb des Politbüros und war ein zurückhaltender Akteur. Binnen kurzer Zeit hatte er dieselbe Palette institutioneller Funktionen angehäuft, die auch Mao Tse-tung – und für kurze Zeit Maos Nachfolger Hua Kuo-feng – innegehabt hatte. Aber obwohl Jiang Generalsekretär der KPCh, Präsident der Volksrepublik China und Vorsitzender des Militärausschusses war, musste er hinter Deng Xiaoping die zweite Geige spielen, bis sich Dengs Gesundheitszustand Mitte der neunziger Jahre verschlechterte. Überdies verfügten auch andere Genossen über beträchtlichen Einfluss, nicht zuletzt der kompromisslosere Regierungschef Li Peng.[42]

Somit war die Koalition an der Spitze der Kommunistischen Partei Chinas nach dem Tod Hu Yaobangs und der Absetzung von Zhao Ziyang tendenziell konservativer geworden. Auf einer ZK-Sitzung am 23./24. Juni 1989 wurde die Entlassung dreier Mitarbeiter Zhaos aus der inneren Parteiführung gebilligt. Zhao selbst, der an der Sitzung teilnahm, sah sich heftigen Angriffen ausgesetzt. Der Regierungschef Li Peng erklärte, nach der Wahl Zhaos zum Generalsekretär habe sich eine bürgerliche Liberalisierung »zügellos ausgebreitet«.[43] Durch den Umstand, dass im Herbst desselben Jahres kommunistische Systeme in Osteuropa zusammenbrachen, wurden die konservativen Kräfte innerhalb der KPCh ebenso gestärkt wie durch den Zerfall der Sowjetunion am Ende des Jahres 1991. Liberalisierung und »friedliche Evolution«, die Hauptziele der westlichen Politik gegenüber Ländern unter kommunistischer Herrschaft, erschienen vielen hohen Persönlichkeiten innerhalb der KPCh nunmehr als eine tödliche Gefahr. Während Deng weiterhin die Ansicht vertrat, dass wirtschaftliche Entwicklung die gesellschaftliche und politische Stabilität fördern würde, riefen andere wie Wang Renzhi, der Chef der Propagandaabteilung des Zentralkomitees, zu einem Kampf auf ideologischer Ebene gegen »bürgerliche Liberalisierung« und zu einer Erneuerung des »sozialistischen Aufbaus« auf.[44]

Wer offen eine abweichende Meinung äußerte, musste mit ernsten Konsequenzen rechnen. Der bekannteste chinesische Dissident, Wei Jingsheng, hatte wegen seiner Beiträge auf der Demokratiemauer bereits dreizehn Jahre im Gefängnis verbracht, als er 1993 auf freien Fuß gesetzt wurde. Ohne zu zögern, nahm er seine Kampagne für mehr Demokratie wieder auf. 1994 wurde er erneut verhaftet und im folgenden Jahr zu weiteren vierzehn Jahren Gefängnis verurteilt. Eine Reporterin bekam sechs Jahre, weil sie enthüllte, dass der Nationale Volkskongress eine Versammlung der Jasager sei (wie alle »Parlamente« in kommunistischen Systemen) und dass es falsch sei, zu Dengs Lebzeiten zu behaupten, Generalsekretär Jiang Zemin habe die oberste Entscheidungsgewalt. Ihr wurde der Diebstahl von Staatsgeheimnissen vorgeworfen, obwohl diese Punkte wohl ebenso geheim waren wie die Enthüllung, dass China eine Große Mauer besitzt. Darüber hinaus hatte sie die Information in Hongkong veröffentlicht, das noch unter britischer Kolonialherrschaft stand.[45]

Internationaler Druck und Chinas diplomatische Interessen wirkten sich in manchen Fällen auf das Schicksal der Dissidenten aus. Die Freilassung Wei Jingshengs im Jahr 1993 erfolgte am Vorabend des chinesischen Antrags, die Olympischen Spiele auszurichten. Im November 1997 wurde er schließlich unmittelbar nach einem Amerika-Besuch Jiang Zemins, bei dem der chinesische Partei- und Staatschef mit US-Präsident Bill Clinton gesprochen hatte, freigelassen und sofort in die Vereinigten Staaten abgeschoben. Der prominente Dissident Wang Dan, der während der Tiananmen-Bewegung von 1989 ein vehementer Fürsprecher der Demokratie gewesen war, kam um dieselbe Zeit frei und wurde ebenfalls in die USA abgeschoben.[46]

Der Wandel seit Maos Tod und insbesondere in den Jahren seit dem Tiananmen-Massaker war jedoch weder das Produkt eines offenen Dissenses noch der Entstehung einer Zivilgesellschaft. Unabhängige Organisationen – und zwar keine religiösen Gruppen (die verfolgt werden) – erhalten keine gesetzliche Anerkennung und sind weiterhin vor Ort nur schwach vertreten.[47] Wie in der Sowjetunion in dem Vierteljahrhundert nach dem Sturz Chruschtschows oder noch stärker in der Tschechoslowakei zwischen 1963 und dem Frühling 1968 oder in Ungarn unter Kádár war die Evolution des Denkens der Menschen innerhalb der offiziellen Strukturen der wichtigste Ausgangspunkt des Wandels.

Einrichtungen, die eigens zu dem Zweck gegründet worden waren, die Parteilehre und die Ideen Mao Tse-tungs zu fördern, wie das Institut für Marxismus-Leninismus und die Zentrale Parteischule in Peking, sind immer wieder Orte gewesen, aus denen überaus unorthodoxe Gedanken, politische ebenso wie wirtschaftliche, hervorgingen. Das Institut wurde 1983 sogar von dem Ideologiechef der KPCh Deng Liqun als das »antimarxistische Basislager« bezeichnet. Nach der Niederschlagung der öffentlichen Proteste am 4. Juni 1989 wurde eine beträchtliche Zahl der Mitarbeiter verhaftet, vorübergehend in Gewahrsam genommen oder des Landes verwiesen. Vor allem die Zentrale Parteischule ist jedoch ein Ort geblieben, an dem die kühnsten innovativen Ideen angesprochen werden konnten. Die Menschen, die hier unterrichten, sind fest im kommunistischen System verankert. Gewiss hat die Einrichtung auch einen Anteil an Konformisten, aber ihre reformorientierten Kollegen hatten die Gelegenheit, das Denken der aufstrebenden Funktionäre zu beeinflussen, die an der Zentralen Parteischule studiert hatten, und mit Hilfe ihrer Stellung die Grenzen des Systems weiter auszudehnen. Die gegenseitige Durchdringung von Partei/Staat und Gesellschaft kann, im Laufe der Zeit, in beide Richtungen funktionieren. Der Einfluss der Gesellschaft sowie der Ideen aus der Welt jenseits der Grenzen Chinas kann das Denken der Menschen selbst innerhalb der am stärksten ideologisierten Organisationen verändern. Wie der chinesische Politologe X. L. Ding ausgeführt hat, können offizielle und halboffizielle Strukturen sowohl einen Schutzschirm als auch die materiellen Ressourcen bieten, mit deren Hilfe unorthodoxe Gedanken sich entfalten und auf legale Weise verbreitet werden können.[48]

Ein wichtiges Beispiel für die ambivalente Beziehung zwischen staatlichen und nichtstaatlichen Strukturen ist die Art und Weise, wie sich das private Unternehmertum in China entwickelt hat. Staatliche Institutionen haben ein Dach – einen »roten Hut«, wie man in China sagt – geschaffen, unter dem sich private Unternehmen unter dem Schutz staatlicher Behörden ausdehnen konnten. Bis 1988 übten »individuelle Haushalte« mit weniger als acht Beschäftigten die einzige legale private Wirtschaftsaktivität aus.[49] Aber in Wirklichkeit wur-

Konflikte und Reformen nach Tiananmen 603

den unter der Schirmherrschaft kollektiver Unternehmen, welche die offizielle Genehmigung des Staates hatten, auch größere Betriebe gegründet. Zu der Zeit, als private Betriebe zugelassen wurden – also von 1988 an –, existierten »unter der Tarnung des roten Hutes« bereits rund eine halbe Million Unternehmen.[50] Beispielsweise war es bereits im Jahr 1983 möglich, dass ein Unternehmer 500 Frauen in einer Textilfabrik in Jingjiang, in der Provinz Fujian, unter dem »roten Hut« der Stadtverwaltung beschäftigte. Das hieß, dass es sich offiziell um ein städtisches Unternehmen handelte, obwohl Herr Hua, der Besitzer, der einzige Investor war und die Fabrik selbst leitete. Die materiellen Gewinne kamen jedoch beiden Seiten zugute.[51]

Deng Xiaopings letzter öffentlicher Auftritt war eine Tour durch die Provinzen an der Südküste Chinas 1992, als er einer weiteren wirtschaftlichen Liberalisierung seinen Segen erteilte.[52] Kurz danach verschlechterte sich sein Gesundheitszustand dramatisch, und er starb im Jahr 1997 im Alter von 92 Jahren. Dass seine Autorität Anfang der neunziger Jahre im Vergleich zu den achtziger Jahren bereits deutlich abgenommen hatte, lässt sich an dem Umstand ablesen, dass die Medien, die in den Händen konservativerer Kommunisten lagen, die Reden Dengs während der Küstenreise erst Monate später abdruckten. Hier zeigt sich die heftige Auseinandersetzung, die hinter den Kulissen um die Zukunft der Wirtschaftsreformen geführt wurde.[53] Dennoch setzte sich Dengs Anschauung durch, wobei sich Jiang Zemin nunmehr für stärker marktorientierte Veränderungen einsetzte. Gewisse Bedenken bestanden zwar weiterhin, doch der »rote Hut« war nicht länger eine Voraussetzung für den Erfolg kapitalistischer Unternehmen, was sie im Grunde waren, nur nicht dem Namen nach. Von 1990 bis 2000 stieg die Zahl der Privatunternehmen jährlich um zehn Prozent. Im Jahr 2006 waren mehr als 100 Millionen Menschen (bei einer Gesamtbevölkerung von 1,3 Milliarden) in solchen Betrieben beschäftigt. Sie erwirtschafteten fast die Hälfte des chinesischen Bruttosozialprodukts und hatten an der industriellen Produktion einen Anteil von über zwei Dritteln.[54] Auch wenn diese Betriebe im Wesentlichen privat sind, sind sie immer noch mit dem Staat verflochten und auf ihn angewiesen. Ihre Eigentumsrechte sind unsicher und hängen von dem Wohlwollen parteistaatlicher Behörden ab, obwohl ein neues Gesetz im März 2007 die gesetzlichen Grundlagen des Privateigentums gestärkt hat.[55]

Die »Wirtschaftsbosse« haben ein viel größeres Interesse an der Schaffung juristischer Sicherheit als an der Demokratie an den Tag gelegt. Um der guten Beziehungen zu den Behörden willen vermieden sie es, umstrittene politische Standpunkte zu vertreten, aber aus Umfragen geht hervor, dass viele Industrielle großen Wert darauf legten, die Korruption zu verringern (damit sie weniger Schmiergelder zahlen mussten), und sich Fortschritte in Richtung Rechtsstaatlichkeit wünschten.[56] Die rechtliche Unsicherheit kann sich unter Umständen aber auch als Vorteil für ein beachtliches Segment der Wirtschaft erweisen. Viele Unternehmer, die am internationalen Handel teilhatten, stammten aus Familien von Partei- und Staatsfunktionären. Was die Funktionäre betrifft, so kann man sowohl Verwandte als auch Kapital im Ausland als Teil ihrer »Notfallpläne« betrachten für den Fall, dass das System den gleichen Weg wie die osteuropäischen Gegenstücke nehmen sollte. Viele Vermögenswerte, die aus China verschwunden sind, gehören nicht länger ganz – oder auch nur mehrheitlich – der Mutterfirma. Es werden Ableger geschaffen, die »geographisch und rechtlich von der ursprünglichen Mutterfirma in China entfernt« sind, und diese Betriebe sind »imstande, das private Interesse ihrer Geschäftsführer zu werden«.[57] X. L. Ding, der eine scharfsinnige Studie der informellen Privatisierung in China verfasst hat, weist darauf hin, dass »unklare Besitzverhältnisse eine notwendige Voraussetzung für deren spätere Klärung sind«. Und diese »Klärung« kann durchaus erst einige Glieder später in der Besitzerkette durch ein ausländisches Gericht erfolgen. Der Verlierer ist an diesem Punkt der chinesische Staat. Öffentliche Gelder werden häufig als privates Kapital verwendet und in riskante Immobilien-, Wertpapier- und Devisenanlagen im Ausland investiert. Wie Ding beobachtet, heißt das, dass »kommunistische Spekulanten aus China [...] einen Luxus genossen haben, um den ihre kapitalistischen Kollegen sie womöglich beneidet haben: Ein großer Anteil am Gewinn ist ihnen sicher, während der Staat garantiert sämtliche Kosten und Risiken trägt.«[58]

Das sind die unbeabsichtigten Folgen der Wirtschaftsreform, die von Deng Xiaoping eingeleitet wurde. Korruption, eine schockierende Umweltverschmutzung sowie eine drastisch gestiegene Ungleichheit zählen zu den gefährlichsten Konsequenzen von Chinas Weg zu einer Marktwirtschaft. Dennoch hat China in den vergangenen drei Jahr-

Chinas Politik im 21. Jahrhundert 605

zehnten einen dramatischen wirschaftlichen Fortschritt erzielt. Vor allem in den letzten zwanzig Jahren lagen die jährlichen Wachstumsraten durchweg über sieben, in der Regel sogar über zehn Prozent.[59] Selbst nach zurückhaltenden Schätzungen wird China vermutlich noch vor Mitte des 21. Jahrhunderts die Vereinigten Staaten als größte Volkswirtschaft der Welt überholen (auch wenn demographische Veränderungen ein gewisser Unsicherheitsfaktor sind).[60] Das Wirtschaftswachstum ging mit einer bemerkenswerten Linderung der schlimmsten Armut in China im Laufe eines Vierteljahrhunderts einher. Im Jahr 1985 litten noch gut 15 Prozent der Bevölkerung Hunger. Bis zum Jahr 2008 war der Anteil auf 1,6 Prozent gefallen.[61] In diesen Jahren fand ein immenser Besitztransfer statt, der allerdings, wie bereits erwähnt, häufig mit Missbrauch verbunden war. Kleinbetriebe sind ganz privatisiert worden, und viele mittlere staatliche Unternehmen wurden verkauft. Ende der neunziger Jahre wurde die Unterkunft privatisiert, was einen Ausbau vieler Immobilien zur Folge hatte, um ihren Wert zu steigern.[62] Ausländische Direktinvestitionen in China führten zu einer viel höheren Effizienz und Produktivität. Das hatte jedoch auch seine Schattenseiten. Gerade die multinationalen Konzerne mit ihrem Zugriff auf den Weltmarkt haben die billigen Arbeitskräfte in China zu ihrem Vorteil genutzt, und Chinas einheimischen Industriebetrieben fiel es schwer, mit ihnen zu konkurrieren.[63] Aber letztlich hat China insgesamt von den ausländischen Investitionen zweifellos profitiert.[64]

Chinas Politik im 21. Jahrhundert

Als Deng Xiao-ping Jiang Zemin zum Generalsekretär der Partei auswählte, kürte er de facto auch Jiangs Nachfolger, indem er, wie Susan Shirk schreibt, »Hu Jintao, einen weiteren zurückhaltenden Technokraten, ein Jahrzehnt vor der Zeit salbte«.[65] Der seit 1992 dem Ständigen Ausschuss des Politbüros angehörende Hu, designierter Erbe Jiangs, wurde im Jahr 2002 Generalsekretär der Partei und Staatsoberhaupt. Er wählte einen stärker auf Konsens ausgerichteten Führungsstil als seine Vorgänger. Innerhalb der politischen Elite hat er Koalitionen geknüpft, statt nach dem Motto »Alles für den Sieger« vorzugehen. Und in der Politik hat er größeren Wert als bislang auf eine ausgeglichene regionale Entwicklung und soziale Harmonie gelegt.[66] Ein Jahr nach Hus Wahl zum Parteichef und Präsidenten wurde Wen Jiabao, der einstige Berater des gestürzten Zhao, Regierungschef. Der Lehrersohn Wen, der seine Laufbahn in armen Binnenregionen Chinas begonnen hatte, wird von den Armen auf dem Land respektiert.[67] Außerdem hat er ein Bewusstsein für die schädliche Kluft zwischen der politischen Elite und der Masse des Volkes zu einer Zeit bewiesen, als der Wohlstand Chinas eindrucksvoll gestiegen ist, die Ungleichheiten aber zugenommen haben. Während des schweren Erdbebens in der Provinz Sichuan im Mai 2008 stattete Wen den am ärgsten betroffenen Regionen einen Besuch ab und machte auf die Überlebenden einen guten Eindruck. Die Frage, die vielen Betroffene bewegte, blieb jedoch unbeantwortet: weshalb Schulen einstürzten und Kinder ums Leben kamen, während die lokalen Parteihauptquartiere in der Regel das Beben fast unbeschadet überstanden. Aller Wahrscheinlichkeit nach hatten Diebstahl und Korruption zur Folge gehabt, dass bei allen Gebäuden an Material gespart und bei den Sicherheitsvorkehrungen geschlampt worden war – abgesehen von den angesehensten Partei- und Regierungsgebäuden. Bei dem Erdbeben von Sichuan kamen mindestens 87 000 Menschen ums Leben oder werden noch vermisst, und die Existenz von fast zwei Millionen Menschen wurde zerstört. Betroffene Eltern, die eine Untersuchung der Ursachen des Einsturzes von Schulgebäuden verlangten, wurden angewiesen, »keinen Ärger zu machen« und eine finanzielle Entschädigung für jedes verlorene Kind zu akzeptieren.[68]

Derzeit ist Hu immer noch Generalsekretär und Präsident in Personalunion, und Wen ist noch Regierungschef. Es sind neue Konventionen für den Führungswechsel eingeführt worden: Die Parteichefs sollen künftig für zwei Amtszeiten von fünf Jahren jeweils von Parteitag zu Parteitag im Amt bleiben. Jiang Zemin trat demzufolge im Jahr 2002 auf dem 16. Parteitag als Parteichef zurück (leitete allerdings noch bis 2004 den Militärausschuss), und man geht davon aus, dass Hu bis 2012 Generalsekretär und Präsident der Volksrepublik bleibt, aber nicht länger. Alles hängt davon ab, ob der anhaltende wirtschaftliche Fortschritt mit politischer Stabilität einhergeht. Eine Stabilität, die sich auf ein Wählervotum und auf politische Rechenschaftspflicht stützt, hat aller Wahrscheinlichkeit nach länger Bestand als eine auf autoritäre Anpassung gestützte Stabilität, aber bislang

Chinas Politik im 21. Jahrhundert 607

zieht die chinesische Führung die letztere Variante vor. Innerhalb der Partei wird zwar durchaus kontrovers diskutiert, aber die Verbreitung von Informationen wird immer noch streng kontrolliert. Wenn die 6750 Kilometer lange Große Mauer die alte Methode war, das Land vor seinen Feinden zu schützen, so ist es heute die »Great Firewall«, die auswählt, was über das Internet in dieses zunehmend computerisierte Land übertragen werden kann. Informationen, welche den Mangel an Demokratie oder Menschenrechtsverstöße dokumentieren oder die Aussichten für eine Demokratisierung des Landes erörtern, werden abgeblockt. Regierungschef Wen erkannte implizit jedoch 2007 an, dass China gegenwärtig keine Demokratie ist und dass es wünschenswert und möglich sei, »unter sozialistischen Rahmenbedingungen ein demokratisches Land mit rechtsstaatlichen Prinzipien aufzubauen«. Allerdings werde das noch lange dauern![69]

Die Parteiintellektuellen haben die Ursachen des Zusammenbruchs der kommunistischen Systeme in der Sowjetunion und in Osteuropa genauestens analysiert. Das offizielle Ziel lautet zwar, daraus Lehren zu ziehen, die China ein ähnliches Schicksal ersparen helfen, doch die Diskussionen bieten auch die Möglichkeit, indirekt Kritik an den politischen Gegebenheiten zu üben. Während der Breschnew-Ära wurde diese Methode, wie in Kapitel 20 ausgeführt wird, in der Sowjetunion andersherum eingesetzt. Kritik an Mao und am Maoismus wurde zu einer Möglichkeit für Eingeweihte, Stalin und den Stalinismus zu einer Zeit zu kritisieren, als eine offene Kritik der Stalin-Ära verboten war. Die Selbstkritik in China ging zum Teil jedoch weit über das hinaus, was in der Sowjetunion unter Breschnew publiziert wurde, und glich eher den Warnungen, die während der Perestroika zu hören waren. So sagte 2004 Yu Yunyao, der damalige Vizedirektor der Zentralen Parteischule, in einem Interview:

> Für die Partei als Ganzes gilt, je länger sie an der Macht ist, desto größer ist die Gefahr, von den Massen getrennt zu werden, und desto härter ist die Nagelprobe beim Kampf gegen Korruption. Mit Blick auf die führenden Kader gilt, je höher seine Stellung, desto größer seine Macht, und je länger er eine Führungsstellung einnimmt, desto größer die Zahl der Verführungen und desto größer die Möglichkeit, korrumpiert zu werden.[70]

Einige Versuche, eine »Demokratisierung« zu fördern, sind nicht mehr als Schönfärberei. Wie in vielen anderen kommunistischen Ländern gibt es in China mehrere Marionettenparteien, die ganz nach der Pfeife der Kommunisten tanzen. Im Jahr 2007 wurden zwei Vertreter dieser kleineren Parteien auf Ministerposten ernannt. Aber auch in China waren, wie in Osteuropa, Mitglieder dieser Blockflötenparteien weniger geeignet, den Wandel zu fördern, als etablierte Mitglieder der herrschenden Partei. Auf dörflicher Ebene wurde sogar mit Wahlen zwischen mehreren Kandidaten experimentiert. Aber das sind allenfalls Symptome eines Wandels, der von oben gefördert wurde, als treibende Kräfte der Reform. Innovationen sind stets von der Spitze der Parteihierarchie ausgegangen. In den sechzig Jahren der kommunistischen Herrschaft in China ist häufig der Parteichef gefragt gewesen. Seit Maos Tod ist die Führung jedoch eher oligarchisch als autokratisch, und das erhöht die Zahl der Angriffspunkte für diejenigen in der breiteren Elite, die einen Wandel vorantreiben wollten. Es sollte nicht vergessen werden, dass im Lauf der Jahre viele der wichtigsten Reformideen, auch etliche, die in politische Maßnahmen umgesetzt wurden, aus der Zentralen Parteischule in Peking stammten.[71]

Oft ist es so, dass Verlautbarungen, die rein banal und propagandistisch scheinen mögen, sich als Vorboten eines echten Wandels entpuppen können. Dazu zählte etwa das Konzept der »Drei Vertretungen«, das von Jiang Zemin im Jahr 2001 in einer längeren Rede auf der Zentralen Parteischule verkündet wurde. Mit den »Drei Vertretungen« ist gemeint:

1. Die Partei soll die fortschrittlichen Produktivkräfte in der Gesellschaft vertreten.
2. Die Partei soll die fortschrittliche, moderne Kultur vertreten.
3. Die Partei soll die Interessen der großen Bevölkerungsmehrheit vertreten.[72]

Besonders wichtig war der erste Punkt auf der Liste, weil er, wie sich immer deutlicher abzeichnete, implizierte, dass die Partei jene Unternehmer im privaten Sektor einbinden musste, welche die dynamischsten Elemente in der Wirtschaft repräsentierten. Um es ein wenig überspitzt zu formulieren: Kapitalisten wurden von den Kommunisten nunmehr mit offenen Armen aufgenommen! Der Anreiz für die Unternehmer, in die KPCh einzutreten, besteht, laut einem

Chinas Politik im 21. Jahrhundert 609

führenden Experten für deren Geschichte, darin, dass »die Partei heute de facto ein ›politisches Schutzgeld‹ für jene in privaten Unternehmen darstellt«.[73] Das entspricht natürlich nicht der Sprache der Parteiführung, aber Jiang legte persönlich größten Wert auf die erste Kategorie der »fortschrittlichen Produktivkräfte«. Als Hu Jintao ihn als Parteichef ablöste, verlagerte sich das Schwergewicht auf den dritten Punkt: die Vertretung der »großen Bevölkerungsmehrheit«. Hu dachte dabei, ebenso wie Regierungschef Wen Jiabao, an die große Masse der Bevölkerung im Landesinneren von China, die nicht annähernd so stark von den Erfolgen der Wirtschaftsreform profitiert hatte wie die Menschen in den Küstenregionen, die Jiangs größte Wählerschaft waren.[74] Die Tatsache, dass Hu einen Kurswechsel einleiten konnte, ohne die drei Kategorien der Vertretung aufzugeben, indem er sich auf die dritte konzentrierte, kann als Beispiel für die Bedeutung des geheimen Diskurses innerhalb herrschender kommunistischer Parteien gewertet werden, insbesondere jener, die eher oligarchisch als autokratisch organisiert sind.

Unter der Herrschaft der Kims in Nordkorea oder in den Phasen, als Stalin und Mao auf dem Höhepunkt ihrer Macht standen, legten die hohen Funktionäre in diesen drei Ländern ihr Hauptaugenmerk darauf, pflichtgetreu die Wortwahl und Prioritäten des Führers zu wiederholen. Die »Drei Vertretungen« boten jedoch auch anderen die Möglichkeit, dem Konzept ihren eigenen Anstrich zu verleihen, einmal abgesehen davon, dass der neue Führer natürlich die Option hat, die Priorität auf einen anderen Punkt zu verlagern. Der Schanghaier Parteitheoretiker Liu Ji, den Jiang selbst nach Peking geholt hatte, als er Generalsekretär wurde, und dem man gemeinhin die Formel der Drei Vertretungen zusprach, äußerte sich im Jahr 2006 viel mutiger (wenn auch in einem Interview mit einem amerikanischen Wissenschaftler): »Wir werden zuerst Demokratie innerhalb der KPCh erreichen und sie dann auf die ganze Bevölkerung ausdehnen.«[75] Der Begriff »Demokratie« ist in der Ära Hu Jintaos häufiger verwendet worden, und Hu hat persönlich die innerparteiliche Demokratie hervorgehoben. An dem Grundsatz des »demokratischen Zentralismus« wird zwar noch festgehalten, aber das Adjektiv hat erheblich an Bedeutung gewonnen, da unterschiedliche Ansichten und Rückmeldungen berücksichtigt werden, auch wenn bei der Umsetzung von Entscheidungen immer noch strenge Disziplin gewahrt wird.[76]

China ist im 21. Jahrhundert immer noch ein außerordentlich autoritärer Staat, aber er hat einen zunehmend konsultativen Zug erhalten. Statt wirtschaftlich oder gesellschaftlich wichtige Gruppierungen zu bekämpfen, hat die Partei versucht, sie einzubinden. Schon allein die Tatsache, dass selbst die reichsten Unternehmer in China nur überleben können, wenn sie sich das Wohlwollen der parteistaatlichen Behörden bewahren, bietet ihnen genügend Anreiz, sich auf politischer Ebene anzupassen. Viele Unternehmer haben in der Tat enge familiäre Beziehungen zu hohen Partei- und Verwaltungsfunktionären und waren dank ihrer formellen und informellen Beziehungen zu Machthabern imstande, sich an der Privatisierung zu beteiligen. Die privaten Unternehmer wiederum haben ihrerseits einige Trümpfe in der Hand. Viele haben im Ausland Grundbesitz erworben, wo ihre Kinder in vielen Fällen die Schule besuchen, und wenn es sein muss, sind sie durchaus in der Lage, über diverse Kanäle Kapital ins Ausland zu schleusen.[77]

Den Herrschern Chinas gelingt es immer weniger, die Bevölkerung über die kommunistische Ideologie zu mobilisieren, sei es auf der Basis des Marxismus-Leninismus oder der Ideen Mao Tse-tungs. Sie können nicht offen auf einen Strang der offiziellen Ideologie verzichten, ohne ihren Herrschaftsanspruch grundsätzlich in Frage zu stellen. Andererseits reißt die verwässerte Version, die nunmehr an die Stelle der alten Rhetorik getreten ist, niemanden mehr mit. Das ist nicht unbedingt ein Grund zur Sorge. Als die Menschen wirklich aufgerüttelt wurden – beim Großen Sprung nach vorn oder in der Kulturrevolution –, waren Chaos und Dutzende Millionen Todesopfer die Folge. In diesem Zusammenhang sind noch einige Bemerkungen zu dem alles andere als mitreißenden Titel der Rede des Präsidenten und Parteichefs Hu vor dem 17. Parteitag der KPCh im Jahr 2007 angebracht: »Haltet das Große Banner des Sozialismus chinesischer Prägung hoch und strebt nach neuen Siegen beim Aufbau einer Gesellschaft mit bescheidenem Wohlstand in jeder Hinsicht«.[78] Für viele in der Partei, darunter all jene, die eine Marktorientierung, Privatisierung und zunehmende Ungleichheit als Verrat an den Idealen der kommunistischen Bewegung ansehen, hat die traditionelle Lehre immer noch eine gewisse Macht. Die bemerkenswerte Entwicklung Chinas zur Werkstatt der ganzen Welt – von der die Weltwirtschaft, und nicht zuletzt die der Vereinigten Staaten, zunehmend abhängt – hat

Chinas Politik im 21. Jahrhundert 611

einen politischen Preis für die kommunistische Führung. Die gegenseitige Abhängigkeit der chinesischen und amerikanischen Volkswirtschaften betrifft beide Teile gleichermaßen. Eine anhaltende Rezession in den Vereinigten Staaten könnte durchaus die wirtschaftliche und soziale Stabilität Chinas gefährden.[79]

Eine wohlhabendere Gesellschaft und vor allen Dingen eine besser gebildete Bürgerschaft entwickeln Erwartungen, die sich von denen eines überwiegend ländlich geprägten Staates, in dem die Kommunisten im Jahr 1949 an die Macht gelangten, deutlich unterscheiden. Die Partei hat die neuen sozialen Realitäten erkannt, und das verändert wiederum den Charakter der Partei selbst. Die KPCh ist mit 74 Millionen Mitgliedern Ende 2007 die mit Abstand größte kommunistische Partei der Welt.[80] Der »erwerbstätige« Bevölkerungsanteil Chinas lag damals bei 769 Millionen Menschen.[81] Somit ist ungefähr jeder zehnte erwerbstätige Erwachsene Parteimitglied, was die Regel für ein kommunistisches System ist, in dem die Partei ihre Macht konsolidiert hat. Im Verlauf des Jahres 2007 traten fast 100 000 Studenten in die Partei ein. Sie stellten mit 35,8 Prozent der Parteineulinge in diesem Jahr die größte Einzelkategorie der Eintritte. Dieser Trend ist nicht zu unterschätzen. Aus Umfragen in China geht hervor, dass die Wahrscheinlichkeit, dass eine Person politische Reformen befürwortet, ansteigt, je gebildeter der oder die Befragte ist.[82] Etwa 16 000 neue Parteimitglieder stammten aus der »neuen Gesellschaftsschicht«, wie die KPCh die Gruppe der Geschäftsleute, Manager im privaten Sektor, Bürger, die für ausländische Firmen arbeiten, und Selbständigen nennt. Frauen sind immer noch extrem unterrepräsentiert, aber es werden Anstrengungen unternommen, das zu ändern. Ende des Jahres 2007 lag der Frauenanteil bei nur 20,4 Prozent der Gesamtmitglieder, aber sie stellten 35,7 Prozent der Neumitglieder, die in dem Jahr aufgenommen wurden.[83]

Die Legitimation dieses Regimes in einem Land ohne demokratische Tradition hängt nicht nur von dem anhaltenden Wirtschaftswachstum ab, sondern auch von der Mobilisierung nationaler (und bisweilen nationalistischer) Gefühle für die bestehende Ordnung. Derzeit beobachten wir ein bewusstes Wiederaufleben des nationalen Stolzes auf die große kulturelle Tradition Chinas, die Mao in der Kulturrevolution auszumerzen versuchte. Die nationale Selbstachtung und der eindringliche Wunsch, dass China als große und würdige

Macht anerkannt werde, ist ein starkes einigendes Element in der Beziehung zwischen Führung und Volk. Die Olympischen Spiele in Peking im August 2008 mit ihrer spektakulären Eröffnungszeremonie, die viel stärker auf die Errungenschaften Chinas im Laufe der Jahrtausende als auf die sechzig Jahre kommunistischer Herrschaft abhob, waren eine eindrucksvolle Manifestation dieses Bestrebens. Ob eine Anpassung an die sich verändernden wirtschaftlichen und sozialen Gegebenheiten es China ermöglichen wird, ein in seiner politischen Struktur und in der Regierungsweise erkennbares kommunistisches System zu bleiben, oder ob die schwelenden Spannungen in der Gesellschaft und in der Partei früher oder später weitere Veränderungen im System (denn irgendwann kommen sie mit Sicherheit) erforderlich machen werden, ist noch offen. Nationale Spannungen sind ein Konfliktherd, auch wenn die Kontrolle der unzufriedenen nationalen Gruppen in China leichterfällt als in der ehemaligen Sowjetunion, wo die Russen nur die Hälfte der sowjetischen Gesamtbevölkerung stellten. China ist eher mit dem postsowjetischen Russland vergleichbar, wo 90 Prozent der Bevölkerung ethnische Russen sind (in China sind über 90 Prozent Han-Chinesen). Dennoch stellt der gewaltsame Widerstand uigurischer Separatisten in der Provinz Sinkiang, die an Turkmenistan, Kasachstan und die Mongolei grenzt und in der die muslimischen Uiguren die Mehrheit der Bevölkerung ausmachen, die Führung vor ebenso große Probleme wie der Status Tibets.[84] In keinem der beiden Fälle ist eine politische Gruppierung in Peking bereit, eine Abspaltung auch nur in Betracht zu ziehen, aber eine chinesische Regierung, die immer enger mit der Außenwelt verbunden ist, ist nicht mehr so unempfänglich für die internationale Meinung über den Umgang mit diesen Konflikten wie früher.

Während Mao den Konflikt zur Tugend erhob – den Klassenkampf stärker als den nationalen Konflikt –, strebt die heutige Parteiführung nach politischer und sozialer Harmonie unter einer »konsultativen Demokratie« (vergleichbar mit der »gelenkten Demokratie« in anderen autoritären Systemen) im Unterschied zur pluralistischen Demokratie. Aber soziale und politische Spannungen bleiben bestehen. Im Sommer 2007 wurde ein von vielen Parteifunktionären im Ruhestand unterschriebener Brief an das Zentralkomitee der Partei geschickt. Die Unterzeichner beschwerten sich über einen Verlust der politischen Orientierung und fuhren fort: »Die Reformen, die derzeit in China durchgeführt werden, sind Reformen, um das System des öffentlichen Eigentums in ein System des Privateigentums sowie den Sozialismus in einen Kapitalismus umzuwandeln.«[85] Die Parteiführung stimmte dem natürlich nicht zu, und es hängt viel davon ab, wie die jeweiligen Begriffe definiert werden. In dem Schreiben der Parteiveteranen steckt jedoch auch ein Körnchen Wahrheit, so dass sich die Frage stellt: Inwiefern ist es sinnvoll, China weiterhin als kommunistischen Staat zu betrachten?

KAPITEL 23

Die Herausforderung
des Westens

Der Westen stellte kommunistische Systeme schon allein durch seine
Existenz vor ein Problem. Die Länder, über die Menschen in Osteuropa am meisten wussten – also die Länder in Westeuropa und Nordamerika –, boten in vielerlei Hinsicht eine attraktive Alternative zur
Herrschaft nach sowjetischem Muster. In der Ära nach Stalin wusste
eine Mehrheit der Bürger in den kommunistischen Staaten Europas
sehr genau, dass die Menschen im »Westen« einen höheren materiellen Lebensstandard und darüber hinaus eine bei weitem größere
Freiheit als sie genossen. Der populärste Aspekt der kommunistischen Systeme unter der Bevölkerung insgesamt war der Wohlfahrtsstaat: kostenlose Bildung, weitgehend kostenlose Gesundheitsversorgung und Vollbeschäftigung.[1] Allerdings wurden weder in der
Sowjetunion noch in den osteuropäischen Ländern die beste medizinische Versorgung oder die besten sozialen Dienstleistungen auf dem
europäischen Kontinent angeboten. Weit übertroffen wurden sie von
den skandinavischen Ländern und den großen westeuropäischen
Staaten wie der Bundesrepublik Deutschland, Frankreich und Großbritannien. Eine gut informierte Minderheit der Menschen unter
kommunistischer Herrschaft wusste das – in den Ländern Ostmitteleuropas war der Anteil höher als in der Sowjetunion.

Ein weiterer Bereich, in dem die kommunistische Welt deutlich
dem Westen hinterherhinkte – in diesem Fall vor allem den Vereinigten Staaten –, war der Hightech-Sektor. In keinem kommunistischen
Staat, auch nicht in der Sowjetunion, gab es etwas auch nur annähernd mit Silicon Valley Vergleichbares. Zwar erreichte vor allem die
Sowjetunion auf bestimmten Technologiefeldern, wie zum Beispiel

der Raketentechnik (sei es für die Weltraumforschung oder für militärische Zwecke), ein sehr hohes Niveau, aber auf den meisten Feldern blieb eine deutliche Kluft zwischen dem kommunistischen Europa und dem Westen. Deshalb gaben sich die Auslandsgeheimdienste der kommunistischen Staaten große Mühe, Pläne und Muster im Westen zu stehlen. Was sie nicht stehlen konnten, mussten sie in manchen Fällen kaufen, obwohl westliche Länder Beschränkungen für den Export von Hightech-Produkten einführten, die für militärische Zwecke gebraucht werden konnten. Der russische Schriftsteller, Philosoph und Essayist Alexander Sinowjew (1922–2006), den sowohl mit der Sowjetunion als auch mit dem Westen eine Hassliebe verband, war ein scharfer Beobachter des Doppeldenkens, das für die Breschnew-Ära so charakteristisch war. Über das Problem des Westens schreibt er in seinem satirischen Roman *Gähnende Höhen*:

Zu allem Überfluss ist da auch noch das Ausland. Ach, wenn das bloß nicht wäre! Dann hätten wir alles im Handumdrehen. Aber die haben da ständig irgendwelche Erfindungen in petto. Und an denen muss man sich messen. Seine Vorrangstellung beweisen. Kaum hat man's geschafft, denen ein Maschinchen zu klauen, muss man auch schon das nächste klauen. In der Zwischenzeit ist das überall schon eingeführt, veraltet, Gesindel das![2]

Selbstverständlich konnte auch nur in eben diesem »Ausland« ein solcher Roman veröffentlicht werden (1976). Zusätzlich zur technologischen Kluft herrschte in den nicht reformierten kommunistischen Ländern ein chronischer Mangel an Konsumgütern. Das gilt nicht für das China von heute mit seiner reformierten Wirtschaft und dem reichhaltigen Angebot an Gebrauchsgütern, dafür traf es umso mehr auf die europäischen kommunistischen Staaten zu, deren Systeme Ende der achtziger Jahre zusammenbrachen.

Helsinki und die Entspannung

Die siebziger Jahre werden gemeinhin als eine Phase der Entspannung bezeichnet. Die Grundlagen der kommunistischen Systeme änderten sich in diesem Zeitraum nicht im Geringsten, geschweige denn die Essenz der Ost-West-Beziehungen. Dennoch trafen sich drei aufeinanderfolgende US-Präsidenten (Richard Nixon, Gerald Ford und Jimmy Carter) mit Leonid Breschnew zu Gipfelgesprächen. Ein fundamentaler, aber umstrittener Teil der Entspannungspolitik ging unter dem Namen Helsinki-Prozess in die Geschichte ein. Dieser Prozess entpuppte sich als eine größere Herausforderung seitens des Westens, als die sowjetische Führung damals angenommen hatte, als sie selbst die westlichen Länder aufforderte, gemeinsam mit ihr den Weg zu beschreiten, der nach Helsinki führte. Der »Helsinki-Prozess« umfasste sowohl die Verhandlungen, die 1972 (hauptsächlich in Genf) begannen und 1975 zur Unterzeichnung der Schlussakte von Helsinki zur Sicherheit und Zusammenarbeit in Europa führten, wie auch die Folgekonferenzen, die in regelmäßigen Abständen stattfanden, um zu überprüfen, ob die Signaturstaaten sich noch an die Prinzipien von Helsinki hielten.

Unter »Entspannung« verstanden alle Beteiligten etwas anderes, aber allgemein kann man sie als den Abbau der Spannungen und Verringerung der Wahrscheinlichkeit eines Krieges definieren, was eine Auseinandersetzung im Reich der Ideen jedoch nicht ausschloss. In der Tat machten die sowjetischen Parteiführer deutlich, dass weder der von ihnen bevorzugte Begriff »friedliche Koexistenz« noch Entspannung (auf Russisch *rasrjadka*, was auch Entladung heißt) eine ideologische Koexistenz bedeutete. Die Sowjetunion hatte die Absicht, auf ideologischer Ebene mit allen Mitteln, abgesehen von einem Weltkrieg, den Sieg davonzutragen. Dabei waren die Parteiführer weit davon entfernt, einen freien Wettstreit der Ideen zuzulassen. Sie widmeten enorme Ressourcen der politischen Zensur und der Störung ausländischer Rundfunksender, um unwillkommene Gedanken vom kommunistischen Europa fernzuhalten. Die Konferenz über Sicherheit und Zusammenarbeit in Europa (KSZE), die mit dem Helsinki-Abkommen – der sogenannten Schlussakte[3] – endete, kam zum großen Teil auf sowjetische Initiative hin zustande, aber sie schlug zum eigenen Nachteil aus. Alle europäischen Staaten außer Albanien nahmen an den Gesprächen teil, die zur Schlussakte führten, hinzu kamen die Vereinigten Staaten und Kanada. Vor allem die Teilnahme der USA war bereits ein Zugeständnis von sowjetischer Seite und eine stillschweigende Verabschiedung von der Anschauung, dass es Amerika nichts angehe, was sich in Europa abspielte.

Die Vereinigten Staaten wollten natürlich nicht von derart bedeutsamen Gesprächen ausgeschlossen werden, und so sahen es auch ihre europäischen Bündnispartner. Aber weder Richard Nixon (der noch vor Unterzeichnung der Schlussakte von Gerald Ford als Präsident abgelöst wurde) noch Henry Kissinger in seinen Funktionen als Sicherheitsberater und Außenminister konnten sich für den Helsinki-Prozess an sich so richtig erwärmen. Nixon sagte britischen Regierungsvertretern, die US-Regierung habe »nie die Konferenz gewünscht«, und Kissinger verlor die Geduld mit den europäischen Unterhändlern, weil sie so großen Wert auf die Menschenrechte legten. Er versuchte, seine NATO-Partner zu einer »realistischeren« Haltung zu überreden, was bedeutet hätte, bereitwilliger auf den sowjetischen Standpunkt einzugehen.[4] Die Schlussfolgerung liegt nahe, dass Kissinger sich mit multilateralen Diskussionen nicht recht anfreunden konnte. Er zog es vor, wichtige Verhandlungen mit der Sowjetunion im Rahmen der bilateralen Beziehungen abzuwickeln, vorzugsweise durch ihn selbst. In den Jahren bis zum Helsinki-Abkommen spielten die europäischen Unterhändler jedoch eine entscheidende Rolle. Besonders wichtig waren der Zusammenhalt und die Entschlossenheit der damaligen Mitglieder der Europäischen Wirtschaftsgemeinschaft (EWG), der »Neun«, dem Kern der späteren Europäische Union.

Was die Sowjetunion von der Konferenz erhoffte, war die Anerkennung der Unveränderbarkeit der am Ende des Zweiten Weltkriegs gezogenen Grenzen in Europa seitens der USA und Westeuropas. Allerdings war es den westlichen Unterhändlern gelungen, in diesem Punkt eine wichtig Einschränkung durchzusetzen. Die Grenzen wurden für »unverletzlich« erklärt, nicht für »unveränderbar«, und das hieß, dass sie in gegenseitigem Einvernehmen durchaus verändert werden konnten, aber eben nicht durch Gewalt. Letzteres wurde ausdrücklich ausgeschlossen. In dem Abkommen heißt es aber ganz klar: »Sie [die Teilnehmerstaaten] sind der Auffassung, dass ihre Grenzen, in Übereinstimmung mit dem Völkerrecht, durch friedliche Mittel und durch Vereinbarung verändert werden können.«[5] Unter anderen bestanden die westdeutschen Unterhändler auf diesem Passus, und in der Tat wurde dieses Prinzip der Akte zur Grundlage für die spätere Wiedervereinigung Deutschlands. Der Wortlaut der Schlussakte schließt ganz offensichtlich ferner eine Militärintervention aus, wie die Sowjetunion sie gegen die Tschechoslowakei durchgeführt hatte, denn es heißt dort:»Sie [die Teilnehmerstaaten] werden sich gleichermaßen jeglicher Gewaltmanifestation, die den Zweck hat, einen anderen Teilnehmerstaat zum Verzicht auf die volle Ausübung seiner souveränen Rechte zu bewegen, enthalten.«[6]

Die Gespräche, die zu der Schlussakte führten, sowie das Dokument, auf das man sich später einigte, wurden in vier Teile gegliedert, die während der Verhandlungen als die Körbe I, II, III und IV bezeichnet wurden. Korb I enthält Sicherheit und Vertrauen bildende Maßnahmen sowie nützliche Vorkehrungen, die einen Überraschungsangriff oder einen versehentlich verursachten Krieg erschweren sollen. Die Teilnehmerstaaten verpflichteten sich mit ihrer Unterschrift, »die Menschenrechte und Grundfreiheiten, einschließlich der Gedanken-, Gewissens-, Religions- oder Überzeugungsfreiheit für alle ohne Unterschied der Rasse, des Geschlechts, der Sprache oder der Religion« zu achten.[7] Korb II betraf die wirtschaftliche Kooperation, die Wissenschaft und Technologie. Korb III sollte der sowjetischen Seite sowohl während der Verhandlungen als auch danach das größte Kopfzerbrechen bereiten. Hier wurde ausführlicher dargelegt, welche Konsequenzen der in Korb I enthaltene Grundsatz zu den Menschenrechten nach sich zog. Dazu zählte unter anderem, »die freiere und umfassendere Verbreitung von Informationen aller Art zu erleichtern, die Zusammenarbeit im Bereich der Information und den Informationsaustausch mit anderen Ländern zu fördern sowie die Bedingungen zu verbessern, unter denen Journalisten aus einem Teilnehmerstaat ihren Beruf in einem anderen Teilnehmerstaat ausüben«. Korb IV entsprach, in einem gewissen Sinne, dem ersten Schritt bei der Umsetzung von Korb III, weil er die Teilnehmerstaaten verpflichtete, den Text des Abkommens zu veröffentlichen und zu verbreiten sowie an den Folgetreffen teilzunehmen.[8]

Der sowjetische Parteichef Leonid Breschnew war ebenso fest entschlossen, das Helsinki-Abkommen abzuschließen, wie der damalige Außenminister Andrej Gromyko. Nachdem sie den Prozess eingeleitet hatten, hofften sie, das Ansehen der Sowjetunion zu stärken und ein höheres Maß an Anerkennung der kommunistischen Staaten in Europa zu erhalten. Zu diesem Zweck mussten sie Zugeständnisse insbesondere bei den Menschenrechten machen, die bei einigen ihrer Kollegen dunkle Vorahnungen auslösten. Sie beunruhigten sogar Gromyko selbst, der zu dem Leiter der sowjetischen Verhandlungs-

Helsinki und die Entspannung

delegation Anatoli Kowaljow sagte: »Es wäre gut, diesem Dritten Korb den Boden auszuschlagen.«[9] Sowohl auf sowjetischer wie auf westlicher Seite gab es im Vorfeld der Unterzeichnung der Schlussakte interne Differenzen. Während jedoch die Meinungsunterschiede in der Sowjetunion nicht an die Öffentlichkeit drangen, trugen westliche Politiker und Kommentatoren die Diskussion recht offen aus. Inzwischen ist über die Zweifel und abweichenden Meinungen auf sowjetischer Seite mehr bekannt. Juri Andropow sah in seiner Funktion als KGB-Vorsitzender bereits voraus, dass der dritte Teil des Abkommens seiner Einrichtung wahrscheinlich einen ganzen Korb voll Scherereien einbringen würde. Er stellte fest: »Das Prinzip der Unverletzlichkeit der Grenzen – das ist natürlich gut, sehr gut. Aber ich mache mir wegen etwas anderem Sorgen: Die Grenzen werden in einem militärischen Sinn unverletzlich sein, aber nicht in jeder anderen Beziehung, als Folge der Ausdehnung der Kontakte, des Informationsflusses werden sie transparent werden. [...] Bislang wird das Spiel nur auf einer Seite ausgetragen: Das Außenministerium macht Punkt für Punkt, und der KGB verliert sie.«[10] Hinter den Kulissen betrachtete auch Suslow das Abkommen mit Argwohn, aber da Breschnew es als großen Triumph anpries und die sowjetischen Medien nur jene Teile des Abkommens herausstrichen, die auch die Führung hervorheben wollte (auch wenn sie der Verpflichtung nachkam, den Wortlaut vollständig zu veröffentlichen), wagte niemand, öffentlich eine abweichende Meinung zu äußern.[11]

Im Westen hingegen erkannten viele nicht, was Andropow vorhersah, und lehnten das Helsinki-Abkommen mit der Begründung ab, es sei ein billiges Schnäppchen für die Sowjetunion. Unter den Konservativen zählten Ronald Reagan und Margaret Thatcher zu den prominentesten Gegnern von Helsinki. Reagan, damals noch Gouverneur von Kalifornien, aber bereits Präsidentschaftskandidat, erklärte: »Alle Amerikaner sollten dagegen sein.« Frau Thatcher räumte im Jahr 1990 ein, dass sie sich damals mit ihrer Skepsis gegenüber den Beschlüssen von Helsinki geirrt und die langfristigen Auswirkungen unterschätzt habe. In Wahrheit seien sie, so Thatcher, »ein enormer Ansporn und eine Inspiration für Dissidentengruppen« gewesen, und »viele Menschen in Ost- und Mitteleuropa können heute ihre neue Freiheit auf die Helsinki-Abkommen zurückführen«.[12] Damals glaubten viele westliche Kritiker – Politiker, Journalisten und Akademiker – ohne weiteres die sowjetische Behauptung, dass die Abkommen die Teilung Europas ratifiziert hätten. Sowohl die *New York Times* als auch das *Wall Street Journal* kritisierten Präsident Ford dafür, dass er das Abkommen unterzeichnet hatte. In einer ausgewogeneren Einschätzung erörterte der damalige britische Botschafter in Moskau, Sir Terence Garvey, das Für und Wider der Konferenz über Sicherheit und Zusammenarbeit in Europa (KSZE) in einer Note an Außenminister James Callaghan. Er sah mehr Vor- als Nachteile und plädierte dafür, bei jenen Punkten »sehr bald« vorzupreschen, »bei denen die gegenwärtige sowjetische Praxis eindeutig nicht mit der Schlussakte vereinbar ist«. Garvey fasste zusammen:

> Die KSZE hat den Russen etwas gegeben, auf das sie sehr lange gewartet hatten, das sie womöglich sogar überbewerteten. Aber die westlichen Regierungen haben ebenfalls gewonnen: Indem sie ihre Billigung einer Situation absteckten und einschränkten, die sie gar nicht ändern wollen, indem sie die Russen zwangen, sich um Felder zu bemühen, die bislang tabu waren, und, nicht zuletzt, mit dem Zusammenhalt und der Praxis der Kooperation. [...] Und langfristig kann die Praxis der Entspannung Entwicklungen in der sowjetischen Politik fördern, die aus der UdSSR letztlich einen weniger eigensinnigen, ja sogar einen zuverlässigeren Partner machen.[13]

Tatsächlich beriefen sich wenig später Dissidentengruppen in der Sowjetunion und in Osteuropa auf die Schlussakte von Helsinki. Die Gruppen, die mit dem Ziel gegründet wurden, die Einhaltung der KSZE-Prinzipien durch ihr eigenes Land zu überwachen, stellten die Behörden vor ganz spezielle Probleme. Die Geheimpolizei konnte sie natürlich schikanieren und tat das auch. Es war jedoch äußerst peinlich, die eigenen Bürger zu verhaften und ins Gefängnis zu stecken, wenn diese lediglich von ihrem moralischen Recht Gebrauch machten, dafür zu sorgen, dass Regierungen sich an Normen hielten, zu denen sie sich selbst verpflichtet hatten. Kurzfristig hatte es jedoch, zumindest was die Sowjetunion betraf, den Anschein, als würden die Kritiker der Beschlüsse von Helsinki recht behalten. So wurde Juri Orlow, Physik-Professor und Anführer der sogenannten Öffentlichen Gruppe zur Förderung der Erfüllung der Beschlüsse von Helsinki in der Sowjetunion, kurz Helsinki-Gruppe genannt, im Jahr 1977 verhaftet und erst 1986 aus der Lagerhaft entlassen. Orlow hatte das Potential der Schlussakte von Helsinki erkannt. Bei einer Begegnung mit der Dissidentin Ludmilla Alexejewa im Jahr 1976 hatte er gesagt: »Ljuda, siehst du nicht, dass dies das erste internationale Dokument ist, in dem das Thema Menschenrechte als Bestandteil des internationalen Friedens diskutiert wird?« Laut Orlow bot das Dokument eine Gelegenheit, »andere Länder in die Überwachung der sowjetischen Leistung in Sachen Menschenrechte einzubinden«. Alexejewa pflichtete ihm bei und fügte in ihren Memoiren hinzu: »Unsere Botschaft war nicht schwer zu verstehen, aber der Westen hatte sich ganz auf das enge Thema der jüdischen Auswanderung konzentriert. Die sowjetische demokratische Bewegung war nicht imstande gewesen, eine so starke Unterstützung zu gewinnen.«[14]

Nun waren jedoch Regierungschefs und Außenminister, die der Sowjetunion und den osteuropäischen Staaten einen Besuch abstatteten, durch die Schlussakte von Helsinki befugt, das Thema Menschenrechte zur Sprache zu bringen. Die Gastgeber konnten das nicht so ohne weiteres als innere Angelegenheiten beiseiteschieben.[15] Helsinki war zwar gewiss nicht der einzige Faktor, der für die verblüffende Stärkung der Bürgerrechte in der Sowjetunion nach 1985 verantwortlich war, doch der Wunsch Gorbatschows und Eduard Schewardnadses, Gromykos Nachfolger als Außenminister, wegen der KSZE-Abkommen nicht in die Defensive zu geraten, trug mit Sicherheit dazu bei. Im Jahr 1986 setzte allmählich ein dramatischer Kurswechsel bei der Behandlung der Dissidenten ein, die Möglichkeiten zu Auslandsreisen wurden ausgeweitet, und es entwickelte sich ein freierer Austausch von Informationen und Gedanken. Bereits im Jahr 1988 bestand ein qualitativer Unterschied zur Breschnew-Ära.

Eurokommunismus

Die Sowjetunion und die dogmatische kommunistische Lehre sahen sich den unterschiedlichsten Herausforderungen aus dem Westen ausgesetzt. Dazu zählte auch die Bewegung, die unter dem Schlagwort »Eurokommunismus« in die Geschichte einging. Im Westen selbst wurde sie mit noch größerer Skepsis als der Helsinki-Prozess aufgenommen. Es wurde eine durchaus berechtigte Diskussion um die Frage geführt, wie aufrichtig dieser Versuch seitens einer beträchtlichen Zahl westlicher Kommunisten war, die demokratischen Werte ihrer eigenen Gesellschaften mit der von ihnen verfochtenen Ideologie in Einklang zu bringen. Es kann jedoch kein Zweifel daran bestehen, dass die Vertreter der Bewegung in wichtigen Punkten von der sowjetischen Parteilehre abwichen. Während die westlichen Regierungen in der Bewegung (es betraf vor allem die italienische und die spanische Partei, in geringerem Ausmaß auch die französische) keine Gefahr sahen, spürte die Führung der KPdSU, dass sie zumindest potentiell gefährlich werden konnte. Die Entwicklung stellte immerhin den sowjetischen Anspruch auf ideologische Hegemonie in Frage. Die sowjetischen Parteiführer befürchteten vor allem, dass die kommunistischen Parteien, die damals in ihren eigenen Ländern eine große Unterstützung genossen (auch wenn sie bereitwillig sowjetische finanzielle Hilfen akzeptierten), nicht länger bereit sein könnten, Moskau als den Hort aller politischer Weisheit anzusehen. Ebenso besorgniserregend war – nicht nur für die KPdSU, sondern auch für eine Reihe herrschender kommunistischer Parteien – der Umstand, dass ein Teil *ihrer* Mitglieder mit den westeuropäischen Genossen sympathisierte.

Zu den wichtigsten Impulsen für den Eurokommunismus zählte der Prager Frühling, der viele Mitglieder westeuropäischer Parteien in den Bann zog, darunter die große italienische kommunistische Partei und die im Untergrund operierende spanische. (Damals stand Spanien noch unter der autoritären Herrschaft General Francos.) Die Invasion war ein Schlag für diese Kommunisten, denen die tschechischen Reformer offensichtlich so vieles zu bieten hatten. Von nun an betrachteten sie ihre sowjetischen Mentoren zunehmend kritischer. Die Atmosphäre der Entspannung und der Helsinki-Prozess waren ebenfalls Faktoren, die die Entfaltung eines unabhängigeren Denkens unter westeuropäischen Kommunisten Anfang und Mitte der siebziger Jahre förderten.[16] In den härtesten Jahren des Kalten Krieges hatten sie die Sowjetunion noch bedingungslos unterstützt.

Der Begriff »Eurokommunismus« wurde von dem jugoslawischen Journalisten Frane Barbieri in einem am 26. Juni 1975 veröffentlichten Artikel geprägt. Es hatte bereits mehrere Anzeichen für ein frisches Denken in den kommunistischen Parteien Europas gegeben, und Barbieri schrieb seinen Artikel zwei Wochen *vor* dem Treffen, das später als offizieller Beginn der Bewegung angesehen wurde: eine

Zusammenkunft in der Toskana, auf der die Vorsitzenden der italienischen und spanischen KPs, Enrico Berlinguer und Santiago Carrillo, beide das Wort ergriffen.[17] Eine gemeinsame Erklärung der beiden Parteien wurde am 12. Juli 1975 veröffentlicht. Sie verwies auf den aktuellen Sturz der Diktaturen in Portugal und Griechenland sowie den bevorstehenden Wandel in Spanien und erklärte, unter »den neuen Bedingungen, die durch den positiven Fortschritt der internationalen Entspannung geschaffen worden seien«, sei es an der Zeit, »neue Wege für die Herbeiführung einer engeren Zusammenarbeit unter allen demokratischen Kräften für die Politik einer demokratischen und sozialistischen Erneuerung der Gesellschaft und für einen positiven Ausgang der Krise, die derzeit die europäischen kapitalistischen Länder erfasst hat«, zu finden. Indem sie betonten, wie wichtig es sei, »die spezifischen historischen Bedingungen eines jeden Landes im westeuropäischen Kontext« zu reflektieren, erklärten sie, dass »in unseren Ländern der Sozialismus nur durch die Entwicklung und volle Funktion der Demokratie gestärkt werden kann«. In einem Passus, der für die sowjetischen Parteioberen besonders ärgerlich gewesen sein dürfte, stellten sie fest, dass »es keine offizielle Staatsideologie geben muss«, sondern miteinander wetteifernde politische Parteien, unabhängige Gewerkschaften, Religions- und andere Freiheiten. Sie schlossen mit folgender Erklärung:

> Die italienische und die spanische Kommunistische Partei, die ihre innere und internationale Politik in völliger Autonomie und Unabhängigkeit ausarbeiten, sind sich ihrer schweren nationalen und europäischen Verantwortungen voll bewusst. Von diesen gemeinsamen Standpunkten aus werden sie in Zukunft ihre brüderlichen Beziehungen entwickeln, die durch eine breite und feste Freundschaft besiegelt sind.[18]

Keine dieser Parteien ist sozialdemokratisch geworden. Sie blieben auch in den siebziger Jahren unversöhnliche Feinde des Kapitalismus und wahrten in der inneren Organisation eine so strenge Disziplin und begrenzte Rechte der Meinungsäußerung, wie sie für den demokratischen Zentralismus charakteristisch waren. Aber Berlinguer und Carrillo vollzogen einen Bruch mit der Vergangenheit, nicht zuletzt, indem sie die sowjetische Parteilehre und Elemente der sowjetischen Geschichte in Frage stellten, von denen sich Stalins Erben nie distanziert hatten. So kritisierte Carrillo in einem Buch mit dem Titel *Eurokommunismus und Staat* (denn die spanische und italienische Partei übernahmen rasch den Begriff, obwohl sie ihn nicht erfunden hatten) scharf die Tatsache, dass Moskau sich damit Zeit gelassen hatte, eine Volksfront gegen den Faschismus zu bilden. Er verwies auf den Fall des britischen KP-Chefs Harry Pollitt, der allein wegen seiner Meinung, der antifaschistische Krieg hätte am Tag des deutschen Überfalls auf Polen begonnen, wegen Abweichung von der sowjetischen Linie als Parteichef abgesetzt worden war. Als die Sowjetunion später von Deutschland angegriffen wurde, wurde Pollitt wieder eingesetzt. Ferner kritisierte Carrillo die Lügen, die über Trotzki erzählt worden waren (beispielsweise er sei ein »Agent des Faschismus« gewesen), und erklärte: »Es ist allerhöchste Zeit, dass eine objektive Schilderung der Rolle Trotzkis während der Revolution gegeben wird«.[19] Carrillos Abweichung hatte klare Grenzen. Er war weder zum Trotzkisten noch zum Sozialdemokraten geworden, aber er äußerte sich besonders offen zum Thema Tschechoslowakei. Mit folgenden Worten zog er den Zorn Moskaus auf sich:

> Für uns, für die Kommunistische Partei Spaniens, wurde der Höhepunkt der Eroberung unserer Unabhängigkeit mit der Besetzung der Tschechoslowakei im Jahr 1968 erreicht. Die Vorbereitung dieser Operation wurde mit ähnlichen Methoden besorgt wie die historischen Prozesse von 1936, die auf dem XX. Parteitag aufgedeckt wurden, oder wie die Verurteilung Jugoslawiens. D. h. es wurde eine absolute Behauptung aufgestellt, […] auf der Grundlage dieser Behauptung wurden Versionen der Ereignisse aufgebaut, die Lichtjahre von der Wirklichkeit entfernt waren. Das war nichts anderes als der Versuch, uns für dumm zu verkaufen. Die Tschechoslowakei war der Tropfen, der das Fass zum Überlaufen brachte und der unsere Parteien zum Nein veranlasste. Bei diesem »Internationalismus« wollten wir nicht mehr mitmachen. […] Der wahre Internationalismus ist etwas anderes, muss etwas anderes sein.[20]

Die Kommunistische Partei Spaniens (KPS) ging sogar so weit, den Leninismus aus der offiziellen Ideologie zu streichen, auch wenn sich die KPS in ihrem Parteiprogramm weiterhin als »marxistisch« und »revolutionär« wie auch »demokratisch« bezeichnete.[21] In den Augen der sowjetischen Führung bestand, wie Robert Legvold damals bemerkte, die abscheulichste Sünde Carrillos darin, dass er »ein unabhängiges westeuropäisches Modell des Sozialismus als mächtigstes Mittel für eine ›Demokratisierung‹ der Regime in Osteuropa« rechtfertigte.[22] Berlinguers KPI ging, so aufrichtig seine Abweichung von der sowjetischen Ideologie auch war, taktvoller mit der Führung in Moskau um. Die französische KP hingegen konnte von diesen drei großen kommunistischen Parteien in Westeuropa mit ihrem Eurokommunismus am wenigsten überzeugen.[23] Ihr Parteiführer Georges Marchais vollzog einen eher taktischen denn strategischen Kurswechsel, auch wenn er sich Berlinguer in einer gemeinsamen Erklärung anschloss, die im November 1975 veröffentlicht wurde.[24]

Bis zur Perestroika machten die sowjetische Führung und ihre Ideologen einen ganz klaren Unterschied (der vom Westen nicht immer erkannt wurde) zwischen dem, was sie »unterschiedliche Wege zum Sozialismus« nannten (die sie in den meisten Fällen duldeten), und der Vorstellung von »verschiedenen Formen des Sozialismus«, die sie als Ketzerei ablehnten. Als die Reformer des Prager Frühlings etwa von einem »pluralistischen Sozialismus« oder »Sozialismus mit menschlichem Antlitz« sprachen, wurde ihnen unmissverständlich klargemacht, dass es nur einen Sozialismus gebe. Mit genau derselben Antwort nahm Moskau Santiago Carrillos Thesen auf. In einer überaus kritischen Rezension seines Werks *Eurokommunismus und Staat* betonte die sowjetische Wochenzeitung *Neue Zeit*, dass schon das Konzept des »Eurokommunismus« falsch sei, weil es sich ganz offenkundig nicht um besondere Merkmale der Strategie bestimmter kommunistischer Parteien handele, »sondern um einen spezifischen Kommunismus«. »Dabei gibt es«, so der Rezensent weiter, »wenn die Rede vom echten, wissenschaftlichen Kommunismus ist, *nur einen einzigen Kommunismus:* den von Marx, Engels und Lenin begründeten, dessen Prinzipien die zeitgenössische kommunistische Bewegung befolgt.«[25]

In Osteuropa fühlte sich die Führung der Kommunistischen Partei der Tschechoslowakei am stärksten vom Eurokommunismus bedroht. Die hohen Funktionäre verdankten ihre Stellung der sowjetischen Invasion, die Berlinguer und Carrillo verurteilt hatten. Entsprechend kritisierten sie den Eurokommunismus mit scharfen Worten. Der überzeugte slowakische Kommunist Vasil Bilak erklärte, der Inhalt »komme einem Verrat gleich«. Der bulgarische Parteichef Todor

Schiwkow beeilte sich, dem Vorbild Moskaus zu folgen. Er erklärte, das Konzept des Eurokommunismus spiegele den Wunsch der Reaktionäre wider, eine Mauer zwischen den Bruderparteien der sozialistischen Gemeinschaft und denen Westeuropas zu errichten.[26] Die Ostdeutschen hielten sich, ein wenig überraschend, in ihrer Kritik stärker zurück und nahmen einen Dialog mit den italienischen Kommunisten auf, während die ungarische und die polnische Partei zögerten, sich an der Auseinandersetzung zu beteiligen. Die rumänische Parteiführung achtete zwar sorgsam darauf, sich nicht mit etwas in Verbindung bringen zu lassen, das einer pluralistischen Demokratie ähnelte, wählte jedoch munter aus den Erklärungen der westeuropäischen Parteien jene Elemente aus, die offensichtlich ihre eigene, relative Autonomie von Moskau stützten. Die Jugoslawen sympathisierten noch offener mit dem Eurokommunismus, den sie als Bestätigung ihrer Politik der Blockfreiheit werteten.[27]

Der Einfluss des Eurokommunismus auf Oppositionelle und Dissidenten in der Sowjetunion und in Osteuropa war schwächer als der auf die Parteiintelligenz. Für viele Oppositionelle, nicht zuletzt in Polen, war jede Form von Kommunismus ein Fluch, ganz gleich, welche Vorsilbe man anfügte. Was diejenigen in der Sowjetunion betraf, die Roy Medwedew (obwohl selbst bereits 1969 aus der KPdSU ausgeschlossen) als »Parteidemokraten« bezeichnete, so stärkte diese Kritik von westeuropäischen Kommunisten ihre eigenen Zweifel an Aktionen wie dem Einmarsch in der Tschechoslowakei.[28]

Reisen in den Westen

In der Breschnew-Ära kursierte in der Sowjetunion ein jüdischer Witz über einen Rabbi in einer ukrainischen Kleinstadt, der einmal gefragt wurde, was er denn tun würde, wenn eines Tages die Grenzen rund um das Land geöffnet würden. »Ich würde auf den höchsten Baum klettern«, antwortete er. »Aber warum denn?«, wurde er gefragt. »Ganz einfach«, erwiderte er. »Dann würde ich nicht von den Massen mitgerissen werden, die das Land so schnell wie möglich verlassen wollen.«[29] Wie in Kapitel 20 bereits erwähnt, verließen viele sowjetische Juden in den siebziger und achtziger Jahren das Land, aber für den langfristigen Wandel in der Sowjetunion und in Osteuropa waren Westreisende, die wieder in ihr Land zurückkehrten, viel wichtiger.

Wer aus der Sowjetunion und Osteuropa in den Westen reisen durfte, hatte, abgesehen von der patriotischen Einstellung, viele Anreize, in das Heimatland zurückzukehren. Fast ausnahmslos mussten sie ihre engsten Angehörigen, auch den Ehepartner, zurücklassen. Da die Sowjetunion bei dem Ausmaß des Wandels im größten Teil des kommunistischen Europa das letzte Wort hatte (Jugoslawien, Albanien und in geringerem Ausmaß Rumänien waren die Ausnahmen), war der Einfluss des Westens auf sowjetische Reisende von besonderer Bedeutung. Die Behörden in der UdSSR teilten die Bürger ganz bewusst in solche ein, die als »politisch reif« genug angesehen wurden, um ihnen einen Ausflug in den Westen zu gestatten, und jene, auf die man sich nicht hinlänglich verlassen konnte. Der großen Mehrheit der Bevölkerung wurde eine Reise in den Westen nicht erlaubt. Wer sich auf der Liste der *wyjesdnyje* befand (Menschen mit der Erlaubnis zu Auslandsreisen), gehörte auch der Kategorie der *solidnyje ljudi* an, nach sowjetischen Kriterien zuverlässige Personen. Das hieß, dass die meisten von ihnen sorgfältig darauf achten würden, mit wem sie sich positiv über das unterhielten, was sie im Ausland zu Gesicht bekommen hatten. Sofern sie das, was sie im Westen gesehen hatten, positiv bewerteten, hatte dies aber wiederum aufgrund ihres sozialen Status und politischen Ansehens potentiell größere Folgen. Diejenigen, denen Individualreisen ins Ausland erlaubt wurden, statt als Mitglied einer sorgfältig behüteten und überwachten Touristengruppe, gehörten in vielen Fällen der Parteiintelligenz an. Selbstredend galt das auch für hohe Partei- und Regierungsvertreter.

Groucho Marx fragte einmal: »Wem werden Sie eher glauben? Mir oder ihren eigenen Augen?« Setzen Sie an die Stelle von »mir« den »sowjetischen Stereotypen«, und Hunderte einflussreicher Reisender in den Westen, sei es aus Forschungsinstituten oder selbst aus dem Herzen des Parteiapparats, zogen ganz eindeutig das vor, was sie mit eigenen Augen sahen. Wohl kein bedeutenderer Reisender als Michail Gorbatschow persönlich gibt ganz offen zu, dass seine Besuche in Westeuropa in den siebziger Jahren ihm tatsächlich die Augen geöffnet hatten.[30] Er räumt ein, dass diese Auslandsreisen ihm zum ersten Mal gezeigt hatten, welche Kluft zwischen der sowjetischen Propaganda über den Westen und der Realität klaffte. Als er sah, wie die

Zivilgesellschaft und die politischen Systeme in Westeuropa funktionierten, wurde sein »Glaube an die Vorzüge der sozialistischen Demokratie erschüttert«. Angesichts des unleugbar höheren Lebensstandards in Westeuropa stellte er sich die Frage: »Warum ging es gerade uns schlechter als anderen entwickelten Industrieländern?«[31] Die meisten Besuche Gorbatschows fanden im Rahmen einer kleinen und inoffiziellen Touristengruppe oder einer Delegation der Partei statt. Dazu zählten kurze Aufenthalte in Italien (bereits im Jahr 1971 und noch einmal später im selben Jahrzehnt), Belgien, Frankreich, den Niederlanden und in Westdeutschland.

Als Gorbatschow noch nicht Generalsekretär, aber bereits ein wichtiges Politbüromitglied war, unternahm er drei Auslandsreisen, die besonders großen Eindruck auf ihn machten. Die erste Reise ging 1983 nach Kanada, wo er mit eigenen Augen sah, wie weit die kanadische Landwirtschaft der russischen voraus war. Darüber hinaus bot sich ihm erstmals die Gelegenheit, sich in Gesprächen mit kanadischen Regierungsvertretern und Politikern am Ost-West-Dialog zu beteiligen. Bei seiner Begegnung mit dem kanadischen Premierminister Pierre Trudeau sprach er aber keineswegs nur über die Landwirtschaft, sondern erörterte auch wichtige außenpolitische Themen. Während der Vorbereitung auf diese Reise teilte Gorbatschow dem Direktor des Instituts für USA- und Kanadastudien in Moskau, Georgi Arbatow, mit, dass er gerne mit ihm sprechen wolle. Wie Arbatow sich später erinnerte, bereitete er viel Material über die kanadische Landwirtschaft vor, nur um von Gorbatschow zu hören, dass er darüber bereits alles wisse. Vielmehr wünschte er von ihm eine Bewertung der kanadischen Innen- und Außenpolitik sowie seine Einschätzung der sowjetisch-amerikanischen Beziehungen und des internationalen Klimas.[32] Da Gorbatschow sich gut vorbereitet hatte, konnte er bei seinen Gesprächen mit dem kanadischen Premier eine gewisse Flexibilität beweisen. Noch im selben Jahr berichtete Trudeau Margaret Thatcher, dass Gorbatschow bereit gewesen sei, sich auf eine Diskussion einzulassen »und zumindest verbale Zugeständnisse zu machen«.[33] Bei seinem Kanadabesuch knüpfte Gorbatschow eine politische Freundschaft zum sowjetischen Botschafter in Ottawa, Alexander Jakowlew. Wie in Kapitel 20 erwähnt, gelang es ihm, dass Jakowlews Wunsch, nach zehn Jahren in Kanada wieder nach Moskau zurückzukehren, erfüllt wurde. Nach Gorbatschows Fürsprache bei

Reisen in den Westen 629

Generalsekretär Juri Andropow wurde Jakowlew zum Direktor des wichtigen Thinktanks IMEMO ernannt. Für Jakowlew selbst waren die Jahre in Kanada von außerordentlicher Bedeutung. Er stand dem sowjetischen politischen und wirtschaftlichen System am Ende seines Jahrzehnts in einem freien und wohlhabenden westlichen Land viel kritischer gegenüber als noch zu Beginn seines Exils von den sowjetischen Korridoren der Macht.

Die zweite Auslandsreise, die auf Gorbatschow großen Eindruck machte, führte ihn im Juni 1984 nach Italien zum Begräbnis des KPI-Chefs Enrico Berlinguer. Der Mann war nicht nur ein führender Vertreter der Eurokommunisten gewesen, sondern hatte an der Spitze einer Partei gestanden, die wirklich von den Massen unterstützt wurde. Gorbatschow war von den Hunderttausenden Menschen beeindruckt, die spontan auf die Straßen Roms kamen, und von der Tatsache, dass der Abschied von Berlinguer zu einem nationalen Ereignis wurde. Ganz besonders verblüfften ihn die Teilnahme des italienischen Staatspräsidenten Alessandro Pertini am Begräbnis eines kommunistischen Parteichefs und der Umstand, dass Pertini das Haupt vor dem Sarg des Führers einer solchen Oppositionspartei verneigte. Dies war, wie Gorbatschow später schrieb, ein Beispiel für »eine Denkweise, die uns fehlte, eine andere politische Kultur«.[34] Sie hätte kaum stärker von der sowjetischen Ideologie und Praxis abweichen können, und diese Kultur übte ganz eindeutig eine gewisse Anziehungskraft auf ihn aus.

Die dritte wichtige Auslandsreise, die Gorbatschow im Vorfeld seiner Ernennung zum Generalsekretär unternahm, führte im Dezember 1984 nach Großbritannien. Zuvor hatte Margaret Thatcher zu Beginn ihrer zweiten Amtszeit als Premierministerin 1983 beschlossen, sich stärker der Außenpolitik zu widmen. Die Ost-West-Beziehungen waren während der ersten Amtszeit des US-Präsidenten Reagan besonders gespannt, und Minister und Beamte im britischen Foreign Office machten sich Sorgen wegen des fehlenden Dialogs zwischen Großbritannien und der Sowjetunion. Anfang der achtziger Jahre war es ihnen jedoch nicht gelungen, die Premierministerin zu überzeugen, dass dies wirklich ein Problem war. Eine Entscheidung, die der Privatsekretär der Premierministerin als »einen Kurswechsel«[35] bezeichnete, ging aus einem zweitägigen Seminar im September 1983 auf ihrem Landsitz hervor. Die Veranstaltung führte Minister und akademische Experten für die Sowjetunion und Osteuropa zusammen. Sowohl das Foreign Office als auch die Akademiker sprachen sich für einen verstärkten Kontakt zu den Ländern des kommunistischen Europa auf allen Ebenen aus.[36] Der außenpolitische Berater der Regierung von 1984 bis 1992, Sir Percy Craddock, notierte später, dieses Seminar habe »eine offenere Herangehensweise an Osteuropa eingeleitet und letztlich zum ersten Treffen mit Gorbatschow geführt«.[37] Das Foreign Office schlug einen Besuch der Premierministerin in Ungarn vor. Und tatsächlich reiste Margaret Thatcher Anfang Februar 1984 nach Budapest – ihr erster Besuch in einem Land des Warschauer Paktes seit ihrem Antritt als Premierministerin im Jahr 1979. Ferner wurde vorgeschlagen, dass sich der Außenminister nach Möglichkeit mit allen osteuropäischen Kollegen treffen solle. Allein im Lauf des Jahres 1985 besuchte Sir Geoffrey Howe Bulgarien, Rumänien, die DDR, die Tschechoslowakei und Polen.[38]

Gemäß einer Anweisung der Premierministerin wurde der Kurswechsel in der Außenpolitik nicht öffentlich gemacht.[39] Aber es war kein Zufall, dass Gorbatschow nur drei Monate vor seiner Wahl zum Generalsekretär durch das Politbüro und das Zentralkomitee der KPdSU nach Großbritannien reiste. Diese Reise resultierte aus der Erkenntnis der Regierung Thatcher, dass das Fehlen von Kontakten zur Sowjetunion und zu Osteuropa auf höchster Ebene nicht hilfreich war und sogar zu gefährlichen Missverständnissen führen könnte.[40] Die Begegnung selbst war für beide Seiten wichtig. Auch wenn sich Gorbatschow und Thatcher bei ihrer Begegnung in Chequers in vielen Punkten uneinig waren, entwickelten sie doch einen gegenseitigen Respekt. Im Übrigen dauerten die Gespräche viel länger, als ursprünglich dafür vorgesehen gewesen war. Gorbatschow erlebte darüber hinaus eine fruchtbare Begegnung mit britischen Parlamentariern, und in seiner Ansprache benutzte er Begriffe, die an Bedeutung gewinnen sollten, sobald er Parteichef wurde, etwa die Notwendigkeit einer »gegenseitigen Sicherheit«, eines »neuen politischen Denkens« und die Bezeichnung Europas als »unser gemeinsames Haus«.[41] Am Ende von Gorbatschows Besuch in Großbritannien verkündete die Eiserne Lady ihren berühmten Ausspruch: »Ich mag Herrn Gorbatschow. Mit ihm könnte ich ins Geschäft kommen.«[42]

Der Besuch war nicht allein deshalb so wichtig, weil Gorbatschow sich hier führenden westlichen Politikern präsentierte, sondern weil er bei seinen Gastgebern einen positiven Eindruck hinterließ. Wegen der Herzlichkeit der Beziehung zwischen Thatcher und Reagan und der Tatsache, dass der US-Präsident dem Urteil der britischen Premierministerin vertraute, war dies umso bedeutsamer. Als Frau Thatcher wenige Tage nach der Begegnung mit Gorbatschow in die Vereinigten Staaten flog und Präsident Reagan ihre positive Einschätzung mitteilte, fand diese folglich Anklang. Sie berichtete Reagan, seinem Außenminister George Shultz, Verteidigungsminister Caspar Weinberger und Vizepräsident George H. W. Bush, dass Gorbatschow »längst nicht so steif« wie der sowjetische Außenminister Gromyko sei. Er sei »charmanter, offener für Diskussionen und Argumente und klebe nicht an vorbereiteten Notizen«.[43] Beim nächsten Treffen mit Gorbatschow war dieser bereits Generalsekretär geworden. Thatcher befand sich unter den vielen Staatsoberhäuptern, die zu Tschernenkos Begräbnis nach Moskau gereist waren. Bei einer Begegnung mit Gorbatschow, die auf fünfzehn Minuten veranschlagt war, aber fast eine Stunde dauerte, sagte sie zu ihm, sein Besuch in London sei »einer der erfolgreichsten aller Zeiten« gewesen.[44] Außenminister Geoffrey Howe, der bei dem Gespräch anwesend war, berichtete, dass die Jovialität zu Hause nicht von allen gern gesehen wurde. Als ein »hartgesottener Beamter des Foreign Office« die Notiz über das Treffen las, sagte er, er sei »besorgt«, dass »die PM [Premierministerin] anscheinend ganz untypisch schwach in den Knien wird, wenn sie mit dem sympathischen Mr. Gorbatschow spricht«. In Wirklichkeit hätten die beiden Politiker, fügt Howe hinzu, obwohl sie »die Gesellschaft des anderen genossen«, niemals »ihre Wachsamkeit völlig vernachlässigt«.[45]

Auslandsreisen erweiterten keineswegs automatisch das Verständnis sowjetischer Funktionäre. Kaum einer war so weit gereist wie Andrej Gromyko, aber er blieb in seinem Gleis. Viele sowjetische Politiker und Bürokraten fanden rationale Gründe dafür, dass die UdSSR so weit hinter ihren westlichen Rivalen zurücklag. Andere praktizierten im Namen ihrer Karriere eine endlose Selbstzensur. Aber je mehr Ost-West-Reisen erlaubt wurden, desto stärker erodierte die marxistisch-leninistische Ideologie. Interessengruppen und Politiker, die versuchten, sowjetische Besucher von der Einreise abzuhalten, bremsten eher den Prozess des Wandels in der kommunistischen Welt, als ihn zu beschleunigen. Als die sogenannten Daughters of the American Revolution im Jahr 1959 eine Resolution verabschiedeten, die einen kulturellen Austausch mit kommunistischen Ländern ablehnte, weil diesem »die Absicht zugrunde liege, Amerikaner für den Kommunismus weich zu machen«,[46] da unterschätzten sie nicht nur ihre Landsleute, sie bewiesen außerdem, dass sie überhaupt nicht begriffen hatten (wie auch einige westliche Geheimdienste), welche Seite bei einem solchen Austausch mehr zu verlieren hatte.

Und obendrein hatte ausgerechnet die kommunistische Seite die Peinlichkeit etlicher Überläufer zu beklagen. Von Seitenwechseln *in* die Sowjetunion durch Schriftsteller, Künstler oder Tänzer hörte man so gut wie nie etwas. Wer in diese Richtung überlief, hatte in der Regel für den KGB gearbeitet, sei es nun aus Überzeugung oder aus finanziellen Gründen. Dazu zählten einige der berühmtesten britischen Spione, die in der Tat aus kommunistischer Überzeugung der Sowjetunion gedient hatten: Kim Philby, Donald MacLean, Guy Burgess und später George Blake. In der entgegengesetzten Richtung gab es sehr viel mehr Bewegung. Wenn man nur die Balletttänzer nimmt, so kamen die drei berühmtesten in erster Linie auf der Suche nach größerer künstlerischer Freiheit in den Westen – Rudolf Nurejew (1961), Natalja Makarowa (1970) und Michail Baryschnikow (1974). Außerdem war ihnen die Überwachung verhasst, der sie durch ihre KGB-Aufpasser unablässig ausgesetzt waren, wenn sie ins Ausland reisten. Während der Perestroika veränderte sich die Haltung in Moskau sowohl gegenüber Künstlern, die auf eigene Initiative übergelaufen waren, als auch gegenüber jenen, die von sowjetischen Behörden ins Exil getrieben worden waren. So wurden Baryschnikow und Makarowa (wie Nurejew Absolventen der Leningrader Ballettschule und Mitglieder des Leningrader Kirow-Balletts) im Jahr 1987 eingeladen, am Bolschoi-Theater in Moskau zu tanzen.

Ausländischer Rundfunk

»Den Westen« zu sehen war wichtiger, als etwas über ihn zu hören. Aber während es in den Jahren des Kalten Krieges allenfalls Tausenden möglich war, aus kommunistischen Staaten in westliche Länder zu reisen und wieder heimzukehren, waren Millionen imstande, sich ausländische Rundfunksendungen anzuhören. Die strenge Zensur, die zur Folge hatte, dass einheimische Massenmedien eine fast aus-

Ausländischer Rundfunk

schließliche Kost aus guten Meldungen aus der kommunistischen Heimat und schlechten Nachrichten aus der kapitalistischen Welt zu bieten hatten, wurde in erster Linie von Rundfunksendern aus dem Ausland untergraben. Am beliebtesten waren Sendungen, die von Landsleuten in der Sprache der betroffenen Ländern gemacht wurden. Folglich finanzierte der amerikanische Steuerzahler die Sender Radio Liberty, der in die Sowjetunion sendete, und Radio Free Europe für die osteuropäischen Staaten. Beide Rundfunksender hatten ihren Sitz in München. Westdeutschland betrieb selbst wichtige Sendeanstalten. Ein besonders einflussreicher Sender war die British Broadcasting Corporation (BBC), die Sendungen in allen wichtigen Sprachen der kommunistischen Welt ausstrahlte. Alle diese Sender wurden jedoch massiv gestört. In der Sowjetunion war es in Städten so gut wie unmöglich, sie bei den kreischenden Interferenzen zu hören, von denen die Stimmen aus dem Ausland überlagert wurden. Auf dem Land war es häufig leichter. Folglich konnten viele Intellektuelle und politisch Interessierte die Sendungen auf ihren Datschen empfangen.

Die Menschen übernahmen nicht unbedingt alles, was sie hörten, sie stimmten auch nicht immer mit dem Gesagten überein, aber vor allem in Mitteleuropa wurde diesen Sendungen von Landsleuten aus dem Ausland mehr Glauben geschenkt als den einheimischen Medien, insbesondere bei aktuellen politischen Themen. Von Zeit zu Zeit wurden die Störmanöver abgeschwächt. So wurden etwa die fremdsprachigen Sendungen der großen nationalen Rundfunkanstalten wie BBC während einer Phase vor und nach dem Helsinki-Abkommen von 1975 nicht gestört. Aber selbst in diesem Zeitraum wurden Radio Liberty (RL) und Radio Free Europe (RFE) unverändert gestört, weil sie von den kommunistischen Behörden als Formen der psychologischen Kriegführung angesehen wurden. Die Störung sämtlicher Sendungen in den Sprachen der kommunistischen Staaten wurde jedoch mit voller Kraft wiederaufgenommen, als die Arbeiterbewegung in Polen gegen Ende des Jahrzehnts an Stoßkraft gewann. Das Letzte, was die Behörden wollten, waren objektive Nachrichten über den Aufstieg einer unabhängigen Gewerkschaftsbewegung in einem kommunistischen Staat. Was Informationen aus dem »Ausland« betrifft, war die DDR ein Sonderfall, weil die dortige Bevölkerung nicht nur Rundfunksendungen aus der Bundesrepublik anhören konnte, sondern auch das Fernsehprogramm von dort empfing.

Für den Rest des kommunistischen Europa ist es von Bedeutung, dass Sendungen in englischer Sprache, vor allem die Sender Voice of America und die BBC, nicht gestört wurden. Das lag zum Teil daran, dass nur eine sehr gebildete Minderheit der Bevölkerung ihnen folgen konnte, und auch daran, dass ihre Nachrichten nicht speziell auf die kommunistische Welt (wie die Sendungen von RL und RFE) ausgerichtet waren oder den Thesen der Propagandaabteilung des ZK widersprechen sollten. Diese Rundfunksender wurden von der Bevölkerung vor allem in internationalen Krisenzeiten eingestellt, wenn sie eine völlig andere Sichtweise als die offiziellen kommunistischen Medien boten. Wie stark der Einfluss der ausländischen Sendungen wirklich war, lässt sich zwar kaum messen, doch ihre Bedeutung liegt in der Tatsache, dass die kommunistischen Regime durch sie das alleinige Monopol über die Informationsquellen verloren, das sie eigentlich anstrebten. Anteilmäßig wurden sie in Polen häufiger gehört als in der Sowjetunion, aber ich nahm an etlichen Gesprächen in Russland teil, die damit begannen, dass ein Teilnehmer erzählte, was er im Auslandsradio gehört hatte. Einige zogen die BBC anderen Sendeanstalten vor, weil sie sagten, sie berichte »am objektivsten«, andere hingegen hörten lieber Radio Liberty, weil der Sender mehr politische Informationen über die Sowjetunion lieferte.

Die Parteiführung war nicht so stark auf diese Stimmen von außen als Informationsquelle angewiesen wie gewöhnliche Sterbliche, weil für sie Zusammenfassungen von dem erstellt wurden, was ausländische Medien berichteten. In sehr kleiner Auflage wurden auch Bücher herausgegeben, die den Mitgliedern des Zentralkomitees vorbehalten waren, wie die Übersetzungen von Memoiren westlicher Politiker oder einige Schriften der Eurokommunisten, die aber nicht an das allgemeine Publikum verkauft wurden. Dennoch war es keineswegs ungewöhnlich, dass hohe Partei- und Regierungsmitglieder ausländische Radiosender anhörten. In seinen Roman *Gähnende Höhen*, in dem die Sowjetunion den Namen Ibansk hat, hat Sinowjew einige Kapitel über »spätere Geschichte« aufgenommen, in der der Kommunismus weltweit gesiegt hat. Folglich konnte man auch »keine Moden mehr übernehmen, sich nirgends mehr vom ibanskischen Stress erholen und ausländische Sächelchen zulegen, auf niemanden mehr seine Schwierigkeiten abwälzen und mit niemandem mehr seine hervorragenden Erfolge vergleichen«.[47] Der »geliebte Feind«, der »das

Leben doch wenigstens ein ganz klein bisschen sinnvoll und interessant gemacht hatte«, war verschwunden. Sinowjew beschreibt, wie die Führer des Landes vergeblich nach einer Erleuchtung aus dem Ausland suchen: »Einmal hat der Ver-Führer einen ganzen Abend lang an den Knöpfen seines Radios rumgedreht in der Hoffnung, wenigstens irgendein Freies Stimmchen zu kriegen und ein kleines bisschen Wahrheit über Ibansk zu hören. Aber ach! Keine einzige Freie Stimme gab es mehr.«[48]

In der echten Welt existierte das »Ausland« weiter und war verblüffend andersartig. Rundfunksendungen gingen in beide Richtungen, nicht nur von West nach Ost. Ostsender wurden nicht gestört, aber nur sehr wenige hörten sie sich an. In dem Krieg der Worte hatten demokratische Länder den Vorteil, dass Sendungen aus kommunistischen Staaten keine verbotene Frucht, sondern langweilige Propaganda waren, deren wichtigste Stoßrichtungen man ganz offen (noch dazu interessanter) in Teilen der westlichen Medien nachlesen konnte.

Ronald Reagan und Papst Johannes Paul II.

Als der ehemalige US-Präsident Ronald Reagan im Jahr 2004 starb, wurde ihm gemeinhin das Verdienst zugesprochen, dass er den Kommunismus zu Fall gebracht habe. Ein Jahr danach starb Papst Johannes Paul II., und in Bezug auf ihn wurde derselbe Anspruch erhoben.[49] In Wahrheit hatten sowohl der US-Präsident als auch der Papst gewiss Anteil am Niedergang des Kommunismus, aber keineswegs den größten. Obendrein ist Reagans Rolle häufig falsch interpretiert worden. Es waren nicht seine unverblümten Worte – als er etwa die Sowjetunion 1983 als ein »Reich des Bösen« bezeichnete oder als er in Berlin am Brandenburger Tor im Juni 1987 ausrief: »Mr. Gorbatschow, öffnen Sie dieses Tor! Mr. Gorbatschow, reißen Sie diese Mauer nieder!«[50] –, die einen grundlegenden Wandel in den kommunistischen Regimen hervorbrachten. Ebenso wenig war es in erster Linie das Aufrüsten der Vereinigten Staaten, nicht zuletzt die Strategische Verteidigungsinitiative Reagans, besser bekannt als SDI oder »Star Wars«. Diese Dinge stärkten in den meisten Fällen eher die Hardliner innerhalb der sowjetischen politischen Elite als die Reformer. Sie erschwerten die Aufgabe derjenigen, die eine qualitative Verbesserung der Ost-West-Beziehungen anstrebten. Wenn Politiker den Erfolg hervorheben, den sie Reagans Unterstützung für eine Aufrüstung zuschreiben, dann übersehen sie im Allgemeinen einen ganz anderen Aspekt seiner Anschauung. Reagan hasste Atomwaffen und war bereit zu glauben, dass sie durch SDI obsolet werden würden, also durch das Raketenabwehrsystem, das angeblich anfliegende und mit nuklearen Sprengköpfen bestückte Raketen zerstören konnte. Wer mehr Ahnung von der praktischen Anwendbarkeit hatte, wie der Leiter der sowjetischen Weltraumforschung, hielt diese Vorstellung für völlig wirklichkeitsfremd. Was den Russen eigentlich Sorgen machte, waren die technologischen Spinoff-Effekte, die sich bei der gigantischen Investition einstellen würden, die Reagan für SDI bereitstellen wollte, nicht die Überzeugung, dass das System tatsächlich funktionieren würde.[51]

Aber neben den erhöhten Rüstungsausgaben und den harten Worten (die auch manchen Bündnispartnern Amerikas schwer im Magen lagen) gab es einen Reagan, der sich als Friedensstifter sah, nicht als Kriegshetzer, und der bereit war, mit der Sowjetunion zu verhandeln, sofern er einen Verhandlungspartner fand. Selbst in seiner ersten Amtszeit als Präsident machte Reagan Offerten an Moskau, die brüsk abgelehnt wurden. Am 24. April 1981 schrieb er einen persönlichen Brief an Breschnew, der den Frost zwischen den beiden »Supermächten« ein wenig auftauen sollte, aber er erhielt, wie Reagan selbst schreibt, »eine eisige Antwort«.[52] Darüber hinaus war es nicht das Ziel der Politik Reagans, die Sowjetunion aufzulösen. Jack Matlock, der ranghöchste Sowjetunion-Experte im Nationalen Sicherheitsrat während Reagans erster Amtszeit und von 1987 bis 1991 US-Botschafter in Moskau, hat betont: »Präsident Reagan war dafür, die Sowjetunion unter Druck zu setzen, aber sein Ziel war es, die sowjetischen Führer dazu zu bringen, vernünftige Abkommen abzuschließen, nicht das Land aufzulösen.«[53] Ein wichtiges internes Dokument der US-Regierung (das bis lange nach dem Zerfall der Sowjetunion unter Verschluss blieb) mit dem Titel »US-Beziehungen zur UdSSR« wurde am 17. Januar 1983 ausgegeben. Laut Matlock »enthielt es nicht die Spur eines Wunsches, die Sowjetunion zu zerstören, eine militärische Überlegenheit der USA zu errichten oder die Sowjetunion zu zwingen, ihre eigene Sicherheit zu gefährden«. Das Dokument billigte

Ronald Reagan und Papst Johannes Paul II.   637

Verhandlungen mit der Sowjetunion, »die im Einklang mit dem Prinzip strenger Gegenseitigkeit und des *beiderseitigen Interesses*« [Hervorhebung im Original] standen. Der einzige Aspekt, bei dem dieses Dokument für den internen Gebrauch der US-Politiker über die öffentlichen Äußerungen hinausging, war die Absicht, »im Rahmen der engen, uns zur Verfügung stehenden Grenzen, den Prozess des Wandels in der Sowjetunion in Richtung eines pluralistischeren politischen und wirtschaftlichen Systems zu fördern, in dem die Macht der privilegierten herrschenden Elite allmählich verringert wird«.[54]

Außenminister George Shultz führte anschließend eine Reihe von samstäglichen Frühstückstreffen für hohe Regierungsvertreter ein, um im gemeinsamen Gespräch die Meinungsverschiedenheiten unter den Regierungsbehörden auszuräumen. Obwohl zu den Anwesenden Verteidigungsminister Caspar Weinberger und CIA-Chef William Casey sowie Shultz, der Nationale Sicherheitsberater Robert McFarlane und Vizepräsident George H. W. Bush zählten, plädierte kein einziger Teilnehmer dafür, dass die Vereinigten Staaten versuchen sollten, »die Sowjetunion zu stürzen«. Sie erkannten, dass amerikanische Versuche, aus den sowjetischen Schwierigkeiten Vorteil zu schlagen, »den sowjetischen Widerstand gegen den Wandel stärken und nicht verringern würden«.[55]

Diese Annahmen, die der amerikanischen Politik zugrunde lagen, waren weit von dem entfernt, was viele seither gesagt haben, die in der Reagan-Administration mitgearbeitet hatten. Nachdem das sowjetische System und die Sowjetunion selbst aufgehört hatten zu existieren, wurde behauptet, das sei von Anfang an das Ziel von Reagans Politik gewesen. Es lässt sich nicht bestreiten, dass der Präsident selbst gemischte Signale aussandte, gerade in der ersten Amtszeit. Einige seiner Reden legten in der Tat die Vermutung nahe, dass es ein Ziel seiner Politik sei, das sowjetische System in den Abfalleimer der Geschichte zu befördern. Aber Reagan wusste ganz genau, dass der Wunsch, das Ende des Kommunismus zu erleben, und aktive Maßnahmen, um dies zu erreichen, zwei Paar Stiefel waren. Derartige Maßnahmen könnten unbeabsichtigte Konsequenzen haben und würden mit Sicherheit sein Streben nach Dialog stören. Die Reagan-Administration insgesamt war in zwei Lager gespalten, in erster Linie zwischen George Shultz, nachdem er Al Haig als Außenminister abgelöst hatte, auf der einen und Verteidigungsminister Caspar Weinberger auf der anderen Seite. Die Spaltung war eine oder zwei Ebenen tiefer in den betreffenden Ministerien eher noch deutlicher zu spüren.

Wenn Reagan, wie die von Shultz, Matlock und anderen präsentierten Beweise nahelegen, eine zweigleisige Vorgehensweise gegenüber der Sowjetunion wünschte – antikommunistische Werte im Verein mit militärischer Stärke einerseits und andererseits ein Streben nach Dialog und der Wunsch, konkrete Vereinbarungen zu treffen –, so war die sowjetische Führung in der ersten Hälfte der achtziger Jahre überzeugt, dass Reagan nur an das erste Gleis wirklich glaubte. Als Folge besserten sich die amerikanisch-sowjetischen Beziehungen in Reagans erster Amtszeit nicht im Geringsten. Der Kalte Krieg wurde immer kälter, und es gab sogar Momente, in denen versehentlich ein Atomkrieg hätte ausbrechen können, wie im Jahr 1983, als man in Moskau befürchtete, dass die Vereinigten Staaten einen Erstschlag gegen die Sowjetunion vorbereiten würden. Ein NATO-Manöver wurde abgeändert, um hinreichend klarzustellen, dass es sich tatsächlich nur um ein Manöver handelte, nicht um das Vorspiel zu einem Überraschungsangriff.[56] Ronald Reagans Präsidentschaft überschnitt sich mit den Amtszeiten von vier sowjetischen Parteichefs: Leonid Breschnew, Juri Andropow, Konstantin Tschernenko und Michail Gorbatschow. Von einem Nachlassen der Spannungen oder einer Abschwächung des Kalten Krieges war nichts zu spüren, bis der Letzte der Genannten im März 1985 Generalsekretär wurde. Während Reagans erster Amtszeit kam es nicht zu einer Liberalisierung in der sowjetischen Politik gegenüber Osteuropa. Und die Länder Osteuropas wurden auch nicht freier oder demokratischer.

Das Ende des Kalten Krieges ist zwar nicht dasselbe Phänomen wie das Ende des Kommunismus in Europa, aber beides hängt miteinander zusammen. Der Kalte Krieg trug so gut wie sicher eher dazu bei, die kommunistischen Systeme zu erhalten, als sie zu Fall zu bringen. Die allgegenwärtige Bedrohung durch einen äußeren Feind diente als Rechtfertigung für eine autoritäre (bisweilen totalitäre) Herrschaft. Abweichende politische Meinungen wurden als Verrat des »sozialistischen Vaterlands« dargestellt, und mit der Bedrohung von außen wurden die Zensur und die Beschränkungen von Auslandsreisen rechtfertigt. Hingegen waren die kommunistischen Systeme viel schlechter dafür gerüstet, einen engeren Kontakt zu den wohlhaben-

Ronald Reagan und Papst Johannes Paul II. 639

den Demokratien des Westens und einen deutlichen Abbau der internationalen Spannungen zu überstehen. Was Präsident Reagans Anteil am Niedergang des Kommunismus angeht, so bestand er folglich weniger in seinem wahrgenommenen Beitrag zur Verschärfung des Kalten Krieges von 1980 bis 1984 (wie gemeinhin angenommen wird), sondern darin, dass er, gemeinsam mit Gorbatschow, dafür sorgte, dass der Kalte Krieg friedlich beendet werden konnte. Das geschah nur ein Jahr, nachdem Reagan aus dem Amt ausgeschieden war, als die Länder Osteuropas eins nach dem anderen unabhängig und nichtkommunistisch wurden. George Bush senior und sein Außenminister James Baker leisteten dazu ihren Beitrag, aber der Durchbruch zu qualitativ besseren Ost-West-Beziehungen war unter Reagan und Shultz erfolgt.[57]

Der Beitrag von Papst Johannes Paul II. wurde bereits in Kapitel 21 behandelt. Für die Katholiken in Osteuropa war ein ehrfurchtgebietender Papst, der aus einem Staat unter kommunistischer Herrschaft kam, nicht nur ein geistiger Trost, sondern auch ein Quell der politischen Inspiration. Das galt insbesondere im Heimatland des Papstes, wo das bemerkenswerte Wachstum der Solidarność-Bewegung zum großen Teil der Aufrüttelung des Landes durch den triumphalen Besuch Johannes Pauls II. 1979 zu verdanken war. Innerhalb der Sowjetunion war Litauen mit seiner starken katholischen Bevölkerung die Republik, in der der Einfluss des Papstes am stärksten zu spüren war. Dennoch war sogar in Polen, wo der Staat augenscheinlich viel schwächer gegenüber der Gesellschaft als in anderen Ländern Osteuropas war (und wo autonome Organisationen stärker waren als anderswo in der kommunistischen Welt), dieser Staat imstande, sich selbst zu behaupten. Er war mächtig genug, aus der Massenbewegung Solidarność, die 1980/81 einen Dialog mit Regierungsbehörden begonnen hatte und beinahe als legitimer Partner akzeptiert worden wäre, die geschwächte Untergrundorganisation von 1982 bis 1987 zu machen. Die Polen hatten das sichere Gefühl, dass hinter ihrer eigenen kommunistischen Partei und Regierung ein mächtiger sowjetischer Staat stand, der nicht bereit war, einen Abfall Polens vom Kommunismus und aus dem (ausgerechnet) so genannten Warschauer Pakt zu dulden. Diese Wahrnehmung erleichterte es zweifellos den polnischen, parteistaatlichen Behörden, die kommunistische »Ordnung« aus eigener Kraft wiederherzustellen. Da die Sowjetunion der ultimative Garant dieser Ordnung war, erwies sich eine Abstimmung durch die kommunistischen »Kardinäle« im sowjetischen Politbüro im März 1985 als noch wichtiger als die Abstimmung der Kardinäle in Rom im Jahr 1978. Auch wenn nichts ihrer eigentlichen Absicht ferner liegen könnte, machten die Politbüromitglieder, als sie im Kreml ihre Stimme für Gorbatschow abgaben, damit den Weg frei für den friedlichen Sturz des Kommunismus.

TEIL FÜNF

Der Fall des Kommunismus –
Versuch einer Interpretation

KAPITEL 24

Gorbatschow, Perestroika und der Versuch, den Kommunismus zu reformieren, 1985–1987

Am 11. März 1985 wurde Michail Gorbatschow der vierte Mann an der Spitze der Sowjetunion in einem Zeitraum von knapp zweieinhalb Jahren. Leonid Breschnew war nach achtzehn Jahren als Generalsekretär der KPdSU am 10. November 1982 gestorben. Seinen Platz nahm Juri Andropow ein, der seit Suslows Tod Anfang 1982 Zweiter Sekretär der Partei war. So wichtig der KGB auch war, war der Posten des Zweiten Sekretärs für Andropow, der den Geheimdienst fünfzehn Jahre lang geleitet hatte, zweifellos eine Beförderung. Damit stieg er zum ersten Kandidaten für die Nachfolge an der Parteispitze auf, obwohl die meisten in Breschnews Umfeld Konstantin Tschernenko vorgezogen hätten. Nur wenige Monate nach der Ernennung zum sowjetischen Parteichef verschlechterte sich Andropows Gesundheitszustand allerdings dramatisch, und er blieb nur fünfzehn Monate im höchsten politischen Amt. Er starb im Februar 1984 und wurde von Tschernenko abgelöst, der damals bereits 72 Jahre alt war. Dessen Amtszeit währte wiederum nur dreizehn Monate, er starb am Abend des 10. März 1985. Nur knapp 24 Stunden danach – eine außergewöhnlich kurze Frist – hatte die Sowjetunion bereits einen neuen Parteichef: den 54-jährigen Michail Gorbatschow.[1]

Die Tatsache, dass die Sowjetunion in den letzten Jahren von einer »Gerontokratie« geführt worden war, wurde durch den Tod der Parteiführer in so kurzen Abständen noch unterstrichen. Als der bereits kränkelnde Tschernenko im Februar 1984 zum Generalsekretär gewählt worden war, kursierte in der Sowjetunion der Witz: »Das Zentralkomitee hat einstimmig den Genossen Konstantin Ustinowitsch Tschernenko zum Generalsekretär gewählt und kam überein, seine

Asche an der Kremlmauer zu bestatten.« Dem Vernehmen nach rief Margaret Thatcher, die seit ihrer Wahl zur Premierministerin zum ersten Mal in die Sowjetunion reiste, um an Andropows Begräbnisfeier teilzunehmen, anschließend Ronald Reagan an und sagte zu ihm: »Du hättest zur Begräbnisfeier kommen sollen, Ron. Sie haben es sehr stilvoll gemacht. Ich werde nächstes Jahr auf jeden Fall wieder hingehen.« Was sie dann auch tat – zu den Trauerfeierlichkeiten für Tschernenko. Allerdings hatte dieser Besuch den zusätzlichen Anreiz, dass sie ihre Bekanntschaft mit dem neuen sowjetischen Parteichef Michail Gorbatschow auffrischen konnte.

Prolog

Der Leichenstarre in der Parteispitze entsprach der Rückgang des Wirtschaftswachstums des Landes bis zum völligen Stillstand. Schon allein die Tatsache, dass nichts dagegen unternommen wurde, dass so viele Mitglieder des Politbüros und des ZK-Sekretariats einfach gemeinsam alt wurden, kann als Symbol für die herrschende Stagnation gewertet werden. Andropow hatte versucht, der Wirtschaft eine gewisse Dynamik zu verleihen, indem er die Arbeitsdisziplin verschärfte. Mit einem riesigen Polizeiaufgebot sollte gewährleistet werden, dass die Leute nicht etwa während der Arbeitsstunden zum Friseur gingen. Geisteswissenschaftler, die in der Regel in Bibliotheken oder zu Hause arbeiteten, waren verpflichtet, sich in ihren Instituten aufzuhalten. In manchen Fällen hatte das zur Folge, dass sie sich in einen kleinen Raum quetschen mussten, in dem es praktisch nur Stehplätze gab.[2] Die von derartigen Maßnahmen ausgelöste Dynamik hielt sich, wie man sich denken kann, in Grenzen. Ferner erteilte Andropow Gorbatschow und Nikolai Ryschkow, einem ehemaligen Fabrikdirektor aus dem Ural, den Auftrag, geeignete Maßnahmen zu entwickeln, die das Wirtschaftssystem effizienter machen sollten. Als die beiden jedoch darum baten, den Staatshaushalt im Detail einzusehen, verweigerte Andropow ihnen die Genehmigung. Offenbar waren diese Angaben selbst für Mitglieder der Parteispitze, von denen ohnehin die wenigsten etwas damit anzufangen gewusst hätten, ein Staatsgeheimnis.[3] Andropow war jahrelang ein Anhänger der Politik gewesen, die Kádár in Ungarn verfolgt hatte, und hätte, wenn er

Prolog

mehr Zeit gehabt hätte, womöglich bis zu einem gewissen Grad eine Wirtschaftsreform in Gang gebracht. Er war jedoch nur innerhalb enger Grenzen ein Reformer und blieb ein unversöhnlicher Gegner jedes offen geäußerten Dissenses und jeder Entwicklung in Richtung eines politischen Pluralismus.

Der wichtigste Beitrag zu Reformen, den Andropow in seinen fünfzehn Monaten als Generalsekretär leistete, bestand darin, dass er den Zuständigkeitsbereich und die Vollmachten Gorbatschows ausdehnte, den er sich als unmittelbaren Nachfolger wünschte. Das lag nicht etwa an Gorbatschows späterem Kurs, von dem er nichts ahnte, sondern weil er dessen Intelligenz und Tatkraft schätzte. Die körperliche Schwäche Andropows untergrub jedoch zugleich auch seine politische Macht. Handschriftlich fügte er einen letzten Absatz an eine Rede vor einer Plenarsitzung des Zentralkomitees im Dezember 1984 an, die er nicht persönlich halten konnte, weil er im Krankenhaus lag. In diesem Absatz schlug Andropow vor, dass Gorbatschow (nicht Tschernenko) in seiner Abwesenheit den Vorsitz im Politbüro und Sekretariat übernehmen solle. Das war ein unmissverständlicher, aber vergeblicher Versuch, den jungen Funktionär zu seinem Nachfolger zu ernennen. Tschernenko beschloss gemeinsam mit dem Vorsitzenden des Ministerrats Nikolai Tichonow und dem Verteidigungsminister Dmitri Ustinow, die handschriftliche Ergänzung *nicht* zu verlesen. Andropows Berater Arkadi Wolski versuchte, zu Gorbatschow zu gelangen, um ihm mitzuteilen, was vorgefallen war, aber ihm wurde der Zugang verwehrt. Später erzählte Wolski dem amerikanischen Journalisten David Remnick, was passiert war, als er damals mit dem Chef der Allgemeinen Abteilung des Zentralkomitees Klawdi Bogoljubow sprach. Wolski teilte ihm mit, er sehe sich gezwungen, Andropow telefonisch über die Vorfälle zu informieren. Bogoljubow gab angeblich darauf zurück: »Dann wird das Ihr letzter Telefonanruf sein.«[4] Bogoljubow war ein reaktionärer und korrupter Parteifunktionär, der bislang buchstäblich strammgestanden war, wenn er einen Anruf von Andropow entgegennahm. Er buckelte vor dem Generalsekretär und schikanierte alle unteren Ränge. Nicht lange nach Gorbatschows Machtübernahme wurde Bogoljubow nicht nur aus dem ZK-Apparat, sondern auch aus der Partei ausgeschlossen.[5] Andropow kochte vor Zorn darüber, dass seine Anweisungen so eklatant missachtet worden waren, aber es lag auf der Hand, dass ihm die Macht allmählich entglitt.[6] Von seinem Bestreben, die Hackordnung für seine Nachfolge zugunsten von Gorbatschow zu beeinflussen, erfuhr damals nur eine Handvoll Menschen.

Unter Andropows kurzer Amtszeit als Parteichef war die Sowjetunion ein wenig wiederbelebt worden – zumindest im Vergleich zu den letzten Breschnew-Jahren. Die dreizehn Monate unter Tschernenko waren dann mehr als ein Rückfall in jene Phase, obwohl Gorbatschow Zweiter Sekretär der KPdSU geworden war. Nach Andropows Tod wurden erneut – von Tichonow und anderen – Versuche unternommen, Gorbatschows weiteren Aufstieg zu stoppen. Dank der früheren Unterstützung Andropows hatte Gorbatschow jedoch große Umbesetzungen des ZK-Apparates beaufsichtigt und befand sich in einer so starken Position, dass er auf den zweiten Platz vorrückte, als Tschernenko auf den ersten Platz wechselte. Der sterbenskranke Tschernenko und sein konservatives Gefolge verhinderten jedoch jeden nennenswerten Kurswechsel während dieses Interregnums. Abgesehen von einer längeren Rede im Dezember 1984 (die Gorbatschow gegen Tschernenkos Wunsch hielt), in der er seine bislang gewagteste Kritik an dem klischeehaften Denken in der Sowjetunion äußerte,[7] achtete Gorbatschow sorgfältig darauf, dem eigenen weiteren Aufstieg keine Steine in den Weg zu legen und den politischen Gegnern keine Munition zu liefern. Einige ältere Mitglieder der Parteispitze machten sich Tschernenkos außerordentlich ideenlosen Führungsstil zunutze, um ihre Nostalgie für Stalin zu bekunden. Der Massenmord in den dreißiger Jahren an Menschen für Verbrechen, die sie nicht einmal begangen hatten, erschien einigen als geringfügiges Vergehen. Das Hauptverbrechen hatte in ihren Augen vielmehr Chruschtschow begangen – als er der ganzen Welt davon erzählte. Auf einer Politbürositzung am 12. Juli 1984 sagte Verteidigungsminister Ustinow über Chruschtschow: »Denken Sie nur daran, was er aus unserer Geschichte, aus Stalin gemacht hat.« Als Gromyko daraufhin erklärte, Chruschtschow habe »dem positiven Bild von der Sowjetunion in den Augen der ganzen Welt einen irreparablen Schlag« versetzt, schob Ustinow nach, dass Chruschtschow dem Westen »die Argumente, das Material« geliefert habe, »um uns auf Jahre hinaus zu diskreditieren«. Um dem nicht nachzustehen, warf Gromyko ein: »In Wirklichkeit konnte nur deswegen der sogenannte Eurokommunismus entstehen!«[8]

Die Nostalgiewelle für Stalin und die Tendenz, an Chruschtschow, der mittlerweile seit dreizehn Jahren tot war, kein gutes Haar zu lassen, kamen voll in Fahrt, als Tschernenko dem Politbüro mitteilte, dass er sich mit Wjatscheslaw Molotow, jahrelang die rechte Hand Stalins, getroffen habe. Dieser sei hocherfreut über die Entscheidung gewesen, ihn wieder in die Partei aufzunehmen. Der 93-jährige Molotow teilte Tschernenko mit, sie sei für ihn wie »eine zweite Geburt« gewesen. Die Wiederaufnahme Molotows in die Partei war, mit Blick auf sein Alter, eine symbolische Geste, allerdings ein Symbol für einen weiteren Abschied von Chruschtschows Antistalinismus, selbst im Vergleich zur Breschnew-Ära. Die Initiative habe, so berichtete Tschernenko dem Politbüro, Briefe von Georgi Malenkow und Lasar Kaganowitsch nach sich gezogen, in denen sie ebenfalls die Wiederaufnahme in die Partei beantragt hätten. Der Antrag stieß auf breite Zustimmung, aber auf der Sitzung wurde keine endgültige Entscheidung getroffen. Ustinow sprach sogar ein Thema an, das praktisch einer öffentlichen Rehabilitierung Stalins gleichgekommen wäre, indem er vorschlug, der Stadt Wolgograd wiederum den Namen zu geben, den sie während des Krieges getragen hatte: Stalingrad. Dieser Schritt könne doch im Rahmen der Feierlichkeiten anlässlich des »40. Jahrestages des Sieges über den Faschismus« im folgenden Jahr in Betracht gezogen werden. Im Mai 1985 war Ustinow aber bereits tot und Gorbatschow Generalsekretär, und die Umbenennung fand nicht statt. Im Jahr 1984 musste Gorbatschow sorgfältig darauf achten, sich kein hohes Politbüromitglied zum Feind zu machen, wenn er Tschernenkos Nachfolger werden wollte, und begnügte sich deshalb mit folgender Antwort auf Ustinows Anregung zu Stalingrad: »Dieser Vorschlag hat sowohl positive als auch negative Seiten.«[9]

Dabei war Gorbatschow ein Antistalinist.[10] Beide Großväter von ihm, Kleinbauern, waren in den dreißiger Jahren verhaftet worden. Der Großvater mütterlicherseits seiner Frau Raissa wurde verhaftet, des Trotzkismus angeklagt (obwohl er keine Ahnung von Trotzki hatte) und »verschwand spurlos«, wie seine Enkelin schrieb. Raissa Gorbatschowa fügte hinzu: »Meine Großmutter starb vor Gram und Hunger als Frau eines ›Volksfeindes‹. Und die vier Kinder, die sie zurückließ, waren der Willkür des Schicksals ausgeliefert.«[11] Zu der Zeit brachten die meisten Menschen, deren Angehörige verhaftet worden waren, dies noch nicht mit der Person Stalins in Verbindung, geschweige denn mit den Grundpfeilern des Systems. In dieser Hinsicht war Michail Gorbatschow keine Ausnahme. Aber er zählte zu denjenigen, denen von Chruschtschows Geheimrede im Jahr 1956 die Augen für die gewaltige Schuld Stalins geöffnet worden waren. Er selbst schickte sich an, sobald er die Macht und Gelegenheit dazu hatte, nicht nur (wie Chruschtschow) das System zu reorganisieren, das Stalin auf Lenins Fundament errichtet hatte, sondern einen grundlegenden Wandel zu vollziehen. Der Punkt, an dem die radikale Reform zu einer Transformation des Systems kippte, wurde im Sommer 1988 erreicht, wie wir im nächsten Kapitel sehen werden. Aber bereits in den Jahren 1986/87 änderte sich vieles. In seiner Rede am Vorabend des 70. Jahrestags der bolschewistischen Revolution brach Gorbatschow im November 1987 richtungweisend das Tabu, das seit den ersten Breschnew-Jahren gegolten hatte, nämlich Kritik an Stalin und dem Stalinismus zu üben. Er erklärte:

> Manchmal wird behauptet, Stalin habe von den Gesetzlosigkeiten nichts gewusst. Aus den Dokumenten, über die wir verfügen, geht hervor, dass dies nicht so ist. Die Schuld Stalins und seiner nächsten Umgebung gegenüber Partei und Volk für die begangenen Massenrepressalien und die Gesetzlosigkeiten ist gewaltig und unverzeihlich. Das ist eine Lehre für alle Generationen.[12]

Wie der Wandel begann

Aus heutiger Sicht sind viele der Meinung, dass in der zweiten Hälfte der achtziger Jahre ein grundlegender Wandel in der Sowjetunion unvermeidlich war. Aber damals hätte wohl kaum jemand einen Wandel vorausgesagt, der auch nur annähernd mit dem vergleichbar gewesen wäre, der dann tatsächlich eintrat. Obwohl das sowjetische System sowohl ineffizient als auch repressiv war und obwohl die Wirtschaft praktisch stagnierte, hieß das noch lange nicht, dass es keine Alternative zu einem radikalen Wandel gegeben hätte. Je stärker das System liberalisiert und demokratisiert wurde, desto entscheidender wurde das wirtschaftliche Scheitern, und einige wirtschaftspolitische Maßnahmen der Perestroika-Ära verschärften die

Wie der Wandel begann 649

Probleme noch. Die Ansichten aller Politbüromitglieder zur Zeit von Tschernenkos Tod sind bekannt. Folglich kann man mit einiger Sicherheit behaupten, dass die Sowjetunion vermutlich weder liberalisiert noch demokratisiert worden wäre, wenn sie einen anderen aus ihren Reihen zum Generalsekretär ausgewählt hätten. Extrem autoritäre (oder totalitäre) Regime können, per definitionem, jederzeit die Opposition unterdrücken und eine Vielfalt von Gründen anführen, den Gürtel enger zu schnallen. Wenn sich Andropow einer besseren Gesundheit erfreut hätte, hätte sich durchaus eine kleinere Reform entfalten können, die aber lange vor dem haltgemacht hätte, was unter Gorbatschow eintrat. Wenn Tschernenko länger gelebt hätte, hätte sich unter ihm als Generalsekretär überhaupt nichts verändert.

Ob man das sowjetische Staatswesen am Vorabend der Perestroika nun extrem autoritär oder totalitär nennt, der Unterschied zwischen solchen Systemen und einer Demokratie besteht darin, dass ihre Regierungen selbst einen Rückgang der Wirtschaftsleistung überstehen können – nicht unbegrenzt, aber über etliche Jahrzehnte hinweg. Viele Diktatoren in Entwicklungsländern, denen längst nicht so raffinierte Propagandamethoden und Ressourcen für Repressionen zur Verfügung standen wie der sowjetischen Führung, haben mit Volkswirtschaften überlebt, die in einem weit schlechteren Zustand als die Sowjetunion in den achtziger Jahren waren. Wenn die sowjetische Wirtschaft im Jahr 1985 unter etwas litt, das einer Krise sehr nahekam, so handelte es sich um eine »Krise«, die nur von einer Minderheit der politischen Elite wahrgenommen wurde: von jenen, die über den langfristigen Rückgang der Wachstumsraten der sowjetischen Wirtschaft und über den technologischen Rückstand der Sowjetunion gegenüber dem Westen genau Bescheid wussten (zudem machten die frisch industrialisierten Länder Asiens raschere Fortschritte als die UdSSR). Aber es handelte sich nicht um eine Krise in dem Sinn, dass nennenswerte Unruhen im Land zu beobachten gewesen wären, ganz zu schweigen davon, dass die Grundlagen des Systems in Gefahr gewesen wären. In den Jahren 1990/91 steckte die Sowjetunion in einer echten Krise, aber in diesem Fall löste die Reform die Krise aus, und nicht umgekehrt die Krise automatisch Reformen. Extrem autoritären Regimen stehen andere Mittel zur Verfügung als eine Liberalisierung der Machtausübung. Tatsächlich ist, wie schon Tocqueville beobachtete, die durch eine Revolution zerstörte Gesellschaftsordnung unmittelbar vor der Revolution fast immer weniger repressiv als die Ordnung, die noch weiter zurücklag. Ein autoritäres Regime gerät in dem Moment in höchste Gefahr, wenn es Reformen einleitet.

Die Wahl Gorbatschows

Der Tod Tschernenkos am 10. März 1985 war eine notwendige, aber keineswegs ausreichende Voraussetzung für den enormen Wandel im sowjetischen System, der nunmehr einsetzen sollte. In seiner Funktion als Zweiter Sekretär erfuhr Gorbatschow als erste Person in der sowjetischen Führung durch den Kreml-Arzt von dem Tod des Generalsekretärs. Noch am selben Abend berief Gorbatschow die Politbüromitglieder zu einer Sitzung ein und übernahm selbst den Vorsitz. (Von Zeit zu Zeit hatte er bereits Sitzungen des Politbüros und des ZK-Sekretariats geleitet, als Tschernenko nicht daran teilnehmen konnte.) Es saßen damals einige am Tisch, die am liebsten verhindert hätten, dass er Generalsekretär wurde, aber sie verfügten weder über die nötige Stimmenzahl, um ihn aufzuhalten, noch über einen akzeptablen Gegenkandidaten. Da sie nichts dadurch gewinnen konnten, dass sie gegen den sicheren Sieger stimmten, wurde Gorbatschow innerhalb von 24 Stunden einstimmig sowohl vom Politbüro als auch vom Zentralkomitee zum Führer der Partei – und damit des Landes – gewählt. Damals hatte in der Parteispitze niemand eine Vorstellung davon, wie weit Gorbatschow bereit war, bei innenpolitischen Reformen oder bei einem Kurswechsel in der Außenpolitik zu gehen. Tatsächlich hatte Gorbatschow selbst, obwohl er bereits beschlossen hatte, dass Reformen und ein frischer Wind in den internationalen Beziehungen unerlässlich waren, wohl keinen so weitreichenden Wandel im sowjetischen System beabsichtigt. Mit Sicherheit hatte er nicht vorgehabt, die Sowjetunion aufzulösen. Er wurde nicht deswegen gewählt, weil er ein Reformer war oder als Vertreter eines weicheren Kurses galt, sondern weil er in der stärksten Stellung war, seinen Anspruch durchzusetzen, und weil er von dem »Auswahlgremium« als ein Mensch angesehen wurde, der Intelligenz mit dynamischem Tatendrang vereinte.[13] Sein relativ junges Alter (auch wenn 54 Jahre vor der Breschnew-Ära für einen sowjetischen Politiker nicht mehr als jung gegolten hätten) war ebenfalls von Vorteil für ihn, weil die

Wie der Wandel begann

Staatsbegräbnisse für betagte Parteichefs unlängst in einem geradezu peinlich kurzen Abstand aufeinander gefolgt waren.

Um zu gewährleisten, dass seine Beförderung auf den Posten mit der größten politischen Macht in der Sowjetunion reibungslos vonstattenging, hatte Gorbatschow mit Andrej Gromyko einen Deal geschlossen: Gromyko sollte Vorsitzender des Präsidiums des Obersten Sowjets werden, formal das Staatsoberhaupt. Gorbatschow verzichtete freiwillig auf dieses Amt, obwohl Andropow und Tschernenko in ihren kurzen Amtszeiten als Generalsekretär beide Breschnews Vorbild gefolgt waren und auch das Amt des Staatschefs übernommen hatten. Damit schlug Gorbatschow zwei Fliegen mit einer Klappe. Vor allem bedeutete es, dass er die tatkräftige Unterstützung des einflussreichen Gromyko besaß – der sprach sich dann auch auf der Politbürositzung am 11. März als Erster für ihn aus. Und am selben Nachmittag hielt der Außenminister auch die Rede vor dem Zentralkomitee. Der zweite Vorteil war noch wichtiger, denn selbst ohne Gromykos aktive Unterstützung wäre Gorbatschow vermutlich Generalsekretär geworden. Der Deal hatte aber zur Folge, dass Gromyko, der fast dreißig Jahre lang (seit 1957) das Außenministerium geleitet hatte, nicht länger für die Außenpolitik zuständig war. Nur knapp drei Monate nach der Wahl Gorbatschows zum Parteichef wechselte Gromyko in der Tat auf den Ehrenposten des Staatsoberhaupts (behielt allerdings seinen Sitz im Politbüro). Auf Gorbatschows Vorschlag hin wurde der Erste Sekretär der Partei in Georgien, Eduard Schewardnadse, zum Außenminister ernannt. Im Gegensatz zu vielen seiner Vorgänger holte Gorbatschow keinen Einzigen, der in seiner Heimatregion unter ihm gearbeitet hatte, in die Führungsmannschaft. In der Person Schewardnadses berief er jedoch jemanden, zu dem er ein gutes Verhältnis hatte und der keinerlei Erfahrung in der Außenpolitik hatte. In den Augen Gorbatschows erleichterte beides einen frischen Ansatz und hatte zur Folge, dass er selbst bei der Gestaltung der Außenpolitik das Sagen haben würde. Das wäre schwieriger gewesen, wenn Gromyko mit seiner persönlichen Erfahrung und der ausgeprägten Erinnerung an so gut wie jedes größere internationale Ereignis seit dem Zweiten Weltkrieg im Amt geblieben wäre. (Gromyko hatte bereits die sowjetische Delegation bei der Konferenz in Dumbarton Oaks zur Gründung der Vereinten Nationen geleitet und 1945 an den Konferenzen in Jalta und Potsdam teilgenommen.)

Neue Köpfe, neue Konzepte

Der unmittelbare Impuls für Veränderungen Mitte der achtziger Jahre ging von der Wirtschaft aus. Gorbatschow war im März 1985 der Einzige im Politbüro, der ernsthaft Reformen wollte, hatte aber keinen vorgefertigten Plan. Sein erster und wichtigster Schritt bestand darin, Diskussionen sowie den Austausch von Argumenten zu fördern und fast alle Berater zu entlassen, die er von seinem Vorgänger übernommen hatte. Er zog umfassend Experten zu Rate. In den ersten Jahren der Perestroika hatten unter anderen zwei reformorientierte Gelehrte großen Einfluss, die aus dem sibirischen Ableger der Akademie der Wissenschaften nach Moskau geholt wurden: der Wirtschaftsexperte Abel Aganbegjan und die Soziologin Tatjana Saslawskaja. Als engere Berater rief er zwei der klügsten Köpfe des ZK-Apparates zu sich: Anatoli Tschernajew, einen stellvertretenden Leiter der Internationalen Abteilung, und Georgi Schachnasarow, den stellvertretenden Leiter der Abteilung für sozialistische Länder. Beide wurden informell fast von Anfang an um Rat gefragt. Ab Februar 1986 arbeitete Tschernajew nur noch für Gorbatschow – und wurde zu seinem wichtigsten außenpolitischen Berater. Schachnasarow wurde ab Februar 1988 ein vergleichsweise einflussreicher Vollzeitmitarbeiter und beriet den Parteichef sowohl zu Osteuropa als auch zur politischen Reform des sowjetischen Systems. So veränderte Gorbatschow von Beginn an die »Einflussbalance« unter den Beratern, noch bevor er es sich leisten konnte, die »Machtbalance« zu verändern.

Als ersten Schritt in diese Richtung schickte er einige stockkonservative Politbüromitglieder wie Nikolai Tichonow, Grigori Romanow und Viktor Grischin noch vor Ende 1985 in den Zwangsruhestand. Im September des Jahres löste Gorbatschow Tichonow durch Ryschkow als Vorsitzenden des Ministerrats ab. In den kommenden fünf Jahren trug vor allem Ryschkow die Verantwortung für die Leitung und Reform der sowjetischen Wirtschaft. Gorbatschow legte zwar großen Wert auf die Wirtschaft, vertrat aber die Meinung, das sei in erster Linie die Aufgabe des Ministerrats. Er achtete ferner stark darauf, die Praxis zu beenden, dass Parteiorgane die Arbeit der zuständigen Ministerien zum Teil noch einmal erledigten oder auch überwachten. (Im Jahr 1988 schaffte er sämtliche ZK-Abteilungen für Wirtschaftszweige ab, mit Ausnahme der Abteilung für die Landwirtschaft.) Gorbatschow selbst beschäftigte sich intensiver mit der politischen Reform und der Außenpolitik. Der neue Zweite Sekretär der Partei, Jegor Ligatschow, hatte bei Stellenbesetzungen jedoch ein Wort mitzureden. Auf seine Empfehlung hin wechselte Boris Jelzin vom Posten des Ersten Sekretärs der Industrieregion Swerdlowsk an die Spitze einer ZK-Abteilung in Moskau. Ende 1985 wurde Jelzin, der seit einem halben Jahr ZK-Sekretär war, als Nachfolger von Grischin zum Ersten Sekretär der Moskauer Parteiorganisation ernannt. Die Beförderung, die schon zum damaligen Zeitpunkt bemerkenswert war, erscheint im Rückblick als folgenschwer. Binnen kurzer Zeit überwarf sich Jelzin mit Ligatschow und später auch mit Gorbatschow.

In dieser ersten Phase unter Gorbatschows Führung wurden Innovationen in der Politik und personelle Umbesetzungen sehr stark von oben oktroyiert. Das sowjetische System war so hierarchisch und autoritär, dass größere Veränderungen nur von dort ausgehen konnten. Gegen Ende der achtziger Jahre war das nicht länger der Fall, denn inzwischen hatte sich das System selbst von Grund auf verändert. Mitte der Achtziger war es jedoch immer noch nicht nur streng hierarchisch organisiert, sondern auch extrem ideologisch geprägt. Folglich war es viel wichtiger, in diesem Bereich neue Konzepte einzuführen (sehr viel wichtiger als für einen Politiker in einer westlichen Demokratie, eine neue Terminologie zu wählen). Drei Begriffe, die Gorbatschow bereits in seiner Rede vom Dezember 1984, noch vor der Wahl zum Generalsekretär, gebraucht hatte, tauchten wieder auf und wurden in der Phase 1985–87 sehr stark herausgestrichen. Auf Russisch lauteten sie: *uskorenije* (Beschleunigung), *perestroika* (wörtlich Umbau, bekam im Laufe der Zeit aber noch andere Bedeutungen) und *glasnost* (Offenheit oder Transparenz). Der erste Begriff wurde in der Anfangsphase unter Gorbatschow sehr häufig verwendet. Damit war eine qualitative Verbesserung auf der Basis neuer Technologien gemeint. In Wirklichkeit konnte von einer Verbesserung der Produktivität keine Rede sein, und die Wirtschaft wurde von einem drastischen Absturz der Energiepreise schwer getroffen.[14] Ein hoher Ölpreis hätte eine raschere Bewegung in Richtung Marktwirtschaft abfedern können (wenn man schon früher diesen Weg eingeschlagen hätte), aber das niedrige Niveau hatte immerhin den Vorteil, dass die Schwäche der sowjetischen Wirtschaft auf diese Weise ungeschönt zutage trat. Es war nicht zu übersehen, wie stark sie auf hohe Deviseneinnahmen aus dem Verkauf von Bodenschätzen angewiesen und wie dringend deshalb ein Wandel des Systems erforderlich war. Als sich immer deutlicher abzeichnete, dass sich das Wirtschaftswachstum nicht beschleunigte, wurde der Begriff *uskorenije* im politischen Sprachgebrauch kaum noch verwendet.

Der alles umfassende Begriff für das, was sich in der Gorbatschow-Ära ereignete, war *perestroika*. Als Gorbatschow Tschernenko nachfolgte, war das Wort »Reform« in der sowjetischen Politik immer noch tabu, und das seit dem Prager Frühling. Folglich diente der Begriff »Perestroika«, der (damals) für die konservative Mehrheit der Partei- und Regierungsfunktionäre keinen so negativen Beiklang hatte, als Deckmantel für Reformen. In den ersten drei Jahren seiner Zeit an der Macht – bis Ende 1987 und ein paar Monate darüber hinaus – war Gorbatschow von der Reformierbarkeit des sowjetischen Systems überzeugt. Das politische System könne, so meinte er, deutlich liberalisiert und die Entscheidungsfindung in der Wirtschaft dezentralisiert werden. Den Grundsätzen der Marktwirtschaft werde man bis zu einem gewissen Grad Tribut zollen müssen, aber der Markt werde eine Nebenrolle spielen. Die zentrale Planung werde weiterhin ein wichtiger Bestandteil bleiben, genau wie der Staatsbesitz. Gorbatschow befürwortete jedoch den Ausbau kleiner Kooperativen, insbesondere im Dienstleistungssektor, und betrachtete dies zugleich als Beitrag zur Demokratisierung des Arbeitsplatzes.[15] (Im Jahr 1988 wurde ein weitreichendes Gesetz über Kooperativen eingeführt. In der Praxis entwickelten sich viele Kooperativen zu kaum getarnten Privatunternehmen.)

Schon bald rehabilitierte Gorbatschow den Begriff »Reform« und erklärte auf dem XXVII. Parteitag Anfang 1986, dass »radikale Reformen« nötig seien. Erst auf den beiden Plenarsitzungen des Zentralkomitees im Jahr 1987 bekam Reform aber einen radikaleren Anstrich, wobei die Änderungen in der politischen Sphäre weit wirkungsvoller als in der wirtschaftlichen waren. Bezeichnenderweise wurde auch zuerst ein Plenum zu politischen Reformen angesetzt. Es fand im Januar 1987 statt, die Sitzung zur Wirtschaftsreform hingegen erst im Juni desselben Jahres. Politische Reformen hatten für Gorbatschow höhere Priorität, zum Teil weil er glaubte, ohne sie sei eine Wirtschaftsreform nicht durchführbar, aber auch weil politische Liberalisierung und Demokratisierung als solche ihn zunehmend faszinierten. In seiner Rede vor dem ZK-Plenum im Januar 1987 beklagte sich Gorbatschow, dass das Denken im Zusammenhang mit dem Sozialismus in vielerlei Hinsicht auf dem Stand der dreißiger und vierziger Jahre verharrt sei. Als ein kleines Signal des Wandels bot er einen Ansporn zu mehr kooperativem und individuellem Hausbau an. Seine Rede hatte nun eine andere Tonlage als noch ein Jahr zuvor. Indem er Perestroika und Demokratie miteinander verknüpfte, fügte er hinzu: »Nur so kann man der stärksten schöpferischen Kraft des Sozialismus – der freien Arbeit und dem freien Denken in einem freien Land – weiten Spielraum sichern.« Unterdessen sprach er sich für mehr innerparteiliche Demokratie aus, mit richtigen Wahlen der Parteifunktionäre (wenn auch nicht auf höchster Ebene), und regte an, im Jahr 1988 eine besondere Parteikonferenz zu veranstalten, um die Fragen einer »weiteren Demokratisierung des Lebens der Partei und der Gesellschaft insgesamt« zu erörtern.[16] Diese Konferenz, auf die im nächsten Kapitel ausführlich eingegangen wird, sollte den Wendepunkt markieren, an dem Gorbatschow nicht länger als Reformer des sowjetischen Systems gelten konnte, sondern zum Transformator des gesamten Systems wurde.

Im Jahr 1987 bedeutete Perestroika bereits radikale Reform. Später änderte der Begriff seine Bedeutung erneut, zumindest was Gorbatschow betraf. Er verstand fortan darunter die Auflösung der politischen Ordnung, wie sie seit siebzig Jahren Bestand hatte. Aber für andere in der Führung bedeutete Perestroika nicht mehr als eine Umgestaltung oder Modernisierung des existierenden Systems. Mit anderen Worten, Perestroika hatte unterschiedliche Bedeutungen für verschiedene Menschen und für dieselben Menschen zu verschiedenen Zeitpunkten. In den späteren Phasen der Gorbatschow-Ära erwies sich die Ungenauigkeit des Begriffs durchaus als Nachteil, aber da hatte er bereits seinen Zweck erfüllt. Unter seinem Banner wurde ein umfassender Reformprozess in Gang gesetzt, und die Tatsache, dass der Begriff nicht ideologisch vorbelastet war, trug zumindest anfangs dazu bei, das Misstrauen der Gegner eines Wandels zu zerstreuen.

Der zweite Begriff, der hervorgehoben wurde, *glasnost*, veränderte ebenfalls im Laufe der Zeit seine Bedeutung. Anfangs war die größere Offenheit vernachlässigbar im Vergleich zu dem bereits Gesagten, aber Gorbatschow ernannte Alexander Jakowlew zum Leiter der Propagandaabteilung des Zentralkomitees und beförderte ihn auf dem XXVII. Parteitag im Jahr 1986 in den Rang eines ZK-Sekretärs. Mit Jakowlews aktiver Unterstützung und Gorbatschows Billigung wurden bereits 1986/87 die Grenzen des Möglichen erheblich ausgeweitet, was den Inhalt von Büchern, Filmen und Theaterstücken betraf. Die Leitungsfunktionen aller künstlerischen Gewerkschaften wurden neu besetzt, denn die alten Kader waren, genau wie die Zensurbehörden, ein integraler Bestandteil des Systems gewesen, das kreative Talente zunichtegemacht und sämtliche innovativen Ideen misstrauisch beäugt hatte. Auf dem XXVII. Parteitag der KPdSU im Februar 1986 hatte Gorbatschow einen Abschnitt seines langen Berichtes der »weiteren Demokratisierung der Gesellschaft und der Vertiefung der sozialistischen Selbstverwaltung des Volkes« gewidmet. In diesem Teil seiner Rede sagte er: »Die *Erweiterung der Publizität* [= Glasnost] ist für uns eine Grundsatzfrage. Das ist eine politische Angelegenheit. Ohne Publizität gibt es keine demokratische Haltung, kein politisches Schöpfertum der Massen und keine Beteiligung der Massen an der Leitungstätigkeit, und es kann sie auch gar nicht geben.«[17]

Ein Impuls für größere Transparenz ging von der Tschernobyl-Katastrophe aus. Der Unfall geschah am 26. April 1986, aber erst am Abend des 28. April strahlte das sowjetische Fernsehen eine diesbezügliche Meldung aus, die nur die nötigsten Informationen enthielt. Unterdessen war bereits im Ausland über die radioaktive Verseuchung berichtet worden. Dieser eklatante Mangel an Transparenz wurde von Journalisten und Wissenschaftlern, die eine größere Informationsfreiheit forderten, angeprangert. Das Versäumnis, rechtzeitig exakte Informationen über Wesen und Ausmaß der Katastrophe zu verbreiten, illustriere, so die Kritiker, den dringenden Bedarf an mehr echter Transparenz.[18] Dies verknüpften sie mit einer Forderung nach stärkerer Rechenschaftspflicht der Behörden. Georgi Schachnasarow, einer der einflussreichsten Berater Gorbatschows, beobachtete, dass Tschernobyl »der Geheimniskrämerei einen entscheidenden Schlag versetzte und das Land veranlasste, sich der Welt zu öffnen«.[19]

Ein großer Teil von dem, was von jetzt an veröffentlicht wurde, war schon Jahre zuvor geschrieben worden, in der Sowjetunion vor der Perestroika jedoch inakzeptabel gewesen. Im Jahr 1987 wurden die Grenzen des Erlaubten fast von Woche zu Woche ausgeweitet und stellten die Skepsis westlicher Beobachter auf die Probe. Anfang 1987 versuchte ich einmal, den Ideenhistoriker Isaiah Berlin zu überzeugen, dass ein wirklich ernstzunehmender politischer Wandel im Gange sei. Er erwiderte:»Ich glaube erst, dass sich die Dinge in der Sowjetunion verändern, wenn sie Achmatowas *Requiem* veröffentlichen.« Dieses Gedicht, das Ende der dreißiger Jahre zu einer Zeit geschrieben wurde, als Anna Achmatowas Sohn in Stalins Lagern litt, ist den Opfern der stalinistischen Repressionen gewidmet. Nur wenige Wochen nach unserer Unterhaltung konnte ich Berlin schreiben, dass *Requiem* soeben in Moskau zum ersten Mal mit einer Auflage von 175 000 Exemplaren erschienen sei.[20] Im politischen Sprachgebrauch wurden weitere Änderungen eingeführt, wobei die Initiative wiederum von oben ausging. Der Begriff »Pluralismus« war in der Sowjetunion lange tabu gewesen. Wenn er gedruckt wurde, dann nur in der Form eines Angriffs auf das Konzept, das mit »bürgerlicher Demokratie«, dem Prager Frühling und der Ketzerei des Eurokommunismus assoziiert wurde. In unterschiedlichen Kontexten gebrauchte Gorbatschow 1987 den Begriff im positiven Sinn, wenn er von einem aufkommenden »sozialistischen Pluralismus« und über einen »Pluralismus der Meinungen« sprach.[21] Das gab auch anderen grünes Licht, von denen viele nunmehr den Pluralismus anpriesen und sich häufig nicht einmal die Mühe machten, die Einschränkung »sozialistisch« einzufügen.

Diese Veränderung blieb von den konservativen Stimmen in der Parteiführung nicht unbemerkt, und sie nahmen dies keineswegs fraglos hin. Auf einer Politbürositzung am 15. Oktober 1987 – nur eine von mehreren Sitzungen, auf denen eingehend das Referat erörtert wurde, das Gorbatschow bei den Feierlichkeiten zum 70. Jahrestag der Oktoberrevolution halten sollte – wurden Einwände gegen das Auftauchen des Begriffs »sozialistischer Pluralismus« in dem Dokument erhoben. Sowohl der Erste Sekretär der Kommunistischen Partei Aserbaidschans, Geidar Alijew, als auch Anatoli Lukjanow (damals als ZK-Sekretär unter anderem zuständig für die Aufsicht über das Militär und den KGB) äußerten ihren Unmut. Alijew sagte, der Begriff solle durch *samouprawlenije* (Selbstverwaltung) ersetzt werden: »Das ist unser Wort, und Marx selbst sprach davon. Aber Pluralismus [...] kam im Westen als ideologischer Begriff auf.«[22] In Wahrheit war *samouprawlenije* ein Gedanke, den Gorbatschow bereits mehrfach gebraucht hatte, schon in seiner Rede im Dezember 1984. »Pluralismus« ging noch darüber hinaus. Der Begriff hatte zusätzlich die Implikation einer Vielfalt an autonomen und alternativen Quellen für Ideen, wenn nicht gar der Macht. Insbesondere diese ketzerische Anschauung war Lukjanow ein Dorn im Auge. Er war bereit, »einen sozialistischen Pluralismus der Meinungen innerhalb der Gesellschaft« zu akzeptieren, aber keine Verpflichtung zu einem »sozialistischen Pluralismus« mit einem Punkt danach, wie er im Entwurf der Rede auftauchte. Im Westen bedeute dies, so Lukjanow, einen Pluralismus der Macht. Er setzte hinzu: »Aber wir – die Kommunisten, die Partei – werden die Macht mit niemandem teilen.«[23]

In ähnlichem Tonfall erhob der Vorsitzende des KGB, Viktor Tschebrikow, gegen die Passage in Gorbatschows Entwurf Einspruch, in der es hieß, dass in der Sowjetunion »ein autoritär-bürokratisches Modell des Sozialismus« konstruiert worden sei. Das sei eine Wendung des Westens, deshalb müsse man eine eigene finden. Gorbatschow erwiderte, dass Bucharin diese Worte bereits in den ersten Jahren nach der Revolution verwendet habe, räumte aber ein, dass sie das Wort »Modell« austauschen und stattdessen »Methoden« oder »Mittel« nehmen sollten.[24] Wenn man sich vor Augen führt, wie viel Zeit die Politbüromitglieder mit qualvollen Haarspaltereien um Begriffe verbrachten, so wird die Bedeutung eines Wandels des Vorstellungsvermögens umso deutlicher. Neue Auffassungen boten neue Möglichkeiten, die sowjetische Realität zu betrachten, und sie lösten allmählich den ideologischen Mörtel auf, der das politische System zusammenhielt. Die Erodierung der marxistisch-leninistischen Lehre war in der Tat eine Gefahr für die kommunistische politische Ordnung, wie Alijew, Tschebrikow, Lukjanow und andere in der Führung ganz richtig erkannten. Ungeachtet ihrer vorübergehenden Siege hielten in der zweiten Hälfte der achtziger Jahre unablässig neue Auffassungen Einzug in den politischen Diskurs in der Sowjetunion. Obwohl Gorbatschows Rede zum 70. Jahrestag der Oktoberrevolution durch die Kritik der konservativen Mehrheit im Politbüro entschärft worden war, gab sie immerhin den Anstoß zu einer erneuten Untersuchung des Stalinismus. Er hob nicht nur Stalins Schuld hervor. Ebenso wichtig war auch seine Äußerung, dass die Rehabilitierung der Opfer der Repressionen Mitte der sechziger Jahre praktisch aufgehört habe. Deshalb müsse eine neue Kommission gebildet werden, um die noch unbearbeiteten Fälle derjenigen zu untersuchen, die in

Neue Köpfe, neue Konzepte   659

den Stalin-Jahren verhaftet oder getötet worden seien.[25] Zum Leiter
dieser Kommission ernannte Gorbatschow Jakowlew, der in der Folge
nicht nur eine riesige Zahl der zu Unrecht unterdrückten Menschen
rehabilitierte (in vielen Fällen posthum), sondern später neues Quel-
lenmaterial zum Staatsterror veröffentlichen sollte.

Auch wenn Glasnost und eine neue politische Terminologie von
oben eingeführt wurden (wobei Jakowlew in Anbetracht der schnel-
len Beförderung durch Gorbatschow eine wichtige Rolle spielte), war
es von entscheidender Bedeutung, dass die Reformen auch innerhalb
der Gesellschaft eine Anhängerschaft fanden. Viele talentierte Schriftsteller, Wissenschaftler und Gelehrte, die sich in der Diskussion zu
Wort meldeten, waren ein Produkt dessen, was in vielerlei Hinsicht
ein leistungsfähiges System der höheren Bildung in der Sowjetunion
gewesen war. Zuvor hatten sie allesamt am Küchentisch ins gleiche
Horn gestoßen, sich aber viel umsichtiger geäußert, sobald sie etwas
schrieben oder eine Rede hielten. Seit Chruschtschows Zeit hatte sich
eine Art private Glasnost entwickelt. Daraus entstand jetzt eine öffentliche Glasnost. Noch vor Ende des Jahres 1987 war Glasnost praktisch nicht mehr von der Redefreiheit zu unterscheiden. Vorher war
das noch nicht so, allerdings bestand bereits ein qualitativer Unterschied zum Jahr 1977, von 1937 ganz zu schweigen. Im Laufe des Jahres 1987 verschwammen allmählich die Trennlinien zwischen offenen
Dissidenten und den Reformern, die noch innerhalb der Parameter
des Systems blieben (in manchen Fällen um Haaresbreite). Im Dezember 1986 hatte Gorbatschow Andrej Sacharow in seiner Wohnung
in Gorki angerufen, wo er seit sieben Jahren in der Verbannung gelebt hatte, und dem Physiker und Menschenrechtler mitgeteilt, es
stehe ihm frei, nach Moskau zurückzukehren und seine »patriotische
Tätigkeit« wieder aufzunehmen. (Den Sacharows war bislang in
Gorki kein Telefon bewilligt worden, deshalb wussten sie genau, dass
etwas Wichtiges bevorstand, als eines Tages ein Apparat bei ihnen
angeschlossen wurde.) Vermutlich schwebte Gorbatschow in erster
Linie Sacharows Arbeit als Wissenschaftler vor. Als Physiker war Sacharow jedoch Teil einer internationalen Gemeinschaft aus Wissenschaftlern, und vom ersten Moment seiner Entlassung aus dem Exil
an – genau genommen schon in dem Telefongespräch mit Gorbatschow – begann er eine Kampagne im Namen der Menschen, die wegen der Verbreitung abweichender Meinungen inhaftiert worden wa-

ren. Das war seine konsequenteste patriotische Tätigkeit: der Versuch, die Achtung der Menschenrechte in der Sowjetunion auf einen moralisch akzeptableren Stand zu bringen.

Schwierigkeiten der Reform

In vielerlei Hinsicht erforderte es größeren Mut, das sowjetische System zu liberalisieren (und später merklich zu demokratisieren), als eine Reform der Wirtschaft in Angriff zu nehmen. Bei Ersterem bestand nämlich die Gefahr, dass aus dem System etwas völlig Andersartiges entstand. Die chinesische Parteiführung hat eine beträchtliche marktwirtschaftliche Orientierung der Wirtschaft überstanden, ist aber bei dem Machtmonopol kaum ein Risiko eingegangen. In der Sowjetunion war das bestehende Wirtschaftssystem allerdings viel stärker verwurzelt als in China. Organisatorisch handelte es sich im Großen und Ganzen um das System, das sich seit den dreißiger Jahren konsolidiert hatte. Es war sogar *noch* schwieriger, daran etwas zu ändern, als eine politische Reform durchzuführen. Obendrein hatten die politischen Veränderungen zur Folge, dass die Menschen keine Angst mehr hatten, ihren Unmut zu äußern. Das machte eine Marktorientierung, die für viele Grundnahrungsmittel und Dienstleistungen zwangsläufig höhere Preise bedeuten würde, noch schwieriger. Eine politische Liberalisierung brachte eine sofortige Verbesserung der Lebensqualität mit sich, während schon eine halbherzige Wirtschaftsreform die Lage eher verschlechtern als verbessern würde. Auch eine umfassendere Wirtschaftsreform hätte für die meisten Menschen zunächst eine Verschlechterung des Lebensstandards zur Folge, *bevor* es ihnen besser ginge.

Die sowjetische Planwirtschaft hatte nie sonderlich gut funktioniert, auch wenn sie in bestimmten Sektoren beeindruckende Ergebnisse hervorgebracht hatte, etwa in der Waffentechnik, im Flugzeugbau und in der Raumfahrt. Vielmehr arbeitete sie so recht und schlecht, und zwar nach völlig anderen Grundsätzen als eine Marktwirtschaft. Das gilt ungeachtet der Tatsache, dass marktwirtschaftliche Beziehungen in der Sowjetunion nie *völlig* abgeschafft worden waren. Bauern verkauften auf lokaler Ebene ihre privaten Erzeugnisse, und Lehrer gaben Privatunterricht, selbst zu Zeiten, als dies of-

Schwierigkeiten der Reform

fiziell nicht gestattet war. Der logische Umkehrschluss daraus ist, dass auch ein Land mit einer Marktwirtschaft es niemals zulässt, dass der Markt alles bestimmt. Der Staat reguliert den Markt. Er steuert etwa die Preise durch eine höhere Besteuerung bestimmter Produkte (wie Alkohol oder knappe Energieressourcen). Außerdem erklärt er den Verkauf von Produkten und Substanzen, zum Beispiel Heroin, für illegal, auch wenn tatsächlich, rein wirtschaftlich betrachtet, eine Nachfrage nach ihnen besteht.

Dennoch ist ein Wirtschaftssystem zwangsläufig entweder überwiegend eine Kommandowirtschaft oder überwiegend eine Marktwirtschaft. Sämtliche Versuche, einen »dritten Weg« zu finden, endeten in einem Fiasko.

Eine nicht regulierte Marktwirtschaft wäre kaum weniger katastrophal als eine Kommandowirtschaft, aber die beiden Systeme funktionieren nach unterschiedlichen Grundprinzipien. Die meistgepriesene Reformmaßnahme in der frühen Gorbatschow-Ära war das Gesetz über Staatsbetriebe von 1987. Es handelte sich um den echten Versuch, mehr Macht auf die Betriebsebene zu delegieren, die Autonomie der Direktoren zu stärken und die zentrale Kontrolle der Ministerien zu verringern. Da diese Unternehmen jedoch nicht mit Marktpreisen operierten, hatte die Reform unbeabsichtigte Konsequenzen. Ohne einen Markt war der Gewinn ein schlechter Gradmesser für die Effizienz eines Betriebs. Die Fabriken erhielten größere Vollmachten, selbst die Preise festzulegen, und erhöhten sie häufig zum eigenen kurzfristigen Nutzen und mit inflationären Folgen. Später erleichterte die größere Autonomie der Betriebe einen Prozess der Privatisierung durch die »roten Direktoren« – also Fabrikleiter, denen es gelang, sich bei der Auflösung der Sowjetunion zum neuen Besitzer aufzuschwingen.

Ein Reformversuch, der aus gesellschaftlicher Sicht gerechtfertigt schien, sich aber sowohl wirtschaftlich als auch politisch als schädlich entpuppte, betraf das große Problem der Trunkenheit und des Alkoholismus. Der abstinente Zweite Sekretär Ligatschow, ein Mann mit einem enormen Tatendrang, der sich damals mit Gorbatschow gut verstand, war die treibende Kraft bei der Antialkoholkampagne, die mit einer Resolution des Zentralkomitees im Mai 1985 gestartet wurde. Sie ging weit über schöne Worte hinaus und umfasste die Schließung unzähliger Geschäfte, weil sie Alkohol verkauften. Lange

Schlangen vor den übrig gebliebenen Läden waren die Folge. Es wurden sogar etliche Weinberge zerstört, nicht zuletzt in Georgien, allerdings war Wodka das eigentliche Problem, nicht der Wein. Aus Umfragen geht hervor, dass die Maßnahmen im Kampf gegen den Alkohol einige Zeit von einer Mehrheit der Frauen gebilligt, von einer Mehrheit der Männer hingegen abgelehnt wurden. Durch sie wurde zwar die Zahl der Unfälle sowohl auf den Straßen als auch am Arbeitsplatz gesenkt, aber gleichzeitig litten die Staatsfinanzen erheblich darunter. Da der Staat lange Zeit das Monopol auf die Erzeugung und den Verkauf von Alkohol gehabt hatte, war der Aufschlag auf jede Flasche eine sehr wichtige Einnahmequelle. Der Mangel an legal erzeugtem Alkohol veranlasste gewohnheitsmäßige Trinker, auf schwarzgebrannten Fusel zurückzugreifen – häufig wurde dabei an der eigenen Gesundheit ebenso großer Raubbau wie am eigenen Geldbeutel betrieben. Die radikalsten Maßnahmen liefen im Jahr 1988 allmählich aus, um dieselbe Zeit, als Ligatschow in den höchsten Etagen der Partei an Boden verlor.[26] Gorbatschow hatte jedoch öffentlich die Maßnahmen unterstützt, die nicht nur Alkoholikern, sondern auch gemäßigten Trinkern solche Unannehmlichkeiten bereiteten, und in erster Linie wurde ihm diese Episode angelastet.

Jelzin schert aus

Die Reformen riefen in der sowjetischen Führung natürlich Spannungen hervor. In den ersten Jahren der Perestroika konnte man ohne weiteres, wenn man zwischen den Zeilen las, anhand der öffentlichen Äußerungen große Meinungsunterschiede zwischen, beispielsweise, Ligatschow und Jakowlew ausmachen. Doch die Diskussionen im Politbüro blieben nach wie vor streng geheim (bis zur Auflösung der Sowjetunion), und nach außen hin wurde Einheit demonstriert. Die Fassade der kollektiven Solidarität wurde jedoch am 21. Oktober 1987 von einem Mitglied der Parteispitze gestört, von Boris Jelzin. Nachdem die verwässerte Version von Gorbatschows Referat zu den Feierlichkeiten anlässlich des Jahrestags der Revolution vom Politbüro genehmigt worden war, stellte der Parteichef den Text an diesem Tag dem Zentralkomitee vor. Die Bestätigung durch dieses Gremium war reine Formsache, und der ganze Anlass hatte bereits etwas Festliches. Das heißt, bis sich Jelzin zu Wort meldete.

Schwierigkeiten der Reform 663

Ligatschow leitete damals die Sitzung und wollte ihm nicht das Wort erteilen, aber Gorbatschow schaltete sich ein und ließ Jelzin sagen, was er sagen wollte. Womöglich hatte Gorbatschow eine gewisse Ahnung von dem, was nun kommen sollte, weil Jelzin ihm am 12. September einen Brief an seinen Urlaubsort auf der Krim geschickt hatte. In dem Schreiben hatte Jelzin mehrere Beschwerden vorgebracht und erklärt, dass er von seinen Ämtern zurücktreten wolle.[27]

Einen großen Teil des Briefes widmete Jelzin der Kritik am Zweiten Sekretär der Partei Ligatschow, der in Gorbatschows Abwesenheit im Politbüro den Vorsitz hatte und Jelzin ständig über den Mund fuhr. Der politische Stil beider Männer hatte einen stark autoritären Zug, aber während die konservativen kommunistischen Neigungen Ligatschows recht klar zutage traten, waren Jelzins politische Überzeugungen damals eine seltsame Mischung. In jener Politbürositzung, auf der einige Mitglieder gegen die Verwendung des Begriffs »sozialistischer Pluralismus« protestiert hatten, kritisierte Jelzin an dem Referatsentwurf unter anderem, dass der Oktoberrevolution selbst nicht genügend und der Februarrevolution zu viel Aufmerksamkeit geschenkt werde, obwohl diese doch »bürgerlich-demokratisch« gewesen sei, was in dem Entwurf aber nicht ausdrücklich erwähnt werde, wie Jelzin nachschob.[28] Als Gorbatschow Jelzins Brief mit dem Rücktrittsgesuch erhielt, rief er ihn an und schlug ihm vor, bei einem Treffen nach den Feierlichkeiten zum 70. Jahrestag in aller Ruhe darüber zu reden. Er hatte damals angenommen, dass es ihm gelungen sei, Jelzin in diesem Punkt zu überzeugen.

Jelzin ging mit dem Rücktrittsangebot ein großes Risiko ein. Das System war immer noch so gestaltet, dass ein solcher Schritt der kommenden Karriere gewiss nicht dienlich war. Als Folge der relativ bescheidenen Veränderungen, die bereits eingeführt worden waren, entwickelte sich die öffentliche Meinung jedoch allmählich zu einem politischen Faktor, und Jelzin war in Moskau beliebt. Die Entlassung vieler Günstlinge seines Vorgängers wegen Korruption oder Unfähigkeit sowie die direkte Art, seine Meinung zu sagen, kamen gut an, genau wie die gelegentlichen und großartig propagierten Fahrten mit der Moskauer Metro oder im Bus. Nach seinem Auftritt auf dem ZK-Plenum wurde Jelzin bei vielen Moskauern noch beliebter. Falsche Darstellungen von dem, was er damals sagte, wurden in Umlauf gebracht. Sie gaben verbreitete Vorurteile wieder und ließen die Rede viel radikaler erscheinen, als sie in Wirklichkeit gewesen war. Es hieß, er habe das außerordentlich hohe Ansehen von Gorbatschows Frau Raissa angegriffen. Viele Russen hatten sehr konventionelle Ansichten, was den Platz der Gattin eines Politikers betraf, und ärgerten sich über Raissa Gorbatschowas öffentliche Auftritte ebenso wie über ihren, wie sie glaubten, außerordentlich starken Einfluss auf ihren Mann. (Noch im selben Jahr teilte Gorbatschow dem Moderator Tom Brokaw in einem Interview für das amerikanische Fernsehen mit, dass er mit seiner Frau über »alles« spreche.[29]) Jelzin selbst hatte Gorbatschow einmal in Wut gebracht, als er ihn in einem Gespräch unter vier Augen auf Raissas Rolle ansprach.[30]

Die Kritik, die Jelzin am 21. Oktober im Zentralkomitee vorbrachte, war noch mild im Vergleich zu einigen späteren Äußerungen, aber es war ein eklatanter Verstoß gegen sowjetische Gepflogenheiten, auf keinen Fall, und dann auch noch unangekündigt, eine kritische Rede auf einer Sitzung zu halten, deren eigentlicher Zweck es lediglich war, ein wichtiges Parteidokument abzusegnen. Zu den Hauptvorwürfen Jelzins zählte, dass Entscheidungen nicht umgesetzt worden seien, die im Laufe der letzten beiden Jahre getroffen worden waren, dass die Wirtschaftsleistung sich nicht verbessert habe und dass die Verehrung des Generalsekretärs durch eine Reihe von Vollmitgliedern des Politbüros zugenommen habe. Ein weiteres Ärgernis, das er in der Rede allerdings nicht erwähnte, war der Umstand, dass er immer noch Kandidat, also nicht stimmberechtigt, und kein Vollmitglied des Politbüros war.[31] Ein Sprecher im Zentralkomitee beschimpfte Jelzin anschließend wegen seines Ausbruchs und wegen der Anmaßung, als die sein Auftritt empfunden wurde. Selbst das liberalste Politbüromitglied, Alexander Jakowlew, kritisierte ihn. Drei Jahre später sagte Jakowlew in einem Interview: »Ich war nicht überzeugt, dass Jelzin damals zu den Demokraten gehörte. Mir erschien es, als vertrete er einen konservativen Standpunkt.«[32]

Jelzin bereute später seinen Rücktritt als Erster Sekretär des Moskauer Stadtkomitees. Knapp drei Wochen nach der ZK-Sitzung unternahm er, der gelegentlich unter Depressionen litt, einen – wie es schien – halbherzigen Selbstmordversuch: Mit einer Büroschere schnitt er sich in den Bauch und in die Seite. Nachdem er wegen seiner körperlichen Verletzung ebenso wie wegen seiner geistigen Verfassung ins Krankenhaus eingeliefert worden war, wurde er vom städtischen Parteikomitee aus dem Bett geholt, scharf angegriffen und als Parteisekretär abgesetzt. Unmittelbar nach der Sitzung kehrte er ins Krankenhaus zurück und blieb dort drei Monate lang.[33] Auch wenn er nicht mehr der inneren Parteiführung angehörte, war er noch Mitglied des Zentralkomitees und wurde zum Ersten Stellvertretenden Vorsitzenden des Bauausschusses ernannt. Gemessen an früheren Standards kam er damit noch glimpflich davon, aber die Art, wie er aus seinem hohen Amt entlassen worden war, kam einer Demütigung gleich, die Jelzin niemals vergessen sollte. Nach den bisherigen Präzedenzfällen hätte man vermuten müssen, dass er seine Hoffnungen, jemals wieder ein hohes Amt zu bekleiden, nach dieser Schmach begraben konnte. Er hatte bewusst gegen die Spielregeln der sowjetischen Politik verstoßen. Im Laufe der nächsten drei Jahre sollten sich jedoch diese Spielregeln in einer Weise verändern, die er kaum vorhergesehen haben dürfte, aber möglicherweise hat er als ein Politiker, der sich von seinem Instinkt leiten lässt, etwas Ähnliches gespürt. Zum Ziel eines massiven Angriffs seitens der Parteiführung zu werden war nicht länger ein Schlag, von dem man sich niemals erholen konnte. Bis zum Ende der achtziger Jahre wurde es gar zu einer politischen Empfehlung, zu einer Auszeichnung, die voller Stolz getragen wurde.

Der Anfang vom Ende des Kalten Krieges

Innerhalb der unzähligen internationalen und gesellschaftswissenschaftlichen Institute hatten Menschen mit radikalen Ideen zum ersten Mal das Gefühl, dass sie diese ganz offen äußern konnten. Tatsächlich spornte der Reformflügel innerhalb der Partei sogar ausdrücklich dazu an, »das Undenkbare zu denken«, vor allem, was neue Ansätze in der Außenpolitik betraf. Für Gorbatschow war das Ende des Kalten Krieges eins der Hauptziele. Er war sehr besorgt, weil in Zeiten großer Anspannung die akute Gefahr bestand, dass versehentlich ein Krieg ausgelöst wurde. Ferner betrachtete er eine friedliche äußere Umgebung als notwendige Voraussetzung für eine Reform im eigenen Land. Besonders vordringlich war dabei die Kürzung der überzogenen Budgetforderungen des militärisch-industriellen Komplexes. Weder Gorbatschow noch ein anderer in der Führung konnte genau sagen, wie hoch der Anteil an den sowjetischen Staatsausgaben war, der mit militärischen Dingen zu tun hatte, aber er zweifelte nicht daran, dass er viel höher war als nötig. Wie Jegor Gaidar später zugab, war es unmöglich, sich Klarheit darüber zu verschaffen, inwiefern die sowjetischen Preise für militärische Technologie der wirtschaftlichen Realität entsprachen.[34] Anschließend hebt Gaidar jedoch hervor:

> Wenn ein Land mit einer Wirtschaft von etwa einem Viertel der Vereinigten Staaten es schafft, auf militärischer Ebene Parität mit diesen und ihren Verbündeten zu erreichen, und gleichzeitig 40 Divisionen an der chinesischen Grenze unterhalten kann, dann sagt einem der gesunde Menschenverstand, dass das Militär teuer gewesen war.[35]

Derart hohe Ausgaben hatten natürlich Auswirkungen auf die übrige sowjetische Wirtschaft. Der Mangel an Konsumgütern und das niedrige technologische Niveau der meisten sowjetischen Betriebe, abgesehen von der Rüstungsindustrie, waren nicht allein auf das Fehlen einer Marktwirtschaft zurückzuführen. Bei einem höheren Anteil an den landesweiten Investitionen wären die Unzulänglichkeiten des zivilen Sektors weit geringer gewesen. Die Konsequenzen dieses Ungleichgewichts waren jedoch der Preis, den aufeinanderfolgende sowjetische Führungsmannschaften für militärische Macht und den Status einer »Supermacht« zu zahlen bereit gewesen waren. Gorbatschow war anfangs als Einziger im Politbüro bereit, die Priorität in Frage zu stellen, die automatisch den Rüstungsausgaben eingeräumt wurde. Von ihm geförderte Politiker, allen voran Eduard Schewardnadse und Alexander Jakowlew, aber auch Wadim Medwedew und Nikolai Ryschkow, teilten allerdings seine Einschätzung, andere Politbüromitglieder hingegen vermieden eine offene Konfrontation mit dem Generalsekretär, der in den ersten Jahren der Perestroika noch eine enorme Autorität innerhalb des Systems hatte.

Gorbatschow verstand es auch, mit Hilfe seiner Vollmachten ihm genehme Personen zu ernennen sowie mit seinen Überzeugungskünsten die Militärs bis zum Ende der Perestroika-Ära hinreichend an den Rand zu drängen. Anatoli Dobrynin ist nur einer von vielen hohen sowjetischen Funktionären, denen der Unmut der sowjeti-

Der Anfang vom Ende des Kalten Krieges 667

schen Militärs über Gorbatschows Außen- und Verteidigungspolitik auffiel.[36] (Nach fast einem Vierteljahrhundert als sowjetischer Botschafter in Washington wurde Dobrynin von Gorbatschow 1986 nach Moskau geholt, weil er Boris Ponomarjow als ZK-Sekretär ablösen und die Internationale Abteilung leiten sollte.) Obwohl die Streitkräfte und die Rüstungsindustrie die wohl einflussreichsten institutionellen Interessengruppen im sowjetischen System bildeten, standen sie immer noch unter der Kontrolle der Parteiführung. Gorbatschow verstand es geschickt, das Eindringen eines jungen Westdeutschen in den sowjetischen Luftraum zu Umbesetzungen in der obersten Etage der Militärhierarchie zu nutzen. Im Mai 1987 gelang es Matthias Rust, in einem einmotorigen Sportflugzeug auf dem Roten Platz zu landen, nur einen Steinwurf vom Kreml entfernt. Obwohl sich die meisten Russen, die ich kenne, köstlich darüber amüsierten, fanden die politische und die militärische Führung das überhaupt nicht lustig. Der zu einer Politbürositzung bestellte Befehlshaber der Luftverteidigung General Alexander Koldunow räumte ein, dass er erst nach der Landung des Flugzeuges von dem Eindringen erfahren habe. Gorbatschow fragte sarkastisch, ob er die Information vielleicht von der Moskauer Verkehrspolizei erhalten habe.[37] Koldunow wurde seines Postens enthoben. Gorbatschow nutzte obendrein die Gelegenheit, den Verteidigungsminister Sergej Sokolow durch den – bis zu seiner Teilnahme an dem Putschversuch gegen Gorbatschow im August 1991 – fügsameren Dmitri Jasow zu ersetzen. Dobrynin bemerkt dazu:

> Der Widerstand seitens des Militärs wurde gemäßigter. Sokolow folgten rund 100 weitere konservative Militärführer in den Ruhestand, die sich ebenfalls Gorbatschows Reformen und seinen Zugeständnissen an die Amerikaner widersetzt hatten. Doch das militärische Establishment blieb im Großen und Ganzen unzufrieden mit Gorbatschow, und das sollte sich immer wieder zeigen.[38]

Gorbatschows »Neues Denken« zur Außenpolitik war nicht nur für das Militär ein großer Schock gewesen, sondern auch für Parteiideologen. Die im sowjetischen Kontext völlig neuartigen Ideen stützten sich keineswegs ausschließlich auf die Überlegungen, die in Forschungsinstituten wie dem Institut für Weltwirtschaft und internationale Beziehungen (IMEMO) und dem Institut für USA- und Kanadastudien angestellt wurden, sondern auch auf Gorbatschows eigene Lektüre. Innerhalb der Chefetagen der Partei hatten ferner Jakowlew, Tschernajew und Schachnasarow maßgeblich Anteil an deren Formulierung. Gorbatschow verabschiedete sich von der »Alles oder Nichts«-Perspektive auf die Welt und stufte den Klassenkampf längst nicht als ausschlaggebenden Faktor für die internationalen Beziehungen ein. Er ordnete als erster (und einziger) sowjetischer Parteichef Überlegungen zur Klassenzugehörigkeit universellen Wertvorstellungen unter. Das Neue Denken umfasste die dem gesunden Menschenverstand folgende Einsicht, dass ein Atomkrieg nicht nur eine gesellschaftliche Klasse, sondern die ganze Menschheit vernichten würde. (»Gesunder Menschenverstand« wurde in der Tat zu einem Ausdruck, der im sowjetischen politischen Sprachgebrauch positiv verwendet wurde.) Deshalb waren gemeinsame Sicherheit und die Anerkennung allgemeinmenschlicher Interessen, die über denen einer bestimmten Nation oder Klasse standen, unabdingbar.[39]

Bei einem so drastischen Wechsel der Anschauungen an der Spitze des sowjetischen politischen Systems hätte wohl jeder amerikanische Präsident positiv reagiert und wäre sowohl von der öffentlichen Meinung im eigenen Land als auch von europäischen Regierungen dazu gedrängt worden. Ronald Reagan hatte jedoch den Vorteil, dass er sich den Ruf eines Antikommunisten redlich erworben hatte. Folglich war er relativ immun gegen Kritik seitens noch extremerer Hardliner, die nicht nur außerhalb der Regierung, sondern auch in den obersten Etagen des Pentagons und der CIA zu finden waren. Aber Reagans Interesse am Frieden war, wie im vorigen Kapitel geschildert, viel größer, als gemeinhin angenommen wird. Die weitreichenden Abrüstungsabkommen zwischen den Vereinigten Staaten und der Sowjetunion wurden vor allem dadurch ermöglicht, dass Reagan seiner persönlichen Einschätzung von Menschen so große Bedeutung beimaß. In den achtziger Jahren hatten keine Gipfeltreffen zwischen einem US-Präsidenten und einem sowjetischen Parteichef stattgefunden, bis Reagan und Gorbatschow sich Mitte November 1985 in Genf zum ersten Mal trafen. Bei ihrer Begegnung war es von entscheidender Bedeutung, dass Gorbatschow dem amerikanischen Präsidenten gefiel, und das trotz der Tatsache, dass sie sich in den meisten Fragen un-

Der Anfang vom Ende des Kalten Krieges

einig waren, vor allem mit Blick auf SDI, das Reagan voll und ganz unterstützte und Gorbatschow ebenso kompromisslos ablehnte. Reagan forderte sowohl im privaten Kreis als auch in aller Öffentlichkeit die Sowjetunion auf, aus Afghanistan abzuziehen. Er wusste damals nicht, dass Gorbatschow noch stärker als er darauf erpicht war, die sowjetischen Soldaten aus Afghanistan nach Hause zu holen, auch wenn der Vorgang länger dauerte als erwünscht. Im Februar 1988 kündigte Gorbatschow öffentlich an, dass sämtliche sowjetischen Soldaten binnen eines Jahres aus Afghanistan abgezogen würden. Fristgerecht verließ im Februar 1989 der letzte sowjetische Soldat das Land. Genau wie die Vereinigten Staaten ihrerseits in Vietnam hatte auch die Sowjetunion den Wunsch, sich ohne allzu großen Gesichtsverlust aus Afghanistan zu verabschieden. Man wollte außerdem vermeiden, dass das Land in die Hände extremer Islamisten geriet. Die Vereinigten Staaten hingegen unterstützten weiterhin viele islamistische Gruppierungen in ihren Bemühungen, den prosowjetischen afghanischen Staatschef Mohammed Nadschibullah abzusetzen.[40]

Nach Genf sollten noch drei weitere Gipfeltreffen zwischen Reagan und Gorbatschow stattfinden: genau genommen eines in jedem Jahr der zweiten Amtszeit Reagans. Die beiden Politiker trafen sich im Oktober 1986 in Reykjavik und im Dezember 1987 in Washington. Das letzte große Gipfeltreffen in Moskau wird im nächsten Kapitel kurz behandelt. Das Treffen von Reykjavik war allem Anschein nach ein Fehlschlag. Ein erbitterter Reagan reiste ab, nachdem die beiden Politiker einem weitreichenden Abkommen sehr nahegekommen, aber wegen SDI doch gescheitert waren. Reagan und Gorbatschow hatten vereinbart, ihr Kernwaffenarsenal drastisch zu reduzieren und eine völlige Vernichtung anzustreben. Allerdings knüpfte Gorbatschow dies an die Bedingung, dass Reagan im Rahmen der sowjetischen Auffassung von dem ABM-Vertrag von 1972 blieb. Das hätte bedeutet, dass Reagan sich von seinem Lieblingsprojekt hätte verabschieden müssen. Dobrynin, der an dem Treffen teilgenommen hatte, war der Meinung, dass Gorbatschow »bei SDI ebenso dickköpfig wie Reagan« gewesen sei.[41] Dennoch hatte Ersterer, bevor die Verhandlungen in eine Sackgasse geraten waren, Reagans »Nulllösung« beim Abzug der SS-20-Raketen aus Europa im Gegenzug für den Abzug der amerikanischen Pershing-Raketen und Cruise missiles vom europäischen Kontinent akzeptiert. Als Reagan 1981 zum ersten

Mal vorgeschlagen hatte, sämtliche nuklearen Mittelstreckenwaffen (INF) aus Europa zu entfernen, war diese Nulllösung von der sowjetischen Führung noch rundweg abgelehnt worden. Damals waren, im Gegensatz zu den amerikanischen Waffen, die sowjetischen bereits aufgestellt worden, und es bestand die Möglichkeit, dass die negative öffentliche Meinung in Europa ihre Aufstellung noch verhinderte. Die Stationierung war inzwischen jedoch fortgeschritten.

Die Einigung bei den Mittelstreckenraketen, die schon in Reykjavik erzielt worden wäre, wenn sich SDI nicht als Stolperstein erwiesen hätte, wurde auf dem erfolgreichen Washingtoner Gipfel im folgenden Jahr unterzeichnet. Reagan und Gorbatschow legten beide ihre anfängliche Enttäuschung über den Gipfel von 1986 ab und führten sich vor Augen, wie nahe sie einer weitreichenden Vereinbarung gekommen waren und was für ein gutes Arbeitsverhältnis sie gefunden hatten. Neokonservative in Washington ebenso wie die ehemaligen Außenminister Alexander Haig und Henry Kissinger und der Wortführer der Republikaner im Senat Bob Dole lehnten vehement die Unterzeichnung des INF-Vertrags ab, der diese Kategorie von Raketen völlig abschaffte. Der amerikanische Botschafter in Moskau (und ehemalige Experte für die Sowjetunion im Nationalen Sicherheitsrat) Jack Matlock merkte dazu später an: »Es war eine verblüffende Ironie der Geschichte, dass viele der Personen, die gegen den INF-Vertrag protestierten, ursprünglich die Nulllösung unterstützt hatten. In ihren Augen war die Nulllösung offensichtlich nur so lange von Nutzen, wie die Sowjetunion sie ablehnte.«[42] In Wirklichkeit machte Gorbatschow größere Zugeständnisse als Reagan. Die Sowjetunion verpflichtete sich, mehr Atomwaffen zu zerstören und zum ersten Mal Inspektionen vor Ort zu gestatten. Aber Gorbatschow bekam, was er wollte: eine konstruktive Beziehung zum Westen sowie die Möglichkeit, die Bürde der Rüstung für die sowjetische Wirtschaft zu verringern. Außerdem sprach, so schien es, nichts mehr dagegen, die Reformen weiter voranzutreiben.

KAPITEL 25

Die Demontage des sowjetischen Kommunismus, 1988/89

Viele sind der Meinung, der Kommunismus sei in der Sowjetunion im Jahr 1991 zu Ende gegangen, entweder unmittelbar nach dem gescheiterten Putsch im August oder als der sowjetische Staat selbst Ende Dezember aufgelöst wurde. Dabei macht es eigentlich keinen Sinn, das sowjetische Staatswesen nach dem Ende des Jahres 1989 noch als kommunistisch zu bezeichnen. In den Jahren 1988/89 erlebte die Welt sowohl die Erosion der wichtigsten Merkmale des Kommunismus als auch gleichzeitig und eng damit verflochten das Ende des Kalten Krieges. Der Zerfall der Sowjetunion in fünfzehn Nachfolgestaaten war eine unbeabsichtigte Konsequenz der neuen Freiheiten und teilweisen Demokratisierung des sowjetischen politischen Systems. Diese Entwicklung war auch zum großen Teil dem friedlichen Wandel Osteuropas zu verdanken, der seinerseits die wohl wichtigste Manifestation des Endes des Kalten Krieges ist.

Auf das Ende des Kalten Krieges wird in Kapitel 26 ausführlich eingegangen, und Kapitel 27 befasst sich mit dem Zerfall des sowjetischen Staates. Im Folgenden wird erörtert, wie das *System* transformiert wurde.

In den Jahren 1988/89 stieg die Zahl der unabhängigen Organisationen auf sowjetischem Boden rasant an. Als noch deutlicherer Bruch mit der Vergangenheit kann die Durchführung von Wahlen mit mehreren Kandidaten zu einer neuen Legislative mit konkreten Vollmachten gewertet werden. Obendrein wurden selbst die heikelsten Themen sowohl innerhalb der Partei als auch in der breiten Öffentlichkeit heiß diskutiert. Bis zum Ende des Jahres 1989 wurden unzählige neue Freiheiten eingeführt. So betonte Alexander Solschenizyn (nachdem er Gorbatschow wegen eines »sinnlosen Verzichts auf Macht«, wie er sagte, kritisiert hatte) in einem Interview: »Allerdings muss man einräumen, dass es Gorbatschow war und nicht Jelzin – wie allerorts behauptet wird –, der unseren Bürgern zum ersten Mal die Meinungs- und Bewegungsfreiheit gab.«[1]

Bis zum Ende des Jahres 1989 erschienen nicht nur Solschenizyns Romane *Krebsstation* und *Der erste Kreis der Hölle,* die bislang als ungeeignet für eine Veröffentlichung in der Sowjetunion gegolten hatten, sondern auch seine noch sehr viel vernichtendere Anklage der sowjetischen Realität: *Archipel Gulag.* Eine führende Historikerin der russischen Geschichte schreibt in einem Aufsatz aus dem Jahr 2008: »Es fällt schwer, sich geeignete Bedingungen auszumalen, unter denen der *Archipel Gulag,* den Solschenizyn im Lauf der sechziger Jahre heimlich schrieb, in der Sowjetunion hätte veröffentlicht werden können.«[2] Im Rahmen des *sowjetischen* Systems war dies gewiss kaum vorstellbar. Aber das Werk wurde, so vernichtend es auch mit der kommunistischen Ideologie und der offiziellen Version der sowjetischen Geschichte abrechnete, nichtsdestotrotz legal 1989 in der Sowjetunion veröffentlicht. Der sowjetische Staat sollte noch mehr als zwei Jahre weiterbestehen, aber allein die Tatsache, dass ein Werk wie Solschenizyns *Archipel Gulag* veröffentlicht werden konnte, war ein untrügliches Zeichen, dass das Wesen des Systems inzwischen transformiert worden war. In diesem Zeitraum erschienen auch literarische Werke wie George Orwells *Farm der Tiere* und *1984* oder Arthur Koestlers *Sonnenfinsternis,* die zuvor als antikommunistische und antisowjetische Machwerke verunglimpft worden waren. Für die kleine Minderheit sowjetischer Bürger, die diese Werke heimlich in fremdsprachigen Ausgaben gelesen hatten, war dies noch Anfang des Jahres 1985 völlig undenkbar. Die Weitergabe eines eingeschmuggelten Exemplars war damals eine Straftat. Aber diese Transformation ging keineswegs reibungslos vonstatten. Anfang 1988 erreichte die Auseinandersetzung mit einem gezielten Versuch, die Uhr zurückzudrehen, eine neue Qualität.

Kampf und Durchbruch

Die sogenannte Nina-Andrejewa-Affäre begann mit der Veröffentlichung eines Artikels in der Zeitung *Sowjetskaja Rossija*, der zwar die Perestroika nicht direkt angriff, aber eine neostalinistische Ablehnung des Wesens der Veränderungen beinhaltete. Die Bedeutung des Artikels hatte nichts mit der Person der Schreiberin zu tun: einer Chemie-Dozentin an einem Leningrader technologischen Institut namens Nina Andrejewa. Ihr eigener Entwurf wurde, mit Wissen und Billigung Ligatschows, von Funktionären des Zentralkomitees bearbeitet und ausgerechnet zu einem Zeitpunkt veröffentlicht, als Gorbatschow wie auch Jakowlew ins Ausland reisten. Aus dem Umstand, dass drei Wochen lang keine Antwort auf den Artikel erschien, schlossen viele, dass er die neue offizielle Parteilinie wiedergebe. Der Artikel Andrejewas beklagte, dass in der Diskussion über sowjetische Geschichte wiederum der Terror und die Repressionen so stark hervorgehoben würden. An Stellen, die ihr zweifellos ihre Koautoren im Zentralkomitee diktiert hatten, werden positive Aussagen über Stalin von Winston Churchill und aus den Memoiren Charles de Gaulles zitiert. Die Autorin lamentiert über die neue Tendenz, den Klassenkampf und die führende Rolle des Proletariats als obsolet zu bezeichnen. Der Beitrag hat ferner einen dezidiert antisemitischen Unterton. Viele Menschen jüdischer Herkunft werden darin erwähnt, und Karl Marx kommt als Einziger ungeschoren davon. Außerdem lässt Andrejewa das Konzept des »Kosmopolitismus« wiederaufleben, unter dessen Namen Stalin Ende der vierziger und Anfang der fünfziger Jahre eine antisemitische Säuberung durchgeführt hatte. Für den Fall, dass noch irgendjemandem unklar war, was sie damit genau meinte, verknüpfte sie den Begriff mit »*otkasnitschestwo*«. Der Begriff »*otkasniki*« (von russisch *otkasat* – ablehnen, absagen) war für sowjetische Juden verwendet worden, die in den siebziger Jahren auswandern wollten, deren Antrag aber abgelehnt worden war.[3] In dem Andrejewa-Artikel wird der Begriff in einer anderen Bedeutung verwendet. Hier ist ein »Sich-Lossagen« vom Sozialismus, eine Absage an ihn gemeint. Außerdem zieht er gegen einen »Pluralismus, der alles andere als sozialistisch ist« zu Felde. Mit größerer Berechtigung als die meisten Behauptungen vertritt der Artikel die These, mittlerweile sei es zur Kardinalfrage geworden, ob man »die führende Rolle der Partei anerkenne oder nicht«.[4]

In dreierlei Hinsicht war der Artikel von Bedeutung. Erstens hatte er eine starke Rückendeckung aus dem Zentralkomitee der KPdSU. Zweitens wurde er so behandelt, als wäre er von offizieller Seite genehmigt worden, wobei Ligatschow ihn ausdrücklich den Parteiorganisationen ans Herz gelegt hatte. Drittens stimmte mehr als die Hälfte der Politbüromitglieder ihm anfangs zu, wie Gorbatschow feststellen sollte. In einem zwanglosen Gespräch unter Politbüromitgliedern am 23. März 1988 (über das Jakowlew Tschernajew berichtete) erwähnte Ligatschow das Thema des Artikels in der *Sowjetskaja Rossija.* »Ein sehr guter Artikel. Unsere Parteilinie«, sagte er. Witali Worotnikow erklärte, der Artikel sei absolut zutreffend und dringend notwendig gewesen. Andrej Gromyko und der langjährige konservative Kommunist Michail Solomenzew pflichteten dieser Einschätzung bei. Der KGB-Vorsitzende Viktor Tschebrikow schickte sich bereits an, in die Lobeshymnen einzustimmen, wurde aber unterbrochen. Die fröhliche Stimmung wurde gestört, als Gorbatschow einwarf: »Ich bin da allerdings anderer Meinung.«[5] Er sagte, er habe überhaupt nichts dagegen, wenn jemand offen seine Ansichten äußere, und derjenige könne sie auch veröffentlichen, wo immer es ihm oder ihr beliebe. Er habe aber herausgefunden, dass dieser Artikel auf eine Anweisung hin geschrieben und den Parteiorganisationen ausdrücklich empfohlen worden sei. Das sei eine ganz andere Angelegenheit. Gorbatschow setzte hinzu, darüber müsse man im Politbüro diskutieren.[6] Tatsächlich hatten unzählige lokale Zeitungen in der Sowjetunion auf Anregung des von Ligatschow kontrollierten Teils des ZK-Apparats hin den Artikel Andrejewas nachgedruckt, ebenso das SED-Organ *Neues Deutschland.* Der Artikel Andrejewas dürfte Musik in den Ohren Erich Honeckers gewesen sein.

Nach Abschluss der Tagesordnung brachte Gorbatschow am nächsten Tag den Artikel erneut zur Sprache. Die Mitglieder, die ihn am vorigen Abend noch gelobt hatten, zogen sich nach und nach auf die andere Seite zurück oder konnten sich nicht recht entscheiden. Diejenigen, die sich bislang nicht geäußert hatten, hatten nunmehr Gelegenheit, sich auf Gorbatschows Seite in die Diskussion einzuschalten. Seine Verbündeten Schewardnadse und Wadim Medwedew taten dies aufrichtig und energisch, ebenso Ryschkow. Aber der bemerkenswerteste Beitrag war eine detaillierte Analyse des Textes durch Jakowlew. Er führte Punkt für Punkt aus, wie der Artikel die Po-

Kampf und Durchbruch 675

litik der Perestroika verwarf, die die KPdSU, zuletzt auf dem ZK-Plenum nur einen Monat zuvor, verabschiedet hatte. Da es auf der Hand lag, dass Jakowlew nicht nur für sich selbst, sondern auch für Gorbatschow sprach, fielen andere am Tisch ein. Zum Beispiel erklärte Oleg Baklanow, der ZK-Sekretär für die Rüstungsindustrie, der im August 1991 zu der Führungsgruppe gehören sollte, die gegen Gorbatschow putschte, er habe den Artikel für »interessant« gehalten, aber nachdem er Jakowlew und Medwedew angehört habe, sehe er ihn »mit anderen Augen«.[7] Jakowlews Beitrag zur Diskussion ist in den Protokollen dieser Politbürositzung nicht vollständig dokumentiert, aber er war die Grundlage des offiziell genehmigten, nicht unterschriebenen Artikels, der auf Gorbatschows Geheiß (und mit seiner Unterstützung) am 5. April in der *Prawda* abgedruckt wurde. Er widerlegte Punkt für Punkt dieses »Manifest gegen die Perestroika«, das eine Mehrheit der Politbüromitglieder befürwortet hatte, als sie unter sich gewesen waren.

Die seltsame Episode war in mehrfacher Beziehung bemerkenswert. Sie deutete an, wie groß der Widerstand gegen Gorbatschow und den Reformflügel war. Tatsächlich sagte ein Anhänger Gorbatschows im Politbüro später, das sei nur »die Spitze des Eisbergs« eines wachsenden konservativen Widerstands gegen Gorbatschow und seine Politik gewesen.[8] Die Initiative war ferner ein Versuch gewesen, einen radikalen Kurswechsel zu bewirken, der aber genau den entgegengesetzten Effekt hatte. Da Ligatschow mit der Billigung des Artikels in Verbindung gebracht worden war und Jakowlew den Angriff gegen ihn angeführt hatte, verschob sich das Kräfteverhältnis innerhalb der Führung zugunsten des radikalen Wandels. Denn die konservative Mehrheit des Politbüros war reuevoll auf Kurs zurückgekehrt, sobald Gorbatschow klargestellt hatte, wo er stand. Das war umso wichtiger, als die Kommunistische Partei in Kürze die Dokumente vorbereiten würde, die auf der 19. Parteikonferenz vorgelegt werden sollten, die man bereits vor mehr als einem Jahr großartig angekündigt hatte. Ihr Hauptziel war es, wie gesagt, eine »weitere Demokratisierung der Partei und der Gesellschaft« zu diskutieren.

Darüber hinaus demonstrierte die »Nina-Andrejewa-Affäre« unübersehbar, dass die Macht des Generalsekretärs immer noch den Ausschlag geben konnte. Im Jahr 1988 konnte ein entschlossener Parteichef seinen Kurs in der sowjetischen Politik, vor allem auf ideologischer Ebene, noch durchsetzen, allerdings sollte das nicht mehr lange so bleiben. Die Andrejewa-Affäre war auch in anderer Hinsicht aufschlussreich. Schon nach ein paar Wochen der Unsicherheit war ein großer Teil der sowjetischen Intellektuellen zur Selbstzensur zurückgekehrt. Darunter waren nicht wenige, die Gorbatschow nur wenige Jahre später wegen seiner »halbherzigen Maßnahmen« oder »Unentschlossenheit« kritisieren sollten. Im Jahr 1988 verließen sie sich jedoch ganz darauf, dass Gorbatschow den Spieß gegen die konservativen und reaktionären Kräfte im politischen Establishment umdrehte. Im März/April 1988 wurde die Richtung, in die sich der sowjetische Staat bewegen sollte, letztlich vom Generalsekretär vorgegeben, während die überwältigende Mehrheit der Intelligenz die ganze Zeit über stillschweigend zusah, als es den Anschein hatte, die Partei würde den Rückwärtsgang einlegen.[9]

Auf der für Ende Juni 1988 einberufenen 19. Parteikonferenz sollten mehr echte Diskussionen stattfinden und Meinungsunterschiede ausgetragen werden als auf jedem anderen Parteitag oder jeder Konferenz seit den zwanziger Jahren. Wie in der Vergangenheit waren jedoch die Dokumente zur Politik, die auf der Konferenz präsentiert werden sollten, bereits mehrere Monate vor dem Ereignis ausgearbeitet worden. In dieser Phase gelangte Gorbatschow, nachdem er gemerkt hatte, wie stark der Widerstand gegen eine Reform des Systems wirklich war, zu der Überzeugung, dass grundlegendere Veränderungen notwendig waren. Vom Frühjahr 1988 an entwickelte er sich, wenn auch auf einigen Umwegen und unter taktischen Rückzügen, von einem Reformer innerhalb des Systems zu einem »Transformator« des Systems selbst. Konfrontiert mit den Winkelzügen und dem Widerstand seitens einer Mehrheit im Parteiapparat – auf regionaler und lokaler Ebene noch stärker als in den zentralen Gremien in Moskau – wie auch aus den Ministerien, dem KGB und dem Militär erhielten Gorbatschow und seine Anhänger von der öffentlichen Meinung Rückendeckung, die allmählich eine wichtige Rolle zu spielen begann.

Vor allem war 1988 das Jahr, in dem nach und nach die unterschiedlichsten Interessengruppen entstanden. Die sogenannten informellen Vereinigungen wurden zu einem Element eines faktischen Pluralismus innerhalb des politischen Systems. Sie hatten noch relativ wenig Mitglieder, aber unter ihnen fanden sich ausgesprochene

Kampf und Durchbruch 677

Befürworter eines radikalen Reformkurses. In vielen Städten und Republiken wurden »Volksfronten zur Unterstützung der Perestroika« gegründet, und sie unterstützten ausnahmslos deren radikalere Variante. Zu den ernsthaftesten unabhängigen Organisationen zählte Memorial, eine Vereinigung, die gegründet wurde, um der Opfer Stalins zu gedenken. Sie entwickelte sich zu einer wichtigen Interessengruppe gegenüber den Behörden und hatte großen Einfluss auf die öffentliche Meinung. Die bekannteste unter ihren führenden Persönlichkeiten war Andrej Sacharow, aber die Organisation vereinigte viele prominente Reformer und führte Parteimitglieder und Nichtmitglieder zusammen. Eine stärker antikommunistische, aber weniger einflussreiche Organisation namens Demokratische Union war nur eine von vielen anderen Vereinigungen, die 1988 gegründet wurden.[10]

Obwohl diese Organisationen insofern als Durchbruch gewertet werden konnten, als sie von unten gebildet wurden, war ihr Einfluss auf eine breitere Öffentlichkeit wegen der damals kleinen Mitgliederschar viel geringer als die Wirkung der wagemutigsten offiziellen Publikationen: Wochenzeitungen wie *Ogonjok* (Kleine Flamme) und *Moskowskije Nowosti* (Moskauer Nachrichten) mit riesigen Auflagen und monatlich erscheinende Magazine, unter denen *Nowy Mir* (Neue Welt) mittlerweile längst nicht mehr als einziges Aufsätze und Literatur veröffentlichte, hatten einen starken Einfluss auf Millionen von Sowjetbürgern. Die Chefredakteure der radikalsten Wochenzeitungen, die unter dem wohlwollenden Einfluss Alexander Jakowlews, als er die Medien beaufsichtigte, ernannt worden waren, blieben während der gesamten Perestroika-Ära auf ihren Posten. Im Sommer 1986 wurde der ukrainische Dichter und Journalist Witali Korotitsch Chefredakteur von *Ogonjok*, und der antistalinistische russische Journalist Jegor Jakowlew übernahm den Posten des Chefredakteurs der *Moskowskije Nowosti*. Jegor Jakowlew, der ebenso wie sein Namensvetter Alexander im Politbüro von Gorbatschow protegiert wurde, hatte in der Breschnew-Ära wegen seines Nonkonformismus mehrmals seine Stelle verloren.

Die Entwicklung gewinnt an Fahrt

Die Auflagen der wagemutigsten Wochen- und Monatszeitschriften schnellten in die Höhe.[11] Auch die Buchverlage rissen alte Barrieren nieder. Seit Jahren in der Sowjetunion verbotene, aber im Ausland gepriesene Werke, allen voran Boris Pasternaks *Doktor Schiwago* und Wassili Grossmans *Leben und Schicksal,* eine noch vernichtendere Anklage der sowjetischen Vergangenheit, erschienen noch vor der 19. Parteikonferenz im Sommer 1988. Das war eine bemerkenswerte Kehrtwende. Pasternak war von sowjetischen Politikern und Literaturfunktionären wegen seines Romans geschmäht und gezwungen worden, den Nobelpreis für Literatur abzulehnen. Grossman hatte sich seinerseits von Michail Suslow, dem damaligen Wächter der sowjetischen Ideologie, anhören müssen, dass sein Buch in den nächsten 200 Jahren nicht veröffentlicht werde.[12] Auf dem Buchmarkt überstürzten sich die Ereignisse während der Perestroika. Neue Bücher ebenso wie bislang nicht akzeptable ältere Werke hatten zweifellos starken Einfluss auf die politische Meinung.

Am Vorabend der 19. Parteikonferenz erschien ein Sammelband mit dem Titel *Es gibt keine Alternative zu Perestroika.* Es handelte sich um einen Aufruf für die Perestroika im radikaleren Sinn.[13] Die Mehrheit der Autoren waren Parteimitglieder, unter ihnen der Lektor und Historiker Juri Afanassjew. Auch Politologen wie Jewgeni Ambarzumow und Fjodor Burlazki fanden sich darunter, die sich schon vor der Perestroika, gelegentlich durch eine äsopische Sprache getarnt, für Reformen ausgesprochen hatten und gleichzeitig die Grenzen der Toleranz der Parteibehörden ausgetestet hatten. Zu den Autoren gehörte ferner die Soziologin Tatjana Saslawskaja, die Anfang der achtziger Jahre für ihren düsteren Bericht über den Zustand der sowjetischen Gesellschaft einen Tadel von der Partei erhalten hatte. Gorbatschow hatte sie jedoch schon mehrmals um Rat gefragt. Einige Beiträge stammten von Nichtparteimitgliedern, allen voran Andrej Sacharow. Wie es seine Art war, nahm er kein Blatt vor den Mund. Zum Beispiel schrieb er: »Die afghanische Affäre verkörpert die Gefahr und Irrationalität einer in sich geschlossenen, totalitären Gesellschaft.«[14] Und das in einem Buch, das im Juni 1988 mit einer Auflage von 100 000 Exemplaren von einem offiziellen Moskauer Verlagshaus herausgegeben wurde.

Kampf und Durchbruch 679

Gegen diese Stimmen, die eine raschere Liberalisierung und Demokratisierung forderten, wurden aus ganz unterschiedlichen Teilen des politischen Spektrums immer häufiger Rufe laut, die Perestroika zu beenden und zu »traditionellen Werten« zurückzukehren. In der Breschnew-Ära war die russisch-nationalistische Abweichung von marxistisch-leninistischen Normen einer Form des erlaubten Dissenses noch am nächsten gekommen. In einer Reihe von Leitartikeln vor allem in jenen Zeitschriften, die der Aufsicht des Schriftstellerverbands der russischen Republik unterstanden, wurde ein Rückzugsgefecht gegen die Perestroika geführt. Liberale russische Nationalisten wie der renommierte Slawist Dmitri Lichatschow und Sergej Salygin, ein Nichtparteimitglied, der 1986 zum Chefredakteur von *Nowy Mir* ernannt worden war, unterstützten Gorbatschow und die Perestroika. Die Mehrheit der Nationalisten war jedoch bestürzt über den sich entfaltenden Pluralismus, der ihren ideologischen Gegnern, den Westlern, eine Plattform verschaffte, die sie in der Vergangenheit nicht gehabt hatten. Schlimmer noch: Letztere erfreuten sich ganz offensichtlich der Unterstützung Gorbatschows und Jakowlews, also der höchsten Ränge der Parteihierarchie. Folglich hielten selbst nationalistische Autoren, die in der Vergangenheit die KPdSU kritisiert hatten, nunmehr unter den Parteifunktionären, die wegen der Perestroika alarmiert waren, nach Verbündeten Ausschau. Sie liebäugelten sogar mit dem Militär.

Im Laufe der Zeit, insbesondere bis 1990/91, bestand eine echte Konvergenz der Anschauungen zwischen nationalistischen Autoren auf der einen Seite und Parteibürokraten und der Hauptverwaltung für die Streitkräfte des Verteidigungsministeriums auf der anderen. Sie waren sich einig, dass der größte Teil der marxistisch-leninistischen Ideologie abgelegt werden könne, dass aber der Gedanke eines starken russischen Staates und die Gefahren der Demokratisierung hervorgehoben werden müssten. Was jedoch die national gesinnten Intellektuellen durch dieses Bündnis gewannen, nämlich die Unterstützung von Menschen, die noch über institutionelle Macht verfügten, verloren sie an Attraktivität für ein breiteres Publikum.[15] Die Konservativen in der Partei verabschiedeten sich fast ebenso sehr von marxistisch-leninistischen Idealen wie die radikalen Reformer der Partei. Sie unterschieden sich jedoch in den Werten, die sie an deren Stelle setzen wollten. Ihr Hauptargument lautete, die Welt sei nicht in zwei antagonistische soziale Klassen geteilt, sondern in individualistische und kollektivistische Zivilisationen. Sie behaupteten, die Einführung politischer und wirtschaftlicher Institutionen nach westlichem Vorbild in einer kollektivistischen Zivilisation wie der russischen würde traditionelle Werte, auch jene, die von der orthodoxen Kirche bewahrt wurden, zerstören und die Auflösung des russischen Staates herbeiführen. Im postsowjetischen Russland fand dieses Argument verständlicherweise noch stärkeren Anklang.[16]

Auf so gut wie jeder Politbürositzung seit 1987 wurden nicht etwa diese Anschauungen angegriffen, sondern die Schriften derjenigen, die als gemeinsame Feinde der russischen Nationalisten und Parteikonservativen galten: Angegriffen wurden die erklärten Kritiker der sowjetischen Vergangenheit und der fundamentalen Merkmale des sowjetischen politischen und wirtschaftlichen Systems, Menschen, die in vielen Fällen von westlichen, liberalen und demokratischen Gedanken und von dem, was sie über die politische Praxis im Westen wussten, beeinflusst worden waren. Die Widerspenstigkeit der Medien wurde beklagt, die Politbüromitglieder wurden auf bestimmte Artikel aufmerksam gemacht, die Jakowlew als wagemutig begrüßte, die in den Augen Ligatschows jedoch verleumderisch und beklagenswert waren. Da Ligatschow, bis September 1988 Zweiter Sekretär der Partei, gemeinsam mit Jakowlew für die Ideologie zuständig war, gingen von der Chefetage der Kommunistischen Partei gemischte Signale aus. Im Gegensatz zu den Zeiten vor der Perestroika konnten sich die Chefredakteure, je nach eigener Anschauung, an Ligatschow oder an Jakowlew orientieren.

Gorbatschow wurde von einer Mehrheit im Politbüro unablässig gedrängt, die »Ordnung« in den Medien wiederherzustellen, und reagierte gelegentlich mit einer Kritik an bestimmten Publikationen. Dennoch stand er mit seiner Meinung Jakowlew immer viel näher als Ligatschow. Während Ligatschow schon von Andropow in die Parteispitze geholt worden war, hatte Jakowlew einen rasanten Aufstieg durchgemacht: Noch 1985 gehörte er nicht einmal den obersten 500 der sowjetischen Elite an (er war nicht einmal Kandidat des Zentralkomitees), im Sommer 1987 hingegen fand er sich unter den obersten fünf wieder (Vollmitglied des Politbüros und ZK-Sekretär). Diese außergewöhnlich rasche Beförderung verdankte er ausschließlich Gorbatschow. Im September 1988 versuchte dieser allerdings, eine

Kampf und Durchbruch

klarere Linie durchzusetzen, indem er sowohl Ligatschow als auch Jakowlew die direkte Zuständigkeit für Ideologie entzog. Für Ligatschow war das definitiv eine Degradierung: Er wurde zum ZK-Sekretär für Landwirtschaft ernannt. Im Fall Jakowlews war es eher ein Schritt zur Seite, weil ihm künftig das Ressort Außenpolitik unterstand. Wadim Medwedew übernahm die Ideologie.

Medwedew war ein loyaler Gorbatschow-Anhänger, und seine Anschauungen glichen eher denen Jakowlews als denen Ligatschows, aber er war behutsamer als Jakowlew und erkannte nicht immer, wann eine Radikalisierung der Haltung Gorbatschows anstand. Glasnost hatte den Appetit einer gebildeten sowjetischen Öffentlichkeit auf bedeutende literarische und politische Werke, die ihnen bislang verweigert worden waren, gesteigert, und die Monatszeitschriften, in deren Redaktion Perestroika-Anhänger saßen, wetteiferten untereinander um die bekanntesten Autoren. Die Zeitschrift *Nowy Mir*, die zu Twardowskis Zeiten den frühen Solschenizyn veröffentlicht hatte, setzte sich telefonisch und telegrafisch mit ihm in seinem Exil in Vermont in Verbindung. Sie war, nicht ohne Grund, der Meinung, sie habe als Erste einen Anspruch darauf, dort weiterzumachen, wo sie vor mehr als zwanzig Jahren aufgehört hatte. Alexander Solschenizyn erwies sich jedoch als zäher Verhandlungspartner. Die Zeitschrift wollte mit seinen Romanen *Krebsstation* und *Der erste Kreis der Hölle* beginnen, aber Solschenizyn erklärte, als Erstes müsse *Archipel Gulag* veröffentlicht werden. Da dieses Werk die Verantwortung für das repressive Lagersystem nicht nur Stalin, sondern eindeutig auch Lenin übertrug, war das eine hohe Hürde für eine sowjetische Literaturzeitschrift.

Im Juni hatte der Chefredakteur von *Nowy Mir*, Sergej Salygin, ein unerfreuliches Treffen mit Medwedew, nach dem er den Eindruck hatte, es gebe keine Chance für eine Veröffentlichung Solschenizyns. Aber nur einen Tag danach schlug Gorbatschow in einer Politbürositzung vor, dass der sowjetische Schriftstellerverband diese Angelegenheit doch selbst entscheiden solle. Das war ein dramatischer Kurswechsel. Es hieß nicht unbedingt automatisch die Veröffentlichung, denn der Schriftstellerverband der UdSSR war nicht gerade eine Brutstätte radikaler Reformen (wenn auch weniger konservativ als der Schriftstellerverband der russischen Republik). Die Schriftsteller spürten jedoch ganz deutlich, woher der politische Wind wehte und in welche Richtung Gorbatschow tendierte. Sie gaben der Veröffentlichung des Werks von Alexander Solschenizyn grünes Licht. Im Juli 1989 wurde der Text seiner Rede anlässlich der Nobelpreisverleihung in *Nowy Mir* abgedruckt, und die Zeitschrift konnte ankündigen, dass die erste Fortsetzung von *Archipel Gulag* in der August-Ausgabe erscheinen werde.[17]

Während der gesamten Perestroika gehörte Gorbatschow dem radikalen Flügel der Parteispitze an. Als die Spaltung in der breiteren politischen Elite offener zutage trat, machte er manchmal einen Schritt zurück, bevor er zwei Schritte vorwärts machte. Bis zum Frühjahr 1989 hing es jedoch fast allein von Gorbatschow ab, wie stark die grundlegende Richtung der Politik mit der Vergangenheit brach. Von entscheidender Bedeutung war die Kombination aus der institutionellen Macht und Autorität des *Gensek* (wie der Generalsekretär gemeinhin genannt wurde) und der reformorientierten Einstellung, dem Selbstbewusstsein und der Überzeugungskraft des jeweiligen Amtsinhabers.[18] Im Frühjahr 1988 veranstaltete Gorbatschow eine Reihe von Treffen mit verschiedenen Gruppen regionaler Parteisekretäre, um sie auf die 19. Parteikonferenz und die bevorstehenden Veränderungen vorzubereiten. Eine Mehrheit von ihnen beobachtete voll Sorge die radikale Reform eines politischen Systems, in dem sie innerhalb ihres eigenen Gebiets unangefochtene Autorität gehabt hatten. Bei den Treffen hob er vor allem hervor, wie dringend notwendig eine Demokratisierung sei, womit er damals jedoch noch kein Mehrparteiensystem meinte. Den Teilnehmern an dem Treffen vom 11. April 1988 teilte Gorbatschow mit, dass »der Prozess der Demokratisierung auch die Trennung von Regierungs- und Parteiinstitutionen beinhalten müsse« und dass »wir die Kluft zwischen Form und Inhalt in unseren politischen Institutionen schließen müssen«.[19] Bei einem Treffen mit einer anderen Gruppe regionaler Parteifunktionäre eine Woche danach sprach Gorbatschow ein noch heikleres Thema an: »Wisst ihr, nicht nur im Westen stellt man sich die Frage: Auf welcher Grundlage herrschen 20 Millionen [Mitglieder der KPdSU] über 200 Millionen? Wir haben uns selbst das Recht verliehen, das Volk zu regieren!«[20] Im Folgenden erklärte er den regionalen Funktionären, dass die Partei den 1917 ersonnenen Prozess nicht zu Ende geführt habe: »Im Gegenteil, es entstand ein administratives Kommandosystem, das ihm widersprach.«[21]

Kampf und Durchbruch 683

Im Vorfeld der 19. Parteikonferenz berief Gorbatschow öfter, häufig spätabends oder am Wochenende, Treffen mit einer kleinen Gruppe von Beratern ein, auf denen offen über Ideen diskutiert wurde, dazu kamen weitere offizielle Politbürositzungen, auf denen die Dokumente verabschiedet wurden, die der Konferenz vorgelegt werden sollten. Doch die »Thesen«, die unmittelbar vor dem großen Parteiereignis veröffentlicht wurden, spiegelten weitgehend die Entwicklung der Ansichten Gorbatschows wider, auch wenn manche Dinge, die er gerne durchführen wollte, wie frisches Blut in das Zentralkomitee zu holen, indem er auf der Konferenz neue Mitglieder aufnahm, vom Politbüro abgeblockt wurden.[22] Nach seinem Machtantritt wollte Gorbatschow die sowjetische Ordnung reformieren, inzwischen strebte er eine Änderung ihres Wesens an. Seinen Beratern erzählte er, dass Hans-Jochen Vogel, der damalige Vorsitzende der deutschen Sozialdemokraten, als er von den »Thesen« zur 19. Konferenz gehört hatte, in ihnen »ein sozialdemokratisches Element« entdeckt habe. Gorbatschow fügte hinzu: »Ich erhob keine Einwände.«[23]

Reagan in Moskau

Der amerikanische Botschafter in der Sowjetunion Jack Matlock hielt sich gerade in Helsinki auf, um Präsident Reagan am Vorabend seines Moskaubesuches zu instruieren, als ihm der russische Text der »Thesen« zur 19. Parteikonferenz zugefaxt wurde. Erstaunt entdeckte er eine völlig neuartige Verpflichtung zu Grundsätzen wie Gewaltenteilung, etliche Freiheiten und Unabhängigkeit der Justiz. »Was die ›Thesen‹ beschrieben«, so folgerte er, »war etwas, das der europäischen Sozialdemokratie näherstand« als dem sowjetischen Kommunismus. Matlock fasste das Dokument für den Präsidenten zusammen und teilte ihm seine Einschätzung mit: »Wenn sie sich als real erweisen sollten, dann könnte die Sowjetunion nie wieder das sein, was sie in der Vergangenheit gewesen war.«[24]

Ronald Reagan traf bei seinem ersten Besuch in der Sowjetunion am 29. Mai 1988 in Moskau ein und blieb bis zum 2. Juni im Land. Auf dem vierten Gipfeltreffen mit Gorbatschow in ebenso vielen Jahren gab es weniger Substantielles zu besprechen als auf dem Washingtoner Gipfel ein Jahr zuvor, aber dieses Manko wurde durch die symbolische Bedeutung ausgeglichen. Für die Sowjetbürger war der Anblick eines amerikanischen Präsidenten, wie er mit dem Generalsekretär der KPdSU Michail Gorbatschow freundschaftlich vereint über den Roten Platz schlenderte, ebenso bemerkenswert wie beruhigend. Immerhin war er noch vor wenigen Jahren als Erzfeind und Bedrohung der eigenen Existenz wahrgenommen worden. Die Bürger schlossen daraus, dass die Gefahr eines Atomkrieges endgültig ausgeräumt worden sei. Als Reagan von einem Reporter auf dem Kreml-Gelände gefragt wurde, ob er die Sowjetunion immer noch für ein »Reich des Bösen« halte – wie er 1983 gesagt hatte –, erwiderte der Präsident: »Nein, ich sprach damals von einer anderen Zeit, einer anderen Ära.«[25] Reagan hielt an der Moskauer Staatsuniversität eine Rede – unmittelbar vor einer Leninbüste –, in der er von »der technologischen und Informationsrevolution« sprach, darüber, »wie wichtig es ist, den Wandel zu institutionalisieren – Garantien für die Reform zu schaffen«, und über die Notwendigkeit, »die Barrieren zu beseitigen, die immer noch Menschen trennen«, mit einer Anspielung auf die Berliner Mauer. Er sagte den Moskauer Studenten aber auch: »Ihre Generation lebt in einer der aufregendsten, hoffnungsvollsten Zeiten der sowjetischen Geschichte.«[26]

Am 6. Juni berichtete Gorbatschow dem Politbüro positiv über den Besuch Reagans. Er sagte, er habe gezeigt, dass eine prinzipientreue und konstruktive Politik, die auf realistischen Einschätzungen basiere, auch Resultate erzielen könne. (Er meinte damit natürlich die sowjetische Politik, auch wenn Reagan und Shultz, versteht sich, ihre Politik ganz ähnlich charakterisierten.) Durch die Berichterstattung im US-Fernsehen über den Besuch war es den Zuschauern möglich, den freundlichen Empfang, der Reagan bereitet worden war, mitzuverfolgen, außerdem bekam der durchschnittliche Amerikaner auf diese Weise einen einfachen Russen zu Gesicht. Und schließlich: »Der Präsident, mit all seinen Vorurteilen, war imstande, die Lage in der Realität zu betrachten und ehrlich seine Eindrücke zu schildern. Und es machte ihm überhaupt nichts aus, seine frühere vernichtende Einschätzung zu korrigieren.«[27]

Der Besuch stärkte Gorbatschow zu einem Zeitpunkt, als er im Begriff war, zu einer Transformation der sowjetischen politischen Ordnung überzugehen. Seine Außenpolitik hatte zu einem drastischen Abbau der Ost-West-Spannungen geführt und seine Beliebtheit im

Von der Liberalisierung zur Demokratisierung   685

eigenen Land und im Ausland extrem gefördert. Gorbatschows Beliebtheit in der Sowjetunion sollte zwar später rasch wieder sinken, während sie im Westen sehr hoch blieb, aber in den Jahren 1988/89 genoss er sehr starken Rückhalt. Ende Dezember 1989 billigten noch 81 Prozent der befragten Bürger der russischen Republik und 84 Prozent der Befragten in der Sowjetunion insgesamt Gorbatschows Tätigkeit voll und ganz oder zumindest teilweise.[28] Seine Umfrageergebnisse erreichten in den Vereinigten Staaten ein ähnliches Niveau: Mitte 1986 hatten noch 51 Prozent der Amerikaner »einen günstigen Eindruck von Gorbatschow«. Im Laufe der folgenden beiden Jahre stieg diese Einschätzung erheblich an, und nach Reagans Besuch in Moskau lag die Zustimmung bei 83 Prozent.[29] Auch das Bild von der Sowjetunion hatte sich verändert (genau wie in Europa). Zu Beginn von Reagans zweiter Amtszeit im Jahr 1984 betrachteten noch 54 Prozent der Amerikaner die Sowjetunion als »einen Feind«, während im Mai 1988 – noch vor Reagans Besuch in Moskau – nur 30 Prozent diese Ansicht vertraten.[30]

Von der Liberalisierung zur Demokratisierung

Die 19. Parteikonferenz war der Punkt, an dem der Wandel im sowjetischen politischen System viel grundlegendere Elemente als bislang erfasste, obwohl die Mehrheit der Delegierten alles andere als radikale Reformer waren. Der russische nationale Schriftsteller Juri Bondarjow etwa griff die politischen Maßnahmen, die in den vergangenen drei Jahren durchgeführt worden waren, scharf an und verglich die Perestroika mit einem Flugzeug, das gestartet sei, ohne zu wissen, wo es landen werde.[31] Später kommentierte Gorbatschow, in ihm habe sich spontan Protest geregt, als Bondarjow diese Analogie gebrauchte, »aber damals zeigte ich meine Gefühle nicht offen«. Letzten Endes war die Perestroika ein Prozess, der sich im Laufe der Zeit entfaltete. Vor allem Gorbatschows eigene Ansichten wurden immer radikaler, nicht zuletzt wegen der Opposition, die ihm seitens der konservativen Kräfte entgegenschlug, und weil er zunehmend spürte, dass Freiheit und Demokratie um ihrer selbst willen wünschenswert waren. Somit war die Kritik, dass man von Anfang an einen Plan hätte haben müssen, fehl am Platze. Im Rückblick schrieb Gorbatschow: »Wir nahmen uns vor, mit der alten bolschewistischen Tradition zu brechen: Wir wollten ein ideologisches Konstrukt errichten und anschließend danach trachten, es in die Gesellschaft einzuführen, ohne die Mittel zu berücksichtigen, ohne die Meinung der Bürger in Betracht zu ziehen.«[32] Jedenfalls wurde die Rede Bondarjows von den Delegierten mit sehr viel mehr Sympathie begrüßt als die spätere des liberalen Chefredakteurs der Zeitschrift *Snamja*, Georgi Baklanow, der Bondarjow angriff. Gorbatschow musste mehrmals einschreiten und bestand darauf, dass man Baklanow ausreden lasse, als viele Delegierte versuchten, ihn zu übertönen. Er schärfte ihnen ein, dass es ihnen frei stehe, dem Sprecher zuzustimmen oder nicht, aber das müsse auf demokratischem Wege erfolgen.[33]

Boris Jelzin hielt ebenfalls eine Rede vor der Konferenz und forderte den Rücktritt der Politbüromitglieder, die jahrelang unter Breschnew im Politbüro gesessen hätten und folglich verantwortlich seien für den derzeitigen Zustand der Partei und des Landes. Jelzin brachte auch seinen Konflikt mit Ligatschow zur Sprache, und dieser antwortete mit einem heftigen Angriff gegen ihn. Am Ende seiner Rede bat Jelzin jedoch um »politische Rehabilitierung« und erklärte, er würde es vorziehen, wenn sie noch zu seinen Lebzeiten erfolge, statt fünfzig Jahre nach seinem Tod. Dabei war er damals nominell noch Mitglied des Zentralkomitees, wenn auch marginalisiert. Folglich wünschte er offenbar eine Rückkehr in die Parteispitze. Er wolle, sagte er, in den Augen der Kommunisten rehabilitiert werden, und fügte hinzu, eine derartige Entscheidung wäre »im Geist der Perestroika«. Noch im Sommer 1988 konnte sich selbst Jelzin keine andere Machtausübung vorstellen, außer von und durch die höchsten Ebenen der Kommunistischen Partei der Sowjetunion.[34]

Ligatschow wurde nicht als einziges Politbüromitglied kritisiert. Auch die langjährigen Mitglieder Gromyko und Solomenzew wurden von etlichen Rednern aufs Korn genommen, deren Auftritte im sowjetischen Fernsehen übertragen wurden. Gorbatschow selbst wurde nicht ausdrücklich kritisiert – die Autorität des Generalsekretärs schützte ihn noch –, aber in einer Reihe von Reden, etwa der des Schriftstellers Bondarjow, wurde ihm implizit die Schuld gegeben. Ungeachtet der vielen bemerkenswerten Reden waren die wichtigsten Maßnahmen im Voraus von Gorbatschow und seinen Beratern

Von der Liberalisierung zur Demokratisierung

verabschiedet und anschließend vom Politbüro ein wenig entschärft worden. Die Konferenz nahm ohne offenen Widerstand den Grundsatz einer stärkeren Demokratisierung an, einschließlich einer Mehrkandidatenwahl zu einer neuen Legislative und einer Verkleinerung des Parteiapparats. Die meisten Delegierten gingen davon aus, dass es mindestens ein Jahrzehnt, wenn nicht mehr, dauern würde, bis das umgesetzt würde. Aber am Ende seiner Schlussrede zur Konferenz hatte Gorbatschow eine Überraschung parat. Er sagte, es gebe noch eine Resolution, die »auf die Schnelle« formuliert worden sei, wie er selbst einräumte: Diese Resolution sehe vor, dass das neue Parlament, das durch Mehrkandidatenwahlen gewählt werden sollte, bereits im April des nächsten Jahres seine Arbeit aufnehmen solle und dass die radikale Verkleinerung des Parteiapparates bis Ende 1988 abgeschlossen sein müsse. Nachdem er dem Publikum versichert hatte, dass er die Annahme der Resolution für »einfach lebensnotwendig« halte, brachte er sie zur Abstimmung und bekam das zustimmende Ergebnis, zu dem er die Delegierten mehr oder weniger gedrängt hatte. Danach hörte das ZK-Mitglied Iwan Laptew (Chefredakteur der *Iswestija*) »wichtige Parteifunktionäre« insbesondere aus der Provinz sich fragen: »Was haben wir getan?«[35]

Vor der Reform trat der Oberste Sowjet in der Regel zweimal im Jahr für jeweils drei oder vier Tage zusammen. In jedem Wahlkreis stand nur ein Kandidat zur »Wahl«, und die Abgeordneten wurden im Wesentlichen vom Parteiapparat ausgewählt. Auf diese Weise waren ZK-Funktionäre schon im Vorfeld imstande, die soziale Zusammensetzung der Legislative festzulegen: etwa die Zahl der Frauen, der Arbeiter, Militärs und dergleichen mehr. Die Zugehörigkeit war in erster Linie eine Teilzeitbeschäftigung, die den Abgeordneten vor allem einen Ehrenposten und manche Privilegien verschaffte, weniger Macht. Deshalb war es ein außerordentlich wichtiger Akt der Demokratisierung, Mehrkandidatenwahlen zu einer Legislative einzuführen, die künftig an acht Monaten des Jahres tagen sollte, zwei Sitzungsperioden zu je vier Monaten. Die Wähler sollten zu diesem Zweck Deputierte für ein größeres »äußeres« Gremium, den Kongress der Volksdeputierten, wählen, der seinerseits ebenfalls viel länger tagen sollte als der alte Oberste Sowjet. Dieser Kongress würde jedoch ein »inneres« Organ wählen, den Obersten Sowjet (auch wenn er mit dem Vorläufer nichts gemein hatte), und dieser sollte während des größten Teils des Jahres die Legislative bilden. Von den 2250 Mitgliedern des Kongresses der Volksdeputierten sollten 750 von territorialen Wahlkreisen gewählt werden, die man nach der Bevölkerungsgröße eingeteilt hatte, und weitere 750 von national-territorialen Einheiten. In dieser Gruppe standen etwa Estland mit einer Bevölkerung von einer Million Einwohner genauso viele Sitze zu wie Russland mit ungefähr 150 Millionen. Die dritte Gruppe von Deputierten sollte von »öffentlichen Organisationen« gewählt werden, wobei die Palette von der Kommunistischen Partei und dem Komsomol über die Verbände der Schriftsteller, Filmregisseure und Theaterarbeiter bis hin zur Akademie der Wissenschaften reichte – eine heftig umkämpfte Gruppe.

Das war noch längst keine voll ausgewachsene Demokratie, aber selbst im postsowjetischen Russland wurde dieses Ziel zu keiner Zeit erreicht. Allerdings ging diese Maßnahme bereits über eine Liberalisierung hinaus und lenkte über zu einer Demokratisierung, denn Demokratisierung ist ein *Prozess*. In einem Land mit einer so langen autoritären Tradition wie Russland war es naturgemäß unwahrscheinlich, dass es mit einem einzigen Sprung zu einer funktionierenden Demokratie würde. Immerhin hatten die Wähler eine echte Wahlmöglichkeit. Es wurde eifrig auf Veranstaltungen und im Fernsehen diskutiert. Das war noch keine Mehrparteienwahl. Mehr als 85 Prozent der nominierten Kandidaten und über 87 Prozent der gewählten waren Mitglied der KPdSU. Die Tatsache, dass Parteimitglieder gegeneinander antraten und sehr unterschiedliche politische Konzepte verfochten, war jedoch von außerordentlich großer Bedeutung. Damit wurde das Prinzip des demokratischen Zentralismus ad acta gelegt. In einer Minderheit der Wahlkreise gelang es einflussreichen lokalen Persönlichkeiten, dafür zu sorgen, dass sie als einziger Kandidat nominiert wurden. Ihre Wahl war damit jedoch keineswegs sicher. Der Kandidat (und in diesen Fällen war es immer ein »Er«) musste immer noch über 50 Prozent der abgegebenen Stimmen erhalten. Das erwies sich beispielsweise als eine zu hohe Hürde für den Ersten Sekretär der Leningrader regionalen Parteiorganisation und Kandidaten des Politbüros Juri Solowjow. Er wurde von mehr als der Hälfte seiner Wählerschaft abgelehnt. Notgedrungen musste er noch im selben Jahr von seinen Parteiämtern zurücktreten. Im Grunde verfügte die Wählerschaft nunmehr über ein demokratisches Mittel,

Von der Liberalisierung zur Demokratisierung 689

mit dem sie nicht nur Abgeordnete wählen, sondern auch unbeliebte Parteifunktionäre in eine unhaltbare Situation bringen konnte. Immerhin 83 Erste Parteisekretäre (auf unterschiedlichen Ebenen der Hierarchie) erlitten bei den Wahlen eine Niederlage, selbst die Regierungschefs von Lettland und Litauen.[36]

Die dramatischsten Wahlen, und zugleich die langfristig bedeutsamsten, betrafen eine Reihe von Deputierten, die entschlossen waren, sich verstärkt für die nationalen Interessen ihrer jeweiligen Republiken einzusetzen (sie forderten allerdings noch nicht die Unabhängigkeit), insbesondere aus den baltischen Republiken und Georgien, sowie den überwältigenden Erfolg Boris Jelzins. Jelzin hatte beschlossen, für einen Sitz zu kandidieren, der das gesamte Stadtgebiet Moskaus umfasste, weil die Hauptstadt zu den national-territorialen Einheiten der UdSSR zählte. Er war noch Mitglied der Kommunistischen Partei, aber sein Gegner, der Manager einer großen Autofabrik in Moskau, wurde vom Parteiapparat massiv bevorzugt. Jelzin führte jedoch einen engagierten Wahlkampf, griff in seinen Reden die Privilegien der Partei an und lockte zu seinen Kundgebungen riesige Menschenmengen. Er gewann den Sitz mit sensationellen 89 Prozent der Stimmen.[37] Das eigentlich Bemerkenswerte an dieser Wahl war, dass es zum ersten Mal in der sowjetischen Geschichte einem prominenten Politiker, der aus der herrschenden Elite ausgestoßen worden war, gelungen war, dank der öffentlichen Meinung ein Comeback zu feiern. Nicht zuletzt dank Gorbatschow – Ironie der Geschichte, denn Jelzin sollte zu dessen Nemesis werden. Erst durch Gorbatschows Innovation, Mehrkandidatenwahlen einzuführen, wurde ein solches Comeback überhaupt ermöglicht. Der amerikanische Botschafter Jack Matlock kommentierte treffend: »Jelzins Sieg überraschte mich nicht so sehr wie die Tatsache, dass *die Stimmzettel korrekt ausgezählt wurden.* […] Das war ein wichtiger Meilenstein auf dem Weg zur russischen Demokratie.«[38]

Als sich die neue Legislative konstituierte, wurde ein weiterer gigantischer Schritt in Richtung Demokratisierung gemacht. Die Sitzungen wurden im Fernsehen live übertragen. Tagtäglich konnten die Zuschauer verfolgen, wie Deputierte die Parteispitze, den KGB, das Militär und andere heilige Kühe der Sowjetunion kritisierten. Die Mehrzahl der Deputierten waren keine radikalen Reformer, aber eine ausreichend große Zahl von ihnen sorgte dafür, dass der Kongress zur ersten Legislative in der sowjetischen Geschichte wurde, die den Versuch unternahm, ihre Führer zur Rechenschaft zu ziehen. Tatsächlich machten die Deputierten von dieser Möglichkeit auch weit eifriger Gebrauch als das russische Parlament ein oder zwei Jahrzehnte später. Nikolai Ryschkow musste der Legislative sein Ministerteam zur Bestätigung vorstellen. Die Kandidaten wurden so genau geprüft, dass Ryschkow der Meinung war, er sei noch glimpflich davon gekommen, als nur neun seiner 69 Nominierungen »abgeschossen« wurden.[39] Gleich am ersten Tag wurde deutlich, dass sich dieses Parlament erheblich von seinem Vorläufer unterscheiden sollte, der noch völlig dem rein dekorativen Teil der sowjetischen Verfassung angehört hatte. Gorbatschow wurde zum Vorsitzenden des Obersten Sowjets vorgeschlagen – de facto das Staatsoberhaupt, allerdings ein Amt, das sich als eine viel zu große Belastung zusätzlich zu seinen anderen Pflichten erweisen sollte und das er später aufgab. Die Nominierung Gorbatschows als einziger Kandidat wurde sofort kritisiert, unter anderen von Andrej Sacharow, der für die renommierteste öffentliche Organisation, die Akademie der Wissenschaften, in den Kongress gewählt worden war. Er erklärte zwar, er »sehe keine Alternative zu Gorbatschow in der Führung unseres Landes«, aber er unterstützte Gorbatschow nur bedingt, und schon aus Prinzip sollten sich in diesem Fall mehrere Kandidaten zur Wahl stellen.[40] Der Leningrader Deputierte Alexander Obolenski, der nicht der Kommunistischen Partei angehörte, schlug sich selbst vor, und in einer Abstimmung über die Frage, ob sein Name auf die Wahlliste aufgenommen werden sollte, stimmten immerhin 689 dafür – eine beachtliche Minderheit. Allerdings plädierten 1415 Deputierte für die alleinige Kandidatur Gorbatschows, und in der anschließenden Abstimmung unterstützten ihn 95 Prozent der Deputierten.

Die erste Sitzungsperiode des Kongresses begann am 25. Mai 1989 und dauerte bis zum 9. Juni. Ende Mai verfolgten rund 80 Prozent der sowjetischen Stadtbevölkerung die Debatten des Kongresses im Fernsehen oder im Radio, die einen zu Hause, andere bei der Arbeit. Später im selben Jahr verzichtete das Fernsehen auf Live-Übertragungen aus dem Parlament und sendete stattdessen im Abendprogramm einen Zusammenschnitt der Höhepunkte. Der Grund war ganz einfach, dass zu viele Arbeitsstunden wegen der Neuheit einer im Fernsehen übertragenen politischen Debatte verloren gingen. Die Parlamentssitzungen wurden Schätzungen zufolge von 90 bis 100 Millionen Menschen verfolgt.[41]

War das sowjetische System im Dezember 1989 noch kommunistisch?

Die Demontage des sowjetischen Kommunismus war Ende des Jahres 1989 noch nicht abgeschlossen, aber es hatte sich so vieles in der UdSSR geändert, dass man sie nicht länger als kommunistisch gemäß der in Kapitel 6 genannten Definition betrachten konnte. Von den drei prägenden Merkmalpaaren des Kommunismus, die dort umrissen werden, sind die beiden Merkmale, die sich auf das *politische* System beziehen, die wichtigsten: das *Machtmonopol* der kommunistischen Partei und der in ihr geltende *demokratische Zentralismus*, die eng miteinander verknüpft sind. Von klarer Hierarchie und strenger Disziplin, die der demokratische Zentralismus impliziert, konnte keine Rede mehr sein, stattdessen wurde die Partei von Gruppierungen und Fraktionen zerrissen, wobei die Parteiorganisationen bestimmter Republiken eine völlig andere Linie bezogen und außerdem extrem unterschiedliche politische Orientierungen innerhalb der primären Parteiorganisationen am Arbeitsplatz anzutreffen waren. Folglich funktionierte nicht nur der demokratische Zentralismus nicht mehr, sondern die »führende Rolle« der Kommunistischen Partei war bereits ernstlich unterhöhlt, obwohl der entsprechende Artikel 6 noch in der sowjetischen Verfassung stand.

Die Verfassung war in den Jahren des Totalitarismus und des posttotalitären Autoritarismus noch nie ein geeigneter Ratgeber zur politischen Realität gewesen. In den ersten sechzig Jahren der kommunistischen Herrschaft in Russland wurde die »führende Rolle« in der sowjetischen Verfassung im Übrigen überhaupt nicht erwähnt. Dieser Punkt wurde erst im Jahr 1977 eingefügt. Somit kann die Frage, ob die Führungsrolle in der Verfassung verankert war oder nicht, auch kaum als ausschlaggebend für die Beurteilung angesehen werden, ob das System noch kommunistisch zu nennen war. Die Verfassung hatte im unreformierten sowjetischen System bemerkenswert wenig mit den Realitäten des politischen Lebens zu tun.

Die Wahlen selbst bedeuteten das Ende des demokratischen Zentralismus. Konservative Kommunisten sahen sich als Rivalen von Kommunisten, die im Grunde Sozialdemokraten waren. Den Stalinisten traten Liberale entgegen, obwohl beide Mitglied der KPdSU waren. Darüber hinaus gerieten manche Deputierte aus den Republiken mit den zentralen parteistaatlichen Behörden in Konflikt. (Die Nationalitätenfrage wird übrigens in Kapitel 27 behandelt.)

Innerhalb des Kongresses der Volksdeputierten wurde im Jahr 1989 schon bald eine neue politische Kraft ins Leben gerufen: die sogenannte Interregionale Gruppe der Volksdeputierten. Das war eine Organisation radikaler Demokraten, die sich rasch einen Namen machte.[42] Sie führte so bedeutende, wenn auch völlig verschiedenartige Persönlichkeiten wie Jelzin und Sacharow zusammen. Obwohl fast alle führenden Mitglieder – unter anderen Jelzin, der Historiker Juri Afanassjew und der Ökonom Gawriil Popow – der KPdSU angehörten (mit Sacharow als großer Ausnahme), entwickelte sich die Interregionale Gruppe zu einer Organisation, die sich gegen die Führung der Kommunistischen Partei stellte. Sie griffen nicht nur träge, konservative Kommunisten an, sondern auch Gorbatschow, den Afanassjew und vor allem Jelzin scharf kritisierten, weil er nicht bereit war, eine grundlegende Transformation des Systems zu vollziehen. Die Kritiker ließen dabei außer Acht, dass Gorbatschows eigene Autorität innerhalb der Kommunistischen Partei als Folge der Angriffe von beiden Seiten des politischen Spektrums inzwischen abnahm und dass er nicht einseitig das Machtmonopol der Partei offiziell für beendet erklären konnte (ein Prozess, der de facto bereits begonnen hatte). Gorbatschow stellte tatsächlich im Juni 1989 auf einer Politbürositzung zur Diskussion, die »führende Rolle der Partei« aus der sowjetischen Verfassung zu streichen, aber nur Jakowlew, Schewardnadse und Medwedew unterstützten einen solchen Schritt, und die Entscheidung wurde vertagt. Zuvor hatte Gorbatschow vorgehabt, die Frage im Rahmen der Ausarbeitung einer neuen sowjetischen Verfassung anzusprechen, aber eine sehr deutliche Mehrheit des Politbüros vertrat die Auffassung, dass die Arbeit an einer neuen Verfassung nicht in einer so bewegten Zeit begonnen werden sollte.[43]

Für die Interregionale Gruppe der Deputierten wurde die Streichung der laut Verfassung garantierten »führenden Rolle« der Kommunistischen Partei zunehmend zu einer Schlüsselfrage. Die Gruppe war zwar in der Legislative nicht stark genug, um eine Abstimmung dort zu gewinnen, aber diese liberal-demokratische Opposition verstand es, sich sehr wirkungsvoll in Szene zu setzen und nachhaltige Unterstützung im Land zu gewinnen. Am 12. Dezember 1989, dem ersten Tag der neuen Sitzungsperiode des Kongresses der Volksdeputierten, forderte Sacharow erneut die Streichung der führenden Rolle der Partei aus der Verfassung. Obwohl Gorbatschow ihm mittlerweile zustimmte, konnte er diesen Punkt ohne vorherige Zustimmung des Zentralkomitees nicht im Kongress diskutieren lassen. Zwei Tage später kehrte Sacharow nach einer Rede vor einer »stürmischen Versammlung« der Interregionalen Gruppe nach Hause zurück, um seine Rede für den nächsten Tag im Kongress vorzubereiten – und starb noch am selben Abend an Herzversagen.[44] Sein Tod steigerte noch die emotionale Aufladung des Strebens nach einer Verfassungsänderung.

Im Februar 1990 erhielt Gorbatschow die Zustimmung des Zentralkomitees, die »führende Rolle« der Kommunistischen Partei aus Artikel 6 der Verfassung zu streichen; und im folgenden Monat wurde die Verfassungsänderung formal vom Kongress der Volksdeputierten verabschiedet. Der ganze Prozess deckte jedoch auf, dass die Partei tief gespalten war und dass die zentralen Parteiorgane seit der Schaffung der neuen Legislative mehr und mehr der informierten Meinung in der Gesellschaft folgten, statt sie anzuführen. Das Machtmonopol der Kommunistischen Partei wurde nicht nur von der Vielfalt der Massenmedien in Frage gestellt, sondern auch von organisierten Gruppen in der Legislative wie der Interregionalen Gruppe. Darüber hinaus hatte eine beachtliche Zahl der neuen politischen Parteien, die formal erst 1990/91 gegründet wurden, ihren Ursprung in politischen Klubs, die sich schon 1988/89 gebildet hatten. In wenigen Fällen, etwa dem der kleinen Demokratischen Partei, bezeichneten sie sich schon vor Ende 1989 als politische Parteien.

Die beiden *wirtschaftlichen* Kriterien eines kommunistischen Systems – Planwirtschaft anstelle von Marktwirtschaft und Staatsbesitz anstelle von privatem Besitz – hielten sich länger als der demokratische Zentralismus und die führende Rolle der Partei. Allerdings blieben auch sie von der Entwicklung nicht verschont. Ende 1989 funktionierte die Planwirtschaft nicht mehr richtig. Das Gesetz über die Staatsbetriebe von 1987 hatte den Fabrikdirektoren Vollmachten übertragen, so dass das Staatliche Planungskomitee *(Gosplan)*, das Finanzministerium und die Ministerien für einzelne Industriezweige nicht mehr in der Lage waren, die Unternehmen wirklich zu kontrollieren. Überdies hatte Gorbatschow im September 1988 den größten Teil der wirtschaftlichen Abteilungen des Zentralkomitees abgeschafft, so dass die Partei im Grunde ihre »führende Rolle« in der Wirtschaft verloren hatte. Diese Maßnahmen schwächten erheblich die oberste Ebene der »Kommandowirtschaft«, wie westliche Wirtschaftsexperten sie gerne nennen, oder der »Planwirtschaft«, wie man das System in der Sowjetunion genannt hatte. Gorbatschow selbst hatte seit 1988 abschätzig von einem »administrativen Kommandosystem« gesprochen.

Ministerien und Parteifunktionäre sahen sich im Jahr 1989 darüber hinaus mit Arbeiterstreiks konfrontiert. (Im selben Jahr wurden Streiks legalisiert.) Einmal abgesehen davon, dass die Parteibehörden unmittelbar herausgefordert wurden, wirkten sich die Streiks verheerend auf das aus, was vom »Plan« noch übrig war.[45] Auch der Staatsbesitz wurde durch das wichtige Gesetz über Kooperativen von 1988 zurückgedrängt. Tatsächlich entwickelten sich viele Kooperativen binnen kurzer Zeit zu kaum getarnten Privatbetrieben. Dennoch kann man allenfalls behaupten, dass das System bis Ende 1989 (genau genommen bis Ende 1991) keine funktionierende Planwirtschaft mehr war, ohne allerdings eine Marktwirtschaft zu sein. Als zunehmend störanfälliges Hybridsystem verstärkte es zusätzlich den Druck von unten in Richtung eines Wandels des kommunistischen Systems. Sowjetische Bürger wussten dank der neuen Freiheiten besser über den höheren Lebensstandard in westlichen Demokratien Bescheid als je zuvor. Sowohl der Markt als auch die Demokratie wurden nach und nach in den Köpfen der Menschen mit dem Versprechen eines raschen Anstiegs des eigenen Lebensstandards verknüpft – oder gar als Patentrezept angesehen.

Die beiden *ideologischen* Kennzeichen des Kommunismus, die in Kapitel 6 genannt wurden – das Gefühl, einer internationalen Bewegung anzugehören, und der Anspruch, eine kommunistische Gesellschaft aufzubauen – waren Ende 1989 bereits völlig verschwunden. Bekanntlich fanden die kommunistischen Staatswesen in ganz Osteuropa im Laufe dieses Jahres ihr Ende (siehe folgendes Kapitel). Folglich gab es keine internationale kommunistische Bewegung mehr, die diesen Namen verdient hätte, auch wenn es weiterhin eine kleine Zahl kommunistischer Länder gab, darunter das wichtige China. Die Mitgliedstaaten des Warschauer Paktes waren nicht länger kommunistisch, und der Warschauer Pakt hatte, obwohl er offiziell erst am 1. Juli 1991 aufgelöst wurde, seit Dezember 1989 weder eine Ideologie noch eine Hegemonialmacht, die ihn zusammengehalten hätte. Als die osteuropäischen Staaten den Kommunismus abschafften, wirkte sich das auch verheerend auf die kommunistischen Parteien im Westen aus. Die Parteispitze der KPdSU war stärker mit dem Überleben des eigenen Staates beschäftigt als mit dem Schicksal der westlichen KPs, von denen keine einzige jemals an die Macht gelangt war, von lokalen Erfolgen einmal abgesehen.

Die führenden Mitglieder hatten es sogar aufgegeben, den Anschein zu erwecken, sie wollten den »Kommunismus« aufbauen. Sie kämpften verzweifelt gegen die Auflösung des eigenen Staates. Der größte Teil der Definitionsmerkmale eines kommunistischen Systems war somit nicht nur in Ostmitteleuropa, sondern auch in der Sowjetunion bereits Ende 1989 abgeschafft worden. Ein beträchtlicher Teil der sowjetischen Führung sah seine Aufgabe darin, das kommunistische System nach seinen Vorstellungen mit neuem Leben zu erfüllen, um auf diese Weise das sowjetische Staatswesen zu retten. Gorbatschow jedoch vertrat eine andere Auffassung, denn er war im Zuge der Entwicklung zu einer sozialdemokratischen Auffassung des Sozialismus gelangt.[46] Deshalb hegte er gar nicht den Wunsch, das kommunistische System wieder zusammenzufügen, an dessen Demontage er maßgeblich beteiligt gewesen war. Was er jedoch um jeden Preis retten wollte, war der sowjetische Staat. Später erkannte Gorbatschow, dass eine Schwächung der Partei automatisch zu einer Schwächung des Staates führte, weil die UdSSR ein »Parteistaat« war, in dem Partei- und Regierungsinstitutionen untrennbar miteinander verflochten waren (zum Zerfall der Sowjetunion siehe Kapitel 27).[47]

KAPITEL 26

Das Ende des Kommunismus
in Europa

Kaum waren die kommunistischen Regime in Europa zusammengebrochen, da hieß es schon, das sei unvermeidlich gewesen. Und zwar
häufig von denselben Menschen, die nur wenige Monate zuvor noch
angenommen hatten, dass keine sowjetische Führung jemals den
Übergang von einer kommunistischen zu einer nichtkommunistischen Herrschaft in einem Land des Warschauer Paktes tolerieren
würde. Auf die verschiedenen Gründe, weshalb die Regime sich so
lange halten konnten, wird in Kapitel 28 eingegangen, und die langfristigen Ursachen für das Scheitern und den Zusammenbruch des
Kommunismus sind Gegenstand von Kapitel 29. Im folgenden Kapitel wird der Frage nachgegangen, weshalb und wie die kommunistischen Staaten in Europa ausgerechnet zu diesem Zeitpunkt auseinan-
derbrachen: in den Jahren 1989/90.

Zur Beantwortung dieser Frage müssen wir von dem allerwichtigs-
ten Grund ausgehen, weshalb die osteuropäischen kommunistischen
Staaten nicht schon *früher* zusammengebrochen sind: nämlich wegen
der wiederholten Bereitschaft der sowjetischen Führungsriegen, als
letztes Mittel so viel Gewalt einzusetzen wie nötig, um die kommunistischen Systeme in den ihnen wichtigen Ländern zu bewahren.
Albanien und Jugoslawien hatte man gestattet, von der Sowjetunion
unabhängig zu werden, allerdings blieben auch sie, auf ihre Weise,
weiterhin kommunistisch. Bis Mitte der achtziger Jahre hatte die Sowjetunion jedoch eindeutig zu verstehen gegeben, dass die Bewahrung
dessen, was ihre führenden Politiker »Sozialismus« nannten, in Polen, Ungarn, der Tschechoslowakei, Ostdeutschland, Bulgarien und,
in einem geringeren Ausmaß, Rumänien nicht zur Diskussion stand.

Das Ende des Kommunismus in Europa

Hinzu kam: Die Bevölkerungen der Länder in Ostmitteleuropa, genau wie die Regierungen in den Hauptstädten Westeuropas und in Washington, *glaubten* auch daran, dass die Sowjetunion entschlossen war, um jeden Preis die kommunistische Herrschaft im gesamten »Ostblock«, wie man ihn seit langem nannte, zu bewahren. Wahrnehmungen spielen in der Politik eine große Rolle, und die Osteuropäer waren fest überzeugt, dass sie, wenn sie sich mit den eigenen Regierungen anlegten, sich gleichzeitig auch mit der Sowjetunion anlegten. Selbst in Polen, wo die bei weitem größte und eindrucksvollste Oppositionsbewegung in einem kommunistischen Staat entstand, war die Solidarność Mitte der achtziger Jahre zu einer Untergrundorganisation degradiert worden, die nur noch ein Schatten ihrer selbst war. Wenn die polnische Bevölkerung die Gewissheit gehabt hätte, dass auf keinen Fall eine sowjetische Invasion drohte, dann wäre es den inneren Sicherheitskräften schwerer gefallen, die Solidarność zu unterdrücken. Ein *bewaffneter* Widerstand kam in keinem dieser Länder in Frage, nicht nur wegen der unverhältnismäßigen Überlegenheit der sowjetischen Armee, sondern auch wegen der starken Integration der Streitkräfte osteuropäischer Staaten in die von der Sowjetunion dominierte Struktur des Warschauer Paktes.

Daraus folgte wiederum: Falls die sowjetische Führung jemals die »Breschnew-Doktrin«, wie sie seit 1968 genannt wurde, aufgeben sollte – also den Anspruch, dass sie »das Recht und die Pflicht« hätte, in einem »Bruderland« zu intervenieren, um den »Sozialismus« gemäß der von Moskau vorgegebenen Definition zu bewahren –, dann würde der Weg für rasante und dramatische Veränderungen auf dem ganzen Kontinent frei werden. Eine Mehrheit der Staaten in Osteuropa nach sowjetischem Vorbild wäre schon lange vor 1989 nicht mehr kommunistisch gewesen, wenn Moskau nicht um jeden Preis den Status quo hätte erhalten wollen. Diese Fixierung auf Kontrolle hatte sich 1956 in Ungarn gezeigt, 1968 in der Tschechoslowakei und 1981 in dem nachhaltigen Druck auf die polnische Führung, die »Ordnung« wiederherzustellen. Obendrein hatten die westlichen Länder die Spaltung Europas in den ersten Nachkriegsjahren akzeptiert, zu einer Zeit, als vor allem die Vereinigten Staaten der Sowjetunion weit überlegen waren. Im Jahr 1985 waren die USA zwar womöglich immer noch stärker, aber weil beide Seiten über genügend Atomwaffen verfügten, um den anderen mehrfach zu vernichten, war der militärische Vorteil bedeutungslos (im Gegensatz zu dem wirtschaftlichen).

Die internationale Lage hatte sich gegenüber der am Ende der vierziger Jahre grundlegend verändert. Schon an der Abkürzung MAD für *Mutually Assured Destruction*, also die wechselseitig gesicherte Zerstörung, lässt sich ablesen, dass Abschreckung inzwischen auf Gegenseitigkeit beruhte. Weder die NATO noch der Warschauer Pakt konnte oder wollte den Einsatz von Gewalt ernsthaft in Betracht ziehen, um die politische Karte Europas zu verändern. Selbst bei den immer wieder aufflammenden Spannungen um Berlin wurde nie zugelassen, dass die Schwelle zu einem militärischen Konflikt überschritten wurde, weil es offensichtlich war, dass er zu einem vernichtenden Atomkrieg eskalieren konnte. Wenn ein Krieg ausgebrochen wäre, und das war keineswegs völlig ausgeschlossen, so wäre er wahrscheinlich die Folge eines Unfalls oder Irrtums gewesen: ein technischer Defekt oder menschliches Versagen. Die potentiellen Konsequenzen waren so horrend, dass das Konzept der MAD oder des »Gleichgewichts des Schreckens«, wie man sagte, einmal abgesehen von der gewaltigen Verschwendung an menschlichen und materiellen Ressourcen, die mit dem Wettrüsten verbunden war, langfristig in der Tat *mad*, verrückt, war.

Die notwendige Voraussetzung für die Abkehr vom Kommunismus in Ostmitteleuropa im Lauf des Jahres 1989 war die Kehrtwende der sowjetischen Außenpolitik unter Gorbatschow. Die radikalen Reformen im innenpolitischen System der Sowjetunion, insbesondere in dem Zeitraum von der 19. Parteikonferenz im Juni 1988 bis zu den Mehrkandidatenwahlen zum Kongress der Volksdeputierten im März 1989 spielten eine fast ebenso wichtige Rolle. Aber die Frage, ob die Sowjetunion intervenieren würde oder nicht, war doch von entscheidender Bedeutung. Gorbatschow hatte den kommunistischen Parteiführern in Osteuropa bereits mitgeteilt, dass die Zeit der sowjetischen Militärinterventionen in ihrem Namen vorbei sei. Es war nun an ihnen, die Unterstützung des eigenen Volkes zu bewahren oder zu gewinnen. Diese Botschaft hatte er bereits bei diversen Begegnungen anlässlich der Beisetzung Tschernenkos 1985 durchblicken lassen. Später stellte Gorbatschow fest, dass seine Gesprächspartner ihn offensichtlich »nicht richtig verstanden und [ihm] auch nicht geglaubt« hatten. Sie hatten schon zuvor davon gehört, dass man sie künftig als

Das Ende des Kommunismus in Europa 699

gleichwertige Partner behandeln werde, und dachten vermutlich: »Wir werden ja sehen.«[1] Gorbatschow wurde bei anschließenden Treffen noch deutlicher. Aber selbst wenn die osteuropäischen Parteichefs sich dazu hätten durchringen können zu glauben, dass die Sowjetunion unter allen Umständen von einer militärischen Intervention Abstand nehmen würde, so hatten sie keineswegs den Wunsch, derartige Erklärungen an ihr eigenes Volk weiterzuleiten. Es war durchaus im Interesse der kommunistischen Parteiführungen, wenn ihr Volk glaubte, dass die Macht der sowjetischen Armee immer noch hinter den einheimischen Regierungen stand.

Folglich war es von enormer Bedeutung, als Gorbatschow im Jahr 1988 klarer als je zuvor und *in aller Öffentlichkeit* seine Ablehnung einer Militärintervention zum Ausdruck brachte. Zum ersten Mal tat er dies vor der 19. Parteikonferenz in seinem Hauptreferat am 28. Juni:

Einen zentralen Platz nimmt im neuen Denken die Konzeption der Freiheit der Wahl ein. Wir sind davon überzeugt, dass dieses Prinzip in einer Zeit, da das bloße Überleben der Zivilisation zum allgemeinen weltweiten Hauptproblem geworden ist, für die internationalen Beziehungen universelle Gültigkeit hat. [...] In dieser Situation ist es ein gefährliches Überbleibsel der früheren Epochen, jemandem eine Gesellschaftsordnung, Lebensweise oder Politik mit beliebigen, erst recht militärischen Mitteln aufzuzwingen. Souveränität und Unabhängigkeit, Gleichberechtigung und Nichteinmischung entwickeln sich zu den allgemein anerkannten Normen der internationalen Beziehungen [...] Der Freiheit der Wahl entgegenzuwirken heißt, sich dem objektiven Gang der Geschichte selbst entgegenzustellen. Deshalb hat sich die Politik der Stärke in all ihren Formen und Äußerungen historisch überlebt.[2]

In Anbetracht dieser idealistischen Formulierung hätte selbst ein Zyniker erkennen müssen, dass dies nicht die Worte eines Parteichefs waren, der ernsthaft eine Intervention in Osteuropa in Betracht zog. Indem sich Gorbatschow so eindeutig zum Prinzip der Nichteinmischung (ohne »Sonderprivileg« einer Einmischung für sozialistische »Bruderstaaten«) bekannte, machte er es gleichzeitig viel schwieriger, eine Wiederholung von 1956 oder 1968 zu rechtfertigen. Im Grunde kam die Äußerung einem Verzicht auf die »Breschnew-Doktrin« gleich. Da sich die Aufmerksamkeit verständlicherweise vor allem auf Gorbatschows Pläne für eine Umgestaltung des sowjetischen politischen Systems konzentrierte, wurde dem ideologischen Durchbruch, den diese Passage mit sich brachte, nicht die gebührende Beachtung geschenkt. Weit mehr Aufmerksamkeit, vor allen Dingen in Osteuropa, fand Gorbatschows Rede vor den Vereinten Nationen im Dezember desselben Jahres, als er im Wesentlichen dieselben Punkte wiederholte.

Selbst damals wurden diese allgemeinen, aber überaus bedeutsamen Thesen in den westlichen Massenmedien fast völlig übergangen. In seinen Memoiren hält Pawel Palastschenko, der brillante Englisch-Dolmetscher Gorbatschows (mit seinem mächtigen Schnurrbart und Glatze bei den Gipfeltreffen kaum zu übersehen), eine Bemerkung von George Shultz über Gorbatschows UN-Rede fest. Die Presse sei, sagte er, von der »handfesten Neuigkeit« eines unilateralen Truppenabbaus ganz fasziniert gewesen. Gorbatschow hatte angekündigt, dass die Sowjetunion die Stärke ihrer Streitkräfte um eine halbe Million Mann reduzieren werde. Ferner werde sie 10 000 Panzer, 8500 Artilleriesysteme und 800 Kampfflugzeuge aus Osteuropa abziehen.[3] (Dem Parteichef war es am 24. November 1988 gelungen, die Zustimmung des Politbüros zu diesem Truppenabbau zu bekommen.[4]) Die Medien hätten jedoch, so der ehemalige US-Außenminister weiter, die »philosophische« erste Hälfte der Rede Gorbatschows ignoriert. Shultz fügte hinzu: »… wenn irgendjemand den Kalten Krieg für beendet erklärt hat, dann tat er es mit dieser Rede. Es war vorbei. Und die Presse überging das einfach.« Palastschenko bemerkt dazu, dass nicht nur die Presse, sondern »fast das gesamte außenpolitische Establishment der USA« nicht die Bedeutung dessen erkannt habe, was Gorbatschow damals gesagt hatte.[5]

Für Osteuropa hatten Gorbatschows Worte eine besonders starke Bedeutung, auch wenn längst nicht alle, nicht einmal alle politisch interessierten Menschen in diesen Ländern, so ohne weiteres glaubten, was er gesagt hatte. Einige waren jedoch bereit, die Nagelprobe zu machen. In der UN-Rede hatte Gorbatschow die »Verbindlichkeit des Prinzips der freien Wahl« hervorgehoben. Dies sei, fügte er hinzu, ein »universaler Grundsatz«, der für sozialistische und kapitalistische Länder gleichermaßen gelte und keine Ausnahmen zulasse.[6] Seine Äußerungen waren sowohl an die kapitalistischen Länder als auch an die Hardliner im Sowjetblock gerichtet. Keine Seite, so Gorbatschow,

Das Ende des Kommunismus in Europa

dürfe versuchen, die eigene Spielart der Demokratie zu exportieren, die ohnehin, wenn sie als »Exportausführung« oktroyiert werde, häufig rasch entwertet werde.[7] Der erste Entwurf der Rede war von Gorbatschows außenpolitischem Berater Anatoli Tschernajew geschrieben worden. Andere fügten Beiträge hinzu, und dann redigierte Gorbatschow persönlich noch einmal den Text. Er hatte die Rede als eine »Anti-Fulton«-Rede – also Fulton mit umgekehrten Vorzeichen – angelegt, um endgültig die Teilung der Welt zu beenden, die Winston Churchill mit seiner Rede vom »Eisernen Vorhang« im März 1946 in Fulton, Missouri, so dramatisch geschildert hatte.[8]

Nur wenige Wochen zuvor, und keineswegs zufällig, hatte Gorbatschow Andrej Gromyko, der an der Gestaltung der sowjetischen Außenpolitik in der gesamten Nachkriegsperiode beteiligt war, nahegelegt, von seinem Posten als formales Staatsoberhaupt – Vorsitzender des Präsidiums des Obersten Sowjets – und aus dem Politbüro zurückzutreten. Gromyko kam gehorsam der Bitte nach. Gorbatschow fügte dem Posten des Generalsekretärs nun die Funktion des Staatsoberhauptes hinzu, nachdem er weit länger als seine unmittelbaren Vorgänger gewartet hatte. Die Rede vor den Vereinten Nationen läutete jedoch keine, wie Gorbatschow idealistisch und womöglich naiv gehofft hatte, friedlichere und rationalere Epoche der internationalen Kooperation und anerkannten gegenseitigen Abhängigkeit ein. Sie steigerte allerdings die Erwartungen in Osteuropa. Als dementsprechend gehandelt wurde, hatte dies wiederum in der Sowjetunion selbst tiefgreifende Nachwirkungen. In dem Prozess wurde Gorbatschows eigene politische Stellung auf fatale Weise untergraben. Der Einfluss der Ereignisse in Osteuropa auf die Sowjetunion ist unter anderem Gegenstand des folgenden Kapitels.

Ende 1988 lag die sowjetische Außenpolitik in den Händen dreier Menschen, die vehement gegen jede Militärintervention in Osteuropa waren. Gorbatschow war der höchste Entscheidungsträger, aber Alexander Jakowlew war inzwischen der Sekretär, dem die Internationale Abteilung des Zentralkomitees unterstand, und Eduard Schewardnadse blieb Außenminister. Auch die einflussreichsten Berater Gorbatschows, Anatoli Tschernajew und Georgi Schachnasarow, plädierten stark dafür, die osteuropäischen Völker selbst über ihr Schicksal bestimmen zu lassen. Als Experte für Osteuropa hatte Schachnasarow hier besonders viel zu sagen. Bereits im Oktober 1988 schrieb er in einer Denkschrift für Gorbatschow, dass die Probleme der »sozialistischen Staatengemeinschaft« das Resultat des »wirtschaftlichen und politischen Modells des Sozialismus« seien, die in der Sowjetunion Gestalt angenommen hätten und in der Nachkriegszeit den Osteuropäern übergestülpt worden seien.[9] In derselben Denkschrift stellte Schachnasarow in Frage, ob die Präsenz sowjetischer Truppen in einem osteuropäischen Land außer der Deutschen Demokratischen Republik wirklich den sowjetischen Interessen diene.

Gorbatschow war offen für Schachnasarows Ratschlag. Weder er noch Jakowlew und Schewardnadse mussten lange überredet werden, dass es nie wieder zu einer Militärintervention in Osteuropa kommen sollte. Viele im sowjetischen Establishment – und noch mehr im Militär und KGB – sollten jedoch den grundsätzlichen Verzicht auf Gewalteinsätze aufs Schärfste kritisieren, denn der Preis dafür war, wie sie es sahen, der »Verlust« Osteuropas. Die Tatsache, dass die sowjetischen Truppen in den Kasernen blieben, während im Lauf des Jahres 1989 ein osteuropäisches Land nach dem anderen unabhängig wurde, lag keineswegs daran, dass in sowjetischen politischen und militärischen Kreisen eine derartige Politik einhellig unterstützt wurde. Jegor Ligatschow, der von 1985 bis 1988 Zweiter Sekretär der Partei gewesen war, Oleg Baklanow, der für die Rüstungsindustrie zuständige ZK-Sekretär, und KGB-Chef Wladimir Krjutschkow waren dagegen, Osteuropa sich selbst zu überlassen. Etliche hohe Militärs sprachen sich ebenfalls dagegen aus, richteten allerdings ihren Zorn gegen Jakowlew und Schewardnadse statt gegen Gorbatschow. An dessen Linie ließen sie ebenfalls kein gutes Haar, aber schon allein daran, dass sie 1989 und selbst noch 1990 zögerten, ihn direkt und öffentlich anzugreifen, lässt sich ablesen, in welchem Ausmaß die Autorität und Macht des Generalsekretärs in der hierarchisch organisierten Kommunistischen Partei Gorbatschow half, politische Maßnahmen durchzusetzen, die von einem beachtlichen Teil der kommunistischen Elite abgelehnt wurden. Wenn Gorbatschow Anfang 1989 abgesetzt worden wäre, dann hätte sich das Kräfteverhältnis innerhalb der sowjetischen Elite dramatisch verschoben. Vor allem im sowjetischen Militär waren viele hohe Persönlichkeiten immer noch bereit, alle ihnen zur Verfügung stehenden Kräfte einzusetzen, um den Verlust abhängiger Staaten zu verhindern, die sie als ihr legitimes Vermächtnis aus dem Zweiten Weltkrieg betrachteten.[10]

Das Ende des Kommunismus in Europa　　　703

Gorbatschow rechnete nicht damit, dass die osteuropäischen Völker den Wunsch haben würden, sämtliche Verbindungen zur Sowjetunion abzubrechen. Er hatte die Hoffnung, dass sie seinem Vorbild folgen und eine Perestroika nach sowjetischem Muster durchführen oder den »Sozialismus mit einem menschlichen Antlitz« aus dem Prager Frühling wiederbeleben würden. Diese Gelegenheit war jedoch bereits verpasst. Selbst wenn die Bürger Osteuropas nicht die Entscheidungen trafen, die Gorbatschow sich gewünscht hätte, so war er doch bereit, jene »freie Wahl« zuzulassen, von der er 1988 vor der 19. Parteikonferenz und den Vereinten Nationen gesprochen hatte. Gorbatschow, Jakowlew und Schewardnadse waren sich außerdem darüber im Klaren, dass eine sowjetische Intervention nicht nur die Ost-West-Beziehungen nachhaltig beschädigen würde, die sich bereits erheblich verbessert hatten, sondern auch die konservativen Kräfte innerhalb der Sowjetunion stärken würde. Die Präzedenzfälle sprachen eine klare Sprache. Sowohl die Niederschlagung der ungarischen Revolution als auch die Militärintervention 1968 in der Tschechoslowakei hatten die Reformkräfte in der UdSSR und in ganz Osteuropa geschwächt.

Die Kehrseite der Münze galt ebenfalls. Wenn die sowjetische Führung radikale Veränderungen in einem osteuropäischen Land zuließ, so hatte das zwangsläufig weitreichende Konsequenzen. Die Wahrscheinlichkeit war immer schon sehr groß – und darüber waren sich alle sowjetischen Führer von Stalin bis Andropow im Klaren –, dass das Beispiel unter anderen osteuropäischen Staaten Schule machen würde, sobald Moskau einen grundlegenden Wandel in einem bestimmten Land des Warschauer Paktes zuließ. Das zeigte sich im Jahr 1989. Die Demontage des kommunistischen Systems, die in der Sowjetunion selbst auf relativ unauffällige Weise voranschritt, spielte sich in Osteuropa in einem geradezu halsbrecherischen Tempo ab. Politische Freiheiten und nationale Unabhängigkeit sind hochgradig ansteckend. Die Sowjetunion war die Hegemoniemacht in der östlichen Hälfte des europäischen Kontinents, und ihre Reaktion – oder Untätigkeit – war weiterhin von entscheidender Bedeutung. Bereits am 13. April 1989 sprach Gorbatschow auf einer Politbürositzung überraschend positiv über eine Äußerung, die der damalige SPD-Vorsitzende Hans-Jochen Vogel bei seinem Besuch in Moskau unlängst gegenüber Alexander Jakowlew gemacht hatte: nämlich, dass die internationale kommunistische Bewegung bereits in jeder Hinsicht aufgehört habe zu existieren, dass die sozialistische Idee aber in der Sozialdemokratie weiterlebe.[11] Die Entwicklung von Gorbatschows eigenen Ideen ermöglichte es ihm, die dramatischen Veränderungen in Osteuropa im Laufe des Jahres in aller Ruhe zu akzeptieren.

Ungarn

Die gewaltigen Umwälzungen begannen in den beiden Ländern, die in all den Jahren durchweg die stärksten Reformtendenzen an den Tag gelegt hatten: Ungarn und Polen. Seit der Zerschlagung des Prager Frühlings war bei diesen beiden Ländern des Warschauer Paktes die Wahrscheinlichkeit am höchsten, dass sie Reformen begrüßen würden. Polen tat dies 1980/81 auf geradezu dramatische Weise, und der Aufstieg der Solidarność, der die Macht des Parteistaates unmittelbar herausforderte, war einzigartig in der Geschichte kommunistischer Systeme. Nach Verhängung des Kriegsrechts in Polen war Ungarn jedoch bis Mitte der achtziger Jahre das vergleichsweise liberalste Land.

Seit einem völlig unspektakulären Beginn im Jahr 1956, als Kádár von der sowjetischen Führung den Auftrag erhielt, in Ungarn die Ordnung wiederherzustellen, leitete er eine allmähliche Liberalisierung ein und war allem Anschein nach in der Breschnew-Ära der osteuropäische Staatschef, der am besten die Grenzen der sowjetischen Toleranz abschätzen konnte. Und er war bereit, sein Land bis an diese Grenzen zu führen. Das galt insbesondere für die Wirtschaftsreform, war aber auch in den Künsten und allgemein im Geistesleben zu beobachten. Der führende ungarische Soziologe und Intellektuelle Elemér Hankiss konnte in einem Buch ungeschoren das Regime als »neofeudal« bezeichnen, allerdings durfte er dies, wie er mir 1981 anvertraute, »nicht im Fernsehen sagen«. Ich erinnere mich an eine Diskussion im selben Jahr im Institut für Soziologie der ungarischen Akademie der Wissenschaften, auf der Hankiss in Gegenwart einer großen Gruppe von Kollegen sagte: »Am Institut für Soziologie gibt es keine Marxisten.« Das verblüffte mich einigermaßen, nicht nur weil Ungarn sich selbst zu einem »sozialistischen Staat« proklamiert hatte, sondern auch weil es damals an europäischen oder gar nordamerikanischen Universitäten nur wenige Fakultäten für Soziologie ohne Marxisten gab. Außerdem war es erstaunlich, dass diese Bemerkung in einem überfüllten Raum fiel, nicht in einem Gespräch unter vier Augen. Es folgte eine Diskussion, ob eine Kollegin womöglich als Marxistin bezeichnet werden könnte, und abschließend erklärte Hankiss: »Nein, sie ist keine echte Marxistin!« (Hankiss, der im Nachspiel der Revolution von 1956 einige Monate im Gefängnis gesessen hatte, leitete in den ersten postkommunistischen Jahren das ungarische öffentliche Fernsehen und wurde später Direktor des Instituts für Soziologie.) Wenn man sich den Zeitraum von Anfang der siebziger bis Mitte der achtziger Jahre ansieht, wurden nur in Polen solche halböffentlichen Diskussionen ähnlich freimütig geführt.

Auch die Carter-Administration erkannte an, dass sich Ungarn von einer strengen Diktatur zu einem vergleichsweise milden autoritären Regime entwickelt hatte, als sie Anfang 1978 dem Land das mittelalterliche Symbol für die ungarische Eigenstaatlichkeit, die Stephanskrone, zurückgab. Sie war im Jahr 1945 aus dem Lande geschafft und in der Zwischenzeit von der amerikanischen Regierung sicher in Fort Knox aufbewahrt worden.[12] Einige prominente westliche Politiker, die Ungarn in der ersten Hälfte der achtziger Jahre einen Besuch abstatteten, zeigten sich recht beeindruckt von Kádár, darunter der Sprecher des amerikanischen Repräsentantenhauses Thomas »Tip« O'Neill und die britische Premierministerin Margaret Thatcher. Noch wichtiger war, dass er sich bei den Ungarn, zumindest zähneknirschend, Respekt verschafft hatte. Kádárs wichtigster Biograph schildert treffend sowohl die relative Beliebtheit als auch ihren Kontext, wenn er feststellt:

Die häufig geäußerte (und nicht überprüfbare) Behauptung westlicher Kommentatoren, dass Kádár eine freie Wahl hätte gewinnen können, geht an der Hauptsache vorbei: Seine Popularität beruhte zum großen Teil darauf, dass er unter *realistischen* Umständen allem Anschein nach noch die beste Option war. Im Vergleich zur aktuellen Vergangenheit Ungarns und zu Figuren wie Breschnew, Husák und Ceaușescu wirkte er positiv. [...] Offenbar war er der beste Garant eines bescheidenen, aber erträglichen Daseins.[13]

Als Kádár im Juli 1989 starb, nahmen über 100 000 Menschen an der Begräbnisfeier teil. Zehn Jahre danach erwies er sich in einer ungarischen Meinungsumfrage erstaunlicherweise als der »größte Ungar« des 20. Jahrhunderts.[14] Im Jahr 1999 sehnten sich manche bereits nostalgisch nach der relativen Stabilität der Kádár-Ära, auch wenn nur wenige sich eine Rückkehr der kommunistischen Herrschaft wünschten. Man erinnerte sich daran, dass Kádár sich aufrichtig darum bemüht hatte, den Lebensstandard der Menschen anzuheben, und dass er sich nach den ersten Jahren der Repression nach 1956 an die Maxime gehalten hatte: »Wer nicht gegen uns ist, ist für uns.« Wenige Führer in der kommunistischen Welt waren sowohl politisch als auch dem Temperament nach weiter von den Eiferern der chinesischen Kulturrevolution oder dem Fanatismus der Roten Khmer entfernt. Der fürsorgliche Kádár blieb ein überzeugter Anhänger des Rechtes der kommunistischen Partei auf die Herrschaft, aber er begnügte sich damit, »den passiven Gehorsam einer entpolitisierten Bevölkerung, nicht die Mobilisierung zur Verfolgung großer politischer Ambitionen« anzustreben.[15]

Wenn Kádárs Stil einer maßvollen autoritären Herrschaft in den Jahren, in denen Breschnew im Kreml das Sagen hatte, so ideal war – was noch längst nicht hieß, dass die realen Gegebenheiten wirklich gut waren –, so war er zu einer Zeit radikaler werdender Reformen in der Sowjetunion ungeeignet. Die teilweise reformierte Wirtschaft Ungarns schwächelte in den achtziger Jahren. Im Frühjahr 1988 hinkte das Land auch bei den politischen Reformen der Sowjetunion weit hinterher. In diesem neuen, toleranteren Kontext war der zurückhaltende und betagte Kádár eine Belastung geworden. Im Mai 1988 wurde er abgesetzt und durch Károly Grósz ersetzt, der vom Regierungschef zum Ersten Sekretär der Ungarischen Sozialistischen Arbeiterpartei aufstieg. Zu dieser Zeit wurde bereits ein echter Dialog zwischen Parteireformern und Bürgerrechtlern geführt, aber Grósz war selbst kein Fürsprecher eines radikalen Wandels. Der ernsthafteste Reformer in der Parteiführung war Imre Pozsgay, der gemeinsam mit Rezsö Nyers (dem Hauptarchitekten der ungarischen Wirtschaftsreform) in das Politbüro aufgenommen wurde, als Kádár ausschied. Pozsgay sprach sich für einen Dialog mit den autonomen Organisationen aus, die nun vermehrt an die Öffentlichkeit traten, unter anderen das im September 1988 gegründete Demokratische

Forum und die zwei Monate später entstandene Allianz der freien Demokraten.[16] Mit seiner radikalen Haltung stieg Pozsgay zum beliebtesten ungarischen Kommunisten auf. Etwas behutsamer begrüßte auch der Nachfolger von Grósz als Regierungschef einen Wandel: der junge und gebildete Ökonom ohne ideologische Scheuklappen Miklós Németh.

Pozsgay war bereit, bestehende Grenzen zu überschreiten, noch bevor man dies gefahrlos tun konnte, obendrein zu einer Zeit, als die Opposition gegen die Kommunisten in Ungarn noch zu schwach war, um ihre Regierungsmacht ernstlich in Frage zu stellen. Sein Beitrag zur Beschleunigung des Wandels war deshalb wichtig. Während Grosz im Januar 1989 an dem alljährlichen Wirtschaftsforum in Davos teilnahm, nutzte Pozsgay seine Abwesenheit für zwei verblüffende Aussagen in einem beliebten ungarischen Rundfunksender. Er gab – als vorläufiges Ergebnis einer Überprüfung der ungarischen Geschichte seit 1956, die von der Partei genehmigt worden war – bekannt, dass das, was sich im Jahr 1956 ereignet hatte, als ein »Volksaufstand« angesehen werden müsse.[17] In der westlichen Welt mochte dies bereits offensichtlich gewesen sein, aber in offiziellen ungarischen Kreisen, in der Sowjetunion und im ganzen kommunistischen Europa waren die Ereignisse von 1956 definitiv als eine »Konterrevolution« bezeichnet worden.[18] Das Politbüro der ungarischen KP hatte jedoch ein Komitee gebildet, das die politischen, wirtschaftlichen und sozialen Entwicklungen in den vergangenen drei Jahrzehnten analysieren sollte. In dem historischen Unterkomitee, einer von vier Arbeitsgruppen, hatte Ivan Berend den Vorsitz, ein bekannter Wirtschaftshistoriker, der seit 1985 Präsident der ungarischen Akademie der Wissenschaften war. In den Jahren 1988/89 war er auch Mitglied des Zentralkomitees der Partei. Der langjährige Reformer innerhalb des Systems legte nunmehr gemeinsam mit seinem Komitee eine Einschätzung vor, die selbst den geringsten Legitimitätsanspruch des derzeitigen Systems in Frage stellte. Wie Berend einige Jahre später treffend schrieb: »Wenn der unterdrückte Volksaufstand für echte demokratische und nationale Forderungen kämpfte, dann war das Kádár-Regime eine konservative ›Konterrevolution‹.«[19]

Die zweite Bombe, die Pozsgay platzen ließ, war eine bejahende Antwort auf die Frage, ob die Kommunisten es lernen könnten, mit einer anderen Partei zu koexistieren. Er sagte, sie würden lernen müssen, nicht nur mit einer anderen, sondern mit zwei oder mehr Parteien zusammenzuleben.[20] Die ungarische Legislative verabschiedete im Februar tatsächlich Gesetze, welche die Entwicklung eines Mehrparteiensystems gestatteten, nachdem sie in den Monaten zuvor bereits das Vereins- und Versammlungsrecht gesetzlich verankert hatte. Und am 20. Februar stimmte das Zentralkomitee der ungarischen kommunistischen Partei dafür, die »führende Rolle« der Partei aufzugeben. Im Mai erkannte die Partei bereits an, dass die Regierung nicht in erster Linie ihr, sondern einem mit neuem Leben erfüllten Parlament rechenschaftspflichtig sein müsse. Im selben Monat willigte die Parteiführung ein, sich mit der demokratischen Opposition zu Gesprächen am runden Tisch zu treffen. Durch eine Mischung aus Reform von oben und Druck von unten wurde das Tempo beschleunigt. Imre Nagy und vier weitere Aktivisten, die im Nachspiel der ungarischen Revolution hingerichtet worden waren, wurden im Juni 1989 feierlich neu beigesetzt, was 300 000 Ungarn auf die Straße lockte. Noch sehr viel mehr Menschen verfolgten diese symbolische Neubewertung der jüngsten ungarischen Geschichte im Fernsehen. Im Oktober war Ungarn kein kommunistischer Staat mehr. In diesem Monat spaltete sich nach einem Parteitag eine Mehrheit der Ungarischen Sozialistischen Arbeiterpartei ab und gründete die Ungarische Sozialistische Partei, die sozialdemokratische Positionen übernahm. In den Gesprächen am runden Tisch einigte man sich darauf, freie Wahlen für ein neues und mit etlichen Vollmachten ausgestattetes Parlament abzuhalten. Ferner wurde das Prinzip der Direktwahl eines Präsidenten vereinbart. Am 23. Oktober 1989 autorisierte das bestehende Parlament die Änderung des offiziellen Landesnamens von Ungarischer Volksrepublik zu Ungarischer Republik.[21]

Polen

Der Weg Polens zur Reform und anschließenden Beendigung der kommunistischen Herrschaft verlief längst nicht so gemächlich wie der Ungarns seit Anfang der sechziger Jahre. Mit dem Aufstieg der Solidarność 1980/81 hatte die polnische Gesellschaft den Parteistaat sehr viel radikaler herausgefordert als je in Ungarn, und selbst der Systemwechsel 1988/89 war dort zumindest ebenso sehr den Partei-

reformern zu verdanken wie den zahlenmäßig kleinen Oppositionsgruppen. In Polen jedoch waren mit Verhängung des Kriegsrechts im
Dezember 1981 führende Persönlichkeiten der Solidarność verhaftet, die Organisation für illegal erklärt und das Militär als Herr-
schaftsinstrument eingesetzt worden. Die Parteiführer hatten zwar
wenig Aussichten, die Herzen und Köpfe der Bürger zu gewinnen,
aber dafür hatten sie die Regierungsmacht wieder unter Kontrolle.
Jaruzelski hatte jedoch die Absicht, einen ähnlichen Kurs wie Kádár
einzuschlagen. Er hoffte ebenfalls, eine allmähliche Liberalisierung
einleiten zu können, und hielt sich unterdessen an die Linie Kádárs,
dass all jene, die nicht aktiv Widerstand leisteten, als »mit uns« angesehen werden konnten. Da aber selbst die Reformer innerhalb der
Partei in der breiten Öffentlichkeit eine viel niedrigere Glaubwürdigkeit als ihre ungarischen Genossen besaßen, zögerten Jaruzelski und
seine Kollegen lange, bevor sie den Dialog mit Solidarność wieder
aufnahmen. Obwohl die Gewerkschaft noch im Untergrund agierte,
hatte sie seit Anfang 1988 ein wenig ihre Muskeln spielen lassen. Im
Januar rief sie zu Protesten gegen Preiserhöhungen auf, und das
ganze Jahr über kam es immer wieder zu Arbeitsniederlegungen.
Nach einem Kohlearbeiterstreik im August verlor die Regierung
selbst im nichtreformierten polnischen Parlament (dem Sejm) eine
Vertrauensabstimmung. Unter der Leitung des relativ reformorientierten Kommunisten Mieczysław Rakowski wurde eine neue Regierung gebildet.

Die polnischen parteistaatlichen Behörden waren sich schmerzlich
bewusst, dass sich die wirtschaftliche Lage Polens verschlechterte und
dass dies den allgemeinen Unmut schürte. In Anbetracht der hohen
Schulden bei westlichen Banken war es dringend notwendig, westliche Regierungen dazu zu bringen, dem Land unter die Arme zu greifen. Doch dies war natürlich äußerst unwahrscheinlich, solange Solidarność unterdrückt wurde. Da sich das politische und wirtschaftliche
Klima im Land aus Sicht der Behörden verschlechterte, standen die
Zeichen günstig für ein Comeback der Solidarność. Der internationale Kontext war inzwischen förderlich: In der Sowjetunion waren
radikale Reformen in die Wege geleitet worden, und die Beziehungen
zwischen der Sowjetunion und westlichen Ländern hatten sich erheblich verbessert. Die polnische Opposition schreckte jedoch noch vor
einem Versuch zurück, den Kommunisten im Land die gesamte

710 Das Ende des Kommunismus in Europa

Macht zu entreißen. Sie konnten sich nicht sicher sein, ob die sowjetische Führung einen derartigen Schritt dulden würde und ob unter diesen Umständen Gorbatschow überhaupt noch im Kreml säße. Im Februar 1989 begannen Gespräche am runden Tisch zwischen der polnischen Regierung und unabhängigen gesellschaftlichen Organisationen unter Führung Lech Wałęsas und der Solidarność. Die Institution der runden Tische – ein Verfahren, durch das das Machtmonopol der kommunistischen Parteien auf dem Verhandlungsweg aufgegeben wurde – war in Polen erstmals praktiziert und dann von anderen osteuropäischen Ländern übernommen worden.

Die massive Unterstützung für die oppositionellen Kräfte in der polnischen Gesellschaft – nicht zuletzt die Rückendeckung der katholischen Kirche und die moralische Autorität des Papstes sowie, in geringerem Ausmaß, des polnischen Primas Kardinal Glemp[22] – trug maßgeblich dazu bei, dass die parteistaatlichen Behörden den größten Teil ihrer Positionen preisgeben mussten. Solidarność machte ebenfalls einige Zugeständnisse, damit eine Einigung zustande kam, aber als das Ergebnis der Gespräche Anfang April 1989 veröffentlicht wurde, war mit einem Schlag klar, dass das polnische Staatswesen sich verändert hatte: Solidarność wurde legalisiert, die katholische Kirche erhielt volle rechtliche Anerkennung (auch ohne diese hatte das Land den höchsten Kirchenbesuch in ganz Europa, Ost wie West, gehabt), und die erste Stufe einer Verfassungsreform wurde vereinbart. Im Juni sollten Parlamentswahlen abgehalten werden, in denen die Hälfte der Sitze frei gewählt wurde, und bei diesen Wahlen errang Solidarność einen erdrutschartigen Sieg. Die Gewerkschaft gewann 99 von 100 Sitzen im Oberhaus, dem Senat, und stellte 161 von 460 Abgeordneten des Sejm. Die unter dem Banner der Solidarność angetretenen Kandidaten vertraten eine große Bandbreite politischer Einstellungen, konservative ebenso wie liberale und sozialdemokratische, aber aufgrund der Aura der Solidarność und der enormen Beliebtheit Lech Wałęsas hielten sie im Parlament Einzug. Wohl ebenso erstaunlich war die Tatsache, dass von den regierungstreuen Kandidaten in 35 Wahlkreisen *ohne Gegenkandidat* nur zwei gewählt wurden. In den übrigen 33 Fällen hatte über die Hälfte der Wähler den Namen des Kandidaten durchgestrichen, damit hatten sie die notwendige Mehrheit der Wählerstimmen verpasst.[23]

Im Oktober 1989 erklärte eine polnische Schauspielerin im Fernsehen: »Meine Damen und Herren, am 4. Juni 1989 endete der Kommunismus in Polen.« Eine führende Figur in der Solidarność, der Historiker und spätere Außenminister Bronisław Geremek, stellte fest: »Das ist die reine Wahrheit, und ich stimme völlig mit ihr überein.«[24] Der polnische Demokratisierungsprozess war zwar noch nicht voll in Gang gekommen, aber eine freie Wahl, bei der Solidarność die erfolgreichste parteiähnliche Organisation gewesen war, die Polnische Vereinigten Arbeiterpartei eine demütigende Schlappe erlitten hatte *und* die Kommunisten den Ausgang auch *akzeptiert* hatten, bedeutete, dass Polen in der Tat kein kommunistischer Staat mehr war. Es war Teil des stillschweigenden Einvernehmens zwischen Solidarność und den Behörden gewesen, dass General Jaruzelski Staatschef bleiben würde. Im politischen Klima nach der Wahl und im neu gebildeten Sejm war es alles andere als sicher, dass dieses Gremium ihn wählen würde. Abgeordnete der Solidarność mussten, gegen den Wunsch vieler einfacher Mitglieder, stillschweigend seine Wahl hinnehmen – mit einer Stimme Mehrheit. Jaruzelski akzeptierte das Ende des Parteistaates, er trat von seinen Parteiposten zurück, blieb aber noch Oberbefehlshaber der Streitkräfte.[25]

Der Solidarność war gerade diese Kontinuität wünschenswert erschienen, um die Sowjetunion zu beruhigen. Sie machte auch Sinn, denn von allen osteuropäischen Staatschefs war Jaruzelski derjenige, mit dem sich Gorbatschow am besten verstand. (Am schlechtesten waren die Beziehungen zu Ceaușescu und Honecker.) Der neue Regierungschef war ein führender Solidarność-Aktivist, den Wałęsa für die Rolle ausersehen hatte: Tadeusz Mazowiecki. Er wurde der erste nichtkommunistische Regierungschef in Osteuropa, seit in der Region die kommunistische Herrschaft eingeführt worden war. Adam Michnik, ein Veteran der polnischen Oppositionsbewegung und führendes Mitglied von Solidarność, wies darauf hin, dass in dieser Phase des Übergangs Jaruzelski als Präsident »völlig loyal gegenüber dem demokratischen Prozess« geblieben war. Er fügte hinzu, dass 1989 jedoch »nicht die Kommunisten die Solidarność legitimierten, sondern umgekehrt Solidarność die Kommunisten«.[26] Diese »Legitimierung«, wenn man es so nennen will, war von kurzer Dauer. Mazowieckis Regierung schickte sich an, das abzuschaffen, was von dem kommunistischen System noch übrig war. Bis zum Ende des Jahres 1989 war die Aufgabe abgeschlossen. Zu der Zeit war die »führende Rolle« der kommunistischen Partei (die in der politischen Praxis seit mehr als einem halben Jahr unübersehbar obsolet gewesen war) bereits aus der Verfassung gestrichen und der Staat in Republik Polen umbenannt worden. Die Regierung und das Parlament billigten ferner die radikalen Wirtschaftsreformen, die der neue Finanzminister Leszek Balcerowicz, ein neoliberaler Wirtschaftsexperte, vorschlug. Der Übergangsprozess wurde abgeschlossen, als Jaruzelski 1991 vom Präsidentenamt zurücktrat und Lech Wałęsa zu seinem Nachfolger gewählt wurde. Im Oktober desselben Jahres errangen die Parteien, die der Solidarność-Koalition angehörten, bei den ersten völlig freien Wahlen in Polen seit der Nachkriegszeit in beiden Parlamentskammern eine Mehrheit.

Ostdeutschland

Die Schlussakte von Helsinki und mehr noch die Ostpolitik der westdeutschen Regierung, durch die die Isolation der Deutschen Demokratischen Republik seit dem Bau der Berliner Mauer 1961 abgebaut wurde, nährten die Hoffnung der Bevölkerung auf einen Wandel in der DDR. In beiden deutschen Staaten gingen allerdings die meisten Bürger bis Mitte der achtziger Jahre davon aus, dass dies in absehbarer Zukunft bestenfalls eine gewisse Liberalisierung innerhalb Ostdeutschlands und engere Kontakte zwischen den beiden Staaten bedeuten würde und nicht ihre Vereinigung.[27] Der gelernte Chemiker und ehemals überzeugte Kommunist Robert Havemann hatte von 1943 bis 1945 noch gemeinsam mit Honecker im Gefängnis gesessen. Doch der Prager Frühling hatte ihm die Augen geöffnet, und er wurde einer der wenigen, die schon in den siebziger Jahren erkannten, wie zerbrechlich die augenscheinliche Stabilität der DDR war. Er schrieb im Jahr 1978: »Ich denke ja gar nicht daran, die DDR zu verlassen, wo man wirklich auf Schritt und Tritt beobachten kann, wie das Regime allen Kredit verliert und schon verloren hat und es eigentlich nur noch weniger äußerer Anstöße und Ereignisse bedarf, um das Politbüro zum Teufel zu jagen.«[28] Allgemein wurde jedoch angenommen, dass sich die Sowjetunion nicht nur verpflichtet hatte, die kommunistische Herrschaft in ganz Osteuropa zu stützen, sondern dass dies aus historischen Gründen gerade für die DDR galt.

Ostdeutschland 713

Gewiss trugen die politischen Reformen in der Sowjetunion und noch stärker das Neue Denken in der Außenpolitik maßgeblich zum Fall der Berliner Mauer, zur Demontage des kommunistischen Systems und anschließenden Vereinigung der beiden deutschen Staaten bei. Allerdings darf man die Bedeutung der innenpolitischen Veränderungen in der DDR keineswegs unterschätzen. Ende der siebziger bis Mitte der achtziger Jahre äußerte sich die einzige Form des Dissenses, den die Behörden in der DDR sogar teilweise duldeten, im Rahmen der Kirche. Es handelte sich um einen sehr begrenzten Dissens, dessen Spielregeln von der allgegenwärtigen Stasi überwacht wurden. Die parteistaatlichen Behörden verließen sich darauf, dass die Kirche die offizielle Friedensbewegung unterstützte und insbesondere gegen die Stationierung von NATO-Raketen in Europa demonstrierte.[29] Die Aktivisten der protestantischen Kirche identifizierten sich jedoch stärker mit dem internationalen christlichen Widerstand gegen das Wettrüsten im Allgemeinen, und wegen des Unmuts über die Militarisierung ihrer eigenen Gesellschaft gerieten sie immer wieder in Konflikt mit dem ostdeutschen Staat.[30] Die Gelegenheit, etwas freier als anderswo diskutieren zu können, lockte junge Menschen in beträchtlicher Zahl in kirchliche Gruppierungen, die jedoch ausnahmslos von der Stasi infiltriert waren – bis im Jahr 1989 die Stasi und die gemäßigten Kirchenführer allmählich die Kontrolle über die Bewegung verloren.[31]

Nach der Wiedervereinigung wurde zwar schnell klar, wie unproduktiv die Wirtschaft der DDR gearbeitet hatte – nur im Vergleich mit einigen kommunistischen Nachbarn hatte sie ganz respektabel abgeschnitten –, doch an der Effektivität der staatlichen Repressionsorgane zweifelte niemand. Die Anzahl der Geheimpolizisten und Stasi-Informanten war im Verhältnis zur Gesamtbevölkerung höher als die Stärke der Geheimpolizei in der Sowjetunion oder anderswo in Osteuropa, mit Ausnahme Rumäniens. Die Allgegenwart der Stasi war wohl nicht der einzige Grund, weshalb die meisten Bürger sich mit dem Regime arrangierten, aber sie war mit Sicherheit der wichtigste. Havemann behielt jedoch mit seiner Vorhersage recht, dass schon »wenige äußere Anstöße und Ereignisse« ausreichen würden, das »Politbüro zum Teufel zu jagen«, vor allem deswegen, weil die betreffenden Impulse immer größere Kreise zogen: nämlich die radikalen Veränderungen in der Sowjetunion und die noch unverhülltere Demontage der kommunistischen Systeme, die in der ersten Hälfte des Jahres 1989 eingeleitet wurde. Insofern war es verständlich, dass sich ausgerechnet im Spätsommer 1989 eine »wachsende Anzahl von Ostdeutschen allmählich von passiven Untertanen zu aktiven Bürgern entwickelte«.[32]

Das Ausmaß der Veränderung in Deutschland ging weit über die Absichten des Menschen hinaus, der am stärksten dazu beigetragen hatte, sie in Gang zu setzen. Allerdings war er immerhin bereit, sich damit abzufinden: Gorbatschow wünschte einerseits eine Reform in der DDR und äußerte in der Öffentlichkeit auch implizit Kritik an Honecker (im privaten Kreis seiner Berater auch ganz offen). Andererseits hatte er immer wieder betont, dass die Sowjetunion in Osteuropa nicht zu Gewalt greifen werde. Für diejenigen, die Gorbatschows Hauptaussagen von 1988 verpasst oder nicht ernst genommen hatten, wurde die Aufhebung der »Breschnew-Doktrin« mindestens zweimal im Juli 1989 wiederholt: bei einem Gipfeltreffen des Warschauer Paktes in Bukarest und noch deutlicher in einer Rede vor dem Europarat in Straßburg. Die Tatsache, dass Gorbatschow seine Verpflichtung zu einer Politik der Nichteinmischung zu einem Zeitpunkt wiederholte, als der Regimewechsel in Ungarn und Polen bereits in vollem Gange war, war ein wichtiges Zeichen für die Menschen in den vier Ländern, deren Führungsriegen sich bislang gegen jede Form des Wandels gesperrt hatten: die Deutsche Demokratische Republik, die Tschechoslowakei, Bulgarien und Rumänien.[33] In seiner Ansprache vor dem Europarat wies Gorbatschow darauf hin, dass sich die politischen und gesellschaftlichen Ordnungen der europäischen Länder in der Vergangenheit verändert hatten und auch in der Zukunft wiederum ändern könnten. Er fuhr fort: »Das ist jedoch eine Angelegenheit, welche die Völker ausschließlich selbst entscheiden müssen; es ist ihre eigene Entscheidung. Jegliche Einmischung in innere Angelegenheiten, jeder Versuch, die Souveränität der Staaten zu beschränken, sei es von Freunden, Alliierten oder irgendjemand sonst, ist unzulässig.«[34]

Die eigentliche Krise für das DDR-Regime begann im Mai 1989, als die ungarische Regierung ihre Grenze zu Österreich öffnete und Tausende ostdeutscher Bürger über Ungarn und Österreich den Weg in die Bundesrepublik fanden. Ungarn selbst durften schon seit Jahren ungehindert ins Ausland reisen und wieder zurückkehren, aber

Ostdeutschland 715

die Reisemöglichkeiten für Ostdeutsche waren seit dem Bau der Berliner Mauer stark eingeschränkt. Wenig später belagerten Bürger der DDR die westdeutschen Botschaften in Prag und Warschau und baten um die Erlaubnis, in die Bundesrepublik einzureisen. Dieser Massenexodus untergrub die Autorität des ostdeutschen Regimes noch weiter, und dessen Versuch, den Flüchtlingsstrom zu stoppen, hatte im Oktober Massendemonstrationen, vor allem in Leipzig, zur Folge. Ein Besuch Gorbatschows anlässlich des 40. Jahrestags der Gründung der DDR am 7. Oktober war keine große Hilfe für Honecker. Die Menge in Ostberlin skandierte »Gorbi! Gorbi!« und gab eindeutig zu verstehen, dass sie Gorbatschow und seine Perestroika gegenüber Honecker und dessen Politik vorzog. Gorbatschow hatte keine Worte der Unterstützung für Honecker, im Gegenteil, er sagte den berühmt gewordenen Satz: »Wer zu spät kommt, den bestraft das Leben.«[35] Honecker wurde am 17. und 18. Oktober in einer Palastrevolte des Politbüros abgesetzt. Sein Nachfolger Egon Krenz fand aber wenig Rückhalt. Er präsentierte sich Gorbatschow als jemand, der die Perestroika, im Gegensatz zu Honecker, voll unterstützte. Außerdem beanspruchte er für sich das Verdienst, dass gegen die Demonstranten in Leipzig am 9. Oktober keine Gewalt eingesetzt worden war. Allerdings war dieser Umstand zweifellos eher Gorbatschows Besuch zwei Tage zuvor und seiner bekannten Vorliebe zu verdanken, mit Protesten gewaltlos umzugehen, und weniger den Neigungen von Honecker oder Krenz. In Wirklichkeit hatte Krenz etwa das brutale Vorgehen gegen die Demonstranten auf dem Tiananmen-Platz in Peking im selben Jahr gebilligt.[36]

Auf Druck der öffentlichen Meinung hin beschloss die neue ostdeutsche Führung, die Einschränkungen für Auslandsreisen zu lockern, aber es war gewiss nicht ihre Absicht, die Grenze ganz zu öffnen. Eine leichtfertig dahingesagte Antwort am Abend des 9. November von Politbüromitglied und Parteisprecher Günter Schabowski auf eine Zwischenfrage Tom Brokaws, des Nachrichtenmoderators des amerikanischen Senders NBC, erweckte den Eindruck, dass es ostdeutschen Bürgern ab sofort völlig freistehe, die DDR zu verlassen. Diese Interpretation wurde rasch vom westdeutschen Fernsehen aufgegriffen, das in Ostdeutschland natürlich ebenfalls verfolgt wurde. Ein bundesdeutscher Fernsehsender gab vorzeitig bekannt »DDR öffnet Grenze«, und die Tore in der Berliner Mauer stünden weit offen.[37]

Zu diesem Zeitpunkt waren sie aber noch fest verschlossen. Wahrnehmungen, sogar falsche Wahrnehmungen können jedoch die Realität verändern. Da Zehntausende von Menschen glaubten, die Mauer sei geöffnet worden, kamen sie in solchen Scharen zu den Grenzübergängen, dass die Grenzsoldaten, weil sie keine klaren Instruktionen erhalten hatten, beschlossen, es bleibe ihnen nichts anderes übrig, als die Menschen durchzulassen. Sämtliche Kontrollen wurden kurz nach 22.30 Uhr am 9. November aufgehoben. In Moskau war es bereits zwei Stunden später als in Berlin, also nach Mitternacht, deshalb erfuhr Gorbatschow die Neuigkeit erst am nächsten Morgen. Ein Kommentator meinte treffend: »Während die Ostdeutschen auf der Mauer tanzten, schlief die sowjetische Führung tief und fest.« Als Gorbatschow am nächsten Morgen vom ostdeutschen Botschafter darüber informiert wurde, dass sämtliche Grenzübergänge entlang der Mauer geöffnet wären, antwortete er ihm, dass dies »die richtige Maßnahme« gewesen sei, und bat ihn, dies auch der DDR-Führung mitzuteilen.[38]

Vom 10. November bis zum Ende des Jahres 1989 verließen mehr als 120 000 Menschen die DDR. Im ganzen Jahr 1989 verließen fast 350 000 Menschen das Land, obwohl sie bis November noch einen Umweg machen mussten. Angesichts der neuen Realitäten löste sich die Sozialistische Einheitspartei (SED) auf, konstituierte sich jedoch als Partei des Demokratischen Sozialismus (PDS) neu. Das reichte aber nicht aus, um einen separaten ostdeutschen Staat zu retten. Mit Blick auf die gigantische Kluft im Lebensstandard zwischen Ost- und Westdeutschland, ganz zu schweigen von dem qualitativen Unterschied bei Menschenrechten und Freiheiten, konnte, wie Fulbrook schreibt, »eine DDR mit offenen Grenzen – eine Voraussetzung für jede Form eines wahren demokratischen Sozialismus – kaum hoffen zu überleben«.[39] Im Januar 1990 war bereits klar, dass der ostdeutsche Staat zum Untergang verurteilt war. Schon einen Monat später gab es grünes Licht für den Weg in Richtung Vereinigung, endgültig beschlossen wurde sie auf einem Treffen zwischen Gorbatschow und Bundeskanzler Helmut Kohl am 10. Februar. Aus Wahlen in der DDR im März 1990 ging die von den Christdemokraten angeführte »Allianz für Deutschland« mit knapp über 48 Prozent der Stimmen als Sieger hervor.[40]

Das war keineswegs das Ergebnis, das sich einige der engagiertesten Gegner des Regimes in Ostdeutschland, darunter auch die Anführer der Demonstrationen im Oktober 1989, gewünscht hatten. So schrieb Timothy Garton Ash 1990:

> Diese gewandelte Situation – oder vielmehr dieser Meinungsumschwung – brachte die Kirchen- und Oppositionsaktivisten, die die Oktoberrevolution angeführt hatten, auf seltsame Weise völlig aus der Fassung. Sie waren angetreten mit der Überzeugung: keine Wiedervereinigung. Sie wollten sich für eine bessere und wirklich demokratische Deutsche Demokratische Republik einsetzen.[41]

Zu diesem Zeitpunkt hatten jedoch weder die offizielle Elite der DDR noch die Gegenelite der Opposition den Gang der Ereignisse unter Kontrolle. Zehntausende Demonstranten hatten im Oktober skandiert: »Wir sind das Volk!« Nach dem 9. November wurde daraus: »Wir sind ein Volk!« Der Wunsch nach einem vereinigten Deutschland ließ sich nicht aufhalten – allenfalls durch den Einsatz massiver Gewalt. Die 12 000 Mann des Berliner Grenzschutzes waren jedoch nicht kampfbereit, obwohl sie erst im Februar 1989 den 20-jährigen Ostberliner Chris Gueffroy beim Versuch, die Grenze nach Westberlin zu überqueren, erschossen hatten.[42] Und noch wichtiger war: Die 350 000 in der DDR stationierten sowjetischen Soldaten blieben in ihren Kasernen. Während der Massenproteste vom Oktober und November befürchtete Gorbatschow vor allen Dingen, dass es zu Angriffen auf sowjetische Truppen in Ostdeutschland kommen könnte, denn das würde es erschweren, an seiner Linie der Nichteinmischung festzuhalten. Dazu kam es aber nicht, und er wie auch seine wichtigsten Verbündeten in der sowjetischen Führung akzeptierten den Fall der Mauer und die anschließende deutsche Wiedervereinigung.[43]

Tschechoslowakei

Tschechen und Slowaken hatten genau wie die Ostdeutschen (vor allem anno 1953) eigene Erfahrungen mit sowjetischen Interventionen gemacht. Nach 1968 hatte eine Mehrheit der Bevölkerung den Eindruck, es bleibe ihr nichts anderes übrig, als sich mit dem Regime abzufinden. Dubčeks Nachfolger Gustáv Husák erfreute sich in der Slowakei sogar einer gewissen Beliebtheit. Der Slowake Husák schenkte den slowakischen Wirtschaftsinteressen besondere Aufmerksamkeit. Doch die führenden Köpfe der KPČ waren sich stets des Umstands bewusst, dass sie ihre Macht der sowjetischen Militärintervention verdankten. Sie fürchteten und mieden politische und wirtschaftliche Reformen und beaufsichtigten die kleine Dissidentenbewegung mit strengen Augen. Mit der Gründung der »Charta 77« war diese seit 1977 besser organisiert.[44] Die Untergrundorganisation verfasste und verteilte Schriften im *samisdat* und hielt den Wunsch nach Demokratie am Leben. Sie führte Exkommunisten (die wegen ihrer Beteiligung am Prager Frühling aus der Partei ausgeschlossen worden waren) und nichtkommunistische Aktivisten zusammen, deren bemerkenswerteste und später bekannteste Figur der Dramatiker Václav Havel war. Zahlreiche Charta-Mitglieder, auch Havel, hatten mehrere Male im Gefängnis gesessen, der Widerstand gegen das Husák-Regime war gefährlich, und eine Mehrheit der Bevölkerung ließ die Finger davon. Ein oberflächlicher Gehorsam sollte jedoch nicht mit einer inneren Akzeptanz des Regimes nach 1968 verwechselt werden. Nach der Zerschlagung des Prager Frühlings glaubte ein kleinerer Anteil der Bevölkerung als je zuvor an die Vorzüge eines kommunistischen Systems oder an die Möglichkeit, es spürbar zu verbessern. Aber ein gebranntes Kind scheut bekanntlich das Feuer. Ein Aktivist von 1968, der 1970 aus der Partei ausgeschlossen worden war, teilte mir 1976 in Prag mit: »Hier wird sich nichts ändern, solange sich in der Sowjetunion nichts ändert.«

Am Ende sollte er damit recht behalten. Als die Dinge sich in der Sowjetunion tatsächlich veränderten, war es jedoch wichtig, dass Menschen vorhanden waren, allen voran die Unterzeichner der Charta, die unablässig die Autorität des kommunistischen Staates in Frage gestellt und unabhängig und ernsthaft über demokratische Alternativen nachgedacht hatten. Aus ihren zahlenmäßig bescheidenen, aber hochtalentierten Reihen wurden viele der wichtigsten Positionen in der postkommunistischen Tschechoslowakei besetzt. Die Tschechen hatten in Osteuropa, vor allem unter den Polen und Ungarn, den Ruf, übervorsichtig zu sein, aber 1968 hatten sie ihre Nachbarn überrascht. Nachdem Husák im April 1969 Dubček als Parteichef abgelöst hatte, fiel das Land wieder in eine politische Ordnung ähnlich der Ende der fünfziger Jahre zurück: weder in das grausame Treiben Anfang der Fünfziger noch in die Anfänge der intellektuel-

Tschechoslowakei 719

len Gärung Mitte der Sechziger, sondern in einen trübseligen und repressiven, konservativen Kommunismus.[45] In den folgenden zwanzig Jahren herrschte nach außen hin Ruhe, aber sobald eine Mehrheit der Bevölkerung davon ausgehen konnte, dass sie mit einer Forderung nach demokratischen Rechten nicht wieder den Weg frei machte für den Einzug sowjetischer Panzer, da handelte sie auch.

Die Aktion ging nicht von der Partei aus, die nur im Nachhinein auf die Ereignisse reagieren konnte. Da nach der sowjetischen Invasion 1968 mehrere Hunderttausend aktive Reformer entweder aus der Partei ausgetreten oder ausgeschlossen worden waren, war die Reformströmung in wohl kaum einer Regierungspartei schwächer vertreten als in der KPČ am Vorabend ihres Sturzes. Im Dezember 1987 war Husák von der Parteiführung zurückgetreten, allerdings Staatspräsident geblieben. Er war von Miloš Jakeš abgelöst worden, einem der tschechischen Politiker, die 1968 die sowjetische Militärintervention angefordert und begrüßt hatten, also kaum ein Fortschritt gegenüber seinem Vorgänger. Bereits im Jahr 1988 waren in der tschechischen Bevölkerung erste Anzeichen von Aufruhr zu beobachten, als sage und schreibe 400 000 Bürger eine Petition unterschrieben, die eine größere Religionsfreiheit und weniger staatliche Einmischung in kirchliche Angelegenheiten forderte. Tatsächlich hatte die römisch-katholische Kirche (selbst der betagte Kardinal Tomášek), angespornt von dem polnischen Papst, zunehmend größere Unabhängigkeit von den staatlichen Behörden an den Tag gelegt und mehr Gläubige in die Kirchen gelockt, obwohl der Katholizismus traditionell in den tschechischen Regionen schwächer war als in den slowakischen.[46]

Gorbatschow wünschte sich zwar Reformen in der Tschechoslowakei, blieb aber konsequent bei seiner Linie der Nichteinmischung. Sein alter Freund Zdeněk Mlynář tadelte ihn später dafür mit dem Argument: Wenn man den Tschechen und Slowaken nunmehr, nachdem die Parteiführung damals durch sowjetische Panzer an die Macht gelangt war, sagte, es stehe ihnen frei, zu tun, was sie wollten, und die Sowjetunion werde sich nicht einmischen, dann war das ungefähr so, »wie wenn man einem Mann, dessen Beine gebrochen waren, sagte: ›Also los, auf geht's, du darfst gehen, wohin du willst‹.«[47] Die Antwort auf eine ähnliche Klage gab Wadim Medwedew, einer der überzeugtesten Anhänger Gorbatschows im Politbüro. Im Jahr 1994 sagte er in einem Interview: »Die Erinnerung an unsere Intervention [...]

schürte ein so großes Misstrauen uns gegenüber, dass es genügt hätte, uns massiv zugunsten eines bestimmten Führers einzusetzen, um sein Scheitern zu garantieren.«[48] In Wirklichkeit »mischte« sich die Sowjetunion konstruktiv in zwei Punkten ein. Ende 1988 teilte Jakowlew den tschechoslowakischen Führern mit, dass sie gemäß der Schlussakte von Helsinki aufhören müssten, den Sender Radio Free Europe zu stören. Die kommunistischen Behörden kamen dieser Aufforderung nur zögerlich nach. Gorbatschow musste sich persönlich einschalten, um ihr mehr Nachdruck zu verleihen. Ab Anfang 1989 ließen die Störsender nach, und künftig konnten tschechische Radiohörer unter anderem Havels Worte empfangen. Die zweite Einmischung war eine dringende »Empfehlung« aus Moskau an die tschechoslowakische Führung, keine Gewalt einzusetzen, um Proteste zu unterdrücken.[49]

Auf diesen Ratschlag hin folgte die brutale Niederschlagung einer Demonstration von Studenten am 17. November 1989. Der Studentenprotest, und insbesondere die Art, wie die Behörden darauf reagierten, leitete das rasche und friedliche Ende des kommunistischen Systems ein. Das Bürgerforum mit Václav Havel als anerkannten Führer wurde am 19. November gegründet. Es entsprach einer Ausweitung des Kreises jener, die sich für die Charta 77 engagiert hatten, auch Alexander Dubček trat dem Forum bei. Rund eine Viertelmillion Menschen auf dem Prager Wenzelsplatz feierten ihn frenetisch, als er, neben Havel und dem Regierungschef Ladislav Adamec (der als erstes Mitglied der kommunistischen Führung erkannte, woher der Wind wehte), zu der Menge sprach. Rasch aufeinander folgten etliche Regierungsumbildungen, doch selbst den gemäßigteren Mitgliedern der kommunistischen Führung wurde der Boden unter den Füßen weggezogen, als bei einem Gipfeltreffen des Warschauer Paktes in Moskau Anfang Dezember öffentlich erklärt wurde, dass die Invasion in der Tschechoslowakei 1968 falsch und gesetzwidrig gewesen sei.[50] Da jedes Mitglied der Regierung seine Stellung letztlich dieser Intervention verdankte, war es kein Wunder, dass Adamec am 7. Dezember als Regierungschef und Husák am 9. Dezember als Staatsoberhaupt zurücktraten. Noch im selben Monat wurde eine überwiegend nichtkommunistische Regierung gebildet, durch die mehrere führende Charta-Mitglieder einen dramatischen Wechsel von körperlicher Arbeit in hohe Ämter vollzogen, so stieg zum Beispiel kein

Geringerer als Jiři Dienstbier vom Heizer zum Außenminister auf. Am 28. Dezember wurde Dubček Vorsitzender der Bundesversammlung, die einen Tag später Václav Havel zum Staatspräsidenten der Tschechoslowakei wählte.

In einem Zeitraum von nur sechs Wochen hatte die Tschechoslowakei den Übergang von einem orthodoxen kommunistischen Regime zu einer Demokratie vollzogen. Zum großen Teil war dies den Präzedenzfällen zu verdanken, die anderswo in Osteuropa bereits gesetzt worden waren und die Bevölkerung ermutigt hatten, auf eine Weise zu handeln, wie sie es seit 1968 nicht gewagt hatte. Noch stärker war dies eindeutig den Änderungen in Moskau zu verdanken. Nichtsdestotrotz war es wichtig, dass die Bürger inoffizielle Führer hatten, denen sie vertrauen konnten und die imstande waren, mit der Regierung zu verhandeln – inzwischen von einer Position der Stärke aus – und dafür zu sorgen, dass die Macht friedlich von einer kommunistischen Oligarchie an rechenschaftspflichtige Demokraten übergeben wurde. Havel bezeichnete die Ereignisse bekanntlich als eine »samtene Revolution«. Rita Klímová übertrug damals als Dolmetscherin für ihren Freund Havel diese Worte ins Englische. Kurz zuvor war ihr noch von den Behörden die Erlaubnis verweigert worden, im Urlaub nach Großbritannien zu reisen. Havel ernannte sie zur tschechoslowakischen Botschafterin in den Vereinigten Staaten.

Bulgarien

Die Loslösung von der kommunistischen Herrschaft setzte in Bulgarien zwar früher ein als in der Tschechoslowakei, zog sich aber in die Länge und fand kein so dramatisches Ende. Die Unterdrückung der türkischen Minderheit in Bulgarien war nicht zuletzt der Auslöser für das Aufkommen einer Oppositionsbewegung, sie beschränkte sich allerdings in erster Linie auf einen kleinen Teil der Intelligenz, während die Mehrheit der Bevölkerung auf Distanz ging. Eine Unabhängige Vereinigung zur Verteidigung der Menschenrechte in Bulgarien wurde Anfang 1988 gegründet, nur eine von mehreren Bürgerrechtsorganisationen, die allmählich entstanden. Die Veränderungen in Bulgarien kamen jedoch durch eine Palastrevolte erst richtig ins Rollen. Der langjährige kommunistische Partei- und

Staatschef Todor Schiwkow wurde am 10. November 1989, einen Tag nach dem Fall der Berliner Mauer, abgesetzt, sein Nachfolger und Anführer der Revolte war Petûr Mladenow. Nach außen hin befürwortete er einen politischen Pluralismus, aber bereits im Juli 1990 musste er zurücktreten, als eine Video-Aufnahme ihn dabei zeigte, wie er im Dezember 1989 den Einsatz von Panzern gegen Demonstranten gefordert hatte.[51] Mladenow wurde von Schelju Schelew als Staatspräsident abgelöst, einem Philosophiedozenten, der seit Mitte November 1989 Führer eines Sammelbeckens unabhängiger Organisationen war, das sich selbst Union der Demokratischen Kräfte (UDK) nannte.[52]

Anfang 1990 wurde die führende Rolle der kommunistischen Partei aus der bulgarischen Verfassung gestrichen, und im April desselben Jahres änderte sie ihren Namen und hieß nun Bulgarische Sozialistische Partei (BSP). Wichtig für den Systemwechsel war der knappe Wahlsieg der UDK bei den Parlamentswahlen im Oktober 1991. Es ist schwer, einen genauen Zeitpunkt anzugeben, an dem der Kommunismus in Bulgarien zu Ende ging. Wenn ein System nicht mehr kommunistisch ist, heißt das überdies nicht unbedingt, dass es sich bereits auf dem Weg zu einer Demokratie befindet. Insbesondere im Fall der fünfzehn ehemaligen Republiken der Sowjetunion entstanden die verschiedensten Varianten nichtkommunistischer, autoritärer Regime, einige Hybridsysteme und nur ganz wenige Demokratien. Bulgarien war jedenfalls in der ersten Hälfte des Jahres 1990 nicht mehr kommunistisch. In den ersten Monaten des Jahres verlor die kommunistische Partei ihre führende Rolle in der Praxis ebenso wie in der Verfassung.

Rumänien

Unter den Ländern des Warschauer Paktes endete der Kommunismus nur in Rumänien mit Blutvergießen. Es war kein Zufall, dass dies zugleich das Land war, auf das die Sowjetunion den geringsten Einfluss hatte. Nicolae Ceauşescu hatte sich im Laufe der Jahre zu einem immer despotischeren Herrscher entwickelt. Eine Zeitlang hatte man ihm in westlichen Hauptstädten viel mehr Vorschusslorbeeren eingeräumt, als er verdient hatte, weil er im Warschauer Pakt eine halbautonome Position einnahm und weil er bereit war, einen

Rumänien

von Moskau abweichenden Kurs zu verfolgen. Sein Ansehen hatte im Westen den Zenit erreicht, als sich keine rumänischen Truppen an der Invasion in der Tschechoslowakei beteiligten. Ganz gegen sein langjähriges Plädoyer für die Nichteinmischung eines kommunistischen Landes in die Angelegenheiten eines anderen (sprich: die Sowjetunion solle Rumänien nichts vorschreiben) änderte er 1989 jedoch seine Meinung und forderte bei einem Treffen des Warschauer Paktes im Juli 1989 nachdrücklich eine Intervention in Polen.

In den achtziger Jahren war Rumänien nach innen zweifellos das repressivste Land des Warschauer Paktes. Kommunistische Staaten entwickelten viele verschiedene Ausprägungen. Im Rumänien unter Ceauşescu wurden Nepotismus und persönliche Herrschaft bis zum Äußersten getrieben. Neben ihm waren seine Frau Elena und sein Sohn Nicu, der bereits als Nachfolger gehandelt wurde, die wichtigsten politischen Persönlichkeiten im Land. Verwandte hatten Schlüsselpositionen in der Geheimpolizei, im Verteidigungsministerium, in der staatlichen Plankommission und vielen anderen wichtigen Einrichtungen inne. Bis zu seinem Tod blieb Ceauşescu ein Bewunderer Stalins. Der sowjetische Diktator hatte jedoch niemals Familienangehörige auf die wichtigsten politischen und polizeilichen Funktionen gesetzt. Ceauşescus Vetternwirtschaft ging so weit, dass böse Zungen behaupteten, er habe im Unterschied zu Stalins »Sozialismus in einem Land« vielmehr einen »Sozialismus in einer Familie« geschaffen. Jemand stellte einmal fest, dass das Regime, solange Ceauşescu Partei und Staat leitete, zwar immer mindestens totalitär war, dass es aber seit Mitte der siebziger Jahre bis zu seinem Tod außerdem »zunehmend sultanistisch« wurde.[53]

Michail Gorbatschow bemerkt in seinen Memoiren, dass er in seinem Leben viele ehrgeizige Menschen getroffen habe und dass man wohl kaum einen bedeutenden Politiker finden werde, der keine Ambitionen und kein starkes Selbstbewusstsein habe. Ceauşescus Eitelkeit sei jedoch eine Klasse für sich gewesen.[54] Er herrschte so unumschränkt, dass jede Herausforderung des Regimes mit besonders großen Schwierigkeiten und Risiken verbunden war, aber Ceauşescu bezahlte für seine Immunität gegen jede Kritik und für seine eitlen Wahnvorstellungen damit, dass er das Ende nicht kommen sah. Die Kette der Ereignisse, die zum Sturz Ceauşescus und seiner Hinrichtung führten, wurden durch den Widerstand des hochangesehenen protestantischen Pfarrers László Tőkés ausgelöst, einem Mitglied der ungarischen Minderheit in Rumänien, die unablässig von der *Securitate* drangsaliert worden war. Als die Geheimpolizei am 15. Dezember 1989 versuchte, ihn aus seinem Haus in Timişoara und aus seiner Gemeinde zu vertreiben, umstellten Tausende von Menschen – Rumänen ebenso wie Ungarn – in einer Mahnwache das Gebäude, widersetzten sich der Geheimpolizei und lösten damit eine große Demonstration gegen Ceauşescu und die kommunistische Partei aus. Der Aufstand wurde am 16. und 17. Dezember fortgesetzt und dann blutig niedergeschlagen. Von dem Widerstand und dem skrupellosen Einsatz von Gewalt erfuhren die Rumänen über ausländische Rundfunksender. Ceauşescu lobte am 20. Dezember in einer Fernsehansprache die Armee und die Sicherheitskräfte für ihre »überaus große Geduld«, bevor sie in Aktion traten – eine Aktion, die mit einem Massaker geendet hatte.[55]

In dem unerschütterlichen Vertrauen, dass er noch sämtliche Machtmittel in Händen halte, rief Ceauşescu am folgenden Tag zu einer Massendemonstration für das Regime auf dem Palastplatz der rumänischen Hauptstadt Bukarest auf. Obwohl unzählige Parteifunktionäre und Sicherheitskräfte die Menge steuerten, nahm die Kundgebung – die später am Tag weltweit von den Fernsehsendern übertragen werden sollte – einen für Ceauşescu völlig unerwarteten Verlauf. Aus Jubelrufen wurden Buhrufe, und die offiziellen Parolen von »Ceauşescu und das Volk« wurden zu »Ceauşescu der Diktator«. Wie Vladimir Tismaneanu beobachtete, war die Macht »vom Balkon des ZK-Gebäudes auf die Straße geschwappt«.[56] In der einzigen gewaltsamen Revolution in Europa 1989 nahmen am 22. Dezember Hunderttausende von Menschen an Anti-Ceauşescu-Demonstrationen teil. Die *Securitate* eröffnete das Feuer auf die Demonstranten, aber die Armee wechselte die Seite und half ihnen bei der Besetzung der Fernsehanstalt. Als das Gebäude des Zentralkomitees angegriffen wurde, flüchteten Nicolae und Elena Ceauşescu mit einem Hubschrauber vom Dach aus. Sie wurden später von der Armee gefasst und des »Völkermordes« angeklagt, aufgrund der falschen Information, dass in den vergangenen Tagen rund 60000 Menschen getötet worden seien, während die tatsächliche Zahl bei rund 600 Opfern lag.[57] Es gab genügend echte Verbrechen, für die man sie auch ohne diese krasse Übertreibung hätte verurteilen können, aber Rumäniens

Albanien 725

neue Regierungskandidaten wollten offensichtlich so schnell wie möglich mit den Ceauşescus abrechnen. Nicolae und Elena Ceauşescu wurden tatsächlich am Weihnachtstag des Jahres 1989 von einem Hinrichtungskommando erschossen. So makaber das Ereignis auch war, vielen Rumänen kam es wie ein Weihnachtsgeschenk vor.

Es war allerdings nicht ganz klar, ob das rasche Ende der Ceauşescus auch das sofortige Ende des Kommunismus in Rumänien bedeutete. Die Macht wurde von einem selbsternannten Gremium übernommen, von der Front zur Nationalen Rettung (FNR). Während das Bürgerforum in der Tschechoslowakei tiefe Wurzeln in der Oppositionsbewegung und der Charta 77 hatte, kam die FNR buchstäblich aus dem Nichts. Sie umfasste einige echte Demokraten, aber auch führende Kommunisten, und es hatte den Anschein, als hätten Letztere das Sagen. Nichtsdestotrotz hatte der Sturz des Diktators den gesamten Rahmen der rumänischen Politik verändert, und seit Anfang 1990 existierte eine Vielfalt politischer Parteien und Interessengruppen, wobei Studenten, Intellektuelle und die ungarische Minderheit besonders stark vertreten waren.[58] Dies konnte man kaum noch ein kommunistisches System nennen, auch wenn erst im September 1992 freie Wahlen durchgeführt wurden.

Albanien

Da die Albaner und Jugoslawen unabhängig von der Sowjetunion ihre eigenen Revolutionen gemacht hatten und da keines der Länder eine sowjetische Militärintervention zu fürchten brauchte, gehörten sie in eine andere Kategorie kommunistischer Staaten als die Mitgliedstaaten des Warschauer Paktes. Sie wiesen auch untereinander erhebliche Unterschiede auf. Albanien war unter dem 1985 verstorbenen Enver Hodscha ein Extrembeispiel totalitärer Herrschaft gewesen. Sein Nachfolger Ramiz Alia machte zwar keine Anstalten, die Kritik Albaniens an der Sowjetunion abzuschwächen, aber die Isolation des Landes bekam erste Risse. Das Ende des Kommunismus in fast ganz Osteuropa musste sich jedoch zwangsläufig auch auf die Bevölkerungen in Albanien und Jugoslawien auswirken, insbesondere auf Jugoslawien, das viel weltoffener war. Wichtige Reformen waren dort bereits durchgeführt worden, und Informationen über die

Entwicklungen im übrigen Europa, Ost und West, waren hier ohne weiteres zu bekommen.

Doch der »Dominoeffekt«, nach dem die Vereinigten Staaten gefürchtet hatten, dass ein Land nach dem anderen in Asien kommunistisch werden würde, sobald Südvietnam kommunistisch war, traf allem Anschein nach eher auf den Fall des Kommunismus zu. Selbst Albanien war nicht immun gegen eine Infizierung (um das Bild zu wechseln) aus dem übrigen Osteuropa. Wie so oft bei totalitären und autoritären Regimen zog eine vorsichtige Liberalisierung nur noch radikalere Forderungen nach sich, statt abweichende Meinungen zu entschärfen. Maßnahmen wie die Freilassung einiger politischer Häftlinge und die Anfänge einer Wirtschaftsreform vom Dezember 1989 bis Sommer 1990 schürten lediglich eine Reihe von Demonstrationen und einige Unruhen. Die Behörden standen zudem unter Druck, den Bürgern die Ausreise aus dem Land zu erlauben. Wie im Fall der Ostdeutschen wurden in Albanien ausländische Botschaften von Ausreisewilligen überschwemmt, bis Anfang 1991 verließen 15 000 Menschen das Land Richtung Griechenland, 20 000 schlugen sich nach Italien durch, häufig, indem sie Schiffe besetzten.[59] Albanien war das ärmste Land in Europa, und die Unzufriedenheit der nur drei Millionen Einwohner basierte hauptsächlich auf der schlechten wirtschaftlichen Lage. Zwischen 1989 und 1992 machte das Land eine akute Wirtschaftskrise durch, und dies bedeutete, im Verein mit den Präzedenzfällen in Osteuropa, das Ende des Kommunismus.[60]

Aus Forderungen, die Lebensmittelknappheit zu beenden, wurden politische Forderungen nach dem Ende des Machtmonopols der Kommunisten und der Abschaffung der Geheimpolizei. Am 11. Dezember 1990 stimmte eine Parteiversammlung der Legalisierung von Oppositionsparteien zu, und schon am nächsten Tag wurde die Demokratische Partei Albaniens (DPA) gegründet.[61] Im Lauf des Jahres 1991 entwickelte sich unter gravierenden sozialen und wirtschaftlichen Problemen ein politischer Pluralismus, und das Land war nicht länger kommunistisch. Damit waren die Probleme Albaniens noch längst nicht gelöst, aber der Beweis dafür, dass es zumindest die kommunistische Herrschaft hinter sich gelassen hatte, wurde mit der Abhaltung echter Wahlen im März 1991 erbracht. Allerdings kamen sie für die neuen politischen Parteien zu früh. Die Nachfolgeorganisation der Kommunisten, die Sozialistische Partei Albaniens, bekam über

67 Prozent der Stimmen, im Vergleich zu 30 Prozent für die Demokratische Partei. Ein Jahr später, bei faireren Wahlen, wurden die Wahlergebnisse praktisch umgekehrt. Die DPA errang fast 63 Prozent der Stimmen, die Sozialistische Partei nur knapp über 25 Prozent.[62]

Jugoslawien

Im Gegensatz zu Albanien waren in Jugoslawien bereits seit einigen Jahren Elemente eines politischen Pluralismus etabliert. Überdies war Jugoslawien mehrere Jahrzehnte lang weltoffener und dezentralisierter als andere kommunistische Staaten gewesen. Doch das Ende dieser abgeschwächten kommunistischen Herrschaft hatte katastrophale Folgen. Der Zerfall des Bundesstaates ging einher mit einer ganzen Serie von Bürgerkriegen und »ethnischen Säuberungen«. Die furchtbaren Ereignisse in den jugoslawischen Nachfolgestaaten zu schildern würde den Rahmen dieses Buches sprengen. Hier geht es lediglich um das Ende des Kommunismus. Es mag der Hinweis genügen, dass in der Tschechoslowakei auf die »samtene Revolution« auch eine »samtene Trennung« zwischen der Tschechischen Republik und der Slowakei folgte, während der Abschied vom Kommunismus in Jugoslawien eine Reihe blutiger Bürgerkriege zur Folge hatte.

Dabei wirkte Jugoslawien Ende der achtziger Jahre in mancherlei Hinsicht besser auf eine Existenz nach dem Kommunismus vorbereitet als Länder, die unter einer überaus strengen Zentralregierung gestanden hatten. Durch ein echtes föderales System, kombiniert mit der sozialistischen Marktwirtschaft, waren beträchtliche Vollmachten vom Zentrum delegiert worden. Obwohl die Kommunisten in Jugoslawien die einzige legale Partei waren (seit 1952 Bund der Kommunisten), hieß es in den siebziger und achtziger Jahren gelegentlich, der Staat habe ein Mehrparteiensystem: eine Partei für jede Republik, dazu die Bundespartei.[63] Die Parteien der jeweiligen Republiken, die bis auf einige wichtige Minderheiten den Gebieten der großen ethnischen Gruppen entsprachen, verteidigten nach Möglichkeit die Interessen ihrer eigenen Republik. Die Vorteile der politischen Vielfalt wurden allerdings durch die Nachteile massiver wirtschaftlicher Ungleichheiten zwischen den Republiken mehr als aufgehoben. Spannungen wegen der Verteilung der Ressourcen unter den Republiken

728 Das Ende des Kommunismus in Europa

schwelten latent, aber solange Tito am Leben war, blieben sie unter Kontrolle. Die reichen Republiken Slowenien und Kroatien hatten es satt, zugunsten der ärmsten, Mazedonien und Montenegro, ständig herabgestuft zu werden, vom Kosovo ganz zu schweigen, das innerhalb der serbischen Republik einen Autonomiestatus genoss. Kein Land in Europa wies so riesige Unterschiede beim Lebensstandard zwischen verschiedenen Regionen auf wie Jugoslawien. (Das Pro-Kopf-Einkommen Sloweniens war sechsmal so hoch wie das im Kosovo.) Unter dem reformierten kommunistischen System erwies sich dieser Umstand im Verein mit den ethnischen Spannungen als Zeitbombe für die Einheit des Staates.[64]

Gegen Ende der achtziger Jahre wurde Jugoslawien weder von der Ideologie (der Marxismus-Leninismus hatte längst seinen Reiz verloren) noch von einer einigen kommunistischen Partei zusammengehalten, und seit Titos Tod im Jahr 1980 fehlte ein charismatischer Führer, der genügend Respekt genoss, um die Rivalitäten zwischen den Republiken und die ethnischen Spannungen in Schach zu halten. Die naheliegendste – und zugleich riskanteste – Alternative für eine ideologische Legitimierung war der Nationalismus. Diesen Weg schlug der serbische Kommunistenführer Slobodan Milošević ein. Sobald er erkannt hatte, dass Jugoslawien aller Wahrscheinlichkeit nach nicht in der Form eines Bundesstaates weiterbestehen werde, setzte er sich die Gründung (oder Wiedergründung) eines Großserbiens zum Ziel. Milošević war 1987 der Führer des Serbischen Bundes der Kommunisten geworden und hatte sofort auf die nationalistische Karte gesetzt. Außerdem hatte er einen Kult um seine Persönlichkeit gefördert, so dass die offizielle Presse die Meldung, dass serbische Provinzstädte ihm die Ehrenbürgerschaft angetragen hätten, für interessanter hielt als den Fall der Berliner Mauer.[65] Im Kosovo veranstaltete Milošević Massenkundgebungen der Serben und versuchte, die kosovarische (albanische) Mehrheit in jener Provinz einzuschüchtern. Seine politischen Maßnahmen wurden anderswo in Jugoslawien als Vorboten eines Versuches, ein Großserbien zu schaffen, gewertet. Daraufhin fasste die Führung der wirtschaftlich am weitesten entwickelten Republik, Sloweniens, als Erste den Beschluss, aus der Föderation auszutreten. Als erster Schritt in dieser Richtung verließen die reformorientierten slowenischen Kommunisten Anfang 1990 die föderale Organisation des Bundes der Kommunisten.[66] Der demokratische

Jugoslawien 729

Zentralismus innerhalb der jugoslawischen Partei stand ohnehin nur noch auf dem Papier. Der Abschied vom Kommunismus vollzog sich ungleichmäßig im ganzen Land, war aber im Lauf des Jahres 1990 weitgehend abgeschlossen. Nur in Slowenien bedeutete dies einen fast nahtlosen Wechsel zu einer Demokratie. In den anderen Republiken waren die postkommunistischen Regime zu Beginn bestenfalls Hybridformen. Milošević hielt selbst Ende 1989 eine Präsidentschaftswahl mit mehreren Kandidaten ab und erhielt bei einer hohen Wahlbeteiligung fast 90 Prozent der Stimmen.[67] Er nutzte den Vorteil, dass er Partei- und Regierungsressourcen kontrollierte, voll aus, und mit seiner Mischung aus nationalistischen Parolen und Lippenbekenntnissen an sozialistische Ideale fand er damals in Serbien breite Unterstützung. Schon die Tatsache, dass die Stimmabgabe wirklich geheim war und mehrere Kandidaten zur Wahl standen, war eine Abkehr von der kommunistischen Herrschaft. Kurz nach dem Wahlsieg benannten sich die Kommunisten in Sozialistische Partei Serbiens um. Im April und Mai 1990 feierten bei freien Wahlen in Slowenien und Kroatien nichtkommunistische Parteien Erfolge. In Kroatien brachten sie einen ehemaligen Kommunisten an die Macht, der wegen »nationalistischer Abweichung« mehrere Jahre im Gefängnis verbracht hatte: Franjo Tudjman, der mehr mit Milošević gemein hatte, als mancher glauben wollte. Unter seiner Präsidentschaft wurden die Serben in einem Bürgerkrieg aus der Krajina vertrieben, in dem Milošević keineswegs als einziger Nationalist Gräueltaten großzügig verzieh. Auch in ihrem autoritären Regierungsstil und ihrer Selbstverherrlichung unterschieden sich die beiden kaum voneinander.[68] Im Jahr 1990 war Kroatien zwar nicht mehr kommunistisch, aber erst nach Tudjmans Tod im Jahr 1999 gelang es der Republik, den Übergang zur Demokratie abzuschließen.

Bis zum Ende des Jahres 1991 hielten alle sechs jugoslawischen Republiken (Serbien, Slowenien, Kroatien, Bosnien und Herzegowina, Mazedonien und Montenegro) echte Wahlen ab. Im Dezember 1991 war ganz Jugoslawien nicht länger kommunistisch, und es war auch nicht länger Jugoslawien. Der Bundespräsident (der seit Titos Tod unter Repräsentanten der verschiedenen Republiken rotierend wechselte) trat mit der Begründung zurück, dass der Staat, dessen Oberhaupt er formal sei, nicht länger existiere.[69]

Im Zuge der Ereignisse von 1989 musste die internationale kommunistische Bewegung einer nationenübergreifenden, den Kommunismus zerstörenden Bewegung Platz machen. Erstere war, im Gegensatz zur Letzteren, streng organisiert gewesen, aber die Kräfte, die den Übergang herbeiführten, waren keineswegs schwächer. Die Kenntnis der Unterschiede zwischen den politischen und wirtschaftlichen Rahmenbedingungen in West- und Osteuropa spielte gewiss eine Rolle, aber dieses Wissen bestand bereits seit geraumer Zeit. Neu waren im Jahr 1989 der demokratische Wandel in der Sowjetunion und die sowjetische Toleranz gegenüber einer noch schnelleren Demokratisierung in den Staaten des Warschauer Paktes. Als Spanien und Portugal und andere konservative, autoritäre Regime in den siebziger Jahren demokratisch geworden waren, hatte dieser Prozess auf Osteuropa kaum Einfluss gehabt. Für die kommunistischen Länder unter sowjetischer Hegemonie schien er viel zu weit vom Bereich des Möglichen entfernt. Jeder einzelne der acht in diesem Kapitel behandelten Staaten (zusätzlich zur Sowjetunion) hatte seine eigene Geschichte und Kultur, aber ihre Systeme hatten wesentliche Elemente gemeinsam. Sobald ein oder zwei Länder bewiesen hatten, dass die kommunistischen Machthaber alles andere als unbesiegbar waren, dienten diese Länder als Bezugspunkt für die übrigen. Die geographische Nähe, der Reiz des Vorbilds und eine sowjetische Führung, die sich bemerkenswerterweise »die freie Wahl« auf die Fahnen geschrieben hatte, taten ihr Übriges.

KAPITEL 27

Der Zerfall der Sowjetunion

Ein »Nationalitätenproblem« existierte in der Sowjetunion schon lange vor den achtziger Jahren, und die Sowjetführung hatte es nie auf die leichte Schulter genommen. Nationalismus war eine vom offiziellen Marxismus-Leninismus abweichende Weltanschauung und stellte langfristig eine potentielle Gefahr für die Stabilität des multinationalen Sowjetstaats dar. Nicht zuletzt wegen dieser Sorge widmete die Parteiführung immense Ressourcen der Propagierung einer supranationalen, sowjetischen Identität. Obendrein forderte sie die Geheimpolizei auf, rücksichtslos gegen jede offene Manifestation eines Nationalismus vorzugehen. Solange die Struktur des sowjetischen Parteistaats nicht reformiert wurde, stellte der Nationalismus zwar ein Problem dar, aber es war beherrschbar.

An dem Massenterror der vierziger Jahre, in dessen Verlauf ganze Völker, unter anderen die Tschetschenen und die Krimtataren, sowie Zehntausende aus den baltischen Staaten aus ihrer Heimat deportiert worden waren, lässt sich sehr genau ablesen, wie weit Stalin bereit war zu gehen. Danach genügten selektive Repressionsmaßnahmen für jede Form der Äußerung nationaler Gefühle, um die sowjetische Ordnung zu erhalten.

Von den fünfzehn Völkern, die innerhalb der UdSSR den Status einer Republik innehatten, waren die Esten, Litauer und Letten am unzufriedensten. Aber nach den Morden, Massenverhaftungen und Deportationen in den vierziger Jahren waren keine vergleichbaren Aktionen mehr erforderlich, um selbst dort ein nach außen hin willfähriges Verhalten zu garantieren. Wie ein estnischer postkommunistischer Abgeordneter es formulierte: Die Mehrzahl der Menschen war nicht der Meinung, dass »mit dem Kopf gegen die Wand rennen die beste Möglichkeit ist, sich einer Wand zu nähern«.[1] Die Esten zogen es vor, das System zu umgehen, indem sie zum Beispiel unter Breschnew Werke veröffentlichten, die in Russland nicht durch die Zensur gekommen wären. Überaus nützlich war dabei der Umstand, dass die russischen Zensoren kein Estnisch konnten und dass die estnischen Zensoren toleranter als ihre russischen Kollegen waren. Allerdings war in den baltischen Republiken generell häufiger offener Dissens zu beobachten als anderswo in der Sowjetunion, und zwar von einem beachtlichen Anteil der Bevölkerung. In der Breschnew-Ära hatte eine litauische Untergrundschrift die größte Leserschaft unter allen *samisdat*-Publikationen in der UdSSR: die *Chronik der litauischen katholischen Kirche,* die religiöse und nationalistische Meinungen vereinte.

Aber selbst in den baltischen Republiken führten Nationalisten vor Beginn der Perestroika nur eine Abwehrschlacht, um so viel wie möglich von der eigenen Kultur zu bewahren. Von einem eigenen Staat wagte man nicht einmal zu träumen. Erst durch die Liberalisierung und teilweise Demokratisierung des sowjetischen Systems rückte eine Unabhängigkeit in den Bereich des Denkbaren. Und im Jahr 1991 war die Unabhängigkeitsbewegung bereits nicht mehr aufzuhalten – trotz eines Rückgriffs auf einen Grad an Repressionen, den Gorbatschow eigentlich nicht mehr billigen wollte. Im Zuge der Perestroika waren die politischen und wirtschaftlichen Erwartungen in der Sowjetunion schon im Jahr 1988 allgemein gestiegen. Und als die Balten nun im Fernsehen verfolgen konnten, wie ein osteuropäischer Staat nach dem anderen im Laufe des Jahres 1989 friedlich die Unabhängigkeit erlangte, hatte dies einen gewaltigen Einfluss. Es nährte die Hoffnungen und löste eine Radikalisierung der Ziele derjenigen aus, die den maximal durchsetzbaren Grad nationaler Autonomie anstrebten. Am stärksten galt dies zwar für Litauer, Esten und Letten, aber Georgier, Armenier und eine beträchtliche Minderheit der Bevölkerung der Ukraine und Moldawiens wurden ebenfalls davon erfasst. Die zentralasiatischen Republiken der Sowjetunion zeigten das geringste Interesse an der Unabhängigkeit.

Bei sämtlichen Autonomie- oder Unabhängigkeitsbewegungen in der Perestroika-Ära spielten nationale Eliten eine wichtige Rolle. In den zentralasiatischen Republiken wie Kasachstan und Usbekistan

Der Zerfall der Sowjetunion

verdankten die Eliten ihre Stellung allerdings einzig und allein der Sowjetmacht, außerdem waren sie extrem säkularisiert. Die nationalen Behörden konnten sich an fünf Fingern abzählen, dass an die Stelle des Marxismus-Leninismus, sobald die Republiken unabhängige Staaten würden, der Islam als offizielle Doktrin treten würde, und davor hatten die Parteichefs natürlich Angst. Wie sich zeigte, sollte den meisten Ersten Sekretären der zentralasiatischen Republiken ein fast nahtloser Übergang gelingen, aber das konnten sie nicht im Voraus wissen. Die kommunistische Herrschaft machte einem autoritären Postkommunismus Platz, in dem die Machthaber Lippenbekenntnisse gegenüber dem Islam abgaben, zugleich jedoch, insbesondere in Usbekistan, außerordentlich skrupellos gegen radikalislamische Strömungen vorgingen.

Obwohl sich die sowjetischen Behörden jahrzehntelang überaus große Mühe gaben, zu verhindern, dass der Nationalismus außer Kontrolle geriet, trugen sie unbeabsichtigt auch zur Stärkung des nationalen Bewusstseins bei. Bauern, die kaum oder gar nicht lesen und schreiben konnten und deren Interessen sich auf den größeren Familienkreis, die unmittelbare Gemeinde oder das Dorf beschränkten, hatten in den ersten Jahren der Sowjetunion kaum eine Vorstellung von nationaler Identität. Das änderte sich jedoch durch eine sich wandelnde Gesellschaftsstruktur – viele Bauern zogen in die Städte und wurden zu Arbeitern – sowie durch ein Bildungssystem, das das Analphabetentum so gut wie abschaffte. Besonders wichtig war der Aufstieg einer einheimischen Intelligenz, weil Intellektuelle tendenziell die Träger einer nationalen Ideologie sind. In Zentralasien, wo der Nationalismus am schwächsten ausgeprägt war, machte sich die aufkommende Intelligenz daran, jene nationalen Geschichten und Mythen zu prägen, die eine kulturelle Grundlage bildeten.

Obendrein hatte der sowjetische Staat den Nationalismus nicht zuletzt dadurch besänftigt, dass ethnische Territorien zu Verwaltungseinheiten erklärt wurden. Innerhalb der 15 Unionsrepubliken (SSR) existierten autonome Teilrepubliken (Autonome Sozialistische Sowjetrepublik, ASSR) wie Tatarstan und Baschkirien innerhalb der russischen Republik (RSFSR) sowie »autonome Gebiete«. Keine einzige dieser Verwaltungseinheiten war wirklich autonom, aber allesamt verschafften sie der Nationalität, nach der sie benannt waren, einige Privilegien. Insbesondere der Status einer Unionsrepublik war mit einer ganzen Reihe von Vorteilen für die namensgebende Nationalität verbunden. Die politische Anerkennung und strukturelle Unterstützung stärkten ebenfalls das nationale Bewusstsein vieler Völker, die vor der Gründung der Sowjetunion kaum eine Vorstellung davon hatten. Das galt generell für die zentralasiatischen Republiken und für Weißrussland (Belarus), zum Teil aber auch für die Ukraine.[2] Der UdSSR gehörten jedoch auch Völker an, die auf eine lange eigene Geschichte zurückblicken konnten, allen voran die Georgier und die Armenier.[3] Mit Blick auf Russland trugen die Institutionen auf Republikebene während der sowjetischen Phase vermutlich weniger dazu bei, ein russisches Nationalgefühl zu fördern, das mit dem Territorium der Republik assoziiert wurde, als im Fall der Titularnationen der übrigen Unionsrepubliken. Auf der einen Seite hatte die Russische Föderation weniger separate Institutionen als andere Republiken, auf der anderen Seite spielten Russen in allen unionsweiten Strukturen eine so dominierende Rolle, dass sie dazu neigten, die UdSSR insgesamt als ein Großrussisches Reich zu betrachten. Immerhin war sie ja der Nachfolger des russischen Zarenreiches.[4]

Obwohl die Unionsrepubliken den zentralen Behörden in Moskau untergeordnet waren, wurden sie von jenen Nationalitäten, denen dieses Ausmaß an Anerkennung nicht zuteil geworden war, beneidet. Ein Teil der Entscheidungsfindung wurde *tatsächlich* auf die Republikebene delegiert. Und mindestens ebenso wichtig war: Die Institutionen der Republiken hielten angesehene *Arbeitsplätze* für alle parat, die der Titularnation angehörten. Vor der Gorbatschow-Ära achteten die zentralen Organe der Kommunistischen Partei jedoch sorgfältig darauf, dass die Zugeständnisse an die nationalen Gefühle nicht eine unaufhaltsame Lawine in Richtung nationaler Autonomie ins Rollen brachten. In der poststalinistischen Phase gehörte für gewöhnlich der Erste Sekretär der Parteiorganisation der Nationalität der jeweiligen Republik an. Aber damit der Betreffende nicht in irgendeiner Form eine nationalistische Agenda propagierte, war der Zweite Sekretär, der ein Auge auf ihn hatte, Russe oder Ukrainer (im übrigen ausnahmslos Männer). Zusätzlich zum Zentralkomitee der Parteiorganisation hatte jede Unionsrepublik einen Ministerrat, einen Obersten Sowjet, einen eigenen Zweig der Akademie der Wissenschaften und förderte den Unterricht in der Landessprache an den eigenen Schulen und Universitäten. Russisch war die Lingua franca

Der Zerfall der Sowjetunion 735

der UdSSR, folglich wurde in den meisten Republiken Zweisprachigkeit angestrebt.

Politische Institutionen, auch die der Republiken, waren für die Stärkung des sowjetischen Systems und den Erhalt des Staates außerordentlich wichtig. Da die zentralisierte und streng hierarchisch organisierte Partei jedoch die allerwichtigste Institution war, wurde nur eine begrenzte Entscheidungsbefugnis an die Ministerräte der Republiken und so gut wie keine nennenswerte Vollmacht an die konformen Obersten Sowjets delegiert. Innerhalb der Republik übte im Grunde der Erste Sekretär der Partei die Macht aus, und er war wiederum auf die Unterstützung Moskaus angewiesen. Im Lauf der Jahre 1989/90 verlagerte sich die Macht in der Union jedoch zunehmend von der Partei zu den staatlichen Institutionen. Und in unterschiedlichem Tempo stellte sich diese Verschiebung des Machtzentrums auch in den Republiken ein. Die Mehrkandidatenwahlen im Jahr 1989 zum Kongress der Volksdeputierten boten den Bürgern in den Republiken eine Gelegenheit, Deputierte nach Moskau zu entsenden, die die Interessen der eigenen Nation vertreten würden. Zwei wichtige institutionelle Neuerungen im Jahr 1990 – die Schaffung eines sowjetischen Präsidentenamtes und Mehrkandidatenwahlen zu den Parlamenten in den Republiken der UdSSR – waren zwar Teil des Demokratisierungsprozesses, hatten aber gewaltige, unbeabsichtigte Folgen, indem sie die Auflösungstendenzen innerhalb der Sowjetunion forcierten.

Im März 1990 wurde Gorbatschow von dem Kongress der Volksdeputierten zum Präsidenten der Sowjetunion gewählt. Wenn er das Risiko eingegangen wäre, den Präsidenten in einer direkten, allgemeinen Wahl zu ermitteln, dann wären die Chancen auf den Erhalt zumindest des größeren Teils der Sowjetunion gestiegen. Wer immer die Wahl gewonnen hätte, hätte über die starke Legitimität verfügt, die ihm eine direkte Wahl durch das gesamte Land übertragen hätte.[5] Vermutlich hätte Gorbatschow die Wahl gewonnen, dessen Beliebtheit zwar ihren Höhepunkt überschritten hatte, aber im März 1990 nach den zuverlässigsten Umfragen noch deutlich vor der des aufstrebenden Boris Jelzin lag.[6] Die Idee des Präsidentenamtes wurde jedoch von den Republiken kopiert. Sowohl Boris Jelzin in Russland als auch Nursultan Nasarbajew, der Erste Sekretär der kommunistischen Partei in Kasachstan, nannten die Schaffung eines sowjetischen Präsidenten als Grund für die Einrichtung eines Präsidentenamtes auch in ihren Republiken.[7] Ohne diesen Präzedenzfall ist es zweifelhaft, ob sie jemals imstande gewesen wären, ein derartiges Amt zu erfinden – eine grundlegende Innovation in dem Teil der Welt, der von der Sowjetunion eingenommen wurde. Somit verdankten Jelzin und die anderen Präsidenten ihre Ämter indirekt Gorbatschows Beratern, unter denen allen voran Georgi Schachnasarow überzeugend für einen Staatspräsidenten nach französischem Vorbild plädiert hatte.[8] Dadurch, dass die Präsidentenämter auf Republikebene eingeführt wurden, als die Sowjetunion noch existierte, gelang es einer ganzen Reihe Erster Parteisekretäre, vergleichsweise problemlos den Zusammenbruch der Union zu überleben. Die Parteiämter lösten sich mit dem Abtritt der KPdSU von der politischen Bühne auf, aber ihr Präsidentenamt blieb bestehen.

Die zweite größere institutionelle Veränderung, welche die Einheit der Sowjetunion weiter untergrub, waren Parlamentswahlen in den Republiken, die im Jahr 1990 zu verschiedenen Zeitpunkten abgehalten wurden. Als die Bürger der baltischen Republiken im Februar und März an die Urnen gingen, feierten Kandidaten, die für die Unabhängigkeit eintraten, einen überwältigenden Erfolg. Litauen gehörte der Avantgarde dieser Bewegung an. Bei der Wahl zu einem neuen Parlament errang die nationale Bewegung Sajūdis 106 von 114 Sitzen.[9] Anschließend bildete sie eine Regierung, die Litauen tatsächlich für unabhängig erklärte, obwohl die Erklärung damals weder von der sowjetischen Führung noch von der Außenwelt anerkannt wurde. Auch in Georgien kamen bei Wahlen, die im Oktober 1990 veranstaltet wurden, die Nationalisten an die Macht, die von dem ehemaligen Dissidenten Swiad Gamsachurdia angeführt wurden. Im Wahlkampf war er mit einer die Unabhängigkeit fordernden Plattform angetreten und nahm, sobald er an der Macht war, wenig Rücksicht auf die Minderheiten vor allem in Abchasien und Südossetien.

Russland – der Grundpfeiler der Union

Von größter Bedeutung für die Zukunft waren die Ereignisse in Russland. Boris Jelzin erhielt in einer direkten Wahl im Juni 1991 mehr Stimmen als seine fünf Gegenkandidaten zusammen. Ein zweiter Wahlgang bei der Präsidentschaftswahl erübrigte sich damit. Als Präsident von Russland befand er sich im Machtkampf mit Gorbatschow in einer extrem gestärkten Position, weil Letzterer nicht vom Volk insgesamt gewählt worden war. Da sich die Probleme in der Sowjetunion häuften, ohne Aussicht auf Besserung der wirtschaftlichen Lage, hatte Jelzins Popularität als ehemaliger Funktionär, der mit der kommunistischen Parteiführung gebrochen hatte, ständig zugenommen. Innerhalb der Bewegung, die 1990/91 demokratische Opposition genannt wurde, nahm er eine Ausnahmestellung ein, weil er der Parteispitze angehört hatte. Aber gerade das machte, paradoxerweise, Jelzins Anziehungskraft auf viele Wähler aus. Er hatte die Aura eines Mannes, der es gewohnt war, Macht auszuüben, und vermittelte ebenso das Bild eines starken Führers wie das eines mutigen Kritikers.

Im Jahr 1990 wurde eine lose Organisation, die sich selbst Demokratisches Russland nannte, gegründet.[10] Zu den konkreten Zielen der Gruppe zählten die Unterstellung des KGB unter parlamentarische Aufsicht, die Schaffung einer »regulierten Marktwirtschaft«, wie sie es damals nannten (obwohl die Befürworter des freien Marktes später Gorbatschow verspotten sollten, weil er sein Eintreten für eine Marktwirtschaft mit dem Adjektiv *reguliert* einschränkte), sowie die Erringung der Souveränität für die Russische Sozialistische Föderative Sowjetrepublik (RSFSR).[11] Diese Bewegung war zum Teil von dem Vorbild Sacharows inspiriert worden, der im Dezember 1989 gestorben war. Dabei hatte Sacharow die radikale Reform der gesamten Sowjetunion angestrebt und nie daran gedacht, Russland von den Entwicklungen in anderen Teilen der UdSSR abzukoppeln.

Tatsächlich erkannten anfangs nur wenige unter denjenigen, die über eine Souveränität für Russland sprachen, dass dies unweigerlich zur Auflösung des sowjetischen Staatswesens führen musste.[12] Denn die russische Republik war der Grundpfeiler der Sowjetunion. Russen stellten ungefähr die Hälfte der sowjetischen Bevölkerung (wobei einige Millionen in anderen Republiken lebten), und die russische Republik nahm drei Viertel des sowjetischen Staatsgebietes ein. Eine Union hätte den Verlust des Baltikums und auch anderer Staaten überleben können, aber die Sowjetunion war der Nachfolger des vorrevolutionären russischen Zarenreiches, und die Vorstellung einer Union ohne Russland war so absurd, dass man daran keinen Gedanken verschwenden musste. Doch in Anbetracht der Tatsache, dass die Sowjetunion in gewisser Weise ein Großrussland war und dass Teile der Union wie die Krim (die Chruschtschow seinerzeit großzügig der Ukraine übertragen hatte, als dies in der Praxis kaum einen Unterschied ausmachte) historisch gesehen zu Russland gehörten, konnte man eigentlich davon ausgehen, dass ein russischer Politiker wohl als Letzter den Wunsch haben würde, die Union aufzulösen. Demokratisches Russland wurde jedoch zu der Bewegung, die Boris Jelzin organisatorisch unterstützte, und Jelzin selbst entwickelte sich zum einflussreichsten Fürsprecher einer anfangs vage umrissenen russischen Souveränität und letztlich der vollen Unabhängigkeit.

Je mehr Macht Jelzin in Russland erwarb, desto stärker spielte er den russischen Trumpf gegen die Unionsbehörden allgemein und gegen Gorbatschow insbesondere aus. Während er bis in den Sommer 1991 hinein nach außen hin zwar von einer Bewahrung der Union sprach, trugen seine Aktionen maßgeblich zum Zerfall des sowjetischen Staates bei. Bereits im März 1990 erklärte Jelzin den Vorrang des russischen Rechts vor dem sowjetischen Recht.[13] Für ihn und sein ehrgeiziges Umfeld war das in erster Linie eine Waffe im Machtkampf gegen Gorbatschow, aber es war zugleich ein bedeutsamer Schritt auf dem Weg zur Demontage der UdSSR. Während Gorbatschow der Hauptinitiator und Wächter der Liberalisierung und Demokratisierung des sowjetischen Staatswesens war, war Jelzin der Politiker, der mehr als jeder andere die Auflösung des Staates vorantrieb. Umfragen im postsowjetischen Russland haben durchweg ergeben, dass eine Mehrheit der Russen den Zerfall der Sowjetunion bedauert (allerdings nicht den Abschied vom Kommunismus) und dass Gorbatschow, ebenso wie Jelzin, dafür verantwortlich gemacht wird. Es stimmt natürlich, dass die Behörden, hätte es keine Liberalisierung der Sowjetunion gegeben, wie in der Vergangenheit skrupellos jede nationale Demonstration hätten niederschlagen können. Ohne eine Demokratisierung wären Abgeordnete, die sich für die Unabhängigkeit ihrer Republik aussprachen, nie auch nur in die Nähe der Macht gelangt. In dieser Hinsicht schuf Gorbatschow in der Tat günstige Bedingungen für den Zerfall der Sowjetunion. Vor der Perestroika wäre jeder Litauer oder Georgier, der die Unabhängigkeit gefordert hätte, kurzerhand verhaftet worden. Und Jelzin hätte nicht im Traum daran gedacht, Russland aus der UdSSR herauszutrennen, noch wäre er imstande gewesen, auch nur einen einzigen Schritt in diese Richtung zu unternehmen, wenn er es denn gewollt hätte.

Bei den Wahlen von 1990 zum neu gebildeten russischen Parlament – ein Jahr vor der Wahl zum russischen Präsidenten – errang Jelzin genau wie 1989 bei den Wahlen zum Kongress der Volksdeputierten einen hohen Sieg. Er kandidierte 1990 nicht in Moskau, sondern in seinem Heimatort Swerdlowsk und erhielt 84 Prozent der Stimmen. Anschließend wurde er Ende Mai zum Vorsitzenden des russischen Obersten Sowjets gewählt. Von da an, also schon vor der Präsidentschaftswahl im folgenden Jahr, schwang sich Jelzin zum Hauptfürsprecher für Russland auf, dessen Interessen er gegen die der Union verteidigte. Spätestens seit dem Wahlkampf von 1989, wenn nicht früher, hatten die Menschen eine neue Freiheit gespürt, plötzlich konnten sie ihre Beschwerden in aller Öffentlichkeit äußern. 1990 enthielten diese Klagen bereits eine starke antikommunistische Komponente, die zuvor nicht vorhanden gewesen war. Die Mehrzahl der sowjetischen Bürger außerhalb der baltischen Staaten hatte die Herrschaft der KPdSU einfach für selbstverständlich hingenommen. Allenfalls strebten sie einen anderen Regierungsstil, andere Politiker oder andere Maßnahmen an, aber keine andere Partei. Und genau genommen bot auch Jelzin ihnen keine alternative Partei an. Er machte sich die neue Stimmung einer wachsenden Kritik an der KPdSU als Institution zunutze, als er am Ende einer Rede vor dem XXVIII. Parteitag am 12. Juli 1990 theatralisch aus der Partei austrat.[14] Aber weder damals noch später trat er in eine andere Partei ein – und politische Parteien sollten in Russland auch in der postkommunistischen Periode schwach bleiben. Jelzins Unterstützung für Unabhängigkeitsbewegungen in anderen Republiken sagte vielen russischen Liberalen außerordentlich zu, aber auf die Masse der russischen Wähler übte seine scharfe Kritik an Parteiprivilegien und wirtschaftlichen Mängeln eine stärkere Anziehungskraft aus.

Bei konservativen Kommunisten – und sie waren im Parteiapparat auf allen Ebenen, im Militär, KGB und in den meisten Ministerien in der Mehrheit – läuteten angesichts des Aufstiegs Jelzins und der Bewegung Demokratisches Russland noch lauter die Alarmglocken als ohnehin schon wegen der von Gorbatschow eingeleiteten Transformation des politischen Systems. Vielen war stärker als Gorbatschow bewusst, in welchem Ausmaß die Erhaltung eines sowjetischen *Staatswesens* aus fünfzehn Republiken von den Kontroll- und Zwangsmöglichkeiten abhing, die integraler Bestandteil des kommunistischen *Systems* waren. Es gelang ihnen, einige Veränderungen, die Gorbatschow einführen wollte, zu bremsen,[15] aber sie konnten weder in der Innen- noch in der Außenpolitik den politischen Kurs ändern, den er einschlug. Die konservativen Widersacher Gorbatschows forderten nachdrücklich die Gründung einer russischen kommunistischen Partei, indem sie auf die Tatsache hinwiesen, dass Russland die einzige Unionsrepublik ohne eigene Parteiorganisation war. Da es auf der Hand lag, dass diese Organisation ein konservatives Gegengewicht werden konnte gegen die radikalen Reformer in den unionsweiten obersten Etagen der Partei (die dort zwar in der Minderheit waren, aber den unschätzbaren Vorteil hatten, dass der Generalsekretär auf ihrer Seite war), wehrte sich Gorbatschow so lange wie möglich gegen die Gründung einer russischen Partei. Als Jelzin im Mai 1990 der Vorsitzende des russischen Obersten Sowjets wurde, war dies der sprichwörtliche letzte Tropfen für die konservativen Kommunisten. Im Juni wurde auf einer Gründungsversammlung (die im Nachhinein als Erster Parteitag bezeichnet wurde) eine russische kommunistische Partei ins Leben gerufen. Iwan Poloskow, ein rückwärtsgewandter regionaler Parteisekretär, wurde zum Ersten Sekretär gewählt.

Ab Sommer 1990 wurde Gorbatschow fortwährend von zwei Seiten attackiert: von den Konservativen auf der einen Seite und von den Nationalisten und radikalen Demokraten auf der anderen. Die Unzufriedenheit mit ihm und den Unionsbehörden nahm wegen des schlechten Zustands der Wirtschaft zu, denn die Konsumgüterknappheit hatte sich eher noch verschärft und die Preise stiegen (allerdings längst nicht so dramatisch wie Anfang 1992, als Jelzins geschäftsführender Ministerpräsident Jegor Gaidar als erste Amtshandlung die staatliche Preiskontrolle abschaffte). Der Gorbatschow-Anhänger im Politbüro und gelernte Ökonom Wadim Medwedew konstatierte später, dass 1988 aus wirtschaftlicher Sicht »das letzte mehr oder weniger erfolgreiche Jahr« war.[16] In den Jahren 1989/90 waren unter anderem elementare Konsumgüter wie Seife, Rasierklingen, Schulbücher, Fernsehgeräte, Kühlschränke und Waschmaschinen Mangelware.[17] Die sowjetische Hybridwirtschaft – keine funktionierende Kommandowirtschaft mehr, aber noch keine Marktwirtschaft – erforderte eindeutig dringendes Handeln. Für eine kurze Phase im Sommer 1990 führte das zu einer Kooperation zwischen den Mann-

Russland – der Grundpfeiler der Union

schaften Gorbatschows und Jelzins. Die mit Gorbatschow verbundenen Wirtschaftsexperten waren sich ebenso uneinig wie die mit Jelzin assoziierten, aber alle waren überzeugt, dass die Sowjetunion unbedingt von einer Kommando- zu einer Marktwirtschaft übergehen müsse. Beide Gruppen kamen zusammen, um ein Programm für diesen Übergang auszuarbeiten. Gorbatschows Team wurde von Stanisław Schatalin angeführt, einem langjährigen Fürsprecher eines Marktmechanismus und einem der ersten Mitglieder der KPdSU, das sich öffentlich zum Sozialdemokraten erklärte. Ferner zählte dazu Nikolai Petrakow, der Anfang 1990 der erste gelernte Wirtschaftsexperte in Gorbatschows Umfeld geworden war. Im Laufe des Jahres überzeugte er Gorbatschow, dass der Vorsitzende des Ministerrates Nikolai Ryschkow eher ein Teil des Problems war als dessen Lösung. Grigori Jawlinski, ein Wirtschaftsexperte, der später als Führer der Partei »Jabloko« ein scharfer Kritiker Jelzins und der Wirtschaftspolitik des postsowjetischen Russland werden sollte, leitete die Jelzin-Gruppe bei diesen Gesprächen. Diesem Team gehörte auch der spätere geschäftsführende Ministerpräsident Russlands Gaidar an.

Die gesamte Gruppe erreichte ein hohes Maß an Konsens. Nach intensiver, wochenlanger Arbeit in einer Datscha in der Nähe von Moskau legten sie im August ein 239-seitiges Dokument mit dem Titel »Übergang zum Markt« vor, sowie einen Begleitband mit Gesetzesentwürfen, die sie für diesen Prozess für erforderlich hielten. Das Hauptdokument hob gleich zu Beginn hervor, dass die Gruppe auf die gemeinsame Initiative Gorbatschows und Jelzins hin gegründet worden sei und dass sie auf deren »gemeinsame Unterstützung« angewiesen sei. Ganz offen wurde konstatiert, dass sich die sowjetische Gesellschaft als Folge der jahrelangen »Herrschaft eines totalitären gesellschaftlichen und politischen Systems« in einer »tiefen Krise« befinde.[18] Der Text nahm auf die traditionelle sowjetische Ideologie nicht die geringste Rücksicht und erwähnte kein einziges Mal das Wort »Sozialismus«. Er schlug den raschen Aufbau von Marktinstitutionen vor, eine umfassende Privatisierung und eine substantielle Delegierung von Befugnissen an die Republiken. Die Autoren setzten sich einen Zeitplan von 500 Tagen, um den Durchbruch zu schaffen, und ihre Vorschläge wurden unter den Namen »500-Tage-Programm«, »Schatalin-Jawlinski-Plan« oder »Schatalin-Plan« (nach dem ranghöchsten Ökonomen der Gruppe) bekannt. Gorbatschow las das Dokument mehrmals, stellte den Autoren zu einigen Punkten Fragen und war anfangs Feuer und Flamme. Jelzin las, wie selbst sein wohlwollender Biograph einräumt, nicht eine Seite des Dokuments, billigte es aber rückhaltlos, weil er sich (wie so oft) auf seinen politischen Instinkt verließ.[19]

Als Gorbatschow dem gemeinsamen Programm dann doch seine Unterstützung entzog, war jede Aussicht auf eine Zusammenarbeit mit Jelzin gestorben, auch wenn sie zweifellos nur von kurzer Dauer gewesen wäre. Die Meinungsverschiedenheiten zwischen dem Unions- und dem russischen Parlament spitzten sich durch diesen Schritt ebenfalls zu. Gorbatschow ließ sich einreden, dass so viel Macht an die Republiken delegiert werde, dass die Auflösung der Sowjetunion unweigerlich die Folge sei. Das gab für ihn den Ausschlag. Es wäre jedoch falsch zu behaupten, dass Gorbatschow dieses Ergebnis *um jeden Preis* verhindern wollte, denn er war nicht bereit, den Preis systematischer Repressionen und massiven Blutvergießens zu zahlen, mit dem die sowjetische Führung die separatistischen Bewegungen hätte zerschlagen können. Aber er war entschlossen, den Unionsstaat zu erhalten, und zwar mit allen Mitteln außer Repressionen.

Das »500-Tage-Programm« bekam große politische Bedeutung und zog eine noch stärkere Polarisierung nach sich. Die wirtschaftlichen Aspekte wurden überbewertet. Der Direktor des wirtschaftswissenschaftlichen Instituts der Akademie der Wissenschaften Leonid Abalkin, damals Berater von Ryschkow, beurteilte das Dokument, das seine Fachkollegen vorgelegt hatten, sehr skeptisch. Er sagte, wenn das Team um Schatalin und Jawlinski es wirklich schaffen sollte, das Land innerhalb von 500 Tagen aus der tiefen Wirtschaftskrise zu führen, dann werde er ihnen ein Denkmal errichten und regelmäßig Blumen davor niederlegen.[20] Ein Mitglied des Teams, Jewgeni Jassin, gab Jahre später einen Kommentar zu dem »frühen, lautstarken Erfolg in der Öffentlichkeit und dem stillen Tod auf einem staubigen Bücherregal« ab. Er sagte, derartige Dokumente seien stets »zuerst und vor allem ein Werkzeug der Politik« gewesen, erst später würden sie den Bedarf einer Wirtschaftsreform abdecken. »Dies gilt«, bemerkte er, »doppelt für die ›500 Tage‹.«[21] Jassin fügte hinzu: »Gorbatschow wurde enorm unter Druck gesetzt, dem er nicht standhalten konnte. Jelzin wirkte nicht allzu beunruhigt über das Ende seiner Allianz mit Gorbatschow, die so hohe Erwartungen geweckt hatte. Er erkannte eindeutig die neuen politischen Möglichkeiten, die sich ihm boten, weil Gorbatschow an dem Scheitern des gemeinsamen Programms schuld war.«[22]

Krisenherde

Wenn die Stellung Russlands von zentraler Bedeutung für Erhalt oder Zerfall der Sowjetunion war, so lagen die Krisenherde bis 1990/91 in anderen Regionen. Zu den ersten Unruhen kam es, nicht zuletzt wegen nationaler Ressentiments, unter anderem im Dezember 1986 in Kasachstan. Gorbatschow hatte den langjährigen Ersten Sekretär der Republik Dinmuchamed Kunajew, einen Breschnew-Anhänger, abgesetzt, der empfohlen hatte, einen Nichtkasachen auf diesen Posten zu ernennen – teils um einfach Unheil zu stiften, vor allem aber um zu verhindern, dass sein jüngerer Rivale Nursultan Nasarbajew ihm nachfolgte. Da auch die Gorbatschow-Führung den Wunsch hegte, den traulichen und korrupten Filz in Kasachstan auszumisten, wurde der Russe Gennadi Kolbin ausgewählt, der bislang Zweiter Sekretär Georgiens gewesen war. Wer in der kasachischen Elite um seinen Posten fürchten musste, konnte auf die Unterstützung durch die Jugend des Landes zählen, die über die Ernennung eines Nichtkasachen empört war. Eine Demonstration gegen die Wahl Kolbins wurde wie in der Vergangenheit gewaltsam unterdrückt, wobei mehrere hundert Demonstranten verwundet und mindestens zwei getötet wurden. Kolbin blieb jedoch zweieinhalb Jahre lang Erster Sekretär von Kasachstan, bis er im Juni 1989 durch Nasarbajew abgelöst wurde.

In jedem Jahr der Perestroika kam es zu neuen Protesten wegen nationaler Fragen, aber 1990/91 nahmen sie deutlich an Intensität zu. Im Jahr 1987 demonstrierten die Krimtataren, die von Stalin aus ihrer Heimat vertrieben worden waren, in großer Zahl auf dem Roten Platz. Die sowjetische Polizei ging so zurückhaltend vor wie noch nie, und eine neunköpfige Kommission unter dem Vorsitz Gromykos (damals noch Vorsitzender des Präsidiums des Obersten Sowjets) wurde eingesetzt, um ihre Beschwerden zu prüfen. Ein verzwickteres Problem war die Region Berg-Karabach (auf russisch Nagorny-Karabach), die zu der Republik Aserbaidschan gehörte, aber fast ausschließlich von Armeniern bewohnt war. Sowohl in Berg-Karabach als auch in der armenischen Hauptstadt Eriwan wurde nachdrücklich gefordert, die Region der Rechtsprechung Armeniens zu unterstellen. Das war kein Streit zwischen den Republiken und dem Zentrum wie im Fall der baltischen Republiken, sondern zwischen zwei benachbarten Republiken. Gorbatschow, der in solchen Situationen stets den Konsens suchte, musste feststellen, dass hier keine Konsenslösung möglich war. In der Tat beschuldigten sowohl Aserbaidschaner als auch Armenier schon wenig später die Unionsbehörden, sie würden mit ihren Gegnern gemeinsame Sache machen. Die Aserbaidschaner murrten über den Einfluss von Personen armenischer Abstammung in Gorbatschows Umfeld (etwa Schachnasarow und der Wirtschaftsexperte Aganbegjan, obwohl Letzterer nur von Zeit zu Zeit als Berater tätig war und nach 1987 selten um Rat gefragt wurde). Im Jahr 1988 wurden etliche Armenier, die schon seit Jahren in Aserbaidschan wohnten, von Aserbaidschanern ermordet, und im Gegenzug wurden Angehörige der aserbaidschanischen Minderheit in Berg-Karabach von Armeniern umgebracht. Auf Gorbatschows Vorschlag hin wurden Jegor Ligatschow in die aserbaidschanische Hauptstadt Baku und Alexander Jakowlew nach Eriwan geschickt, um die Wogen zu glätten. Am Ende hatten die Aserbaidschaner den Eindruck, Ligatschow stehe auf ihrer Seite; die Armenier hingegen glaubten, sie hätten Jakowlews Unterstützung. Das war einer der Konflikte, der bereits Jahrzehnte vor sich hinschwelte, aber in dem nicht reformierten sowjetischen System hatte man einfach einen Deckel daraufgelegt. Als im Zuge der Perestroika der Deckel gelüftet wurde, kochte alles über.

Nachdem es den parallelen Missionen Ligatschows und Jakowlews nicht gelungen war, den Streit zu schlichten, stellte Gorbatschow Berg-Karabach unter die direkte Verwaltung eines von Moskau entsandten Regierungsvertreters. Für diese Aufgabe wurde Arkadi Wolski auserwählt, ein ehemaliger Berater Andropows, der eine wirtschaftliche Abteilung des ZK geleitet hatte. Fast eineinhalb Jahre, bis Ende 1989, blieb Wolski als Leiter eines Komitees der Sonderverwaltung dort. Er verschaffte den Armeniern zum ersten Mal Zugang zum armenischen Fernsehen, erleichterte die Anschaffung armenischer Schulbücher und die Eröffnung eines Theaters, das armenische Stücke aufführte. Schließlich erlaubte er auch den Unterricht in armenischer Geschichte an den Schulen, der unter der aserbaidschanischen Verwaltung verboten gewesen war. Als Wolski im November 1989

Krisenherde

745

wieder nach Moskau zurückkehrte, wurde das Gebiet wieder von Aserbaidschan regiert und blieb ein ständiger Herd extremer Spannungen.

Der schlimmste Gewaltakt ereignete sich im Januar 1990: In Baku fielen einem Pogrom mindestens sechzig Armenier zum Opfer. Das hatte den Auszug der Armenier aus der aserbaidschanischen Hauptstadt zur Folge, in der sie traditionell eine beachtliche Minderheit der Bevölkerung gestellt hatten. (Gorbatschows Berater Schachnasarow, der 1924 in Baku geboren wurde, stammte aus dieser Gemeinde.) Jewgeni Primakow wurde zum Gesandten in Aserbaidschan ernannt, ein Berater Gorbatschows (der im postsowjetischen Russland Außenminister und, für kurze Zeit, Regierungschef werden sollte). Primakow forderte ein energisches Vorgehen gegen die Volksfront von Aserbaidschan, eine nationalistische Organisation, die für den Mord an den Armeniern verantwortlich gemacht wurde. Den Vergeltungsmaßnahmen der sowjetischen Truppen fielen nach offiziellen Zahlen 83 Menschen zum Opfer, aserbaidschanische Quellen sprachen von mehreren hundert Toten. Von den unzähligen Gelegenheiten, bei denen nationalistische Bestrebungen gewaltsam unterdrückt wurden, war dies der einzige Fall, in dem Gorbatschow ausdrücklich den Einsatz von Gewalt autorisiert hatte. Nach seiner Meinung war der Einmarsch von Truppen notwendig gewesen, um weitere Angriffe auf Armenier zu verhindern, aber er bedauerte, dass so viel Blut geflossen war.[23] Leider spricht kaum etwas für die Annahme, dass die Opfer der sowjetischen Truppen dieselben Leute waren, die zuvor Armenier ermordet hatten; und das wahllose Vorgehen war Wasser auf die Mühlen der Unabhängigkeitsbewegung in Aserbaidschan.

Bereits im April 1989 war es zu einem äußerst brutalen Gewalteinsatz gegen friedliche georgische Demonstranten gekommen. Die große Mehrzahl der Demonstranten waren junge Menschen, die zum einen die Unabhängigkeit Georgiens von der Sowjetunion forderten und zum anderen gegen die Abspaltung Abchasiens protestierten. Sie besetzten mehrere Tage lang einen zentralen Platz in der georgischen Hauptstadt Tiflis, wurden aber in der Nacht vom 8. auf den 9. April von sowjetischen Soldaten angegriffen. Neunzehn Demonstranten (überwiegend junge Frauen) wurden brutal niedergemetzelt und mehrere Hundert verwundet.[24] Die Art des Vorgehens war nicht nur aus moralischer Sicht verwerflich, sondern auch völlig kontraproduk-

tiv aus Sicht der Unionsbehörden. Es verlieh der Unabhängigkeitsbewegung innerhalb Georgiens einen enormen Schub. Als die Demonstration begann, befanden sich Gorbatschow, Schewardnadse und
Jakowlew auf einer längeren Auslandsreise in Kuba mit einem Zwi-
schenhalt auf dem Rückweg in Großbritannien. Bei der Ankunft auf
dem Moskauer Flughafen wurden sie von einer Gruppe Politbüromitglieder unter Führung Ligatschows empfangen. Der KGB-Vorsitzende Viktor Tschebrikow berichtete ihnen von dem anhaltenden
Protest in Tiflis. Gorbatschow antwortete, dass die Angelegenheit unbedingt mit politischen Mitteln geregelt werden müsse, ohne Gewalt.
Er schlug vor, dass Schewardnadse als ehemaliger Erster Sekretär Georgiens und einziger Georgier im Politbüro gemeinsam mit Politbüromitglied Georgi Rasumowski nach Tiflis fliegen sollte, um eine
friedliche Lösung anzustreben. Nach einem Telefongespräch mit seinem Nachfolger als Erster Sekretär Georgiens ließ Schewardnadse
sich jedoch einreden, dass alles unter Kontrolle sei und er nicht sofort zu kommen brauche. Das Blutbad fand in derselben Nacht statt.[25]
Anatoli Sobtschak, ein prominenter demokratischer Abgeordneter in
der neuen russischen Legislative, leitete einen Untersuchungsausschuss zu den Ereignissen in Tiflis. Im Rückblick schrieb er über die
Tragödie: »Wenn Schewardnadse am 7. April in Moskau gewesen
wäre und nicht in London, und wenn er am Abend des 8. nach Georgien geflogen wäre, wie Gorbatschow es vorgeschlagen hatte, dann
hätte das Blutbad vor dem Regierungsgebäude offenbar vermieden
werden können.«[26]

Während sich Gorbatschow, Schewardnadse und Jakowlew noch in
London aufhielten, hatte Ligatschow als Vertreter Gorbatschows im
Politbüro die Entsendung von Truppen der Armee und des Innenministeriums in die georgische Hauptstadt autorisiert. Die Entscheidung, Gewalt einzusetzen, um die Demonstranten zu zerstreuen,
wurde von den militärischen Befehlshabern vor Ort mit Billigung des
Verteidigungsministers Dmitri Jasow getroffen. Gorbatschow und
Schewardnadse waren beide von dem Ausgang schockiert. Schewardnadse flog sofort nach Tiflis, aber es war zu spät. Wer weiß, ob nicht
ohne diesen Vorfall die Georgier sich mit einem Verbleib in der Sowjetunion zufriedengegeben hätten. Gorbatschow sagte auf einer Politbürositzung am 13. April, die Tragödie in Georgien unterstreiche
die Notwendigkeit, dass die Kader »sich in Demokratie übten«. Doch

Krisenherde

die Regierungskreise hätten das immer noch nicht begriffen. »Politische Methoden«, so Gorbatschow, »sind in den Augen unserer Kader ein Zeichen von Schwäche. Ihr Hauptargument ist Stärke.«[27]

Anfang 1991 bestätigte sich dies in den baltischen Staaten. Im Winter 1990/91 zog sich Gorbatschow auf das zurück, was er für die Mitte hielt, nachdem viele demokratiefreundliche Parteiintellektuelle ihn nach dem Ende seiner kurzlebigen Kooperation mit Jelzin im Stich gelassen hatten. Die einzige Phase der Perestroika, während der Gorbatschow in der Mitte des politischen Spektrums der Sowjetunion stand, war zwischen Oktober 1990 und März 1991. Bis dahin hatte er der Avantgarde der Reform angehört, und im April 1991 sollte er versuchen, wiederum die Initiative an sich zu reißen. Aber in jenem Winter war er, nachdem er auf einer Flanke geschwächt worden war, stärker auf die anderen angewiesen und machte einen taktischen Rückzug, durch den er jedoch anfälliger war für den Druck seitens der konservativen Mehrheit in der parteistaatlichen Führung. Es mag ja sein, dass nur dieser vorübergehende Rückzug seinen Sturz durch die Hardliner abgewendet hat, aber er war so gut wie sicher ein strategischer Fehler.

Zu der Zeit zeigten die Massenmedien im Westen großes Interesse an der Kritik an Gorbatschow seitens radikaler russischer Demokraten, die mit ihm gebrochen und sich auf die Seite Jelzins geschlagen hatten. Sie waren sich nicht darüber im Klaren, welch starkem Druck er von der gegnerischen Seite ausgesetzt war. Bei seinen zahlreichen Funktionen – Präsident der UdSSR, Generalsekretär des Zentralkomitees der KPdSU und Oberbefehlshaber der Streitkräfte – hatte Gorbatschow seine Operationsbasis von der Parteiführung zum Amt des Präsidenten verlegt. Das Problem war nur, dass dieses Amt keine institutionelle Unterstützung hatte, während der Parteiapparat jede Schicht der Gesellschaft durchdrang. Gorbatschow berief nur noch einmal im Monat Politbürositzungen ein, statt wöchentlich, wie es früher üblich gewesen war. Am 16. November 1990 wurde Gorbatschow auf einer Sitzung in einer Weise angegriffen, die zeigte, dass er sich nicht länger auf die traditionelle Ehrerbietung gegenüber einem Generalsekretär verlassen konnte.[28] Es herrschte Einigkeit, dass der Präsidialrat, ein Beratergremium, das Gorbatschow ins Leben gerufen hatte und das vom Politbüro als Rivale angesehen wurde, abgeschafft werden müsse. In Wirklichkeit durfte der Präsidialrat niemandem Befehle erteilen, mittlerweile aber – zu dessen großem Ärger – auch das Politbüro nicht mehr. Gorbatschow wies den größten Teil der Forderungen zurück, löste aber den weitgehend wirkungslosen Präsidialrat auf. Das Politbüromitglied, das damals für die Parteiorganisation zuständig war (und sich knapp ein Jahr später an dem Putsch gegen Gorbatschow beteiligen sollte), Oleg Schenin, sagte, die Schlüsselfrage laute: »Sind wir eine Regierungspartei oder nicht?«[29] In Schenins Augen musste die Frage eindeutig mit Ja beantwortet werden. Der Erste Sekretär der in diesem Jahr gegründeten russischen Kommunistischen Partei Iwan Poloskow sagte Gorbatschow ganz offen: »Ihre Schuld besteht in der Tatsache, dass Sie nicht über die Partei operieren.«[30] Dem musste Gorbatschow zustimmen, aber statt die Rückkehr zur Parteiherrschaft zu versprechen, erklärte er, das Problem sei, dass er noch nicht über die Präsidialstrukturen verfüge, die den zuvor von der Partei belegten Platz übernehmen könnten.[31]

Mehrere Politbüromitglieder verlangten die Verhängung des Ausnahmezustands. Nachdem es ihnen im November 1990 nicht gelungen war, Gorbatschow zu diesem Schritt zu bewegen, griffen sie zu anderen Mitteln. Die Operationen, die im Januar 1991 im Baltikum durchgeführt wurden, hatten den Zweck, ebendieses Ergebnis zu erreichen. Am 13. Januar wurden sechzehn Demonstranten von KGB-Spezialeinheiten in der litauischen Hauptstadt Vilnius umgebracht, eine Woche später wurden vier Menschen in Lettland getötet. Dieses harte Vorgehen sollte nach dem Plan des KGB, des Militärs und der konservativen Mehrheit in den oberen Parteiebenen nur der Auftakt sein zu einem allgemeinen harten Durchgreifen, durch das die separatistischen Tendenzen aufgehalten und die führende Rolle der Partei wiederhergestellt werden sollten. Eine gewaltsame Antwort seitens der Bürger in den baltischen Staaten hätte ihnen in die Hände gespielt, weil sie dann die Forderung nach dem Ausnahmezustand leichter hätten durchsetzen können.[32] Gerade deshalb, weil die Litauer, Letten und Esten konsequent mit friedlichen Mitteln die nationale Unabhängigkeit anstrebten, war es Gorbatschow möglich, den Einsatz von Gewalt einen Tag später zu stoppen.

Zu den Gegengewichten – gegen die Hardliner – zählte auch die liberale öffentliche Meinung in Russland und anderen Sowjetrepubliken. Jelzin sprach sich vehement und mutig gegen den Einsatz von Gewalt in den baltischen Republiken aus (ließ allerdings einige Jahre später die tschetschenische Hauptstadt Grosny derart bombardieren, dass sie danach den Ruinen Dresdens oder Stalingrads nach dem Zweiten Weltkrieg glich). Die Vereinigten Staaten und andere westliche Länder, die nie die Eingliederung der baltischen Staaten in die UdSSR anerkannt hatten, machten deutlich, dass sie den Einsatz von Gewalt gegen friedliche litauische und lettische Demonstranten verurteilten.[33] Ausschlaggebend war letztlich jedoch Gorbatschows Abneigung gegen jedes Blutvergießen und seine politische Überzeugung, dass der Rückgriff auf gewaltsame Repressionsmethoden den Erhalt der Union lediglich erschweren werde. Der Widerwille Gorbatschows, Menschen zu opfern, wurde von Alexander Jakowlew hervorgehoben, der in dem letzten Buch vor seinem Tod ein facettenreiches, aber keineswegs unkritisches Porträt des Parteichefs zeichnet.[34] Derselbe Zug Gorbatschows wird von einem der einflussreichsten zeitgenössischen russischen Nationalisten, Alexander Dugin, beklagt, der schreibt, dass Gorbatschow hätte bereit sein müssen »zu töten«. Er fährt fort: »Die Moral eines einfachen Menschen ist anders als die Moral eines Herrschers. [...] Gorbatschow hatte nicht das historische Recht, die Tätigkeit des Warschauer Paktes zu beenden, und er hätte Jelzin wegen des Zerfalls der Sowjetunion vernichten müssen (wenn nicht früher).«[35] Dugin geht mit seiner These zwar weit darüber hinaus, aber im heutigen Russland wird Gorbatschow häufig dafür kritisiert, dass er es damals versäumte, Gewalt einzusetzen, um den Zerfall der Sowjetunion zu verhindern.

Der Kreislauf der gegenseitigen Beeinflussung

Das Ausmaß der Gewalt, das erforderlich ist, um eine kommunistische oder jede autoritäre Herrschaft durchzusetzen, ist keineswegs statisch. Wie gesagt, hängt es davon ab, ob die Erwartungen der Bevölkerung gesteigert werden oder niedrig bleiben. Selbst einer Führung, die bereit ist, sämtliche physischen Zwangsmittel einzusetzen, die ihr zu Gebote stehen, würde es schwererfallen, mit einer konzertierten Unabhängigkeitsbewegung vieler Nationalitäten fertig zu werden, als mit nur einer Nationalität auf einmal. In Osteuropa beklagten viele Menschen in der Zeit vor der Perestroika die Tatsache, dass die sowjetische Hegemonie stets einzeln herausgefordert worden war – sei es in Ungarn 1956, in der Tschechoslowakei 1968 oder in Polen 1980/81. Eine Koordination der Aktionen war jedoch unmöglich. Selbst wenn es einer Handvoll Dissidenten, die strengstens von der Geheimpolizei überwacht wurden, wenn sie nicht im Gefängnis saßen, gelungen wäre, sich zu treffen, hätten sie kaum Aussicht gehabt, die Bevölkerungen insgesamt zu mobilisieren. Vor der Perestroika hatten sie keinen Zugang zu Kommunikationsmitteln, die ihnen die Möglichkeit eines koordinierten, gleichzeitigen Widerstands verschafft hätten.

Was sich in der Sowjetunion ereignete, hatte jedoch tiefgreifenden Einfluss auf alle osteuropäischen Länder. Von 1985 bis 1988 stiegen in der Sowjetunion durch die zunehmende Liberalisierung die Erwartungen. Als die Führung unter Gorbatschow damit begann, Maßnahmen der Demokratisierung umzusetzen – die 1988 angekündigt und in der ersten Hälfte 1989 mit Mehrkandidatenwahlen zu einer neuen Legislative durchgeführt wurden –, da weckte dies bei Polen und Ungarn neue Hoffnungen, und über den ganzen Kontinent breitete sich eine optimistische Stimmung bezüglich der Aussichten auf einen Wandel aus. Indem ein Land nach dem anderen im Lauf des Jahres die kommunistische Herrschaft abschüttelte, schloss sich der Kreislauf der gegenseitigen Beeinflussung, der in der Sowjetunion begonnen hatte. Was sich in Osteuropa, insbesondere in Polen (mit dem Wahlsieg der Solidarność im Sommer 1989), abspielte, hatte vor allem auf die baltischen Republiken enormen Einfluss. Eine Mehrheit der Esten, Letten und Litauer hatte sich zwar schon immer nach einer vollen Unabhängigkeit gesehnt, aber im Jahr 1985 hätte wohl nicht einmal der optimistischste Balte auch nur im Traum daran gedacht, dass alle drei Staaten nur sechs Jahre später nicht mehr der Sowjetunion angehören würden und nicht mehr kommunistisch wären.

Eine Besonderheit für die baltischen Staaten war der Umstand, dass ihre skandinavischen Nachbarn seit langem in Freiheit und Demokratie lebten, noch dazu mit einem beneidenswert hohen Lebensstandard. Doch das eigentlich *Neue* seit 1989 war das Wissen, dass die sowjetischen Streitkräfte nicht eingesetzt worden waren, um die Unabhängigkeit der mittel- und osteuropäischen Länder zu verhindern. Damit stiegen die Chancen, dass auch in den Fällen Litauens, Estlands und Lettlands eine vergleichbare Zurückhaltung an den Tag gelegt würde. Der Kreislauf der gegenseitigen Beeinflussung (von der Sowjetunion nach Osteuropa und wieder zurück) war von entscheidender Bedeutung. Wenn in Osteuropa Gewalt eingesetzt worden wäre, um antikommunistische und separatistische Bewegungen im Keim zu ersticken, dann hätten die Menschen selbst in den aufsässigsten Sowjetrepubliken den Schluss gezogen, dass dies umso schneller und durchschlagender in ihrem Fall geschehen würde. Aber da die sowjetischen Truppen in den Kasernen blieben, wurde der umgekehrte Schluss gezogen. Zwei KGB-Obersten meldeten ihren Vorgesetzten in Moskau im Mai 1990 aus Vilnius, dass »separatistische Elemente die Oberhand gewonnen« hätten und dass die Leute sagen würden, »wenn die sowjetische Regierung nichts tun konnte, um den Sturz ihrer sozialistischen Verbündeten [in Osteuropa] zu verhindern, was haben wir dann zu befürchten?«[36]

Auch in der Ukraine, der zweitgrößten Sowjetrepublik nach der Einwohnerzahl hinter Russland (Kasachstan hatte die zweitgrößte Landesfläche), spitzte sich die Stimmung durch die Entwicklungen in Osteuropa zu. Die Katastrophe in dem ukrainischen Kernkraftwerk Tschernobyl hatte bereits im Jahr 1986 Anlass zu einer kritischeren Haltung gegenüber den Behörden gegeben. Allerdings formierte sich erst im September 1989, als die dramatischen Veränderungen in Osteuropa, insbesondere im westlichen Nachbarland Polen, bereits in vollem Gange waren, die Volksbewegung zur Unterstützung der Perestroika *Ruch*. Das Wort »Ruch« bedeutet auf Ukrainisch »Bewegung«, und später entwickelte sich diese Organisation zu einer Bewegung, welche die Unabhängigkeit und nicht die Perestroika unterstützte. Von Polen aus wurde Ruch unmittelbar beeinflusst. Eine Delegation der Solidarność, die wenige Monate zuvor eine Parlamentswahl in Polen gewonnen hatte, nahm an der Gründungsversammlung der Ruch teil. Zu Beginn der Sitzungen wurde Adam Michnik, der prominenteste polnische Delegierte, frenetisch für eine Rede gefeiert, die mit dem durchdringenden Aufruf endete: »Lang lebe eine freie, demokratische und gerechte Ukraine!« Zuvor hatte er die Perestroika als »den Schlüssel zur Demokratisierung der ganzen Region« angepriesen, mahnte aber, dass es noch zu früh sei, ein Wiederaufleben des »großrussischen Chauvinismus« auszuschließen.[37] Damals plädierten die meisten ukrainischen Sprecher für eine »Unabhängigkeit«, versuchten sich aber an der Quadratur des Kreises, indem sie erklärten, diese solle »innerhalb einer sowjetischen Föderation« verwirklicht werden. Bereits im Herbst 1990, als Ruch zu einer Bewegung mit mehreren hunderttausend Mitgliedern angewachsen war, lautete das Ziel eindeutig ein unabhängiges Staatswesen. Der polnische Einfluss war wichtig, auch wenn Ruch keine vergleichbare Unterstützung in der Bevölkerung erhielt.[38]

Was sich in den Jahren 1989/90 in Osteuropa abspielte, hatte noch einen weiteren Effekt: Es erschütterte das Vertrauen vieler Mitglieder der sowjetischen politischen Elite, Russen ebenso wie Funktionäre anderer Nationalitäten. Die große Mehrheit dieser Funktionäre hatte es für selbstverständlich gehalten, dass das, was sie »Sozialismus« nannten, eins der beiden großen wirtschaftlichen und politischen Systeme auf der Welt war und dass es unzerstörbar war. Um die Mitte der achtziger Jahre glaubte wohl kaum noch jemand daran, dass ihre Gesellschaftsordnung sich nach Westeuropa ausdehnen würde, aber von ihrem Verschwinden in Osteuropa wurden sie völlig überrumpelt. In den Augen vieler war eine Gegenreaktion auf Gorbatschow und ein Zurückdrehen der Perestroika nun unumgänglich. Einige wenige liefen gewissermaßen in letzter Sekunde zu der augenscheinlich radikaleren Alternative über, die Jelzin in Russland ihnen bot. Und die Mehrheit verlor den letzten Rest an Glauben an den Marxismus-Leninismus, den sie sich noch bewahrt hatte – was in den meisten Fällen eher eine unreflektierte Geisteshaltung als eine durchdachte Überzeugung gewesen war. Als Gorbatschows konservative und unverbesserliche Feinde schließlich zu drastischen Maßnahmen gegen ihn griffen, da sprachen sie lediglich von der Rettung des sowjetischen Staatswesens, nicht von dem Vermächtnis Marx' und Lenins.

Der Putsch und das Ende der UdSSR

Mit dem taktischen Rückzug im Winter 1990/91 erzielte Gorbatschow nicht das gewünschte Ergebnis, den Prozess »des revolutionären Wandels mit evolutionären Methoden« zu fördern. Er verlor ehemalige Freunde unter den radikalen Reformern und steigerte die Feindseligkeit der konservativen Kommunisten und Hardliner im Militär und KGB. Jeder Versuch der Geheimpolizei, konsequent gegen antikommunistische und separatistische Bewegungen vorzuge-

Der Putsch und das Ende der UdSSR 753

hen, wurde innerhalb von 24 Stunden zunichte gemacht, weil Gorbatschow nicht bereit war, bei solchen Plänen mitzuspielen. Die »Gegner der Perestroika«, sagte Gorbatschow später seinem Freund Zdeněk Mlynář, hätten die Absicht gehabt, »mit mir ein Blutsband zu schließen, mich einer Art Schutzgesellschaft von Verbrechern unterzuordnen, in eine Situation zu bringen, in der einem keine andere Möglichkeit bleibt«.[39] Er suchte nach einem Ausweg, indem er ein Referendum darüber abhielt, ob die Bevölkerung eine erneuerte und reformierte Föderation wünschte, und außerdem Verhandlungen mit den Führern aller Republiken eröffnete, die bereit waren, an Gesprächen über die Machtverteilung teilzunehmen. Angestrebt war eine Einigung über die Form des föderativen Systems, die die Sowjetunion künftig haben sollte und die in einem neuen, freiwilligen Unionsvertrag formal zu verabschieden war.

Im Winter 1990/91 stärkten jedoch etliche personelle Veränderungen vorübergehend die Hardliner. Der über den Gang der Ereignisse in der Innenpolitik besorgte Schewardnadse, der vom sowjetischen Militär zudem heftig angegriffen wurde, trat im Dezember 1990 von seinem Amt als Außenminister zurück; sein Nachfolger Alexander Bessmertnych, ein Karrierediplomat, unterschied sich aber in seinen Anschauungen nicht sonderlich von seinem Vorgänger. Unter dem Druck aus dem Staats- und Parteiapparat ersetzte Gorbatschow jedoch den eindeutig liberalen Innenminister Wadim Bakatin durch Boris Pugo, der im August 1991 zu den führenden Köpfen des Putsches gegen Gorbatschow zählen sollte. Außerdem berief Gorbatschow den farblosen Apparatschik Gennadi Janajew auf den neuen Posten des Vizepräsidenten – ebenfalls eine schlechte Wahl. Gorbatschow war davon ausgegangen, dass Janajew, den er nicht allzu gut kannte, tun würde, was er von ihm verlangte, aber auch er schloss sich nicht einmal ein Jahr später dem Putschversuch an. Mittlerweile war Alexander Jakowlew, auch wenn er sein Amt im Kreml behielt, weitgehend an den Rand gedrängt worden. Er hatte beschlossen, aus dem Politbüro auszuscheiden, und der Präsidialrat, dem er angehört hatte, war im November 1990 aufgelöst worden.

Gorbatschows Zickzackkurs in den Jahren 1990/91 darf nicht nur im Kontext der Polarisierung der sowjetischen Gesellschaft gesehen werden, sondern auch im Licht seines sehnlichen Wunsches, die Union zu erhalten. Zu diesem Zeitpunkt hatte er zwar bereits bewusst das ihm vererbte sowjetische *System* verworfen und nachhaltig ersetzt, aber das Letzte, was Gorbatschow wollte, war das Verschwinden des sowjetischen *Staates*. Da er akzeptiert hatte, dass es falsch und kontraproduktiv wäre, zu versuchen, den Staat mit Gewalt zusammenzuhalten, begann er mit dem Referendum im März 1991, in dem die Frage gestellt wurde: »Halten Sie eine Bewahrung der UdSSR als eine erneuerte Föderation gleichberechtigter souveräner Republiken für notwendig, in der die Rechte und Freiheiten des Menschen jeder Nationalität in vollem Maß garantiert sein werden?« Sechs Republiken (Estland, Lettland, Litauen, Armenien, Georgien und Moldawien) weigerten sich, das Referendum durchzuführen. Indem Gorbatschow es auch ohne sie abhielt, akzeptierte er implizit die Möglichkeit, dass einige Republiken sich abspalteten. Das Recht des Austritts war im Grunde in der sowjetischen Verfassung verankert, und das schon seit Stalins Zeiten. Bis zur Perestroika-Ära wäre jedoch jeder Versuch, es wahrzunehmen, der eigenen Hinrichtung oder, im günstigsten Fall, einer jahrelangen Lagerhaft gleichgekommen. Der Anteil der Ja-Stimmen lag in keiner einzigen Republik, in der das Referendum abgehalten wurde, auch nicht in der Ukraine, unter 70 Prozent. Und die gesamte Wahlbeteiligung lag sogar über 80 Prozent. Deshalb schien es noch möglich, eine Union zu erhalten, freilich kleiner als zuvor und mit weitaus größeren Befugnissen für die Republiken.

Als Gorbatschow im April 1991 den sogenannten Nowo-Ogarjowo-Prozess startete, benannt nach dem Landsitz, auf dem die Gespräche stattfanden, um einen neuen und freiwilligen Unionsvertrag zu verfassen, nahmen dieselben neun Republiken, auch Russland und die Ukraine, daran teil. Bei den Verhandlungen blieb die KPdSU einschließlich des Politbüros außen vor. Durch die aktuelle Kehrtwende machte sich Gorbatschow noch stärker all jene zum Feind, die sich mit wachsender Besorgnis die Zukunft der Sowjetunion ausmalten, umso mehr, weil viele bisherige Befugnisse der Union künftig an die Republiken abgetreten werden sollten, eine Forderung Jelzins, aber auch des ukrainischen Staatschefs Leonid Krawtschuk, eines ehemaligen Parteiideologen, der sich sehr spät, aber mit einigem Erfolg als Fürsprecher der nationalen Sache der Ukraine präsentierte. Jelzins überwältigender Sieg bei den Präsidentschaftswahlen in Russland im Juni 1991 stärkte seine Position erheblich. Wenn dieser Unionsvertrag unterzeichnet und umgesetzt worden wäre, hätte Gorbatschows Position eher der des Präsidenten der Europäischen Kommission geglichen als dem Präsidentenamt eines einigen Staates. Nach dem Vertragsentwurf sollte die Abkürzung des Staates, der eine lose Föderation wurde, weiterhin UdSSR lauten, aber die Abkürzung stand nicht mehr für Union der Sozialistischen Sowjetrepubliken, sondern für Union der souveränen Sowjetrepubliken.[40]

In der Annahme, dass er als Ergebnis geduldiger Verhandlungen einen Modus vivendi mit den Führern der Republiken gefunden und seine konservativen Kritiker an den Rand gedrängt habe, reiste Gorbatschow Anfang August auf die Krim in sein Feriendomizil in Foros an der Schwarzmeerküste. Er hatte die Absicht, rechtzeitig zur Unterzeichnung des Vertrags am 20. August nach Moskau zurückzukehren. Die meisten wesentlichen Bestandteile des sowjetischen Systems hatten sich zwar seit 1985 verändert, aber eines war gleich geblieben: Es war gefährlich, sich zu einer Zeit aus Moskau zu entfernen, in der hochrangige Feinde einem ans Leder wollten. Gorbatschow war sich nicht darüber im Klaren, wie weit die Abneigung gegen die Demokratisierung und ihre unbeabsichtigten Konsequenzen bei manchen hohen Funktionären schon gediehen war, von denen viele ihren Posten immerhin ihm zu verdanken hatten.

Am 18. August wurden Gorbatschows Wohnsitz und die unmittelbar angrenzenden Gebäude umzingelt, und er und seine Familie wurden unter Hausarrest gestellt. Bei Gorbatschow befanden sich seine Frau Raissa, die Tochter Irina, sein Schwiegersohn und die beiden kleinen Enkeltöchter. Vielen Mitgliedern von Gorbatschows Stab wurde es ebenfalls untersagt, den Komplex zu verlassen, darunter Anatoli Tschernajew, der Gorbatschow bei der Ausarbeitung eines Artikels geholfen hatte, den er in Kürze veröffentlichen wollte, und bei der Rede, die er bei der Unterzeichnung des Unionsvertrags am 20. August zu halten gedachte. In dem Artikel, einer eindringlichen Verteidigung der Demokratisierung, des politischen Pluralismus und sogar der Schritte in Richtung einer Marktwirtschaft, schrieb Gorbatschow:

Die Verhängung des Ausnahmezustands, in dem selbst einige Anhänger der Perestroika, ganz zu schweigen von den Predigern der Ideologie der Diktatur, einen Ausweg aus der Krise sehen, wäre ein verhängnisvoller Schritt und würde in den Bürgerkrieg führen. Offen gesagt fällt es nicht schwer, hinter den Rufen nach dem Ausnahmezustand das Streben nach einer

Rückkehr zu dem politischen System auszumachen, das vor der Perestroika-Periode bestand.[41]

Der Zeitpunkt des Putschversuchs war durch die Notwendigkeit vorgegeben, die Unterzeichnung des Unionsvertrages zu verhindern. Diejenigen, die sich anschickten, die »Ordnung« vor der Perestroika wieder einzuführen, glaubten, dass der Vertrag die Zentralregierung so sehr schwächen würde, dass dies ihre letzte Chance sei, einen Zerfall der Sowjetunion zu verhindern. Später sollten sie Gorbatschow vorwerfen, dass er bestenfalls unentschlossen, schlimmstenfalls ein Verräter gewesen sei. Dabei führte ihre eigene Unentschlossenheit und Unfähigkeit dazu, dass der Putsch bereits nach drei Tagen zusammenbrach. Obendrein beschleunigten sie mit ihrem Handeln gerade das, was sie hatten verhindern wollen, nämlich den Zusammenbruch der Sowjetunion. In gewissem Sinn handelte es sich gar nicht um einen »Putsch«, denn diejenigen, die versuchten, die Staatsmacht zu übernehmen, bekleideten bereits alle wichtigen Regierungsämter bis auf eines: das Präsidentenamt. Zu den Verschwörern zählten Vizepräsident Gennadi Janajew (der mit zitternder Hand auf einer Pressekonferenz bekannt gab, dass er nunmehr geschäftsführender Präsident sei), Regierungschef Valentin Pawlow (der Ryschkow zu Beginn des Jahres abgelöst hatte), der KGB-Vorsitzende Wladimir Krjutschkow, Verteidigungsminister Dmitri Jasow, Innenminister Boris Pugo, Politbüromitglied und ZK-Sekretär für die Parteiorganisation Oleg Schenin und der Stellvertretende Vorsitzende des Verteidigungsrates Oleg Baklanow. An der Zugehörigkeit lässt sich ablesen, dass die Verschwörer nicht einfach eine Gruppe einzelner Unzufriedener waren, sondern Menschen, welche die mächtigsten institutionellen Interessen im Land repräsentierten. Dennoch war es ihnen weder durch Überredung noch durch Druck gelungen, Gorbatschow ihrem Willen zu unterwerfen. Sie hofften nunmehr, dass es ihnen, wenn sie ihn vor vollendete Tatsachen stellten, gelingen werde, ihn dazu zu bringen – »vorübergehend«, wie sie unaufrichtig betonten –, die Macht an ein selbsternanntes staatliches Notstandskomitee zu übergeben.

Auch Anatoli Lukjanow, der Gorbatschow als Vorsitzender des Obersten Sowjets der UdSSR abgelöst hatte, als Gorbatschow Präsident wurde, war in die Pläne einbezogen. Lukjanow und Gorbatschow waren zwar nicht gerade befreundet, aber sie kannten sich seit ihrer

Studienzeit an der juristischen Fakultät der Moskauer Universität. Einen noch schlimmeren Verrat beging in den Augen Gorbatschows sein Stabschef Waleri Boldin, der gut zehn Jahre lang sein Mitarbeiter gewesen war.

Gorbatschow erfuhr von der Verschwörung, als sein Oberleibwächter ihm mitteilte, dass eine Gruppe angekommen sei und ihn zu sprechen wünsche. Auf die Frage, wie sie sich Zutritt verschafft hätten, bekam er zu hören, dass der Vorgesetzte seines Leibwächters, General Plechanow, dabei sei. Juri Plechanow war Leiter der 9. Abteilung des KGB mit der Gesamtverantwortung für die Sicherheit der sowjetischen Führung. Er war selbstverständlich an dem Putsch beteiligt.

Die Gruppe, die nun mit Plechanow an der Spitze in Gorbatschows Arbeitszimmer marschierte – in der Hoffnung, ihn zu überreden oder durch Drohungen dazu zu bewegen, seine Vollmachten zu übergeben –, bestand aus Schenin, Baklanow, Boldin und General Valentin Warennikow, dem Befehlshaber der sowjetischen Bodentruppen, der bei den Morden im Januar die Truppen in Vilnius befehligt hatte. Warennikow schlug denn auch den aggressivsten Ton an und verlangte seinen Rücktritt als Präsident. »Zum Ende des Gesprächs«, berichtete Gorbatschow unmittelbar nach den aufregenden Tagen, »wünschte ich sie ganz unverblümt dahin, wohin die Russen jemanden in solchen Fällen zu schicken pflegen.«[42] Tatsächlich hielt es Warennikow während des späteren Verhörs zu seinem Fall für angebracht, sich zu beschweren, dass Gorbatschow eine »unparlamentarische Ausdrucksweise« gebraucht habe, als er mit ihm und anderen Mitgliedern der »Delegation« sprach.[43]

Baklanow teilte Gorbatschow mit, dass Jelzin bereits verhaftet worden sei, korrigierte sich dann aber und erklärte, er werde in Kürze verhaftet werden. Lukjanow, der versprochen hatte, bei einer Sitzung des Obersten Sowjets der UdSSR am 26. August den gesetzlichen Rahmen für den Putsch zu schaffen, überredete Krjutschkow jedoch, den Befehl für Jelzins Verhaftung zu widerrufen und, was den russischen Präsidenten betraf, eine »abwartende Haltung« einzunehmen.[44] Das war nicht nur ein Beispiel für die Unentschlossenheit der Verschwörer, aus ihrer Sicht war es auch ein gewaltiger Fehler. Außer Gorbatschow und den mit ihm in Foros unter Hausarrest stehenden Leuten wachte der Rest des Landes, auch Jelzin, am nächsten Morgen auf und hörte die Meldung, dass ein staatliches Notstandskomitee die Kontrolle über das Land übernommen habe. Krjutschkow rief Jelzin in seiner Datscha an und versuchte vergeblich, ihn zur Kooperation zu bewegen. Dabei hatte er zweifellos auf dessen Feindschaft mit Gorbatschow gehofft. Man ließ Jelzin ungehindert zum Weißen Haus in Moskau gelangen, dem damaligen Sitz des russischen Parlaments.[45]

Jelzin wurde schlagartig zum Brennpunkt des Widerstands gegen den Putsch. Da weder der Oberbefehlshaber der Streitkräfte, nämlich Gorbatschow, noch der gewählte russische Präsident den Machtwechsel billigten, waren hohe Armeeoffiziere selbst im Zwiespalt, aber auch der KGB, wenn auch in geringerem Ausmaß. Instinktiv machte Jelzin einmal mehr genau das Richtige: Er marschierte aus dem Weißen Haus, kletterte auf einen der Panzer neben dem Gebäude und präsentierte sich als Bild des Widerstands gegen die Putschisten, das um die Welt ging. Er forderte nachdrücklich »die Einheit der Sowjetunion und die Einheit Russlands« und erklärte, dass das gesetzwidrige und unmoralische Vorgehen des selbsternannten Notstandskomitees das Land »in die Epoche des Kalten Krieges und die Isolation ... von der internationalen Gemeinschaft zurückwerfen« werde.[46] Die Verschwörer hatten es versäumt, sämtliche Verbindungen des Weißen Hauses zur Außenwelt zu kappen, und die im Gebäude eingeschlossenen Parlamentarier konnten ausländischen Journalisten Interviews geben (die sowjetischen Medien wurden allerdings prompt zensiert). Jelzin gelang es, telefonisch Kontakt zu Politikern westlicher Länder aufzunehmen, darunter US-Präsident George H. W. Bush. Als erster Regierungschef rief ihn der britische Premier John Major an.[47]

Einige westliche Politiker gingen davon aus, dass die »neue Regierung« auf Dauer Bestand haben werde. Mit den Chefs des Militärs, des KGB und des Innenministeriums im Boot nahmen sie an, dass diejenigen, die versucht hatten, das Sowjetsystem zu transformieren, das Spiel verloren hätten. So gut wie alle sowjetischen Botschafter gelangten zu derselben Einschätzung, genau wie die Oberhäupter der meisten Sowjetrepubliken. In der Ukraine gab Leonid Krawtschuk, dem General Warennikow einen Besuch abstattete, sofort klein bei – um nach dem gescheiterten Putsch nur noch stärker als zuvor als nationaler Befreier und Demokrat aufzutreten. Es könnte auch ein Glück für Jelzin gewesen sein, dass Warennikow zuerst nach Foros und dann nach Kiew entsandt worden war, denn wenn er in Moskau gewesen wäre, hätte er aller Wahrscheinlichkeit nach nicht gezögert,

Der Putsch und das Ende der UdSSR 759

den Soldaten zu befehlen, von ihren Waffen Gebrauch zu machen. Im Laufe der wenigen Tage, in denen der Putsch andauerte, umringten mehrere Hunderttausend Moskauer Bürger das Weiße Haus und erhöhten damit den politischen Einsatz eines Sturms auf das Gebäude. Nichtsdestotrotz hätte die Menge es auf keinen Fall verteidigen können, und wenn die Anführer des Putsches der Logik ihrer ersten Aktion gefolgt wären, dann hätten Jelzin und all jene, die im Weißen Haus an seiner Seite standen, verhaftet werden können.

Der Putsch dauerte nur drei Tage. In Anbetracht dessen, dass man Gorbatschow in erster Linie vorgeworfen hatte, dass er keine Gewalt gegen aufsässige Separatisten einsetzen wollte, entbehrt es nicht einer gewissen Ironie, dass die Putschisten ausgerechnet deswegen scheiterten, weil auch sie zögerten, Waffen einzusetzen. Drei junge Menschen wurden in Moskau vom Militär getötet, aber eher versehentlich. Am 21. August zogen die Panzer wieder aus den Moskauer Straßen ab, und noch am selben Tag flog eine Delegation des russischen Parlaments gemeinsam mit den zwei Gorbatschow-Vertrauten Primakow und Bakatin nach Foros. Die Verschwörer hatten vor aller Welt erklärt, Gorbatschow sei zu krank, um seinen Pflichten nachzukommen. In Wirklichkeit erfreute er sich bester Gesundheit, aber die nervliche Anspannung hatte schwere Folgen für seine Frau Raissa. Als sie im Radio hörte, dass auch die Anführer des Putsches nach Foros zu Gorbatschow fliegen würden, fürchtete sie, dass diese die Absicht hätten, ihren Mann auf irgendeinem Weg in einen so schlechten Gesundheitszustand zu versetzen, wie sie behauptet hatten. Sie war nach einem Schlaganfall halbseitig gelähmt und brauchte zwei Jahre, um sich von den Folgen zu erholen.

Da Gorbatschows Widerstand gegen den Putsch vor der Welt verheimlicht, Jelzins Auftritt hingegen weltweit ausgestrahlt worden war, auch in der Sowjetunion selbst, war er der eigentliche Sieger des vereitelten Putsches. Er zögerte nicht, diesen Vorteil zu nutzen. In Gorbatschows Gegenwart untersagte Jelzin am 23. August im russischen Parlament jede Betätigung der Kommunistischen Partei in der russischen Republik. Noch vor Ende des Monats wurde die KPdSU mit Gorbatschows stillschweigendem Einverständnis aufgelöst. Dass die Partei, die Lenin begründet hatte, nicht länger existierte, war eine dramatische Wende der Ereignisse. Aber schon allein dass hohe Parteifunktionäre gemeint hatten, gewaltsam die Staatsmacht an sich reißen zu müssen, unterstrich die Tatsache, dass die Partei zu diesem Zeitpunkt bereits ihre führende Rolle verloren hatte. Gorbatschow war viel stärker politisch angeschlagen, als er unmittelbar nach seiner Rückkehr nach Moskau ahnte, und war nunmehr zunehmend zu einer Kooperation mit Jelzin bereit, um einen Unionsvertrag unter Dach und Fach zu bringen, aber Jelzin hatte kein Interesse mehr daran, die Macht länger als nötig mit ihm zu teilen. Dass ihre Beziehung sich weiter verschlechterte, lag nicht zuletzt an persönlichen Eigenschaften der beiden. Schachnasarow formulierte es scharfsinnig und knapp: »Großmut ist nicht gerade eine Charaktereigenschaft Jelzins, und Bescheidenheit kein Merkmal Gorbatschows.«[48] Der gesamte politische Kontext hatte sich jedoch schlagartig verändert. Die Führer der nach Unabhängigkeit strebenden Republiken waren sich darüber im Klaren, wie groß die Gefahr einer Rückkehr zu einem extrem autoritären Regime gewesen war – denn es hätte autoritärer als Breschnews Herrschaft sein müssen, um eine Ordnung wie vor der Perestroika wiederherzustellen. Sie ergriffen die Gelegenheit beim Schopf und erklärten sich für unabhängig, was sowohl von Moskau als auch international akzeptiert wurde. Die Unabhängigkeit der drei baltischen Staaten wurde am 6. September anerkannt, die Armeniens vier Tage später. Georgien und Moldawien bestanden darauf, dass sie bereits unabhängig seien.

Bakatin kehrte als KGB-Chef, der die Geheimpolizei zurechtstutzen sollte, in die Regierung zurück, und im November 1991 folgte Schewardnadse als Außenminister, die führenden Köpfe des Putsches hingegen wanderten ins Gefängnis. Gorbatschow gelang es, den Nowo-Ogarjowo-Prozess erneut in Gang zu bringen, sah sich jedoch mit extremen Forderungen seitens Jelzins und Krawtschuks konfrontiert, wobei Letzterer wohl seinen Kleinmut während des Putsches kompensieren wollte. Gorbatschow und diejenigen, die mit ihm versuchten, eine Union nach dem Vorbild der Europäischen Union zu bewahren – oder genauer: zu gründen –, erzielten einige Fortschritte, aber nur gegen massive Zugeständnisse. Aus der UdSSR sollte die USS, die Union Souveräner Staaten, werden, und sie sollte eher eine Konföderation werden als selbst eine lose Föderation, wobei die Staaten letztlich das Sagen hatten. Selbst diese Form einer Union wurde erheblich zurückgeworfen, als die Ukraine am 1. Dezember ein Referendum zur Unabhängigkeit abhielt. Während im März 1991 noch

Der Putsch und das Ende der UdSSR   761

drei Viertel der ukrainischen Wähler für eine »erneuerte Föderation«
gestimmt hatten, entschieden sich nunmehr 90 Prozent für die Unabhängigkeit.

Den letzten Sargnagel für die Sowjetunion schlugen die Staatsoberhäupter der drei slawischen Republiken ein: Jelzin, Krawtschuk
und deren weißrussischer Kollege Stanisław Schuschkewitsch. Auf
einem Treffen in Weißrussland am 8. Dezember gaben sie bekannt,
dass die Sowjetunion aufgehört habe zu existieren und dass sie an ihrer Stelle eine Gemeinschaft Unabhängiger Staaten (GUS) gründen
würden. (Eine derartige Organisation wurde tatsächlich ins Leben gerufen, aber sie erlangte nie nennenswerte institutionelle Substanz
oder politische Bedeutung.) In den Monaten nach dem Putsch hatten
sich Gorbatschow und Jelzin den Kreml geteilt, und genau wie die
»Doppelherrschaft« von 1917 sollte auch diese »Doppelbelegung«
nur von kurzer Dauer sein. Für Jelzin dürfte die Tatsache, dass ohne
Union auch kein Gorbatschow im Kreml säße, den Ausschlag dafür
gegeben haben, einen Staat aufzulösen, der in der einen oder anderen
Form jahrhundertelang Bestand gehabt hatte.

Die meisten westlichen Länder hatten sich, mit Ausnahme der Unabhängigkeit für die baltischen Staaten, gegen den Zerfall der Sowjetunion ausgesprochen. Viele befürchteten, dass eine Auflösung der
UdSSR Bürgerkriege und womöglich einen Verlust der Kontrolle
über die sowjetischen Atomwaffen zur Folge hätte. Obendrein hatte
Gorbatschow mit seiner Rolle bei der Beendigung des Kalten Krieges
im Westen viele Sympathien gewonnen, natürlich nicht zuletzt, weil
er die Unabhängigkeit der Länder Osteuropas ermöglicht hatte. Gorbatschow unterschied ganz klar zwischen den Staaten, welche die
sowjetische Herrschaft abschüttelten, und der Auflösung des Staates,
in dem er geboren wurde. Breschnew hatte befürchtet, dass er selbst
abgesetzt würde, falls ein Land des Warschauer Paktes, in seinem Fall
die Tschechoslowakei, ungestraft einen demokratischeren Kurs fahren konnte (dabei hatte die KPČ nicht einmal mit dem Austritt aus
dem Warschauer Pakt gedroht). Gorbatschow hatte, in den Augen seiner konservativen Kritiker, ganz Osteuropa »verloren«. Es ist kein
Wunder, dass er um sein politisches Überleben fürchtete, falls er auch
noch Teile des sowjetischen Staates verlieren sollte. Er ließ sich jedoch
ebenso sehr von Überzeugungen und Emotionen leiten wie von
Zweckmäßigkeiten. Er sah durchaus eine Zukunft in einem freiwilli-

gen Zusammenschluss der Völker und in der Anerkennung der gegenseitigen Abhängigkeit. Die Europäische Union erschien zunehmend als ein geeignetes Vorbild. Auf emotionaler Ebene fiel es ihm wie vielen Russen (und nicht wenigen Ukrainern) schwer, sich eine Trennung Russlands und der Ukraine vorzustellen. Er war selbst halbukrainischer Abstammung, und auch seine Frau war halbe Ukrainerin. Er musste sich jedoch in das inzwischen Unvermeidliche fügen. Auf einer Sitzung in der kasachischen Hauptstadt Almaty am 21. Dezember 1991, zu der Gorbatschow nicht eingeladen war, erklärten die sowjetischen Republiken, die bereit waren, in die Gemeinschaft Unabhängiger Staaten einzutreten, dass die Sowjetunion am Ende des Monats aufhöre zu existieren. In einer im Fernsehen übertragenen Abschiedsrede aus dem Kreml sagte Gorbatschow am 25. Dezember, dass er zwar die »Souveränität« der Republiken befürwortet habe, jedoch der völligen Auflösung der Sowjetunion nicht zustimmen könne – denn die Aktion sei weder verfassungsgemäß noch von einer Volksabstimmung (zumindest in Russland) ratifiziert worden.

Tatsächlich ergaben die verlässlichsten Umfragen damals – aber erst zu diesem Zeitpunkt – unter den Russen eine Mehrheit, die sich für eine russische »Unabhängigkeit« aussprach. Wenn eine verkleinerte Union durch einen Konsens hätte zusammengehalten werden können, besteht kein Grund zu der Annahme, dass das Ergebnis weniger demokratisch gewesen wäre als die Entstehung von fünfzehn unabhängigen Staaten. (Mindestens die Hälfte von ihnen war binnen kurzer Zeit bereits weniger demokratisch als in den letzten Jahren der Sowjetunion.) Das Recht auf Selbstbestimmung absolut zu setzen ist eine wenig geeignete Formel, denn innerhalb jedes »Nationalstaats«, und ganz gewiss in jedem sowjetischen Nachfolgestaat, existieren nationale Minderheiten, die ihrerseits denselben Anspruch erheben können. In einer Reihe von Fällen, wie in Abchasien und Südossetien in Georgien, passierte es dann ja auch.

Bei allem Bedauern über den Verlust der Union war Gorbatschow doch imstande, in seiner Abschiedsrede zu erklären, dass die Gesellschaft »sich politisch und geistig aus der Knechtschaft befreit« habe, dass der Kalte Krieg beendet und »die Gefahr eines Weltkrieges gebannt« worden sei. Er fügte hinzu: »Wir haben uns der Welt geöffnet, verzichteten auf die Einmischung in die inneren Angelegenheiten anderer und auf den Einsatz unserer Truppen außerhalb unserer Gren-

Der Putsch und das Ende der UdSSR

zen. Man brachte uns Vertrauen, Solidarität und Respekt entgegen.«[49]
Ausgerechnet der Verzicht auf den Einsatz von Gewalt sowohl in Osteuropa als auch innerhalb der sowjetischen Grenzen trug allerdings auch maßgeblich zur Auflösung des sowjetischen Staates bei. Der Zerfall der UdSSR wurde noch dadurch beschleunigt, dass Jelzin letztlich nicht bereit war, in einer beliebig gestalteten Union die Macht zu teilen. Russland war, wohl oder übel, das Zentrum der Sowjetunion gewesen, und Russen waren die dominierende Nationalität innerhalb des politischen Systems sowohl vor (auch wenn Stalin natürlich Georgier gewesen war) als auch während der Perestroika gewesen. Als wichtigstem Nachfolgestaat der Sowjetunion wurde der Russischen Föderation der permanente Sitz im UN-Sicherheitsrat gewährt, den zuvor die UdSSR innegehabt hatte. Russland war jetzt kleiner als seit dem 18. Jahrhundert, aber es war immer noch das größte Land der Erde.

KAPITEL 28

Wie konnte der Kommunismus
so lange überleben?

Die wesentlichen Gründe für das Beharrungsvermögen des Kommunismus in den meisten osteuropäischen Ländern waren die politische Entschlossenheit und die Militärmacht der Sowjetunion. Die sowjetische Führung war noch Ende der achtziger Jahre fest entschlossen, die kommunistischen Systeme, die sie selbst errichtet hatte oder an deren Aufbau sie beteiligt gewesen war, aufrechtzuerhalten. Selbst in Albanien und Jugoslawien, wo der Kommunismus nicht von der UdSSR aufgezwungen worden war, übte das in der Sowjetunion entwickelte Modell der Einparteienherrschaft großen Einfluss aus. Und jeder andere kommunistische Staat in Europa hätte ohne die sowjetische Hegemonialmacht den Kommunismus bereits früher aufgegeben. Die Entschlossenheit der Sowjetunion wurde den Osteuropäern wiederholt deutlich vor Augen geführt, so etwa in der DDR im Jahr 1953, in Ungarn 1956 oder in der Tschechoslowakei 1968. Das soll nicht heißen, dass es nicht auch innere Stützen für die Stabilität der osteuropäischen kommunistischen Staaten gegeben hätte. Doch obwohl die Politik und die Institutionen, die das Regime in der Sowjetunion stützten, auch in Osteuropa vorhanden waren, reichten sie allein nicht aus, um dort die kommunistische Herrschaft zu garantieren. Da diese Regime als Herrschaftssysteme von Moskaus Gnaden betrachtet wurden, waren sie ohne dessen Unterstützung nicht überlebensfähig. Somit muss die Frage lauten: Wie konnte der Kommunismus in der Sowjetunion siebzig Jahre lang überleben?

Da war zunächst einmal die Wirksamkeit der kommunistischen Institutionen als Instrumente der gesellschaftlichen und politischen Kontrolle. Die Kommunistische Partei war in jedem Betrieb präsent,

Wie konnte der Kommunismus so lange überleben? 765

und dasselbe galt für die Geheimpolizei. In normalen Zeiten herrschte in der strikt hierarchisch organisierten Partei eine strenge Disziplin. Der Apparat des Zentralkomitees und seine innere Führung – der Parteichef, das Politbüro und das Sekretariat – besaßen umfassende Machtbefugnisse. Die Propagandaabteilung des Zentralkomitees kontrollierte Rundfunk, Presse und Verlagswesen sowie die Propagandaarbeit der Partei und der staatlichen Einrichtungen. Das Zensursystem hatte zahlreiche Ebenen. Die offenkundigste Zensurmaßnahme war die Störung ausländischer Rundfunksender. Das heimische Fernsehen und Radio wurden besonders genau überwacht. Vor einigen Jahren beklagte sich ein britischer Nachrichtensprecher darüber, dass er den Zuschauern zu viele schlechte Nachrichten überbringen müsse. Dieses Problem kannten seine sowjetischen und osteuropäischen Kollegen nicht, denn die einzigen Katastrophenmeldungen, die im sowjetischen Fernsehen verbreitet wurden, betrafen die westlichen Länder. Im Inland meldete das Staatsfernsehen bis zum Beginn der Glasnost eine endlose Reihe von Triumphen, wobei die Berichte oft mit Bildern von fröhlichen Fabrikarbeitern oder lächelnden Kolchosbauern unterlegt waren. Zeitungen, Zeitschriften und Bücher waren der amtlichen Zensurbehörde Glawlit unterworfen (wobei schon die bloße Erwähnung der Existenz einer Zensur in einem gedruckten Text als »Verrat eines Staatsgeheimnisses« strafbar war). Den Großteil der Zensur erledigten jedoch die Autoren und Redakteure selbst. Sie kannten die Grenzen des Möglichen – die in Fachpublikationen mit geringer Auflage etwas großzügiger gezogen wurden als in Zeitungen für den Massenmarkt – und zensierten sich dementsprechend selbst. Einige Autoren verstanden es, die Grenzen des Erlaubten geschickt auszudehnen, aber das System war stets in der Lage, die Äußerung gefährlicher Gedanken zu unterbinden. Wurde doch einmal Regimekritik geäußert, so geschah dies in einer derart hintergründigen Art und Weise, dass die Anspielung nur derjenige verstehen konnte, der ohnehin schon unorthodoxe Vorstellungen hegte.

In der Stalinzeit und auch danach konnte die Zensur einen Menschen zur »Unperson« machen. Beispielsweise war im Jahr 1952 jener Band der *Großen Sowjetischen Enzyklopädie*, der den Buchstaben »S« enthielt (der im kyrillischen Alphabet weit vorne angesiedelt ist), bereits im Druck, als der renommierte Mediziner Wladimir Selenin verhaftet wurde, weil er an der fiktiven »Ärzteverschwörung«

teilgenommen haben sollte. Kurzerhand wurde sein Eintrag durch einen Artikel über den *selenaja ljaguschka* (den Teichfrosch) ersetzt, womit Selenin, wie Alec Nove süffisant bemerkt hat, »das einzige bekannte Beispiel für einen Professor ist, der sich tatsächlich in einen Frosch verwandelte«.[1] (So wie die anderen Ärzte wurde Selenin nach Stalins Tod aus der Haft entlassen und nahm in der 1972 erschienenen dritten Auflage der *Großen Sowjetischen Enzyklopädie* wieder den Platz des Frosches ein.) Ein ähnliches Problem entstand, als Berija im Jahr 1953 verhaftet wurde. Sein Eintrag in der zweiten Auflage der größten sowjetischen Enzyklopädie war bereits gedruckt. Also schickte man sämtlichen Abonnenten einen Ersatzeintrag über die Beringstraße zu, samt der Anweisung, die Berija-Biographie aus dem Buch herauszutrennen und durch die umfangreiche Beschreibung der Charakteristika der Meerenge zu ersetzen.[2] Natürlich war die Nichtberücksichtigung von Personen, die eine (wie immer geartete) wichtige Rolle in der sowjetischen Geschichte gespielt hatten, für jene Menschen, die eigenständig dachten, sehr unbefriedigend, aber die Zensur war eine der tragenden Säulen des kommunistischen Systems.

Dieses stützte sich auf ein reichhaltiges Sortiment von Belohnungen und Strafen. In der Frühphase der kommunistischen Herrschaft – und natürlich auf dem Höhepunkt des Stalinismus – wurde mit Massenverhaftungen und -hinrichtungen ein Terrorregime errichtet. In »normalen« Zeiten hingegen mussten die meisten Bürger nicht befürchten, irgendwann mitten in der Nacht abgeholt zu werden. Sie kannten die Spielregeln und passten ihr Verhalten entsprechend an. Die Berufsaussichten wurden schlechter, wenn man das Missfallen der Vertreter des Einparteienstaates weckte. Einer der brillantesten sowjetischen Gelehrten, die ich kenne, war auf einem schwierigen Spezialgebiet tätig und erzielte Forschungsergebnisse, die für die Vertreter des Einparteiensystems unverständlich waren und in keinerlei Beziehung zur Ideologie standen. Dennoch verlor er Mitte der siebziger Jahre seinen Lehrstuhl, der ihm ein Monatsgehalt von 280 Rubeln eingebracht hatte, und wurde zu einem wissenschaftlichen Assistenten mit einem Monatsgehalt von 185 Rubeln degradiert. (Der amtliche Wechselkurs für den Rubel lag zu jener Zeit bei etwas mehr als einem Dollar, obwohl er auf dem Schwarzmarkt sehr viel weniger wert war.) Die Herabstufung war politisch motiviert. Dieser Gelehrte hielt im Gespräch mit seinen Freunden nicht mit seiner Ansicht hinter dem Berg, dass die Fehlentwicklungen in der Sowjetunion ihren Anfang nicht erst bei Stalin, sondern bereits bei Lenin genommen hatten. Obwohl er seine Ansichten nicht öffentlich äußerte, nicht einmal in *samisdat*-Publikationen, waren nicht nur seine Freunde, sondern auch der KGB – der natürlich an seinem Arbeitsplatz präsent war – selbstverständlich über seine Ansichten im Bilde. Auch hatte er Freunde im Ausland, ohne dass es einen spezifischen beruflichen Grund (oder eine Ausrede) für diese Kontakte gegeben hätte. In der Breschnew-Ära wurde man für die Äußerung kritischer Ansichten gegenüber heimischen und ausländischen Freunden nicht mehr wie unter Stalin zu Zwangsarbeit im Gulag verurteilt. Aber auch der Verlust des Arbeitsplatzes war eine wirksame Sanktion. Diese Gefahr hielt die Menschen in der Sowjetunion wirksamer von unangepasstem Verhalten ab als eine Verwarnung durch den KGB (obwohl auch eine solche Drohung nicht auf die leichte Schulter genommen wurde). Dennoch gab es Menschen – zu denen auch jener Freund gehörte –, die bereit waren, für die Wahrung ihrer intellektuellen Unabhängigkeit das Ende ihrer Karriere in Kauf zu nehmen. Natürlich wurde dieser Freund nie Parteimitglied.

Unter jenen, die diesen Weg einschlugen, gab es einige, die über die Kritik im privaten Kreis hinausgingen und Briefe an den Parteichef oder das ZK schrieben, um sich über bereits gefallene Entscheidungen zu beklagen. Beispielsweise sprach sich ein Wissenschaftler gegen die Verbannung Sacharows im Jahr 1980 aus. Wenn jemand an einem Forschungsinstitut arbeitete und zugleich an der Universität unterrichtete (was häufig der Fall war), verlor er durch ein solches Aufbegehren den Lehrstuhl, während er seine Forschungsarbeit fortsetzen durfte. Da eine solche Person offenkundig ungeeignet war, Einfluss auf die Jugend zu nehmen, endete ihre Hochschulkarriere abrupt, womit sie die Hälfte ihres Einkommens verlor. Zudem fiel es solchen Gelehrten ab diesem Zeitpunkt sehr schwer, ihre Arbeiten zu veröffentlichen. Die nächste Herabstufung war der Ausschluss aus der Partei (der Partei nie beigetreten zu sein war sehr viel vorteilhafter als das Stigma eines Parteiausschlusses), gefolgt vom Verlust des verbliebenen Arbeitsplatzes.

Jenen Dissidenten, die das Regime offen kritisierten, drohten sehr viel härtere Sanktionen, die von Haftstrafen bis zur Einweisung in psychiatrische Kliniken reichten.[3] Aber zumindest in der Sowjetunion waren jene Bürger, die öffentliche Kritik am Regime äußerten, eine verschwindend kleine Minderheit. Den meisten Untertanen musste das Regime in der Zeit nach Stalin keine derart drastischen Strafen androhen. Unter Stalin hatte man jederzeit zufällig oder aufgrund einer anonymen Anzeige im Gulag landen können. In späteren Jahren musste man tatsächlich etwas tun, um den Zorn der Behörden auf sich zu ziehen, selbst wenn es sich bei dieser Tat um jene Art von Opposition handelte, die in einer Demokratie vollkommen legal ist. Je erfolgreicher jemand in einem kommunistischen Staat war, desto mehr hatte er natürlich zu verlieren. Wer beispielsweise der Nomenklatura angehörte, der konnte den Zugang zu exklusiven Läden verlieren, in denen man Lebensmittel und Waren erhielt, die für die normalen Bürger unerreichbar waren; das bedeutet, dass derjenige sich von nun an wie alle anderen in den Schlangen anstellen musste, um darauf zu hoffen, irgendeines der zahlreichen Güter zu ergattern, die in der Sowjetunion kaum zu bekommen waren. Doch nicht nur die privilegierten Mitglieder der Nomenklatura, sondern fast jeder Bürger konnte in eine noch schlechtere Lage gebracht werden, auch ohne ihn dazu vor Gericht stellen zu müssen. Kam es jedoch so weit, so durfte der Betroffene vor allem bei politischen Vergehen nicht auf eine Verhandlung vor einem unabhängigen Gericht hoffen. Über das Urteil entschied nicht die Judikative, sondern die Exekutive – es oblag den Einrichtungen des Einparteienstaats.

Die Zensur in der Sowjetunion war über weite Strecken der siebzigjährigen Geschichte des Staates wirksam genug, dafür zu sorgen, dass die Mehrheit der Bevölkerung nicht erfuhr, wie viel besser die Staaten in Skandinavien und Westeuropa funktionierten. Hingegen sahen die Menschen, dass in der Sowjetunion im Lauf der Zeit die Wohnungslage, die medizinische Versorgung, die Arbeitsbedingungen und die Bildung besser wurden. Und die Verweise auf Fortschritte gegenüber früheren Zeiten waren im Gegensatz zu Vergleichen mit dem »Ausland« geeignet, dem System die Unterstützung der Bürger zu sichern.

Zu den Bereichen, in denen die kommunistischen Staaten und vor allem die Sowjetunion den Vergleich mit der übrigen Welt nicht scheuen mussten, zählte das Bildungswesen. Natürlich stieß die Bildung an Grenzen, insbesondere in den Sozial- und Geisteswissenschaften, wo die Verbreitung des im Westen vorhandenen Wissens an den ideologischen Zwängen scheiterte, aber die meisten kommunistischen Staaten in Osteuropa konnten hohe Alphabetisierungsraten und eine breite Basis mathematischer Kenntnisse vorweisen. Die Sowjetunion tat sich vor allem in der Mathematik, den Naturwissenschaften und der Technik hervor. Viele begabte Menschen, die sich auf einer Vielzahl von Gebieten durchgesetzt hätten, entschieden sich für die »harten Wissenschaften«, weil ihre geistige Freiheit dort kaum eingeschränkt wurde. Zwar erhielten sie nur selten Gelegenheit, ins Ausland zu reisen, um sich mit ihren Kollegen im Westen auszutauschen, aber sie hatten Zugang zu den neuesten Entwicklungen auf ihrem Gebiet, denn bei den Forschungsergebnissen spielte die Herkunft keine Rolle. In den großen Bibliotheken lagen in den Jahren nach Stalin zahlreiche wissenschaftliche Fachzeitschriften aus dem Westen aus, während sozialwissenschaftliche und zeitgeschichtliche Publikationen in geschlossenen Sektionen aufbewahrt wurden, vor allem, wenn sie Artikel über die Sowjetunion enthielten. Eine gute Begründung für das Studium solcher Publikationen war beispielsweise die Arbeit an einem Buch, das die Verbrechen der »sogenannten Sowjetologen« oder »bourgeoisen Fälscher« entlarven sollte, die das sowjetische politische System oder die Oktoberrevolution verleumdeten. Einige der Wissenschaftler, die diese westlichen Arbeiten lasen, empfanden zweifellos aufrichtige Empörung. Andere stimmten den Arbeiten einiger der »bourgeoisen Fälscher« in Wahrheit eher zu und suchten nach Wegen, interessante Zitate aus den westlichen Arbeiten in ihre veröffentlichte Kritik einzubauen. Doch die Tatsache, dass der Zugang zu der umfangreichen Literatur, die die Mängel des Marxismus-Leninismus und des sowjetischen Systems beleuchteten (dazu zählten auch Arbeiten von Russen, die jedoch nur im Ausland veröffentlicht wurden), auf wenige vertrauenswürdige Spezialisten beschränkt wurde, trug zur Erhaltung des sowjetischen Systems bei. Als in der zweiten Hälfte der achtziger Jahre die Schleusen geöffnet wurden, brach eine Informationsflut über die Öffentlichkeit herein, die dazu beitrug, die nach der Perestroika verbliebenen Überreste des Systems hinwegzuspülen.

Die Sprache der Politik

Eine wichtige Grundlage für die Stabilität des kommunistischen Systems war die Kontrolle über die Sprache der Politik. In jedem Land gibt es einen Unterschied zwischen dem offiziellen Diskurs und den alltäglichen Gesprächen der Menschen, aber in den kommunistischen Staaten war diese Kluft besonders tief. Doch das Weltbild, mit dem die Parteiorgane die Bevölkerung indoktrinierten, wirkte sich oft nachhaltiger auf das Denken der Menschen aus, als ihnen bewusst war. Das galt insbesondere in der Sowjetunion, wo sich das kommunistische System eigenständig entwickelt hatte und seit langem etabliert war. Ganz anders lagen die Dinge zum Beispiel in Polen, wo sich die Gesellschaft stets eine beträchtliche Unabhängigkeit vom Staat bewahrte und wo die katholische Kirche informell eine sehr viel größere Autorität besaß als die kommunistische Partei. Doch die meisten Menschen in den kommunistischen Staaten akzeptierten die Behauptung der herrschenden Partei, sie lebten im »Sozialismus«, auch wenn die westeuropäischen sozialistischen Parteien – die im Gegensatz zu den kommunistischen Parteien Osteuropas gelernt hatten, wie man freie Wahlen gewinnen konnte – diese Behauptung von Einparteienregimen, die sich auf einen Polizeistaat stützten, für absurd hielten. Kein westlicher Autor zeichnete ein schreckicheres Bild vom Kommunismus als George Orwell, der sich dennoch bis an sein Lebensende als »demokratischen Sozialisten« bezeichnete.[4]

Ein Beispiel für den geschickten Einsatz der Sprache zur Verteidigung des Systems war der in der Sowjetunion verwendete Begriff »antisowjetisch«. Jede Kritik am System wurde mit mangelnder Loyalität gegenüber dem Vaterland gleichgesetzt. Der Gedanke, ein Russe sei unpatriotisch gewesen, weil er den Wunsch nach mehr Demokratie in seinem Land, nach einem anderen oder effizienteren Wirtschaftssystem oder nach einer aufrichtigen Auseinandersetzung mit der Geschichte hegte, mag abwegig erscheinen, doch jede derartige Forderung wurde als »antisowjetisch« gebrandmarkt. So wurden beispielsweise Sacharow und Solschenizyn – die beide russische Patrioten waren, obwohl sich ihre Vorstellungen ebenso deutlich voneinander wie vom offiziellen sowjetischen Weltbild unterschieden – in den siebziger und zu Beginn der achtziger Jahre als »antisowjetisch« verunglimpft. In der Tat waren sie beide insofern antisowje-

Die Sprache der Politik   771

tisch, als sie viele grundlegende Merkmale des sowjetischen Systems
ablehnten, aber das Regime rückte ihre Haltung in die Nähe des Lan-
desverrats. Die Gleichsetzung jeglicher Kritik an der bestehenden politischen Ordnung mit der Untreue gegenüber dem eigenen Land ist
ein Kunstgriff, den die Machthaber in vielen Ländern anwenden, aber
in den kommunistischen Staaten wurde er besonders wirksam eingesetzt. Da der Terminus »antisowjetisch« mit Landesverrat gleichgesetzt wurde, kann es kaum überraschen, dass es die meisten Bürger
der Sowjetunion, nicht zuletzt die Russen, sowohl aus psychologischen als auch aus politischen Gründen lieber vermeiden wollten, zu
Adressaten dieses Schlagworts zu werden.

Das offizielle politische Vokabular durchdrang sogar das Denken
von Menschen, die dem Regime durchaus kritisch gegenüberstanden.
Ich erinnere mich zum Beispiel an eine Unterhaltung in Moskau in
der Breschnew-Ära. Das Gesprächsthema war ein Streit zwischen den
sowjetischen Machthabern und der britischen Zeitung *The Observer*
Ende der sechziger Jahre. Die Sache kam zur Sprache, weil die Unterhaltung in der Wohnung von Nelja Jewdokimowa stattfand, die Michael Frayns Roman *The Tin Men* (1965, deutsch: *Blechkumpel,* 1982)
übersetzt hatte – und Frayn schrieb zu jener Zeit für den *Observer*.
An dem Gespräch nahm auch der frühere Ehemann der Übersetzerin
teil, ein Journalist der *Prawda*. Jewdokimowa verstand nicht ganz, wie
es möglich war, dass sich gerade diese Zeitung mit den sowjetischen
Behörden überworfen hatte. »Aber ich dachte, der *Observer* wäre eine
progressive Zeitung«, sagte sie. »Ist er auch«, antwortete der Mann
von der *Prawda*, »progressiv und antisowjetisch.« Nelja lachte und
sagte, sie habe den Ausdruck »progressiv und antisowjetisch« noch
nie gehört. Sie hatte Solschenizyn und viele andere *samisdat*-Auto-
ren gelesen, und sie war der Meinung, dass Großbritannien und die
skandinavischen Länder die demokratischsten der Welt seien, und
dennoch verband sie die Sowjetunion mit Progressivität. Die Ver-
knüpfung von »progressiv« und »antisowjetisch« schien ihr eigenar-
tig und amüsant. (Ihre Eltern müssen überzeugte Anhänger der Bolschewiki gewesen sein. Nelja war eine Abwandlung ihres Vornamens
Ninel, der wiederum zustande gekommen war, indem man Lenin
rückwärts geschrieben hatte – dies war einer von vielen neuen Namen, die in den ersten Jahrzehnten der kommunistischen Herrschaft
erfunden worden waren.[5])

Unausgesprochene Spielregeln

Die Einrichtungen des kommunistischen Staates, die von größter Bedeutung für die Aufrechterhaltung der Kontrolle über die Gesellschaft waren, wurden durch informelle Spielregeln ergänzt, die das Funktionieren der Politik, der Gesellschaft und der Wirtschaft erlaubten, was mit den formalen Regeln allein nicht möglich gewesen wäre. Um das deutlichste Beispiel aus der Politik zu nehmen: In der Nomenklatura war für eine politisch bedeutsame Ernennung die Zustimmung des entsprechenden Parteikomitees erforderlich, sei es, dass es sich um das Komitee einer Stadt oder einer Region oder um das Zentralkomitee handelte. Dieses formale Erfordernis wurde in der Praxis jedoch durch enge Beziehungen zwischen Schutzherren und ihren Günstlingen ergänzt. Wenn ein Parteifunktionär in der Hierarchie aufstieg, brachte er loyale Schützlinge mit, die ihm auf seinem früheren Posten gedient hatten, oder er setzte ihre Beförderung durch. Selbst Stalin, der bei den Säuberungen keine Republik verschonte, hatte mehr Leute aus dem Kaukasus nach Moskau geholt, als zu Andropows Zeit dort waren. Chruschtschow beförderte Personen, die in der Ukraine seine Untergebenen gewesen waren, und Breschnew, der in der Ukraine, Kasachstan und Moldawien tätig gewesen war, begünstigte Personen, die ihm in allen drei Sowjetrepubliken gedient hatten. In offiziellen Texten wurde die Günstlingswirtschaft häufig streng verurteilt, da sie leicht zu Korruption führen konnte – und es auch tat. Dennoch weichten die persönlichen Loyalitätsbeziehungen und der Zusammenhalt der Gruppen die strikten Strukturen des Systems auf, wobei sie langfristig auch die Ideologie untergruben.

Damit ein Wirtschaftssystem, das ohne Markt auskommen musste, funktionieren konnte, und damit unter den Bedingungen des ständigen Mangels Güter und Dienstleistungen beschafft werden konnten, benötigte man ergänzende ungeschriebene Spielregeln. Wie die sowjetische Wirtschaft und Gesellschaft funktionierten, verdeutlichen drei russische Schlüsselwörter: *swjasi* (Verbindungen), *blat* (»Vitamin B«) und der seltener verwendete Begriff *tolkatsch* (»Flottmacher«).[6] Verbindungen brauchte man in allen Lebensbereichen, sei es, dass man Theaterkarten kaufen wollte oder einen guten Job suchte. Solche Kontakte, die sehr viel nützlicher als Geld waren, konnte man von Eltern geerbt haben, die bereits eine komfortable Nische im sowjetischen System gefunden hatten. (Auch im postkommunistischen Russland haben die Verbindungen noch Bedeutung, aber beim Erwerb von Gütern und Dienstleistungen spielen sie mittlerweile eine sehr viel geringere Rolle als Reichtum.) »Verbindungen« waren vor allem ein Privileg der neuen sowjetischen Mittelschicht – und selbstverständlich der Elite. *Blat* hatte in der Sowjetunion einen sehr viel schlechteren Klang als *swjasi*. Etwas durch »Vitamin B« zu erreichen, war unvereinbar mit den nach außen verfochtenen Prinzipien des sowjetischen Systems. Während man argumentieren konnte, dass Personen, zu denen man »Verbindungen« hatte, zu einer Gefälligkeit bereit waren, ohne eine Gegenleistung dafür zu erwarten, war *blat* gleichbedeutend mit einem Austausch von Gefälligkeiten. Diese Praxis war in der sowjetischen Gesellschaft allgegenwärtig, aber nicht unbedingt respektabel.

So stritten sowjetische Gesprächspartner selbst dann, wenn sie ein Beispiel für *blat* gaben, entschieden ab, dass es sich um etwas anderes als einen Freundschaftsdienst gehandelt habe: »Ich will keine Gegenleistung dafür, dass ich jemandem Theaterkarten besorge, aber da ich keine Zeit habe, mich um einen Termin im Krankenhaus zu bemühen, kann mein Freund vielleicht etwas für mich tun.«[7] Das Phänomen *blat* war nicht unvereinbar mit einer Freundschaftsbeziehung, aber solche Dienste waren alles andere als uneigennützig. Es musste nicht zwangsläufig zu einem direkten Austausch von Gefälligkeiten zwischen zwei Personen kommen. Es konnte eine lange und komplexe Kette von Freundschaftsdiensten entstehen, in deren Verlauf es um so unterschiedliche Dinge gehen konnte wie einen Termin bei einem guten Arzt, einen Platz in einer Kindertagesstätte oder einer renommierten Schule, in den staatlichen Läden nicht erhältliche Konsumgüter, Ersatzteile für ein Auto, seltene Bücher oder einen Platz in einer Reisegruppe.[8] Im Grunde handelte es sich bei *blat* um eine Methode zur Umgehung des Systems. Da in der Planwirtschaft chronische Knappheit herrschte, waren »Vitamin B« und informelle Beziehungen sehr viel wichtiger als Geld. Wie viel »Vitamin B« jemand hatte, hing natürlich von seiner gesellschaftlichen Stellung ab, aber in der Sowjetunion gab es auf allen gesellschaftlichen Ebenen informelle Netze, die in einem gewissen Umfang die offiziellen Strukturen umgingen und den Menschen die Möglichkeit gaben, so manches Hindernis zu überwinden und die Probleme des täglichen Lebens besser zu bewältigen.[9]

Die Planwirtschaft hätte wahrscheinlich überhaupt nicht funktioniert, wenn sie nicht durch derartige Praktiken in Gang gehalten worden wäre. Eine wichtige Rolle im informellen Wirtschaftssystem spielte der »Flottmacher« *(tolkatsch)*, der eine Lösung fand, wenn die benötigten Lieferungen nicht in einer Fabrik eintrafen. Der Flottmacher »nörgelt, bettelt, leiht, besticht, um dafür zu sorgen, dass die benötigten Lieferungen tatsächlich eintreffen«.[10] Zwar wurden die Aktivitäten der Flottmacher offiziell nicht gutgeheißen, aber man duldete sie, denn die Erfüllung der Produktionsvorgaben hatte absoluten Vorrang für die Fabrikleiter und ihre Vorgesetzten in den Ministerien. Wenn in der Planwirtschaft eine Fabrik die Lieferungen an eine andere nicht fristgerecht hinbekam, konnte dies verheerende Folgen für die nachgelagerten Produktionsbetriebe haben, da sie keine Möglichkeit hatten, sich an andere Lieferanten zu wenden. Die halblegalen Flottmacher, die oft auf Tauschgeschäfte zurückgriffen, um eine Wiederaufnahme der Lieferungen zu erreichen, waren eine der Lösungen für dieses Problem. Doch in der nicht reformierten sowjetischen Wirtschaft beteiligten sich auch die regionalen Parteisekretäre an den Bemühungen, die wirtschaftliche Knappheit und die Staus zu lindern, für die im Prinzip Gosplan und die Ministerien zuständig waren. Wenn in einer Region ein Lieferengpass entstand, der von den Wirtschaftsbehörden des Staates nicht beseitigt werden konnte, bestand die Möglichkeit, das Problem durch einen Telefonanruf des regionalen Parteisekretärs bei seinem Kollegen in einer anderen Region zu lösen. Auch hier spielten Tauschgeschäfte eine wichtige Rolle. Beispielsweise kam der Kontakt zwischen Michail Gorbatschow, dem Ersten Sekretär des landwirtschaftlichen Gebiets von Stawropol, und Boris Jelzin, dem Ersten Sekretär der Industrieregion von Swerdlowsk im Ural, in den siebziger Jahren laut Jelzins Schilderung in seinen Memoiren folgendermaßen zustande: »Es war zunächst eine Telefonbekanntschaft. Es kam öfter vor, dass wir einander helfen mussten. Aus dem Ural brauchte er Metall und Holz, aus Stawropol benötigten wir Lebensmittel.«[11]

Scheiterte der Sowjetkommunismus an der Wirtschaft?

Gemessen an den Bodenschätzen war die Sowjetunion das reichste Land der Erde (dasselbe gilt für das postsowjetische Russland). Doch die Wirtschaftsleistung des Landes wurde diesem Potenzial nie gerecht. Im Gegenteil, das Wirtschaftswachstum ging seit den fünfziger Jahren stetig zurück. Der Verfall des Ölpreises in der zweiten Hälfte der achtziger Jahre traf die sowjetische Wirtschaft besonders schwer. Dennoch können jene Deutungen, die das Ende der Sowjetunion und des Kommunismus allein auf das wirtschaftliche Scheitern zurückführen, letzten Endes nicht überzeugen. Eine solche Interpretation im Sinne des wirtschaftlichen Determinismus hat im Grunde Jegor Gaidar geliefert, der frühere kommissarische und zeitweilig stellvertretende Ministerpräsident Russlands.[12] Er vertritt die Ansicht, dass Michail Gorbatschow aus rein wirtschaftlichen Gründen ganz Osteuropa aufgab und zu großen einseitigen Abrüstungsschritten bereit war und dass die wirtschaftlichen Zwänge auch der Grund dafür waren, dass er von dem Gewalteinsatz Abstand nahm, der erforderlich gewesen wäre, um den Unabhängigkeitsbestrebungen der aufmüpfigen Sowjetrepubliken Einhalt zu gebieten.[13] Gaidar hat eher die Sowjetunion als Osteuropa im Sinn, wenn er schreibt:

> Das Imperium konnte unmöglich ohne Gewaltanwendung erhalten werden; genauso war es unmöglich, die Macht zu verteidigen, ohne das Imperium zu erhalten. Andererseits hätte man bei einem massiven Einsatz der Repression keine Möglichkeit gehabt, an große, langfristige, politisch motivierte Kredite heranzukommen, die den drohenden Staatsbankrott zumindest hinauszögern konnten.[14]

Eine auf die wirtschaftlichen Motive beschränkte Erklärung des politischen Handelns ist aus mehreren Gründen problematisch. Ohne die politische Liberalisierung und Demokratisierung wäre kein massiver Gewalteinsatz nötig geworden, um dafür zu sorgen, dass die Sowjetrepubliken fügsam blieben. Gaidar erklärt, Gorbatschow sei bereit gewesen, den »Verlust« Osteuropas hinzunehmen und damit den extremen Zorn der Streitkräfte auf sich zu ziehen. Indem Gorbatschow auf eine gewaltsame Repression verzichtet habe, habe er auch den

Verlust großer Teile der Sowjetunion und damit der Unterstützung praktisch aller Organe des Einparteienstaats in Kauf genommen. Und Gaidar meint, Gorbatschow habe diese extrem gefährliche Politik aus wirtschaftlichen Gründen verfolgt. Doch wenn Gorbatschow derart von der Wirtschaft besessen war, wie Gaidar annimmt, war dies eine sehr sonderbare und umständliche Vorgehensweise. Er ging Risiken ein, die ihm, wie Gaidar selbst erklärt, den Machterhalt unmöglich machten. Doch er sträubte sich gegen den Übergang zu Marktpreisen, obwohl dies Gaidar zufolge ein unverzichtbarer Schritt zur Überwindung der Güterknappheit und der wachsenden wirtschaftlichen Not war. Das scheint sehr paradox, doch dieses Paradox ist leicht zu lösen, denn die Prämisse, der zufolge alle wichtigen Entscheidungen Gorbatschows sowie seine Untätigkeit in bestimmten Bereichen auf wirtschaftliche Überlegungen zurückzuführen waren, ist falsch. Wie wir in den vorangegangenen Kapiteln gesehen haben, nahm Gorbatschow die politischen Reformen sehr viel entschlossener in Angriff als die wirtschaftlichen, obwohl er sich damit zahlreicher Machtmittel beraubte. Die chinesischen Kommunisten sind mit solchen Reformen sehr viel vorsichtiger als mit den Maßnahmen zur Liberalisierung der Märkte, die sie bisher weitgehend unbeschadet überstanden haben.

Der Gedanke, ihr wirtschaftliches Scheitern habe die Sowjetunion zum Untergang verurteilt, ist auch auf einer übergeordneten Ebene irreführend. Ein lang anhaltender wirtschaftlicher Niedergang führt an sich nicht zum Sturz eines autoritären Regimes. Nachdem aus Gründen, die überwiegend nicht mit der wirtschaftlichen Lage zusammenhingen, in der zweiten Hälfte der achtziger Jahre eine umfassende Liberalisierung und Demokratisierung eingeleitet worden war, trugen die gravierenden wirtschaftlichen Probleme wesentlich zum Zerfall der Sowjetunion bei. Doch ohne die Reformen hätte die Sowjetunion mit den Manifestationen gesellschaftlicher Unzufriedenheit – die ein sehr viel geringeres Ausmaß angenommen hätten – auf die bis dahin übliche Art verfahren können. Autoritäre Herrscher in Entwicklungsländern, etwa Sese Seko Mobuto im Kongo (dem damaligen Zaire), hielten sich Jahrzehnte an der Spitze korrupter und ineffizienter Regime, die wirtschaftliche Pflegefälle waren. Ein wirtschaftlich untaugliches und sozial ungerechtes System ist aufgrund solcher Mängel nicht zum unmittelbaren Scheitern verurteilt. In Demokratien führt ein wirtschaftlicher Niedergang regelmäßig zum

Scheiterte der Sowjetkommunismus an der Wirtschaft? 777

Sturz der Regierung (obwohl das auch in demokratischen Ländern kein ehernes Gesetz ist), doch ein solcher Zusammenhang besteht bei autoritären oder totalitären Regimen nicht. Zudem verfügte die Sowjetunion über ein sehr viel wirksameres Kontrollsystem als jedes Entwicklungsland.

Das kommunistische System hätte in der Sowjetunion nicht für immer Bestand gehabt – jedes System hat eine begrenzte Lebensdauer –, aber es hätte deutlich länger überleben können, hätten die grundlegenden Reformen *nicht* stattgefunden. Im Vorfeld der Perestroika war die Dissidentenbewegung in der UdSSR gründlich zerschlagen worden. Der sowjetische Staat war zu jener Zeit mit zahlreichen Problemen konfrontiert, die jedoch kaum eine so große Bedrohung für sein Überleben darstellten wie der Zweite Weltkrieg oder die Notwendigkeit des Wiederaufbaus eines verwüsteten Landes in der Nachkriegszeit. Wäre es in der Sowjetunion nicht zu einem grundlegenden Wandel des politischen Systems gekommen, so hätte sie die letzten Jahre des 20. Jahrhunderts mehr schlecht als recht überstehen und anschließend vom rasanten Anstieg der Energiepreise profitieren können, die der Wirtschaft des postsowjetischen Russland so viel Kraft gegeben und Wladimir Putin, dem Präsidenten in den Jahren 2000 bis 2008, beträchtliche Popularität gesichert haben.

Die Sowjetunion konnte sich auch auf eine Reihe von Faktoren stützen, die nicht wirtschaftlicher Natur waren. Die Tatsache, dass sie von der Außenwelt als Supermacht betrachtet wurde – eine Einschätzung, die das Land weniger seiner wirtschaftlichen Effizienz als seiner militärischen Stärke, seiner Größe und seinem Reichtum an Bodenschätzen zu verdanken hatte –, erfüllte die Mehrheit der Bürger mit Stolz. Dieses Selbstbewusstsein wurde auch dadurch gefestigt, dass die Sowjetunion eine führende Rolle bei der Eroberung des Weltalls spielte, dass sie reihenweise Schachweltmeister hervorbrachte und bei den Olympischen Spielen massenweise Goldmedaillen einheimste. Dass das kommunistische System und die Sowjetunion mehr als siebzig Jahre Bestand hatten, war nicht nur dem Geheimdienst, sondern auch den Leistungen des Staates zu verdanken. Die Mehrheit der Bevölkerung wusste die kostenlose Bildung und medizinische Versorgung sowie die Vollbeschäftigung zu schätzen. Auch hier spielte die Zensur eine wichtige Rolle: Es gelang dem sowjetischen Regime jahrzehntelang, die Bevölkerung weitgehend darüber hinwegzutäuschen, dass der Wohlfahrtsstaat in Westeuropa sehr viel leistungsfähiger war (ohne auf politische Unterdrückung und auf eine Überwachung durch die Geheimpolizei angewiesen zu sein).

Anfang des Jahres 1985 fasste der Vorsitzende einer Konferenz amerikanischer und europäischer Politiker, Beamter, Wissenschaftler und Journalisten (ein ehemaliger britischer Botschafter) die herkömmliche Einschätzung der Sowjetunion zusammen: »Über eines herrscht Gewissheit: Die Sowjetunion wird sich nicht ändern.« Die Teilnehmer antworteten mit einem zustimmenden Murmeln.[15] Sieben Jahre später bezeichneten viele dieser Experten den Zusammenbruch des Kommunismus als »überbestimmt« und unvermeidlich. Überlegter äußerte sich der Historiker Alexander Dallin von der Stanford University:

> Wer behauptet, das sowjetische System habe zwangsläufig zusammenbrechen müssen, begeht das, was Reinhard Bendix ... als »Irrtum des retrospektiven Determinismus« bezeichnete, das heißt, er leugnet die (wenn auch möglicherweise beschränkten) Optionen, zwischen denen die Akteure wählen konnten, bevor sie handelten ... Wir müssen uns davor hüten, rückblickend Gewissheiten oder sogar eine Unvermeidlichkeit zu konstruieren, wo es in Wahrheit Möglichkeiten und Komplexität gab.[16]

Osteuropäischer und asiatischer Kommunismus

Da die Langlebigkeit der Sowjetunion der Grund für das Überleben der kommunistischen Herrschaft in Osteuropa war, habe ich mich in diesem Kapitel auf die Gründe des Beharrungsvermögens des Kommunismus auf sowjetischem Boden konzentriert. Doch viele, wenn nicht alle Faktoren, die das System dort stützten, waren auch in Osteuropa vorhanden. Das gilt für die ungemein wirksamen institutionellen Kontrollen einschließlich der Präsenz der Partei in sämtlichen Betrieben, der Zensur und der Geheimpolizei. Und in geringerem Maß gilt es auch für einige der Leistungen des kommunistischen Systems in der Bildung, im Gesundheitswesen und im Bemühen um Vollbeschäftigung. Inwieweit diese Dienste das jeweilige Regime

Osteuropäischer und asiatischer Kommunismus 779

stützten, hing von den Erwartungen der Bevölkerung und von ihrer Kenntnis der nichtkommunistischen Welt ab. In der DDR, der Tschechoslowakei, Ungarn und Polen wussten die Menschen mehr über die Lebensbedingungen in Westeuropa als in weiten Teilen der Sowjetunion. Einige Faktoren kamen den osteuropäischen Regimen nicht zugute. Während die Stellung der Sowjetunion in der Welt die Russen und viele Sowjetbürger anderer Nationalität mit Stolz erfüllte, sah man die Rolle der Sowjetunion in Osteuropa ganz anders. Nur in Bulgarien und bis zu einem gewissen Grad in der Tschechoslowakei (dort jedoch nur bis 1968) betrachtete ein durchaus großer Teil der Bevölkerung Russland und die Sowjetunion mit Wohlwollen.

Die am Beispiel der Sowjetunion beschriebenen Methoden zur Umgehung des Systems und zur Bewältigung des Mangels wurden auch in anderen kommunistischen Staaten angewandt. Obwohl diese Methoden eher vom System und seinen inhärenten Mängeln als von den kulturellen Traditionen hervorgebracht wurden, wies der Umgang mit den Problemen durchaus kulturspezifische Merkmale auf. Das Phänomen *blat* in der Sowjetunion wurde mit dem von *guanxi* in China verglichen (obwohl der chinesische Terminus eher mit dem russischen *swjasi* verglichen werden könnte, da seine wörtliche Übersetzung »Verbindungen« lautet).[17] Beide Termini beziehen sich auf den »Einsatz persönlicher Netze zur Bewältigung von Herausforderungen«. Die chinesische Praxis des *guanxi* wies ganz spezifische Merkmale auf, wobei der Austausch von Geschenken und Gefälligkeiten auch Festessen einschloss. In dieser Praxis spielen Verwandtschaftsbeziehungen eine größere Rolle als beim russischen *blat*, und es besteht eher eine moralische Verpflichtung zur Gegenleistung. Einen Gefallen nicht zu erwidern wäre nicht nur unklug (wie im Fall von *blat*), sondern ein undenkbarer Treuebruch und eine Verleugnung der emotionalen Bindungen.[18] Doch ungeachtet der kulturellen Unterschiede breiteten sich diese Praktiken in beiden Ländern aus und erlangten unter den Bedingungen der Mangelwirtschaft und angesichts des Fehlens offizieller Vertriebskanäle zur Erfüllung der Bedürfnisse der Bevölkerung beträchtliche gesellschaftliche Bedeutung.[19] Da es mittlerweile sowohl in China als auch in Russland möglich ist, für Geld viele früher knappe Güter und Dienstleistungen zu erwerben, hat *guanxi* einen Teil seiner Bedeutung eingebüßt. (Dennoch ist die Marktwirtschaft in beiden Ländern so beschaffen, dass staatliche

Funktionäre über Gedeih und Verderb eines Unternehmens entscheiden können. Deshalb hat *guanxi* im kommunistischen China ebenso wie *swjasi* und *blat* im postsowjetischen Russland auch heute noch beträchtlichen Einfluss auf den geschäftlichen Erfolg. Diese Praxis kommt insbesondere in den Beziehungen zwischen Unternehmern und örtlichen Parteifunktionären zum Einsatz und erleichtert allgemein den Zugang zu einflussreichen Personen, Staatsaufträgen, Bankkrediten, Steuervergünstigungen und »Ausnahmeregelungen von lästigen Gesetzen und Vorschriften«.[20])

Schließlich müssen Versuche zur Erklärung des Beharrungsvermögens der kommunistischen Regime den Nationalismus berücksichtigen, obwohl dieser auch wesentlich zur Auflösung dieser Regime beitrug. Das Nationalgefühl nutzte oder schadete dem Kommunismus zu verschiedenen Zeiten und insbesondere an verschiedenen Orten. Der russische Nationalismus spielte eine wichtige Rolle in dem, was das Regime als sowjetischen Patriotismus zu bezeichnen pflegte. Natürlich sprach man damit vor allem die Russen an, die die Hälfte der sowjetischen Bevölkerung stellten, aber wie wir in den vorangegangenen Kapiteln gesehen haben, förderten der soziale Wandel und die institutionellen Strukturen in der sowjetischen Etappe auch die nationale Identität einiger anderer Völker in der UdSSR (auch wenn dies nicht beabsichtigt war). In fast allen osteuropäischen Ländern, wo der Kommunismus als von der Sowjetunion aufgezwungenes System betrachtet wurde, widersprachen die nationalen Regungen selbstverständlich dem Kommunismus, sosehr sich die Regime auch bemühten, das System mit den »progressivsten« nationalen Traditionen zu verknüpfen.

Außerhalb Europas hingegen gelang es den Kommunisten, sich die Konzepte der nationalen Befreiung und des Antikolonialismus zunutze zu machen, um sich eine breitere Unterstützung zu sichern, als es mit der Attraktivität der kommunistischen Ideologie allein möglich gewesen wäre. In China trugen die Kommunisten einen erbitterten Bürgerkrieg mit den Nationalisten aus, aber es gelang ihnen, jene anzusprechen, die sich nach anderthalb Jahrhunderten der Demütigung durch die Ausländer nach nationaler Selbstbestimmung sehnten. Auch in Vietnam und Kuba erwiesen sich die antiimperialistischen Regungen und der Nationalstolz als wichtige Grundlagen für den Aufbau und die Stabilität der kommunistischen Regime. Die Revolutionen in diesen drei Entwicklungsländern nahmen ihren Ausgang im Inneren, und obwohl dies keine Garantie für das Überleben ist (wie die Beispiele Russlands, Jugoslawiens und Albaniens gezeigt haben), kann zumindest festgestellt werden, dass ein aus einer heimischen Revolution hervorgegangenes kommunistisches Regime größere Überlebenschancen hat als eines, das von außen aufgezwungen wurde.

KAPITEL 29

Was verursachte den Zusammenbruch des Kommunismus?

Wie wir gesehen haben, konnten die kommunistischen Regime trotz der Unterlegenheit der Planwirtschaft gegenüber der Marktwirtschaft, trotz der gesellschaftlichen Unfreiheit und trotz der fehlenden demokratischen Kontrolle auf verschiedene Mittel zurückgreifen, um ihr Überleben zu sichern. Der Mangel an Freiheit und demokratischer Kontrolle wirkte kurzfristig stabilisierend, indem er das wirtschaftliche Versagen verdeckte. Langfristig trug dieser Mangel ebenso wie die wirtschaftliche Stagnation zum Untergang des Kommunismus bei. Doch wie Keynes bemerkte, sind wir auf lange Sicht alle tot. Die Frage, warum der Kommunismus in zahlreichen osteuropäischen Ländern zu einem bestimmten Zeitpunkt endete, wurde bereits in Kapitel 26 behandelt. In diesem Kapitel werden wir uns in erster Linie auf die Sowjetunion konzentrieren. Der Grund dafür liegt auf der Hand. Das sowjetische Regime hielt den Schlüssel in der Hand, der überall in Osteuropa die Türen öffnen konnte. Als der Kommunismus in der Sowjetunion zusammenbrach, hatten die übrigen Staaten des Warschauer Paktes nur noch sehr geringe Überlebenschancen. In Asien hingegen bewiesen die kommunistischen Systeme größeres Beharrungsvermögen. Ein wichtiger Grund dafür war der Mangel an Informationen über mögliche Alternativen beziehungsweise fehlende Möglichkeiten zur Beschäftigung mit diesen Alternativen, doch die Überlebensfähigkeit der Systeme in Asien hängt auch mit dem Übergang von der Agrarwirtschaft zur Industriewirtschaft zusammen. Zwar war auch in einigen osteuropäischen Ländern eine ähnliche Entwicklung zu beobachten, aber besonders nachhaltig wirkte sie sich in den kommunistischen Staaten Asiens aus. Die mit diesem sozioökonomischen Wandel einhergehende deutliche Erhöhung der sozialen Mobilität stabilisierte kurz- und mittelfristig die Regime, die diese umwälzenden Veränderungen eingeleitet hatten.

Längerfristig sind die sozialen und wirtschaftlichen Faktoren von entscheidender Bedeutung, wenn man verstehen will, warum der Kommunismus in der Sowjetunion schließlich auf offene *Ablehnung* stieß und in der Folge in Osteuropa zusammenbrach. Die unmittelbaren Gründe für die dramatischen Veränderungen Ende der achtziger Jahre sind jedoch in spezifischen politischen Entscheidungen zu suchen. Einen wichtigen *Anstoß* zu diesen Entscheidungen gab anfangs das relative wirtschaftliche Scheitern, aber es ist keineswegs so, dass die radikalen politischen Veränderungen in der Sowjetunion ab dem Jahr 1985 von der schlechten Wirtschaftslage *erzwungen* wurden. Doch die Tatsache, dass Mitte der achtziger Jahre allgemein Klarheit darüber herrschte, dass die sowjetische Wirtschaft nicht funktionierte, schwächte den Widerstand der Konservativen gegen die vorgeschlagenen Reformen. Zudem konnte man Anregungen zu politischen Reformen anfangs einfacher vorbringen, indem man (zu Recht oder zu Unrecht) vorbrachte, dass sie für den wirtschaftlichen Fortschritt unerlässlich seien. Doch schon bald wurden politische Veränderungen um ihrer selbst willen vorgeschlagen.

Der Nationalismus hatte in den osteuropäischen Ländern wesentlichen Anteil am Zusammenbruch des Kommunismus, aber zum Zerfall der Sowjetunion begann er eigentlich erst beizutragen, *nachdem* tiefgreifende Veränderungen am politischen System stattgefunden hatten. Schließlich war es eine Kombination von neuen Ideen, institutioneller Macht (die Radikalreformer hatten die Zügel im politischen System übernommen) und politischen Entscheidungen (zu einem Zeitpunkt, da man durchaus noch andere Optionen gehabt hätte), die das Ende der kommunistischen Herrschaft in der Sowjetunion einläuteten.

Gesellschaftlicher Wandel

Nicht nur die Mängel, sondern auch die Erfolge des Kommunismus erhöhten die Verwundbarkeit des Systems. Im Jahr 1939 besaßen nur elf Prozent der Bevölkerung der Sowjetunion eine Bildung, die über den Grundschulabschluss hinausging. Bis 1984 stieg der Anteil jener, die zumindest die Sekundarschule besucht hatten, auf 87 Prozent. Je höher das Bildungsniveau der Bevölkerung wurde, desto größeres Interesse zeigten die Menschen an Informationen, die ihnen vom Einparteienregime vorenthalten wurden. Wer eine Fremdsprache beherrschte, hatte leichteren Zugang zur Information, da Sendungen, die in anderen Sprachen als der des jeweiligen kommunistischen Staates ausgestrahlt wurden, im Allgemeinen nicht gestört wurden. So konnte bis Mitte der achtziger Jahre in der Sowjetunion eine durchaus zahlreiche gebildete Mittelschicht entstehen.[1] Der Anteil der Personen mit höherer Bildung war in den Jahren nach Stalins Tod deutlich gestiegen, und zwar von einem Prozent der Gesamtbevölkerung der UdSSR im Jahr 1954 auf fast sieben Prozent im Jahr 1984, das macht eine Gesamtzahl von 18,5 Millionen Personen, die eine höhere Bildung abgeschlossen hatten (hinzu kamen etwa fünf Millionen Menschen, die sich noch in der Ausbildung befanden.[2]

Damit besaß ein zweistelliger Prozentsatz der erwachsenen Bevölkerung eine höhere Bildung, wobei dieser Anteil in Moskau und Leningrad besonders hoch war. Aber indem das kommunistische System den Bildungsstand der Bevölkerung hob, brachte es selbst die Saat seiner Zerstörung aus. Es wurde schwieriger, Erwachsene wie viktorianische Kinder zu behandeln, die man sehen, aber nicht hören sollte und die sich damit abzufinden hatten, dass die Obrigkeit am besten wusste, was gut für sie war. Beispielsweise sahen gebildete sowjetische Bürger bald nicht mehr ohne weiteres ein, warum sie nicht wie die Besucher aus dem Westen ungehindert reisen konnten. Als frustrierend empfanden die Bürger auch, dass sie nur zu jenen Büchern und Filmen Zugang hatten, die nach Maßgabe der Partei gut für sie waren.[3] Angehörige der politischen Elite, die Gelegenheit hatten, ins Ausland zu reisen, machten dort, wenn sie offen dafür waren, prägende Erfahrungen. Die persönliche Begegnung mit Ländern, die nicht nur demokratisch, sondern auch wohlhabender als die Sowjetunion waren, hinterließ beispielsweise ihre Spuren im Weltbild von Michail Gorbatschow und Alexander Jakowlew, dem zweiten wichtigen Reformer der Perestroika.[4]

Im Lauf der Zeit wurde auch die Zusammensetzung der Partei repräsentativer für die demographische Gestalt der Gesellschaft. Alle großen gesellschaftlichen Gruppen erhielten eine Vertretung in der

Staatspartei, wenn auch bestimmte Segmente ein deutliches Übergewicht hatten. So waren die gut ausgebildeten Bevölkerungsschichten
und die Stadtbewohner in der Partei überproportional vertreten, und
in allen kommunistischen Parteien übten die hauptamtlichen Funktionäre größere Macht aus als alle anderen Gruppen, obwohl zu gewissen Zeiten und an bestimmten Orten (insbesondere in China während
der Kulturrevolution) der Parteiapparat im Namen der revolutionären Erneuerung attackiert wurde. In den großen Parteien übernahmen im Lauf der Zeit gut ausgebildete Spezialisten eine wichtige Rolle.
Dort, wo eine Liberalisierung von oben stattfand (beispielsweise in
Ungarn), übten die Reformer beträchtlichen Einfluss aus. In Polen,
das das wichtigste Beispiel für eine Demokratisierung von unten war,
gelang einer größeren Zahl von Sozialwissenschaftlern als in anderen Ostblockstaaten auch ohne Mitgliedschaft in der kommunistischen Partei der berufliche Aufstieg. Aber Polen war in einer noch
bedeutsameren Hinsicht ein Sonderfall, denn es war das einzige Ost-
blockland, in dem sich eine organisierte Arbeiterbewegung gegen die
kommunistische Herrschaft auflehnte. Gemeinsam mit ihren Anhängern in der Intelligenzija wäre es dieser Bewegung wahrscheinlich bereits Anfang der achtziger Jahre gelungen, das System zu verändern,
wären da nicht die besondere geopolitische Lage Polens und die Möglichkeit einer sowjetischen Militärintervention gewesen.

Wirtschaftliche Probleme

Die *Erfolge* des kommunistischen Systems, zu denen die Anhebung
des Bildungsniveaus zählte, erklären zum Teil den Wandel in der
zweiten Hälfte der achtziger Jahre. Doch ausgelöst wurden die radikalen Reformen durch eine Anhäufung gravierender *Probleme*. Obwohl die Wirtschaftsreformen für Gorbatschow geringere Bedeutung
hatten als die politischen Reformen und ihm weniger am Herzen
lagen als die Beendigung des Kalten Kriegs, wurde die Perestroika anfangs durch die wirtschaftliche Notlage angetrieben. Die stetige Ver-
langsamung des Wirtschaftswachstums, die Tatsache, dass die technologische Innovation in den aufstrebenden Industriestaaten Asiens
rascher vorankam als in der Sowjetunion, und die übermäßige Belastung des Staatshaushalts durch die Bedürfnisse des militärisch-

industriellen Komplexes gaben Gorbatschow und seinen Anhängern Anlass zu großer Sorge. Begleitet war das wirtschaftliche Scheitern von einer Vielzahl sozialer Probleme, die sich in den Breschnew-Jahren angehäuft hatten: Die Geburtenrate sank, die Kindersterblichkeit nahm zu, die Zahl der Todesfälle bei Männern mittleren Alters stieg (parallel zum ausufernden Alkoholismus).

Eines der größten Probleme des kommunistischen Wirtschaftssystems war seine Unfähigkeit, technologische Neuerungen hervorzubringen. Wie der ungarische Ökonom János Kornai bemerkte, schnitt die kommunistische Planwirtschaft diesbezüglich im Vergleich mit der Marktwirtschaft sehr schlecht ab.[5] Zu den Gründen für diese Leistungsschwäche zählte die Tatsache, dass gute Leistungen kaum belohnt und Fehlschläge nicht bestraft wurden. Hohe Effizienz und eine rasche technologische Entwicklung brachten keinerlei Vorteile mit sich, und es galt nicht als Versagen, immer weiter dasselbe alte Produkt zu erzeugen. Mängel und Verschwendung, die teilweise auf den technologischen Stillstand zurückzuführen waren, wurden »rückblickend automatisch mit der permanenten staatlichen Subventionierung begründet«.[6] Kornais Konzept der »permanenten Subventionierung« wirft ein Schlaglicht auf gravierende Mängel der Planwirtschaft: Es standen stets »billige Kredite« zur Verfügung, es gab keinen Zwang zu rentabler Arbeit, der Ausgabendisziplin erzwungen hätte, und die Preise wurden von der Bürokratie festgelegt. Entstanden zusätzliche Kosten, so durften die Preise erhöht werden – entweder offen oder durch eine Senkung der (von Haus aus ohnehin geringen) Produktqualität.[7] Und die Käufer von Konsum- oder Investitionsgütern hatten keine Möglichkeit, den Anbieter zu wechseln.

In der Breschnew-Ära wurden ungezählte Bücher und Artikel über die »wissenschaftliche und technische Revolution« veröffentlicht. Doch in Wahrheit fand diese Revolution in anderen Ländern statt. Die konservativen sowjetischen Kommunisten hatten großes Vertrauen in den Computer als Allheilmittel für die Krankheiten der Planwirtschaft und hofften, er werde den Befürwortern einer Hinwendung zur Marktwirtschaft den Wind aus den Segeln nehmen. Doch es stellte sich heraus, dass die Digitalisierung kein geeigneter Ersatz für den Markt war. Dieser Irrtum wurde in einer ungarischen Karikatur kommentiert, in der eine Gruppe ernst dreinblickender Männer zu sehen ist, die neben einer Reihe massiver Computer stehen und darauf war-

Wirtschaftliche Probleme 787

ten, dass die Rechner die Lösungen für die wirtschaftlichen Probleme des Landes ausspucken. Einer der Männer liest die Empfehlung des Computers vor: »Er rät dazu, das Angebot auf die Nachfrage abzustimmen.« Trotz der Begeisterung der sowjetischen Technokraten für den Computer hinkte die UdSSR in der Informationstechnologie ständig hinterher. Nigel Broomfield, der Leiter der Sowjetunion-Abteilung im britischen Außenministerium, prognostizierte im Jahr 1983 in einem internen Dokument zutreffend, das sowjetische System werde sich »von innen heraus ändern«, wobei die Schlüsselfrage laute, »ob es zusammenbrechen oder sich weiterentwickeln wird«. Als entscheidend bezeichnete Broomfield »das wirtschaftliche Scheitern und die Unfähigkeit, die technologische Revolution der Kommunikation, die gegenwärtig über die entwickelte Welt hinwegfegt, zu verstehen und zu meistern«.[8]

Aufgrund ihrer Unfähigkeit, an der Informationsrevolution teilzunehmen, hatte die Sowjetunion kaum eine Chance, von der Globalisierung der Wirtschaft zu profitieren. Doch da es der sowjetischen Führung in erster Linie darum ging, ihre souveräne und hochgradig autoritäre Kontrolle über das Land aufrechtzuerhalten, war es nicht nur von Nachteil für sie, ein Nachzügler in der Einführung der modernen Informationstechnologie zu sein. Wie sich im Jahr 2008 zeigte, hatte die Integration in die Weltwirtschaft auch ihre Schattenseiten. Zu den Ländern, die infolge der globalen Finanzkrise in eine schwere Wirtschaftskrise schlitterten, zählten auch das postsowjetische Russland und in noch stärkerem Maß die Ukraine. Die Tatsache, dass die Revolution in der Informationstechnologie an der Sowjetunion vorbeiging, hinderte das Land zweifellos daran, sein wirtschaftliches Potential richtig zu nutzen. Doch selbst wenn es weiter abseits gestanden und die politischen Veränderungen, die schließlich mit der Perestroika eingeführt wurden, vermieden hätte, hätte dies nicht zwangsläufig einen wirtschaftlichen oder politischen Kollaps zur Folge gehabt. Europa hätte weiterhin sowjetisches Erdöl und Erdgas gekauft. Die kommunistische Führung Chinas hat beispielsweise zu Beginn des 21. Jahrhunderts einen Mittelweg gefunden, der es ihr ermöglicht hat, von den Segnungen der Informationstechnologie zu profitieren, indem die wirtschaftlich nützlichen Bereiche zugänglich sind, Bereiche mit gefährlichen politischen Informationen hingegen gesperrt bleiben.

Der Nationalismus

Es gab keinen einheitlichen Übergang vom Kommunismus zum Postkommunismus (es scheint ratsam, diesen Begriff statt des Terminus Demokratie zu verwenden, da in vielen postkommunistischen Staaten autoritäre und Mischregime an die Macht gekommen sind). Die kommunistischen Parteien änderten sich im Lauf der Zeit. Früher oder später weichten sie alle die ursprüngliche revolutionäre Ideologie auf oder lösten sich ganz davon. Einige begannen, sich Wertvorstellungen anzunähern, die in ihren Gesellschaften breite Unterstützung genossen. In einigen Ländern schrieb die Partei den Nationalismus auf ihre Fahnen. Nachdem Algirdas-Mikolas Brazauskas im Oktober 1988 zum Ersten Sekretär der Kommunistischen Partei Litauens aufgestiegen war, wandte er sich vorsichtig den nationalen Anliegen des Landes zu und suchte die Konfrontation nicht nur mit den konservativen Kommunisten, sondern auch mit dem Reformflügel in Moskau, während er daheim von seinem antikommunistischen Rivalen Vytautas Landsbergis attackiert wurde.[9] Begann ein Parteiführer in einem Vielvölkerstaat jedoch, einen aggressiven Nationalismus zu verfechten – das beste Beispiel war der Serbe Milošević –, so konnte dies verheerende Folgen haben.

Der Nationalismus war stets eine potentielle Bedrohung für die kommunistische Herrschaft, aber erst eine gewisse Liberalisierung des Systems machte ihn zu einer realen Gefahr für das Regime. Besonders große Sprengkraft besaß er in Vielvölkerstaaten. Vor allem in Jugoslawien und der Sowjetunion schwelte der Nationalismus stets dicht unter der Oberfläche. Sowohl innerhalb als auch außerhalb der kommunistischen Welt gab es viele, die in den nationalen Bestrebungen keine ernste Bedrohung für das System sehen konnten, da sie in der Nationalität – im Gegensatz zu den greifbaren wirtschaftlichen Tatsachen – ein fließendes und subjektives Konzept sahen, das sich schwer abgrenzen ließ. Aber wenn eine ausreichend große Zahl von Menschen eine subjektive Einschätzung teilt – selbst wenn diese auf einem Mythos beruht, was in gewissem Maß auf jede nationale Identität zutrifft –, verwandelt sie sich in einen Bestandteil der objektiven Realität, der die Politiker Rechnung tragen müssen. Die kommunistischen Herrscher reagierten auf diese Realität vor allem mit zwei Instrumenten: mit harter Repression und mit der Manipulation der

Symbole nationaler Identität, um den antikommunistischen Nationalisten den Wind aus den Segeln zu nehmen. Selbst die ostdeutschen Kommunisten schlugen diesen Weg ein. Martin Luther, Friedrich der Große und Bismarck wurden als wichtige Figuren einer preußischen Vergangenheit in Bestandteile eines angeblichen eigenständigen nationalen Erbes der DDR verwandelt.[10] In der Sowjetunion wurden in stalinistischer Zeit Peter der Große und sogar Iwan der Schreckliche als »progressive« Erbauer eines mächtigen Russland und als Vorläufer des großen Führers Stalin gefeiert.

Doch je heterogener die ethnische Zusammensetzung der Gesellschaft war, desto schwieriger wurde es, das nationale Erbe auf diese Art zu nutzen. Der russische und der serbische Nationalismus konnten eingesetzt werden, um die Russen oder Serben hinter der kommunistischen Führung zu sammeln, aber der Preis dafür war, dass andere Nationalitäten in der Sowjetunion und in Jugoslawien dem Regime entfremdet wurden. Da die föderalen Strukturen zudem auf den Grenzen der nationalen Territorien beruhten, wurden die regionalen Unterschiede und die spezifischen Missstände in einzelnen Gebieten von den betroffenen Völkern als nationale Benachteiligung empfunden. Dennoch wurde der Nationalismus erst zu einer Bedrohung für die kommunistische Herrschaft, als die Perestroika ihre Wirkung entfaltete. Und im Fall der UdSSR spielte der Nationalismus beim Zerfall des sowjetischen *Staates* eine sehr viel bedeutsamere Rolle als bei der Umwandlung des kommunistischen *Systems*. Die Stärke und die politische Bedeutung des Nationalismus in den letzten Jahren der Sowjetunion waren unbeabsichtigte Konsequenzen der weitreichenden Veränderungen, die Gorbatschow in den Jahren 1987/88 von oben durchgesetzt hatte.

Kritisches Denken innerhalb der Partei

Die Reformbewegung, die die größte Ähnlichkeit mit der Perestroika hatte, war der Prager Frühling.[11] Zu einem frühen Zeitpunkt in der Ära Gorbatschow wurde der neue Sprecher des sowjetischen Außenministeriums, Gennadi Gerassimow (der sich selbst seit langem für eine innere Reform des Systems aussprach), nach dem Unterschied zwischen dem Prager Frühling und der Perestroika gefragt. Seine humorvolle Antwort lautete: »Zwanzig Jahre.« In beiden Fällen wurden die Veränderungen innerhalb der kommunistischen Partei in Gang gebracht und brachen sich Bahn, als ein neuer Parteichef das Machtgleichgewicht in der Führung veränderte. Aber selbstverständlich gab es einige grundlegende Unterschiede zwischen den beiden Fällen. Anders als Gorbatschow leitete Dubček die Reformen in der Parteiführung nicht ein, sondern ermöglichte sie lediglich. Dubček war ein anständiger und geistig durchaus offener Mann, der im tief gespaltenen ZK und im zerstrittenen Politbüro eher den reformwilligen Genossen als den Konservativen zuneigte. Ein weiterer wichtiger Unterschied ist, dass die weitreichenden Reformen in der Tschechoslowakei nach nur acht Monaten unterbrochen wurden, während die sowjetische Perestroika fast sieben Jahre dauerte. Und obwohl der Prager Frühling in der internationalen kommunistischen Bewegung Spuren hinterließ – er beeinflusste insbesondere die westeuropäischen »Eurokommunisten« –, war er weniger bedeutsam als die Liberalisierung und die Demokratisierung in der Sowjetunion, die den Weg für den Zusammenbruch des Kommunismus in Osteuropa ebneten.

Will man den Prager Frühling und die Perestroika verstehen, so muss man sich unbedingt mit der Entwicklung des kritischen Denkens in der Partei-Intelligenzija im Vorfeld der Reformen in der Tschechoslowakei und mit jenen Veränderungen befassen, die zwischen 1985 und 1989 in der Sowjetunion stattfanden. Viele Beobachter wurden von diesen spektakulären Veränderungen vollkommen überrascht, aber die Voraussetzungen dafür bestanden in beiden Ländern, lange bevor die eigentlichen Schritte zur Liberalisierung und Demokratisierung unternommen wurden. In den kommunistischen Staaten im Allgemeinen und in der Sowjetunion im Besonderen gehörte die große Mehrheit der führenden Spezialisten im Bereich der Gesellschaftswissenschaften – Rechtsexperten ebenso wie Ökonomen, Soziologen und politische Analysten – der KPdSU an. Aus ihren Reihen kamen die wichtigsten Anregungen zu Veränderungen. Der Tatsache, dass innerhalb der Partei unverbrauchte und kritische Vorstellungen zum politischen und wirtschaftlichen System entwickelt wurden, kam in dem Moment entscheidende Bedeutung zu, als Personen, die für neue Ideen und politische Neuerungen offen waren, in die Parteiführung aufstiegen – wobei diese Personen nicht bewusst ausgewählt wurden, sondern ihren Aufstieg eher dem Zufall verdankten. Doch das System war so beschaffen, dass abgesehen von einer echten Revolution (die in einem kommunistischen Staat ein derart gefährliches Unterfangen war, dass kaum jemand wagte, an diese Möglichkeit zu denken) nur Veränderungen an der Spitze der politischen Hierarchie darüber entscheiden konnten, ob das frische und kritische Denken ein bloßes intellektuelles Vergnügen bleiben oder tatsächlich die Politik beeinflussen würde.

Reformwillige Intellektuelle, die jahrzehntelang in der herrschenden Einheitspartei blieben, während nur minimale Reformen stattfanden, wurden von jenen kritischen Köpfen, die sich entschlossen hatten, sich von der Partei fernzuhalten, oft als Sesselkleber betrachtet. Man warf ihnen Selbstbetrug vor, da sie erklärten, nur innerhalb der offiziellen Strukturen sei es möglich, radikale Reformen vorzubereiten oder – da sie sich zumeist bescheidenere Ziele setzten – zumindest einen positiven Einfluss auf die Ausrichtung der staatlichen Politik zu nehmen. Es gibt keine für die gesamte kommunistische Welt gültige Antwort auf die Frage, ob die »Reformer innerhalb des Systems« (die auch als »innerstrukturelle Dissidenten« bezeichnet wurden) mit ihrer Einschätzung recht hatten, dass sich ein Realist nur innerhalb der Staatspartei um Verbesserungen des Systems bemühen konnte.[12] Sofern es reformwillige Intellektuelle in den diversen kommunistischen Parteien gab, war in mehr als der Hälfte der kommunistischen Staaten wenig von ihrem Einfluss zu bemerken. Doch in Ungarn, in der Tschechoslowakei und vor allem in der Sowjetunion und in China leisteten die innerparteilichen Reformen größere Beiträge zur Veränderung des Systems, als es der Druck von außerhalb der Partei vermochte.[13]

Es liegt auf der Hand, dass nur eine Minderheit der Parteimitglieder gewillt war, das Regime von innen heraus zu reformieren. Zu den Personen, denen man Glauben schenken kann, wenn sie behaupten, sie seien mit genau diesem Ziel in die Partei eingetreten, zählt Ludmilla Alexejewa, die später eine prominente sowjetische Dissidentin wurde, nachdem sie erkannt hatte, dass »meine Überzeugung, die Partei könne von innen reformiert werden, lediglich eine Illusion gewesen war«.[14] Doch obwohl in der Sowjetunion keine Reform der kommunistischen Partei gelang – der Großteil der Parteiführung unterstützte im Jahr 1991 den Augustputsch, der die Uhr zurückdrehen sollte, um in die Zeiten vor der Perestroika zurückzukehren –, gingen die Veränderungen am gesamten politischen System sehr wohl von der Partei aus. Gorbatschow, der von »innerstrukturellen Dissidenten« beraten wurde, die lange auf jemanden wie ihn gewartet hatten, leitete die Reformen ein und setzte sie gegen den Widerstand der Konservativen in der Partei durch. Einige seiner Gegner waren schließlich so verzweifelt, dass sie den Generalsekretär der KPdSU (der zugleich Staatspräsident war) unter Hausarrest stellten.

Wenn nur eine Minderheit der radikalen Reformer in der KPdSU der Partei mit der erklärten Absicht beigetreten war, das *System* zu verändern, so stellt sich die Frage, was Parteimitglieder denn dazu bringen konnte, zu Reformern zu werden. In Kapitel 19 habe ich bereits die Äußerung eines tschechischen Ökonomen zitiert, der »das Scheitern als größten Anreiz zu Veränderungen« bezeichnet hat. Um unzureichende wirtschaftliche Leistungen oder fehlende Freiheit als Scheitern erkennen zu können, brauchte man jedoch Vergleichsmöglichkeiten. Und dann musste die politische Reaktion auf das Scheitern festgelegt werden: Sollte man die Disziplin erhöhen und die Kontrollen verschärfen, oder war es nötig, den Marktkräften freies Spiel zu lassen und den Bürgern mehr Freiheit zuzugestehen? Wie wir in Kapitel 23 gesehen haben, wurden viele Parteireformer sehr konkret vom Westen beeinflusst. Angehörige der politischen Elite und führende Spezialisten auf verschiedenen Gebieten, die zugleich Parteimitglieder waren, hatten sehr viel eher als der Durchschnittsbürger die Möglichkeit, in westliche Länder zu reisen, und was sie dort sahen und hörten, ging nicht spurlos an ihnen vorüber.

Dennoch kam der erste Anstoß zu einer Neuausrichtung oft nicht von Regimegegnern, sondern von Personen, die in gewissem Sinn »in der Ideologie beheimatet« waren. Kornai nimmt Bezug auf eine Zeit, in der er noch »zur Hälfte oder zu drei Vierteln Kommunist war«, und erklärt: »Ein Mensch, der sich in einer ähnlichen geistigen Verfassung wie ich zu jener Zeit befindet und Zweifel hegt, wird nicht von Thesen beeinflusst, die den bis dahin von ihm verfochtenen Vorstellungen kategorisch widersprechen, nein, er wendet sich nicht jenen Autoren zu, die die kommunistische Partei von außen attackieren.«[15] Kornai selbst wurde in jener Frühphase seiner intellektuellen Entwicklung von dem kommunistischen jugoslawischen Theoretiker Edvard Kardelj und von Isaac Deutschers Stalin-Biographie beeinflusst

Kritisches Denken innerhalb der Partei

(die er in deutscher Übersetzung las). Viele Reformer in den Reihen der Einheitsparteien brachen schrittweise mit der kommunistischen Orthodoxie. Zunächst wurden sie sich der Grausamkeit des Stalinismus bewusst, auch wenn sie weiterhin glaubten, dass die kommunistische Partei ein Machtmonopol haben sollte und dass sich alles zum Guten wenden würde, sofern man zu den Grundsätzen des Leninismus zurückkehrte. Doch viele dieser Personen erreichten im Lauf der Zeit einen Punkt, an dem sie, wie Kornai erklärt, »begriffen, dass das *reale* System, das sich in der Sowjetunion und den übrigen kommunistischen Staaten entwickelt hatte, nicht nur Stalins, sondern auch Lenins und sogar einigen von Marx' grundlegenden Vorstellungen entsprach«.[16]

Im Allgemeinen bewegte diese Erkenntnis die reformorientierten Parteimitglieder jedoch nicht dazu, direkte Kritik an Lenin zu äußern. Stattdessen nahmen sie an einem Krieg der Zitate teil und griffen alles auf, was sie in Lenins umfangreichen Schriften finden konnten, um ihre Argumentation zu stützen. Vor allem in der Sowjetunion wurde noch Ende der achtziger Jahre auf Lenin zurückgegriffen, um politische Ansichten zu legitimieren. Selbst Alexander Jakowlew, der im postsowjetischen Russland kein Geheimnis aus seinem Abscheu gegenüber Lenin machte, hatte diesen noch 1989 voller Ehrerbietung zitiert.[17] Gorbatschow hielt Lenin auch nach seinem Sturz weiter in Ehren, andererseits jedoch brach er in einer grundlegenden Frage nach der anderen mit dem *Leninismus*.[18] Im Jahr 1987 löste er sich vom demokratischen Zentralismus und wandte sich dem »sozialistischen Pluralismus« zu. Anfang 1990 ging er zum »politischen Pluralismus« über. Er gestand die Notwendigkeit einer demokratischen Gewaltenteilung ein und erkannte die Bedeutung der Rechtsstaatlichkeit an. Als die Entwicklung seiner politischen Überzeugungen abgeschlossen war, waren diese praktisch nicht mehr von denen der westeuropäischen Sozialdemokratie zu unterscheiden. Noch als Generalsekretär des Zentralkomitees der KPdSU verriet Gorbatschow seinen Mitarbeitern, dass er der Sozialdemokratie zuneige.

Diese Entwicklung ist auch aus den großen programmatischen Dokumenten zu ersehen, die die KPdSU in den Jahren 1990 und 1991 beschloss. Vor allem brach Gorbatschow mit Lenin, indem er eingestand, dass in der Politik die Wahl der Mittel ebenso bedeutsam sei wie die Ziele, und dass die Verwirklichung utopischer Vorhaben, die wahrscheinlich in allen Fällen illusorisch seien, zusätzlich erschwert werde, wenn man sie gewaltsam und mit undemokratischen Mitteln verfolge.

Transformation von oben und institutionelle Macht

Die weitgehend friedliche Lösung vom Kommunismus in der Sowjetunion wurde durch eine ähnliche Evolution der Ansichten einer kleinen Minderheit von Parteifunktionären und einer größeren Minderheit von Parteiintellektuellen ermöglicht, die sich bereits in Verantwortungspositionen befanden. Jemand, der so dachte wie Gorbatschow 1988 oder gar in den Jahren 1990/91, hätte 1985 unmöglich Generalsekretär der KPdSU werden können, es sei denn, er wäre ein begnadeter Schauspieler gewesen, der seine tatsächliche Einstellung vollkommen verborgen hätte. Als Gorbatschow Parteichef wurde, war er zwar bereits sehr viel reformfreudiger, als seinen Kollegen im Politbüro bewusst war, aber zu jenem Zeitpunkt hatte er keine *Umwandlung*, sondern eine *Reform* des Systems im Sinn. Die weitere Entwicklung seiner Vorstellungen war von größter Bedeutung, da er bereits die wichtigste Position im institutionellen Machtzentrum des sowjetischen Systems bekleidete und damit der einflussreichste Politiker in der kommunistischen Welt war.

Lech Wałęsa war der seltene Fall eines politischen Führers außerhalb der kommunistischen Partei, der erheblichen Einfluss auf die Politik der Einheitspartei nahm. In den Jahren 1980/81 zwang er an der Spitze von Solidarność das Regime immer weiter in die Defensive – so lange, bis dieses zur Gegenoffensive überging und das Kriegsrecht verhängte. Selbst innerhalb der Staatspartei war die höchste Autorität für gewöhnlich allein dem Parteichef vorbehalten (gleichgültig, ob dieser nun als Generalsekretär, Erster Sekretär oder Vorsitzender bezeichnet wurde). Aber Deng Xiaoping hatte eine solche Vormachtstellung in seinen letzten Jahren sogar noch inne, nachdem er seine Parteiämter aufgegeben hatte. Er hatte sich durch seinen langjährigen Dienst an der Partei beträchtlichen Respekt erworben. Auch Boris Jelzin war in den Jahren 1989 bis 1991 ein einflussreicher politischer Führer, obwohl er abgesehen von einer nominellen ZK-Mitglied-

Transformation von oben und institutionelle Macht

schaft keine wichtige Funktion in der Partei bekleidete und im Juli 1990 sogar aus der KPdSU austrat. Doch zu diesem Zeitpunkt hatte das System bereits derart einschneidende Veränderungen hinter sich, dass eine Wahl in staatliche Ämter – in Jelzins Fall zunächst ins Unionsparlament, dann ins russische Parlament und schließlich ins russische Präsidentenamt – eine sehr gute Alternative darstellte und sogar mehr Autorität und Legitimität verleihen konnte als ein Parteiamt.

Doch selbst einem reformwilligen Parteichef wie Gorbatschow wären die Hände gebunden gewesen, hätte es nicht auch auf niedrigeren Ebenen der Parteihierarchie eine Reihe von Personen gegeben, deren Weltbild sich weiterentwickelte. Tatsächlich gab es solche Personen. Jakowlew war von Gorbatschow in den Parteiapparat zurückgeholt und außergewöhnlich rasch befördert worden. Schewardnadse war ein relativ aufgeklärter Erster Sekretär der georgischen KP gewesen und wurde von Gorbatschow überraschend zum Nachfolger Gromykos als Außenminister bestellt. Die Leiter zweier ZK-Abteilungen, Tschernajew (Auslandsabteilung) und Schachnasarow (Abteilung für sozialistische Länder), wurden zu einflussreichen Beratern Gorbatschows. Sie und andere aufgeklärte Politiker in Gorbatschows Beraterkreis unterstützten seine innovative Außenpolitik und die Reform des politischen Systems nachdrücklich und leisteten wichtige Beiträge zum »Neuen Denken«, das sich insbesondere in der Außenpolitik durchsetzte. Das Weltbild dieser Personen hatte sich aufgrund ihrer Kontakte zur Intelligenzija im eigenen Land und ihrer Begegnungen mit der Außenwelt Schritt für Schritt grundlegend geändert. (Schewardnadse war eine Ausnahme. Er pflegte enge Kontakte zur georgischen Intelligenzija, war bis zu seiner Ernennung zum Außenminister jedoch kaum mit dem »Ausland« in Berührung gekommen.) Wie Gorbatschow hatten diese Parteifunktionäre in ihrer Jugend die offizielle Doktrin der stalinistischen UdSSR als selbstverständlich hingenommen. Doch als sich die achtziger Jahre dem Ende zuneigten, hatte ihre politische Entwicklung sie in die Nähe der Sozialdemokratie geführt.

Was kam zuerst: Krise oder Reform?

Vor 1985 wurde von vielen Seiten die Ansicht geäußert, auf lange Sicht könne das kommunistische System ohne Reformen nicht überleben. Das war zweifellos richtig, und der chinesische Fall ist ein Beispiel für ein Regime, dem es mit auf die Wirtschaft beschränkten Reformen – zumindest bisher – gelungen ist, zahlreiche wesentliche Merkmale des kommunistischen Systems zu erhalten. Die Perestroika hat jedoch gezeigt, dass der Kommunismus eine radikale Reform des *politischen Systems* nicht überlebt. In dem Moment, da politischer Pluralismus herrscht, hat es einfach keinen Sinn mehr, ein System als kommunistisch zu bezeichnen.

Die Durchführung der Reformen in der Sowjetunion hatte dazu geführt, dass innerhalb der bisherigen Einheitspartei Gegensätze zutage traten. Die bis dahin mächtigsten Einrichtungen des Landes – das Politbüro und das ZK-Sekretariat – begannen widersprüchliche Signale an die Gesellschaft zu senden, denn ihre Mitglieder strebten offenkundig in verschiedene Richtungen. Als die Demokratisierung einmal die herrschende Partei ergriffen hatte, konnte sie nicht lange auf diese beschränkt bleiben. Es stellte sich heraus, dass es eine logische Verbindung zwischen den beiden wichtigsten politischen Merkmalen eines kommunistischen Systems gab: Das Machtmonopol der Partei hing von der Aufrechterhaltung des demokratischen Zentralismus ab. Als die strikte Beschränkung der politischen Debatte und die strenge zentrale Steuerung des Informationsflusses gelockert wurden, verlor die Kommunistische Partei rasch die totale Kontrolle über die Machtinstrumente. Schon vor der Legalisierung konkurrierender politischer Parteien bedingten die demokratischen Reformen des politischen Systems eine rasante Erosion der »führenden Rolle« der Partei.

In der Sowjetunion führte eher die Reform zur Krise als umgekehrt. Im Jahr 1985 war die Existenz des kommunistischen Systems und des sowjetischen Staates nicht bedroht. Im Jahr 1989 standen beide vor dem Zusammenbruch. Eine Mehrheit der Angehörigen des Apparats des Einparteienstaats wollte das System und den Staat unbedingt erhalten, da sie der Überzeugung war, die Schicksale der beiden seien untrennbar miteinander verbunden. Aber Ende der achtziger Jahre hatten Gorbatschow und der reformwillige Flügel der

Parteiführung bereits Änderungen durchgesetzt, die den Charakter des politischen Systems verwandelt hatten. Ab 1988 verfolgte diese Gruppe gezielt Modifikationen des Systems, aber ihr schwebte kein plötzlicher Kollaps, sondern eine beschleunigte Evolution vor. Während diese Politiker sehr wohl beabsichtigten, das *kommunistische System* aufzulösen, wollten Gorbatschow und die meisten seiner Berater einen Zerfall des *sowjetischen Staates* unbedingt verhindern. Sie waren sich jedoch der engen Beziehung zwischen Mitteln und Zielen bewusst und nicht bereit, mit einer gewaltsamen Unterdrückung der separatistischen Bestrebungen die Liberalisierung und Demokratisierung des politischen Systems zunichte zu machen. Die politischen Vorstellungen Gorbatschows und ähnlich denkender Politiker wie Jakowlew, Tschernajew und Schachnasarow hatten sich mit unterschiedlicher Geschwindigkeit und verschiedenen Einschränkungen entwickelt: Anfangs hatten sie das System reformieren wollen, schließlich schwebte ihnen ein »dritter Weg« vor, ein neues Modell für den »Sozialismus mit menschlichem Antlitz«. Im Jahr 1989 verwendete Gorbatschow diesen im Prager Frühling entstandenen Ausdruck, der Breschnew noch in Rage versetzt hatte, da er auf *seinem* Gesicht und dem des von ihm repräsentierten Systems einen Makel hinterließ.

Doch Gorbatschow (dessen persönliche Entwicklung aufgrund seiner institutionellen Macht als Generalsekretär und ab März 1990 auch als Präsident so große Bedeutung hatte) ging noch weiter. Im Jahr 1991 dachte er bereits nicht mehr daran, etwas aufzubauen, was es bis dahin noch nicht gegeben hatte; vielmehr strebte er eine Gesellschaft an, die nach den greifbaren Verbesserungen im politischen Leben vergleichbare Fortschritte des Lebensstandards ermöglichen würde. Mit anderen Worten: Er übernahm das Modell der europäischen Sozialdemokratie oder die soziale Marktwirtschaft der Bundesrepublik. Selbstverständlich gelang es Gorbatschow und seinen Mitarbeitern auch nicht annäherungsweise, dieses wirtschaftliche Ziel zu erreichen. Die Frage, ob das ohne den Putschversuch im August 1991 letzten Endes gelungen wäre und ob die Auflösung der Sowjetunion in diesem Fall vielleicht nicht vollständig, sondern nur partiell gewesen wäre, muss unbeantwortet bleiben. In jedem Fall hatte die Perestroika sehr viel bewirkt. Die Menschen hatten die Furcht vor dem Staat verloren und genossen ein bis dahin ungekanntes Maß an Freiheit. Es fanden Wahlen statt, an denen tatsächlich konkurrierende Parteien teilnahmen, und die Regierung wurde einer demokratischen Rechenschaftspflicht unterworfen. Nicht von ungefähr hörte der sowjetische Staat kurze Zeit später auf zu existieren. Die Aufgabe, einen demokratisierten Vielvölkerstaat zusammenzuhalten, in dem jede Nation eine lange Liste von Klagen vorzubringen hatte, war sehr viel schwieriger als die Erhaltung der Sowjetunion mit einem autoritären Staatsapparat. Bis Mitte der achtziger Jahre war jede Manifestation des Nationalismus rücksichtslos unterdrückt worden. Doch mit dem Ende der Repression stiegen die Erwartungen, und der sowjetische Staat wurde rasch in Frage gestellt.

Ungehinderter Informationsfluss

»Es ist ein Gesetz der Soziologie, dass die Abhängigkeit der staatlichen Politik von der öffentlichen Meinung steigt, wenn man den Menschen mehr Informationen gibt.« Diese Einschätzung äußerte Rafael Safarow, ein armenischer Soziologe und hochrangiger Forscher am Institut für Staats- und Rechtswissenschaften in Moskau, in den siebziger Jahren in einem Gespräch mit dem Autor. Möglicherweise war es ein wenig hoch gegriffen, diesen Zusammenhang als soziologische Gesetzmäßigkeit zu bezeichnen, aber die Verallgemeinerung war durchaus angebracht. Denselben Standpunkt vertrat Safarow etwas ausführlicher in seinem Buch *Öffentliche Meinung und staatliche Verwaltung*, das 1975 in einer Auflage von 6000 Exemplaren in Moskau erschien.[19] Obwohl die im selben Jahr unterzeichnete Helsinki-Schlussakte die Vertragsstaaten verpflichtete, eine »freiere und umfassendere Verbreitung von Informationen aller Art zu erleichtern«,[20] war kein kommunistischer Staat bereit, dies tatsächlich zu tun. Erst etwa drei Jahre nach Beginn der Perestroika wurde der ungehinderte Informationsfluss in der Sowjetunion zu einer politischen Realität. Erst dann begann eine öffentliche Meinung nach westlichem Verständnis eine tatsächliche Rolle in der Politik zu spielen. Es stellte sich heraus, dass die besser informierte Öffentlichkeit tatsächlich sehr viel kritischer gegenüber Partei und Staat wurde. Sogar der Reformflügel der Führung, der in den ersten vier Jahren der Perestroika die Veränderungen vorangetrieben hatte, konnte in

Ungehinderter Informationsfluss

den letzten beiden Jahren des sowjetischen Staates oft nur noch auf die öffentliche Meinung reagieren, anstatt gestaltend auf sie einzuwirken.

Obwohl man die Bedeutung der institutionellen Veränderungen, die auf der 19. Parteikonferenz im Jahr 1988 beschlossen wurden – hier ist insbesondere die Durchführung von Parlamentswahlen mit konkurrierenden Kandidaten zu nennen –, kaum überschätzen kann, sollte auch die frühere Einführung von Glasnost nicht unterschätzt werden, und das bezieht sich nicht nur auf das Konzept, sondern auch auf Glasnost als sich entfaltende Realität. Glasnost und die institutionelle Erneuerung ergänzten einander. Als Wahlen mit konkurrierenden Kandidaten stattfanden und die Ergebnisse von Umfragen zu umstrittenen politischen Fragen in den Massenmedien veröffentlicht wurden, konnte die öffentliche Meinung konkreten Einfluss ausüben.[21] Ende der achtziger Jahre war Glasnost fast gleichbedeutend mit Redefreiheit, und der Informationsfluss hatte ein in der Sowjetunion beispielloses Ausmaß erreicht. Die Störung ausländischer Sender war eingestellt worden, aber die sowjetischen Massenmedien hatten sich derart verändert, dass sich sogar ausgesprochen kritische Bürger in erster Linie in den heimischen Zeitungen und insbesondere in den radikalen Wochenzeitungen und Zeitschriften informierten. Es überrascht nicht, dass sich in fast jeder Versammlung des Politbüros konservative Kommunisten darüber beklagten, dass die Partei die Kontrolle über die Presse verloren habe. Ein ungehinderter Informationsfluss war nicht mit dem kommunistischen System vereinbar. Autoritäre Regime sind auf die staatliche Zensur angewiesen und fördern die Selbstzensur. Die staatliche Zensur löste sich in der Perestroika auf, noch bevor sie durch ein aufgeklärtes Pressegesetz ersetzt wurde. Die Selbstzensur verschwand in der neuen Atmosphäre der Toleranz. Die Redefreiheit und die Möglichkeit zur ungehinderten Publikation abweichender Meinungen wurden zu den wichtigsten Manifestationen des neuen Pluralismus und verwandelten sich in ein Bollwerk gegen restaurative Bestrebungen.

Der internationale Kontext

Der Zusammenbruch des Kommunismus muss natürlich auch im Kontext der internationalen Entwicklungen betrachtet werden. Da die Sowjetunion die Hegemonialmacht in Osteuropa war, liefert die Transformation ihres politischen Systems und ihrer Außenpolitik eine ausreichende Erklärung für den Untergang all jener Regime, die ihre Entstehung der sowjetischen Militärmacht verdankten. Die mit dem Bruch zwischen der Sowjetunion und Jugoslawien beginnenden Veränderungen in der internationalen kommunistischen Bewegung hatten sich bereits auf die Vorstellungen der Mitglieder der kommunistischen Parteien ausgewirkt. Der Wandel Chinas nach Mao Tsetungs Tod war noch bedeutsamer. Während sich die herrschenden kommunistischen Parteien, darunter auch die KPdSU, in den sechziger und zu Beginn der siebziger Jahre gegen den von China erhobenen Vorwurf des »Revisionismus« wehren mussten, hatte die Wirtschaftsreform Mitte der achtziger Jahre in China größere Fortschritte gemacht als in der Sowjetunion und Osteuropa, wo nur Ungarn vergleichbare Reformen bewerkstelligt hatte (die dort im Gegensatz zu China mit einer politischen Lockerung einhergingen).

Obwohl die Konflikte innerhalb der internationalen kommunistischen Bewegung abebbten, bot sie kein Bild der Geschlossenheit mehr. Noch größeren Eindruck als diese Uneinheitlichkeit machte allerdings die Entspannung in den Ost-West-Beziehungen. Man kann nicht sagen, dass der Zusammenbruch des Kommunismus in Europa durch das Ende des Kalten Krieges herbeigeführt wurde, denn der Zerfall des kommunistischen Systems in der Sowjetunion und die qualitative Verbesserung der Beziehungen zwischen der Sowjetunion und den Vereinigten Staaten sowie Westeuropa gingen Hand in Hand. Allerdings hatten die Hardliner in der Sowjetunion und Osteuropa die Spannungen im Kalten Krieg stets für sich nutzen können. Unmittelbar nach dem Zweiten Weltkrieg waren die Westmächte (vor allem die Vereinigten Staaten) durchaus bereit gewesen, Osteuropa als Einflussbereich der Sowjetunion zu betrachten. Doch als Stalin diesen Ländern Systeme sowjetischen Typs aufzwang, trug er damit wesentlich zur Entwicklung des Kalten Krieges bei. Die Feindseligkeit wurde durch verschiedene Schritte beider Seiten angefacht, darunter die sowjetischen Militärinterventionen in Ungarn im Jahr 1956 und

Der internationale Kontext 801

in Afghanistan 1979. Die Niederschlagung des Prager Frühlings im Jahr 1968 hinterließ in Westeuropa einen größeren Eindruck als in den Vereinigten Staaten, obwohl schon bald darauf sowohl Europa als auch die USA die Beziehungen zur Sowjetunion unter Breschnew verbesserten und Anfang der siebziger Jahre die Entspannungspolitik einleiteten.

Paradox ist, dass der Kalte Krieg, der im Westen als Auseinandersetzung gesehen wurde, in der es darum ging, den Kommunismus einzudämmen und die Sowjetunion in Schach zu halten, zur Erhaltung des sowjetischen Systems beitrug. Zwar belastete das Wettrüsten die sowjetische Wirtschaft sehr viel mehr als die amerikanische (wobei die Belastung auch im Fall der USA keineswegs zu vernachlässigen war),[22] aber wie Alec Nove bemerkt hat: »Die Planwirtschaft, die totale Kontrolle der Partei, die Zensur und die Aktivitäten des KGB waren nach Ansicht der Führung und auch in den Augen vieler Untertanen gerechtfertigt, da sie notwendig waren, um sich gegen die inneren und äußeren Feinde zu behaupten.«[23]

Auf der einen Seite wurde die sowjetische Wirtschaft durch die exzessiven Rüstungsausgaben übermäßig beansprucht und aus dem Gleichgewicht gebracht. Auf der anderen Seite versetzte gerade der Kalte Krieg die Parteiführung in die Lage, die Kontrolle zu wahren und sich sogar die Loyalität großer Teile der Gesellschaft zu sichern und die wichtige Rolle des militärisch-industriellen Komplexes und der Sicherheitsdienste im System zu rechtfertigen. Je eisiger die Ost-West-Beziehungen in der Nachkriegszeit, desto stärker war die Position der Hardliner in der sowjetischen Führung. Zu den Nebeneffekten von Gorbatschows Bemühungen um eine Beendigung des Kalten Krieges, bei denen er in Ronald Reagan einen sehr viel aufgeschlosseneren Partner fand, als viele auf beiden Seiten des Atlantiks erwartet hatten, zählten eine institutionelle Schwächung des Verteidigungsministeriums und des KGB innerhalb des sowjetischen Systems und ein rascher Verlust an Einfluss auf Seiten der konservativen Gegner der innenpolitischen Reformen.

Vor der Perestroika war es in den USA und der UdSSR bestenfalls gelungen, sich auf bestimmte Spielregeln zu einigen und so umsichtig miteinander umzugehen, dass eine Eskalation bis zu einem Atomkrieg vermieden werden konnte. Das hatten die beiden Mächte immerhin aus der Kubakrise gelernt. Doch erst der Machtantritt

Gorbatschows, die Ernennung seiner neuen außenpolitischen Mannschaft und seine Bereitschaft, die grundlegenden Probleme in den Ost-West-Beziehungen in einem neuen Licht zu sehen, ermöglichten eine qualitative Veränderung der Beziehungen. Ende 1988 hielten Ronald Reagan, George Shultz und Margaret Thatcher den Kalten Krieg für beendet. Reagans Besuch in Moskau im Sommer 1988 war dafür ein psychologisches Signal, und Gorbatschows Rede vor den Vereinten Nationen im Dezember desselben Jahres schloss dieses Kapitel der Geschichte ideologisch ab. Doch besiegelt wurde das Ende des Kalten Krieges erst dadurch, dass die Länder Osteuropas im Lauf des Jahres 1989 die Unabhängigkeit erlangten und die kommunistischen Systeme zerschlugen. Gerassimow, der gewandte Pressesprecher des Außenministeriums, lieferte das passende Bonmot (in englischer Sprache), als er am Ende des harmonischen Gipfeltreffens zwischen Gorbatschow und George H. W. Bush in Malta im Dezember 1989 erklärte: »Wir haben den Kalten Krieg auf dem Grund des Mittelmeers versenkt.« Einige Monate zuvor hatte Gerassimow das Ende der »Breschnew-Doktrin« verkündet, die nun durch die »Frank-Sinatra-Doktrin« ersetzt worden sei: Die Sowjetunion, so Gerassimow, gestehe den Osteuropäern zu, »to do it *their* way«.

KAPITEL 30

Was ist vom Kommunismus geblieben?

In Europa, wo der Kommunismus seinen Ursprung hat, ist kaum etwas von ihm geblieben. Noch Mitte der achtziger Jahre wurde die Hälfte der europäischen Staaten von marxistisch-leninistischen Parteien beherrscht. Heute regieren die Kommunisten nirgendwo mehr auf diesem Kontinent, und sie haben in keinem einzigen Land eine Chance, an die Macht zu kommen. Sowohl in Ost- als auch in Westeuropa sind die kommunistischen Parteien nur noch ein Schatten ihrer selbst. Sogar die Kommunistische Partei der Russischen Föderation (KPRF), die noch in den neunziger Jahren zur Zeit der Regierung Jelzin die stärkste Oppositionspartei war, scheint am Ende ihrer Kräfte zu sein. Im Herbst 2008 trat ein Ereignis ein, das früher einmal ein politisches Geschenk für die Kommunisten gewesen wäre: eine globale Krise des Kapitalismus! Auch Russland blieb nicht verschont. Ende Oktober hatte der Aktienindex der Moskauer Börse im Jahresverlauf 70 Prozent seines Wertes eingebüßt.[1] Doch die KPRF erwies sich nicht nur als unfähig, die wirtschaftlichen Schwierigkeiten zu ihrem Vorteil zu nutzen. Sie hielt sich sogar bewusst zurück, um die Turbulenzen auf dem Finanzmarkt nicht noch zu verschärfen. ZK-Sekretär Oleg Kulikow erklärte, seine Partei werde die Regierung nicht öffentlich kritisieren, da dies »dem Markt und dem Programm zur Krisenbewältigung nur schaden würde«.[2] Das war zwar sehr patriotisch, hatte jedoch wenig mit dem zu tun, was Marx, Engels und Lenin einst verkündet hatten. Selbstverständlich hatten die kommunistischen Parteien, darunter nicht zuletzt die russische, schon früher vieles gesagt und getan, was eigentlich nicht mit der von Marx und Engels entwickelten Doktrin vereinbar war. Dennoch war der Einfluss der Gründerväter stets groß, vor allem in den frühen Jahren der Entwicklung der kommunistischen Parteien. Als die weltweite Finanzkrise in der zweiten Jahreshälfte 2008 einen Höhepunkt erreichte, stieg zumindest die Zahl der in Deutschland verkauften Exemplare von *Das Kapital*, aber die marxistisch-leninistischen Parteien erwachten weder dort noch anderswo in Europa zu neuem Leben.

Auch außerhalb Europas wurde die Bewegung, die die herrschenden kommunistischen Parteien hinwegspülte, nur in den wenigsten Fällen umgekehrt. Den mit Abstand bemerkenswertesten Erfolg feierte eine solche Partei im 21. Jahrhundert auf dem Kontinent, auf dem der Kommunismus das größte Beharrungsvermögen bewiesen hat. In Nepal, das zwischen China und Indien liegt, weniger als 30 Millionen Einwohner hat und von den internationalen Verkehrswegen abgeschnitten ist, ging im April 2008 eine Partei, die sich selbst als maoistisch bezeichnet, siegreich aus freien Wahlen hervor. Die »Kommunistische Partei Nepals (Vereinigte Marxisten-Leninisten)« wurde zur dominierenden Kraft in einer Koalitionsregierung. Einen Monat nach der Wahl wurde die nepalesische Monarchie, die rund 240 Jahre Bestand gehabt hatte, abgeschafft. Das im Wesentlichen repräsentative Präsidentenamt überließ man dem Nichtkommunisten Ram Baran Yadav, während der Führer der Kommunistischen Partei, Pushpa Kamal Dahal, die sehr viel einflussreichere Position des Ministerpräsidenten übernahm (Dahal lässt sich lieber mit seinem Kampfnamen Prachanda – »der Kämpferische« – ansprechen).

Der kommunistischen Machtergreifung in Nepal war ein erst 2006 beendeter jahrelanger Bürgerkrieg vorausgegangen, der mehr als 12 000 Menschen das Leben kostete. Die Partei verfolgte einerseits die maoistische Strategie, den Krieg auf das Land zu tragen, und errang andererseits auf legalem Weg die Macht. Da der riesige Nachbar China mittlerweile eine alles andere als maoistische Politik betreibt, ist es fraglich, ob sich Nepal wirklich in einen kommunistischen Staat verwandeln kann. Die Wirtschaft des Landes hängt vom Handel mit Indien ab, und Prachanda hat erklärt, Nepal werde am Parteienpluralismus, an der Zusammenarbeit mit ausländischen Investoren und an der Privatwirtschaft festhalten. Das Land ist bettelarm – das ist einer der Gründe für den Erfolg der Maoisten –, und trotz der beherrschenden Stellung der Kommunistischen Partei in der Regierung wäre es voreilig, zu behaupten, dass sich die Zahl der existierenden kommu-

Was ist vom Kommunismus geblieben?

nistischen Staaten von fünf auf sechs erhöht hat. Wir müssen die weitere Entwicklung abwarten, aber gegenwärtig scheint nicht nur das politische System des Landes, sondern auch die Ideologie der herrschenden Partei eine Übergangsphase zu durchlaufen. Sie muss sich einem internationalen Umfeld anpassen, das sich sehr von jenem unterscheidet, in dem mehrere asiatische kommunistische Parteien im 20. Jahrhundert an die Macht gekommen sind.[3]

Es gibt keine internationale kommunistische Bewegung mehr. Die letzten beiden der sechs Merkmale eines kommunistischen Systems, mit denen wir uns in Kapitel 6 befasst haben, sind fast vollkommen verschwunden. Eines dieser beiden Merkmale war die Existenz einer solchen internationalen kommunistischen Bewegung. Diese transnationale Bewegung, die ihr Zentrum einst in Moskau hatte – obwohl Maos China einen alternativen Bezugspunkt darstellte –, hat sich aufgelöst, und mit ihr ist die Bestrebung verschwunden, eine kommunistische Gesellschaft aufzubauen. Die wenigen kommunistischen Parteien, die noch an der Macht sind, halten trotz ihrer Lippenbekenntnisse nicht einmal in der Theorie am Aufbau einer Gesellschaft ohne Staat fest, obwohl diese nach Marx die »unvermeidliche« höchste Entwicklungsstufe der menschlichen Gesellschaft darstellt.

Der Grund dafür, dass es immer noch sinnvoll ist, den größten und wichtigsten Staat, der weiterhin von einer kommunistischen Partei regiert wird, als kommunistischen Staat zu bezeichnen, ist darin zu suchen, dass die KPCh ihr Machtmonopol und die für den demokratischen Zentralismus charakteristische streng hierarchische Organisation und Disziplin der Partei bis heute aufrechterhält. Dennoch haben wir es in China in vielerlei Hinsicht mit einem Hybridsystem zu tun. Die chinesische Wirtschaftspolitik hat sich derart weit von der kommunistischen Orthodoxie entfernt, dass das System sogar schon als »Einparteienkapitalismus« bezeichnet wurde.[4] Doch die »führende Rolle der Partei« und der demokratische Zentralismus prägen nicht nur den politischen Charakter der KPCh, sondern bleiben die tragenden Säulen des weiterhin ausgesprochen autoritären (wenn auch nicht mehr totalitären) Systems.

Dennoch wurde die Ideologie in wesentlichen Bereichen den Veränderungen in der Welt angepasst, und in der Wirtschaftspolitik hat die chinesische Führung kühne Neuerungen gewagt. Deng Xiaoping brachte den wachsenden Pragmatismus zum Ausdruck, als er er-

klärte, es werde viele Generationen dauern, das erste Stadium des Sozialismus zu erreichen. Gemeint war ein Zeitraum von mehreren
hundert Jahren. Das führte allerdings zu der Frage, wann denn mit
dem letzten Stadium zu rechnen sei, dem Kommunismus? Tatsächlich wurde das Ziel der Errichtung des Kommunismus derart weit in
die Zukunft verschoben, dass dieses Vorhaben offensichtlich nicht
einmal mehr zu den langfristigen Vorhaben der chinesischen Kommunisten zählt. Tatsächlich gibt es in China heute kaum ein Interesse
daran, den Sozialismus zu errichten – vom Kommunismus ganz zu
schweigen. Chris Patten, der letzte britische Gouverneur Hongkongs
und ein Kenner Chinas, hat einmal bemerkt: »In China ist nichts
mehr vom Marxismus übrig, aber es gibt noch kleine Reste des Leninismus.«[5] Diese Einschätzung ist, meine ich, nur geringfügig übertrieben.

Damit erfüllt China nur noch die beiden wichtigsten politischen
Kriterien für eine Einstufung als kommunistisches System. Von den
wirtschaftlichen Kriterien hat sich das Land seit Maos Tod weit entfernt. Die Zugeständnisse an den Markt sind derart umfassend, dass
mittlerweile nicht mehr von einer Planwirtschaft die Rede sein kann.
Was das Eigentum an den Produktionsmitteln anbelangt, so gibt es
immer noch einen großen Staatssektor, aber im Jahr 2006 wurde bereits fast die Hälfte des chinesischen Bruttoinlandsprodukts von Privatunternehmen erwirtschaftet, und deren Anteil an der Industrieproduktion lag bei mehr als zwei Dritteln.[6] Mit dieser Entwicklung
ging eine deutliche Zunahme der wirtschaftlichen Ungleichheit einher, die vor allem zwischen den Städten und dem ländlichen Raum
eine tiefe Kluft aufriss. In China ist die Ungleichverteilung deutlich
ausgeprägter als im europäischen Durchschnitt und etwas größer als
in den Vereinigten Staaten.[7]

Tatsächlich gibt die Kluft zwischen Reich und Arm in China Anlass
zu wachsender Sorge. China mag zur Werkstatt der Welt geworden
sein, aber viele Menschen zahlen einen hohen Preis dafür. Im Jahr
2007 starben in China 101 480 Menschen bei Arbeitsunfällen. Zum
Vergleich: In Großbritannien waren im selben Jahr 229 Tote durch
Arbeitsunfälle zu beklagen.[8] Diese Differenz steht in keinem Verhältnis zur Bevölkerungszahl – Chinas Bevölkerung ist etwa 22-mal so
groß wie die Großbritanniens. Dieses gewaltige Missverhältnis hat
viel mit den unterschiedlichen Bedingungen zu tun, unter denen die

Beschäftigten in diesen beiden Ländern arbeiten, aber die Hauptursache ist die fehlende demokratische und rechtliche Rechenschaftspflicht in China. Wenn die Politiker nicht demokratisch gewählt sind und die wirtschaftlichen und politischen Führungskräfte nicht von einer unabhängigen Justiz zur Rechenschaft gezogen werden können, breiten sich unsichere Arbeitsbedingungen und Korruption (übrigens in allen asiatischen kommunistischen Staaten ein großes Problem) ungehindert aus.

Die kommunistische Führung Chinas zeigt wenig Interesse an der Demokratie, wie sie in den westlichen Ländern verstanden wird, aber sie hat sich sehr bemüht, die politische Wortwahl und das maoistische Erbe zu überdenken. Es ist kaum bekannt, dass die Führung der KPCh, nachdem sie die kommunistische Utopie aufgegeben hatte, kurz davor stand, sich auch von der Bezeichnung »Kommunistische Partei« zu trennen. Zu Beginn dieses Jahrhunderts dachte die Parteiführung darüber nach, das Wort »kommunistisch« aus dem Parteinamen zu streichen, da es in der übrigen Welt wenig Anklang fand. Letzten Endes nahm man von der Namensänderung Abstand. Doch gegen die Änderung sprachen nicht in erster Linie Ideologie und Tradition, das heißt die Treue zur Doktrin von Marx, Engels, Lenin und Mao. Den Ausschlag gab vielmehr das praktische Argument, dass einige (und möglicherweise viele) Mitglieder zu dem Schluss gelangen könnten, dies sei nicht mehr die Partei, der sie sich angeschlossen hätten. Man fürchtete das Aufkommen einer konkurrierenden kommunistischen Partei. So hätte man ungewollt den Anstoß zur Entwicklung eines Mehrparteiensystems geben können. Es ging also darum, das Machtmonopol der Einheitspartei aufrechtzuerhalten. Die Parteiführung hatte nicht die Absicht, politischen Pluralismus zuzulassen. Daher blieb der Name der Partei unverändert.[9]

Doch im heutigen China wird der demokratische Zentralismus nicht mehr so rigide gehandhabt wie in der Vergangenheit. Es finden Diskussionen darüber statt, welche Art von Reformen das Land braucht, und die chinesische Führung hat sich bemüht, die richtigen Lehren aus dem Zusammenbruch des Kommunismus in der Sowjetunion und Osteuropa zu ziehen. Der frühere Leiter der Propagandaabteilung der Partei, Wang Renzhi, war keineswegs der einzige Teilnehmer an der parteiinternen Debatte, der zu dem Schluss gelangte, die KPCh werde einen weiteren Schritt »auf der rutschigen abschüssigen Straße in den politischen Untergang« tun, sollte sie »den Weg des europäischen demokratischen Sozialismus« einschlagen.[10]

In allen verbliebenen kommunistischen Staaten – China, Kuba, Laos, Nordkorea und Vietnam – ist es bisher gelungen, die führende Rolle der Partei und den demokratischen Zentralismus aufrechtzuerhalten. Tatsächlich ist dies der wichtigste Grund dafür, dass man diese Staaten weiterhin als kommunistisch bezeichnen kann. Hingegen weisen sie die wirtschaftlichen Merkmale eines kommunistischen Systems mittlerweile in sehr unterschiedlichem Umfang auf. Diese Merkmale sind das Staatseigentum an den Produktionsmitteln und die Planwirtschaft. Wie wir gesehen haben, handelt es sich im chinesischen Fall bereits um eine gemischte Wirtschaft, was die Eigentumsverhältnisse anbelangt, und die Planwirtschaft wurde im Wesentlichen durch eine Marktwirtschaft ersetzt. Vietnam hat den Weg des postmaoistischen China nachvollzogen. Ab 1986 führte dieses Land ebenfalls Reformen durch, die die Entfaltung des Marktes fördern sollten. Es gibt sogar Beobachter, die sowohl China als auch Vietnam als »postkommunistische« Länder einstufen, obwohl sie sich der Stärke der Institutionen des Einparteienstaats in beiden Ländern bewusst sind.[11] Welcher Kategorie man diese Länder zuordnet, hängt offenkundig davon ab, welches relative Gewicht man den politischen und den wirtschaftlichen Kriterien bei der Definition eines kommunistischen Systems beimisst. Die politischen Institutionen beider Länder sind kommunistisch, und sie bekennen sich – sei es auch wenig überzeugend – zu den Lehren von Marx, Engels und Lenin (zu denen in China noch Mao Tse-tung und Deng Xiaoping kommen, so unterschiedlich diese beiden Parteiführer auch waren). In Vietnam nimmt auch noch Ho Chi Minh einen Platz im ideologischen Pantheon ein, obwohl Ho-Chi-Minh-Stadt zwei Jahrzehnte nach der Umbenennung wieder den alten Namen Saigon zurückbekommen hat.[12]

In Laos und Kuba wurden zögernde Schritte unternommen, von der klassischen Planwirtschaft abzurücken, die in ihrer stalinistischen Ausprägung heute nur noch in Nordkorea zu finden ist. Doch sowohl Laos als auch Kuba sind noch sehr viel weiter von der Marktwirtschaft entfernt als China und Vietnam. Die Mehrheit der nur acht Millionen Einwohner von Laos sind Reisbauern, die von der Subsistenzwirtschaft leben. Ein BBC-Korrespondent berichtete im Jahr 2006 aus Laos, dass der Verkehr in der Hauptstadt Vientiane derart spärlich sei, dass in einem zentralen Kreisverkehr Hühner leben könnten. Das Regime übt zwar eine strenge politische und wirtschaftliche Kontrolle aus, aber der Buddhismus wird mittlerweile geduldet und – ob mit oder ohne Absicht – auch der Drogenkonsum. Owen Bennett Jones hat erklärt, während Marx die Religion als das Opium des Volkes bezeichnet habe, sei in Laos »Opium das Opium des Volkes«.[13]

Kuba war mit seiner Bevölkerung von elf Millionen Menschen unter Fidel Castro einer der egalitärsten kommunistischen Staaten und leistete den hartnäckigsten Widerstand gegen jede Form des »Marktsozialismus«. Die kubanische Gesellschaft ist noch immer relativ egalitär, aber seit Castro aufgrund einer schweren Krankheit im Februar 2008 offiziell die Führung an seinen Bruder Raúl abgetreten hat (tatsächlich übt der jüngere Castro bereits seit August 2006 die Macht aus), sind einige vorsichtige Bemühungen zur Einführung von leistungsgerechten Einkommen zu beobachten. Die Parteizeitung *Granma* rechtfertigte diese Maßnahmen im Juni 2008 folgendermaßen: »Es ist schädlich, einem Arbeiter weniger zu geben, als er verdient, aber ebenso schädlich ist es, ihm zu geben, was er nicht verdient.«[14] Kuba bleibt ein armes Land und hält an den wesentlichen politischen und wirtschaftlichen Elementen des kommunistischen Systems fest, doch es hat den Zusammenbruch der Sowjetunion, die sein wichtigster wirtschaftlicher Schutzherr war, ebenso überlebt wie die Sanktionen, mit denen die Vereinigten Staaten seit mehr als vierzig Jahren versuchen, das Regime zu Fall zu bringen.

Erklärungen für die Langlebigkeit des Kommunismus

Es stellt sich die Frage, wie vier kommunistische Staaten in Asien und ein solches Regime in der Karibik so lange überleben konnten. Es versteht sich von selbst, dass sie sich auf dieselben Säulen stützen, die der Sowjetunion siebzig Jahre lang Stabilität gegeben haben, nämlich auf eine disziplinierte Einheitspartei, einen allgegenwärtigen Geheimdienst und eine rigorose Zensur. Dazu kommt, dass zwei der fünf Staaten (China und Vietnam) zwar radikale Wirtschaftsreformen durchgeführt, sich jedoch davor gehütet haben, grundlegende Reformen des politischen Systems in Angriff zu nehmen, obwohl seit den achtziger Jahren eine sehr beschränkte Liberalisierung dieser beiden Regime zu beobachten ist. Eine wesentliche Erklärung für das Beharrungsvermögen dieser fünf Staaten ist jedoch, dass es ihnen gelungen ist, den Kommunismus mit dem Nationalismus zu verknüpfen, womit sie die Entwicklung eines starken Staats zu einem Bestandteil des Nationalstolzes gemacht haben. Dabei haben sie das Glück gehabt, bei Bedarf auf allgegenwärtige äußere Feinde zurückgreifen zu können. Das hat es ihnen erleichtert, die patriotische Unterstützung des Volkes für das System zu gewinnen.

Mit Blick auf diesen Faktor ist Kuba ein besonders interessantes Untersuchungsobjekt. Viele Beobachter gaben dem kubanischen Regime nach dem Zusammenbruch des Kommunismus in der Sowjetunion und Osteuropa nur geringe Überlebenschancen. Doch die Politik, die die Vereinigten Staaten seit Castros Machtübernahme gegenüber Kuba verfolgt haben, hat wesentlich dazu beigetragen, das kommunistische System auf der Karibikinsel bei Kräften zu halten. Uncle Sam war schon vor der kommunistischen Machtübernahme ein Feindbild für die Kubaner. Seit damals hat das amerikanische Wirtschaftsembargo einschließlich des Verbots für amerikanische Staatsbürger, die Insel zu besuchen, genau das Gegenteil der beabsichtigten Wirkung erzielt. Es hat den Antiamerikanismus gefördert, das Ansehen Castros erhöht, das kommunistische System gefestigt und die Armut der großen Mehrheit der kubanischen Bevölkerung verschärft. Hätten die Vereinigten Staaten vor einigen Jahren begonnen, die Beziehungen zu Kuba zu verbessern, so hätte dies zweifellos zu einer Liberalisierung – und höchstwahrscheinlich zu einer erheblichen Demokratisierung – des Systems geführt. Die Politik, »nichts zu tun, was Castro helfen würde«, hat die vollkommen unbeabsichtigte Konsequenz gehabt, ihn und sein Regime zu einem David zu machen, der dem Goliath im Norden mit Erfolg die Stirn bietet.

Auch die kommunistischen Regime in Asien haben die Vereinigten Staaten stets als wichtigen Feind betrachtet, wobei das Maß ihrer Feindseligkeit schwankte. Drei dieser vier Länder – Nordkorea, Vietnam und Laos – wurden zu verschiedenen Zeiten zum Ziel amerikanischer Militärinterventionen. Fast 60 000 amerikanische Soldaten verloren im Vietnamkrieg ihr Leben, aber als die Auseinandersetzung im Jahr 1975 endete, waren ihr rund drei Millionen vietnamesische Soldaten und Zivilisten zum Opfer gefallen. Die Wirtschaft des Lan-

Erklärungen für die Langlebigkeit des Kommunismus 811

des lag am Boden, und der Umwelt waren gewaltige Schäden zugefügt worden. Toxische Substanzen wie Agent Orange, die zur Entlaubung der Wälder eingesetzt worden waren, um die Verstecke des Vietcong aufspüren zu können, verursachten in Vietnam noch Jahre nach Kriegsende ungewöhnlich hohe Raten von Krebserkrankungen und Geburtsfehlern.[15] So fiel es den kommunistischen Machthabern trotz des harten Unterdrückungsregimes, das sie dem Land aufzwangen, nicht schwer, die Bevölkerung auf den Erzfeind USA einzuschwören und die Erinnerung an die Schrecken des Krieges wach zu halten.

Nach dem Indochinakrieg übernahmen die Kommunisten auch in Laos die Macht und versuchten, die Bevölkerung hinter sich zu sammeln, indem sie den Antiamerikanismus förderten. Als Pathet Lao (»Land Laos«) Mitte der siebziger Jahre ganz Laos unter seine Kontrolle gebracht hatte, nahm es Rache an der ethnischen Minderheit der Hmong, die mit Unterstützung der Vereinigten Staaten den Ho-Chi-Minh-Pfad angegriffen hatten, der durch Laos nach Vietnam führte. Die Kommunisten töteten rund 100 000 Hmong; etwa ebenso vielen Angehörigen dieses Volkes gelang es, in die Vereinigten Staaten zu fliehen.[16] Das Ansehen der USA in Laos litt nicht nur unter den Bombenangriffen auf die Nachschubwege des Vietcong in Laos, sondern auch darunter, dass die Amerikaner nach dem Friedensschluss die antikommunistischen Aufständischen im Stich ließen.

Nordkorea ist ein Sonderfall. Es ist weiterhin der totalitärste der kommunistischen Staaten. Auch das nordkoreanische Regime hat mit den Vereinigten Staaten einen ehemaligen sowie einen potentiellen gegenwärtigen Feind, aber es ist zudem mit dem unmittelbaren Nachbarn und Rivalen Südkorea konfrontiert. Die Tatsache, dass Nordkorea an einen anderen koreanischen Staat angrenzt, der ein unvergleichlich höheres Maß an Wohlstand und Demokratie genießt, bedroht offenkundig die Existenz dieses Landes. Außerdem waren im Jahr 2008 noch immer fast 30 000 amerikanische Soldaten auf der koreanischen Halbinsel stationiert, obwohl die Truppstärke im Lauf der Jahre stetig reduziert wurde. Den Kims – Vater und Sohn – ist es gelungen, in ihrem hochgradig militarisierten Staat eine Belagerungsatmosphäre zu schaffen. Da das orthodoxe nordkoreanische Regime offenkundig nicht in der Lage ist, erträgliche Lebensbedingungen für die Bevölkerung zu schaffen, schränkt es die Information über die Außenwelt strenger ein als jeder andere kommunistische Staat. Auf den ersten Blick sollte man meinen, dass es der nordkoreanischen Führung schwererfallen müsste als anderen kommunistischen Regimen, den Patriotismus zu mobilisieren, da es sich hier (wie früher im Fall Deutschlands) um ein geteiltes Land handelt. Aber die entsprechenden Bemühungen sind nicht ganz erfolglos geblieben. Kim Il Sung wurde zum Befreier Koreas vom japanischen Joch stilisiert, der anschließend auch den Vereinigten Staaten die Stirn bot. Die Führung setzt auch auf die nationale Karte, um eine zukünftige Wiedervereinigung Koreas unter kommunistischer Herrschaft zu propagieren. (Zweifellos wird Korea irgendwann wieder ein geeintes Land sein, aber ebenso sicher ist wohl, dass dieses Land nicht kommunistisch sein wird.)

Obwohl die Errichtung eines kommunistischen Systems im Norden der koreanischen Halbinsel in erster Linie das Werk der Sowjetunion war, gelang es Nordkorea, eine sowohl von der UdSSR als auch von China unabhängige Außenpolitik zu betreiben. In dieser und manch anderer Hinsicht kann Nordkorea mit Rumänien verglichen werden, wo das Regime den Nationalismus mehrere Jahrzehnte lang für sich zu nutzen verstand. Auch in Rumänien wäre ohne die Sowjetunion keine kommunistische Herrschaft möglich gewesen, aber Ceaușescu schlug in der Außenpolitik einen teilweise eigenwilligen Kurs ein – beispielsweise sprach er sich im Jahr 1968 *gegen* die Militärintervention in der Tschechoslowakei aus, während er 1989, ebenfalls im Gegensatz zur Sowjetunion, *für* eine Intervention in Polen eintrat.[17] Eine weitere Parallele zwischen Rumänien und Nordkorea ist, dass beide Staaten den Personenkult mit dynastischen Elementen weiter trieben als alle anderen kommunistischen Regime. In Nordkorea trat tatsächlich Kim Jong Il die Nachfolge seines Vaters als Staats- und Parteichef an, während Nicu Ceaușescu seinen Vater Nicolae nicht mehr beerben konnte, obwohl dieser ihn zu seinem Nachfolger auserkoren hatte.[18]

Umfassende vergleichende Studien zur Entwicklung autoritärer Regime (die nicht auf kommunistische Systeme beschränkt sind) haben gezeigt, dass eine personalistische Herrschaft länger dauert, wenn sie sich auf eine Einheitspartei stützen kann. Die Parteiorganisation diszipliniert potentielle Rivalen für den Parteichef und hindert sie daran, seine Machtposition zu gefährden.[19] In einer Organisation, die

Erklärungen für die Langlebigkeit des Kommunismus

so diszipliniert ist wie eine kommunistische Partei, funktioniert dieser Kontrollmechanismus besonders gut. Doch in kommunistischen Staaten, die den Totalitarismus und den extremen Personenkult hinter sich gelassen haben, werden die Institutionen zu einem wirksamen Machtwerkzeug und zugleich zu einem Hindernis. Auf der einen Seite ermöglichen sie es dem Parteiführer und dem Politbüro, ihre Entscheidungen landesweit durchzusetzen. Die hierarchische Natur der Partei erschwert Kritik am Parteichef und sichert diesem ein klares Übergewicht in den Entscheidungen über den politischen Kurs. Auf der anderen Seite hat die hochgradige Verfestigung der Institutionen auch zur Folge, dass ein Parteiführer, der mit der Vergangenheit brechen und einen *vollkommen neuen Kurs* einschlagen will, seine ganze Überzeugungskraft sowie seine Ernennungsbefugnis einsetzen muss, um in den höchsten Parteiorganen radikale Reformen durchzusetzen. Das galt zweifellos für Gorbatschow und die Perestroika. Und es galt für Deng Xiaoping und die von ihm initiierten ersten Schritte in Richtung Marktwirtschaft und Stärkung des Privatsektors.

Abgesehen von der Attraktivität des Nationalismus und den Vorteilen, die mit der Existenz eines Feindes verbunden sind, den man anprangern und für die inneren Probleme verantwortlich machen kann, profitieren kommunistische Systeme offenkundig davon, dass sie soziale Leistungen erbringen und das Wirtschaftswachstum rasch vorantreiben können. Wie in Kapitel 16 erläutert, trugen die Erfolge, die Kuba trotz seiner wirtschaftlichen Rückständigkeit bei der Ausbildung von Medizinern und beim Aufbau eines durchaus leistungsfähigen Gesundheitswesens feierte, wesentlich dazu bei, das System zu stützen. Darüber hinaus können oppositionelle Kräfte mit Zugeständnissen an Teile der Gesellschaft geschwächt werden. Beispielsweise haben Kuba und sogar Laos im Lauf der Jahre ihre Haltung gegenüber der Religion gelockert, wobei Kuba so weit gegangen ist, den religiösen Glauben für vereinbar mit der Mitgliedschaft in der kommunistischen Partei zu erklären. Auch in Vietnam wurden viele Beschränkungen für religiöse Gruppen aufgehoben.[20] Auf der anderen Seite ist das chinesische Regime weiterhin extrem misstrauisch gegenüber religiösen und quasireligiösen Gruppen. Als die buddhistische Gruppe Falun Gong Ende der neunziger Jahre beträchtlichen Zulauf erhielt, ließ das Regime sie als gefährliche Sekte brandmarken und viele ihrer Anhänger verhaften.[21]

814   Was ist vom Kommunismus geblieben?

China und Vietnam profitieren davon, dass sie wirtschaftlich relativ erfolgreich sind. Vietnam ist mit seiner Bevölkerung von mehr als 80 Millionen Menschen nach China der bevölkerungsreichste kommunistische Staat (wenn auch mit großem Abstand). Wie bereits an anderer Stelle erwähnt, lässt die KPCh die Parteimitgliedschaft kapitalistischer Unternehmer zu. In Vietnam dürfen Parteimitglieder seit 2006 gewerbliche Aktivitäten verfolgen.[22] Infolge der Wirtschaftsreformen, aufgrund deren Vietnam in die Welthandelsorganisation aufgenommen wurde, haben sich sogar die Beziehungen zu den Vereinigten Staaten gebessert. Das hat den politischen »Vorteil«, der mit der Existenz einer potentiellen äußeren Bedrohung einhergeht, etwas geschmälert, aber der relative wirtschaftliche Erfolg hat diesen Nachteil teilweise ausgeglichen. Dasselbe gilt auch für China, das sowohl von den Vereinigten Staaten als auch von der Sowjetunion jahrelang als potentiell gefährlich betrachtet wurde. Mittlerweile unterhält China eine für beide Seiten vorteilhafte Wirtschaftsbeziehung zu den USA, die die gegenseitige Abhängigkeit deutlich erhöht hat. Und die politischen Beziehungen zum postkommunistischen Russland sind sehr viel besser als das Verhältnis zur Sowjetunion über weite Strecken der poststalinistischen Zeit.

Die qualitativ neue wirtschaftliche Verflechtung mit den Vereinigten Staaten hat zur Folge, dass China noch mehr als Vietnam weitgehend eines nützlichen Feindes beraubt worden ist, der dem Regime über lange Jahre beträchtliche Unterstützung in der Bevölkerung gesichert hat. (Das versehentliche NATO-Bombardement der chinesischen Botschaft in Belgrad im Jahr 1999 war allerdings fast zu gut geeignet, um das alte Feindbild mit neuem Leben zu erfüllen. Der Zwischenfall löste in China nationalistische Demonstrationen aus, die den Behörden beinahe aus den Händen geglitten wären.) Auch das außerordentlich rasante Wirtschaftswachstum in den letzten Jahrzehnten ist ein zweischneidiges Schwert. Auf der einen Seite wird bei fortgesetztem Wachstum eine große Gruppe relativ wohlhabender Bürger mit einem wachsenden Wissen über die Außenwelt entstehen. Dann könnte China in die Fußstapfen jener kommunistischen Systeme treten, deren Zerstörung nicht nur auf ihre Misserfolge, sondern auch auf ihre Erfolge zurückzuführen ist. Schon im Jahr 2005 besaßen mehr als 250 Millionen Chinesen Mobiltelefone, und mehr als 70 Millionen hatten einen regelmäßigen Zugang zum Internet,

Erklärungen für die Langlebigkeit des Kommunismus 815

wobei natürlich alle potentiell für das Regime gefährlichen Informationen zensiert werden.[23] Chris Patten bemerkt dazu: »Selbst wenn die Regierung einige der politisch heikelsten Websites blockiert, hat sie die totale Kontrolle über die Information für immer verloren. Der Umgang mit der SARS-Epidemie hat gezeigt, dass auch ein autoritärer Staat nicht mehr in der Lage ist, die Geschichte umzuschreiben und moderne Bedrohungen ohne ein größeres Maß an Transparenz zu bewältigen.«[24]

Allerdings wird es noch einige Zeit dauern, bis China ein vergleichbares Bildungsniveau wie Osteuropa und die ehemalige Sowjetunion erreicht hat und mit jener Gefahr konfrontiert werden wird, die eine gebildete Bevölkerung für die autoritäre Herrschaft darstellt. Im Jahr 2000 hatten die über 25-Jährigen in China im Durchschnitt lediglich 5,74 Jahre in der Schule verbracht. Schätzungen zufolge wird es allerdings im Jahr 2020 in China 100 Millionen Menschen geben, die eine höhere Bildung abgeschlossen haben, und bis 2025 werden die über 25-Jährigen durchschnittlich acht Jahre in der Schule verbracht haben.[25] Studien zu den Wertvorstellungen der Chinesen haben gezeigt, dass die Befragten mit steigendem Bildungsniveau eher politische Reformen befürworten.[26] Andererseits messen die Angehörigen der Bildungselite der sozialen Stabilität des Landes große Bedeutung bei und erinnern sich mit Schrecken an die Kulturrevolution. Wenn die Demokratisierung als eine Entwicklung eingeschätzt wird, die außer Kontrolle geraten und Instabilität verursachen könnte, ist keineswegs gewährleistet, dass die Menschen mit höherer Bildung das Risiko eingehen werden, nach politischer Demokratie zu rufen. Bleiben jedoch im nächsten Jahrzehnt soziale Konflikte aus, so wird die Erinnerung an die Kulturrevolution verblassen, womit die Chancen für demokratische Reformen steigen dürften.[27]

Zu den weniger überzeugenden Begründungen für das Beharrungsvermögen kommunistischer und anderer autoritärer Regime in Asien zählt jene der »kulturellen Bestimmung«.[28] Ich will nicht behaupten, dass die politische Kultur keinerlei Bedeutung hat, aber sie verändert sich, wenn dies auch selten über Nacht geschieht. Das Argument, Länder mit konfuzianischer Tradition seien wenig geeignet für die Entwicklung der Demokratie, wurde von Kim Dae Jung vier Jahre vor seiner Wahl zum Präsidenten Südkoreas eindeutig widerlegt.[29] Kim spielte eine wichtige Rolle bei der Demokratisierung Südkoreas: Nachdem er als Oppositionsführer einige Jahre im Gefängnis verbracht hatte (und einmal sogar zum Tod verurteilt worden war), wurde er 1998 zum Präsidenten gewählt. Das Beispiel Südkoreas hat – ebenso wie die Entwicklung Japans und Taiwans – bewiesen, dass weder der Konfuzianismus noch die sogenannten »asiatischen Werte« ein unüberwindbares Hindernis für die Demokratisierung darstellen. Allgemein lässt sich feststellen, dass die überkommene politische Kultur eine Demokratisierung in einigen Ländern sehr viel mühsamer macht als in anderen. So war durchaus vorhersehbar, dass den baltischen Staaten ein rascher Übergang vom Kommunismus zur Demokratie gelingen würde, und ebenso wenig konnte es überraschen, dass die ehemaligen zentralasiatischen Sowjetrepubliken eine Form der autoritären Herrschaft durch eine andere ersetzten (wobei sowohl die Regierungspraktiken als auch das Führungspersonal weitgehend unverändert blieben). Doch Kulturen sind nicht unveränderlich. Jedes als demokratisch eingestufte Land der Welt hatte zu irgendeiner Zeit eine autoritäre Regierung, ob die Herrschaft nun von Monarchen, Stammesfürsten oder einer ausländischen Großmacht ausgeübt wurde.[30]

China ist ein besonders aufschlussreicher Fall, und zwar nicht nur aufgrund seiner Größe und wirtschaftlichen Bedeutung, sondern auch, weil dort über die Zukunft – oder das Ende – einer asiatischen Form des Kommunismus entschieden wird. Sollte China die beiden wichtigsten Merkmale eines kommunistischen Systems (die es gegenwärtig noch aufweist) einbüßen, so wird dies mit großer Sicherheit auch den Zusammenbruch anderer kommunistischer Regime zur Folge haben. Diese Entwicklung wird nicht automatisch sein wie im Fall der osteuropäischen Regime, die nach dem Zusammenbruch des kommunistischen Systems in der Sowjetunion nicht mehr lebensfähig waren. China übt keine vergleichbare regionale Hegemonie aus wie früher die UdSSR. Doch wenn die rasche wirtschaftliche Entwicklung Chinas weiterhin mit relativer sozialer Stabilität einhergeht, ohne dass das politische System demokratisiert wird, besteht die Möglichkeit, dass der Kommunismus auch in anderen asiatischen Ländern länger überleben wird – jedenfalls länger als für den Fall, dass China nach den wirtschaftlichen auch die politischen Merkmale des kommunistischen Systems aufgibt.[31] Bleibt eine gesellschaftliche Krise aus, so wird der zukünftige Kurs des Landes wie im Fall der sowjetischen Perestroika, die tiefgreifende Auswirkungen hatte, vermutlich von der politischen Elite oder einem reformwilligen Teil des Herrschaftsapparats festgelegt werden.

Die von der globalen Finanzkrise im Jahr 2008 ausgelöste Rezession eröffnet jedoch noch weitere Möglichkeiten. Die sinkende Nachfrage nach chinesischen Produkten beschwört die Schreckensvorstellung eines Millionenheers chinesischer Arbeitsloser herauf. Niemand anderer als der chinesische Ministerpräsident Wen Jiabao hat gewarnt, dass die »für die soziale Stabilität schädlichen Faktoren zunehmen werden«, sollte es nicht gelingen, den hohen Rhythmus der wirtschaftlichen Entwicklung aufrechtzuerhalten.[32] Die Demokratie hat den großen Vorteil, dass die amtierende Regierung für eine ungünstige Entwicklung verantwortlich gemacht und abgewählt werden kann. Da das Ventil der demokratischen Rechenschaftspflicht geöffnet werden kann, bleibt das politische System an sich stabil. Hingegen gerät ein autoritäres Regime, das seine Legitimität mit einer vorteilhaften Wirtschaftsentwicklung verknüpft, in einer Rezession in große Schwierigkeiten. Wie wir andernorts gesehen haben, hat das nicht automatisch einen Systemwandel zur Folge, aber wenn die kommunistische Ideologie jegliche Attraktivität eingebüßt hat – und wenn es nicht mehr möglich ist, durch einen kalten (oder heißen) Krieg Unterstützung zu mobilisieren –, werden soziale Turbulenzen nicht ausbleiben. Im Fall Chinas könnte eine solche Entwicklung die Führung vor die Wahl stellen, die Repression wieder zu erhöhen oder das Wagnis einer ernsthaften Demokratisierung des politischen Systems einzugehen.

Nachruf auf eine Illusion

Die Idee, eine kommunistische Gesellschaft zu errichten, in der der Staat verschwinden wird, hat sich als gefährliche Illusion erwiesen. Stattdessen wurde ein auf Unterdrückung beruhender Einparteienstaat aufgebaut, der bestenfalls autoritär und schlimmstenfalls erbarmungslos totalitär war. Obwohl die kommunistischen Systeme einige grundlegende Merkmale gemein hatten, unterschieden sie sich in verschiedenen Teilen der Welt erheblich voneinander und wandelten sich im Lauf der Zeit. So war die Sowjetunion in der Breschnew-Ära kein so beängstigender Ort mehr wie Ende der dreißiger Jahre. Polen und Ungarn waren zwar unter den Kommunisten offenkundig undemokratisch, aber die Menschen wurden dort weniger brutal unterdrückt als in China während der verheerenden Kulturrevolution. In allen kommunistischen Staaten Ost- und Mitteleuropas lebten die Menschen – vor allem zu Stalins Lebzeiten – unter schwer erträglichen Bedingungen, aber ihr Leid war nie auch nur annähernd so groß wie das der Kambodschaner unter dem mörderischen Regime Pol Pots.

Noch unterschiedlicher als diese Regime waren die Menschen, die in die kommunistischen Parteien eintraten. In den nicht von Kommunisten beherrschten Ländern – insbesondere in denen mit faschistischen, rechtsextrem autoritären oder rassistischen Regimen – hatten jene, die sich den Kommunisten anschlossen, oft die edelsten Beweggründe. Der amerikanische Schriftsteller Howard Fast, der im Jahr 1943 in die KPUSA eintrat, tat dies in der Überzeugung, das Ziel der Kommunisten sei »die vollkommene Brüderlichkeit der Menschen, eine weltumspannende Einheit von Liebe und Kreativität, in der das Leben weder vergeudet noch geringgeschätzt wird«.[33] Der Tropfen, der für ihn das Fass zum Überlaufen brachte und ihn im Jahr 1956 zum Parteiaustritt bewegte, waren die Berichte osteuropäischer Diplomaten über die Verfolgung Andersdenkender in ihren kommunistischen Heimatländern (einschließlich der antisemitischen Säuberungen).[34] Fast erläuterte die Gründe für seinen Bruch mit dem Kommunismus in einem Buch. Darin schrieb er, wenn etwas den Kommunismus retten könne, so sei es die Kriegslust der westlichen Staaten. Der Macht der Ideen hingegen habe der Kommunismus nichts entgegenzusetzen. Der Kommunismus sei eine Idee, und eine Idee könne man nicht mit Gewalteinsatz bezwingen. Im Jahr 1958 schrieb Fast: »Die Idee muss auf den Amboss der Wahrheit gelegt werden, um ihre Stärke zu testen. Ich glaube nicht, dass diese Idee einer genauen Prüfung standhalten wird.«[35]

Wenn jemand in einem westlichen Land aus Idealismus einer kommunistischen Partei beitrat, so lag es nahe, dass er sie wieder verließ, nachdem er einmal begriffen hatte, dass selbst in einer Partei, die nicht an der Macht war, zwischen den propagierten Idealen und der Praxis der Machtausübung eine gewaltige Lücke klaffte – ganz zu schweigen von den Verbrechen, die die herrschenden Parteien in den kommunistischen Ländern mithilfe der Geheimpolizei verübten. Allerdings war das leichter gesagt als getan, denn wer aus der Partei austrat, der

Nachruf auf eine Illusion

trug von nun an das Kainsmal eines Verräters an der heiligen Sache. Da die kommunistische Bewegung die gesamte Existenz ihrer Anhänger vereinnahmte, verlor jemand, der mit der Partei brach, auch fast all seine Freunde. Daher konnte man die Parteimitgliedschaft noch am ehesten zu einem Zeitpunkt zurückgeben, da auch viele andere diesen Schritt taten – zu solchen Austrittswellen kam es etwa im Anschluss an die Veröffentlichung von Chruschtschows Geheimrede im Jahr 1956 oder nach Niederschlagung des Ungarnaufstands im selben Jahr.

Innerhalb der kommunistischen Staaten galten andere Gesetzmäßigkeiten als unter den Bedingungen des politischen Pluralismus. Deng Xiaoping (der nicht idealisiert werden sollte, denn schließlich war er es, der die rücksichtslose Unterdrückung der Proteste auf dem Tiananmen-Platz anordnete) trug wesentlich dazu bei, den Wahnsinn der Kulturrevolution einzudämmen und radikale Wirtschaftsreformen durchzuführen, die es ermöglichten, den Lebensstandard der Bevölkerung rasch zu heben. Es versteht sich von selbst, dass Deng das nur erreichen konnte, weil er in der Parteiführung eine herausragende Position innehatte. In der Sowjetunion wurde die Umgestaltung des kommunistischen Systems vor allem von Personen vorangetrieben, die einige Jahre nach der bolschewistischen Revolution geboren worden waren, das sowjetische System als gegeben hingenommen hatten und in ihrer Jugend in die KPdSU eingetreten waren – herausragend unter ihnen natürlich Michail Gorbatschow. Zu den weiteren Reformern, deren Bedeutung in den vorangegangenen Kapiteln erörtert wurde, zählten Alexander Jakowlew, Anatoli Tschernajew und Georgi Schachnasarow.

Anders als in der Sowjetunion hatten in Osteuropa die meisten derer, die das System von innen heraus zu verändern suchten, schon vor der kommunistischen Machtergreifung der Partei angehört. Als die Kommunisten an der Macht waren, schlossen sich Menschen mit ganz unterschiedlichen Ansichten der Partei an. Es gab verschiedenste Beweggründe für diesen Schritt, aber die meisten Leute entschlossen sich dazu, um beruflich voranzukommen (oder zumindest nicht in ihrem Beruf behindert zu werden). Bemerkenswert ist jedoch, dass in der Tschechoslowakei die Bemühungen zur tiefgreifenden Reform des Systems nicht von jenen ausgingen, die von den demokratischen Parteien zu den siegreichen Kommunisten übergelaufen waren. Die aktivsten Teilnehmer am Prager Frühling (einem Vorläufer der sowjetischen Perestroika) waren Parteimitglieder, die sich als junge Menschen unmittelbar nach Kriegsende, von revolutionärem Eifer erfüllt, den Kommunisten angeschlossen hatten, um »den Sozialismus aufzubauen«. In Jugoslawien wandelte sich Milovan Djilas, der im Zweiten Weltkrieg als leidenschaftlicher Revolutionär an Titos Seite gegen die deutschen Besatzer gekämpft hatte, zu einem mutigen Kritiker des nach dem Krieg von den Kommunisten errichteten Systems (und kam auf Titos Befehl ins Gefängnis). Djilas erklärte, die Idealisierung der Revolution diene als Deckmantel für »das Geltungsbedürfnis und den Machthunger der neuen revolutionären Herren«.[36] Nachdem er sich zu einem demokratischen Sozialisten gewandelt hatte (sein 1962 erschienenes Buch *Gespräche mit Stalin* widmete er Aneurin (»Nye«) Bevan, dem Begründer des britischen National Health Service und Helden der Labour Party), äußerte er die Hoffnung auf ein Ende der »monolithischen ideologischen Revolutionen, obwohl diese im Idealismus und in den Idealisten verwurzelt sind«.[37]

Die Tatsache, dass es sich bei jenen, deren Namen mit Verbesserungen oder Reformen des kommunistischen Systems (die in einigen wenigen Fällen zu einer regelrechten Umwandlung führten) verbunden sind, zumeist um führende Parteimitglieder handelte, ist damit zu erklären, dass Reformvorschläge in diesem System unter normalen Bedingungen einfach aus keiner anderen Richtung kommen konnten. Polen war die große Ausnahme, obwohl auch die von der Gewerkschaft Solidarność ausgehende Massenbewegung im Jahr 1981 zerschlagen wurde und erst nach Veränderungen, die von der sowjetischen Parteiführung ausgegangen waren, wieder auf die politische Bühne zurückkehren konnte. Erst die Liberalisierung und die folgende partielle Demokratisierung des politischen Systems der Sowjetunion sowie die Neuausrichtung der sowjetischen Außenpolitik unter Gorbatschow änderten das politische Klima in Osteuropa.

Die westlichen Demokratien trugen nicht in erster Linie durch den von ihrem Militärbündnis ausgehenden Druck zum Wandel in der kommunistischen Welt bei. Zwar war dieser wichtig, um die kommunistischen Staaten von einer weiteren Expansion abzuhalten, aber er erleichterte den kommunistischen Führungen zur gleichen Zeit den Machterhalt und ermöglichte es ihnen in einigen Ländern, sich die Unterstützung breiter Bevölkerungskreise zu sichern. Die von den

Nachruf auf eine Illusion

äußeren Feinden ausgehende Gefahr wurde immer wieder hervorgehoben, und die heimischen Kritiker der Regime wurden als Knechte des bösartigen Westens gebrandmarkt.

Am Ende behielten die Demokratien in der Auseinandersetzung der Ideen dadurch die Oberhand, dass sie als bessere Alternative zur kommunistischen Herrschaft präsent waren. Größere Toleranz, freie Wahlen, Rechenschaftspflicht der Regierung, Respekt für die Menschenrechte sowie ein deutlich höherer Lebensstandard machten in den kommunistischen Staaten nicht nur auf jene Minderheit der Bürger Eindruck, die Gelegenheit hatten, in den Westen zu reisen, sondern wirkten sich auch auf das Denken geistig offener kommunistischer Funktionäre aus. Von großer Bedeutung war, dass Politiker, die bereits institutionelle Macht besaßen, ihre Einstellung änderten. So gelangte Gorbatschow zu der Überzeugung, dass die Gesellschaftsordnung, die in den westeuropäischen Demokratien herrschte, einen höheren Wert besaß als jene, die mithilfe des KGB in der Sowjetunion aufrechterhalten wurde, und dass der sowjetische »Sozialismus« eine Perversion der sozialistischen Ideale darstellte.[38]

Als alternatives Konzept zur Organisation der menschlichen Gesellschaft war der Kommunismus ein entsetzlicher Fehlschlag. Doch nicht zuletzt, weil die kommunistische Ideologie einige unzweifelhaft humanistische Bestrebungen beinhaltete – die der Einparteienstaat allerdings mit Füßen trat –, konnten sich Reformer im Bemühen um Veränderungen auf die Ideologie berufen, wenn sie die Quellen, aus denen sie zitierten, geschickt wählten. Doch damit die Veränderung so umwälzend werden konnte wie in der sowjetischen Perestroika, musste die Erneuerung die Konzepte von Marx und Lenin sprengen, und obwohl viele der Ideen, die in diesem Zusammenhang eine Rolle spielten, von universeller Gültigkeit waren, überrascht es nicht, dass sie sich nur in wenigen postkommunistischen Staaten auf das politische Leben ausgewirkt haben. Wie Robert Dahl richtig beobachtet hat, ist die Demokratie, obwohl sie die politischen Denker seit rund zweieinhalb Jahrtausenden beschäftigt, in der Geschichte der Menschheit nur selten verwirklicht worden.[39] Die ehemals kommunistischen Staaten sind nicht die einzigen, die von der Demokratisierung in vielen Fällen wieder Abstand nehmen, bevor eine wirkliche Demokratie errichtet ist.

Selbstverständlich nimmt diese Regierungsform verschiedene institutionelle Formen an, aber eines ist unabdingbare Voraussetzung: Eine Demokratie muss dem Volk eine nicht bloß nominelle, sondern reale Möglichkeit geben, die Regierung zur Rechenschaft zu ziehen und ihr gegebenenfalls in freien und fairen Wahlen die Macht zu entziehen. Die gute Nachricht ist, dass die Demokratie, wie Dahl feststellt, bemerkenswert widerstandsfähig ist, wenn sie erst einmal fest etabliert ist.[40] Gefestigte Demokratien werden kaum einmal gegen ein autoritäres Herrschaftssystem ausgetauscht, und so unvollkommen sie auch sein mögen, haben sie bewiesen, dass sie besser in der Lage sind, Gerechtigkeit und Freiheit zu sichern als jeder Staat, der auf den von Marx und Lenin formulierten Grundsätzen aufgebaut wurde.

ANHANG

ANMERKUNGEN

Einführung

1 Gespräch mit Professor Viktor Kuvaldin am 31. August 2007. Kuvaldin war ab März 1989 Mitglied einer außenpolitischen Beratergruppe in der Internationalen Abteilung des Zentralkomitees der KPdSU.

TEIL EINS
Ursprung und Entwicklung

KAPITEL 1

1 Andrzej Walicki, *Marxism and the Leap to the Kingdom of Freedom: The Rise and Fall of the Communist Utopia*, Stanford 1995, S. 71. Siehe auch Karl Popper, *Die offene Gesellschaft und ihre Feinde*, Bd. 2, *Falsche Propheten: Hegel, Marx und die Folgen*, Tübingen 2003, und Karl Popper, *The Poverty of Historicism*, London, 2. Aufl. 1960.
2 Popper, *Die offene Gesellschaft und ihre Feinde*, Bd. 2, S. 142 f.
3 Max Beer, *A History of British Socialism*, London 1953, Bd. 1, S. 6. Siehe auch Alexander Gray, *The Socialist Tradition: Moses to Lenin*, London 1947, S. 38.
4 Die Bibel, Apostelgeschichte 4, 32.
5 Norman Cohn, *Die Sehnsucht nach dem Millennium: Apokalyptiker, Chiliasten und Propheten im Mittelalter*, Freiburg 1998, S. 214. Im englischen Original erschien Cohns bahnbrechende Studie erstmals 1957 unter dem Titel *The Pursuit of the Millennium: Revolutionary Millenarians and Mystical Anarchists of the Middle Ages*.
6 Beer, *A History of British Socialism*, S. 23.
7 Cohn, *Die Sehnsucht nach dem Millennium*, S. 221.
8 Ebenda, S. 222.
9 Ebenda, S. 198.

10 Beer, *A History of British Socialism*, S. 27.

11 Max Beer, *Allgemeine Geschichte des Sozialismus und der sozialen Kämpfe*, 6. Aufl., Berlin 1929, S. 310.

12 Ebenda, S. 309. Hierbei handelt es sich um die üblicherweise wiedergegebene Version des Gedichts, von dem allerdings mehrere Varianten im Umlauf sind. Die hier zitierte Version wurde im 19. Jahrhundert von dem Sozialisten William Morris in seiner Nacherzählung einer imaginären Unterhaltung mit dem im 14. Jahrhundert lebenden Priester verwendet. Siehe William Morris, *A Dream of John Ball*, Berlin 1958, S. 24. (*Ein Traum von John Ball*/William Morris. Übers. und mit einem kommentierenden Essay versehen von Hans-Christian Kirsch, Münster, Ulm 1993.) Eine Zeitlang wurde die Urheberschaft der Formulierung dem im späten 13. Jahrhundert geborenen und 1349 gestorbenen Richard Rolle von Hampole zugeschrieben. (Fälschlicherweise, wie heute angenommen wird. Der Ursprung des Gedichts ist also nach wie vor unklar.) Norman Cohn zufolge war die Zeile bereits zu der Zeit, als John Ball sie in seiner Predigt verwendete, ein »sprichwörtlicher ... Text«. Siehe: Cohn, *Die Sehnsucht nach dem Millennium*, S. 220.

13 Cohn, *Die Sehnsucht nach dem Millennium*, S. 229.

14 Ebenda, S. 239.

15 Ebenda, S. 240.

16 Ebenda, S. 133.

17 Karl Marx und Friedrich Engels, *Herrn Eugen Dühring's Umwälzung der Wissenschaft*, Berlin 1962. Deutsches Zitat nach http://www.mlwerke.de/me/me20/me20_136.htm.

18 Cohn, *Die Sehnsucht nach dem Millennium*, S. 273.

19 Eine exzellente Ausgabe des ursprünglich auf Latein verfassten Werkes mit einer modernen englischen Übersetzung durch Paul Turner liegt vor in: Thomas Morus, *Utopia*, überarbeitete Ausgabe, London 2003. Der Wortlaut der deutschen Zitate folgt der folgenden Ausgabe: »Thomas Morus, Utopia«, in: *Philosophie von Platon bis Nietzsche*, ausgew. u. eingel. v. Frank-Peter Hansen, Digitale Bibliothek, Bd. 2, CD-ROM.

20 Thomas Morus, *Utopia*, Einleitung von Paul Turner, S. XX.

21 Ebenda.

22 »Thomas Morus, Utopia«, S. 9433.

23 Ebenda, S. 9571.

24 Ebenda, S. 9576.

25 Gray, *The Socialist Tradition*, S. 70 ff.

26 Siehe zum Beispiel Norman Hampson, *The Enlightenment*, Harmondsworth 1968, und Roy Porter, *Enlightenment: Britain and the Creation of the Modern World*, London 2000.

27 Siehe vor allem Baron de Montesquieu, *The Spirit of the Laws*, New York 1940, erstmals veröffentlicht in Paris 1748 unter dem Titel *De l'esprit de loix*; Adam Smith, *Lectures on Jurisprudence*, hg. von R. L. Meek, D. D. Raphael und S. G. Stein, Oxford 1978 (Smith hielt seine Vorlesungen an der Glasgow University in den 1750er und frühen 1760er Jahren; diese Aus-

Anmerkungen Seite 32–35

gabe basiert größtenteils auf Aufzeichnungen von Studenten seiner Vorlesungen aus dem akademischen Jahr 1762/63); John Millar, *Observations Concerning the Distinction of Ranks in Society*, London 1771. Siehe auch Anand Chitnis, *The Scottish Enlightenment: A Social History*, London 1976; Ronald L. Meek, »Smith, Turgot, and the ›Four Stages‹ Theory«, in: Meek, *Smith, Marx, and After: Ten Essays in the Development of Economic Thought*, London 1979, S. 18–32; und A. H. (Archie) Brown, »Adam Smith's First Russian Followers«, in: Andrew S. Skinner und Thomas Wilson (Hg.), *Essays on Adam Smith*, Oxford 1975, S. 247–273, hier S. 270 ff.

28 Marx zitiert in seinen veröffentlichten Werken zwar Smith und Ferguson, nicht aber Millar. Allerdings las er Millars *The Origin of the Distinction of Ranks* in der zweiten, ergänzten Ausgabe von 1779, deren Titel von der in der vorhergehenden Anmerkung angegebenen Erstausgabe von 1771 abwich. Siehe Norman Levine, »The German Historical School of Law and the Origins of Historical Materialism«, *Journal of the History of Ideas*, Bd. 48, Nr. 3, S. 431–451, hier S. 435.

29 Levine, »The German Historical School of Law and the Origins of Historical Materialism«.

30 Biancamaria Fontana, »Democracy and the French Revolution«, in: John Dunn (Hg.), *Democracy: The Unfinished Journey 508 BC to AD 1993*, Oxford 1992, S. 107.

31 Leszek Kołakowski, *Die Hauptströmungen des Marxismus*. 2 Bde., überarb. Studienausgabe, München 1981, Bd. 1, S. 213. Für eine ausführlichere Darstellung des Babouvismus siehe J. L. Talmon, *The Origins of Totalitarian Democracy*, London 1952, Teil III, »The Babouvist Crystallization«.

32 Kołakowski, *Die Hauptströmungen des Marxismus*, Bd. 1, S. 214.

33 Ebenda, S. 214–220, und Robert Nisbet, *History of the Idea of Progress*, London 1980, S. 246–251.

34 Siehe Karl Marx und Friedrich Engels, *The Communist Manifesto*, hg. und mit einer Einführung von Gareth Stedman Jones, London 2002, S. 173, und David McLellan, *Marx: Leben und Werk*, München 1974, S. 194 f.

35 Kołakowski, *Die Hauptströmungen des Marxismus*, Bd. 1, S. 226–233.

36 Ebenda, S. 233–240, hier S. 239.

37 Ebenda, S. 243 ff.

38 G. D. H. Cole, Einführung zu Robert Owen, *A New View of Society and other Writings*, London 1927, S. x-xi. Siehe auch Margaret Cole, *Robert Owen of New Lanark*, London 1953; und Beer, *Allgemeine Geschichte des Sozialismus und der sozialen Kämpfe*, S. 538–546.

39 M. Cole, *Robert Owen of New Lanark*, S. 151.

40 Ebenda, S. 152.

41 Ebenda, S. 156.

42 Ebenda, S. 159. Wiewohl New Harmony Owens Hoffnung darauf enttäuschte, als Vorbild einer neuen Form des Gemeinschaftslebens in die Geschichte einzugehen, hinterließ die Ansiedlung doch einige nützliche Vermächtnisse. Owens Sohn David Dale Owen blieb in New Harmony, und das von ihm dort gegründete Labor entwickelte sich zum Sitz der United

States Geological Survey, des Geologischen Dienstes der Vereinigten Staaten. Auch William Maclure, ein Einwanderer aus Schottland, der zum erfolgreichen Geschäftsmann und Philanthropen aufstieg und Owen bei der Finanzierung von New Harmony unter die Arme griff, blieb dem Projekt treu, um die Bildungsgesellschaft und die Gewerbeschule am Leben zu erhalten, die er dort gegründet hatte. (Alle vier Söhne Robert Owens und eine seiner Töchter ließen sich in den Vereinigten Staaten nieder. David Dale Owen wurde später ein erfolgreicher Geschäftsmann, Robert Dale Owen sogar in den US-Kongress gewählt.)

43 Die Literatur über Marx und den Marxismus ist höchst umfangreich. Herausragende biographische Marx-Studien, die sich natürlich auch mit seinen politischen Ideen auseinandersetzen, sind unter anderem Isaiah Berlin, *Karl Marx*, Oxford, 2. Aufl. 1948 (dt.: *Karl Marx. Sein Leben und sein Werk*, München 1959); David McLellan, *Karl Marx. Life and Thought*, London 1973 (dt.: *Karl Marx. Leben und Werk*, München 1974); und Francis Wheen, *Karl Marx*, London 1999 (dt.: *Karl Marx*, München 2001). Zu Engels siehe David McLellan, *Engels*, Glasgow 1977; und Terrell Carver, *Friedrich Engels: His Life and Thought*, London 1989. Zum Marxismus als Doktrin gehören zu den wichtigen Werken neben den bereits angeführten Schriften von Popper, Walicki und Kołakowski auch die Folgenden: John Plamenatz, *German Marxism and Russian Communism*, London 1954; George Lichtheim, *Marxism*, London 1961; Shlomo Avineri, *The Social and Political Thought of Karl Marx*, Cambridge 1968; David McLellan, *Marx before Marxism*, London 1970; Angus Walker, *Marx: His Theory and its Context. Politics as Economics*, London 1978; und David McLellan, *Marxism after Marx*, London 1979.

44 Wheen, *Karl Marx*, S. 18, dt. S. 30.

45 Berlin, *Karl Marx*, S. 215, dt. S. 207.

46 Laut Wheen war das Hochzeitsgeschenk von Jennys Mutter »eine Schmuckgarnitur und ein Silberteller, in den das Familienkreuz der Argylls eingraviert war, ein Erbstück von den schottischen Vorfahren der Familie von Westphalen«, doch das »Familiensilber der Argylls verbrachte in den folgenden Jahren mehr Zeit in Pfandleihen als im Küchenschrank« (Wheen, *Karl Marx*, S. 52, dt. S. 70 f.). Die Unterstützung seitens Engels' war weitaus wichtiger. Marx litt in den ersten 15 Jahren in London zwar oftmals unter bitterer Armut, doch ab Ende der 1860er Jahre war »Engels in der Lage, ihn mit einer großzügigen jährlichen Zuwendung« zu unterstützen, was umgerechnet auf die Kaufkraft ein Jahrhundert später bedeutete, dass »Engels Marx und seiner Familie insgesamt über 100 000 Pfund hatte zukommen lassen« (McLellan, *Engels*, S. 67).

47 McLellan, *Marx: Leben und Werk*. S. 46, dt. S. 61.

48 McLellan, *Engels*, S. 15.

49 Ebenda, S. 15 f.

50 Wheen, *Karl Marx*, S. 311; und McLellan, *Engels*, S. 20 f.

51 McLellan, *Engels*, S. 21 f.

52 Band 1 von *Das Kapital* erschien 1867 auf Deutsch. Die erste englische

Anmerkungen Seite 38–43   829

Ausgabe wurde erst 20 Jahre später nach Marx' Tod von Engels bearbeitet herausgegeben.

53 Marx/Engels: *Manifest der kommunistischen Partei.* Marx/Engels: *Ausgewählte Werke*, S. 2618 (vgl. MEW Bd. 4, S. 462). Deutsches Zitat nach: Marx/Engels, *Ausgewählte Werke*, Digitale Bibliothek, Bd. 11, CD-ROM.

54 Zitiert in: Berlin, *Karl Marx*, S. 219.

55 Mehr zum Gothaer Programm und Marx' Kritik daran findet sich in: McLellan, *Karl Marx: Leben und Werk*, S. 463–467.

56 Karl Marx, *Critique of the Gotha Programme*, Moskau 1959, S. 22. Marx verfasste seine Kritik des Gothaer Programms der deutschen Sozialdemokraten in London 1875. Erstmals veröffentlicht wurde sie von Engels 1891. Marx: *Kritik des Gothaer Programms*, Marx/Engels: *Ausgewählte Werke*, S. 13196 (vgl. MEW Bd. 19, S. 28). Deutsches Zitat nach: Marx/Engels, *Ausgewählte Werke*, Digitale Bibliothek, Bd. 11, CD-ROM.

57 Ebenda.

58 Robert C. Tucker, *The Marxian Revolutionary Idea*, London 1970, S. 15.

59 Marx, »Preface to *A Critique of Political Economy*« in: McLellan (Hg.), *Karl Marx: Selected Writings*, S. 426. Marx: *Zur Kritik der politischen Ökonomie.* Marx/Engels: *Ausgewählte Werke*, S. 2903 (vgl. MEW Bd. 13, S. 9). Deutsches Zitat nach: Marx/Engels, *Ausgewählte Werke*, Digitale Bibliothek, Bd. 11, CD-ROM.

60 Ebenda, S. 202. Marx/Engels: *Manifest der kommunistischen Partei.* Marx/Engels: *Ausgewählte Werke*, S. 2593 (vgl. MEW Bd. 21, S. 354). Deutsches Zitat nach: Marx/Engels, *Ausgewählte Werke*, Digitale Bibliothek, Bd. 11, CD-ROM.

61 Engels, »Preface to the English Edition of 1888«, in: Marx/Engels, *The Communist Manifesto*, S. 202 f. Marx/Engels: *Manifest der kommunistischen Partei.* Marx/Engels: Ausgewählte Werke, S. 2595 (vgl. MEW Bd. 21, S. 357). Deutsches Zitat nach: Marx/Engels, *Ausgewählte Werke*, Digitale Bibliothek, Bd. 11, CD-ROM.

62 Karl Marx, *Capital*, Bd. 1, Moskau 1965, S. 794 ff. Marx: *Das Kapital.* Marx/Engels: *Ausgewählte Werke*, S. 4469-4910 (vgl. MEW Bd. 23, S. 0). Deutsches Zitat nach: Marx/Engels, *Ausgewählte Werke*, Digitale Bibliothek, Bd. 11, CD-ROM.

63 Ebenda, S. 9. Marx: *Das Kapital.* Marx/Engels: *Ausgewählte Werke*, S. 3321 (vgl. MEW Bd. 23, S. 15). Deutsches Zitat nach: Marx/Engels, *Ausgewählte Werke*, Digitale Bibliothek, Bd. 11, CD-ROM.

64 Siehe zum Beispiel G. Kh. Shakhnazarov und F. M. Burlatsky, »O razvitii marksistsko-leninskoy politicheskoy nauki«, in: *Voprosy filosofii*, Bd. 12 1980, S. 10–22, hier S. 12.

65 Plamenatz, *German Marxism and Russian Communism*, S. 9.

66 Ebenda.

67 McLellan, *Karl Marx: Selected Writings*, S. 377.

68 Ebenda.

69 »Letter to Vera Sassoulitch« in: McLellan, *Karl Marx: Selected Writings*, S. 623–627. Marx: *Brief an V. I. Sassulitsch.* Marx/Engels: *Ausgewählte*

Werke, S. 13261 ff. (vgl. MEW Bd. 19, S. 242 ff.). Deutsches Zitat nach: Marx/Engels, *Ausgewählte Werke*, Digitale Bibliothek, Bd. 11, CD-ROM.

70 Ebenda, S. 623. Marx: *Brief an V. I. Sassulitsch.* Marx/Engels: *Ausgewählte Werke*, S. 13261 (vgl. MEW Bd. 19, S. 242). Deutsches Zitat nach: Marx/Engels, *Ausgewählte Werke*, Digitale Bibliothek, Bd. 11, CD-ROM.

71 Marx und Engels, »Preface to the Russian Edition of 1882« of the *Communist Manifesto*, London 2002, S. 196. Marx/Engels: *Manifest der kommunistischen Partei.* Marx/Engels: *Ausgewählte Werke*, S. 2585 (vgl. MEW Bd. 19, S. 296). Deutsches Zitat nach: Marx/Engels, *Ausgewählte Werke*, Digitale Bibliothek, Bd. 11, CD-ROM.

72 Stedman Jones weist darauf hin, dass Marx bereit war, weiter zu gehen als Engels und einzugestehen, dass ein Übergang vom Gemeineigentum zum fortgeschrittenen Kommunismus ohne eine proletarische Revolution im Westen möglich sei (Stedman Jones, *The Communist Manifesto. Karl Marx and Friedrich Engels*, S. 261). Engels könnte bei der Abfassung des Vorworts von 1882 die zurückhaltendere und vorsichtigere Stimme gewesen sein. Engels: *Soziales aus Russland.* Marx/Engels: *Ausgewählte Werke*, S. 13129 (vgl. MEW Bd. 18, S. 565). Deutsches Zitat nach: Marx/Engels, *Ausgewählte Werke*, Digitale Bibliothek, Bd. 11, CD-ROM.

73 Karl Marx, *The Eighteenth Brumaire of Louis Bonaparte*, Moskau 1967, S. 10. Diese Schrift wurde erstmals – 1852 – in New York veröffentlicht. *Marx: Der achtzehnte Brumaire des Louis Bonaparte.* Marx/Engels: *Ausgewählte Werke*, S. 11625 (vgl. MEW Bd. 8, S. 115). Deutsches Zitat nach: Marx/Engels, *Ausgewählte Werke*, Digitale Bibliothek, Bd. 11, CD-ROM.

KAPITEL 2

1 Edmund Wilson, *To the Finland Station: A Study in the Writing and Acting of History*, London 1960, S. 271 ff.

2 Isaiah Berlin, *Russian Thinkers*, London 1978, S. 110 und S. 192. (dt.: *Russische Denker*, Frankfurt a. M. 1981.)

3 Leszek Kołakowski, *Die Hauptströmungen des Marxismus.* Bd. 1, S. 283.

4 Ebenda, S. 286.

5 Ebenda, S. 291 f.

6 Bakunin, *Staatlichkeit und Anarchie*, zitiert in: Kołakowski, *Die Hauptströmungen des Marxismus*, S. 286 f.

7 Kenneth O. Morgan, *Keir Hardie: Radical and Socialist*, London 1975, S. 40.

8 Ebenda.

9 Ebenda, S. 289.

10 Ebenda, S. 216.

11 James Farr, »Understanding conceptual change politically«, in: Terence Ball, James Farr und Russell L. Hanson, *Political Innovation and Conceptual Change*, Cambridge 1989, S. 24–49, hier S. 30.

12 Donald Sassoon, *One Hundred Years of Socialism: The West European Left in the Twentieth Century*, London 1997, S. 7.

Anmerkungen Seite 51–58   831

13 Dmitri Wolkogonow, *Lenin: A New Biography*, New York 1994, S. 8 (dt.:
   Lenin. Utopie und Terror, Düsseldorf und Wien 1994).
14 Ebenda, S. 8 f.
15 Ebenda, S. 8.
16 Robert Service, *Lenin: A Biography*, London 2000, S. 42 (dt.: *Lenin: eine
   Biographie*, München 2000).
17 Zitiert in: Nina Tumarkin, *Lenin Lives! The Lenin Cult in Soviet Russia*,
   Cambridge, Massachusetts 1997, S. 257 f.
18 Die Lenin-Rede war dermaßen prestigeträchtig, dass in den letzten Jahren
   der Sowjetunion selbst ein Reformer vom Format eines Alexander Jakowlew darüber lamentierte, von Michail Gorbatschow nicht als Lenins
   Geburtstagsredner eingeladen worden zu sein – was umso mehr Anlass
   zur Verwunderung gibt, als sich Jakowlew in den Jahren vor dem Zerfall
   der Sowjetunion gegen Lenin gewendet und auch in den ersten Jahren danach noch die Meinung vertreten hatte, Lenin sei der »Initiator und Or-
   ganisator des Massenterrorismus in Russland« gewesen und »auf immer
   der Verbrechen gegen die Menschlichkeit schuldig.« Siehe Jakowlew, *Sumerki*, Moskau 2003, S. 26 und 495 f.
19 Neil Harding, *Leninism*, London 1996, S. 18. Harding schreibt:»Ob das
   Trauma von Alexanders Hinrichtung, wie durchaus denkbar, einen tiefgreifenden psychologischen Einfluss auf Lenins gesamtes Leben hatte,
   werden wir niemals beurteilen können, und zwar nicht nur deshalb, weil
   die Auswirkungen derartiger persönlicher Tragödien für sich genommen
   schon schwer zu bewerten sind, sondern auch, weil Lenin selbst in dieser
   Sache überaus zurückhaltend war.«
20 Ebenda, S. 20 f., und Nikolai Walentinow, *Encounters with Lenin*, London
   1968, S. 176.
21 Orlando Figes, *Die Tragödie eines Volkes*, Berlin 1998, S. 159 f.
22 Neil Harding (Hg.), mit Übersetzungen von Richard Taylor, *Marxism in
   Russia: Key Documents 1879–1906*, Cambridge 1983, S. 29 f.
23 Andrzej Walicki, *A History of Russian Thought From the Enlightenment
   to Marxism*, Oxford 1980, S. 251.
24 Walentinow, *Encounters with Lenin*, S. 203.
25 Georgi Plechanow,»Propaganda Among the Workers«, in: Harding (Hg.),
   Marxism in Russia: Key Documents 1879–1906, S. 59–67, hier S. 65.
26 Louis Fischer, *Das Leben Lenins*, Köln und Berlin 1965, S. 36 f.
27 Ebenda, S. 36.
28 Isaiah Berlin, *Russian Thinkers*, S. 228.
29 Ebenda, S. 229 f.
30 Ebenda, S. 230.
31 Walentinow, *Encounters with Lenin*, S. 63.
32 Ebenda.
33 Ebenda, S. 64.
34 W. I. Lenin, *What is to be Done?*, mit einer Einführung von S. V. Utechin,
   Oxford 1963, S. 117. Deutsches Zitat nach: http://marxists.org/deutsch/
   archiv/lenin/1902/wastun/kap3 f.htm.

832 Anmerkungen Seite 58–65

35 Service, *Lenin: A Biography*, S. 152.
36 Leonard Schapiro, *The Communist Party of the Soviet Union*, London, 2. Aufl. 1970, S. 49 f.
37 Leon Trotski, *My Life: An Attempt at Autobiography*, Harmondsworth 1975. (Deutsche Ausgabe: *Mein Leben: Versuch einer Biographie*, Berlin 1930.) Trotzki schrieb dieses Buch 1929. Deutsches Zitat nach: http://marxists.org/deutsch/archiv/trotzki/1929/leben/12-spalt.htm.
38 Ebenda, S. 50 f., siehe auch Orlando Figes, *Die Tragödie eines Volkes*, Berlin 1998, S. 212, 214 f.
39 Bertram D. Wolfe, *Drei Männer, die die Welt erschütterten*, Wien o. J., S. 304.
40 Ebenda, S. 305.
41 Marc D. Steinberg, »Russia's *fin de siècle* 1900–1914«, in: Ronald G. Suny (Hg.), *The Cambridge History of Russia*, Bd. III: *The Twentieth Century*, Cambridge 2006, S. 67–93, hier S. 75.
42 W. I. Lenin, *Ein Schritt vorwärts, zwei Schritte zurück*, in: W. I. Lenin, *Werke*, Bd. 7: *September 1903 – Dezember 1904*, Berlin 1956, S. 199–430, hier S. 419 f.
43 Ebenda.
44 Eduard Bernstein, *Die Voraussetzungen des Sozialismus und die Aufgaben der Sozialdemokratie*, Stuttgart 1921, S. 27.
45 McLellan, *Karl Marx*, S. 455.
46 So Bernstein in einer Fußnote zur englischen Ausgabe von *Evolutionary Socialism*, London 1909, S. 203.
47 Bernstein, *Die Voraussetzungen des Sozialismus*, S. 236.
48 Ebenda.
49 Ebenda, S. 253.
50 Ebenda, S. 9.
51 Ebenda, S. 182.
52 Zitiert in: D. Sassoon, *One Hundred Years of Socialism*, S. 19.

KAPITEL 3

1 Baruch Knei-Paz, *The Social and Political Thought of Leon Trotsky*, Oxford 1978, S. 15.
2 Trotzki, *Naschi politischeskie sadatschi* (1904), S. 4, zitiert nach: Isaac Deutscher, *Trotzki. Der bewaffnete Prophet: 1879–1921*, Stuttgart 1962, S. 96.
3 Sheila Fitzpatrick, *The Russian Revolution*, Oxford 1982, S. 25.
4 Eine Darstellung der russischen Geschichte, die eine extreme Form dieser Auslegung enthält, hat Tibor Szamuely geliefert: *The Russian Tradition*, London 1974.
5 Fitzpatrick, *The Russian Revolution*, S. 25.
6 Nikolai Wolski (Pseudonym Walentinow) stellte die respektvolle und vernünftige Art, in der sich Martow, ein führender Menschewik, dieselben

Anmerkungen Seite 65–78   833

Ansichten anhörte, obwohl er sie ebenfalls nicht teilte, Lenins wütender Geringschätzigkeit gegenüber. Vgl. Nikolay Valentinov, *Encounters with Lenin*, London 1968, S. 205–243.

7 Moshe Lewin, *Lenins letzter Kampf*, Hamburg 1970.

8 Vgl. Terence Emmons, *The Russian Landed Gentry and the Peasant Emancipation of 1861*, Cambridge 1968, sowie Daniel Field, *The End of Serfdom: Nobility and Bureaucracy in Russia, 1855–1861*, Cambridge, Mass., 1976.

9 Hugh Seton-Watson, *The Russian Empire 1801–1917*, London 1967, S. 563 f.

10 Dominic Lieven, *Nicholas II: Emperor of All the Russias*, London 1993, S. 144 f.

11 Orlando Figes, *Die Tragödie eines Volkes: Die Epoche der russischen Revolution 1891 bis 1924*, Berlin 1998, S. 190.

12 Ebenda, S. 193.

13 Leo Trotzki, *Mein Leben: Versuch einer Autobiographie*, Berlin 1961, S. 169 f.

14 Ebenda, S. 170.

15 Ebenda, S. 171.

16 Für eine lebensnahe Schilderung eines solchen Banküberfalls vgl. Simon Sebag Montefiore, *Stalin. Am Hof des roten Zaren*, Frankfurt a. M. 2005, S. 1–11.

17 Dmitri Wolkogonow, *Lenin*, Düsseldorf 1994, S. 56 ff. Für eine eingehende Auseinandersetzung mit der Finanzierung der Bolschewiki vor der Revolution im Jahr 1917 vgl.: ebenda, S. 54–63.

18 Figes, *Die Tragödie eines Volkes*, S. 242.

19 Geoffrey Hosking, *The Russian Constitutional Experiment: Government and Duma, 1907–1914*, Cambridge 1973, S. 148. Vgl. auch Figes, *Die Tragödie eines Volkes*, S. 240–251.

20 Figes, *Die Tragödie eines Volkes*, S. 212 f.

21 Ebenda, S. 213.

22 Fitzpatrick, *The Russian Revolution*, S. 32.

23 Ebenda, S. 332 f.

24 Vgl. Figes, *Die Tragödie eines Volkes*, S. 314 f.

25 Seton-Watson, *The Russian Empire 1801–1917*, S. 721 f.

26 Figes, *Die Tragödie eines Volkes*, S. 316.

27 Wolkogonow, *Lenin*, S. 103.

28 Donald Treadgold, *Twentieth Century Russia*, Chicago, 2. Aufl. 1964, S. 119.

29 Lieven, *Nicholas II*, S. 231.

30 Wolkogonow, *Lenin*, S. 217 ff.; Lieven, *Nicholas II*, S. 241–245.

31 Fitzpatrick, *The Russian Revolution*, S. 34.

32 Robert Service, *Lenin. Eine Biographie*, München 2000, S. 340–347; Wolkogonow, *Lenin*, S. 121–129.

33 Service, *Lenin*, S. 347 ff.

34 Vgl. Robert Service, *The Bolshevik Party in Revolution: A Study in Orga-*

834 Anmerkungen Seite 79 –92

nisational Change 1917–1923, London 1979; sowie Fitzpatrick, *The Russian Revolution*, S. 36 f.

35 Fitzpatrick, *The Russian Revolution*, S. 36 f.
36 Wolkogonow, *Lenin*, S. 180 f.
37 Trotzki, *O Lenine*, S. 94, hier zitiert nach Wolkogonow, *Lenin*, S. 184.
38 Karl Kautsky, *Die Diktatur des Proletariats* (nach der 1. Aufl., Wien 1918), Berlin 1964, S. 83 sowie S. 32 f.
39 Ebenda, S. 18 f.
40 Ebenda, S. 47.
41 Figes, *Die Tragödie eines Volkes*, S. 607.
42 George Leggett, *The Cheka: Lenin's Political Police*, Oxford 1981, S. 359.

KAPITEL 4

1 W. I. Lenin, *Staat und Revolution*, Berlin, 27. Aufl. 1989 [deutsche Übersetzung nach der 4. russischen Ausgabe, 1948], S. 141.
2 Ebenda, S. 105.
3 Ebenda.
4 Ebenda, S. 113 f.
5 Ebenda, S. 110.
6 A. J. Polan, *Lenin and the End of Politics*, London 1984, S. 11.
7 Neil Harding, *Lenin's Political Thought*, Bd. 2: *Theory and Practice in the Socialist Revolution*, London 1981, S. 140.
8 John Plamenatz, *German Marxism and Russian Communism*, London 1954, S. 248.
9 Polan, *Lenin and the End of Politics*, S. 129.
10 Vgl. Leonard Schapiro, »›Putting the Lid on Leninism‹: Opposition and dissent in the communist one-party states«, in: Schapiro (Hg.), *Political Opposition in One-Party States*, London 1972, S. 35–41.
11 Leonard Schapiro, *The Origin of the Communist Autocracy. Political Opposition in the Soviet State: First Phase 1917-1922*, London 1955, S. 301.
12 Ebenda, S. 303.
13 Ebenda, S. 318 f.
14 Schapiro, »›Putting the Lid on Leninism‹«, S. 43.
15 Alec Nove, *An Economic History of the U. S. S. R.*, Harmondsworth 1972, S. 85 f. (dt.: *Die sowjetische Wirtschaft*, Wiesbaden 1963).
16 T. H. Rigby, *Lenin's Government: Sovnarkom 1917-1922*, Cambridge 1979, S. 178.
17 Sheila Fitzpatrick, *The Russian Revolution*, Oxford 1982, S. 101.
18 Vgl. James Harris, »Stalin as General Secretary: the appointments process and the nature of Stalin's power«, in: Sarah Davies und James Harris (Hg.), *Stalin: A New History*, Cambridge 2005, S. 63–82, insbes. S. 74–80.
19 Für eine besonders gründliche Auseinandersetzung mit der sowjetischen Nationalitätenpolitik vgl. Terry Martin, *The Affirmative Action Empire: Nations and Nationalism in the Soviet Union, 1923-1939*, Ithaca, N. Y., 2001.

Anmerkungen Seite 92–100 835

20 Bohdan Krawchenko, *Social Change and National Consciousness in Twentieth Century Ukraine*, London 1985, S. 86.
21 Ebenda, S. 89.
22 Martin, *The Affirmative Action Empire*, S. 12 f.
23 Nikita Khrushchev, *Khrushchev Remembers: The Last Testament*, übersetzt und bearbeitet von Strobe Talbott, London 1974, S. 278 (dt.: Nikita S. Chruschtschow, *Chruschtschow erinnert sich. Die authentischen Memoiren*, hg. von Strobe Talbott; eingel. u. komm. von Edward Crankshaw, Reinbek 1971).
24 David R. Shearer, »Stalinism, 1928–1940«, in: Ronald G. Suny (Hg.), *The Cambridge History of Russia*, Bd. III, *The Twentieth Century*, Cambridge 2006, S. 201.
25 Michael Lessnoff, »Capitalism, Socialism and Democracy«, in: *Political Studies*, Bd. XXVII, Nr. 4, Dezember 1979, S. 599.
26 Ebenda, S. 599 f.
27 Robert Service, *Stalin: A Biography*, London 2004, S. 245.
28 Lewis Siegelbaum, »Workers and Industrialization«, in: Suny (Hg.), *The Cambridge History of Russia*, Bd. III: *The Twentieth Century*, S. 440–467, hier S. 446.
29 Ronald G. Suny, *The Soviet Experiment: Russia, the USSR, and the Successor States*, New York 1998, S. 224.
30 Ebenda, S. 223 f.
31 Ebenda, S. 226.
32 Ebenda, S. 228; Sheila Fitzpatrick, *Everyday Stalinism. Ordinary Life in Extraordinary Times: Soviet Russia in the 1930s*, New York 1999, S. 169; und Michael Ellman, »Stalin and the Soviet Famine of 1932–33 Revisited«, in: *Europe-Asia Studies*, Bd. 59, Nr. 4, Juni 2007, S. 663–693.
33 Leo Trotzki, *Die verratene Revolution: Was ist die Sowjetunion und wohin treibt sie?*, Zürich 1957.
34 Sheila Fitzpatrick (Hg.), *Cultural Revolution in Russia, 1928–1931*, Bloomington 1978.
35 Vgl. Stephen F. Cohen, *Bukharin and the Bolshevik Revolution: A Political Biography 1888–1938*, London, 1974. Eine Übersetzung dieses (bis zur Ära Gorbatschow in der Sowjetunion verbotenen) Buches ins Russische las Michail Gorbatschow im Sommer 1987. Im Jahr darauf – in dem sich seine Geburt zum hundertsten und seine Hinrichtung zum fünfzigsten Mal jährte – wurde Bucharin vollkommen rehabilitiert.
36 Fitzpatrick, *The Russian Revolution*, S. 118 f.
37 Sheila Fitzpatrick, *Education and Social Mobility in the Soviet Union 1921–1934*, Cambridge 1979, S. 169.
38 Ebenda, S. 176.
39 Martin, *The Affirmative Action Empire*, S. 126 f.
40 Manche Historiker würden auch Georgi Malenkow in die Liste der sowjetischen Führer aufnehmen, da er unmittelbar nach Stalins Tod, das heißt in den Jahren 1953/54, eine ebenso wichtige Rolle wie Chruschtschow gespielt hat. Diese Phase war jedoch im Wesentlichen von einer oligar-

chischen Herrschaft geprägt, und als sich ein Mann als zentrale Führungs-persönlichkeit herauskristallisierte, war dies der Erste oder Generalsekre-tär der KPdSU, Nikita Chruschtschow.

41 Interview mit Alexander Sinowjew, »Why the Soviet system is here to stay«, in: G. R. Urban (Hg.), *Can the Soviet System Survive Reform*, London 1989, S. 74. Das Interview erschien erstmals im April/Mai 1984 in der Zeitschrift *Encounter*. Es löste einen Aufschrei der Empörung aus, und Sinowjew übernahm zu jener Zeit keine Verantwortung für die Authentizität des Textes, da er keine Gelegenheit erhalten hatte, ihn zu prüfen. Vgl. Charles Janson, »Alexander Zinoviev: Experiences of a Soviet Methodologist«, in: Philip Hanson und Michael Kirkwood (Hg.), *Alexander Zinoviev as Writer and Thinker*, Basingstoke 1988, S. 22 f. In Urbans Buch wurde das Interview durch ein Nachwort Sinowjews aus dem Jahr 1988 ergänzt. Darin distanzierte er sich nicht von seinen Aussagen in dem Interview, wies jedoch darauf hin, dass es seine Kritiker versäumt hätten, zwischen der soziologischen Analyse und moralischen Urteilen zu unterscheiden. Er erklärte, er sei nicht der Ansicht, »dass die Kollektivierung ein Segen war; sie war eine entsetzliche Tragödie«. Aber er fügte hinzu, dass »jene, die diese Tragödie überlebten, nicht umkehren wollten«. (In: Urban, *Can the Soviet Union Survive Reform?*, S. 106.)

42 George Leggett, *The Cheka: Lenin's Political Police*, Oxford 1981, S. 15–27.

43 *Iswestija TsK KPSS*, Nr. 4, 1990, S. 193.

44 Shearer, »Stalinism, 1928–1940«, in: Suny (Hg.), *The Cambridge History of Russia: The Twentieth Century*, S. 214.

45 Roy Medwedew, *Das Urteil der Geschichte, Bd. 1: Stalin und Stalinismus*, Berlin 1992, S. 267–273, insbes. S. 268; und David Holloway, »Science, Technology, and Modernity«, in: Suny (Hg.), *The Cambridge History of Russia: The Twentieth Century*, S. 560.

46 Rose L. Glickman, »The Russian Factory Woman, 1880–1914«, in: Dorothy Atkinson, Alexander Dallin und Gail Warshofsky Lapidus (Hg.), *Women in Russia*, Hassocks 1978, S. 63.

47 Ebenda, S. 62 f.

48 Gail Warshofsky Lapidus, *Women in Soviet Society: Equality, Development, and Social Change*, Berkeley 1978, S. 60 f.; sowie Peter H. Juviler, »Family Reforms on the Road to Communsm«, in: Juviler und Henry W. Morton, *Soviet Policy-Making: Studies of Communism in Transition*, London, 1967, S. 31 f.

49 Lapidus, *Women in Soviet Society*, S. 5 f.

50 David L. Hoffmann, *Stalinist Values: The Cultural Norms of Soviet Modernity, 1917–1941*, Ithaca 2003, S. 100 ff.

51 Ebenda, S. 106.

52 Ebenda, S. 112.

53 Ebenda, S. 111 f.

54 Richard Stites, *Russian Popular Culture: Entertainment and Society since 1900*, Cambridge 1992, S. 72–78.

55 Ebenda, S. 72.

Anmerkungen Seite 106–119   837

56 Richard Taylor, *The Politics of the Soviet Cinema 1917–1929*, Cambridge 1929, S. 98.
57 John Gooding, *Socialism in Russia: Lenin and his Legacy, 1890–1991*, Basingstoke 2002, S. 136.
58 Ebenda.
59 Ebenda.
60 Oleg W. Chlewniuk, »Stalin as dictator: the personalization of power«, in: Davies und Harris (Hg.), *Stalin: A New History*, S. 110.
61 Service, *Stalin*, S. 317.
62 J. Stalin, »Rech' na perwom wsesojusnom soweschtschanij stachanowtsew«, in: *Woprosi Leninisma*, Politisdat, Moskau, 11. Aufl. 1952, S. 531.
63 Fitzpatrick, *Everyday Stalinism*, S. 185.
64 J. Stalin, »O proekte Konstitutsij Sojusa SSR«, in *Woprosi Leninisma*, S. 556.
65 Ebenda, S. 553.
66 Zitiert nach Suny, *The Soviet Experiment*, S. 263.
67 *Die Geheimrede Chruschtschows: Über den Personenkult und seine Folgen. Rede des Ersten Sekretärs des ZK der KPdSU am 25. 2. 1956*, Berlin 1990, S. 25.
68 Ebenda, S. 25 f.
69 Ebenda.
70 Suny (Hg.), *The Cambridge History of Russia: The Twentieth Century*, S. 40.
71 Anne Applebaum, *Der Gulag*, Berlin 2003, S. 613–621.
72 Associated Press, Bericht aus Moskau vom 26. September 2007 in Johnson's Russia List, 2007, Nr. 2003, 27. September 2007, S. 43.

KAPITEL 5

1 Donald Sassoon, *One Hundred Years of Socialism*, London 1997, S. 32.
2 E. H. Carr, *The Bolshevik Revolution 1917–1923, vol. 3*, Hardmonsworth 1966, S. 507 ff., 512–516 und 522 ff.; und Milan Hauner, *What is Asia to Us? Russia's Asian Heartland Yesterday and Today*, London 1990, S. 7.
3 Mary Fulbrook, *History of Germany 1918–2000: The Divided Nation*, Oxford, 2. Aufl. 2002, S. 20; und Sassoon, *One Hundred Years of Socialism*, S. 31.
4 Eric D. Weitz, *Creating German Communism, 1890–1990: From Popular Protests to Socialist State*, Princeton 1997, S. 92.
5 Ebenda, S. 89; und Fulbrook, *History of Germany 1918–2000*, S. 20–24.
6 Zara Steiner, *The Lights that Failed: European International History 1919–1933*, Oxford 2005, S. 10.
7 Joseph Rothschild, *East Central Europe between the Two World Wars*, Seattle 1974, S. 139–145.
8 Ebenda, S. 143.

838 Anmerkungen Seite 119 –128

9 Ebenda, S. 148.
10 Hugh Seton-Watson, *Eastern Europe between the Wars 1918–1941*, New York, 3. Aufl. 1967, S. 186 f.; und George Schöpflin, *Politics in Eastern Europe*, Oxford 1993, S. 43 ff.
11 Rothschild, *East Central Europe between the Two World Wars*, S. 148.
12 Ebenda, S. 150.
13 Ebenda, S. 151.
14 Norman Davies, *A History of Poland*, Bd. II: *1795 to the Present*, Oxford 1981, S. 396.
15 Ebenda, S. 399.
16 Jonathan Haslam, »Comintern and Soviet Foreign Policy, 1919–1941«, in: Ronald G. Suny (Hg.), *The Cambridge History of Russia*, Bd. III: *The Twentieth Century*, Cambridge 2006, S. 639.
17 Adam Westoby, *The Evolution of Communism*, Oxford und Cambridge 1989, S. 38.
18 Vgl. Haslam, »Comintern and Soviet Foreign Policy, 1919–1941«, in: Suny (Hg.), *The Cambridge History of Russia*, S. 636 f.
19 Ebenda, S. 640.
20 Sassoon, *One Hundred Years of Socialism*, S. 32 f.
21 Westoby, *The Evolution of Communism*, S. 47; und Haslam, »Comintern and Soviet Foreign Policy, 1919–1941«, S. 644.
22 Stephen F. Cohen, *Bukharin and the Bolshevik Revolution: A Political Biography 1888-1938*, London 1974, S. 294; Bertram Wolfe, *A Life in Two Centuries*, New York 1981, S. 496; sowie Sassoon, *One Hundred Years of Socialism*, S. 76.
23 Carole Fink, »The NEP in Foreign Policy: The Genoa Conference and the Treaty of Rapallo«, in: Gabriel Gorodetsky (Hg.), *Soviet Foreign Policy 1917-1991: A Retrospective*, London 1994, S. 11–20, insbes. S. 15; sowie Robert Service, *Lenin: Eine Biographie*, München 2000, S. 569 f.
24 Fink, »The NEP in Foreign Policy«, S. 19.
25 Steiner, *The Lights that Failed*, S. 174 f.
26 Ivo Banac (Hg.), *The Diary of Georgi Dimitrov 1933–1949*, New Haven 2003, Einleitung von Ivo Banac, S. xxv f.
27 Raphael Samuel, *The Lost World of British Communism*, London 2006, S. 41 f.
28 Vgl. John McIlroy, »The Establishment of Intellectual Orthodoxy and the Stalinization of British Communism 1928-1933«, in: *Past and Present*, Nr. 192, August 2006, S. 187-226, insbes. S. 189.
29 »›Politsekretariat IKKI trebuet‹: Dokumenti Kominterna i Kompartii Germanii, 1930–1934«, *Istoritscheskij archiw*, Nr. 1, 1994, S. 148–174.
30 F. W. Deakin, H. Shukman und H. T. Willetts, *A History of World Communism*, London 1975, S. 77.
31 Ebenda, S. 76; sowie Branco Lazitch und Milorad M. Drachkovitch, *Biographical Dictionary of the Comintern*, überarb. und erw. Ausg., Stanford 1986, S. 465 ff.
32 »›Sobitija sastali partiju wrasploch‹: Pis'mo aktivista Kompartii Germanii

Anmerkungen Seite 128–135   839

K. Fridberga I. V. Stalinu, 1933 g.', *Istoritscheskij archiw*, Nr. 3, 1996, S. 211–215.

33 Banac (Hg.), *The Diary of Georgi Dimitrov 1933-1949*, S. xvi.

34 Ebenda, S. xvi-xvii und xxv.

35 Ebenda, S. xxvi f.

36 Weitz, *Creating German Communism*, S. 280.

37 Ebenda.

38 Stanley G. Payne, *The Spanish Civil War, the Soviet Union, and Communism*, New Haven 2004, S. 122.

39 Ebenda, S. 186 f.

40 Ebenda, S. 157 f.

41 Ebenda, S. 164 ff.

42 Ebenda, S. 166.

43 Ebenda, S. 167–170.

44 Ebenda, S. 261.

45 Ebenda, S. 207 f.

46 Ebenda, S. 153.

47 Ebenda, S. 316.

48 Haslam, »Comintern and Soviet foreign policy«, S. 656.

49 Keith Feiling, *The Life of Neville Chamberlain*, London 1946, S. 378.

50 Sassoon, *One Hundred Years of Socialism*, S. 84.

51 Banac, *The Diary of Georgi Dimitrov*. Dimitrow zitiert aus einem Bericht Klement Woroschilows in einer Plenarsitzung des Zentralkomitees der KPdSU am 27. März 1940.

52 Nikita Chruschtschow beschäftigt sich in seinen Memoiren eingehend mit dem Krieg in Finnland, der »uns so teuer zu stehen kam«, und erklärt: »Ich schätze, wir verloren eine Million Mann.« Vgl. N. S. Chruschtschow, *Chruschtschow erinnert sich. Die authentischen Memoiren*, hg. v. Strobe Talbott, Reinbek 1992, S. 153. Für eine auf der finnischen Dokumentation beruhende Darstellung der finnischen Verluste vgl. Osmo Jussila, Seppa Hentila, Jukka Nevakiki, *A Political History of Finland since 1809: From Grand Duchy to Modern State*, London 1995, S. 191. Diese Autoren zitieren sowjetische Quellen und gehen von 49 000 Toten auf sowjetischer Seite aus, fügen jedoch hinzu, dass die Finnen die Verluste der Roten Armee mindestens viermal höher ansetzen als von der UdSSR zugegeben. Verschiedene Autoren kommen zu erheblich abweichenden Schätzungen der sowjetischen Verluste in diesem kurzen, aber erbittert geführten Krieg. Catherine Merridale nennt unter Bezugnahme auf eine postkommunistische Quelle zu den sowjetischen Verlusten in bewaffneten Konflikten eine Zahl von mehr als 126 000 Toten aufseiten der Roten Armee und schätzt die Zahl der finnischen Verluste auf knapp über 48 000. Vgl. Catherine Merridale, *Iwans Krieg: Die Rote Armee 1939–45*, Frankfurt a. M. 2006, S. 63. Andere westliche Historiker haben die Zahl der sowjetischen Toten entweder erheblich höher oder niedriger angesetzt. Ronald Suny geht davon aus, dass die sowjetischen Verluste mit einer Viertelmillion Toten zehnmal höher waren als die finnischen mit 25 000. Vgl. Suny, *The Soviet*

Experiment: Russia, the USSR, and the Successor States, Oxford und New York 1998, S. 304. Diese Zahl kommt den Ergebnissen finnischer Forscher nahe. In einer neueren Arbeit wird eine Zahl angenommen, die den offiziellen sowjetischen Angaben nahekommt. Demnach wären im Winterkrieg »mindestens 49 000 Mann« gefallen. Vgl. Bernard Wasserstein, *Barbarism and Civilization: A History of Europe in Our Time,* Oxford 2007, S. 293.

53 Suny, *The Soviet Experiment,* S. 303 f.

54 Sassoon, *One Hundred Years of Socialism.,* S. 85.

55 Geoffrey Nowell Smith und Quintin Hoare, Einleitung zu *Antonio Gramsci, Selections from the Prison Notebooks,* London 1971, S. xciv.

56 Vgl. Antonio Gramsci, *Gefängnishefte,* herausgegeben v. Wolfgang Fritz Haug u. a., Hamburg 1995.

57 David McLellan, »Western Marxism«, in: Terence Ball und Richard Bellamy (Hg.), *The Cambridge History of Twentieth Century Political Thought,* Cambridge 2003, S. 286.

58 Gramsci, *Gefängnishefte,* Hefte 10 und 11, Philosophie der Praxis, S. 1383 f.

59 McLellan, »Western Marxism«, S. 288.

60 Annie Kriegel, *The French Communists: Profile of a People,* Chicago 1972, S. 108.

61 Ebenda, S. 369.

62 Ebenda.

63 Stéphane Courtois und Marc Lazar, *Histoire du Parti Communiste Français,* Paris, 2. Aufl. 2000, S. 143.

64 Kriegel, *The French Communists,* S. 214–223.

65 Lazitch und Drachkovitch (Hg.), *Biographical Dictionary of the Comintern,* S. 125; sowie Kriegel, *The French Communists,* S. 217 f. und S. 277 f.

66 Edward Taborsky, *Communism in Czechoslovakia 1948–1960,* Princeton, N. J., 1961, S. 6 f.

67 Ebenda.

68 Guenter Lewy, *The Cause that Failed: Communism in American Political Life,* New York 1990, S. 7.

69 Bertram D. Wolfe, *A Life in Two Centuries: An Autobiography,* mit einer Einleitung von Leonard Schapiro, New York 1981, S. 442–551.

70 Ebenda, S. 441.

71 Witold S. Sworakowski (Hg.), *World Communism – A Handbook 1918–1965,* Stanford 1973, S. 462–472.

72 Lerry Keplair und Stephen Englund, *The Inquisition in Hollywood: Politics in the Film Community 1930–60,* Urbana/Chicago 2003.

73 Kevin Morgan, Gidon Cohen und Andrew Flinn, *Communists and British Society 1920–1991,* London 2007, S. 169.

74 Henry Pelling, *The British Communist Party: A Historical Profile,* London 1958, S. 192.

75 Morgan, Cohen und Flinn, *Communists and British Society 1920–1991,* S. 26.

Anmerkungen Seite 143–150 841

76 Ebenda, S. 188–196 und 240.
77 Westoby, *The Evolution of Communism*, S. 72.
78 Rana Mitter, *A Bitter Revolution: China's Struggle with the Modern World*, Oxford 2004, S. 36 f.
79 Ebenda, S. 37.
80 Jonathan D. Spence, *Chinas Weg in die Moderne*, München 1995, S. 393–397.
81 Ebenda, S. 398.
82 Ebenda, S. 412.
83 Ebenda, S. 413.
84 Ebenda, S. 414.
85 Ebenda, S. 414 f.
86 Mitter, *A Bitter Revolution*, S. 159.
87 Ebenda, S. 159 ff.
88 Eine rundum negative Darstellung von Maos Wirken einschließlich seiner Tätigkeit in der Zwischenkriegszeit, die auch Zweifel an seiner damaligen Autorität bei den Parteimitgliedern weckt, stammt von Jung Chang und Jon Halliday, *Mao: Das Leben eines Mannes, das Schicksal eines Volkes* (München 2007). Die China-Experten – darunter auch viele, die keineswegs Bewunderer Maos sind – haben dieses Buch, das für großes Aufsehen gesorgt hat, jedoch kritischer aufgenommen als die nicht auf China spezialisierten Rezensenten. Die Darstellung Changs und Hallidays wurde in den auf China spezialisierten Fachzeitschriften heftig kritisiert. Vgl. z. B. Gregor Benton und Steve Tsang, »The Portrayal of Opportunism, Betrayal, and Manipulation in Mao's Rise to Power«, in: *The China Journal*, Nr. 55, Januar 2006, S. 95–109; Timothy Cheek, »The New Number One Counter-Revolutionary Inside the Party: Academic Biography as Mass Criticism«, ebenda, S. 109–118; Lowell Dittmer, »Pitfalls of Charisma«, ebenda, S. 119–128; und Geremie R. Barmé, »I'm So Ronree«, ebenda, S. 128–139.

TEIL ZWEI
Der Aufstieg des Kommmunismus

KAPITEL 6

1 Vgl. beispielsweise das posthum erschienene Buch des ehemaligen Mitglieds des Zentralkomitees der KPdSU und Gorbatschow-Beraters Georgi Schachnasarow, *Sowremennaja zivilisatsija i Rossija*, Mokau 2003, S. 179 f.; und den Beitrag des polnischen Ex-Ministerpräsidenten Mieczysław Rakowski in: Andrei Grachev, Chiara Blengino und Rossella Stievano (Hg.), *1985–2005: Twenty Years that Changed the World*, Turin 2005, S. 35.
2 Vgl. Andrew Roberts, »The State of Socialism: A Note on Terminology«, *Slavic Review*, Bd. 63, Nr. 2 (Sommer 2004), S. 349–366.
3 Die schwedischen Sozialdemokraten sind als erste große und erfolgreiche politische Partei über den »Revisionismus« von Eduard Bernstein hinaus-

842 Anmerkungen Seite 150–164

gegangen. Vgl. Sheri Berman, *The Primacy of Politics: Social Democracy and the Making of Europe's Twentieth Century*, New York 2006.

4 Siehe Evan Luard, *Socialism without the State*, London 1979; David Miller, *Market, State and Community. Theoretical Foundations of Market Socialism*, Oxford 1990; Herbert Kitschelt, *The Transformation of European Social Democracy*, Cambridge 1994; Julian Le Grand und Saul Estrin (Hg.), *Market Socialism*, Oxford 1989; Thomas Meyer mit Lewis Hinchman, *The Theory of Social Democracy*, Cambridge 2007; Alec Nove, *The Economics of Feasible Socialism*, London 1983; Stephen Padgett und William E. Paterson, *A History of Social Democracy in Postwar Europe*, London 1991; und Donald Sassoon, *One Hundred Years of Socialism*, London 1997.

5 Michael Lessnoff, »Capitalism, Socialism and Democracy«, *Political Studies*, Bd. XXVII, Nr. 4 (Dezember 1979), S. 594–602, insbes. S. 601.

6 Alan Bullock, *Ernest Bevin: Foreign Secretary*, Oxford 1985, S. 105 f.

7 Ebenda, S. 848.

8 Vgl. Archie Brown, »The Study of Totalitarianism and Authoritarianism«, in: Jack Hayward, Brian Barry und Archie Brown (Hg.), *The British Study of Politics in the Twentieth Century*, Oxford 1999, S. 345–394, vor allem S. 345 ff.; und Gabriel A. Almond, *The Appeals of Communism*, Princeton, N. J., 1954, S. 74 und S. 133.

9 Gale Stokes, *The Walls Came Tumbling Down: The Collapse of Communism in Eastern Europe*, New York 1993, S. 133.

10 John H. Kautsky, *Communism and the Politics of Development. Persistent Myths and Changing Behavior*, New York 1968, S. 216.

11 Vgl. Alan Angell, »The Left in Latin America Since c. 1920«, in: Leslie Bethell (Hg.), *The Cambridge History of Latin America*, Bd. VI, Teil 2, *Politics and Society*, Cambridge 1994, S. 163–232.

12 Jasper Becker, *Rogue State: Kim Jong Il and the Looming Threat of North Korea*, New York 2005, S. 77.

13 Philip Hanson, *The Rise and Fall of the Soviet Economy. An Economic History of the USSR from 1945*, London 2003, S. 9.

14 Alec Nove, »The Soviet System in Retrospect: An Obituary Notice«, Vierter Averell-Harriman-Jahresvortrag, 17. Februar 1993, Columbia University, New York, S. 22.

15 Alec Nove, *Glasnost' in Action. Cultural Renaissance in Russia*, London 1989, S. 236.

16 Michael Oakeshott, »Political Education«, in: ders., *Rationalism in Politics and Other Essays*, London 1962, S. 127.

17 T. H. Rigby, *The Changing Soviet System. Mono-organisational Socialism from its Origins to Gorbachev's Restructuring*, Aldershot 1990, S. 166. Das Zitat stammt aus dem Kapitel »Political Legitimacy under Mono-organisational Socialism«, das Rigby erstmals 1983 veröffentlichte.

18 Michail Gorbatschow und Zdeněk Mlynář, *Conversations with Gorbachev: On Perestroika, the Prague Spring, and the Crossroads of Socialism*, New York 2002, S. 37.

19 Nachgedr. in: Eric Hobsbawm, *Revolution und Revolte. Aufsätze zum*

Anmerkungen Seite 164–178   843

Kommunismus, Anarchismus und Umsturz im 20. Jahrhundert, Frankfurt
a. M. 1977, S. 16.
20 Siehe Michael Kenny, *The First New Left. British Intellectuals after Sta-*
lin, London 1995.
21 Raphael Samuel, *The Lost World of British Communism,* London 2006,
S. 47 f.
22 Hobsbawm, *Revolution und Revolte,* S. 16.

KAPITEL 7

1 Donald Sassoon, *One Hundred Years of Socialism. The West European*
Left in the Twentieth Century, London 1997, S. 95.
2 Ebenda, S. 95 f.
3 Gabriel A. Almond, *The Appeals of Communism,* Princeton, N. J., 1954,
S. 104 f.
4 Stéphane Courtois und Marc Lazar, *Histoire du Parti Communiste Fran-*
çais, Paris, 2. Aufl. 2000, S. 145 f. und 296.
5 Ebenda, S. 32.
6 Almond, *The Appeals of Communism,* S. 104.
7 George Bernard Shaw, *Wegweiser für die intelligente Frau zum Sozialis-*
mus und Kapitalismus, Berlin 1929.
8 Howard Fast, *The Naked God. The Writer and the Communist Party,* London 1958, S. 14 f.
9 Shaw, *Wegweiser für die intelligente Frau,* S. 505.
10 Ebenda, S. 507.
11 Hugh McDiarmid, *First Hymn to Lenin and Other Poems,* London 1931,
S. 11 ff.
12 Sidney und Beatrice Webb, *Soviet Communism: A New Civilisation,* London, 3. Aufl. 1937, S. 971.
13 Ebenda, S. XI.
14 Ebenda, S. 970.
15 Ebenda.
16 Ebenda, S. 973.
17 André Gide in: Richard Crossman (Hg.), *Ein Gott, der keiner war,* Kon-
stanz 1950, S. 181.
18 Ebenda, S. 182 und 190.
19 Ebenda, S. 188.
20 Arthur Koestler, *Sonnenfinsternis,* Stuttgart 1948, S. 211.
21 Eric Hobsbawm, *Revolution und Revolte,* S. 25.
22 Fast, *The Naked God,* S. 30.
23 Ebenda, S. 30 f.
24 Guenter Lewy, *The Cause that Failed. Communism in American Political*
Life, New York 1990, S. 61.
25 Kevin Morgan, Gidon Cohen und Andrew Flinn, *Communists and British*
Society 1920–1991, London 2007, S. 83.

844 Anmerkungen Seite 178–185

26 Douglas Hyde, *Anders als ich glaubte. Der Weg eines Revolutionärs*, Freiburg 1953, S. 323.
27 Raphael Samuel, *The Lost World of British Communism*, London 2006, S. 53.
28 Robert D. Putnam, »The Italian Communist Politician«, in: Donald L. M. Blackmer und Sidney Tarrow (Hg.), *Communism in Italy and France*, Princeton 1975, S. 177.
29 Ebenda, S. 177 f.
30 Samuel, *The Lost World of British Communism*, S. 53–56.
31 Ebenda, S. 58.
32 Almond, *The Appeals of Communism*, S. 162 f.
33 Sudhir Hazareesingh, *Intellectuals and the French Communist Party. Disillusion and Decline*, Oxford 1991, S. 15.
34 Ebenda, S. 101. Vgl. ferner: Courtois und Lazar, *Histoire du Parti Communiste Française*, S. 279 und 285 ff.
35 Sidney Tarrow, »Party Activists in Public Office: Comparisons at the Local Level in Italy and France«, in: Blackmer und Tarrow (Hg.), *Communism in Italy and France*, S. 150 f.
36 Almond, *The Appeals of Communism*, S. 173.
37 Wie auch erwähnt bei Almond, ebenda, S. 105.
38 Dan Diner und Jonathan Frankel, »Introduction. Jews and Communism: The Utopian Temptation«, in: Frankel (Hg.), *Dark Times, Dire Decisions: Jews and Communism*, S. 3.
39 George Schöpflin, *Politics in Eastern Europe 1945–1992*, Oxford 1993, S. 42 f.
40 Alec Nove, »The Soviet System in Retrospect: An Obituary Notice«, Vierter Averell-Harriman-Jahresvortrag, 17. Februar 1993, Columbia University, New York, S. 14 f.
41 Jaff Schatz, »Jews and the Communist Movement in Interwar Poland«, in: Frankel (Hg.), *Dark Times, Dire Decisions*, S. 20.
42 Ebenda, S. 32.
43 Ebenda, S. 30.
44 Ebenda, S. 32.
45 Theodore Draper, *The Roots of American Communism*, Chicago 1989, S. 79.
46 Ezra Mendelsohn, »Jews, Communism, and Art in Interwar America«, in: Frankel (Hg.), *Dark Times, Dire Decisions*, S. 101.
47 Lewy, *The Cause that Failed*, S. 6 f.
48 Ebenda, S. 295.
49 Ebenda.
50 Samuel, *The Lost World of British Communism*, S. 67.
51 Jason L. Heppell, »Party Recruitment: Jews and Communism in Britain«, in: Frankel (Hg.), *Dark Times, Dire Decisions*, S. 163.
52 Ebenda.
53 Ebenda.
54 Hobsbawm, *Revolution und Revolte*, S. 345 f.

Anmerkungen Seite 186–196   845

55 Ebenda, S. 346.
56 Heppell, »Party Recruitment«, S. 165.
57 Zu einer guten Kurzbeschreibung der *Nomenklatura* vgl. John H. Miller,
    »The Communist Party: Trends and Problems«, in: Archie Brown und Mi-
    chael Kaser (Hg.), *Soviet Policy for the 1980s*, London 1982, S. 20–23.

KAPITEL 8

 1 Winston S. Churchill, *Der Zweite Weltkrieg*, Bd. 4, *Schicksalswende*, Zwei-
    tes Buch, Frankfurt a. M. 1985, S. 97 f.
 2 Zur Vielzahl der Warnungen, die Stalin erhielt, vgl. John Erickson, *The
    Road to Stalingrad: Stalin's War with Germany*, London 1975, S. 87–98;
    sowie Christopher Andrew und Wassili Mitrochin, *Das Schwarzbuch des
    KGB. Moskaus Kampf gegen den Westen*, Berlin 1999, S. 128–142.
 3 Robin Edmonds, »Churchill and Stalin«, in: Robert Blake und Wm. Roger
    Louis (Hg.), *Churchill*, Oxford 1993, S. 311.
 4 Ebenda, S. 313.
 5 Andrew/Mitrochin, *Das Schwarzbuch des KGB*, S. 140.
 6 Ebenda.
 7 Ebenda.
 8 Christopher Andrew und Oleg Gordievsky, *KGB: The Inside Story of its
    Operations from Lenin to Gorbachev*, London 1990, S. 195 f., 202 ff. und
    212.
 9 William Taubman, *Khrushchev: The Man and his Era*, New York 2003,
    S. 256 f.
10 Andrew/Gordievsky, *KGB*, S. 351.
11 Erickson, *The Road to Stalingrad*, S. 4 f. Zu genaueren Zahlen über den
    Anteil der während der stalinistischen Säuberungen verhafteten höheren
    Heeresoffiziere vgl. A. A. Kokoshin, *Armija i politika: Sowjetskaja wo-
    enno-polititscheskaja i woenno-strategitscheskaja mysl, 1918–1991 gody*,
    Moskau 1995, S. 40–51. Zu Tuchatschewski vgl. ebenda, S. 49 und 104 f.
12 Erickson, *The Road to Stalingrad*, S. 15.
13 Catherine Merridale, *Iwans Krieg. Die Rote Armee 1939 bis 1945*, Frank-
    furt a. M. 2006, S. 105.
14 Rodric Braithwaite, *Moscow 1941: A City and its People at War*, London
    2006, S. 216 f., 223 und 225.
15 Ebenda, S. 152.
16 Antony Beevor, *Stalingrad*, London 2007, S. 428.
17 Omer Bartov, *The Eastern Front, 1941–1945. German Troops and the Bar-
    barisation of Warfare*, London 1985, S. 120.
18 Norman Davies, *Europe at War 1939–1945. No Simple Victory*, London
    2006, S. 312.
19 Bartov, *The Eastern Front, 1941–1945*, S. 107 f.
20 Ebenda, S. 156.
21 Lange galt die Zahl von 20 Millionen als gesichert. In einer neueren Stu-

die kommen zwei britische Historiker der Sowjetunion und des Zweiten Weltkriegs auf »rund 25 Millionen«. Vgl. John Barber und Mark Harrison, »Patriotic War, 1941–1945«, in: Ronald G. Suny (Hg.), *The Cambridge History of Russia*, Bd. III: *The Twentieth Century*, Cambridge 2006, S. 225.

22 Ebenda.

23 Braithwaite, *Moscow 1941*, S. 303 ff.

24 Ebenda, S. 7.

25 Barber und Harrison, »Patriotic War, 1941–1945«, S. 224 f.

26 Beevor, *Stalingrad*, S. 48.

27 Ebenda, S. xiv.

28 Ebenda, S. 419.

29 Davies, *Europe at War*, S. 312.

30 Hoover Institution Archives, Fond 89, Reel 1.1993, opis 14. Berijas Drei-einhalb-Seiten-Brief an Stalin befindet sich in Fond 89 des Russischen Staatsarchivs für zeitgenössische Geschichte (RGANI) in Moskau. Heute ist er auf Mikrofilm in zahlreichen großen westlichen Bibliotheken verfügbar, unter anderem der der Hoover Institution, die den Inhalt von Fond 89 katalogisiert hat. Bis 1989, als Walentin Falin, Leiter der Auslandsabteilung beim Zentralkomitee der KPdSU, die Parteiführung darüber informierte (Wolkogonow-Sammlung, National Security Archive, R 6522, Aktennotiz vom 6. März 1989), dass die polnischen Offiziere auf Befehl Stalins und Berijas vom NKWD umgebracht worden waren, machten die sowjetischen Behörden sich und der Außenwelt vor, auch diese Gräueltaten gingen auf das Konto der Deutschen. Auf der Sitzung vom 15. April 1971 billigte das Politbüro Außenminister Andrej Gromykos Protest beim britischen Außenministerium über einen BBC-Film, der »sowjetfeindlich … über die sogenannte ›Katyn-Affäre‹« berichtet habe (Wolkogonow-Sammlung, National Security Archive). Auf einer Politbürositzung vom 5. April 1976 wurde über die Frage diskutiert, wie man der westlichen Propaganda begegnen könne, der zufolge die Sowjets für die Morde im Wald von Katyn verantwortlich seien (Wolkogonow-Sammlung, NSA, R8966). Erst am 13. April 1990 wurde beschlossen, dem polnischen Präsidenten Jaruzelski mitzuteilen, es lägen nun hinreichende Beweise vor, dass die polnischen Offiziere bei Katyn auf Anweisung der damaligen NKWD-Führung umgebracht worden waren (HIA, Fond 89, Reel 1.1991, opis 9, file 115, S. 2).

31 Vgl. Robert Conquest, *Stalins Völkermord. Wolgadeutsche, Krimtataren, Kaukasier*, Wien 1974.

32 Bernard Wasserstein, *Barbarism and Civilization: A History of Europe in Our Time*, Oxford 2007, S. 401.

33 Braithwaite, *Moscow 1941*, S. 305.

34 Vgl. Timothy Snyder, »›To Resolve the Ukrainian Problem Once and for All‹: The Ethnic Cleansing of Ukrainians in Poland«, *Journal of Cold War Studies*, Bd. 1, Nr. 2, Frühjahr 1999, S. 86–120, bes. 91–94; und Bohdan Krawchenko, *Social Change and National Consciousness in Twentieth Century Ukraine*, London 1985, bes. S. 154–164.

Anmerkungen Seite 200–211   847

35 Krawchenko, *Social Change and National Consciousness in Twentieth Century Ukraine*, S. 153 und 166.
36 Ebenda, S. 166.
37 Ebenda.
38 Vgl. beispielsweise Winston S. Churchill, *Der Zweite Weltkrieg,* Memoiren, Bd. 5: *Der Ring schließt sich,* Bern und München 1985, S. 352–368.
39 Donald Sassoon, *One Hundred Years of Socialism,* London 1997, S. 92.
40 D. George Kasoulous, »The Greek Communists Tried Three Times – and Failed«, in: Thomas T. Hammond (Hg.), *The Anatomy of Communist Takeovers,* New Haven 1975, S. 293–309.
41 Ebenda, S. 305.
42 Paul Shoup, *Communism and the Yugoslav National Question,* New York 1968, S. 59.
43 Dennison Rusinow, *The Yugoslav Experiment 1948–1974,* Berkeley 1977, S. 5.
44 Milovan Djilas, *Der Krieg der Partisanen. Memoiren 1941–1945,* Wien u. a. 1978, S. 337. Zu Deakins Einschätzung von Djilas vgl. F. W. D. Deakin, *The Embattled Mountain,* Oxford 1971, bes. S. 84 f.
45 Ebenda, S. 477.
46 Churchill, *Der Zweite Weltkrieg,* Bd. 5, S. 186.
47 Ebenda.
48 Stephen Peters, »Ingredients of the Communist Takeover in Albania«, in: Hammond (Hg.), *The Anatomy of Communist Takeovers,* S. 273–293.
49 Ebenda, S. 291 f.
50 Rana Mitter, *A Bitter Revolution: China's Struggle with the Modern World,* Oxford 2004, S. 121 und 138.
51 Jürgen Domes, »The Model for Revolutionary People's War: The Communist Takeover of China«, in: Hammond (Hg.), *The Anatomy of Communist Takeovers,* S. 520.
52 Mitter, *A Bitter Revolution,* S. 170 und 175.
53 Domes, »The Model for Revolutionary People's War«, S. 520.
54 Mitter, *A Bitter Revolution,* S. 183 f.

KAPITEL 9

1 Jung Chang und Jon Halliday, *Mao. Das Leben eines Mannes, das Schicksal eines Volkes,* München 2005, S. 74.
2 Donald Sassoon, *One Hundred Years of Socialism: The West European Left in the Twentieth Century,* London 1997, S. 93.
3 Stephen Peters, »Ingredients of the Communist Takeover in Albania«, in: Thomas T. Hammond (Hg.), *The Anatomy of Communist Takeovers,* New Haven 1975, S. 276.
4 Vgl. Jon Halliday, in: *The Artful Albanian: The Memoirs of Enver Hoxha,* hg. und eingel. von Jon Halliday, London 1986, S. 2.
5 Ebenda, S. 2 f.

6 Ebenda, S. 273–292, hier S. 280.

7 Ebenda, S. 32 f.

8 Peters, »Ingredients of the Communist Takeover in Albania«, S. 290 ff.

9 Dennison Rusinow, *The Yugoslav Experiment 1948–1974*, Berkeley und Los Angeles 1978, S. 2 f.

10 Ebenda, S. 12.

11 Phyllis Auty, *Tito. Staatsmann aus dem Widerstand*, München 1970, S. 315.

12 Ebenda, S. 316.

13 Ebenda, S. 319.

14 David Dyker, »Yugoslavia: Unity out of Diversity?«, in: Archie Brown und Jack Gray (Hg.), *Political Culture and Political Change in Communist States*, London 1977, S. 66–100, hier S. 76.

15 Die »Ethnischen Muslime« heißen jetzt Bosniaken. Sie sind natürlich Bosnier, aber das ist ein umfassenderer Begriff, der alle Bürger des heutigen Bosnien bezeichnet, unabhängig von ihrer ethnischen Herkunft und ihrer religiösen Zugehörigkeit.

16 Gordon Wightman und Archie Brown, »Changes in the Levels of Membership and Social Composition of the Communist Party of Czechoslovakia, 1945–73«, *Soviet Studies*, Bd. XXVII, Nr. 2, Juli 1975, S. 396–417, hier S. 396 f.

17 Archie Brown und Gordon Wightman, »Czechoslovakia: Revival and Retreat«, in: Archie Brown und Jack Gray (Hg.), *Political Culture and Political Change in Communist States*, London 1977, S. 159–196, hier S. 163.

18 Jacques Rupnik, *Histoire du Parti Communiste Tchécoslovaque. Des origines à la prise du pouvoir*, Paris 1981, S. 188 f.

19 Edward Taborsky, *Communism in Czechoslovakia 1948–1960*, Princeton 1961, S. 19 f. und 100 f.

20 Ebenda, S. 20.

21 Wightman und Brown, »Changes in the Levels of Membership and Social Composition of the Communist Party of Czechoslovakia«, S. 397 und 401.

22 Taborsky, *Communism in Czechoslovakia*, S. 21.

23 Melvin P. Leffler, *For the Soul of Mankind. The United States, the Soviet Union, and the Cold War*, New York 2007, S. 62.

24 Pavel Tigrid, »The Prague Coup of 1948: The Elegant Takeover«, in: Hammond (Hg.), *The Anatomy of Communist Takeovers*, S. 399–432, hier S. 406 f.

25 Ebenda, S. 409.

26 Ebenda, S. 417.

27 Ebenda, S. 419 f.

28 Ebenda, S. 427.

29 Sein früherer Berater Lubomír Soukup – ein überzeugter Demokrat – vertrat die Auffassung, es handle sich um Selbstmord, doch die Erklärung, die er lieferte, als er 1968 zum ersten Mal Zugang zu den Massenmedien in der Tschechoslowakei hatte, war kein Trost für all jene, die die Ereignisse vom Februar 1948 schönfärben wollten. Es sei, sagte Soukup (und ich habe

Anmerkungen Seite 223–230   849

es mehr als einmal aus seinem Mund gehört, als wir in den sechziger Jahren beide an der Glasgow University lehrten), Masaryks letzter Protest gegen die Vernichtung der Demokratie in der Tschechoslowakei durch die Kommunisten gewesen.

30 Vladimir V. Kusin, *The Intellectual Origins of the Prague Spring. The Development of Reformist Ideas in Czechoslovakia 1956–1967*, Cambridge 1971, S. 7.

KAPITEL 10

1 Robin Edmonds, »Churchill and Stalin«, in: Robert Blake und Wm. Roger Louis (Hg.), *Churchill*, Oxford 1993, S. 320 f.; Winston S. Churchill, *Der Zweite Weltkrieg*, Bd. 6., *Triumph und Tragödie*, Frankfurt a. M. 1985, S. 269 f.; Geoffrey Best, *Churchill. A Study in Greatness*, London 2002, S. 258; und Wladislaw M. Subok, *A Failed Empire. The Soviet Union in the Cold War from Stalin to Gorbachev*, Chapel Hill 2007, S. 20 f.

2 Churchill, *Der Zweite Weltkrieg*, Bd. 6, S. 274.

3 Best, *Churchill*, S. 259 f.

4 Ebenda, S. 200.

5 Geoffrey Roberts, »Stalin at the Tehran, Yalta, and Potsdam Conferences«, *Journal of Cold War Studies*, Bd. 9, Nr. 4, Herbst 2007, S. 30.

6 Norman Davies, *God's Playground. A History of Poland*, Bd. II: *1795 to the Present*, Oxford 1981, S. 399–403.

7 Timothy Snyder, »To Resolve the Ukrainian Question Once and for All«, *Journal of Cold War Studies*, Bd. 1, Nr. 2, Frühjahr 1999, S. 86–120, hier S. 101.

8 Ebenda.

9 Roberts, »Stalin at the Tehran, Yalta, and Potsdam Conferences«, S. 34. Diese Äußerung stammt aus dem offiziellen sowjetischen Konferenzprotokoll im Archiv des russischen Außenministeriums. Es gehörte zu den Dokumenten, die in der Sowjetunion nicht veröffentlicht wurden.

10 Roy Jenkins, *Churchill*, London 2002, S. 762.

11 Ebenda.

12 Bernard Wasserstein, *Barbarism and Civilization. A History of Europe in Our Time*, Oxford 2007, S. 414 f.

13 Edmonds, »Churchill and Stalin«, S. 326.

14 Ebenda.

15 *Off the Record: The Private Papers of Harry S. Truman*, hg. v. Robert H. Ferrell, New York 1980, S. 21 f.

16 Trumans Tagebucheintragung vom 15. Juli 1945 in Potsdam, ebenda, S. 53.

17 George F. Kennan, *Memoiren eines Diplomaten 1925–1950*, Stuttgart 1968, S. 283.

18 Truman, *Off the Record*, S. 58 f.

19 Ebenda, S. 349.

20 Jan M. Ciechanowski, *The Warsaw Rising of 1944*, Cambridge 1974; und Norman Davies, *God's Playground*, Bd. II, S. 472–480.

21 Joseph Rothschild, *Return to Diversity. A Political History of East Central Europe since World War Two*, New York und Oxford 1989, S. 79.

22 Hugh Seton-Watson, *The Imperialist Revolutionaries: World Communism in the 1960 s and 1970s*, London 1980, S. 14.

23 R. J. Crampton, *Eastern Europe in the Twentieth Century – and After*, Abingdon, 2. Aufl. 1997, S. 221.

24 Susanne S. Lotarski, »The Communist Takeover in Poland«, in: Thomas T. Hammond (Hg.), *The Anatomy of Communist Takeovers*, New Haven 1975, S. 339–367, hier S. 353.

25 Crampton, *Eastern Europe in the Twentieth Century*, S. 221.

26 Ebenda, S. 220 f.

27 Bennett Kovrig, *Communism in Hungary. From Kun to Kádár*, Stanford 1979, S. 128.

28 Ebenda, S. 138 ff.

29 Ebenda, S. 224–228.

30 Ebenda, S. 227 f.

31 Peter A. Toma und Ivan Volgyes, *Politics in Hungary*, San Francisco 1977, S. 6–9.

32 Rudolf L. Tőkés, »Hungary«, in: Witold S. Sworakowski (Hg.), *World Communism: A Handbook*, Stanford, 1973, S. 184–191.

33 Ebenda, S. 188.

34 Crampton, *Eastern Europe in the Twentieth Century*, S. 225.

35 Ghiţa Ionescu, *Communism in Rumania 1944–1962*, London 1964, S. 61 f.

36 Ebenda, S. 83–86.

37 Ebenda, S. 90 ff.

38 Das geht aus seinen Tagebucheintragungen hervor. Vgl. Ivo Banac (Hg.), *The Diary of Georgi Dimitrov 1933–1949*, New Haven 2003, S. 351–383.

39 R. J. Crampton, *A Concise History of Bulgaria*, Cambridge, 2. Aufl. 2005, S. 183.

40 Ebenda, S. 228.

41 Ebenda, S. 183–188.

42 Hans W. Schoenberg, »The Partition of Germany and the Neutralization of Austria«, in: Hammond, *The Antomy of Communist Takeovers*, S. 374.

43 Wolfgang Leonhard, *Die Revolution entläßt ihre Kinder*, Köln 1955, S. 394.

44 Subok, *A Failed Empire*, S. 62 f.

45 Leonhard, *Die Revolution entläßt ihre Kinder*. Leonhard floh 1949 aus Ostdeutschland nach Jugoslawien, wo er zwei Jahre blieb. Anschließend hielt er sich zeitweise in den USA auf, heute lebt er in der Bundesrepublik.

46 Ebenda, S. 451 f.

47 Mary Fulbrook, *History of Germany 1918–2000. The Divided Nation*, Oxford, 2. Aufl. 2002, S. 129. Siehe auch G. Keiderling, *Rosinenbomber über Berlin. Währungsreform, Blockade, Luftbrücke, Teilung. Die schicksalsvollen Jahre 1948/49*, Berlin 1998.

48 Fulbrook, *History of Germany 1918–2000*, S. 133 f.

49 Eric D. Weitz, *Creating German Communism, 1890–1990. From Popular Protests to Socialist State*, Princeton 1997, S. 352.

Anmerkungen Seite 243–250

50 Gary Bruce, »The Prelude to Nationwide Surveillance in East Germany: Stasi Operations and Threat Perceptions, 1945–1953«, *Journal of Cold War Studies*, Bd. 5, Nr. 2, Frühjahr 2003, S. 3–31. Siehe auch: Friederike Sattler, *Wirtschaftsordnung im Übergang. Politik, Organisation und Funktion der KPD/SED im Land Brandenburg bei der Etablierung der zentralen Planwirtschaft in der SBZ/DDR 1945–52*, Münster 2002, u. a. S. 603, FN 225. Siehe auch http://www.bstu.bund.de.

51 Kennan, *Memoiren eines Diplomaten 1925–1950*, Stuttgart 1968, S. 553–570.

52 Ebenda, S. 298

53 Ebenda, S. 297.

54 Ebenda, S. 298.

55 Ebenda.

56 Roy Jenkins, *Churchill*, London 2002, S. 812.

57 Patrick Wright, *Iron Curtain. From Stage to Cold War*, Oxford 2007, S. 82 ff.

58 Ebenda, S. 152.

KAPITEL 11

1 Jürgen Domes, »The Model for Revolutionary People's War: The Communist Takeover of China«, in: Thomas T. Hammond (Hg.), *The Anatomy of Communist Takeovers*, New Haven 1975, S. 516–533, hier S. 520 f.

2 W. S. Mjasnikow, »SSSR i Kitay wo wtoroy mirowoj woine«, *Nowaja i nowejshaja istorija*, Nr. 4, 2005, S. 3–29, hier S. 21.

3 Laut W. S. Mjasnikow, einem russischen Historiker und Akademiemitglied, hat Mao erklärt, dass der Einmarsch der Roten Armee in die Mandschurei wichtiger für die Beendigung der japanischen Besetzung Chinas war als der Abwurf der beiden amerikanischen Atombomben auf japanische Städte. Ebenda, S. 24.

4 Jonathan Spence, »China«, in: Michael Howard und William Roger Louis (Hg.), *The Oxford History of the Twentieth Century*, Oxford 1998, S. 216–226, hier S. 221 f.

5 Craig Dietrich, *People's China. A Brief History*, New York und Oxford, 3. Aufl. 1998, S. 48.

6 John King Fairbank und Merle Goldman, *China. A New History*, Cambridge, Mass., 2., erw. Aufl. 2006, S. 311.

7 Roderick MacFarquhar (Hg.), *The Politics of China: The Eras of Mao and Deng*, Cambridge, 2. Aufl. 1997, S. 1.

8 Fairbank und Goldman, *China: A New History*, S. 302.

9 Rana Mitter, *A Bitter Revolution. China's Struggle with the Modern World*, Oxford 2004, S. 183.

10 Domes, »The Model for Revolutionary People's War«, S. 521.

11 Jung Chang und Jon Halliday, *Mao. Das Leben eines Mannes, das Schicksal eines Volkes*, München 2005, S. 375 f.; und Domes, »The Model for Revolutionary People's War«, S. 522 f.

12 Jacques Guillermaz, »The Soldier«, in: Dick Wilson (Hg.), *Mao Tse-tung in the Scales of History*, Cambridge 1977, S. 117–143, hier S. 117 und 124 f.

13 Domes, »The Model for Revolutionary People's War«, S. 526.

14 Dietrich, *People's China*, S. 31.

15 Milovan Djilas, *Gespräche mit Stalin*, Stuttgart 1961, S. 221.

16 Domes, »The Model for Revolutionary People's War«, S. 525 f.; vgl. auch Dietrich, *People's China*, S. 31.

17 A. W. Panzow, »Kak Stalin pomog Mao Zedunu stat' woschdem«, *Woprosy istorii*, Nr. 2, 2006, S. 75–87, hier S. 78.

18 Chang und Halliday, *Mao. Das Leben eines Mannes*, S. 335 und 376.

19 Ivo Banac (Hg.), *The Diary of Georgi Dimitrov 1933–1949*, New Haven 2003, S. XXXVII f.

20 Nach eingehender Untersuchung der Komintern-Dokumente kommt ein russischer Historiker zu dem Schluss, Stalin sei möglicherweise vorsätzlich desinformiert worden. Dimitrow habe nichts von diesem Telegramm gewusst, und es habe sich auch kein Hinweis darauf gefunden. Nach A. W. Panzows Ansicht hat es diesen Vorschlag wahrscheinlich nie gegeben. Vgl. Panzow, »Kak Stalin pomog Mao Zedunu stat' woschdem«, S. 81.

21 Banac (Hg.), *The Diary of Georgi Dimitrov*, S. 42 (Hervorhebung im Original).

22 Nach Jung Chang und Jon Halliday ging nicht von Stalin, sondern von Mao Tse-tung Gefahr für Wang Mings Leben aus. Sie vermuten, dass Mao mehr als einmal versucht habe, Wang nach dessen Rückkehr nach China zu vergiften. Die Versuche hätten auch insofern Erfolg gehabt, als sie Wangs Gesundheit dauerhaft untergraben hätten. Vgl. Chang und Halliday, *Mao. Das Leben eines Mannes*, S. 333–337, 345 und 804.

23 A. W. Panzow, »Kak Stalin pomog Mao Zedunu stat' woschdem«, *Woprosy istorii*, Nr. 2, 2006.

24 Ebenda, S. 79.

25 Odd Arne Westad, *The Global Cold War. Third World Interventions and the Making of Our Times*, Cambridge 2005, S. 65.

26 Dietrich, *People's China*, S. 32.

27 Panzow, »Kak Stalin pomog Mao Zdunu stat' woschdem«, S. 85.

28 Chang und Halliday, *Mao. Das Leben eines Mannes*, S. 285 ff.

29 Frederick C. Teiwes, »The Establishment and Consolidation of the New Regime, 1949–57«, in: MacFarquhar (Hg.), *The Politics of China*, S. 5–86, hier S. 13.

30 Lowell Dittmer, »Pitfalls of Charisma«, *The China Journal*, Nr. 55, Januar 2006, S. 119–128, hier S. 126.

31 Teiwes, »The Establishment and Consolidation of the New Regime, 1949–57«, S. 17.

32 Ebenda, S. 18.

33 Ebenda, S. 70.

34 Ebenda, S. 18.

35 Ebenda, S. 29.

36 Ebenda, S. 22.

Anmerkungen Seite 261–265

37 Fairbank und Goldman, *China. A New History*, S. 348.
38 Ebenda, S. 348 f.
39 Chang und Halliday, *Mao. Das Leben eines Mannes*, S. 494. Für die Zahl 400 000 führen die Autoren als Gewährsmann Deng Xiaoping an, der sie in einer Rede vor japanischen Kommunisten nannte. Die Zahl von einer Million haben sie aus einer russischsprachigen Quelle: Sergo Berijas Biographie seines Vaters, des NKWD-Chefs Lawrenti Berija, aus dem Jahr 1994 (Chang und Halliday, S. 494 und 861). Eine amerikanische Zahl, die die gefallenen und vermissten Chinesen mit den Verwundeten zusammenfasst, kommt auf 900 000 Opfer. Vgl. Dietrich, *People's China*, S. 67.
40 Chang und Halliday, *Mao. Das Leben eines Mannes*, S. 494.
41 Yoram Gorlizki und Oleg Chlewniuk, *Cold Peace. Stalin and the Soviet Ruling Circle, 1945–1953*, Oxford 2004, S. 97.
42 Einleitung von James G. Hershberg zu einem Briefwechsel zwischen Stalin und Mao Tse-tung sowie zwischen Stalin und den sowjetischen Botschaftern in China und Nordkorea; *Cold War International History Project Bulletin*, Nr. 14/15, Winter 2003-Frühjahr 2004, S. 369–372.
43 Chang und Halliday, *Mao. Das Leben eines Mannes*, S. 473. Es gibt jedoch noch einige unbeantwortete Fragen zum chinesisch-sowjetischen Verhältnis am Vorabend der chinesischen Beteiligung am Koreakrieg, unter anderem hinsichtlich der unterschiedlichen chinesischen und russischen Versionen von Maos Brief an Stalin vom 2. Oktober 1950. Der chinesische Historiker Shen Zhihuahas hat kürzlich die Auffassung vertreten, dass »Mao mit der Entsendung von Truppen nach Korea vor allem bezweckte, die Sowjets nach der Niederlage Koreas daran zu hindern, in den Nordosten Chinas einzumarschieren und den Krieg auf die Mandschurei auszudehnen.« Vgl. Yafeng Xia, »The Study of Cold War International History in China: A Review of the Last Twenty Years«, in: *Journal of Cold War Studies*, Bd. 10, Nr. 1, Winter 2008, S. 81–115, hier S. 108.
44 Brief von Stalin an Mao, 4. Oktober 1950, vom sowjetischen Botschafter in Peking am 5. Oktober 1950 überbracht (die hervorgehobenen Passagen sind handschriftliche Zusätze Stalins zum maschinengeschriebenen Entwurf des Briefs), *Cold War International History Project Bulletin*, Nr. 14/15, Winter 2003-Frühjahr 2004, S. 375 f.
45 »Russian Documents on the Korean War 1950–1953«, ebenda, S. 370 und 376.
46 Dietrich, *People's China*, S. 67 f.; und Julia C. Strauss, »Paternalist Terror: The Campaign to Suppress Counterrevolutionaries and Regime Consolidation in the People's Republic of China, 1950–1953«, *Comparative Studies in Society and History*, Bd. 44, Nr. 1, Januar 2002, S. 80–105, hier S. 87 ff.
47 Ebenda, S. 69.
48 Strauss, »Paternalist Terror«, S. 80 f.
49 Ebenda, S. 94 ff.
50 Ebenda, S. 72; sowie Fairbank und Goldman, *China: A New History*, S. 360–364.

854 Anmerkungen Seite 265 –274

51 Mit Recht wird vorgebracht, eine solche Weltanschauung finde sich auch im Konfuzianismus.
52 Dietrich, *People's China*, S. 72–76.
53 Ebenda, S. 77 f.
54 Teiwes, »The Establishment and Consolidation of the New Regime, 1949–1957«, S. 38 f.
55 Ebenda, S. 42.

KAPITEL 12

1 Alex Inkeles und Raymond A. Bauer, *The Soviet Citizen. Daily Life in a Totalitarian Society*, Cambridge, Mass., 1961, bes. S. 233–280.
2 Zitiert in: D. G. Nadschafow und S. S. Belusowa (Hg.), *Stalin i kosmopolitism: Dokumenty Agitpropa TsK KPSS 1945–1953*, Moskau 2005, S. 18.
3 Catherine Merridale, *Iwans Krieg. Die Rote Armee 1939 bis 1945*, Frankfurt a. M. 2006, S. 371.
4 Ebenda, S. 254.
5 David Brandenberger, »Stalin as symbol: A case study of the personality cult and its construction«, in: Sarah Davies und James Harris (Hg.), *Stalin. A New History*, Cambridge 2005, S. 249–270, hier S. 270.
6 »Sekretarju TsK. Towarischtschu N. S. Chruschtschow, 14. 2. 1956«, Wolkogonow-Sammlung, National Security Archive, R 1217 (Hervorhebungen A.B.). Das ist eines von zahlreichen Dokumenten aus russischen Archiven, die von General Dmitri Wolkogonow als Fotokopien der US-Kongressbibliothek übergeben wurden. Kopien davon befinden sich jetzt auch in anderen Bibliotheken. Ich habe sie im National Security Archive in Washington eingesehen. Tschagin, der Chruschtschows Rede auf dem Parteikongress von 1956 begrüßte, war 1926, als er sich mit Stalin traf, Chefredakteur der Zeitung *Krasnaja gaseta*.
7 Ebenda, S. 250.
8 Robert C. Tucker, *The Soviet Political Mind. Studies in Stalinism and Post-Stalin Change*, New York 1963, S. 16–19.
9 Yoram Gorlizki und Oleg Khlevniuk, *Cold Peace. Stalin and the Soviet Ruling Circle, 1945–1953*, Oxford 2004, S. 60 f.
10 Ebenda.
11 Was nicht so wichtig war wie die Kontrolle der vereinigten Repressionsorgane, denn so hochtrabend der Titel auch klang, er war nicht der einzige Erste Stellvertretende Vorsitzende des Ministerrats. Auch Molotow und Bulganin trugen den Titel (Service, *Stalin*, S. 587).
12 Ebenda, S. 52 f.
13 Eine Fülle von dokumentarischem Material ist zu finden in: D. G. Nadschafow und S. S. Belusowa (Hg.), *Stalin i kosmopolitism: Dokumenty Agitpropa TsK KPSS 1945–1953*, Moskau 2005.
14 Sergo Mikoyan, »Stalinism as I saw it«, in: Alec Nove (Hg.), *The Stalin Phenomenon*, London 1993, S. 152–196, hier S. 157.
15 T. H. Rigby, »Was Stalin a Disloyal Patron?«, in: Rigby, *Political Elites in*

Anmerkungen Seite 274–283 855

the USSR. Central Leaders and Local Cadres from Lenin to Gorbachev, Aldershot 1990, S. 127–146.

16 Oleg V. Khlewniuk, »Stalin as Dictator: The personalization of power«, in: Davies und Harris (Hg.), *Stalin: A New History,* S. 108–120, hier S. 115.

17 Rigby, »Was Stalin a Disloyal Patron?«, S. 143.

18 Ebenda.

19 Nadschafow/Belusowa (Hg.), *Stalin i kosmopolitism,* S. 31 f.; Gorlizki/Khlewniuk, *Cold Peace,* S. 20 f. und 75 ff.

20 Nadschafow/Belusowa (Hg.), *Stalin i kosmopolitism,* S. 31.

21 Gorlizki/Khlewniuk, *Cold Peace,* S. 75 f.

22 Joshua Rubenstein, *Tangled Loyalties. The Life and Times of Ilya Ehrenburg,* London 1996, S. 262.

23 Ebenda.

24 Gorlizki/Khlewniuk, *Cold Peace,* S. 75.

25 Ebenda, S. 25.

26 Zwei Historiker kamen nach eingehender Prüfung einschlägiger sowjetischer Dokumente zu folgendem Ergebnis: »Schdanow hat diese Kampagnen [gegen die leisesten Anzeichen von Unorthodoxie auf Seiten der Intelligenzija] keineswegs selbst initiiert, wie einige frühere Forscher annahmen, sondern war, wie die Archive zeigen, Stalins willfähriger, unter Druck handelnder und letztlich ziemlich verwirrter Handlanger.« Vgl. Gorlizki/Khlewniuk, *Cold Peace,* S. 31.

27 Vera Dunham, *In Stalin's Time. Middleclass Values in Soviet Fiction,* Cambridge 1976, S. 13.

28 Dennison Rusinow, *The Yugoslav Experiment 1948–1974,* Berkeley u. a. 1977, S. 19 ff.

29 Ebenda, S. 25.

30 Milovan Djilas, *Gespräche mit Stalin,* Stuttgart 1961, S. 212 ff.

31 Ebenda, S. 218.

32 Ebenda, S. 220 f. Nach Durchsicht der sowjetischen Archive vertritt eine russische Forscherin die Ansicht, Jugoslawiens Haltung zum griechischen Bürgerkrieg hätte Stalin weit mehr in Wut versetzt als irgendwelche Verletzungen der albanischen Souveränität. Er begann Tito zu verdächtigen, »Hegemonieabsichten auf dem Balkan zu verfolgen«. Vgl. N. D. Smirnowa, »Stalin i Balkany W 1948 g.: Problemy nazional'noj besopasnosti SSSR«, in: A. O. Tschubarjan, I. W. Gajduk und N. I. Egorowa (Hg.), *Stalinskoe desjatiletie cholodnoy wojny: fakty i gipotesy,* Moskau 1999, S. 36–44, hier S. 42.

33 T. W. Wolokitina, »Stalin i smena strategitscheskogo kursa kremlja w konze 40-ch godow: ot kompromissow k konfrontazii«, in: Tschubarjan, Gajduk und Egorowa (Hg.), *Stalinskoe desjatiletie cholodnoy wojny: fakty i gipotesy,* S. 10–22, bes. S. 19.

34 Djilas, *Gespräche mit Stalin,* S. 216.

35 Ebenda, S. 214. Djilas schrieb einen Bericht für das Zentralkomitee der Kommunistischen Partei Jugoslawiens über das Moskauer Treffen, an dem

er nicht aktiv teilnehmen durfte (weil er in Jugoslawien inzwischen zum politischen Dissidenten geworden war), während er seine *Gespräche mit Stalin* verfasste. Der Bericht blieb in Titos persönlichem Archiv unter Verschluss. Jetzt ist er übersetzt, in einer Zeitschrift für Archivmaterial veröffentlicht und mit Informationen aus Archiven anderer Länder, unter anderem sowjetischen und bulgarischen, verglichen worden. Im Wesentlichen decken sich die Passagen, die ich aus Djilas' Buch zitiert habe, mit seinem offizielleren Bericht aus jener Zeit, allerdings fallen sie in dem Buch etwas farbiger aus. Bei der Schilderung der Begegnung zwischen Stalin und Dimitrow weicht der Bericht in einem Punkt etwas von dem Buch ab. In dem Bericht für das ZK aus dem Jahr 1948 heißt es: »Die Kritik an Dimitrow brachte Stalin zwar in scharfer Form, aber freundlichem Ton vor.« Vielleicht war das ein Beispiel für das Wunschdenken in einer Zeit, als Djilas, wie andere jugoslawische Führer, einfach nicht schlecht über Stalin und die Sowjetunion denken mochte. Vgl. »Report of Milovan Djilas about a secret Soviet-Bulgarian-Yugoslav meeting 10 February 1948«, übers. von Wladislaw Subok, *Cold War International History Project Bulletin*, Nr. 10, März 1998, Washington 1998, S. 128–134, bes. S. 132.

36 Rusinow, *The Yugoslav Experiment*, S. 28.

37 Milovan Djilas, *Tito. The Story from Inside*, London 1981, S. 32.

38 Milorad M. Drachkovitch, »Yugoslavia«, in: Witold S. Sworakowski (Hg.), *World Communism. A Handbook 1918–1965*, Stanford 1973, S. 503–513, hier S. 509.

39 Zhores A. und Roy A. Medvedev, *The Unknown Stalin*, übers. von Ellen Dahrendorf, London 2003, S. 61 f. Die Medwedews erklären, ihre Information stamme direkt von Alexej Snegow, einem ehemaligen Chruschtschow-Berater, der gesagt habe, das sei eine von fünf Notizen oder Briefen gewesen, die man unter einem Zeitungsstapel in einer Schublade von Stalins Schreibtisch gefunden habe.

40 »Stalin's Plan to Assassinate Tito«, *Cold War International History Project Bulletin*, Nr. 10, März 1998, S. 137.

41 Rusinow, *The Yugoslav Experiment*, S. 29.

42 *Die Geheimrede Chruschtschows. Über den Personenkult und seine Folgen*, Berlin 1990, S. 61 f.

43 R. J. Crampton, *Eastern Europe in the Twentieth Century – and After*, London 1997, S. 260.

44 Rusinow, *The Yugoslav Experiment*, S. 30.

45 Ebenda.

46 Ebenda, S. 36.

47 Ebenda, S. 39.

48 John Lewis Gaddis, *Strategies of Containment. A Critical Appraisal of American National Security Policy during the Cold War*, durchges. und erw. Aufl., Oxford und New York 2005, S. 66.

49 Zitiert in: Rusinow, *The Yugoslav Experiment*, S. 44 f.

50 Ebenda, S. 61.

Anmerkungen Seite 287–296

51 Fred Singleton, *Twentieth Century Yugoslavia*, London 1976, S. 134–142.
52 Rusinow, *The Yugoslav Experiment*, S. 62–80; und Sharon Zukin, *Beyond Marx and Tito. Theory and Practice in Yugoslav Socialism*, Cambridge 1975, S. 21–25.
53 Smirnowa, »Stalin i Balkany w 1948 g.«, S. 43.
54 T. W. Wolokitina, »Stalin i smena strategitscheskogo kursa kremlja w konze 40-ch godow«, S. 21.
55 Crampton, *Eastern Europe in the Twentieth Century*, S. 261 f.
56 G. P. Muraschko und A. F. Noskowa, »Sowjetskoje rukowodstwo i polititscheskie prozessy T. Kostowa i L. Rajka (po materialam rossijskichh archiwow)«, in: Tshubarjan, Gajduk und Egorowa (Hg.), *Stalinskoe desjatiletie cholodnoy wojny*, S. 23–35, bes. S. 24–27.
57 Roger Gough, *A Good Comrade. János Kádár, Communism and Hungary*, London 2006, S. 45.
58 Ebenda, S. 53.
59 Ebenda, S. 60.
60 Muraschko/Noskowa, »Sowjetskoje rukowodstwo i polititscheskie prozessy T. Kostowa i L. Rajka«, S. 31.
61 Ebenda.
62 Zu einer Erörterung von Gomułkas Verhaftung und zu den möglichen Gründen, warum er weder gefoltert noch liquidiert wurde, vgl. Nicholas Bethell, *Die polnische Spielart. Gomułka und die Folgen*, Wien 1971.
63 Crampton, *Eastern Europe in the Twentieth Century*, S. 266.
64 Bethell, *Die polnische Spielart*, S. 184 f.
65 Eric D. Weitz, *Creating German Communism, 1890–1990. From Popular Protests to Socialist State*, Princeton 1997, S. 360 f.
66 Crampton, *Eastern Europe in the Twentieth Century*, S. 263.
67 Dafür finden sich viele Belege in: A. O. Tschubarjan, I. W. Gajduk und N. I. Egorowa (Hg.), *Stalinskoje desjatiletie cholodnoy wojny*, vgl. beispielsweise das Kapitel von Muraschko und Nosikowa, S. 33.
68 Edward Taborsky, *Communism in Czechoslovakia 1948–1960*, Cambridge, Mass., 1961, S. 102 f.
69 Jiří Pelikán (Hg.), *The Czechoslovak Political Trials, 1950–1954. The Suppressed Report of the Dubček Government's Commission of Inquiry, 1968*, London 1971, S. 104.
70 Ebenda, S. 106.
71 Ebenda, S. 110.
72 Siehe Crampton, *Eastern Europe in the Twentieth Century*, S. 262 ff.; Taborsky, *Communism in Czechoslovakia*, S. 75 f.; und Karel Bartošek, »Central and Southeastern Europe«, in: Stéphane Courtois, Nicolas Werth, Jean-Louis Panné, Andrzej Paczkowski, Karel Bartošek und Jean-Louis Margolin, *The Black Book of Communism: Crimes, Terror, Repression*, Cambridge, Mass., 1999, S. 394–456, hier S. 433–436.
73 Crampton, *Eastern Europe in the Twentieth Century*, S. 265.
74 Christopher Cviic, »The Church«, in: Abraham Brumberg (Hg.), *Poland. Genesis of a Revolution*, New York 1983, S. 92–108, hier S. 96.

858 Anmerkungen Seite 297–303

75 Crampton, *Eastern Europe in the Twentieth Century*, S. 267; und Bartošek, »Central and Southeastern Europe«, S. 394–456, hier S. 407–437.
76 Chruschtschow, *Die Geheimrede*, S. 58.
77 Ebenda.
78 Dmitri Shepilov, *The Kremlin's Scholar. A Memoir of Soviet Politics under Stalin and Khrushchev*, hg. v. Stephen V. Bittner und übers. von Anthony Austin, New Haven 2007, S. 132–154, hier S. 135.
79 Roy Medwedew, *Die Wahrheit ist unsere Stärke: Geschichte und Folgen des Stalinismus*, Frankfurt a. M. 1973, S. 533.
80 Nikita S. Chruschtschow, *Chruschtschow erinnert sich*, hg. v. Strobe Talbott, Reinbek 1971, S. 250 ff.
81 Gorlizki/Khlewniuk, *Cold Peace*, S. 91.
82 Ebenda, S. 92 f.
83 Chruschtschow, *Chruschtschow erinnert sich*, S. 253–262. Für die Breschnewära war typisch, dass die letzte Ausgabe der Großen Sowjetischen Enzyklopädie – *Bol'schaja Sowjetskaj Enziklopedija*, Bd. 5, 1971, S. 268, und Bd. 13, 1973, S. 560 – zwar Artikel über Kusnezow und Wosnessenski enthielt, aber kein Wort über die Umstände ihres Todes verlor.
84 Chruschtschow, *Chruschtschow erinnert sich*, S. 261. Eine postsowjetische Kossygin-Biographie, die sich auf familiäre und archivarische Quellen stützt, vermag auch nicht besser zu erklären, warum Kossygin überlebte, schildert aber eindringlich, dass er monatelang jeden Augenblick damit rechnete, verhaftet zu werden: W. I. Andrianow, *Kossygin*, Moskau 2003, S. 118–125.
85 Geoffrey Hosking, *Rulers and Victims. The Russians in the Soviet Union*, Cambridge, Mass., 2006, S. 264. Die vollständigste Dokumentation der Planung und Durchführung der Kampagne innerhalb des Zentralkomitees der Partei ist nachzulesen in: Nadschafow/Belusowa (Hg.), *Stalin i kosmopolitism*.
86 Nadschafow/Belusowa (Hg.), *Stalin i kosmopolitism*, S. 15; und Josephine Woll, »The Politics of Culture, 1945–2000«, in: Ronald G. Suny (Hg.), *The Cambridge History of Russia*, vol. III: *The Twentieth Century*, Cambridge 2006, S. 605–635, hier S. 608 f.
87 Nadschafow/Belusowa (Hg.), *Stalin i kosmopolitism*, S. 221 und 667.
88 Gorlizki/Chlewniuk, *Cold Peace*, S. 156 und 217.
89 Ebenda.
90 Nadschafow/Belusowa (Hg.), *Stalin i kosmopolitism*, S. 651 f.
91 Gorlizki/Chlewniuk, *Cold Peace*, S. 158 f.
92 David Holloway, *Stalin and the Bomb. The Soviet Union and Atomic Energy 1939–1956*, New Haven 1994, S. 213–216.
93 Ebenda, S. 203 und 216.
94 Shepilov, *The Kremlin's Scholar*, S. 118.
95 Holloway, *Stalin and the Bomb*, S. 207 f. Vgl. ferner Loren R. Graham, *Science in Russia and the Soviet Union. A Short History*, Cambridge 1993; Roy Medvedev, »Stalin and Lysenko«, in: Medvedev/Medvedev, *The Unknown Stalin*, S. 181–199, und Shepilov, *The Kremlin's Scholar*, S. 115–128.

Anmerkungen Seite 303–311 859

96 Max Hayward, *Writers in Russia. 1917–1978*, hg. und mit einer Einleitung von Patricia Blake, London 1983, S. 158.
97 Gorlizki/Khlewniuk, *Cold Peace*, S. 162 und 222; sowie Robert Service, *Stalin. A Biography*, London 2004, S. 581–590.
98 Dazu Chruschtschow: »Als Stalin starb, kamen 109 Menschen ums Leben, weil die Menge außer Kontrolle war und sie tottrampelte.« In: »Khrushchev's Second Secret Speech«, *Cold War International History Project Bulletin*, Nr. 10, März 1998, S. 44–49, hier S. 47.
99 Siehe den Bericht eines Beteiligten: Zdeněk Mlynář, *Nightfrost in Prague. The End of Humane Socialism*, London 1980, S. 24 ff.; ferner Shepilov, *The Kremlin's Scholar*, S. 31.
100 John Gooding, *Socialism in Russia. Lenin and his Legacy, 1890–1991*, Basingstoke 2002, S. 140 f.
101 Shepilov, *The Kremlin's Scholar*, S. 1, 5 und 19 ff.

TEIL DREI
Überleben ohne Stalin

KAPITEL 13

1 William J. Tompson, *Khrushchev: A Political Life*, London 1995, S. 114 f.; und William Taubman, *Khrushchev: The Man and His Era*, New York 2003, S. 240.
2 Tompson, *Khrushchev*, S. 118.
3 Vgl. W. Naumow und J. Sigatschew (Hg.), *Lawrentij Berija 1953. Stenogramma ijul'skogo plenuma TsK KPSS i drugie dokumenti*, Moskau 1999, insbes. S. 111.
4 Taubman, *Khrushchev*, S. 244–249. Nikita Chruschtschow hat in seinen Erinnerungen selbst eine farbenfrohe Darstellung der Machtkämpfe nach Stalins Tod geliefert; vgl. Chruschtschow, *Chruschtschow erinnert sich*, hg. v. Strobe Talbott, Reinbek 1992, S. 298–334. Ein Bericht, der Chruschtschow teilweise bestätigt und ihm teilweise widerspricht, stammt von Dmitri Schepilow, *The Kremlin's Scholar: A Memoir of Soviet Politics under Stalin and Khrushchev*, New Haven 2007, S. 244–276. Einige Elemente des Machtkampfs sind in zahlreichen Dokumenten beschrieben, die in den sowjetischen Archiven liegen, so etwa in Protokollen des ZK-Präsidiums und in Niederschriften mündlicher Äußerungen; vgl. A. A. Fursenko (Hg.), *Presidium TsK KPSS 1954–1964: Tschernowie protokol'nie sapisi sasedanij. Stenogrammi*, Moskau 2004.
5 Chruschtschows Sohn schildert seine Erinnerungen an den Vater und die Entstehung von dessen Memoiren in: Sergei Chruschtschow, *Nikita Chruschtschow: Marionette des KGB oder Vater der Perestroika*, München 1991. Digitale Versionen der Bänder und vollständige Transkripte werden in der John Hay Library der Brown University in den Vereinigten

Staaten aufbewahrt. Sergej Chruschtschow, der mittlerweile amerikanischer Staatsbürger ist, unterichtet an dieser Universität.

6 *Chruschtschow erinnert sich,* S. 278.

7 Ebenda, S. 280.

8 Ebenda, S. 254.

9 Fursenko, *Presidium TsK KPSS 1954–1964,* S. 5.

10 Yoram Gorlizki und Oleg Khlevniuk, *Cold Peace: Stalin and the Soviet Ruling Circle 1945–1953,* Oxford 2004, S. 222.

11 Ebenda, S. 166.

12 Fursenko, *Presidium TsK KPSS 1954–1964,* S. 883.

13 Eine Beschreibung von Chruschtschows Gespräch mit Schepilow über die Verhaftung Berijas (eines seiner Lieblingsthemen) liefert Dmitri Schepilow, vgl. Dmitrii Shepilov, *The Kremlin's Scholar: A Memoir of Soviet Politics under Stalin and Khrushchev,* New Haven 2007, S. 264.

14 Ebenda, S. 266 f.

15 Ebenda, S. 267.

16 Taubman, *Khrushchev: The Man and his Era,* S. 253.

17 Ebenda, S. 254 f. Vgl. auch Timothy K. Blauvelt, »Patronage and Betrayal in the post-Stalin succession: The case of Kruglov and Serov«, *Communist and Post-Communist Studies,* Bd. 41, Nr. 1, März 2008, S. 105–120.

18 Taubman, *Khrushchev,* S. 256.

19 Shepilov, *The Kremlin's Scholar,* S. 269 f.; und Taubman, *Khrushchev,* S. 256.

20 Furtsenko, *Presidium TsK KPSS 1954–1964,* S. 1195.

21 Naumov/Sigachev (Hg.), *Lavrentiy Beriya 1953,* S. 88.

22 Taubman, *Khrushchev,* S. 256 f.

23 Shepilov, *The Kremlin's Scholar,* S. 275.

24 Chruschtschows Biograph William Taubman bemerkt dazu: »Sowohl Chruschtschow als auch Malenkow nahmen den Sturz Berijas für sich in Anspruch. Molotow, der beide Männer hasste, und Mikojan, der sich mit beiden vertrug, bestätigten Chruschtschows Darstellung.« Vgl. Taubman, *Khrushchev: The Man and His Era,* S. 250.

25 T. H. Rigby, *Political Elites in the USSR: Central leaders and local cadres from Lenin to Gorbachev,* Aldershot 1990, S. 150 f.

26 Ebenda, S. 154 f.

27 Für englische Übersetzungen wichtiger einschlägiger Dokumente aus den sowjetischen Archiven vgl.: *Cold War International History Project Bulletin,* Nr. 10, März 1998, S. 72–98.

28 Fursenko, *Presidium TsK KPSS 1954–1964,* S. 42.

29 Ebenda, S. 45.

30 Ebenda, S. 893.

31 Joshua Rubenstein, *Tangled Loyalties: The Life and Times of Ilya Ehrenburg,* London 1996, S. 278–282.

32 Ludmilla Alexeyeva und Paul Goldberg, *The Thaw Generation: Coming of Age in the Post-Stalin Era,* Boston 1990, S. 74.

33 Ebenda, S. 71.

Anmerkungen Seite 323–327

34 A. Artisow, J. Sigatschew, I. Schewtschuk und W. Chlopow (Hg.), *Reabili-tatsija: kak eto bilo. Fewral' 1956 – natschalo 80-ch godow*, Moskau 2003, S. 71.
35 *Die Geheimrede Chruschtschows. Über den Personenkult und seine Fol-gen*, Berlin 1990, S. 40.
36 Artisow u. a., *Reabilitatsija: kak eto bilo*, S. 192 f. Ich bin Yoram Gorlizki dankbar dafür, dass er meine Aufmerksamkeit auf diese Arbeit und darauf gelenkt hat, dass die Zahl der Menschen, die aus dem Gulag entlassen wur-den, sehr viel höher war als die Zahl der offiziell rehabilitierten Opfer. Vgl. Anne Appelbaum, *Der Gulag*, Berlin 2003, S. 440–451.
37 *Khrushchev Remembers: The Last Testament*, übersetzt und bearbeitet von Strobe Talbott, London 1974, S. 78 f.
38 Ebenda, S. 81.
39 Fursenko, *Presidium TsK KPSS 1954-1964*, S. 879 f.
40 Shepilov, *The Kremlin's Scholar*, S. 276 und 304 f.
41 Fursenko, *Presidium TsK KPSS 1954-1964*, S. 19–24.
42 Ebenda, S. 35–40 und 886 f.
43 Aleksandr Fursenko und Timothy Naftali, *Khrushchev's Cold War: The Inside Story of an American Adversary*, New York 2006, S. 21.
44 Fursenko, *Presidium TsK KPSS 1954-1964*, S. 35 f.
45 Belege dafür finden sich in den Protokollen der Sitzungen des ZK-Präsi-diums, die in Russland erst vor relativ kurzer Zeit veröffentlicht wurden. Vgl. ebenda, S. 88–106.
46 Anastas Iwanowitsch Mikojan, *Tak bilo: Rasmischlenija o minuwschem*, Moskau 1999, S. 597 f.
47 Fursenko, *Presidium TsK KPSS 1954-1964*, S. 96.
48 Mikojan, *Tak bilo*, S. 594.
49 Shepilov, *The Kremlin's Scholar*, S. 392; und Mikojan, *Tak bilo*, S. 592.
50 Shepilov, *The Kremlin's Scholar*, S. 391 f.; und Taubman, *Khrushchev: The Man and His Era*, S. 274–283.
51 Mikojan, *Tak bilo*, S. 594. Im ersten Band seiner Memoiren erklärt Chruschtschow, er habe die Frage einer stalinkritischen Rede erst mit dem Parteipräsidium geklärt, als der XX. Parteitag bereits begonnen hatte. Aus den Dokumenten (Anm. 52) geht hervor, dass die Rede am 13. Februar 1956 im Präsidium beschlossen wurde, das heißt am Tag vor der Eröffnung des Parteitags, und in derselben Sitzung fiel die Entscheidung, dass Chruschtschow die Rede halten würde. Doch Chruschtschow hatte keinen Zugang zu den Dokumenten, als er seine Memoiren diktierte, und sein Ge-dächtnis (das im Allgemeinen bemerkenswert gut war) ließ ihn gelegent-lich im Stich. Auch seine Angabe, er habe Pospelow die Rede übertragen wollen, sei jedoch von seinen Kollegen dazu gedrängt worden, sie selbst zu übernehmen, ist zweifelhaft. In diesem Punkt ist Mikojans Darstellung überzeugender. Doch Chruschtschows Erinnerung, Molotow, Kagano-witsch und Woroschilow seien dagegen gewesen, überhaupt eine solche Rede zu halten, deckt sich mit Mikojans Angaben (ebenda). Vgl. Chrusch-schow, *Chruschtschow erinnert sich*, S. 322-328.

862 Anmerkungen Seite 327–336

52 Fursenko, *Presidium TsK KPSS 1954–1964*, S. 106.
53 Taubman, *Khrushchev*, S. 271.
54 Ebenda.
55 Tompson, *Khrushchev*, S. 156. Tompson meint, *wenn* Mikojan Kritik an Stalin äußerte, nachdem das Präsidium beschlossen hatte, Chruschtschow eine Geheimrede halten zu lassen, »dann bereitete er möglicherweise das Terrain für Chruschtschow«. Es könnte tatsächlich so gewesen sein, denn wir wissen heute, dass das Präsidium seine Zustimmung zu Chruschtschows Geheimrede drei Tage vor Mikojans Auftritt gab.
56 Mikojan, *Tak bilo*, S. 594 f.
57 Taubman, *Khrushchev*, S. 283 f.
58 Der Bericht wurde in einem Journal des Zentralkomitees der KPdSU veröffentlicht, das nur in den letzten drei Jahren der Sowjetunion existierte: »O kul'te lichnosti i ego posledstwijach. Doklad Perwogo sekretaria TsK KPSS N. S. Chruschtschewa XX s'esdu KPSS 25 Fewralia 1956 g.'«, *Iswestija TsK KPSS*, Nr. 3, 1989, S. 128–170.
59 *Die Geheimrede Chruschtschows*, S. 35.
60 Ebenda, S. 36.
61 Ebenda, S. 69.

KAPITEL 14

1 Orwell lieferte neben seiner Arbeit als politischer Journalist in seinem 1945 veröffentlichten Buch *Animal Farm (Die Farm der Tiere)* und im vier Jahre später erschienenen Roman *Nineteen Eighty-Four (1984)* eine präzise Analyse und eine scharfe Verurteilung des unter Stalin entwickelten sowjetischen Systems. (Der Titel des zweiten Buchs ergab sich aus der Umkehrung der letzten beiden Ziffern des Entstehungsjahres 1948.)
2 Merle Fainsod, *How Russia is Ruled*, Cambridge, Mass., 1953; und Fainsod, *Smolensk under Soviet Rule*, London 1958.
3 William Taubman, *Khrushchev: The Man and His Era*, New York 2003, S. 285 ff.
4 Ebenda, S. 316 f.
5 Vgl. Anastas I. Mikoyan, *Tak bilo: rasmischlenija o minuwschem*, Moskau 1999, S. 597.
6 Dmitri Shepilov, *The Kremlin's Scholar: A Memoir of Soviet Politics under Stalin and Khrushchev*, New Haven 2007, S. 397.
7 Taubman, *Khrushchev*, S. 310 und 319.
8 Mikoyan, *Tak bilo*, S. 600.
9 Ebenda, S. 599.
10 Taubman, *Khrushchev*, S. 314.
11 Die Plenarsitzung dauerte vom 22. bis zum 29. Juni. Eine Niederschrift der Debatten wurde in postsowjetischer Zeit veröffentlicht. Vgl. N. Kowalewa, A. Korotkow, S. Meltschin, J. Sigatschew und A. Stepanow (Hg.), *Molotow, Malenkow, Kaganowitsch 1957. Stenogramma ijul'skogo plenuma*

Anmerkungen Seite 337–347

TsK KPSS i drugie dokumenti (Meschdunarodnii fond »Demokratija«), Moskau 1998.

12 William J. Tompson, *Khrushchev: A Political Life*, London 1995, S. 181.

13 Ebenda, S. 182.

14 Shepilov, *The Kremlin's Scholar*, insbes. S. 277–314 und 387–400.

15 Taubman, *Khrushchev*, S. 310 f.

16 Vgl. Robert V. Daniels, »Stalin's Rise to Dictatorship, 1922–29«, in: Alexander Dallin und Alan F. Westin (Hg.), *Politics in the Soviet Union: 7 Cases*, New York 1966, S. 4 f.; und ders., *Is Russia Reformable? Change and Resistance from Stalin to Gorbachev*, Boulder 1988, S. 88–93.

17 A. A. Fursenko (Hg.), *Presidium TsK KPSS 1954–1964: Tom 1. Tschernowie protolkol'nje sapisi sasedani. Stenogrammi*, Moskau 2004, S. 269–273 und 1015 ff.

18 Ebenda, S. 271 und 278.

19 Ebenda, S. 277.

20 »Wistuplenie Marschala Sowetskogo Sojuso G. Kh. Schukowa na sobranii partijnogo aktiva Ministerstwa oboroni I Moskowskogo garisona 2 Ijulia 1957 g.«, Volkogonov Papers, R 9191, National Security Archive, Washington, DC., insbes. S. 21.

21 Ebenda, S. 20.

22 Fursenko, *Presidium TsK KPSS 1954–1964*, S. 279.

23 Taubman, *Khrushchev*, S. 362 f.

24 Ebenda, S. 363.

25 *Khrushchev Remembers: The Last Testament*, S. 17 f.

26 Mikoyan, *Tak bilo*, S. 608–611.

27 Taubman, *Khrushchev*, S. 285 und 301.

28 Veljko Mićunović, *Moscow Diary*, London 1980, S. 187. (Deutsch als: Veljko Mićunović, *Moskauer Tagebücher 1956–1958*, Stuttgart 1982.)

29 Ebenda, S. 188.

30 *Khrushchev Remembers: The Last Testament*, S. 67.

31 Ebenda, S. 530 f. (Hervorhebung im Original).

32 Für eine aufschlussreiche Auseinandersetzung mit dieser Problematik vgl. Robert C. Tucker, »The Image of Dual Russia«, in: Tucker, *The Soviet Political Mind*, New York 1963, S. 69–90, insbes. S. 87 ff.

33 »Was *Doktor Schiwago* anbelangt, so werden manche sagen, dass es zu spät ist, um mein Bedauern darüber auszudrücken, dass das Buch nicht veröffentlicht wurde. Ja, vielleicht ist es zu spät. Aber besser spät als nie.« *Khrushchev Remembers: The Last Testament*, S. 77. Eine umfassendere Darstellung der Affäre Pasternak enthält der dritte Band der Memoiren: *Khrushchev Remembers: The Glasnost Tapes*, Boston 1990, S. 195–201.

34 Taubman, *Khrushchev*, S. 384–388.

35 Vgl. Priscilla Johnson und Leopold Labedz (Hg.), *Khrushchev and the Arts: The Politics of Soviet Culture, 1962-1964*, Cambridge, Mass., 1965, insbes. S. 120 ff. und 186–210.

36 *Programm der Kommunistischen Partei der Sowjetunion*, Verlag für fremdsprachige Literatur, Moskau 1962, S. 166.

37 Ebenda, S. 78 (Hervorhebung im Original).
38 Ebenda, S. 159 (Hervorhebung im Original).
39 Ebenda, S. 165.
40 Ebenda, S. 62, 81 und 109–112.
41 Taubman, *Khrushchev*, S. 514 f.
42 Zum Bauboom in Moskau in der Ära Chruschtschow vgl. Timothy J. Colton, *Moscow: Governing the Socialist Metropolis*, Cambridge, Mass., 1995, S. 367–376.
43 William Taubman, »The Khrushchev period, 1953–1964«, in: Ronald G. Suny, *The Cambridge History of Russia*, Bd. III: *The Twentieth Century*, Cambridge 2006, S. 280.
44 Vgl. T. H. Rigby, *The Changing Soviet System: Mono-Organisational Socialism from its Origins to Gorbachev's Restructuring*, Aldershot 1990, S. 215.
45 Eine gute Darstellung in: Robert J. Osborn, *Soviet Social Policies: Welfare, Equality, and Community*, Homewood 1970, S. 95–135.
46 Michael Bourdeaux, »Religion«, in: Archie Brown und Michael Kaser (Hg.), *The Soviet Union since the Fall of Khrushchev*, London, 2. Aufl. 1978, S. 156.
47 Ebenda.
48 Alec Nove, *An Economic History of the U. S. S. R.*, Harmondsworth 1972, S. 331.
49 Ebenda, S. 331 f.
50 David Holloway, »Science, Technology, and Modernity«, in: Suny (Hg.), *The Cambridge History of Russia*, S. 562 f.
51 Loren R. Graham, *Science in Russia and the Soviet Union*, Cambridge 1993, S. 257 ff.
52 *Khrushchev Remembers: The Last Testament*, S. 448.
53 Vladislav M. Zubok, *A Failed Empire: The Soviet Union in the Cold War from Stalin to Gorbachev*, Chapel Hill 2007, S. 138.
54 Ebenda, S. 149 ff.; und Mikoyan, *Tak bilo*, S. 606.
55 Zubok, *A Failed Empire*, S. 151 f. Vgl. auch Vojtech Mastny, »The 1963 Nuclear Test Ban Treaty: A Missed Opportunity for Détente?«, *Journal of Cold War Studies*, Bd. 10, Nr. 1, Winter 2008, S. 3–25.
56 Solschenizyn verfasste einen faszinierenden Bericht über die sowjetische Literaturpolitik, in dem er auch die Kampagne für die erste Veröffentlichung einer seiner Arbeiten in der Sowjetunion schildert. Der Bericht enthält eine herzliche, wenn auch nicht unkritische Würdigung von Twardowskis Beitrag, während Solschenizyn sehr viel weniger für Chruschtschows Assistenten Lebedew übrig hatte, der bei mehreren Gelegenheiten die Grenzen hinausschob, innerhalb deren sich Texte bewegen durften. Vgl. Alexander I. Solschenizyn, *Die Eiche und das Kalb. Skizzen aus dem literarischen Leben*, Darmstadt 1975.
57 Taubman, *Khrushchev*, S. 588–602.
58 Johnson/Labedz (Hg.), *Khrushchev and the Arts*, S. 120 ff.
59 *Khrushchev Remembers: The Last Testament*, S. 80.

Anmerkungen Seite 358–368   865

60 Taubman, *Khrushchev*, S. 519–523; und Mikoyan, *Tak bilo*, S. 610 f. Miko-
    jan begleitete Koslow nach Nowotscherkassk und drängte ihn zur Zurück-
    haltung, aber Koslow genehmigte ohne Bedenken die Anwendung von
    Waffengewalt. Zwischen 20 und 30 Menschen starben.
61 Bericht aus Nowotscherkassk vom 7. Juni 1962 vom Stellvertretenden Lei-
    ter des KGB, S. Iwaschutin, Volkogonov Papers R 3305, National Security
    Archive.
62 Taubman, *Khrushchev*, S. 617.
63 Mikoyan, *Tak bilo*, S. 615.
64 Taubman, *Khrushchev*, S. 5.
65 Ebenda., S. 3–17; und Sergej Chruschtschow, *Nikita Chruschtschow. Ma-
    rionette des KGB oder Vater der Perestroika*, München 1991, S. 103–197.
66 Tompson, *Khrushchev*, S. 276. Tompson fügt hinzu (S. 277): »Es muss
    Chruschtschow auch klar gewesen sein, dass er zu anderen Zeiten nach sei-
    ner Amtsenthebung mit Sicherheit erschossen worden wäre.«

                                KAPITEL 15

1   W. Naumow und J. Sigatschew (Hg.), *Lawrentij Berija 1953. Steno-
    gramma ijul'skogo plenuma TsK KPSS i drugie dokumenti, Meschduna-
    rodnij fond ›Demokratija‹*, Moskau 1999, S. 111.
2   Alexey Filitov, »›Germany Will Be a Bourgeois-Democratic Republic‹: The
    New Evidence from the Personal File of Georgiy Malenkov«, *Cold War
    History*, Bd. 6, Nr. 4, 2006, S. 550 und 553.
3   Ebenda, S. 350 f.
4   Ebenda, S. 353.
5   Ebenda, S. 549 ff. Vgl. dazu auch Ostermanns Analyse der konfusen Ent-
    scheidungsprozesse im Moskauer Parteipräsidium zu jener Zeit, für die er
    Archivmaterial ausgewertet hat: Christian F. Ostermann, »›This is not a
    Politburo, but a Madhouse‹: The Post-Stalin Succession Struggle. Soviet
    Deutschlandpolitik and the SED: New Evidence from Russian, German,
    and Hungarian Archives«, *Cold War International History Project Bulle-
    tin*, Nr. 10, März 1998, S. 61–72.
6   Filitov, »›Germany Will Be a Bourgeois-Democratic Republic‹«, S. 554.
7   »Memorandum of V. Chuikov, P. Iudin and L. Il'ichev to G. M. Malenkov,
    18 May 1953«, *Cold War International History Project Bulletin*, Nr. 10,
    März 1998, S. 74–78.
8   Hope Harrison, *Driving the Soviets Up the Wall: Soviet-East German Re-
    lations, 1953-1961*, Princeton 2003, S. 25–48; Peter Pulzer, *German Poli-
    tics 1945-1995*, Oxford 1995, S. 95 ff.; und Eric D. Weitz, *Creating German
    Communism 1890-1990: From Popular Protests to Socialist State*,
    Princeton 1997, S. 360.
9   Weitz, *Creating German Communism*, S. 362.
10 Otto Ulč, »Pilsen: The Unknown Revolt«, *Problems of Communism*, Bd.
    XIV, Nr. 3, Mai-Juni 1965, S. 49. Ulč nahm als Hilfsrichter in Pilsen an den

Prozessen gegen die an der Revolte beteiligten Arbeiter teil. Er hatte auch Zugang zu Geheimdokumenten und verfasste einen fundierten Bericht über die Ereignisse, auf dem meine geraffte Darstellung beruht. Später wurde Ulč Professor für Politikwissenschaften in den Vereinigten Staaten und veröffentlichte das Buch *Politics in Czechoslovakia* (San Francisco 1974).

11 Leszek Kołakowski, *Die Hauptströmungen des Marxismus*, Bd. III: *Zerfall*, München 1979, S. 194.

12 Ebenda, S. 195.

13 Victor Sebestyen, *Twelve Days: Revolution in 1956. How the Hungarians tried to topple their Soviet masters*, London 2007, S. 102.

14 Ebenda, S. 102 f.

15 Peter Raina, *Political Opposition in Poland 1954-1977*, London 1978, S. 30 f.

16 János Kornai, *By Force of Thought: Irregular Memoirs of an Intellectual Journey*, Cambridge, Mass., 2006, S. 63.

17 Ebenda.

18 Ich erinnere mich, bei meiner ersten Studienreise nach Prag im März 1965 tschechische Übersetzungen der Arbeiten von Brus im Schaufenster einer Buchhandlung gesehen zu haben. Er hatte erheblichen Einfluss auf die tschechischen Wirtschaftsreformer in der zweiten Hälfte der 1960er Jahre – nicht zuletzt auf ihren führenden Vertreter Ota Šik.

19 Sebestyen, *Twelve Days*, S. 77 f.

20 Kornai, *By Force of Thought*, S. 57.

21 Sebestyen, *Twelve Days*, S. 27.

22 Ebenda, S. 17.

23 Phyllis Auty, *Tito: Staatsmann aus dem Widerstand*, München 1972, S. 308.

24 Tony Kemp-Welch, »Khrushchev's ›Secret Speech‹ and Polish Politics: The Spring of 1956«, *Europe-Asia Studies*, Bd. 48, Nr. 2, 1996, S. 186 f.; sowie Norman Davies, *God's Playground. A History of Poland*, Bd. II: *1979 to the Present*, Oxford 1981, S. 583.

25 Raina, *Political Opposition in Poland 1954–1977*, S. 42 f.

26 Kemp-Welch, »Khrushchev's ›Secret Speech‹ and Polish Politics«, S. 199.

27 Ich schulde Mark Kramer (persönliche Mitteilung vom 6. Mai 2008) Dank für die Zahl von »mindestens 74« Toten. Aus dem in Posen gefundenen Archivmaterial geht hervor, dass die lange Zeit allgemein akzeptierte Zahl von 53 Todesopfern deutlich untertrieben war. Vgl. dazu auch Mark Kramer, »New Evidence on Soviet Decision-Making and the 1956 Polish and Hungarian Crises«, *Cold War International History Project Bulletin*, Nr. 8–9, Winter 1996/97, S. 358–384; sowie ders., »The Soviet Union and the 1956 Crises in Hungary and Poland: Reassessments and New Findings«, *Journal of Contemporary History*, Bd. 33, Nr. 2, 1998, S. 163–214.

28 Ebenda.

29 Ebenda, S. 361.

30 *Khrushchev Remembers: The Last Testament*, London 1974, S. 205.

31 Kołakowski, *Die Hauptströmungen des Marxismus*, Bd. III, S. 493.

Anmerkungen Seite 378–385 867

32 Charles Gati, *Failed Illusions: Moscow, Washington, Budapest, and the 1956 Hungarian Revolt*, Stanford 2006, S. 36 f.

33 Ebenda, S. 37 und 224 ff.

34 Roger Gough, *A Good Comrade: János Kádár, Communism and Hungary*, London 2006, S. 98.

35 Gati, *Failed Illusions*, S. 138.

36 Ebenda.

37 Ebenda, S. 131 f.

38 Sebestyen, *Twelve Days*, S. 96 f.

39 Ebenda, S. 99.

40 Ebenda, S. 303 f.

41 Ebenda, S. 115 ff.

42 Ebenda, S. 124 f.

43 Ferenc A. Váli, *Rift and Revolt in Hungary: Nationalism versus Communism*, Cambridge, Mass., 1961, S. 284–305.

44 Mikojans und Suslows Brief an das ZK der KPdSU zur Situation in Budapest, 25. Oktober 1956, Volkogonov Papers, R 2476, National Security Archive, Washington, DC.

45 A. S. Stykalin, »Soviet-Yugoslav Relations and the Case of Imre Nagy«, *Cold War History*, Bd. 5, Nr. 1, S. 3–22; und Péter Vámos, »Evolution and Revolution: Sino-Hungarian Relations and the 1956 Hungarian Revolution«, in: Cold War International History Project Working Paper No. 54, November 2006 (Woodrow Wilson Center, Washington, DC).

46 Csaba Békés, »The 1956 Hungarian Revolution and the Declaration of Neutrality«, in: *Cold War History*, Bd. 6, Nr. 4, 2006, S. 482.

47 A. Stykalin, »The Hungarian Crisis of 1956: The Soviet Role in the Light of New Archival Documents«, in: *Cold War History*, Bd. 2, Nr. 1, S. 132 f.

48 Gati, *Failed Illusions*, S. 177; und Stykalin, »The Hungarian Crisis of 1956«, S. 134 f.

49 Kramer, »The Soviet Union and the 1956 Crises in Hungary and Poland«, S. 192 f.

50 Vgl. etwa den Bericht des jugoslawischen Botschafters in Moskau, Veljko Mićunović, eines ehemaligen Partisanen, der eine Vertrauensbeziehung zu Tito pflegte, in: Mićunović, *Moscow Diary*, London 1980, S. 134–146. Vgl. auch: Gati, *Failed Illusions*, S. 192.

51 Békés, »The 1956 Hungarian Revolution and the Declaration of Neutrality«, S. 483.

52 Mićunović, *Moscow Diary*, S. 134.

53 Sir Brian Barder, zitiert von Keith Kyle, »To Suez with Tears«, in: W. Roger Louis (Hg.), *More Adventures with Britannia: Personalities, Politics and Culture in Britain*, London 2003, S. 272.

54 Stykalin, »The Hungarian Crisis of 1956«, S. 136 f.; Anthony Nutting, *No End of a Lesson: The Story of Suez*, London 1967; sowie Kyle, »To Suez with Tears«.

55 Békés, »The 1956 Hungarian Revolution and the Declaration of Neutrality«, S. 491.

56 Gati, *Failed Illusions*, S. 192 f.
57 Aus dem Protokoll des Gesprächs zwischen Kádár und Ferenc Münnich und der sowjetischen Führung in Moskau am 3. November 1956, in: A. A. Fursenko (Hg.), *Presidium TsK KPSS 1954–1964, Tom 1*, Moskau 2004, S. 200.
58 Kramer, »New Evidence«, S. 363.
59 Roger Gough, *A Good Comrade*, S. 93 f.
60 Ebenda, S. 372; Anastas Mikojan, *Tak bilo: Rasmyschlenija o minuwschem*, Moskau 1999, S. 598; sowie William Taubman, *Khrushchev: The Man and His Era*, New York 2003, S. 298.
61 Kramer, »New Evidence«, S. 371 f. und 376.
62 Fursenko (Hg.), *Presidium TsK KPSS 1954-1964*, S. 193–201; und Kramer, »New Evidence«, S. 372 f.
63 Gough, *A Good Comrade*, S. 98.
64 Ebenda.
65 Tőkés, *Hungary's Negotiated Revolution*, S. 15.
66 Fursenko, *Presidium TsK KPSS 1954-1964*, S. 201 f.
67 *Chruschtschow erinnert sich*, Reinbek 1992, S. 396.
68 Ebenda, S. 395.
69 Kramer, »New Evidence«, S. 376; und Tőkés, *Hungary's Negotiated Revolution*, S. 13 f.
70 Tőkés, *Hungary's Negotiated Revolution*, S. 13.
71 Stykalin, »Soviet-Yugoslav Relations and the Case of Imre Nagy«, S. 14.
72 Sebestyen, *Twelve Days*, S. 292.
73 Ebenda.
74 Gati, *Failed Illusions*, S. 3.
75 Ebenda, S. 2 und 90. Gati erklärt (S. 2), das offenkundigere Ziel habe darin bestanden, »den von Senator Joseph McCarthy angeführten rechten Flügel der Republikanischen Partei zufriedenzustellen und die Position der Demokraten im Kongress zu schwächen. Es ging nicht um die Befreiung Mittel- und Osteuropas von der sowjetischen Herrschaft.«
76 Ebenda, S. 101. Für eine ausgewogene Analyse der RFE-Sendungen in ungarischer Sprache in den Tagen des Aufstands, die teilweise von Gatis Einschätzung abweicht, vgl.: A. Ross Johnson, »Setting the Record Straight: Role of Radio Free Europe in the Hungarian Revolution of 1956«, Occasional Paper No. 3, Woodrow Wilson International Center for Scholars, Washington, DC, Oktober 2006.
77 Ebenda, S. 109. Für eine Untersuchung der sozialen Zusammensetzung der aktiven ungarischen Aufständischen vgl. die auf Umfragen beruhende Analyse von Bennett Korvig, *Communism in Hungary: From Kun to Kádár*, Stanford 1979, S. 310.
78 Sebestyen, *Twelve Days*, S. 34–37 und 258 f.
79 Ebenda, S. 266.
80 Kramer, »New Evidence«, S. 377.
81 Ebenda.
82 J. F. Brown, *Eastern Europe and Communist Rule*, Durham 1988, S. 160 f.

Anmerkungen Seite 395–402   869

83 Gough, *A Good Comrade*, S. 120.
84 Ebenda, S. 256.
85 Ebenda, S. xi.

KAPITEL 16

1 Die Kommunisten waren jedoch so wie andere revolutionäre Parteien und Studentengruppen im urbanen Widerstandskampf aktiv und leisteten bedeutsamere Beiträge zur Untergrabung des Batista-Regimes, als die postrevolutionäre kubanische Geschichtsschreibung eingesteht.
2 Volker Skierka, *Fidel Castro: Eine Biographie*, Reinbek 2001, S. 15 und S. 35; sowie Fidel Castro, *My Life*, hg. von Ignacio Ramonet, London 2007, S. 2, 6 und 21 f. (dt.: I. Ramonet (Hg.), *Fidel Castro. Mein Leben*, Berlin 2008).
3 Alan Angell,»The Left in Latin America since c. 1920«, in: Leslie Bethell (Hg.), *The Cambridge History of Latin America*, Bd. IV, Teil 2: *Politics and Society*, Cambridge 1994, S. 176.
4 Skierka, *Fidel Castro*, S. 16 f.
5 Ebenda, S. 21–33.
6 Ebenda, S. 14. In dem Brief gab Castro ein geringeres Alter an und behauptete, er sei erst zwölf Jahre alt.
7 Fidel Castro, *My Life*, S. 80 f.
8 Skierka, *Fidel Castro*, S. 38.
9 Ebenda, S. 45.
10 Die Angaben zur Zahl der Männer, mit denen Castro den Angriff startete, sind in Castros Memoiren und in der Darstellung seines wichtigsten Biographen nicht identisch, obwohl die Unterschiede geringfügig sind. Größer ist die Diskrepanz, was die Zahl der in der Kaserne stationierten Soldaten anbelangt. Volker Skierka setzt die Zahl der Regierungssoldaten mit 700 an, während Castro von 1500 Mann spricht. Vgl. Skierka, *Fidel Castro*, S. 50, und Castro, *My Life*, S. 121 f.
11 Ebenda, S. 50 ff.; Fidel Castro, *History Will Absolve Me*, London 1968 (dt.: *Die Geschichte wird mich freisprechen*, Bellnhausen/Gladenbach 1968); vgl. auch:»Fidel Castro«, in: Hans Magnus Enzensberger (Hg.), *Revolutionäre vor Gericht*, Frankfurt a. M. 1970; und Castro, *My Life*, S. 104–134.
12 Castro, *History Will Absolve Me*, S. 104. In einigen Berichten heißt es, die Rede habe vier Stunden gedauert, in anderen wird ihre Länge mit fünf Stunden angegeben. Castro hielt seinen Vortrag aus dem Stegreif, und die Rede wurde nicht aufgezeichnet. Er schrieb sie selbst später im Gefängnis nieder und ließ sie in Streichholzschachteln hinausschmuggeln (Skierka, *Fidel Castro*, S. 52).
13 Castro, *History Will Absolve Me*, S. 103.
14 Skierka, *Fidel Castro*, S. 55.
15 Ebenda, S. 58 f.
16 Castro, *My Life*, S. 182; und Skierka, *Fidel Castro*, S. 65 f.
17 Luis E. Aguilar,»Currents in Latin America: Fragmentation of the Marxist Left«, *Problems of Communism*, Bd. XIX, Nr. 4, Juli-August 1970, S. 7.

18 Skierka, *Fidel Castro*, S. 78 f.
19 Robert F. Lamberg, »Che in Bolivia: The ›Revolution‹ That Failed«, *Problems of Communism*, Bd. XIX, Nr. 4, Juli-August 1970, S. 36. Zur Untergrabung des alten Regimes trugen auch revolutionäre Umtriebe in den Städten bei, darunter Generalstreiks, auf die Castros Gruppe allerdings keinen Einfluss hatte.
20 Skierka, *Fidel Castro*, S. 83 f.
21 Ebenda, S. 84.
22 Ebenda, S. 89.
23 Castro, *My Life*, S. 203.
24 Skierka, *Fidel Castro*, S. 95.
25 Castro, *My Life*, S. 146–157.
26 Ebenda, S. 157.
27 Karl E. Meyer, »Cuba's Charismatic Communism«, *Problems of Communism*, Bd. XI, Nr. 6, November-Dezember 1962, S. 44 f.
28 Theodore Draper, zit. ebenda, S. 45.
29 Skierska, *Fidel Castro*, S. 98.
30 Ebenda.
31 Ebenda, S. 103.
32 Ebenda, S. 110 f.
33 Ebenda, S. 115.
34 Ebenda, S. 119.
35 Ebenda, S. 120 f.
36 Kevin Devlin, »The Permanent Revolutionism of Fidel Castro«, *Problems of Communism*, Bd. XVII, Nr. 1, 1968, S. 21; und Skierska, *Fidel Castro*, S. 257.
37 Castro, *My Life*, S. 272; sowie Aleksandr Fursenko und Timothy Naftali, *Khrushchev's Cold War: The Inside Story of an American Adversary*, New York 2006, S. 436.
38 Aleksandr Fursenko (Hg.), *Presidium TsK KPSS 1954–1964, Tom 1: Tschernowie protokol'nie sapisi sasedanij Stenogrammi*, Moskau 2004, S. 556; Fursenko/Naftali, *Khrushchev's Cold War*, S. 426–507; und Anastas I. Mikojan, *Tak bilo: Rasmischlenija o minuwschem*, Moskau 1999, S. 606.
39 Castro, *My Life*, S. 258.
40 Fursenko/Naftali, *Khrushchev's Cold War*, S. 490.
41 Mikojan, *Tak bilo*, S. 606. Die Notizen zu den langen Diskussionen über die kubanische Raketenkrise im ZK-Präsidium der KPdSU waren keineswegs vollständig. Abgedruckt sind sie in: Fursenko (Hg.), *Presidium TsK KPSS 1954-1964*, S. 617–625.
42 Castro, *My Life*, S. 283 f.
43 Melvin S. Leffler, *For the Soul of Mankind: The United States, the Soviet Union, and the Cold War*, New York 2007, S. 166.
44 Ebenda, S. 166 f.; und Vladislav M. Zubok, *A Failed Empire: The Soviet Union in the Cold War From Stalin to Gorbachev*, Chapel Hill 2007, S. 149–153.
45 Castro, *My Life*, S. 285 f.

Anmerkungen Seite 411–420 871

46 Ebenda, S. 288. Castro fügte hinzu, dies müsse bei den Vergleichen mit Osteuropa berücksichtigt werden, wo einst »Versuche zur Errichtung des Sozialismus« unternommen worden seien, während jetzt versucht werde, »den Kapitalismus aufzubauen«.

47 Ebenda, S. 248.

48 Ebenda.

49 Skierska, *Fidel Castro*, S. 215 f.

50 Ebenda, S. 217.

51 Aus *Granma*, 19. März 1967, zitiert nach Devlin, »The Permanent Revolutionism of Fidel Castro«, S. 4.

52 Daniela Spenser, »The Caribbean Crisis: Catalyst for Soviet Projection in Latin America«, in: Gilbert M. Joseph und Daniela Spenser, *In From the Cold: Latin America's New Encounter with the Cold War*, Durham 2008, S. 102 ff.

53 Castro, *My Life*, S. 580.

54 Skierska, *Fidel Castro*, S. 177 f.

55 Carlos Acosta, *Carlos Acosta: A Cuban Dancer's Tale*, London 2007, S. 32 (dt.: C. Acosta, *Kein Weg zurück: Die Geschichte eines kubanischen Tänzers*, Mainz 2008).

56 Edward Gonzalez, »Castro and Cuba's New Orthodoxy«, *Problems of Communism*, Bd. XXV, Nr. 1, Januar-Februar 1976, S. 5.

57 Ebenda, S. 7 ff.

58 Skierska, *Fidel Castro*, S. 287.

59 Jorge I. Domínguez, »Cuba in the 1980's«, *Problems of Communism*, Bd. XXX, Nr. 2, März-April 1981, S. 52.

60 Angell, »The Left in Latin America«, S. 210.

61 Piero Gleijeses, »The View from Havana: Lessons from Cuba's African Journey, 1959–1976«, in: Joseph/Spenser (Hg.), *In From the Cold*, S. 119.

62 Ebenda, S. 120 ff.

63 Ebenda, S. 123 f.

64 Ebenda, S. 129.

65 Anatoly Dobrynin, *In Confidence: Moscow's Ambassador to America's Six Cold War Presidents (1962-1986)*, New York 1995, S. 362.

66 Ebenda, S. 362 f.

67 Domínguez, »Cuba in the 1980's«, S. 57.

68 »The Cuban Paradox«, in: *Harvard Public Health Review*, Sommer 2002: http://www.hsph.harvard.edu/review/review_summer_02/677cuba.html.

69 Vgl. Gloria Giraldo, »Cuba Rising in Major UN Indices«, *MEDICC Review*, 9. April 2007; Marc Schenker, »Cuban Public Health: A Model for the U. S.?«, in: *CIA World Factbook, 2001*; sowie schenker.ucdavis.edu/CubaPublicHealth.ppt; Castro, *My Life*, S. 585 und 709 (n. 14); und Skierka, *Fidel Castro*, S. 395.

70 William Leogrande, »Republic of Cuba«, in: Bogdan Szajkowski (Hg.), *Marxist Governments: A World Survey*, Bd. 2, London 1981, S. 251.

71 Domínguez, »Cuba in the 1980's«, S. 57.

872   Anmerkungen Seite 421–430

72 Pascal Fontaine, »Communism in Latin America«, in: Stéphane Courtois
    u. a., *The Black Book of Communism*, Cambridge, Mass., 1999, S. 661 f.;
    und Skierska, *Fidel Castro*, S. 117.
73 Skierska, a.a.O.
74 Ebenda, S. 245.

KAPITEL 17

1   Craig Dietrich, *People's China: A Brief History*, Oxford 1998, S. 84.
2   Ebenda, S. 86–89.
3   Frederick C. Teiwes, »The Establishment and Consolidation of the New Re-
    gime, 1949–1957«, in: Roderick MacFarquhar (Hg.), *The Politics of China:
    The Eras of Mao and Deng*, Cambridge, 2. Aufl. 1997, S. 67.
4   Dietrich, *People's China*, S. 89.
5   Ebenda, S. 90.
6   Ebenda, S. 91.
7   Teiwes, »The Establishment and Consolidation of the New Regime«, S. 73 f.
8   *Khrushchev Remembers: The Last Testament*, London 1974, S. 253.
9   Ebenda, S. 76 f.
10 Rana Mitter, *A Bitter Revolution: China's Struggle with the Modern
    World*, Oxford 2004, S. 189 f.; John King Fairbank und Merle Goldman,
    China: A New History, Cambridge, Mass., 2. Aufl. 2006, S. 364; sowie Lo-
    well Dittmer, »Pitfalls of Charisma«, *The China Journal*, Nr. 55, Januar
    2006, S. 124.
11 Lorenz M. Lüthi, *The Sino-Soviet Split: Cold War in the Communist
    World*, Princeton 2008, S. 71; sowie Dietrich, *People's China*, S. 113.
12 *Khrushchev Remembers: The Last Testament*, S. 271 f.
13 Lüthi, *The Sino-Soviet Split*, S. 72.
14 Fairbank/Goldman, *China: A New History*, S. 80 f.
15 Dietrich, *People's China*, S. 118.
16 Kenneth Lieberthal, »The Great Leap Forward and the Split in the Yan'an
    Leadership 1958–1965« in: MacFarquar (Hg.), *The Politics of China*, S. 88;
    sowie Dietrich, *People's China*, S. 123.
17 Mitter, *A Bitter Revolution*, S. 196 f.; Roderick MacFarquhar und Michael
    Schoenhals, *Mao's Last Revolution*, Cambridge, Mass., 2006, S. 208; und
    Lüthi, *The Sino-Soviet Split*, S. 116 ff.
18 Lieberthal, »The Great Leap Forward …«, S. 103 f.
19 Ebenda, S. 112.
20 Lüthi, *The Sino-Soviet Split*, S. 114–118; sowie Dietrich, *People's China*,
    S. 136 ff.
21 Lieberthal, »The Great Leap Forward …«, S. 116–122.
22 Mao hatte zweifellos schon vorher das Ziel im Auge, sich zum Führer der
    kommunistischen Welt aufzuschwingen, nämlich kurz nach Stalins Tod.
    Vgl. Mercy A. Kuo, *Contending with Contradictions: China's Policy to-
    ward Soviet Eastern Europe and the Origins of the Sino-Soviet Split,
    1953-1960*, Lanham/Oxford 2001.

Anmerkungen Seite 431–445 873

23 Lüthi, *The Sino-Soviet Split*, S. 73 f.
24 Ebenda, S. 77.
25 *Khrushchev Remembers: The Last Testament*, S. 255.
26 MacFarquhar/Schoenhals, *Mao's Last Revolution*, S. 81 f.
27 *Khrushchev Remembers: The Last Testament*, S. 259. Vgl. auch William Taubman, *Khrushchev: The Man and His Era*, London 2003, S. 388–392.
28 Lüthi, *The Sino-Soviet Split*, S. 136 ff.
29 »Memorandum of Conversation of N. S. Khrushchev with Mao Zedong, Beijing«, 3. Oktober 1959 (Cold War International History Project Virtual Archive, National Security Archive, Washington DC, R 9204), S. 5.
30 Ebenda, S. 6 und 9.
31 Lüthi, *The Sino-Soviet Split*, S. 172 f.
32 Ebenda, S. 174 f.
33 Ebenda, S. 177.
34 Ebenda, S. 244.
35 Ebenda, S. 264.
36 Ebenda, S. 285.
37 MacFarquhar/Schoenhals, *Mao's Last Revolution*, S. 9.
38 Lüthi, *The Sino-Soviet Split*, S. 289 f.
39 Wenn die Beziehungen zu den Vereinigten Staaten kritisch wurden – etwa in den Jahren 1954/55 und 1958 –, vermied Mao alles, was einen amerikanischen Angriff hätte provozieren können. Vgl. Steve Tsang, *The Cold War's Odd Couple: The Unintended Partnership between the Republic of China and the UK, 1950–1958*, London 2006, S. 115–151.
40 MacFarquhar/Schoenhals, *Mao's Last Revolution*, S. 8.
41 Dietrich, *People's China*, S. 179.
42 Ebenda, S. 179 f.
43 MacFarquhar/Schoenhals, *Mao's Last Revolution*, S. 17. Für eine umfassendere Darstellung der Kampagne gegen Wu Han vgl. ebenda, S. 15–19.
44 Ebenda, S. 333–336.
45 Harry Harding, »The Chinese State in Crisis, 1966–1969«, in: MacFarquhar (Hg.), *The Politics of China*, S. 240.
46 Ebenda, S. 244.
47 Ebenda, S. 242 f.
48 MacFarquhar/Schoenhals, *Mao's Last Revolution*, S. 358 f.
49 Ebenda, S. 409.
50 Ebenda, S. 411.
51 Ebenda, S. 20.
52 Harding, »The Chinese State in Crisis«, S. 241 f.
53 Dietrich, *People's China*, S. 187.
54 Vgl. »Forum on Mao and the Cultural Revolution in China«, *Journal of Cold War Studies*, Bd. 10, Nr. 2, Frühjahr 2008, S. 97–130, insbes. Yafeng Xia auf S. 111 f.
55 Dietrich, *People's China*, S. 256.
56 MacFarquhar/Schoenhals, *Mao's Last Revolution*, S. 3.
57 Ebenda.

874 Anmerkungen Seite 447–460

58 Vgl. beispielsweise Fedor Burlatskij, *Mao Tsedun i ego nasledniki* (Meschdunarodnie otnoschenija, Moskau 1979). Bezüglich der Literatur, in der die Darstellung der Entwicklungen in China genutzt wurde, um Fragen aufzuwerfen, die in der Sowjetunion der Zensur unterlagen, vgl. Gilbert Rozman, *A Mirror for Socialism: Soviet Criticisms of China*, Princeton 1985; sowie Alexander Lukin, *The Bear Watches the Dragon: Russia's Perceptions of China and the Evolution of Russian-Chinese Relations Since the Eighteenth Century*, Armonk 2003, insbes. S. 75–250.

59 Für einen sehr gut lesbaren Bericht über Nixons Besuch in China und dessen Auswirkungen vgl. Margaret MacMillan, *Seize the Hour: When Nixon Met Mao*, London 2006.

KAPITEL 18

1 Christopher Bluth, *Korea*, Cambridge 2008, S. 11.

2 Dae-Sook Suh, »A Preconceived Formula for Sovietization: The Communist Takeover of North Korea«, in: Thomas T. Hammond (Hg.), *The Anatomy of Communist Takeovers*, New Haven 1971, S. 475–489, hier S. 476 f.

3 Ebenda, S. 483 f.

4 Ebenda, S. 482 f.

5 Einleitung von James G. Hershberg zu »Russian Documents on the Korean War, 1950–53«, *Cold War International History Project*, Nr. 14/15 (Winter 2003/Frühjahr 2004), S. 369–373; und Bluth, *Korea*, S. 15 ff.

6 Jasper Becker, *Rogue Regime: Kim Jong Il and the Looming Threat of North Korea*, New York 2005, S. 131 ff.

7 Bluth, *Korea*, S. 22–32.

8 Ebenda, S. 36 f.

9 Niccolò Machiavelli, *Der Fürst und kleinere Schriften*, übers. von Merian-Genast, Berlin 1923, S. 102. Machiavelli schrieb *Der Fürst* im Jahr 1513.

10 David Hume, »On the First Principles of Government«, in: ders., *Essays Moral, Political and Literary*, Oxford 1963, S. 29–34, hier S. 31. Diese Essays wurden in den Jahren 1741 und 1742 erstmals veröffentlicht.

11 William J. Duiker, *Ho Chi Minh*, New York 2000, S. 64.

12 Ebenda.

13 Ebenda, S. 75.

14 Ebenda, S. 306.

15 Ebenda, S. 321–332.

16 Dennis J. Duncanson, »Vietnam: From Bolshevism to People's War«, in: Hammond (Hg.), *The Anatomy of Communist Takeovers*, S. 490–515, hier S. 506.

17 Duiker, *Ho Chi Minh*, S. 397 und 443.

18 Ebenda, S. 445 f.

19 Ebenda, S. 455–461.

20 Ebenda, S. 473, 477 ff., 491 f. und 500 f.

21 Duncanson, »Vietnam: From Bolshevism to People's War«, S. 51.

Anmerkungen Seite 460–467

22 Jeffrey Race, *War Comes to Long An: Revolutionary Conflict in a Vietnamese Province*, Berkeley 1972, S. 181 und 197.
23 Seth Jacobs, »›No Place to Fight a War‹: Laos and the Evolution of U. S. Policy toward Vietnam, 1954–1963«, in: Mark Philip Bradley und Marilyn B. Young (Hg.), *Making Sense of the Vietnam Wars: Local, National, and Transnational Perspectives*, New York 2008, S. 45–66, hier S. 45.
24 Ebenda, S. 51.
25 Ebenda, S. 46–51.
26 Henry Kissinger, *Memoiren*, Bd. 2: *1973–1974*, München 1982, S. 28 f.
27 Jacobs, »›No Place to Fight a War‹«, S. 59.
28 Ebenda, S. 49.
29 Kissinger, *Memoiren*, Bd. 2, S. 26–30, hier S. 29.
30 Jean-Louis Margolin, »Vietnam: Die Sackgasse eines Kriegskommunismus«; ders., »Laos: Völker auf der Flucht«, in: Stéphane Courtois u. a. (Hg.), *Das Schwarzbuch des Kommunismus. Unterdrückung, Verbrechen und Terror*, München 1998, S. 630–641, hier S. 638 und 640.
31 Jacobs, »›No Place to Fight a War‹«, S. 45 f. und 59.
32 Ebenda, S. 62.
33 Fredrik Legevall, »›There Ain't No Daylight‹: Lyndon Johnson and the Politics of Escalation«, in: Bradley / Young (Hg.), *Making Sense of the Vietnam Wars*, S. 91–108, hier S. 93.
34 Gareth Porter, »Explaining the Vietnam War: Dominant and Contending Paradigms«, in: Bradley / Young (Hg.), *Making Sense of the Vietnam Wars*, S. 67–90, hier S. 76–80.
35 Zitiert von Legevall, »›There Ain't No Daylight‹«, S. 100 f.
36 Porter, »Explaining the Vietnam War«, S. 72 und 82.
37 Sophie Quinn-Judge, »Through a Glass Darkly: Reading the History of the Vietnamese Communist Party, 1945–1975«, in: Bradley / Young (Hg.), *Making Sense of the Vietnam Wars*, S. 111–134, hier S. 117.
38 Lien-Hang T. Nguyen, »Cold War Contradictions: Toward an International History of the Second Indochina War, 1969–1973«, in: Bradley / Young (Hg.), *Making Sense of the Vietnam Wars*, S. 219–249, hier S. 229 f.
39 Quinn-Judge, »Through a Glass Darkly«, S. 127 und 130.
40 Nguyen, »Cold War Contradictions«, S. 235.
41 Ebenda, S. 234–239.
42 David W. P. Elliott, »Official History, Revisionist History, and Wild History«, in: Bradley / Young (Hg.), *Making Sense of the Vietnam Wars*, S. 277–304, hier S. 281.
43 Ebenda, S. 288.
44 Ebenda, S. 297.
45 Ebenda, S. 295.
46 Jean-Louis Margolin, »Kambodscha: Im Land der unfaßbaren Verbrechen«, in: Courtois u. a. (Hg.), *Schwarzbuch des Kommunismus*, S. 643–708, hier S. 688.
47 Ebenda, S. 646.
48 Ebenda.

49 Zu der Frage, ob der Begriff »Völkermord« für das folgende Gemetzel angemessen ist, siehe die Beobachtungen des ehemaligen Chefs der UN-Friedensmission Marrack Goulding in seinem Buch *Peacemonger*, London 2002, auf S. 247 f. Siehe auch die Diskussion des Begriffs »Völkermord« in Margolin, »Kambodscha«, S. 700 ff.

50 Patrick Raszelenberg, »The Khmers Rouges and the Final Solution«, in: *History and Memory*, Bd. 11, Nr. 2 (1999), S. 62–93, hier S. 81 f.

51 Margolin, »Kambodscha«, S. 647.

52 Ebenda, S. 656; Margolin, »Cambodia«, in: Stéphane Courtois u. a., *The Black Book of Communism*, Cambridge, Mass., 1999, S. 620.

53 Margolin, »Kambodscha«, S. 655 und 707 f.

54 Ebenda, S. 647 f.

55 Ebenda, S. 698.

56 Goulding, *Peacemonger*, S. 247 f.

57 Margolin, »Kambodscha«, S. 653.

58 Jimmy Carter, *Keeping Faith: Memoirs of a President*, New York 1982, S. 254.

59 Ebenda, S. 256.

60 Zbigniew Brzezinski, *Memoirs of the National Security Adviser 1977–1981*, London 1983, S. 408–414.

61 Ebenda, S. 409.

62 In seinen Memoiren nennt Marrack Goulding diesen Fall als ein Beispiel dafür, wie der »weltweite Kampf gegen den Kommunismus unter sowjetischer Führung die Werte verzerrt hatte, die der Westen angeblich verteidigte« (Goulding, *Peacemonger*, S. 248).

63 Odd Arne Westad, *The Global Cold War*, Cambridge 2005, S. 300; Dilip Hiro, *Between Marx and Muhammad: The Changing Face of Central Asia*, London 1995, S. 234; und Vladislav M. Zubok, *A Failed Empire: The Soviet Union in the Cold War from Stalin to Gorbachev*, Chapel Hill 2007, S. 259.

64 Hiro, *Between Marx and Muhammad*, S. 234.

65 Westad, *The Global Cold War*, S. 302.

66 Ebenda, S. 301 f.

67 Ebenda, S. 303.

68 »Zapis bessedy A. N. Kossygina, A. A. Gromyko, D. F. Ustinowa, B. N. Ponomarjowa s N. M. Taraki, 20 marta 1979 goda«, Hoover Institution Archives (im Folgenden HIA), Fond 89, 1.1003, opis 42, file 3, S. 2 und 15.

69 Ebenda, S. 3.

70 Ebenda, S. 8.

71 Ebenda, S. 12.

72 Ebenda, S. 13.

73 Westad, *The Global Cold War*, S. 316.

74 Ebenda, S. 313.

75 Ebenda, S. 321.

76 Ebenda.

77 HIA, Fond 89, 1.1003, opis 42, file 10, S. 1 f.

78 Ebenda, S. 4.

Anmerkungen Seite 478–489   877

79 Ebenda, S. 5.
80 Westad, *The Global Cold War*, S. 322.
81 Ebenda, S. 357.
82 Ebenda, S. 356.
83 Hiro, *Between Marx and Muhammad*, S. 237 f.
84 Peter Berton, »Japanese Eurocommunists: Running in Place«, in: *Problems of Communism*, Bd. XXXV, Nr. 4 (1986), S. 1–30, insbes. S. 1 ff.
85 J. A. A. Stockwin, *Governing Japan: Divided Politics in a Resurgent Economy*, Oxford, 4. Aufl. 2008, S. 198 f. Einen nützlichen Abriss der Geschichte der KPJ bieten auch der Aufsatz von Stockwin, »Japan Communist Party«, in: Haruhiro Fukui (Hg.), *Political Parties of Asia and the Pacific*, Westport 1985, S. 500–514; und Berton, »Japanese Eurocommunists«.
86 Guy Pauker und Ewa Pauker, »Indonesia«, in: Witold S. Sworakowski (Hg.), *World Communism: A Handbook 1918–1965*, Stanford 1973, S. 200–205, hier S. 203.
87 Ebenda, S. 204.
88 Adam Westoby, *Communism since World War II*, Brighton 1981, S. 182–185.
89 Pauker/Pauker, »Indonesia«, S. 204.
90 Westoby, *Communism since World War II*, S. 191.
91 Dan Diner und Jonathan Frankel nennen in ihrem Aufsatz »Jews and Communism: The Utopian Temptation« Südafrika als einen der unzähligen Orte, an denen Juden »unverhältnismäßig stark in der kommunistischen Bewegung vertreten waren (sei es in der Mitgliederzahl, dem Apparat oder in der Führung) …« Siehe J. Frankel (Hg.), *Dark Times, Dire Decisions: Jews and Communism*, Oxford 2004, S. 3.
92 Martin Meredith, *The State of Africa: A History of Fifty Years of Independence*, London 2006, S. 122 f.
93 Westad, *The Global Cold War*, S. 215 f.
94 Ebenda, S. 216.
95 Nelson Mandela, *Der lange Weg in die Freiheit*, Frankfurt a. M. 1994, S. 366.
96 Meredith, *The State of Africa*, S. 124.
97 Mandela, *Der lange Weg in die Freiheit*, S. 164.
98 Ebenda, S. 488–496.
99 Ebenda, S. 493.
100 Siehe Adrian Guelke, »The Impact of the End of the Cold War on the South African Transition«, in: *Journal of Contemporary African Studies*, Bd. 14, Nr. 1 (1996), S. 97. Siehe auch Meredith, *The State of Africa*, S. 434 f.
101 Die Parteiaktivistin Ruth First, die mit Joe Slovo (dem langjährigen Generalsekretär der SACP und späteren Mitglied in Nelson Mandelas Regierung) verheiratet war, wurde im August 1982 in ihrem Exil in Mosambik durch eine Briefbombe getötet, die Agenten des südafrikanischen Regimes ihr geschickt hatten. Slovos vergleichsweise junger Nachfolger

als Generalsekretär der SACP Chris Hani, der in einem Südafrika nach der Apartheid noch eine wichtige Rolle hätte spielen können, wurde 1993 von einem polnischen Einwanderer getötet, der einer weißen rassistischen Organisation angehörte. Das war der bewusste Versuch, Gewalttaten durch einen Mob zu provozieren. Dahinter steckten all jene, die um jeden Preis den Prozess der Verhandlung und Versöhnung torpedieren wollten, der schließlich zu einer Mehrheitsregierung führte. Mandela trug maßgeblich dazu bei, dass die Bevölkerung Ruhe bewahrte. Siehe Mandela, *Der lange Weg in die Freiheit*, S. 812 ff.

102 Meredith, *The State of Africa*, S. 385 f.

103 A. N. Jakowlew, *Gorkaja tschascha: Bolschewism i Reformazija Rossii*, Jaroslawl 1994, S. 190.

104 Zur Diskussion dieser Fragen siehe beispielsweise Jerry F. Hough, *The Struggle for the Third World: Soviet Debates and American Options*, Washington, D. C. 1986, insbes. S. 226–257. Das Argument, die Gesellschaften würden zu früh den Sozialismus anstreben, wurde auch auf Asien angewandt. Und diese neomarxistische Kritik an der sowjetischen Orthodoxie in der Breschnew-Ära wurde allen voran von Nodari Simonia vorgetragen, zunächst am Institut für östliche Studien der Akademie der Wissenschaften der UdSSR und später am Institut für Weltwirtschaft und Internationale Beziehungen (IMEMO), dessen Direktorin Simonia in der postsowjetischen Ära wurde. Siehe zum Beispiel L. I. Rejsner und N. A. Simonia (Hg.), *Ewoljuzija wostotschnych obschtschestw: sintes tradizionnogo i sowremennogo*, Moskau 1984.

105 Westad, *The Global Cold War*, S. 216 ff.

106 Ebenda, S. 244 f.

107 Meredith, *The State of Africa*, S. 311–319.

108 Fidel Castro, *My Life*, London 2007, S. 329 und 333 (dt.: I. Ramonet (Hg.), *Fidel Castro. Mein Leben*. Berlin 2008).

109 Ebenda, S. 322.

110 Meredith, *The State of Africa*, S. 243–248.

111 Ebenda, S. 331–342.

112 Westad, *The Global Cold War*, S. 286 f. und 383 f.

KAPITEL 19

1 In einem Papier, das ich für ein von der britischen Premierministerin Margaret Thatcher einberufenes Seminar in Chequers am 8. September 1983 verfasste, sprach ich einmal die theoretische Möglichkeit eines »Moskauer Frühlings« an und stellte die These auf, dass »eine Bewegung für einen demokratisierenden Wandel sowohl von einer herrschenden Kommunistischen Partei ausgehen als auch über gesellschaftlichen Druck entstehen kann«. Nach dem britischen Freedom of Information Act (2000), der im Jahr 2005 in Kraft trat, sind die Dokumente des Regierungskabinetts und des Foreign Office, die mit dem Seminar zu tun

Anmerkungen Seite 496–505

haben, inzwischen freigegeben worden. Sie werden ausgiebig in folgendem Aufsatz genutzt: Archie Brown, »The Change to Engagement in Britain's Cold War Policy: The Origins of the Thatcher-Gorbachev Relationship«, *Journal of Cold War Studies*, Bd. 10, Nr. 3 (2008), S. 3–47. Siehe auch Adam Roberts, »International Relations after the Cold War«, *International Affairs*, Bd. 84, Nr. 2 (2008), S. 335–350.

2 Jan Gross, »War as Revolution«, in: Norman Naimark und Leonid Gibianskii (Hg.), *The Establishment of Communist Regimes in Eastern Europe, 1944–1949*, Boulder, Colo., 1997, S. 17–40, hier S. 38.

3 Igor Lukes, »The Czech Road to Communism«, ebenda, S. 243–265.

4 Rita Klímová (geborene Budínová) war die Person, die zu mir diesen Satz sagte. Sie war in Wirklichkeit im Februar 1948 erst siebzehn, aber bereits eine begeisterte Kommunistin. Im Jahr 1968 war ihr Vater, Stanislav Budín, Chefredakteur einer der reformorientiertesten Zeitschriften in der Tschechoslowakei: *Reportér*. Budínová (wie sie damals vor einer zweiten Heirat im Jahr 1978 hieß) war Wirtschaftswissenschaftlerin und lehrte an der Karlsuniversität. Im Jahr 1970 verlor sie ihre Dozentenstelle und wurde aus der Partei ausgeschlossen. Anschließend wurde sie eine aktive Dissidentin.

5 Ich zitierte die Äußerung in meinem Tribut an Rita Klímová anlässlich ihres Todes im Jahr 1994. Dazu und zu Richard Davys begleitendem Nachruf auf Klímová, siehe *The Independent*, 7. Januar 1994, S. 14.

6 In einem Gespräch, das ich im März 1965 in Prag mit ihm führte.

7 *XIII. Sjezd Komunistické Strany Československa, Praha 31. V. – 4. VI. 1966*, Prag 1966, S. 302–309, insbes. S. 309.

8 Zdeněk Mlynář, *Nachtfrost. Das Ende des Prager Frühlings*, Frankfurt a. M. 1988, S. 82.

9 Ebenda, S. 83. Mlynář sah die amtlichen Dokumente ein, die mit dem Verkauf von Wertpapieren der Hingerichteten zu tun hatten, als er für kurze Zeit Mitte der 1950er Jahre im Büro des Generalstaatsanwalts arbeitete. Er erfuhr 1956 direkt von Clementis' Witwe von der früheren Bewunderung Božena Novotnás für das Teeservice.

10 Ebenda.

11 Herausragende und politisch unorthodoxe Filme wurden zu verschiedenen Zeiten in ganz Osteuropa produziert, nicht zuletzt in Polen und Ungarn. Zur Filmindustrie in der ganzen Region, auch in der Sowjetunion, siehe den scharfsichtigen Überblick von Mira und Antonin J. Liehm, *The Most Important Art: East European Film After 1945*, Berkeley/Los Angeles 1977.

12 Mlynář, *Nachtfrost*, S. 75.

13 Ebenda, S. 74 f.

14 Ebenda, S. 73.

15 *Reden zum IV. Kongress des Tschechoslowakischen Schriftstellerverbandes Prag, Juni 1967*, Frankfurt a. M. 1968, hier S. 15. Siehe auch Dušan Hamšík, *Writers Against Rulers*, London 1971, S. 174. Einige Reden sind in Auszügen in dem »dokumentarischen Bericht« von Hanswilhelm

Haefs zum Prager Frühling enthalten: Hanswilhelm Haefs, *Die Ereignisse in der Tschechoslowakei vom 27. 6. 1967 bis 18. 10. 1968. Ein dokumentarischer Bericht*, Bonn u. a. 1969.

16 *Reden zum IV. Kongress des Tschechoslowakischen Schriftstellerverbandes*, S. 107 f.

17 Jaromír Navrátil (Hg.), *The Prague Spring 1968: A National Security Archive Documents Reader*, Budapest 1998, S. 9 f.

18 Ebenda, S. 11.

19 Vojtěch Mencl und František Ouředník, »Jak to bylo v lednu« (Teil einer Artikelreihe über das Vorfeld des Prager Frühlings), in: *Život strany*, Nr. 19 (September 1968), S. 12.

20 Mencl/Ouředník, *Život strany*, Nr. 17 (August 1968), S. 37.

21 Ebenda, S. 38. Auszüge aus Dubčeks und Novotnýs Reden, die auf den Originaltranskripten basieren, erschienen im Jahr 1998 in englischer Übersetzung. Sie bestätigen die Korrektheit des oben zitierten Berichts von 1968. Siehe Navrátil (Hg.), *The Prague Spring 1968*, S. 13–17.

22 Hamšík, *Writers Against Rulers*, S. 181. Novomeskýs Rede, die in seiner Abwesenheit auf dem Schriftstellerkongress 1967 verlesen wurde, ist in voller Länge veröffentlicht worden in ebenda, S. 177–181.

23 H. Gordon Skilling, *Czechoslovakia's Interrupted Revolution*, Princeton, N. J. 1976, S. 185.

24 Mlynář, *Nachtfrost*, S. 89 f.; sowie Navrátil (Hg.), *The Prague Spring 1968*, S. 7.

25 Mlynář, *Nachtfrost*, S. 89 f.; und »Document No. 4: János Kádár's Report to the HSWP Politburo of a Telephone Conversation with Leonid Brezhnev, December 13, 1967«, nachgedruckt in: Navrátil (Hg.), *The Prague Spring 1968*, S. 20 ff.

26 *Chruschtschow erinnert sich*, S. 370 f.; und Skilling, *Czechoslovakia's Interrupted Revolution*, S. 206 und 398.

27 Siehe Kieran Williams, *The Prague Spring and its Aftermath: Czechoslovak Politics, 1968–1970*, Cambridge 1997, S. 67 ff. Williams beobachtet treffend (S. 67): »Um die Kontrolle über den Reformkurs zu behalten und nicht das sowjetische Missfallen zu erregen, war die Zensur nach dem Januarplenum absolut unerlässlich. Sie war zugleich aber unrealistisch, in Anbetracht des Informationshungers und der Debattierlust.«

28 Ebenda, S. 69.

29 Skilling, *Czechoslovakia's Interrupted Revolution*, S. 382–387.

30 Zitiert in Archie Brown und Gordon Wightman, »Czechoslovakia: Revival and Retreat«, in: Archie Brown und Jack Gray (Hg.), *Political Culture and Political Change in Communist States*, London 1977, S. 159–196, hier S. 177.

31 Die Informationen in diesem Absatz stammen aus meinen Interviews mit Reformkommunisten und Parteiintellektuellen in den Jahren 1968 und 1969.

32 Diese Punkte sind einer ausführlicheren Zusammenfassung des Aktionsprogramms in meinem Artikel, »Political Change in Czechoslovakia«, *Go-*

Anmerkungen Seite 512–515   881

vernment and Opposition, Bd. 4, Nr. 2 (Frühjahr 1969), S. 169–194, hier S. 173–177, entnommen. Im vollen Wortlaut ist das Aktionsprogramm auf Deutsch erschienen in: Michael Csizmas (Hg.), *Tatsachen und Meinungen. Prag 1968 – Dokumente*, Bern 1968, S. 43–120, hier S. 48, 61 und 80. Von Mlynář verfasste Punkte sind nachgedruckt in Mlynář, *Nachtfrost. Das Ende des Prager Frühlings*, S. 325–341.

33 Skilling, *Czechoslovakia's Interrupted Revolution*, S. 275.

34 Ludvík Vaculík, »Two thousand words to workers, farmers, scientists, artists and everyone« (*Literární listy*, 27 June 1968), in: Andrew Oxley, Alex Pravda und Andrew Ritchie, *Czechoslovakia: The Party and the People*, London 1973, S. 261–274, hier S. 263; deutsche Übersetzung: Ludvík Vaculík, »2000 Worte« (an die Arbeiter, Bauern, Angestellten, Wissenschaftler, Künstler und an alle), in: Csizmas (Hg.), *Tatsachen und Meinungen. Prag 1968*, S. 146–153, hier S. 149.

35 Williams, *The Prague Spring and its Aftermath*, S. 90.

36 Vaculík, »2000 Worte«, in: Csizmas (Hg.), *Tatsachen und Meinungen. Prag 1968*, S. 152.

37 Zur Entstehung intellektueller und politischer Gruppierungen in der Tschechoslowakei während des Jahres 1968 und davor, siehe Vladimir V. Kusin, *The Intellectual Origins of the Prague Spring: The Development of Reformist Ideas in Czechoslovakia*, Cambridge 1971; sowie ders., *Political Grouping in the Czechoslovak Reform Movement*, London 1972.

38 Skilling, *Czechoslovakia's Interrupted Revolution*, S. 202.

39 Mlynář wurde am 22. Juni 1930 geboren und war Anfang 1968 folglich erst 37 Jahre alt. Nachdem er bereits in den Apparat des Zentralkomitees gewählt worden war, wurde er formal am 1. Juni 1968 zu einem ZK-Sekretär gewählt. In der Folge wurde er Mitglied des Präsidiums, aber er trat im November 1968 aus Protest gegen die massiven Zugeständnisse, die seine Partei der sowjetischen Führung gemacht hatte, von sämtlichen politischen Ämtern zurück. Er gehörte zu den vielen Parteimitgliedern, die 1970 aus der Kommunistischen Partei ausgeschlossen wurden.

40 Jiří Pelikán (Hg.), *The Czechoslovak Political Trials, 1950–1954*, London 1971, S. 12. Dieses Buch enthält eine vollständige, englische Übersetzung des Piller-Reports; auf Deutsch wurde der Bericht ebenfalls veröffentlicht: Jiří Pelikán (Hg.), *Das unterdrückte Dossier: Bericht der Kommission des ZK der KPTsch über politische Prozesse und »Rehabilitierungen« in der Tschechoslowakei 1949–1968*, Wien u. a. 1970.

41 Kusin, *Political Grouping in the Czechoslovak Reform Movement*, S. 74.

42 Eine ausführlichere Darstellung der Rehabilitierung in der Tschechoslowakei bietet Skilling, *Czechoslovakia's Interrupted Revolution*, S. 373–411. Noch vor dem Fall des Kommunismus und der Öffnung der tschechischen Archive war Karel Kaplan imstande, einen Teil der Ergebnisse seiner Nachforschungen zu den politischen Prozessen in Schriften zu verwenden, die er in den 1970er Jahren im Ausland veröffentlichte. Siehe beispielsweise Kaplan, *Dans les Archives du Comité Central: Trente ans de secrets du Bloc soviétique*, Paris 1978. Der Bericht der Barnabitky-Kom-

mission von 1963 ist auf Deutsch erschienen: Jiří Pelikán (Hg.), *Pervertierte Justiz: Bericht der Kommission des ZK der KPTsch über die politischen Morde und Verbrechen in der Tschechoslowakei; 1949–1963*, übers. von Peter Aschner, München 1972.

43 Williams, *The Prague Spring and its Aftermath*, S. 48 f.

44 »Document No. 14: Stenographic Account of the Dresden Meeting, March 23, 1968 (Excerpts)«, in: Navrátil (Hg.), *The Prague Spring 1968*, S. 64–72, hier S. 67; siehe dazu auch Lutz Prieß, Václav Kural, Manfred Wilke, *Die SED und der »Prager Frühling«. Politik gegen einen »Sozialismus mit menschlichem Antlitz«*, Berlin 1996, S. 72–80.

45 Navrátil (Hg.), *The Prague Spring 1968*, S. 68 f.

46 Ebenda, S. 69.

47 Ebenda, S. 70.

48 Ebenda, S. 65.

49 Ebenda, S. 71 f.

50 Mlynář, *Nachtfrost*, S. 209.

51 »Document No. 28: Stenographic Account of the Soviet-Czechoslovak Summit Meeting in Moscow, May 4–5, 1968 (Excerpts)«, in: Navrátil (Hg.), *The Prague Spring 1968*, S. 114–125, hier S. 117. Zu dem Moskauer Treffen im Mai siehe auch Prieß u. a., *Die SED und der »Prager Frühling«*, S. 120 ff.

52 Navrátil (Hg.), *The Prague Spring 1968*, S. 116.

53 Mlynář, *Nachtfrost*, S. 154.

54 Ebenda.

55 Ebenda, S. 155 f.

56 Navrátil (Hg.), *The Prague Spring 1968*, S. 125.

57 »Document No. 31: Minutes of the Secret Meeting of the ›Five‹ in Moscow, May 8, 1968 (Excerpts)«, in: ebenda, S. 132–143, hier S. 139; die Diskussion der »Fünf« Anfang Mai in Moskau fasst zusammen Prieß u. a., *Die SED und der »Prager Frühling«*, S. 122–132.

58 Die sowjetische Berichterstattung über die Ereignisse in der Tschechoslowakei 1968 war außerordentlich selektiv und verlogen. Der Versuch, den Informationsfluss zu kontrollieren, hatte zur Folge, dass selbst westeuropäische kommunistische Zeitungen aus den Moskauer Kiosken verschwanden. In dem Studienjahr 1967/68 – darunter die ganze erste Hälfte von 1968 – war ich Gastdozent an der Moskauer Staatsuniversität (nach den Vereinbarungen im Rahmen des Kulturabkommens zwischen Großbritannien und der UdSSR). Tagelang fehlten die Zeitung der KPI *L'Unità* (insbesondere), die Zeitung der KPF *L'Humanité* und sogar der *Morning Star* der britischen KP in den Auslagen der Universität. Die Sorge der sowjetischen Behörden wegen der Verbreitung und des potentiellen Einflusses der Ideen aus der Tschechoslowakei erreichte geradezu neurotische Ausmaße. Einmal wurde mir, als ich im Ersten Saal *(Perwy sal)* der Lenin-Bibliothek arbeitete, wo normalerweise westliche – und natürlich kommunistische – Zeitschriften auf Bestellung bereitgelegt wurden, die Einsicht in ein Exemplar der harmlosen britischen Vierteljahreszeitschrift *Slavonic and East European Review* verweigert. Es stellte sich heraus, dass die Bibliotheks-

Anmerkungen Seite 520–525

angestellte das für eine tschechische Zeitschrift gehalten hatte. Erst als ich sie schließlich überzeugen konnte, dass es sich um eine britische Zeitschrift handelte, gab sie nach.

59 Navrátil (Hg.), *The Prague Spring 1968*, S. 141.

60 »Document No. 32: Cable from the Czechoslovak Ambassador to Yugoslavia, May 9, 1968, on Leonid Brezhnev's Recent Discussions with Josip Broz Tito«, in: ebenda, S. 144.

61 »Document No. 51: Message from Alexander Dubček and Oldřich Černík to Leonid Brezhnev, July 14, 1968«, in: ebenda, S. 210.

62 »Document No. 52: Transcript of the Warsaw Meeting, July 14–15 1968 (Excerpts)«, in: ebenda, S. 212–233, hier S. 213. Es handelt sich um eine Übersetzung des polnischen Transkripts der Sitzungen. Das 91-seitige sowjetische Transkript ist in Moskau noch nicht freigegeben worden. Zu den Diskussionen in Warschau siehe auch Prieß u. a., *Die SED und der »Prager Frühling«*, S. 186–191.

63 Navrátil (Hg.), *The Prague Spring 1968*, S. 214.

64 Ebenda, S. 215–218.

65 Ebenda, S. 218.

66 R. G. Pichoja, »Tschechoslowakija, 1968 god. Wsgljad is Moskwy. Po dokumentam ZK KPSS«, in: *Nowaja i nowejschaja istorija*, Nr. 6 (1994), S. 3–20, hier S. 20.

67 Prieß u. a., *Die SED und der »Prager Frühling«*, S. 190.

68 R. G. Pichoja, »Tschechoslowakija, 1968 god. Wsgljad is Moskwy. Po dokumentam ZK KPSS«, in: *Nowaja i nowejschaja istorija*, Nr. 1 (1995), S. 34–48, hier S. 35 f.

69 Der wegen der Auswirkung der Entwicklung auf die Ukraine besorgte Schelest zählte zu den schärfsten Kritikern Dubčeks und der Prager Reformer. Siehe beispielsweise seine Rede vor der Plenarsitzung des Zentralkomitees der KPdSU am 17. Juli 1968. Sie ist in voller Länge abgedruckt in *Cold War International History Project Bulletin*, Nr. 14/15, Winter 2003/Frühjahr 2004, S. 318 ff.

70 »Document No. 65: Speeches by Leonid Brezhnev, Alexander Dubček, and Aleksei Kosygin at the Čierna nad Tisou Negotiations, July 29, 1968 (Excerpts)«, in: Navrátil (Hg.), *The Prague Spring 1968*, S. 284–297, hier S. 292 f.

71 Ebenda, S. 294 f.

72 Haefs, *Die Ereignisse in der Tschechoslowakei*, S. 130.

73 »Document No. 73: The Bratislava Declaration, August 3, 1968«, in: Navrátil (Hg.), *The Prague Spring 1968*, S. 326–329, hier S. 327; deutscher Wortlaut in Czismas (Hg.), *Tatsachen und Meinungen. Prag – 1968*, S. 203–211, insbes. S. 206.

74 »Document No. 72: The ›Letter of Invitation‹ from the Anti-Reformist Faction of the CPCz Leadership, August 1968«, in: Navrátil (Hg.), *The Prague Spring 1968*, S. 324 f. In Auszügen zitiert in Prieß u. a., *Die SED und der »Prager Frühling«*, S. 227 f.

75 Navrátil (Hg.), *The Prague Spring 1968*, S. 324.

884 Anmerkungen Seite 525–532

76 Wie wichtig dieser Aspekt der sowjetischen Führung war, wurde von Breschnew bestätigt, als er – gemeinsam mit Kossygin und Nikolai Podgorny, Politbüromitglied und Vorsitzender des Präsidiums des Obersten Sowjets – den tschechoslowakischen Präsidenten Ludvík Svoboda am 23. August 1968 im Kreml empfing. Siehe HIA, Fond 89, 1.1002, opis 38, file 57, S. 3.

77 »Document No. 98: Invasion Warning from Czechoslovak Ambassador to Hungary Jozef Púčik, August 20, 1968«, in: Navrátil (Hg.), *The Prague Spring 1968*, S. 410.

78 Williams, *The Prague Spring and its Aftermath*, S. 126 f.; dazu auch Haefs, *Die Ereignisse in der Tschechoslowakei*, S. 157.

79 »Document No. 92: Leonid Brezhnev's Speech at a Meeting of the ›Warsaw Five‹ in Moscow, August 18, 1968 (Excerpts)«, in: Navrátil (Hg.), *The Prague Spring 1968*, S. 395–399, hier S. 398.

80 *Prawda*, 22. August 1968.

81 Mlynář, *Nachtfrost*, S. 185.

82 Ebenda, S. 186 f. und 192; Williams, *The Prague Spring and its Aftermath*, S. 127; sowie »Document No. 100: Statement by the CPCz CC Presidium Condemning the Warsaw Pact Invastion, August 21, 1968«, in: Navrátil (Hg.), *The Prague Spring 1968*, S. 414. Zwei weitere Reformer in der Parteiführung, Präsidiumsmitglied Čestmír Císař und ZK-Sekretär Václav Slavík, wurden von Dubček ebenfalls gebeten, sich an der Ausarbeitung der Resolution zu beteiligen, doch das Dokument entsprach im Wesentlichen dem Entwurf von Mlynář, einem geschulten Juristen. Was die sowjetische Führung vor allem empörte, war der Verweis auf das Völkerrecht.

83 Zum Widerstand siehe die zeitgenössische Darstellung von Adam Roberts in Philip Windsor und Adam Roberts, *Czechoslovakia 1968: Reform, Repression and Resistance* (London 1969) für das Institute of Strategic Studies. Siehe auch Skilling, *Czechoslovakia's Interrupted Revolution*, S. 759–810; sowie Williams, *The Prague Spring and its Aftermath*, S. 127–137.

84 Jiři Pelikan (Hg.), *Panzer überrollen den Parteitag. Protokoll und Dokumente des 14. Parteitags der KPTsch am 22. August 1968*, übers. von Peter Aschner, Wien u. a. 1969.

85 HIA, Fond 89, 1.1002, opis 38, file 57, S. 1 und 40 f.

86 Der volle Wortlaut wurde auf Deutsch veröffentlicht in Czismas (Hg.), *Tatsachen und Meinungen: Prag 1968*, S. 273–276.

87 Podgorny und Schelest vertraten ebenfalls diese harte Linie. Siehe Pichoja, »Tschechoslowakija, 1968 god«, in: *Nowaja i nowejschaja istorija*, Nr. 1 (1995), S. 47.

88 Ebenda, S. 46 f.

89 HIA, Fond 89, 1.1002, opis 38, file 57, S. 7.

90 »O dejatelnost kontrrewoljuzionnogo podpolja w Tschechoslowakii«, HIA, Fond 89, 1.1009, opis 61, file, S. 5.

91 Ebenda, S. 8.

92 Williams, The Prague Spring and its Aftermath, S. 143.

Anmerkungen Seite 534–545

KAPITEL 20

1 Siehe beispielsweise Georgi Arbatow, *Das System. Ein Leben im Zentrum der Sowjetpolitik*, Frankfurt a. M. 1993, S. 143 f.

2 Breschnews Bemerkung gegenüber Bohumil Šimon ist mehrmals von Zdeněk Mlynář überliefert worden. Das Zitat ist in diesem Fall einem Interview entnommen, in: G. R. Urban (Hg.), *Communist Reformation: Nationalism, internationalism and change in the world Communist movement*, London 1979, S. 136.

3 Arbatow zitiert auch Breschnews Bemerkung gegenüber dem sowjetischen Botschafter in der Tschechoslowakei Stepan Tscherwonenko im Juli 1968, dass die Suche nach einer politischen Lösung fortgesetzt werden müsse, dass er aber als Generalsekretär zurücktreten müsse, falls er »die Tschechoslowakei verliere«. Siehe Arbatov, *The System*, S. 141.

4 Brandt schildert den politischen Prozess in seinen Memoiren. Siehe Willy Brandt, *Erinnerungen*, Frankfurt a. M. 1989, S. 185–240.

5 Arbatow, *Das System*, S. 145 f.

6 Ebenda, S. 150.

7 Ebenda, S. 150 ff. Auch wenn Breschnew sich nicht öffentlich für eine Rehabilitierung Stalins aussprach, tendierte er doch eindeutig in diese Richtung. Willy Brandt bemerkt, dass Breschnew im ersten längeren Gespräch, das er mit dem sowjetischen Parteichef 1970 führte, klarstellte, dass »er nicht mit Chruschtschows antistalinistischen Thesen zu identifizieren sei«. Im Gegenteil: »Stalin habe doch viel geleistet, unter seiner Führung habe das Land schließlich den Krieg gewonnen; er werde wieder zu Ehren kommen.« (Brandt, *Erinnerungen*, S. 197.)

8 Archie Brown und Michael Kaser (Hg.), *The Soviet Union since the Fall of Khrushchev*, London, 2. Aufl. 1978, S. 226 ff.

9 Ebenda, S. 226.

10 Michail Gorbatschow, *Schisn i reformy*, Moskau 1995, Bd. 1, S. 229 f. (dt.: *Erinnerungen*, Berlin 1995, S. 224).

11 Henry Kissinger, *White House Years*, Boston 1979, S. 527 (dt.: *Memoiren*, Bd. 1: *1968–1973*, München 1979).

12 Philip Hanson, *The Rise and Fall of the Soviet Economy: An Economic History of the USSR from 1945*, London 2003, S. 100 ff.

13 Siehe Alexander Solschenizyn, *Die Eiche und das Kalb. Skizzen aus dem literarischen Leben*, übers. von Swetlana Geier, Darmstadt 1975.

14 Andrei Sakharov, *Memoirs*, New York 1990, S. 23; dt.: Andrej Sacharow, *Mein Leben*, München 1991.

15 Sacharows eigene Schilderung, in welchen Punkten er sich von Solschenizyn unterschied, findet sich in Sacharow, *Mein Leben*, S. 322 ff.; siehe auch Richard Lourie, *Sacharow. Eine Biographie*, München 2003, S. 304–307.

16 Roy Medvedev, *Let History Judge: The Origins and Consequences of Stalinism*, New York 1971; sowie London, 1972; dt.: Roy Medwedew, *Die Wahrheit ist unsere Stärke. Geschichte und Folgen des Stalinismus*,

Frankfurt a. M. 1973. Eine überarbeitete und erweiterte Fassung des ursprünglichen Manuskripts wurde 1989 von Columbia University Press, New York, und Oxford University Press, Oxford, veröffentlicht, dt.: Roy Medwedew, *Das Urteil der Geschichte. Stalin und Stalinismus*, 3 Bde., Berlin 1992.

17 In der Einleitung zur erweiterten englischsprachigen Ausgabe seines Buches (*Let History Judge*, 1989, S. 19) konnte Medwedew zum ersten Mal vier Personen im Apparat des Zentralkomitees namentlich nennen, die ihn in den 1960er Jahren massiv unterstützt hatten: Georgi Schachnasarow, Juri Krassin, Lew Deljussin und Fjodor Burlazki. In den letzten Jahren der Perestroika erschien Medwedews Buch endlich auch in der Sowjetunion unter dem Titel *Pered sudom istorii* (Vor dem Urteil der Geschichte).

18 Medwedews Brief an Suslow wird aufbewahrt unter HIA, Fond 89, 1.1994, opis 17, file 49, S. 14. Dieselbe Akte (S. 5) enthält auch einen Brief des KGB-Vorsitzenden Andropow über Roy Medwedew und dessen Manuskript über Stalinismus und das negative Urteil über Medwedews Werk in einer gemeinsamen Erklärung vom 11. Februar 1969, die unterschrieben ist von W. Stepakow, Leiter der Propagandaabteilung des Zentralkomitees, S. Trapesnikow, Leiter der Abteilung für Wissenschaft und Bildung, und W. Schauro, Leiter der Kulturabteilung (ebenda, S. 1 ff.). Der Parteiausschluss Medwedews hinderte ihn und seinen Zwillingsbruder Schores nicht daran, unablässig weitere Werke für den *samisdat* zu produzieren (die fast ausnahmslos im Ausland veröffentlicht wurden). Der gelernte Biochemiker Schores Medwedew wurde 1970 aus rein politischen Gründen in eine psychiatrische Klinik eingewiesen. Während eines Studienaufenthalts in London wurde ihm im Jahr 1973 die sowjetische Staatsbürgerschaft entzogen. Von da an lebte und arbeitete er in London. Auch wenn die Schriften der Medwedew-Brüder im Ausland zu den bekanntesten inoffiziellen sowjetischen Werken zählen, waren sie nicht typisch für die Dissidentenbewegung. Als englischsprachige Standardwerke zur sowjetischen Dissidentenbewegung gelten Peter Reddaway, *Uncensored Russia: The Human Rights Movement in the Soviet Union*, London 1972; Sidney Bloch und Peter Reddaway, *Russia's Political Hospitals: The Abuse of Psychiatry in the Soviet Union*, London 1977; und Peter Reddaway, »Policy Towards Dissent since Khrushchev«, in: T. H. Rigby, Archie Brown und Peter Reddaway (Hg.), *Authority, Power and Policy in the USSR*, London 1980.

19 Peter Reddaway, »Dissent in the Soviet Union«, in: *Problems of Communism*, Bd. XXXII, Nr. 6 (Nov./Dez. 1983), S. 1–15, hier S. 14.

20 V. Stanley Vardys, »Lithuanians«, in: Graham Smith (Hg.), *The Nationality Question in the Soviet Union*, London 1990, S. 72–91, hier S. 78 f.

21 Laurie J. Salitan, *Politics and Nationality in Contemporary Soviet-Jewish Emigration, 1968–1989*, London 1992, S. 96 f.

22 John B. Dunlop, *The Faces of Contemporary Russian Nationalism*, Princeton 1983, S. 87–92; eine sehr ausführliche Darstellung der russischen Umweltschutzbewegung und ihrer Auseinandersetzungen bietet

Douglas R. Weiner, *A Little Corner of Freedom: Russian Nature Protection from Stalin to Gorbachev*, Berkeley 1999.

23 Der Autor wählt diesen Namen auf der Basis der halbjüdischen Abstammung Andropows und weist darauf hin, dass Andropows Mutter eine geborene Jewgenija Karlowna Fainschtein war. Siehe Aleksandr Bajguschew, *Russkaja partija wnutri KPSS*, Moskau 2005, insbes. S. 200.

24 Dunlop, *The Faces of Contemporary Russian Nationalism*, S. 57.

25 Alexei Yurchak, *Everything Was Forever Until It Was No More: The Last Soviet Generation*, Princeton 2006, S. 158–237, insbes. S. 196.

26 Siehe Gerald Stanton Smith, *Songs to Seven Strings: Russian Guitar Poetry and Soviet ›Mass Song‹*, Bloomington 1984.

27 Schachnasarow teilte mir in einem Interview mit (im Kreml, kurz bevor er mit Gorbatschow im Dezember 1991 von Jelzin daraus vertrieben wurde), dass er sich seit Anfang der 1960er Jahre bereits als Sozialdemokrat gefühlt habe. Siehe Archie Brown, *Seven Years that Changed the World: Perestroika in Perspective*, Oxford 2007, S. 173.

28 A. S. Tschernajew, *Moja schisn i mojo wremja*, Moskau 1995, S. 237–280.

29 Kurz vor Ende der Breschnew-Ära, allerdings nicht auf Initiative des alternden Parteichefs hin, griffen Hardliner in der Parteiführung, deren Anschauungen stark vom russischen Nationalismus geprägt waren, das IMEMO scharf an. Dem Institut wurde vorgeworfen, es befinde sich in einem Zustand des »ideologischen Zusammenbruchs«, der nicht zuletzt auf den Einfluss »zionistischer Elemente« zurückzuführen sei. Siehe dazu Robert D. English, *Russia and the Idea of the West: Gorbachev, Intellectuals, and the End of the Cold War*, New York 2000, S. 169–172. Ausführlicher wird die Episode in der wichtigen Institutsgeschichte des IMEMO geschildert: Pjotr Tscherkassow, *IMEMO: portret na fone epochi*, Moskau 2004, insbes. S. 451–530.

30 Ausführlich erörtert wird die Bedeutung des kritischen Denkens innerhalb dieser und anderer sowjetischer Institute in den Jahren vor der Perestroika in: English, *Russia and the Idea of the West*; Neil Malcolm, *Soviet Political Scientists and American Politics*, London 1984; Ronald J. Hill, *Soviet Politics, Political Science, and Reform*, Oxford 1980; Jeffrey T. Checkel, *Ideas and International Change: Soviet/Russian Behavior and the End of the Cold War*, New Haven 1997; Julie M. Newton, *Russia, France, and the Idea of Europe*, London 2003; und Archie Brown, *Seven Years that Changed the World: Perestroika in Perspective*, Oxford 2007, insbesondere Kap. 6: »Institutional Amphibiousness or Civil Society: The Origins and Development of Perestroika«, S. 157–189.

31 Brown, *Seven Years that Changed the World*, S. 174 f.

32 X. L. Ding, »Institutional Amphibiousness and the Transition from Communism: The Case of China«, *British Journal of Political Science*, Bd. 24, Nr. 3 (Juli 1994), S. 293–318.

33 Ludmilla Alexeyeva und Paul Goldberg, *The Thaw Generation: Coming of Age in the Post-Stalin Era*, Boston 1990. Zum INION und Deljussin, siehe S. 236.

34 Hanson, *The Rise and Fall of the Soviet Economy*, S. 162.

35 Eine Unmenge an Tinte und Papier ist bereits verschwendet worden auf die Diskussion zwischen den einen, die behaupten, alle kommunistischen Systeme seien zu allen Zeiten totalitär gewesen, und jenen, die argumentieren, dass in manchen kommunistischen Staaten und zu bestimmten Zeiten der Begriff »Totalitarismus« eher irreführend als hilfreich ist. Unter den Vertretern der zweiten Anschauung besteht darüber hinaus Uneinigkeit in der Frage, wann und wo genau der Begriff »totalitär« eine Übertreibung ist. In manchen Fällen beruhen die Diskussionen auf falscher Beobachtung, aber sehr häufig ganz einfach auf unterschiedlichen Definitionen. Wenn ein »rein« totalitäres System noch nie irgendwo existiert hat – anders als in George Orwells *1984* –, dann ist es geradezu absurd, gegen das Konzept des Totalitarismus als solches zu protestieren oder gegen seine Anwendung auf die Hochphase des Stalinismus, mit der Begründung, dass selbst ein Stalin (der unter anderem die Macht hatte, seine »Genossen« in der Führung zum Tode zu verurteilen) nicht *alles* persönlich unter Kontrolle hatte. Einige kommunistische Regime sind dem totalitären Idealtypus so nahe gekommen, dass es angemessen ist, sie totalitär zu nennen. Die Sowjetunion unter Breschnew gehört in meinen Augen allerdings nicht in diese Kategorie. Das System war zwar extrem autoritär, aber es als totalitär zu bezeichnen verstellt eher den Blick auf wichtige Entwicklungen innerhalb der Gesellschaft, statt sie zu beleuchten. Eine Diskussion der Konzepte und ihrer Anwendung findet sich in Archie Brown, »The Study of Totalitarianism and Authoritarianism«, in: Jack Hayward, Brian Barry und Archie Brown (Hg.), *The British Study of Politics in the Twentieth Century*, Oxford 1999, S. 345–394, insbes. S. 354–360.

36 Die Verschärfung der Wirtschaftskrise im Laufe der 1980er Jahre wird sehr anschaulich geschildert und sorgfältig mit wichtigen Dokumenten belegt von Jegor [engl.: Yegor] Gaidar in *Collapse of an Empire: Lessons for Modern Russia*, Washington, DC, 2007, auch wenn seine Darstellung des politischen Wandels in der Sowjetunion viel zu stark zu einem ökonomischen Determinismus tendiert.

37 Zu den Ergebnissen einer professionellen Umfrage siehe Boris Dubin, »Lizo epochi: Breschnewski period w stolknowenii raslitschnych ozenok«, in: *Monitoring obschtschestwennogo mnenija* (WZIOM, Moskau), Nr. 3 (65), 2003, S. 26–40. Siehe auch Archie Brown, »Cultural Change and Continuity in the Transition from Communism: The Russian Case«, in: Lawrence E. Harrison und Peter L. Berger (Hg.), *Developing Cultures: Case Studies*, New York 2006, S. 387–405.

38 Die Lebenserwartung für russische Männer sank in den ersten postsowjetischen Jahren noch weiter auf 57,6 im Jahr 1994 und kletterte bis 1999 auf knapp unter 60 – zu einer Zeit, als die Lebenserwartung für Frauen in Russland bei 72 Jahren lag.

TEIL VIER
Der Druck wächst

KAPITEL 21

1 Peter Raina, *Political Opposition in Poland 1954–1977*, London 1978, S. 146.
2 Ebenda, S. 148 f.; Leszek Kołakowski, »The Intelligentsia«, in: Abraham Brumberg (Hg.), *Poland: Genesis of a Revolution*, New York 1983, S. 54–67, hier S. 61 f.; und Tadeusz Szafar, »Anti-Semitism: A Trusty Weapon«, in: ebenda, S. 109–122, hier S. 112 f.
3 Andrzej Paczkowski und Malcolm Byrne (Hg.), *From Polish Solidarity to Martial Law. The Polish Crisis of 1980–81. A Documentary History*, Budapest 2007, S. xxix. Paczkowski spricht in seinem Kapitel »Polen, der ›Erbfeind‹«, in: Stéphane Courtois u. a. (Hg.), *Das Schwarzbuch des Kommunismus*, München 1998, S. 397–429, hier S. 424, von etwa 40 Todesopfern (nach offiziellen Angaben) in ganz Polen bei den Streiks und Protesten im Dezember 1970.
4 Timothy Garton Ash, *The Polish Revolution: Solidarity 1980–81*, London 1983, S. 11 ff.; und Jack Bielasiak, »The Party: Permanent Crisis«, in: Brumberg (Hg.), *Poland: Genesis of a Revolution*, S. 10–25, hier S. 15.
5 Garton Ash, *The Polish Revolution*, S. 13.
6 Alex Pravda, »Poland 1980: From ›Premature Consumerism‹ to Labour Solidarity«, in: *Soviet Studies*, Bd. XXXIV, Nr. 2 (April 1982), S. 167–199, hier S. 170.
7 Die Wendung »vorzeitiges Konsumverhalten«, im Original »premature consumerism«, wurde von Pravda in dem oben zitierten Artikel geprägt.
8 Garton Ash, *The Polish Revolution*, S. 16.
9 Ebenda.
10 Ebenda, S. 16 f.; Jan B. de Weydenthal, »Workers and Party in Poland«, in: *Problems of Communism*, Bd. XXIX, Nr. 6, (November/Dezember 1980), S. 1–22, hier S. 3 f.; und Kołakowski, »The Intelligentsia«, S. 63.
11 Kołakowski, »The Intelligentsia«, S. 63 ff.
12 Zu KOR insbesondere und allgemeiner zur Entstehung der Zivilgesellschaft in Polen siehe Michael H. Bernhard, *The Origins of Democratization in Poland*, New York 1993. Bernhard definiert (auf S. 3) Zivilgesellschaft als »einen öffentlichen Raum, der zwischen dem amtlichen öffentlichen und dem privaten Leben angesiedelt ist und der von einer Palette unterschiedlicher autonomer Organisationen eingenommen wird«.
13 Jan Jozef Lipski, »The Founding of KOR«, in: *Survey*, Bd. 26, Nr. 3 (Sommer 1982), S. 61–79.
14 Garton Ash, *The Polish Revolution*, S. 19.
15 Maria Hirszowicz, *Coercion and Control in Communist Society: The Visible Hand of Bureaucracy*, Brighton 1986, S. 181 ff.
16 Garton Ash, *The Polish Revolution*, S. 20.
17 Carl Bernstein und Marco Politi, *His Holiness: John Paul II and the Hidden History of Our Time*, New York 1996, S. 175.

18 Garton Ash, *The Polish Revolution*, S. 29.
19 Bernstein/Politi, *His Holiness*, S. 8 f.
20 Kołakowski, »The Intelligentsia«, S. 64 ff.; und Garton Ash, *The Polish Revolution*, S. 32.
21 Garton Ash, *The Polish Revolution*, S. 23.
22 Aleksander Smolar, »The Rich and the Powerful«, in: Brumberg (Hg.), *Poland: Genesis of a Revolution*, S. 42–53.
23 Garton Ash, *The Polish Revolution*, S. 40 f.
24 Ebenda, S. 42 ff.
25 Zu weiteren personellen Veränderungen siehe de Weydenthal, »Workers and Party in Poland«, S. 13 ff.
26 »Document No. 3: Cardinal Wyszyński's Sermon at Jasna Góra Following the Outbreak of Strikes, with Reactions«, in: Paczkowski/Byrne (Hg.), *From Solidarity to Martial Law*, S. 51–56.
27 Paczkowski/Byrne (Hg.), *From Solidarity to Martial Law*, S. 10 f.
28 Ebenda, S. 11 f. Schätzungen zufolge traten von den fast drei Millionen Parteimitgliedern etwa eine Million in die Solidarność ein.
29 »Document No. 2: Extract from Protocol No. 210 of CPSU CC Politburo Meeting, August 25, 1980«, ebenda, S. 50.
30 Diese Pläne für den Ernstfall wurden in einem streng geheimen Dokument skizziert, in dem der Name des Landes, über das die Politbüromitglieder sprachen, sowie die Zahl der beteiligten Truppen und Panzer handschriftlich mit Tinte in Lücken eingetragen worden waren, die man in dem getippten Dokument eigens dafür gelassen hatte. Wie es bei einer ganzen Reihe außerordentlich sensibler Themen der Fall war, sollten nicht einmal einem Schreiber des Zentralkomitees Informationen über die anstehenden Ereignisse anvertraut werden. Das Dokument, das schlicht mit »ZK KPSS« überschrieben ist, wurde von Suslow, Gromyko, Andropow, Ustinow und Tschernenko unterzeichnet. Eine Fotokopie befindet sich in der »Volkogonov Collection«, R 9659, im National Security Archive, Washington, DC.
31 Paczkowski/Byrne (Hg.), *From Solidarity to Martial Law*, S. xxxiii.
32 Ungarische Soziologen schilderten mir bei einem Studienaufenthalt in Budapest im Juni 1981 die Ereignisse: Kádár gab die Kritik, die in Ungarn zu hören war, im Dezember 1980 den sowjetischen und osteuropäischen Parteichefs mit folgenden Worten wieder: »Als wir zum ersten Mal von den Streiks an der Küste hörten, gab es gewisse Reaktionen [in Ungarn]. Ich spreche jetzt nicht von Parteimitgliedern und der Parteiführung, sondern von dem Mann auf der Straße, also *de facto* von den ideologisch und politisch ungebildeten Massen. Die erste Reaktion war folgende: Was meinen die polnischen Genossen denn, was sie da tun? Weniger arbeiten und mehr verdienen? Dann hieß es: … sie wollen streiken, und wir sollen die Arbeit machen?« Siehe dazu »Document No. 22: Minutes of Warsaw Pact Leadership Meeting in Moscow, December 5 1980«, in: Paczkowski/Byrne (Hg.), *From Solidarity to Martial Law*, S. 147. Kádár erklärte ferner: »Was uns betrifft, haben die Ereignisse in Polen wenig Bedeutung hinsichtlich

Anmerkungen Seite 578–585   891

der Innenpolitik.« (Ebenda.) Es gab zwar gewiss keinerlei Anzeichen, dass ungarische Arbeiter es ihren polnischen Kollegen nachtun wollten, aber für einige reformorientierte Parteimitglieder in Ungarn war die Krise der polnischen Partei ein Anreiz, über politische wie auch wirtschaftliche Reformen nachzudenken.

33 Ebenda, S. xxxiii.
34 »Document No. 18: Letter from Erich Honecker to Leonid Brezhnev, November 26, 1980«, ebenda, S. 134 f.
35 »Document No. 22: Minutes of Warsaw Pact Leadership Meeting in Moscow, December 5, 1980«, ebenda, S. 151.
36 Ebenda, S. 154 ff.
37 Ebenda, S. 160 f.
38 Paczkowski/Byrne (Hg.), From Solidarity to Martial Law, S. 19.
39 Auf einer Sitzung des sowjetischen Politbüros am 12. März 1981 bezeichnete Breschnew Jaruzelski als »einen guten, klugen Genossen, der große Autorität hat«. Siehe »Sassedanije Politbjuro ZK KPSS 12 marta 1981 goda« [Sitzung des Politbüro des ZK der KPSS vom 12. März 1981], S. 6 (READD Collection, National Security Archive).
40 Zur Ambivalenz der Persönlichkeit Jaruzelskis siehe Garton Ash, The Polish Revolution, S. 143 ff.
41 »Document No. 39: Transcript of CPSU CC Politburo Meeting, April 2, 1981«, in: Paczkowski/Byrne (Hg.), From Solidarity to Martial Law, S. 239–244, hier S. 239.
42 Zur Selbstbeschränkung der Solidarność in den Jahren 1980/81 siehe die Studie der polnischen Soziologin (eine Beraterin seit Beginn der Gewerkschaft) Jadwiga Staniszkis, Poland's Self-Limiting Revolution, hg. von Jan T. Gross, Princeton 1984; sowie Alaine Touraine u. a., Solidarity. The Analysis of a Social Movement: Poland 1980–1981, Cambridge 1983, insbes. S. 64–79.
43 Garton Ash, The Polish Revolution, S. 207.
44 Ebenda, S. 212.
45 »Document No. 61: Transcript of CPSU CC Politburo Meeting, September 10, 1981«, in: Paczkowski/Byrne (Hg.), From Solidarity to Martial Law, S. 348.
46 »Document No. 72: Transcript of CPSU CC Politburo Meeting on Rusakov's Trip to Eastern Europe«, ebenda, S. 395–399, hier S. 396 f.
47 »Document No. 81: Transcript of CPSU CC Politburo Meeting, 10 December 1981«, ebenda, S. 446–453, hier S. 449–453.
48 Paczkowski/Byrne (Hg.), From Solidarity to Martial Law, S. 35.
49 John O'Sullivan, The Pope, the President, and the Prime Minister: Three Who Changed the World, Washington, DC 2006, S. 187; und Gale Stokes, The Walls Came Tumbling Down: The Collapse of Communism in Eastern Europe, New York 1983, S. 117.
50 Stokes, The Walls Came Tumbling Down, S. 112–121.
51 Ebenda, S. 122.

KAPITEL 22

1 Siehe Kapitel 17, Anm. 8.
2 Zitiert in Roderick MacFarquhar und Michael Schoenhals, *Mao's Last Revolution*, Cambridge, Mass., 2006, S. 457.
3 John Gittings, *The Changing Face of China: From Mao to Market*, Oxford 2006, S. 170 f.
4 Craig Dietrich, *People's China: A Brief History*, Oxford, 3. Aufl. 1998, S. 238 f.
5 Gittings, *The Changing Face of China*, S. 167.
6 Ebenda.
7 Ebenda, S. 168.
8 Rana Mitter, *A Bitter Revolution: China's Struggle with the Modern World*, Oxford 2004, S. 222.
9 Ebenda, S. 223.
10 Interview des Autors mit Professor Su Shaozhi, Oxford, Juni 1988. Auf einem Parteisymposium im selben Jahr sprach sich Su (der das Institut für Marxismus-Leninismus und Ideen Mao Tse-tungs geleitet hatte, aber 1987 entlassen worden war, weil er mehr Demokratie gefordert hatte) mutig gegen »ideologische Vorurteile, Bürokratismus, Sektierertum, Schdanowismus [...] und kulturelle Autokratie« aus und beklagte, dass trotz großer Versprechungen immer noch »viele verbotene Zonen in unseren akademischen und theoretischen Studien blieben« (Gittings, *The Changing Face of China*, S. 227). Im Januar 1989 geriet er in weitere Schwierigkeiten, als er auf einem Symposium offen seine Meinung sagte, auf dem Parteichef Zhao Ziyang eine Ansprache hielt. Laut Su hatte es allein in den Naturwissenschaften seit 1949 sage und schreibe 34 Massenkampagnen gegen wehrlose Opfer gegeben. Er kritisierte nicht nur die Kulturrevolution als ein Extrembeispiel, sondern auch die »Anti-Rechts-Bewegung von 1987«, die auf die Entlassung Hu Yao-bangs als Parteichef gefolgt war. Damit kritisierte er nicht nur Maßnahmen, die von Mao angeordnet worden waren, sondern auch von Deng Xiaoping. Su fügte zu allem Überfluss hinzu: »Es ist falsch, Gelehrte dazu zu zwingen, den Marxismus zu akzeptieren.« Seine Rede wich so sehr von der Parteilinie ab, dass die Schanghaier Tageszeitung, die sie veröffentlichte, massive Repressalien zu spüren bekam. Siehe Jonathan Mirsky, »Chinese glasnost savaged by guru«, *The Observer*, 29. Januar 1989, S. 23.
11 Interview des Autors mit Su Shaozhi, Juni 1988.
12 Gittings, *The Changing Face of China*, S. 154–159.
13 Siehe David Shambaugh, *China's Communist Party: Atrophy and Adaptation*, Berkeley 2008.
14 Dietrich, *People's China*, S. 242 f.
15 Ebenda.
16 Vivienne Shue, *The Reach of the State: Sketches of the Chinese Body Politic*, Stanford 1988, S. 148. Siehe auch Will Hutton, *The Writing on the Wall: China and the West in the 21st Century*, London 2007, S. 103.

Anmerkungen Seite 604–608

ses Become Shareholding Companies«, *Problems of Post-Communism*, Bd. 46, Nr. 3 (Mai/Juni 1999), S. 32–41; Ding, »Informal Privatization Through Internationalization: The Rise of *Nomenklatura* Capitalism in China's Offshore Businesses«, *British Journal of Political Science*, Bd. 30, Nr. 1, S. 121–146; Jonathan Story, *China: The Race to Market*, London 2003, S. 230 ff.; und BBC News, 16. März 2007, »China passes new law on property«, unter: http://news.bbc.co.uk/1/hi/world/asia-pacific/6456959. stm.

56 Tsai, *Capitalism without Democracy*, S. 81 f.

57 Ding, »Informal Privatization Through Internationalization«, S. 138.

58 Ebenda, S. 139 und 142.

59 Jamie Morgan, »China's Growing Pains: Towards the (Global) Political Economy of Domestic Social Instability«, *International Politics*, Bd. 45, Nr. 4 (2008), S. 413–438, hier S. 414.

60 Albert Kiedel, »China's Economic Rise – Fact and Fiction« (Policy Brief 61, Carnegie Endowment for International Peace), Washington, DC, Juli 2008, S. 5.

61 Ebenda, S. 9. Entgegen der optimistischen Prognose Kiedels sollte man darauf hinweisen, dass sich das Wachstum bei einer alternden Bevölkerung (infolge der Ein-Kind-Politik) und einer geringeren Zahl berufstätiger junger Menschen beträchtlich verlangsamen könnte.

62 Ebenda, S. 11 f.

63 Jianyong Yue, »Peaceful Rise of China: Myth or Reality?«, in: *International Politics*, Bd. 45, Nr. 4 (2008), S. 439–456, hier S. 443.

64 Ältere industrialisierte Volkswirtschaften haben eine durchaus vergleichbare Erfahrung durchgemacht. In Großbritannien verfolgten viele zähneknirschend den Niedergang der einheimischen Autoindustrie. Im 21. Jahrhundert spielt es aber anscheinend weder für die britischen Arbeiter in der Autoindustrie noch für die Bevölkerung insgesamt eine große Rolle, dass die Fabriken – in denen sowohl die Arbeitsbedingungen als auch die Produktivität erheblich verbessert wurden – im Besitz von Konzernen sind, deren Hauptquartiere in Japan, den Vereinigten Staaten, Deutschland und Frankreich liegen.

65 Shirk, *China: Fragile Superpower*, S. 46.

66 Shambaugh, *China's Communist Party*, S. 156 f.

67 Shirk, *China: Fragile Superpower*, S. 68.

68 *Financial Times*, 2. Juli 2008, S. 1.

69 Shambaugh, *China's Communist Party*, S. 123. Siehe auch Arthur Kroeber, »China needs proof of democracy's advantage«, *Financial Times*, 4. August 2008, S. 13.

70 Zitiert in Shambaugh, *China's Communist Party*, S. 134.

71 Darauf weist ein führender Experte zur Geschichte der Kommunistischen Partei Chinas hin, David Shambaugh. Das Gegenstück zur Zentralen Parteischule in Peking hat in anderen kommunistischen Staaten wichtige Reformer hervorgebracht. Siehe dazu ebenda, S. 137, 139 und 144; sowie Kapitel 19 des vorliegenden Buches.

Anmerkungen Seite 616–621 897

3 Die Schlussakte wurde in allen 35 Ländern veröffentlicht, die sie unterschrieben hatten. Der Autor hat das britische Dokument herangezogen: *Conference on Security and Co-operation in Europe Final Act,* (Cmnd. 6198, HMSO, London, 1975). Der Übersetzung liegt die deutsche Fassung zugrunde, online erhältlich unter: http://www.dhm.de/lemo/html/dokumente/NeueHerausforderungen_vertragKSZESchlussakte/index.html.

4 G. Bennett u. a. (Hg.), *Documents on British Policy Overseas: Series III,* Bd. 2: *The Conference on Security and Cooperation in Europe, 1972–1975,* London 1997, S. 56 f. und 323 ff.

5 *Konferenz über Sicherheit und Zusammenarbeit in Europa, Schlussakte,* aus Teil I: Erklärung über die Prinzipien, I., S. 5, unter: http://www.dhm.de/lemo/html/dokumente/NeueHerausforderungen_vertragKSZESchlussakte/index.html. Siehe auch Richard Davy (Hg.), *European Détente: A Reappraisal,* London 1992, S. 16.

6 Ebenda, Teil I, Prinzipien II, S. 5.

7 Das ist der erste Satz des ausführlichen VII. Grundsatzes in Korb I. Viele Autoren, die allem Anschein nach die Schlussakte gar nicht gelesen haben, ordnen die Menschenrechte ausschließlich dem dritten Korb zu. Das ist nur einer von vielen verbreiteten Irrtümern im Zusammenhang mit dem Helsinki-Abkommen, der Richard Davy in einem in Kürze erscheinenden Artikel unterlief: »Helsinki myths: setting the record straight on the Final Act of the CSCE, 1975«, in Kürze in der Zeitschrift *Cold War History.*

8 Siehe Davy, »Helsinki myths«; sowie ders. (Hg.), *European Détente,* S. 16–19.

9 Zitiert in Svetlana Savranskaya, »Unintended Consequences: Soviet Interests, Expectations and Reactions to the Helsinki Final Act«, in: Oliver Bange und Gottfried Niedhart (Hg.), *Helsinki 1975 and the Transformation of Europe,* Oxford 2008, S. 175–190, hier S. 181.

10 Ebenda. Eine russischsprachige Studie durch einen der Teilnehmer an dem Helsinki-Prozess, die sich insbesondere auf das Nachspiel nach 1975 der Schlussakte konzentriert, bietet J. W. Kaschlew, *Chelsinki prozess 1975–2005: swet i teni glasami utschastnika,* Moskau 2005.

11 Im privaten Gespräch sah die Sache anders aus. Bei einem Besuch des Instituts für Staat und Recht der Akademie der Wissenschaften in Moskau 1976 teilte man mir mit, der ehemalige Direktor Viktor Tschchikwadse, ein Stalinist nach der Einstellung ebenso wie nach der Herkunft, der im Allgemeinen nicht dazu neigte, die höhere sowjetische Autorität zu kritisieren, habe damals gemurrt: »Unsere Führer haben einen großen Fehler begangen, als sie das Helsinki-Abkommen unterschrieben.«

12 Zitiert in Davy (Hg.), *European Détente,* S. 251.

13 »Sir T. Garvey (Moscow) to Mr. Callaghan« [ENZ 3/303/1], Dokument Nr. 141, in: Bennett u. a. (Hg.), *Documents on British Policy Overseas,* Series III, Band II, S. 474–479, hier S. 478 f.

14 Ludmilla Alexeyeva und Paul Goldberg, *The Thaw Generation: Coming of Age in the Post-Stalin Era,* Boston 1990, S. 280 f.

15 Zwölf Jahre nach der Unterzeichnung des Helsinki-Abkommens notierte

sich beispielsweise der Privatsekretär der britischen Premierministerin Charles Powell zur Vorbereitung auf einen Besuch der Sowjetunion, dass »die Helsinki-Abkommen uns eine legitime Basis geben, zu einigen Aspekten der aktuellen Ereignisse einen Kommentar abzugeben«, und dass die »Premierministerin den Wunsch habe, die *Menschenrechte* anzusprechen« (C. D. Powell, »Seminar on the Soviet Union«, 1 March 1987, Cabinet Office Papers, A 2162, pp. 9 and 10. Hervorhebung im Original. Dokument nach dem britischen Freedom of Information Act erhalten.)

16 Zu diesem Punkt siehe Rudolf L. Tőkés (Hg.), *Eurocommunism and Détente*, New York 1978. Unter anderem erörtert Tőkés die verschiedenen Meinungen, die zum Helsinki-Abkommen geäußert wurden, und argumentiert: »Unter dem Strich war das Helsinki-Abkommen für die Anhänger der liberalen Demokratie und die Völker Osteuropas ein größerer Segen als für die UdSSR und die osteuropäischen Satelliten Moskaus« (S. 453).

17 Arrigo Levi, »Eurocommunism: Myth or Reality?«, in: Paulo Filo della Torre, Edward Mortimer und Jonathan Story (Hg.), *Eurocommunism: Myth of Reality?*, Harmondsworth 1979, S. 9–23, hier S. 9 und 13.

18 »Appendix One: Joint Declaration of the Italian and Spanish Communist Parties, 12 July 1975«, in: della Torre/Mortimer/Story (Hg.), *Eurocommunism*, S. 330–333.

19 Santiago Carrillo, *Eurokommunismus und Staat*, Hamburg 1977, S. 124–128.

20 Ebenda, S. 141.

21 Eusebio M. Mujal-León, »The Domestic and International Evolution of the Spanish Communist Party«, in: Tőkés (Hg.), *Eurocommunism and Détente*, S. 204–270, hier S. 255 f.

22 Robert Legvold, »The Soviet Union and West European Communism«, in: Tőkés, a.a.O., S. 314–384, hier S. 377.

23 Paradoxerweise war die japanische kommunistische Partei eine der überzeugtesten »eurokommunistischen« Parteien. Sie übernahm viele kritische Positionen ihrer westeuropäischen Genossen und verurteilte die Invasionen in der Tschechoslowakei und in Afghanistan. Siehe Peter Berton, »Japanese Eurocommunists: Running in Place«, *Problems of Communism*, Bd. XXXV, Nr. 4 (Juli/August 1986), S. 1–30.

24 »Appendix Two: Joint Declaration of the French and Italian Communist Parties, 15 November 1975«, in: della Torre/Mortimer/Story (Hg.), *Eurocommunism*, S. 334–338.

25 »Entgegen den Interessen des Friedens und des Sozialismus in Europa (Zu dem Buch des Generalsekretärs der KP Spaniens Santiago Carrillo ›Eurokommunismus und Staat‹«, *Neue Zeit*, Nr. 26 (Juni 1977), S. 9–13, hier S. 10 (Hervorhebung im Original).

26 Archie Brown und George Schöpflin, »The Challenge to Soviet Leadership: Effects in Eastern Europe«, in: della Torre/Mortimer/Story (Hg.), *Eurocommunism*, S. 249–276, hier S. 263.

27 Ebenda, S. 266 ff.

Anmerkungen Seite 626–630   899

28 Neben den bereits zitierten Monographien zum Eurokommunismus siehe auch Richard Kindersley (Hg.), *In Search of Eurocommunism*, London 1981; Howard Machin (Hg.), *National Communism in Western Europe: A Third Way for Socialism?*, London 1983; Roy Godson und Stephen Haseler, *»Eurocommunism«: Implications for East and West*, London 1978; sowie Vadim Zagladin u. a., *Europe and the Communists*, Moskau 1977.

29 Die Episode wurde dem sowjetischen Wissenschaftler Roald Sagdejew von dem Direktor des Instituts für Kernphysik in Akademgorodok (einer Stadt, die in Sibirien eigens zur Förderung der wissenschaftlichen Forschung gegründet wurde) Andrej Budker erzählt, der selbst Jude war. Siehe Roald Sagdeev [= Sagdejew], *The Making of a Soviet Scientist: My Adventures in Nuclear Fusion and Space from Stalin to Star Wars*, New York 1994, S. 134 f.

30 Gorbatschow, *Erinnerungen*, S. 158–169, hier S. 168 f.

31 Ebenda, S. 169.

32 Interview mit G. A. Arbatow, 8. Februar 2000, The Hoover Institution and the Gorbachev Foundation (Moscow) Collection, Hoover Institution Archives, Acc. No. 98067–16. 305, Box 1.

33 Margaret Thatcher, *Downing Street No. 10. Die Erinnerungen*, Düsseldorf 1993, S. 457.

34 Gorbatschow, *Erinnerungen*, S. 247.

35 Memorandum von John Coles an Brian Fall, 13. September 1983, Foreign Office Papers, RS013/2 (erhalten gemäß dem britischen Freedom of Information Act).

36 Das Treffen vom 8./9. September, an dem ich persönlich teilnahm, ist eines der Themen meines Aufsatzes »The Change to Engagement in Britain's Cold War Policy: The Origins of the Thatcher-Gorbachev Relationship«, *Journal of Cold War Studies*, Bd. 10, Nr. 3 (Sommer 2008), S. 3–47.

37 Percy Cradock, *In Pursuit of British Interests: Reflections on Foreign Policy under Margaret Thatcher and John Major*, London 1997, S. 18.

38 Geoffrey Howe, *Conflict of Loyalty*, London 1994, S. 428–435.

39 In einem Schreiben an Brian Fall, den Privatsekretär von Sir Geoffrey Howe, wies der Privatsekretär der Premierministerin darauf hin, es sei das Ziel, im Laufe der nächsten Jahre »auf höherer Ebene« Kontakte zur Sowjetunion zu knüpfen, und fügte hinzu: »Dieser Kurswechsel wird nicht öffentlich angekündigt werden.« Siehe »Policy on East/West Relations«, Memorandum von John Coles an Brian Fall, 12. September 1983, Foreign Office Papers, RS013/2.

40 Das Foreign Office brauchte man nicht zu dieser Linie zu überreden. Wenn es während Margaret Thatchers erster Legislaturperiode bezüglich der Ost-West-Beziehungen das Sagen gehabt hätte, dann wäre dieser Kurswechsel schon früher eingetreten. Geoffrey Howes Vorgänger als Außenminister, Francis Pym, hatte vergeblich versucht, die Tonlage zu wechseln und Ost-West-Kontakte anzustreben – das Ergebnis war seine unspektakuläre Entlassung aus dem Amt am 10. Juni 1983. Siehe dazu Francis Pym, *The Politics of Consent*, London 1984, S. 56. Die Premierministerin hinge-

900 Anmerkungen Seite 630–636

gen musste erst von diesem Kurs überzeugt werden. Das Seminar in Chequers am 8./9. September 1983 spielte dabei eine wichtige Rolle. Es wurde vom Privatsekretär der Premierministerin Sir John Coles und ihrem damaligen außenpolitischen Berater Sir Anthony Parsons organisiert. Der Umstand, dass eine Politik des Engagements in der Sowjetunion nicht nur vom Foreign Office, sondern auch von den Akademikern befürwortet wurde, die Frau Thatcher nach Chequers eingeladen hatte, nachdem die von ihr auserwählten Experten zunächst vom diplomatischen Dienst abgelehnt worden waren, trug paradoxerweise dazu bei, dass Letztere ihre Anschauungen leichter bei der Eisernen Lady durchsetzen konnten. Siehe Brown, »The Change to Engagement in Britain's Cold War Policy«, insbes. S. 11 f. und 27–31.

41 »Wystuplenije pered tschlenami parlamenta Welikobritanii, 18 dekabrja 1984 goda« [Rede vor den Mitgliedern des britischen Parlaments, 18. Dezember 1984], in: M. S. Gorbatschow, *Isbrannyje retschi i stati*, Bd. 2, Moskau 1987, S. 109–116.

42 *Financial Times*, 22. Dezember 1984, S. 26.

43 Das Protokoll dieses Treffens in Camp David am 22. Dezember 1984 wird im Reagan Library Archive aufbewahrt und ist online auf der Website der Thatcher Foundation erhältlich: http://www.margaretthatcher.org/archive. In einem Kommentar zu Margaret Thatchers Beitrag auf diesem Treffen in Camp David schrieb George Shultz später: »Sie war geradezu begeistert von Gorbatschow, was schon aus ihren öffentlichen Äußerungen hervorgegangen war.« Siehe George Shultz, *Turmoil and Triumph: My Years as Secretary of State*, New York 1993, S. 509.

44 Howe, *Conflict of Loyalty*, S. 430.

45 Ebenda.

46 David Caute, *The Dancer Defects: The Struggle for Cultural Supremacy During the Cold War*, Oxford 2003, S. 31.

47 Sinowjew, *Gähnende Höhen*, S. 847.

48 Ebenda, S. 847 f.

49 Der in Amerika lebende britische Autor John O'Sullivan fügt Margaret Thatcher noch hinzu. Sein Buch ist deutlich ausgewogener, als man bei diesem Titel vermuten könnte. Siehe John O'Sullivan, *The President, the Pope, and the Prime Minister: Three Who Changed the World*, Washington, DC 2006.

50 Das englische Originalzitat lautet: »Mr Gorbachev, open this gate! Mr Gorbachev, tear down this wall!« Siehe Ronald Reagan, *An American Life*, New York 1990, S. 570 und 683; dt.: *Erinnerungen. Ein amerikanisches Leben*, Berlin 1990, S. 596 f. und 725.

51 Der ehemalige Direktor des Weltraumforschungsinstituts in der Sowjetunion, Roald Sagdejew, der in Gorbatschows Beraterkreis zu SDI geholt wurde, sprach sich energisch gegen eine Steigerung der sowjetischen Ausgaben für ein Äquivalent zu SDI aus. Er bemerkte gegenüber einem amerikanischen Journalisten: »Wenn die Amerikaner allzu hoch anpriesen, so kauften wir Russen es ihnen allzu teuer ab.« Sagdejew hielt persönlich den

Anmerkungen Seite 636–644 901

Gedanken, dass SDI einen narrensicheren Schutz gegen anfliegende Atomraketen bieten solle, für geradezu lächerlich. Seiner Ansicht nach schenkte die sowjetische Seite SDI mehr Aufmerksamkeit, als das Projekt wert war, aber indem den Parteiführern immer stärker bewusst wurde, wie ungeeignet es war, sparten sie dem Land immerhin »einige Milliarden Rubel«. Siehe Sagdeev, *The Making of a Soviet Scientist*, S. 273.

52 Ebenda.

53 Jack F. Matlock Jr., *Reagan and Gorbachev: How the Cold War Ended*, New York 2004, S. 75 f.

54 Ebenda, S. 53 f.

55 Ebenda, S. 75.

56 Howe, *Conflict of Loyalty*, S. 350. Der ehemalige CIA-Chef Robert M. Gates bemerkt, dass der CIA »erst einige Zeit nach dem Ende des Manövers wirklich klar wurde, wie alarmiert die sowjetischen Politiker möglicherweise waren«. Er zitiert die britische Meinung, die sich zum großen Teil auf die Information stützte, die ihnen Oleg Gordievsky zukommen ließ, dass »die Gefahr eines Präventivschlags Mitte 1983 und Anfang 1984 in Moskau sehr ernst genommen wurde«. Siehe Robert M. Gates, *From the Shadows*, New York 1996, S. 272.

57 Siehe dazu Melvin P. Leffler, *For the Soul of Mankind: The United States, the Soviet Union, and the Cold War*, New York 2008, insbes. S. 448 ff.; George P. Shultz, *Turmoil and Triumph;* und Matlock, *Reagan and Gorbachev.*

TEIL FÜNF

Der Fall des Kommunismus – Versuch einer Interpretation

KAPITEL 24

1 Gorbatschow war in gewisser Weise bereits am Abend des 10. März zum Generalsekretär bestimmt worden, als man ihn zum Vorsitzenden der Bestattungskommission für Tschernenko machte. Viktor Grischin erinnerte die Politbüromitglieder daran bei ihrer Sitzung am nächsten Tag. Er hatte nämlich selbst Gorbatschow für den Vorsitz der Kommission vorgeschlagen, weil er dadurch hoffte, die Chancen für ein politisches Überleben zu verbessern. Bei der Sitzung am 11. März schlug als erstes Politbüromitglied Gromyko Michail Gorbatschow vor, und anschließend lobten ihn alle der Reihe nach in den höchsten Tönen und erklärten, er sei der naheliegende Kandidat. Das Transkript der Politbürositzung mit dem Titel »Sassedanije Politbjuro ZK KPSS 11. Marta 1985 goda« liegt vor im Archiv der Hoover Institution (im folgenden HIA), Fond 89, 1.1001, opis 36, file 16, S. 1–14.

2 Ich machte persönlich diese Beobachtung im Institut für Staats- und Rechtswissenschaft der Akademie der Wissenschaften in Moskau.

902 Anmerkungen Seite 644–648

3 Michail Gorbatschow, *Erinnerungen*, Berlin 1995, S. 227 f.
4 David Remnick, *Lenin's Tomb: The Last Days of the Soviet Empire*, New York 1993, S. 192.
5 Yegor Ligachev, *Inside Gorbachev's Kremlin*, New York 1993, S. 39–43.
6 Brown, *Der Gorbatschow-Faktor*, S. 124 ff.
7 M. S. Gorbatschow, »Schiwoje twortschestwo naroda«, 10. Dezember 1984, wiederveröffentlicht in: Michail Gorbatschow, *Isbrannyje retschi i stati*, Moskau 1987, Bd. 2, S. 75–198; auf deutsch erschienen unter »Das lebendige Schöpfertum des Volkes«, in: Gorbatschow, *Ausgewählte Reden und Aufsätze*, 5 Bde., Bd. 2: *Februar 1984-Oktober 1985*, Berlin 1987, S. 83–120. Ich habe diese bemerkenswerte Rede ausführlich in meinem Aufsatz erörtert: A. Brown, »Gorbachev: New Man in the Kremlin«, in: *Problems of Communism*, Bd. 34, Nr. 3 (Mai/Juni 1985), S. 1–23.
8 »Sassedanije Politbjuro ZK KPSS 12. ijulja 1984 goda«, HIA, Fond 89, 1001, opis 36, file 15, p. 5.
9 Ebenda.
10 Sein enger Freund Zdeněk Mlynář beschrieb mir im Juni 1979 Gorbatschow (also sechs Jahre vor der Wahl zum Parteichef) als »offen, intelligent und antistalinistisch«. Als Gorbatschow dann Generalsekretär wurde, schrieb Mlynář einen wichtigen Artikel für die italienische kommunistische Zeitung *L'Unità* (9. April 1985, S. 9), in dem es hieß, Gorbatschow sei »nie ein Zyniker gewesen, und er ist seinem Charakter nach ein Reformer«. Dennoch war Gorbatschow in der Frühphase seiner Zeit als Generalsekretär sowie in den Jahren davor imstande, die aktuelle Parteilehre selbst zum Stalinismus zu wiederholen. In einem Interview mit der französischen kommunistischen Zeitung *L'Humanité* am 4. Februar 1986 antwortete er etwa auf eine Frage, in der der Reporter westliche Kreise zitierte, die von »Überbleibsel des Stalinismus in der Sowjetunion« gesprochen hatten, mit den Worten: »›Stalinismus‹ ist ein Begriff, den sich die Gegner des Kommunismus ausgedacht haben und der umfassend dafür genutzt wird, die Sowjetunion und den Sozialismus insgesamt zu verunglimpfen« (M. S. Gorbatschow, *Isbrannyje retschi i stati*, Moskau 1987. Bd. 3, S. 154–170, hier S. 162 f.; *Ausgewählte Reden und Aufsätze*, Bd. 3, S. 178). Anschließend sprach Gorbatschow darüber, in welcher Beziehung sich die Sowjetunion derzeit veränderte – eine Ausweitung der Transparenz oder Glasnost, Weiterentwicklung der innerparteilichen Demokratie und »allgemein Sozialdemokratie« –, aber auf die Frage nach dem Stalinismus hätte jeder frühere sowjetische Parteichef ganz ähnlich geantwortet. Aber die Aussage gab, wie sich herausstellen sollte, nicht seine eigenen Überzeugungen wieder.
11 Raisa Gorbacheva, *I Hope: Reminiscences and Reflections*, London 1991, S. 16 f. (dt.: Raissa Gorbatschowa, *Leben heißt hoffen. Erinnerungen und Gedanken*, Bergisch Gladbach 1991, S. 27).
12 M. S. Gorbatschow, »Oktjabr i perestroika: rewoljuzija prodolschajetsja« [Rede vom 2. November 1987 auf der gemeinsamen Festsitzung des Zentralkomitees und des Obersten Sowjets anlässlich des 70. Jahrestags der

Anmerkungen Seite 650–656 903

»Großen Oktoberrevolution«], in: *Isbrannyje retschi i stati*, Moskau 1988, Bd. 5, S. 386–436, hier S. 402; dt.: »Der Oktober und die Umgestaltung. Die Revolution wird fortgesetzt«, in: *Ausgewählte Reden und Aufsätze*, Bd. 5, S. 354–410, hier S. 371.

13 Richard Pipes irrt sich, wenn er meint, das Politbüro habe mit Gorbatschow den Vertreter eines weichen Kurses gewählt, »einen Mann, der sich der Perestroika und Abrüstung verschrieben hatte«, als Antwort auf den harten Kurs, den Präsident Reagan fuhr. Weder das Protokoll der Politbürositzung, auf der Gorbatschow von allen Mitgliedern zum Generalsekretär vorgeschlagen wurde, noch die späteren Interviews und Memoiren der Politbüromitglieder lassen vermuten, dass sie sich überhaupt darüber im Klaren waren, dass sie einen radikalen Reformer wählten, der auch das Wesen der sowjetischen Außenpolitik verändern werde. Siehe dazu Richard Pipes, »Misinterpreting the Cold War: The Hard-liners Had it Right«, *Foreign Affairs*, Bd. 71, Nr. 1 (Januar/Februar 1995), S. 154–160, hier S. 158. Meine eigene Argumentation wird weit ausführlicher als hier ausgeführt im Kapitel »Ending the Cold War«, in: Archie Brown, *Seven Years that Changed the World: Perestroika in Perspective*, Oxford 2007, S. 239–276.

14 Jegor Gaidar (der spätere geschäftsführende Regierungschef in der ersten postsowjetischen Regierung Russlands und ein einflussreicher Wirtschaftsreformer in den neunziger Jahren) hebt stark hervor, dass der rasante Verfall des Ölpreises der sowjetischen Wirtschaft einen schweren Schlag versetzt habe. Er bemerkt: »Im Jahr 1986 fielen die Preise auf einen noch nie dagewesenen Tiefstand – unter zehn Dollar pro Barrel in der damaligen Währung.« Siehe Yegor Gaidar, *Collapse of an Empire: Lessons for Modern Russia*, Washington, DC 2007, S. 61.

15 »O perestroike i kadrowoi politike partii«, Rede vom 27. Januar 1987, in: Gorbatschow, *Isbrannyje retschi i stati*, Bd. 4 (1987), S. 299–354, hier S. 319 (dt.: »Die Umgestaltung und die Kaderpolitik der Partei. Rede auf dem Plenum des Zentralkomitees der KPdSU«, in: *Ausgewählte Reden und Aufsätze*, Bd. 4, S. 329–393).

16 Ebenda (dt.), S. 350 und 392.

17 Gorbatschow, *Isbrannyje retschi i stati*, Bd. 3, S. 235–243, hier S. 241 (Hervorhebung im Original); deutsch: *Ausgewählte Reden und Aufsätze*, Bd. 3, S. 262–271, hier S. 269.

18 Bei Unfällen in Atomkraftwerken haben selbst die Behörden in demokratischen Staaten versucht, das Ausmaß und ihre Bedeutung herunterzuspielen. Als zum Beispiel im Oktober 1957 in Windscale, Provinz Cumbria, ein größerer Brand ausbrach, der auf den Kernreaktor übergriff, ergriff der damalige britische Premierminister Harold Macmillan außerordentliche Maßnahmen, um zu gewährleisten, dass nur eine kleine Gruppe innerhalb der Regierung den detaillierten Bericht eines führenden Atomphysikers, Sir William Penneys, über die Ursachen und Folgen des Unfalls zu Gesicht bekam. Macmillan wies die Atomenergiebehörde an, ein Durchsickern des Berichts auf jeden Fall zu verhindern. Es wurden

904 Anmerkungen Seite 656–666

nicht nur alle gedruckten Exemplare vernichtet, sondern auch die von den Druckern verwendete Vorlage. Siehe dazu Alastair Horne, *Macmillan 1957–1986*, der zweite Band seiner offiziellen Biographie (London 1989), S. 54. Dabei war die Gefahr, die von der Katastrophe in Windscale ausging, fügt Horne hinzu, viel größer als bei dem Unfall auf Three Mile Island im Jahr 1979 in den Vereinigten Staaten, der weltweit sehr viel mehr Aufsehen erregte.

19 Georgi Schachnasarow, *Zena swobody: Reformazija Gorbatschowa glasami ego pomoschtschnika*, Moskau 1993, S. 53 (dt.: *Der Preis der Freiheit. Eine Bilanz von Gorbatschows Berater*, Bonn 1996).

20 Das Gedicht erschien erstmals in der Zeitschrift *Oktjabr* (bislang eine sehr konservative Zeitschrift, die sich aber unter einer neuen Redaktion in der Gorbatschow-Ära komplett wandelte), Nr. 3 (1987), S. 130–135. In einem Brief vom 12. Mai antwortete Berlin: »Wenn es wirklich zum allgemeinen Gebrauch freigegeben wurde, dann bin ich in der Tat einigermaßen erschüttert, wie ich Ihnen angekündigt hatte; ganz offensichtlich tut sich dort etwas.« Er blieb jedoch, wie er im selben Brief schrieb, »hartnäckig skeptisch, was den grundlegenden Wandel oder den wahren Glauben an eine friedliche Koexistenz seitens der sowjetischen Behörden betrifft«.

21 *Prawda*, 15. Juli 1987, S. 2; und *Prawda*, 30. September 1987, S. 1.

22 »Sassedanije Politbjuro ZK KPSS 15. Oktjabrja 1987 goda«, Volkogonov Papers, R 10012, National Security Archive, Washington, DC [im folgenden NSA], S. 155.

23 Ebenda, S. 178.

24 Ebenda, S. 149 f.

25 Gorbatschow, *Isbrannyje retschi i stati*, Bd. 5, Moskau 1988, S. 402; dt.: *Ausgewählte Reden und Aufsätze*, Bd. 5, Berlin 1990, S. 372.

26 Im September 1988 machte der Vorsitzende des Ministerrats Ryschkow auf »die negativen Begleiterscheinungen im Kampf gegen Trunkenheit und Alkoholismus« aufmerksam. Dazu zählten etwa Tausende von Todesopfern wegen des Konsums gefährlicher alternativer Rauschmittel sowie ein enormer Verlust an Einnahmen für den Staat. Siehe »O nekotorych negatiwnych jawlenijach w borbe s pjanstwom i alkogolismom«, in: *Iswestija ZK KPSS*, Nr. 1 (1989), S. 48–51. Dazu auch Stephen White, *Russia Goes Dry: Alcohol, State and Society*, Cambridge 1996.

27 Anatoli Tschernajew, *Die letzten Jahre einer Weltmacht. Der Kreml von innen*, Stuttgart 1993, S. 153 f.; sowie Timothy J. Colton, *Yeltsin: A Life*, New York 2008, S. 138–140.

28 »Sassedanije Politbjuro ZK KPSS, 15. Oktjabrja 1987 goda«, S. 137.

29 Brown, *Der Gorbatschow-Faktor*, S. 73 f.

30 Colton, *Yeltsin*, S. 130 f.

31 Ebenda, S. 131 f.

32 Brown, *Der Gorbatschow-Faktor*, S. 282.

33 Colton, *Yeltsin*, S. 146–153.

34 Gaidar, *Collapse of an Empire*, S. 111 f.

35 Ebenda, S. 112.

Anmerkungen Seite 667–676   905

36 Anatoly Dobrynin, *In Confidence: Moscow's Ambassador to Six Cold War Presidents (1962–1986)*, New York 1995, S. 622–626.
37 »Sassedanije Politbjuro ZK KPSS 30. Maja 1987 goda«, Volkogonov Papers, NSA, S. 485.
38 Ebenda, S. 626.
39 Zur Diskussion um die intellektuellen Ursprünge des »Neuen Denkens« in der Außenpolitik siehe Robert D. English, *Russia and the West: Gorbachev, Intellectuals, and the End of the Cold War*, New York 2000; Matthew Evangelista, *Unarmed Forces: The Transnational Movement to End the Cold War*, Ithaca 1999; Stephen Shenfield, *The Nuclear Predicament: Explorations in Soviet Ideology*, London 1987; sowie Silvio Pons und Federic Romero (Hg.), *Reinterpreting the End of the Cold War: Issues, Interpretations, Periodizations*, London 2005.
40 Siehe dazu Melvin P. Leffler, *For the Soul of Mankind: the United States, the Soviet Union, and the Cold War*, New York 2007, S. 403–414.
41 Dobrynin, *In Confidence*, S. 622.
42 Jack F. Matlock, Jr, *Reagan and Gorbachev: How the Cold War Ended*, New York 2004, S. 275.

KAPITEL 25

1 Interview vom 27. 07. 2003 des *Spiegel* mit Alexander Solschenizyn, online verfügbar unter: http://wissen.spiegel.de/wissen/dokument/73/05/dokument.html?titel= %22Mit+Blut+geschrieben %22&id = 52345037 &top. Ganz ähnlich sagte Solschenizyn zu David Remnick: »Was die Redefreiheit betrifft, so ist das die große Errungenschaft Gorbatschows und seiner Politik der Glasnost. Jelzin hatte mit diesem Vorgang schlichtweg nichts zu tun.« Siehe David Remnick, *Reporting: Writings from the New Yorker*, New York 2007, S. 206.
2 Sheila Fitzpatrick, »Like a Thunderbolt«, in: *London Review of Books*, 11. September 2008, S. 13 ff., hier S. 14.
3 Auch wenn der Artikel, der unter Nina Andrejewas Namen publiziert wurde, ein Gemeinschaftsprodukt war, gab er doch Ansichten wieder, die sie im privaten Kreis noch deutlicher – nicht zuletzt zum Thema Juden – formulierte, etwa in einem langen Gespräch mit David Remnick. Siehe Remnick, *Lenin's Tomb: The Last Days of the Soviet Empire*, New York 1993, S. 83.
4 *Sowjetskaja Rossija*, 13. März 1988, S. 3; eine deutsche Fassung erschien im SED-Organ *Neues Deutschland*, 2./3. April 1988, S. 11 f.
5 *W Politbjuro ZK KPSS ... Po sapisjam Anatolija Tschernjajewa, Wadima Medwedewa, Georgija Schachnasarowa (1985–1991)*, Moskau 2006, S. 307; siehe dazu auch Anatoli Tschernjew, *Die letzten Jahre einer Weltmacht*, Stuttgart 1993, S. 179 ff.
6 *W Politbjuro ZK KPSS*, S. 307.
7 Ebenda, S. 302–309.
8 Wadim Medwedew, *W kommande Gorbatschowa*, Moskau 1994, S. 71.
9 Ein führender »Neuer Denker« zur Außenpolitik in Gorbatschows Team,

Andrej Gratschow, versuchte vergeblich, einen Chefredakteur einer Tageszeitung zu finden, der bereit war, eine Erwiderung auf den Andrejewa-Artikel zu drucken. Nur Jegor Jakowlew, der Redakteur der Wochenzeitung *Moskowskije Nowosti*, erklärte sich bereit, den Kampf aufzunehmen. Als Gratschow versuchte, den Redakteur der *Iswestija* Iwan Laptew zu überreden, der eigentlich als liberal galt, erwiderte Laptew: »Nein, gegen Ligatschow sind wir machtlos.« Siehe Andrej Gratschow, *Kremljewskaja chronika*, Moskau 1994, S. 126.

10 Zur Analyse der Entwicklung und Bedeutung der informellen Organisationen siehe Geoffrey A. Hosking, Jonathan Aves und Peter J. S. Duncan, *The Road to Post-Communism: Independent Political Movements in the Soviet Union 1985–1991*, London 1992; M. Steven Fish, *Democracy from Scratch: Opposition and Regime in the New Russian Revolution*, Princeton 1995; und Alexander Lukin, *The Political Culture of the Russian ›Democrats‹*, Oxford 2000.

11 Bei den ohnehin bereits hohen Auflagen von 1988/89 erlebten liberale, reformorientierte Zeitschriften, die die Perestroika unterstützten, einen weiteren deutlichen Anstieg bis 1990, der die Gesamtzahl der Leser russischnationaler Zeitschriften weit übertraf. Allerdings hatten auch Letztere eine beachtliche Zahl von Abonnenten. Im Jahr 1990 hatten national ausgerichtete Zeitschriften wie *Nasch sowremennik*, *Moskwa* und *Molodaja gwardija* eine Gesamtzahl von 1,6 Millionen Abonnenten, während die gemeinsame Leserschaft ihrer liberalen Gegenstücke *Nowy mir*, *Snamja* und *Junost* bei 6,6 Millionen lag. Siehe Yitzhak M. Brudny, *Reinventing Russia: Russian Nationalism and the Soviet State, 1953–1991*, Cambridge, Mass., 1998, S. 230.

12 Wie Georgi Baklanow, der Chefredakteur der Zeitschrift *Snamja*, in seiner Rede vor der 19. Parteikonferenz erwähnte: *XIX. Wsesojusnaja konferenzija Kommunistitscheskoi Partii Sowjetskogo Sojusa, 28. Ijunja – 1. Ijulja 1988 goda: Stenografitscheski ottschot*, Moskau 1988, Bd. 2, S. 21.

13 J. N. Afanassjew (Hg.), *Inogo ne dano: Sudby perestroiki. Wgljadywajas w proschloje. Woswraschtschenije k buduschtschemu*, Moskau 1988; auf Deutsch erschienen als: J. Afanassjew, u. a. (Hg.), *Es gibt keine Alternative zu Perestroika: Glasnost, Demokratie, Sozialismus*, Nördlingen 1988.

14 Afanassjew (Hg.), *Inogo ne dano*, S. 126; *Es gibt keine Alternative*, S. 165.

15 Brudny, *Reinventing Russia*, S. 193.

16 Ebenda, S. 252 f.

17 Remnick, *Lenin's Tomb*, S. 266 ff.

18 Eine ganze Reihe von Menschen, die mit Gorbatschow zusammenarbeiteten, darunter auch Politbüromitglieder, die die Stoßrichtung der Perestroika ablehnten, hat Gorbatschows Überredungskünste bestätigt. Beispielsweise schrieb Witali Worotnikow (der anfangs den Andrejewa-Artikel begrüßt hatte) später, dass er während der Politbürositzungen häufig Zweifel gehabt habe wegen der Reformen, für die Gorbatschow hier plädierte, aber »am Ende beugte ich mich häufig der Logik seiner Überzeugung«, und er fügte noch hinzu: »Darin besteht meine Schuld.« Siehe W. Worotnikow,

Anmerkungen Seite 682–689   907

A bylo eto tak … Is dnewnika tschlena Politbjuro ZK KPSS, Moskau 1995, S. 264.

19 »Wstretscha s perwymi sekretarjami obkomow, 11. aprelja 1988 goda«, Archiv der Gorbatschow-Stiftung.

20 »Wstretscha Gorbatschowa s tretjej gruppoi sekretarjej obkomow, 18. aprelja 1988 goda«, Archiv der Gorbatschow-Stiftung.

21 Ebenda. Zu der Frage, wie bedeutsam die Bezeichnung »administratives Kommandosystem« für die gesellschaftspolitische Ordnung ist, siehe T. H. Rigby, »Some Concluding Observations«, in: Archie Brown (Hg.), *The Demise of Marxism-Leninism in Russia,* Basingstoke 2004, S. 207–223, hier S. 213; sowie Archie Brown, *Seven Years that Changed the World: Perestroika in Perspective,* Oxford 2007, S. 287 f.

22 Siehe beispielsweise die Auszüge aus den Notizen Anatoli Tschernajews von der Politbürositzung am 19. Mai 1988 in *W Politbjuro ZK KPSS,* S. 361 ff.

23 »W kabinete u Gorbatschowa na Staroi ploschtschadi, Ijun 1988 goda (Sapis Schachnasarowa)«, Archiv der Gorbatschow-Stiftung.

24 Jack F. Matlock, Jr, *Autopsy on an Empire: The American Ambassador's Account of the Collapse of the Soviet Union,* New York 1995, S. 121 f.

25 Michael R. Beschloss und Strobe Talbott, *At the Highest Levels: The Inside Story of the End of the Cold War,* London 1993, S. 9; dt.: *Auf höchster Ebene,* Düsseldorf 1993.

26 George P. Shultz, *Turmoil and Triumph: My Years as Secretary of State,* New York 1993, S. 1103 f.

27 »Politbjuro, 6. ijunja 1988 goda«, Notizen der Politbürositzung vom 6. Juni 1988 von Anatoli Tschernajew, Archiv der Gorbatschow-Stiftung.

28 Die Zahlen stammen von dem zuverlässigsten Meinungsforschungsinstitut in den letzten Jahren der Sowjetunion: dem Allunionszentrum (später Allrussisches Zentrum) für Meinungsforschung. Diese Angaben zu Gorbatschows Beliebtheit während seiner Jahre im Amt wurden mir 1993 von dem inzwischen verstorbenen ehemaligen Direktor des Zentrums Professor Juri Lewada zur Verfügung gestellt.

29 Don Oberdorfer, *The Turn: How the Cold War came to an end. The United States and the Soviet Union, 1983–1990,* London 1992, S. 294.

30 Ebenda.

31 *XIX. Wsesojusnaja konferenzija Kommunistitscheskoi partii Sowetskogo Sojusa,* Bd. 1, S. 223–228, hier S. 224.

32 Michail Gorbatschow, *Ponjat perestroiku … potschemu eto waschno sejtschas,* Moskau 2006, S. 27.

33 *XIX. Wsesojusnaja konferenzija Kommunistitscheskoi partii Sowetskogo Sojusa,* Bd. 2, S. 20–23.

34 Ebenda, Bd. 2, S. 55–62.

35 Brown, *The Gorbachev Factor,* S. 183 f. und S. 360 f. (dt.: *Der Gorbatschow-Faktor,* S. 305 und 590).

36 Stephen White, Richard Rose und Ian McAllister, *How Russia Votes,* Chatham, N. J., 1997, S. 28.

908 Anmerkungen Seite 689–701

37 Timothy J. Colton, *Yeltsin: A Life,* New York 2008, S. 166.
38 Matlock, *Autopsy of an Empire,* S. 210 (Hervorhebung im Original).
39 Nikolai Ryschkow, *Perestroika: Istorija predatelstw,* Moskau 1992, S. 291.
40 *Iswestija,* 26. Mai 1989, S. 4. Zu Sacharows Auftritt auf dem Kongress siehe auch Richard Lourie, *Sacharow. Eine Biographie,* München 2003, S. 556 f.
41 Die Umfragedaten zur Zahl der Zuschauer und zu den Reaktionen auf die Debatten wurden veröffentlicht in der *Iswestija* vom 31. Mai 1989, S. 7, und in derselben Zeitung vom 4. Juni 1989, S. 1.
42 Zur Interregionalen Gruppe der Volksdeputierten siehe Michael Urban, mit Vyacheslav Igrunov und Sergei Mitrokhin, *The Rebirth of Politics in Russia,* Cambridge 1997, S. 159–169.
43 Ausführlicher wird die Veränderung der Haltung Gorbatschows zur Frage der »führenden Rolle der Partei« erörtert in: Brown, *Seven Years that Changed the World,* S. 306–309.
44 Edward Kline, *Foreword to Andrei Sakharov, Moscow and Beyond 1986 to 1989,* New York 1991, S. xiv-xvii. Dieser dritte Teil der Erinnerungen Sacharows ist in der einbändigen deutschen Ausgabe Sacharow, *Mein Leben* enthalten.
45 Eine gute Analyse des Zusammenbruchs der Autorität innerhalb der Kommandowirtschaft liefert Stephen Whitefield, *Industrial Power and the Soviet State,* Oxford 1993, insb. S. 206–251.
46 Archie Brown, »Gorbachev, Lenin, and the Break with Leninism«, *Demokratizatsiya: The Journal of Post-Soviet Democratization,* Bd. 15, Nr. 2, S. 230–244.
47 Gorbatschow, *Ponjat perestroiku,* S. 373.

KAPITEL 26

1 Michail Gorbatschow, *Ponjat perestroika ... potschemu eto waschno sejtschas,* Moskau 2006, S. 70.
2 M. S. Gorbatschow in *XIX. Wsesojusnaja konferenzija Kommunistitscheskoi partii Sowjetskogo sojusa: Stenografitscheski otschet,* Moskau 1988, S. 42 f. (dt.: *Die Zukunft der Sowjetunion. Der Gorbatschow-Bericht auf der Parteikonferenz der KPdSU,* Köln 1988, hier S. 54 f.).
3 M. S. Gorbatschow, »Wystuplenije w Organisazii Objedinjonnych Nazii, 7. dekabrja 1988 goda«, in: M. S. Gorbatschow, *Isbrannyje retschi i stati,* Bd. 7, Moskau 1990, S. 184–202, hier S. 198 f.; sowie Pavel Palazchenko [= Palastschenko], *My Years with Gorbachev and Shevardnadze: The Memoir of a Soviet Interpreter,* University Park 1997, S. 370.
4 »Politbjuro 24. nojabrja 1988 goda«, Notizen von Tschernajew, Archiv der Gorbatschow-Stiftung, Moskau.
5 Palazchenko, *My Years with Gorbachev and Shevardnadze,* S. 370.
6 Gorbatschow, *Isbrannyje retschi i stati,* Bd. 7, S. 188.
7 Ebenda.

Anmerkungen Seite 701–708 909

8 Vladislav M. Zubok, »New Evidence on the ›Soviet Factor‹ in the Peaceful Revolutions of 1989«, *Cold War International History Project Bulletin*, Nr. 12/13 (2001), S. 5–14, hier S. 9; sowie Andrei Grachev, *Gorbachev's Gamble: Soviet Foreign Policy and the End of the Cold War*, Cambridge 2008, S. 166 f.

9 Denkschrift von Schachnasarow an Gorbatschow im Vorfeld der Politbürositzung vom 6. Oktober 1988. Siehe Georgi Schachnasarow, *Zena swobody: Reformazija Gorbatschowa glasami ego pomoschtschnika*, Moskau 1993, S. 367 ff.; dt.: *Preis der Freiheit. Eine Bilanz von Gorbatschows Berater*, Bonn 1996.

10 Etliche Beispiele für politische und insbesondere militärische Aufrufe im Jahr 1989, einen harten Kurs gegenüber Osteuropa einzuschlagen, zählt Mark Kramer auf, siehe »The Collapse of East European Communism and the Repercussions within the Soviet Union (Part 3)«, *Journal of Cold War Studies*, Bd. 7, Nr. 1 (Winter 2005), S. 3–96.

11 »Politbjuro, 13. aprelja 1989 goda«, Notizen von Tschernajew, Archiv der Gorbatschow-Stiftung.

12 Roger Gough, *A Good Comrade: János Kádár, Communism and Hungary*, London 2006, S. 201.

13 Ebenda, S. 203.

14 Ebenda, S. 1 und 254–257.

15 Ebenda, S. 251.

16 David Stark und László Bruszt, *Postsocialist Pathways: Transforming Politics and Property in East Central Europe*, Cambridge 1998, S. 20 ff.; und R. J. Crampton, *Eastern Europe in the Twentieth Century – and After*, London, 2. Aufl. 1997, S. 380 f.

17 Rudolf L. Tőkés, *Hungary's Negotiated Revolution: Economic reform, social change and political succession*, Cambridge 1996, S. 299.

18 In der Tat widersprach Gorbatschow, auch wenn er keinen Versuch unternahm, sich in die Entwicklung in Ungarn einzumischen, in einem Gespräch mit dem ungarischen Regierungschef Németh Anfang 1989 sogar der Einschätzung Pozsgays. Auf die Äußerung von Németh, sie sollten nicht auf einen Schlag alles auslöschen, weil das Erreichte es wert sei, erwähnt zu werden, erwiderte Gorbatschow: »Ich glaube, dass Pozsgays Äußerungen in dieser Beziehung sehr extremistisch sind. Die Ereignisse von 1956 nahmen in der Tat mit der Unzufriedenheit der Bevölkerung ihren Anfang. Später eskalierten die Ereignisse jedoch zu Konterrevolution und Blutvergießen. Das darf nicht übergangen werden.« Siehe »Document No. 2: Record of Conversation between President M. S. Gorbachev and Miklós Németh, Member of the HSWP CC Politburo, Chairman of the Council of Ministers of the People's Republic of Hungary, Moscow, 3 March 1989«, *Cold War International History Project Bulletin*, Nr. 12/13 (2001), S. 76 f.

19 Ivan T. Berend, *Central and Eastern Europe, 1944–1993: Detour from the periphery to the periphery*, Cambridge 1996, S. 274.

20 Tőkés, *Hungary's Negotiated Revolution*, S. 299.

21 Crampton, *Eastern Europe in the Twentieth Century*, S. 392 f.

22 Zu Glemp siehe George Weigel, *The Final Revolution: The Resistance Church and the Collapse of Communism*, New York 1992, S. 147.

23 Timothy Garton Ash, *The Magic Lantern: The Revolution of '89 Witnessed in Warsaw, Budapest, Berlin, and Prague*, New York 1990, S. 33 (dt. als Teil 2 von: *Ein Jahrhundert wird abgewählt. Aus den Zentren Mitteleuropas, 1980–1990*, München, Wien 1990); und Crampton, *Eastern Europe in the Twentieth Century*, S. 392.

24 Garton Ash, *The Magic Lantern*, S. 45 f. (dt.: *Ein Jahrhundert wird abgewählt*, S. 369).

25 Crampton, *Eastern Europe in the Twentieth Century*, S. 392.

26 Berend, *Central and Eastern Europe, 1944–1993*, S. 266.

27 Mary Fulbrook, *Anatomy of a Dictatorship: Inside the GDR 1949–1989*, Oxford 1995, S. 205.

28 Robert Havemann, *Ein deutscher Kommunist. Rückblicke und Perspektiven aus der Isolation*. Hg. von Manfred Wilke, Reinbek, Rowohlt 1978, S. 29; nachgedruckt in: Robert Havemann, *Die Stimme des Gewissens. Texte eines deutschen Antistalinisten*, Reinbek 1990, S. 149; zitiert in Charles S. Maier, *Dissolution:The Crisis of Communism and the End of East Germany*, Princeton 1997, S. 50 (dt.: *Das Verschwinden der DDR und der Untergang des Kommunismus*, Frankfurt a. M. 1999, S. 105).

29 Fulbrook, *Anatomy of a Dictatorship*, S. 206–215.

30 Maier, *Dissolution*, S. 170 ff.

31 Fulbrook, *Anatomy of a Dictatorship*, S. 206.

32 Ebenda, S. 246 f.

33 Mark Kramer, »The Collapse of East European Communism and the Repercussions within the Soviet Union (Part 1)«, *Journal of Cold War Studies*, Bd. 5, Nr. 4 (2003), S. 178–256, hier S. 185 f.; und Hans-Hermann Hertle, »The Fall of the Wall: The Unintended Self-Dissolution of East Germany's Ruling Regime«, *Cold War International History Project Bulletin*, Nr. 12/13 (2001), S. 131–140, hier S. 133.

34 Kramer, Ebenda, S. 186 (Hervorhebung im Original).

35 Garton Ash, *The Magic Lantern*, S. 65.

36 Fulbrook, *Anatomy of a Dictatorship*, S. 257–260. Eine anschauliche Darstellung der Ereignisse am 9. November 1989 unter http://www.berlinermaueronline.de/geschichte/mauerfall.htm.

37 Hertle, »The Fall of the Wall«, S. 136 f.

38 Ebenda, S. 138.

39 Fulbrook, *Anatomy of a Dictatorship*, S. 289.

40 Hertle, »The Fall of the Wall«, S. 140.

41 Garton Ash, *The Magic Lantern*, S. 73 (dt.: *Ein Jahrhundert wird abgewählt*, S. 396).

42 Frederick Taylor, *The Berlin Wall 13 August 1961–9 November 1989*, London 2007, S. 588 ff.

43 Hertle, »The Fall of the Wall«, S. 139 f. Neben der genannten ausgezeichneten Studie von Maier, *Dissolution*, sind folgende Bücher über das Ende der DDR und die Wiedervereinigung Deutschlands hervorzuheben: Timo-

Anmerkungen Seite 718–729 911

thy Garton Ash, *In Europe's Name: Germany and the Divided Continent,* London 1993 (dt.: *Im Namen Europas. Deutschland und der geteilte Kontinent,* München 1993); sowie Philip Zelikow und Condoleeza Rice, *Germany Unified and Europe Transformed: A Study in Statecraft,* Cambridge, Mass., 1995.

44 Siehe H. Gordon Skilling, *Charter 77 and Human Rights in Czechoslovakia,* London 1981.

45 H. Gordon Skilling, *Czechoslovakia's Interrupted Revolution,* Princeton 1976, S. 823.

46 Crampton, *Eastern Europe in the Twentieth Century,* S. 384 f.

47 Mikhail Gorbachev und Zdeněk Mlynář, *Conversations with Gorbachev: On Perestroika, the Prague Spring, and the Crossroads of Socialism,* New York 2002, S. 85.

48 Jacques Lévesque, *The Enigma of 1989: The USSR and the Liberation of Eastern Europe,* Berkeley 1997, S. 182.

49 Ebenda, S. 186.

50 Vladimir Tismaneanu, *Reinventing Politics: Eastern Europe from Stalin to Havel,* New York 1992, S. 217.

51 Crampton, *Eastern Europe in the Twentieth Century,* S. 396 f.

52 R. J. Crampton, *A Concise History of Bulgaria,* Cambridge, 2. Aufl. 2005, S. 212–215.

53 Juan J. Linz und Alfred Stepan, *Problems of Democratic Transition and Consolidation: Southern Europe, South America, and Post-Communist Europe,* Baltimore 1996, S. 349.

54 Michail Gorbatschow, *Erinnerungen,* S. 914.

55 Tismaneanu, *Reinventing Politics,* S. 232 f.

56 Ebenda, S. 233.

57 Lévesque, *The Enigma of 1989,* S. 198.

58 Tismaneanu, *Reinventing Politics,* S. 235 f.

59 Berend, *Central and Eastern Europe, 1944–1993,* S. 287.

60 Nesti Gjeluci, »Albania: A History of Isolation«, in: Teresa Rakowska-Harmstone und Piotr Dutkiewicz (Hg.), *New Europe: The Impact of the First Decade,* Bd. 2, Warschau 2006, S. 13–47, hier S. 26 f.

61 Crampton, *Eastern Europe in the Twentieth Century,* S. 404.

62 Gjeluci, »Albania: A History of Isolation«, S. 27 f.

63 Man könnte selbst die Parteiorganisationen der »autonomen Regionen« Kosovo und Vojvodina hinzurechnen, auch wenn sie einen geringeren Status hatten als die der Republiken.

64 Berend, *Central and Eastern Europe, 1944–1993,* S. 293.

65 Robin Okey, *The Demise of Communist East Europe: 1989 in Context,* London 2004, S. 144.

66 Misha Glenny, *The Rebirth of History: Eastern Europe in the Age of Democracy,* London 1990, S. 121 ff.

67 Leslie Holmes, *Post-Communism,* Cambridge 1997, S. 96.

68 Okey, *The Demise of Communist East Europe,* S. 151.

69 Holmes, *Post-Communism,* S. 98.

KAPITEL 27

1 Anatol Lieven, *The Baltic Revolution: Estonia, Latvia, Lithuania and the Path to Independence*, New Haven, 2. Aufl. 1994, S. 82 und 106.

2 Siehe Bohdan Krawchenko, *Social Change and National Consciousness in Twentieth Century Ukraine*, London 1985.

3 Charles King, *The Ghost of Freedom: A History of the Caucasus*, New York 2008, S. 178 f.

4 Zu dem umfassenden Thema der russischen Staatlichkeit im historischen Kontext siehe Vera Tolz, *Inventing the Nation: Russia*, London 2001; Geoffrey Hosking, *Russia: People and Empire 1552–1917*, London 1997 (dt.: *Russland. Nation und Imperium*, Berlin 2000); und Geoffrey Hosking, *Rulers and Victims: The Russians in the Soviet Union*, Cambridge, Mass., 2006.

5 An anderer Stelle bin ich ausführlich auf die verschiedenen Gründe eingegangen, weshalb Gorbatschow sich für die indirekte Wahl entschloss und weshalb ich die Entscheidung für einen strategischen Fehler halte. Siehe dazu Archie Brown, *The Gorbachev Factor*, Oxford, 1996, S. 198–205 (dt.: *Der Gorbatschow-Faktor*, S. 334–339); und ders., *Seven Years that Changed the World: Perestroika in Perspective*, Oxford 2007, S. 209 f. Gorbatschow gelangte einige Jahre nach dem Ende der Sowjetunion zu der Anschauung, dass er das Risiko hätte eingehen müssen, eine allgemeine Wahl zum Amt des sowjetischen Präsidenten zu veranstalten. Es hätte allerdings nicht nur die Gefahr bestanden, dass er die Wahl verloren hätte, sondern auch, dass ein Putsch seitens konservativer Kommunisten früher stattgefunden hätte. Zu Gorbatschows rückblickenden Ansichten zu dieser Frage siehe Michail Gorbatschow, *Ponjat perestroiku … potschemu eto waschno sejtschas*, Moskau 2006, S. 374.

6 *Rejtingi Borissa Jelzina i Michaila Gorbatschowa po 10-balnoi schkale*, Moskau 1993.

7 Mark Kramer, »The Collapse of East European Communism and the Repercussions within the Soviet Union (Part 2)«, *Journal of Cold War Studies*, Bd. 6, Nr. 4 (2004), S. 3–64, hier S. 59.

8 Das System, das in den sowjetischen Republiken übernommen wurde, die in postkommunistische Staaten überführt wurden, war keine reine Präsidialdemokratie, sondern eine Staatsform, die Politologen als »Semipräsidentialismus« oder »semipräsidentielles Regierungssystem« bezeichnen. Wie in der Fünften Französischen Republik gab und gibt es eine doppelte Exekutive: einen Präsidenten und einen Ministerpräsidenten. Die Machtverteilung zwischen diesen beiden Zweigen der Exekutive kann unter semipräsidentiellen Regierungssystemen stark variieren. Im postsowjetischen Russland und noch stärker in den ehemaligen zentralasiatischen Republiken der Sowjetunion entsprach die Regierungsform einer stark präsidialisierten Variante des Semipräsidentialismus. Siehe Robert Elgie, »A Fresh Look at Semipresidentialism: Variations on a Theme«, *Journal of Democracy*, Bd. 16, Nr. 3 (Juli 2005), S. 98–112, insb. S. 104.

Anmerkungen Seite 736–749 913

9 Kramer, »The Collapse of East European Communism and the Repercussions within the Soviet Union (Part 2)«, S. 58.

10 Vgl. Hosking, *Rulers and Victims*, S. 377; Timothy J. Colton, *Yeltsin: A Life*, New York 2008, S. 178; Kramer, »The Collapse of East European Communism and its Repercussions for the Soviet Union (Part 2)«, S. 12; sowie M. Steven Fish, *Democracy from Scratch: Opposition and Regime in the New Russian Revolution*, Princeton 1995, S. 109.

11 Hosking, *Rulers and Victims*, S. 377.

12 Ebenda, S. 378.

13 Leon Aron, *Yeltsin: A Revolutionary Life*, London 2000, S. 377.

14 Colton, *Yeltsin*, S. 184.

15 Wie Gorbatschow später selbst feststellte: »Die Existenz einer starken konservativen Tendenz im Politbüro und allgemein in den oberen Etagen der Partei führte dazu, dass wir dringende Entscheidungen nicht selten ein wenig spät trafen« (*Ponjat perestroiku*, S. 374).

16 Zitiert in Yegor Gaidar, *Collapse of an Empire: Lessons for Modern Russia*, Washington, DC 2007, S. 141.

17 Ebenda.

18 *Perechod k rynku: Konzepzija i Programma*, Moskau 1990, S. 3.

19 Colton, *Yeltsin*, S. 219 f.

20 Brown, *The Gorbachev Factor*, S. 152; *Der Gorbatschow-Faktor*, S. 256.

21 Yevgeniy Yasin, »The Parade of Market Transformation Programs«, in: Michael Ellman und Vladimir Kontorovich (Hg.), *The Destruction of the Soviet Economic System: An Insiders' History*, Armonk, N. Y., 1998, S. 228–237, hier S. 235.

22 Ebenda, S. 237.

23 Gorbatschow, *Ponjat perestroiku*, S. 209 f.

24 »The Tbilisi Massacre, April 1989: Documents«, *Cold War International History Project Bulletin*, Nr. 12/13 (2001), S. 31–48.

25 Eduard Shevardnadze, *The Future Belongs to Freedom*, London 1991, S. 192–195; Brown, *The Gorbachev Factor*, S. 264–267, *Der Gorbatschow-Faktor*, S. 434–436; und Kramer, »The Collapse of East European Communism and the Repercussions within the Soviet Union (Part 2)«, S. 27–32.

26 Anatoli Sobtschak, *Choschdenije wo wlast: Rasskas o roschdenii parlamenta*, Moskau 1991, S. 97.

27 »Politbjuro, 13. aprelja 1989 goda«, Notizen von Tschernajew, Archiv der Gorbatschow-Stiftung; siehe dazu auch Tschernajew, *Die letzten Jahre einer Weltmacht*, S. 249 (irrtümlich wird hier der 20. April angegeben).

28 »Sassedanije Politbjuro ZK KPSS ot 16. nojabrja 1990 goda«, Hoover Institution Archives, Fond 89, 1003, opis 42, Akte 30.

29 Ebenda, S. 11.

30 Ebenda, S. 25.

31 Ebenda.

32 Kramer, »The Collapse of East European Communism and the Repercussions in the Soviet Union (Part 2)«, S. 46 ff.

33 Siehe zum Beispiel George Bush und Brent Scowcroft, *A World Transfor-*

914 Anmerkungen Seite 749–760

med, New York 1998, S. 496 f. (dt.: *Eine neue Welt. Amerikanische Außenpolitik in Zeiten des Umbruchs,* Berlin 1999); und Jack F. Matlock, Jr., *Autopsy on an Empire: The American Ambassador's Account of the Collapse of the Soviet Union,* New York 1995, S. 454–460.

34 Alexander Jakowlew, *Sumerki,* Moskau 2003, S. 520.

35 Alexander Dugin, »Perestroika po-ewrasijski: umuschtschennyj schans«, in: W. I. Tolstych (Hg.), *Perestroika: Dwadzat let spustja,* Moskau 2005, S. 88–97, hier S. 96.

36 Kramer, »The Collapse of East European Communism and the Repercussions within the Soviet Union (Part 2)«, S. 20.

37 Mark Kramer, »The Collapse of East European Communism and the Repercussions within the Soviet Union (Part 1)«, *Journal of Cold War Studies,* Bd. 5, Nr. 4 (2003), S. 178–256, hier S. 218 f.

38 Ebenda, S. 222.

39 Mikhail Gorbachev und Zdeněk Mlynář, *Conversations with Gorbachev: On Perestroika, the Prague Spring, and the Crossroads of Socialism,* New York 2002, S. 132.

40 Eine ausführlichere Darstellung des gesamten Prozesses findet sich im Kapitel »The National Question, the Coup, and the Collapse of the Soviet Union«, in: Brown, *The Gorbachev Factor,* S. 252–305; dt.: »Nationalitätenfrage, Putsch und Zusammenbruch der Sowjetunion«, in: Brown, *Der Gorbatschow-Faktor,* S. 413–498.

41 Mikhail Gorbachev, *The August Putsch: The Truth and the Lessons,* London 1991, Appendix C: »The Crimea Article«, S. 97–127, hier S. 111; dt.: Michail Gorbatschow, *Der Staatsstreich,* München 1991 (ohne Anhang).

42 Gorbatschow, *Der Staatsstreich,* S. 23. Zum Putsch siehe auch Brown, *Der Gorbatschow-Faktor,* S. 481–488.

43 W. G. Stepankow und E. K. Lissow, *Kremlewski sagowor,* Moskau 1992, S. 14. Die Autoren waren damals Generalstaatsanwalt und Stellvertretender Generalstaatsanwalt von Russland. Sie zitieren aus den Protokollen der Verhöre der Putschisten. Später änderten die Verschwörer ihre Darstellung und deuteten an, dass Gorbatschow eigentlich gar nicht unter Hausarrest gestanden habe und Foros jederzeit hätte verlassen können. Einige Jelzin-Anhänger verbreiteten sogleich diese Verleumdung, und ein paar Westler waren so einfältig, das zu glauben. Detailliertere Analysen dieses absurden Vorgangs enthält Anatoly Chernyaev [= Tschernajew], *My Six Years with Gorbachev,* University Park 2000, hg. und übers. von Robert English und Elizabeth Tucker, »Afterword to the U. S. Edition«, S. 401–423; und Brown, *Seven Years that Changed the World,* S. 319–324.

44 Colton, *Yeltsin,* S. 198.

45 Ebenda, S. 198 f.

46 Ebenda, S. 199 f.

47 Ebenda, S. 201.

48 Georgi Schachnasarow, *Zena swobody: Reformazija Gorbatschowa glasami ego pomoschtschnika,* Moskau 1993, S. 176; dt.: *Der Preis der Freiheit,* Bonn 1996.

Anmerkungen Seite 763–773   915

49 Der volle Wortlaut der Rücktrittsrede Gorbatschows ist abgedruckt in sei-
    nen Memoiren: Michail Gorbatschow, *Schisn i reformy*, Moskau 1995,
    Bd. 1, S. 5–8, und in der einbändigen deutschen Ausgabe: *Erinnerungen*,
    übers. von Igor Gorodetzki, Berlin 1995, S. 13–16.

KAPITEL 28

1 Alec Nove, *Glasnost In Action: Cultural Renaissance in Russia*, London
   1989, S. 4.
2 Ebenda.
3 Sidney Bloch und Peter Reddaway, *Dissident oder geisteskrank? Missbrauch der Psychiatrie in der Sowjetunion*, München 1982.
4 Vgl. Bernard Crick, *George Orwell: Ein Leben*, Frankfurt a. M. 1984; Stephen Ingle, *George Orwell: A Political Life*, Manchester 1993; T. R. Fyvel,
   George Orwell: A Personal Memoir, London 1982; sowie Michael Shel-
   don, *George Orwell: Ein Leben*, Frankfurt a. M. 1984. Crick berichtet
   (S. 764), dass Orwell kurz vor seinem Tod im Jahr 1950 über sein Buch
   1984 schrieb: »Mein letzter Roman ist NICHT als Angriff auf den Sozialismus oder die britische Labour Party (der ich nahestehe) gemeint, sondern als Bloßstellung jener Perversionen, zu denen eine zentralisierte
   Wirtschaft führen kann und die unter Kommunismus und Faschismus
   zum Teil schon Realität geworden sind … Außerdem glaube ich, dass totalitäre Gedanken schon überall in den Köpfen der Intellektuellen verwurzelt sind, und ich habe versucht, diese Gedanken bis zu ihrer letzten Konsequenz weiterzudenken.«
5 Schrieb man Lenin rückwärts, so ergab sich daraus ein durchaus wohlklin-
   gender russischer Vorname. Doch in den zwanziger Jahren tauchten auch
   seltsamere Namen auf, darunter Iskra (nach Lenins Zeitung *Iskra* - Der
   Funke) oder auch Barrikada (Barrikade). Vgl. Sheila Fitzpatrick, *Everyday
   Stalinism. Ordinary Life in Extraordinary Times: Soviet Russia in the
   1930s*, New York 1999, S. 83 f. (Iskra war allerdings kein vollkommen
   neuer Name. Er existierte schon zur Zarenzeit sowohl als Vor- als auch als
   Nachname, und zwar vor allem in der Ukraine. Einer der Gefährten des
   Kosakenführers Iwan Masepa hieß Iskra. Er tauchte als Figur in Tschai-
   kowskis Oper *Mazeppa* auf (Mazeppa ist die alte Schreibweise), die kurz
   nach 1880 entstand und Anfang des 18. Jahrhunderts in der Ukraine
   spielte. Iskra war jedoch keineswegs ein verbreiteter Name, und seine Renaissance in der Frühzeit der Sowjetunion war eine Hommage an Lenin
   und die Bolschewiki.)
6 Besonders informativ zu diesem Thema ist: Alena Ledeneva, *Russia's Economy of Favours: Blat, Networking and Informal Exchange*, Cambridge
   1998.
7 Zitiert ebenda, S. 61 f.
8 Ebenda, insbes. S. 30 ff. und 119 ff.
9 Alena Ledeneva, »*Blat* and *Guanxi*: Informal Practices in Russia and

China«, in: *Contemporary Studies in Society and History*, Bd. 50, Nr. 1, 2008, S. 6.

10 Alec Nove, *The Soviet Economic System*, 3. Aufl., London 1986, S. 95 (dt.: *Das sowjetische Wirtschaftssystem*, Baden-Baden 1980).

11 Boris Jelzin, *Aufzeichnungen eines Unbequemen*, München 1990, S. 81. Für eine detaillierte Analyse des wirtschaftlichen Einflusses der regionalen Parteisekretäre vgl. Jerry F. Hough, *The Soviet Prefects: The Local Party Organs in Industrial Decision-Making*, Cambridge, Mass., 1969.

12 Yegor Gaidar, *Collapse of an Empire: Lessons for Modern Russia*, Washington, DC 2007.

13 Ebenda, insbes. S. 169 und 175 f.

14 Ebenda, S. 175.

15 Ich widersprach dieser These damals entschieden. Vgl. Archie Brown, *Seven Years that Changed the World: Perestroika in Perspective*, Oxford 2007, S. 223.

16 Alexander Dallin, »Causes of the Collapse of the USSR«, *Post-Soviet Affairs* (ehemals: *Soviet Economy*), Bd. 8, Nr. 4, 1992, S. 297 und 299.

17 Ledeneva, »*Blat* and *Guanxi*: Informal Practices in Russia and China«.

18 Ebenda, S. 3 und 9 f.

19 Ebenda, S. 3.

20 Mayfair Mei-hui Yang, »The Resilience of *Guanxi* and its New Deployments: A Critique of some New *Guanxi* Scholarship«, *The China Quarterly*, Nr. 170, 2002, S. 464.

KAPITEL 29

1 Der Begriff »Mittelklasse« wurde in der Sowjetunion erst in der Zeit der Perestroika auf die sowjetische Gesellschaft angewandt, und selbst dann wurde er ganz unterschiedlich definiert – ähnlich wie der verbreitete Terminus »Intelligenzija«, der sich auf alle Personen mit einer höheren Bildung beziehen konnte, während er im engeren Sinn nur Personen mit einem kritischen und unabhängigen Verstand bezeichnete. Für eine kurze Auseinandersetzung mit dem Konzept der Mittelklasse am Ende der sowjetischen Periode vgl. G. G. Diligenskij, *Ljudi srednego klassa*, Moskau 2002, S. 102–110.

2 *Narodnoje chosjajstwo SSSR. Statistitscheski eschegodnik*, Gosstatisdat, Moskau 1956, S. 193 und 221; sowie *Narodnoje chosjajstwo SSSR w 1984 godu. Statistitscheskij eschegodnik, Finansi i statistiki*, Moskau 1985, S. 29 und 509.

3 Trotz der Schwierigkeiten lasen viele Intellektuelle in der Sowjetunion und Osteuropa sehr viel mehr ausländische Literatur als ihre Kollegen im Westen. Dass eine Publikation schwer zu bekommen war, machte sie nur noch interessanter. Zudem wurden sogar in Russland (wo bestimmte Werke, wie bereits bemerkt, als tabu galten, während sie in Estland publiziert wurden) in der Breschnew-Ära sehr viel mehr englischsprachige Ro-

Anmerkungen Seite 784–789 917

mane ins Russische übersetzt als umgekehrt. Graham Greene und Evelyn Waugh zählten zu den beliebtesten britischen Autoren. Unter den englischen Romanciers, die erst nach dem Zweiten Weltkrieg auftauchten und deren Werke in der Breschnew-Ära in russischer Übersetzung erschienen, waren Melvyn Bragg, John le Carré, Basil Davidson, Margaret Drabble, Michael Frayn, William Golding, Susan Hill, Iris Murdoch, Piers Paul Read, Alan Sillitoe, John Wain, Raymond Williams und John Wyndham. Es versteht sich von selbst, dass Bücher, in denen das kommunistische System in einem unvorteilhaften Licht erschien, bis zur Perestroika nicht in die Sprachen der kommunistischen Staaten übersetzt wurden, aber viele populäre Romane erschienen durchaus in diesen Ländern. Besonders populär im kommunistischen Osteuropa war C. Northcote Parkinsons schwer einzuordnende Arbeit *Parkinson's Law* (London 1957, dt.: *Parkinsons Gesetz und andere Untersuchungen über die Verwaltung*, 1967). Unter den dankbaren Lesern der russischen Übersetzung dieses Werks, das Mitte der siebziger Jahre in einer Auflage von 100 000 Exemplaren in Moskau erschien, war der Erste Sekretär der KP der Region Stawropol, Michail Gorbatschow (wie er bei seinem ersten Besuch in London im Jahr 1984 verriet). Ich erinnere mich an einen ungarischen Soziologen, der Ende der sechziger Jahre an der Universität Glasgow zu Gast war und sein Unverständnis darüber äußerte, dass *Parkinson's Law* in Großbritannien als satirische Arbeit galt. Er hielt diese Analyse für ausgesprochen ernst! Da in den kommunistischen Systemen sehr viel größere bürokratische Imperien errichtet wurden als in den westlichen Demokratien, fanden Parkinsons »Gesetze« im Osten rasch allgemeine Anerkennung.

4 Mit dieser Frage habe ich mich an anderer Stelle in diesem Buch genauer beschäftigt, insbesondere in Kapitel 23.

5 János Kornai, *The Socialist System: The Political Economy of Communism*, Oxford 1992, S. 292–301 (dt.: *Das sozialistische System: Die politische Ökonomie des Kommunismus*, Baden-Baden 1995).

6 Ebenda, S. 297. Die Rüstungsindustrie nimmt Kornai von seiner Analyse aus, und es sollte darauf hingewiesen werden, dass dies der Bereich war, in dem die Sowjetunion am ehesten zur technologischen Innovation fähig war.

7 Ebenda, S. 140–145.

8 »East-West Relations: Papers by Academics«, Memorandum from N. H. R. A. Broomfield, 7 September 1983, Foreign Office Papers, RS 013/1 (nach Maßgabe des UK Freedom of Information Act offen gelegtes Dokument).

9 Für einen guten Überblick über die litauische Unabhängigkeitsbewegung und eine Auseinandersetzung mit der Rolle von Brazauskas und Landsbergis vgl. Anatol Lieven, *The Baltic Revolution: Estonia, Latvia, Lithuania and the Path to Independence*, 2. Aufl., New Haven und London 1994.

10 Eric D. Weitz, *Creating German Communism, 1890–1990: From Popular Protests to Socialist State*, Princeton 1997, S. 374 f.

11 Darauf hingewiesen hat zum Beispiel Adam Roberts, »International Relations after the Cold War«, in: *International Affairs*, Bd. 84, Nr. 2, 2008,

S. 335–350. In einem Papier für ein Seminar, das ich am 8. September 1983 auf dem Landsitz des Premierministers in Chequers hielt, schrieb ich:»Das Beispiel der *Tschechoslowakei in den Jahren 1963–68 hat gezeigt,* dass die parteiinterne Intelligenzija wesentliche Beiträge dazu leisten kann, nicht nur *begrenzte Reformen,* sondern auch *grundlegende Veränderungen* herbeizuführen. Die Sowjetunion ist ein ganz anderes Land mit anderen historischen Traditionen, und es wäre vorschnell, einen baldigen ›*Moskauer Frühling*‹ zu prognostizieren. Aber im Prinzip kann kein Zweifel daran bestehen, dass der Anstoß zu *demokratischen Veränderungen* nicht unbedingt von der Gesellschaft ausgehen muss, sondern auch aus einer herrschenden kommunistischen Partei kommen kann.« Bei den kursiv gedruckten Passagen handelt es sich um Textstellen, die Premierministerin Margaret Thatcher unterstrich (Papier des Kabinettsbüros, das nach Maßgabe des UK Freedom of Information Act offen gelegt wurde).

12 Den Terminus »innerstruktureller Dissens« *(intrastructural dissent)* verwendete Alexander Shtromas in: *Political Change and Social Development: The Case of the Soviet Union,* Frankfurt a. M. 1981, S. 74–82.

13 Wie immer muss auch hier zwischen dem sowjetischen System und dem sowjetischen Staat unterschieden werden. Obwohl Boris Jelzin, der 30 Jahre lang der KPdSU angehört hatte und mehr als zwei Jahrzehnte Parteifunktionär gewesen war, dem Separatismus erheblichen Auftrieb gab, gingen die nationalen Unabhängigkeitsbestrebungen, die schließlich zum Zerfall des sowjetischen Staates führten, in jenen Republiken, die die Eigenstaatlichkeit anstrebten, nicht in erster Linie von der breiten Gesellschaft aus, sondern nahmen ihren Ursprung in der Partei.

14 Ludmilla Alexeyeva und Paul Goldberg, *The Thaw Generation: Coming of Age in the Post-Stalin Era,* Boston 1990, S. 57.

15 János Kornai, *By Force of Thought: Irregular Memoirs of an Intellectual Journey,* Cambridge, Mass., 2006, S. 63.

16 Ebenda, S. 64.

17 Vgl. Stephen F. Cohen und Katrina van den Heuvel, *Voices of Glasnost: Interviews with Gorbachev's Reformers,* New York 1989, S. 39 f.

18 An anderer Stelle habe ich die Ansicht vertreten, dass Gorbatschow aufgrund seiner Weigerung, seinen lebenslangen Respekt für Lenin aufzugeben, glauben wollte, dass sich seine Vorstellungen mit denen des »späten« Lenin deckten (das heißt des Lenin der NEP), obwohl er tatsächlich alle grundlegenden Konzepte ablehnte, die Lenin im Lauf seiner Karriere als Revolutionär verfochten hatte. Vgl. Brown, *Seven Years that Changed the World,* S. 284–294.

19 R. A. Safarow, *Obschtschestwennoje mnenije i gostudarsswennoje uprawlenije,* Moskau 1975. Auf Seite 214 schrieb Safarow:»Je größer die Menge an Information, die der Gesellschaft zur Verfügung gestellt wird, desto eher ist die öffentliche Meinung in der Lage, die Regierung, die Ministerien und die Exekutivkomitees der Sowjets zu kontrollieren.« Natürlich durfte er die kommunistische Partei nicht einbeziehen, obwohl diese tatsächlich das Herzstück der Regierung war.

Anmerkungen Seite 798–806 919

20 *Konferenz über Sicherheit und Zusammenarbeit in Europa, Schlussakte* (HMSO, London, 1975), S. 56, http://www.osce.org/documents/mcs/1975/08/4044_de.pdf.

21 Safarow war nur einer von zahlreichen Wissenschaftlern, die in den sechziger und siebziger Jahren Umfragen in der Sowjetunion durchführten, in denen allerdings alle heiklen politischen Fragen ausgespart bleiben mussten. Obwohl den Befragten Anonymität zugesagt wurde, waren Zweifel bezüglich ihrer Bereitschaft angebracht, die Fragen offen zu beantworten – erst in der sehr viel freieren Atmosphäre in der zweiten Hälfte der achtziger Jahre konnte man davon ausgehen, dass die Bürger ihre wirkliche Meinung äußerten.

22 Vgl. Jegor Gaidar, *Collapse of an Empire: Lessons for Modern Russia*, Washington, DC 2007, S. 111 ff.; und Paul Kennedy, *Aufstieg und Fall der großen Mächte: Ökonomischer Wandel und militärischer Konflikt von 1500 bis 2000*, Frankfurt a. M. 1989, S. 768–771 und 783–787.

23 Alec Nove, *The Soviet System in Retrospect: An Obituary Notice* (Fourth Annual W. Averell Harriman Lecture, Columbia University, New York, 1993), S. 31.

KAPITEL 30

1 Robert Skidelsky, »Crisis-hit Russia must scale down its ambition«, *Financial Times*, 31. Oktober 2008, S. 15; und »Net Capital Outflows at $140 Bln«, in: *Moscow Times*, 1. November 2008, S. 4.

2 *Kommersant*, 8. Oktober 2008.

3 Obwohl Südafrika nicht mit Nepal verglichen werden kann, zählt es ebenfalls zu den Ländern, in denen die kommunistische Partei weiterhin Einfluss besitzt. Die SACP nimmt immer noch eine wichtige Position innerhalb des zunehmend gespaltenen ANC ein.

4 Henry S. Rowen, »When Will the Chinese People be Free?«, *Journal of Democracy*, Bd. 18, Nr. 3, Juli 2007, S. 42.

5 Chris Patten, *What Next? Surviving the Twenty-First Century*, London 2008, S. 401.

6 Kellee S. Tsai, *Capitalists without Democracy: The Private Sector in Contemporary China*, Ithaca 2007, S. 54.

7 Ebenda, S. 45. Rowen weist darauf hin, dass »der urban-rurale Gini-Koeffizient von 0,28 im Jahr 1991 auf 0,46 im Jahr 2000 stieg«. Ein höherer Wert ist gleichbedeutend mit größerer Ungleichverteilung; zum Vergleich der europäische Durchschnittswert: 0,30; der Wert der USA: 0,45.

8 Der Wert für China stammt aus einer offiziellen Quelle und wird von Puddington zitiert. Vgl. Arch Puddington (Hg.), *Freedom in the World 2008: The Annual Survey of Political Rights and Civil Liberties*, New York 2008, S. 163. Der britische Wert, der vom britischen Amt für Gesundheitsschutz und Sicherheit am Arbeitsplatz stammt, der Health and Safety Executive, wurde von der *Financial Times* vom 30. Oktober 2008, S. 4, gemeldet.

9 Meine Informationsquelle für diesen Absatz ist ein hochrangiger und gut vernetzter Intellektueller der KPCh.

10 David Shambaugh, *China's Communist Party: Atrophy and Adaptation*, Washington 2008, S. 81.

11 Vgl. z. B. Cheng Chen und Rudra Sil, »Stretching Postcommunism: Diversity, Context, and Comparative Historical Analysis«, in: *Post-Soviet Affairs*, Bd. 23, Nr. 4, 2007, S. 275–301.

12 Patrick J. Heardon, *The Tragedy of Vietnam*, 3. Aufl., New York 2008, S. 194.

13 Owen Bennett Jones, »Laos: 25 years of communism«, 30. Dezember 2000: http://news.bbc.co.uk/1/hi/programmes/from_our_own_correspondent /1092752.stm

14 Rory Carroll, »Cuban workers to get bonuses for extra effort«, *The Guardian*, 13. Juni 2008, S. 28.

15 Heardon, *The Tragedy of Vietnam*, S. 178–181.

16 Ebenda, S. 180.

17 Mark Kramer, »The Collapse of East European Communism and the Repercussions within the Soviet Union« (Teil 1), in: *Journal of Cold War Studies*, Bd. 5, Nr. 4, 2003, S. 198.

18 Cheng Chen und Lee Ji-Yong, »Making sense of North Korea: ›National Stalinism‹ in comparative-historical perspective«, in: *Communist and Post-Communist Studies*, Bd. 40, Nr. 4, 2007, S. 459–475, insb. S. 461–463.

19 Jason Brownlee, *Authoritarianism in an Age of Democratization*, New York 2007, S. 204 f.

20 *Freedom in the World 2008*, S. 777.

21 Rana Mitter, *A Bitter Revolution: China's Struggle with the Modern World*, Oxford 2004, S. 309.

22 Chen und Sil, »Stretching Postcommunism«, S. 287.

23 Chris Patten, *Not Quite the Diplomat: Home Truths about World Affairs*, London 2005, S. 279.

24 Ebenda.

25 Rowen, »When Will the Chinese People be Free?«, S. 41.

26 Shi, Tianjian, »Cultural Values and Democracy in the People's Republic of China«, in: *The China Quarterly*, Nr. 162, 2000, S. 557.

27 Zhao, Dingxin, »China's Prolonged Stability and Political Future: same political system, different policies and methods«, in: *Journal of Contemporary China*, Bd. 10 (28), 2001, S. 427–444. Zu Beginn dieses Jahrhunderts stellte Zhao folgende Frage (S. 441): »Was wird nach weiteren 20 Jahren geschehen, wenn die Menschen, die die Kulturrevolution noch selbst erlebt haben, alt geworden sind? Dann wird die Bevölkerung Wohlstand und Stabilität möglicherweise als selbstverständlich betrachten, und der Staat wird nicht länger in der Lage sein, diese beiden Vorzüge zur Rechtfertigung seiner Herrschaft ins Feld zu führen.«

28 Vgl. Lee Kuan Yew und Fareed Zakaria, »Culture is Destiny: A Conversation with Lee Kuan Yew«, *Foreign Affairs*, Bd. 73, Nr. 2, 1994, S. 109–126.

29 Kim Dae Jung, »Is Culture Destiny? The Myth of Asia's Anti-Democratic Values«, *Foreign Affairs*, November-Dezember 1994.

Anmerkungen Seite 816–822   921

30 Vgl. Stephen Whitefield (Hg.), *Political Culture and Post-Communism*, London 2005.
31 Vgl. Chang Yu-tzung, Chu Yun-han und Park Chong-Min, »Authoritarian Nostalgia in Asia«, *Journal of Democracy*, Bd. 18, Nr. 3, 2007, S. 66–80. Die Autoren erklären (S. 78), »der wirtschaftliche und geopolitische Aufstieg Chinas im letzten Jahrzehnt« habe in der regionalen Umgebung »günstigere Bedingungen für Nichtdemokratien« geschaffen.
32 *Financial Times*, 4. November 2008, S. 12.
33 Howard Fast, *The Naked God: The Writer and the Communist Party*, London 1958, S. 24.
34 Ebenda, S. 26 ff.
35 Ebenda, S. 26.
36 Milovan Djilas, *Der Krieg der Partisanen. Memoiren 1941–1945*, Wien 1978, S. 574.
37 Ebenda.
38 Michail Gorbatschow, *Ponjat perestroiku. Potschemu eto waschno seitschas*, Moskau 2006, S. 18 und 25.
39 Robert A. Dahl, *On Democracy*, New Haven 1998, S. 3 und 180.
40 Ebenda, S. 188.

Danksagung

Zwei Jahre lang habe ich an diesem Buch geschrieben, aber es ist das Produkt von über 45 Jahren Forschung über den Kommunismus. Dazu gehörten zahlreiche Studienreisen in viele kommunistische Länder, die ersten vor mehr als 40 Jahren. Im Laufe dieser Aufenthalte lernte ich von so vielen Menschen so viele Dinge, dass es ein vergebliches Unterfangen wäre, auch nur den Versuch zu unternehmen, all jene aufzuzählen, die meine Anschauungen zu diesem Thema in irgendeiner Form beeinflussten – und gegenüber den vergessenen Personen wäre es nicht ganz fair. An Stellen, wo ich wörtlich zitiere, habe ich in der Regel die Person genannt, die mir gegenüber den Kommentar abgab. Im Falle eines Landes, das sich noch unter kommunistischer Herrschaft befindet, habe ich jedoch bewusst darauf verzichtet.

Bevor ich nun all jenen danke, die mit ihren Kommentaren zu *Aufstieg und Fall des Kommunismus* einen unmittelbaren Beitrag leisteten, möchte ich zwei Personen nennen, denen ich seit vielen Jahren innigen Dank schulde, auch wenn die betreffenden Personen bereits verstorben sind. Dass ich überhaupt dieses Buch sowie etliche andere Schriften zu verwandten Themen geschrieben habe, verdanke ich Leonard Schapiro, der vor einem Vierteljahrhundert starb, aber zu seiner Zeit in Großbritannien ein führender Experte für sowjetische Politik war. Er unterrichtete an der London School of Economics and Political Science, die ich Ende der fünfziger und Anfang der sechziger Jahre als Student besuchte. Schapiro war es dann, der mich aufgrund eines Aufsatzes, den ich in meinem letzten Jahr vor dem ersten Examen geschrieben hatte, ermunterte, ein Stipendium für russische und kommunistische Geschichte zu beantragen. Meine eigenen vagen Vorstellungen über meine Tätigkeit nach dem Examen waren in völlig andere Richtungen gegangen. Dieses Stipendium legte den Weg meiner folgenden Berufslaufbahn fest – und das hatte ich allein der Überredungskunst Schapiros zu verdanken.

Der zweite frühe Mentor, dem ich immer noch sehr zu Dank verpflichtet bin, ist Alec Nove (der ebenfalls in dem Komitee saß, das mich anhörte). Meine Karriere als Universitätsdozent begann ich 1964 an der Glasgow University. Nove war ein Jahr zuvor von London nach Glasgow gezogen und leitete dort das Institut für sowjetische und osteuropäische Studien. Ich wurde zwar in die Abteilung für Politik berufen, aber ich lernte in Gesprächen und Seminaren mit einem so anregenden und aufmerksamen Kollegen wie Nove unglaublich viel. Schapiro und Nove, die beide familiäre Wurzeln in Russland hatten, vertraten bei ihren Analysen des sowjetischen und kommunistischen Systems deutlich unterschiedliche Anschauungen. Beide leisteten sie jedoch einen wichtigen Beitrag zu diesem breiten Feld und lieferten einander ergänzende Erkenntnisse.

Darüber hinaus bin ich vielen Menschen aus jüngster Zeit Dank schuldig. Eine ansehnliche Zahl von Freunden und Kollegen hat mindestens ein Kapitel dieses Buches gelesen (in manchen Fällen gleich mehrere) und dazu Kommentare abgegeben. Im Allgemeinen sah ich mich anschließend veranlasst, zu dem bereits Geschriebenen noch etwas hinzuzufügen, statt etwas zu streichen, allerdings bin ich mir sehr wohl bewusst, dass ich dennoch eine Fülle an Details ausklammern musste. Außerdem bewahrten mich diejenigen, die ein Kapitel lasen, auch vor etlichen Fehlern. Ich bin außerordentlich dankbar für ihre Hilfe und ihren Ratschlag. In alphabetischer Reihenfolge bin ich folgenden Personen zu großem Dank verpflichtet: Professor David Anderson vom St. Cross College, Oxford; Alan Angell, St. Antony's College, Oxford; Owen Bennett-Jones von der BBC; Sir Rodric Braithwaite, dem ehemaligen britischen Botschafter in der Sowjetunion; Professor Richard Crampton, St. Edmund Hall, Oxford; Richard Davy, ehemaliger Mitarbeiter der *Times* und des *Independent*; Dr. Nandini Gooptu, St. Antony's College; Professor Yoram Gorlizki, Manchester University; Dr. Sudhir Hazareesingh vom Balliol College, Oxford; Professor Charles King, Georgetown University; Dr. Mark Kramer von der Harvard University; Dr. Rana Mitter, St. Cross Col-

Danksagung

lege, Oxford; Kenneth (Lord) Morgan, Queen's College, Oxford; Dr. Julie Newton, St. Antony's College; Dr. Alex Pravda, St. Antony's College; Professor Alfred Stepan, Columbia University, New York; Professor Arthur Stockwin, St. Antony's College; Professor William Taubman vom Amherst College und Dr. Steve Tsang, St. Antony's College. Zu bestimmten Punkten habe ich ferner zu Rate gezogen und sehr hilfreiche Antworten erhalten von Dr. Roy Allison von der London School of Economics and Political Science, Dr. David Johnson vom St. Antony's College, Dr. Tomila Lankina von der De Montfort University in Leicester und Dr. John Maddicott, Exeter College in Oxford. Herzlich danken möchte ich den Graduiertenstudenten am St. Antony's College Nina Kozlova und Stéphane Reissfelder für die Hilfe bei speziellen Rechercheproblemen.

Die wichtigsten Archivquellen, die ich benutzt habe, werden im National Security Archive in Washington, DC aufbewahrt (wo mir Svetlana Savranskaya bei der Nutzung der Ressourcen eine große Hilfe war), sowie im Hoover Institution Archive an der Stanford University (wo Martina Podsklanova mich tatkräftig unterstützte) und im Archiv der Gorbatschow-Stiftung in Moskau (wo mir Anatoli Tschernajew, Olga Sdrawomyslowa und Sergej Kusnezow den Zugang zu wichtigen Materialien erleichterten). Unter den übrigen genutzten Archivquellen finden sich einige Unterlagen der britischen Regierung, deren Freigabe ich nach dem britischen Freedom of Information Act erwirken konnte. Verweise auf Archivquellen, Bücher und Artikel werden bei der ersten Nennung in jedem Kapitel des Buches in voller Länge zitiert, danach abgekürzt.

Der British Academy möchte ich herzlich für die Gewährung eines Forschungsstipendiums danken, das mir meine Forschungsarbeit erheblich erleichterte. Insbesondere wurden damit sehr ergiebige Besuche in Washington und Moskau zu Archivrecherchen finanziert. Mein größter Dank an eine Einrichtung gilt – wie man an der Aufzählung etlicher Kollegen in dieser Danksagung wohl ablesen kann – dem St. Antony's College in Oxford. Von der Zugehörigkeit zur Abteilung für Politik und internationale Beziehungen an der University of Oxford und dem Austausch mit den Kollegen dort habe ich sehr profitiert. Die Universität ist allerdings so organisiert, dass in den Geistes- und Gesellschaftswissenschaften die meisten Kollegen den größten Teil ihrer Zeit im jeweiligen College verbringen. Schon die Tatsache, dass St. Antony's ein College für graduierte Studenten ist, die sich auf Gesellschaftswissenschaften und Zeitgeschichte spezialisiert haben, hat sich als sehr vorteilhaft erwiesen. Noch hilfreicher war der Umstand, dass sich das College der Erforschung von Problemen in der realen Welt widmet und eine breite Palette regionaler Zentren beherbergt, die allesamt wiederum erstklassige Experten zu verschiedenen Ländern beschäftigen. Auch die am häufigsten genutzten Bibliotheken befanden sich im St. Antony's College – die Russian and Eurasian Studies Centre Library, die Jackie Willcox überaus effektiv und hilfsbereit ein Vierteljahrhundert lang geleitet hatte, ehe er von dem ebenso bewundernswerten Richard Ramage abgelöst wurde – und in der Hauptbibliothek, der College Library, wo mein Dank der langjährigen Bibliothekarin Rosamund Campbell gilt. Schließlich waren auch die elektronischen Ressourcen der Bibliothek der University of Oxford ein wahrer Segen.

Außerordentlich dankbar bin ich meiner Literaturagentin Felicity Bryan für die Sachkenntnis, Begeisterung und Unterstützung, die sie mir zukommen ließ, sowie für ihre äußerst tüchtigen Kollegen in der Felicity Bryan Agency in Oxford. Ferner schulde ich Andrew Nurnberg in London großen Dank, der sich mit der deutschen Ausgabe des Buches befasst hatte. Bei Herrn Christian Seeger von Propyläen muss ich mich dafür entschuldigen, dass die Lieferung des Manuskriptes sich hinausgezögert hat. Seinen Rat und seine Geduld sowie die schnelle und gute Arbeit der Übersetzer weiß ich sehr zu schätzen.

Und schließlich muss ich meiner Frau Pat nicht nur dafür danken, dass sie das Manuskript sorgfältig Kapitel für Kapitel gelesen hat, sondern auch dafür, dass sie klaglos die langen Stunden ertrug, die ich mit der Arbeit an diesem Buch verbrachte. Entzückende Enkelkinder entschädigten sie bereitwillig dafür. Unseren Kindern und Enkelkindern (von denen das jüngste noch nicht einmal sechs Monate alt sein wird, wenn die englische Ausgabe *The Rise and Fall of Communism* erscheint) möchte ich dieses Buch widmen.

Personenregister

Abakumow, Viktor 271, 297
Abalkin, Leonid 742
Acheson, Dean 229, 286
Achmatowa, Anna 277, 657
Ackermann, Anton 242
Acosta, Carlos 414
Adamec, Ladislav 720
Adams, John 35
Adams, John Quincy 35
Adenauer, Konrad 243
Afanassjew, Juri 678, 692
Aganbegjan, Abel 652, 7 44
Alexander II., Zar 51, 68
Alexander III., Zar 53
Alexandra, Zarin 73 f., 76
Alexej, russischer Thronfolger 73
Alexejewa, Ludmilla 322, 557, 621, 791
Alia, Ramiz 725
Alijew, Geidar 657 f.
Allende, Salvador 154, 416
Ambarzumow, Jewgeni 678
Ambrosius, Bischof von Mailand 26
Amin, Hafizullah 473 f., 476–479
Amin, Idi 472
Amter, Israel 139
Andrejewa, Nina 673 f.
Andropow, Juri 100, 338, 380, 386, 476–479, 523, 531, 537, 540, 542, 544, 546, 549 f., 554 f., 557, 576, 582 f., 619, 629, 638,

643–646, 649, 651, 680, 703, 744, 772
Antonescu, Ion 237
Applebaum, Anne 114
Aragon, Louis 305
Arbatow, Georgi 537 f., 555 ff., 628
Artemew, Pawel 318
Astafjew, Wiktor 268 f.
Attlee, Clement 226
Augustinus 26, 171
Auty, Phyllis 214
Axelrod, Pawel 50

Babeuf, François Noël 32
Babiuch, Edward 575
Bagramian, Iwan 341
Bakatin, Wadim 753, 759 f.
Baker, James 639
Baklanow, Georgi 686
Baklanow, Oleg 675, 702, 756 f.
Bakunin, Michail 46 f.
Balcerowicz, Leszek 712
Ball, John 27 f., 30
Barbieri, Frane 622
Barrientos, René 413
Bartov, Omer 196
Baryschnikow, Michail 632
Batista, Fulgencio 398, 400 f., 403 ff., 411, 416
Baum, Richard 598
Bauman, Zygmunt 566

Bebel, August 48
Beer, Max 26
Beevor, Antony 197
Bell, Tom 126
Beltow, N. (Pseudonym von Georgi
    Plechanow) 53
Bendix, Reinhard 778
Beneš, Edvard 216, 222 f., 368
Berend, Ivan 707
Berija, Lawrenti 193, 198, 271 f.,
    297 ff., 302, 304, 309 f., 316–320,
    324 f., 334, 338 f., 342 f., 364 ff.,
    368 f., 374, 766
Berlin, Isaiah 55, 657
Berlinguer, Enrico 623, 625, 629
Bernstein, Eduard 61 ff., 72, 89
Bessmertnych, Alexander 753
Bevan, Aneurin 820
Bevin, Ernest 152, 226, 246
Bierut, Boles3aw 231, 234, 291, 363,
    375
Bilak, Vasil 521, 525, 528, 530, 625
Bin Laden, Osama 473
Bismarck, Otto von 192, 789
Blake, George 632
Blanc, Louis 49
Blank, Alexander (Srul) 51
Blank, Moses 51
Blum, Léon 137
Bogoljubow, Klawdi 645
Bogomolow, Oleg 556 f.
Bogrow, Dmitri 71
Boldin, Waleri 757
Bondarjow, Juri 685 f.
Bordigo, Amadeo 123
Borodin (eigtl. Grusenberg), Michail
    144 f., 301
Bourdeaux, Michael 351
Braithwaite, Rodric 197
Brandt, Willy 239, 433, 535 f.
Brazauskas, Algirdas Mikolas 788
Breschnew, Leonid 14, 100, 110, 272,
    274, 320, 335, 338, 349, 360 f.,
    387, 436 f., 446 f., 471, 477, 479,
    490, 511, 517–526, 528, 530 f.,
    533–543, 546 f., 553, 555 f., 558,

560, 577 ff., 581 f., 607, 616,
    618 f., 636, 638, 643, 651, 686,
    705 f., 732, 760 f., 772, 797, 801,
    817
Brokaw, Tom 664, 715
Broomfield, Nigel 787
Browder, Russell 140, 177
Brown, George (Pseudonym von
    Michail Borodin) 146
Brus, Włodzimierz 372, 566, 590
Brzezinski, Zbigniew 471, 571
Bucharin, Nikolai 75, 97 f., 113, 123,
    139, 183, 331, 378, 557, 658
Budjonny, Semjon 194
Bulganin, Nikolai 318, 320, 325, 333,
    336, 364, 374, 383
Bundy, McGeorge 463
Bunke, Tamara 413
Burgess, Guy 632
Burlazki, Fjodor 678
Burns, Lizzy 37
Burns, Mary 37
Burns, Robert 48
Bush, George H. W. 631, 637, 639,
    758, 802

Cabet, Étienne 34
Callaghan, James 620
Campanella, Tommaso 31
Campbell, John (J. R.) 126, 141
Cantillo, Eulogio 403 f.
Cardona, Miró 405
Carrillo, Santiago 623 ff.
Carter, Jimmy 471, 536, 571, 616
Casey, William 637
Castro, Fidel 355, 397–421 passim,
    485, 488, 492, 809 f.
Castro, Raúl 401, 403 f., 406, 411,
    414, 416, 421, 809
Ceauşescu, Elena 723 ff.
Ceauşescu, Nicolae 236, 578, 705,
    711, 723 ff., 812
Ceauşescu, Nicu 723, 812
Černík, Oldřich 517 f., 521 f., 527,
    531
Chamberlain, Neville 134

Chaplin, Charlie 106
Chariton, Juli 302
Chen Duxiu 144
Chlewniuk, Oleg 108
Chruschtschow, Nikita 25, 52, 93,
    100, 108, 110, 112 f., 135, 162 f.,
    176, 193, 197, 258, 269, 272 ff.,
    284, 297 ff., 304 f., 309, 311–365
    passim, 370, 373–379, 381, 384–
    390, 394, 407–410, 420, 422 f.,
    425 ff., 430–438 passim, 494,
    496 f., 502, 508 f., 534–544
    passim, 553, 587, 595, 601,
    646 ff., 659, 738, 772, 819
Chruschtschow, Sergej 360
Churchill, Randolph 204
Churchill, Winston 83, 192, 198,
    201–204, 212 f., 224–230,
    240, 244–247, 275, 280, 673,
    701
Clément (Pseudonym von Eugen
    Fried) 138
Clementis, Vladimir 294, 501
Clinton, Bill 601
Cohn, Norman 27
Craddock, Percy 630
Curzon, George 226

Dahal (Prachanda), Pushpa Kamal
    804
Dahl, Robert 821 f.
Dalai Lama 429, 434
Dallin, Alexander 778
Daniel, Juli 544
Daniels, Robert V. 338
Darwin, Charles 61 f.
Daud, Mohammed 473 f.
Davies, Joseph F. 113
Deakin, Bill 203 f.
Dekanosow, Wladimir 192 ff.
Deljussin, Lew 557
Deng Liqun 602
Deng Xiaoping 144, 425, 430, 436,
    438, 442 f., 586–605 passim, 794,
    805, 808, 813, 819
Deutscher, Isaac 372, 792

Dienstbier, Jiři 721
Dimitrow, Georgi 123, 128 ff., 164,
    238 f., 251, 254 f., 281 ff.
Ding, X. L. 602, 604
Dittmer, Lowell 258
Djilas, Milovan 204, 215, 281 ff., 390,
    820
Djodsche, Kotschi 211
Dmitri Pawlowitsch, Großfürst 74
Dobrynin, Anatoli 419, 492, 666 f.,
    669
Dole, Bob 670
Dostojewski, Fjodor 277
Dowsett, Betty 177
Drtina, Prokop 219
Dserschinski, Felix 84, 102, 338
Dubček, Alexander 500, 502, 506–
    509, 512 f., 515 f., 519–532
    passim, 717 f., 720 f., 790
Dubček, Julius 508
Dudinzew, Wladimir 344
Dugin, Alexander 749
Dulles, Allen 461
Dulles, John Foster 391
Dunham, Vera 278
Dutt (geb. Pekkala), Salme 142
Dyker, David 215
Eberlein, Hugo 122
Eden, Anthony 212, 224, 226
Ehrenburg, Ilja 321 f., 324
Eiche, Robert 329
Eisenhower, Dwight D. 354, 385,
    391, 408, 434, 459–462, 464
Eisler, Pavel 498, 500
Elliott, David 465
Engels, Friedrich 18, 23, 29, 36 ff.,
    40 f., 43, 46 ff., 54, 61 f., 80, 344,
    454, 625, 803, 807 f.
Escalante, Anibal 407

Fadejew, Alexander 305
Fainsod, Merle 332
Fairbank, John King 261
Fairbanks, Douglas 106
Fang Lizhi 594, 598
Fast, Howard 170, 177, 818

Ferguson, Adam 31 f.
Fink, Carole 124
Fischer, Ruth 127
Fitzpatrick, Sheila 76
Ford, Gerald 536, 616 f., 620
Ford, John (Pseudonym von Israel
   Amter) 139
Fourier, Charles 33
Franco Bahamonde, Francisco 132,
   134, 622
Frayn, Michael 771
Fried, Eugen 138
Friedberg (eigtl. Retzlaw), Karl 128
Friedrich der Große 789
Fulbrook, Mary 716

Gagarin, Juri 353 f.
Gaidar, Jegor 666, 740 f., 775 f.
Galbraith, John Kenneth 461
Galitsch, Alexander 551 f.
Gamsachurdia, Swiad 736
Gandhi, Mahatma 480
Gapon, Georgi Apollonowitsch 67
Garton Ash, Timothy 572, 717
Garvey, Terence 620
Gaulle, Charles de 354, 462, 673
Georg VI., König von England 227
Gerassimow, Gennadi 789, 802
Geremek, Bronisław 711
Gerő, Ernő 236, 378, 380 ff., 386,
   388
Gheorghiu-Dej, Gheorghe 236, 238,
   390, 394
Gide, André 173 f.
Gierek, Edward 566 ff., 570, 572 f.,
   575, 579
Gimes, Miklós 390
Gitting, John 587
Glemp, Józef 584, 710
Goebbels, Joseph 246
Goldstücker, Eduard 509, 532
Gomułka, Władysław 231, 234, 291,
   363, 375 ff., 382, 395, 516 f.,
   520 ff., 526, 530 ff., 537, 566 ff.
Gooding, John 107
Gorbatschow, Michail 100, 154, 162,

273, 278, 303, 311, 338 f., 350,
   472, 479, 492 f., 553 ff., 592, 594,
   596 f., 621, 627–631, 635, 638–
   704 passim, 710, 711, 714–720,
   723, 732, 735–762 passim,
   774 ff., 784 ff., 789 f., 792–797,
   801 f., 813, 819, 821
Gorbatschowa, Irina 755
Gorbatschowa, Raissa 647, 664, 755,
   759
Göring, Hermann 283
Gottwald, Klement 218 ff., 222 f.,
   292 ff., 368, 496, 521
Goulding, Marrack 471
Gramsci, Antonio 136
Gretschko, Andrej 518
Grischin, Viktor 652 f.
Gromyko, Andrej 321, 475, 477, 576,
   618, 621, 631, 646, 651, 674, 686,
   701, 743, 795
Grossman, Wassili 678
Grósz, Károly 706 f.
Grotewohl, Otto 243
Gueffroy, Chris 717
Guesde, Jules 49
Guevara, Ernesto Che 401–406, 411–
   414

Haig, Alexander 637, 670
Haile Selassie, Kaiser von Äthiopien
   492 f.
Hájek, Jiři 513
Hankiss, Elemér 704 f.
Hanson, Philip 159
Hardie, Keir 48, 72
Harriman, Averell 225
Havel, Václav 506, 514, 718, 720 f.
Havemann, Robert 712 f.
Hegel, Georg Wilhelm Friedrich 42
Heinrich VIII., König von England
   30
Hejzlar, Zdeněk 514
Hendrych, Jiři 506
Heppell, Jason 186
Herzen, Alexander 46
Hess, Moses 37

Heydrich, Reinhard 206
Hirszowicz, Maria 566
Hitler, Adolf 98, 127–130, 132 ff.,
   137, 167, 191–198, 205, 208 ff.,
   217
Ho Chi Minh 455–458, 464, 469,
   808
Hobsbawm, Eric 164 f., 185 f.
Hodscha (Hoxha), Enver 210 ff., 394,
   725
Hoffmann, David L. 105
Honecker, Erich 369, 578, 674, 711 f.,
   714 f.
Horner, Arthur 126, 176
Howe, Geoffrey 630 f.
Hu Jintao 605 f., 609 f.
Hu Yaobang 587, 590 f., 593 ff., 600
Hua Kuo-feng 587 ff., 591, 593, 600
Hübl, Milan 515
Hume, David 454
Humphrey, Hubert 463
Hus, Jan 28
Husák, Gustáv 206, 294 f., 514, 516,
   530, 532 f., 578, 705, 717–720
Hyde, Douglas 178

Iglesias, Pablo 49
Ignatiew, Semion 338
Iljin, Wladimir (Pseudonym von
   Lenin) 57
Iljitschow, Leonid 356
Indra, Alois 521, 525, 528, 530
Inkpin, Albert 126
Inosemzew, Nikolai 556
Iwan der Schreckliche 93, 510, 789

Jacobs, Joe 184 f.
Jacobs, Seth 462
Jakeš, Miloš 719
Jakowlew, Alexander 554, 628 f.,
   655 f., 659, 662, 664, 666, 668,
   673 ff., 677, 679 ff., 692, 701 ff.,
   720, 744, 746, 749, 753, 784, 793,
   795, 797, 819
Jakowlew, Jegor 677
Janajew, Gennadi 753, 756

Jaruzelski, Wojciech 580–583, 709,
   711 f.
Jaschin, Alexander 344
Jasow, Dmitri 667, 746, 756
Jassin, Jewgeni 742
Jawlinski, Grigori 741 f.
Jefferson, Thomas 35
Jelzin, Boris 653, 662–665, 672, 686,
   689, 692, 735–742, 747 ff., 752,
   754, 757–762, 774, 794, 803
Jenkins, Roy 246
Jewdokimowa, Nelja 771
Jewtuschenko, Jewgeni 345, 357
Jiang Qing 439 f., 443 f.
Jiang Zemin 600 f., 603, 605 f., 608 f.
Johannes Paul II., Papst 572, 575,
   584, 635, 639
Johnson, Lyndon B. 413, 463, 465
Jones, Owen Bennett 809
Jussupow, Felix 74

Kádár, János 236, 289 f., 378, 380 ff.,
   385–390, 395 f., 508, 517, 520 ff.,
   533, 537, 550, 578, 602, 644,
   704 ff., 709
Kaganowitsch, Lasar 272, 299, 326,
   333, 335, 337, 340 f., 348, 548,
   647
Kalinin, Michail 228, 274
Kamenew, Lew 108, 183
Kania, Stanisław 572, 575, 577 f.,
   581 f.
Kapek, Antonín 525
Kapiza, Pjotr 343
Kardelj, Edvard 215, 281 f., 372, 792
Karmal, Babrak 477 f.
Karmen, Roman 257
Károly, Mihály 119 f.
Katsnelson, Sinowi 132
Kautsky, John H. 153
Kautsky, Karl 61, 63, 80 f., 86, 153
Keaton, Buster 106
Kennan, George 229, 244 f.
Kennedy, John F. 355, 408 f., 460–
   463
Kerenski, Alexander 52, 77, 79

Kerenski, Fedor 52
Keynes, John Maynard 782
Kim Dae Jung 815
Kim Il Sung 158, 262, 451–454, 470,
    609, 811 f.
Kim Jong Il 158, 452 ff., 470, 609,
    811 f.
Kirilenko, Andrej 540
Kiritschenko, Alexej 320, 333, 342
Kirow, Sergej 107 f., 270, 348
Kissinger, Henry 418, 447, 451,
    540 f., 617, 670
Klerk, Frederik Willem de 488
Klimová, Rita 721
Koestler, Arthur 174 f., 672
Kohl, Helmut 716
Kohout, Pavel 506
Kołakowski, Leszek 47, 369 f., 377,
    566
Kolbin, Gennadi 743
Kolder, Drahomír 525
Koldunow, Alexander 667
Kollontai, Alexandra 75
Konjew, Iwan 197
Kornai, János 372, 786, 792
Kornilow, Lawr 79
Korolew, Sergej 353
Korotitsch, Witali 677
Koslow, Frol 339, 342, 360
Kossygin, Alexej 299 f., 413, 475 f.,
    517 f., 523, 531, 539–543
Kostoff, Traitscho 289
Kotane, Moses 485
Kowaljow, Anatoli 619
Krawtschuk, Leonid 754, 758,
    760 f.
Krenz, Egon 715
Krestinski, Nikolai 113
Kriegel, František 497, 513, 526, 530,
    532
Krjutschkow, Wladimir 702, 756 ff.
Krupskaja, Nadeschda 71
Kulikow, Oleg 803
Kulikow, Viktor 583
Kun, Bela 119 f., 234 f., 389
Kunajew, Dinmuchamed 743

Kundera, Milan 505
Kuroń, Jacek 570
Kurtschatow, Igor 302, 355
Kusin, Vladimir 223
Kusnezow, Alexej 271, 297–300, 325
Kutusow, Michail 200
Kuusinen, Otto 123, 339 f.

Landsbergis, Vytautas 788
Lange, Oskar 372
Lansky, Meyer 398, 400
Laptew, Iwan 687
Lebedew, Wladimir 356
Lee, Vernon 246
Lenin (eigtl. Uljanow), Wladimir 24,
    26, 32, 50–65 passim, 70–102
    passim, 107, 114, 121–125, 136,
    139 f., 143, 149, 153, 157 f., 162,
    165, 168, 171 f., 209, 259, 265,
    270, 311, 313, 315, 326, 344 f.,
    348, 350, 387, 399 f., 404, 426,
    445, 455, 468, 490, 519, 536, 545,
    557, 570, 625, 648, 681, 752, 759,
    767, 771, 793, 803, 807 f., 821 f.
Leonhard, Wolfgang 241 f.
Lermontow, Michail 277
Lessnoff, Michael 150 f.
Li Peng 594, 597, 600
Li Shuxian 598
Lichatschow, Dmitri 679
Liebknecht, Karl 117 f.
Liebknecht, Wilhelm 48
Ligatschow, Jegor 339, 653, 661 ff.,
    673 ff., 680 f., 686, 702, 744, 746
Lin Biao 252, 260, 262, 439, 441
Linguet, Simon 32
Liu Ji 609
Liu Shaoqi 258, 430, 436, 439, 441
Lloyd George, David 83, 116
Löbl, Evžen 509
Locke, John 401
Lon Nol 467
Lukjanow, Anatoli 657 f., 756 f.
Lultschew, Kosta 238 f.
Luther, Martin 28, 171, 789
Luxemburg, Rosa 63, 117 f.

Lwow, Georgi 77
Lyssenko, Trofim 303, 352

MacDonald, Ramsay 125
Machel, Samora 491
Machiavelli, Niccolò 453 f., 504
MacLean, Donald 632
Macmillan, Harold 354, 462
Madison, James 35
Major, John 758
Makarowa, Natalja 632
Malenkow, Georgi 221, 271, 276, 297 ff., 304, 309 f., 315–320, 325 f., 333, 336 f., 340 f., 364 ff., 368 f., 372 f., 384, 647
Maléter, Pál 381, 389 ff.
Malinowski, Roman 115, 341, 437
Mamula, Miroslav 508
Mandela, Nelson 418, 484–488
Manuilski, Dmitri 126
Mao Tse-tung 24, 144, 146, 158, 208, 247–266 passim, 355, 382, 423–447 passim, 452, 466, 468 ff., 539, 586–592, 597, 599–602, 607–612, 800, 805–808
Marchais, Georges 625
Margolin, Jean-Louis 469 f.
Marshall, George 219
Martí, José 398 f.
Martineau, Harriet 35
Martow (eigtl. Zederbaum), Julius 57–60, 76
Marx, Groucho 137, 627
Marx, Karl 18 f., 23 f., 26, 31–50 passim, 54, 56, 61 f., 80, 86 f., 137, 149, 158, 162, 171, 265, 311, 344, 347, 399 f., 404, 454 f., 468, 482, 490, 536, 625, 657, 673, 752, 793, 803, 805, 807 ff., 821 f.
Masaryk, Jan 219, 223, 294, 509
Masaryk, Tomáš 216, 510, 519
Maslow, Arkadi 127
Matlock, Jack 636, 638, 670, 683, 689
Matos, Huber 406
Mazowiecki, Tadeusz 711
Mbeki, Thabo 488

McDiarmid, Hugh 172, 394
McFarlane, Robert 637
McNamara, Robert 462 f.
Medwedew, Roy 545 f., 552, 626
Medwedew, Wadim 666, 674 f., 681, 692, 719, 740
Meeker, Oden 461
Meir, Golda 276
Mendès-France, Pierre 459
Mengistu Haile Mariam 492 f.
Merridale, Catherine 269
Mező, Imre 383
Michael, König von Rumänien 237
Michail, Großfürst 76
Michnik, Adam 570, 711, 751
Michoels, Solomon 300
Mihailović, Draža 203, 214
Mikojan, Anastas 198, 258, 273, 275 f., 293 f., 309, 312, 314, 326 ff., 333 ff., 360 f., 378 f., 381 ff., 386 f., 408 f., 540
Mikojan, Artem 328
Mikojan, Sergo 273 f.
Mikołajczyk, Stanisław 227, 233 f.
Millar, John 31 f.
Milošević, Slobodan 728 f., 788
Mindszenty, József 236, 392
Mirski, Pjotr 172
Mladenow, Petŭr 722
Mlynář, Zdeněk 303, 501, 503 f., 511, 514, 518, 528, 530, 532, 719, 753
Mobuto, Sese Seko 776
Moczar, Mieczysław 566, 568
Molotow, Wjatscheslaw 102, 122, 133, 198, 224 f., 237, 274 ff., 309 f., 314, 316, 320 f., 325 f., 333, 336 f., 340 f., 348, 383, 385, 388 f., 431, 459, 647
Monroe, James 35
Morris, William 48
Morus, Thomas 29 ff.
Moskalenko, Kirill 318, 341
Mosley, Oswald 143
Münnich, Ferenc 385, 387 ff., 395
Müntzer, Thomas 29 f.

Mussolini, Benito 125, 132, 134 f.,
205

Nadschibullah, Mohammed 669
Nagy, Imre 236, 372 f., 377–393
passim, 708
Napoleon III. 41, 44
Nasarbajew, Nursultan 735, 743
Nasser, Gamal Abdel 360, 385, 476,
482, 489
Nehru, Jawaharlal 434, 482
Neiswestni, Ernst 357
Németh, Miklós 707
Neto, Agostino 491 f.
Newski, Alexander 199
Ngo Dinh Diem 465
Nguyen Ai Quoc siehe Ho Chi
Minh 455, 457
Nie Yuanzi 588
Nikolaus II., Zar 67 ff., 72 f., 75 f.
Nixon, Richard 447, 467, 536, 541,
616 f.
Nkrumah, Kwame 491
Nosek, Václav 222
Nove, Alec 159, 161, 183, 766, 801
Novomeský, Laco 507
Novotná, Božena 501
Novotný, Antonín 394, 432, 498,
501 f., 506–509, 515
Nurejew, Rudolf 632
Nyerere, Julius 491
Nyers, Rezsö 706

O'Neill, Thomas 705
Oakeshott, Michael 161
Obolenski, Alexander 690
Ochab, Edward 375
Okudschawa, Bulat 551 f.
Orlow, Alexander 132
Orlow, Juri 620 f.
Orwell, George 173, 332, 467, 555,
672, 770
Owen, Robert 34 f.

Paine, Tom 401
Palastschenko, Pawel 700

Palme Dutt, Rajani 142, 175
Pasternak, Boris 344 f., 678
Pătrăşcanu , Lucreţiu 290
Patten, Chris 806, 815
Pauker, Ana 236 f., 291
Paul VI., Papst 568
Pavel, Josef 513 f.
Pawlow, Valentin 756
Pecqueur, Charles 32
Pelikán, Jiři 514, 532
Peng De-huai 262, 429
Peng Schen 438–441
Pertini, Alessandro 629
Perwuchin, Michail 333
Peter der Große 93, 510, 789
Peter, König von Jugoslawien 213
Peters, Stephen 205
Petkow, Nikola 238 f.
Petőfi, Sándor 379
Petrakow, Nikolai 741
Pham Van Dong 459
Philby, Kim 632
Pickford, Mary 106
Pieck, Wilhelm 240 f., 243
Pijade, Moša 215
Piller, Jan 514
Pińkowski, Józef 575
Pinski, Leonid 349
Plechanow, Georgi 48, 53 ff., 73
Plechanow, Juri 757
Podgorny, Nikolai 540
Pol Pot 466, 468–472, 818
Polan, A. J. 87
Pollitt, Harry 142, 175, 624
Poloskow, Iwan 740, 748
Pomeranzew, Wladimir 322
Ponomarjow, Boris 163, 475, 477,
492, 667
Popiełuszko, Jerzy 584
Popow, Gawriil 692
Popow, Georgi 299
Popper, Karl 24
Pospelow, Petr 327
Potresow, Alexander 57 f.
Powers, Gary 354
Pozsgay, Imre 706 f.

Primakow, Jewgeni 745, 759
Procházka, Jan 510
Prokofjew, Sergej 277
Proudhon, Pierre Joseph 33
Pugo, Boris 753, 756
Purischkewitsch, Wladimir 74
Pusanow, Alexander 474
Puschkin, Alexander 277
Putin, Wladimir 777
Putnam, Robert 178

Race, Jeffrey 460
Radek, Karl 121, 183
Rajk, Júlia 379
Rajk, László 236, 289 f., 292 f., 379 f.,
   391
Rákosi, Mátyás 123, 236, 289 f., 372 f.,
   375, 378 f., 382, 386, 388, 391 f.
Rakowski, Mieczysław 580, 709
Ranković, Aleksandar 215
Rapp, Johann Georg 35
Rasputin, Grigori 73 f.
Rasumowski, Georgi 746
Reagan, Ronald 19, 619, 629, 631,
   635–639, 644, 668 ff., 683 ff.,
   801, 802
Reed, John 139
Remnick, David 645
Rhee, Syngman 451 f.
Ribbentrop, Joachim von 133 f.
Rigby, T. H. 162, 275
Robespierre, Maximilien de 168
Rodríguez, Carlos Rafael 403, 405
Rokossowski, Konstantin 197, 199,
   341, 376
Romanow, Grigori 652
Rommel, Erwin 197
Roosevelt, Eleanor 229
Roosevelt, Franklin D. 140, 191, 198,
   201, 212 f., 225, 228 f., 247,
   399 f., 458
Rothschild, Joseph 120
Rothstein, Andrew 141
Rousseau, Jean-Jacques 401
Roy, M. N. 143, 145, 456
Rusinow, Dennison 203, 280, 285

Rust, Matthias 667
Ruthenberg, Charles 139
Rykow, Alexej 183
Ryschkow, Nikolai 644, 652, 666,
   674, 690, 741 f., 756

Saburow, Maxim 333
Sacharow, Andrej 304 f., 544 ff., 553,
   659, 678, 690, 692 f., 737, 767,
   770
Sadat, Anwar as- 476
Saddam Hussein 489
Safarow, Rafael 798
Saint-Simon, Claude Henri 32 f.
Saloth Sar siehe Pol Pot 470
Salygin, Sergej 679, 681
Samuel, Raphael 164, 178 f., 184
Sanatescu, Constantin 237
Saslawskaja, Tatjana 652, 678
Sassoon, Donald 50, 122, 201
Sassulitsch, Wera 43, 58
Schabowski, Günter 715
Schachnasarow, Georgi 550, 554,
   652, 656, 668, 701 f., 736, 744 f.,
   760, 795, 797, 819
Schang Tschun-qiao 443, 445
Schatalin, Stanilaw 741 f.
Schdanow, Andrej 276 f., 297 f., 301
Schelepin, Alexander 359, 542
Schelest, Petro 523
Schelew, Schelju 722
Schemtschuschina, Polina 274 ff.
Schenin, Oleg 748, 756 f.
Schepilow, Dmitri 298, 305, 317,
   319, 301, 303, 327, 333 ff., 337,
   389
Schewardnadse, Eduard 621, 651,
   666, 674, 692, 701 ff., 746, 753,
   760, 795
Schiwkow, Todor 394, 520, 522, 530,
   578, 625 f., 722
Schljapnikow, Alexander 89
Scholochow, Michail 305
Schostakowitsch, Dmitri 277
Schukow, Georgi 195, 197, 242, 318,
   334 ff., 336, 339 ff., 383

Schuschkewitsch, Stanislaw 761
Selenin, Wladimir 765 f.
Semitschastny, Wladimir 345, 542
Serantes, Pérez 401
Sergej, Großherzog 68
Serow, Iwan 324 f., 334
Shaw, George Bernard 170–173
Shdanow, Andrej 221
Shirk, Susan 605
Shultz, George 631, 637 ff., 684, 700, 802
Sihanouk, Norodom 466 ff.
Šik, Ota 498, 532
Šimon, Bohumil 535
Sinjawski, Andrej 544
Sinowjew, Alexander 101, 108, 615, 634 f.
Sinowjew, Grigori 108, 124, 183
Slánský, Rudolf 292 ff., 296, 301, 501, 510, 514
Slavik, Václav 497, 513
Slovo, Joe 484 f., 488
Smith, Adam 31 f., 42
Smrkovský, Josef 497, 513, 524, 531
Snow, Edgar 253
Snowden, Ethel 246
Snowden, Philip 246
Snyder, Timothy 226
Sobtschak, Anatoli 746
Sokolow, Sergej 667
Solomenzew, Michail 674, 686
Solowjow, Juri 688
Solschenizyn, Alexander 323, 346, 353, 356 f., 506, 544 ff., 549, 552, 671 f., 681 f., 770 f.
Sorge, Richard 192
Soschtschenko, Michail 277
Souvanna Phouma 461 f.
Stachanow, Alexej 109
Stalin (eigtl. Dschugaschwili), Josef 13, 18, 24 f., 51 f., 71, 81, 84, 90–114 passim, 124–135 passim, 140, 146, 158, 165, 171, 173, 177, 181, 184, 192–203 passim, 208 f., 211, 213, 215, 220, 223–241

passim, 244, 246 f., 250–277 passim, 280–305 passim, 309–352 passim, 361 f., 364, 366, 368, 370 f., 373 f., 387, 423, 425, 431, 433 f., 437 f., 440, 445 ff., 452, 466, 470, 476, 496, 498, 502, 536–545 passim, 548, 553, 559, 587, 607, 609, 614, 623, 646 ff., 657 f., 673, 677, 681, 703, 723, 731, 743, 754, 762, 766–769, 772, 784, 789, 793, 800
Starkow, Wasili 55
Stolypin, Pjotr 70 f., 159
Su Shaozhi 600
Šubašić, Ivan 213
Suharto, Haji Mohammed 483
Sukarno, Ahmed 482 f.
Sun Yat-sen 144 ff., 301
Suny, Ronald 114
Suslow, Michail 299, 333 ff., 336, 361, 381 ff., 387, 539 f., 544, 546, 549 f., 576, 584, 619, 643, 678
Suworow, Alexander 200
Švestka, Oldřich 525
Svoboda, Ludvík 221 f., 509, 524, 530 f.
Światło, Józef 371

Tambo, Oliver 485
Taraki, Nur Mohammed 473–479
Taubman, William 341
Taylor, Richard 106
Teiwes, Frederick 259
Thälmann, Ernst 127, 129
Thatcher, Margaret 619, 628–631, 644, 705, 802
Thomas von Aquin 401
Thorez, Maurice 137 f., 305, 327
Tichonow, Nikolai 645 f., 652
Tigrid, Pavel 221
Timaschuk, Lydia 301
Tismaneanu, Vladimir 724
Tito, Josip Broz 202–205, 210–216, 224, 242, 251, 263, 280 f., 284 f., 287, 289, 291 ff., 295, 321, 362,

374, 379, 382, 384, 389 f., 431, 482, 521, 728 f., 820
Tkatschew, Pjotr 54
Tocqueville, Charles Alexis Henri Clerel de 649
Togliatti, Palmiro 123, 136
Tőkés, László 724
Tolstoi, Lew 277
Tomašek, Kardinal 719
Tomski, Michail 183
Trapesnikow, Sergej 537, 546
Trotzki (eigtl. Bronstein), Leo 58 ff., 60, 64, 69, 73, 75, 78 f., 81 f., 84, 88, 91, 95 ff., 107 f., 125, 139 f., 183 f., 200, 331, 624, 647
Trudeau, Pierre 628
Truman, Harry 219 f., 225, 227–230, 244 ff., 286, 458
Tschagin, P. 269 f.
Tschebrikow, Viktor 658, 674, 746
Tschen Boda 439
Tschernajew, Anatoli 554 f., 652, 668, 674, 701, 755, 795, 797, 819
Tschernenko, Konstantin 100, 479, 525, 537, 546, 577, 631, 638, 643–651 passim, 654, 698
Tschernow, Viktor 66
Tschernyschewski, Nikolai 55 ff.
Tschiang Kai-schek 145 f., 206 f., 247–256
Tschiang Tsching 265
Tschitscherin, Georgi 122, 124
Tschoibalsan, Chorloogiin 450
Tschou En-lai 144 f., 258, 262, 434–439, 457, 459
Tschu Te 250, 254
Tuchatschewski, Michail 194
Tucker, Robert C. 270
Tudjman, Franjo 729
Twardowski, Alexander 322 f., 345, 356, 544, 681

Ulbricht, Walter 240–243, 363, 365–368, 394, 516 f., 520, 522, 526, 530 f., 578

Uljanow, Alexander 53
Uljanow, Ilja Nikolajewitsch 51
Uljanowa, Anna 51
Uljanowa, Maria Alexandrowna 51
Urrutia, Manuel 405 f.
Ustinow, Dmitri 475, 477, 523, 531, 576, 583, 645 ff.

Vaculík, Ludvík 505, 512
Vaillant, Edouard 49
Velebit, Vladimir 280
Victoria, Königin von England 73
Vogel, Hans-Jochen 683, 703
Voltaire 505

Waldeck Rochet, Emile 137
Walentinow (Pseudonym von Nikolai Wolski) 54
Wałentinowicz, Anna 574
Wałęsa, Lech 567, 573 f., 579, 581, 583 ff., 710 ff., 794
Wang Dan 601
Wang Dong-hsing 443
Wang Guang 441
Wang Ming 254 f., 258
Wang Renzhi 600, 807
Warennikow, Valentin 757 f.
Webb, Beatrice 172 f.
Webb, Sidney 172 f.
Wei Jingsheng 601
Weinberger, Caspar 631, 637
Weitz, Eric 243
Wen Jiabao 596, 606 f., 609, 817
Westphalen, Jenny von 36
Westphalen, Ludwig von 33, 36
Wilhelm II., Kaiser 118
Witte, Sergej 68
Wojtyla, Karol (siehe auch Johannes Paul II.) 19, 572
Wolfe, Bertram D. 59 f., 139 f.
Wolkogonow, Dmitri 51
Wolski, Arkadi 645, 744
Wolski, Nikolai 54, 56, 65
Woroschilow, Kliment 194, 198, 326, 333, 340, 348, 383
Worotnikow, Witali 674

Wosnessenski, Andrej 345
Wosnessenski, Nikolai 274, 297 ff.,
    325
Wu Han 440 ff.,
Wycliffe, John 27 f.
Wyschinski, Andrej 321
Wyssotzky, Wladimir 551
Wyszyński, Stefan 296, 571, 575,
    584

Xoxe, Koçi 289

Yadav, Ram Baran 804
Yao Wen-yuan 443
Yu Yunyao 607

Zahir, Shah, König von Afghanistan
    473
Zápotocký, Antonin 218, 223, 293
Zhao Ziyang 590 f., 593–600 passim,
    606
Zogu, König von Albanien 205,
    212

Jörg Friedrich
Yalu
AN DEN UFERN DES DRITTEN WELTKRIEGS

624 Seiten | Gebunden mit Schutzumschlag
ISBN 978-3-549-07338-4

»Jörg Friedrich hat den Mut und die darstellerische Kraft, Asien als
Schauplatz eines vergessenen, aber furchtbaren Geschehens in unser
Gedächtnis zurückzuholen. Vom Mythos des guten Krieges der
Demokratien lässt er nicht viel übrig.«
SÖNKE NEITZEL, DEUTSCHLANDRADIO

»Das Buch ist nicht nur eine komplexe historische Darstellung; es ist
auch, und vor allem, ein sprachliches Ereignis ... Friedrich gelingen
immer wieder prägnante, schockierende und oft epigrammatisch
knappe, erhellende Wendungen.«
NEUE ZÜRCHER ZEITUNG

»Ein Buch zu diesem Thema war überfällig ... Gestützt auf vornehmlich
angelsächsische Studien, entfaltet Jörg Friedrich ein beeindruckendes
Panorama, tiefenscharf bei der Betrachtung des historischen
Hintergrundes wie in der Analyse des Kriegsverlaufes.«
DIE ZEIT

PROPYLÄEN VERLAG
www.propylaeen-verlag.de

Kishore Mahbubani
Die Rückkehr Asiens
DAS ENDE DER WESTLICHEN DOMINANZ

336 Seiten | Gebunden mit Schutzumschlag
ISBN 978-3-549-07351-3

»Aus diesem Buch sollte der Westen Lehren ziehen«, schrieb das Wall
Street Journal über Mahbubanis Buch, das in Amerika für Furore sorgte.
Eindringlich beschreibt der Autor die strategischen Fehler des Westens
angesichts der aufstrebenden Staaten Asiens und geißelt die westliche
Doppelmoral bei der Forderung nach Demokratie und Menschenrechten
oder bei der Durchsetzung wirtschaftlicher Interessen. Ein hochaktuelles
Buch, das die Augen öffnet für das neue Machtgefüge der Welt.

»Einer der brillantesten und provokantesten Intellektuellen Asiens.«
DER SPIEGEL

PROPYLÄEN VERLAG
www.propylaeen-verlag.de

Lothar Machtan
Die Abdankung
WIE DEUTSCHLANDS GEKRÖNTE
HÄUPTER AUS DER GESCHICHTE FIELEN

432 Seiten mit s/w-Abbildungen
Gebunden mit Schutzumschlag
ISBN 978-3-549-07308-7

»Macht doch euern Dreck alleene.«
KÖNIG FRIEDRICH AUGUST III.
VON SACHSEN

Es war ein Paukenschlag, wie ihn die Geschichte nur selten zu bieten
hat. Innerhalb weniger Tage verschwanden im November 1918 sämtliche
deutsche Dynastien von der Bildfläche. Jahrhundertelang hatten sie über
die Deutschen geherrscht – die Hohenzollern, die Wittelsbacher, die
Wettiner und wie sie alle hießen. Was sie dann so sang- und klanglos
aus der Geschichte fallen ließ, erzählt Lothar Machtan überaus lebendig
anhand der reichen Originalquellen, die er für dieses Buch erschlossen hat.
Und er erklärt, warum alles so kam.

»Man versteht, wenn man dieses glänzend geschriebene, mit sarkasti-
schem Witz gewürzte Buch aus der Hand legt, warum es in Deutschland
nie wieder eine Chance gab, die Monarchie zu restaurieren. Deren Repräsentanten hatten sich einfach zu gründlich blamiert und diskreditiert.«
VOLKER ULLRICH, DIE ZEIT

PROPYLÄEN VERLAG
www.propylaeen-verlag.de